安徽财政年鉴

（2016）

安徽省财政厅 编

全国百佳图书出版单位
APSTIME
时代出版
时代出版传媒股份有限公司
安徽人民出版社

图书在版编目(CIP)数据

安徽财政年鉴.2016 /安徽省财政厅编.—合肥:安徽人民出版社,2016.9

ISBN 978-7-212-09284-9

Ⅰ.①安… Ⅱ.①安… Ⅲ.①地方财政-安徽省-2016-年鉴 Ⅳ.①F812.754-54

中国版本图书馆CIP数据核字(2016)第233286号

安徽财政年鉴(2016)

安徽省财政厅 编

出 版 人:朱寒冬

责任编辑:汪双琴　　责任印制:董 亮　　封面设计:张姗姗

出版发行:时代出版传媒股份有限公司　　http://www.press-mart.com

安徽人民出版社　　http://www.ahpeople.com

合肥市政务文化新区翡翠路1118号出版传媒广场八楼

邮编:230071

营销部电话:0551-63533258　　0551-63533292(传真)

制　版:安徽省财政厅印刷厂

印　制:安徽省财政厅印刷厂

(如发现印装质量问题,影响阅读,请与印刷厂商联系调换)

开本:889×1194　1/16　内文印张:37.25　彩插印张:3.25　字数:1051千

版次:2016年9月第1版　2016年9月第1次印刷

标准书号:ISBN 978-7-212-09284-9　　定价:260.00元

编辑说明

一、《安徽财政年鉴》是由安徽省财政厅主办，旨在及时记载全省财政发展轨迹，系统反映财政改革情况，全面展示财政精神风貌，大力弘扬财政文化的综合性文献资料年刊。

二、《安徽财政年鉴(2016)》详实记载了2015年全省各级财政部门深入学习贯彻习近平总书记系列重要讲话精神和党的十八大、十八届三中、四中、五中全会精神，认真贯彻落实省委省政府的决策部署和财政部的工作要求，坚持稳中求进工作总基调，着力保持财政收支平稳运行，全面支持改革发展和保障改善民生的工作概况。

三、本卷采取分类编辑法，全书主体内容按篇目、栏目、条目三个层次编排。篇目排在内扉页；栏目名称通栏排；条目标题加【】，为黑体字。部分内容为文章体或资料体，未按三个层次编排。

四、本卷根据2015年全省财政工作情况，共分财经文献、全省财政工作、市县(区)财政工作、财政大事、财经规章、财经调研、财经统计、财政机构人员等8个篇目。

五、本卷主体资料时限为2015年1月1日至12月31日，部分篇目资料时间适当上溯或下延。

六、本卷力求图文并茂，用文字和图片客观记载全省财政事业改革发展情况。全书共1051万字，选登280幅图片。

七、本卷在编纂过程中，受到了省财政厅党组的高度重视和精心指导，得到了财政厅各处室单位、各市县(区)财政部门的大力支持和广大联络员的积极配合，在此一并表示感谢。

八、由于时间紧迫、编纂水平有限，疏漏和不妥之处在所难免，敬请广大读者批评指正。

《安徽财政年鉴》编辑部

二〇一六年九月

《安徽财政年鉴》编辑委员会

（2016 年 8 月 31 日）

主　任　罗建国

副主任　吴天宏　朱长才　项中胜　孟照红

朱艾勇　李友兰　陈传文

委　员

左自智（厅办公室）

王　玲（厅综合处）

方山恩（厅税政条法处）

方习利（厅预算处）

廖晓虹（厅国库处）

尹祥领（厅政府债务管理办公室）

管立新（厅行政处）

张　力（厅政法处）

孔少林（厅教科文处）

王召远（厅经济建设处）

陈维光（厅农业处）

徐光耀（厅社会保障处）

汪代启（厅企业处）

黎学东（厅金融处）

刘　华（厅国际债务处）

季必英（厅农村财政管理局）

杨　春（厅会计处）

江永泓（厅行政事业国有资产管理处）

焦玲仪（厅国有资本经营预算处）

汪学越（厅监督检查局）

杨延彬（厅政府采购处）

丁　俊（厅农村综合改革处）

姜　毅（厅民生工程办公室）

朱士昂（厅人事教育处）

鲍习生（厅机关党委）

王　梵（驻厅纪检组）

缪　青（厅离退休处）

钱　力（省信用担保集团）

王建培（省农业综合开发局）

张　黎（省非税收入征收管理局）

张恒景（厅国库支付中心）

达小敏（省财政信息中心）

方旭华（省财政投资评审中心）

王　旭（省政府采购监督管理办公室）

叶翠青（省财政科学研究所）

鲍文前（省财政科学研究所）

朱克俊（省财政科学研究所）

彭高俊（省注册会计师管理处）

董照军（省财政干部教育中心）

许先才（省行政事业单位资产管理中心）

《安徽财政年鉴》编辑部

《安徽财政年鉴》联络员

代云霄（厅办公室）
刘　海（厅综合处）
杨玉林（厅税政条法处）
周剑峰（厅预算处）
史承飞（厅国库处）
韩晓峰（厅政府债务管理办公室）
刘　恒（厅行政处）
陈　晋（厅政法处）
侯正华（厅教科文处）
余　潇（厅经济建设处）
刘建军（厅农业处）
项军宁（厅社会保障处）
张　铭（厅企业处）
李红波（厅金融处）
孙朝松（厅国际债务处）
周　健（厅农村财政管理局）
童　兵（厅会计处）
王合武（厅行政事业国有资产管理处）
谢　勇（厅国有资本经营预算处）
张宁宁（厅监督检查局）
侯洪玮（厅政府采购处）
杨作华（厅农村综合改革处）
谢　峰（厅民生工程办公室）
孟　平（厅人事教育处）
花传泉（厅机关党委）
胡江华（驻厅纪检组）
王亚栋（厅离退休工作处）
李志红（省信用担保集团）
陈　杰（省农业综合开发局）
侯　帅（省非税收入征收管理局）
翟利超（厅国库支付中心）
田　飞（省财政信息中心）
李昌鹏（省财政投资评审中心）
李道兵（省政府采购监督管理办公室）
万　勇（省财政科学研究所）
王克法（省注册会计师管理处）
叶伐朋（省财政干部教育中心）
张家夺（省行政事业单位资产管理中心）
陈利丽（合肥市财政局）
郝朝华（淮北市财政局）
邓　昊（亳州市财政局）
侯　卫（宿州市财政局）
张永颜（蚌埠市财政局）
孙立宏（阜阳市财政局）
吴　波（淮南市财政局）
魏震生（滁州市财政局）
林　清（六安市财政局）
严　峰（马鞍山市财政局）
严　刚（芜湖市财政局）
程佳晨（宣城市财政局）
方　园（铜陵市财政局）
张　明（池州市财政局）
叶武乐（安庆市财政局）
陶　岚（黄山市财政局）
赵吉安（广德县财政局）
夏序平（宿松县财政局）

省领导关怀指导财政工作

1月27日，王学军、李锦斌、詹夏来、邵国荷等省领导在省人大会议中心查阅2015年省级部门预算草案

12月14日，省长李锦斌、常务副省长詹夏来在省财政厅调研，察看财政厅史料室

8月28日，省委常委、常务副省长詹夏来出席省财政厅党组中心组“三严三实”专题理论学习研讨会

财政收支运行平稳

召开全省财政工作视频会，布置财政重点工作

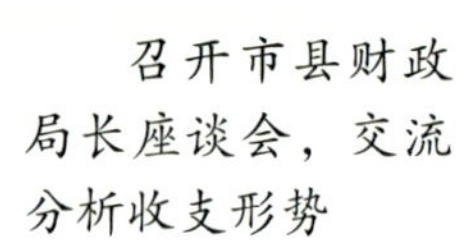

召开市县财政局长座谈会，交流分析收支形势

11 月 25 日，财政部调研组来我省调研非税收入征管工作，对我省工作给予充分肯定

财政助力"调结构、转方式、促升级"

3月21日，省财政厅厅长罗建国赴铜陵市调研节能减排示范市建设工作

3月29日，皖浙两省财政厅、环境保护厅召开新安江流域生态补偿延续工作会商会

营改增办公室召开会议研究部署推进营改增改革试点工作

落实结构性减税政策，支持企业发展

积极推广运用PPP模式。图为池州市主城区污水处理及市政排水设施购买服务的PPP示范项目

支持科技创新，对企业新产品研发给予财政奖补

持续推进保障改善民生

1月27日，省财政厅厅长罗建国做客省电视台解读《政府工作报告》民生保障话题

举办全省财政民生工程管理人员政策培训班

加大公共租赁住房保障

落实城乡居民大病医保政策

实施就业扶持工程

支持乡镇综合文化站建设

支持“三农”健康发展

省财政厅厅长罗建国赴寿县堰口镇许寺民族村调研对口帮扶

省财政出资成立全省首家专业支农信贷担保服务机构——省农业信贷担保有限责任公司，图为揭牌仪式现场

加快推进美丽乡村建设。图为省美丽乡村建设示范村——金寨县花石乡千坪村

省财政厅“双包”定点帮扶颍东区正午镇吴寨村，图为吴寨村改革财政投入运行机制

实施“一事一议”财政奖补，图为休宁县“一事一议”财政奖补通组道路项目

政策性农业保险保障农业发展

深化财政改革

3月11日，省财政厅厅长罗建国做客人民网谈财政改革

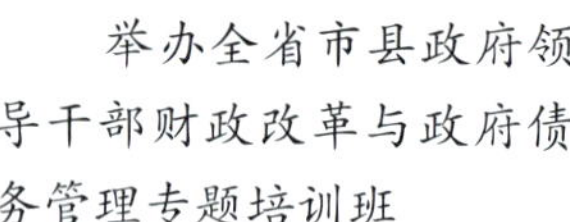

举办全省市县政府领导干部财政改革与政府债务管理专题培训班

财政部行政政法司巡视员贾新怡（前排左）来我省调研司法体制改革试点工作

贯彻落实全省深化医药卫生体制综合改革试点工作会议精神，举办全面深化医改试点财政政策培训班

6月5日，省财政厅成功公开招标发行312亿元2015年第一批安徽省政府一般债券，图为债券发行现场

稳步推进预算信息公开，图为两会代表查看部门预算信息

不断提升财政管理水平

全省涉农资金专项整治行动电视电话会议部署开展涉农资金专项整治工作

邀请省政府法制办主任张杰作依法理财知识讲座

组织开展 2016 年省级预算评审论证

加强政府采购管理，对采购代理机构开展业务培训

推进财政信息化建设，图为全省财政信息化建设培训班现场

开展全省会计职称评审

强化系统作风效能建设

召开“文明创建与财政改革发展”专题理论学习会

加强财政反腐倡廉建设

9月30日，省财政厅参加政风行风热线现场直播活动

全面加强财政内控建设

深入开展部门会商，图为省直农口部门预算执行分析座谈会

组织开展“结对共建”活动

合肥财政

依法理财 科学管理 廉洁高效 争创一流

2015 年，合肥市财政系统紧紧围绕“大湖名城、创新高地”宏伟目标，突出改革引领，强化创新驱动，夯实作风基础，努力做到用硬指标说话，有实举措作为，从新角度突破，全市财政收入突破千亿元大关，实现全市财政经济逆势上扬、争先进位。

市财政局荣获全国财政系统先进集体称号

合肥市召开市直单位财政财务管理暨2016 年度部门预算编制工作会议

合肥市财政局赴肥西县小井庄纪念馆开展“三严三实”爱国主义专题教育

合肥市召开“1+3+5”产业政策新闻发布会

合肥市财政局组织参观安徽省党风廉政教育展

幸福巢湖奏响民生改善最强音

开展美好乡村公共服务体系奖补，图为面貌一新的巢湖市烔炀镇中李村

支持公共文化场馆免费开放，图为中小学生参观巢湖市博物馆

支持开展就业扶持工程，图为 2015 年全省高校毕业生就业见习会巢湖分会场

支持乡镇综合文化站建设，图为巢湖市黄麓镇综合文化站外景

支持农村危房改造，图为巢湖市夏阁镇沿河村低保户唐宗财的住房改造前后对比情况

推动肥东财政事业跨越发展

"民生工程在基层"大型直播活动走进肥东

财政支持生态环境保护，图为陈集镇太阳能污水处理设备

大力推进高产农田建设,图为肥东县部级水稻万亩高产创建示范点

店埠镇杨王村幸福社区生活E站及村级活动中心全景

推进美好乡村建设,图为省级美好乡村建设示范点三王李岗中心村建成的文化广场

长丰县财政局：

坚持群众路线抓党建 推进依法理财促发展

举办纪念建县50周年主题演讲比赛

学习沈浩先进事迹，巩固为民理财意识

开展重温入党誓词活动

开展"普法进村"活动

开展义务植树活动

组织开展"周六志愿行"与在职党员进社区活动

庐江县民生工程催开“幸福花”

2015 年，庐江县紧紧围绕中央和省委省政府保障和改善民生的决策部署，不断创新宣传方式方法，加大民生工程宣传力度，开展了系列专题宣传活动，提高了广大群众对民生工程的知晓度和满意度。

全县 19 个镇(园区)集中开展民生工程集中宣传日活动

组织开展庐江县首届民生工程义务监督员知识竞赛暨业务培训活动

组织民生工程志愿者赴万山镇长岗村开展美好家园共建活动

开展“庆七一、颂民生、感党恩”演讲比赛活动

组织开展民生工程“进校园”活动

开展“民生工程微体验，美好乡村 e 日行”活动

发挥财政作用　建设精致淮北

财政局党组书记、局长姜颖走访慰问困难群众

召开“三严三实”专题研讨会

召开新闻发布会，发布扶持中小企业发展政策

召开社保基金竞争性谈判评审会

推进美好乡村建设，图为杜集区大庄村美好乡村示范点

加快推进采煤塌陷地综合治理，图为治理后建设的南湖公园

打造宿州市财政新形象

召开全市严肃财经纪律和“小金库”专项治理工作电视电话会议

2015年7月，市国有资产管理委员会职能并入市财政局

开展社保资金定存谈判

组织全市财政系统干部职工参加行政执法资格认证考试

开展党风廉政建设专题讲座

市财政局人员走上街头开展新《预算法》宣传活动

埇桥区 精心打造民生品牌

加大棚户区改造支持力度

加大"八小"水利工程建设力度，图为永镇乡瓦房沟水利工程

广泛开展民生工程宣传，图为埇桥区大泽乡镇民生工程宣传长廊

乡村亮化工程扮靓新农村，图为夏刘寨村新装的太阳能路灯

开展农村安全饮水工程让农民喝上放心自来水

灵璧县扎实推进民生工程实施

省财政厅副厅长陈军来灵调研民生工程

县财政局局长王咏实地查看廉租房建设

精心实施一事一议财政奖补

财政支持敬老院建设

农村安全饮水
工程惠民生

廉租房项目建设
让群众住有所居

新建成的娄庄水厂

支持校安工程项目建设

推动泗县财政工作迈上新台阶

省财政厅厅长罗建国到泗县调研现代农业基地建设工作

省财政厅副巡视员李友兰率队到屏山镇大李村开展结对共建活动

县财政局开展点燃激情提效能、正风肃纪树形象活动

保障农村饮水安全，图为泗县屏山水厂

加快养老服务体系建设，图为泗县老年颐养中心

推进保障性住房建设，图为落成的惠民苑小区

萧县民生工程显成效

开通大病医保结算绿色通道，方便群众就医

稳步推进美丽乡村示范村建设，图为萧县费村一角

向群众讲解大病保险结报规程

走上街头开展民生工程宣传

支持廉租房工程，图为萧县凤祥小区

财政支持建设美好新砀山

财政支持的家庭农场大棚草莓种植园

财政支持的圣沣食品有限公司肉鸭生产线

曹庄镇回民许庄太阳能路灯建设

城乡居民养老保险政策宣传

民生工程送戏下乡

公共租赁住房保障民生工程

农业综合开发县林场土地治理项目

赵屯镇蒋庄村美好乡村建设

蚌埠市财政局：

开展三严三实 推进机关党建

开展“三严三实”专题教育

组织干部职工到小岗村接受党性教育

市财政局领导班子到孙家圩子开展教育活动

邀请中国好人来市财政局作道德讲堂活动

市财政局团支部到固镇开展留守儿童捐助活动

积极组织参加市直机关运动会，展示财政干部职工良好风貌

颍泉区财政局精神文明创建显成效

举办"民生杯"财政法规知识大奖赛

开设"感恩父母、共度重阳"道德讲堂

廉政文化室开展党支部学习活动

区财政局志愿者服务队开展"学雷锋、树新风"活动

召开财政青年干部座谈会

组织开展文明徒步西湖活动

临泉县财政局全力稳增长 促改革 保民生

县财政局领导带头
每月学一法，考一法

缅怀先烈，重温誓词

开展医疗救助
让群众病有所医

实施精准扶贫，落实脱贫举措

推进民生工程建设，图为农民喜迁新居迎新春

淮南市财政局精神文明建设谱新篇

赴联系点走访慰问

关爱贫困女生

赴回民敬老院慰问

举办道德讲堂

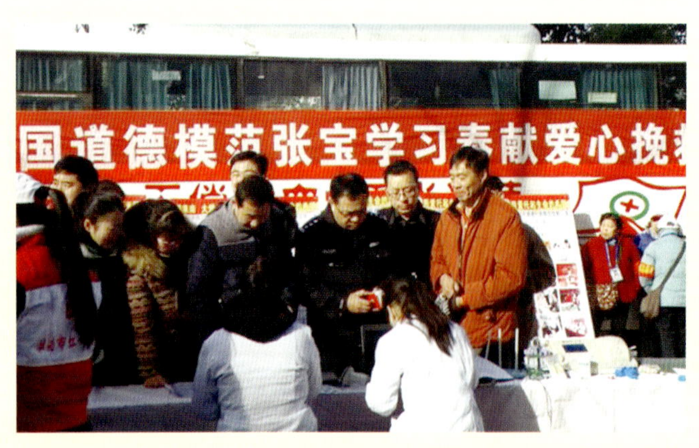

参加义务献血活动

组织书法家走进乡村写民生春联

田家庵区财政：

精心组织实施民生工程

区政协调研棚户区改造民生工程项目

提升妇幼保健水平

检查民生工程实施情况

入户宣传惠民政策

利用户外电子屏宣传民生工程政策

推进美好乡村建设，图为曹庵镇李桥中心村村貌

大通区财政：

倾力实施民生工程

检查指导财政所工作

深入推进阳光村务工作

查看美丽乡村建设施工现场

开展送文化下乡活动

建成的九龙岗镇方岗村远景

寿县财政局积极打造勤廉文明机关

召开全县财政系统反腐倡廉暨效能建设工作会议

认真开展党内《准则》《条例》专题学习活动

县财政局领导走访慰问困难群众

宣传民生工程政策

老人们住进崭新的敬老院

寿县三觉镇桥湾村新落成的村民活动广场

滁州市琅琊区财政工作风貌

开展廉政警示教育

承办滁州市“诚信季”道德讲堂

开展党员志愿服务活动

走上街头宣传财经法规

免费开放的民生工程读书吧

通过“一事一议”采购安装的太阳能路灯

滁州市南谯区：

实施民生工程　建设美好乡村

公共文化场馆免费开放，图为南谯区少年儿童在区文化馆学习科技知识

开展民生杯文艺调演活动

民生工程文化墙宣传惠民政策

推进美好乡村建设，图为荣获“安徽省第一批宜居示范村庄”称号的南谯区姑塘新村

推进农村饮水安全工程建设，图为建设中的沙河镇管网延伸工程

章广镇太平村高标准农田建设项目区新建的水泥路

农业综合开发扶持的产业化经营项目，图为滁菊生产基地采摘现场

马鞍山市：

落实积极财政政策 促进经济社会持续健康发展

马鞍山市东部污水处理厂 PPP 项目签约仪式

深入企业现场解读涉企收费政策

市财政局主动上门会商

支持“小马梦工厂”青年众创空间建设运营，促进大众创业、万众创新

支持农业机械技术推广

支持城市公交改造升级

含山县积极打造风清气正财政队伍

推进全县财政系统专题党风廉政建设

全面实行“开门办预算”

举办全县财政系统财经法规、民生工程及党风廉政知识竞赛

开展青年财政干部进军营活动

组织参加县直机关首届趣味运动会

和县财政倾力保障改善民生

省政协巡视组对和县民生工程进行巡视

县领导检查民生宣传工作

县财政局负责同志接受电视问政

布置财政预算编制工作

举办首届民生杯和县职工羽毛球比赛

举办民生工程专场文化晚会,丰富群众生活

当涂县优化支出惠民生

组织专家开展预算评审

县财政局结对帮扶桃花村

竣工的三星村“一事一议”道路项目

支持小型水利工程改造提升

加快实施农村饮水安全工程项目

芜湖市财政提升服务发展水平

市政府召开常务会议研究民生工程工作

市委常委、常务副市长左俊来市财政局调研

市财政局领导调研注册会计师行业党建工作

局县处级干部赴小岗村开展组织生活

启动财政国库支付电子化管理试点工作

文艺家采风看民生

芜湖市镜湖区：财政工作谱新篇

民生工程进社区

镜湖区深入推进公共资源交易诚信评价

开展政策性农业保险宣传

绿地创客谷顺利启动

免费开放的镜湖区图书馆

推进保障性安居工程建设

宣州区财政惠民生促发展

人大代表、政协委员观看民生工程图片展

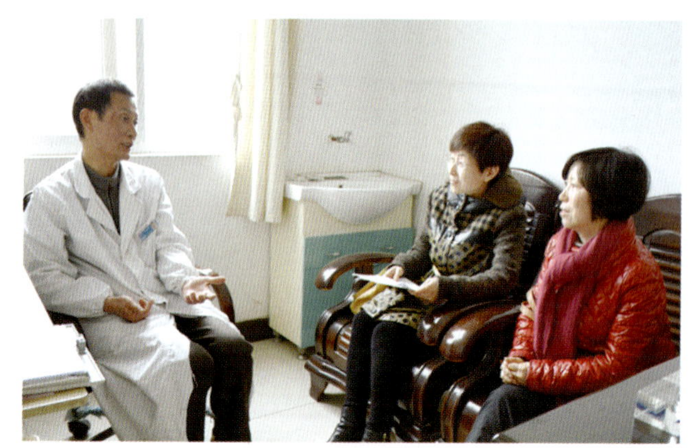

与政协委员交流民生工程提案有关情况

走上街头开展民生工程宣传活动

举行“机关集中学法月”活动专题辅导讲座

荣获“省级巾帼文明岗”称号

召开“四比四看”活动交流评议会

推动旌德县财政事业阔步向前

召开纪念建党94周年“七一”纪念大会

县财政局联合县委组织部、党校举办财政支农政策培训会

开展涉农资金重点检查

县财政局召开2016年度部门预算编制业务培训会议

春节期间组织开展慰问活动

县财政局积极参加“12.4”国家宪法日暨全国法制宣传日活动

铜陵市财政工作剪影

省财政厅罗建国厅长来铜宣讲党的十八届五中全会精神，市委书记宋国权主持报告会

召开财政工作务虚会，认真谋划 2016 年工作

召开全市机关事业单位财政财务知识培训班

组织干部参观沈浩精神传承基地

美好乡村星月村新貌

社区老年人享受基本公共卫生服务

努力开创池州财政工作新局面

财政部金融司司长孙晓霞调研池州 PPP 工作

市财政局开展“三严三实”教育党课报告会

财政支持农业综合开发项目

市财政局开展“培育好家风，传承好家训”道德讲堂活动

市财政局开展旁听庭审受教育活动

市财政局组织干部职工开展义务植树

推动安庆市财政工作上台阶

罗建国厅长来安庆市调研财政支持经济发展工作

调研美好乡村建设工作

外环北路 PPP 项目开工仪式

召开"建设中层　赢在执行"述职评议会

财政讲坛

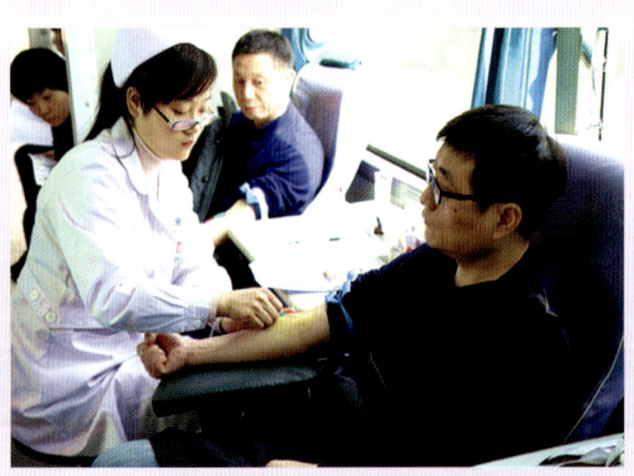

组织职工参加无偿献血活动

怀宁县财政助力经济社会发展

积极推进财政体制改革

大力发展蓝莓种植

支持独秀现代示范区建设

创建省级规范化财政所

建设中的危桥改造工程

党总支“七一”组织参观红色革命教育基地

送戏下乡丰富群众文化生活

岳西县财政大力推进城乡统筹发展

召开全县财政工作暨民生工程、居民收入倍增、金融工作会议

推进美好乡村建设——图为岳西县冶溪镇

岳西县衙前河新貌

财政资金支持建设项目岳西县响肠镇茶园

新建通车的岳西县温泉大道

岳西县温泉镇农业综合开发示范区蓝莓基地鸟瞰图

支持岳西包家石佛寺茶园建设

黄山区：积极打造优秀财政队伍

积极开展党课教育

提升服务水平，高效发放涉农补贴

组织干部职工开展爱心捐助

接受公民道德教育

组织开展党员干部进社区活动

丰富多彩的单位文化

发挥财政职能作用　建设美丽休宁

全国乡村旅游提升与旅游扶贫推进会议在休宁县召开

面貌一新的政务文化新区

一路山水一路景

休宁高速通四方

休宁中显工业园一瞥

万人抢登齐云山

广德县财政工作风貌

扎实开展"三严三实"专题教育活动

庆祝建党94周年，开展表彰优秀党员活动

开展帮扶慰问活动

推进美好乡村建设，图为誓节镇七塔村一角

推进病险水库除险加固工程建设

建设落成的万桂山居家养老服务中心

宿松县财政工作成效新

大山深处致富路，图为柳坪乡龙河村一事一议财政奖补道路硬化工程

鸟瞰美好乡村——凉亭镇夏家村

宜居的北浴乡迎宾村

实施小型农田水利设施改造提升工程

目 录

财经文献篇

全省财政工作篇

处室单位工作概述

市县(区)财政工作篇

合肥市财政工作综述

淮北市财政工作综述

亳州市财政工作综述

宿州市财政工作综述

蚌埠市财政工作综述

阜阳市财政工作综述

淮南市财政工作综述

滁州市财政工作综述

六安市财政工作综述

马鞍山市财政工作综述

芜湖市财政工作综述

宣城市财政工作综述

铜陵市财政工作综述

池州市财政工作综述

安庆市财政工作综述

黄山市财政工作综述

广德县财政工作概述

宿松县财政工作概述

财政工作大事篇

省财政分项工作大事记

市县财政工作大事记

财经规章篇

规范性文件

财经调研篇

财经论文及调研报告

财经统计篇

全省财经统计资料

各市县(区)财经统计资料

财政机构人员篇

省财政厅机构人员

各市财政系统机构人员

全省财政系统职工统计

财经文献篇

省委省政府重要财经文献

安徽省人民政府关于全面深化农村金融综合改革的意见

（皖政〔2015〕17 号）

各市、县人民政府，省政府各部门、各直属机构：

为巩固扩大农村金融综合改革试点成果，不断深化农村金融改革创新，发展普惠金融，激发农村金融活力，提升“三农”、小微企业金融服务水平，促进县域经济持续健康发展，省政府决定在全省全面推进农村金融综合改革，现提出如下意见：

一、总体要求

1. 指导思想。认真贯彻落实党的十八大，十八届三中、四中全会和习近平总书记系列重要讲话精神，以及国务院关于金融服务“三农”、小微企业发展的决策部署，以发展普惠金融为主攻方向，以有效增加农村金融资源供给为主线，深入推进金融组织创新、机制创新、产品和服务方式创新，加强金融服务支撑体系建设，综合运用财政税收、货币信贷、金融监管等政策措施，推动金融资源向“三农”、小微企业和县域倾斜，确保农业和小微企业信贷总量持续增加、贷款比例不降低。

2. 改革目标。到 2017 年，县域存贷比达到 65% 左右，农村保险深度和密度进一步提升，县域直接融资比重有较大幅度提高，县域融资担保放大倍数达到 5 倍以上，农村金融基础设施现代化水平明显提升，县域征信体系全面建成，涉农金融机构特别是地方法人金融机构进一步发展壮大。多层次、广覆盖、低成本、可持续的现代农村金融服务体系基本形成。

二、培育壮大金融市场主体

3. 持续推进农村商业银行改革发展。长久牢固坚持立足县域、服务“三农”和小微企业的定位，建立健全现代商业银行制度，有序推进农村商业银行增资扩股。鼓励通过 IPO、资本重组等方式壮大资本实力，到 2017 年每个市有 1 家以上农村商业银行上市或在新三板、区域性股权交易市场挂牌。支持有条件的农村商业银行发行优先股、二级资本工具和“三农”、小微企业专项金融债。鼓励监管级别二级以上的农村商业银行跨区域设立分支机构。加强服务能力建设，推动产品服务转型升级。（省政府金融办、安徽银监局、安徽证监局、人行合肥中心支行、省农信社按职责分工负责）

4. 深化省农村信用社联合社改革。探索实施企业化改革，加快淡出行政管理，强化服务功能，优化协调指导职能，为农村商业银行提供信息科技、产品研发、教育培训、风险防控等服务。（省政府金融办、安徽银监局、省农信社按职责分工负责）

5. 加强徽商银行县域金融服务能力建设。推进徽商银行与县(市)政府战略合作。支持徽商银行开展农村普惠金融试点，探索小微信贷新模式，扩大县支行小微信贷审批权。支持在有条件的乡镇加快设立分支机构，参与设立村镇银行等新型农村金融机构。（省政府金融办、安徽银监局、人行合肥中心支行、徽商银行按职责分工负责）

6.规范发展新型农村金融组织。争取在农业人口较多及小微企业集中的市辖区设立村镇银行,争取在具备条件的县(市)设立2家以上村镇银行,支持其在乡镇布设网点。探索组建村镇银行金融服务公司。积极争取民营银行试点。积极探索新型农村合作金融发展的有效途径,稳妥开展农民合作社内部资金互助试点。鼓励有条件的地方建立合作性的村级融资担保基金。支持大型农机具生产企业发起设立主要服务“三农”的金融租赁公司。鼓励民间资本在县域发起设立融资租赁公司、典当行。(省政府金融办、安徽银监局、人行合肥中心支行、省农委、省商务厅、省财政厅按职责分工负责)

7.促进大中型银行重心下沉。引导和支持大型商业银行加快县域空白网点布局,加快实现县域全覆盖,鼓励在有条件的乡镇增设具备信贷功能的分支机构。支持股份制银行加快向县域和乡镇延伸服务网点。鼓励商业银行单列涉农信贷计划,下放县域分支机构贷款审批权限,推行尽职免责制度。农业发展银行要加大对水利、贫困地区公路等农村基础设施建设的贷款力度,审慎发展自营性业务。开发银行要创新服务“三农”、小微企业的融资模式,进一步加大对农业、农村的中长期信贷投放。鼓励邮储银行拓展农村金融业务,稳步发展涉农、小微企业信贷。(安徽银监局、人行合肥中心支行按职责分工负责)

8.推动农村产权流转交易市场健康发展。稳妥建设集信息发布、交易组织、咨询、投融资、电子交易平台等为一体的农村产权流转交易机构,逐步形成全省统一联网的农村产权流转交易市场体系。培育发展土地、林权、资产评估等中介组织,完善中介服务功能。(省农委、省林业厅、省国土资源厅、省政府金融办按职责分工负责)

三、创新金融产品和服务方式

9.强化信贷服务产品创新。引导金融机构为小微企业、新型农业经营主体量身定做金融产品,推行“一次核定、随用随贷、余额控制、周转使用、动态调整”的信贷模式,合理确定贷款额度、放款进度和回收期限。加快推广微贷技术。依托农业产业化龙头企业,推广产业链金融模式。促进信贷资金与政府扶贫资金有机结合,通过“银行+政府+农户”模式,帮助农村贫困户脱贫致富。继续加大小额担保财政贴息贷款等对农村妇女、新型农业经营主体和小微企业的支持力度。积极推广涉农和小微企业专营机构、信贷工厂等模式。(省政府金融办、人行合肥中心支行、安徽银监局、省财政厅、省人力资源社会保障厅按职责分工负责)

10.推进抵质押担保方式创新。探索开展农村土地承包经营权、宅基地使用权、农民住房财产权抵押担保贷款试点。推广以大型农业机械设备、运输工具、林木所有权、林地使用权、水域滩涂养殖权、承包土地收益权、农产品订单、知识产权等为标的的新型抵质押担保方式。利用涉农保险作为增信要素,探索拓宽涉农保险保单质押范围。鼓励农业企业为农户、家庭农场、农民合作社提供贷款担保。(省政府金融办、人行合肥中心支行、安徽银监局、省农委、省林业厅、省工商局、省农信社、徽商银行按职责分工负责)

11.切实降低融资成本。认真落实国务院关于着力缓解企业融资成本高问题的一系列政策措施,以及“七不准、四公开”规定,提高贷款审批和发放效率。银行业金融机构要清理各种不必要的资金“通道”和“过桥”环节,取消不合理收费,严禁“以贷转存”、“存贷挂钩”等变相提高利率、加重企业负担的行为。对于符合条件可以直接发放贷款的小微企业,不应追加担保。(安徽银监局、人行合肥中心支行、省政府金融办按职责分工负责)

四、稳步建设发展资本市场

12.促进县域企业上市(挂牌)融资。健全证券投行业务保荐代表人对口联系服务市县机制。实施县域企业改制达标工程,力争到2017年全省县域直接融资后备企业达到1500家以上。推动具备条件的企业分类对接多层次资本市场,在主板、中小板、创业板以及境外资本市场上市和再融资,鼓励县域企业在全国股转系统和省区域性股权交易市场挂牌。促进省股权托管交易中心开设农业、林业板块,建立工商登记部门与省区域股权交易市场的股权登记对接机制,为企业股权质押融资提供便利,积极争取与沪深交易所和全国股转系统建立转板机制。(省政府金融办、安徽证监局、省农委、省林业厅、省经济和信息化委、省科技厅、省文化厅、省旅游局、省工商局按职责分工负责)

13.扩大债券融资规模。推动县域企业与多元化债券市场对接,支持发行企业债、公司债和中小企业私募债。鼓励各市采用集中增信、风险补偿、成本补贴等方式,组织发行中小企业集合债、小微企业增信集合债、中小企业集合票据、区域集优集合票据等直接融资产品。逐步扩大短期融资券、中期票据规模。(省政府金融办、省发展改革委、人行合肥中心支行、安徽证监局按职责分工负责)

14.加快农产品期货市场发展。支持省属期货公司提升资本实力,拓展场外衍生交易产品,参与农产品现货交易。支持农户、农业企业和农村经济组织进行风险管理,积极推广"银行+涉农企业+期货+农户"产业链经营模式、"期货+土地(林地)流转权"流转模式,不断扩大农产品期货品种和区域覆盖范围。加强对投资者的风险意识教育和风险管理培训,切实保护投资者的合法权益。(省政府金融办、省农委、安徽证监局按职责分工负责)

五、大力发展"三农"保险

15.稳步推进政策性农业保险。通过整合涉农专项资金和优化调整支出结构等方式,落实财政对主要粮食作物保险的保费补贴,逐步减少或取消产粮大县三大粮食作物县级财政保费补贴。以新型农业经营主体为重点,积极推广政策性保险附加补充商业保险试点。扩大森林保险。鼓励有条件的地方对特色优势农产品保险提供保费补贴,不断提高设施农业、淡水养殖、中药材、毛竹、果树、油茶、茶叶等特色农业保险的覆盖率。争取开展巨灾保险试点,建立完善农业保险大灾风险分散机制。(省财政厅、省政府金融办、安徽保监局、省林业厅按职责分工负责)

16.拓展"三农"保险广度和深度。探索开展农产品目标价格、收入指数保险试点,推广天气指数、渔业互助保险试点。鼓励开展多种形式的互助合作保险。支持农业龙头企业资助订单农户参加农业保险。积极发展农村小额信贷保证、农房、农机具、设施农业以及农民养老健康、农村小额人身保险等普惠涉农保险业务。开展商业保险机构经办基本医疗保险试点并逐步推开。引导保险资金通过股权、债权等多种形式,支持现代农业、农村基础设施、农村养老服务设施等建设。(安徽保监局、省政府金融办、省财政厅按职责分工负责)

17.健全"三农"保险服务体系。支持涉农保险机构加快发展,积极争取设立地方农村寿险法人机构。推动保险机构下沉服务重心,支持保险机构在县域及乡镇布网设点,提高保险机构覆盖率。加强农业保险经办机构与乡镇政府代办机构合作,完善基层服务网络体系。(省政府金融办、安徽保监局按职责分工负责)

六、完善政策性融资担保体系

18.加强政策性融资担保机构能力建设。省财政2015年起连续3年每年安排11亿元,各市、县(市、区)等额配套,用于充实县(市、区)符合条件的政策性融资担保机构资本金。加强省信用担保集团再担保功能建设,强化对县域融资担保机构的信用增进、风险分担、经营指导等作用。建立以融资担保作用发挥和风险防控为核心指标的融资担保机构绩效评价体系,建立融资担保放大倍数、服务企业户数、综合费率、风险控制等与政策扶持挂钩机制。(省财政厅、省政府金融办、省信用担保集团按职责分工负责)

19.丰富普惠担保服务。拓展村级金融服务室(站)功能,建立网上担保受理服务平台,按照"信用互助组+担保+信贷"模式,面向农民开展小额信贷担保服务。建立统保统贷平台,组织政策性担保体系平台与开发银行试点,为"三农"、小微企业等服务。推行"担保+PPP"模式,支持现代农业发展和新农村建设。(人行合肥中心支行、省政府金融办、省财政厅、省农委、省信用担保集团按职责分工负责)

20.加快建立风险补偿和分散机制。探索建立银担合作风险分担机制,不断完善小微融资担保业务风险政、银、担、企多方共担机制,鼓励设立风险补偿专项基金或担保基金对小微企业融资担保贷款损失进行补偿。鼓励政策性融资担保机构与保险机构开展"担保+保险"合作,丰富风险分散方式。(省财政厅、省政府金融办、省信用担保集团按职责分工负责)

21.实施素质提升工程。推动政策性融资担保机构完善法人治理结构,完善运行、风险控制、用人和激励约束机制。加快信息化建设,推进业务管理流程化、规范化,2015年底基本实现业务办理和日常管理信息化。加强业务监管,引导其坚守主业、大力创新、合规经营、防范风险。(省政府金融办、省财政厅、省信用担保集团按职责分工负责)

七、加快建设信用体系

22. 建立县域动态信用信息采集机制。以县

(市、区)为单位建立动态征信数据库,全面开展农户、农村企业、农村经济组织等涉农主体信用信息采集工作。有效整合县域信用资源,实现税务、法院、环保、社保、公安、市场监管、公用事业等部门社会信用信息的采集归档和共享,构建农户、居民、企业三位一体的信用信息数据库,实现与省公共信用信息服务平台共建共享。加快将符合条件的融资担保机构、小额贷款公司等接入征信系统。2017年底前实现农户、农民合作社、家庭农场及中小企业信用信息全覆盖,并接入省公共信用信息共享服务平台。深入开展信用户、信用村、信用乡镇和金融生态环境创建与评价活动。加快建立全省融资担保机构、小额贷款公司信用信息系统,加强机构和从业人员信用信息记录,并纳入省公共信用信息共享服务平台和人民银行征信系统。(省发展改革委、人行合肥中心支行、省政府金融办按职责分工负责)

23.建立信用评价及成果运用机制。建立由政府有关部门牵头,银行和涉农主体、小微企业参与的信用评级体系,引导金融机构根据农户、小微企业信用状况设定授信等级,发放信用贷款,实现信用评价结果与信贷服务的有效对接。推行小额贷款公司、融资担保公司信用评级、分类监管和信用报告使用制度。(省发展改革委、人行合肥中心支行、省政府金融办、省信用担保集团按职责分工负责)

八、着力改善金融基础设施

24.实施基础金融服务"村村通"工程。依托行政村两委所在地、特约商户、农村社区超市、供销社系统经营网点以及农民合作社等具备安全条件的场所,布设ATM机等金融自助服务终端。加快建设农村金融服务室(站),2015年底实现行政村全覆盖。(省政府金融办、安徽银监局、人行合肥中心支行、省财政厅按职责分工负责)

25.加强农村支付体系建设。推进县域银行网点全面加入大、小额支付系统,加强非现金支付工具推广应用和支付清算系统建设,推广网上银行、电话银行、手机银行等电子支付工具。(人行合肥中心支行、安徽银监局、省政府金融办、省财政厅等按职责分工负责)

九、加强政策支持和风险防控

26.强化财税政策支持。改革相关资金投入方式,加强财政与金融协同联动,综合运用风险补偿、贷款贴息、保费补贴、税收优惠、奖励补助等多种手段,引导金融机构加大对"三农"、小微企业的信贷投入。继续对融资担保机构实行免征营业税政策,取消免税行政审批。对符合条件的融资担保机构,继续实行所得税优惠政策。积极落实农村金融机构定向费用补贴、县域金融机构涉农贷款增量奖励、农业保险保费补贴等政策。(省财政厅、省国税局、省地税局按职责分工负责)

27.加大金融政策支持力度。落实新增存款用于当地和商业银行新设县域分支机构信贷投放承诺制度。改进法人银行业金融机构合意贷款管理,鼓励在风险可控的前提下多存多贷。进一步改进存贷比管理,增加存贷比指标弹性。灵活运用支农支小再贷款、再贴现、差别存款准备金率等政策工具,引导银行业金融机构强化对县域的信贷资源配置,确保涉农和小微企业贷款增幅不低于各项贷款平均增幅。健全对银行业金融机构的绩效考评体系,引导其统筹经济效益和社会效益,树立正确的目标导向。对符合条件的小微企业和"三农"融资担保贷款,可不列入存贷比考核范围;对银行不承担风险或者只承担部分风险的,可适当下调风险权重。(人行合肥中心支行、安徽银监局、安徽证监局、安徽保监局、省政府金融办、省财政厅按职责分工负责)

28.加强金融风险防控。强化金融监管协调机制建设。探索完善地方金融监管体制,根据各类金融机构审批权限、业务特点和风险状况,界定管理、监管部门的职责和风险责任。综合采取市场准入、资金运用等措施,做好风险识别、监测、评估、预警和控制工作。各地各有关部门要落实金融风险事件处置的组织职责,妥善处置各类金融风险,严厉打击非法集资等金融违法犯罪行为和逃废金融债务行为,严防区域性系统性金融风险。(省政府金融办、省公安厅、人行合肥中心支行、安徽银监局、安徽证监局、安徽保监局按职责分工负责)

十、加强组织领导

29.建立工作推进机制。省金融工作领导小组统筹推进农村金融综合改革工作。各市县要成立由政府主要负责同志任组长的金融综合改革领导小组,及时出台和完善实施方案,强力推进,抓好落实。建立省金融工作领导小组成员单位、相关金融机构对口联系市县机制,指导和帮助市县开展农村金融综合改革。建立农村金融综合改革量化考核统计指标体系。完善涉农和小微企业贷款统计制度。建立人才交流机制,从金融机构选派业务骨干挂职担任副县(市、区)长,鼓励各地与金融机构开展双向人才交流,提升县域金融工作水平。(省委组织部、省政府金融办、省统计局、人行合肥中心支行、各市县人民政府按职责分工负责)

30.加强宣传培训和督查考核。编写金融知识通俗读本,定期组织开展金融政策集中宣讲和“送金融知识进乡村、进社区、进企业、进学校”活动,加强金融知识和政策培训。加强农村金融综合改革绩效考核,建立通报制度,由省政府金融办按季通报各地改革进展情况。各市各有关部门、各金融机构于每年1月底前,将上一年度农村金融综合改革情况报省政府并抄送省政府金融办。(省政府金融办、各市县人民政府按职责分工负责)

安徽省人民政府关于加强地方政府性债务管理的实施意见

(皖政〔2015〕25号)

各市、县人民政府,省政府各部门、各直属机构:

为进一步加强地方政府性债务管理,促进全省经济社会持续健康较快发展,根据《国务院关于加强地方政府性债务管理的意见》(国发〔2014〕43号)精神,结合我省实际,提出以下实施意见:

一、总体要求

1.指导思想。认真贯彻落实党的十八大和十八届三中、四中全会精神,按照党中央、国务院以及省委、省政府决策部署,建立“借、用、还”相统一的地方政府性债务管理机制,有效发挥各级政府规范举债的积极作用,切实防范化解财政金融风险,促进全省经济社会持续健康较快发展。

2.基本原则。疏堵结合。修明渠、堵暗道,建立规范的地方政府举债融资机制,坚决制止各级政府违法违规举债。

分清责任。明确政府和企业的责任,政府债务不得通过企业举借,企业债务不得推给政府偿还,切实做到谁借谁还、风险自担。政府与社会资本合作的,按约定规则依法承担相关责任。

规范管理。对各级政府债务实行规模控制,严格限定政府举债程序和资金用途,把各级政府债务分门别类纳入全口径预算管理,实现“借、用、还”相统一。

防范风险。牢牢守住不发生区域性和系统性风险的底线,切实防范和化解财政金融风险。

稳步推进。加强债务管理,既要积极推进,又要谨慎稳健。在规范管理的同时,妥善处理存量债务,确保在建项目有序推进。

二、规范政府新增债务

3.明确各级政府举债权限。经国务院批准,省级政府可以适度举借债务。市、县(市、区)政府确需举借债务的,由省级政府代为举借,偿债主体为市、县政府,省级不承担偿还或担保责任。明确划清政府与企业界限,政府债务只能通过政府举借,不得通过企事业单位等举借。

4.建立规范的政府举债融资机制。各级政府举债采取政府债券方式,市、县政府债券由省级代为发行。没有收益的公益性事业发展确需政府举借一般债务的,发行一般债券融资,主要以一般公共预算收入偿还。有一定收益的公益性事业发展确需政府举借专项债务的,发行专项债券融资,以对应的政府性基金或专项收入偿还。

5.推广使用政府与社会资本合作模式。鼓励社会资本通过特许经营等方式,参与城市基础设施等有一定收益的公益性事业投资和运营。政府通过特许经营权、合理定价、财政补贴等事先公开的收益约定规则,使投资者有长期稳定收益。投资者按照市场化原则出资,按约定规则独自或与政府共同成立特别目的公司建设和运营合作项目。投资者或特别目的公司可以通过银行贷款、企业债、项目收益债券、资产证券化等市场化方式举债并承担偿债责任。政府对投资者或特别目的公司按约定规则依法承担特许经营权、合理定价、财政补贴等相关责任,不承担投资者或特别目的公司的偿债责任。

6.加强政府或有债务监管。剥离融资平台公司政府融资职能,融资平台公司不得新增政府债务。各级政府新发生或有债务,要严格限定在依法担保的范围内,并根据担保合同依法承担相关责任。除法律和国务院另有规定外,各级政府及所属机关事业单位、社会团体,不得出具担保函、承诺函、安慰函等直接或变相担保协议,不得以机关事业单位及社会团体国有资产等为其他单位和企业融资进行抵押或质押,不得为其他单位或企业融资承诺承担偿还责任,不得为其他单位和企业的回购协议提供担保。各级政府要加强对或有债务的统计分析和风险防控,做好相关监管工作。

三、甄别处置存量债务

7.将存量债务纳入预算管理。以2013年政府性债务审计结果为基础,结合审计后债务增减变化情况,经债权人与债务人共同协商确认,对地方政府性债务存量进行甄别。对各级政府及其部门举借的债务,相应纳入一般债务和专项债务。对企事业单位举借的债务,凡属于政府应当偿还的债务,相应纳入一般债务和专项债务。甄别后的全省政府存量债务逐级汇总上报国务院批准后,各级政府要将其分类纳入预算管理。纳入预算管理的债务原有债权债务关系不变,偿债资金要按照预算管理要求规范管理。

8.降低存量债务利息负担。各级政府对甄别后纳入预算管理的存量债务,可申请发行政府债券置换,以降低利息负担,优化期限结构,腾出更多资金用于重点项目建设。

9.妥善处置存量债务。处置到期存量债务要遵循市场规则,减少行政干预。对项目自身运营收入能够按时还本付息的债务,应继续通过项目收入偿还。对项目自身运营收入不足以还本付息的债务,可以通过依法注入优质资产、加强经营管理、加大改革力度等措施,提高项目盈利能力,增强偿债能力。各级政府应指导和督促有关债务举借单位加强财务管理,拓宽偿债资金渠道,统筹安排偿债资金。对确需各级政府偿还的债务,各级政府要切实履行偿债责任,必要时可以处置政府资产偿还债务。对确需各级政府履行担保或救助责任的债务,各级政府要切实依法履行协议约定,作出妥善安排。有关债务举借单位和连带责任人要按照协议认真落实偿债责任,明确偿债时限,按时还本付息,不得单方面改变原有债权债务关系,不得转嫁偿债责任和逃废债务。对确已形成损失的存量债务,债权人应按照商业化原则承担相应责任和损失。

四、强化债务风险管控

10.实行政府债务规模控制。省对市、县政府债务规模实行限额管理,市、县政府举债不得突破省批准的限额。省、市、县政府一般债务和专项债务规模均纳入限额管理,市、县政府债务限额由省级财政部门根据各市、县政府债务风险、财力状况等因素测算并报省政府批准后下达。

11.严格限定政府债务举借程序和资金用途。各级政府举借债务不得超出本级政府债务限额,举债项目须列入年度债务预算,并报本级人大或其常委会批准。各级政府举借债务要遵循市场化原则,建立地方政府信用评级制度。各级政府举借的债务,只能用于公益性资本支出和适度归还存量债务,不得用于经常性支出。

12.分门别类纳入全口径预算管理。2015年起,各级政府要将一般债务收支纳入一般公共预算管理,将专项债务收支纳入政府性基金预算管理,将政府与社会资本合作项目中的财政补贴等支出按性质纳入相应政府预算管理。各级政府所属部门、单位要将债务收支纳入部门和单位预算管理。或有债务确需各级政府或其部门、单位依法承担偿债责任的,偿债资金要纳入相应预算管理。对未按要求纳入预算管理的,不得安排财政性资金进行偿债,也不得纳入政府债券置换范围。

13.建立地方政府性债务风险预警机制。省财政根据各地区一般债务、专项债务、或有债务等情况,测算债务率、新增债务率、偿债率、逾期债务率等指标,并按不同权重计算综合风险指标,评估省、市、县债务风险状况,对债务高风险地区进行风险预警。债务风险高的,要积极采取措施,逐步降低风险;债务风险相对较低的,要合理控制债务余额的规模和增长速度。

14.建立债务风险应急处置机制。要硬化预算约束,防范道德风险,市、县政府对举借的债务负有偿还责任,省政府原则上实行不救助原则。各级政府要制定应急处置预案,建立责任追究机制。各级政府出现偿债困难时,要通过控制项目规模、压缩公用经费、处置存量资产等方式,多渠道筹集资金偿还债务。市、县政府难以自行偿还债务时,要及时上报,本级和上级政府要启动债务风险应急处置预案和责任追究机制,切实化解债务风险,并追究相关人员责任。

15.严肃财经纪律。建立对违法违规融资和违规使用政府性债务资金的惩罚机制,加大对地方政府性债务管理的监督检查力度。各级各部门不得在预算之外违法违规举借债务，不得以支持公益性事业发展名义举借债务用于经常性支出或楼堂馆所建设，不得挪用债务资金或改变既定资金用途。对企业的注资、财政补贴等行为必须依法合规，不得违法为任何单位和个人的债务以任何方式提供担保，不得违规干预金融机构等正常经营活动，不得强制金融机构等提供政府性融资。市、县政府要进一步规范土地出让管理，坚决制止违法违规出让土地及融资行为。进一步加强政府性基金收支管理，强化政府统筹，保障政府债务的还款来源。

五、完善相关配套措施

16.确保在建项目后续融资。各级政府要统筹各类资金，优先保障在建项目续建和收尾。对使用债务资金的在建项目，原贷款银行等要重新进行审核，凡符合国家有关规定的项目，要继续按协议提供贷款，推进项目建设；对在建项目确实没有其他建设资金来源的，应主要通过政府与社会资本合作模式和地方政府债券解决后续融资。

17.完善债务报告和公开制度。完善地方政府性债务统计报告制度，凡有政府性债务余额的举债单位每月向同级财政部门报送政府性债务信息。建立和完善权责发生制的政府综合财务报告制度，财务报告要真实完整地反映各级政府资产负债等情况，市、县政府综合财务报告经同级政府审定后，报省财政厅备案。对于中央出台的重大政策措施如棚户区改造等形成的政府性债务，在与其他政府性债务一并管理的同时，实行单独统计、单独核算、单独检查、单独考核。建立地方政府性债务公开制度，加强政府信用体系建设。各级政府要定期向社会公开政府性债务及其项目建设情况，自觉接受社会监督。

18.建立考核问责机制。政府性债务管理纳入政府目标管理绩效考核、领导班子和领导干部政绩考核。强化教育和考核，纠正不正确的政绩导向。审计部门要将政府性债务管理纳入对市、县政府和有关部门主要负责人的经济责任审计范围。执纪执法部门各负其责，认真查处政府性债务举借、使用、偿还等过程中的违规违法行为，对脱离实际过度举债、违法违规举债或担保、违规使用债务资金、恶意逃废债务等行为，追究相关责任人责任，构成犯罪的，移交司法机关依法处理。

六、强化组织领导保障

19.加强组织领导。各级政府要把债务管理工作作为加强政府作风建设的重要抓手和转变经济发展方式的重要途径，强化本地区政府性债务管理的统一领导，建立政府性债务管理机制，充实债务管理力量，狠抓政府性债务风险管控，着力防范财政金融风险。

20.落实管理责任。市、县政府要切实担负起加强地方政府性债务管理、防范化解财政金融风险的责任，结合实际制定具体方案，政府主要负责人为第一责任人，分管负责人为直接责任人。加强对政府性债务管理和风险控制的事前、事中、事后管理，特别要加强对存量债务甄别和处置、债务纳入预算管理、融资平台管理、在建项目后续融资、土地开发、项目建设、融资方式、资金使用等重点环节的管控，认真抓好政策落实。

21.加强协调配合。建立地方政府性债务管理协调机制，统筹加强地方政府性债务管理。财政部门作为地方政府性债务归口管理部门，要完善债务管理制度，做好债务规模控制、债券发行、预算管理、统计分析和风险监控等工作。发展改革部门要加强政府投资计划管理和项目审批，从严审批债务风险较高地区的新开工项目。金融监管部门要加强监管、正确引导，制止金融机构等违法违规提供融资。审计部门要依法加强对地方政府性债务的审计监督，促进完善债务管理制度。各级各部门要切实履行职责，加强协调配合，全面做好加强地方政府性债务管理各项工作。

《安徽省人民政府关于进一步加强政府性债务管理的意见》（皖政〔2013〕48号）停止执行。

安徽省人民政府关于贯彻落实国务院深化预算管理制度改革决定的实施意见

（皖政〔2015〕26号）

各市、县人民政府，省政府各部门、各直属机构：

为深化预算管理制度改革，构建全面规范、公开透明的预算制度，根据《国务院关于深化预算管

理制度改革的决定》(国发〔2014〕45号),结合我省实际，现就深化预算管理制度改革提出以下贯彻实施意见:

一、总体要求

按照全面深化财税体制改革的要求，遵循现代国家治理理念,进一步厘清政府与市场边界,着力推进预算公开透明,坚持总体设计协同推进,完善管理制度,创新管理方式,提高管理绩效,构建全面规范、公开透明的预算制度,进一步规范政府行为,防范财政风险,实现有效监督,提高资金效益,逐步建立现代财政制度。

二、推进预算公开

(一)推进政府预决算公开。各级财政部门在本级人大或人大常委会批准政府预决算之日起20个工作日内,主动向社会公开相关报告和报表。除涉密信息外，政府预决算全部细化公开到支出功能分类项级科目。在按经济分类编制政府预决算的基础上，推进政府预决算按支出经济分类细化公开。本级预算安排的专项转移支付预决算要按项目按地区公开。

(二)深化部门预决算公开。扩大部门预决算公开范围,除涉密信息外,所有使用财政资金的部门在财政部门批复部门预决算之日起20个工作日内,主动公开部门预决算报表和说明。部门预决算细化公开到支出功能分类项级科目，在按经济分类编制部门预决算的基础上，推进部门预决算按支出经济分类公开，逐步将部门预决算公开到基本支出和项目支出。

(三)加大"三公"经费公开。扩大"三公"经费公开范围,除涉密信息外,所有使用财政资金安排"三公"经费的部门、单位,均应随部门预决算一并公开财政资金安排的"三公"经费预决算。

(四)拓展预算公开领域。按照"公开是常态,不公开是例外"的要求,将预算公开逐步拓展至财税政策、预算管理制度、资金管理制度,以及预算收支安排、预算执行情况、决算情况、预决算编制程序等。在推进政府预决算、部门预决算公开的基础上,重点推进专项转移支付、民生支出、地方政府债务、政府采购项目、预算绩效、财税政策和规章制度等方面信息公开,推动预算公开透明。

三、完善政府预算体系

(一)健全政府预算体系。健全一般公共预算、政府性基金预算、国有资本经营预算和社会保险基金预算等四大预算体系，政府收入和支出全部纳入预算管理。

(二)加大预算统筹力度。加大政府性基金预算、国有资本经营预算与一般公共预算的统筹力度，将政府性基金预算中应统筹使用的资金列入一般公共预算，加大其他政府性基金预算统筹安排力度,政府性基金预算安排支出的项目,一般公共预算不再安排或减少安排。完善国有资本经营预算制度，在现行基础上逐步提高国有资本收益上缴比例,确保2020年提高到30%,并加大国有资本经营预算资金调入一般公共预算的力度，更多用于保障和改善民生。

(三)健全预算标准体系。按照科学、节约、精准、动态的原则,进一步完善基本支出定额标准体系，加快推进项目支出通用定额标准和专用定额标准体系建设。严格机关运行经费管理,制定机关运行经费实物定额和服务标准。加强人员编制管理,完善财政供养人员基础信息管理,准确编制财政预算。加强资产管理,制定资产配置标准体系,建立资产管理与预算管理结合机制。

四、建立跨年度预算平衡机制

(一)改进年度预算控制。一般公共预算审核的重点由平衡状态、赤字规模向支出预算和政策拓展。强化支出预算约束,预算报告增加支出政策内容。收入预算从约束性转向预期性,根据经济形势和政策调整等因素科学预测。一般公共预算为支持没有收益的公益性事业发展，可通过省政府举借一般债务。政府性基金预算按照以收定支的原则安排,为支持有一定收益的公益性事业发展,可通过省政府举借专项债务。国有资本经营预算按照收支平衡的原则安排,不列赤字。市、县各级政府应将上级政府提前下达的转移支付预计数编入本级预算。

(二)推动跨年度平衡。根据经济形势发展变化和财政政策逆周期调节的需要，建立跨年度预算平衡机制。一般公共预算执行中出现超收,用于化解政府债务或补充预算稳定调节基金；出现短收,通过调入预算稳定调节基金、调入政府性基金及国有资本经营预算等其他预算资金、削减支出实现平衡。采取上述措施后仍不能实现平衡,省政府报经省人大或其常委会批准后增列赤字，在下一年度预算中予以弥补;市、县政府通过申请临时救助实现平衡,并在下一年度预算中归还。政府性基金预算和国有资本经营预算出现超收,结转下年安排;出现短收,通过削减支出实现平衡。

(三)实行中期财政规划。2015年起,正式启动三年滚动财政规划和部门三年滚动规划,对未来三年重大财政收支情况进行分析预测,对规划期内一些重大改革、重要政策和重大项目,研究政策目标、运行机制和评价办法。中期财政规划要与国民经济和社会发展规划纲要及国家宏观调控政策相衔接。强化中期财政规划对年度预算的约束。健全项目审核机制,各部门规划中涉及财政政策和资金支持的,要与三年滚动财政规划相衔接。

五、加强财政收入管理

(一)加强税收征管。税收征管部门要依照法律法规及时足额组织税收收入,并建立与相关经济指标变化情况相衔接、以税收征管质量和效益为重点的考核体系。严格减免税管理,不得违反法律法规的规定和超越权限多征、提前征收或者减征、免征、缓征应征税款。加强执法监督,强化税收入库管理。建立财政、税务、人行等相关部门涉税信息交换与共享机制。

(二)加强非税收入管理。各级、各部门要依照法律法规切实加强非税收入管理。结合推行涉企收费清单制度,继续清理规范行政事业性收费和政府性基金,坚决取消不合法、不合理的收费基金项目。加强政府非税收入分类预算管理,依照国务院及财政部门规定分别纳入一般公共预算、政府性基金预算和国有资本经营预算。完善非税收入征缴制度和监督体系,禁止通过违规调库、乱收费、乱罚款等手段虚增财政收入。加快建立健全国有资源、国有资产有偿使用制度和收益共享机制,并加强国有资本收益管理,落实国有资本收益权。

(三)全面规范税收优惠政策。除专门税收法律、法规和国务院规定外,各级、各部门起草其他法规、发展规划和区域政策不得突破国家统一财税制度、规定税收优惠政策。未经国务院批准,各级、各部门不能对企业规定财政优惠政策。各级、各部门要对已经出台的税收优惠政策进行规范,违反法律法规和国务院规定的一律停止执行;没有违反法律法规并经国务院批准予以保留的,有明确时限的到期停止执行,未明确时限的应设定优惠政策实施时限。严格执行税收优惠政策备案审查、定期评估和退出制度,加强考核问责,严惩各类违法违规行为。

六、优化财政支出结构

(一)规范财政支出管理。严格控制政府性楼堂馆所、财政供养人员以及“三公”经费等一般性支出。清理规范重点支出同财政收支增幅或生产总值挂钩事项,一般不采取挂钩方式,并对重点支出根据需要统筹安排,优先保障。逐步取消城市维护建设税、排污费、探矿权和采矿权价款、矿产资源补偿费等专款专用的规定,统筹安排相关领域的经费。逐步将所有预算资金纳入财政部门统一分配,在此之前,负责资金分配的部门要按规定将资金具体安排情况及时报财政部门。

(二)完善转移支付管理。完善一般性转移支付增长机制,增加一般性转移支付规模和比例,建立以均衡性转移支付为主体的一般性转移支付体系。研究建立财政转移支付同农业转移人口市民化挂钩机制。大力清理、整合、规范专项转移支付,对竞争性领域的专项转移支付逐一甄别,取消“小、散、乱”以及效用不明显项目,对保留项目予以压缩或实行零增长,并采取贴息、奖补、后补助及资本金注入、股权投资等方式,减少行政性分配,引入市场化运作模式,引导带动社会资本增加投入。在明确各级支出责任的基础上,认真清理现行配套政策,对属于省以上承担支出责任的事项,一律不得要求地方安排配套资金;对省和市县分担支出责任的事项,由省和市县按各自应分担数额安排资金。

(三)健全绩效管理机制。全面推进预算绩效管理工作,建立规范化、标准化、可量化的绩效评价指标体系,逐步覆盖各级预算单位和所有财政资金。绩效自评实现全覆盖,重点评价由项目支出拓展到部门整体支出和财政政策、制度、管理等方面。加强绩效评价结果应用,将评价结果作为调整支出结构、完善财政政策和科学安排预算的重要依据。

七、加强预算执行管理

(一)硬化预算约束。经批准的预算,非经法定程序不得调整,各级、各部门的支出须以预算为依据。先有预算后有支出,未列入预算的不得支出。涉及政府采购的应严格执行政府采购有关规定。年度预算执行中除救灾等应急支出通过动支预备费解决外，一般不出台增加当年支出的政策，必须出台的政策，通过以后年度预算安排资金。规范预算变更，各部门、各单位的预算支出应当按照预算科目执行。不同预算科目、预算级次或者项目间的预算资金需要调剂使用的，按照财政部门的规定办理。

（二）加快预算执行。及时批复预算，加快分解细化预算，加快项目支出进度。规范支出方式，严格限定拨付财政专户的支出范围。进一步提高提前下达转移支付预计数比例，按因素法分配且金额相对固定的转移支付提前下达的比例要达到90%。省级政府接到中央一般性转移支付或专项转移支付后，30日内正式下达到市、县政府。建立科学合理的综合考核体系，强化各级、各部门预算支出管理责任，提高预算执行效率。

（三）规范国库资金管理。全面清理整顿财政专户，除按规定予以保留的专户外，一律不得新设专项支出财政专户，其余专户2年内逐步取消。规范权责发生制核算，除国库集中支付年终结余外，一律不得按权责发生制列支，按规定核算的特定事项应向本级人大常委会报告。全面清理已发生的财政借垫款，加强财政对外借款管理，严禁违规对非预算单位及未纳入年度预算的项目借款和垫付财政资金。探索省级国库现金流量预测和库底目标余额管理，开展国库现金运作。各级政府应加强对本级国库的管理和监督。

（四）加强结转结余资金管理。建立健全结转结余资金定期清理机制，省本级财政安排的项目支出应当在当年使用完毕，当年未使用完毕的结转结余资金，原则上全部收回预算。中央财政安排的结转资金，应当在下一年用于结转项目支出；连续两年未使用完毕的结转资金，应当作为结余资金管理。一般公共预算的结余资金，应当全额补充预算稳定调节基金。加大结转资金统筹使用力度，对不需按原用途使用的资金，可按规定统筹用于经济社会发展亟须资金支持的领域。建立预算编制与结转结余资金管理相结合的机制，实施预算执行进度通报制度和监督检查制度，对结转结余规模较大的部门、单位，适当压减部门预算额度。做好社会保险基金结余的保值增值工作。

八、规范政府债务管理

（一）严格政府债务管理。规范政府新增债务，建立规范的政府举债融资机制，对政府债务实行规模控制。甄别处置存量债务，将甄别后的存量债务上报审核后分类纳入预算管理，并通过发行地方政府债券置换降低利息负担。强化债务风险管理，严格限定举债程序和资金用途，建立债务风险预警和应急处置机制。完善债务配套措施，完善债务统计报告和公开制度，健全地方政府考核问责和信用评级机制。

（二）编制政府综合财务报告。积极研究编制政府综合财务报告，对编制内容、方法、程序等进行有效探索。明确时间节点，在总结现有经验的基础上，2016—2017年继续开展政府综合财务报告编制试点，2018—2020年全面开展政府财务报告编制工作。研究将政府综合财务报告主要指标作为考核市县政府绩效的依据，逐步建立政府综合财务报告公开机制。

九、严肃财经纪律

（一）主动接受监督。依法行使行政决策权和财政管理权，按照预算法和预算审查监督条例等法律法规要求，自觉接受人大监督、审计监督和社会各界监督。

（二）强化制度监管。健全预算编制、收入征管、资金分配、国库管理、政府采购、财政监督、绩效评价、责任追究等方面制度，严格预决算编报、严格财政资金拨付和使用，进一步规范理财行为。

（三）严肃财经纪律。各级、各部门要严格遵守预算法、税收征收管理法、会计法、政府采购法等财税法律法规，加大对本地区各部门、各单位财经纪律执行情况的检查力度，确保财经纪律贯彻落实到位。

十、强化实施保障

（一）加强组织领导。各级、各部门要把深化预算管理制度改革，作为当前全面深化改革的一项重要内容，作为促进经济社会持续健康较快发展的一项重要举措，作为提高政府治理能力的一项重要制度保障，成立领导小组，建立工作机制，加强改革谋划和组织调度。

（二）压实工作责任。市、县政府对本地区预算管理制度改革负总责，政府主要负责人为第一责任人，分管负责人为直接责任人。各级财政部门要按照预算管理改革部署和要求，发挥牵头作用，加强统筹规划，加强制度建设，加强监督检查，确保各项改革平稳有序推进。各级预算收入征管部门要依法加强收入征管,及时组织预算收入。各预算单位要结合本单位实际,明确责任分工,健全内部管理,确保各项改革落到实处。财政、审计、监察等部门要依据各自职责,密切配合协调,加强督促检查,对检查中发现的违规违纪行为,依法依规依纪严肃处理。

安徽省人民政府关于促进经济持续健康发展的意见

(皖政〔2015〕51号)

各市、县人民政府,省政府各部门、各直属机构:

当前,国内外环境复杂严峻,经济下行压力仍然较大,实现今年全省经济社会发展预期目标面临不少风险挑战。各地各部门要深入贯彻落实党的十八大,十八届三中、四中全会和习近平总书记系列重要讲话精神,坚持稳中求进工作总基调,主动适应经济发展新常态,按照"四个全面"战略布局,以提高经济发展质量和效益为中心,保持稳增长、促改革、调结构、惠民生、防风险综合平衡,努力促进经济持续健康发展。为做好当前和今后一个时期经济工作,特提出如下意见:

一、大力促进实体经济发展

1.加大企业帮扶力度。各地各有关部门和领导干部要按照"三严三实"要求,深入企业调查研究,完善帮扶机制,宣传解读党中央、国务院和省委、省政府促进经济增长的政策措施,第一时间推进政策落实,依法依规帮助企业排忧解难。(省经济和信息化委、省国资委、省发展改革委等,排第一位的为牵头单位,下同)

2.发挥财政资金支持效应。各级财政支持企业发展、重点项目等专项资金要尽快落实并拨付到企业。省级安排的一般性转移支付和专项转移支付原则上5月上旬完成下达,尽快发挥资金效应。对统筹使用沉淀存量资金建立任务清单和时间表,及时安排用于发展急需的重点领域和薄弱环节。对支出进度偏慢、盘活存量资金不力的市县和部门进行通报和约谈,并压减转移支付和部门预算额度。(省财政厅等)

3.加强政策性融资担保体系建设。2015年至2017年,省财政每年安排11亿元资金,各市、县(市、区)等额配套,充实县(市、区)政策性融资担保机构国有资本金。2015年,省财政安排20亿元通过省信用担保集团注资参股市、县(市、区)政策性担保机构。深入推进"4321"政银担风险分担机制,暂免收取再担保费,加大担保支持力度,扶持小微企业、"三农"发展。(省财政厅、省政府金融办、省经济和信息化委、省信用担保集团等)

4.进一步降低企业运行成本。按照煤电联动机制,降低燃煤发电机组上网电价,降低工商业用电价格0.0276元/度。实行工商企业用水基本水价同价。支持和鼓励大用户开展电力、天然气直接交易,价格由双方协商确定。各类企业新招用就业困难人员,享受公益性岗位和社保补贴。(省物价局、省经济和信息化委、省能源局、省电力公司、省人力资源社会保障厅等)

5.全面落实降税清费政策。认真落实国家对小微企业、企业改制重组、个人住房转让和非货币资产投资、失业保险费率调整等结构性减税和普遍性降费政策。清理规范税收等优惠政策,停止执行违反国家法律法规的优惠政策,各地已经出台的、不违反法律法规的优惠政策原则上可继续执行,有规定期限的按规定期限执行,没有规定期限的由各地设立过渡期,在过渡期内继续执行。严格落实涉企收费清单制度,强化问责追责。(省财政厅、省地税局、省国税局、省物价局等)

6.积极扶持农业企业发展。对受电变压器容量315千伏安以下的农业种养殖企业生产性用电,执行农业生产电价。对受电变压器容量315千伏安及以上的谷物、棉花、油料、蔬菜等农作物种植企业,以及生猪、畜禽、鱼类等养殖企业生产性用电,符合条件的执行农业生产电价。(省物价局、省农委、省电力公司等)

7.优化金融服务。健全银行业金融机构信贷发放额考核挂钩机制。认真落实定向降准、新增存款用于当地贷款比例考核、农商行改制过渡期存款准备金率优惠等各项政策,确保符合条件的农村商业银行执行较低的存款准备金率。扩大小微企业循环贷款、年审制贷款及续贷业务的应用范围,鼓励各地通过多种途径帮助中小企业解决转贷、续贷过桥资金等问题。大力发展小额贷款保证保险业务。继续实施县域金融机构涉农贷款增量奖励、新型农村金融机构定向费用补贴和创业担保贷款贴息等政策，确保涉农贷款和小微企业贷款增速不低于全部贷款平均水平。继续实施中小企业直接融资奖励与补助政策，鼓励各地比照中小企业上市奖励政策，对在"新三板"、省区域性股权交易市场挂牌的中小企业给予奖励，并对股权投资机构给予奖励。2015年，确保新增A股首发上市企业17家、"新三板"挂牌100家、省区域性股权交易市场挂牌200家，全年直接融资 2000亿元以上，其中股权融资380亿元以上。（省政府金融办、人行合肥中心支行、安徽银监局、安徽证监局、省财政厅、省经济和信息化委等）

二、努力扩大有效投入

8.加快国家重大工程实施和谋划储备。积极对接国家七大工程包、六大消费工程、三大战略、重大装备走出去和国际产能合作等投资重点（"7+6+3+1"），以及国家新设立的科技创新、结构升级等工程包，力争我省一批重大项目列入国家项目库。抓紧谋划"十三五"及今后一个时期的重点项目，完善和充实重点项目库，动态调整，滚动推进。今后，省级政府投资重点支持项目库内的项目。（省发展改革委等）

9.全力推进重点项目建设。选择有市场、有长期回报的投资项目，加强协调调度，科学配置要素资源，全年新开工亿元以上重点项目1600个以上，其中10亿元以上项目350个、50亿元以上40个、100亿元以上15个，建成600个以上，确保固定资产投资增长15%以上。年内开工建设引江济淮工程、商合杭铁路、合安九铁路、池州长江公路大桥、合宁合安合芜高速公路拓宽、金寨抽水蓄能电站、环巢湖生态保护修复三期、月潭水库、京东方液晶显示面板10.5代线、高世代显示玻璃基板等一批事关全局和长远发展的重大项目。加大对传统优势产业技术改造投入力度，提升产品层次和市场竞争力。落实新型企业投资项目核准制度，实施政府投资项目在线审批监管，提高审批和核准效率。对重点项目开展专项督查、挂牌督办，进度严重滞后的要及时调整投资计划和资金预算，并督促整改、相应问责。（省发展改革委、省经济和信息化委、省交通运输厅、省水利厅、省能源局等）

10.加大招商引资力度。鼓励各地通过实施投资引导基金和产业发展资金、社会贡献考评奖励、金融服务、招才引智、公共服务平台、综合环境保障等规范性政策措施，引导和支持境内外资本投向本地主导产业、战略性新兴产业、现代服务业等。鼓励外来投资参与国有企业改革重组等，积极发展混合所有制经济。在公共领域大力推广特许经营、PPP等模式，带动社会资本投入重点项目。进一步加强与央企、知名民企合作。（省商务厅、省发展改革委、省住房城乡建设厅、省国资委、省经济和信息化委、省财政厅、省人力资源社会保障厅等）

11.保障重点项目用地需求。重大项目使用省级预留建设用地计划标准调整为：战略性新兴产业项目总投资1亿元及以上，其他符合产业政策的工业项目5亿元及以上，其他条件不变，并简化用地审批手续，缩短审批时限。实行建设用地计划预先下达制度，每年一季度按照上年度城镇农用地转用计划50%、城乡建设用地增减挂钩用地计划70%的比例预先下达到各市。对铁路、水利等国家重点基础设施项目占优补优、占水田补水田暂时确有困难的，允许地方政府以承诺方式落实耕地占补平衡任务，并在项目竣工时完成数量相同、质量相当的补充耕地任务。（省国土资源厅、省发展改革委等）

12.用足用好地方政府债券、政策性资金和产业投资基金。对有相应第一批置换债券发行额度且库款余额符合有关规定的地方，允许市、县（市、区）财政在债券发行之前用库款先行垫付偿还审计确定的已到期债务。积极对接国开行开发性金融贷款、农发行政策性金融贷款和社保基金投资等，为棚改、交通、水利、环保基础设施和公用事业建设及新型城镇化综合试点项目等提供资金支持。做大省高新技术产业投资基金集群规模，积极对接资本市场，推动龙头企业开展并购重组和行业整合，支持高成长性、创新型中小企业发展，扶持大众创业、万众创新。（省财政厅、省发展改革委、省科技厅、国开行安徽省分行、农发行安徽省分行、省投资集团等）

三、着力推进转型升级

13.加快建设战略性新兴产业集聚发展基地。设立省战略性新兴产业发展基地建设专项引导资金，自2015年起每年安排20亿—30亿元，支持重大项目建设、关键技术产业化、重大技术装备和关键零部件及新工艺示范应用、关键共性技术研发平台和第三方检验检测平台建设等任务。省级其他相关专项资金、省高新技术产业基金等优先向基地倾斜，优先争取国家重大项目和研发平台等在基地布局，争取国家新兴产业创业投资引导基金支持创新型企业发展。（省发展改革委、省经济和信息化委、省科技厅、省财政厅等）

14.提升企业自主创新能力。拓展创新型省份建设专项资金使用范围，提升使用效益，对企业购置用于研发的关键仪器设备，按其年度实际支出额的15%予以补助；对省、市共建的重点实验室，连续三年每年给予100万元的补助；实施科技重大专项计划，重点支持战略性新兴产业的科技需求，企业研发投入占比不低于60%，省给予不高于20%的补助；企业和高校院所在皖转移转化科技成果，按其技术合同成交实际到账额，给予10%的补助；每年扶持30个高层次人才团队来皖创新创业，对每个科技团队出资参股300万—1000万元；对科技产品研发责任险等，按企业保费支出的20%予以补助。（省科技厅、省财政厅等）

四、注重扩大消费需求

15.促进房地产业平稳健康发展。完善市场环境，盘活存量资产，建立房地产健康发展的长效机制。认真落实个人住房贷款首付款比例、利率、税收等政策，职工使用住房公积金贷款购买首套自住住房的，最低首付比例为20%，已结清购房贷款再次申请住房公积金贷款的，最低首付比例为30%。鼓励各地提高住房公积金最高贷款额度。对自愿退出宅基地并还耕、还林，进城购买商品住房的农民，当地政府可给予一次性购房奖励或其他补助。2015年6月底前新增保障性安居工程开工率达到60%以上、10月底前全部开工建设，年内基本建成24万套。大力推进棚户区改造货币化安置和公共租赁住房货币化保障，2015年货币化安置比例原则上不低于40%。（省住房城乡建设厅、省国土资源厅、省财政厅、国开行安徽省分行等）

16. 大力促进消费升级。支持信息、文化、展览、旅游等新型消费业态发展，创新个性化、多样化的消费模式，发展汽车、家电等消费信贷，努力提高消费品质量和服务水平，培育新的消费增长点。组织开展以促进消费增长和升级为主要目的的展销活动，鼓励企业利用知名电子商务平台开展网络促销以及参加大型展会，省级财政对省政府批准的组展、参展，以及大型网络促销、旅游营销活动给予补助。（省商务厅、省发展改革委、省财政厅、省经济和信息化委、省旅游局等）

五、稳步扩大外贸进出口

17.支持进出口贸易。省财政统筹安排专项资金，对企业进口鼓励目录内的机电设备、关键零部件每美元奖励0.02元，对参加境外展会的展位费、国际机票费、食宿费等给予不超过70%的补贴。生产企业免抵退税审批权限下放至县级。一类出口企业申报信息齐全无误的，2个工作日内办理退税，其他企业20个工作日内办结退税手续。（省商务厅、省财政厅、省国税局等）

18.推动企业“走出去”。支持有条件的企业开展海外投资、跨国并购和承包工程，建立生产基地和营销网络，以投资合作带动贸易、技术、资源等合作。对承揽过亿美元的大项目，给予项目贴息支持。（省商务厅、省经济和信息化委、省财政厅等）

六、继续深化改革和改善民生

19.深入推进重点改革。2015年7月1日前，乡镇权力清单和责任清单公布运行，形成省、市、县、乡（镇）四级贯通的权力清单和责任清单体系。全面落实“先照后证”，实现“三证合一”，推动“一址多照”、集群注册等改革，进一步激发市场和社会活力。完善国有企业监管制度，推进具备条件的省属企业兼并重组和整体上市。2015年，再完成65个县（市、区）农村土地承包经营权确权登记颁证试点任务，整合涉农资金支持新型农业经营主体发展。深化省农信社改革，继续做大做强农村商业银行，积极推动设立民营银行。继续实施新设和引进金融机构奖励政策。（省发展改革委、省编办、省工商局、省国资委、省农委、省政府金融办、安徽银监局、省农信社等）

20.持续保障和改善民生。优化财政支出结构，持续扩大民生投入，巩固提升民生工程实效。加强就业失业监测，高度关注高校毕业生等重点群体就业需求。2015年、2016年，从省级失业保险调剂金中安排2亿元充实创业贷款担保基金和补充财政贴息；对化解产能严重过剩等政策性关闭、破产企业，从当年上解的失业保险省级调剂金中安排不低于50%的资金用于职工安置和实训补贴；对高等院校、科研院所优秀毕业生和海外留学人员来皖创（领）办战略性新兴产业和高端现代服务业的，择优给予10万—50万元创业资助。(省财政厅、省人力资源社会保障厅等)

各级领导干部要把推动经济持续健康发展与“三严三实”专题教育紧密结合起来，始终保持良好的精神状态，掌握领导经济工作的新本领，摆脱旧的路径依赖，善于认识发展趋势，准确分析经济形势，营造良好市场环境，发现和使用经济人才，调动各方积极性，狠抓工作落实，做到守土有责、守土负责、守土尽责。各牵头部门要发挥好牵头作用，有关部门要密切配合，省政府督查室要加强跟踪督查，审计、监察部门要强化审计监督和行政问责，确保中央和省委、省政府各项决策部署落地生效。各地各有关部门贯彻落实情况于9月底前报省政府。

安徽省人民政府关于贯彻落实国务院改革和完善中央对地方转移支付制度的实施意见

(皖政〔2015〕61号)

各市、县人民政府，省政府各部门、各直属机构：

为贯彻落实《国务院关于改革和完善中央对地方转移支付制度的意见》(国发〔2014〕71号)精神，结合我省实际，现就改革和完善省以下转移支付制度提出如下实施意见：

一、总体要求

全面贯彻落实党的十八大和十八届二中、三中、四中全会精神，按照新修订的预算法有关规定，围绕建立现代财政制度，以推进地区间基本公共服务均等化为主要目标，完善一般性转移支付增长机制，清理、整合、规范专项转移支付，严肃财经纪律，压实监管责任，加强转移支付管理，逐步形成以均衡地区间基本财力、由市县政府统筹安排使用的一般性转移支付为主体，一般性转移支付和专项转移支付相结合的转移支付制度，充分发挥各地积极性，促进全省经济社会持续健康发展。

在落实中央和地方事权与支出责任的基础上，合理划分省市县事权与支出责任。属于省级事权的，由省级全额承担支出责任，原则上通过省级支出安排，由省级直接实施，减少委托市县实施的专项转移支付；属于省市县共同事权的，由省市县共同分担支出责任，省级分担部分通过专项转移支付委托市县实施；属于市县事权的，由市县承担支出责任，省级主要通过一般性转移支付给予支持，少量的引导类、救济类、应急类事务通过专项转移支付予以支持，以实现特定政策目标。

二、基本原则

加强制度设计，做好分步实施。合理划分省市县事权和支出责任，强化省级政府统筹推进区域内基本公共服务均等化的职责，使转移支付制度与事权和支出责任划分相衔接；逐步推进转移支付制度改革，先行解决紧迫问题和认识比较一致的问题。

清理整合规范，增强统筹能力。在完善一般性转移支付制度的同时，着力清理、整合、规范专项转移支付，完善专项转移支付设立和退出机制，严格控制专项转移支付项目和资金规模，增强市县财政统筹能力。

市场调节为主，促进公平竞争。妥善处理政府与市场的关系，使市场在资源配置中起决定性作用，逐步减少竞争性领域专项，市场竞争机制能够有效调节的事项原则上不得新设专项转移支付，维护公平竞争的市场环境。

规范资金管理，提高资金效率。既要严格转移支付资金管理，规范预算管理和分配使用，加强指导和监督，做到公平、公开、公正；又要加快资金拨付，注重统筹和绩效，避免大量结转结余，切实提高资金使用效率。

三、优化转移支付结构

(一)规范转移支付形式。一般性转移支付中，逐步将属于省级委托事权或省市县共同事权的项目，转列专项转移支付；属于市县事权的项目，归并到均衡性转移支付。专项转移支付中，属于省级委托事权的项目，可由省级直接实施的，原则上调整列入省级支出；属于市县事权的项目，转列一般性转移支付。

(二)建立一般性转移支付稳定增长机制。增加一般性转移支付规模和比例，逐步将一般性转移支付占比提高到60%以上，重点增加对革命老区、困难地区的转移支付。均衡性转移支付增幅高于转移支付的总体增幅。中央和省级出台增支政策形成的市县财力缺口，原则上通过一般性转移支付调节。

（三）清理整合专项转移支付。清理整合要充分考虑公共服务提供的有效性、受益范围的外部性、信息获取的及时性和便利性，以及各地自主性、积极性等因素。取消专项转移支付中政策到期、政策调整、绩效低下等已无必要继续实施的项目。逐步取消竞争性领域专项，凡属“小、散、乱”，效用不明显以及市场竞争机制能够有效调节的专项应坚决取消。对因价格改革、宏观调控等配套出台的竞争性领域专项，应明确执行期限，并在后期逐步退出，到期取消。加强竞争性领域专项与税收优惠政策的协调，按照中央的部署和要求，用税收优惠政策替代部分竞争性领域专项。对目标接近、资金投入方向类同、资金管理方式相近的项目予以整合，严格控制同一方向或领域的专项数量。

（四）规范专项资金管理办法。每一个专项转移支付有且只有一个资金管理办法。对一个专项有多个资金管理办法的，要进行整合归并，不得变相增设专项。资金管理办法要明确政策目标、部门职责分工、资金补助对象、资金使用范围、资金分配办法等内容，逐步达到分配主体统一、分配办法一致、申报审批程序唯一等要求。需要发布项目申报指南的，应在资金管理办法中进行明确。补助对象应按照政策目标设定，并按政府机构、事业单位、个人、企业等进行分类，便于监督检查和绩效评价。

（五）健全转移支付设立退出机制。省级财力安排的转移支付应当依据法律、行政法规、地方性法规以及国务院、财政部和省政府的规定设立。省级新设立转移支付、整合及中止转移支付或专项转移支付改列一般性转移支付时，由省有关部门申请，省财政厅提出意见，报省政府审定。新设立的专项转移支付应有明确的政策依据、政策目标、资金需求、资金用途、专项期限、主管部门和职责分工。省级财力安排的专项转移支付要建立健全定期评估和退出机制，专项转移支付期限原则上不超过3年，最长不超过5年，执行期满后自动撤销，确需延期的重新申请；每项专项转移支付都要明确年度绩效目标并建立年度评估制度，未完成政策目标、绩效低下或出现严重资金使用问题的应予取消或调整。

四、规范转移支付分配

（一）完善一般性转移支付办法。一般性转移支付原则上采用因素法、公式化分配。科学设置均衡性转移支付测算因素、权重，充分考虑困难地区和革命老区底子薄、发展慢等特殊情况，真实反映各地支出成本差异，建立财政转移支付同农业转移人口市民化挂钩机制，促进地区间基本公共服务均等化。规范区域发展转移支付资金分配，促进全省各地协调发展。建立激励约束机制，对基本公共服务保障不到位、资金管理存在违法违规问题、转移支付综合绩效考评得分较低、财政供养人员控制不严甚至存在“吃空饷”现象的地区，适当扣减一般性转移支付数额，引导市县将一般性转移支付资金投入到民生等重点领域。

（二）规范专项转移支付分配。严格资金分配主体，社会团体、行业协会、企事业单位等非行政机关不得负责资金分配。专项转移支付可以采取项目法或因素法进行分配。对用于重大工程、跨地区跨流域的投资项目以及外部性强的重点项目，主要采取项目法分配，实施项目库管理，明确项目申报主体、申报范围和申报条件，规范项目申报流程，发挥专业组织和专家的作用，完善监督制衡机制。对具有地域管理信息优势的项目，主要采取因素法分配，选取客观因素，确定合理权重，按照科学规范的分配公式切块下达到市县财政，并指导市县制定资金管理办法实施细则，按规定层层分解下达到补助对象，做到既要调动市县积极性，又要保证项目顺利实施。对关系群众切身利益的专项转移支付，可改变行政性分配方式，逐步推动建立政府引导、社会组织评价、群众参与的分配机制。

（三）清理规范资金配套要求。除省市县共同承担的事项外，省级在安排专项转移支付时，不得要求市县政府承担配套资金。由省市县共同承担的事项，要依据公益性、外部性等因素明确分担标准或比例。在此基础上，根据各地财政状况，同一专项对不同市县可采取有区别的分担比例，但不同专项对同一市县的分担比例应逐步统一规范。

五、加强转移支付资金使用管理

（一）统筹使用一般性转移支付资金。一般性转移支付不规定具体使用项目；对支出科目有要求的，原则上只规定到《政府收支分类科目》中的“类”或“款”级科目，完成政策目标后，可在“类”级科目内统筹使用。对省下达的一般性转移支付，市县政府应采取有效措施，确保统筹用于相关重点支出。

（二）严格专项转移支付资金使用。对省下达的专项转移支付，市县政府可在不改变资金用途的基础上，发挥贴近基层的优势，结合本级安排的相关专项情况，加大整合力度，将支持方向相同、扶持领域相关的专项转移支付整合使用。除省级委托事权外，专项转移支付一律不得用于财政补助单位人员经费和运转经费以及楼堂馆所等国务院明令禁止的相关项目建设。结合税费制度改革，完善相关政策，逐步取消城市维护建设税、排污费、探矿权和采矿权价款、矿产资源补偿费等专款专用的规定，统筹安排这些领域的经费。转移支付用于涉企项目要同步纳入安徽财政涉企项目资金管理信息系统统一管理。加强对专项资金分配使用的全过程监控和检查力度，建立健全信息反馈、责任追究和奖惩机制，重点解决资金管理“最后一公里”问题。

（三）探索实行基金管理等市场化运作模式。对保留的具有一定外部性的竞争性领域专项，应控制资金规模，突出保障重点，逐步改变行政性分配方式，主要采取基金管理等市场化运作模式，逐步与金融资本相结合，发挥撬动社会资本的杠杆作用。基金可以采取省级直接设立的方式，也可以采取省级安排专项转移支付支持市县设立的方式；可以新设基金，也可以扶持已有的对市场有重大影响的基金。基金主要采取创业投资引导基金、产业投资基金等模式。基金设立应报经同级人民政府批准，应有章程、目标、期限及指定投资领域，可委托市场化运作的专业团队管理，重在引导、培育和发展市场，鼓励创新创业。基金应设定规模上限，达到上限时，根据政策评估决定是否进一步增资。少数不适合实行基金管理模式的，也应在事前明确补助机制的前提下，事中或事后采取贴息、先建后补、以奖代补、保险保费补贴、担保补贴等补助方式，防止出现补助机制模糊、难以落实或套取补助资金等问题。

六、强化转移支付预算管理

（一）加强预算编制。一般性转移支付按照国务院规定的基本标准和计算方法编制。专项转移支付应当分项目、分地区编制。上一级政府应当将对下级政府的转移支付预计数提前下达下级政府，各级政府应当将上级政府提前下达的转移支付预计数编入本级预算。上级下达的财政转移支付纳入政府预算管理，按规定向同级人大或其常委会报告。

（二）及时下达资金。除据实结算等特殊项目可以分期下达预算或者先预付后结算外，省对市县一般性转移支付在省人大批准预算后 30 日内下达，专项转移支付在 60 日内下达。省接到中央转移支付后，在 30 日内正式下达市县。

（三）推进信息公开。省对市县转移支付预算安排及执行情况在省人大批准后 20 日内由省财政厅向社会公开，并对重要事项作出说明。主动向社会公开一般性转移支付和专项转移支付的具体项目、规模、管理办法和分配结果等。

（四）做好绩效评价。完善转移支付绩效评价制度，科学设置绩效评价机制，合理确定绩效目标，有效开展绩效评价，提高绩效评价结果的可信度，并将绩效评价结果同预算安排有机结合。逐步创造条件向社会公开绩效评价结果。

（五）加强政府性基金预算和一般公共预算的统筹力度。结转资金规模较大的政府性基金，应调入一般公共预算统筹使用。政府性基金预算安排支出的项目，一般公共预算可不再安排或减少安排。政府性基金预算和一般公共预算同时安排的专项转移支付，在具体管理中应作为一个专项，制定统一的资金管理办法，实行统一的资金分配方式。

七、调整优化基建投资专项

在保持省级基建投资合理规模的基础上，划清省级基建投资专项和其他财政专项转移支付的边界，合理划定主管部门职责权限，优化省级基建投资专项支出结构。逐步退出竞争性领域投入，对确需保留的投资专项，调整优化安排方向，探索采取基金管理等市场化运作模式，规范投资安排管理；规范安排对市县基本公共服务领域的投资补助，逐步减少对市县的小、散投资补助；逐步加大属于省级事权的项目投资，主要用于重大工程、跨地区跨流域的投资项目以及外部性强的重点项目。

八、加强组织领导

（一）提高认识。各地、各部门要高度重视财政转移支付制度改革,加强组织领导,确保相关改革工作顺利推进。要充分认识改革和完善转移支付制度的重要性,把思想和行动统一到党中央、国务院和省委、省政府决策部署上来。要加强沟通,凝聚各方共识,形成改革合力。

(二)明确职责。各级政府承担转移支付资金管理的主体责任。财政部门负责转移支付制度建设、预算安排、资金分配和拨付,组织开展绩效评价和监督检查工作。有关部门负责提出相关转移支付的基础性分配意见和管理要求,具体负责项目申报管理、资金监管和绩效评价。资金使用单位承担资金管理的直接责任。审计部门依照有关法律、法规及相关规定,对转移支付资金的分配、拨付、使用和管理情况进行审计全覆盖和全过程监督。监察部门依法查处转移支付管理和使用中的违规违纪行为。

(三)抓好落实。各地、各部门要根据本意见要求,结合本地、本部门实际调整完善管理体制,健全相关管理机构,制定完善配套措施,周密部署、加强督查,主动作为、勇于担当,积极研究解决工作中遇到的新情况、新问题。省财政厅要会同有关部门和地区及时总结经验,加强宣传引导,推动本意见确定的各项政策措施贯彻落实,重大事项及时向省政府报告。

安徽省人民政府关于批转省财政厅权责发生制政府综合财务报告制度改革方案的通知

(皖政〔2015〕62号)

各市、县人民政府,省政府各部门、各直属机构:

省财政厅《权责发生制政府综合财务报告制度改革方案》已经省政府同意,现批转给你们,请认真贯彻执行。

权责发生制政府综合财务报告制度改革方案

根据新修订的《中华人民共和国预算法》《国务院关于深化预算管理制度改革的决定》(国发〔2014〕45号)、《国务院关于批转财政部权责发生制政府综合财务报告制度改革方案的通知》(国发〔2014〕63号)精神,为建立我省权责发生制政府综合财务报告制度,全面、准确反映政府整体财务状况、运行情况和财政中长期可持续性,制定本方案。

一、建立权责发生制政府综合财务报告制度的重要意义

我省现行政府财政报告主要实行以收付实现制政府会计核算为基础的决算报告制度,主要反映政府年度预算执行情况的结果,不能科学、全面、准确反映政府资产负债和成本费用,不利于强化政府资产管理、降低行政成本、提升运行效率、有效防范财政风险,难以满足建立现代财政制度、促进财政长期可持续发展和推进国家治理现代化的要求。因此,必须推进政府会计改革,建立全面反映政府资产负债、收入费用、运行成本、现金流量等财务信息的权责发生制政府综合财务报告制度。

二、改革指导思想、总体目标和基本原则

(一)指导思想。全面贯彻落实党的十八大,十八届三中、四中全会和习近平总书记系列重要讲话精神,按照党中央、国务院和省委、省政府的决策部署,加快推进政府会计改革,逐步建立以权责发生制政府会计核算为基础、以编制和报告政府资产负债表、收入费用表等报表为核心的权责发生制政府综合财务报告制度,提升政府财务管理水平,促进政府会计信息公开,推进国家治理体系和治理能力现代化。

(二)总体目标。严格按照财政部权责发生制政府综合财务报告制度改革方案要求,结合我省实际,贯彻落实统一、科学、规范的政府会计准则体系和制度体系,建立健全政府财务报告编制办法,适度分离政府财务会计与预算会计、政府财务报告与决算报告功能,全面、清晰反映政府财务信息和预算执行信息,为开展政府信用评级、加强资产负债管理、改进政府绩效监督考核、防范财政风险等提供支持,促进政府财务管理水平提高和财政经济可持续发展。力争到2020年,在全省范围内建立起权责发生制政府综合财务报告制度。

(三)基本原则。

1.立足安徽省情,借鉴有益经验。充分考虑我

省省情和财政财务管理实际，积极借鉴我省企业会计改革的成功做法，吸取中央和其他省区市政府综合财务报告制度改革的有益经验，构建符合我省实际的政府综合财务报告制度。

2.坚持继承发展，注重改革创新。积极吸收近年来完善现行政府会计制度、行政事业单位会计改革以及政府综合财务报告试编经验，注重制度创新，强化信息技术支撑，准确反映政府资产负债状况和运行成本，促进政府规范管理和有效监督。

3.坚持公开透明，便于社会监督。按照政府信息公开要求，规范公开内容和程序，促进公开常态化、规范化和法制化，满足各有关方面对政府财务状况信息的需求，进一步增强政府透明度。

4.做好总体规划，稳妥有序推进。科学合理设计我省改革总体框架和目标，充分考虑改革的复杂性和艰巨性，先行试点，由易到难，分步实施，积极稳妥地推进改革。

三、主要任务

(一)建立健全政府会计核算体系。推进财务会计与预算会计适度分离并相互衔接，在完善预算会计功能基础上，增强政府财务会计功能，夯实政府财务报告核算基础，为中长期财政发展、宏观调控和政府信用评级服务。

(二)建立健全政府财务报告体系。政府财务报告主要包括政府部门财务报告和政府综合财务报告。政府部门编制部门财务报告，反映本部门的财务状况和运行状况；财政部门编制政府综合财务报告，反映政府整体的财务状况、运行情况和财政中长期可持续性。

(三)建立健全政府财务报告审计和公开机制。政府综合财务报告和部门财务报告按规定接受审计。审计后的政府综合财务报告与审计报告依法报本级人民代表大会常务委员会备案，并按规定向社会公开。

(四)建立健全政府财务报告分析应用体系。以政府财务报告反映的信息为基础，采用科学方法，系统分析政府的财务状况、运行成本和财政中长期可持续发展水平。充分利用政府财务报告反映的信息，识别和管理财政风险，更好地加强政府预算、资产和绩效管理，并将政府财务状况作为评价政府受托责任履行情况的重要指标。

四、具体内容

(一)贯彻实施政府会计准则和会计制度体系。

1.严格执行政府会计基本准则、具体准则及应用指南。规范政府会计目标、政府会计主体、政府会计信息质量要求、政府会计核算基础，以及政府会计要素定义、确认和计量原则、列报要求等原则事项；规范政府发生的经济业务或事项的会计处理，详细规定经济业务或事项引起的会计要素变动的确认、计量、记录和报告；遵循具体准则的操作性规定。

2.贯彻落实政府会计制度。按照财政部要求，完善政府会计科目设置，实现预算会计和财务会计双重功能。预算会计科目应准确完整反映政府预算收入、预算支出和预算结余等预算执行信息，财务会计科目应全面准确反映政府资产、负债、净资产、收入、费用等财务信息。条件成熟时，按照有关要求推行政府成本会计，规定政府运行成本归集和分摊方法等，反映政府向社会提供公共服务支出和机关运行成本等财务信息。

3.制定政府财务报告编制办法和操作指南。对政府财务报告主要内容、编制要求、报送流程、数据质量审查、职责分工等，以及政府财务报告编制和财务信息分析的具体方法等作出规定。

4.建立健全政府财务报告审计和公开制度。对审计的主体、对象、内容、权限、程序、法律责任等和政府财务报告公开的主体、对象、内容、形式、程序、时间要求、法律责任等作出规定。

(二)编报政府部门财务报告。

1.清查核实资产负债。各部门、各单位要有计划、有步骤地清查核实固定资产、无形资产以及代表政府管理的储备物资、公共基础设施、企业国有资产、应收税款等资产，按规定界定产权归属、开展价值评估；分类清查核实部门负债情况。清查核实后的资产负债统一按规定进行核算和反映。

2.编制政府部门财务报告。各单位应在会计准则体系和政府财务报告制度框架体系内，按时编制以资产负债表和收入费用表等财务报表为主要内容的财务报告，各部门应合并本部门所属单位的财务报表，编制部门财务报告。

3.开展政府部门财务报告审计。部门财务报告应保证信息的真实性、完整性及合规性，接受审计。

4. 报送并公开政府部门财务报告。部门财务报告及其审计报告要报送本级政府财政部门，并按规定向社会公开。

5. 加强部门财务分析。各部门要充分利用财务报告反映的信息，加强对资产状况、债务风险、成本费用、预算执行情况的分析，促进预算管理、资产负债管理和绩效管理有机衔接。

（三）编报政府综合财务报告。

1. 清查核实财政直接管理的资产负债。各级财政部门要清查核实代表政府持有的相关国际组织和企业的出资人权益；地方政府债券，举借的国际金融组织和外国政府贷款、其他政府债务以及或有债务。清查核实后的资产负债统一按规定进行核算和反映。

2. 编制政府综合财务报告。各级财政部门应合并各部门和其他纳入合并范围主体的财务报表，编制以资产负债表、收入费用表等财务报表为主要内容的本级政府综合财务报告。县级以上财政部门要合并汇总本级政府综合财务报告和下级政府综合财务报告，编制本行政区政府综合财务报告。

3. 开展政府综合财务报告审计。政府综合财务报告应保证信息的真实性、完整性及合规性，接受审计。

4. 报送并公开政府综合财务报告。政府综合财务报告及其审计报告，应依法报送本级人民代表大会常务委员会备案，并按规定向社会公开。

5. 应用政府综合财务报告信息。政府综合财务报告中的相关信息可作为考核政府绩效、分析政府财务状况、开展政府信用评级、编制政府资产负债表以及制定财政中长期规划和其他相关规划的重要依据。

五、配套措施

（一）贯彻落实相关法律法规。贯彻落实《中华人民共和国会计法》《中华人民共和国预算法实施条例》等，确保改革与法律法规相衔接。

（二）严格执行相关财务制度。严格执行财政部关于行政单位、事业单位国有资产管理暂行办法等规定，保证改革顺利实施。

（三）进一步完善决算报告制度。进一步完善决算报表体系，侧重反映预算收支执行情况，与政府财务报告有机衔接。

（四）优化政府财政管理信息系统。优化全省权责发生制政府综合财务报告编制软件功能，不断提高报表编制效率。待条件成熟后，与财政部统一报表编制信息系统衔接。

（五）加强政府财务报告编报内部控制。按规定建立和实施行政事业单位内部控制机制，设置充足的财务会计管理岗位，加强政府财务报告编报内部控制，保证政府财务报告真实、完整、合规。

六、实施步骤

（一）2015 年工作。

1. 成立省权责发生制政府综合财务报告制度改革领导小组。

2. 制定发布政府财务报告编制办法和操作指南。

3. 开展政府资产负债清查核实工作。

4. 修订完善行政事业单位国有资产管理办法等。

5. 加强政府综合财务报告信息系统建设。

6. 开展 2014 年度权责发生制政府综合财务报告试编工作。

（二）2016—2017 年工作。

1. 组织开展政府会计相关具体准则及应用指南培训。

2. 继续开展覆盖全省所有市、县（区）的政府综合财务报告编制试点。

3. 研究建立政府综合财务报告分析指标体系。

（三）2018—2020 年工作。

1. 总结评估政府财务报告试编情况。

2. 全面开展政府财务报告编制工作。

3. 研究推行政府成本会计。

4. 建立健全政府财务报告分析应用体系。

5. 制定发布政府财务报告审计制度、公开制度。

七、组织保障

各地、各部门要高度重视权责发生制政府综合财务报告制度改革工作，加强组织领导，明确责任分工，强化工作落实，确保改革有序推进。各级财政部门要担负起牵头责任，进一步完善相关财务制度和决算报告制度，加强政府财务报告编报内部控制，保证政府财务报告真实、完整、合规；加强与其他部门之间的协调和配合，拓宽信息获取渠道，保证信息准确性、及时性和完整性，并指导做好组织实施工作。各部门、各单位要及时完成信息收集和部门财务报告编报工作，有关部门要充分利用政府财务报告信息，按照职能分工做好相关监督考核工作。各级审计部门要按规定组织做好政府财务报告审计工作。

安徽省人民政府关于进一步完善城乡居民基本养老保险制度的实施意见

(皖政〔2014〕84 号)

各市、县人民政府,省政府各部门、各直属机构:

为贯彻落实《国务院关于建立统一的城乡居民基本养老保险制度的意见》(国发〔2014〕8 号)精神，现就进一步完善我省城乡居民基本养老保险(以下简称城乡居民养老保险)制度,提出如下实施意见:

一、指导思想

高举中国特色社会主义伟大旗帜,以邓小平理论、“三个代表”重要思想、科学发展观为指导,深入贯彻落实党的十八大和十八届三中、四中全会精神,按照全覆盖、保基本、有弹性、可持续的方针,以增强公平性、适应流动性、保证可持续性为重点，全面推进和不断完善覆盖全体城乡居民的基本养老保险制度，充分发挥社会保险对保障人民基本生活、调节社会收入分配、促进城乡经济社会协调发展的重要作用。

二、任务目标

坚持和完善社会统筹与个人账户相结合的制度模式,巩固和拓宽个人缴费、集体补助、政府补贴相结合的资金筹集渠道，完善基础养老金和个人账户养老金相结合的待遇支付政策，强化长缴多得、多缴多得的激励机制,建立基础养老金正常调整机制，实现城乡居民养老保险与城镇职工基本养老保险制度有效衔接,健全服务网络,提高管理水平,为参保居民提供方便快捷的服务。2020 年前,全面建成公平、统一、规范的城乡居民养老保险制度,与社会救助、社会福利等其他社会保障政策相配套，充分发挥家庭养老等传统保障方式的积极作用，更好地保障参保城乡居民的老年基本生活。

三、参保范围

年满 16 周岁(不含在校学生),非国家机关和事业单位工作人员及不属于职工基本养老保险制度覆盖范围的城乡居民,可以在户籍地参加城乡居民养老保险。

四、基金筹集

城乡居民养老保险基金由个人缴费、集体补助、政府补贴构成。

(一)个人缴费。参加城乡居民养老保险的人员应当按规定缴纳养老保险费。缴费标准设为每年 100 元、200 元、300 元、400 元、500 元、600 元、700 元、800 元、900 元、1000 元、1500 元、2000 元、3000 元 13 个档次。参保人员自主选择缴费档次,多缴多得。省人力资源社会保障厅会同省财政厅根据城乡居民收入增长等情况,适时调整缴费档次和标准。

(二)集体补助。有条件的村集体经济组织应当对参保人缴费给予补助,补助标准由村民委员会召开村民会议民主确定。鼓励有条件的社区将集体补助纳入社区公益事业资金筹集范围。鼓励其他社会经济组织、公益慈善组织、个人为参保人缴费提供资助。补助、资助金额不超过目前设定的最高缴费档次标准。

(三)政府补贴。政府补贴分为基础养老金补贴和缴费补贴两部分。

1. 基础养老金补贴。政府对符合领取城乡居民养老保险待遇条件的参保人全额支付基础养老金。中央财政按照中央确定的基础养老金标准给予全额补贴;鼓励有条件的市、县(含市、区,下同)政府提高基础养老金标准，所需资金由市、县负担;省政府适时提高基础养老金补贴标准,具体补贴办法另行制订。

2. 缴费补贴。省、市、县人民政府应当对参保人缴费给予补贴。每人每年最低缴费补贴标准为:缴 100 元补 30 元、缴 200 元补 35 元、缴 300 元补 40 元、缴 400 元补 50 元、缴 500 元及以上的补 60 元。对参保人员的缴费补贴,省级财政目前承担 20 元,其余部分由市、县财政承担,市、县承担比例由各市确定。有条件的市、县可在省里规定统一补贴标准的基础上，适当增加补贴，具体标准和办法由市、县人民政府确定,所需资金由市、县负担。

对重度(二级以上)残疾人、独生子女死亡或伤残

(三级以上)后未再生育夫妻(女方年满49周岁)、节育手术并发症人员(三级以上)等缴费困难群体,县人民政府应结合本地实际,在缴费档次范围内确定标准为其代缴养老保险费,并按代缴养老保险费档次给予补贴。领取独生子女父母光荣证的独生子女父母和落实绝育措施的农村双女父母参保缴费,各地可适当提高补贴标准。

五、建立个人账户

国家为每个参保人员建立终身记录的养老保险个人账户。个人缴费、地方人民政府对参保人的缴费补贴和对缴费困难群体代缴及补贴、集体补助及其他社会经济组织、公益慈善组织、个人对参保人的缴费资助,全部记入个人账户。个人账户储存额按国家规定计息。

六、养老保险待遇及调整

城乡居民养老保险待遇由基础养老金和个人账户养老金构成,支付终身。

(一)基础养老金。目前中央确定的基础养老金标准为每人每月55元。国家调整基础养老金最低标准时,省政府将结合我省实际,适时调整全省基础养老金最低标准。市、县人民政府根据实际情况可以适当提高本地区基础养老金标准。鼓励长缴多得,对长期缴费的,可适当加发基础养老金。市、县提高和加发部分的资金由市、县负担。

(二)个人账户养老金。个人账户养老金的月计发标准,目前为个人账户全部储存额除以139(与现行职工基本养老保险个人账户养老金计发系数相同)。参保人死亡,个人账户资金余额可以依法继承。

七、养老保险待遇领取条件

参加城乡居民养老保险的个人,年满60周岁、累计缴费满15年,且未领取国家规定的基本养老保障待遇的,可以按月领取城乡居民养老保险待遇。

新型农村养老保险或城镇居民养老保险制度启动实施时,已年满60周岁,目前仍未领取国家规定的基本养老保障待遇的,不用缴费,自国发〔2014〕8号文件印发之月起,可以按月领取城乡居民养老保险基础养老金;距规定领取年龄不足15年的,应逐年缴费,也允许补缴,累计缴费不超过15年;距规定领取年龄超过15年的,应按年缴费,累计缴费不少于15年。

城乡居民养老保险待遇领取人员死亡的,从次月起停止支付其养老金。各地要建立丧葬补助金制度,参保人死亡的,一次性支付丧葬补助金,补助金最低标准为中央确定的基础养老金8个月的金额,所需资金由市、县负担,具体承担比例由市、县确定。社会保险经办机构应每年对城乡居民养老保险待遇领取人员进行核对;村(居)民委员会要协助社会保险经办机构开展工作,在行政村(社区)范围内对参保人待遇领取资格进行公示,并与职工基本养老保险待遇等领取记录进行比对,确保不重、不漏、不错。

八、转移接续与制度衔接

参加城乡居民养老保险的人员,在缴费期间户籍迁移、需要跨地区转移关系的,可在迁入地申请转移养老保险关系,一次性转移个人账户全部储存额,并按迁入地规定继续参保缴费,缴费年限累计计算。已经按规定领取城乡居民养老保险待遇的,无论户籍是否迁移,其养老保险关系不转移。

城乡居民养老保险制度与职工基本养老保险、优抚安置、城乡居民最低生活保障、农村五保供养等社会保障制度的衔接,按有关规定执行。

九、基金管理和运营

各地要完善城乡居民养老保险基金财务会计制度和各项业务管理规章制度。城乡居民养老保险基金纳入社会保障基金财政专户,实行收支两条线管理,单独记账、独立核算,任何地区、部门、单位和个人均不得挤占挪用、虚报冒领。基础养老金和个人账户基金分账管理,个人账户基金不得用于发放基础养老金。

城乡居民养老保险基金按照国家统一规定投资运营,实现保值增值。逐步推进城乡居民养老保险基金省级管理。社会保险经办机构应定期向社会公布城乡居民参保情况以及基金的收入、支出、结余和收益情况。

十、基金监督

各级人力资源社会保障部门要会同有关部门认真履行监管职责,建立健全内控制度和基金稽核监督制度,对基金的筹集、上解、划拨、发放、存储、管理等进行监控和检查,并按规定披露信息,接受社会监督。财政、审计部门按照各自职责,对基金的收支、管理和投资运营情况实施监督。对虚报冒领、挤占挪用、贪污浪费等违纪违法行为,有关部门要按国家有关法律法规严肃处理。完善城乡居民养老保险基金预算管理制度,科学编制基金预算,强化支出预算的执行力,提高基金运行和基金管理效率。积极探索有村(居)民代表参加的社会监督的有效方式,做到基金公开透明、阳光操作。

十一、经办管理服务与信息化建设

各地要切实加强城乡居民养老保险经办能力建设,科学整合现有公共服务资源和社会保险经办管理资源,充实加强基层经办力量,实行精细管理、便捷服务。要注重运用现代管理方式和政府购买服务方式,降低行政成本,提高工作效率。要加强城乡居民养老保险工作人员专业培训,不断提高公共服务水平。社会保险经办机构要认真记录参保人缴费和领取待遇情况,建立参保档案,按规定妥善保存。

市、县人民政府要为经办机构提供必要的工作场地、设施设备、经费保障。县人民政府要在乡镇(街道)设立固定的城乡居民养老保险业务办公场所,配备必要的设施和人员,根据服务人群和业务量合理安排工作经费,并可通过购买服务的方式解决基层经办人员不足的问题。城乡居民养老保险工作经费纳入同级财政预算,不得从城乡居民养老保险基金中开支。县财政确有困难的,省、市财政给予适当补助。

按照统一规划、统一开发和全省数据大集中的原则,建立健全全省统一的城乡居民养老保险信息管理系统,并纳入“金保工程”建设,与其他公民信息管理系统实现信息资源共享;将信息网络向基层延伸,实现省、市、县、乡镇(街道)、社区实时联网,有条件的地区可延伸到行政村;大力推行全国统一的社会保障卡,方便参保人持卡缴费、领取待遇和查询本人参保信息。

十二、金融服务

城乡居民养老保险金融服务合作机构由各县负责按照就地、就近、方便参保人缴费和领取养老金的原则,采取招投标或竞争性谈判方式选择确定,一个县一般选择一家金融服务合作机构。各县应根据金融服务基本标准以及服务协议中金融机构作出的服务承诺,建立对合作金融机构服务城乡居民养老保险工作的考核评价制度及退出机制,定期对合作金融机构的服务进行评估,及时反馈参保群众对金融服务的意见。

十三、相关要求

各地要充分认识进一步完善城乡居民养老保险制度的重要性,将其列入当地经济社会发展规划和年度目标管理考核体系,切实加强组织领导。要优化财政支出结构,加大财政投入,为城乡居民养老保险制度建设提供必要的财力保障。各级人力资源社会保障部门要切实履行主管部门职责,会同有关部门做好城乡居民养老保险工作的统筹规划、政策制定、统一管理、综合协调、监督检查等工作。

各地、各有关部门要认真做好城乡居民养老保险政策宣传工作,全面准确地宣传解读政策,正确把握舆论导向,注重运用通俗易懂的语言和群众易于接受的方式,深入基层开展宣传活动,引导城乡居民踊跃参保、持续缴费、增加积累,保障参保人的合法权益。

各市、县人民政府要根据本意见,结合本地实际,制定具体实施办法,并报省人力资源社会保障厅备案。

本意见自印发之日起实施,已有规定与本意见不一致的,按本意见执行。

安徽省人民政府关于推进财政资金统筹使用的实施意见

(皖政〔2015〕99号)

各市、县人民政府,省政府各部门、各直属机构:

为贯彻落实《国务院关于印发〈推进财政资金统筹使用方案〉的通知》(国发〔2015〕35号)精神,结合我省实际,现就推进财政资金统筹使用提出如下实施意见:

一、总体要求

坚持全面统筹、分层推进、远近结合、改革创新、依法依规的原则,推动盘活财政沉淀资金,初步建立财政资金统筹使用机制,并逐步将所有预算资金纳入财政部门统一分配,做到预算一个“盘子”、收入一个“笼子”、支出一个“口子”,优化财政资金配置,提高财政资金使用效益,促进经济社会持续健康发展。

二、加强预算编制和执行统筹协调

1.推进项目统筹管理。完善项目库设置,全面反映项目的执行单位、执行期限、结转结余资金、绩效评价结果等情况;发挥项目库基础支撑作用,未纳入项目库的一般不安排预算,逐步健全项目退出机制。跨年实施项目,根据资金需求分年下达预算。推进预算项目公开评审,规范预算安排,提高项目科学性。提前做好项目可行性研究、招投标、政府采购等前期准备工作,确保预算批复或下达后,资金就能实际使用。

2.推进部门资金统筹。部门年度中确需增加安排的支出,可在本年度部门预算内通过调整结构解决。除经费自理事业单位外,项目支出一般不得安排本部门编制内人员经费支出。严格控制部门管理的专项资金项目个数,项级科目下一般不再拆分成不同的专项资金。在理顺部门间职责划分的基础上,同一工作事项,预算资金原则上列入一个部门;确需列入多个部门的,要制定统一的资金管理办法,减少部门间横向分配资金。

3.推进预算编制统筹。统筹协调基建投资等切块管理资金与其他财政资金,对切块管理资金安排支出的项目,其他财政资金可不再安排或减少安排,避免交叉重复和投向固化;对切块管理资金和其他财政资金都安排支出的项目,应制定统一的资金管理办法。严格控制代编预算,年初能列入部门的一律列入部门预算,确需代编的事项,应及时报同级政府批准,并于当年6月30日前下达;逾期未下达的,收回同级财政预算统筹使用。充分对接基层实际,高效公平配置财政资源,做到预算安排与资金需求相衔接。省对市县转移支付预计数应提前下达市县,市县要足额编入本级预算。

4.推进预算执行统筹。坚持先有预算后有支出,未列入预算不得支出。预算执行中除救灾等应急支出通过动支预备费解决外,一般不出台增加当年支出的政策,必须出台的政策,通过以后年度预算安排资金。加快预算执行,按规定时间及时批复、下达并拨付项目资金;采取当年列入部门预算或先预拨、后清算的方式,加快据实结算项目下达进度。建立项目动态调整机制,动态跟踪项目执行情况,对执行进度较慢的,同级财政按一定比例收回资金,统筹用于经济社会发展急需资金支持的领域。

三、推进重点科目资金优化整合

5.改革重点支出挂钩管理。清理规范重点支出同财政收支增幅或生产总值挂钩事项,对重点支出,根据推进改革需要和确需保障内容统筹安排、优先保障,不再采取先确定支出总额再安排具体项目的办法。

6.优化整合科技、教育资金。研究启动财政科技计划管理改革,构建全省公开统一的科技管理平台,对目前分散在各部门实行公开竞争方式的科技计划(专项、基金等),优化整合为省自然科学基金、省科技重大专项、省重点研发计划、技术创新引导专项(基金)、基地和人才专项等五类。按照事权与支出责任相匹配的原则,优化教育资金支出重点和方向,新增教育经费主要向困难地区和薄弱学校倾斜,逐步缩小区域、城乡和校际差距,促进教育公平。

7.优化整合节能环保、涉农资金。将现有节能环保领域资金统筹整合为节能减排、环境监测监察、大气污染防治、水污染防治、土壤环境修复治理、生态恢复保护等六类。逐步将涉农资金整合为农业综合发展、农业生产发展、水利发展、林业改革发展、农村社会发展、扶贫开发等六类。

8.优化整合医疗卫生资金。医疗卫生领域资金逐步整合为医疗保障、公共卫生、医疗服务等三类。将新型农村合作医疗和城镇居民医疗保险补助资金整合为城乡居民医疗保险补助资金,实行统一管理。尽快推进计划生育服务和公共卫生服务项目资金整合,进一步优化支出结构,重点支持基本公共卫生、重大疾病预防控制、妇幼健康、计划生育、食品药品安全等领域。

四、加大政府预算统筹安排

9.加大政府性基金预算与一般公共预算统筹力度。从2016年1月1日起,将水土保持补偿费、政府住房基金、无线电频率占用费、铁路资产变现收入、电力改革预留资产变现收入等五项基金转列一般公共预算。转列后,支出仍主要或专项用于安排相关支出,原则上随收入规模增加相应增加。继续纳入政府性基金预算管理的资金,与一般公共预算投向类似的,应调入一般公共预算统筹使用,或制定统一的资金管理办法,实行统一的资金分配方式。

10. 推进国有资本经营预算与一般公共预算统筹协调。加大国有资本经营预算调入一般公共预算力度,2016年调入比例达到19%, 并逐年提高调入比例。除调入一般公共预算外,国有资本经营预算支出范围限定用于解决国有企业历史遗留问题及相关改革成本支出、对国有企业的资本金注入及国有企业政策性补贴等方面。一般公共预算安排用于这方面的资金逐步退出。

11. 规范各类收入统筹使用。清理规范政府性基金和专项收入,落实政府性基金和专项收入目录清单管理,推动建立税收收入为主导、非税收入适当补充的收入体系。推进专项收入统筹使用,三年内逐步取消一般公共预算中以收定支的规定。2016年,先行取消城市维护建设税、矿产资源补偿费、探矿权采矿权使用费和价款等专项收入专款专用,相关领域支出统筹安排保障。今后出台的税收收入或非税收入政策,一般不得规定以收定支、专款专用。

12. 统筹协调债务资金使用和库款管理。结合地方政府存量债务清理甄别工作,对尚未使用的地方政府存量债务资金,一律纳入预算管理,与新增债务资金统筹安排使用。一般债务资金和专项债务资金,分别纳入一般公共预算和政府性基金预算。探索提前将地方政府债务新增限额下达市县,并列入年度财政预算。合理控制债务发行的规模和节奏,促进库款管理与债务发行有机结合。

五、推动跨年度预算统筹协调

13. 实行中期财政规划管理。省级启动编制三年滚动财政规划,推进水利投资运营、义务教育、卫生、社保就业、环保等重点领域三年滚动财政规划试点,同步编制省直部门2016—2018年滚动财政规划;具备条件的市县要编制本地中期财政规划。三年滚动财政规划要与国民经济和社会发展五年规划纲要及相关专项规划、区域规划相衔接,强化三年滚动财政规划对年度预算的约束。国民经济和社会发展五年规划纲要及相关专项规划、区域规划等一般不得规定重点支出同财政收支增幅或生产总值挂钩事项;部门、行业规划涉及财政政策和资金支持的,要与三年滚动财政规划相衔接。

14. 建立跨年度预算平衡机制。完善一般公共预算审核的重点,由平衡状态、赤字规模向支出预算和政策拓展,增强预算统筹性。一般公共预算执行中出现超收,用于化解债务或补充预算稳定调节基金;出现短收通过调入预算稳定调节基金或其他预算资金、削减支出实现平衡。上述措施仍不能实现平衡的,省政府报经省人大或其常委会批准后增列赤字实现平衡;市县政府通过申请临时救助实现平衡,并在下一年度预算中归还。一般公共预算结余资金,应当补充预算稳定调节基金。

六、严格财政存量资金统筹盘活

15. 统筹盘活结转结余资金。结余资金和连续两年未用完的结转资金,一律收回统筹使用。不足两年的结转资金,要加快预算执行,也可按规定用于其他急需领域;不需按原用途使用的,应按规定统筹用于急需资金支持的领域。除国库集中支付结余外,一律不得按权责发生制列支;已按权责发生制核算的存量资金,要在两年内使用完毕。

16. 推进预算稳定调节基金统筹使用。闲置不用的预算周转金,可根据实际需要调入预算稳定调节基金。合理控制预算稳定调节基金规模,预算稳定调节基金编制年度预算调入后的规模,一般不超过当年本级一般公共预算支出总额(含对下级转移支付)的5%。

17. 建立财政存量资金与预算安排结合机制。围绕财政资金沉淀问题,建立健全激励约束机制,进一步做好盘活财政存量资金工作。从2016年起,对上年末财政存量资金规模或占比较大的市县,按一定比例相应核减对其下年转移支付额度;对上年末财政存量资金规模或占比较大的部门,按一定比例相应核减其下年公用经费或项目支出预算额度,在确定财政存量资金规模、占比过程中,对下半年下达且确需跨年实施的重大建设类资金,区分情况、统筹考虑。

七、强化转移支付资金统筹使用

18. 优化转移支付结构。在落实中央和地方事权与支出责任的基础上,合理划分省市县事权与支出责任。属于省级事权的,省级全额承担支出责任,原则上由省级支出安排并直接实施。属于市县事权的,市县承担支出责任,省级主要通过一般性转移支付支持,对少量引导、救济、应急类事务通过专项转移支付支持,具体资金分配权和项目确定权下放市县,省级侧重监管。取消专项转移支付中政策到期、政策调整、绩效低下等已无必要实施的项目；整合目标接近、资金投入方向类同、资金管理方式相近的项目。清理整合后实行规范管理，每一个专项转移支付有且只有一个资金管理办法。

19.创新专项转移支付分配方式。对保留的具有一定外部性的竞争性领域专项，应控制资金规模，突出保障重点；逐步改变行政性分配方式，主要采取基金管理等市场化运作模式，鼓励与金融资本相结合，发挥撬动社会资本的杠杆作用。少数不适合实行基金管理模式的，应在事前明确补助机制的前提下，事中或事后采取贴息、先建后补、以奖代补、保险保费补贴、担保补贴等补助方式。

20.改革转移支付资金使用管理。一般性转移支付不规定具体使用项目，市县在完成政策目标后，可在类级科目内统筹使用；专项转移支付，市县可在不改变资金类级科目用途的基础上，发挥贴近基层的优势，结合本级安排的相关专项情况，加大整合力度，将支持方向相同、扶持领域相关的专项转移支付整合使用。加强转移支付项目和部门预算项目统筹，规范项目设置，减少执行中的预算级次调整。

各级、各部门要高度重视，加强组织领导，抓好工作落实，省直单位要发挥带头作用，积极作为。省财政厅密切关注工作进展，加强督促指导；各级审计机关加强审计监督，切实推进措施落实。健全责任追究机制，建立推进财政资金统筹使用任务清单和时间表，完善考核指标，对未按规定完成的，严肃追究相关部门和人员的责任；建立从项目申报到财政资金拨付全过程的权力和责任清单制度，明确权责。建立信息定期统计反馈机制，各级、各部门要将推进财政资金统筹使用情况，及时报送省财政厅。

附件：

推进财政资金统筹使用任务清单和时间表

一、加强预算编制和执行统筹协调

（一）做好项目前期准备，确保预算批复或下达后，资金就能实际使用。（省财政厅、省发展改革委等，2015—2016年，排在第一位的为牵头单位，下同）

（二）推进部门内部和跨部门资金统筹使用。（省财政厅，2015—2016年）

（三）严格控制部门管理的专项资金项目个数，项级科目下一般不再拆分成不同的专项资金。（省财政厅，2015—2016年）

（四）梳理基建投资与其他财政资金交叉重复情况，厘清支出范围。（省发展改革委、省财政厅，省交通运输厅、省水利厅、省国土资源厅等，2015—2016年）

（五）对基建投资等切块管理资金和其他财政资金都安排支出的项目，制定统一的资金管理办法。（省财政厅、省发展改革委等，2015—2016年）

（六）严格控制代编预算，年初能列入部门的一律列入部门预算，确需代编的事项，应及时报同级政府批准，并于当年6月30日前下达。（省财政厅，2015—2016年）

（七）省对市县转移支付预计数应提前下达市县，市县要足额编入本级预算。（省财政厅，2015—2016年）

（八）动态跟踪项目执行情况，对执行进度较慢的，同级财政按一定比例收回资金，统筹用于经济社会发展急需资金支持的领域。（省财政厅、省发展改革委等，2015—2016年）

二、推进重点科目资金优化整合

（一）推进科技资金优化整合。（省财政厅、省科技厅、省发展改革委、省经济和信息化委等，2015—2016年）

（二）推进教育资金优化整合。（省财政厅、省教育厅、省发展改革委等，2015—2016年）

（三）推进节能环保资金优化整合。（省财政厅、省发展改革委，省环保厅、省经济和信息化委、省林业厅等，2015—2016年）

（四）推进涉农资金优化整合。（省财政厅、省发展改革委、省农委、省水利厅、省林业厅、省扶贫办等，2015—2016年）

（五）推进医疗卫生资金优化整合。（省财政厅、省发展改革委、省卫生计生委、省民政厅、省人力资源社会保障厅，2015—2016年）

三、加大政府预算统筹安排

（一）将部分政府性基金预算转列和调入一般公共预算。（省财政厅，2016—2018年）

（二）清理规范政府性基金和专项收入，落实政府性基金和专项收入目录清单管理。（省财政厅，2015—2016年）

（三）加大存量债务资金和新增债务资金的统筹使用力度。（省财政厅，2015—2016年）

(四)加强库款管理与债务发行的统筹协调。(省财政厅,2015—2016年)

四、推动跨年度预算统筹协调

(一)编制三年滚动财政规划。(省财政厅,2015—2016年)

(二)推进水利投资运营、义务教育、卫生、社保就业、环保等重点领域三年滚动财政规划试点。(省财政厅、省发展改革委、省水利厅、省教育厅、省卫生计生委、省人力资源社会保障厅、省环保厅等,2015—2016年)

(三)编制部门三年滚动财政规划。(省财政厅会同相关部门,2015—2016年)

(四)建立跨年度预算平衡机制。(省财政厅,2015—2016年)

五、严格财政存量资金统筹盘活

(一)推进结转结余资金的统筹使用。(省财政厅,2015—2016年)

(二)推进预算稳定调节基金的统筹使用。(省财政厅,2015—2016年)

(三)建立财政存量资金与预算安排结合机制。(省财政厅,2015—2016年)

(四)完善结转结余资金管理相关制度办法。(省财政厅会同相关部门,2015—2016年)

六、强化转移支付资金统筹使用

(一)清理整合专项转移支付。(省财政厅会同相关部门,2015年)

(二)贯彻中央对地方专项转移支付管理办法。(省财政厅,2015年)

(三)贯彻财政部推动地方整合专项转移支付意见。(省财政厅,2015年)

安徽省人民政府关于机关事业单位工作人员养老保险制度改革的实施意见

(皖政〔2015〕120号)

各市、县人民政府,省政府各部门、各直属机构:

为统筹城乡社会保障体系建设,建立更加公平、可持续的养老保险制度,根据《国务院关于机关事业单位工作人员养老保险制度改革的决定》(国发〔2015〕2号)精神,现就我省机关事业单位工作人员养老保险制度改革,提出以下实施意见:

一、总体要求

(一)指导思想。

以邓小平理论、“三个代表”重要思想、科学发展观为指导,深入贯彻党的十八大、十八届三中、四中、五中全会精神和党中央、国务院决策部署,坚持全覆盖、保基本、多层次、可持续方针,以增强公平性、适应流动性、保证可持续性为重点,改革现行机关事业单位工作人员退休保障制度,逐步建立独立于机关事业单位之外、资金来源多渠道、保障方式多层次、管理服务社会化的养老保险体系。

(二)基本原则。

1.公平与效率相结合。既体现国民收入再分配更加注重公平的要求,又体现工作人员之间贡献大小差别,建立待遇与缴费挂钩机制,多缴多得、长缴多得,提高单位和职工参保缴费的积极性。

2.权利与义务相对应。参保人员按照国家规定,切实履行缴费义务,享受相应的养老保险待遇,形成责任共担、统筹互济的养老保险筹资和分配机制。

3.保障水平与经济发展水平相适应。立足社会主义初级阶段基本国情,合理确定基本养老保险筹资和待遇水平,切实保障退休人员基本生活,促进基本养老保险制度可持续发展。

4.改革前与改革后待遇水平相衔接。立足增量改革,实现平稳过渡。对改革前已退休人员,保持现有待遇并参加今后的待遇调整;对改革后参加工作的人员,通过建立新机制,实现待遇的合理衔接;对改革前参加工作、改革后退休的人员,通过实行过渡性措施,保持待遇水平不降低。

5.解决突出矛盾与保证可持续发展相促进。统筹规划、合理安排、量力而行,准确把握改革的节奏和力度,先行解决目前城镇职工基本养老保险制度不统一的突出矛盾,再结合养老保险顶层设计,坚持精算平衡,逐步完善相关制度和政策。

二、主要内容

(一)改革的范围。按照公务员法管理的单位、参照公务员法管理的机关(单位)、事业单位(以下统称单位)及其编制内的工作人员(以下统称工作人员)。

上述事业单位是指根据《中共安徽省委 安徽省人民政府关于分类推进事业单位改革的实施意见》(皖发〔2013〕14 号)有关规定进行分类改革后的公益一类、二类事业单位(含按照有关规定暂不分类且纳入事业机构编制管理的事业单位)。

编制外人员应依法参加企业职工基本养老保险。

(二)实行社会统筹与个人账户相结合的基本养老保险制度。

基本养老保险费由单位和个人共同负担。单位缴纳基本养老保险费(以下简称单位缴费)的基数为本单位参加机关事业单位养老保险工作人员的个人缴费工资基数之和,比例为 20%。个人缴纳基本养老保险费(以下简称个人缴费)的基数为个人缴费工资基数,比例为 8%,由单位代扣。按本人缴费工资 8%的数额建立基本养老保险个人账户,全部由个人缴费形成。

机关单位(含参公管理的单位)工作人员的个人缴费工资基数包括:本人上年度工资收入中的基本工资、国家统一的津贴补贴(警衔津贴、海关津贴等国家统一规定纳入原退休费计发基数的项目)、规范后的津贴补贴(地区附加津贴)、年终一次性奖金。事业单位工作人员的个人缴费工资基数包括:本人上年度工资收入中的基本工资、国家统一的津贴补贴(国家统一规定纳入原退休费计发基数的项目)、绩效工资。其他项目暂不纳入个人缴费工资基数。

个人缴费工资基数超过全省上年度在岗职工平均工资 300%以上的部分,不计入个人缴费工资基数;低于全省上年度在岗职工平均工资 60%的,按全省上年度在岗职工平均工资的 60%计算个人缴费工资基数。

个人账户储存额只用于工作人员养老,不得提前支取,每年按照国家统一公布的记账利率计算利息,免征利息税。参保人员死亡的,个人账户余额可以依法继承。

(三)改革基本养老金计发办法。

1. 本实施意见实施后参加工作、个人缴费年限累计满 15 年的工作人员,退休后按月发给基本养老金。基本养老金由基础养老金和个人账户养老金组成。退休时的基础养老金月标准以全省上年度在岗职工月平均工资和本人指数化月平均缴费工资的平均值为基数,缴费每满 1 年发给 1%。个人账户养老金月标准为个人账户储存额除以计发月数。计发月数根据本人退休时城镇人口平均预期寿命、本人退休年龄、利息等因素确定。

2. 本实施意见实施前参加工作、实施后退休且个人缴费年限(含视同缴费年限,下同)累计满 15 年的工作人员,在发给基础养老金和个人账户养老金的基础上,再依据视同缴费年限长短发给过渡性养老金。其中,对过渡期内(2014 年 10 月 1 日至 2024 年 9 月 30 日)退休的工作人员,按照合理衔接、平稳过渡的原则,确定待遇计发办法。

3. 本实施意见实施后达到退休年龄但个人缴费年限累计不满 15 年的工作人员,其基本养老保险关系处理和基本养老金计发比照《实施〈中华人民共和国社会保险法〉若干规定》(人力资源社会保障部令第 13 号)执行。

4. 本实施意见实施前已经退休的人员,继续按照国家和省规定的原待遇标准发放基本养老金,同时执行基本养老金调整办法。

5. 机关事业单位离休人员仍按照国家和省统一规定发给离休费,并调整相关待遇。

(四)调整部分工作人员退休时加发退休费办法。改革后获得省部级以上劳模、有重大贡献的高级专家等荣誉称号的工作人员,退休时不另增加基本养老金,在职时给予一次性奖励。奖励所需资金不得从养老保险基金中列支。对于改革前已经获得此类荣誉称号的工作人员,退休时不另增加基本养老金,给予一次性退休补贴,资金从原渠道列支,退休补贴标准根据平衡衔接的原则另行确定。符合原有加发退休费情况的其他人员,按照上述办法处理。

(五)建立基本养老金正常调整机制。根据职工工资增长和物价变动等情况,按照国家统一部署,统筹安排机关事业单位和企业退休人员的基本养老金调整,逐步建立兼顾各类人员的养老保险待遇正常调整机制,分享经济社会发展成果,保障退休人员基本生活。

(六)统一机关事业单位基本养老保险制度和政策。全省统一基本养老保险缴费比例和缴费基数核定范围,统一基本养老金计发办法、统筹项目和标准以及调整办法，统一编制和实施基本养老保险基金预算,统一业务经办规程,统一信息管理系统,实现省级集中管理数据资源。

机关事业单位基本养老保险基金实行省对市调剂、市对所属县(市、区)统收统支。建立机关事业单位基本养老保险省级调剂金，由省统一调剂使用。省级调剂金制度建立前,各统筹地区收支缺口由同级财政承担。

(七)加强基金管理和监督。机关事业单位基本养老保险基金单独建账，与企业职工基本养老保险基金分别管理使用。基金实行严格的预算管理,纳入社会保障基金财政专户，实行收支两条线管理,专款专用。依法加强基金监管,确保基金安全。

(八)做好养老保险关系转移接续工作。参保人员在全省同一统筹范围内的机关事业单位之间流动,只转移养老保险关系,不转移基金。参保人员跨统筹范围流动或在机关事业单位与企业之间流动,在转移养老保险关系的同时,基本养老保险个人账户储存额随同转移，并以本实施意见实施后各年度实际缴费工资为基数,按 12%的总和转移基金。参保缴费不足 1 年的,按实际缴费月数计算转移基金。转移后基本养老保险缴费年限(含视同缴费年限)、个人账户储存额累计计算。

(九)建立职业年金制度。机关事业单位在参加基本养老保险的基础上，应为其工作人员建立职业年金。单位按本单位缴费工资的 8%缴费,个人按本人缴费工资的 4%缴费。职业年金具体办法按《国务院办公厅关于印发机关事业单位职业年金办法的通知》(国办发〔2015〕18 号)等规定执行。

(十)建立健全确保养老金发放的筹资机制。机关事业单位及其工作人员应按规定及时足额缴纳养老保险费。各级社会保险征缴机构应切实加强基金征缴,做到应收尽收。各级政府应积极调整和优化财政支出结构,加大社会保障资金投入,确保基本养老金按时足额发放。同时,建立职业年金经费保障机制，确保机关事业单位养老保险制度改革平稳推进。

(十一)逐步实行社会化管理服务。提高机关事业单位社会保险社会化管理服务水平，加快发放全国统一的社会保障卡，实行基本养老金社会化发放。加强街道、社区人力资源社会保障工作平台建设,加快老年服务设施和服务网络建设,为退休人员提供方便快捷的服务。

(十二)明确经办管理层次。基本养老保险实行属地化管理。省直机关和在肥省直事业单位以及符合参保条件的中央驻皖单位基本养老保险管理工作,由省人力资源社会保障厅负责。

三、保障措施

(一)加强组织领导。各地、各部门要充分认识机关事业单位工作人员养老保险制度改革的重大意义，把思想和行动统一到党中央、国务院和省委、省政府的决策部署上来,切实加强对改革工作的领导,精心组织实施。要严格按照机关事业单位编制管理规定,确定机关事业单位养老保险参保人员范围。省人力资源社会保障厅、省财政厅要会同有关部门根据本实施意见精神，制定具体贯彻意见。各级人力资源社会保障、财政、编制等部门要各负其责,密切配合,确保改革顺利推进。改革中遇到的重大问题应及时报告省政府。

(二)加强政策宣传和业务培训。机关事业单位工作人员养老保险制度改革直接关系广大机关事业单位工作人员的切身利益，涉及面广、政策性强。各地、各部门要统一宣传口径,全面准确解读改革政策,正确引导舆论,为改革顺利实施创造良好的舆论环境。各地要结合工作实际,广泛开展业务培训,帮助相关工作机构和工作人员熟练掌握政策,提高工作水平和业务能力。

(三)加强经办机构能力建设。各地要根据机关事业单位工作人员养老保险制度改革的实际需要,加强社会保险经办机构能力建设,相应增加工作人员,提供必要的经费和服务设施。各级社会保险经办机构要进一步完善管理制度,制订和规范业务流程,实现规范化、信息化、专业化、精细化管理,不断提高工作效率和服务质量。

本实施意见自 2014 年 10 月 1 日起实施,已有规定与本实施意见不一致的,按本实施意见执行。

安徽省人民政府关于创新重点领域投融资机制鼓励社会投资的实施意见

（皖政〔2015〕123号）

各市、县人民政府，省政府各部门、各直属机构：

为贯彻落实《国务院关于创新重点领域投融资机制鼓励社会投资的指导意见》（国发〔2014〕60号）精神，推进经济结构战略性调整，加强薄弱环节建设，努力促进经济持续健康发展，现就创新重点领域投融资机制，充分发挥社会投资特别是民间资本的积极作用，提出以下实施意见：

一、总体思路

全面贯彻落实党的十八大，十八届三中、四中、五中全会和习近平总书记系列重要讲话精神，按照创新、协调、绿色、开放、共享发展的理念，落实省委、省政府决策部署，使市场在资源配置中起决定性作用和更好发挥政府作用，不断创新投融资机制，优化政府投资方式，完善价格形成机制，着力打破行业垄断和市场壁垒，统一市场准入，降低准入门槛，建立公平开放透明的市场规则，营造平等的投资环境，进一步鼓励和支持社会资本特别是民间资本参与公共服务、资源环境、生态保护、基础设施等重点领域建设，盘活存量、用好增量，调结构、补短板，服务全省生产力布局，增加公共产品有效供给。

二、鼓励和支持社会资本参与重点领域建设

（一）农业水利领域。

1.拓宽社会资本进入领域。除法律法规特殊规定外，重大水利工程投资建设和运营一律向社会资本开放。凡社会资本愿意投入的重大水利工程，原则上应优先考虑社会资本参与建设和运营。支持农业企业、农民合作社、家庭农场、专业大户等新型经营主体投资建设农田水利和水土保持设施。允许财政补助形成的小型农田水利和水土保持工程资产由农民用水合作组织持有和管护。（责任单位：省发展改革委、省财政厅、省农委、省水利厅，列第一位的为牵头单位，下同）

2.保障社会资本合法权益。社会资本投资建设或运营管理重大水利工程，与政府投资项目享有同等政策待遇，不另设附加条件。社会资本投资建设或运营管理的重大水利工程，可依法转让、转租、抵押其相关权益；征收、征用或占用的，要按照国家有关规定给予赔偿或者补偿。（责任单位：省发展改革委、省农委、省水利厅、省财政厅、省国土资源厅）

3.探索建立水权制度。通过水权制度改革吸引社会资本参与水资源开发利用和保护，培育和规范水权交易市场，积极探索多种形式的水权交易流转方式，允许各地通过水权交易满足新增合理用水需求。按照农业、工业、服务业、生活、生态等用水类型，健全水资源使用权管理。鼓励社会资本通过参与节水供水重大水利工程投资建设等方式优先获得新增水资源使用权。（责任单位：省水利厅、省发展改革委、省住房城乡建设厅）

4.建立符合市场导向的水价形成机制。水利工程供非农业用水价格按照补偿成本、合理收益、优质优价、公平负担的原则制定，并根据供水成本变化及社会承受能力等适时调整，推行两部制水利工程水价和丰枯季节水价，完善农业用水价格形成机制，推进农业水价综合改革，引导和促进社会资本参与农田水利建设。（责任单位：省物价局、省水利厅、省农委）

（二）交通领域。

1.创新铁路投融资机制。创造公平竞争、平等进入的市场环境，通过项目资源优化配置、沿线土地合作开发等多种方式，吸引社会资本参与我省城际铁路、市域（郊）铁路、资源开发性铁路、支线铁路的投资经营。支持通过规范方式向社会资本转让既有合资铁路省方股权，转让收益全部用于铁路发展。以优先股等方式吸纳各类社会资本进入省铁路建设投资基金，2017年前将基金规模扩大至200亿元。实施铁路沿线土地综合开发，土地开发收益纳入政府性基金预算，实行“收支两条线”管理，并全额用于我省境内铁路项目建设、债务偿还、运营补亏。支持省投资集团和各市级铁路投资机构，通过发行企业债券、中长期票据、短期融资券等方式扩大直接融资规模。（责任单位：省发展改革委、省财政厅、省国土资源厅、省国资委、省政府金融办，省投资集团）

2.完善公路投融资模式。建立完善政府主导、分级负责、多元筹资的公路投融资模式。鼓励按照收益共享、物有所值、保障公共利益、合理分担风险等原则，积极吸引社会资本以多种融资方式参与公路建设与运营。完善收费公路政策,加快建立高速公路与普通公路统筹发展机制。允许符合条件的、以新建项目设立的企业为主体发行项目收益债,支持公路重大项目发行永续债券。(责任单位:省交通运输厅、省发展改革委、省财政厅、省物价局、省政府金融办)

3.鼓励社会资本参与水运、民航基础设施建设。进一步加大水运、民航领域的开放力度,积极吸引社会资本参与港口码头、机场以及机场配套服务设施投资建设。允许向社会资本转让港口码头优质资产或股权，转让收益全部用于水运基础设施建设。鼓励社会资本投资建设港口、内河航运设施等。(责任单位:省交通运输厅、省发展改革委、省财政厅、省物价局)

(三)能源领域。

1.鼓励和支持社会资本参与电力建设。在做好生态环境保护、移民安置和确保工程安全的前提下,通过业主招标等方式,鼓励和支持社会资本投资建设常规水电站和抽水蓄能电站。鼓励社会资本投资建设风光电、生物质能等清洁能源项目和背压式热电联产机组，进入清洁高效煤电项目建设、燃煤电厂节能减排升级改造等领域,在项目核准、电价补贴、电网接入等方面与国有资本享有同等地位。(责任单位:省发展改革委、省能源局、省商务厅、省物价局,省电力公司)

2.鼓励和支持社会资本参与电网建设。积极吸引社会资本投资建设跨区输电通道、区域主干电网完善工程和大中城市配电网工程。鼓励社会资本参与投资配电业务。支持社会资本投资建设分布式电源并网工程、储能装置和电动汽车充换电设施。(责任单位:省发展改革委、省能源局,省电力公司)

3.鼓励和支持社会资本参与油气管网、储存设施和煤炭储运建设运营。支持省内国有和民营企业加强与央企合作，参与建设途经或邻近我省的国家油气管网主干线、液化天然气接收站、地下储气库。支持民营企业和省内国有企业控股建设省内油气管网干支线、原油和成品油商业储备库、城市配套管网和储气设施、车船加注和村镇配气设施等。支持社会资本积极参与国家铁路运煤干线和煤炭储配体系建设。(责任单位:省发展改革委、省能源局)

4.推进能源价格改革。落实国家天然气改革意见,实现存量气和增量气价格并轨。鼓励天然气分布式能源与用户直接签订协议，自主协商确定电量和价格。加强省内短途天然气管道运输价格管理。落实国家可再生能源发电价格政策,进一步完善燃煤发电机组环保电价政策。(责任单位:省物价局、省能源局)

(四)生态环保领域。

1.推进国有林场改革。紧紧围绕保护生态、保障民生两大目标,推动政事分开、事企分开,实现体制机制创新，推动国有林场发展模式由木材生产为主转变为生态修复和建设为主，由利用森林获取经济利益为主转变为保护森林提供生态服务为主,加快建立有利于保护和发展森林资源、有利于改善生态和民生、有利于增强林业发展活力的国有林场新体制。(责任单位:省发展改革委、省林业厅)

2.鼓励和支持社会资本参与生态建设。在严格保护森林、湿地和饮用水源等生态资源的前提下,鼓励社会资本积极参与生态建设和保护,支持符合条件的林业企业、农民合作社、家庭农场(林场)、专业大户等新型经营主体投资建设生态项目。对社会资本利用荒山荒地进行植树造林的,及时依法颁发林权证,在保障生态效益、符合土地用途的前提下,支持发展种植、养殖、相关林产品采集加工、森林旅游和生态休闲等林下经济。(责任单位:省林业厅、省农委、省国土资源厅)

3.推行环境污染第三方治理。以环境公用设施、工业园区企业污染治理等领域为重点,以市场化、专业化、产业化为导向,吸引和扩大社会资本投入,引入环境污染责任保险机制,推动建立污染者付费、第三方治理、环境事故保险赔偿的治污新机制。(责任单位:省发展改革委、省环保厅)

4.积极推进排污权、碳排放权交易。制定排污权有偿使用与交易管理制度,为在重点区域、重点行业开展相关工作做好准备。抓紧建立全省碳排放权交易工作机制,积极参与全国碳排放权交易,尽快提出参与全国碳排放权交易的企业名单。加

快碳排放权交易核查体系建设，引进和培育碳排放交易专业人才，培育碳减排专业服务机构。（责任单位：省发展改革委、省环保厅）

（五）市政基础设施领域。

1. 改革市政基础设施建设运营模式。推行政府主导，建设、运营、监管相分离的市场化运行机制，全面实行“建管分开、管办分离”模式。加快推动城市基础设施建设运营事业单位向独立核算、自主经营的企业化管理模式转变。积极推进市县、乡镇和村级污水收集和处理、垃圾处理项目按行业“打包”投资和运营，鼓励实行城乡供水一体化、厂网一体投资和运营。（责任单位：省住房城乡建设厅、省发展改革委）

2. 鼓励和支持社会资本参与市政基础设施建设运营。采用特许经营、投资补助、运营补贴、融资费用补贴或政府购买服务等方式，鼓励社会资本投资城镇供水、供热、燃气、污水垃圾处理、建筑垃圾资源化利用和处理、城市综合管廊、园林绿化、公园配套服务、公共交通、停车设施、城市综合智能交通系统等项目。对市政设施管护、园林绿化养护、道路清扫保洁等，应采取政府购买服务方式引入社会资本，提高运行管护效率和水平。鼓励采用委托经营或转让—经营—转让等方式，将已建成市政基础设施项目转交社会资本运营管理，盘活存量资产。（责任单位：省住房城乡建设厅、省发展改革委、省财政厅）

3. 加强城镇基础设施建设。引导社会资本全面参与新型城镇化试点省建设，推进深化县城基础设施投融资机制改革试点工作，积极争取国家对市政基础设施建设运营引入市场机制的政策和资金支持，积极引入社会资本参与试点县和重点镇市政基础设施建设，及时总结经验并在全省推广。在城镇棚户区和城乡危房改造等保障性安居工程及配套基础设施建设等方面，积极推进政府和社会资本合作。（责任单位：省发展改革委、省住房城乡建设厅）

4. 推进市政基础设施价格改革。不断完善和改进市政基础设施价格形成、调整和补偿机制，合理保障经营者收益。实行上下游价格调整联动机制，价格调整不到位时，各级政府可根据实际情况安排财政性资金对企业运营进行合理补偿。（责任单位：省物价局、省财政厅、省住房城乡建设厅）

（六）社会事业领域。

1. 积极推进社会事业公立机构分类改革。改革公办养老机构管理和运营体制，积极推进公建民营、民办公助，抓紧制定社会力量运营公办养老机构管理办法。鼓励民间资本参与公办养老机构改组改制，引导社会资金共同设立省养老服务产业发展基金，积极推动养老企业融资。发展民间资本参股或控股的混合所有制养老机构。加快推进体育行业协会与行政机关脱钩，扩大体育社会组织承担公共服务的范围和内容。引入和运用现代企业制度，加快体育场馆管理体制和运营机制创新。鼓励和引导社会资本以合资、合作、托管等形式参与公立医院改革。（责任单位：省编办、省发展改革委、省人力资源社会保障厅、省民政厅、省卫生计生委、省体育局）

2. 鼓励和支持社会资本参与社会事业投资。研究制定鼓励社会力量兴办教育、促进民办教育健康发展的实施意见。推进社会力量参与公办职业院校改革，开展混合所有制职业院校试点，积极探索发展股份制、混合所有制职业院校，探索公办和社会力量举办的职业院校相互委托管理和购买服务机制。将符合条件的社会资本举办的医疗机构纳入医疗保险（含新农合）和医疗救助定点范围，享受与公立医疗机构同等报销政策。在政府购买基本医疗卫生服务、落实重大公共卫生项目、实行人才培训时，执行与公立医疗机构同等补偿政策。简化医疗机构设立审批程序，取消床位规模等前置条件，探索以公建民营、民办公助等方式建立区域性检验检查中心，落实社会办医各项税收优惠政策，促进社会办医健康发展。鼓励和支持社会力量参与文化建设，鼓励有条件的地方开展文化设施社会化运营试点，通过委托或招投标等方式引入社会组织和企业参与文化设施运营。鼓励社会资本进入体育领域，建设体育设施，承办体育赛事，提供体育服务。（责任单位：省教育厅、省人力资源社会保障厅、省卫生计生委、省文化厅、省体育局）

3. 落实社会事业建设运营税费优惠政策。落实国家关于非营利性教育、医疗、养老、体育健身、文化机构税收优惠政策。对非营利性医疗、养老机构建设一律免征有关行政事业性收费，对营利性医疗、养老机构建设一律减半征收有关行政事业

性收费。(责任单位:省财政厅、省地税局、省物价局、省教育厅、省卫生计生委、省民政厅、省文化厅、省体育局)

4.完善社会事业价格机制。民办教育、医疗机构用电、用水、用气、用热,执行与公办教育、医疗机构相同的价格政策。养老机构用电、用水、用气、用热,按居民生活类价格执行。除公立医疗、养老机构提供的基本服务按照政府规定的价格政策执行外,其他医疗、养老服务实行经营者自主定价。营利性学校收费实行自主定价,非营利性民办学校收费政策由各级政府按照市场化方向根据当地实际情况确定。对接受学历教育的收费项目和标准由学校制定,报有关部门批准,接受其他教育的收费项目和标准由学校自主定价。(责任单位:省物价局、省民政厅、省教育厅、省卫生计生委)

(七)信息和民用空间设施领域。

1.吸引民间资本加大信息民用空间基础设施投资力度。积极推动和支持民间资本进入电信领域,参与基站机房、通信塔等基础设施的投资、建设和运营维护。鼓励基础电信企业将基站机房、通信塔等基础设施外包第三方民营企业,推进基础设施共建共享。支持民营企业运用民用空间技术,参与智能交通、智能旅游、智能农业和智慧城市建设。(责任单位:省经济信息化委、省通信管理局、省交通运输厅、省旅游局、省农委、省发展改革委)

2.支持电信业进一步开放。鼓励民间资本开展宽带接入网络建设和业务运营,促进公平竞争,推动资源共享,保障企业实现平等接入,用户实现自由选择。加强政策引导,鼓励符合条件的民营企业在全省开展移动通信转售业务,促进移动通信业务创新发展。(责任单位:省经济和信息化委、中国电信安徽分公司、中国移动安徽有限公司、中国联通安徽分公司)

三、不断加大重点领域融资模式创新力度

(一)探索创新信贷服务。充分发挥信贷政策导向作用,鼓励和引导银行业金融机构加大公共服务、资源环境、生态建设、基础设施等重点领域的信贷产品创新,支持开展以排污权、收费权、集体林权、特许经营权、购买服务协议预期收益等为担保的贷款业务。(责任单位:省政府金融办、人行合肥中心支行、安徽银监局、安徽保监局)

(二)深化农村金融改革创新。探索开展农村土地承包经营权、宅基地使用权、农民住房财产权抵押担保贷款试点。推广以大型农业机械设备、运输工具、林木所有权、林地使用权、水域滩涂养殖权、承包土地收益权、农产品订单、知识产权等为标的的新型抵质押担保方式。利用涉农保险作为增信要素,探索拓宽涉农保险保单质押范围。鼓励涉农企业为农户、家庭农场、农民合作社等提供贷款担保。(责任单位:省政府金融办、省农委、省林业厅、人行合肥中心支行、安徽银监局、安徽保监局)

(三)鼓励重点领域建设项目开展股权和债权融资。大力发展债权投资计划、股权投资计划、资产支持计划等,延长投资期限,引导社保资金、保险资金等用于收益稳定、回收期长的基础设施和基础产业项目。建立健全发债企业辅导制度,为企业发债提供全程跟踪服务。多渠道拓展债券融资,积极支持发行城市停车场、养老产业、战略性新兴产业、城市地下综合管廊等专项债券,鼓励重点领域项目采用企业债券、项目收益债、公司债券、中期票据等方式进行融资。(责任单位:省政府金融办、省财政厅、人行合肥中心支行、安徽银监局、安徽证监局、安徽保监局、省发展改革委)

(四)鼓励发展重点领域建设的投资基金。推进投资向投融资转变,以政府资金为引导,加强与金融、债券、基金、保险等金融机构的合作,通过政银企合作、设立引导基金等多种方式,形成“政府+金融“、“政府投资+民间资本”等多种融资机制,撬动更多社会资本参与重大工程建设。鼓励民间资本发起设立主要投资于基础设施、公共服务、生态环保、战略性新兴产业、十大高成长性产业、现代服务业等领域的创业投资基金和产业投资基金。(责任单位:省发展改革委、省经济信息化委、省财政厅、省政府金融办、安徽银监局、安徽证监局、安徽保监局)

(五)充分发挥政策性、开发性金融机构的积极作用。运用政策性、开发性金融为重点项目提供“投资、贷款(含过桥贷款)、债券、租赁、证券”等综合金融服务。积极推进与开发性金融机构在新型城镇化建设、城市棚户区改造、引江济淮、国省干道改造、铁路征地拆迁等方面的长期稳定合作。(责任单位:省发展改革委、省财政厅、省住房城乡建设厅、省交通运输厅、省水利厅、省政府金融办)

四、有效发挥政府投资引导和带动作用

（一）优化政府投资方向。进一步明确政府投资领域和范围，加大财政专项资金整合力度，逐步退出竞争性投资领域，主要投向公益性和基础性领域。对鼓励社会资本参与的重点领域，政府投资可根据实际情况给予支持，充分发挥政府投资 四两拨千斤 的引导带动作用。（责任单位：省发展改革委、省财政厅）

（二）研究改进省级预算内投资安排方式。对竞争性领域和基础设施、公用事业的投资专项，探索采取基金管理、股权投资、入股产业投资基金等市场化运作模式，鼓励更多社会资本参与重大工程建设。完善政府投资专项监督制衡机制，规范政府投资安排行为，对关系群众切身利益的政府投资专项，改变行政性分配方式，逐步推动建立政府引导、社会组织评价、群众参与的分配机制。（责任单位：省发展改革委、省经济信息化委、省财政厅）

五、建立健全政府和社会资本合作(PPP)模式

（一）积极推广 PPP 模式。建立各级政府负责、行业主管部门推动、相关部门参与的协调推进机制，切实做好 PPP 项目的统筹规划、综合平衡和储备管理。在政府负有提供责任又适宜市场化运作的重点领域，积极推广应用 PPP 模式，引入社会资本，增强公共产品供给能力。已建成项目可植入 PPP 模式，通过项目租赁、重组、转让等方式对原项目进行升级改造或合作经营，盘活存量资产、提升经营管理水平，改善公共服务。（责任单位：省发展改革委、省财政厅、省国资委）

（二）开展项目示范。加快推进鼓励社会资本参与的示范项目实施。选择一批市场发育程度高、政府负债水平低、社会资本相对宽裕的市县，以及具有稳定收益和社会效益的公共服务、基础设施类项目，通过特许经营、购买服务、股权合作等方式，积极推进政府和社会资本合作，及时总结经验、大力宣传，发挥示范带动作用。抓紧建立全省 PPP 项目库，动态调整，定期调度。（责任单位：省发展改革委、省财政厅、省教育厅、省住房城乡建设厅、省交通运输厅、省水利厅、省卫生计生委、省文化厅、省体育局、省旅游局、省能源局）

（三）简化项目审核流程。进一步减少审批环节，建立项目实施方案联评联审机制，提高审查工作效率。项目合同签署后，可并行办理必要的审批手续，有关部门要简化办理手续，优化办理程序，主动加强服务，对实施方案中已经明确的内容不再作实质性审查。（责任单位：省发展改革委、省财政厅、省国土资源厅、省环保厅、省住房城乡建设厅）

（四）保障项目用地。实行多样化土地供应，保障项目建设用地。对符合划拨用地目录的项目，可按划拨方式供地，划拨土地不得改变土地用途。建成的项目经依法批准可以抵押，土地使用权性质不变，待合同经营期满后，连同公共设施一并移交政府；实现抵押权后改变项目性质应该以有偿方式取得土地使用权的，应依法办理土地有偿使用手续。不符合划拨用地目录的项目，以租赁方式取得土地使用权的，租金收入参照土地出让收入纳入政府性基金预算管理。以作价出资或者入股方式取得土地使用权的，应当以市、县人民政府作为出资人，制定作价出资或者入股方案，经市、县人民政府批准后实施。（责任单位：省国土资源厅、省财政厅）

（五）加强财税支持。积极探索财政资金撬动社会资金和金融资本参与政府和社会资本合作项目的有效方式。引导和鼓励地方融资平台存量项目转型为政府和社会资本合作项目。落实国家支持公共服务事业的税收优惠政策，公共服务项目特别是纯公益项目采取政府和社会资本合作模式的，按规定享受相关税收优惠政策。鼓励地方政府在承担有限损失的前提下，与具有投资管理经验的金融机构共同发起设立基金，吸引更多社会资本参与。（责任单位：省财政厅、省发展改革委、省地税局、人行合肥中心支行）

（六）加强合同管理和风险防范。依据政府和社会资本合作项目通用合同指南等，项目实施机构和社会资本依法签订项目合同，明确服务标准、价格管理、回报方式、风险分担、信息披露、违约责任、政府接管以及评估论证等内容，特别是对 PPP 项目可能产生的相关风险等进行充分论证，完善合同设计，健全纠纷解决和风险防范机制。建立独立、透明、可问责、专业化的 PPP 项目监管体系，形成由政府监管部门、投资者、社会公众、专家、媒体等共同参与的监督机制。鼓励推进第三方评价，评价结果向社会公示，作为价费标准、财政补贴以及合作期限等调整的参考依据。（责任单位：省财政

厅、省发展改革委、省物价局)

(七)建立退出机制。政府和社会资本合作过程中，如遇不可抗力或违约事件导致项目提前终止时，项目实施机构要及时做好接管，保障项目设施持续运行，保证公共利益不受侵害。政府和社会资本合作期满后，要按照合同约定的移交形式、移交内容和移交标准，及时组织开展项目验收、资产交割等工作，妥善做好项目移交。依托各类产权、股权交易市场，为社会资本提供多元化、规范化、市场化的退出渠道。(责任单位：省发展改革委、省财政厅、省国资委)

各地、各有关部门要切实提高认识，加强组织领导，加大宣传力度，健全工作机制，完善、细化和落实各项政策措施，协调推进重点领域投融资改革创新，扩大社会资本投资，切实发挥好投资对稳增长的关键作用。省有关单位要继续加强与国家有关部委的衔接，密切跟踪配套措施进展情况，对已经出台的政策，要及时结合实际，研究制定配套办法。省发展改革委要会同有关部门加强对实施意见落实情况的督促检查，重大问题及时向省政府报告。

安徽省人民政府办公厅关于进一步加强土地出让收支管理的通知

(皖政办〔2015〕9 号)

各市、县人民政府，省政府各部门、各直属机构：

为进一步加强土地出让收支管理，根据国务院和财政部、国土资源部等部门规范土地出让收支管理等精神，经省政府同意，现就有关事项通知如下：

一、严格土地出让收入征收管理

(一)确保土地出让收入完整。国有土地使用权出让收入(以下简称土地出让收入)是指政府以出让等方式配置国有土地使用权取得的全部土地价款，含以招标、拍卖、挂牌和协议方式出让国有土地使用权所取得的总成交价款（不含代收代缴的税费)、补缴土地价款、划拨土地收入、土地租金等其他土地出让收入。各地、各部门要依据国家有关规定，严格执行土地出让收入范围，确保土地出让收入完整、准确，不得坐支、虚列土地出让收入。

(二)严格实行招标拍卖挂牌出让制度。工业用地和商业、旅游、娱乐、商品住宅等经营性用地(包括配套的办公、科研、培训等用地)，以及同 1 宗土地有 2 个以上意向用地者的，一律实行招标拍卖挂牌等方式公开出让。严禁通过补办用地手续等形式规避招标拍卖挂牌出让。

(三)严格控制土地用途变更、规划调整。单位和个人应严格按照土地规划条件和土地出让合同的约定使用土地，未经批准一律不得擅自变更土地用途、调整使用规划。土地使用者违反上述规定的，规划、国土、建设、房管等部门不得为其办理有关证明或手续，不得对变更土地用途、容积率等条件的工程进行综合验收备案。

国有出让土地确需改变土地用途的，经本级政府批准，按照土地储备有关规定，收回国有土地使用权，一律重新实施招标拍卖挂牌公开出让。因城市规划调整、城市基础设施和公益性公共设施建设需要导致地块大小、开发条件等发生变化，以及国家和省有关政策发生变化等规定情形，确需调整容积率的，应由建设单位提出申请，规划部门采取专家论证、社会公示、听证等方式，提出具体意见报本级政府审批后执行。建设单位申请调整容积率经审批后，按规定程序办理补缴土地出让金。

(四)严格土地合同(租赁合同)及划拨决定书管理。国有土地出让合同(租赁合同)、划拨决定书中，必须明确项目投资额、开竣工时间、规划条件、土地出让价款(租金)和划拨土地价款的总额、缴付时间和缴付方式、违约责任等内容。对于经批准依法改变土地用途的，必须在土地出让合同中明确应补缴的土地价款。对于未按规定缴清全部土地价款的单位和个人，国土资源部门不得核发国有土地使用证，也不得按土地价款缴纳比例分割发证。对违规核发国有土地使用证的，收回或者依法注销土地使用证。

(五)严格土地出让优惠政策。除国务院有明确规定外，任何地区和部门不得减免缓缴或变相减免土地出让收入。各地不得擅自出台各种优惠政策，以“招商引资”、“旧城改造”、“国有企业改制”等名义减免土地出让收入，不得以土地换项目、先征后返、代缴或补贴等形式变相减免土地出让收入，严禁以优惠价格或“零地价”出让土地；不得违反规定通过签订协议等方式，将应缴地方国库的土地出让收入，由国有土地使用权受让人直接将征地和拆迁补偿费支付给村集体经济组织或农民等。各地自行出台的涉及土地出让的优惠政策，凡与中央政策规定相抵触的，应坚决予以取消。

国土资源部门与土地受让人在土地出让合同中依法约定的分期缴纳全部土地出让价款的期限原则上不超过1年。经当地土地出让协调决策机构集体决定，特殊项目可以约定在2年内全部缴清。首次缴纳比例不得低于全部土地出让价款的50%。土地租赁合同约定的当期应缴土地价款应当一次全部缴清，不得分期缴纳。对未按时足额缴纳土地出让收入的，要依法采取有效措施限期追缴，并按照土地出让合同约定收取违约金。

二、规范土地出让支出管理

（一）严格土地出让支出范围。土地出让收入的支出范围包括征地和拆迁补偿支出、土地开发支出、支农支出、城市建设支出、被征地农民社会保障支出、土地出让业务费和支付破产改制国有企业职工安置费等其他支出。各地、各部门要依据国家有关规定，严格按规定支出范围、标准安排土地出让收入，不得虚列土地出让支出，不得使用土地出让收入修建楼堂馆所、购买公务用车、发放津贴补贴、弥补行政经费不足等。

（二）严格按规定计提农田水利建设资金、教育资金。严格执行从土地出让收益中计提农田水利建设资金、教育资金政策，根据国家规定的核算口径，按土地出让收益的10%分别计提农田水利建设资金、教育资金。农田水利建设资金、教育资金按土地出让收入计提到2%的政策不再执行。农田水利建设资金中央财政和省级财政统筹部分应按季计提并划转，不得按半年一次或延至年底一次性计提和划转。

（三）保障被征地农民和被征收人合法权益。严格按照国家征地补偿有关规定，切实保障被征地农民利益。要妥善解决好被征地农民就业、养老问题，确保被征地农民的生活水平不因土地被征收、征用而降低。被征地农民参加有关社会保障所需的个人缴费，可以从其所得的土地补偿费、安置补助费中直接缴纳。市、县人民政府可以从土地出让收入中安排一部分资金用于补助被征地农民社会保障支出，逐步建立被征地农民生活保障长效机制。

出让城市国有土地使用权过程中，要严格依照有关法律法规和政策规定支付相关补偿费用，有效保障被征收人合法权益。

三、严格土地出让收支预算管理

（一）加强土地出让收支预算编制工作。土地出让收支预算是地方政府性基金收支预算的组成部分，收入全额缴入地方国库，支出一律通过地方政府基金预算从土地出让收入中予以安排，实行严格的“收支两条线”管理。土地出让收入及时足额缴入国库，是落实土地出让收支纳入政府性基金预算管理的基础。土地出让收入原则上采取就地直接缴库方式，商业银行应当将收缴的土地出让收入及时足额划转地方国库。财政部门已将土地出让收入收缴至非税收入汇缴专户的，要严格执行10个工作日划转地方国库的规定。严禁各地、各部门开设任何形式的“过渡账户”收取或超时滞留应缴国库的土地出让收入。

土地出让收支预算的编制要统筹考虑经济社会发展和资金保障能力等因素，合理确定年度用地规模和土地供应规模，以收定支，收支平衡，不留缺口。土地出让收入预算应按照年度土地供应计划、地价水平等因素编制。土地出让支出预算应根据预算年度土地出让收入情况以及年度土地征收计划、拆迁计划，按规定的用途、支出范围和支出标准等因素编制，要确保足额支付征地和拆迁补偿支出、补助被征地农民社会保障支出，重点向农村建设倾斜，逐步提高用于农业土地开发和农村基础设施建设的比重。

土地出让收支预算应当与一般公共预算保持相互衔接，并按规定程序报经同级人民代表大会审查和批准。对于未列入土地出让支出预算的各类项目，包括土地征收项目，一律不得通过土地出让收入安排支出。土地出让收入资金拨付使用，按照财政国库管理制度有关规定执行。属于政府采购范围内的支出，严格执行政府采购制度。经人民代表大会批准的土地出让收支预算，非经法定程序不得调整。

（二）加强国有土地储备资金管理。各地要切实加强土地储备管理，合理编制土地储备计划，合理确定土地储备规模，加快储备土地开发供应进度,有效降低储备成本。实行土地储备资金预决算管理制度,国土资源部门根据年度土地储备计划,编制土地储备资金收支预算,报财政部门审核;年终按规定向财政部门报送土地储备资金收支决算。财政部门要加强对土地储备资金使用监管,严禁挤占、挪用土地储备资金。

（三）建立健全土地出让收支信息共享机制。财政部门、国土资源部门、人民银行分支机构要加强土地出让收支的定期对账，完善土地出让收支统计报表体系,确保土地出让收支统计数据及时、准确、真实,为加强和完善土地出让收支管理提供必要的基础数据。国土资源部门要会同财政部门,建立健全土地出让、储备、收支信息共享制度,及时提供相关报表和资料，掌握土地市场运行情况和土地出让收支政策执行情况,共同分析问题,形成工作合力。

四、严肃土地出让收支管理纪律

(一)加强土地出让收支监管。各级政府及财政、国土、监察、审计等部门要加强土地出让收支征管,严禁领导干部违反法律法规、其他政策性规定以及议事规则等，利用职权向相关部门采取暗示、授意、打招呼、批条子、指定、强令等方式,干预和插手土地出让管理。各地要建立领导干部干预土地出让管理事项记录在案制度，切实维护土地出让收支管理政策的严肃性。对土地出让收支管理中存在的问题,认真开展自查、排查、督查工作,研究制定切实可行的措施，确保各项政策落到实处。

(二)实行土地出让收支管理责任追究。对于违反规定干预土地出让管理、违规换发国有土地使用证、拖欠土地出让收入、未及时足额缴纳土地出让收入、未将土地出让收支全额纳入地方基金预算管理、已收缴的土地出让收入未按规定及时缴入地方国库、越权减免缓缴或变相减免土地出让收入等行为,要严格依照中纪委、监察部《关于领导干部利用职权违反规定干预和插手建设工程招标投标、经营性土地使用权出让、房地产开发与经营等市场经济活动，为个人和亲友谋取私利的处理规定》(中纪发〔2004〕3号)、《财政违法行为处罚处分条例》(国务院令第427号）等有关规定进行处罚,并依法追究相关责任人员责任。

安徽省人民政府办公厅关于进一步做好盘活财政存量资金工作的通知

（皖政办〔2015〕10号）

各市、县人民政府,省政府各部门、各直属机构：

为贯彻落实《国务院办公厅关于进一步做好盘活财政存量资金工作的通知》(国办发〔2014〕70号)精神,更好发挥积极财政政策作用,切实提高财政资金使用效益,经省政府同意,现就进一步做好盘活财政存量资金工作通知如下：

一、盘活财政存量资金的目标要求和主要原则

(一)目标要求。贯彻落实新修订的预算法和《国务院关于深化预算管理制度改革的决定》(国发〔2014〕45号)有关规定,以稳增长、促改革、调结构、惠民生为主要目标,用好财政增量资金,盘活财政存量资金,调整优化财政支出结构,不断提高财政资金使用效益。

(二)主要原则。

摸清存量、分类处理。全面摸清各级、各部门财政存量资金,掌握存量资金规模和构成情况,研究提出分类处理方案。

上下联动、全面推进。盘活存量资金在省、市、县三级展开,既要在财政部门展开,也要在其他部门展开,全面挤压存量资金空间,确保取得实效。

用好用活、提质增效。围绕用好用活财政资金,加大预算统筹力度,消化存量,优化增量,提升财政管理水平,提高财政资金使用效益。

建章立制、规范管理。在加大盘活当前已有存量资金力度的同时,进一步完善体制机制,加强制度规范，建立长效机制，促进存量资金管理制度化、常态化。

多管齐下、管控结合。坚持事前预防、事中监控,强化存量资金源头控制和过程管理，注重事后督查和问责,构建管控结合、齐抓共管的问责机制。

二、落实盘活存量资金政策措施

(一)盘活结转结余资金。

1.加大一般公共预算结转结余资金清理。各级一般公共预算 2012 年及以前年度结转(不含权责发生制)资金,应作为结余资金管理,补充预算稳定调节基金,统筹用于以后年度预算编制。2013 年结转资金不需按原用途使用的,应按规定统筹用于经济社会发展亟须资金支持的领域。

2. 推进政府性基金预算结转资金清理。各级政府性基金预算结转资金原则上按有关规定专款专用。结转资金规模较大的,应调入一般公共预算统筹使用。连续两年及以上预算执行率达不到 80% 的,在规定用途和使用范围内,调整用于其他同类项目。每项政府性基金结转资金规模原则上不超过该项基金当年收入的 30%。

3. 加强转移支付结转结余资金管理。对上级政府 2012 年及以前年度专项转移支付结转资金,预算未分配到部门的,交回上级政府;已分配到部门的,由该部门同级政府收回统筹使用。对上级政府 2013 年专项转移支付结转资金,可在不改变资金类级科目用途的基础上,调整用于同一类级科目下的其他项目,并报上级政府财政部门和项目主管部门备案。

4. 强化部门预算结转结余资金管理。各部门项目资金应在当年使用完毕,结转资金原则上全部收回预算,其中 2012 年及以前年度项目结转资金,应作为结余资金管理,由同级政府收回统筹使用。建立预算编制和结转结余资金管理相结合的机制,收回资金的项目需继续实施的,应作为新的预算项目,按照预算管理程序重新申请和安排。

(二)规范权责发生制核算。

1. 严格控制核算范围。要严格控制权责发生制核算规模,从 2014 年起,除国库集中支付年终结余外,一律不得按权责发生制列支,严禁违规采取权责发生制虚列支出。除国库集中支付年终结余外,凡在总预算会计中采取借记“一般预算支出”、贷记“暂存款”科目核算的,一律按虚列支出问题处理。对实行权责发生制核算的特殊事项,要依法向本级人大常委会报告。

2. 清理规范核算事项。要全面清理 2013 年及以前年度按权责发生制核算的事项,统筹用于经济社会发展亟须资金支持的领域,并在 2016 年底前使用完毕。对因清理国库集中支付年终结余新产生的权责发生制核算事项,要在 2 年内使用完毕。

(三)严格财政专户管理。

1. 全面清理存量财政专户。除经财政部审核并报国务院批准保留的财政专户外,其余财政专户在 2 年内逐步撤销。具体撤并要求和时限按照财政部相关规定执行。各级要早谋划、早安排,分期分批提前开展专项支出财政专户撤销工作。

2. 严格规范专户开立程序。一律不得新设专项支出财政专户;开立其他专户的,要严格执行财政部《财政专户管理办法》(财库〔2013〕46 号)规定的开立条件和程序,经省财政厅审核后,报财政部核准,未经核准,一律不得新开立财政专户。

3. 强化专户资金使用管理。除法律法规和国务院另有规定外,禁止将财政专户资金借出周转使用或转出专户进行保值增值,已经出借或转出专户的资金要制定回收计划,限期收回;清理撤销的财政专户中的资金,要按规定并入其他专户分账核算或及时缴入国库。严禁违规将财政资金从国库转入财政专户并虚列支出,或将财政资金支付到预算单位实有资金银行账户。

(四)加强预算周转金等资金管理。

1. 加强预算周转金管理。各级可以按规定设置预算周转金,用于本级政府调剂预算年度内季节性收支差额,但要严格控制额度,不得超过预算法实施条例规定的比例。对闲置不用的预算周转金,各级可根据实际需要调入预算稳定调节基金。

2. 强化预算稳定调节基金管理。合理控制预算稳定调节基金规模,预算稳定调节基金编制年度预算调入后的规模,一般不超过当年本级一般公共预算支出总额的 5%;超过 5%的,要加大冲减赤字或化解政府债务支出力度。

3. 规范偿债准备金管理。从 2015 年 1 月 1 日起不得新设各种形式的偿债准备金,确需偿债的,一律编制三年滚动预算并分年度纳入预算安排。对已设立的各类偿债准备金,要纳入预算管理,优先用于偿还到期政府存量债务。

(五)编制三年滚动预算。

1. 启动三年滚动预算编制。从 2015 年起,在财政部门编制本地区三年财政规划的同时,各部门对目标明确的项目必须编制三年滚动预算,要在水利投资运营、义务教育、卫生、社保就业、环保等重点领域开展三年滚动预算试点。

2. 健全项目预算管理机制。各级、各部门要加强项目库管理,明确规划期内将要开展的项目。对列入三年滚动预算的项目，提前做好项目可行性研究、评审、招投标、政府采购等前期准备工作,确保资金一旦下达就能及时使用；因特殊原因无法使用的资金,要及时调剂用于规划内的其他项目,并报同级财政部门备案。

(六)加强收入缴库管理。

1.积极推进非税收入直接缴库管理。要优化收入收缴流程,推进收入电子缴库,实现应上交国库的非税收入直接缴入国库，提高非税收入缴库效率。暂未实现直接缴库的,要将缴入财政专户的非税收入资金在10个工作日内足额缴入国库,不得以任何理由拖延或不缴。

2.坚决杜绝调节财政收入行为。所有非税收入执收单位要严格执行非税收入国库集中收缴有关规定,取消过渡性账户,确保非税收入及时足额上缴财政。杜绝延迟缴库等调节财政收入行为,严禁采取各种方式虚列收入或应计未计收入挂往来。

三、健全存量资金管理长效机制

(一)健全激励约束机制。要完善科学合理的考核制度,健全以减少存量资金、提高资金使用效益为核心的考核体系，建立盘活存量资金与转移支付分配和部门预算安排挂钩机制，对支出进度偏慢、盘活存量资金不力的市县和部门及时进行通报或约谈，并适当压减转移支付和部门预算额度。

(二)强化监督管理机制。各级审计机关要加强对财政存量资金的审计，促进存量资金尽快落实到项目并发挥效益；人行各级支行要加强对市场流动性的监控，防止因盘活财政存量资金形成流动性波动；各级监察机关要及时查处违规违纪行为,加大责任追究力度。

(三)建立责任追究机制。根据预算法和《财政违法行为处罚处分条例》,对截留、占用、挪用或者拖欠应上缴国库的预算收入，未将所有政府收入和支出列入预算或虚列收入和支出，违法违规开设财政专户等行为，要对负有直接责任的主管人员和其他直接责任人员依法给予处分，构成犯罪的依法追究刑事责任。

四、强化盘活存量资金组织保障

(一)加强组织领导。各级、各部门要高度重视,充分认识盘活财政存量资金对稳增长、惠民生的重要意义,牢固树立大局意识,增强工作责任感和紧迫感,建立健全工作机制,切实抓好盘活财政存量资金措施的贯彻落实。

(二)密切协作配合。各级财政部门要加大对盘活存量资金工作的跟踪监控力度，加强工作指导,发现问题及时纠正,对好的经验做法及时推广运用。其他部门要增强责任意识,支持做好盘活存量资金工作,确保政策落实到位。

(三)严格落实责任。各级、各部门要将盘活财政存量资金工作列入重要议事内容，明确工作要求,细化责任分工,采取切实举措,健全考核体系,保障盘活财政存量资金工作取得实效。

安徽省人民政府办公厅关于加快政策性融资担保体系建设的指导意见

(皖政办〔2015〕37号)

各市、县人民政府,省政府各部门、各直属机构,各金融机构：

为进一步深化金融改革,加快构建政策性融资担保体系,提升小微企业和“三农”融资担保服务水平,促进大众创业、万众创新,促进全省经济持续健康发展,经省政府同意,提出如下意见：

1.坚持政策性功能定位。按照扶小微、广覆盖、低费率、可持续的原则,政策性融资担保机构主要以服务小微企业和“三农”为对象,年化担保费率不超过1.5%，单户融资担保余额一般不超过500万元、最高不超过2000万元,市级融资担保机构小微企业担保户数比重不低于70%、县(市、区)级不低于90%。(省财政厅牵头,省政府金融办、省信用担保集团等配合)

2.完善国有资本金持续补充机制。2015—2017年,省财政每年安排11亿元资金,各市、县(市、区)等比例配套,充实县(市、区)符合条件的政策性融资担保机构国有资本金。专项资金分配综合考虑服务人口及放大倍数等因素，提高担保资源使用效益。2015—2017年,省财政适当安排资金通过省政策性融资担保机构注资参股市、县(市、区)政策性融资担保机构。未设立政策性融资担保机构的市辖区，可将专项资金参股到所在市级政策性融资担保机构。支持符合条件的政策性融资担保机构在多层次资本市场上市(挂牌),建立资本市场股权融资长效机制,不断提升担保能力。(省财政厅牵头,省政府金融办、省经济和信息化委、省信用担保集团等配合)

3.推动错位发展。省政策性融资担保机构要加快转型发展,发挥龙头作用,突出再担保功能,采取联保等方式支持市县政策性融资担保机构开展业务,促进担保体系服务功能完善;服务全省和区域发展战略，开展单户融资规模较大的担保业务;探索组建省担保资产管理公司,盘活存量不良担保资产,增强应对风险能力;探索建立小微企业互联网直接融资平台,推行“担保+”合作模式,畅通社会融资渠道。市级政策性融资担保机构要发挥区域性融资担保带动作用，积极构建分层政策性融资担保体系，鼓励有条件的市级政策性融资担保机构注资参股县(市、区)政策性融资担保机构。县(市、区)政策性融资担保机构要落实主体责任,为小微企业和“三农”提供更加丰富的产品和优质服务。(省财政厅牵头,省政府金融办、省信用担保集团等配合)

4.创新政银担合作模式。深入推进4321政银担合作试点，积极推动政策性融资担保机构与银行业金融机构体系与体系对接，建立上下贯通的政银担合作体系。徽商银行、农村商业银行等地方法人金融机构和工商银行、农业银行、中国银行、建设银行、交通银行、邮储银行等驻皖分支机构在试点扩面提量上取得重点突破,发挥示范效应。参与试点的银行业金融机构要完善政银担合作管理办法,优化绩效考核机制,对担保客户给予利率优惠,合理延长贷款宽限期,适度提高小微企业、涉农不良贷款容忍度。将政银担合作情况纳入对各级政府、银行支持地方经济发展的考核体系。政银担合作试点期间，省政策性融资担保机构免费为市、县(市、区)政策性融资担保机构提供比例再担保服务,按约定承担代偿补偿责任。(省财政厅牵头,省政府金融办、省信用担保集团等配合)

5.落实风险补偿资金保障。政策性融资担保机构要足额计提未到期责任准备金、担保赔偿准备金,提高风险拨备覆盖率,加大担保不良资产清收和追偿力度,降低流动性风险。建立政策性融资担保风险补偿资金持续补充机制,市、县(市、区)政府要根据担保业务规模及分担比例做实风险补偿资金,确保本级承担的代偿补偿资金及时到位。(省财政厅牵头,省政府金融办、省信用担保集团等配合)

6.加强信用信息体系建设。加快建立小微企业综合信息共享平台、小微企业信用征集体系、小微企业外部信用评级发布和信息通报制度。加快建设全省融资担保体系监管信息平台,2015年底前接入省公共信用信息共享服务平台和人民银行征信系统。加快建成覆盖政策性融资担保体系的信息管理平台,建立服务体系、覆盖城乡的网上统一受理平台和担保服务热线,提高小微企业、农户和新型农业经营主体担保服务获得率。继续开展政策性融资担保机构信用评级工作。(省政府金融办、省发展改革委牵头,省经济和信息化委、人行合肥中心支行、省财政厅、省信用担保集团等配合)

7.完善法人治理机制。国有及国有控股的政策性融资担保机构要实行政企分开，建立以市场为导向的经营管理机制、风险防控机制、用人机制和激励约束机制，提高市场化运作和规范管理水平。条件具备的地方,引入职业经理人制度。市县政府对其出资的政策性融资担保机构，由直接参与业务管理转向履行出资人责任,加强宏观监督,减少对具体担保业务的干预。严格执行中央和省关于规范党政领导干部在企业兼职(任职)有关规定。(省政府金融办牵头,省财政厅、省信用担保集团等配合)

8.加强人才队伍建设。建立政策性融资担保机构人才培养机制,加强激励约束,使专业人才引得进、留得住、用得好。省政策性融资担保机构要加大业务培训力度，分层分类对全省高级管理人员和业务人员开展培训，力争用3年时间对全部人员进行一次轮训，不断增强政策性融资担保机构能力。(省政府金融办牵头,省信用担保集团等配合)

9.建立完善考核评价机制。建立以融资担保功能发挥和风险防控为核心指标的政策性融资担保机构绩效评价体系，着重考核政策性融资担保扶持小微企业数量、放大倍数、担保费率、风险控制等四项指标。进一步完善省政策性融资担保机构负责人经营业绩考核评价办法，提高再担保体系建设、注资参股机构管理等指标权重。省政策性融资担保机构要加快建立评价机制，对再担保体系成员定期评价、动态调整。考核评价结果与政策性融资担保机构负责人薪酬及政策扶持挂钩。(省财政厅牵头,省政府金融办、省经济和信息化委等配合)

10.优化行业发展环境。落实国家有关融资担保机构营业税减免、专项补贴、代偿损失税前扣除,以及风险补偿等政策。国土资源、住建、工商、公安、林业等部门要积极支持融资担保机构办理抵质押登记、业务查询等。依法加强融资担保债权保护,积极帮助融资担保机构处置抵债资产,对因代偿接收、维权保全和处置抵债资产的,有关部门应及时给予办理相关手续，严厉打击恶意逃废担保代偿贷款的行为。加大对政策性担保体系建设宣传，营造支持融资担保行业发展的良好氛围。(省政府金融办牵头,省经济和信息化委、省财政厅、省住房城乡建设厅、省国土资源厅、省公安厅、省工商局、省林业厅、省国税局、省地税局、省信用担保集团等按职责分工负责)

11.加强风险防控。充分利用信息化手段,加强和改善政策性融资担保监管,提升监管水平。认真落实以资金合规运用核查为核心的非现场监管和现场检查措施,进一步完善金融风险处置预案,确保不发生系统性区域性风险。(省政府金融办牵头,省发展改革委、省经济和信息化委、省公安厅、省财政厅、省工商局、安徽银监局、人行合肥中心支行等按职责分工负责)

12.明确责任分工。市、县(市、区)政府是政策性融资担保体系建设责任主体，承担政策性融资担保体系建设第一责任人职责。省政府金融办负责日常监管。省财政厅落实资金保障,加强财务监管,实施绩效考核。省政策性融资担保机构负责注资参股运作,落实体系对接,实施再担保,总结推广成功经验，引领带动全省政策性融资担保机构健康发展。省融资性担保业务监管联席会议成员单位要按各自职责,通力合作,推进政策性融资担保体系持续健康发展。(省政府金融办、省财政厅、省经济和信息化委、省信用担保集团等按职责分工负责)

安徽省人民政府办公厅转发省财政厅 省发展改革委 人行合肥中心支行关于在公共服务领域推广政府和社会资本合作模式实施意见的通知

(皖政办〔2015〕51号)

各市、县人民政府,省政府各部门、各直属机构：

省财政厅、省发展改革委、人行合肥中心支行《关于在公共服务领域推广政府和社会资本合作模式的实施意见》已经省政府同意，现转发给你们,请认真贯彻执行。

关于在公共服务领域推广政府和社会资本合作模式的实施意见

为贯彻落实《国务院办公厅转发财政部发展改革委人民银行关于在公共服务领域推广政府和社会资本合作模式指导意见的通知》(国办发〔2015〕42号)精神,推动社会资本通过特许经营等方式参与城市基础设施和公共服务项目投资运营,提高公共产品和公共服务供给质量和效率,现就在公共服务领域推广政府和社会资本合作(PPP)模式,提出以下实施意见：

一、总体要求

政府和社会资本合作模式是政府采取竞争性方式择优选择具有投资、运营管理能力的社会资本,双方按照平等协商原则订立合同,明确责权利关系,由社会资本提供公共服务,政府依据公共服务绩效评价结果向社会资本支付相应对价，保证社会资本获得合理收益。推广运用政府和社会资本合作模式有利于加快政府职能转变，提升国家治理能力;有利于打破行业准入限制、激发经济活力和创造力;有利于完善财政投入和管理方式,提高财政资金使用效益；有利于调结构转方式促升级,保持经济社会持续健康发展。

（一）指导思想。

全面贯彻落实党的十八大和十八届二中、三中、四中全会精神，按照党中央、国务院决策部署和省委、省政府的要求，立足我省实际，改革创新公共服务供给机制和投入方式，发挥市场在资源配置中的决定性作用，更好地发挥政府作用，引导和鼓励社会资本积极参与公共服务供给，为广大人民群众提供优质高效的公共服务。

（二）基本原则。

依法合规。将政府和社会资本合作纳入法制化轨道，建立健全制度体系，保护参与各方的合法权益，明确全生命周期管理要求，确保项目规范实施。

重诺履约。政府和社会资本法律地位平等、权利义务对等，必须树立契约理念，坚持平等协商、互利互惠、诚实守信、严格履约。

公开透明。实行阳光化运作，依法充分披露政府和社会资本合作项目的信息，保障公众知情权，对参与各方形成有效监督和约束。

公众受益。加强政府监管，将政府的政策目标、社会目标和社会资本的运营效率、技术进步有机结合，促进社会资本竞争和创新，确保公共利益最大化。

积极稳妥。鼓励地方因地制宜，探索符合当地实际和行业特点的做法，总结提炼经验，形成适合我省省情的发展模式。坚持必要、合理、可持续的财政投入原则，有序推进项目实施，控制项目的政府支付责任，防止政府支付责任过重加剧财政收支矛盾，带来支出压力。

（三）发展目标。

立足于加强和改善公共服务，形成有效促进政府和社会资本合作模式规范健康发展的制度体系，培育统一规范、公开透明、竞争有序、监管有力的政府和社会资本合作市场。着力化解地方政府性债务风险，积极引进社会资本参与地方融资平台公司存量项目改造，争取通过政府和社会资本合作模式减少地方政府性债务。在新建公共服务项目中，逐步增加使用政府和社会资本合作模式的比例。

二、规范推进项目实施

（四）构建制度体系。根据财政部、国家发展改革委、人民银行等有关部委发布的操作指南、合同指南、政府和社会资本合作项目政府采购管理办法等要求，规范项目识别、准备、采购、执行、移交等全生命周期管理，保证项目实施质量。统筹评估和控制项目的财政支出责任，每一年度政府和社会资本合作项目需要从预算中安排的支出责任，占一般公共预算支出比例应当不超过10%，促进中长期财政可持续发展。建立完善公共服务成本财政管理和会计制度，创新资源组合开发模式，针对政府付费、使用者付费、可行性缺口补助等不同支付机制，将项目涉及的运营补贴、经营收费权和其他支付对价等，按照国家统一的会计制度进行核算，纳入年度预算、中期财政规划，在政府财务报告中进行反映和管理，并向本级人大或其常委会报告。存量公共服务项目转型为政府和社会资本合作项目过程中，涉及国有资产评估的，应按照《国有资产评估管理办法》（国务院令第91号）规定，由国有资产占有单位委托具备资质的资产评估机构，对相关资产进行评估，合理确定资产价值，国有资产评估项目报同级人民政府财政部门核准或备案。项目实施过程中政府依法获得的国有资本收益、约定的超额收益分成等公共收入应上缴国库。鼓励有条件的市立足当地实际，依据立法法相关规定，出台地方性法规或规章，进一步有针对性地规范政府和社会资本合作模式的运用。

（五）明确适用范围。广泛采用政府和社会资本合作模式提供公共服务。在能源、交通运输、水利、环境保护、农业、林业、科技、保障性安居工程、医疗、卫生、养老、教育、文化等公共服务领域，鼓励采用政府和社会资本合作模式，吸引社会资本参与。其中，在能源、交通运输、水利、环境保护、市政工程等特定领域需要实施特许经营的，按《基础设施和公用事业特许经营管理办法》执行。

（六）做好项目储备。各地要根据本地区基础设施建设和公共服务需求，兼顾资源有效配置及项目合理布局，在公共服务领域内，选择适宜采用政府和社会资本合作模式的新建、在建和存量项目，建立本地区项目储备库。根据各地项目储备和工作开展情况，建立省级项目库，向社会公开发布。

（七）编制实施方案。政府和社会资本合作项目由政府或社会资本发起，以政府发起为主。各地应从项目储备库或社会资本提出申请的潜在项目中筛选条件成熟的建设项目，由政府或其指定的有关职能部门或事业单位作为项目实施机构，组织编制项目实施方案。实施方案应包括但不限于项目概况、风险分配基本框架、项目运作方式、交易结构、合同体系、监管框架、采购方式选择等内容。

(八)科学评估项目。各地应结合当地经济社会发展需要，结合财政收支平衡状况，统筹论证项目实施方案的经济效益、社会效益和环境效益，进行财政承受能力论证和物有所值评估，保证决策质量。在项目评估时，要综合考虑公共服务需要、责任风险分担、产出标准、关键绩效指标、支付方式、融资方案和所需要的财政补贴等要素，平衡好项目财务效益和社会效益，确保实现激励相容。根据项目实施周期、收费定价机制、投资收益水平、风险分配基本框架和所需要的政府投入等因素，合理选择政府和社会资本合作模式的运作方式。通过评估论证的，由项目实施机构报政府审核；未通过论证的，可在实施方案调整后重新论证；经重新论证仍不能通过的，不再采用政府和社会资本合作模式。

(九)支持存量项目转换。积极运用转让—运营—移交(TOT)、改建—运营—移交(ROT)等方式，将融资平台公司存量公共服务项目转型为政府和社会资本合作项目，引入社会资本参与改造和运营，在征得债权人同意的前提下，将政府性债务转换为非政府性债务，减轻地方政府的债务压力，腾出资金用于重点民生项目建设。

(十)择优选择项目合作伙伴。对使用财政性资金作为社会资本提供公共服务对价的项目，项目实施机构应当根据项目采购需求特点，依法选择适当的采购方式。政府和社会资本合作项目采购方式包括公开招标、邀请招标、竞争性谈判、竞争性磋商和单一来源采购。公开招标主要适用于采购需求中核心边界条件和技术经济参数明确、完整、符合国家法律法规及政府采购政策，且采购过程中不作更改的项目。项目实施机构应当将中标、成交结果在安徽省政府采购网上进行公告，同时发出中标、成交通知书；在中标、成交通知书发出后30日内，与中标、成交社会资本签订经本级人民政府审核同意的政府和社会资本合作项目合同。各级财政部门应当依法加强项目政府采购环节的监督管理，保证采购过程公开、公平、公正。

(十一)加强项目合同管理。树立平等协商的理念，按照权责对等原则合理分配项目风险，按照激励相容原则科学设计合同条款，明确项目的产出说明和绩效要求、收益回报机制、退出安排、应急和临时接管预案等关键环节，确保合同内容全面、规范、有效。引入价格和补贴动态调整机制，充分考虑社会资本获得合理收益。如单方面构成违约的，违约方应当给予对方相应赔偿。建立投资、补贴与价格的协同机制，为社会资本获得合理回报创造条件。

(十二)开展项目绩效评价。建立政府、公众共同参与的综合性评价体系，建立事前设定绩效目标、事中进行绩效跟踪、事后进行绩效评价的全生命周期绩效管理机制，对项目的绩效目标实现程度、运营管理、资金使用、公共服务质量、公众满意度等进行绩效评价。根据评价结果，依据合同约定对价格或补贴等进行调整，激励社会资本通过管理创新、技术创新提高公共服务质量，确保实现公共利益最大化。绩效评价结果应依法对外公开，接受社会监督。

(十三)建立争议解决和退出机制。参加政府和社会资本合作项目采购活动的社会资本对采购活动的询问、质疑和投诉，依照有关政府采购法律制度规定执行。项目实施机构和中标、成交社会资本在合同履行中发生争议时，应依法积极协调解决，对确需变更合同内容、延长合同期限以及变更社会资本方的，由政府和社会资本方签订补充合同，保持公共服务的持续性和稳定性。无法协商一致的，可以依法申请仲裁或者提起民事诉讼。各级财政部门应当加强对政府和社会资本合作项目采购活动的监督检查，依法处理采购活动中的违法违规行为。在合同执行过程中，遇不可抗力或违约事件导致项目提前终止时，项目实施机构要及时做好接管，保障项目设施持续运行，保证公共利益不受侵害。项目资产移交时，要对移交资产进行性能测试、资产评估和登记入账，并按照国家统一的会计制度进行核算，在政府财务报告中进行反映和管理。

三、加大政策支持

(十四)简化项目审核流程。进一步减少审批环节，建立项目实施方案联评联审机制，提高审查工作效率。项目合同签署后，可并行办理必要的审批手续，有关部门要简化办理手续，优化办理程序，主动加强服务，对实施方案中已经明确的内容不再作实质性审查。

（十五）多种方式保障项目用地。实行多样化土地供应，保障项目建设用地。对符合划拨用地目录的项目，可按划拨方式供地，划拨土地不得改变土地用途。建成的项目经依法批准可以抵押，土地使用权性质不变，待合同经营期满后，连同公共设施一并移交政府；实现抵押权后改变项目性质应该以有偿方式取得土地使用权的，应依法办理土地有偿使用手续。不符合划拨用地目录的项目，以租赁方式取得土地使用权的，租金收入参照土地出让收入纳入政府性基金预算管理。以作价出资或者入股方式取得土地使用权的，应当以市、县人民政府作为出资人，制定作价出资或者入股方案，经市、县人民政府批准后实施。

（十六）建立价格调整机制。积极推进公共服务领域价格改革，按照补偿成本、合理收益、节约资源、优质优价、公平负担的原则，加快理顺公共服务价格。依据项目运行情况和绩效评价结果，健全公共服务价格调整机制，完善政府价格决策听证制度，广泛听取社会资本、公众和有关部门意见，确保定价调价的科学性。及时披露项目运行过程中成本变化、公共服务质量等信息，提高定价调价的透明度。

（十七）完善财税支持政策。积极探索财政资金撬动社会资金和金融资本参与政府和社会资本合作项目的有效方式。研究设立政府和社会资本合作支持引导基金，作为社会资本方参与项目，提高项目融资的可获得性。探索通过以奖代补等措施，支持城市基础设施及公共服务领域政府和社会资本合作项目实施。将利用政府和社会资本合作模式化解存量债务情况作为分配新增地方政府债券额度的参考因素。积极争取利用国际金融组织和外国政府贷款，支持政府和社会资本合作项目建设。落实国家支持公共服务事业的税费优惠政策，公共服务项目采取政府和社会资本合作模式的，可按规定享受相关税收优惠。鼓励地方政府在承担有限损失的前提下，与具有投资管理经验的金融机构共同发起设立基金，并通过引入结构化设计，吸引更多社会资本参与。

（十八）支持地方融资平台转型。大力推动融资平台公司与政府脱钩，进行市场化改制，健全完善公司治理结构。对已经建立现代企业制度、实现市场化运营的，在其承担的地方政府债务已纳入政府财政预算、得到妥善处置，并通过同级政府网站明确公告今后不再承担地方政府举债融资职能的前提下，可作为社会资本参与当地政府和社会资本合作项目，通过与政府签订合同方式，明确责权利关系。严禁融资平台公司通过保底承诺等方式参与政府和社会资本合作项目，进行变相融资。

（十九）做好金融服务。金融机构应创新符合政府和社会资本合作模式特点的金融服务，优化信贷评审方式，积极为政府和社会资本合作项目提供融资支持。开发性金融机构要充分发挥开发性金融优势，积极参与政府和社会资本合作项目，引导商业性金融机构拓宽项目融资渠道。引导符合条件的项目运营主体在资本市场通过发行公司债券、企业债券、中期票据、定向票据等市场化方式进行融资。积极引导和支持项目公司发行项目收益债券、项目收益票据、资产支持票据等。鼓励社保资金和保险资金按照市场化原则，创新运用债券投资计划、股权投资计划、项目资产支持计划等多种方式参与项目。政策性金融机构要对符合条件的“走出去”项目给予中长期信贷支持。依托各类产权、股权交易市场，为社会资本提供多元化、规范化、市场化的退出渠道。金融监管部门应加强监督管理，引导金融机构正确识别、计量和控制风险，按照风险可控、商业可持续原则支持政府和社会资本合作项目融资。

四、建立推进机制

（二十）加强组织领导。省有关部门要按照职能分工，负责相关领域具体工作，加强对地方推广政府和社会资本合作模式的指导和监督。省财政厅要会同有关部门，加强政策沟通协调和信息交流，完善体制机制。教育、科技、民政、人力资源社会保障、国土资源、环境保护、住房城乡建设、交通运输、水利、农业、商务、文化、卫生计生、经济和信息化等行业主管部门，要结合本行业特点，研究制定分行业领域政府和社会资本合作模式实施细则，规范操作程序和方法，积极运用政府和社会资本合作模式提供公共服务。各级政府要结合已有规划和各地实际，出台具体政策措施并抓好落实；

可根据本地区实际情况,建立工作协调机制,推动政府和社会资本合作项目落地实施。

(二十一)建立监督体系。行业主管部门要在各自职责范围内,加强对项目公共产品或服务质量和价格的监管,制定不同领域的行业技术标准、公共产品或服务技术规范,依法有效履行监督管理职责。搭建信息服务平台,畅通公众获取和反馈有关信息的渠道,及时向社会公开发布项目规划、采购需求、绩效评价结果以及行业政策、市场需求等信息,增强政策透明度,切实保障公众知情权,主动接受社会和公众监督。

(二十二)提升专业能力。建立政府和社会资本合作专业机构库,充分发挥咨询、法律、会计等各类专业中介机构的作用,提高项目实施方案编制的科学性、项目决策的准确性、项目管理的专业性以及项目实施的高效性。开展深入细致、扎实有效的政府和社会资本合作专题培训,提高专业水准,尽快培养和造就一批精通政府和社会资本合作业务的专业人才队伍。学习借鉴国际、国内先进经验,推动政府和社会资本合作项目顺利实施。鼓励有条件的地方政府统筹优化机构设置,进一步整合专门力量,承担政府和社会资本合作模式推广职责,提高专业水平和能力。

(二十三)加大宣传引导。各地要加强社会舆论引导,充分利用各类媒体,大力宣传政府和社会资本合作的理念和方法,做好政策解读,总结典型案例,回应社会关切。通过舆论引导,增进政府、社会与市场主体共识,培育积极的合作理念,建立规范的合作机制,充分发挥政府、市场和社会资本的合力作用,提高公众对政府和社会资本合作模式的认可度,营造良好氛围。

各地区、各部门要充分认识推广政府和社会资本合作模式的重要意义,把思想和行动统一到省委、省政府的决策部署上来,精心组织实施,加强协调配合,形成工作合力,切实履行职责,共同抓好落实。省财政厅要强化统筹协调,会同有关部门对本意见落实情况进行督促检查和跟踪分析,重大事项及时向省政府报告。

安徽省人民政府办公厅关于印发农业三项补贴合并改革试点等三个实施方案的通知

(皖政办〔2015〕61 号)

各市、县人民政府,省政府各部门、各直属机构:

《安徽省农业三项补贴合并改革试点实施方案》《安徽省农业信贷担保体系建设实施方案》和《安徽省专用粮食绿色生产技术推广与服务项目实施方案》已经省政府同意,现印发给你们,请认真组织实施。

安徽省农业三项补贴合并改革试点实施方案

为贯彻落实《财政部、农业部关于调整完善农业三项补贴政策的指导意见》(财农〔2015〕31 号)精神,现就做好我省农业三项补贴合并改革试点(以下称“三合一”试点)工作,制定如下实施方案:

一、试点意义

国家从 2004 年开始,先后设立农作物良种补贴、农资综合补贴和种粮直接补贴三项补贴。农业补贴政策实施以来,对降低粮食生产成本、调动农民种粮积极性、促进粮食稳产增产、增加农民收入发挥了重要作用。随着农业农村形势的发展变化,农业补贴政策在实施过程中出现补贴脱离种粮对象、补贴精准度变弱、补贴效益递减、补贴发放成本高等问题,迫切需要进行调整完善。“三合一”试点是国家调整完善农业补贴政策的重要内容,有利于保护农业综合生产能力,促进粮食稳产增产;有利于提高补贴资金发放效能,降低政策实施成本;有利于充分利用世贸组织规则,提高农民补贴收入。

二、试点原则

(一)积极稳妥,稳步推进。保持农业补贴政策的稳定性和连续性,平稳有序推进改革,逐步完善改革试点方案,探索能在全省复制推广的试点路径。

（二）突出重点，务求实效。将农业补贴政策目标调整为支持保护耕地地力，降低补贴实施成本，提高补贴资金发放效能。

（三）省级指导，县级实施。省级负责制定全省性实施方案，确保试点符合国家要求；试点县（含市、区，下同）制定县级施工方案，具体负责组织实施。

（四）严格监管，提高绩效。依法依规开展改革试点，规范农业补贴政策实施，严格补贴资金监管，确保改革试点顺利推进。

三、试点内容

（一）试点县条件。已全面或基本完成农村土地承包经营权确权登记颁证工作；已成立县级土地经营权流转服务组织，土地流转工作规范；农业补贴工作基础较好，近年来未发生大规模信访事件；县级政府重视粮食生产，改革试点的积极性较高。试点实行县级政府自愿申报，省级综合平衡确定。

（二）试点范围。根据试点申请情况和综合权衡，2015年选择宿州市埇桥区、怀远县、临泉县、凤阳县、金寨县、广德县等6个县开展试点。

（三）补贴支持方向。试点县合并原农资综合补贴、种粮直接补贴、农作物良种补贴等三项补贴资金，设立“农业支持保护补贴”，用于支持保护耕地地力，补贴所有拥有耕地承包权的种地农民。享受补贴的农民，对耕地保护负责，要提升农业生态资源保护意识，积极主动采取措施推进秸秆还田，不露天焚烧，确保承包的耕地不撂荒、地力不下降。

（四）补贴资金分配。省按照原农资综合补贴资金的80%及农作物良种补贴和种粮直接补贴资金，参照全省各县前三年度（2012—2014年）补贴农作物种植面积和“二调”耕地面积，按照一定比例测算并下达试点县“三合一”补贴资金规模。试点县的亩均补贴标准，由县政府根据省里下达的资金总量以及符合补贴条件的耕地面积测算确定，县域内执行统一的补贴标准，并在以后年度保持相对稳定。

（五）补贴政策范围。补贴资金原则上与耕地面积挂钩，耕地面积以农村土地承包经营权确权登记颁证到户的面积为基础，对暂未确权到户的耕地，以二轮承包面积为基础，具体方式由试点县政府确定。对已作为畜牧养殖场使用的耕地、林地、成片粮田转为设施农业用地、非农业征（占）用耕地等已改变用途的耕地，以及长年抛荒地、占补平衡中“补”的面积和质量达不到耕种条件的耕地等，不予补贴。

（六）实施步骤。一是制定施工方案。试点县根据省里下发的实施方案，结合本地实际情况，制定试点施工方案报省备案。

二是开展政策宣传。试点县结合实际，通过多种形式和渠道，集中开展农业补贴改革试点政策宣传，做好释疑解惑工作，及时回应社会关切。

三是做好补贴面积审核登记。试点县根据补贴政策要求和确权到户面积情况，做好补贴面积到户情况登记与审核，制作全县补贴面积基础信息表。

四是兑付补贴资金。省级实施方案印发后，试点县原则上应在1个月内将补贴资金兑付给补贴对象。

五是开展监督检查。试点县财政、农业部门对试点政策落实和资金使用情况进行回头看和检查，避免因漏报和不报面积损害农民利益，严防弄虚作假骗取套取补贴资金现象。

六是进行总结评估。试点县向省级报送改革试点工作总结，对完善试点政策提出建议。省里对改革试点进行全面评估，坚持问题导向，进一步完善补贴政策。

四、保障措施

（一）加强组织领导。试点工作由县级人民政府具体负责。试点县人民政府要切实加强对“三合一”试点工作的组织领导，建立健全试点工作机制，明确责任分工，确保试点各项工作落实到位。

（二）明确职责分工。试点县财政部门负责会同农业部门研究制定县级试点施工方案，做好补贴资金发放和监管，落实试点工作经费；试点县农业部门负责核实全县补贴面积数据，向县财政局提供补贴面积基础数据和补贴发放清册，做好政策宣传解释工作。乡镇政府负责补贴面积的统计和核实工作，做好政策解释及信访维稳工作。

（三）做好政策宣传。省财政厅、省农委以适当形式，对改革试点政策进行解读。试点县要制定宣传方案，充分利用电视字幕、手机短信、农业广播等形式，广泛宣传农业补贴政策改革试点的相关内容；印制农业补贴政策改革试点明白纸，发送给农户。试点县农业、财政部门都要设立热线电话，接受农户和媒体咨询。

(四)做好政策衔接。试点县从2015年开始不再执行原有的农作物良种补贴、农资综合补贴、种粮直接补贴政策。各试点县要对照原有补贴政策，认真梳理补贴发放档案，将以前年度未按照政策兑现的资金及时落实到位，政策兑现后的结余资金按财政结余资金相关管理规定及时处理。

(五)强化监督检查。省财政厅、省农委组成检查组,不定期地对试点县进行监督检查,重点检查资金兑付是否及时、补贴清册是否齐全、补贴面积认定是否规范、政策宣传是否到位等。县、乡政府要对补贴对象和补贴面积进行层层把关，尤其是对补贴面积的核准，要利用技术手段进行抽查和复查。对在试点实施过程中,参与骗取补贴资金或不履行监管职责造成财政资金损失的相关人员，按照《财政违法处罚条例》以及相关规定,进行问责和处罚,涉嫌犯罪的,移送司法机关处理。

安徽省农业信贷担保体系建设实施方案

为充分发挥财政资金的杠杆作用，撬动更多的信贷资金流向农业生产经营领域，国家决定完善农业补贴政策，调整部分农业补贴资金用于支持建立农业信贷担保体系。根据《财政部农业部关于调整完善农业补贴政策的指导意见》(财农〔2015〕31号)、《财政部农业部银监会关于财政支持建立农业信贷担保体系的指导意见》(财农〔2015〕121号)要求,结合我省实际,现就利用农业支持保护补贴资金支持建立农业信贷担保体系，制定如下实施方案:

一、指导思想、主要目标和基本原则

(一)指导思想。深入贯彻落实党的十八大,十八届三中、四中、五中全会和习近平总书记系列重要讲话精神，按照中央深化财税体制改革的要求和国家农业现代化建设的决策部署，以促进粮食生产为目标,以新型农业经营主体为载体,以建立农业信贷担保机构为重点，以财政政策和资金为引导,促进农业发展方式加快转变,提高农业和金融资源配置效率。

(二)主要目标。力争用35年时间,建立覆盖全省的农业信贷担保体系，完善与金融配套的财政支农政策,构建“政银保担”四位一体新型农业担保体系,着力解决新型农业经营主体 融资难 融资贵 问题。

(三)基本原则。

1.以粮食为重点,贴近农业生产需要。农业信贷担保体系主要以从事粮食生产和农业适度规模经营的种粮大户、家庭农场、农民合作社、龙头企业、农业社会化服务组织等为支持对象,对其担保余额不得低于总担保规模的70%。充分考虑新型农业经营主体资产实际状况,创新担保业务品种,将在田作物等农业资源全面纳入担保抵质押范围。

2.以省级为龙头,分步建设县级网络。按照规划引领、分步实施,先省后县(含市、区,下同),先产粮大县、后其他县的原则,先成立省级农业信贷担保公司,再从产粮大县入手,有计划地完善县级农业信贷担保网络。

3.以担保为主体,配套财政保障措施。农业信贷担保体系建设，以成立专业性农业信贷担保机构为主，通过信贷担保方式为适度规模经营主体解决融资难题。同时,完善配套的财政政策,搭建新型农业经营主体与金融资本之间的桥梁。

4.以政策为导向,科学防范市场风险。农业信贷担保机构是全省政策性担保体系的重要组成部分,要充分体现政策性要求。同时,要按照市场化运作的方式，依法依规建立健全公司法人治理结构,组建专业化经营管理团队,科学合理规避市场风险,增强信贷担保体系可持续发展能力。

二、建立健全全省农业信贷担保网络

(一)组建省级农业信贷担保公司。2015年将资金投入重点和工作重点放在建立省级农业信贷担保机构上。省级农业信贷担保机构暂定名为安徽省农业信贷担保有限责任公司,由省财政厅、省农委会同安徽银监局、省政府金融办,依托省信用担保集团发起成立全资子公司。安徽省农业信贷担保有限责任公司实行法人独立、业务独立、财务独立、考核独立、管理独立,接受省财政厅、省农委的政策指导、业务考核、业务指导,并接受安徽银监局、省政府金融办金融业务指导和行业管理。安徽省农业信贷担保有限责任公司暂时由省信用担保集团托管,2017年底过渡期满脱离。

（二）拓展县级担保网络。安徽省农业信贷担保有限责任公司组建后，先期在6个农业补贴“三合一”试点县及其他部分产粮大县，探索通过设立分公司、营业部等方式开展农业信贷担保业务，积累运行经验，以后年度逐步扩大业务范围。

（三）参与全国农业信贷担保联盟。根据国家统一部署，积极参与全国农业信贷担保联盟，提高我省农业信贷担保发展层次，丰富担保品种，分散担保风险。

三、规范农业信贷担保机构运行

（一）注册资本。2015年，中央财政下达我省的农业适度规模经营资金，50%以上用于安徽省农业信贷担保有限责任公司注册资本金。以后年度，根据中央财政安排我省的农业适度规模经营资金总量及农业信贷担保业务开展情况，逐步增加安徽省农业信贷担保有限责任公司注册资本。

（二）业务范围。安徽省农业信贷担保有限责任公司主要为农业适度规模经营户提供信贷担保，2017年以前主要为粮食适度规模经营户提供担保，以后年度可以向从事畜牧、水产、蔬果、林经等适度规模种植（养殖）户拓展，条件成熟后，逐步向与农业直接相关的农产品加工、销售领域的龙头企业拓展。

（三）运行模式。安徽省农业信贷担保有限责任公司依法独立运行，按照市场化要求，在政策范围内开展农业信贷担保业务。支持安徽省农业信贷担保有限责任公司发挥政策性信用优势，适当放大担保倍数。农业信贷担保费率执行我省政策性担保费率，在保本运行的基础上，可适当降低担保费。

（四）银担合作。省财政厅、省农委会同省政府金融办，通过竞争性谈判等方式，选择若干家在县有营业机构的商业银行作为战略合作银行。战略合作银行应针对农业经营主体特点和安徽省农业信贷担保有限责任公司担保业务品种，加强贷款业务顶层设计，开发新型农业贷款品种，降低贷款利率，并督促指导县级分支机构优化服务方式，简化审批程序，加快放款速度，适当延长贷款期限。

（五）税收优惠。符合条件的农业信贷担保机构从农业中小企业担保或再担保业务中取得的收入，执行现行中小企业信用担保机构免征营业税政策。符合条件的农业信贷担保机构的所得税税前扣除政策，按照《财政部国家税务总局关于中小企业信用担保机构有关准备金企业所得税税前扣除政策的通知》（财税〔2012〕25号）有关规定执行。

四、强化农业信贷担保风险控制

（一）加强业务审查。安徽省农业信贷担保有限责任公司要根据农业生产经营的特点，按照市场规律，准确判断抵质押物公允价值。对农民合作社、家庭农场、社会化服务组织提供的担保，主要以在田作物、农业设施、土地经营权、大型农机具、生物资源、农业保险保单等作为抵质押；对农业产业化龙头企业提供的担保，要有行业认可的抵质押物。对提供担保的贷款用途，要严格控制，原则上只能用于支付土地流转费、购买农资、建设农业基础设施、购买农机具、短期周转等直接用于农业生产的支出；对单笔和相关联信贷主体的信贷担保额度要有适当的上限控制。

（二）强化违约责任。战略合作银行要根据农业生产经营的特点，逐步建立和强化对借款者的信用甄别与约束机制，建立全省共享的农业信贷担保信用信息、业务信息、风险信息数据库，搭建服务农业发展的信息数据库、服务网和信贷对接平台。战略合作银行要加强对借款者金融法制意识宣传。

（三）明确代偿责任。安徽省农业信贷担保有限责任公司按合同约定比例承担代偿责任。战略合作银行要配合安徽省农业信贷担保有限责任公司追偿和实施质押物处理。安徽省农业信贷担保有限责任公司代偿率达到一定比例时，省金融监管部门要及时向其发出预警，要求其强化风险评估和管控，审慎开展新业务，并告知省财政厅。

（四）实行风险救助。省财政厅利用中央财政安排的农业适度规模经营资金，设立农业信贷担保风险准备金，主要用于安徽省农业信贷担保有限责任公司代偿补助、逾期贷款周转和应对农业产业系统性风险。安徽省农业信贷担保有限责任公司年度代偿率低于规定比例，对依法依规提供担保、确因客观原因造成的代偿，利用风险准备金给予补助；代偿率高于规定比例，原则上给予不超过50%的补助，其余部分由公司自行负责。对贷款主体由于经营风险等客观原因造成的逾期贷款，利用风险准备金先行归还。对农业产业系统性风险导致安徽省农业信贷担保有限责任公司出现资本流动性危机，利用风险准备金，帮助及时化解风险。

五、保障措施

(一)强化组织领导。建立农业信贷担保体系,支持粮食适度规模经营,是国家调整完善农业补贴政策的重要内容,也是促进我省粮食生产的重大机遇。各级政府要切实提高认识,将其纳入政府工作重要议事日程。省财政厅、省农委会同相关部门成立农业信贷担保委员会,负责审定农业信贷担保体系建设重大事项,农业信贷担保委员会办公室设在省财政厅,负责农业信贷担保体系建设具体工作。

(二)强化协调配合。省财政厅负责制定对安徽省农业信贷担保有限责任公司的财政支持政策和资金管理办法,会同省农委、安徽银监局、省政府金融办研究确定农业信贷担保业务范围界定、农业信贷担保的资格认定条件,梳理安徽省农业信贷担保有限责任公司设立的流程和组织结构,做好公司筹备设立的前期准备工作。省农委会同省财政厅提供农业信贷担保项目的设计指导与推介,在担保机构申请财政经营风险费用补助时,确认担保业务是否属于支持范围;对于农业信贷担保支持的项目,农业部门在其后续发展中给予支持和辅导,降低贷款风险。安徽银监局负责农业信贷担保业务推动与指导。省政府金融办要加强对安徽省农业信贷担保有限责任公司的日常监管。

(三)强化绩效考核。省财政厅、省农委会同相关部门对安徽省农业信贷担保有限责任公司业绩进行绩效考核,重点考核资本金放大比例、担保笔数、风险控制、客户满意度、持续经营能力等,对风险控制不严,造成代偿率超过规定比例、影响公司持续经营的,要严格追究相关责任人责任。

安徽省专用粮食绿色生产技术推广与服务项目实施方案

为推动农业补贴政策改革顺利进行,促进粮食适度规模经营和稳定持续发展,根据《财政部农业部关于调整完善农业三项补贴政策的指导意见》(财农〔2015〕31号)和《安徽省人民政府办公厅关于大力开展粮食绿色增产模式攻关示范行动的意见》(皖政办〔2015〕38号)精神,现就专用粮食绿色生产技术推广与服务制定如下实施方案:

一、政策目标

按照“稳粮增收、提质增效”的发展思路,以打造专用品牌粮食为导向,依托省级粮食绿色增产模式攻关示范平台和全供应链的产业化联合体,加快绿色增产技术推广,大力发展专用粮食品种,探索构建粮食产品生态圈、粮食企业生态圈和粮食产业生态圈三位一体的生态粮食产业化发展模式,促进粮食生产由数量向质量数量效益并重转变,带动粮食生产质量安全水平和效益提升。

二、实施规模与补助标准

(一)补助范围。承担省级绿色增产模式攻关示范创建任务的县,共70个。补助作物为小麦、水稻和玉米。

(二)补助对象。从事专用粮食适度规模经营的种粮大户、家庭农场、农民合作社、农业社会化服务组织等新型经营主体。

(三)补助标准。单项补助金额不得超过物化投入(或者服务价格)的50%,具体标准由各地根据当地生产实际确定。

三、补助内容

按照“有利于产品开发、有利于资源节约、有利于提高效率”的原则,聚焦专用粮食绿色生产核心技术和关键环节,重点开展以下5个方面补助。

(一)优质专用品种推广补助。推广优质水稻(部颁二级以上)、专用小麦、专用玉米等优质专用品种。(省级技术依托单位:省种子管理总站)

(二)新型肥料推广补助。水稻和小麦生产推广有机肥或有机无机复混肥,玉米生产推广缓释(配方)肥。(省级技术依托单位:省土壤肥料总站)

(三)绿色农药推广补助。推广高效低毒低残留化学农药、生物农药和绿色防控诱杀药械。(省级技术依托单位:省植物保护总站)

(四)节水灌溉技术补助。推广高效节水灌溉技术。(省级技术依托单位:省土壤肥料总站)

(五)新型机械作业补助。推广小麦旋耕施肥播种镇压复式作业和水稻钵苗机插秧作业。(省级技术依托单位:省农机局、省农技推广总站)

技术指标由省级技术依托单位制定,另行下发。

四、资金管理

(一)资金分配。资金按因素法(粮食产量占70%,承担省级绿色增产示范创建任务占30%)切块分配到县,采取“先实施后补助”。

（二）项目管理。专用粮食绿色生产技术推广与服务补助项目以县为单位组织实施，实行“四制”管理。

一是补助资金投向实行名录制。县级农业部门根据当地生产实际，在省确定的补助内容框架内，聚焦2至3个重点支持方向，根据项目实施内容、主体、地点、规模等分别确定项目名录。项目名录报省农委批准后实施。

二是补助资金安排实行审批制。县级农业部门根据项目名录，制定项目申报指南，实行竞争立项。立项过程要公开透明，接受社会监督。补助资金遵循不重复安排的原则，对已经承担财政专项补贴（补助）的新型农业经营主体，当年不再重复实施相同项目。

三是项目实施绩效实行评价制。各项目县要认真编制项目实施方案，明确项目任务，量化实施目标，确保补助资金发挥效益。省农委适时组织开展项目实施绩效考评，并作为下一年度资金分配的重要依据。

县级农业部门编制发布项目申报指南时，同步编制验收评价指标，并对立项的补助项目及时开展考评验收，达到验收标准的，方可补助。

四是补助资金使用实行审计制。省农委以定点抽查和随机抽查相结合的方式，委托会计师事务所等第三方机构对项目县补助资金的分配、使用、管理和效益情况进行审计监督。审计报告作为项目检查和绩效考评的重要依据。

五、工作要求

（一）认真选定补助名录。县级农业部门要在广泛征求意见基础上，在省定补助内容框架内，突出专用品种和关键技术，选择23个重点环节作为补助项目，并明确到具体品种和技术名称。对实行产业化开发的专用粮食品种要优先给予补助。

（二）科学制订补助标准。县级农业部门要对补助名录的成本费用进行认真测算，广泛征求多方意见，合理制定补助标准。对补助标准能够量化的项目，采取定额补助方式予以补助。无论采取何种方式，单项补助金额不得超过其成本费用的50%。

（三）择优确定补助对象。县级农业部门及时编制发布项目申报指南，并通过政府（或部门）门户网站、报纸发布通知，向社会告知申报时间、条件和程序。申报结束后，县级农业部门对申报条件进行初步筛选，从专家库中随机抽取第三方专家对申报项目开展差额评审，竞争立项。

（四）严格项目考评验收。项目实施主体在项目实施结束后10日内向县级农业部门提出验收申请并提交项目实施情况，县级农业部门应及时组织人员根据验收标准对项目实施情况进行考评验收。项目验收后，由县级农业部门统一向项目实施主体发放验收通知书。通知书内应载明项目实施规模及补助资金额度。

六、保障措施

（一）强化协调配合。专用粮食绿色生产技术推广与服务补助是农业补贴政策改革试点的重要内容，各级各相关部门要高度重视，切实加强领导，明确任务分工，密切协调配合，形成工作合力。

（二）强化项目公示。专用粮食绿色生产技术推广与服务补助实行县级公示制，由县级农业部门对拟立项的补助项目在政府（部门）网站、报纸等媒体进行公示，公示内容包括补助对象、项目、规模、标准、金额等。

（三）强化资金管理。专用粮食绿色生产技术推广与服务补助资金要专款专用，任何地方、单位和个人不得套取、挤占、挪用，严禁挤占挪用项目资金用于工作经费。

（四）强化指导服务。各级农业部门要切实强化对粮食生产适度规模经营的指导，加大对项目实施主体的技术服务力度，提高项目实施水平。省级技术依托单位要加强对项目县的工作指导。

（五）强化纪律责任。任何单位和个人不得借项目申报、评审、验收、服务等为名向新型农业经营主体收取任何费用，一经查实，严肃处理。对在项目申报实施过程中徇私舞弊、套（骗）取资金的新型经营主体，追回项目资金并列入黑名单，3年内不得申请承担涉农项目。

（六）强化政策宣传。各地要通过电视、报纸等多种媒体向广大粮食适度规模经营主体和基层干部宣传专用粮食绿色生产技术推广与服务补助政策，充分调动新型农业经营主体发展专用粮食生产积极性，营造良好的社会氛围。

安徽省人民政府办公厅关于进一步规范涉企收费管理工作的通知

(皖政办秘〔2015〕121号)

各市、县人民政府,省政府各部门、各直属机构:

为进一步加强涉企收费管理，推进普遍性降费,激发市场活力,支持实体经济发展,根据财政部、国家发展改革委、工业和信息化部《关于开展涉企收费专项清理规范工作的通知》(财税〔2015〕45号)要求,经省政府同意,现就进一步规范涉企收费管理有关事项通知如下:

一、坚决取缔违规设立的涉企收费基金项

凡没有法律、行政法规依据且未经国务院批准,越权设立的政府性基金项目，包括各地自行设立的各种名目的价格调节基金一律取消。凡未经国务院和省级人民政府及其财政、价格部门批准,越权设立的行政事业性收费项目一律取消。目前仍在执收的“淮北市价格调节基金”、“蚌埠市价格调节基金”、“池州市价格调节基金”,立即停止执行。

二、严格落实国家和省涉企收费基金政策

严格按照财政部、国家发展改革委《关于取消、停征和免征一批行政事业性收费的通知》(财税〔2014〕101号)和财政部、国家税务总局《关于对小微企业免征有关政府性基金的通知》(财税〔2014〕122号)要求,认真落实中央取消、停征和免征收费基金的规定。严格按照《安徽省人民政府办公厅关于建立省级涉企收费清单制度的通知》(皖政办〔2014〕21号)要求,切实实行“涉企收费进清单,清单之外无收费”。落实好国家和省对小微企业、养老医疗服务业、保障性住房建设、高校毕业生就业等的优惠政策,加大对小微企业、服务业和就业创业的支持,进一步优化我省经济发展环境。

三、规范强制垄断性的经营服务性收费管理

凡没有法定依据的行政审批中介服务项目及收费一律取消，能够通过加强事中事后监管解决的事项,一律不得设定中介服务并收费。取消省级涉企收费清单之外的省交通运输厅“高速公路非公路标志结构物安全检测报告收费”、省气象局“雷电风险灾害评估收费”、省国土资源厅“建设用地勘测定界收费”、各级人力资源社会保障部门“人力资源服务机构及其业务范围和变更注销审批涉及的验资报告收费”。对属于市场行为的经营性服务收费,要通过放开市场,引入竞争机制,放开价格,从源头予以规范。各级行政审批前置服务收费以及实行政府定价的涉企经营服务性收费,按照与权力清单对接、项目法定、谁委托谁付费、市场化的原则，结合涉企收费清单动态调整工作以及地方定价目录的实施,分级负责。

四、整顿规范行业协会商会收费

各类行业协会商会不得强行要求企业入会、索要会费,不得向企业索要赞助、宣传费等,严禁向企业乱收费。各级经济和信息化部门要不定期对企业入会缴费情况进行摸底调查，各级民政部门在行业协会商会年检时将收费情况作为审查的重要内容,各级财政部门要加强财政票据源头管理。严禁各类行业协会商会依靠代行政府职能或利用行政资源擅自设立收费项目、提高收费标准。各类行业协会商会不得继续收取 考核评比表彰费 。

五、常态化公布涉企收费基金目录清单

各级财政部门要在官方网站常态化公布本级涉企行政事业性收费和政府性基金目录清单,各级物价部门在官方网站常态化公布本级行政审批前置服务项目收费目录清单和政府定价的涉企经营服务性收费目录清单。市县收费基金目录清单要与省级收费基金目录清单保持口径一致，及时动态更新。省有关部门要在官方网站、公共媒体以及收费场所等主动公开本部门、本系统执收的收费项目、依据、标准、征收程序以及法律责任,接受社会监督。

六、开展涉企收费专项督查

各级财政、价格、经济和信息化等部门按照职责分工,加强涉企收费监督检查,深入企业调查了解情况,及时纠正并查处乱收费。涉企收费部门要强化内部约束机制,监督本部门、本系统各单位严格执行涉企收费管理规定,杜绝乱收费行为。省物价局、省经济和信息化委(省减负办)将适时开展涉企收费专项督查工作,对查实的乱收费问题,定期公布查处结果,曝光典型案例,并追究有关人员责任。

除国家另有规定外，上述各涉企收费事项自发文之日起执行。

省人大重要财经文献

叫响实干兴皖最强音 为建设美好安徽而奋斗

——王学军在省十二届人大五次会议闭幕会上的讲话

（2015年7月28日）

各位代表，同志们：

省十二届人大五次会议，在全体代表的共同努力下，圆满完成既定议程，即将胜利闭幕。这是一次务实高效、团结奋进的大会，是一次统一思想、凝心聚力的大会。大会的成功召开，必将激励全省人民，以更加坚定的信心、昂扬的斗志，积极投身我省改革开放和现代化建设伟大实践。大会选举我为省人大常委会主任，衷心感谢各位代表和全省人民的高度信任。我深知担任这一重要职务，责任重大、使命光荣。我一定忠于宪法和法律，自觉接受党和人民监督，与省人大常委会的同志们一起，在历届班子奠定的良好基础上，恪尽职守、夙夜在公、奋发努力，继续开创人大工作新局面，决不辜负各位代表和全省人民的重托。

各位代表，同志们！党的十八大以来，习近平总书记提出了一系列治国理政的新思想、新观点、新论断、新要求，为我们指明了前进的方向。并反复强调“空谈误国、实干兴邦”，“只有真抓才能攻坚克难，只有实干才能梦想成真”。在以习近平同志为总书记的党中央坚强领导下，我省经济社会继续保持着平稳健康发展的良好势头，各项事业呈现出勃勃生机，其中很重要的一条经验就是真抓实干。我们靠真抓实干，坚定不移转方式调结构，促进了科学发展，综合实力迈上新台阶；我们靠真抓实干，深化改革扩大开放，激发激活了全省发展的新动能；我们靠真抓实干，深入实施民生工程，增进了人民福祉，群众生活得到新改善；我们靠真抓实干，全面加强党的建设，优化了政治生态，干事创业呈现新局面。站在新的历史起点上，面对改革发展的艰巨任务，面对人民群众的殷切期待，我们要抓住新机遇，应对新挑战，实现新常态下新发展，就必须继续发扬真抓实干的优良作风，进一步叫响实干兴皖的最强音，一心一意谋发展、聚精会神抓党建，继续把各项事业推向前进。

“功崇惟志，业广惟勤”。叫响实干兴皖最强音，就是以打造三个强省、建设美好安徽、全面建成小康社会为目标，动员全省干部群众以奋发有为的精气神，崇尚实干、追求实干、共同实干，以实干凝聚力量，以实干成就事业，以实干创造辉煌，以实干展示江淮儿女的时代风采。

叫响实干兴皖，就要政治坚定，坚决贯彻落实中央决策部署。这是实干之要、兴皖之基。要坚定政治自觉，深入学习贯彻习近平总书记系列重要讲话精神，深刻领会把握党的路线方针政策和中央各项决策部署，树牢看齐意识，始终与以习近平同志为总书记的党中央保持高度一致。要确保政令畅通，坚持在大局下定位、大局下行动，党中央提倡的坚决响应，党中央决定的坚决照办，党中央禁止的坚决杜绝。要紧密联系实际，找准中央精神与安徽实际的结合点,按照“四个全面”战略布局,多谋落实的硬招实招,细化配套的措施办法,切实把中央决策部署转化为促进安徽改革发展稳定的工作思路、方法举措、实际成果。

叫响实干兴皖,就要加快发展,向着全面建成小康社会奋力冲刺。发展是硬道理,是第一要务。作为发展中省份,只有认真解决发展不足、发展不优、发展不平衡的问题,下决心做大总量、提升质量,才能确保与全国同步实现全面小康。要进一步增强机遇意识,善于观大势、谋大事,保持战略定力,强化战略思维,以机不可失、时不再来的紧迫感,抓住“一带一路”、长江经济带建设等重大机遇,乘势而上,主动作为,在抢抓机遇中赢得发展、赢得未来。要进一步增强进取意识,坚定发展自信,瞄准更高标杆,深度融入长三角,永不满足、永不懈怠、永不停步,不断缩小与先进地区的差距,在全国区域发展大格局中争先进位。要进一步增强转型意识,统筹稳增长、促改革、调结构、惠民生、防风险,坚持存量调整与增量优化两手抓,立足当前、着眼长远,大力推进创新驱动,大力推进战略性新兴产业发展,大力推进传统产业改造升级,大力推进城乡区域统筹,大力推进“四化”同步,努力实现更高质量、更有效率、更具活力、更可持续的发展。

叫响实干兴皖,就要改革创新,为经济社会发展注入不竭动力。事业发展永无止境,改革创新也永无止境。在区域发展的激烈竞争中,唯改革者进,唯创新者强,唯改革创新者胜。要坚持不懈解放思想,坚决破除一切思维束缚和观念羁绊,坚决破除因循守旧、故步自封、骄傲自满,变中求新、变中求进、变中突破,以思想大解放推动安徽大发展。要坚持不懈深化改革,大力弘扬敢为人先的“大包干”精神,强化问题意识,勇于自我革命,争当改革的促进派、实干家,深入推进国资国企、财税金融、行政体制、文化体制、司法体制等重点领域和关键环节的改革,以改革新红利增添发展新动力。要坚持不懈扩大开放,主动对接国家开放战略,深入推进大通道、大平台、大通关建设,把我省通江达海的地理优势转化成发展优势,更好地利用两个市场、两种资源,加速融入国际国内经济大循环,打造东西双向、对内对外的开放高地,以开放新格局构筑发展新优势。

叫响实干兴皖,就要“三严三实”,始终保持昂扬向上的精神状态。“三严三实”是党员干部的行为准则,是实干兴皖的重要遵循。要紧紧围绕“三聚焦、三查找、三确保”,扎实开展专题教育,进一步锤炼从严从实的思想作风和工作作风。要大兴密切联系群众之风,始终把人民放在心中最高位置,紧抓民生之本,化解民生之急,排除民生之忧,着力解决关系群众切身利益的就业、教育、社保、医疗、住房、环境等问题,尤其要解决好皖北地区、大别山区一些市县欠账较多的问题,以干部的辛苦指数换取百姓的幸福指数。要大兴求真务实之风,始终如一地察实情、出实招、办实事、求实效,特别要坚持问题导向,以实施精准扶贫、尽早实现全省401万贫困人口脱贫致富为抓手,带动各级干部树立正确的政绩观,身体力行办群众最期待的事情,抓群众最需要的工作,切实做到情为民系、权为民用、利为民谋。要大兴敢于担当之风,勇于负责,敢于任事,苟利国家生死以,不因祸福避趋之,在风险考验面前无畏无惧,在关键危急时刻挺身而出,在急难险重任务面前勇挑重担,勇往直前、一往无前,促一方发展,保一方平安,富一方百姓。

叫响实干兴皖,就要团结奋进,汇聚起干事创业的强大力量。人心齐、泰山移。要坚持以发展统一思想,用宏伟的事业凝聚人心,团结带领全省干部群众心往一处想、劲往一处使,积极投身建设美好安徽的伟大实践。要坚持以奋斗实现价值,充分激发全社会的干事激情和创业热情,崇尚实干、鼓励创新、宽容失败,努力营造大众创业、万众创新的浓厚氛围,让每个人通过不懈奋斗都能获得进步发展的舞台、都能享有人生出彩的机会。要坚持以奉献引领风尚,大力弘扬社会主义核心价值观,传播好声音,弘扬正能量,让江淮大地涌现出更多的安徽好人、实干模范、创业先锋,使崇德向善、见贤思齐在全省上下蔚然成风。要坚持以公正促进和谐,深入开展“平安安徽”建设,正确处理各种利益关系,妥善化解矛盾纠纷,积极创新社会治理,切实维护公平正义,巩固发展安定团结、充满生机的大好局面。

叫响实干兴皖,就要从严治党,全面推进党的建设新的伟大工程。事业兴衰,关键在党,关键在人。把抓好党建作为最大政绩,充分发挥各级党组织战斗堡垒作用和党员先锋模范作用,不断提高管党治党科学化水平。要全面加强领导班子建设,把忠诚、干净、担当作为座右铭,下大气力建设政治过硬、本领过硬、作风过硬、廉洁过硬的班子,使各级班子成为推动事业发展的坚强领导集体。要全面加强干部队伍建设,认真贯彻落实习近平总书记20字好干部标准,严格执行干部选拔任用工作条例,树立正确用人导向,坚持以实干论英雄、凭实绩用干部,坚持不拘一格、唯才是举,坚持五湖四海、不搞"小圈子",坚持民主、公开、竞争、择优,切实把那些精心谋事、潜心干事、已干成事并创造出优秀"作品"的干部选出来用起来。要全面加强反腐倡廉建设,严格落实"两个责任",扎实推进巡视、审计监督、重要岗位轮岗、制度规范"四个全覆盖",有腐必反、有贪必肃,大力营造风清气正、山清水秀的政治生态。

各位代表,同志们!人民代表大会制度是我国的根本政治制度。要坚持党的领导、人民当家作主、依法治国有机统一,毫不动摇地坚持人民代表大会制度,坚定不移走中国特色社会主义政治发展道路。要全面推进依法治省,大力推进科学立法、严格执法、公正司法、全民守法,以法治巩固人民主体地位、维护人民合法权益,更好发挥法治的引领规范作用。各级人大及其常委会要坚持正确政治方向,围绕中心、服务大局,以加强社会主义民主法治建设为根本任务,以推动人民代表大会制度与时俱进为工作主线,以建设"创新人大、活力人大、作为人大"为目标,全面依法履行立法、监督、决定重大事项等职能,切实加强同人大代表和人民群众的联系,进一步提升人大工作水平。

人大代表来自人民、植根人民、服务人民,在推进改革发展和民主法治建设中肩负着特殊重要的使命。希望全体代表倍加珍惜党和人民的信任,进一步增强政治意识、责任意识、代表意识,充分发挥示范带头作用,优先执行代表职务,更加密切联系群众,切实把人民赋予的职责履行好、实现好,最广泛地团结和动员广大人民群众,共同创造更加美好幸福的生活。

各位代表,同志们!好风凭借力,扬帆正当时。让我们紧密团结在以习近平同志为总书记的党中央周围,高举中国特色社会主义伟大旗帜,认真贯彻中央决策部署,戮力同心,锐意进取,真抓实干,为打造三个强省、建设美好安徽、全面建成小康社会而奋斗,奋力书写伟大"中国梦"的安徽篇章!

2016年安徽省政府工作报告

——在安徽省第十二届人民代表大会第六次会议上

省人民政府省长 李锦斌

(2016年2月17日)

各位代表:

现在,我代表省人民政府,向大会报告政府工作,请予审议,并请省政协委员和其他列席人员提出意见。

一、2015年工作和"十二五"发展回顾

过去一年,全省人民在党中央、国务院和中共安徽省委的坚强领导下,全面贯彻党的十八大和十八届三中、四中、五中全会精神,深入学习贯彻习近平总书记系列重要讲话精神,坚持稳中求进工作总基调,主动适应经济发展新常态,大力推进"调转促"行动计划,统筹做好稳增长、促改革、调结构、惠民生、防风险各项工作,较好完成了省十二届人大四次会议确定的主要目标任务,全省经济稳中有进、稳中趋好,社会大局和谐稳定。

初步核算,全省生产总值22005.6亿元,同比增长8.7%。财政收入4012.1亿元,增长9.5%,其中地方财政收入2454.2亿元,增长10.6%。粮食产量707.6亿斤,增长3.6%。固定资产投资23965.6亿元,增长12.7%。社会消费品零售总额8908.0亿元,增长12.0%。进出口总额488.1亿美元,下降0.8%,其中出口331.1亿美元,增长5.2%。城镇、农村常住居民人均可支配收入分别达26936元和10821元,增长8.4%和9.1%。居民消费价格涨幅1.3%。城镇新增就业65.2万人、登记失业率3.1%。节能减排实现年度目标。

一年来,主要做了以下工作:

一是精准发力支持实体经济,促进经济持续健康较快增长。出台促进经济持续健康发展、金融支持服务实体经济等政策,落实结构性减税和普遍性降费,畅通金融进入实体经济管道,全年新增贷款

3389.7亿元、增长14.9%,直接融资2980.3亿元、增长71.5%,新增上市公司10家、新三板挂牌企业117家。实行省政府负责同志联系重点企业、重点项目等制度,加强对基层和企业的精准帮扶。持续扩大有效投入,实施项目建设“四督四保”制度,积极对接国家重大工程包和专项建设基金,商合杭高铁、合安高铁、京东方10.5代线等一批重大项目开工建设,合福高铁、宁安城际铁路及铜南宣、滁马等10条高速公路建成运营,全年新开工亿元以上重点项目1670个、建成1069个。

二是深入实施创新驱动发展战略,调结构转方式促升级迈出新步伐。推进大众创业、万众创新,建立健全科技创新“1+6+2”政策体系。实施15个科技重大专项,新建国家级研发机构18家,新增国家“千人计划”人才45人,扶持高层次人才团队93个,新增授权发明专利11180项、增长115.7%。我省列入国家系统推进全面创新改革试验区域,搭建了创新型省份建设又一重大战略平台。

省委、省政府作出调结构转方式促升级行动计划重大决策。启动首批14个战略性新兴产业集聚发展基地建设,实施140个10亿元以上重大技改项目,战略性新兴产业产值8921.5亿元、增长17.6%。推动生产性服务业和生活性服务业发展,电子商务、物流快递等新兴业态快速成长,服务业占生产总值比重37.3%、提高1.9个百分点,旅游总收入4120.2亿元、增长20.1%。加快转变农业发展方式,开展粮食绿色增产模式攻关,新增农民合作社12599个、家庭农场14731个。质量、品牌建设成效明显。加强大气、水、土壤和重金属污染防治,环境质量持续改善。

三是全面深化改革扩大开放,发展动力活力持续增强。实施“放管服”改革,在全国率先推行省市县乡四级政府权责清单制度,取消非行政许可审批,建成省级政府权力清单运行平台。深化商事制度改革,“三证合一”“一照一码”全面实施,新登记注册企业14.4万户,增长18.4%。稳步推进国企改革,省属企业整体上市、兼并重组取得新进展。农村土地承包经营权确权登记颁证、新型城镇化等国家级改革试点全面展开。完成省市机关公务用车制度改革。

坚持以开放促改革促发展。推进与“一带一路”沿线国家经贸合作,新签1000万美元以上工程项目46个,在中德两国总理来皖期间达成8项经贸、金融、教育合作重要成果,“合新欧”国际货运班列加密延伸。全面融入长江经济带建设和长三角一体化发展,扩大复制推广上海自贸区改革试点经验,合肥综保区封关运行,芜湖综保区通过国家验收,郑蒲港等一批港区口岸扩大开放获国家批准。成功举办百户央企、百户外企合作和资本要素对接等招商引资重大活动。全年实际利用外商直接投资136.2亿美元、增长10.4%,亿元以上省外投资项目实际到位资金8968.9亿元、增长12.9%,对外投资9.7亿美元、增长1.1倍。外事侨务、对台、港澳工作助推了开放发展。

四是高度重视改善民生,基本公共服务水平明显提升。坚持把更多财力投向民生领域,民生支出4379亿元,占财政支出的83.7%,33项民生工程全面完成。推进精准扶贫、精准脱贫,建立“1+20”政策体系,在3000个贫困村实施整村推进工程,减少贫困人口75万人。落实支持就业创业政策,帮助10.3万就业困难人员再就业,高校毕业生总体就业率达95.9%。完成829所义务教育学校标准化建设任务,职业教育市级统筹和资源整合深入推进,高水平大学建设步伐加快。城镇基本医保省内异地就医实现双向结算,企业退休人员基本养老金人均月增196元,城乡居民基础养老金最低标准每人每月提高到70元。新增各类保障性安居工程40.3万套,基本建成35.8万套,完成农村危房改造17.9万户。实施重特大疾病医疗救助、困难残疾人生活补贴、重度残疾人护理补贴等制度。深化医药卫生体制综合改革,城市公立医院改革全面实施。人口自然增长率6.98‰。新建30个乡镇综合性文化服务中心和300个农民文化乐园,广播电视由村村通向户户通延伸。全民健身运动广泛开展。合肥、铜陵、芜湖入选第四届全国文明城市,入选数居全国首位。哲学社会科学、参事文史、档案、地方志工作进一步加强,民族宗教、妇女儿童、老龄、红十字等事业取得新成绩,援疆援藏、气象、地震、防灾减灾工作取得新进展。

五是着力改进社会治理方式,和谐稳定局面进一步巩固。加快社会治理法治化,推行网格化新型社区管理模式,提升市级社区公共服务信息平台建设水平。开展安全生产“铸安”行动,事故总量和重点行业事故数量持续下降。完善省市县乡四级食品药品安全监管体系，持续治理“餐桌污染”。推进信访工作制度改革，全面实行信访网上受理。构建立体化数字化社会治安防控体系，开展“守护平安”系列行动，社会治安大局持续稳定。

积极支持国防和军队建设发展，全民国防教育、国防动员、人民防空工作深入推进，军民融合深度发展取得新进展，驻皖部队和民兵预备役人员在全省改革发展稳定中发挥了重要作用。

六是扎实推进法治政府建设，依法行政能力不断增强。加强政府立法，提请省人大常委会审议地方性法规6件，制定、修改政府规章6件。自觉接受人大监督，依法执行人大决议决定，办理人大代表建议951件。主动接受政协民主监督，办理政协委员提案986件。认真接受司法监督，健全行政机关依法出庭应诉制度。严格规范政府系统重大事项决策行为，完成重大事项合法性审查605件。加强政府权力运行标准化监管，拓展政务公开，优化政务服务，强化行政监察，推进审计监督、制度规范全覆盖。扎实开展“三严三实”专题教育，加强作风建设和廉政建设，推进巡查、督查、考察相结合，制定整改问题、措施、责任清单，形成抓落实的制度链条，政府执行力和公信力进一步提升。

各位代表！

2015年各项目标任务的完成，标志着“十二五”胜利收官。回首过去五年，国际国内形势复杂多变，改革发展稳定任务艰巨繁重，我们紧紧围绕打造三个强省、建设美好安徽、全面建成小康社会目标，把握大势，保持定力，抢抓机遇，克难制胜，经历了应对金融危机、化解“三期叠加”的砥砺奋战，展开了适应新常态、推动新发展的实践探索，经济社会发展取得了一系列令人鼓舞的重大成就。

这五年，是经济持续稳定健康发展、综合实力大幅提升的五年。经济强省建设成效显著，生产总值突破2万亿元、年均增长10.8%，财政收入突破4000亿元、年均增长14.2%。城镇、农村常住居民人均可支配收入年均分别增长11.6%和13.4%。全省实现国家区域发展战略全覆盖，整体进入长三角经济区，联动发展、协同共进的新格局加快形成。

这五年，是创新驱动发展战略加速实施、产业竞争力大幅提升的五年。创新型试点省和合芜蚌试验区建设深入推进，中科院合肥大科学中心等国家级创新平台相继建立，量子通信等前沿领域取得一批原创性成果，研发经费支出占生产总值比重由1.3%提高到2%，每万人发明专利拥有量由0.5件增加到4.3件。战略性新兴产业产值增长2.8倍，高新技术企业数达3157家、增长1.4倍。粮食产量由616.1亿斤提高到707.6亿斤，规模以上农产品加工业产值增长1.7倍。三次产业结构由14：52.1：33.9调整为11.2：51.5：37.3。

这五年，是改革开放持续深化、社会创造力大幅提升的五年。简政放权、医药卫生、公共资源交易等改革走在全国前列，农村综合改革、地方金融体系建设等取得重要突破，各类市场主体由166万户增加到276万户、增长66.3%，私营企业由22.9万户增加到57.4万户，民营工业增加值占规模以上工业比重由55%提高到70.4%，民间投资占全社会固定资产投资比重由63.4%提高到72%。累计利用省外资金33172.4亿元、年均增长17.2%，进出口总额2143.8亿美元、年均增长15%，实际利用外商直接投资519.2亿美元、年均增长22.1%，境外世界500强在皖设立企业120家。国家级开发区由9家增加到19家。

这五年，是基础设施建设不断加强、发展支撑力大幅提升的五年。新增高速公路1317公里、一级公路2667公里，总里程分别达4246公里和3166公里，新桥国际机场和九华山机场先后建成，高铁运营里程达1330公里，开启了安徽高铁时代。水资源保障和防洪保安体系不断完善，完成2626座病险水库加固，引江济淮的世纪梦想正在变为现实。移动互联网进入寻常百姓家，用户达3671.8万户、增长1.8倍。美丽乡村建设成果丰硕，“三线三边”治理成效显著，生产发展、生活富足、生态优美的幸福家园建设进一步加快。

这五年，是生态保护扎实推进、绿色发展行动力大幅提升的五年。生态强省建设取得重要进展。国家下达的节能减排任务超额完成，单位生产总值能耗累计下降21.4%，化学需氧量、二氧化硫、氨氮、氮氧化物排放量分别累计下降10.5%、10.8%、13.6%、20.7%。淮河、巢湖水质稳定向好，新安江保持为全国水质最好的河流之一。淘汰燃煤小锅炉5803台、黄标车和老旧车52万辆，火电机组和水泥生产线脱硫脱硝实现全覆盖。严守耕地保护红线，新增耕地110.9万亩，连续17年实现耕地占补平衡。实施千万亩森林增长工程，新增造林949.2万亩，池州、合肥、安庆、黄山、宣城进入国家森林城市行列。

这五年，是社会事业全面进步、民生保障力大幅提升的五年。公共文化服务不断加强，公民文明素质和社会文明程度日益提高，入列“中国好人榜”总数连续8年居全国第一，市县乡三级公共文化设施基本实现全覆盖，迈出了文化强省建设的重要步伐。深化教育领域综合改革，义务教育阶段学校标准化覆盖率由不足10%提高到85%，学前、高中阶段和高等教育毛入学率高于全国平均水平，教育均衡发展及信息化位居全国前列。城镇新增就业327.9万人，新增农村劳动力转移就业474.7万人。民生工程拓展提升，在全国率先一揽子解决“老字号”、以船为家渔民等群体生活问题，完成2151万农村人口安全饮水工程，城乡基本养老、基本医疗保险和居民大病保险实现全覆盖，460万人脱贫，群众获得感进一步提升。

在肯定成绩的同时，我们也清醒看到前进中的困难和挑战。经济下行压力还在加大，投资和出口增速回落，企业生产经营困难增多，财政收支矛盾突出，金融风险隐患显现。结构调整和动能转换任务艰巨，有效供给不足与有效需求乏力并存，煤炭、钢铁等产能过剩问题凸显，战略性新兴产业规模不大，现代服务业发展相对滞后，农业基础依然薄弱，全要素生产率较低。民生保障能力和水平有待提高，就业、教育、卫生、社会保障等领域存在不少短板，部分贫困人口的贫困程度较深，环境保护、安全生产、食品药品安全、征地拆迁等方面还存在不少问题。政府工作存在差距和不足，一些干部对新常态不够适应，不愿作为、不会作为和作风不实等问题不同程度存在，一些地方和部门落实政策措施仍然不够到位，一些领域腐败现象还时有发生。我们要直面这些问题，认真加以解决，不负人民重托。

各位代表！

“十二五”发展筑就了安徽加速崛起、全面建成小康社会的坚实基础，也为今后更高水平发展提供了宝贵经验。最根本的一条，就是高举中国特色社会主义伟大旗帜，以习近平总书记系列重要讲话精神为引领，明大势、务大局、促发展、求突破，努力走出一条符合中央精神、彰显安徽特色的发展路子。实践证明，抓好安徽的发展，必须紧紧扭住发展第一要务，坚持不懈调结构、转方式、促升级，不遗余力打基础、补短板、增后劲，不断巩固扩大稳定较快发展势头；必须进一步强化改革引领、创新驱动，大力弘扬敢闯敢试、敢为人先的优良传统，打破旧的思维定式和路径依赖，不断厚植发展新优势和新动能；必须坚持生态优先，尊重、顺应、保护自然，促进绿色低碳循环发展，切实提高环境效益；必须扩大开放合作，全面融入国际国内两个大局，改善营商环境，拓展发展空间；必须坚持以人民为中心，重视群众关切，多办民生实事，促进公平正义，充分调动群众积极性、主动性、创造性；必须加快政府职能转变，正确处理政府和市场关系，践行“三严三实”，依法行政、廉洁从政，以忠诚、干净、担当的良好形象，凝聚起实干兴皖的强大合力。

各位代表！

五年成就来之不易，这是党中央、国务院和中共安徽省委正确领导的结果，是全省人民团结奋斗、顽强拼搏的结果，是历届班子持续努力、不断夯实基础的结果。在此，我代表省人民政府，向全省人民，向各民主党派、各人民团体和各界人士，向驻皖解放军指战员、武警官兵和政法公安干警，向关心、支持安徽改革发展的中央各部门、兄弟省市区和海内外友好人士，表示衷心的感谢！

二、“十三五”时期的奋斗目标和任务

“十三五”时期是全面建成小康社会的决胜阶段。根据省委《关于制定国民经济和社会发展第十三个五年规划的建议》，省政府编制了“十三五”规划《纲要》(草案)，提交大会审议。

未来五年，国际国内经济深度调整，新一轮科技和产业革命蓄势待发，国家“一带一路”、京津冀协同发展和长江经济带战略深入实施，创新驱动发展前景广阔，安徽发展面临诸多新的机遇和挑战。我们要高举中国特色社会主义伟大旗帜，全面贯彻党的十八大和十八届三中、四中、五中全会精神，以马克思列宁主义、毛泽东思想、邓小平理论、“三个代表”重要思想、科学发展观为指导，深入学习贯彻习近平总书记系列重要讲话精神，坚持“四个全面”战略布局，坚持发展是第一要务，坚持创新发展、协调发展、绿色发展、开放发展、共享发展，积极适应和引领经济发展新常态，以提高发展质量和效益为中心，以加快调结构转方式促升级为主抓手，以增进人民福祉、促进人的全面发展为出发点和落脚点，加快建设创新型经济强省、文化强省、生态强省，确保如期全面建成小康社会，奋力开创美好安徽建设新局面。

创新是我省未来五年发展最鲜明的特征。我们提出建设创新型三个强省，就是要把创新摆在发展全局的核心位置，贯穿于经济社会发展的全过程和各领域，落实到推进结构性改革的各个环节，着力塑造更多依靠创新驱动的引领型发展，着力打造更具优势、更有活力、更高水平的三个强省。

今后五年经济社会发展的主要目标是：

——产业结构优化。三次产业结构优化为8.5∶50∶41.5，产业迈向中高端水平，农业现代化取得明显进展，战略性新兴产业和现代服务业比重明显提高，制造强省基本确立，科技进步对经济增长贡献率持续上升。

——质量效益提升。全要素生产率明显提高，财政收入跃上新台阶。消费对经济增长贡献率持续提升。发展空间格局进一步优化，城乡区域发展趋于协调，户籍人口城镇化率达35%。开放型经济水平不断提升，与长三角一体化发展新格局加快形成。全面创新改革试验区基本建成，创新型省份和人才强省建设取得新突破。

——经济总量扩大。在提高发展平衡性、包容性、可持续性的基础上，经济增长速度全国争先、中部领先，经济总量向4万亿元冲刺，涌现一批在全国有重要影响力的经济强市、强县和开发园区，综合实力和竞争力进一步提高。

——人均指标前移。力争居民收入增长高于经济增长，人均收入力争达到全国平均水平，城乡居民收入差距逐步缩小。就业、社保、教育、医疗、住房等公共服务体系更加健全，基本公共服务均等化水平稳步提高。现行标准下农村贫困人口实现脱贫，贫困村全部出列，贫困县全部摘帽，大别山区和皖北地区整体脱贫。

——文明程度提高。中国梦和社会主义核心价值观更加深入人心，公民思想道德素质、科学文化素质、健康素质明显提高，全社会法治意识不断增强。公共文化服务体系基本建成，文化产业成为支柱产业，徽风皖韵的文化影响力进一步彰显。

——生态环境改善。生产生活方式绿色、低碳水平不断提升，大气、水、土壤等污染得到有效整治。能源资源开发利用效率大幅提高，能源和水资源消耗、建设用地、碳排放总量和强度得到有效控制，主要污染物排放总量持续下降。主体功能区布局和生态安全屏障基本形成。

——制度体系健全。重点领域和关键环节改革取得决定性进展，形成一批在全国有影响力的改革成果。人民民主更加健全，法治政府基本建成，司法公信力明显提高。

重点抓好以下五个方面：

（一）强化创新发展，开创转型升级新局面

打造驱动发展第一引擎，全面推进体制、科技、管理和文化等创新。

构筑区域创新新高地。实施《创新驱动发展工程》，系统推进全面创新改革试验，建设有重要影响力的综合性国家科学中心和产业创新中心，建设一批国家（重点）实验室和国家级工程（技术）研究中心。完善以企业为主体、产学研相结合、资本助推的技术创新体系，高新技术企业达5000家，规模以上工业企业研发机构覆盖率达40%。实施《人才高地建设工程》，培育引进一批高层次科技创新人才，造就一支优秀企业家队伍。

构建现代产业新体系。实施《战略性新兴产业集聚发展工程》，重点发展新一代信息技术、智能装备等先进制造业，形成20个左右在国内外有重要影响力的战略性新兴产业集聚发展基地，其中10个左右产值突破千亿元。实施《传统产业改造提升工程》，大力发展智能制造，推进传统产业绿色化改造，传统产业累计完成技术改造投资4万亿元，新产品销售收入占比达20%。实施《服务业加快发展工程》，促进生产性服务业专业化，推动生活性服务业个性化定制和融合发展，拓展互联网产业体系和网络经济空间，壮大文化旅游、现代物流、健康养老、电子商务等主导产业规模。实施《农业现代化推进工程》，构建现代农业产业、生产和经营体系，建成高标准农田4670万亩，主要农作物机械化水平达80%，规模以上农产品加工业产值达1.2万亿元以上。实施《质量品牌升级工程》，推动安徽品牌向中国品牌、世界品牌升级，中国驰名商标达400个以上，品牌经济占全省经济总量的比重超过60%。

健全转型发展新体制。充分发挥市场在资源配置中的决定性作用,更好发挥政府作用,持续推进简政放权、放管结合、优化服务,不断提高政府效能。深化国资国企改革,增强国有经济的活力、控制力、影响力和抗风险能力。实施《民营经济提升工程》,支持民营企业依法进入更多领域,切实保障民间资本的话语权和合理投资回报,依法保护企业家财产权和创新收益,民营经济对经济增长贡献率达60%以上。深化金融改革,健全地方金融体系,大力发展普惠金融,证券化率达60%,力争在沪深港交易所上市公司200家、“新三板”挂牌企业650家。深化农村综合改革,加快农村土地、集体产权等重点改革,促进农业可持续发展、城乡一体化发展和农民持续增收。全面落实国家部署的各项改革任务。

强化基础设施新支撑。完善现代综合交通运输体系,推进快速客运铁路网、高等级公路网、民用航空网、内河航道网和现代港口群建设,新增铁路里程1930公里、高速公路1000公里、高等级航道400公里,新建6座民用机场。大力实施水利安徽战略,全面推进大江大河、重要支流和中小河流治理,引江济淮骨干工程基本建成。

(二)强化协调发展,形成统筹推进新格局

发挥比较优势,着力补齐短板,培育发展后劲,持续增强发展的整体性协调性。

促进区域协同发展。全面提升皖江示范区建设水平,建成具有国际竞争力的先进制造业和现代服务业基地,把皖江城市带打造成为生态文明建设的先行示范带、创新驱动带、协调发展带。推动合肥都市圈一体化发展,创建国家级合肥滨湖新区,加快建设合肥长三角世界级城市群副中心,形成全国有重要影响力的区域增长极。加快皖北崛起进程,建设淮河生态经济带,推动淮河流域综合治理与绿色发展,打造安徽发展新增长极。推进皖南国际文化旅游示范区建设,建成美丽中国建设先行区、世界一流旅游目的地和中国优秀传统文化传承创新区,创建大黄山国家公园。大力实施大别山革命老区振兴发展规划,发展特色优势产业,改善生产生活条件,切实增强内生发展动力。

推动城乡协调发展。扎实开展新型城镇化试点省建设,有序推进农业转移人口市民化,加快实现基本公共服务常住人口全覆盖。尊重城市发展规律,加强城市科学规划、特色设计和精细治理,构建〞两圈两带一群〞城镇空间格局,推动资源型城市转型发展,建设一批和谐宜居、富有活力、各具特色的现代化城市。实施《县域经济振兴工程》,培育一批工业强县、农业强县、旅游文化名县和生态名县。深入推进美丽乡村建设,推动城镇基础设施和公共服务向农村延伸,让群众喝上干净水、走上平坦路、住上安全房、过上现代生活。

推动物质文明与精神文明协调发展。用中国梦和社会主义核心价值观凝聚共识、汇聚力量,加强思想道德建设和社会诚信建设,推进哲学社会科学创新,打造“好人安徽”品牌,全面提高公民素质和社会文明程度。加强优秀传统文化传承发展和文化遗产保护,构建现代公共文化服务体系、现代文化产业体系和现代传媒体系,让全省人民精神生活更加丰富多彩。

推动经济建设和国防建设融合发展。积极支持深化国防和军队改革,推进国防动员和后备力量建设,实施一批军民融合产业重大项目,打造一批军民融合产业基地,推动形成全要素、多领域、高效益的军民融合深度发展格局。

(三)强化绿色发展,塑造生态文明新优势

坚持绿色富皖、绿色惠民,推动形成绿色发展方式和生活方式,促进人与自然和谐共生。

调整优化空间结构。落实主体功能区规划,构建科学合理的城镇化格局、农业发展格局、生态安全格局、自然岸线格局。推动重点开发区域提高产业和人口集聚度,重点生态功能区实行产业准入,加大对农产品主产区和重点生态功能区的转移支付力度。加快巢湖流域、黄山市、宣城市、蚌埠市国家生态文明先行示范区建设。

推动低碳循环发展。落实能源消耗、水资源消耗、建设用地总量和强度双控任务。积极发展非化石能源,加强储能和智能电网建设,构建清洁低碳、安全高效的现代能源体系。大力发展绿色环保产业和循环经济,工业固体废物和农作物秸秆综合利用率均达90%。

加大环境治理和保护力度。深入实施大气、水、土壤污染防治行动计划,力争基本消除重污染天气,长江、淮河流域水质优良断面比例达83.3%和57.5%,分别提高6.6和15个百分点,耕地土壤环境质量达标率达到国家要求。全面推进工业污染源和农业面源污染治理,城市生活污水处理率达95%以上,生活垃圾基本实现无害化处理。提升大别山区、皖南山区、江淮丘陵区森林生态安全屏障功能,推进长江、淮河流域生态系统修复,构建绿色生态廊道,加强山水林田湖生态保护和修复,森林覆盖率达30%以上。

(四)强化开放发展,打造内陆开放新高地

实行更加积极主动的开放战略,加快形成东西双向互动、对内对外联动的全面开放新格局。

全面融入国家“三大战略”。加强与“一带一路”沿线国家务实合作,努力打造“一带一路”重要腹地和枢纽。全面参与长江经济带建设,深化长三角一体化发展,优化沿江产业和城镇布局,努力打造长江经济带重要的战略支撑。对接京津冀协同发展,积极承接特大城市功能疏解转移。

加快大通道大平台大通关建设。加快建设沿江综合交通运输大通道,推动新亚欧大陆桥南干线建设,拓展加密国际航空货运通道,大力推进铁海联运、水水联运、区港联动,加快发展临港经济。完善拓展海关特殊监管区功能,全面实施通关一体化。实施《园区转型升级工程》,推动开发区由速度数量型向质量效益型转变,培育一批千亿级开发区。

提高开放型经济发展水平。壮大外贸经营主体,大力发展优势出口产品和服务贸易,打造一批跨境电子商务基地和集聚区。提升承接产业转移水平,重点引进国际先进技术和研发团队,推进战略性新兴产业加快发展。支持企业参与国际产能合作、装备制造合作和海外并购,培育一批具有跨国经营能力的大企业。

(五)强化共享发展,实现人民福祉新提升

坚持全民共享、全面共享、共建共享、渐进共享,不断做大“蛋糕”和分好“蛋糕”,巩固提升《民生工程》,使发展成果更多更公平惠及全省人民。

打赢脱贫攻坚战。以大别山片区和皖北地区为主战场,以增加贫困群众收入、改善贫困地区生产生活条件为重点,大力实施《脱贫攻坚工程》,全面落实“六个精准”“五个一批”,加强贫困地区基础设施和公共服务体系建设,完善脱贫攻坚政策支撑体系,确保如期完成脱贫任务。

发展高质量现代教育。普及15年基础教育,改善薄弱学校基本办学条件,基本实现县域校际资源均衡配置。推进高水平大学建设,支持中国科技大学建成世界一流大学,支持合肥工业大学、安徽大学等高校建设一流学科,促进具备条件的普通本科院校向应用型深度转变。推进职业教育产教融合,加快建设技工大省。深化考试招生制度和教育教学改革。提升教育信息化水平。

推进健康安徽建设。深化医药卫生体制综合改革,建立覆盖城乡的基本医疗卫生制度和现代医院管理制度,着力解决人民群众看病难、看病贵问题。发挥中药资源和中医文化优势,建设具有较强影响力的中医药基地。加快构建严密高效、社会共治的食品药品安全治理体系。

健全就业创业和社会保障体系。把促进充分就业作为优先目标,建立面向人人的创业服务平台,着力解决结构性就业矛盾。坚持劳动报酬提高与劳动生产率提高相协调,持续增加城乡居民收入。实施全民参保计划,完善基本养老保险制度,推进医疗、工伤、失业保险省级统筹,建立全省统一的城乡居民基本医疗保险制度。积极应对人口老龄化,建设多层次养老服务体系。统筹城乡社会救助体系建设,更加注重对特定人群特殊困难的精准帮扶,在全面实现小康路上不让一个人掉队。

各位代表!

宏伟蓝图已经绘就。我们坚信,经过全省人民的顽强拼搏、团结奋斗,“十三五”发展目标一定能够实现!

三、2016年的主要工作

今年是全面建成小康社会决胜阶段的开局之年,是全面实施“调转促”行动计划的攻坚之年。我们要适应经济发展新常态,坚持改革开放,坚持稳中求进工作总基调,坚持稳增长、调结构、惠民生、防风险,着力加强供给侧结构性改革,去产能、去库存、去杠杆、降成本、补短板,增强持续增长动力,保持经济社会持续健康较快发展,确保实现“十三五”发展良好开局。经济社会发展的主要预期目标是:全省生产总值增长8.5%左右,财政收入与经济增长同步,固定资产投资增长11%左右,社会消费品零售总额增长10%左右,外贸进出口增长高于全国平均水平,城镇常住居民人均可支配收入增长与经济增长同步,农村常住居民人均可支配收入增长高于经济增长,居民消费价格涨幅3%左右,城镇新增就业60万人、登记失业率控制在4.5%以内,节能减排完成年度目标任务。

重点做好十个方面工作：

(一)着力加强供给侧结构性改革，夯实经济稳定增长根基

积极稳妥化解过剩产能。推进煤炭、钢铁行业化解过剩产能，实现脱困发展。按照企业主体、政府推动、市场引导、依法处置原则，妥善处置资不抵债、扭亏无望的“僵尸企业”，倒逼过剩产能退出。落实不良资产处置、失业人员再就业和生活保障、财政专项奖补等支持政策，尽可能多兼并重组、少破产清算，保障市场出清、社会稳定。

开展降低实体经济企业成本行动。进一步清理规范中介服务，降低制度性交易成本。全面落实减税降费政策，清理各种不合理收费。优化金融服务，创新金融产品，降低企业融资成本。深化电力体制改革，完善煤电价格联动机制，降低企业用电成本。平衡各种运输方式，降低企业物流成本。继续实施精准联系帮扶重点企业制度，切实解决企业生产经营困难。

促进房地产市场平稳健康发展。以满足新市民住房需求为重点，深化住房制度改革，建立购租并举的住房制度，提高棚户区改造货币化安置比例。完善房地产财税、信贷政策，鼓励农民在城镇购房置业。严格调控房地产用地供应，促进房地产供求平衡。推动房地产业兼并重组，提高产业集中度。

保持有效投资力度。提高投资的有效性和精准性，着力实施项目建设“四督四保”制度，全年新开工亿元以上项目1600个以上、建成600个以上。开工建设引江济淮、安九高铁、芜宣机场等工程，启动合宁、合安、合巢芜高速公路改扩建，建成淮水北调工程、郑徐客专安徽段、望东长江公路大桥等项目，实施农村道路畅通工程3.4万公里。推出一批政府与社会资本合作项目，释放民间投资潜力。

持续扩大消费需求。开展改善消费品供给专项行动，扩大旅游、养老、健康和信息消费，增加中高端医疗、文化、体育等服务供给，促进智能家居、数字媒体、个性时尚等热点消费。健全农村商品流通服务体系和城市便民服务设施，推进国家级电子商务进农村综合示范县建设。

(二)全面实施“调转促”行动计划，创新驱动产业结构优化升级

系统推进全面创新改革试验。完善产学研用协同、线上线下互动的创新机制，推进科技成果“三权”管理、科研人员留职创业与职务发明、科技人才流动等改革，创建金融服务自主创新试验区。规划建设合肥综合性国家科学中心，推进中科大先研院、中科院合肥技术创新工程院等新型研发机构建设。加强前沿关键技术攻关，在集成电路、新能源汽车等领域形成一批突破性创新成果。开展1000家高新技术企业培育行动，扶持30个国内外一流创新创业团队。推进江淮双创汇行动，支持创业投资基金、天使投资基金发展，培育一批创业示范基地、众创空间和专业孵化器。

加快战略性新兴产业集聚发展。全力推进首批14个基地建设，落实政策支持和园区配套，实施813个重大项目，力争取得突破性进展。启动第二批基地建设，鼓励建设市级战略性新兴产业发展集聚区。加快发展量子通信、航空动力、高端医疗装备等新兴产业。

改造提升传统产业。实施新一轮技术改造升级工程，加快高耗能行业绿色节能改造，推进亿元以上技改项目1000项，完成投资6000亿元。实施“互联网+制造”行动计划，构建两化融合技术和管理平台，建成一批“数字车间”“智能工厂”和智能制造示范项目。开展增品种、提品质、创品牌行动，提升皖产名品、名企、名牌竞争力。

大力发展现代服务业。实施服务业主导产业培育计划，落实税费减免、价格并轨、融资租赁等支持政策，发展新兴旅游业态，促进现代物流、信息服务、健康服务等产业规模化、高端化发展，培育壮大科技服务、工业设计、检验检测等新兴服务业。提升服务业集聚区功能，加强综合性、专业性物流园区规划和建设，完善县乡村快递物流体系，推进电商产业园、国家电商示范基地建设。发展分享经济，促进互联网与经济社会融合发展。

(三)聚焦三大体系建设，提升现代生态农业产业化水平

加快建设现代农业产业体系。立足发展大农业、大食物，加强粮经饲统筹、农林牧渔结合、种养加一体，扩大市场紧缺、潜在需求大的农产品生产，壮大农产品加工业，实现规模以上农产品加工业产值9500亿元。创新农产品流通方式和业态，完善冷链物流体系。落实粮食收购政策，缓解收储压力。

加快建设现代农业生产体系。落实藏粮于地、

藏粮于技战略,加强农田水利建设与管护、中低产田改造和高标准农田建设,继续开展粮食绿色增产模式攻关,开展现代生态农业产业化示范创建。推进秸秆还田和综合利用,发展高效节水灌溉,实施化肥、农药零增长行动。加强农业科技创新,发展现代种业,推进"互联网+现代农业"行动。

加快建设现代农业经营体系。培育现代农业产业化联合体和新型职业农民,新增省级示范家庭农场300个、农民合作社示范社100个。基本完成农村土地承包经营权确权登记颁证,促进土地适度规模经营。稳妥推进承包土地经营权和农民住房财产权抵押贷款、农村集体资产股份制等改革试点,深化农业补贴"三合一"、国有农场企业化、垦区集团化、供销社等改革,基本完成国有林场改革任务。做好第三次全国农业普查工作。

(四)推进重点领域改革攻坚,着力构建有利于转型发展的体制机制

加快推进国资国企改革。组织开展落实企业董事会职权、市场化选聘经营管理者、混合所有制企业员工持股等试点工作,进一步健全企业治理结构。对充分竞争领域的商业类企业,以推进整体上市为主要路径,引入其他资本实现股权多元化,积极发展混合所有制经济,可以绝对控股、相对控股、参股,采取多种方式探索建立中长期激励机制。积极探索采取优先股的形式实现国有资产保值增值。以管资本为主推进国有资产管理和监管机构职能转变。

大力推进财税体制改革。完善全面规范、公开透明的预算制度。界定省市县事权和支出责任,提高一般性转移支付规模和比例,增强市县政府财政保障能力。深化税收征管体制改革。规范政府性债务管理。

深入推进金融改革。深化农村金融综合改革,鼓励农村商业银行增资扩股,加快省农村信用联社改革。推进民营银行、农村寿险公司、征信公司组建。着力提高产业发展基金投资效率。支持企业对接多层次资本市场,力争直接融资3200亿元。切实防范金融风险,严厉打击非法集资。

深化行政体制改革。协同推进"放管服",进一步取消和下放行政审批事项,加强事中事后监管。探索建立企业投资负面清单制度。建成全省统一的电子政务平台,推进政务服务全程电子化,从"群众跑腿"向"数字跑路"转变。完善公共资源交易监管体制和运行机制。进一步减少政府定价项目。巩固扩大商事制度改革成果。

(五)全方位扩大开放合作,加快发展开放型经济

推动高水平合作共赢。以"一带一路"沿线国家为重点,建立重点产业产能合作项目库。举办中德(安徽)经贸交流合作系列活动,建设中德合作产业园。扩大与俄罗斯伏尔加河流域项目合作。深化长三角一体化合作共建,支持具备条件的市申建海关特殊监管区,扩大与港澳台、珠三角、京津冀及中西部地区交流合作。加大招商引资引技引智工作力度,推进与央企、知名民企、外企合作项目落地,办好新一届国际徽商大会。

促进外贸稳定增长。推进外贸优进优出,增加机电、高新技术产品出口,扩大先进技术设备、关键零部件、重要资源性产品进口。实施外贸主体倍增计划,做大做强重点外贸企业。争创国家级加工贸易梯度转移示范地,发展服务贸易和服务外包。推进跨境产业园、中国(合肥)跨境电商综合试验区建设。支持建立自营进口商品直销平台。

优化营商环境。加快外商投资和对外投资管理体制改革,依法采取准入前国民待遇和负面清单的外资管理方式,全面推行普遍备案、有限核准的管理制度,破除市场壁垒和地方保护。建立常态化项目服务机制,协调解决外来投资企业要素供应、设施配套等问题,构建法治化、国际化、便利化的营商环境。

(六)坚持精准扶贫精准脱贫,加快脱贫攻坚步伐

提高贫困群众脱贫致富能力。启动实施脱贫攻坚十大工程,减少贫困人口80万以上。实行产业扶贫和金融扶贫,继续在3000个贫困村实施整村推进工程,完成5万个贫困户、862个贫困村光伏扶贫任务,推进国家电商扶贫试点。实行就业扶贫,促进10万有劳动能力的贫困人口就业。实施8.3万贫困人口易地扶贫搬迁。加大兜底脱贫力度。

改善贫困地区生产生活条件。大力培育特色支柱产业,因地制宜解决好通路、通水、通电、通网络等问题。加大贫困地区天然林保护、退耕还林力度。全部免除建档立卡贫困家庭高中学生学杂费。

加大因病致贫群众医疗救助力度。

(七)加快新型城镇化试点省建设,促进城乡一体化协调发展

推进农业转移人口市民化。深化城乡户籍一元化管理改革,拓宽居住证公共服务保障功能。实行"五有并轨",保障进城落户农民"三权"权益,开发适合农业转移人口就业岗位,提高农民进城落户积极性。

提升城市规划建设管理水平。改革完善城市规划,开展全省空间规划编制,推进市县"多规合一"试点和城市设计试点,有序推进县改市、县改区。提升城市建设水平,加快海绵城市和地下综合管廊建设,推进城区老工业区搬迁改造和城中村、老旧小区改造,继续开展城镇"三治三增三提升"行动,建成城市绿道1000公里。改革城市管理和执法体制,加快数字化城市管理平台建设,优先发展公共交通,推进国家智慧城市试点和全国建制镇示范试点。

扎实推进美丽乡村建设。加强美丽乡镇建设、中心村建设和自然村环境整治,统筹产业发展、社会管理和精神文明建设。加快推进599个乡镇政府驻地建成区整治建设,分层推进569个中心村建设,开展14个县(市、区)整县试点。

(八)加强公共文化服务体系建设,保障群众基本文化权益

推进精神文明创建。加强社会公德、职业道德、家庭美德、个人品德建设,大力宣传道德模范、安徽好人事迹。加强网上思想文化阵地建设。广泛开展志愿服务。深化群众性精神文明创建活动,开展县城、村镇、集市、社区文明创建。

完善公共文化服务体系。推动文化惠民工程提质升级,建设30个乡镇综合文化服务中心示范点、239个中心村农民文化乐园。整合公共文化资源,完善"三馆一院"联盟运行机制,推动全民阅读。完成全省第一次全国可移动文物普查,加强传统村落保护、非遗项目抢救采录和数字化保护。繁荣发展哲学社会科学、文学艺术和新闻出版广播影视。发挥参事文史、地方志、档案存史育人资政作用。

提升地方文化影响力和竞争力。加强文艺精品创作生产,推进名团、名剧建设,振兴发展地方戏曲和传统工艺,加快安徽文化走出去步伐。办好安徽省艺术节。支持骨干文化企业集团跨地区跨行业跨所有制兼并重组,培育文化新业态,建设互联网文化产业和创意文化产业综合试验基地。

(九)加大环境治理力度,推动绿色低碳循环发展取得新突破

加强生态建设和环境综合治理。落实大气污染防治措施,加快燃煤电厂超低排放和节能改造,淘汰黄标车6万辆,完善空气质量预警体系,PM10平均浓度下降6.3%。实施重点河流水污染防治项目,开展饮用水源保护区环境综合整治和城市黑臭水体整治,建成污水处理配套管网1500公里,继续实施新安江流域和大别山区水环境生态补偿。开展耕地重金属污染修复试点。加强湿地保护和采煤塌陷区综合治理。完成千万亩森林增长工程,新造林120.5万亩。加强环境执法和督察,落实生态环境损害责任终身追究制度。

全面节约和高效利用资源。实施全民节能行动计划。新增风能、太阳能、生物质能等可再生清洁能源发电装机180万千瓦。实行用水定额管理制度。坚持节约集约用地,推进低效用地再开发和工矿废弃地复垦。开展反过度包装、反食品浪费、反过度消费行动。推进循环经济试点示范建设。

(十)着力保障改善民生,维护社会和谐稳定

优先发展教育事业。完成学前教育第二期三年行动计划,新建、改扩建公办幼儿园405所。完成1007所义务教育学校标准化建设,力争教学点在线课堂全覆盖。加快普及高中阶段教育。加强职业教育校企合作,推进中德教育合作示范基地建设。继续实施高等教育质量提升工程。实施乡村教师支持计划。办好民族教育、特殊教育。推进终身教育体系和老年教育事业发展。支持、规范民办教育发展。

大力做好就业和社会保障工作。落实高校毕业生就业促进计划和创业引领计划,鼓励农民工就近就地转移就业,帮扶失业和就业困难群体就业。全面实施机关事业单位养老保险制度,实现工伤保险省级统筹,推动生育保险和医疗保险合并实施。完善跨区域社会保险关系转移接续政策。加大社会临时救助、医疗救助和困难家庭保障力度。新增保障性安居工程26.6万套,基本建成16.9万套。

统筹发展社会事业。继续深化城市公立医院改革,提升县域医疗服务能力,加强重大疾病预防控

制和基本公共卫生服务。实施全面两孩政策。办好省第四届全民健身运动会。健全农村留守儿童、妇女、老年人关爱服务体系,加强未成年人保护。发展社会福利和公益慈善事业，加强残疾人基本公共服务和权益保障。进一步做好民族宗教、援疆援藏工作。

巩固提升民生工程。投入825.5亿元,继续实施33项民生工程，其中新增农村道路畅通工程、农产品食品安全工程、城市老旧小区整治、重度残疾人护理补贴、提升农村基层党建与服务经费保障、城乡困难群体法律援助等6项,提高义务教育经费保障等6项补助标准。完善绩效评价,健全长效管养机制。

加强和创新社会治理。开展1500个村农村社区建设试点，力争实现城市社区公共服务信息平台省辖市全覆盖。加快行业协会商会与行政机关脱钩。完善社会矛盾排查预警和多元化解机制,扩大法律援助、司法救助覆盖面。启动“七五”普法。推进信访法治化,及时解决群众合理诉求。积极引导和妥善应对网络舆情。健全监测预警应急机制,加强气象、地质、地震、防灾减灾工作。完善立体化数字化社会治安防控体系,依法严厉打击、严密防范各类违法犯罪活动。

强化安全生产和食品药品安全监管。深化安全生产“铸安”行动,推进货物运输超限超载、煤矿和非煤矿山、危险化学品、消防等领域专项整治,实施安庆石化油气输送管线迁建项目，推进事故隐患排查治理全覆盖,坚决遏制重特大安全事故。落实食用农产品市场准出准入制度，强化药品全过程质量监管,深入开展打击侵权假冒行动,让群众生活更健康、更安全。

支持驻皖人民解放军和武警部队现代化建设,开展国防动员潜力调查,深化后备力量调整改革,加强全民国防教育和人民防空工作。推进军民融合深度发展,抓好双拥优抚安置,巩固和促进军政军民团结。

各位代表!

适应新常态,实现新发展,对政府工作提出了更高要求。我们要深入学习贯彻习近平总书记系列重要讲话精神,以新理念引领新实践,深入践行“三严三实”,全面提高施政能力和服务水平。要坚定政治方向,强化政治意识、大局意识、核心意识、看齐意识,始终在思想上政治上行动上同以习近平同志为总书记的党中央保持高度一致,坚决维护习近平总书记这个核心,坚决落实党中央、国务院和省委各项决策部署,奋力争当“四个自觉”模范。要坚持依法行政,严守宪法和法律,自觉运用法治思维和法治方式推动工作,把政府工作全面纳入法治轨道,自觉接受人大法律监督、政协民主监督、社会和舆论监督,认真做好人大代表建议和政协委员提案办理工作,广泛听取各民主党派、工商联、无党派人士意见,充分发挥工会、共青团、妇联等人民团体重要作用。要坚持廉洁从政,把纪律和规矩挺在前面,严格落实“一岗双责”,防范廉政风险,以减权限权、创新监管等举措，减少权力寻租空间,铲除滋生腐败土壤。坚决惩治侵害群众利益的不正之风和腐败行为。要坚持奋发有为,大力倡导敢于负责、勇于创新的担当精神,始终保持攻坚克难、奋力争先的进取精神,埋头苦干,狠抓落实,扎扎实实做好每一项工作,不辜负人民的期望。

各位代表!

美好明天属于7000万江淮儿女，幸福生活需要用勤劳智慧来创造。让我们紧密团结在以习近平同志为总书记的党中央周围,在中共安徽省委的坚强领导下,勠力同心,开拓进取,为打造创新型三个强省、建设美好安徽、全面建成小康社会、实现中华民族伟大复兴的中国梦而努力奋斗!

关于安徽省2014年决算的报告

——2015年7月14日在安徽省第十二届人民代表大会常务委员会第二十二次会议上

省财政厅厅长　罗建国

安徽省人民代表大会常务委员会:

省十二届人大四次会议审查批准了《关于安徽省2014年预算执行情况和2015年预算草案的报告》。现在,2014年安徽省财政决算已汇编完成。根据《预算法》等法律法规和省人大常委会安排,受省人民政府委托，我向省十二届人大常委会第二十二次会议报告2014年全省财政决算情况,请予审查。

2014年,在省委、省政府的正确领导和省人大的依法监督下,全省各级各部门,深入贯彻落实党的十八大和十八届三中、四中全会精神,坚持稳中求进的工作总基调,认真落实积极财政政策,统筹稳增长、促改革、调结构、惠民生、防风险,促进了经济社会持续健康发展,较好完成省十二届人大三次会议确定的目标任务,全省财政决算情况较好。

一、2014年预算收支决算情况

(一)一般公共预算收支决算情况

2014年,全省一般公共预算收入完成3663亿元,为年初汇编预算数的99.4%,比上年(下同)增长8.9%。其中:地方一般公共预算收入完成2218亿元,为预算的101.9%,增长6.9%。争取中央补助收入2316亿元,争取地方政府债务收入173亿元,按规定调入政府性基金和财政专户资金等118亿元,调入预算稳定调节基金及上年结余等131亿元,预算总收入4956亿元。

2014年,全省一般公共预算支出完成4664亿元,增长7.2%。上解中央支出24亿元,安排预算稳定调节基金等111亿元,地方政府债务还本等支出48亿元,支出合计4847亿元。收支相抵,年终结余109亿元,其中:结转下年102亿元,净结余7亿元。

2014年,省级地方一般公共预算收入完成230亿元,增长7%。争取中央补助和债务收入2489亿元,市县上解省收入84亿元,按规定调入财政专户、预算稳定调节基金等26亿元,上年结余收入46亿元,省级预算总收入2875亿元。

2014年,省级一般公共预算支出完成630亿元,增长5.7%。上解中央支出24亿元,补助市县支出1947亿元,债务转贷及还本支出143亿元,安排预算稳定调节基金等74亿元,支出合计2818亿元。收支相抵,年终结余57亿元,其中结转下年56亿元。

税收返还和转移支付决算情况具体如下:

2014年,中央对我省税收返还173亿元,增加1.5亿元;省级对下税收返还83亿元,增加0.7亿元。

2014年,中央对我省转移支付2143亿元,增加160亿元,增长8.1%。其中,一般性转移支付1340亿元,增加118亿元,增长9.7%;专项转移支付803亿元,增加42亿元,增长5.5%。

2014年,省对市县转移支付1864亿元,增加103亿元,增长5.9%。其中,一般性转移支付1046亿元,增加89亿元,增长9.3%;专项转移支付818亿元,增加14亿元,增长1.7%。

上述决算数,与今年1月份向省人代会报告的2014年预算收支执行数相比较没有变化。因办理结算时财政部增加了我省补助,全省年终结余增加16亿元。

(二)政府性基金收支决算情况

2014年,省级政府性基金收入60亿元,增长1.9%。中央补助收入等55亿元,上年结余收入48亿元,省级政府性基金总收入163亿元。本年安排支出19亿元,增长92.9%,补助市县等支出100亿元,结转下年44亿元。

(三)国有资本经营收支决算情况

2014年,省级国有资本经营预算收入9.3亿元,增长76.7%,上年结余收入0.6亿元,预算总收入9.9亿元。本年安排支出7.2亿元,增长48.1%。

(四)社会保险基金收支决算情况

2014年,省级社会保险基金预算收入110亿元,增长7.6%,上年结余收入87亿元,预算总收入197亿元。本年安排支出104亿元,增长12.1%,结转下年93亿元。

2014年,省级政府性基金收支、国有资本经营收支和社会保险基金收支决算数,与今年1月份向省人代会报告的2014年预算执行数相比较,主要收支项目没有变化。

二、2014年预算执行效果

(一)财政运行总体平稳。

财政收入平稳增长。全省财政月均收入规模突破300亿元,收入增速与经济增速基本同步。收入质量逐步提高。财政总收入、地方财政收入中税收占比分别高于上年1.7和3个百分点。地方财政收入中,税收占比居中部第1位,税收增幅高于全国地方平均1.6个百分点。支出结构不断优化。财政支出继续向教育、科技、社保、农林水等重点支出领域倾斜,全年增支320亿元,增长10.6%,高出全省财政支出增幅的3.4个百分点。

(二)财政改革稳步推进。

推进预算信息公开。除涉密部门外,省级所有使用财政拨款的一级预算单位和16个市、105个县(市、区)全面公开政府、部门预决算和"三公"经费预决算，提前一年完成财政部预算信息公开要求。严格落实"约法三章"。严控政府性楼堂馆所建设,全省"三公"经费下降 19.2%,财政供养人员为全国控制最好的省份之一。清理规范专项转移支付。省政府印发一般性转移支付资金管理办法和省级财政专项资金管理办法，省级专项转移支付实现项目和资金双双压缩 1/3 以上盘活财政存量资金。省级收回结转结余和专户资金 9 亿元,新增国库、专户等存储利息 7.8 亿元,完成行政事业单位资产出租和处置收入 6.1 亿元。推进政府购买服务。制定全省购买服务指导目录和规范化流程，全省试点项目 1041 个、资金 94.6 亿元。规范政府性债务管理。试编全省债务收入计划,实施债务审批卡制度，将 380 家政府融资平台公司纳入名录管理，通过省投资集团建立省级棚户区改造融资平台，较好发挥政府债务融资对经济社会发展的积极作用。

(三)促进经济稳定增长。

扩大有效投入。争取地方政府债券 173 亿元、世行亚行及外国政府贷款 4.8 亿美元，争取国开行棚户区改造和新安江流域综合治理贷款超 1000 亿元,在城市基础设施领域推出 42 个政府与社会资本合作示范项目，投入交通、水利等基建投资 190 亿元,带动了全省固定资产投资的增长。激发市场活力。全面兑现结构性减税政策,建立省级涉企收费清单,减免税费 466 亿元。投入 53 亿元完善政策性融资担保体系，开展银政担风险分担机制试点,缓解小微企业融资难。争取中央批准我省煤炭资源税享受最低税率 2%。推进营改增试点扩围,为企业减税 46.4 亿元。支持产业转型。安排 25.8 亿元推进创新型省份建设、战略性新兴产业发展和中小企业技术改造升级；支持和引导社会资本设立创业投资基金总规模达 54.7 亿元,带动了全省战略性新兴产业产值的增长。安排 3 亿元，推进文化产业发展。推进城乡统筹。安排 42 亿元与国开行合作,支持 34 个省级开发区产城一体试点,推动新型城镇化建设。投入专项资金 41.1 亿元，整合涉农资金 82 亿元，引导社会资金 118.3 亿元,全力推进美好乡村建设。投入 26.4 亿元,实施农村"一事一议"财政奖补项目 1.3 万个。安排 27.3 亿元,支持皖北"四化"协调发展先行区、大别山革命老区、皖江示范区等区域和园区发展。

(四)民生保障力度加大。

民生工程扎实推进。投入 686.3 亿元全面完成 33 项民生工程,惠及 6000 多万城乡居民。制定 24 个建后管养办法，投入管养经费 13.1 亿元,确保民生工程持续发挥效益。社会事业加快发展。投入 743 亿元，实施高校能力提升和高等教育振兴计划,落实义务教育经费保障机制,促进教育优先发展。投入 82 亿元,支持公共文化场馆免费开放和广播电视村村通建设,推动实施文化强省战略,促进基本公共文化服务均等化。投入 425 亿元,提高新农合和城镇居民医保财政补助标准，支持基层医改补助及县级公立医院零差率补助，深化医药卫生体制改革，推进医疗卫生事业发展。投入 576 亿元,支持职工养老金提标,推动城乡居民养老保险制度并轨,完善社会保障体系。困难群体更有保障。投入 124 亿元保障低保群体基本生活,支持贫困地区扶贫开发,推动就业困难群体等就业,资助 93.7 万人次困难学生上学。拨付 135 亿元推进公租房和廉租房并轨运行，投入 10 亿元实现 1.8 万户渔民安居梦，发放 7.7 亿元解决老村干、老民师、老放映员、老养护工等"老字号"群体生活困难,促进社会和谐稳定。生态环境持续改善。统筹安排 22.6 亿元，支持实施千万亩森林增长工程,支持全省大气污染防治和水环境保护。统筹安排 20 亿元,推进新安江流域生态补偿,启动大别山水环境生态补偿试点，实施太平湖等湖泊综合治理,推广新能源汽车,支持节能减排财政政策综合试点市建设。

(五)财政管理不断加强。

提前启动预算编制。省级预算编制 2014 年 3 月份启动,督促市县尽早启动预算编制工作,预算编制时间进一步提前。完善政府预算体系。2014 年，首次将省级四大预算和四大决算收支情况完整反映,并全部报送省人大批准。纳入国有资本经营预算的企业由 33 家扩大到 40 家，并统一规范国有资本收益上交比例。强化预算执行管理。健全预算执行进度通报和考评机制，对结转结余规模较大、支出进度较慢的部门和市县进行通报约谈。2014 年底，全省一般公共预算结转结余资金占财政支出的 2.3%，低于财政部考核上限近 7 个百分点。推进国库管理改革。将权责发生制政府综合财务报告试编范围扩大到全省所有市县，完善国库集中支付动态监控体系。规范财政权力运行。建立财政权力清单和责任清单，出台规范财政重大事项决策行为实施意见。扎实开展群众路线教育活动，深化与部门预算会商和市县财政帮联机制，持续改进作风、提升效能。

三、落实2013年省级财政决算审查决议情况

2014年，省人大常委会第十二次会议通过关于批准2013年省级财政决算的决议，指出预算管理和运行中还存在：项目资金使用分散、预决算差异较大、省级国有资本经营预算扩面提标力度不够等问题。针对这些问题，全省各级财政部门不断增强人大意识、代表意识、法律意识，不断加强和改进预决算管理，稳步提升依法理财水平。

(一)关于进一步推进决算管理改革。

选择省质监局、省交通厅、省机关事务局三个部门，开展按经济科目编制2014年部门决算试点工作。全面规范项目设置和经济科目使用，促进预决算衔接。健全决算编报质量考核制度，细化决算编制，规范决算文本，完善决算表格，促进决算编制更加科学规范。

(二)关于进一步完善各项财政政策。

按照“一个专项、一个办法”对专项资金管理政策进行完善，做到制度办法全覆盖，并明确资金投入更多采取贴息、奖补、后补助、资本金注入及股权投资等方式。全年制定209项政策文件，健全预算管理、债务管理、政府购买服务等制度体系，并探索建立公开、评估、监督、责任追究等政策管理长效机制，进一步提升政策管理的系统性、规范性和科学性。

(三)关于进一步提高财政资金使用效益。

制定推进预算绩效管理实施意见，省级明确自评项目106个，并选择中小河流治理等16个项目、67.7亿元进行重点评价，评价结果作为2015年预算安排的重要依据。建成财政涉企项目资金管理信息系统，覆盖所有市、县(市、区)和涉企项目主管部门，纳入系统管理项目1.1万个，涉及资金74.4亿元，有效规范涉企资金分配。同时，邀请人大代表、政协委员、专家学者等，对25个部门32个项目进行预算公开评审。2014年，我省获财政部全国省级财政管理绩效综合考评第6名、县级财政管理绩效综合考评第4名。

(四)关于进一步加强对预决算管理的监督。

自觉接受人大、审计及社会各界监督，强化财政监督检查，对农村饮水安全工程等34个专项经费、80户行政企事业单位及会计师事务所开展监督检查。探索建立乡镇包村干部监管涉农资金机制。同时，强化审计整改，严格财政部门牵头责任和部门整改主体责任，对审计意见逐一分解、逐项落实、全程跟踪、销号管理，不断提升财政财务管理水平。

一年来，在省人大的依法监督下，财政改革发展取得一定成效。但我们也清醒地认识到，在预算管理和运行中还存在一些困难和问题。如，财政收入增速趋缓与支出刚性矛盾加剧，财政平衡压力持续加大；财政沉淀资金依然存在，市县盘活存量资金还需持续发力；主动应对经济发展新常态，财政政策的前瞻性和科学性还需进一步提升；预算绩效管理的基础工作还需进一步强化，等等。对此，我们将坚持问题导向，结合财税制度改革，采取有效措施，努力加以解决。

今年是全面深化改革的关键之年，是全面推进依法治省的开局之年，也是全面完成“十二五”规划的收官之年，改革任务更重、要求更高。下一步，我们将严格落实《预算法》和相关法律法规，持续加强预决算管理。重点做好以下工作：

(一)着力规范财政收支管理。

依法加强税收收入征管，严格规范非税收入管理，努力涵养税源、培植财源，提高财政收入质量。继续优化支出结构，加大力度支持公共服务和公共基础设施建设，支持教育、科技、医疗卫生等事业发展，支持战略性新兴产业、现代农业、现代服务业等加快发展，做到集中财力办大事。同时，严控“三公”经费等一般性支出，努力降低行政成本。

(二)着力推进财税体制改革。

紧扣预算、税制、事权和支出责任三大任务，着力深化改革，加快构建现代财政制度。继续深化预决算信息公开，拓展“开门办预算”；做好建筑业、房地产业、金融业和生活服务业营改增扩围试点，规范优惠政策管理；改革和完善省对下转移支付制度，提高一般性转移支付比重，建立专项资金清单制度，促进事权与支出责任相适应。

(三)着力强化财政资金绩效。

健全绩效管理机制，将绩效管理嵌入预算管理各环节，扩大评价范围，强化结果应用。积极推进项目资金、重点科目资金和部门资金等统筹使用，进一步优化财政资源配置。积极创新资金投入方式，探索在竞争性领域更多以产业投资基金、风险引导基金等方式予以支持，在社会公共事业领域更多以公办民营、民办公助、购买服务等方式予以支持，充分发挥财政资金的撬动和酵母作用。

（四）着力提升预算编制水平。

强化收入预算统筹，加大政府性基金预算和国有资本经营预算调入一般公共预算力度。完善支出标准体系，继续清理规范项目支出。继续提前启动2016年部门预算编制工作，启动编制2016—2018年省级中期财政规划和部门三年滚动财政规划，做好“十三五”财政发展规划和财税体制改革专题规划编制。加强政府性债务预算管理，建立以政府债券为主体的举债融资机制，做好一般债务和专项债务发行。

加强财政管理，深化财税改革，对于促进经济社会发展意义重大。我们将紧紧围绕“四个全面”战略布局，严格按照“三严三实”要求，坚决贯彻省委、省政府各项决策部署，坚决落实省人大对预决算管理的各项要求，创新思路，积极作为，为我省经济社会发展作出更大贡献。

（厅预算处供稿　夏波）

关于安徽省2015年上半年预算执行情况及下半年工作意见的报告

——2015年7月14日在安徽省第十二届人民代表大会常务委员会第二十二次会议上

省财政厅厅长　罗建国

安徽省人民代表大会常务委员会：

受省人民政府委托，我向省十二届人大常委会第二十二次会议报告2015年上半年预算执行情况和下半年工作意见，请予审议。

一、上半年财政预算执行情况

（一）一般公共预算执行情况。

1.收入情况。

上半年，全省一般公共预算总收入完成2140亿元，完成预算的54.1%，比上年（下同）增长9.3%。其中，地方一般公共预算收入完成1336亿元，完成预算的56.8%，增长9.6%。

分级次看，省级一般公共预算总收入完成147亿元，增长8.2%。16个市完成1993亿元，增长9.3%。其中，76个县（区）完成748亿元，增长6.2%。

分区域看，皖江城市带、合芜蚌试验区、皖北三市九县、大别山革命老区一般公共预算总收入分别实现1383亿元、919亿元、320亿元和57亿元，分别增长11%、12.4%、8.7%和6.2%。

分项目看，税收收入完成1739亿元，增长6.3%。其中，增值税完成465亿元，增长10.3%；营业税完成318亿元，增长8%；消费税完成147亿元，增长10.6%；企业所得税完成346亿元，增长1.8%；个人所得税完成75亿元，增长8.7%。非税收入完成401亿元，增长24.6%。

2.支出情况。

上半年，全省一般公共预算支出完成2511亿元，完成预算的57.6%，增长16.2%。

分级次看，省级一般公共预算支出完成340亿元，增长26.7%。16个市完成2171亿元，增长14.7%。其中，76个县（区）完成1298亿元，增长13.8%。

分科目看，全省22个支出大类中，有13个支出大类超序时进度。其中，社会保障和就业支出415亿元，增长23.9%；城乡社区支出395亿元，增长33.3%；教育支出335亿元，增长19.3%；医疗卫生与计划生育支出249亿元，增长19%；交通运输支出148亿元，增长9.9%。

（二）省级政府性基金预算执行情况。上半年，省级政府性基金收入19亿元，完成预算的47.9%，增长12.9%；支出0.7亿元，完成预算的1.2%，下降46.1%。

（三）省级国有资本经营预算执行情况。上半年，省级国有资本经营收入0.3亿元，完成预算的2.1%；支出1.3亿元，完成预算的10.4%。

（四）省级社会保险基金预算执行情况。上半年，省级社会保险基金收入73亿元，完成预算的55.8%，增长16.8%；支出56亿元，完成预算的47.4%，增长14%。

二、上半年全省财政预算执行特点

（一）收入增幅稳步回升。上半年，全省一般公共预算总收入增长9.3%,超序时进度4.1个百分点;全省一般公共预算总收入增幅较一季度提高3.1个百分点,全省财政收入增速呈现企稳回升的趋势。

(二)收入质量保持良好。上半年,营业税、增值税、消费税、所得税等主体税种增长7.4%,占全省财政收入增量的51.5%,拉动收入增长的作用进一步增强;全省一般公共预算总收入和地方一般公共预算收入中税收占比分别为81.3%和71.4%。

(三)支出结构不断优化。上半年,全省民生支出完成2076亿元,占全省财政支出的82.7%,财政保基本、兜底线、促公平的作用更加突显;全省"三公"经费支出同比下降16.6%,行政运行成本继续降低。上半年支出完成年度预算的57.6%,超过序时进度7.6个百分点,支出进度继续加快。

总体看,上半年全省财政收入增幅逐步回升,财政支出进度不断加快,运行较为稳健,符合年初预期,处于合理区间,与经济发展保持良性互动,但受经济下行压力和结构性减税等因素影响,预计完成全年一般公共预算收入压力较大。与此同时,预算执行管理中,还存在一些不容忽视的问题,如财政资金统筹使用力度有待加大、财政资金使用跟踪问效有待加强、部门预算管理不平衡、部门部分预算项目细化和执行较为滞后等。我们将高度重视,继续采取有效措施,努力加以解决。

三、上半年预算执行主要成效

(一)促进经济稳定增长。认真落实省委、省政府促进经济持续健康发展一系列政策措施,加大实体经济支持力度,促进经济平稳较快增长。加大投入带动需求。争取地方政府债券额度782亿元,自主成功发行首批地方政府债券312亿元,争取世行及外国政府贷款资金1.6亿美元,拨付铁路、公路、水运、水利等基础设施项目建设资金266亿元,PPP项目签约2个全国示范项目和12个城市基础设施领域项目,以政府性投入带动投资增长。支持创新助力转型。安排工业发展资金4.7亿元,推动传统产业创新转型。省级财政安排战略性新兴产业聚集基地建设引导资金和创新型省份建设资金27亿元,支持推进创新驱动战略实施。统筹安排1.8亿元推动文化产业加快发展,争取中央补助3亿元支持市场化方式发展养老服务产业试点,争取中央补助1.5亿元支持创建电子商务进农村综合示范,引导服务业集聚发展。争取更多中央补助资金,支持企业淘汰落后产能。扶持小微企业激发活力。支持合肥市成功获批全国小微企业创业创新基地,获得中央资金12亿元;省级财政安排31亿元充实政策性担保机构国有资本金,推进银政担风险分担机制试点,截至6月底,全省政策性担保机构在保余额1532亿元,放大担保倍数3倍,大众创业、万众创新的市场环境进一步改善。

(二)保障民生持续改善。持续加大民生投入,加强资金运行管理,大力发展民生事业,不断增进人民群众福祉。精心实施民生工程。拨付33项民生工程资金594.7亿元,占年初计划的81.9%,超过序时进度31.9个百分点,超出去年同期5.8个百分点。中央和省级资金已下达577.1亿元,占年初计划筹资额的91.9%,超过序时进度41.9个百分点,拨付进度进一步加快。加快社会事业发展。全省财政投入335亿元,推动各项教育事业协调发展;投入415亿元,完善就业和社会保障体系,稳步提高保障标准;投入249亿元,支持医疗卫生与计划生育事业发展。拨付106亿元,支持19.3万套新开工保障性安居工程建设。支持机关事业单位养老保险和工资制度等改革,调整人员经费供给政策,完善事业单位公用经费定额体系。保障困难群体生活。省级财政下拨3.5亿元,支持市县落实老村干、老民师、老放映员、老养护工等"老字号"群体生活补助政策。拨付20.4亿元,重点支持农民工、高校毕业生、困难群体就业创业。完善家庭经济困难学生资助体系,为89万人次发放补助资金20亿元。"一卡通"发放惠农补贴73亿元,各项惠农政策落到实处。下拨12.6亿元,继续推进大别山区和皖北地区扶贫开发。支持生态环境保护。省级安排3.1亿元、争取中央补助0.4亿元,支持千万亩森林增长工程,新增造林153万亩。统筹安排12亿元,推进大气污染防治和水环境保护,对全省秸秆禁烧与综合利用实行以奖代补。统筹安排9亿元,推进新安江流域水环境生态补偿,继续实施大别山区水环境生态补偿试点,推进太平湖等湖泊综合治理工程。支持池州市成功获批国家海绵试点城市,获得中央资金9亿元。

(三)推进城乡统筹发展。聚焦重点、突出引导,加大资金整合力度,加大城乡发展统筹力度。促进区域协调发展。安排专项资金27.8亿元,支持皖北“四化” 协调发展先行区、大别山革命老区、皖江示范区及南北合作共建、中新苏滁、郑蒲港等区域和园区发展。支持现代农业发展。不断加大“三农”投入,全省农林水事务支出249亿元,增长5.5%。拨付5.6亿元,支持农民专业合作社、龙头企业、家庭农场等新型农业经营主体发展。拨付15.9亿元,推进农田水利设施建设。支持美好乡村建设。全省财政投入资金42.4亿元,整合56.2亿元,吸引社会资金24.4亿元,大力支持中心村规划建设和自然村环境整治。继续增加美丽乡村建设试点工作投入。下拨中央和省级财政资金17.3亿元,加快农村“一事一议”财政奖补工作。统筹安排资金5.4亿元,推进农村土地确权登记颁证试点、农村金融综合改革等工作。

(四)财税改革持续深化。坚持问题导向,明确施工方案,确保改革取得实效。推进预算管理改革。扩大预算信息公开范围,除涉密部门外,全部公开2015年省级预算,首次实现按支出经济分类公开政府和部门预算、按项目公开专项转移支付预算。修订预算公开评审论证办法,评审范围从重点项目评审论证向财政收支政策拓展。启动2016—2018年省级中期财政规划和部门三年滚动财政规划编制工作,指导市县一体化推进。加强预算绩效管理,出台省级预算绩效管理委托第三方评价暂行办法,提升绩效评价客观性和公正性。加快政府购买服务,全省预算安排项目2707个,资金66.2亿元。从盘活结转结余资金、严格财政专户管理、规范权责发生制核算等7个方面采取19项举措,盘活财政存量资金523亿元。推进税制改革。营改增试点纳税人达13万户,累计减税121亿元。稳步实施煤炭资源税从价计征改革,取消停征涉煤收费基金,入库资源税2.4亿元,企业税费负担下降10.7%。完善转移支付制度。出台贯彻落实国务院改革和完善中央对地方转移支付制度的实施意见,研究合理划分省市县事权与支出责任。推动落实转移支付下达时限要求,切实加快执行进度。加强债务管理改革。出台加强地方政府性债务管理实施意见,印发一般债券招标发行规则和一般债券发行兑付等管理办法,积极推进自主发债和额度分配工作,首批发行债券利率是全国最低省份之一,全年可节约融资成本17亿元。

(五)法治财政稳步推进。牢固树立法治意识,全面推进法治财政建设,提升依法理财水平。学习贯彻预算法。通过采取与省委组织部联合办班等多种形式,对市县政府分管财政领导、市县财政局领导和业务骨干以及乡镇财政所负责人,进行预算法、财政改革与政府债务管理等专题培训。出台贯彻落实国务院深化预算管理制度改革决定的实施意见,制定推进法治财政建设实施意见,健全财政管理制度。硬化预算约束。提前编制2016年省级部门预算,3月份启动编制工作,5月份召开布置会,编制周期进一步延长。优化预算编制政策,研究支出定额标准,规范项目类别及经济科目使用,推进转移支付细化编制。从严控制预算追加,依法规范预算调整,对债务调整和新增支出两个事项,按法定程序编制预算调整方案,提请省人大常委会审查和批准。建立清单管理制度。将省级部门专项资金纳入清单管理,继续清理整合专项资金。健全涉企收费清单制度,为市场营造良好环境。在全省推动建立乡镇财政 权力清单、责任清单、服务清单 制度,加快乡镇财政职能转变。强化财政监督管理。规范涉企资金监管,4846个项目纳入涉企信息系统管理,预警项目4060个,预警比例83.8%;落实国务院关于政府收支一律纳入预算并公开、公共资金一律接受审计监督、长期沉淀财政资金一律调整收回、对国有企业国有资产一律从严监管等“四个一律 要求,加强财政监督检查,推进涉农资金专项整治工作,建立财政法律、政策制定、预算编制、预算执行、公共关系等8类风险内部控制制度。

四、下半年财政工作安排

面对经济发展新常态,用足用活积极财政政策,持续加强财政收支管理,全力以赴稳增长、促改革、调结构、惠民生、防风险。

(一)突出收入预期管理。一方面,依法加强收入征管。坚持实事求是、依法征收、不收“过头税”,防止虚增财政收入,提高收入质量。密切跟踪宏观经济和税制改革对收入的影响,加强收支管理调度,努力完成全省财政收入增长8.5%左右预期目标。另一方面,完善收支分析制度。加强财政收入预测,建立财税库银涉税信息交换与共享机制,加强对骨干企业、主要行业、重点支出的调查研究,提高财政收支分析的针对性和有效性。

(二)强化重点支出保障。着力保障发展支出。

通过合理安排地方政府新增债券和存量置换债券、主动争取国际金融组织和政府贷款、灵活运用开发性银行和政策性银行信贷资金，大力支持园区和铁路、公路、水利等重大基础设施建设。着力保障改革支出。积极筹措资金，保障实施机关事业单位养老保险和工资制度、公务用车制度、司法体制、医药卫生等重点改革，保障改革顺利推进。着力保障民生支出。继续实施好33项民生工程，优先保障各项民生工程支出；进一步做好"老字号"群体，以及教育、医疗、社保、生态环保等支出保障工作，促进社会事业发展。

（三）落实积极财政政策。全面落实减税降费政策。继续扩大营改增试点，建立涉企收费清单动态调整机制，依法依规减轻企业负担。全面落实稳增长举措。推进财政资金统筹使用，继续压缩一般、调整结构、盘活存量、用好增量，进一步加大力度，支持政策性融资担保体系建设，支持中小企业实体经济发展，支持创新驱动和战略性新兴产业发展，积极培育财源增长点。创新财政支持方式。探索整合涉企类、科技类、农业类、社会事业类等专项资金，研究制定产业投资基金管理意见，吸引带动社会资本加大投入，放大财政杠杆作用。

（四）自觉接受人大监督。一方面，严格执行人大决议决定。将省人大及其常委会决议决定，纳入财政工作各个环节，做到及时分解，定期督查；做好代表建议办理反馈工作，积极采纳意见建议，进一步完善财政政策；贯彻好预算法，依法做好预算调整工作，配合省人大做好预算审查监督条例修订工作。另一方面，主动做到公开透明。推进"开门办预算"，邀请人大代表、政协委员等，对2016年部门预算进行公开评审，邀请人大代表参与民生工程巡察督导，提高预算安排、民生工程管理的透明度和科学性，推进阳光理财建设。

年内财政改革发展任务艰巨而繁重。我们将在省委、省政府的正确领导下，在省人大的依法监督下，认真落实本次会议有关决议，践行"三严三实"要求，扎实推进财政改革各项工作，努力完成全年预算目标任务，为打造"三个强省"、建设美好安徽贡献力量。

（厅预算处供稿　乔传宗）

关于安徽省2015年预算执行情况和2016年预算草案的报告

——2016年2月17日在安徽省第十二届人民代表大会第六次会议上

省财政厅厅长　罗建国

各位代表：

受省人民政府委托，我向大会报告安徽省2015年预算执行情况和2016年预算草案，请予审议，并请省政协委员和其他列席人员提出意见。

一、落实人大预算审查决议情况

2015年，全省各级财政部门认真落实省十二届人大四次会议有关决议精神，积极应对经济下行压力，持续推进财税体制改革，自觉接受人大和代表监督，不断提升依法理财水平。

（一）全面深化财税体制改革。制定省级部门专项资金管理清单，编制省级2016-2018年中期财政规划和部门三年滚动财政规划，按规定将部分政府性基金转列一般公共预算，加大盘活财政存量资金力度，让更多资金支持实体经济发展和民生改善。营改增纳税人由试点初期3.1万户扩大到15.9万户，累计为企业减税152亿元，煤炭资源税从价计征改革减轻煤炭企业负担1.1亿元。建立以政府债券为主的举债融资机制，成功发行政府债券1294.1亿元，每年节约融资成本70亿元以上。对地方政府债务实行限额管理，报经省人大常委会批准同意，我省2015年末地方政府债务限额为5424.1亿元。截至2015年底，全省政府债务余额5107.2亿元，债务风险总体可控。全省实施政府购买服务项目3033个，涉及资金近110亿元，探索公办民营、民办公助等模式，支持社会事业运行提高效率。推进司法体制改革试点，省以下法院、检察院18个试点单位财物纳入省级财政统一管理，支持医药卫生体制综合改革，保障机关事业单位工资及养老保险、公务用车等改革的顺利推进，发挥了财税改革基础性、支撑性作用。

（二）切实提高财政配置效率。优化企业税费环境，使各类市场主体"轻装上阵"，全年减免税费

541.6亿元,增长16.2%。其中,全面落实结构性减税政策,减免企业税收509.2亿元;严格落实普遍性降费政策,省级设立的行政事业性收费项目降为19项,涉企行政事业性收费仅1项,失业保险费率由3%降至2%,工伤保险平均费率由1%降至0.75%,生育保险平均费率由1%降至0.5%,减轻企业和个人负担32.4亿元。发挥棚户区改造省级融资平台作用,争取国开行新增棚户区改造项目授信额度150亿元。采取注入资本金方式,撬动更多资金支持江北江南集中区、南北合作共建、郑蒲港和中新苏滁等园区发展。支持科技成果使用权、处置权和收益权管理改革试点,支持出台进一步加快创新型省份建设政策体系,打通科技创新与经济发展之间的通道。建立政府与社会资本合作机制,各级财政会同有关部门公开向社会发布172个PPP项目,总投资1773亿元,充分发挥财政资金"四两拨千斤"的作用。

(三)积极推动预算公开透明。除涉密信息外,16个市、105个县(市、区)和111家省级预算单位全部公开了2015年政府、部门和"三公"经费预算,首次实现按支出经济分类科目公开政府和部门预算、按项目公开专项转移支付预算。从源头抓起,深入推进开门办预算,对省级30个部门申报的40个项目开展评审论证,涉及资金50亿元,评审范围由重点项目拓展到部门整体预算和支出政策。16市74个县(市、区)同步开展预算评审,在全国率先实现省市县三级预算评审。权责发生制政府综合财务报告试编工作覆盖省市县区,按经济科目编制部门决算试点范围继续扩大,推动预决算相互衔接。

(四)科学制定财政政策制度。坚持立法引领,认真宣传贯彻预算法,积极配合省人大修订《安徽省预算审查监督条例》,做好《安徽省政府非税收入管理条例》《安徽省民生工程管理和保障条例》和《安徽省会计管理条例》立法基础工作。树立法治思维,出台全面推进法治财政建设实施意见,完善风险评估、合法性审查、集体讨论决定等决策程序,建立通报约谈、内部问责及重要财政政策解读等工作机制,加快构建财政依法行政制度体系。推进简政放权,出台贯彻落实国务院改革和完善中央对地方转移支付制度的实施意见,清理整合规范专项转移支付,下放项目和资金审批权,提升市县区财力统筹能力。实施精细管理,按照"一个(类)专项、一个办法"要求,出台省级财政资金分配管理办法及社保、农业、科技、教育、经建、政法等领域资金分配办法,实现资金分配管理制度分领域、分层级、分项目全覆盖,进一步规范财政资金分配行为。

(五)不断强化预算绩效管理。制定深入推进预算绩效管理工作意见,省级在部门自行开展绩效评价工作的基础上,选取小型水利改造提升工程、农村清洁工程等34个项目、3个部门整体支出及2项财政政策开展重点评价,涉及资金355亿元,评价结果作为2016年预算安排的重要依据。出台省级预算绩效管理委托第三方评价机构暂行办法,对敬老院建设、大气污染防治、千万亩森林增长工程等项目开展第三方评价工作。完善财政涉企项目资金管理信息系统,累计纳入系统管理项目2.7万个,涉及资金209亿元,使财政扶持资金投向更加精准。在财政部预算绩效管理工作和县级财政管理绩效综合评价中,我省分别获得全国第3名和第2名。

二、2015年预算执行情况

2015年,全省各地各部门深入贯彻落实党的十八大,十八届三中、四中、五中全会和习近平总书记系列重要讲话精神,按照省委、省政府的决策部署,坚持稳中求进工作总基调,统筹推进稳增长、促改革、调结构、惠民生、防风险,较好完成了省十二届人大四次会议确定的目标任务,为全省经济持续健康较快发展和社会和谐稳定作出了积极贡献。

2015年,全省一般公共预算总收入4012.1亿元,比上年(下同)增加349.1亿元,增长9.5%。地方一般公共预算收入2454.2亿元,增加235.7亿元,增长10.6%,加:中央税收返还及转移支付、预算稳定调节基金等3179.1亿元,预算总收入5633.3亿元。全省一般公共预算支出5230.4亿元,比上年增加566.3亿元,增长12.1%,加:安排预算稳定调节基金等309亿元,支出合计5539.4亿元。收支相抵,年终结余93.9亿元。

省级地方一般公共预算收入248.8亿元,增长8.3%。加:中央税收返还及转移支付、预算稳定调节基金等2969.8亿元,预算总收入3218.6亿元。省级一般公共预算支出672.3亿元,增长

6.7%。加:对市县区税收返还及转移支付等2505.2亿元,支出合计3177.5亿元。收支相抵,年终结余41.1亿元。

省级政府性基金预算收入47.9亿元,加上年结余、中央补助收入、专项债务收入等139.3亿元,预算总收入187.2亿元;预算支出58.3亿元,加补助市县区支出、调出资金等108.8亿元、结转下年20.1亿元,预算总支出187.2亿元。

省级国有资本经营预算总收入15.8亿元;预算支出12.2亿元,结转下年3.6亿元,预算总支出15.8亿元。

省级社会保险基金预算收入136.4亿元,加上年结余收入93.2亿元,预算总收入229.6亿元;预算支出118.5亿元,结转下年111.1亿元,预算总支出229.6亿元。

上述预算执行数字在决算编制汇总后,还会有变化。

(一)财政稳运行。坚持质量效益,依法强化收入管理,财政收支运行呈现总体平稳、质量提升、保障有力、稳中有进的发展态势。全省财政收入突破4000亿元,增速与经济发展保持同步,好于年初预期,高于全国增幅。全省地方财政收入中税收占比为73.3%,比上年同口径提高1.1个百分点,收入质量进一步提升。坚持厉行节约,严控预算追加,做到无大事、要事、急事不追加。严控一般性支出,全省“三公”经费较上年下降16%,更多资金用于保障重点支出,科技、交通运输、城乡社区等经济发展类支出增长13.3%,教育、卫生、社保、农林水等社会事业类支出增长15.4%。区域财政整体向好,13个市财政收入超100亿元,64个县(市、区)财政收入超10亿元。大别山革命老区、皖北三市九县和皖江示范区财政收入分别增长7.9%、10%和10.4%,区域发展的均衡性、协调性进一步增强。

(二)支持稳增长。抓住重点,精准发力,加大有效投入,扩大有效需求,全力支持经济发展。争取中央财政基建投资159.6亿元,争取中央财政交通专项资金179.5亿元,筹集铁路建设专项资金36.5亿元,多渠道筹措120亿元推进引江济淮、淮水北调等重大水利工程建设,争取世行及外国政府贷款1.6亿美元,充分发挥投资对经济增长的关键性作用。支持电子商务与物流快递协同发展试点城市、电子商务进农村综合示范和农产品流通骨干网络建设,支持推广新能源汽车、光伏发电和秸秆发电,争取国家发展养老服务产业试点,充分发挥消费对经济增长的基础性作用。完善外贸促进财政政策,健全出口退税机制,简化外贸补贴拨付流程,推进财政补贴属地办理,拨付5.1亿元兑现外贸补贴和支持企业“走出去”奖补等政策,推动我省外向型经济发展。

(三)推动调转促。聚焦打造新动力,持续加大实体经济、创新经济、绿色经济和区域经济支持力度,奋力推动经济提质增效升级。突出扶持实体经济,继续安排31亿元充实政策性担保机构国有资本金,全省政策性担保机构在保余额1337亿元,担保放大倍数达3.9倍;在全国率先推出“4321”新型政银担合作机制,累计放款281.9亿元,受益企业5542户;在全国率先设立省级农业信贷担保公司,统筹安排10亿元,推动建立农业信贷担保体系;调拨10亿元并引导市县区加大投入,对阶段性融资困难的小微企业提供短期过桥资金;创新政府采购信用融资担保机制,全年通过“政采贷”发放贷款2.7亿元,缓解中小微企业融资难。成功争取合肥、芜湖申报综合保税区获批。突出加大创新驱动,争取四项中关村税收优惠政策在合芜蚌试验区推广运用,支持合肥小微企业创业创新基地城市建设,安排20亿元专项引导资金支持全省战略性新兴产业集聚发展基地建设,安排10亿元支持创新型省份建设,支持设立总规模超过800亿元的产业发展基金,带动社会资本服务产业转型升级。突出推动绿色发展,统筹安排15亿元国家重点生态功能区转移支付资金,设立12亿元环境保护及生态治理奖补资金,争取中央补助9亿元延续新安江流域生态补偿政策,推进大别山水环境生态补偿机制建设,支持池州等市海绵城市建设试点和铜陵节能减排综合示范试点,争取中国清洁发展机制基金优惠贷款2.6亿元,推动建设资源节约型、环境友好型社会。突出促进城乡一体,全省各级财政安排专项资金42.6亿元,整合涉农资金68.3亿元,吸引社会资金65.3亿元,支持美丽乡村建设。“一卡通”发放涉农补贴214.2亿元,安排4.1亿元推进农村综合改革示范试点,投入22.6亿元“一事一议”财政奖补资金支持农村公益事业发展,安排4.1亿元支持开展农村土地确权登记颁证，在全国率先开展农作物良种补贴、种粮农民直接补贴和农资综合补贴等农业三项补贴合并试点。

（四）着力惠民生。坚持财力向民生领域倾斜，为老百姓多办实事、好事，提升基本公共服务保障水平。全省民生支出4379亿元，增长13.8%，占全省财政支出的83.7%，较上年提高1.2个百分点。精心组织实施33项民生工程，投入民生工程资金726.5亿元，同口径增长12.1%，推动民生工程提标9项，调整优化内容24项。完善省人大、省政协巡视民生工程长效机制和民生工程特邀监督员制度，全面推行民生工程信息网上公示制度，增强民生工程科学性和透明度。推进保障性住房等民生工程项目建设和管养，持久发挥工程效用。统筹安排26.9亿元，支持大别山片区、皖北连片特困等地区精准扶贫、精准脱贫，支持开展光伏扶贫试点。投入846.9亿元，推进义务教育经费保障机制建设，建立公办高职院校生均财政拨款制度，推进职业教育和培训资源资金整合，支持教育事业发展。投入86.3亿元，支持构建现代公共文化服务体系，促进文化、体育、广电传媒事业发展。拨付就业专项资金23.9亿元，支持开发5.3万个公益性岗位，开展技能培训34.5万人；调剂省级失业保险2亿元用于充实创业贷款，发挥政策稳岗作用。拨付全省职工养老保险提标资金21.2亿元，拨付全省城乡居民基本养老保险调标资金25.5亿元；推动社保基金保值增值，净增利息收益8.2亿元。全面取消城市公立医院药品加成，基本公共卫生服务财政补助标准人均35元提高到40元，建立村医执业风险防控分担机制，健全疾病应急救助机制。统筹安排64.5亿元支持保障性安居工程建设，用于租赁补贴发放、公租房建设和城市棚户区改造。投入11.2亿元落实“老字号”群体生活补助政策，拨付56.4亿元提高城乡居民低保标准，安排2.2亿元新建五保供养机构床位2万余张，完善家庭经济困难学生资助体系，为90.3万人次发放补助资金24亿元，让困难群众感受到党和政府的温暖。

（五）持续强管理。连续4年提前启动预算编制，打好预算编制工作提前量。调整完善省级预算供给政策和公用经费分档，健全预算编制标准体系。制定加强市县区预算编制工作指导意见，规范预算编制内容、格式、程序。按照分事行权、分岗设权、分级授权原则，建立财政部门内部控制制度，制定8个专项风险内部控制办法，努力实现财政管理走访巡查、内部控制、干部轮岗和制度规范“四个全覆盖”，健全财政业务内部制衡机制。在全国率先推动建立乡镇财政“权力清单、责任清单、服务清单”制度，推进乡镇包村干部监管涉农资金，推动乡镇财政财务互审，强化基层财政建设。强化财政监督条例执行，开展盘活存量资金、预决算公开、涉农资金整治等专项检查，对575户企事业、社会团体开展会计监督检查。制定加强联系服务人大代表工作办法，健全依法接受人大监督机制。重视审计监督，逐条逐项梳理审计问题，举一反三，建章立制，认真抓好财政及预算单位审计整改。同时，以“三严三实”专题教育为契机，开展“廉政风险防控与财政作风建设”等11个专题讲座，扎实推进“三个专项”行动。创新城乡基层党组织结对共建，深化预算部门会商工作，省级全年上门会商2662次。建立财政任务工作落实“三查三单”制度，健全省市县帮联工作机制，持续推进财政党建和反腐倡廉工作，驰而不息推进财政系统作风建设。

2015年，财政工作顺利收官，为财政“十二五”画上圆满句号。五年来，在各级党委、政府正确领导下，在各级人大、政协和社会各界的关心支持下，各级财政部门紧紧围绕中心、服务大局，主动应对经济新常态，落实财政政策新要求，锤炼干部队伍新作风，坚持质量和效益，统筹当前和长远，着力深化财税体制改革，持续提升财政服务全省发展大局的水平，有力地推动了全省经济社会持续稳定健康发展，财政改革发展取得重大进展。

“十二五”时期，财政实力跨上新的台阶。在经济下行和落实结构性减税政策的双重压力下，坚持实事求是、依法治税，全省财政收支继续保持稳定增长，财政收入年均增长14.2%，财政支出年均增长15.1%，税收收入占财政收入的比重稳步提高，财政总量和财政质量稳步提升，对经济社会发展的支撑力和调控力明显增强，为加快安徽发展奠定了坚实的财政支撑。

“十二五”时期，财政职能作用有效发挥。聚焦实体经济，安排98亿元推进政策性融资担保体系建设，有效缓解企业融资难、融资贵。聚焦增加投入,争取国开行贷款额度1000余亿元,政府与社会资本合作模式、政府购买服务改革破冰并取得实效。聚焦创新驱动,优化税制环境,积极支持全面创新改革试验和“调转促”行动计划,发挥财政资金杠杆作用。聚焦区域协调,财政区域政策覆盖全省,注重通过注资方式支持区域平台,有效促进区域协调发展。

“十二五”时期,财政民生保障水平显著提高。民生支出累计1.8万亿元,是“十一五”时期的近5倍,有力促进了各项民生事业较快发展。累计实施43项民生工程,民生工程覆盖范围扩大到事关群众切身利益的“五有”等重要方面,惠及6000多万城乡居民。民生热点难点问题得到有效缓解,农村低保、五保供养、企业养老金等保障标准连年增加,基本公共服务保障体系全面构建。

“十二五”时期,财政惠农成效更为明显。持续加大全省财政支农投入,全力推进美丽乡村建设,支持贫困地区精准扶贫、精准脱贫,深入推进产城一体试点,农村综合改革全面推进,村级组织运转经费保障机制全面建立,农业农村建设步伐加快,农村基础设施和生产生活条件持续改善,现代农业加速推进,城乡发展更加均衡。

“十二五”时期,财税体制机制活力释放。预算体系更加健全,国有资本经营预算全面覆盖,预算信息公开省市县三级全面覆盖,中期财政规划编制全面启动,实现“预算一年、一年预算”。政府举债融资机制全面建立,债务风险总体可控。在全国率先建立省级涉企收费清单制度,营业税改征增值税改革试点启动,五年累计减免税费超过1900亿元。县级基本财力保障机制全面建立,转移支付制度统一规范透明,现代财政制度建设取得新成效。

各位代表!

上述工作成绩的取得,是省委、省政府坚强领导的结果,是省人大和各位人大代表依法监督的结果,是各地各部门攻坚克难、共同努力的结果。我们也清醒地认识到,财政运行中还存在一些不容忽视的问题和十分严峻的困难。财政收入增速趋缓与支出刚性矛盾加剧,财政平衡压力逐年加大;财政资金统筹难度加大,支出结构固化,财政绩效有待进一步提高;财政政策精准度还不高,财政资金引导和撬动作用发挥还不够;省与市县事权和支出责任相适应机制尚未建立,省以下财税体制改革有待加快推进;政府债务规模增长较快,局部地区债务风险显现,等等。对此,我们将高度重视和积极正视,并努力加以解决。

三、“十三五”财政发展的指导思想和目标任务

“十三五”全省财政改革发展的指导思想是:全面贯彻党的十八大、十八届三中、四中、五中全会和习近平总书记系列重要讲话精神,坚持“四个全面”战略布局,遵循创新、协调、绿色、开放、共享发展理念,按照省委九届十四次全会精神,主动适应经济发展新常态,坚持改革开放,坚持稳中求进工作总基调,着力转方式、补短板、防风险、促开放,着力提高经济发展质量和效益,着力保障和改善基本民生,加快财税体制改革,优化财政支出结构,为打造创新型三个强省、建设美好安徽、全面建成小康社会提供更加坚实有力的财政保障。

“十三五”全省财政改革发展的主要目标是:

1.财政收支运行平稳健康。“十三五”时期,全省财政收入与GDP增速保持同步。到2020年,财政收支总量在全国位次前移,人均水平与全国平均水平的差距进一步缩小,税收收入占财政收入比重稳步提高,财政支出结构进一步优化,财政支持发展、保障民生的能力进一步增强。

2.财税体制改革全面深化。到2020年,基本建立全面规范、公开透明的现代预算制度,政府预算体系更加完善,政府债务管理更加规范,税收制度改革稳步推进,省市县事权与支出责任划分更加合理,现代财政制度基本建立。

3.法治财政建设深入推进。到2020年,建成完备的财政制度规范机制、高效的财政运行实施机制、严密的行政权力监督机制、有力的法治财政保障机制,形成全面规范科学有效的财政法治体系,实现财政管理规范化、制度化、法治化,实现财政工作在宪法和财政法律制度基础上规范运行。

4.区域财政发展更加协调。到2020年,力争县均财政收入超过25亿元,省市县三级财政发展更加协调。财政支持区域发展政策更加科学,皖北地区、大别山革命老区、皖江示范区、皖南国际文化旅游示范区等区域更好发展,成为推动全省财政经济增长和转型发展的重要力量。

围绕上述目标,“十三五”财政工作的主要任

务是：

1.坚持优化供给，支持经济稳定发展。围绕全面建成小康社会目标任务，积极落实供给侧结构性改革政策措施，优化财政支出结构，重点支持一批转方式、调结构、管长远，有利于增强核心竞争力的重大项目，努力促进经济社会持续健康较快发展。

2.坚持创新驱动，提高经济质量效益。围绕落实“调转促”行动计划，以提高经济发展质量和效益为中心，创新财政投入方式，完善支持大众创业、万众创新财税政策，培育壮大战略性新兴产业，推动传统产业优化升级，加快发展现代服务业，大力发展现代农业，系统推进全面创新改革试验，促进经济提质增效。

3.坚持统筹兼顾，促进区域协调发展。围绕协调发展、绿色发展，采取有力财政政策措施，促进区域、城乡协调发展，推动物质文明和精神文明共同进步，加大皖北地区、大别山区等地区倾斜支持力度，推进城乡发展一体化和城乡基本公共服务均等化，加大重点生态功能区转移支付力度，支持加强生态文明建设。

4.坚持改善民生，增进人民群众福祉。按照保基本、补短板、兜底线、可持续的原则，完善财政民生投入机制，继续实施一批重大民生工程，着力解决好人民群众关心的教育、就业、收入、社保、医疗卫生、食品安全等基本民生问题；全面落实脱贫攻坚各项政策措施，让改革发展成果更多、更公平、更实在地惠及广大人民群众。

5.坚持深化改革，完善财税体制机制。继续深化财税体制改革，全面加强法治财政建设，积极构建全面规范、公开透明的现代预算制度，公平统一、调节有力的税收制度，省市县事权与支出责任相适应的制度，加快形成有利于转变经济发展方式、有利于建设公平统一市场、有利于基本公共服务均等化的现代财税体制机制。

四、2016年省级预算安排和重点工作

2016年，是全面建成小康社会决胜阶段的开局之年，是全面实施“调转促”行动计划的攻坚之年。全省财政经济发展面临新常态，财政收入增速进一步放缓，财政支出刚性增强，财政收支矛盾更加突出。根据市县区预算汇编及经济增长预期目标、财税政策变化情况，全省一般公共预算总收入预期增长8.5%左右。

2016年省级预算编制的指导思想：按照省委、省政府决策部署，加快推进财税体制改革，有效落实积极的财政政策，优化财政支出结构，全力支持供给侧结构性改革，着力推进“调转促”行动计划和全面创新改革试验，着力保障改善民生，增强经济持续增长动力，促进经济社会持续健康较快发展，确保实现“十三五”发展良好开局。

2016年省级预算编制的基本原则：保重点。优先保基本民生支出、保重大项目建设、保重要政策落地，促进经济社会平稳健康发展。控一般。按照中央“八项规定”和省委“三十条”规定要求，严控“三公”经费等一般性支出，努力降低行政运行成本。促统筹。统筹财政资金资源使用，统筹政府预算体系衔接，统筹年度之间财力平衡，统筹省与市县区分配关系。提绩效。确立预算资金突出绩效、财政政策体现绩效、债务管控提升绩效的工作导向，优化预算资源配置效益与效率。

2016年省级预算按一般公共预算、政府性基金预算、国有资本经营预算、社会保险基金预算等四本预算编制。省级一般公共预算收入250.6亿元；按现行财政体制，安排支出538.1亿元。政府性基金本年收入预算41.7亿元，本年安排支出37.4亿元。国有资本经营本年收入预算15.2亿元，本年安排支出16亿元。社会保险基金本年收入预算228.6亿元，本年安排支出218.9亿元。具体如下：

（一）一般公共预算

省级收入预算安排情况。省级预算收入250.6亿元，比上年执行数增长0.7%，其中：增值税5.4亿元、营业税16亿元、企业所得税113亿元、个人所得税22.1亿元、耕地占用税15亿元、城市维护建设税等2.3亿元；国有资源（资产）有偿使用收入20.3亿元、行政事业性收费收入9.4亿元、罚没收入0.7亿元、专项收入44.1亿元、政府住房基金收入1.2亿元、其他收入1.1亿元。

省级支出预算安排情况。根据现行财政体制，2016年省级预算可用财力为538.1亿元，增长6.7%。其中：基本支出预算149.9亿元，同比增长5.7%；项目支出预算388.2亿元，同比增长7.1%。

省级预算收入250.6亿元，加中央税收返还及转移支付、预算稳定调节基金等2196.3亿元，省级预算总收入 2446.9 亿元。省级预算支出 538.1 亿元,减省级预算提前下达市县区转移支付 46.5 亿元,加中央提前下达转移支付列入省级预算 268.5 亿元,省级预算支出合计 760.1 亿元。加对市县区税收返还及转移支付等 1686.8 亿元,省级预算总支出 2446.9 亿元。

(二)政府性基金预算

2016 年,省级政府性基金收入预算安排 41.7 亿元,加上年结余收入 20.1 亿元,收入合计安排 61.8 亿元。支出安排 61.8 亿元,其中:本年支出 37.4 亿元,调出资金 1.6 亿元,结转下年 22.8 亿元。

(三)国有资本经营预算

2016 年,省级国有资本经营预算收入 15.2 亿元,与上年执行数相比,同口径增加 0.6 亿元,增长 4.1%。其中:利润收入 10.4 亿元,同口径增加 2.5 亿元;股利、股息收入 4.8 亿元,同口径减少 1.9 亿元(主要是海螺集团预计股利分红减少),加上年结转 3.6 亿元,收入合计 18.8 亿元。

支出相应安排 18.8 亿元,其中:解决历史遗留问题及改革成本支出 2 亿元,国有企业资本金注入 13.2 亿元、金融国有资本经营预算及其他支出 0.8 亿元、调出资金 2.8 亿元。

(四)社会保险基金预算

2016 年,省级社会保险基金本年收入预算安排 228.6 亿元,较上年增长 67.6%(主要是新增机关事业单位职工基本养老保险)。加上年结余收入 111.1 亿元,收入合计安排 339.7 亿元。支出安排 339.7 亿元,其中:本年支出 218.9 亿元,结转下年 120.8 亿元。

2016 年省级预算安排

2016 年,我们重点做好六个方面工作。

——进一步实施积极财政政策。一是做好债务融资。积极争取新增债券额度,支持各地融资需求;妥善处置存量债务,实现 2016 年到期政府债务置换全覆盖,为市县区腾出资金支持重点项目建设创造条件。二是落实减税降费。落实营改增,严格执行行政事业性收费和政府性基金目录清单,扩大教育费附加、地方教育附加等免征范围,将新菜地开发建设基金和育林基金征收标准降为零,完善涉企收费清单,落实社会保险降费政策,着力减轻企业负担。三是盘活财政存量。按规定将政府性基金预算结转结余调入一般公共预算统筹使用。建立财政存量资金与预算安排挂钩机制,对执行进度较慢的项目预算,加大统筹调整用于经济社会发展急需领域的力度。建立库款余额与转移支付挂钩机制。四是创新支持方式。建立支持社会力量举办社会事业的激励机制,推进 PPP 模式。支持产业基金发展,发挥财政资金撬动作用。

——进一步支持实体经济发展。一是缓解小微企业融资困难。继续实施县域金融机构涉农贷款增量奖励、新型农村金融机构定向费用补贴和创业担保贷款贴息、续贷过桥等政策,支持政策性融资担保体系建设,建立省级融资担保风险补偿专项基金,推进“4321”政银担合作机制,为小微企业引入更多金融“活水”。二是支持国企国资改革。以管资本为主加强国有资产监管,支持推动企业兼并重组和混合所有制发展;重点支持加快剥离国有企业办社会职能和解决历史遗留问题。三是支持“三去一降一补”。积极落实供给侧结构性改革有关政策,围绕去产能、去库存、去杠杆、降成本、补短板,优化产业结构,稳定市场预期,提升全省经济供给质量效益。按照企业主体、政府推动、市场引导和依法处置的要求,支持企业处置不良资产、吸引失业人员再就业、保障困难群众生活,引导企业运用兼并重组、债务重组和破产清算等方式加快处置。调整完善住房保障政策,建立购租并举的住房制度,发展公共租赁住房,实施政府购买棚户区改造服务。四是支持优化消费环境。支持推动供销社综合改革,支持农产品流通体系、农村流通体系和城市现代流通体系建设,支持电子商务、物流快递试点建设,支持电子商务进农村综合示范。完善财政消费引导政策,支持推动居民智能、绿色、健康、安全消费,扩大消费需求。五是支持扩大开放合作。支持壮大外贸经营主体和增强中小企业国际市场开拓能力,支持扩大先进技术设备、关键零部件和重要资源性产品进口,支持服务贸易、服务外包和跨境电子商务,支持推动加工贸易转型升级和外贸“优进优出”。

——进一步推动结构转型升级。一是培育战略性新兴产业发展。持续加大财政支持力度,支持战略性新兴产业集聚发展基地建设,引领带动产业转型升级。支持我省产业发展基金做强做大,撬动社会资本为我省“调转促”行动计划提供支撑。

二是推进传统产业升级。加大财政对传统产业技术改造投入,采取贷款贴息、设备补助、首台套补助、购买诊断服务等方式,全面提升产品技术、工艺装备、能效环保等水平。支持传统产业和信息技术的融合发展,大力发展智能制造。围绕实施质量品牌升级工程,支持发展品牌经济。三是支持现代服务业发展。支持发展金融保险、现代物流等生产性服务业,支持发展教育医疗、健康养老、文化创意、体育健身等生活性服务业,提升服务业发展水平。四是支持发展现代农业。调整优化支农资金结构,全面推开农业补贴"三合一"改革,推进农业信贷担保体系建设,支持提升粮食生产能力,推进高标准农田和优质特色农产品基地建设,支持农民合作社和现代农业产业化联合体发展,支持国有林场和农垦改革,推动一、二、三产业融合发展。五是系统推进全面创新改革试验。全面落实创新型省份建设"1+6+2"政策体系,支持建设综合性国家科学中心和产业创新中心,推动政府职能从研发管理向创新服务转变,建立财政科技资金分类扶持管理机制。六是推动区域协调发展。紧抓国家实施"一带一路"和长江经济带发展的战略机遇,加大对皖江示范区、皖北地区发展、皖南国际文化旅游示范区、大别山革命老区振兴发展的支持力度,支持推进国家级合肥滨湖新区、淮河流域综合治理和绿色发展、大黄山国家公园等战略平台建设,形成多级支撑、多元发展的良好局面。同时,按照"一尊重、五统筹"要求,支持省域空间规划编制,推进新型城镇化试点省建设。

——进一步提升民生改善的获得感。一是保障群众基本民生。坚持守住底线、突出重点、完善制度、引导预期、精准帮扶,加大民生投入力度,继续实施33项民生工程,启动农村道路畅通工程,支持实施农产品食品安全工程,继续实施城市棚户区改造,支持实施城市老旧小区整治,支持美丽乡村建设,支持建立重度残疾人护理补贴等,着力补齐民生短板,切实守住民生底线。二是创新民生投入管理。推动财政资金和政策的整合统筹,创新公共服务供给机制,通过特许经营、股权合作等模式,拉动社会资本进入公共服务领域。以强村富民为目标,大力发展村级集体经济,积极引入市场化经营模式,盘活资产资金资源。三是全力推进脱贫攻坚。建立健全财政专项扶贫资金稳定增长机制,加大专项扶贫资金投入,整合财政涉农资金优先用于脱贫攻坚。通过产业支持、光伏扶贫、道路提升、易地搬迁、办学条件改善、就业培训服务、社会保障兜底等方式,支持解决农村贫困人口脱贫;创新扶贫资金统筹整合机制,发挥扶贫政策、项目、资金、资源统筹合力。四是支持社会事业发展。统一城乡义务教育公用经费标准,推动职业教育制度改革,实施现代职业教育质量提升计划,落实中高职院校生均拨款制度。贯彻社会保障制度改革要求,坚持精算平衡,健全激励约束机制。落实医保筹资机制改革,推动建立统一的城乡居民基本医疗保险制度。

——进一步深化财税体制改革。一是深化预算管理改革。持续推进预算信息公开,积极推进专项转移支付和财政政策公开。积极盘活政府资产资源。推进中期财政规划和部门三年滚动财政规划编制。健全政府债务分类纳入预算管理机制,加强政府债务限额管理,推进政府债务公开工作,加大对市县区政府债务风险化解的监管和指导力度。二是深化税收制度改革。按照国家部署,做好营改增改革。积极做好资源税、消费税等其他税制改革,落实小微企业等税收优惠政策,优化税制环境。三是深化财政体制改革。推进省市县事权和支出责任合理界定,巩固提升县级基本财力保障机制,研究建立财政转移支付同农业人口市民化挂钩机制,促进基本公共服务均等化。四是支持推进其他领域改革。积极支持医药卫生体制综合改革、养老保险制度改革、事业单位分类改革和城乡户籍制度改革,落实农村综合改革、金融改革等有关保障措施,继续推进省以下法院、检察院财物省级统一管理改革工作。

——进一步提高财政管理水平。一是强化财政收支预期管理。坚持依法理财治税,保持财政收入增长与经济发展相适应,做到有质量可持续,细化预算编制,健全基本支出标准,规范项目预算管理,加快预算执行。二是强化财政资金运行管理。坚持集中力量办大事,围绕优化结构、增强动力、化解矛盾、补齐短板,严控一般性支出,全力保障中央和省各项决策部署落地见效。规范财政资金分配,严格财政资金监管,提升财政资金绩效。三是强化财政服务效能。加强财政党建工作和财政业务制度建设,扎紧制度笼子。加强财政自身建设,健全常态化财政干部能力素质提升机制。加强财政反腐倡廉工作,加强系统作风建设,推进财政权力清单、责任清单和作风清单建设,进一步提升财政服务水平。四是强化财经纪律约束。依法接受人大监督,严格落实人大各项决议决定要求,完善人大代表议案办理机制。积极接受政协民主监督,主动接受社会监督,自觉接受和全力支持审计监督。严格查处违反财经纪律的各类行为,牢牢守住资金安全的底线,大力推进法治财政建设。

各位代表!

2016年,财政工作任务繁重、使命光荣。在省委、省政府的坚强领导和省人大的依法监督下,我们将认真践行“三严三实”,坚持“忠诚、干净、担当”,奋力争当“四个自觉”模范,为打造创新型三个强省、建设美好安徽、全面建成小康社会作出新的贡献!

(厅预算处供稿　夏波)

全省财政工作重要文献

在全省财政工作视频会议上的讲话(摘要)

省财政厅党组书记、厅长　罗建国

(2015 年 8 月 5 日)

同志们:

上周,财政部召开了全国财政工作视频会议。7 月 23 日,省委召开了九届十三次全会。7 月 22 日,省委、省政府召开了党政联席会议。全省各级财政部门要认真学习、深刻领会全国财政工作视频会议、省委九届十三次全会、省党政联席会议精神以及省委、省政府对财政工作的部署要求,进一步坚定信心、发扬成绩、再接再厉,扎实做好各项财政工作,为“十二五”收好官、“十三五”开好局打下坚实基础,向党委、政府交一份满意的答卷。下面,我讲三点意见。

一、今年以来财政工作扎实有效

今年以来,面对复杂严峻的宏观经济环境和艰巨繁重的改革发展任务,在省委、省政府的坚强领导下,全省各级财政部门同频共振、团结奋进、攻坚克难,坚持稳中求进工作总基调,坚持以提高经济发展质量和效益为中心,主动适应财政经济发展新常态,全面深化财税体制改革,继续实施积极的财政政策,统筹支持稳增长、促改革、调结构、惠民生、防风险,1—7 月份,全省财政总收入 2508 亿元,同比增长 10.1%;其中地方财政收入 1564 亿元,同比增长 10.3%;全省财政支出 3043 亿元,同比增长 22.5%,财政收支运行总体平稳,有力促进了全省经济社会持续平稳健康发展。

(一)着力服务经济发展。一是扩大有效投入。争取中央两批置换债券 644 亿元、两批新增债券 275 亿元,争取棚户区改造国开行融资额度 1035 亿元,推广政府和社会资本合作(PPP 模式),指导推动 4 个 PPP 示范项目建设,向社会发布我省城市基础设施领域 PPP 项目 31 项、总投资 141 亿元。二是助力实体经济。继续实施结构性减税,全省累计减税 252.5 亿元,用财政收入的“减法”换取市场活力的“乘法”。省级财政继续安排 31 亿元充实县(市区)国有及国有控股政策性担保机构国有资本金,推进“4321 政银担风险分担模式”,完善政策性融资担保体系和信用体系,引导金融支持实体经济发展。三是协调区域发展。省级财政安排 10.5 亿元支持皖江城市带承接产业转移示范区内投融资平台建设,安排皖北发展和大别山革命老区专项资金 8 亿元,安排资金 9.3 亿元支持 3 个市级和 7 个县级南北合作共建园区建设,成功争取池州市列为国家海绵城市建设试点、合肥市列为全国小微企业创业创新基地示范城市。四是促进经济结构调整。省级财政统筹安排 20 亿元专项引导资金,支持 14 个战略性新兴产业集聚基地发展。省级财政继续安排 10 亿元专项资金,市县相应设立专项资金,推进创新型省份建设。省级财政继续安排奖补资金 12 亿元,争取中央大气污染防治资金5.6亿元,重点支持大气、水、土壤等环境污染治理。延续新安江生态补偿政策,稳步实施大别山水环境生态补偿,继续安排奖补资金支持千万亩森林增长工程,促进了经济提质增效升级。

(二)着力深化财政改革。一是深化预算管理制度改革。出台贯彻落实国务院深化预算管理制度改革决定的实施意见,探索建立省级部门专项资金管理清单制度,推动编制2016—2018年省级中期财政规划和部门三年滚动财政规划。除涉密信息外,省级111家一级预算单位、16个市及所辖县(市、区)全面公开部门预算和"三公"经费预算。二是完善国有资本经营预算制度改革。加强国有资本经营预算统一规范管理,将省政府及其部门、机构履行出资人职责的所有企业纳入国有资本经营预算实施范围,除新纳入的省属文化企业暂按10%比例上交国有资本收益外,其他省属企业国有资本收益上交比例统一提高到15%。三是推进政府性债务管理改革。提请省政府印发《关于加强地方政府性债务管理的实施意见》,建立"借、用、还"相统一的地方政府性债务管理机制,实行地方政府债务规模控制和限额管理,及时分配下达置换债券和新增债券,自主发行债券利率是全国最低省份之一,每年可节约融资成本22亿元。四是创新农村"三资"管理改革。推动乡镇财政全面建立"权力清单、责任清单和服务清单"制度。探索"直补参股、增值分红、培育集体、农户受益"的路子,发展壮大村级集体经济。五是支持企业发展资金管理改革。进一步完善财政涉企项目资金管理信息系统,截至7月底,全省纳入系统管理的项目数5929个、申报金额43.85亿元、预警项目数5011个、预警比例84.52%,使扶持企业资金投向更加精准有效。六是支持社会力量办事业改革。调整完善政府购买服务指导目录,全省预算安排项目2707个、资金66.2亿元,1—6月份支出24.2亿元,探索建立公办民营、民办公助等模式,支持社会力量参与公共服务领域。七是稳步实施营改增改革。截至6月底,铁路运输、邮政业、电信业等营改增试点纳税人13万户,累计减税121亿元。建筑业、房地产业、金融业和生活服务业营改增扩围试点准备工作有序推进。八是推进政府采购制度改革。率先完成省市共建公共资源交易平台工作任务,省级预算单位政府采购业务实现委托安徽合肥公共资源交易中心办理,采购效率进一步提高。

(三)着力保障改善民生。一是不断加大民生投入。始终将保障和改善民生作为财政工作的出发点和落脚点,全省民生支出2076亿元,增长16.6%,占全省财政支出总量的82.7%,努力让全省人民更多更公平地分享经济社会发展成果。二是精心实施民生工程。上半年,全省拨付民生工程资金594.7亿元,占年初计划的81.9%,超出去年同期5.8个百分点。33项民生工程快速推进,发放类项目基本及时足额发放,参保类项目有序开展参保续保工作,工程类项目全面开工建设,建后管养投入力度不断加大,全省各级财政安排管养经费14.8亿元,比上年增加1.7亿元,增长11.5%。三是支持美好乡村建设。全省各级财政投入资金42.4亿元,整合56.2亿元,吸引社会资金24.4亿元,支持中心村规划建设和自然村环境整治。四是统筹社会事业发展。全省各级财政投入335亿元,推动各项教育事业协调发展。支持各地统筹做好高校毕业生、就业困难群体等就业创业工作。扎实推进机关事业单位养老保险和工资制度改革。实施全面深化综合医改试点。启动省以下法院、检察院财物纳入省级统一管理改革工作。在财政收支平衡难度加大的情况下,坚持保障重点、雪中送炭,在支持实施以船为家渔民上岸安居工程、实施精准扶贫、解决"老字号"等困难群体生活问题等方面,办了一批涉及人民群众切身利益的急事难事实事,保障了基本,兜住了底线,促进了公平,增进了民生福祉。

(四)着力加强财政管理。一是加强财政预算管理。3月份启动预算编制工作,6月底市县全部启动预算编制工作,继续清理规范项目支出,完善预算评审论证办法,不断提高预算编制水平。强化财政运行预期管理,狠抓收支动态分析和调度,依法加强税收征管,严格非税收入管理,建立预算工作推进约谈制度,严格控制预算追加,努力做到"预算一年、一年预算"。严控一般性支出,加强"三公"经费管理,全省"三公"经费同比下降16.6%。狠抓审计整改,注重审计成果利用,推动财政预算工作全面提升。二是盘活财政资金资产存量。省级收回结转结余资金9亿元,规范开展省级财政专户资金保值增值,存款利率按人民银行同期基准利率上浮上限执行,累计办理定期存款222亿元,累计组织开展200亿元国库现金运作，合计到期新增利息8.5亿元。组织开展省级社保基金竞争性存储，存放基金87亿元，平均成交利率达5.94%，较一年期定期存款利息净增收益2.53亿元。强化库款资金调度管理，上半年合计调度资金980.8亿元。开展省直事业单位资产使用管理核查，规范资产出租出借、处置及对外投资事项审批管理，强化对行政事业单位国有资产的常态化动态监管。三是加强财政绩效管理。出台《安徽省省级预算绩效管理委托第三方机构评价暂行办法》，全面规范省级预算绩效管理的委托与评价行为。在财政部组织的2014年预算绩效管理工作考核中，我省在36个省、自治区、直辖市和计划单列市中位列第3名，获得优秀等次。四是加强财政监督管理。全面落实《安徽省财政监督条例》，加快财政监督职能调整优化，牵头组织开展全省涉农资金专项整治行动，组织盘活财政存量资金专项检查，加强财政内部控制建设，建立并实施2个内控基本制度和8个内控办法。

（五）着力夯实机关党建。一是扎实开展“三严三实”专题教育。组织召开“三严三实”专题党课报告会，开展专题学习研讨，深入学习习近平总书记系列重要讲话精神，开展厅党组中心组理论学习24次，召开6次政策业务学习专题会议，开展“贴近群众、奉献基层”专题报告会、“廉政风险防控与财政作风建设”专题讲座、“从严治党与机关党组织建设”专题讲座等11个专题理论学习。二是推进法治财政建设。落实《安徽省财政厅党组关于全面推进法治财政建设的实施意见》，出台《安徽省财政厅关于进一步规范财政重大事项决策行为的实施意见》《财政工作推进落实情况约谈制度》，建立健全财政厅权力清单、责任清单、省级涉企收费清单，加强行政复议工作和行政诉讼工作，促进了依法行政、依法理财。三是不断提升财政服务水平。健全对省直预算单位上门服务会商机制，上门服务会商1429次。深入推进城乡基层党组织结对共建，扎实做好帮扶颍东区和“双包”工作。实行对市县财政帮联工作机制，对处室单位和市县（区）财政部门进行政风行风巡查。进一步完善财政工作联系人大代表制度，深入走访人大代表和政协委员，自觉接受人大依法监督、政协民主监督和社会群众监督。四是健全作风建设长效机制。严格落实党风廉政建设的主体责任和监督责任，出台《省财政厅领导班子及处室单位班子成员贯彻中央八项规定精神深入推进作风建设责任清单（试行）》《省财政厅处室单位班子成员贯彻中央八项规定精神深入推进作风建设考核评价办法（试行）》，建立班子和处以上党员干部“三严三实”专题教育和作风建设责任清单工作台账，不断改进财政工作作风。

二、科学分析当前财政经济形势

当前，宏观经济环境依然错综复杂，经济增长仍面临诸多不确定、不稳定因素，财政经济持续稳健运行的基础仍需进一步巩固。对此，我们既要保持清醒头脑、树立底线思维、增强忧患意识，更要坚定发展信心、积极主动应对、破解发展难题，努力保持财政经济持续平稳健康发展的良好势头。

（一）准确把握财政运行态势。上半年，全省财政收入实现“时间过半、任务过半”，预算执行呈现四个显著特点：一是总体平稳。收入增幅高于全国平均。上半年，全省财政总收入增长9.3%，高于全国2.7个百分点；地方财政收入增长9.6%，高于全国地方平均1.3个百分点，增幅居全国第13位、中部第4位。收入完成好于年初预期。上半年财政收入增幅高于年初确定的全年财政收入增长目标0.8个百分点，且二季度财政收入增长12.3%，较一季度回升6.1个百分点，财政收入增幅逐步回稳。工业税收增长11.9%，拉动全省财政收入增长3.7个百分点。二是质量提升。上半年，主体税种增长稳健，收入质量保持中部领先。增值税、营业税、消费税、所得税等主体税种完成1351亿元，增长7.4%，占全省财政收入增量的51.5%，较一季度提高17.9个百分点。全省地方财政收入中税收占比为71.4%，居中部六省第1位。三是保障有力。支出进度持续加快。上半年，全省财政支出超序时进度7.6个百分点，增长16.2%，增幅居全国第7位、中部第2位。根据财政部通报，我省一般公共预算支出进度位列全国第1，综合排名度位列全国第6。重点支出保障有力。全省民生支出增长16.6%，社会保障和就业、城乡社区、教育、医疗卫生与计划生育、交通运输等支出增幅较大。四是呈现分化。从区域看，地区之间不均衡仍然存在。安庆、合肥、滁州、蚌埠、阜阳等5市财政收入增速高于10%，淮南市财政收入下降12.4%。金寨、太和、界首、颍东、长丰等31个县增速高于10%,12个县财政收入下降。从行业看,税收贡献增减互现。石油加工税收增长58.5%,非金属矿、煤炭、房地产、交通运输和批发零售业税收分别下降21.3%、14.6%、12.2%、5.8%和3.2%。从重点企业看,部分企业税收下降幅度较大。统计上报的31家省属国有企业,上半年16家企业税收增长,15家企业税收下降。从总体上看,财政收入下降的地区主要原因是税源结构较为单一,传统能源型行业或房地产企业转型成效尚未显现,煤炭、钢铁等行业不景气,部分地区上年收入中存在一次性因素抬高了基数等。

(二)积极正视经济下行压力。从全国看,GDP连续两个季度,保持在7%。投资增速放缓,房地产、制造业、基础设施投资均下滑至历史较低水平。固定资产投资中技术改造投资部分加快。工业回升的基础不稳固,工业增加值由8%左右回落到6%左右,PPI连续40个月下降,对财政收入影响很大。行业分化态势明显,高技术产业增加值保持快速增长,杠杆率较高与融资难的问题并存,企业盈利能力和财务状况不佳。从我省看,主要经济指标增幅回落。在10大项经济指标中,所有指标增幅都低于去年同期,其中有7项低于一季度增幅,固定资产投资、社会消费品零售总额增速同比回落,PPI连续39个月同比、连续11个月环比下降,反映出市场需求仍然低迷。部分企业经营面临困难。我省的结构调整仍在进行中,主要是老结构转型未到位,新结构成型未到位,新老转换存在“入不敷出”,规模以上工业企业实现利润仅增长2.5%,同比回落10.6个百分点,企业亏损面达11%,企业特别是小微企业资金压力较大。

(三)正确认识财政收支矛盾。从收入看,增速回升基础不稳。全省财政收入增幅较一季度有所回升,但回升的态势还不稳定、面上还不平衡、基础还不巩固。特别是持续实施结构性减税和普遍性降费政策,加之CPI、PPI持续走低,对财政收入影响较大。部分行业减收,一些市县收入负增长,财政收入增长出现分化,财政收入增长基础不牢固。从支出看,刚性支出压力不减。为促进经济增长,省政府出台稳增长20条意见,有15条涉及加大财政投入,含金量非常高,其中,融资担保体系资金20亿元、战略性新兴产业聚集基地建设引导基金20亿元,需要省财政予以保障。同时,在落实“老字号”群体、渔民上岸、保障机关事业单位工资及养老保险制度改革的基础上,下一步推进公车改革、司法体制改革等,都需要增加支出,加之民生支出刚性非常强,财政刚性支出的基数越来越大。从财力看,增量部分非常有限。我省财力主要依靠中央财政,上半年中央财政收入同口径仅增长4.7%,税收收入仅增长3.5%,为2010年以来最低水平。在这种情况下,中央安排的转移支付增量相应减少、增速放缓,对我省争取资金影响较大。同时,全省地方税收收入增长仅为4.9%,较上年同期回落11.9个百分点,新增财力与往年相比继续减少。

(四)坚定完成目标任务信心。分析上半年经济形势,我们既要看到经济下行压力带来的突出问题,又要看到经济稳定增长来之不易的局面。一方面,经济运行中积极因素逐步累积。尽管经济面临较多困难,但我省经济形势和运行态势总体是好的,新的增长点加快孕育、新的增长动力加快形成。特别是随着国家和我省稳增长等调控政策红利持续释放,“一带一路”、长江经济带建设战略加快推进带来的机遇增多,预计下半年经济有望好于上半年,经济的平稳健康发展,将为财政收入增长提供更多的税源和财源。另一方面,财政运行中目标压力逐步缓解。从序时进度看,1—7月份财政总收入增幅达到10.1%,后5个月平均增幅只要达到6%,就能够完成全年财政收入增长8.5%左右的目标。从收入趋势看,全省税收收入有望保持增长态势,非税收入有望保持较快增长。同时,省委、省人大、省政府、省政协高度重视财政工作,近期王学军书记、李锦斌省长在调研过程中对财政工作提出了新的要求和方向,合肥、芜湖、蚌埠等市自我加压、积极作为,将为完成全年预算目标任务作出更大贡献。

总之,年内的财政收支形势非常严峻。各级财政部门要明大势、顾大局,在经济下行压力增加的情况下,多做逆周期的调节,收入目标无法完成的,调整预算,报人大审批;一般情况下不要压支出,既定的支出、合规的支出、应急的支出,该支出的还要支出,但对一些没有效率的支出、不可持续的支出,要坚决压下来。要用好“矛”、守好“盾”,坚持讲政治、讲大局、讲纪律、讲原则,特别是财政部门主要负责同志要以身作则，用一言一行示范引领班子成员和财政干部，进一步营造乐于奉献、吃苦耐劳的财政文化氛围。只要各级财政部门把各自的事情做好，经过全省上下的共同努力，全年财政收支目标任务一定能够完成。

三、深入推进年内财政重点工作

当前，财政工作呈现收支趋稳、运行有效、改革巩固、作风务实的良好局面，成绩来之不易。下一步，全省各级财政部门要按照省委、省政府的决策部署和财政部的工作要求，进一步增强使命意识、危机意识和责任意识，坚持稳中求进、综合平衡、精准发力，确保圆满完成全年财政工作目标任务。

（一）抓紧抓实抓好财政预期管理。新预算法要求财政收入实行预期管理，不作为硬性任务，但这绝不是淡化收入概念。收入预期管理，要客观地建立收入预测机制，全面掌握税源，加强收入科学研判调度，推动建立与相关经济指标变化情况相衔接的考核体系。要加强形势研判。加强财政收入预测，建立财税库银涉税信息交换与共享机制，掌握财政运行的相关数据，为科学分析奠定基础。提高财政收支分析的有效性，善于从全局中看局部、从趋势中看规律，既要看到总量平稳、结构优化的积极因素，更要密切关注经济下行面临的压力和焦点。提高分析针对性，加强对骨干企业、主要行业、重点支出的调查研究，做到点面结合、心中有数。要确保收入质量。始终绷紧收入质量这根弦，对外淡化考核，对内抓好调度，坚持实事求是、依法征收、不收“过头税”，防止虚增财政收入，规范非税收入管理。要重视财源培植。把加强财源建设摆在更加突出的位置，坚持发展第一要务，发挥财政职能，壮大实体经济，支持税源建设，做大财源经济。抓好简政放权，全面落实好结构性减税和普遍性降费政策，依法依规减轻企业负担，为企业发展营造良好的财税环境。要完成预期目标。预期目标增长8.5%左右，这是2015年省政府工作报告明确要实现的主要经济指标之一，是省政府的庄严承诺，更是财政部门义不容辞的责任。要密切关注税制改革对收入的影响，加强收支调度，依法依规完成，有条件的力争多收超收。同时，结合三年滚动财政规划，以对党委政府、财政事业高度负责的态度，科学确定明年收入预期目标，既不要把目标定的过高，也不要一滑到底、听之任之，做到积极稳妥、留有余地。

（二）抓紧抓实抓好积极财政政策。积极创新财政投融资政策、财政金融政策、财政产业基金政策、财政债务政策，努力把各项财政政策用足用活用好。要落实稳增长举措。支持重大项目建设，加快资金拨付进度，杜绝事等钱现象，提高财政支出效益。加强政策性融资担保体系建设，省级将研究完善注资参股政策，市县要积极整合资源加大投入，做大做强政策性融资担保机构，大力推进政银担试点，着力缓解中小企业融资难融资贵问题。跟进落实创新型省份建设“1+8”政策体系，巩固创新创业的“双创”支持政策，以市场化方式支持创业带动就业。全面落实皖北、皖江、大别山革命老区、皖南等各项区域发展政策，支持新型城镇化建设。要落实调结构举措。兑现中小企业开拓国际市场政策，为进一步简政放权、提高效率，我们下移财力，将中小企业开拓国际市场补贴一律改为属地办理，市县财政要按照有关规定合理安排资金，确保政策及时兑现。在落实好促进消费、支持外贸的财政政策的同时，积极调整财政支出结构，创新财政支出方式。在战略性新兴产业基地建设方面，相关市县要整合资金、落实配套，采取贴息、研发补助和股权投资等方式，引导金融资本、社会资本投入。在高新技术产业投资基金方面，省里将加强与全国社保基金、国家开发银行、中国人寿等机构的合作，做大基金规模，并重点参股相关市的战略性新兴产业发展子基金。各地要掌握政策动态，做好政策衔接。在新设产业投资基金方面，财政部已经设立了铁路发展基金、国家集成电路产业投资基金、中小企业发展基金、新兴产业创业引导基金、PPP融资支持基金等九只基金。省财政将积极探索整合涉企类、科技类、农业类、社会事业类等专项资金，研究制定产业投资基金管理办法，吸引带动社会资本加大投入，放大财政资金杠杆作用。各级财政部门要加强政策对接和项目衔接，加强本地区的资金整合和资金运作。要落实促改革举措。通过盘活存量、压减支出、精打细算、调整结构来统筹资金，发挥好财政保障作用，支持其他重点领域改革。对于工资和养老保险制度改革，各地要作为重要政治任务，结合存量资金、预算稳定调节基金，统筹安排足额落实。对于公务用车改革，省里的方案已经批准,8月底全面启动,各市财政部门要主动对接,加强资金测算和保障。对于司法体制上划改革,要高度重视、积极对待,做实基础工作,确保平稳有序过渡。对于教育、卫生等领域改革,要打好提前量,算清改革细账,花钱建机制,保障改革顺利推进。要落实防风险举措。三年来,从摸清家底、探索创新到规范制度,我们持续推进政府性债务管理,计算债务存量,留出债务“天花板”,使债务增量有合理空间,既有效防范了财政金融风险,也极大地支持了地方重点项目建设和专项融资。债务不能一味地追求越大越好,但也不能被动地越小越好,关键是要科学运用好债务、配置好债务资源。各级财政部门要用好用活债券资金,科学统筹安排,通过债券资金保障重点支出、调整支出结构,为明年腾出更多资金用于保障民生和促进发展。推进融资平台公司市场化转型改造,依法支持融资平台转型后的市场化融资,对于赢利水平难以达到市场化融资要求的项目,可以通过补足资本、政府采购、财政补贴等方式,支持其构建稳定的现金流,满足市场化融资条件。依法主动向人大汇报债务资金安排情况,依规分类纳入政府预算管理。

(三)抓紧抓实抓好财税改革落地。要推进税收制度改革。加快推进营改增改革,继续做好营改增试点扩围、试点行业的情况摸底,今年营业税增长比较快,我们要做实营业税,决不能空转。加强水资源费改税工作的调研和摸底,积极做好过渡期政策安排。认真落实国务院国发〔2015〕25号文件要求,对已经出台的优惠政策,有规定期限的,按规定期限执行;没有规定期限又确需调整的,按照把握节奏、确保稳妥的原则设立过渡期,在过渡期内继续执行;继续兑现与企业已签订合同中的优惠政策,在此基础上,创新政策管理,提高管理水平。要深化预算管理制度改革。实施中期财政规划,有条件的市县要全面推开,不具备条件的市县要积极试点编制。深化“开门办预算”,从2016年预算编制开始,各级财政部门都要进行预算公开评审论证,省级财政要从重点项目向支出政策和部门整体支出预算拓展,市县财政要及时全面启动,提高预算安排的透明度和科学性。完善转移支付制度。省政府明确要求加快转移支付制度改革,提高一般性转移支付占比,增加对革命老区、贫困地区的转移支付。省级将建立专项资金管理清单制度。市县财政要进一步加强转移支付管理,做好项目选择和资金管理工作,清理整合规范专项资金项目,推进专项资金的规范管理。加强财政资金统筹。围绕化“零钱”为“整钱”,变“死钱”为“活钱”,着力解决财力分散分割问题。要整合专项,不同性质、不同预算体系的专项资金,统一流程、统一编制、统筹考虑、整合使用。要盘活存量,包括盘活资金的存量、资产的存量、资源的存量、项目的存量、预算单位的存量、乡镇财政的存量、财政供养人员的存量等等,全面清理财政专户,规范预算周转金和预算稳定调节基金管理,加强统筹使用,促进财政资金优化配置。要完善国有资本经营预算制度改革。推进统一规范管理,实现国有资本经营预算全覆盖,并提高国有资本收益收取比例。严格国有资本经营预算收支管理,加大国有资本经营预算调入一般公共预算的力度,强化国有资本经营预算支出绩效评价,推进国有资本收益更多用于保障和改善民生。要推进农村“三资”管理改革。加强涉农资金监管,千方百计发展壮大村级集体经济,结合创建服务型财政所、落实乡镇财政“三个清单”制度等工作,发挥好乡镇财政的桥梁纽带作用。市县财政部门要与乡镇财政部门结对子,下移管理、下移调研、下移力量、下移指导,及时了解乡镇财政的收支状况、管理状况、作风状况和效能状况,及时帮助解决乡镇财政在实际工作中的矛盾和问题。乡镇财政部门要克服困难、自我加压、担当作为,积极汇报情况、反映问题、提出建议,更好地发挥一线服务、一线监管的作用。要支持社会力量办事业改革。创新财政投入方式,积极探索建立公办民营、民办公助等模式,支持社会力量兴办教育、医疗、养老、体育健身、文化旅游等事业,做到因地制宜、分类指导,满足不同层次、不同方面人群的需求。

(四)抓紧抓实抓好财政牵头工作。要扎实推进33项民生工程。今年省委、省政府确定的33项民生工程要不折不扣地落实到位,在资金拨付上加快进度,在项目实施上加快推进,并在执行过程中进一步加大对民生工程项目建后管养机制的探索,将民生工程项目实施与管护结合起来,落实好民生工程、民生项目的各级责任制,层层压实责任,确保全年任务的圆满完成。以省人大、省政协巡视民生工程为契机，认真梳理总结“十二五”民生工程实施情况，建立问题导向，坚持实事求是，列出问题清单。结合2016年财政预算编制、中期财政规划和“十三五”财政规划，立足当前、着眼长远，保障基本、雪中送炭，抓紧谋划2016年民生工程项目方案及“十三五”民生工程规划，把有限财力用到刀刃上，多做打基础、利长远、建机制的事情。要用准用实用好PPP模式。加快PPP示范项目建设，防止观望等待，加强业务指导和业务支持，强化项目督导，保证项目严格按照规范流程实施，着力形成能复制、可推广的案例，发挥好示范效应。加快PPP模式推广，推广运用PPP必须考虑财政未来的承受能力，要从中长期和可持续发展项目生命全周期的角度考虑，将项目风险纳入中期财政综合管理制度，防止一哄而上，增强风险意识、契约意识，严格筛选适合采取PPP模式的项目，提高项目决策的科学性，避免项目走偏和变异。要巩固完善用好“涉企系统”管理。全面开展“回头看”，认真梳理“涉企系统”应用中存在的问题，区别对待，分类研究和解决，进一步完善、巩固和深化系统建设及应用，建立更加规范、公平、快捷的涉企资金信息化监管平台。进一步落实项目主管部门、市县财政部门的主体责任，市县要按照涉企资金全口径录入要求加快数据录入，厅相关处室要加强对录入情况的监督检查，确保用于涉企项目的资金一律纳入系统管理，切块资金申报项目全部通过“涉企系统”进行归集、比对和审核。要加大对预警项目现场审核比例，重大、典型异常项目必须进行现场核实。审核上报的项目必须经主管部门主要负责人签字确认，并向同级财政部门出具书面核准意见。要定期做好数据统计和分析研判，化数据资源为管理资源，为预算编制、预算管理、预算改革服务。要深化涉农资金专项整治。目前，专项整治行动已经进入整改落实和全面总结阶段。各地要对此次专项整治行动中检查发现的问题进行全面梳理，深入分析原因，切实加以整改，建立整改台账，整改一个，销号一个，确保问题整改落实到位。要按照省纪委《关于开展查处发生在群众身边“四风”和腐败问题专项整治工作的实施意见》的有关要求，深入开展涉农资金专项检查和整治工作，加大涉农资金管理使用中违规违纪问题查处力度。要认真总结基层创造的典型经验，提炼形成一批精准管用的管理制度，积极调整完善资金管理分配办法，创新涉农资金监管方式，加快建立涉农资金监管长效机制。另外要强调的是，目前，财政部正在推进农业补贴“三合一”改革和农业信贷担保体系改革，农业补贴“三合一”改革的6个试点县要做好前期准备，非试点县要全面掌握农村确权土地第一手资料，为明年在全省推开改革夯实基础；要充分发挥农业信贷担保体系政策作用，解决好农业新型经营主体融资难问题。

（五）抓紧抓实抓好“十三五”财政规划编制工作。要认真领会精神要义。习近平总书记在华东七省市党委主要负责同志座谈会上，明确提出“十三五”时期要在“十个方面”取得新突破。7月30日，中央政治局专题研究了国家“十三五”规划编制工作，习近平总书记作了重要指示。王学军书记在省委九届十三次全会上，强调我省“十三五”规划编制工作要在“六个战略重点”基础上、把握好“五个重大问题”。各级财政部门要认真学习贯彻，切实把中央和省委、省政府要求充分体现在“十三五”财政规划编制工作中。要准确把握任务目标。突出问题导向、突出战略谋划、突出政策取向、突出工作重点，围绕“四个全面”战略布局，深入研究财政改革发展面临的形势和任务，找准财政事业发展中的突出矛盾和重大问题，重点加强对长期性、总体性、战略性重大问题的梳理分析研究，突破思维定式，提出切实可行的目标、任务和具体措施。财政“十三五”改革发展的指标体系及各项指标数据的设立，要充分考虑财政的支撑能力，既保证财政收支健康运行，又体现财政法治性、凸显财政公共性，确保财政中长期可持续，从而更好地发挥财政在淘汰过剩产能、推动结构调整、增强创新驱动、优化能源结构、解决环境污染、提升资源环境承载力、促进社会公平等方面的作用。要建立健全工作机制。编制“十三五”财政规划责任重大、任务艰巨。财政厅专门成立了领导小组，下设办公室，精心组织实施规划编制工作。各地也要成立组织，加强领导，协调好财政部门与相关部门之间、财政内部各单位之间的关系。编制过程中，要注重与全省经济社会发展“十三五”规划的衔接，与全国、全省财政“十三五”规划的衔接，与中期财政规划、部门发展规划的衔接，增强规划之间的协调性、统一性、持续性,不断完善本地区的财政“十三五”规划。在时间上要把握好进度,抓紧从研究谋划状态进入到文本编制阶段,进一步细化编制任务和时间节点,提前做好论证、评审等具体环节的工作安排,抓好工作调度,确保按时完成规划编制任务。

(六)抓紧抓实抓好财政系统建设。要以“三严三实”专题教育夯实财政党建。把开展“三严三实”专题教育作为深化财政机关党建的重要抓手,坚持领导带头、以上率下,市县财政部门要将专题教育向中层以上干部延伸、向科(股)室延伸,认真落实王学军书记提出的“三聚焦、三查找、三确保”要求,围绕“严以修身”、“严以律己”、“严以用权”三大专题,树立问题导向、改革导向、绩效导向、服务导向,深入组织开展学习研讨,认真开展专题民主生活会与组织生活会,深入细致地查摆“不严不实”的具体表现,列出问题清单,逐项整改落实,切实做到见人、见事、见问题、见举措、见成效。要以强化遵规守纪约束理财行为。始终与以习近平为总书记的党中央保持高度一致,全面贯彻省委、省政府决策部署,认真落实财政部的工作要求,自觉执行厅党组的各项规定,做到心中有党、心中有民、心中有责、心中有戒。严格执行中央八项规定和省委、省政府三十条规定,严格执行财政反腐倡廉建设联络员机制和行风巡查工作机制,落实好党风廉政建设的主体责任和监督责任。高度重视财政法治建设,树立法治财政的文化理念,形成法治财政的文化自觉,带头尊法学法守法用法,增强运用法治思维和法治方式推动工作的能力,促进依法行政依法理财。要以内部控制体系建设规范权力运行。目前,财政厅已经根据财政部的部署要求,初步建立了内部控制制度体系,构建了内部组织架构,内控机制平稳有序启动运行,干部职工内控意识普遍提高,内控理念得到进一步推广。市县财政部门要进一步深化认识、加大力度,制定内控操作规程,进一步厘清、细化各个岗位的边界,严格财政业务流程控制,实现逐级授权、全面分权、公开用权,建立健全定期梳理制度、问题导向制度、点面结合制度、环节检查制度,全面加强财政业务约束和过程监督。需要强调的是,各级财政部门要更加重视财政监督工作,统筹财政监督的力量,调动各科(股)室共同参与中心监督任务、专项监督任务和既定监督任务,实行监督分级负责制,最大限度地降低财政监督的人力成本、财务成本和时间成本。要以提升服务水平体现作风改进。充分认识人大代表对财政工作的极端重要性,自觉树立人大意识和人大代表意识,在预决算审查过程中,在日常财政工作过程中,常态化、网格化地建立与人大代表的沟通联系,主动接受人大代表的依法监督。继续强化部门会商,总结创新完善结对共建,扎实开展“双包”定点帮扶,建立健全作风建设长效机制。把服务发展和民生、服务基层和群众作为改进工作作风的根本要求,严格执行预算工作、民生工程工作等推进落实情况约谈制度,严格落实各项工作、各项管理、各项任务的责任,层层压实主体责任、牵头责任、直接责任,加大专项督查、重点督查、整体督查和专项问责、重点问责、整体问责力度,确保各项财政工作有部署、有责任、有检查、有落实。

同志们,做好年内财政工作,标准更高、要求更严,任务艰巨、使命光荣。让我们深入学习贯彻习近平总书记系列重要讲话精神,在省委、省政府的坚强领导下,在省人大的依法监督下,凝聚全省财政系统广大干部的智慧和力量,勇于担当,奋力作为,以过硬作风和良好状态,从严从实做好下半年各项财政工作,为打造三个强省、建设美好安徽作出积极贡献!

在2015年财政领导干部岗位培训班上的讲话

省财政厅党组书记、厅长 罗建国

(2015年7月4日,根据录音整理)

同志们:

今年以来,在省委省政府的领导下、在财政部的支持和帮助下,全省各级财政部门攻坚克难、锐意进取,齐心协力、团结拼搏,财政改革、重点保障、系统管理等各项财政工作实现了预定的目标,取得了较好的成绩。上半年,全省财政收入完成2140亿元,增长9.3%,其中,地方财政收入完成1336亿元,增长9.6%,全省财政支出完成2511亿元,增长16.2%,全省财政预期管理保持在合理区间,各地财政收支运行企稳向好。

在看到成绩的同时，大家要清醒地认识到宏观经济环境依然复杂多变，改革发展任务依然艰巨繁重，财政事业发展仍然存在不少困难和问题，做好下半年财政工作对完成“十二五”目标任务、实现“十三五”良好开局至关重要。对此，我们要高度重视、居安思危，不断增强政治意识、大局意识和责任意识，进一步适应经济发展新常态，坚持稳中求进工作总基调，充分发挥财政职能作用，全面加快财政改革步伐，着力保障改善民生，全力促进经济持续健康发展和社会和谐稳定。

根据全省财政干部教育培训计划和年度工作安排，这次专门利用周末时间，把 16 个市、105 个县（市、区）财政部门主要负责同志和厅机关单位负责同志召集起来，集中进行学习培训。厅党组对这次培训高度重视，围绕加快财税体制改革、加强财政内部控制监督和全面加强政府性债务管理，精心挑选 7 个专题，涵盖财政重点业务、财政重点工作、财政重点改革方方面面。培训是我们在职在岗学习的重要方式，大家要把这次岗位培训作为提升工作领导谋划、推进和落实能力的重要举措，坚持边培训边梳理、边总结边谋划，认真“回头看”上半年工作，总结成绩，查找不足，全面思考下一步工作打算。同时，大家要结合培训内容，相互交流探讨，相互学习借鉴，相互启迪提高。

下面，就财政领导干部学习问题，交流几点想法，供大家参考。

一、在理论政策学习中强化财政政治定力

财政部门是经济综合部门，同时也是典型的业务部门、典型的专业部门，财政工作涉及经济、管理、财务、会计等专业，政策性强、专业性强、业务性强，广大财政干部一定要有强烈的政治意识和政策意识、业务意识和学习意识，要知道需要学习什么、弄明白什么、理清楚什么、解决什么问题，千万不能应付了事，必须大力弘扬理论联系实际的良好学风，紧密联系财政工作实际，联系干部思想实际，真正用科学系统的理论体系武装头脑、指导实践，做到学以致用、用以促学、学用相长。特别是财政部门主要领导一定要注重在理论政策学习中强化政治定力，不断加强自身政治素质建设、综合素质建设和社会素质建设，准确把握财政队伍方向，坚定财政工作的信心和决心，凝聚起推动财政改革发展的强大力量。

一要始终坚定理想信念。坚定马克思主义的信念信仰，坚定共产主义的远大理想和中国特色社会主义的共同理想，深入学习马克思列宁主义、毛泽东思想，深入学习中国特色社会主义理论体系，认真学习习近平总书记系列重要讲话和党的十八大、十八届三中、四中全会精神，努力掌握贯穿其中的马克思主义基本立场、观点、方法，不断改造主观世界，从思想深处解决好信仰信念问题，坚定中国特色社会主义道路自信、理论自信、制度自信。

二要始终坚持绝对忠诚。广大财政干部特别是财政部门主要领导一定要在第一时间明大势、谋大局，坚持在理财、管理和服务中认真学习中央对政治、经济、社会、管理、治理等一系列规定和要求，经常学习和遵守党章，牢记党员义务和权利，严格按照党员的标准要求自己，切实做到心中有党、心中有民、心中有责、心中有戒，切实做到在财政言财政、在财政忧财政、在财政为财政。牢固树立正确的世界观、人生观、价值观，自觉地贯彻省委、省政府部署，按照习近平总书记的谆谆教诲，做政治的明白人、发展的开路人、群众的贴心人和班子的带头人。前不久，李锦斌代省长在部署财政工作时提出三点要求，“高度重视财源的培植，做到无大事、要事、急事一般不追加预算，适时及时拨付财政资金”，各级财政部门要认真学习领会，抓好贯彻落实。

三要始终坚守为民宗旨。全面学习党的群众路线方针政策，巩固党的群众路线教育实践活动成果，牢固树立马克思主义群众观点，将群众路线扎根于思想深处，把人民群众放在心中最高位置，坚决避免财政部门为少数人理财、为团团伙伙理财等不法行为，始终把为民理财作为财政工作的出发点和落脚点，增强财政民生情怀，聚合财政民生的保障力量，建立财政民生的长效机制，促进财政民生的任务完成，切实管好用好纳税人的每一分钱，让改革发展成果更多更公平地惠及人民群众。

二、在业务创新学习中强化财政工作本领

随着经济社会步入新常态，财政业务日新月异，财政改革任务繁重，财政发展刻不容缓，财政工作面临着很多新的要求，财政业务也迎来了更多新的挑战。当前，财政部门不仅要原原本本地抓好传统财政业务的推进，还要坚持“走出去”和“请进来”相结合，加强业务创新学习，拓展业务内涵，扩展业务外延，与时俱进地改造提升传统财政业务，不断地增强财政干部依法理财、民主理财、科学理财的能力和水平。4月30日，习近平总书记在中共中央政治局会议上提出，各级领导干部要摆脱旧的路径依赖，掌握认识发展趋势和准确分析经济形势、营造良好市场环境、发现和使用经济人才、保护产权和知识产权、维护社会公平正义等新的本领，为财政部门加强业务创新学习，强化财政工作本领提供了重要的遵循，必须牢牢把握，不断探索，完善提升。

这里，我就目前情况大致把财政业务工作创新总结为八大类二十八项，内容多，变化快，困难大，标准高，要求急。

一是预算管理。主要包括预算预期管理、预算中期管理、预算绩效管理、预算公开管理、国库支付管理、资产负债管理、转移支付管理、盘活存量管理、资产管理和“金财工程”管理等内容。关于预算公开管理。预算公开管理不仅仅是简单意义上的预决算信息公开，还涉及预算政策、预算过程、预算决策等公开理念的问题，目前我们才做到第一步。关于转移支付管理。转移支付管理还要继续清理，继续整合，继续改革。关于盘活存量管理。盘活存量管理是长期的，涉及财政职能的人、事、资产、资源、资金、项目等问题都要盘活存量，每个阶段、每个地区、每个行业系统、每个部门单位、每个环节层级都要盘活存量。前不久，省里统计各地盘活存量情况，有的地方上报盘活存量是零，里面肯定有问题，这就说明我们工作还存在薄弱点，还面临“灯下黑”，各地回去以后要再梳理、再检查、再报告。关于“金财工程”管理。“金财工程”管理直接支撑着整个预算管理，必须要加强管理创新。

二是社会保障管理。主要包括行政事业单位工资及社会保障制度改革管理、乡镇人员津补贴管理和公立医院改革管理等内容。这3项改革涉及方方面面利益，非常复杂，各级财政部门要全力保障，同时要坚持改革为先，积极应对，稳步推进。

三是财政金融债券融资管理。这是财政部门新拓展的一项工作，主要包括融资担保管理、农村商业银行管理、政府融资管理、PPP模式管理等内容。关于融资担保管理。省财政近年来加大投入，筹措安排资金充实县域政策性担保机构国有资本金，取得了积极成效，但对注资管理办法还要进一步完善创新，财政厅金融处和省担保集团正在研究将省财政对市级资金改为市级对下注资，让担保资金更快更活更充分有效流动起来，使之更多地向放大倍数高的担保机构倾斜，发挥市县联盟作用，促进担保机构做大做优做活做强，更好地服务小微企业和实体经济。关于农村商业银行管理。目前，全省83家农村商业银行改制全部完成，有些商业银行还存在一些不良资产，需要用改革的办法去消化。市县财政部门要加强对同级商业银行年薪管理，支持其科学健康发展，成为服务当地经济发展的金融生力军。关于政府融资管理。目前，经济发展政策在进行阶段性调整，棚改融资等政府融资政策也在加快推进，各地要积极适应，做好对接，及时跟进。关于PPP模式管理。PPP模式是改革，是发展，也是财政重要的杠杆，各地推进PPP模式试点一定要坚持有效益可持续，科学规范，不可持续的坚决不搞。

四是财政产业帮扶管理。主要包括战略性新兴产业集聚发展基地建设、文化产业扶持、科技创新、涉企项目资金管理信息系统管理等内容。对战略性新兴产业集聚发展基地建设资金如何使用、如何整合、产业税收如何形成、如何推动新兴产业和传统产业结合、首位度产业和资金投入结合、股权变动和国企改革相结合等问题，财政部门要积极参与，了解掌握，研究提出意见。关于文化产业扶持。目前，各地都有自己的特色文化产业，文化产业资金量较大，大多还是沿用传统管理模式，市县财政部门直接参与项目管理，必须要明确与业务主管部门的责任，承担应有责任。关于涉企项目资金管理信息系统管理。去年以来，“涉企系统”已经取得了预定目标，近期，我们将进一步总结。各地要继续把“涉企系统”建设作为财政工作的“一号工程”来抓，注重发挥系统数据集聚优势，对涉企资金的设立、使用、整合和退出等进行分析研判和科学评估，提高财政资金使用的规范性、公平性、公正性和效益性。

五是民生及民生工程。主要包括民生及民生工程、精准扶贫等内容。关于民生及民生工程。各地要围绕“学有所教、劳有所得、病有所医、老有所养、住有所居及农业基础设施”等方面，按照“突出重点、持续推进，尽力而为、量力而行，落实责任、提质增效”的原则，扎实推进33项民生工程实施，对中央出台和省委省政府部署一些重要的民生领域改革政策，需要下好先手棋、打好主动战，积极做好先期摸底、测算、调研等工作，及时统筹安排资金。关于精准扶贫。6月18日，习近平总书记在贵州部分省区市党委主要负责同志座谈会上提出，要在精准扶贫、精准脱贫上下更大功夫。最近，李锦斌代省长专门召开了大别山及皖北扶贫开发工作座谈会，对精准扶贫工作作出了部署安排，同时决定实施光伏扶贫战略，这些最终还是要靠市县去落实，各地财政部门特别是主要领导，一定要掌握扶贫开发的现状、难点、重点、举措，在财政政策、财政项目、财政管理、财政改革更加细化、实化、深化，更好地促进精准扶贫。

六是村级财政财务管理。现在，从中央到地方，都非常重视村级基层组织建设，最近，中央召开了村级组织建设工作会议，省市都召开了贯彻落实会议，提出了明确要求。各级财政部门要从讲政治的高度认识这项工作，加强对村级资金的统筹和投入，切实保障村干部工资正常发放和村级组织有效运转。

七是乡镇财政管理和“三资”管理。主要包括乡镇财政管理和“三资”管理等内容。关于乡镇财政管理。今年，潜山县率先建立的乡镇财政“权力清单、责任清单、服务清单”制度，为各地加强乡镇财政管理提供了宝贵经验。省厅在总结提炼潜山县工作经验的基础上，向各市县区印发了通知，决定在全省推动建立乡镇财政“权力清单、责任清单、服务清单”制度，各地要抓好贯彻执行，不断促进乡镇财政管理水平提升。关于“三资”管理。在调研中发现，有些地方“三资”管理权限还在农经部门，这与省里的要求是相违背的，各地要认真对照排查，按照省里文件规定，将“三资”管理纳入到乡镇财政所统一管理，依靠和发挥乡镇领导建立包村管理责任机制，让乡镇领导全程参与村集体设施建设、运行和维护，并定期不定期地召开村民理财小组会议，着力提高村级财务监管水平。

八是“十三五”财政规划。规划就是举措、政策、项目，市里有市里的规划，县里有县里的规划，各地在编制规划时，要算政治账、经济账、社会账，注重科学配置和充分激活各类发展资源要素，从解决经济社会发展的突出矛盾和问题入手，充分考虑财力现状，兼顾当前与长远、需要与可能，尽力而为，量力而行，积极作为，切实把钱用在刀刃上，多做打基础、利长远、建机制的事情。

三、在制度规定学习中强化财政规矩纪律

没有规矩，不成方圆。制度是大家共同遵守的办事规程或行为准则，纪律是维护集体利益并保证工作进行而必须遵守的规章和条文。财政部门是政府的重要组成部门，必须讲政治、讲规矩、讲原则，才能确保财政工作始终在正确的方向上前行。财政领导干部一定要带头强化政治意识、大局意识、责任意识，严格执行铁一般的政治纪律、组织纪律和财经纪律，在推进财政规矩建设、制度建设和纪律建设中作表率。

一要严格遵守政治规矩和组织纪律。“严明政治纪律和政治规矩”是习近平总书记始终强调的，并明确提出了遵守政治纪律和政治规矩的“五个必须”要求。全省财政部门历来重视思想政治建设，注重严明政治纪律、组织纪律和工作纪律。当前，经济步入新常态，财政改革发展面临新形势、新标准、新任务、新要求，更要强化政治意识、担当意识，始终坚持党基本理论、基本路线、基本纲领、基本经验、基本要求，坚定不移贯彻党的路线方针政策，坚决反对“7个有之”问题，严守党的政治纪律和政治规矩，在思想上政治上行动上同以习近平同志为总书记的党中央保持高度一致，认真贯彻落实省委、省政府的决策部署，全面落实财政部和财政厅党组的工作要求。要严格遵守党的政治制度、组织制度，落实民主集中制原则，坚持少数服从多数、下级服从上级、个人服从集体、全党服从中央。虽然当前实行省直管县的财政管理模式，但这仅仅是财政业务上的，市财政和县财政要加强上下联动，重要事项县财政要及时向市财政报告，市财政要加强对市县财政工作的统筹指导，对市辖范围内的重要财政事项要及时向省厅报告，从而实现财政工作的上下步调一致、齐头并进。

二要宣传贯彻法律法规和财经纪律。今年是依法治国、依法治省的元年。年初，财政厅出台了《关于全面推进法治财政建设的实施意见》，并形成了重要举措分工方案，细化了任务、明确了责任。全省财政部门要按照省委省政府的决策部署，大力弘扬宪法精神，坚决维护《预算法》等法律法规的权威，宣传贯彻好财经法律法规，严肃执行好各项财经纪律，努力建设法治财政，确保财政权力

运行规范透明、财政行政执法公正文明,依法全面履行财政职能。要高度重视财政立法、普法、执法等工作,切实将财政部门在普法、执法等工作中的作用、亮点和经验展示出来,争取人大更多的指导和支持。要不断强化法治意识和人大意识,真正地相信和依靠人大及人大代表,加强与人大代表的联系和沟通,营造更加优良的法治环境。

三要建立健全并认真执行财政制度。财政制度是财政管理的基础和依据。财政制度有对内的、也有对外的,有综合性的、有单一性的,有管长远的、有管阶段的。财政厅历来高度重视财政制度建设,2012 年、2013 年、2014 年分别制定完善 175 项、201 项、209 项制度,今年以来又制定完善了 60 多项制度,市县财政部门也都比较重视财政制度建设,有力地提升了全省财政管理水平。当前,要严格落实《预算法》等法律规章确立的原则,定期开展制度建设“回头看”,围绕重点领域和关键环节,坚持问题导向,查找薄弱环节,补缺补差,不断建立健全财政制度,做到每项财政政策、每笔财政资金、每项财政工作都有制度安排、管理跟进、责任落实,切实做到财政制度的广覆盖、网格状、全天候。

四要全面落实八项规定等廉政纪律。八项规定既是对人的要求也是对事的要求,既是对财政工作的要求也是对财政干部自身廉政的要求。近期,省委常委会出台加强省委常委会自身建设规定,为全省党员领导干部落实中央八项规定做出了示范、提出了要求,财政厅党组也将出台加强党组自身建设规定,并做到以上率下。财政部门既是落实八项规定的践行者、参与者,也是推动者。财政部门要坚持打铁自身硬,带头在财政部门内部、在财政工作范围内将中央八项规定和省委省政府“三十条”要求落到实处,推动预算部门和基层财政部门将各项规定要求落到实处。财政厅已经建立起落实中央八项规定的定期通报、走访巡查和惩戒问责机制。在此,我再次重申,任何时候、任何事情、任何地方、任何人都不允许打着财政厅党组、财政厅处室单位和财政干部的旗号找市县办事,能办也不要办,不能办的更不要办,并第一时间向厅党组和当事人报告。市县财政部门主要负责同志,也要对局里班子和干部提出具体化、制度化、常态化要求,共同打造廉洁财政。

四、在政务事务学习中强化财政系统建设

财政部门既是综合部门,又是业务部门,也是前沿部门。各项财政工作对财政政务事务服务都提出高标准、严要求。当前,全省财政部门认真贯彻省委决策部署,全面扎实开展“三严三实”专题教育。财政部门的领导干部要充分利用这次契机,要在坚持上下同心、同频共振,强化思想政治学习教育的同时,更加注重财政系统互动联动,强化对政务、事务、服务等方面经验做法的交流和借鉴,不断提高财政工作水平和财政部门形象。

一要有优良的流程和基础管理。优良的工作规则和流程是财政工作安全、顺畅、有序的基础。当前,财政改革逐步深化、财政业务日新月异、财政政策纷繁复杂,要根据财政改革发展新形势、新要求,坚持立足实际、与时俱进,加强财政工作流程再造。需要强调的是,财政信息化是财政工作流程再造的基础和条件,在财政科学化、精细化管理中起到支撑性和决定性作用。“金财工程”虽然取得了一定的成绩,但也面临一些新的问题和任务。我们要坚持发展的眼光、改革的思路、市场的方向,树立云计算和大数据理念,更加重视财政信息化工作,市县财政部门主要负责同志要亲自过问、亲自谋划,厅里既要加大对市县的指导,又不能“包打天下”;市县既要保持同步,又要结合实际推进;牵头处室单位(科室)要履职尽责、统筹协调,处室单位(科室)之间要加强协作、整合和持续,做深做细做好全省财政信息化工作。

二要有优良的干部和政治生态。能否做好财政工作,取决于财政干部,决定于优良的政治生态。我们要始终坚持“好干部标准”,把信念坚定、为民服务、勤政务实、敢于担当、清正廉洁的财政干部选出去、用起来。要在干部选拔任用上切实做到五湖四海、任人唯贤,引导财政干部争做忠诚、干净、担当的好干部。6 月 29 日《人民日报》的人民论坛栏目,刊发了一篇题为《“病天下”与“病一人”》的评论文章。借《史记》中尧禅让舜的典故,道出了尧选人用人中“不使天下人受害而只让一人得利”的境界,也进一步阐释了习近平总书记选人用人的思想。选好人、用对人对营造良好的政治生态起到关键作用。作为财政领导干部,要择岗为人,不能择人为岗,营造清风气正、和谐顺畅的政治环境和工作氛围。

三要有优良的效率和工作效能。近年来,全省财政部门高度重视效能建设和文明创建,下了很大功夫,创新很多举措,也取得了一定的成绩。财政厅连续两届获得“全国文明单位”,在省直机关效能建设考核中位居前列,市县财政部门也取得了很多令人鼓舞的成绩。同时,成绩只代表过去和暂时,不代表将来和永远。我们要居安思危、防患未然,在抓细抓小抓早上见举措、见责任、见成效。财政厅建立了厅领导、人教处、机关党委、监察室四位一体的走访巡查机制,厅效能办定期不定期加强明察暗访,对违反效能规定的坚持发现一起、严惩一起,强化惩戒和问责,压实处室单位的主体责任和干部个人的具体责任,不姑息手软、不搞例外。市县财政部门也要总结宣传经验、查找不足和薄弱,教育和引导干部进一步提高工作效率、提升工作效能。

四要有优良的政风和干部作风。财政的政风和作风,不仅仅取决于财政厅,更取决于市县财政部门。在党的群众路线教育实践活动中,财政厅的经验做法和取得的实效得到了省委、省委活动办肯定。今年4月底以来开展的“三严三实”专题教育,厅党组高度重视,第一时间传达学习贯彻中央和省委决策部署,第一时间研究制定财政厅专题教育实施方案,第一时间组织召开“三严三实”专题党课报告会,紧密结合财政厅机关党建实际、重点工作实际、队伍建设实际、作风建设实际、廉政建设实际,牢固树立问题导向、改革导向、绩效导向、服务导向,扎实推进“三严三实”专题学习研讨等专题教育各项工作,切实做到见人、见事、见问题、见举措、见成效,得到了省委组织部调研督查组的肯定和表扬。在2014年度政风行风评议中,财政厅在综合管理和服务类中获得第二名的好成绩,这是在财政部门过去的基础上,在座各位同志和全省财政系统广大干部共同努力的结果。我们要倍加珍惜、一如既往、再接再厉,有力有序有效开展专题教育,巩固和拓展教育实践活动成果,认真排查发生在群众身边“四风”和腐败问题,列出任务清单,建立工作台账,持续改进全省财政部门整体作风。

五要有优良的宣传和社会舆论。财政部门的社会舆论与财政工作效率、效能、效果,与财政的政风、行风、作风,与财政干部、环境和生态都是相互关联的有机整体。在当前作风、效能、廉政等方面的严格态势下,全省财政部门在做好自身工作的同时,还要积极弘扬正能量、传递好声音,为全省财政工作增光添彩。财政厅联系着市县,市县也联系着财政,全省财政系统就是一个重要的大家庭,省市县乃至乡镇财政工作落实、财政事业发展、财政干部成长,常常相互牵挂联结着,一枝一叶总关情。岗位就是责任。作为财政领导干部,担子很重,责任很大,要看轻权力,要看重责任,淡化权力,抓牢并夯实责任,时刻做到居安思危,时刻坚持问题导向,举一反三,强化管理,扎紧制度笼子,真正做到守土有责、守土负责、守土尽责。要强化财政宣传和政务公开,自觉接受人大依法监督、政协民主监督和社会舆论监督,倒逼财政改革和财政管理,不断推动财政工作整体向前迈进。

刚才,我从加强理论政策、业务创新、制度规定、政务事务等四个方面,谈了当前财政领导干部需要把握学习的方向、内容和应有的方法。对于如何达到更好的学习效果,我认为要做到:抓学习的谋划。结合财政重点工作任务和专项工作推进,结合正在开展的“三严三实”专题教育,结合党组中心组理论学习,纳入到对省委、省政府决策部署以及当地党委政府工作要求的传达学习中,纳入到财政全局性工作推进中,纳入到财政干部经常性学习教育和工作实践中,分级分类分层,科学谋划、因材施教。抓学习的创新。方法体现思维水平,影响学习成效。要创新学习的方式方法,采取集中和分散、集体和个人、党组和支部、综合和专题、总结和比较等多种学习方式,强化多角度、多维度、立体式学习,做到学思结合、学研结合、学用结合,举一反三,活学活用。抓学习的效果。学习的最终目的在于学以致用、用以促学、学用相长。要坚持一切从实际出发,将学习贯穿于财政改革发展之中,在学习中坚定政治立场,在学习中明大势、谋大局,在学习中提高解决问题的能力水平,在学习中提升干部综合素质,在学习中推动完成财政事业发展中的重点任务和改革任务,避免和杜绝学习上的形式主义。抓学习的责任。认识强化学习的责任,细化分解学习的责任,强化党组的领导责任、处室单位(科室)的主体责任和干部的直接责任,督促落实学习的责任,总结完善学习的责任,用责任的落实推动学习的落实。

做好年内的工作,时间紧、任务重。各级财政部门一定要按照年初的财政重点工作安排，倒排时间进度,加快工作节奏,加大工作力度,推动各项财政工作落实到位。七月上旬,省委、省政府将开展重点目标任务落实情况督查。近期,财政厅也将由厅领导带队,组成八个调研组到各市调研。市县财政部门要全面开展重点工作"回头看",围绕稳增长、促改革、调结构、惠民生、防风险等政策落实、财政重点改革等工作,全面总结梳理,及时补缺补差,确保全年各项目标任务圆满完成。

一要抓问题促改革。问题就是实际、就是方向、就是"有的放矢"的靶子,各级财政干部要始终坚持问题导向,把发现问题、剖析问题、解决问题作为出发点和落脚点,着力推动财政改革发展。要增强问题意识,切实把问题意识融入到思想上、认识上、作风上和工作中,敢于把一些问题找出来、指出来,善于找准问题,明晰症结所在,及时、动态地梳理工作中存在的不足和薄弱环节，查找各个类别、各个层级的薄弱点、矛盾点。李克强总理对当前经济工作提出八个最新判断中明确指出,危机之时往往是改革之机。当前,经济新常态下,财政工作面临新的困难,市县财政要克服依赖思想,积极向改革要动力、向市场要红利,针对改革中梳理发现的问题,细化工作举措、落实改革责任,抓住关键环节,在解决问题中推进改革,提高改革的针对性和实效性。

二要抓统筹促结合。牢固树立统筹结合的观念和工作理念,立足各地财政实际,找准结合点,变被动为主动,变单打独斗为协同作战,做到与预算部门、财政系统同心同向、同步同行。近期,国务院出台《推进财政资金统筹使用方案》,明确推进财政资金统筹使用,避免资金使用"碎片化",盘活各领域"沉睡"的财政资金,统筹用于发展急需的重点领域和优先保障民生支出，增加资金有效供给。要切实将有关要求贯彻落实到财政改革发展实践中,加强资金统筹、存量统筹、项目统筹、政策统筹、管理统筹、预期统筹。

三要抓作风促安全。坚持率先垂范、以上率下,认真践行好干部标准和"三严三实"要求,驰而不息地推进作风建设。要紧紧抓住党建工作这个牛鼻子，坚持党建工作与财政工作两手抓、两手硬,把党建工作融入财政业务、财政干部、财政作风、财政党风廉政建设的方方面面,各市县区财政党组都要研究出台党建工作意见和加强党组自身建设意见。要时刻敬畏组织、敬畏集体、敬畏人民,谦虚谨慎、戒骄戒躁、勤俭节约,始终绷紧党风廉政这根弦，落实好党风廉政建设的主体责任和监督责任,坚决反对"四风",促进财政部门安全、财政工作安全、财政队伍安全、财政事业安全。四要抓责任促落实。财政工作始终处在风口浪尖上,收支矛盾、平衡矛盾、管理矛盾、改革矛盾时刻摆在我们面前。要强化财政使命意识,勇于担当、善于担当、依法依规担当,对矛盾不回避,对问题不绕道,强化理想信念,锤炼作风,细化任务,制定措施,落实每个部门、每个时段、每个环节、每项工作、每个岗位的责任,构建网格状、全覆盖的责任体系,做到见事有人、落地有声。市县财政局长要厘清当前财政改革发展的任务,分清轻重缓急,细化各项举措,倒排任务时间表,落实工作责任。要以身作则，作出榜样，主要负责同志带动班子成员,领导干部带动处室单位(科室)同志,一级做给一级看，一级带着一级干，有序推进各项财政工作。要合理划分省、市、县财政责任,分级建立权力清单、管理清单、服务清单,着力落实各级责任。

同志们,做好年内财政工作,任务艰巨,使命光荣。让我们认真贯彻落实习近平总书记系列重要讲话精神,在省委、省政府的坚强领导下,践行"三严三实"要求,凝聚全省财政系统的智慧和力量,忠诚履职,服务发展,不断地提升全省财政工作水平,为打造"三个强省"、建设美好安徽贡献力量!

在全省预算法与财税改革业务培训班上的讲话(摘要)

省财政厅党组书记、厅长　罗建国

(2015年3月30日,根据录音整理)

一、正视法治财政建设形势

近年来，全省各级财政部门依法行政依法理财工作取得积极成效。一是制度建设不断加强。出台了我省财政第一部综合性地方法规《安徽省财政监督条例》,制定了《安徽省财政厅工作规则》等一系列地方性政府规章、规范性文件和管理制度,财政厅2012年制定完善了175项制度、2013年制定完善了201项制度、2014年制定完善了209项制度，为推进财政改革提供了有力的制度保障。二是执法水平不断提高。推行财政权力清单、责任清单、涉企收费清单，精简审批事项，优化服务方式，优化服务方式，积极做好行政复议和诉讼应诉工作，规范执法、公正执法、文明执法的水平明显提升。三是权力运行不断规范。深入推进政务公开、廉政风险防控、内部控制建设、财政监督、“小金库”专项治理等工作，带头执行财经纪律，坚决整顿财经秩序，财政权力运行更加严谨规范。四是法治意识不断增强。通过开展财政普法宣传、干部教育培训、廉政文化进机关等活动，广大财政干部的法治观念明显增强。

在看到成绩的同时，我们也要清醒地认识到，财政干部在依法理财方面仍然存在一些亟待解决的问题，主要表现在：法治学习还没形成习惯，财政法治配套建设还不到位，法治的运用还不规范、不广泛，执法还不严格。对此，要积极应对，深入查摆剖析、努力研究解决。要根据十八届四中全会作出的新部署，按照“四个全面”战略布局的新要求，适应经济社会发展的新常态，面对人民群众的新期待，进一步认识依法理财、依法行政的极端重要性，增强责任感、使命感和紧迫感。

一要正视法治建设的要求。财政是国家治理的基础和重要支柱，是政府履行职能的物质基础和政策手段，是人民群众的“钱袋子”，法治财政建设是法治国家建设、法治安徽建设的重要保证。同时，建设法治国家、法治安徽，将为财政部门营造更加优良的社会环境、理财环境。各级财政部门要以高度的政治自觉和行动自觉，加快法治财政建设，切实将依法治国、依法治省的思想理念融入财政工作中。

二要正视深化改革的要求。当前，改革对财政法治的挑战和呼应更加强烈，改革就是涉及打破旧的僵化的机制，重塑科学、合理、公平、公正的机制。财政制度安排与经济、政治、文化、社会、生态文明等方面紧密联系，财政更加深刻地介入各方面体制机制的构建，更要坚持重大改革于法有据。这就要求我们善于运用法治思维和法治方式推进改革，加快建立现代财政制度，积极构建有利于科学发展的财政体制、运行机制和管理制度，充分发挥财税改革在整体改革中的基础性、支撑性作用。要做好各项财税改革具体方案与新预算法的衔接工作，坚持用制度引领和推进改革，在改革中不断完善制度，使各项财税改革能够在法治轨道上蹄疾而步稳。

三要正视依法理财的要求。法治性是公共财政基本特征之一。近年来，财政服务的对象和层级不断增加，由过去主要面向部门和企业，扩展到全社会方方面面，由过去主要涉及经济领域扩展到政治、经济、社会、文化等各个领域，财政工作的涉及面越来越广，社会公众的民主意识和法治观念越来越强。财政部门作为依法理财的牵头部门、综合部门、集成部门、导向部门，必须带头加快推进依法理财，进一步找准财政工作的着力点和落脚点，着力将各项财政收支活动纳入法治化轨道，以此来约束、规范和监督理财行为。

四要正视社情民意的要求。当前，社会各界对财政资金、财政政策、财政项目公开的诉求越来越大、呼声越来越高。财政法治、规章是财政与社情民意有效沟通的桥梁与纽带。广大财政干部一定要提高认识、转变观念，习惯于在“聚光灯”下行使权力，习惯于在“放大镜”下开展工作，始终坚持开门理财、民主理财，自觉接受社会各方面的监督，确保财政权力在阳光下运行，使各项财政工作都经得起基层群众和社会各界的评价、经得起省委省政府的评价、经得起客观实际的评价、经得起审计和巡视的评价。

五要正视问题倒逼的要求。从审计检查、财政监督、纪检监察中可以发现，财政管理中“重预算、轻决算，重资金、轻政策，重项目、轻维护，重分配、轻监督”的问题依然不同程度地存在，财政系统违法违纪案件时有发生，究其原因，很重要的一点就是法纪观念淡薄，有法不依、执法不严、以权谋私。我们要坚持问题导向，对照“三严三实”要求，对照“忠诚、干净、担当”标准，对照“为民、务实、清廉”准则，对照吴波老部长感人事迹，对照沈浩精神，把自己摆进去，把本部门以及干部自身存在的问题找出来，对号入座，深入剖析，抓紧解决，切实在查摆问题中倒逼管理、在严格管理中解决问题。

二、落实法治财政建设任务

各级财政部门要认真贯彻落实中央和省委推进依法治国、依法治省要求以及《安徽省财政厅关于全面推进法治财政建设的实施意见》，结合本地区本部门实际，细化重点任务，明确完成时间，确保法治财政建设的各项工作扎实有序推进。

一要认真贯彻实施新预算法。要加强学习宣传。把新预算法等法律法规作为“六五”普法的重要内容，除专门组织新预算法培训外，其他业务培训业也要安排这方面的内容，带头地学、全面地学、深入地学、结合地学、推动地学，准确把握新预算法的精神、原则和各项规定，增强预算法治意识，财政业务建设要以新预算法为准绳，在新预算法设定和规定的框架内履行财政预算决算管理。要将学习贯彻财政法律法规作为预算部门会商和市县财政帮联的重要内容，切实将有关法律法规贯彻到市县财政部门、落实到预算单位，做到财政财务同行、财政系统一体，推动财政财务行为依法依规、不打折扣。要扩大宣传范围、创新宣传方式，让社会各界了解掌握财政法律知识，营造良好的财政法治环境。要严格组织实施。严格按照新预算法等法律法规要求，完善政府预算体系、健全透明预算制度，改进预算控制方式、建立跨年度预算平衡机制，规范地方政府债务管理、严控债务风险，完善转移支付制度、推进基本公共服务均等化，坚持厉行节约、硬化预算支出约束，完善政府采购和财政监督，努力做到预算完整、公开透明、科学有序、执行有效、纪律严明。要做好立法和制度配套。大力清理现行各项相关制度，及时修改以前制定的有关制度文件，凡是与新预算法规定相违背的制度，一律停止执行。本着从实际出发、统一性与灵活性相结合的原则，按照新预算法确定的原则及授权，抓紧研究制定财政转移支付、政府债务管理、预算支出标准、财政资金支付、政府综合财务报告等方面的配套制度，加强新预算法配套制度建设与财税改革具体方案的衔接。

二要切实扎紧财政制度笼子。要坚持完善制度体系。开展制度建设“回头看”，及时梳理、修改、完善和创新制度，加强制度文件合法性审查，强化公众参与财政政策制定力度，加强财政立法与财政改革的有机衔接，提高财政制度的及时性和有效性。要形成制度落实合力。加强机关内部管理，做到有规可循、按章办事，不推诿、不扯皮。加强财政财务一体化建设，重视依靠省直预算部门财务力量，发挥预算单位财务作用。加强财政系统一体化建设，支持并依靠发挥市县乡财政的作用，积极形成内部顺畅、上下联动、内外一体的工作合力。要严格制度跟踪问效。年初要分解任务，年中要督查督办，年终要绩效考评，切实压实责任、跟踪问效、追溯问责。要强化开门理财意识，主动面对群众、对接基层、融入社会，让财政制度制定、施行和完善的全过程得到人大代表、政协委员、基层群众和社会各界的全方位监督，以此倒逼制度、强化管理、深化改革。要堵塞制度管理漏洞。坚持安不忘危、治不忘乱，始终保持居安思危的精神状态，组织开展廉政风险防控“回头看”，全面梳理廉政风险点，深入查找财政工作中的政策、外事、保密、安全等各类风险，有针对性地完善管理制度，做到“权力运行到哪里，制度建设就跟进到哪里，风险防控就拓展到哪里”，切实强化制度的严谨性和约束力，保障财政健康有序运行。

三要扎实做好依法行政工作。要严格按制度规定办事。把法规制度作为执法、理财的“硬杠杠”，事事守纪律、人人讲规矩。有些事情只要稍加注意就不会成为问题，稍不留心就会反弹。必须把严格执行制度作为财政工作的重点，贯彻落实到财政工作的全过程。要规范依法行政行为。严格行政执法程序，建立环环相扣的权力运转流程，特别是对一些重大权力事项，要理清环节、分清责任，分岗设权、分段把关，形成相互监督、相互制衡的管理链条。严格规范行政裁量权的行使，依法细化、量化自由裁量权，最大限度地减少随意性。明确执法标准，加强执法考核，切实做到严格执法、公正执法、文明执法。要将依法行政寓于管理服务中。随着国家法治建设进程的加快、人民群众法治观念的增强，财政部门办理投诉举报、行政复议、行政诉讼案件的数量呈上升态势，务必要高度重视，一旦出现举报投诉、行政复议、行政诉讼的情况，要快速反应，及时采取妥善的应对措施，积极回应人民群众的诉求，依法、公正、高效地化解矛盾。要深入推进行政审批制度改革，大力推行权力清单、责任清单和涉企收费清单制度，提升政务中心财政窗口服务质量，进一步推动财政管理方式转变。

四要重视加强财政内控管理。要加快内部控制建设。加强领导，强力推进，抓紧建立和实施内部控制。要牢牢把握权责一致、有效制衡的核心原则，按照分事行权、分岗设权、分级授权的要求，结合本单位实际，找准业务和管理中存在的主要问题，抓住定岗定责、流程控制、细化风险、控制节点、加强监督、强化问责等6个关键环节，尽快建立内部控制制度，并明确组织管理架构，尽早发挥其有效防控风险、提高行政效率的作用。要强化财政内部监督。加强财政系统自身依法行政依法理财情况的检查，加强财政法律、法规、规章及规范性文件的执行情况检查，通过建立重大行政案件备案审查、执法案卷评查、检查结果通报等制度，在全省财政系统通报财政部门行政复议、行政诉讼情况，全面监督和评估财政法规制度的执行效力，使内部监督工作制度化、经常化、规范化。要拓宽财政内控手段。在抓好内部监督的同时，也要主动加强与部门单位的联系，求真务实、积极主动上门走访会商，检验财政工作成效，这是借助外力进行内控的重要方式。要发挥好财政监督、人大监督、政协监督、专业监督、审计监督和社会监督的综合叠加效应，促进财经纪律贯彻执行。要加大行政问责力度。严格执行《财政违法行为处罚处分条例》和《安徽省财政监督条例》，对违反财经纪律的行为，绝不姑息，该查处的查处，切实增强各类主体对财经纪律的敬畏心和遵从度。

五要自觉接受社会各界监督。要建立透明预算。深化“开门办预算”，切实提高预算编制的科学性。所有财政资金安排的“三公”经费都要公开，所有使用财政资金的部门和单位预决算，都要公开到功能分类的“项”级科目，基本支出要公开到经济分类的“款”级科目。专项转移支付，要分项目、分地区公开，向老百姓交出一本能看懂的“明白账”。同时，政府工作的许多环节都涉及资金和权力运行，要推进决策、执行、管理、结果向社会公开，让公共资金和权力在“探照灯”和“摄像头”下运行。要推进政务公开。坚持打铁自身硬，带头将财政的一切活动置于群众的监督之下，以政务公开常态化推进财政管理精准精细精良。在重大财政政策制定、重大民生工程实施、重要财政改革推进、重要财政制度建设以及财政机关党建等涉及财政政务、事务、财务、业务、服务方面，做到公正公平、公开透明。各级财政部门要全面实行负责同志到政务服务中心财政窗口坐班制度，全面了解社情民意，及时和政务中心沟通交流，做好保障和服务，切实解决涉及群众利益的问题。要加强与社情民意中心、效能办、机关工委、纪委纠风办、文明办等部门单位的日常服务和财政保障，营造全方位的良好理财环境。加强财政门户网站管理，发挥政务微博、微信、移动客户端等社交网络和即时通信工具的积极作用，以群众喜闻乐见的方式，增强财政政务公开影响力和舆论引导力。要接受人大、政协监督。各级财政部门要强化人大意识和人大代表意识，坚持分级负责、属地服务，在依法接受监督中进一步做好联系服务人大代表工作，主动向人大汇报成绩和问题，征求并认真落实人大及其常委会对财政工作的相关意见建议和要求，建立健全财政部门与各级人大代表沟通机制，在办理建议提案中、在服务民生发展中，全面加强与社会、企业、基层人大代表的沟通联系，自觉接受人大对财政工作的依法监督。同时，做好联系服务政协委员工作，主动接受政协民主监督。

三、严格法治财政建设要求

建设法治财政，责任重大、任务艰巨、使命光荣。各级财政部门要认真贯彻落实中央、省委省政府和财政部的要求，把法治财政建设摆上重要位置，勇于担当、敢于负责、真抓实干，为推进依法行政、依法理财提供坚强保证。

一要在深化学习上下功夫。各级财政部门要把深入学习领会习近平总书记系列重要讲话精神，与学习领会党的十八大及十八届三中、四中全会精神结合起来，与学习领会中央、省委省政府和财政部关于推进法治建设的重大决策部署结合起来，联系财政改革发展工作实际，切实做到学思结合、学研结合、学以致用、知行合一，不断加深对重大理论和实践问题的认识，努力提升财政担当的意识、方法和能力。要加强对重大方针政策的宣传阐释和解读，加强对热点难点问题的有效引导，推进法治财政建设营造良好的舆论环境。

二要在示范带动上下功夫。各级财政部门主要负责同志要带头落实习近平总书记提出的领导干部“四个模范、四个带头”的要求，亲自谋划、置身其中，亲力亲为、靠前指挥，加强对法治建设的研究谋划、统筹协调、跟踪问效，当好合格的“关键少数”，种好责任田，让组织放心、让群众放心、让自己放心。要一身正气、公道正派，以身作则、以上率下，推动落实党组及班子成员的“关键少数”责任，做到主要领导带班子成员、领导干部带一般干部。要创新载体、深化举措，抓机关、带系统、促基层，并通过财政部门带动、推动预算单位财务部门,形成示范带动的强大正向效应。

三要在求真务实上下功夫。各级财政部门一定要迅速行动起来，做实工作方案，做细工作措施,特别是要紧紧围绕保障改善民生、促进社会公平正义来推进法治财政建设，紧密联系本地区本部门实际,抓紧解决干部群众反映强烈的问题,用解决实际问题的成果来衡量法治财政建设的成效。要建立健全有效保障落实的工作机制,对每项任务都要瞄准既定目标、把握时间节点,不仅要有部署推进的举措,也要有督查督办的方法,确保各项工作早谋划、早部署,快推进、快落实。

四要在统筹结合上下功夫。各级财政部门要把推进法治财政建设与推进财政思想建设、业务建设、制度建设、廉政建设、作风建设紧密结合起来,继续保持良好的精神状态,扎实做好各项财政工作。要围绕年初既定的财政工作目标任务,增强抓住和用好重要战略机遇期推进改革发展的政治定力,敏锐把握宏观环境变化,沉着应对、主动作为、攻坚克难,以法治思维和法治方式统筹推进财政改革发展,为打造三个强省、建设美好安徽提供更加坚实有力的财政保障。

五要在强化责任上下功夫。广大财政干部是法治财政建设的组织者、推动者、实践者,必须强化守土有责意识,牢固树立“一盘棋”思想,层层压实责任、人人落实责任,形成内部互动、上下联动的工作格局。各级财政部门要增强系统共建意识,及时沟通情况、反映问题,总结经验、宣传推广,上下同心、协力共进。要压实财政部门党组的组织推动责任、主要负责同志的第一责任、班子成员的领导责任、处(科、股)室单位的主体责任、每位干部的直接责任,以及分级分部门、分类分项的责任,建立健全责任追究制度，切实以责任落实体现担当作为，确保法治财政建设工作有力有序有效推进。

全省财政工作篇

全省财政工作综述

“十二五”时期全省财政工作综述

“十二五”期间，在省委、省政府的坚强领导下，全省各级财政部门深入学习贯彻习近平总书记系列重要讲话精神和党的十八大，十八届三中、四中、五中全会精神，认真贯彻落实省委、省政府决策部署和财政部工作要求，密切跟踪宏观形势变化，大力实施积极的财政政策，积极应对挑战，主动担当作为，统筹支持稳增长、促改革、调结构、惠民生、防风险，取得令人鼓舞的成绩，为服务美好安徽建设作出积极贡献。

【财政实力更强】全省财政收入迈上4000亿元新台阶，五年累计完成1.7万亿元，是“十一五”时期的2.5倍，年均增长14.2%。按户籍人口计算，人均财政收入由“十一五”末的3023元提高到2015年的5785元(按2014年户籍人口计算)。区域财政协调发展，合肥、芜湖等中心城市引领地位更加突出，皖北地区财政加快发展，县域财政发展强劲，涌现出64个财政收入超过10亿元的县(区)。全省财政支出规模实现新跨越，2015年突破5000亿元，五年累计完成2.2万亿元，是“十一五”时期的2.5倍，年均增长15.1%，有力地促进全省经济社会持续健康稳定发展。

【服务发展更实】聚焦实体经济，安排近200亿元推进政策性融资担保体系建设和政银担合作，在全国率先建立省级涉企收费清单制度，实施一系列税费减免政策，促进中小微企业和民营经济发展。聚焦财政投入撬动，重点支持高速公路、国省干线公路、水运、民航机场和铁路建设，搭建省级棚户区改造融资平台，争取国开行贷款额度近1000亿元，全省公开向社会发布PPP项目172个、总投资1773亿元，以政府性投入带动投资增长。聚焦创新驱动，设立总规模达8亿元的省创业投资引导基金，引导设立18支创业投资基金、总规模达54.7亿元，支持引导设立总规模800亿元的产业发展基金，推动新兴产业发展和传统产业改造提升。聚焦区域协调，财政区域政策首次覆盖全省，并首次通过注资方式重点支持江南江北集中区、中新苏滁、郑蒲港新区以及南北合作园区发展。

【改革红利更多】政府预算体系全面建立，国有资本经营预算省属企业全面覆盖，在全国率先建立“1+6”政府债务管理制度体系，预算信息公开省市县三级全覆盖，中期财政规划编制全面启动，预算追加管理全面严控，实现“预算一年、一年预算”，财政供养人员系数成为全国最好省份之一。营改增改革试点全面启动，资源税改革稳步推进。县级基本财力保障机制全面建立，事权和支出责任划分扎实推进，省以下财政体制逐步完善，现代财政制度初步构建。积极推进国资国企改革，改革公共资源交易管理体制，统筹支持文化体制、医药卫生体制、政法经费保障体制、司法体制等其他领域重点改革，释放改革红利，增强发展活力。

【民生保障更好】坚持财政支出更多地向“三农”倾斜、向艰苦地区倾斜、向基层一线倾斜、向困难群体倾斜，民生支出五年累计达1.8万亿元，民生支出占财政支出比重由“十一五”末的76.9%提高到“十二五”末的83.7%。牵头组织实施民生工程,将民生工程项目的确定与“五有”目标任务和财政部的支出政策相衔接,做到可持续、保基本、常态化,五年累计投入3051.7亿元、实施43项民生工程,直接发放或补助到人的资金2099.4亿元,占资金总额68.8%,惠及6000多万城乡居民。推行花钱买服务、花钱建机制,创新民生工程运行机制、民生项目征集机制、民生工作管理机制、民生效果巡视机制,公办民营、民办公助遍地开花,民生热点难点问题得到有效缓解,基本公共服务保障体系全面构建。

【作风建设更优】坚持一心一意谋发展、聚精会神抓党建,深入开展党的群众路线教育实践活动和“三严三实”专题教育,大力弘扬“沈浩精神”,提炼并践行安徽财政精神。坚持宽领域、一体化、分层次、分类别地做好干部选拔任用和动态管理工作,建立扁平化管理机制,实现财政走访巡查全覆盖、财政内部控制全覆盖、财政干部交流轮岗全覆盖、财政制度规范全覆盖。创新开展城乡基层党组织结对共建、预算部门会商工作,建立省市县财政系统帮联工作机制和行风巡查机制,做到抓机关、带系统、促基层,财政服务水平不断提高。

(厅办公室供稿　代云霄)

2015年全省财政工作综述

2015年,全省各级财政部门深入学习贯彻习近平总书记系列重要讲话精神和党的十八大,十八届三中、四中、五中全会精神,认真贯彻落实省委、省政府决策部署和财政部工作要求,坚持稳中求进工作总基调,着力保持财政收支平稳运行,全省财政总收入完成4012.1亿元,同比增长9.5%;地方财政收入完成2454.2亿元,同比增长10.6%;其中税收收入占全省财政总收入的82.5%。全省财政支出完成5230.4亿元,同比增长12.1%,支持改革发展和社会民生等重点支出得到较好保障,各项财政工作取得新的成绩。

【促进经济稳定增长】认真落实省委、省政府关于促进经济持续健康发展新20条意见、“调转促”行动计划等一系列政策措施,财政部核定本省2015年三批置换债券额度1011亿元,争取财政部分配本省新增债券275亿元,加快省级棚户区改造融资平台建设,争取国开行新增授信额度150亿元,开展政府与社会资本合作(PPP模式),全省公开向社会发布PPP项目172个、总投资1773亿元,以政府性投入带动投资增长。通过盘活财政存量、调整支出结构,省财政再次筹措安排31亿元充实政策性担保机构国有资本金及建立省级融资担保风险补偿专项基金,筹措10亿元设立续贷过桥资金,推进新型政银担合作,有效缓解小微企业融资难,大众创业、万众创新的市场环境进一步改善。全面落实结构性减税和普遍性降费,省级设立的行政事业性收费项目仅保留19项,进一步减轻市场主体税费负担,用财政收入的“减法”换取市场活力的“乘法”。积极调整财政分配方式,集中财力支持系统推进全面创新改革试验、皖江示范区、合芜蚌试验区、皖北三市九县、大别山革命老区等重大战略平台建设,支持设立安徽产业基金,安排20亿元专项引导资金支持战略性新兴产业集聚基地建设,支持实施创新驱动和推进生态环境保护,有力推动经济平稳运行和提质增效升级。

【深化财政重点改革】营改增改革试点稳步实施。铁路运输、邮政业、电信业等营改增试点纳税人超过15万户,较试点初期增长5倍多,累计为企业减税150多亿元。深化预算管理制度改革。出台贯彻落实国务院深化预算管理制度改革决定的实施意见,稳步推进预算信息公开,省市县三级完成2014年度权责发生制政府综合财务报告制度试编工作,制定省级财政专项资金清单,并将160项专项转移支付全部对外公布,省级专项转移支付项目数量和资金规模均压减三分之一以上,建立统筹使用沉淀存量资金任务清单和时间表,健全结转结余资金定期清理机制。完善国有资本经营预算制度改革。加强国有资本经营预算统一规范管理,将省政府及其部门、机构履行出资人职责的所有企业纳入国有资本经营预算实施范围。推进政府性债务管理改革。将财政部核定本省2015年两批地方政府债券置换存量债务额度分配到各市县区,剥离融资平台政府融资职能,对地方政府债务实行规模控制和额度管理,积极构建以政府债券为主体的举债融资机制,采取公开招标和定向承销方式,成功发行政府债券1294.1亿元,每年节约融资成本70亿元以上。创新农村“三资”管理改革。在全省推动建立乡镇财政“权力清单、责任清单和服务清单"制度，以及乡镇包村干部监督涉农资金工作，探索"直补参股、增值分红、培育集体、农户受益"的路子，发展壮大村级集体经济。推进企业发展资金管理改革。加快财政涉企项目资金管理信息系统建设，当年纳入系统管理项目数12646个，经过预警提示和项目主管部门审核认定后，项目通过率为80%左右，使扶持企业资金投向更加精准有效。支持社会力量办事业改革。调整完善并向社会公布《安徽省政府向社会力量购买服务指导目录》、涵盖6大类58款272项，全省实施政府购买服务项目3033个、涉及资金近110亿元，探索建立公办民营、民办公助等模式，支持社会力量参与公共服务领域，着力提高社会事业运行效率。

【切实保障改善民生】在财政收支矛盾十分突出的情况下，坚持将财力向民生领域倾斜，民生方面的投入力度不断加大，全省民生支出4378.7亿元，增长13.8%，占全省财政支出的83.7%。精心组织实施民生工程，建立民生工程信息网上全程公开公示制度、民生工程工作约谈制度、民生工程建后管养多元投入机制，拨付资金726.5亿元，同口径增长12.1%，圆满完成33项民生工程年度任务。全省财政投入846.9亿元支持教育事业发展，实施第二期学前教育三年行动计划，完善义务教育经费保障机制，建立公办职业院校生均拨款制度，推进职业教育和培训资源资金整合，促进高校内涵式发展。完善社会保障体系，启动机关事业单位养老保险改革，拨付养老保险省级责任分担资金75.7亿元，拨付全省养老金提标补助资金21.2亿元，下拨城乡居民基本养老保险调标资金25.5亿元，竞争性存储287亿元社保基金，较一年期定期存款净增利息8.18亿元。完善就业服务体系，下拨就业专项资金23.9亿元，大力实施就业促进工程，将失业保险费率降至2%、工伤保险平均费率降至0.75%、生育保险平均费率降至0.5%，减轻企业负担8亿元。支持启动实施全面深化综合医改试点，印发省属公立医院国有资产管理办法，自4月1日起全面取消城市公立医院药品加成，出台《基层医疗卫生机构预算管理办法》，拨付中央及省级新农合、城镇居民医保、公共卫生服务、医改专项补助等资金近230亿元，积极保障医改各项政策落到实处。落实"老字号"群体生活补助政策，完善家庭经济困难学生资助体系，建立"8+1"社会救助政策体系，拨付社会救助资金70亿元，保障困难群体生活。

【统筹城乡协调发展】支持现代农业发展，推进粮食生产"三大行动"和高产创建活动，支持小型水利工程改造提升等农田水利建设，培育新型农业经营主体，重点培育省级农民合作社示范社和省级示范家庭农场，支持龙头企业带动产业发展和"一县一特"产业发展试点项目建设。启动农业补贴政策改革试点，及时兑现种粮农民补贴、农作物良种补贴以及农机购置补贴，通过"一卡通"发放惠农补贴214.2亿元。支持推进扶贫开发，全省财政专项扶贫投入33.4亿元，支持31个国家、省扶贫开发工作重点县实施整村推进、雨露计划，积极争取国家项目试点，安排4亿元支持建设5万个3千瓦户用光伏电站、330个村级光伏电站，带动贫困户和贫困村长期稳定增收。成立全国首家农业担保机构，为粮食等新型适度规模经营主体提供融资担保，在全省15个县(区)探索农业融资风险补偿试点，撬动银行向1000余户农民合作社、家庭农场发放贷款4.5亿元。扎实开展政策性农业保险试点工作，拨付12.3亿元，为1361万户(次)农户提供428亿元的风险保障。服务美好乡村建设，加大财政专项资金投入力度，全省各级财政安排专项资金42.6亿元，整合涉农资金68.3亿元，吸引社会资金65.3亿元，大力支持中心村规划建设和自然村环境整治。深化农村综合改革，统筹安排美丽乡村建设试点资金1.1亿元，投入22.3亿元扎实做好一事一议财政奖补工作，安排农村综合改革示范试点资金4.1亿元，指导20个试点县(区)深化改革，重点推进农村土地确权登记颁证试点、农村金融综合改革、农村集体产权制度改革等工作。

【提升财政管理水平】3月份启动2016年省级部门预算编制工作，6月底市县全部启动预算编制工作，编制完成省级2016-2018年中期财政规划，省直120个部门同步编制三年滚动财政规划，推进"开门办预算"，在全国率先开展省市县三级预算评审，完善省级预算评审论证办法，对30个部门40个项目开展评审论证，涉及金额达50亿元。严格预算执行管理，加强收入预期管理，建立预算工作推进落实情况约谈制度，强化支出提速提效，严格预算追加。出台《省级财政资金分配管理办法》,制定教育、科技、经建、企业、社保、农业、农业综合开发等分领域资金分配办法,构建“1+12”财政资金分配制度体系。积极推进全口径预算绩效管理,加强预算绩效目标审核,将绩效评价重点由项目评价逐步拓展到部门整体支出和政策、制度、管理等方面,出台《安徽省省级预算绩效管理委托第三方机构评价暂行办法》,积极推进第三方评价,强化绩效评价结果反馈和应用。强化财政监督管理,全面落实《安徽省财政监督条例》,牵头组织开展全省涉农资金专项整治行动,扎实开展盘活财政存量资金专项检查,认真开展市县预决算公开情况专项检查,深入开展会计信息质量检查,加强财政内部控制建设,建立防控法律、政策制定、预算编制、预算执行、公共关系、机关运转、信息系统管理、岗位利益冲突等8类风险内部控制制度,推动机关运转严谨有序和业务开展稳健高效。推进法治财政建设,认真贯彻落实《预算法》,出台《安徽省财政厅关于全面推进法治财政建设的实施意见》,积极主动联系服务人大代表,自觉接受人大依法监督。

【持续改进工作作风】谋划出台“三严三实”专题教育实施方案,召开专题教育党课报告会,认真组织三个专题学习研讨。精心组织学习教育,开展“贴近群众、奉献基层”专题报告会、“廉政风险防控与财政作风建设”专题讲座、“从严治党与机关党组织建设”专题讲座等11个专题理论学习,11月2日,召开党组中心组理论学习会,掀起学习贯彻党的十八届五中全会精神的热潮。继续深入开展城乡基层党组织结对共建,认真落实定点帮扶颍东区和“单位包村 干部包户”工作任务,主动赴省直预算单位开展工作会商2662次。严格落实财政反腐倡廉建设联络员机制、政风行风巡查工作机制和省市县帮联工作机制,推动财政系统作风整体转变。实行厅领导、监督检查局、人事教育处、机关党委、驻厅纪检组走访处室单位制度,推进机关效能建设和政风行风建设。高度重视并全力支持配合省委第八巡视组对财政厅开展专项巡视。出台《安徽省财政厅关于贯彻省政府建立重大决策部署落实“三查三单”制度的实施意见》《财政工作推进落实情况约谈制度》《省财政厅领导班子及处室单位班子成员贯彻中央八项规定精神深入推进作风建设责任清单(试行)》《省财政厅处室单位班子成员贯彻中央八项规定精神深入推进作风建设考核评价办法(试行)》《安徽省财政厅干部职工内部问责暂行办法(试行)》等制度,加快建立健全改进作风长效机制。

(厅办公室供稿　代云霄)

财政专项工作概述

开展“三严三实”专题教育

【概况】“三严三实”专题教育开展后，省财政厅认真贯彻落实中央部署和省委要求，紧扣“三严三实”要求，坚持以“三聚焦三查找三确保”为主线，突出重点深化学习教育，结合实际深入开展研讨，扎实推进三个专项行动，认真组织开展专题民生生活会和组织生活会，做到边学边查边改边建，推动专题教育有力有效开展。

【坚持以上率下，强化示范引领】一是落实主体责任。厅党组把专题教育摆在重要位置，厅党组书记靠前指挥、带头谋划部署、推动落实，切实承担第一责任人的责任，第一时间传达学习中央和省委“三严三实”专题教育部署要求，先后42次主持召开厅党组会议、厅党组扩大会议、党组中心组理论学习会议、党组中心组理论学习扩大会议、厅长办公会议及“三严三实”专题会议，谋划部署落实工作，切实将全厅党员干部思想和行动迅速统一到中央和省委部署上来。二是荐文领学促学。围绕“严以修身”“严以律己”“严以用权”专题，厅党组书记带头研读人民日报、中国纪检监察报、中国财经报等主流媒体文章，结合财政工作实际，撰写学习体会，先后推荐全厅党员干部学习《抓落实就得有“马上就办”的劲头》《为官者当有“五种意识”》《当干部要实一些再实一些》《不尽责，就问责》《干部当有“低姿势”》《习近平关于供给侧改革的“四则运算”》等70篇文章，发挥领学带学促学作用。三是带头研讨交流。厅党组书记紧扣“三严三实”主题，联系财政实际深入思考、查摆问题、剖析根源，撰写讲稿，召开厅党组中心组理论学习扩大会议，为全厅党员干部讲“三严三实”专题党课，从历史经验概括、现实时代指导、党性修养引领、财政工作保障四个方面，强调“三严三实”是财政干部的重要遵循和实践要求。每位厅领导结合各自分管工作，在所在党支部或分管处室单位党支部讲党课，厅领导及厅级干部带头学习中央和省委要求阅读的书目，率先通过“三严三实”专题教育网上测试，围绕“严以修身”“严以律己”“严以用权”三个专题分别撰写发言提纲进行交流。四是严肃开展批评。围绕“三严三实”主题，精心制定方案，深化学习研讨，广泛征求意见，深入开展谈话，厅党组书记亲自谋划起草班子对照检查材料，班子成员认真撰写个人发言提纲，于12月20日召开班子专题民主生活会，厅党组书记通报2014年度班子民主生活会整改措施落实情况，并代表班子作对照检查，带头发言开展自我批评，班子成员相互之间直截了当、直奔主题，谈思想、找问题，严肃认真地开展批评和自我批评，带动全厅37个处室单位党支部认真开展专题组织民主生活会，达到进一步统一思想、凝聚共识、拓宽思路、明确目标、增强信心的目的。五是深入走访巡查。厅班子成员坚持高标准、高质量、严要求，按照分工切实担负起领导责任，结合厅机关党建实际、重点工作实际、队伍建设实际、作风建设实际、廉政建设实际，率先建立健全“三严三实”专题教育和作风建设责任清单工作台账，努力做到见人、见事、见问题、见举措、见成效。积极参与所在党支部专题教育，主动深入所在党支部和分管处室单位联系走访,对各处室单位党支部制定活动计划、主要负责人上党课、建立专题教育台账、整改落实等情况进行检查,帮助补缺补差、整改提高,深入推进专题教育各项工作。

【坚持理论武装,筑牢思想根基】一是突出重点学。把深入学习习近平总书记系列重要讲话精神贯穿"三严三实"专题教育之中,深入学习贯彻党的十八大、十八届三中、四中全会精神,学习贯彻王学军书记"三聚焦、三查找、三确保"要求和省委中心组"三严三实"专题理论学习研讨会精神,开展厅党组中心组理论学习 38 次,开展"贴近群众奉献基层、廉政风险防控与财政作风建设、从严治党与机关党组织建设、依法治省与依法理财、《资本论》的伟大生命力、宪法与财政、《预算法》与财政改革、财政干部的党性修养与职业操守、财政内部控制体系建设、文明创建与财政改革发展、大数据与财政信息化"等 11 个专题讲座,使党员干部思想有触动、能力有提升、作风有改进。二是结合实际学。把重大财政政策业务学习作为抓党建、抓改革、抓管理、抓队伍、抓作风的重要抓手,召开 8 次政策业务学习专题会议,深入学习《预算法》《财税体制改革总体方案》《国务院关于深化预算管理制度改革的决定》《国务院关于清理规范税收等优惠政策的通知》《国务院办公厅关于进一步做好盘活财政存量资金工作的通知》《中共中央、国务院关于深化国有企业改革的指导意见》等近 50 个中央、国务院和省委、省政府、财政部出台的涉及财政的重大政策文件精神,推动全厅干部找准大事要事、立足服务发展,进一步明晰思路、吃透政策、确定任务、落实责任。三是典型教育学。组织开展向吴波同志学习征文系列活动,深入学习学习老一辈革命家崇高品质,围绕深入学习和大力弘扬焦裕禄、沈浩精神,组织全厅处级以上干部分批次深入寿县小甸集特支纪念馆、凤阳县小岗村、泾县全国爱国主义教育基地、渡江战役纪念馆等过组织生活。贯彻落实省委要求,开展"严以律己严守党的政治纪律和政治规矩"专题学习研讨,对照反面典型深刻认识违反党的政治纪律和政治规矩的严重危害和思想根源,汲取教训、引以为戒。先后召开 21 次厅反腐倡廉建设领导小组会议学习贯彻中央和省纪委文件,传达中纪委、省纪委违反八项规定精神、落实"两个责任"不力、查处发生在群众身边的"四风"和腐败问题等通报共 42 次,厅党组分三个层面分别与支出类处室、非支出类处室和厅属单位主要负责同志廉政谈话,传导压力、警示提醒。四是全员参与学。既突出处级以上干部这个重点,又带动促进全厅党员干部参与,专题学习研讨都以党组中心组理论学习扩大会议形式召开,参会范围扩大到全厅干部职工,组织召开"五四"财政青年干部座谈会、召开纪念抗战胜利 70 周年暨转业干部座谈会,组织开展"文明创建大家谈"系列活动。以机关党建、"三严三实"、反腐倡廉、效能建设等为主题,编写"三严三实"专题教育综合试题并组织处级以下党员干部开展测试,编印并在全厅范围内发放《安徽省财政厅"三严三实"专题教育读本　警示教育材料》,组织"守纪律、讲规矩"等主题征文 6 次,推动学思结合、学研结合、学用结合。

【坚持问题导向,边学边查边改】一是聚焦问题查。从一开始就以问题导向开局,厅党组在党课报告会上直奔主题地查摆出财政思想建设、作风建设、业务建设、队伍建设等 4 个方面 24 个"不严不实"具体问题和薄弱环节,明确 5 个方面 15 项具体整改举措。全面开展中央和省重大政策落实情况自查,聚焦"三严三实"专题教育、稳增长、调结构、促改革、惠民生及作风建设等 6 个方面,查找 27 个不足和具体问题。围绕精神状态不佳、工作标准不高、工作落实不力、担当意识不强、创新精神不够、工作纪律散漫等 6 个方面,全厅 37 个处室单位查找懒政怠政问题和薄弱环节 113 个,建立厅领导班子、处室单位班子及处级以上干部个人的问题清单,做到问题查找不留死角。二是真抓实干改。对照中央和省重大政策落实情况督查反馈意见,2 次召开厅长办公会议进行"会诊"和部署,及时细化分解督查反馈意见的整改落实任务,逐项制定整改落实计划。先后组织召开厅党组会议、厅党组扩大会议、厅反腐倡廉领导小组会议、全厅干部职工大会、厅长办公会议,研究制定整改落实工作方案,深入分析问题症结,明确整改目标任务和完成时限,细化主要整改措施,落实整改牵头责任厅领导、牵头责任单位、配合责任单位,建立整改落实台账,实行销号整改,逐条逐项落实。对专题民主生活会上班子查摆出来的问题进行再梳理,逐条逐项进行研究,明确整改目标任务 21

项,细化整改重点措施42项,确定每项整改措施的牵头厅领导和牵头处室单位,形成了路径清晰、责任明确的厅领导班子整改清单。三是集中精力治。认真贯彻落实省委要求,紧密结合财政工作实际,在全厅范围内开展强化责任担当认真解决懒政怠政问题专项行动、强化为民服务认真解决群众反映的突出问题专项行动、强化正风肃纪认真解决发生群众身边的“四风”和腐败问题专项行动,落实22条具体措施,认真解决人民群众在就业、看病、安居、养老、办事、创业等方面的实际困难,深入推进财政涉农资金专项整治行动,建立健全厅领导、监督局、人教处、机关党委、监察室“五位一体”的走访巡查制度,深入开展财政系统政风行风巡查,强化作风建设和效能建设明察暗访和惩戒问责力度,着力解决“不严不实”问题,坚决防止“四风”反弹。

【坚持抓常抓长,完善制度机制】一是夯实党建基础。把“三严三实”作为加强机关党建的重要遵循,出台《中共安徽省财政厅党组加强自身建设的意见》和《中共安徽省财政厅党组关于进一步加强机关党建工作的意见》,落实《财政厅党组主要负责同志通报机关党建工作情况制度》,建立厅领导参加党支部活动记录制度以及党支部活动日志制度、理论学习情况月报制度,压实处室单位党支部书记“一岗双责”党建工作责任。严格规范干部任用考察、人事基础管理工作,制定《安徽省财政厅选人用人评议工作暂行办法》《安徽省财政厅加强干部管理基础暂行办法》《安徽省财政厅干部人事档案管理暂行办法》,优化选人用人环境、夯实干部工作基础。二是推动作风长效。出台《省财政厅领导班子及处室单位班子成员贯彻中央八项规定精神深入推进作风建设责任清单(试行)》与《省财政厅处室单位班子成员贯彻中央八项规定精神深入推进作风建设考核评价办法(试行)》,建立完善责任倒查、责任追究、永久追究机制。制定《安徽省财政厅关于贯彻省政府建立重大决策部署落实“三查三单”制度的实施意见》,修订《省财政厅2015年效能建设绩效考评办法》,推动财政作风建设和效能建设常态化、长效化。三是严肃财经纪律。加强财政内部控制建设,实施2个内控基本制度和8个内控办法。按照“一个专项、一个办法”要求,印发《安徽省省级财政资金分配管理办法》,构建“1+12”的财政资金分配制度体系,有效约束自由裁量权,坚决杜绝财政资金的虚报冒领、挤占挪用,进一步规范财政资金分配,提高财政资金使用效益。印发《关于进一步加强厅属单位财务管理的规定》,建立“1+10”财务管理制度体系,建立厅属单位定期财务报告机制,厅领导每半年听取一次厅属单位财务管理情况报告,监督局每年开展一次厅属单位财务管理情况内部审计。四是强化责任落实。严格落实党风廉政建设的主体责任和监督责任,出台《中共安徽省财政厅党组关于落实党委主体责任和纪委监督责任的实施意见》,形成《安徽省财政厅廉政诫勉谈话和函询实施办法》等6项制度办法。出台《中共安徽省财政厅党组关于推进“财政四个全覆盖”强化对财政权力运行制约和监督的实施意见》,推进财政走访巡查全覆盖、财政内部控制全覆盖、财政干部交流轮岗全覆盖、财政制度规范全覆盖。对厅内处室单位出台《财政工作推进落实情况约谈制度》,对市县财政出台《预算工作推进落实情况约谈制度》《民生工程工作约谈制度》,出台《省财政厅关于建立全省财政系统工作责任清单制度的通知》《安徽省财政厅干部职工内部问责暂行办法(试行)》,形成以责任落实推动工作落实的倒逼机制。

(厅办公室供稿 代云霄)

全面深化财政改革

【概况】2015年,省财政厅深入学习贯彻党的十八大和十八届三中、四中、五中全会精神以及习近平总书记系列重要讲话精神,全面贯彻落实中央和省委全面深化改革领导小组的各项决策部署,进一步健全机关工作一体化、预算单位一体化、财政系统一体化的领导体制和工作机制,确定年度重点改革任务,出台具体施工方案,完善联络员、改革台账、信息宣传和督查考核制度,保障各项财政改革任务顺利推进,当年确定的7大类改革任务全面落实,牵头承担的15项改革事项均快于时间进度完成。

【科学谋划年度改革任务】紧扣省委全面深化改革领导小组2015年工作要点和任务分工,先后6次召开省财政厅全面深化改革领导小组会议,研究部署2015年全面深化财政改革落实举措，制定《2015年全面深化财政改革工作要点》，明确2015年重点抓好深化预算管理制度、完善国有资本经营预算制度、推进政府性债务管理、创新农村财政管理、支持经济发展资金管理、支持社会事业、推进依法理财治税等7大类财税体制改革，着力构建现代财政制度，为打造创新性“三个强省”、建设美好安徽、全面建成小康社会提供更加坚实有力的财政保障。

【梳理分解重点改革事项】全面梳理省委全面深化改革领导小组2015年工作要点和任务分工中涉及财政厅承担的90项改革事项，对财政单独牵头和第一联合牵头的15项改革事项，逐一制定《施工方案》，细化任务分工，细化时间进度，细化具体举措，细化责任落实。同时，制定任务分解表，对各项具体改革事项，进一步落实到牵头厅领导、具体牵头处室和参加处室，明确进度安排和成果形式，形成统筹协调、分工明确、合力推进的工作落实机制。

【建立健全台账宣传制度】及时开展改革工作“回头看”，建立健全一事一台账制度，每月末编制牵头重点改革事项工作台账、每季末形成重点改革事项进展情况小结。改革中形成的制度成果、取得的工作成效及经验做法等，及时加大信息宣传力度。省委《改革工作简报》《安徽改革信息》和人民日报、人民网、安徽日报、中国财经报等先后多次报道我省财税改革工作，其中《安徽加强政策性担保体系建设助推小微企业发展》被中央改革办《改革情况交流》第13期采用，《安徽改革信息》采用数量名列省直机关前列。

【主动加大协调督查力度】厅改革办和各领域改革牵头处室主动加强与省委改革办和各专项小组的联系，并积极搞好跟踪落实工作。厅效能办将改革工作完成情况纳入厅效能建设绩效考评，厅监察室全过程参与改革工作，推动各项财政改革落地生根。

【省属企业国有资本收益上交比例提高至15%】贯彻落实《安徽省省属企业国有资本收益收取管理办法》，及时启动2015年省属企业国有资本收益申报上交工作，明确除新纳入的省属文化企业暂按10%比例上交外，其他省属企业国有资本收益上交比例统一提高到15%。严格预算执行，会同预算单位认真审核省属企业申报的国有资本收益，督促省属企业及时、足额上缴国有资本收益。全年省属企业上缴国有资本收益15.73亿元，超额完成年初预算收入任务。

【政银担风险分担机制试点成效显著】继续推动建立政银担“三位一体”的“4321”风险分担机制，实现比例再担保、财政风险补偿、银担合作风险分担三个机制有机统一。2015年全省政银担准入融资担保机构113家，合作省级银行业金融机构15家，实现全省覆盖，累计担保贷款281.8亿元，惠及5541户企业，户均508.6万元，为扶持小微企业发展做出积极贡献。

【省级部门专项资金全部实行清单管理】以省政府名义出台贯彻落实国务院深化预算管理制度改革的实施意见和贯彻落实国务院改革和完善中央对地方转移支付制度的实施意见。开展省级部门项目支出预算清理整合，推动项目支出预算滚动管理。建立省级部门专项资金管理清单制度，在财政厅门户网站公布2015年度省级部门专项资金管理清单，160项专项转移支付全部公开，进一步提高了专项资金使用的规范性、有效性和透明度。

【“四个一律”制度全面落实】一是推进政府收支一律纳入预算并公开制度。将教育费附加等8项政府性基金转列一般公共预算，将国有资本经营预算超收收入调入一般公共预算。省级2015年政府和部门预算、专项转移支付预算和“三公”经费预算全部公开，且实现首次按支出经济分类公开政府和部门预算、首次按项目公开专项转移支付预算。二是推进所有财政资金一律接受财政监督制度。开展全省盘活财政存量资金专项检查，在全国率先建立省级涉企收费清单制度，并在省市县三级推行，建立行政事业性收费目录清单制度，实现“涉企收费进清单、清单之外无收费”。深化涉企资金信息系统建设，截至当年底，全省纳入系统管理的项目数12646个、申报金额102.4亿元、预警项目数10439个、预警比例82.5%，使扶持企业资金投向更加精准有效。印发财政厅内控基本制度、内控委议事规则和法律风险、政策制定、预算编制、预算执行等八项风险内部控制办法。三是推进长期沉淀资金一律调整收回制度。以省政府名义印发进一步做好盘活财政存量资金工作和关于推进财政资金统筹使用的实施意见的通知，督促市县建立盘活财政存量任务清单和时间表，实现省市县全覆盖。落实结转结余资金定期清理机制，采取补充预算稳定调节基金、交回上级财政、同级财政收回统筹等方式予以分类盘活财政存量资金。印发关于进一步加强财政支出管理激活沉淀财政资金、预算支出进度考核办法等文件，进一步加快预算执行，盘活存量资金，推动解决趴窝资金问题。

【中期财政规划稳步推开】转发财政部关于贯彻落实国务院决策部署推动地方实行中期财政规划管理的通知，收集规划期经济形势发展的预测信息，制定中期财政规划编制流程，完成2016-2018年省级中期财政规划编制，同步编制部门三年滚动财政规划。

【政府综合财务报告试编范围覆盖全省】印发关于做好2014年度权责发生制政府综合财务报告试编工作的通知和2014年度省本级权责发生政府综合财务报告试编工作实施方案，部署试编工作。提请省政府印发关于批转省财政厅权责发生制政府综合财务报告制度改革方案的通知。全省市县权责发生制政府综合财务报告制度试编工作全部完成，上报财政部。

【自主发行政府债券管理日趋完善】组建债券发行专家团，提供自主发行政府债券技术指导。通过竞争性谈判，确定本省政府债券信用评级机构。印发安徽省一般债券招标发行规则和发行兑付办法、专项债券招标发行规则和发行兑付办法等文件。全年本省累计发行1294.1亿元地方政府债券，自主发行债券利率是全国最低省份之一。

【地方政府性债务监管进一步加强】以省政府名义印发《关于加强地方政府性债务管理的实施意见》，从六个方面明确提出21项具体工作要求，明确规定全省各级政府举债以省级政府发行债券为主要形式。明确规定各级政府将一般债务收支纳入一般公共预算管理，专项债务收支纳入政府性基金预算管理，政府与社会资本合作项目中的财政补贴等支出按性质纳入相应政府预算管理。省对市、县政府债务规模实行限额管理，要求各级政府举借债务不得超出本级政府债务限额。建立地方政府性债务风险预警机制和债务风险应急处置机制，将政府性债务管理纳入政府目标管理绩效考核、领导班子和领导干部政绩考核。

【营改增扩围试点稳步推进】全面分解落实2015年试点任务，完成对建筑业、房地产业、金融业和生活服务业营改增扩围试点测算及行业调研并启动营改增试点对全省财政影响调研。全省共有营改增试点纳税人15.93万户，试点后累计为企业减税152.42亿元，保持试点企业税负稳定，改革试点成效进一步扩大。

【非税收入管理条例立法有序实施】《安徽省政府非税收入管理条例（送审稿）》上报省政府，按立法计划稳步进行。

【农业三项补贴政策改革试点有效开展】认真落实财政部、农业部《关于调整完善农业三项补贴政策的指导意见》，代省政府草拟本省农业三项补贴合并改革试点实施方案，经省政府批准同意，以办公厅名义印发执行。选择埇桥区等6个县（区）开展农业三项补贴政策改革试点，将原农资综合补贴、种粮直接补贴、农作物良种补贴，合并为农业支持保护补贴，以确权登记颁证到户面积为依据，补贴给拥有土地承包权的种地农民，有力地支持保护耕地地力。

【中等职业学校生均拨款制度全面实施】根据《安徽省人民政府关于加快发展现代职业教育的实施意见》和《财政部教育部人力资源社会保障部关于建立完善中等职业学校生均拨款制度的指导意见》精神，会同省教育厅、省人社厅印发《安徽省财政厅 安徽省教育厅 安徽省人力资源和社会保障厅关于建立完善以改革和绩效为导向 服务地方经济发展的中等职业学校生均拨款制度的实施意见》（财教〔2015〕2154号），决定从2016年起开始实施中职学校生均拨款制度。

【新安江流域生态补偿政策延续试点】皖浙两省财政、环保部门就新一轮补偿方案和协议进行会商。财政部、环保部发文同意延续试点，时间定为三年（2015-2017年），安排中央补助资金9亿元。预拨2015年新安江生态补偿中央补助资金4亿元、省级补助资金2.2亿元。

【大别山水环境生态补偿政策有效落实】会同省环保厅印发《安徽省大别山区水环境生态补偿资金管理办法》，拨付2015年省级补偿资金1.2亿元，督促六安市、岳西县抓紧实施补偿项目，发挥资金效益。

【省级大气污染防治财政保障机制基本建成】省财政设立环境保护及生态治理奖补资金12亿元,重点支持大气、水、土壤等环境污染治理;对全省16座秸秆电厂预拨秸秆发电财政奖补资金0.6亿元,拨付秸秆禁烧和综合利用奖补资金11亿元;拨付大气污染防治综合补助和黄标车提前淘汰奖补资金4.45亿元;开展大气污染防治资金绩效评价,初步建成大气污染防治资金保障机制。

(厅改革办供稿)

盘活财政存量资金

【概况】2015年,省财政将盘活财政存量资金作为预算改革的重要任务,以提高财政资金使用效益为核心,聚焦锁定存量、优化增量、加大统筹、加快支出,促进经济社会持续健康发展。

【筑牢盘活存量制度】以省政府名义出台《关于推进财政资金统筹使用的实施意见》《关于进一步做好盘活财政存量资金工作的通知》;认真制定分类清理存量资金、推进盘活存量资金、激活沉淀财政资金等一系列文件。坚持多维度推进资金统筹,做到"五统筹、一整合、一清单",推进预算编制和执行统筹协调,推动政府预算统筹安排、跨年度预算统筹协调,强化财政存量资金统筹盘活、转移支付资金统筹使用;推进教育、科技等重点科目资金优化整合;同步制定《推进财政资金统筹使用任务清单和时间表》,确保政策有效落实。

【严格盘活存量措施】从7个方面采取19项具体举措,坚持区别对待、分类施策,摸清财政存量、甄别资金来源、对照盘活要求,对结存在国库、专户和部门账户的财政性资金严格盘活。建立健全结转结余资金定期清理机制,着力消化资金存量。

【着力加快预算执行】相继建立健全预算执行分析、支出进度通报、综合考核评价机制,对预算执行不力的市县财政部门和省直部门,进行通报约谈、责令整改。着力加快项目实施和执行进度,解决预算执行中的"钱等项目"问题。进一步修订完善预算支出进度考核办法,力促市县加大存量资金统筹力度、加快收回资金支出进度。

【积极构建长效机制】从压实责任和紧密挂钩两个方面,增强存量资金管理约束性,积极构建长效化机制。一方面,分类落实牵头责任、主体责任、直接责任和配合责任,建立责任清单,逐条梳理分析,逐一分解落实,逐项跟踪压实。另一方面,将盘活财政存量资金、预算执行进度与预算编制相挂钩,通过挂钩机制倒逼部门加快预算执行、切实盘活存量资金。

(厅预算处供稿 贾成亮)

完善省对下转移支付

【概况】党的十八届三中全会明确要求清理整合规范专项转移支付。财政部提出按照"增一般、减专项、提绩效"的改革方向,完善转移支付制度。近年来,省对市县转移支付规模不断扩大,结构不断优化,2015年,省下达市县转移支付资金1864亿元,占市县一般公共预算支出的46.2%,有力增强市县财政保障能力。

【清理整合专项转移支付】从编制2014年预算开始,省财政主动开展清理整合专项转移支付。编制2015年预算时,又明确了专项转移支付项目、资金双双压缩1/3的目标,同时,将清理整合专项转移支付工作与绩效管理同推进,与预算评审论证、涉企信息系统建设等其他重点工作同推进。经清理,2015年省级专项转移支付项目数量和资金规模较2014年分别下降47.2%、33.8%,实现了双双压缩三分之一以上的目标。

【加强转移支付制度建设】2014年,以省政府办公厅名义出台《关于印发安徽省财政一般性转移支付资金管理办法和安徽省省级财政专项资金管理办法的通知》(皖政办〔2014〕29号),对转移支付的设立、分配使用、预决算、部门职责、绩效监督、信息公开等明确具体办法,填补我省转移支付总体管理制度的空白。2015年,以省政府名义出台《关于贯彻落实国务院改革和完善中央对地方转移支付制度的实施意见》(皖政〔2015〕61号),从优化结构、规范分配、加强使用管理、强化预算管理等方面完善本省转移支付管理制度,并着重作了3个方面的创新:一是明确转移支付设立退出机制,对转移支付的设立、审批、取消等程序作了明确规定。二是明确一般性转移支付统筹使用的要求,一般性转移支付完成政策目标后，可在“类”级科目内统筹使用。三是明确财政转移支付管理职责，规定各级政府、财政部门、主管部门、资金使用单位、审计部门、监察部门的职责。

【推进建立财政转移支付同农业转移人口市民化挂钩机制】一是建立县级常住人口统计制度，为做好转移支付同农业转移人口市民化挂钩提供基础支撑。二是分配省对下均衡性转移支付时，按一定比例将常住人口计入总人口，推进城镇基本公共服务常住人口全覆盖。三是以实有学籍数作为教育转移支付分配依据，将农民工随迁子女的各类教育经费全部纳入输入地财政保障范围。四是按常住人口分配基本公共卫生服务转移支付，支持农业转移人口接受地提高公共卫生服务水平。五是对农业转移人口市民化对教育、社会保障、公共安全、基础设施建设、交通运输等财政支出的影响开展专题调研。

（厅预算处供稿　李强）

推进预算公开评审

【概况】为增强预算安排的透明度和科学性，加强人大对预算的审查监督力度，加快构建全面规范、公开透明的现代预算制度，省财政厅从预算编制源头抓起，不断深化预算评审论证工作，有力推进依法理财、民主理财、科学理财。深入推进“开门”办预算，对省级30个部门申报的2016年40个项目50亿元，以及2项支出政策、2个部门整体支出资金开展评审论证，将评审范围由重点项目拓展到部门整体预算和支出政策。

【健全预算评审制度】出台《2016年省级预算评审论证实施办法》，将评审范围由项目支出拓展到部门整体预算和部门支出政策，从项目支出的立项依据、执行条件，部门预算的总体规模、基本支出、项目支出，支出政策的合法性、必要性、可行性、创新性等方面，丰富完善了预算评审内容，严格规范评审程序，强化评审结果运用。同时，对市县(区)财政下发《关于全面推进预算评审论证工作的通知》，进一步健全上下衔接、系统联动、贯穿省市县三级的预算评审论证制度体系。

【拓展评审论证周期】从评审年度看，评审论证由预算年度平衡向推进跨年度预算平衡延伸，注重三年滚动财政规划对部门年度预算的约束，评审年度的跨度更宽，使政策和项目更具有连续性、全局性、科学性。从评审时间看，评审论证由2个月延伸到3个月，由集中在预算编制“一上”阶段，延伸到预算编制的“一上”到“二下”整个环节，基本覆盖整个编制过程，评审时间跨度更长，进一步提高预算编制过程的透明度。

【丰富评审论证内涵】与往年相比，评审论证由规模数量等面上指标向绩效创新等内涵指标延伸，力争做到“四拓展”，即：项目设立向项目管理拓展，规模控制向盘活存量拓展，资金分配向创新方式拓展，预算编制向深化改革拓展，推动预算评审评得更深入、更细致、更务实，进一步提升评审论证的科学性和精准性。

【强化评审结果应用】2015年的评审论证，更加注重运用盘活存量资金、加快支出进度、创新投入方式等预算管理改革制度，使评审论证覆盖的制度内容更广泛。围绕“拿不拿钱、拿给谁钱、拿多少钱”等问题，在落实人员经费、公用定额等编制标准的基础上，进一步设置综合预算人均公用定额支出、日常运转类项目金额人均水平等一系列衡量指标，使评审论证的标准支撑体系更科学规范。建立评审论证结果运用机制，将评审论证结果，作为预算审核安排和财政政策制定的重要参考依据，提高资金分配和政策制定的科学性。

（厅预算处供稿　夏波）

加强财政绩效管理

【概况】2015年，省财政厅党组高度重视财政绩效管理工作，认真研究，超前谋划，积极推进工作开展，逐步建立以绩效目标为导向，以绩效监督和绩效评价为手段，以结果应用为保障，管理科学、运转高效的全过程预算绩效管理体系。在财政部2014年度预算绩效管理工作考核中，本省以第3名的成绩获优秀等次，受到财政部通报表扬，省长李锦斌、时任常务副省长詹夏来相继作重要批示。

【实现绩效管理全覆盖】财政绩效管理工作延伸到省市县各级预算单位，覆盖到一般公共预算、政府性基金预算、国有资本经营预算和社保基金预算等全口径预算资金,融入到预算编制、预算执行、预算监督的各个环节,实现了"横向到边、纵向到底"的管理目标。

【夯实绩效管理的制度基础】先后出台《安徽省省级预算绩效管理委托第三方机构评价暂行办法》《安徽省财政支出项目绩效评价报告(规范格式)》《安徽省财政厅关于深入推进预算绩效管理工作的通知》,全面规范省级预算绩效管理的委托与评价行为,规范绩效评价报告格式,不断健全和完善预算绩效管理的工作机制。

【推进预算公开评审】深入推进"开门办预算",扩大公开评审范围,邀请人大代表、政协委员和相关专家学者对2016年部门预算申报安排38个重点项目进行公开评审,评审投资5.17亿元,审定3.57亿元,审减1.60亿元,审减率30.95%,进一步提高预算编制科学性、公开性和透明性。

【开展重点绩效评价】年初确定重点绩效评价事项37项,涉及政策性农业保险、小型水利改造提升工程、城乡居民最低生活保障、敬老院建设、农村清洁工程补助资金、中央文化产业发展专项、社保基金保值增值、军民结合高技术产业发展资金等重点项目,通过重点项目评价,打造亮点,提升质量和水平。

【拓宽预算绩效管理范围】积极树立"大绩效"理念,探索开展部门整体评价和政策制度评价;稳步开展国库现金运作管理、省级财政专户资金保值增值;组织对省级预算部门进行预算管理综合绩效考核,着力提升预算综合管理水平;开展对乡镇财政资金监管工作绩效评价,确保惠农政策落实到位。

【提升涉企资金绩效】以财政涉企信息系统为载体,对财政涉企资金进行绩效跟踪和实时监控。通过科技化、信息化手段,采用筛查、比对、审核、预警等方法,对涉企资金进行全方位"体检",提高涉企资金投向的规范性、公平性和绩效性。

【探索开展第三方评价工作】扎实做好敬老院建设、城乡低保、大气污染防治、千万亩森林增长工程、粮食发展专项资金、地质灾害防治等重点项目的第三方评价工作,有效促进评价规范有序和客观公正。

【系统联动同频共振】从全面推进预算评审论证工作、强化转移支付资金绩效管理、突出财政重点项目绩效评价、加强财政涉企资金绩效评价、充分盘活沉淀财政资金、提高政府债券资金使用绩效、强化财政绩效评价结果运用等七个方面,指导省直部门单位和市县财政部门同步推进财政绩效管理工作,达到"1+1 > 2"的效果。

(厅债务办供稿　韩晓峰)

深入推进创新型省份建设

【概况】按照省委、省政府建设创新型安徽的总体部署,2015年,全省财政科技支出145.1亿元,较上年增长12.5%。财政资金的大幅投入,有力支撑创新型省份建设。

【科技创新改革迈出新步伐】配合制定《安徽省系统推进全面创新改革试验建设有重要影响力的综合性国家科学中心和产业创新中心实施方案》,以科技创新为中心,推进实施企业创新投入税收优惠、创新人才团队统筹奖补等财政政策,着力破除体制机制障碍,激发全社会创新活力和创造潜能。深化财政科技项目资金管理改革,会同起草《关于改进加强省级财政科技项目和资金管理的实施意见》,优化整合省级科技计划类别,改革科技项目和资金管理流程,构建财政科技项目分类管理和差异化扶持机制。

【创新型省份建设建立新机制】完善创新型省份扶持政策,会同省科技厅修订拓展创新型省份建设配套政策,以省政府办公厅名义印发《关于实施创新驱动发展战略进一步加快创新型省份建设的意见》(皖政办〔2015〕40号),形成支持自主创新能力建设、扶持高层次科技人才团队、促进科技成果转化、重大科技专项、科技保险试点等覆盖创新驱动发展全链条的"1+6+2"配套政策。加大科技创新保障水平,继续安排10亿元创新型省份建设专项资金,综合采取股权投资、以奖代补、创业投资、绩效挂钩等扶持方式,发挥财政资金杠杆作用,建立"企业愿意干、政府再支持"、"市县愿意干、省里再支持"的扶持机制,努力营造"大众创业、万众创新"的良好氛围。全年共支持30个科技团队、32家重点实验室、15个省重大科技专项和829家企业事业单位,同时,根据省政府要求,采取后补助方式，支持34家众创空间和11家新型研发机构。

【科技成果改革取得新突破】根据财政部、科技部、国家知识产权局《关于开展深化中央级事业单位科技成果使用、处置和收益管理改革试点的通知》精神，结合本省实际，制定《安徽省促进科技成果转化实施细则》，明确在全省范围内实施科技成果三权改革：将财政资金支持形成的，不涉及国防、国家安全、国家利益、重大社会公共利益的科技成果使用权、处置权和收益权，全部下放给项目承担单位。单位主管部门和财政部门对科技成果在境内的使用、处置不再审批或备案，科技成果转移转化所得收入全部留归单位，纳入单位预算，实行统一管理，处置收入不上缴国库。

（厅教科文处供稿）

财政落实“调转促”行动计划

【支持产业转型升级】按照省委省政府加快培育战略性新兴产业集聚发展基地的要求，省财政谋划筹措20亿元专项资金，拨付首批14个基地，有效支持新兴产业集聚发展。同时，推进传统产业转型升级，从存量中找增量，培育新的经济增长点。围绕企业技术改造、技术创新、淘汰落后产能和强化资源综合利用，集聚资金投入，2013—2015年统筹安排工业强省资金13.72亿元，支持产业升级和技术进步。支持量子通信项目建设，拨付2015年度省级配套资金4000万元，2016年度6000万元列入预算。

【支持园区和县域经济发展】逐步完善全省四大板块区域政策，根据区域资源要素特征，有针对性地制定皖江、皖南、皖北和大别山地区发展政策，支持地方经济转型升级。创新园区发展支持政策，进一步加大对“3+4”合作共建园区支持力度，在适当扩围的基础上，增加省财政对县级合作园区支持力度，通过合作共建形式进一步发挥合作双方比较优势，推进园区转型升级和县域经济发展。合作共建成为新的园区发展模式，形成全省范围内南北合作、南北交流、南北共建的新的发展局面。

【稳步推进“营改增”改革试点】安徽作为全国首批试点，实施“营改增”工作后，试点行业有序扩围，行业领域由“1+6”拓展到“3+7”，试点纳税人户数由3.11万户增长到14.47万户，增加近4倍，“营改增”行业新增就业岗位47.14万个，占同期新增就业岗位25.66%。从政策效果看，试点企业减税效应明显，全省企业累计减税137.84亿元，减税面97%。在鼓励中小企业发展的同时，推进大型企业主辅分离，进一步优化企业结构，促进服务业发展。

【加快实施创新驱动战略】围绕“调转促”工作要求，深入推进创新驱动战略，继续安排10亿元创新型省份建设专项资金，打造“1+8”创新驱动政策体系，形成科技资源推进产业发展的有效转化机制。加快人才高地工程建设，积极推进企业股权和分红试点，计划2016年全省完成22家企业实施企业股权和分红激励任务，到2020年争取完成200家。在支持合肥市全国首批小微企业创业创新试点工作的基础上，探索政府扶持创新创业市场化的新模式，设立3000万元青年创业引导资金，实行“免抵押、免担保”模式扶持青年群体初始创业和发展创业。政策实施后，共扶持64家企业创新，发放贷款5000万元，直接带动就业2000人。

【支持现代农业发展】省财政积极探索支持现代农业发展的新方法、新方式，在创新新型农业主体方面，引入风险补偿机制，安排资金1.3亿元建立新型经营主体融资风险补偿基金，支持构建新型农业经营体系。推进高标准农田建设，统筹资金50亿元集中支持农业综合开发、增粮规划、国土整治等。提升粮食生产基础能力，安排农机购置补贴14亿元、安排支持粮食生产和畜牧渔业发展资金13.5亿元。加快推进农业领域改革，支持农业要素保障体系建设，推进国有林场改革、农村土地确权登记颁证试点、水利工程管护机制改革等“三农”领域重大改革事项。

【加快担保体系建设】在全国率先推出“4321”新型政银担合作机制，统筹安排5亿元，对单户企业在保余额500万元、最高不超过2000万元的小微企业担保贷款给予代偿补偿。做大做强县域政策性担保机构，每年安排20亿元，通过省担保集团，按照“参股不控股”原则向县域政策性担保机构注资。截至当年9月末，全省政策性担保机构145家，净资产总额500亿元，占全省融资担保机构净资产的70%；在保余额1237亿元，占全省在保余额的 80.3%;平均放大倍数 3.69 倍,高于全省平均倍数 0.35 倍。政银担合作省级银行机构 15 家,四大国有商业银行全部加入,准入合作担保机构 113 家;新型政银担基本覆盖全省,累计放款 145.48 亿元,扶持企业户数 2837 户,户均 512.81 万元。

【推进服务业发展】全面落实加快服务业发展各项政策,推进以市场化方式发展养老服务产业试点,设立安徽省养老服务产业发展基金,重点投向居家、社区、大众化的健康养老服务。省财政设立 1 亿元规模省级服务业发展引导资金,重点支持黄山市创建国家服务业综合改革试点和全省服务业重点项目建设。围绕安徽资源优势大力发展旅游业,每年安排旅游专项资金 1.14 亿元,推进服务业全面发展。同时,强化贸易流通体系建设,加大对外贸支持力度,省财政统筹安排资金 1.9 亿元,建立省中小进出口企业专项贷款风险准备金,为企业在银行贷款提供担保。另一方面,鼓励省内企业“走出去”,结合“一带一路”统筹安排资金 3.4 亿元支持外贸转型升级,培育外贸新的竞争优势。

【强化财政资金绩效】以财政涉企信息系统为载体,通过科技化、信息化手段,对涉企项目进行全方位“体检”,提高财政涉企资金投向的规范性、公平性和绩效性。同时,强化绩效评价结果的运用,将重大涉企资金绩效评价结果向政府报告,为重大决策提高参考;并将涉企资金绩效结果作为年底预算调整、专项资金分配和以后年度预算资金安排的参考因素,进一步优化资源配置,提高资金效益。

(厅经建处供稿)

财政支持脱贫攻坚

【概况】省财政认真贯彻落实中央、省委扶贫开发工作两个会议及两个决定精神,紧紧围绕省委、省政府脱贫攻坚战略部署,将财政支持脱贫攻坚作为一项重要政治任务和头等大事来抓。

【进一步加大投入】2015 年,全省财政专项扶贫投入 33.4 亿元,同比增长 14.6%,重点用于支持 31 个国家、省扶贫开发工作重点县实施光伏扶贫、整村推进、雨露计划、扶贫小额信贷等,支持改善农村生产生活条件,增加贫困群体收入,当年全省超额完成 96 万人的脱贫任务。截至 2016 年 4 月,全省整合涉农资金 89.9 亿元用于脱贫攻坚,其中省本级整合相关涉农项目 108 项、资金 57.2 亿元,占省级可统筹涉农项目资金总量的 63.6%;市县整合本级涉农项目资金 32.7 亿元,占可统筹项目资金总额 48%。

【进一步创新举措】一是制定财政支持脱贫攻坚政策。从强化投入保障、推进统筹整合、创新支持方式、严格监督管理、压实工作责任 5 个方面,制定 20 项具体措施,确保省委、省政府关于脱贫攻坚决定政策的具体落地。二是创新正向激励的资金分配机制。资金安排向贫困人口集中的皖北地区和大别山连片特困地区倾斜。对脱贫成效显著的给予资金奖励,形成正向激励。三是创新社会广泛参与的资金投入机制。支持开展扶贫小额信贷,发挥贷款贴息、建立信贷风险金和贷款保险等作用,放大财政扶贫资金撬动作用。四是创新资金监管机制。针对扶贫资金使用中存在问题,牵头会同省监察厅、审计厅、扶贫办,对全省 15 个市、70 个有脱贫攻坚任务的县(市、区)全面开展集中检查,查找症结,督促整改,严格问责。

【建立工作推进机制】一是抓学习贯彻。财政厅党组先后召开 10 次扶贫专题会议,学习传达中央和省扶贫开发会议和省领导讲话精神,研究谋划财政支持脱贫攻坚各项工作。邀请省扶贫办主任、财政部农业司扶贫处负责同志宣讲财政支持脱贫攻坚政策。开展“脱贫攻坚与财政精准扶贫”党组中心组理论学习研讨,在全省财政系统形成脱贫攻坚人人有责、人人尽责的工作氛围。二是抓协调落实。成立财政支持脱贫攻坚领导小组,厅内建立农业处牵头、相关处室共同参与的分工明确、协调有序的工作推进机制。制定《安徽省财政厅 2016 年财政支持脱贫攻坚工作要点》,将任务逐项细化分解到具体处室和责任人,建立工作台账,周统计、月通报,落实一件、销号一件。三是抓系统推进。召开全系统财政支持脱贫攻坚会议,覆盖省市县乡四级财政部门党组和主要科(股)室负责人,原原本本地学习省委、省政府扶贫工作有关精神,明确财政部门的预算保障责任、政策统筹责任及资金监管责任,增强财政支持脱贫攻坚政策执行力。四是抓督促检查。派出 6 个由厅领导带队的工作督查组，分别对 16 个市财政局支持脱贫攻坚工作落实情况，开展现场督查，重点查看扶贫资金安排、项目整合、监管措施等是否落实到位，并要求未落实的要及时整改完善。

【健全监督管理体系】围绕财政扶贫资金的筹集、分配、使用、监管的全过程，建立“2+2+1”制度体系。一是制定 2 个意见。制定《财政支持脱贫攻坚的实施意见》，作为全省脱贫攻坚决定的配套文件之一，从增加预算安排、整合项目资金、盘活存量资金等方面，明确扶贫资金筹措渠道。制定《开展资产收益扶贫的指导意见》，指导各地探索将财政性资金投向产业发展等形成的资产，折股量化给贫困群众，培育稳定脱贫增收来源。二是建立 2 份清单。建立扶贫资金统筹整合清单，明确省级涉农项目中可用于扶贫资金的整合范围、整合比例，确保投向贫困地区和贫困人口的涉农资金不低于总量 40%。建立财政扶贫资金使用负面清单，界定扶贫资金支持领域、项目实施、资金使用等十项负面内容清单，严格制定相应惩戒措施。三是制定 1 个办法。制定《安徽省财政扶贫资金管理办法》，对财政扶贫资金的来源途径、预算分配、使用拨付、管理监督作出明确规定，做到财政扶贫资金使用管理有据可依、有章可循。

（厅农业处供稿）

促进创业就业

【概况】2015 年，省财政按照省委省政府的部署要求，认真贯彻落实创业就业有关政策，创新财政支持创业就业方式，积极推动“大众创业、万众创新”，为本省经济发展和社会稳定提供有力保障。

【大力实施就业促进工程】围绕推动大众创业，深入贯彻落实就业优先战略和更加积极的就业政策，进一步健全促进就业创业体制机制，持续实施就业技能培训、公益性岗位等各项就业促进项目。全省安排就业专项资金 23.9 亿元，支持开发公益性岗位 5.3 万个，就业见习岗位 1.1 万个，基层特定岗位 1.2 万个，开展技能培训 34.5 万人。

【创新创业扶持新模式】探索市场化方式支持创业带动就业新模式、新路径，按照“省市合作、市场运作、风险共担”原则，会同有关部门创新扶持方式，与合肥市按 2:1 的比例共同设立青年创业引导资金 3000 万元，以市场化运作方式开展“免抵押、免担保”贷款，扶持青年群体创业，引导撬动社会资本 1.5 亿元，共发放 103 家企业青年创业引导资金贷款 7261 万元，带动就业 3000 余人。

【完善新一轮就业创业扶持政策】会同省人力资源保障厅以省政府名义印发《安徽省人民政府关于进一步做好新形势下就业创业工作的实施意见》，提出五大部分、三十条措施，进一步做好新形势下就业创业工作。完善企业稳岗政策，将失业保险基金支付企业岗位补贴的比例，由 2014 年度的“不超过当年征收失业保险费的 30%”提高至 50%。

【深化“工学一体”就业就学试点】会同部门印发《做好 2015 年“工学一体”就业就学试点工作通知》，通过“政府引导、政策支持、财政补贴”方式，将“工学一体”试点范围扩大到全省，积极搭建企业和学校合作平台，破解就业结构性矛盾。

【建立健全就业资金绩效分配机制】以促保障、促创业、促执行、促联动、促统筹为原则，牵头印发《关于完善就业专项资金转移支付绩效分配办法的通知》，进一步规范和改进省对市、县（区）就业专项资金分配方式，提高资金分配的科学合理性，推进转移支付管理的制度化。

【健全残疾人创业就业促进政策】会同部门制定出台《安徽省残疾人创业就业三年行动计划》，明确分年度目标任务，并在梳理和重申现有政策措施的基础上，对有利于残疾人就业创业政策进行拓展。明确残疾人创业就业三年行动计划所需经费的来源，积极推动残疾人创业就业，着力解决残疾人群体的就业困难。

（厅社保处供稿）

推广运用政府和社会资本合作（PPP）模式

【概况】为深入贯彻落实十八届三中全会精神，推动社会资本通过特许经营等方式参与城市基础设施投资和运营，进一步拓宽城镇化建设融资渠道,提高公共产品的供给质量和效率,省财政厅会同省直有关部门,结合实际、积极探索、大胆尝试,积极在本省推广运用PPP模式。

【加强组织领导】省财政厅成立PPP工作领导小组,厅主要领导任组长,厅内18个处室单位参与,明确职责分工,细化工作任务。省直有关部门和市县财政部门成立相应机构,明确牵头处(科股)室加以推进。

【完善制度体系】牵头拟订并以省政府办公厅名义转发《关于在公共服务领域推广政府和社会资本合作模式的实施意见》,联合省直有关部门印发《安徽省政府和社会资本合作模式公共租赁住房项目试点方案》《关于推行政府与社会资本合作模式建设普通国省干线公路工作实施方案》,下发操作指南、合同指南、物有所值评价及财政承受能力论证指引等。

【精心谋划项目】申报并列入财政部示范项目11个,总投资达304亿元;联合省直有关部门公开向社会发布PPP项目172个,总投资1773亿元,涉及交通、供水、污水、垃圾处理、城市地下综合管廊、生态环境等多个领域;申报并列入交通部全国高速公路PPP试点项目3个,总投资227.8亿元。

【强化项目实施】建立PPP工作台账,定期向省委省政府报送改革进展;先后5次召开厅PPP领导小组专题会议,专项推动PPP工作;将财政部示范项目执行情况纳入厅领导对市县调研督导和约谈的重要内容;定期调度项目实施进展情况,通过开展实地调研、指导、督查等方式,对试点项目进行跟踪指导;及时总结成功项目经验,向全省印发池州污水处理及市政排水和安庆外环北路项目实施方案,为各地提供可借鉴、可复制、可推广的案例经验,供各地在推进PPP项目时参考借鉴。截至当年底,列入财政部的11个示范项目有8个进入执行阶段;本省向社会公开发布的项目签约31个。

【加大政策支持】为保障地方政府履约,增强社会资本信心,本省率先在普通国省道干线公路PPP项目上实行财政扣款机制,对不能按合同约定及时足额向项目公司支付政府付费或提供财政补贴的市县,由省财政直接从安排该市县的相关资金中代扣,支付到对应项目公司。积极研究利用现有专项转移支付资金渠道,对PPP重点示范项目给予支持引导。鼓励和支持金融机构为PPP项目提供融资、保险等金融服务,鼓励融资性担保机构为PPP项目提供担保增信支持,调动社会资本和金融机构参与PPP项目建设的积极性。

【提升能力素质】将PPP作为全省市县政府领导干部财政改革与政府债务管理专题培训班和2015年财政领导干部岗位培训班的重要培训内容,对全省50个市县政府分管负责人、各市、县(区)财政局长和厅内处级干部进行专题培训。举办全省政府和社会资本合作(PPP)专题业务培训班,对中央在皖及省属金融机构负责人、省市部分平台公司负责人、各市县财政局负责同志及业务经办人员进行专题授课,宣传PPP模式的理念和方法,分析相关案例。各级政府、省直相关部门组织开展一系列培训。通过全方位、多层次的培训,提高各级政府部门干部的PPP理论水平和实践能力。

【完善财政投入和管理方式】实现政府从原先"补建设"向"补运营"转变,平滑年度间财政支出。安庆市北外环路项目总投资19.76亿元,如按传统模式推进,两年建设期内将面临每年10亿的财政压力,采用PPP模式,前两年建设期政府不花一分钱,从第3年运营期开始11年内,政府向项目公司支付可用性服务费的方式购买项目可用性(符合验收标准的公共资产),以及支付运维绩效服务费的方式购买项目公司的服务,并将可用性服务费和运营绩效服务费,列入跨年度的财政预算。

【有效化解地方政府存量债务】通过对政府融资平台债务转换,减轻地方政府偿债压力。马鞍山污水处理、垃圾焚烧发电、餐厨垃圾等3个项目,完成社会资本招标采购,组建项目公司,进入正式建设运营阶段。项目实施化解政府存量债务9000万元,吸引社会资本1.22亿元。合肥市轨道交通2号线项目总投资190亿元,其中政府投入资本金57亿元,利用国开行牵头的银团贷款133亿元。作为财政部全国示范项目,合肥市政府拟采取PPP模式进行转换,吸引社会资本参与项目建设运营,有效化解政府存量债务。

【提升公共产品和公共服务质量】用专业的人做专业的事,有效提升了公共服务质量和效率。池州市污水处理及市政排水项目实施后,项目公司通过能力建设和组建专业队伍，提升管理服务质量，有效解决以往各区管网之间、管网与污水处理厂之间衔接不畅、污水外渗、河水倒灌和城市内涝等问题。特别是当年汛期，雨水多于往年，全国多数城市再次出现“逢雨必涝”的“海景”现象，而项目公司迅速完成383公里城市排水管道的检测、疏通和修复，城市排水能力大为增强，老城区无明显积水点，局部内涝情况明显好转，获得市民普遍赞誉。

（厅金融处供稿）

支持政策性融资担保体系建设

【**概况**】2015年，省财政认真贯彻国务院及省委省政府决策部署，坚持“扶小微、广覆盖、低费率、可持续”的原则，强化财政支持，创新体制机制，有力支持全省政策性融资担保体系建设。

【**持续加大财政投入**】省财政继续安排11亿元，带动市县配套12.7亿元(其中：市级配套2.85亿元，县级配套9.85亿元)，支持93家县域政策性融资担保机构扩充国有资本金。继续安排20亿元，通过省担保集团对符合条件的100家政策性融资担保机构（5个市级机构、95家县级机构)注资参股，推动做大做强县域政策性融资担保机构。整合10亿元农业适度规模经营资金，用于注资设立省农业信贷担保公司。继续实施担保贷款增量奖励，对依法合规经营、年化担保费率不高于同期基准利率25%且放大倍数达到4倍以上的融资担保机构兑现奖励资金1724万元，进一步鼓励引导融资担保机构提量降费增效。通过省财政持续注资，引导带动市县及社会资本投入，本省政策性融资担保机构户数趋于稳定、净资产稳步增加、单体规模不断壮大。截至当年末，本省政策性融资担保机构145家，占全省全部机构数的41%，覆盖全部县域；净资产总额567亿元，占全行业的79.5%，同比增长32.5%；户均净资产3.91亿元，比全省平均净资产高出1.88亿元；净资产10亿元以上的3家，5—10亿元的8家，1—5亿元的132家，1亿元以下2家；规模最大的省担保集团净资产为153.7亿元，荣获全国“2015年度最具竞争力融资担保公司”称号。

【**构建全省政策性担保体系**】以省担保集团为龙头，通过再担保业务和注资参股双纽带，加快构建全省政策性融资担保体系。省财政出台一系列引导和扶持政策，增强省担保集团其再担保能力，鼓励市县政策性融资担保机构加入再担保业务合作，进一步提高再担保覆盖面，增强机构间风险对冲和分散能力。支持省担保集团与德国有关担保银行合作，探索试点区域政策性担保银行，并在全国率先成立担保资产管理公司，将其作为担保产业链上的重要一环和行业生态修复系统，为下一步“去杠杆”发挥重要作用。省农业信贷担保公司挂牌运作，专业服务“三农”的农业信贷担保体系破茧待出。截至当年末，体系成员为124家，机构数占全省35%，覆盖全省16个省辖市、95个县（市、区)；净资产规模486.3亿元，占全省68%；体系在保余额1249.6亿元，占全省78%。省担保集团与体系成员中的115家机构建立再担保合作关系，实现再担保业务规模868.1亿元。

【**创新政银担合作机制**】在全国率先开展“4321”新型政银担合作机制，对单户企业在保余额500万元、最高不超过2000万元的小微企业担保贷款代偿，由原担保机构、省融资担保风险补偿基金、合作银行及地方财政按4：3：2：1的比例进行分担。截至当年末，参与政银担合作银行119家(其中：省级银行14家、各地农商行75家、村镇银行30家)，准入担保机构115家，覆盖全省16市、94个县（市、区），新型政银担业务额完成281.87亿元，超额完成年初目标任务的181.87%。

【**提高财政资金使用效益**】制定出台省担保集团及市县政策性融资担保机构绩效考核办法及约谈制度，对放大倍数、扶持小微企业数量、风险控制、担保费率等核心指标进行考核评价，考核结果及约谈整改情况与省财政扶持政策、负责人薪酬及同级政府对金融机构综合考核等挂钩。省财政创新财政手段与金融杠杆科学有效结合，提高财政性资金使用效率，充分发挥政策性融资担保功能作用，为本省推进调转促、服务双创及改善民生等打下坚实基础。截至当年末，全省政策性融资担保机构在保余额1337亿元，同比增长9.5%，占全省比例83.8%；放大倍数3.9倍，比全省平均水平高0.2倍；担保费率1.3%，低于省政府要求的1.5%收费标准。当年全省政策性担保机构服务中小微企业实现销售收入约4000亿元，利润约272亿元，税收约200亿元，支持就业约105.7万人。

（厅金融处供稿）

推进财政涉企项目资金管理信息系统建设

【概况】财政涉企项目资金管理信息系统（以下简称"涉企系统"）是在时任省长王学军部署要求和时任常务副省长具詹夏来具体指导下，由财政厅负责实施的重要财政管理改革任务。按照省领导指示精神，财政厅强化组织领导，系统整体联动，健全制度机制，扎实推进系统建设应用，涉企资金管理水平逐步提升。2015年7月，常务副省长詹夏来批示"这是'制度＋科技'的一项重要探索，望认真总结，继续完善，使之更好地发挥监管作用。"12月，省长李锦斌视察财政厅，在听取"涉企系统"演示汇报后充分肯定系统成效，并对系统建设作出重要指示："财政涉企项目资金管理信息系统，就是加强财政管理的一项基础性创新，有效提升了扶持企业资金投向的精准度。"

【系统建设目标任务】"涉企系统" 的目标任务，是利用信息化手段，切实解决企业虚假申报、多头申报、重复享受和无效支持等多年想解决而未解决的突出问题。财政厅按照"预算完整，公开透明，科学有序，执行有效，纪律严明"的财政管理改革思路，充分聚集部门数据、历史数据和各种潜在的信息资源，以大数据为手段，打造数据聚集平台，通过项目管理"信息化"检测、核实和审批，彻底把以往各部门"背靠背"分配资金变为"面对面"公开化操作，实现省、市、县三级全覆盖。

【破除"信息孤岛"，打造数据集聚平台】"涉企系统"按照数字财政建设理念，运用大数据技术，充分积聚各类政务信息资源，消除政府部门"信息孤岛"，延伸数据使用空间，不断提升数据利用价值。一是建立验证数据库，将省工商局 331万户企业基础信息、省质监局92万户企事业单位组织机构代码、省国税局16万户企业税收征管信息、合肥海关5000多家外贸企业进出口贸易数据、省地税局110多万户企业（含个体工商户）所有税种纳税情况及社保信息纳入"涉企系统"，并实现与部分核心业务系统实时信息传输。二是建立项目数据库，已录入2009年以来8万余条已享受财政资金支持的项目信息，同时与省科技厅、省经信委、省旅游局、省环保厅等涉企主管部门的项目申报管理信息系统建立数据接口，实现项目信息资源共享。三是建立预警规则库，基本预警规则突出公共性和适用性，主要包括：企业虚假申报、多部门申报、重复享受、外贸企业的进出口贸易额为零、项目申请金额大于企业年度缴纳税收及社会保险总额、同一法定代表人多部门申报。同时，根据省地税局"纳税信用等级评定""税收不良记录"和省工商局"工商企业经营异常名录"，设置企业经营异常预警。在技术层面，"涉企系统"通过建立互联互通、开放兼容、功能完备、共享共用的信息化监管工作平台，实现全省财政涉企项目资金跨地区、跨部门、跨行业的实时监管。

【重塑管理流程，推进项目申报审批公开透明】"涉企系统"基本运行机制是：在不改变主管部门对涉企项目资金管理职能前提下，将企业项目申报信息与系统中验证数据、项目数据、预警规则等数据资源进行比对，针对企业虚假申报、多头申报、重复享受、申请金额大于企业年度缴纳税收及社会保险总额等异常现象，采取虚假申报亮红灯，多头申报、重复享受、无效支持等预警信息亮黄灯的方式，提醒业务主管部门和财政业务管理机构重点对预警项目予以关注和审查、审批，让数据说话，化数据资源为管理资源。在日常操作应用中，按照"谁主管、谁负责"的原则，对"涉企系统"用户按照岗位职责实施项目信息归集，构建各环节经办人员对项目申报审查、比对筛查、预警核准全过程负责的管理责任机制，做到"审核留痕迹，责任可倒查"，实现各部门涉企项目申报、审批信息共享。在业务层面和运行层面，通过"涉企系统"公开化操作，提高涉企项目申报和管理的真实性、规范性、公平性。

【注重分析应用，推进涉企项目资金闭环监管】一是全方位监控分析。按照"实时监控、动态分析"的要求，建立多环节、多层次、多维度的统计分析报表体系，及时将分析发现的情况与预算编制、预算管理、预算改革紧密结合，为改进财政资金管理方式、透明预算等提供重要数据支撑和决策支持。二是注重绩效结果运用。按照“花钱要有效,用钱要负责”的要求,开发建设绩效管理功能,将绩效评价结果作为财政部门或主管部门预算安排、资金分配的重要依据,凡评价结果为“优”的项目,在以后年度预算中优先安排;评价结果为“中”或“差”的项目,减少预算安排或取消项目。三是分类建立管理制度。按照“纠建并举,注重长效”的要求,积极会商各主管部门,以联合发文形式制定文化类、科技类、农业产业化类、技能培训类、中小企业发展类、旅游类、贷款贴息类等16项制度办法,并汇编成册,从涉企资金的申报、审批到监管,在制度上严格控制涉企资金的项目、总额和主体。同时,建立“黑名单”制度,对虚假申报、骗取涉企财政资金的单位,一经查实直接列入“黑名单”。

【“涉企系统”功能有效发挥】“涉企系统”上线运行,全省注册用户达5062人,其中:省级231人,市级1298人,县级3533人;纳入系统管理的项目数24584个,申报金额超过200亿元,有效支撑涉企资金项目信息归集、比对预警、审批核准、监督检查和分析研判的“数字化”和“信息化”,显著提高涉企资金分配和使用的科学性、合理性和效益性。“涉企系统”应用受到社会各界广泛关注,《中国财经报》《安徽日报》等媒体四次宣传报道,新华社以内参形式呈报中央领导。一是实现有效预警。系统上线运行以来,纳入“涉企系统”管理的申报项目,经过预警提示和项目主管部门审核认定后,项目通过率基本在80%左右。二是把住申报关口。在项目申报录入初审阶段,各地各部门充分利用“涉企系统”的比对筛查功能,严格审核把关拟录入“涉企系统”的项目,及时拦截阻断部分异常项目。据统计,主管部门利用系统资源审核取消申报项目2530个,涉及金额14.8亿元,有效把住项目申报的第一道关口。三是规范审批核准。按照“分级负责、层层把关”的原则,各地各部门在系统中核准预警项目,须出具书面意见书,并经主管部门或者市县政府主要领导签字确认,明确部门和市县在审核环节的主体责任,坚决杜绝“投石问路”式申报,规范审批核准程序。据统计,多部门安排项目企业数由系统建成之前的4879个减少到目前的2277个,减少幅度高达53%。四是提供决策支持。充分利用“涉企系统”的分析研判和数据聚集优势,及时将运行监管和统计分析结果与预算编制、预算管理、预算改革紧密结合,为推进专项资金压缩、精准支持企业发展、有效培育财源提供重要数据支撑和决策支持。

(厅涉企办供稿 吴丽环)

加强财政内部控制建设

【概况】内部控制是指通过查找、梳理、评估省财政厅财政业务及财政管理中的各类风险,制定、完善并有效实施一系列制度、流程、程序和方法,构建形成对各类工作风险进行事前防范、事中控制、事后监督和纠正的动态过程和机制,提高财政内部管理和依法理财水平。为贯彻落实依法治国基本方略,发挥好财政在国家治理中的基础和重要支柱作用,推动依法治省和法制财政建设,有效防控廉政风险及其他风险,根据财政部统一部署和安排,省财政厅自2015年年初启动全省财政系统内部控制建设工作。厅党组高度重视并大力推进内控建设工作,多次召开专题会议对财政内控建设进行研究部署,确立内控理念,明确内控思路,强化内控措施,稳步推进全省财政系统内控建设各项工作。

【搭建内部控制组织管理架构】1月23日,省财政厅召开内部控制委员会第一次会议,成立安徽省财政厅内部控制委员会,厅内控委负责确立省财政厅内部控制政策,审定重大风险和重要业务流程的管理制度及内控机制,部署内部控制的重大事项和管理措施,指导和督促各处室单位建立和完善内部控制制度、程序和管理措施等。厅内控委下设办公室,承担内控委日常工作。厅内控办设在监督检查局,厅机关各处室(局)、厅属各单位设置内控管理岗和内控管理联络员。经省编办批复,将监督检查局内设机构调整为综合处、内部控制处和监督检查处,其中内部控制处承担厅内控办的日常工作。

【制定内部控制基本制度和专项办法】2月2日,印发《安徽省财政厅内部控制基本制度(试行)》《安徽省财政厅内部控制委员会议事规则(试行)》,明确内控建设的指导思想、基本原则和工作方法等。5月29日,印发《安徽省财政厅法律风险内部控制办法(试行)》等八个专项内控办法,重点对法律风险、政策制定风险、预算编制风险、预算执行风险、公共关系风险、机关运转风险、信息系统管理风险、岗位利益冲突风险等八个专项风险进行防控。

【开展全省财政系统内部控制业务培训】8月中旬和10月中旬分别组织对市县财政部门和厅内处室单位开展内控工作专题培训。培训由厅内控办牵头组织，厅办公室等牵头处室单位对八个专项内控办法进行全面深入解读。

【组织撰写处室单位内部控制操作规程】根据厅党组和厅内控委部署要求，10月中旬，厅内控办明确各处室单位内控操作规程的编写体例、主要内容等要求，并提供内控操作规程的参考示例。至12月底，各处室单位拟制内控操作规程的初稿。

【指导市县财政部门有序推进内部控制建设】督促市县及时报送内控建设进度等相关情况，认真梳理市县内控建设实施方案并提出指导意见，选派业务骨干对部分市县财政局进行内控专题培训，力求同步推进。

（厅监督局供稿）

推进农村综合改革示范试点

【概况】2015年，根据《安徽省人民政府关于深化农村综合改革示范试点工作的指导意见》(皖政〔2013〕69号)要求，我们坚持从实际出发，围绕美丽乡村建设和现代农业发展，按照统筹推进、重点突破，试点先行、分类指导，封闭运行、风险可控的原则，全省投入试点资金4.1亿元，支持指导20个试点县(区)积极探索创新，扎实推进，深化农村综合改革示范试点工作，为全省积累改革经验。

【建立农村公共服务运行维护机制】本省将美丽乡村基础设施的管护作为一项民生工程，从当年开始，积极探索建立村集体、农民共同投入为主，财政给予适当补助的美丽乡村管护长效机制。省财政对各年度建成的中心村，采取连续补助5年的做法，每年安排专项管护补助经费(2015年省级安排2200万元)，市县财政安排必要管护经费，引导村集体和农民积极筹资用于村级公益事业管护。部分试点县(区)探索将村级公益事业全部纳入政府购买服务范围，以村级为主体，交给相关专业服务组织管护，财政给予一定补助。同时，完善农村为民服务全程代理制，建立网上为民服务大厅，对农民群众需要办理的事项，提供网上"一站式"服务，方便农民群众办事。

【建立农村土地流转服务新机制】全省16个市和70个县（占县总数的90%）安排财政引导资金，加大对农民合作社、专业大户、家庭农场、农业龙头企业等新型经营主体的扶持和培育力度，充分发挥其在支撑适度规模经营的"主干作用"、服务农业生产的"纽带作用"和对接市场的"桥梁作用"。68个县(占县总数的88%)建立仲裁委员会、1095个镇(占镇总数的90%以上)建立土地流转服务中心，为土地流转提供专业化、规范化服务。

【建立新型农业社会化服务体系】坚持以政府涉农部门和事业单位为主体，企业、个人、专业合作组织提供的多元化服务为补充，构建"一主多元"的新型农业社会化服务体系，并指导各试点县(区)积极探索创新，构建符合当地实际的新型农业社会化服务体系。在总结各试点县(区)经验的基础上，出台《关于加快构建新型农业社会化服务体系的意见》，明确通过大力培育新型农业经营主体、提升农业社会化服务装备水平、推进农业社会化服务平台建设、创新农业社会化服务机制、加强农业社会化服务政策扶持等6项措施，全面推进本省新型农业社会化服务体系建设。

【建立农村金融服务体系】2012年本省在金寨、凤台启动农村金融综合改革试点，2014年10月，省政府将改革扩大到全省20个农村综合改革试点县(区)。2015年，针对县域农村金融供给不足、融资渠道较少、农村金融活力不足、农民贷款抵押物不足、小微企业融资难融资贵、农村金融基础设施缺乏、农村信用体系薄弱、担保体系不健全等问题，省政府出台《安徽省人民政府关于全面深化农村金融综合改革的意见》(皖政〔2015〕17号)，在全省全面开展农村金融改革，通过实施基础金融服务"村村通"工程，让农民享受到更为便利的金融服务。如金寨、凤台等试点县通过建立高标准农村金融服务室，配备ATM机、自动存取款机、POS机、多媒体自助查询机、网银体验机等自助服务机具，让农村居民查询更容易、取款更方便、支付更快捷。

【农村承包土地确权登记颁证试点】2014年，

本省被列入全国3个整体推进农村承包土地确权登记颁证工作试点省之一，选择在20个农村综合改革示范试点县(区)整县推进，用1年时间完成试点，同时在其他县(市、区)各选择1个乡镇扩大试点面。2015年3月，省委、省政府确定新增65个县(市、区)开展整县推进试点。7月，全省农村土地承包经营权确权登记颁证试点工作调度会后，全省其余22个县(区)陆续启动开展试点。至此，全省16个市的105个县(市、区)和其他非行政区划的县级单位(主要是开发区，试验区和风景区)全部整体开展确权登记颁证试点工作。截至9月底，首批20个试点县(区)确权登记工作基本完成，进入颁证阶段。新增65个试点县(市、区)，有490.5万农户完成外业测绘，占总农户数的66.0%，外业测绘面积3141.7万亩，占应确权面积的60.8%。

(厅综改处供稿)

推进33项民生工程建设

【概况】2015年，安徽省各级各部门创新机制，完善制度，压实责任，实施33项民生工程，全省累计投入资金726.5亿元，同口径增长12.1%，33项民生工程目标任务全部完成，较往年部署落实更早、推进工作更细、资金保障更实、项目进展更快、实施效果更好，社情民意调查群众满意度为86.3%，比上年提高0.7个百分点。

【精准调度管控完成任务】省财政厅发挥牵头抓总作用，建立民生工程计划下达和资金拨付告知机制，省直主管部门5月底前下达工程类项目计划，总体比上年提前2个月，保障项目早开工、群众早受益。坚持月度调度，按序时进度扎实推进资金拨付和项目进展，制定出台《民生工程工作约谈制度》，对项目进度较慢的部门和市县及时告知、会商和督促，定向精准调度、精准施策，农村饮水安全工程等8项提前完成当年任务。铜陵、宿州等市实施进度总体较快。

【持续保障民生工程资金】坚持厉行节约，调整优化财政支出结构，压缩一般性开支，保障民生工程资金足额筹措、刚性到位。中央和省级累计投入资金629.8亿元，占总投入的86.7%，加快资金拨付进度，上半年资金拨付率达91.9%。完善民生工程资金管理办法，加强对资金管理使用情况的监督，严厉查处截留挤占、挪用冒领等行为。

【建立建后管养长效机制】各级财政累计投入管养经费14.8亿元，比上年增长11.5%。各地加强多元投入，吸引社会筹资，鼓励群众参与，撬动带动社会投入2.8亿元。黄山市建立民生工程多元投入和共建共享机制，铜陵市安排建后管养政府购买服务资金超过800万元，不断创新民生工程管养投入供给。

【开展民生工程第三方评价】实行全面覆盖与随机抽查、定性描述与定量评分方式，对16个市8项民生工程开展第三方评价，深入了解民生工程政策在基层落实情况，对评价发现问题立即整改，形成《绩效评价整改问题情况专题报告》。服务省人大常委会、省政协开展视察巡视，每季度联系会商特邀监督员，共征集民生工程意见建议100多条，为整改问题、完善政策、提升工作提供了重要民意参考。各地人大、政协也积极依法民主监督民生工程政策实施。

【创新民生工程信息公开公示】全面落实《全省民生工程信息全程网上公示制度》，各市县明确网络公示平台，补助类项目公示受益对象信息、补助标准、发放金额和监督电话，工程类项目公示项目建设点、施工单位、投资规模等内容，实现全省全覆盖。通过网上公示，实时公开信息，广泛接受监督，增强民生工程公信力，增加民生政策透明度。

【夯实民生工程基础管理工作】通过《安徽民生工程》网络平台，及时核实、校准、聚焦各地民生工程实施情况，对各时间节点中心工作进行调度。合肥、六安市建立民生工程信息管理平台，加强工程类项目建后管养和补助类项目监管，保障民生工程安全规范高效实施。拟定《安徽省民生工程管理和保障条例(草案稿)》，报省人大法工委初审。改革社情民意调查方案，完善民生工程数据库，聚焦项目间、区域间的满意度差异，重点调查满意度指标，增强社情民意调查的科学性、精确性和有效性。

【强化民生工程政策宣传】各地各部门积极加强与报纸、电视、广播、网络等媒体合作，引导广大群众和社会各界广泛参与、支持民生工程实施。《安徽民生工程》网络平台全年累计发布信息4053

条,栏目总访问量128.8万,比上年增长118%。重点梳理"十二五"民生工程四大类22项具体工作,强化省委省政府"十二五"保障改善民生成效宣传。

【谋划"十三五"和2016年民生工程项目】结合财政改革和预算编制,及早启动"十三五"和2016年民生工程项目研究工作,认真梳理近年来人大代表、政协委员有关民生工程建议提案,对省人大省政协视察巡视、绩效评价、日常调研等活动中收集的市县和基层群众意见仔细研究,面向社会和16个市123个县区政府公开征集意见建议,专题征求省人大省政协意见,提出目标任务、政策标准和覆盖范围,为省委、省政府提供决策参考。

【资金投入情况】全省累计投入民生工程资金726.5亿元,完成年初计划的100%,同口径增长12.1%,惠及6000多万人民群众,人均受益超1000元。与上年相比,涉及教育、医疗、养老、农村低保五保等项目补助标准和投入规模进一步提高。涉农民生工程项目累计投入578.2亿元,公共服务向农村延伸的局面加速形成。直接发放或补助到人资金550.3亿元,工程类项目投入资金176.2亿元。

【项目实施情况】9个项目提高资金投入标准,24个项目调整完善实施内容,发放或补助到人项目资金全部发放,工程类项目全部完工。

学有所教方面:共实施2个项目,各级财政累计投入91亿元。实施城乡义务教育经费保障机制改革,农村义务教育阶段学生生均公用经费提高到小学625元、初中825元,比上年增加40元,惠及全省600多万学生。落实各项助学政策,普通高中和中职教育国家助学金标准由每人每年1500元提高到2000元,资助98万名家庭经济困难学生,发放资金23.5亿元。

劳有所得方面:共实施2个项目,各级财政累计投入7.8亿元。就业技能培训完成34万人,促进了城乡劳动者稳定就业。开发公益性岗位5.5万个,开发高校毕业生基层特定岗位1.2万个,组织1.3万名高校毕业生参加就业见习,促进高校毕业生尽早就业。

病有所医方面:共实施9个项目,各级财政累计投入286亿元。新农合和城镇居民医保财政补助标准由每人每年320元提高到380元,参合(保)率超过95%,基本公共卫生服务补助标准由每人每年35元提高到40元。全省城乡居民大病保险补偿人数达22万人次,补偿资金8.4亿元。妇女儿童健康水平提升工程、重大传染病医疗救治等5个项目任务顺利完成。

老有所养方面:共实施4个项目,各级财政累计投入98.2亿元。城乡居民基本养老保险基础养老金标准由每人每月55元提高到70元。农村五保分散和集中供养标准提高到217元/月和387元/月,保障42万人,建成162个农村五保供养机构。财政投入增加到7000万元用于社会办养老机构建设,城乡社区养老服务设施覆盖率分别达100%和50%,城乡养老机构社会购买服务体系逐步建立。

住有所居方面:共实施4个项目,各级财政累计投入98.7亿元。完成各类棚户区改造住房34万套,分配入住11.9万套;基本建成各类公共租赁住房11.4万套,分配入住13.9万套。农村危房改造任务完成10万户。山区库区农房保险参保户数达280.2万户,理赔2675万元。

三农及其他方面:共实施12个项目,各级财政累计投入144.8亿元。从农业保险、美好乡村、水利、交通、村级公益事业、济困、环保、文化八个方面改善农村生产生活环境。政策性农业保险种植业承保1.04万亩,投入美好乡村公共服务体系奖补资金增加到10.5亿元,加强小型农田水利设施改造提升工程建设,小(2)型病险水库加固省级补助标准提高到60万元/座,建成894个农村饮水安全工程,完成一事一议财政奖补项目1.3万个,保障农村低保对象196万人,补助标准提高10%,免费开放1604个各类文化场馆,完成广播电视"村村通"工程5640处。

(厅民生办供稿)

健全财政会商帮联机制

【概况】2015年,省财政厅深入贯彻"三严三实"要求,按照《安徽省财政厅会商工作暂行办法》,积极丰富会商内容、拓展会商形式、强化会商绩效,持续将会商作为财政工作提质增效的有力抓手,做到会商工作常态化、会商方式多样化、会商绩效最大化。全厅累计会商 2662 次，为预算部门和其他单位解决问题 2491 个。

【会商常态开展】一是党组高度重视。厅党组注重把会商工作作为加强财政作风建设、提升财政工作绩效的重要抓手。厅党组书记、厅长罗建国高度重视会商工作，多次在厅党组会和厅长办公会上要求进一步通过会商推进财政重点工作、深化财政体制改革、健全财政政务事务管理。厅领导班子经常带队主动到预算部门单位，就部门预决算编制、"三公"经费管理、司法体制改革、高校财务管理、省级政府采购管理改革等重点难点工作进行上门会商，取得显著成效。厅领导全年带队会商 106 次。二是各处室单位多角度宽领域会商。各处室单位把会商列入月工作计划，集中力量、科学安排。根据工作需要，灵活采取上门会商、同步会商、联合会商、集体会商、重大事项专题会商等多种方式进行。进一步拓展会商覆盖面，将会商对象从部门财务处拓展到业务处室和二级机构，将会商内容从财政财务管理拓展到资产管理和债务管理等新领域。三是注重加强内部会商。在财政改革与发展、预决算编制、国库集中支付、涉农资金整治、政府购买服务、效能作风建设、"十三五"规划编制、"三严三实"检查、政风行风巡查等工作中，厅内相关处室单位主动开展内部会商，有力有效保证了财政各项工作顺利进行。

【强化会商绩效】一是沟通先行促共识。各处室单位在会商前做到议题准备先行，同预算部门单位商讨工作重点和难点，再结合财政总体安排和工作进度确定会商议题，做到预则立；政策准备先行，及时了解议题背景成因，梳理政策依据，做到未雨绸缪；通气准备先行，适时与预算部门沟通，确保会商取得积极成效。二是主动服务促转变。在与预算部门会商过程中，深入部门、共同研究、共商对策，积极取得理解和支持；转变被动应对，主动当面交流、主动服务，使财政资金高效利用，使财政政策落地生根；转变简单粗放，在友好会商中传递制度依据、改革共识，使财政更好地服务经济和社会发展。三是注重会商见成效。抓好省委省政府和财政部的相关财政政策的落实，落实日常要求和"急难重"的财政工作任务，通过会商，对重大事项达成共识并形成会议纪要，印发双方单位贯彻，形成齐抓共管、有所侧重、注重落实的良好局面。

【深化会商成效】一是提高财政财务水平。进一步推进财政管理科学化精细化，确保财政各项政策落地生根，更好地服务预算部门、服务经济社会建设、服务人民群众。通过会商交流，从加强和改进预算执行、强化财务制度建设等方面，积极化解部门财务工作困难和问题。通过内外会商，针对存在问题和薄弱环节建章立制，全厅共出台 246 项制度。二是增强财政干部素质。会商工作是知识水平、沟通交流、服务意识的集中体现，是践行岗位责任制、服务承诺制、办文办事限时制等效能建设规定的作风展现，有效增强财政干部综合素质水平。三是提升财政部门形象。在会商过程中，针对部门提出的一些亟待解决的问题，注重从财政形势、财政改革、财政政策等方面进行广泛宣传，让部门正确认识当前形势任务，明确深化财政体制改革的方向和要求，努力增进相互理解和支持，进一步树立财政主动服务、为民理财的良好风貌。四是推动相关工作同步落实。通过开展会商，推进反腐倡廉、党的群众路线教育实践活动、机关党建、政风行风建设、财政体制改革、联系基层、"双包"帮扶和财政宣传等工作同步开展，做到财政各项工作的同部署、同推进、同落实。

【加强系统帮联】出台《安徽省财政厅关于进一步加强财政帮联与督查工作的通知》《关于近期开展财政帮联工作的通知》和《安徽省财政厅关于开展财政重点工作帮联调研的通知》，认真总结梳理 14 项帮联督查内容，就做好帮联工作提出明确部署要求。全年组织开展 5 次帮联工作，切实送政策、送管理、送服务，督查和促进财政政策落实与重点工作推进，切实保障财政政策符合实际、财政资金落到实处、财政事业稳步推进。

（驻厅纪检组供稿）

财政支持美好乡村建设

【概况】2015 年，省财政厅深入贯彻省委省政府决定，全面落实省美好乡村建设工作领导小组部署要求，从加大资金统筹、优化资金投向、强化资金监管等方面，认真谋划思路，细化落实举措，全力做好美好乡村建设财政服务保障工作。

【足额落实专项资金】 切实加大投入力度、充分发挥各级财政投入主导作用，积极调整和创新理财思路，足额安排省级美好乡村建设专项资金预算。按照省美好乡村建设工作领导小组部署，根据年度全省中心村建设任务，省级美好乡村建设专项资金分配兼顾各县(市、区)经济发展水平及财力差异，突出向皖北地区和国家扶贫开发重点县倾斜。指导帮助市县财政部门采取开源节流、优化支出结构、增加专项预算安排等方式，按照市级不少于5000万元、县级不少于1000万元，并持续增加的要求，在年度财政预算中足额安排美好乡村建设专项资金。全省各级财政预算共安排美好乡村建设专项资金42.6亿元，其中省级10.5亿元、市级11.8亿元、县级20.3亿元。

【统筹整合涉农资金】 召开资金整合指导组专题会议，研究谋划资金整合工作思路，制定资金整合方案和推进措施，坚持以预算为源头、以规划为核心、以县级为主体，省市县三级联动推进涉农资金整合。主动会同省直相关部门，全面梳理排查现有涉农项目。研究制定3大类43项涉农资金整合指导目录，支持各地整合资金推进美好乡村建设。加快涉农项目资金拨付进度，提前下达涉农项目资金，促进市县推进涉农项目资金整合，统筹安排美好乡村建设资金。指导帮助各地围绕美好乡村建设规划，制定涉农资金整合总体计划，编制分村建设资金预算，实行项目统一申报、资金统筹安排，集中财力支持美好乡村建设。全省共整合涉农资金68.3亿元支持美好乡村建设。

【积极引导社会资金】 制定印发《财政引导社会资金参与美好乡村建设意见》，明确引导社会资金的原则、路径和方法，积极构建以财政资金为引导、以农民投资投劳为主体、社会资本广泛参与的多元化、多层次、多渠道的美好乡村建设投入机制。指导帮助各地围绕美好乡村建设目标任务，创新财政支农投入与管理方式，发挥农民主体作用、市场配置资源决定性作用、财政政策导向作用和财政资金“四两拨千斤”撬动作用，采取以奖代补、先建后补、民办公助等方式，积极引导农民、金融、产业等社会资本通过捐资助建、村企共建、投资产业等多种方式参与美好乡村建设。全省共引导社会资金65.3亿元投入美好乡村建设。

【主动加强联系指导】 认真落实美好乡村建设厅领导联系工作制度，每位厅领导结合财政重点工作调研，将财政支持美好乡村建设作为调研的重要内容，加强对各地美好乡村建设财政服务保障的督查指导。结合财政三农工作、财政民生工作和城乡基层党组织结对共建等，全厅38个处室单位党支部继续选择42个中心村作为联系点，开展工作联系和帮扶。参与省美好乡村建设联合调研，深入黄山、芜湖、安庆等地开展调研，形成调研工作报告，总结建设成效，研究存在问题，提出工作建议。根据省美好乡村办工作部署，参与起草关于深入推进美好乡村建设的实施意见，全力做好财政服务支持美好乡村建设工作。

【着力强化监督管理】 抓好日常监督检查，发挥乡镇财政所一线监管作用，加强培训和检查指导，强化乡镇财政所管理美好乡村建设财政资金的职能作用。在各地全面开展县级自评和市级考核工作基础上，组织开展对各市及广德县、宿松县2014年财政支持美好乡村建设资金工作评价，客观反映资金使用管理绩效。完善统计报告制度，及时、全面掌握财政支持美好乡村建设工作动态，加强工作指导，提升工作绩效。修订《财政支持美好乡村建设工作评价办法》，增强工作评价的科学性、针对性，提升评价结果的有效性。指导帮助各地加强资金管理，资金分配坚持“三结合、一公开”，即与美好乡村建设任务相结合、与中心村规划相结合、与绩效评价相结合，资金分配和项目安排实行公开公示；资金管理坚持“三专、两制”，即对美好乡村建设资金实行专人管理、专账核算、专款专用和财政报账制、国库集中支付制；资金使用实行绩效评价，建立激励约束机制，评价结果与资金安排挂钩，确保资金分配科学、管理规范、使用高效、群众满意。

(省农发局供稿)

处室单位工作概述

财政政务工作概述

【概况】2015 年,在厅党组的正确领导下,在兄弟处室单位的支持帮助下,办公室紧紧围绕"忠诚正直、勤学勤业、服务协调、守规自律"要求,扎实开展"三严三实"专题教育,持续改进工作作风,较好地完成各项工作任务,全年获得各类荣誉表彰 20 余次。

【学习提升】积极创建学习型处室,通过学习重要文件、重要会议、领导讲话精神,增强思想自觉和行动自觉,着力提升党性修养。一是开展交流研讨学习。认真开展厅党组确定的专题学习研讨活动,每次由 4—5 位同志联系思想实际和工作实际,交流心得体会,深化认识,强化举措,努力做到学思结合、学研结合、学用结合。二是建立流动图书共享学习。建立"流动图书角",集中摆放》人民日报》《安徽日报》《中国财经报》《学习时报》《中国财政》《习近平谈治国理政》等报刊书籍,整合共享学习资源,促进自觉学习、主动学习、常态学习。三是网络平台分享学习。通过"安徽财政综合办公网"丰富办公室"主任推荐""秘书交流"栏目,全员参与、人人分享,全年推荐学习文章近 50 篇,把学习与促进工作、学习与丰富生活、学习与陶冶情操紧密结合起来。

【遵规守纪】不断健全管理制度,完善工作流程,规范工作程序,服务和保障机关高效运转,努力做到忙而不乱、忙而有序。一是优化工作规程。完善班子议事规则和决策程序,修订《办公室工作人员守则》《办公室主任守则》,建立主任协管、秘书 ABC 岗、秘书周末值班等制度。坚持推行周五例会制度,利用 10—15 分钟,每位同志对一周所承担的重点工作进行"回头看",及时补缺补差,进一步细化任务、落实责任。二是助力财政公开。全年主动公开各类信息 2287 条,答复公众咨询 2333 件,办复信息公开申请 65 件,接待群众来访 28 批次 58 人,处理人民来信 40 件,答复人民网网友给省领导留言、办理省长信箱来信 9 件,广泛接受社会群众监督。牵头办理省人大建议、政协提案 537 件,办结率 100%。三是筑牢廉政防线。认真履行党风廉政建设责任制,严格落实"一岗双责",组织全室党员干部参加警示教育、学习贯彻《准则》《条例》,切实增强廉政意识。牵头制定财政厅公共关系风险、机关运转风险内部控制办法,探索建立办公室 17 个岗位的内部控制制度,深化廉政风险防控。

【履职尽责】紧紧围绕厅党组决策部署,真抓实干、务实进取,积极参与政务,全力抓好事务,着力理好财务,尽心做好服务。一是强化综合协调。坚持换位思考,主动沟通交流,加强内外联系,强化督查督办,牵头起草财政工作推进落实情况约谈制度,推动各项工作有力有序有效开展。二是强化信息宣传。坚持全员办信息,建立财政信息"包包制",主动点题、主动约稿,持续加强信息编发和报送,全年编发各类信息 1000 余条,被省委、省政府及财政部重点采用 150 多条。完善宣传工作机制,建立媒体通气会制度,加强厅门户网站信息管理,不断提高财政宣传的及时性、有效性,全年组织重点宣传报道 600 余篇(次)。三是强化运转保障。完善各项管理制度,规范公文运转,严格财务审批,加强资产监管,努力做好公务用车、办公用品、档案保密等基础工作,细致周到,热情服务。

【提升效能】坚持以“三严三实”专题教育为引领,认真查摆问题,全面整改落实,不断巩固提升。一是认真开展专题教育。认真做好厅“三严三实”专题教育综合保障服务。先后16次召开专题会议部署推动支部专题教育,积极开展“严以修身”“严以律己”“严以用权”专题学习研讨,支部书记作题为“用三维视角看办公室工作”的党课报告,认真组织开展“三严三实”专题组织生活会,班子成员查摆问题39个,全部整改到位。二是深入推进效能建设。紧密跟踪省委省政府的要求,及时出台推进机关效能建设工作意见,修订完善效能建设绩效考评办法,牵头起草《安徽省财政厅干部职工内部问责暂行办法(试行)》,扎实开展效能建设明查暗访,强化工作问效问责。三是积极联系服务基层。建立健全工作会商机制,抓好财政窗口服务,扎实推进结对共建、“双包”定点帮扶、党员干部进社区工作,共同推进组织建设、解决发展难题,向基层学习、为群众服务。

【深化党建】坚持聚精会神抓党建,着力营造风清气正、奋发有为的工作氛围,用党建的活力激发办公室队伍干事创业的动力。一是开展四比四问。深入开展“四比四问”活动,即比工作,问自己是否尽心尽力;比服务,问自己是否用心用意;比作风,问自己是否表里如一;比团结,问自己是否换位思考。对办公室反对“四风”加强作风建设公开承诺落实情况进行“回头看”,从严从实推进整改。二是完善支部档案。认真做好党支部政治理论学习记录、工作记录、“三严三实”专题教育和作风建设责任清单台账记录,围绕队伍建设、制度建设、作风建设、廉政建设、业务建设等方面,分类建立支部档案,安排专人按月收集、整理和归档,确保支部建设有计划、有落实、有总结、有记录。三是深化文明创建。加强办公室文化建设,深入推进“四零”服务,积极参加青年工作座谈会、文明创建大家谈等活动,展现全室同志的良好精神风貌。

(厅办公室供稿)

财政综合管理工作概述

【概况】2015年,综合处紧紧围绕全省财政改革与发展中心工作,凝聚自身合力,突出改革创新,注重工作绩效,财政综合工作整体水平得到进一步提升,支持经济社会发展取得进一步成效。

【编制财政“十三五”规划】承担规划编制工作领导小组办公室职责,做好财政规划编制日常工作。印发成立规划领导小组、开展全省规划编制工作通知,明确规划编制的总体思路、主要任务、编制程序,建立全省财政系统、省财政厅内部规划编制联络员制度。研究部署25项专项研究课题,牵头组织编写财政“十三五”规划主报告。梳理党中央国务院、财政部、省委省政府近期出台的重大战略部署、重要政策文件最新要求,保持“十三五”财政政策、财政资金、财政项目、财政工作正确的目标和方向。结合十八届五中全会精神,将“五大发展理念”有机融入财政规划,突出财政“十三五”发展的方向性、全局性和实效性。开展规划主报告征求意见,组织各市县开展财政规划编制,基本形成全省“1+N+16+76”的财政规划体系。

【协调推进财政改革】全面总结2014年深化财政改革工作,研究2015年全面深化财政改革落实举措,制定《2015年全面深化财政改革工作要点》,明确7大类财税体制改革任务。全面梳理出涉及财政的89项改革任务,对财政单独牵头和第一联合牵头的15项改革事项,逐一制定《施工方案》。建立一事一台账制度,每月末编制牵头重点改革事项工作台账、每季末形成重点改革事项进展情况小结,及时上报各改革专项小组及省委改革办。《安徽加强政策性担保体系建设助推小微企业发展》被中央改革办《改革情况交流》采用。省委规定财政厅年内完成的5项改革任务全部完成,其余启动、推进和探索的10项改革任务均按时间节点落实。

【推进政府购买服务】拟定《2015年安徽省省级预算安排政府购买服务实施目录》,首次通过安徽省政府采购网、安徽省财政厅外网向社会公告。组织开展购买服务调研活动,形成全省政府购买服务体制机制专题调研报告。开展购买服务典型案例征集活动,征集购买服务典型案例47个。对2014年制定的购买服务指导目录进行动态调整,形成《安徽省政府向社会力量购买服务指导目录》(2015年修正版),涵盖6大类58款272项购买服务项目。从主体责任、预算编制等10个方面进一步规范省级购买服务流程。全省实施购买服务项目 3033 个,涉及预算资金近 110 亿元。

【加强住房土地资金管理】分配下达中央和省级财政城镇保障性安居工程专项资金 22.9 亿元,统筹用于市县租赁补贴发放、公共租赁住房建设和城市棚户区改造。印发《安徽省城镇保障性安居工程财政资金绩效评价实施细则》,启动运用 PPP 模式开展公共租赁住房建设运营管理试点,进一步提高城镇保障性安居工程财政资金使用效益。委托会计师事务所对省直住房公积金管理分中心 2014 年财务状况进行专项审计,配合省住建厅开展 2014 年度全省住房公积金管理机构业务考核。完成 2014 年度 317 家省直驻肥财政供给单位住房货币化补贴申报、审核和兑付工作,拨付住房补贴资金 10936.9 万元。以省政府办公厅名义印发《关于进一步加强土地出让收支管理的通知》,强调 4 个方面 13 条具体政策规定。建立土地出让收支月报和分析报告制度,按季度上报国有土地出让收支情况报告。

【加强收费基金管理】在官方网站开设"行政事业性收费和政府性基金目录清单"专栏,常态化公开收费基金目录清单,及时公布国家和省有关行政事业性收费和政府性基金政策的变化调整情况。取消或暂停征收 56 项中央设立的行政事业性收费项目,免征小微企业 42 项行政事业性收费和 5 项政府性基金。清理取消省级涉企收费清单之外及越权设立的涉企收费(事项)41 项。配合省物价局,下调 19 项行政事业性收费标准。开展省级设立的行政事业性收费项目清理工作,取消与市场经济原则和政府公共管理职能不相适应的收费、整合归并重复设置收费共计 29 项。制定并印发《安徽省挥发性有机物排污收费试点实施办法》,转发《污水处理费征收使用管理办法》《国家电影事业发展专项资金征收使用管理办法》和《残疾人就业保障金征收使用管理办法》,并提出本省贯彻落实意见。牵头对芜湖市、宣城市、黄山市以及省交通厅、省国土资源厅开展涉企收费督查工作。

【提高财政票据管理水平】完成县级财政部门财政票据电子化管理系统建设,完成全省财政票据系统网络版升级和数据库建设,实现省市县三级财政票据电子化管理系统互联互通。支持省非税局开展省级用票单位财政票据电子化改革,统筹财政票据电子化管理系统和政府非税收入管理信息系统的功能互补与融合。启用《安徽省政府非税收入一般缴款书(POS 机版)》和《安徽省医疗门诊收费票据(滚筒机打一联)》"。自 2015 年起取消"收费票据工本费"行政事业性收费项目,进一步做好票据印制费财政分级保障工作。

【加强彩票财政财务管理】委托会计师事务所每年对全省彩票公益金筹集、分配及省本级彩票公益金使用情况实施审计,向省政府和财政部提交年度彩票公益金的筹集、分配和使用情况,并通过财政信息网等媒体向社会公告。开展擅自利用互联网销售彩票行为自查自纠工作,对自查和交叉抽查中发现的情况和问题,督促彩票销售机构进行整改。将彩票销售机构业务费纳入政府性基金预算管理,实行国库集中支付。参与中央彩票公益金支持示范性综合实践基地、乡村少年宫、农村幸福院、精神病人福利机构等项目审核申报工作,及时分配下达中央彩票公益金 2.06 亿元,支持 144 个未成年人校外活动场所、471 个乡村少年宫、1371 个农村幸福院、2 个精神病人福利院建设。

【落实国家工资改革政策】对国家工资改革政策进行全面梳理,详细分析改革对财政支出的影响,测算全省财政增支情况。参与研究制定本省调整机关事业单位工资标准、增加离退休费三个实施方案、本省县以下机关建立公务员职务与职级并行制度的实施意见。会同省人社厅开展乡镇机关事业单位工作人员实行乡镇工作补贴工作调研,参与研究制定本省关于乡镇机关事业单位工作人员实行乡镇工作补贴的实施意见。

【扎实开展"三严三实"教育活动】制定开展"三严三实"专题教育活动工作计划,搭建分工负责、责任明确、齐心协力、共抓共促工作机制。积极参加厅党组"三严三实"教育活动动员大会和厅党组书记罗建国"三严三实"专题党课、三个专题研讨会议。以"落实三严三实 推进依法理财"为题开展专题党课,组织集中学习,撰写专题研讨文章、征文、发言材料。支部、处级干部认真登记专题教育和作风建设台帐。开展调研、座谈、会商、财政帮联、结对共建、党支部进社区等活动,听取物价局、省直公积金中心等部门和基层单位及人民群众的意见和建议。以"学习贯彻'三严三实'要求,努力转变作风”为题召开专题民主生活会，深入查摆问题，拿出整改措施。切实把思想和行动统一到总书记重要讲话和五中全会的各项决策部署上来，认真完成各项整改任务。研究制定省财政厅政策制定内部控制办法和综合处内部控制操作规程，明确内部风险节点，细化内部岗位责任和考核机制。

（厅综合处供稿）

财政税政条法工作概述

【财政立法】牵头上报省政府《安徽省政府非税收入管理条例(送审稿)》论证审议。《安徽省民生工程管理和保障条例》《安徽省会计管理条例》开展立法调研论证。配合省人大常委会修订《安徽省预算审查监督条例》，于 2016 年 1 月 1 日起施行，为财政运行提供有效的监督保障。

【制度建设】全厅新制定 246 项财政制度，涵盖预算管理、国库管理、融资担保管理、财政财务管理、机关作风管理等各个方面。印发《2014 年财政法规制度汇编》，共整理编辑财政制度 235 项。财政法规数据库建成并实现厅外网运行，录入重要财政法律法规和财政规范性文件 1000 条。

【规范性文件管理】全年办理规范性文件合法性审查 42 件，提出审查建议 50 多条。其中，上报省政府前置审查 3 件、备案 12 件，合法性审查数、前置审查数、备案数均比上年有所提高。部署完成 2014 年、2015 年共计 87 件财政制度及财政规范性文件清理工作，清理后保留 79 件，修订 2 件，废止 6 件。

【“六五”法治宣传教育】先后组织召开全省财政系统“预算法与财税改革”视频培训会、“宪法与财政”专题辅导、开展全省财政系统“学习宪法、遵守宪法”主题活动和全国宪法知识测试等，全省参加学习、培训和测试的财政干部累计超过 30000 人次。牵头会同相关处室单位认真落实财政普法责任制，开展形式多样的财政法律法规和财政政策宣传。组织编发“法治财政宣传橱窗”8 期，将“六五”法治宣传教育考核指标逐项分解到各处室单位。5 月—7 月，对全省 16 个市、2 个直管县和市下辖 1 个县(区)财政部门“六五”普法工作进行全面检查验收，并顺利通过全国财政“六五”普法考核验收。

【强化依法理财责任制】严格执行厅领导与厅机关各处室单位主要负责人签订“法治财政建设责任书”制度。全面细化分解法治财政建设目标任务 18 项。将法治建设成效和依法履职情况，纳入全厅效能建设考核评比范围。

【健全合法性审查机制】全年完成依申请公开信息答复、国有资产处置批复等合法性审查 71 件。实行律师工作日坐班。审查合同文本、制度文件、工作咨询 53 件(次)。牵头完成省人大、省政府法制办转来 86 件法律法规和制度规范征求意见工作，提出建议 90 余条。

【依法依规解决行政争议】办理行政复议、行政诉讼案件 17 件。其中，办理各市行政复议案件 11 件，办理结果为：驳回 3 件、维持 1 件、撤销 6 件、终止(自愿撤回申请)1 件，均为当年受理并办结。纠错率为 55%；财政厅作为行政复议被申请人 6 件，行政诉讼 2 件(含一审和二审)，均取得胜诉。

【清理财政行政审批】明确财政厅现有 3 项与工商登记有关的行政审批事项。开展非行政许可审批事项清理，取消省级“公益性捐赠税前扣除资格确认”等项目。

【加强财政法律风险防控】制定《安徽省财政厅法律风险内部控制办法》，培训人员 500 人(次)。

【财政执法资格证件年审】年初向省政府法制办申报厅机关 255 人执法证件年审，核减近 3 年来依法注销行政执法(监督)证件 18 人(其中，调离工作 9 人，退休 9 人)，及时换领新证，保障财政执法工作需要。

【全省财政行政执法资格认证考试再获高通过率】全省 11333 名财政干部考试合格，通过率 97%。其中，厅机关 349 人参加考试，通过率 100%。

【强化财政行政执法监督】会签审核法律文书 57 件，提出建议 40 多条。开展财政行政执法案卷评查，年内没有发生因不服行政处罚决定行为而复议、起诉事件。

【营改增试点成效扩大】截至 2015 年底，全省共有营改增试点纳税人 15.93 万户，比上线之初增长 5 倍多。试点后累计入库税款 250.67 亿元(其中，当年入库税款 95.6 亿元)，累计减税 152.4 亿元（其中，当年减税 52 亿元)，全省累计拨付

4707户企业申请的财政扶持资金79.8亿元,保持试点企业税负稳定。配合税务部门加大改征前营业税的清欠力度。会同税务及行业主管部门完成改革调研测算。对营改增试点行业随征附税征收情况及过渡性财政扶持政策执行情况进行全面摸底调研。完成《安徽省营改增对财政收入影响调研》课题。开展公共交通服务、电影放映服务营改增后增值税简易计税政策实施情况的专题调研。加强与财政部对口司局工作对接,及时了解中央改革动态。

【煤炭资源税改革巩固深化】全省煤炭资源税改革继续保持平稳运行,企业税负总体下降。煤炭企业共缴纳资源税5.68亿元,按照税制改革前税费口径测算,减少企业负担1.06亿元,下降15.7%。

【推进结构性减税政策落地生效】全省落实各项税收优惠政策,减免税收509.23亿元,比上年减免税规模增长22%,加上为企业办理出口退(免)税188.6亿元,合计减少税收负担697.83亿元。其中,全省企业享受增值税、企业所得税两税减免381.8亿元,仅落实固定资产抵扣、高新技术企业和研发费用加计扣除等优惠政策,减免税超过130亿元;全省企业享受营业税减免27.17亿元;对缴税确有困难的企业,落实城镇土地使用税、房产税等相关税收优惠20.01亿元;落实住房、再就业、社会保障在内的民生项目税收优惠共减免税收70.45亿元。全省小微企业享受增值税、营业税、企业所得税减免超过30亿元。

【加强高新技术企业认定专项审计管理】公开发布符合条件的会计师事务所名单(共192家),供企业自主选择。会同省注协举办2期会计师事务所高新技术企业认定专项审计业务培训。对全省符合条件的1116家企业予以认定(复审),全省高新技术企业总数企业超过3500家。

【争取税收优惠服务省内企业发展】向财政部申请给予合肥鑫晟光电科技有限公司享受新型显示器件生产企业进口税收政策的资格,实现对该企业2014年6月1日至2015年12月31日进口符合规定的自用生产性原材料和消耗品,免征进口关税,对企业在2014—2015年间,为维修生产设备所需零部件合计给予1408万美元年度免税进口额。

【规范非营利组织免税资格认定工作】会同税务部门对符合条件的14家社会团体、基金会的免税资格予以认定,支持公益事业健康发展。

【完成2014年度税式支出测算】对涉及本省的212项税式支出政策进行分类整理和数据的汇总审核,按期上报财政部并受到大会表扬。

【加强税收政策贯彻宣传和把关】全年单独或者会同相关部门制定和转发中央税政文件51件。及时主办和协办涉及税收政策的建议提案5件。全年会签厅内厅外征求税收优惠政策文件195件,提出相关建议120余条。

【积极申报商业健康保险个人所得税试点】本省芜湖市作为首批试点地区,经省政府同意后上报财政部获批,自2016年1月1日起开始执行试点政策。

【在中部地区率先实施境外旅客购物离境退税政策】会同省有关部门制定本省实施方案,以省政府名义上报中央获批,自2016年1月1日起正式实施。本省是中部地区首个获批实施离境退税政策的省份,该项政策将进一步助推全省旅游业加快发展。

【积极争取先行先试创新改革税收政策】在厅领导带领下,积极向财政部争取先行先试4项支持创新改革试点的个人所得税税收优惠政策。

【争取外向型经济发展政策取得新突破】合肥、芜湖综合保税区相继建成并通过国家验收;安庆保税物流中心(B型)成功获批。截至当年底,本省拥有2个综合保税区、1个出口加工区、2个保税物流中心(B型)。

【加强税政调研】全年完成10项重点税政调研,分别是全省矿产品资源税费调研、金寨县农村宅基地有关税政情况专项调研、城市公交站场道路客运场城镇土地使用税政策专题调研、PPP项目税收政策调研、本省执行《中华人民共和国耕地占用税暂行条例》情况调研、天使投资在内的种子期、初创期等创新活动有关税收政策的调研、启运港退税和出口退(免)税政策重点调研、重点产品国际竞争力调查、2015年企业所得税调查和财政部公租房税收政策调研。

(厅税政条法处供稿)

预算管理工作概述

【概况】2015 年,按照厅党组的决策部署,预算处全面贯彻落实预算法,全面对照财税改革要求,坚持依法规范、改革创新,围绕基础提升、收支提质、改革提速、服务提效,在资金争取、预算改革、制度健全、自身建设等方面取得实效,有力有效完成各项工作任务。

【收支运行】一是坚持预期科学目标。加强收入预期管理,一方面,密切关注财政经济运行,合理提出财政收入增长预期目标建议,保持财政收入增长与经济发展相适应;另一方面,坚持实事求是,注重提高财政收入质量,保持财政收入可持续。二是建立机制加强分析。积极会同国税、地税、人行、海关等部门,建立财税库收入征管分析工作机制,加强财税形势研判、税收监测分析和收入入库管理。完善财政收入分析机制和执行情况通报机制,加强市县财政运行监控和调度。三是强化调度加快执行。持续硬化预算约束,做到无大事、要事、急事一般不追加,基本实现“预算一年,一年预算”。出台《关于印发预算支出进度考核办法的通知》,建立健全预算执行分析、支出进度通报、综合考核评价机制,对预算执行不力的市县和部门,进行通报约谈,促进支出预算执行提速增效。三是持续扩大对上争取。通过参与政策设计、分配测算、数据汇总、工作对接等方式,进一步强化与财政部预算司沟通汇报联系频率,提高联系的针对性和有效性,并牵头制定财政厅《加强与财政部工作汇报联系暂行办法》。全年争取县级基本财力保障机制奖补资金、重点生态功能区、资源枯竭城市、革命老区转移支付共计 111 亿元;争取均衡性转移支付 596 亿元,增长 16.8%,居全国第 3 位。在财政部 2014 年县级财政管理绩效综合评价中,本省获得全国第 2 名。

【深化改革】一是深化预算信息公开。以省政府名义出台《关于贯彻落实国务院深化预算管理制度改革决定的实施意见》,首次按支出经济分类公开政府和部门预算、首次按项目公开专项转移支付预算,实现省级政府预算、部门预算和“三公”经费预算全部公开。当年 10 月,上海财经大学公布《2015 中国财政透明度报告》,本省省级财政透明度位居全国第 4 位。二是启动中期财政规划。转发《财政部关于贯彻落实国务院决策部署 推动地方实行中期财政规划管理的通知》等制度办法,编制完成省级 2016—2018 年中期财政规划。印发《关于编制省级 2016 年部门预算和 2016-2018 年部门三年滚动财政规划的通知》,对省直部门、单位编制三年滚动财政规划范围、内容、格式等进行明确,省直 120 个部门同步编制三年滚动财政规划。三是公布专项资金清单。出台《关于建立省级部门专项资金管理清单制度的通知》,明确专项资金项目范围、数量、权责及动态管理等内容,2015 年度省级部门 160 项专项转移支付全部向社会公布。四是盘活财政存量资金。围绕盘活存量、用好增量、加快使用,以完善制度为前提,以省政府名义出台《关于推进财政资金统筹使用的实施意见》《关于进一步做好盘活财政存量资金工作的通知》,健全结转结余资金定期清理机制,推动政府预算统筹安排、跨年度预算统筹协调,推进教育、科技等重点科目资金优化整合。五是拓展预算评审范围。进一步健全预算决策科学机制,修订省级预算评审论证实施办法,邀请人大代表、政协委员和专家学者对预算进行评审论证,评审范围由重点项目拓展到部门整体预算和支出政策,对 30 个部门 40 个项目开展评审论证,项目预算评审金额达 50 亿元,做到“开门”办预算、“开门”理财。六是改革转移支付制度。进一步提高转移支付绩效,以省政府名义出台《贯彻落实国务院改革和完善中央对地方转移支付制度的实施意见》,进一步强化转移支付设立、退出、分类、绩效和责任管理。牵头推进税收征管体制改革。进一步完善县级基本财力保障机制。

【基础管理】一是规范预算制度。针对《预算法》实施后预算管理制度的不衔接和不配套问题,着眼急用、立足基本,大力完善预算管理制度,以省政府名义先后出台深化预算管理制度改革、加强财政资金统筹、盘活财政存量、完善转移支付、政府投资基金预算管理等系列制度办法,并配合省人大修订《安徽省预算审查监督条例》,优化预算法治环境。二是规范编制管理。今年 3 月启动 2016 年预算编制工作,预算编制时间连续四年进一步提前。为提高预算可执行率,2016 年省级专项转移支付项目数量在进一步压缩15%的基础上，细化转移支付编制，专项转移支付分市县细化编制率达80%以上，采购预算细化编制到采购品目和执行时间。配合有关处室，研究制定法检两院试点单位经费上划方案，积极兑现机关事业单位工资、养老保险改革和公车改革增支，保障各项改革推进。三是规范供给政策。健全基本支出定额标准体系，完善行政事业单位公用经费标准，提高省属院校生均补助，提升差旅费、公车运行费等经费保障水平。探索项目支出定额标准建设，科学分析预算执行数据。四是规范政策机制。根据税收优惠政策管理最新要求，及时调整预算政策导向，对税收先征后返、体制基数等政策从严把关，更多鼓励采取股权投资、注入资本金、后补助、奖补机制创新方式，提高政策质量。五是规范资金分配。印发《省级财政资金分配管理办法》，积极配合各处室制定教育、科技、经建、企业、社保、农业、农业综合开发等分领域资金分配办法，形成1+N财政资金分配制度体系，全面落实资金管理责任。

【处室建设】一是注重学习，提升全局观。坚持政策学习，定期对国家和省重大决策部署、主要文件要求、主要领导讲话开展专题学习活动，步步紧跟大局，紧紧围绕中心；坚持研究学习，突出前沿热点，相继完成转移支付市民化挂钩机制、优惠政策管理、事权和支出责任等研究报告，当好参谋助手；坚持驻点学习，密切联系财政部对口司局，通过派员定期驻点、参与政策制定、帮助资金测算等方式，为本省争取更大利益。二是注重计划，提升有序性。一方面，强化年度要点，每年制定年度工作要点、重点任务，并明确标准目标，确定责任人员；另一方面，强化季度调度，对年度工作进行细化分解，采取每月小结计划，每季度总结调度，强化过程管控，实行节点管理。三是注重制度，提升规范化。在切实深化预算改革，健全预算编制、执行、监督、绩效等方面制度的同时，一方面，健全处室建设管理制度，健全风险防控、公文运转、对口联系处室、全员职责分工等6项制度，规范服务管理，切实做到用制度管人、管事、管预算；另一方面，健全内部控制制度，规范权力运行，制定预算编制和预算执行两项内控制度，形成预算编制、执行、绩效、监督相互制衡机制。四是注重党建，提升凝聚力。一方面，强化支部自身建设，在做到处级干部“三严三实”活动台账全覆盖的基础上，针对处里人员较多且工作点多面广、临时性应急性事务多等特点，成立4个党小组，形成党支部、党小组和党员三级联动的全员参与党建格局；另一方面，强化党建主题活动，通过开展结对共建、系统帮联、在职党员进社区等主题活动，拓展思想交流新时空、工作互动新平台、情感沟通新渠道，不断提升组织凝聚力。五是注重服务，提升精细度。强化服务处室。按周通报转移支付资金下达情况、按月通报部门预算支出进度，及时提供处室需要的财政收支等数据和资料。强化人大服务。新增编印预算图文读本，首次在两会审议期间及时函复代表团分组审议意见，印发加强联系服务人大工作指导意见，完善人大联系服务机制。强化审计服务。履行牵头责任，配合完成财政收支、稳增长政策措施落实等十余项审计、检查。强化市县服务。加强对市县预算编制、预算执行、预算公开、预算评审的工作指导，实现预算编制、预算分析、预算公开、预算评审一体推进。

（厅预算处供稿　乔传宗）

国库管理工作概述

【优化完善国库集中支付制度】制定出台以《安徽省省级国库集中支付管理办法》为主文件，附加银行账户管理、用款计划管理、现金管理、基础信息管理等15个配套文件的“1+15”省级国库集中支付制度体系，强化流程再造与服务方式创新，提升资金支付效率，保障资金支付安全。进一步完善公务卡强制结算目录，强化公务卡应用，减少现金结算。全面梳理乡镇国库集中支付制度改革中存在的问题，完善制度办法，细化改进措施，规范资金支付行为，确保改革“打通最后一公里”。

【深入推进支付电子化管理改革】联合人民银行印发《安徽省国库支付电子化管理暂行办法》，完成6家省级代理银行自助柜面上线工作以及电子报表、电子对账的测试工作。平稳推进合蚌滁第一批试点市授权支付业务上线，顺利完成芜湖、安庆、六安、宿州、亳州和黄山电子化管理方案审批、系统改造及支付申请上线工作，实现支付电子化管理改革市级覆盖面达50%。

【稳步构建政府综合财务报告制度】代省政府起草印发《权责发生制政府综合财务报告制度改革方案》,成为全国第一家以政府名义发布地方改革方案的省份。印发2014年度试编方案与操作指南,召开业务培训会和座谈会,改进试编软件,顺利完成2014年度全省政府综合财务报告试编工作并正式上报财政部。

【规范省级财政专户和预算单位银行账户管理】进一步清理整顿省级财政专户,严格专户开立程序,省级撤销3个财政专户和16个分账户。联合人民银行合肥中心支行、省审计厅、省监察厅下发《安徽省省级行政单位、参公管理事业银行账户实行国库单一账户管理办法》,对省级321家行政及参公单位现有银行账户进行全面清理,并实行财政动态监控。

【实现决算信息公开三级政府全覆盖】按照统一公开内容、统一公开时间、统一公开范围的要求,将省级部门决算和“三公”经费决算公开至末级科目,并首次公开基本支出经济分类类级科目和出国团组、人次及公务接待费用等相关内容。

【及时报送预算执行数据】按时保质向财政部报送财政收支旬报、月报、库款收入报表、资金流入流出报表、专户月报表和专项统计报表等各类报表,做到零差错、零延误。第一时间向省领导和厅领导报送每月收支数据和财政专户资金余额,为领导决策提供参考,为各处室提供数据查询。

【强化库款形势分析】重点加强库款现金流月度运行趋势及变化分析,加强财政暂存款暂付款管理,巩固清理压缩成果。加强库款余额管理,通过采取数据分析、电话询问、约谈与支出进度督查等方式加强对市县库款余额管理指导,确保库款余额保持合理水平。

【实现财政资金保值增值】联合人民银行印发《安徽省省级国库现金管理操作细则》,研究制定《安徽省省级国库现金存放商业银行考核评价暂行办法》,全年共开展150亿元国库现金运作管理(含代合肥市开展50亿元)。同时,财政专户收支总户资金除保留必要的头寸外,多余资金在开户银行办理不同期限的定期存款,全年共办理定存61亿元。当年现金管理与专户定存等到期利息入库合计7亿元,高于砀山县、潜山县等10个县(区)当年地方财政收入。

【强化库款资金科学调度】在保障省级用款同时,做到省对市、县返还性资金和一般性转移支付资金以及专项资金及时足额调度,全年通过国库调拨、省级国库集中支付、粮食风险基金拨付等方式对市县累计调度资金2110亿元,确保本省财政支出序时进度一直居于全国领先水平,有力保障市县经济社会发展需要。

【完善预算执行动态监控机制】制定印发《安徽省省级国库集中支付动态监控管理办法》和《安徽省省级国库集中支付动态监控预警规则》,指导市县修订动态监控管理办法,完善预警规则,提高监控效能。进一步加强对预算单位现金使用管理,对省级公务卡信息进行全面甄别和清理,加强公务卡基础信息管理,提高预算单位公务卡使用率。

【建立预算执行内控机制】联合预算处制定《安徽省财政厅预算执行风险内部控制办法》,制定《安徽省财政厅国库处内部控制操作规程》,健全用款计划审批、资金审核支付、银行账户管理、内部印章印鉴管理等科学规范的管理制度,保障资金安全运行。

【加强国库业务知识培训】全年召开总预算会计制度、政府会计准则、国库支付电子化管理、权责发生制政府综合财务报告、决算编制等多次业务理论知识培训以及相关业务座谈会,覆盖范围涵盖所有市县、相关业务处室、预算单位及代理银行等,参与培训人数2500余人。

【强化队伍党风廉政建设】坚持加强廉政教育,提高思想认识,通过针对性开展示范教育、警示教育和岗位廉政教育,引导广大党员干部特别是领导干部牢固树立廉洁意识和法纪意识,当好表率,带头弘扬社会主义核心价值观。坚持以身作则,切实改进作风,认真落实党风廉政教育和反腐败工作各项规定,在全处形成节约光荣、浪费可耻的良好风尚。严格执行出差和接待标准,从源头遏制腐败和浪费现象,构建起党支部书记统一领导、班子成员齐抓共管、党员干部普遍参与、人人各负其责的党风廉政建设工作格局。

(厅国库处供稿)

政府债务管理工作概述

【概况】2015年,在厅党组的坚强领导下,在兄弟处室单位的大力支持下,债务办紧紧围绕"深入推进地方政府债务管理改革,强化债务风险防控;全面加强预算绩效管理,提升财政资金使用效益"的工作目标,按照厅党组的统一部署和要求,进一步创新举措,提升效能,政府性债务管理和预算绩效管理工作有序推进,较好完成年初确定的各项任务。

【争取地方政府债券投资1710亿元】多次赴财政部汇报改革进展、工作情况等,了解改革动态,掌握政策内容,做好形势研判,赢得财政部的理解和支持。经积极争取,财政部共分配本省地方政府债券投资额度1710.1亿元。其中:置换存量政府债券额度1011亿元,实现政府负有偿还责任债务2015年到期935亿元还本全覆盖;新增债券额度275亿元,居全国第5位;在建项目后续融资额度424.1亿元,居全国第3位。

【完善本省政府债务管理制度体系】认真研究修订后的《预算法》和国务院《关于加强地方政府性债务管理的意见》(国发〔2014〕43号)的新要求,为省政府代拟并印发《关于加强地方政府性债务管理的实施意见》(皖政〔2015〕25号),着力建立"借、用、还"相统一的地方政府性债务管理机制,努力推动我省政府性债务管理工作走上制度化、规范化轨道。

【开展存量债务清理甄别工作】按照"实事求是、依规甄别"的原则,指导省本级和市县同步推进清理甄别工作;会同省发改委、人行合肥中心支行、安徽银监局、财政部驻安徽专员办等四部门,在市县财政部门对地方政府存量债务清理甄别结果开展自查的基础上进行核查,并将存量债务清理甄别最终结果上报财政部,夯实将政府债务纳入预算管理的基础。

【做好地方政府债券发行、使用、管理工作】一是按因素法做好债券额度分配。在置换债券额度分配上,按照财政部的分配办法并结合本省实际,提出分配意见报省政府审批,重点是保障2015年到期债务全覆盖;在新增债券分配上,按照综合财力、债务风险、民生工程项目的资金配套需求,通过因素法进行分配,报省政府批准后,按程序报省人大常委会批准,努力把债券额度分配的权力关进制度的笼子。二是建立健全债券发行的规章制度。制定《关于组建2015—2017年安徽省政府债券承销团的通知》《2015年安徽省政府一般债券招标发行规则》《2015年安徽省政府一般债券发行兑付办法》《2015年安徽省政府专项债券招标发行规则》《2015年安徽省政府专项债券发行兑付办法》《2015年安徽省政府置换债券定向承销发行兑付办法》《2015年安徽省政府置换债券定向承销发行簿记建档规则》政府债券承销协议等系列制度文件,进一步健全本省政府债券管理的体制机制。三是做好债券的组织发行工作。超前谋划债券发行工作,年初研究制定《我省地方政府债券发行初步方案》,得到分管省领导的批示肯定。在全国创造性地成立本省政府债券发行专家委员会,为本省地方政府债券发行提供智力支持。开展安徽省政府债券信用评级工作,组建债券承销团,确定主承销商,研究债券品种、期限、发行方式和定价机制。根据财政部分配本省的地方政府债券额度,通过定向承销或公开招标的方式分五批共计发行债券1294.1亿元。按平均政府债券发行利率3.4%和全省平均融资成本9%测算,每年节约融资成本70亿元以上。

【加强市县政府举债限额管理】根据财政部核定本省2015年末地方政府债务限额,报省政府批准按程序提请省第十二届人民代表大会常务委员会第二十四次会议审议,批准安徽省2015年地方政府债务限额为5424.1亿元,并及时将限额分配到各地,明确地方政府只能在限额内举借政府债务,2015年底债务余额不得超过批准的限额。及时总结经验,形成汇报材料《抓好三个环节 做好限额管理》,财政部印发简报在全国推广本省做法。

【注重债务风险预警管理】印发《安徽省地方政府债务风险评估和预警暂行办法》(财债〔2015〕2022号),综合考虑债务类别、债务期限、可偿债财力等因素,运用债务率、新增债务率、偿债率、逾期债务率、综合债务率等指标,对市、县(区)政府性债务风险进行动态监测、评估和预警。根据财政部的部署和要求,对存在风险隐患的地方开展风险预警,核查债务情况,分析风险原因,督促指导高风险地区编制债务风险化解规划和应急处置预案,积极采取有效措施化解债务风险。

【开展政府债务监督检查审计】主动接受人大监督,及时向省人大财经委报告政府债务限额及政府债务管理等有关工作进展情况;积极服务全国政协调研组来皖调研工作,就“财税体制改革、防控地方债风险”专题准备汇报材料,做好宣传解释,积极建言献策;组织市县财政部门开展地方政府债券资金使用情况自查,督促各地依法合规使用债券资金;配合审计署南京特派办及省审计厅做好2014年度全省预算执行审计、书记省长经济责任审计和同级财政预算执行情况审计等相关工作,加强沟通协调,确保政府性债务数据信息提供翔实准确、审计工作平稳有序推进。

【加强政府性债务考核】依据安徽省人民政府《关于2014年目标管理绩效考核工作的通知》(皖政秘〔2014〕147号)要求,对16个市政府性债务风险管理情况进行评分,并纳入省政府对市政府目标管理考核。依据《安徽省地方党政领导班子和领导干部综合考核评价实施办法(试行)》(皖办发〔2015〕8号),对16个市、105个县区政府性债务风险管理情况进行评分,并纳入省委对市县党政领导班子和领导干部政绩考核。

【打造预算绩效管理工作新亮点】认真梳理总结2014年度本省预算绩效管理工作开展情况,汇编相关工作资料,及时上报财政部。在财政部组织的2014年预算绩效管理工作考核中,本省在36个省、自治区、直辖市和计划单列市中位列第3名,获得优秀等次。

【夯实绩效管理的制度基础】先后出台《安徽省省级预算绩效管理委托第三方机构评价暂行办法》《安徽省财政厅关于深入推进预算绩效管理工作的通知》,转发财政部《中央对地方专项转移支付绩效目标管理暂行办法》,全面规范省级预算绩效管理的委托与评价行为,加强省对下专项转移支付绩效目标管理的指导,不断健全和完善预算绩效管理的工作机制。

【推进省本级重点项目绩效评价】年初确定重点绩效评价事项37项,涉及政策性农业保险、小型水利改造提升工程、城乡居民最低生活保障、敬老院建设、农村清洁工程补助资金、中央文化产业发展专项、社保基金保值增值、军民结合高技术产业发展资金等重点项目355亿元,通过重点项目评价,打造亮点,提升质量和水平。

【探索开展第三方评价工作】扎实做好敬老院建设、城乡低保、大气污染防治、千万亩森林增长工程、粮食发展专项资金、地质灾害防治等重点项目的第三方评价工作,有效促进评价规范有序和客观公正。

【加强学习教育】坚持把学习教育放在支部日常建设的重要位置,高频率、集中式地召开支部学习会,特别是对于党的十八届五中全会、“三严三实”专题教育会议、中央经济工作会议及省委省政府有关会议等一些重大学习任务,做到及时传达学习;及时学习厅党组理论学习会议和罗建国厅长推荐的系列文章,精心准备会议发言材料和学习心得体会。全年召开支部学习会共计28次。丰富完善内网室主页“学习园地”栏目,每月每人推荐上载1篇以上学习文章,增强学习主动性,累计上传学习文章309篇;购买发放《21世纪资本论》《之江新语》等书籍,发放全室党员,营造书香处室的浓厚氛围。强化业务指导,配合省委组织部对市县党政领导班子进行培训,分层次对市县财政局长、业务经办同志讲解政策,上下联动,同频共振。

【开展专题教育活动】扎实开展“三严三实”专题教育活动,制定《债务办党支部“三严三实”专题教育活动计划》和《债务办党支部“三严三实”专题教育具体计划分解表》,明确职责分工,落实责任到人。坚持领导带头学,支部书记以“践行五个坚持、提高党性修养”为题作专题党课报告,点对点查摆问题,面对面谈心交流。坚持干部集体学,认真开展“严以修身”、“严于律己”、“严以用权”等三个专题学习,处级干部认真撰写专题研讨发言提纲,记录“三严三实”个人学习台账,深入查摆问题,明确改进方向,全体党员积极撰写向吴波同志学习、学习十八届五中全会精神等各类征文12篇,以征文成果反映学习成效。坚持带着问题学,广泛征求市县财政部门对财政工作、政府债务管理工作和债务办党支部的意见建议,逐项研究整改措施,力求解决实际问题。

【做好宣传汇报】加大政府性债务管理的重大政策、工作创新、工作成效以及典型经验的宣传力度,全年在新闻媒体和内部刊物上发表信息宣传稿件15件,获得省领导批示14次。及时向财政部对口司局汇报工作开展情况，争取指导帮助，全年共接待全国政协、财政部预算司、国库司及中央国债登记结算有限公司领导来皖调研十余次。认真做好人大建议、政协提案办理工作，积极向人大、政协汇报政府性债务工作开展情况，争取社会各界的理解支持，努力营造良好的工作氛围。

【**开展会商共建**】进一步完善会商制度，主动赴省发改委、人行、银监局、财政部驻安徽专员办等和政府债务管理有业务关联的部门单位开展工作会商，与各家商业银行商谈发行债券承销工作，为圆满完成2015年本省地方政府债券发行任务奠定坚实基础。加强对淮北市和淮南市财政局的财政帮联，定期走访黟县雉山村党支部开展结对共建活动，组织支部党员深入庐阳区城隍庙社居委参加社区群众活动，将省厅的政策和厅党组的关怀延伸到基层。

【**狠抓作风建设**】严格执行厅机关效能建设各项工作制度，进一步拉升工作标杆，实现提速增效。根据《安徽省财政厅内部控制基本制度》要求，建立健全债务办（绩效处）内部控制制度体系，进一步规范权力运行。加强廉政风险教育和财政反腐倡廉教育，组织学习《中国共产党廉洁自律准则》《中国共产党纪律处分条例》等内容，集体观看《坚持高标准 守住底线——〈廉洁自律准则〉和〈纪律处分条例〉》等警示教育片，居安思危，警钟长鸣，不触底线，不越红线。把政风行风建设常抓在手，严格执行中央、省委八项规定和厅党组30条要求，坚决执行中央厉行节约反对浪费等有关要求，深化党的群众路线教育实践活动成果，不断强化为民服务、为民理财的宗旨意识，打造一支务实、高效、清廉的债务管理干部队伍。

（厅债务办供稿 韩晓峰）

行政财政财务管理工作概述

【**概况**】2015年，在厅党组的高度重视和直接领导下，行政处深入学习贯彻党的十八大，十八届三中、四中、五中全会精神和习近平总书记系列重要讲话精神，按照省委、省政府的决策部署和厅党组的工作要求，坚持依法行政、科学理财，厉行勤俭节约，加强公务支出管理，推动重点改革，财政行政财务管理工作扎实有序推进。

【**完善厉行节约制度体系建设**】以制度建设为抓手，着力构建全方位、立体式、常态化的制度体系，在2014年全面完成厉行节约反对浪费六项制度建设基础上，进一步修订完善相关制度办法，制定《安徽省财政厅关于进一步加强公务接待经费管理办法的通知》（财行〔2015〕171号），加强公务接待经费管理。转发财政部《党政机关会议定点管理办法》（财行〔2015〕1号），并结合本省实际提出具体要求。依照法定程序和规定，完成2015—2016年会议定点饭店招标采购工作，确定241家省级党政机关会议定点饭店。转发财政部《在华举办国际会议经费管理办法》（财行〔2015〕1906号），规范本省外事管理工作，保证外事工作顺利开展。扎实推进制度建设省市县三级联动和全覆盖，指导督促各级财政部门加快推进厉行节约反对浪费制度建设。当年12月，对有关市、县（区）开展厉行节约反对浪费制度建设情况实地督查，推动厉行节约反对浪费六项制度建设任务市县两级全覆盖。

【**严格“三公经费”支出管理**】一是确保“三公”经费只减不增。根据《党政机关厉行节约反对浪费条例》规定和省政府关于加强“三公”经费管理的要求，进一步完善全口径“三公”经费支出统计报告制度，确保公务接待、因公出国（境）、公务用车经费只减不增。全省“三公”经费同比下降16%，省级“三公”经费同比下降19.3%。二是推进“三公”经费预决算公开。按照中央部署和省政府要求，积极推动省直部门“三公”经费信息公开，督促省直部门按照“统一口径、统一时间、统一内容、统一方式”，向社会公开所有部门（涉密部门除外）2015年“三公”经费预算及2014年决算公开工作。三是加强“三公”经费监督检查。2月份会同省审计厅，制定专项督查方案，对10个省直部门、4个市及4个所辖县2014年度公务接待、财务管理等有关情况开展实地督查；10月份配合省审计厅，对10个省直部门单位开展公务支出公款消费监督检查工作。同时，根据省领导批示精神，对全省公务支出公款消费被检查单位发现的问题开展督促整改工作，并于12月底全面完成同级审计、自查自纠、重点检查单位三部分审计督查整改任务。

【**推进公务用车制度改革**】牵头协调完成财政部门承担的公务用车改革任务，抽调一名处级干部全程参与省公务用车制度改革领导小组办公室的日常工作,参与调研、测算和方案制定工作。针对安徽省公务用车制度改革总体方案和其配套文件,多次反馈书面意见,保障方案及其配套文件的科学性和合理性。截至8月底,全面完成省直91家单位车改方案的审核工作。及时开展公务用车改革后相关制度衔接工作,会同相关单位,在全国率先制定《关于全省挂职、选派、异地任职干部待遇有关问题的通知》,对挂职、选派、异地任职干部法定节假日往返居住地与工作地的交通费作出规定。制定《关于规范省直机关公务活动租赁社会化车辆有关事项的通知》,对省直单位公务活动租赁社会化车辆及经费列支进行了规范。按照全省车改工作部署,组织开展市县财政部门公车改革专题培训,传达全省公务用车制度改革动员大会精神,并认真审核把关各市车改方案,完成16个市车改实施方案批复工作,并推进市以下县区车改工作。

【强化预算执行管理】一是注重制度约束。着力加强和规范部门财政资金使用管理,提高资金使用效益。按照财政厅制度建设要求,采取“1+N”模式,制定《行政处财政资金管理暂行办法》,并会同省直有关部门分项或分类制定完善了《省级干部教育培训重点项目资助经费管理办法》《基层信访工作规范化建设专项补助经费管理办法》《少数民族补助资金管理办法》《农村和贫困地区妇女儿童发展专项补助经费管理办法》《基层纪检监察机关办案专项补助经费管理办法》等专项资金管理制度。二是注重责任落实。先后召开三次部门财务工作座谈会,进一步增强预算单位财务部门抓支出进度的主体责任意识,并建立预算执行进度通报制度,抓实抓细预算执行工作。每月召开一次预算执行进度分析会,对未达到序时进度的单位,区分不同情况,采取电话催办、上门会商、重点约谈等方式,督促单位加快支出进度。截至当年底,共有8个部门提前收回预算指标3182万元,1个省直部门主动调减2016年部门支出预算200万元。三是注重绩效管理。着力提升资金使用绩效,按照全厅统一部署,配合厅评审中心,完成对省旅游局、省机关事务管理局部门支出整体绩效评价工作。对发现的具体问题要求部门限时整改,并结合2016年预算编制及执行,进一步完善举措推动整改落实,促进部门更好履行职责。

【服务保障重点工作】一是积极支持“人才高地建设”。根据省委调结构转方式促发展“人才高地建设工程”工作要求,积极落实“人才高地建设工程”成员单位职责,按照厅党组统一部署,超前谋划,明确工作重点,会同厅相关处室,认真梳理,扎实推进企业股权和分红试点、科技成果三权改革、科技成果转化奖励机制等重点工作。二是规范“人才特殊支持计划”专项资金管理。根据省委组织部、省人社厅、省科技厅和省财政厅联合印发的《安徽省创新创业领军人才特殊支持计划》(组通字〔2014〕35号)精神,牵头制定《安徽省创新创业领军人才特殊支持计划专项资金管理办法》,并加大对各项人才资金绩效评价力度,提高人才资金的使用效益和效率。三是强化农村基层党建工作保障。按照省委的决策部署和《安徽省农村基层党建保障工程三年行动计划》(皖组字〔2015〕28号)的要求,把支持农村基层党建作为财政部门的重点工作“抓实、抓深、抓好”,积极推进财政投入为主、村级集体经济投入为补充、覆盖全省的农村基层组织运转机制建设,注重加大财政投入,强化资金保障,坚持以制度建设为抓手,完善政策措施,并加强资金监管,确保安全有效,夯实农村基层党建工作的保障基础。四是做好相关重点工作。根据省委、省政府关于滨湖办公区搬迁工作部署及省纪委派驻纪检组工作要求,提前谋划,积极会商,主动服务,按规定程序,做好相关经费的保障和政府采购的对接服务工作。截至12月底,安排“四大班子”及省管局滨湖搬迁各项经费1.94亿元,安排省委、省政府等六个新派驻纪检组工作经费78.1万元。

【落实牵头工作责任】一是推进少数民族帮扶。根据省民族宗教工作领导小组《关于开展少数民族和民族聚居地区“共同发展”提升行动联合攻坚的方案》要求,行政处牵头帮扶寿县堰口镇许寺民族村,拟定寿县堰口镇许寺民族村帮扶工作实施方案,明确具体帮扶措施。帮扶工作坚持规划引领,组织帮扶地相关人员到阜阳市吴寨村考察,探索扶贫攻坚新机制、新路径,加快许寺民族村帮扶进程;坚持培育村级集体经济,通过扶持光伏产业,发展当地集体经济;坚持引领示范带动作用,支持能人、大户成立寿县耀胜牛养殖合作社、盛世羊养殖合作社。坚持完善基础设施建设，投资70万元，支持当地新修3条混凝土路，切实改善人居环境。二是开展“两纲”结对共建。促进《安徽省妇女发展纲要(2011—2020年)》《安徽省儿童发展纲要(2011—2020年)》(简称“两纲”)全面实施，按照省政府妇儿工委办公室工作要求，会同省妇联赴池州市东至县开展省级“两纲”示范县结对共建工作，针对当地实际问题，拟定结对帮扶方案。同时，在政策、资金、项目、信息等方面给予各种形式的倾斜和扶持，指导、帮助结对共建县落实实施“两纲”目标任务，确保每年至少解决示范县(市、区)“两纲”实施过程中的一个重点、难点问题。

【加强处室自身建设】一是强化支部建设。根据全厅统一部署，扎实开展行政处党支部“三严三实”专题教育，按照动员学习、专题学习研讨、专题组织生活会和整改落实四个阶段，共19个小项，细化任务，压实责任，建立行政处党支部“三严三实”专题教育和作风建设责任清单工作台账，以扎实细致的举措实现“三严三实”专题教育有序、高效开展。二是深化结对共建。“七一”期间，组织党员干部赴结对共建村颍上县耿棚村开展帮扶慰问等活动，激发处室人员服务基层、服务群众的责任感。开展党员进社区活动，与杏花社区党支部共同开展主题教育活动，并走访慰问困难社区群众，开展便民志愿服务。三是加强部门会商。建立会商通报制度和会商责任制度，围绕部门预算编制、“三公经费”管理、预算信息公开、专项资金清理、部门资产管理等重点工作，加强沟通交流，达成会商共识，切实增强部门对财政政策的理解与支持。全年与对口联系的44个部门会商工作实现100%全覆盖，累计会商577次，解决实际问题568个。四是推进内控建设。按照厅内部控制建设工作部署，制定《行政处内部控制操作规程》，从内部职责、政策制定、预算编制、预算执行、处室运转等重点环节着手，规范工作流程，加强内部风险防控，着力提高财政资金的安全性、规范性和有效性。

(厅行政处供稿)

政法财政财务管理工作概述

【概况】2015年，按照厅党组统一部署，政法处认真学习贯彻党的十八大和十八届三中、四中和五中全会精神，积极开展“三严三实”专题教育，转变作风，提升效能，强化预算执行，规范财务管理，较好地完成各项工作任务。财政政法管理工作得到财政部表彰，获全国“优秀”等次；司法体制改革试点工作，得到最高法院院长周强、最高检检察长曹建明、省委常委、省政法委书记徐立全、副省长李建中，以及财政部的批示肯定。

【实施法检两院财物省级统管试点改革】本省作为全国11个第二批司法体制改革试点省份之一，从1月1日起，第一批18家改革试点单位财物纳入省级统管。省财政厅积极谋划改革思路，探索建立运行机制，完善配套政策，并认真编制部门预算，培训财务人员，破解热点难点问题，确保法院检察院财物省级统管试点改革顺利推进。本省改革进展速度在全国名列前茅，得到中央和省领导的批示肯定，财政部以工作动态的形式，向全国介绍本省改革情况。

【推进执法执勤用车改革】根据省公车改革领导小组工作分工，牵头做好执法执勤用车改革工作，在广泛开展调查研究的基础上，制定相关改革办法，指导市县做好改革工作。

【支持商事制度改革】认真学习贯彻省政府办公厅《关于深入推进商事制度改革的意见》(皖政办〔2015〕5号)，将注册资本由实缴制改为认缴制，企业年检制度改为年报公示制度，推进工商、地税、质监等部门“三证合一”改革。做好工商部门经费保障工作，全力配合工商管理部门推进工商注册制度便利化改革，实现以电子营业执照为支撑的网上申请、受理、审核、发照和公示等登记业务全程电子化。

【强化预算约束】落实省级预算管理办法和省长李锦斌的指示要求，严格按照省人大批复的预算执行，严格控制预算追加，坚持“非大事、急事、要事不办理预算追加”。编实编细年初预算，坚持保基础、保改革、保重点，厉行节约，统筹兼顾，不留硬缺口。实施绩效预算，对部门申报的新增项目，尽量纳入预算公开评审。对确需安排的项目，委托评审中心进行预算评审，确保资金安排的合理性。

【狠抓预算执行】强化预算执行管理，建立通报、约谈和预算安排挂钩制度。凡是预算执行慢于序时进度的，进行“三级约谈”，确保2015年部门预算项目结转资金低于上年。认真配合审计工作，切实落实审计整改意见。加强存量资金管理，盘活财政资金使用，围绕“管好总量、严控增量、盘活存量”的总思路，建立健全管理机制，提高资金使用效益。清理省公安厅账户资金，进一步规范银行账户管理和资金使用。

【完善预算制度】完善财政供给政策，理顺部门财政供给关系。认真落实预算编制政策，改变以往罚没收入安排支出的经费保障机制，为联系部门解决多年的历史遗留问题。完善各类制度办法，理顺省财政与预算部门权责关系，共制定出台涉及体制机制、资金分配、资金管理和处室内控等“四类办法”12个。完善财政财务一体化，理顺财政财务关系，在做好服务部门财务、支持部门发展的基础上，通过会商沟通、指导督促，与部门财务同频共振，形成工作合力。

【支持依法治省依法行政】全面落实依法治省、依法行政经费财政保障制度，积极支持法制宣传、法治文化建设、“谁执法谁普法”普法责任制等工作。完善司法救助、法律援助制度，有效解决当事人受到侵害但无法获得有效赔偿造成生活困难，以及困难群众法律咨询、诉讼代理服务等问题。落实国家赔偿制度，保障赔偿请求人的合法权益，取得良好社会效应。

【支持综合治理、平安安徽建设】认真履行综治成员单位职责，赴综治联系点芜湖市鸠江区调研督查社会管理综合治理工作。参与研究制定平安安徽建设考核办法和实施细则，统筹安排综治奖励资金。完善立体化数字化社会治安防控体系，依靠科技手段打造平安安徽，初步建立网侦、技侦、图侦等系统，编织平安安徽“天网”。完善政法转移支付资金分配，保障政法部门办案及业务装备建设，并初步建立省以下公检法司部门跨区重特大案件以及不可预见的突发事件同级财政保障机制。

【支持国防及后备力量、武警部队发展】积极支持并会同省军区整合资金，建立健全支持军民融合发展的体制机制，优先支持军民融合企业，推进我省军民融合深度发展。开展国防领域经费支出改革研究，全面统计本省“十二五”期间国防领域的支出情况，探索建立事权与支出责任相适应的国防经费保障机制。加强在皖部队地方财政保障，支持在皖部队参与地方建设和发展，发挥其在急难险重任务中的作用。

【落实“三严三实”精神】制定“三严三实”专题教育方案计划，明确时间节点，压实领导责任。认真组织学习讨论，开展专题党课、专题学习研讨和专题组织生活会等活动，不断强化党性观念，坚定理想信念。紧密结合工作实际，进一步理清工作思路，研究工作措施，不断把学习的体会和成果转化为做好工作的决心、谋划工作的思路、推进工作的本领。

【构建权力阳光运行机制】加强廉洁教育，在入脑入心上下功夫，净化党员的政治灵魂，增强防腐拒变的能力。规范权力运行，通过细化权力运行流程，让行权具体人员、权力行使依据、工作责任范围、办理程序和时限等一目了然。建立内控制度，明确处内主要业务工作内部控制操作规程，具体划分各业务环节的责任边界，并建立风险事件应对机制。

【提升服务能力和水平】强化会商工作，与联系的16个一级预算单位全部进行多次会商，做到一般会商有记录，重要会商有纪要，会商解决司法体制改革“一处两中心”运行管理机制、公检法司部门培训经费支付、公安机关部分装备定点采购、地税系统属地采购等问题。提升服务能力，通过结对共建、系统帮联和党员进社区等活动载体，着力提升服务经济、社会、部门、基层和群众的能力。注重调查研究，深入开展司法体制改革、执法执勤用车改革、地税系统财务管理等专项工作调研，把矛盾问题突出、经费需求较大的地方和单位作为重点调研走访对象，认真分析梳理问题，提出意见和建议，为领导决策提供依据。

（厅政法处供稿）

教科文财政财务管理工作概述

【概况】2015年，教科文处认真贯彻落实省委、省政府重大决策部署，围绕财政中心工作，以支持服务教科文事业发展为重点，以“三严三实”专题教育为契机，抓改革、促发展、惠民生、强管理、提绩效、转作风，有力服务教科文领域基本公共服务均等化和创新驱动发展战略实施，推动教科文事业又好又快发展。全省财政教科文支出1078.3亿元，增幅为13.3%，并争取中央财政资金137亿元，较2014年增加8.4亿元，增幅为6.5%。

【加大职业教育投入】建立高职院校生均拨款制度，牵头制定《建立以改革和绩效为导向的高职院校生均拨款制度的实施意见》，明确自2015—2017年，生均财政拨款水平分别达到9600元、10800元、12000元，引导高职院校合理定位，办出特色和水平。建立中职学校生均拨款制度，牵头制定《关于建立完善以改革和绩效为导向服务地方经济发展的中等职业学校生均拨款制度的实施意见》，明确自下年起，全省各级中职学校生均拨款标准不低于5000元，优化配置中职学校教育资源，实现职业教育规模化发展。

【推动科技创新改革】系统推进创新试验改革，配合制定《安徽省系统推进全面创新改革试验建设有重要影响力的综合性国家科学中心和产业创新中心实施方案》，以科技创新为中心，推进实施企业创新投入税收优惠、创新产品政府首购首用、创新人才团队统筹奖补等财政政策，着力破除体制机制障碍，激发全社会创新活力和创造潜能。深化财政科技项目资金管理改革，会同起草《关于改进加强省级财政科技项目和资金管理的实施意见》，优化整合省级科技计划类别，改革科技项目和资金管理流程，构建财政科技项目分类管理和差异化扶持机制。实施科技成果三权改革，制定《安徽省促进科技成果转化实施细则》，明确在全省范围内实施科技成果三权改革，将财政资金支持形成的科技成果使用权、处置权和收益权，全部下放给项目承担单位。

【完善公共文化供给机制】推进基本公共文化服务均等化标准化，会同制定《安徽省关于加快构建公共文化服务体系的实施意见》，提出建立覆盖城乡、保基本、促公平、具有安徽特色的《安徽省基本公共文化服务实施标准》，并建立财政分级保障机制。推动政府购买公共文化服务，会同制定《安徽省关于做好政府向社会力量购买公共文化服务工作的实施意见》和《安徽省政府向社会力量购买公共文化服务指导性目录》，变政府“自上而下”供给，为群众“自下而上”需求，推动公共文化资源配置和供给的社会化、多元化、个性化。支持引导和培育文化消费市场，转变资金扶持方向，由补市场供给端引导产品生产，转向补市场消费端引导消费行为，安排资金1193万元，支持第二届“文化惠民消费季”活动，提供多式多样、贴近群众需求的文化产品和服务，直接带动文化消费36亿元。

【推动预算管理改革】加大预算资金统筹力度，统筹安排体育彩票公益金、文化事业建设费和地方教育附加4300万元，保障2016年部门新增项目需求。编制中期财政规划，全面启动省直教科文部门中期财政规划编制，21个部门同步编制2016年预算和三年滚动财政规划，确保财政资金安排的前瞻性、科学性。加大存量资金盘活力度，全年收回结转结余指标43690万元，划转财政专户资金22383万元，部门上缴实有账户作权责发生制资金4577万元，盘出资金统筹用于全省支出。

【落实教育优先发展战略】支持扩大普惠性学前教育资源，下达学前教育专项资金7.24亿元，实施学前教育第二期三年行动计划，支持新建、改扩建公办幼儿园612所。改善基础教育办学条件，统筹资金26.99亿元，支持实施“全面改薄”计划、改善普通高中办学条件、实施营养改善计划、推进第二批在线课堂建设，不断改善贫困地区基础教育办学条件，保障学生享受公平教育。推进职业教育质量提升，统筹资金5.23亿元，实施职业院校质量提升计划，支持职业院校改善办学条件，在体现公平的基础上，积极探索分类支持，实行差异化拨款，促进办学水平整体提高和持续发展。推动高等教育内涵建设，不断调整本科高校生均拨款经费支出结构，安排专项经费36.8亿元，实施“支持本科高校能力提升计划”和“高等教育振兴计划”，高校办学条件持续改善，科技创新能力、人才培养质量、服务经济社会发展能力明显提升。加强教师人才队伍建设，贯彻落实《乡村教师支持计划(2015—2020年)》精神，保障乡村教师待遇。下达资金2.83亿元，支持实施特岗教师计划、“三区”人才支教计划，改善贫困边远地区教师队伍结构；下达资金1.36亿元，支持实施中小学及幼儿园教师“国培计划”、中职学校教师素质提高计划，提升学校专业骨干教师教学水平。

【深入推进创新型省份建设】完善创新型省份扶持政策，会同省科技厅修订拓展创新型省份建设配套政策,以省政府办公厅印发《关于实施创新驱动发展战略进一步加快创新型省份建设的意见》(皖政办〔2015〕40号),形成支持自主创新能力建设、扶持高层次科技人才团队、促进科技成果转化、重大科技专项、科技保险试点等覆盖创新驱动发展全链条的“1+6+2”配套政策。加大科技创新保障水平,继续安排10亿元创新型省份建设专项资金,综合采取股权投资、以奖代补、创业投资、绩效挂钩等扶持方式,发挥财政资金杠杆作用,建立“企业愿意干、政府再支持”、“市县愿意干、省里再支持”的扶持机制,营造“大众创业、万众创新”的良好氛围。全省共支持30个科技团队、32家重点实验室、15个省重大科技专项和829家企业事业单位,并根据省政府要求对一批众创空间和新型研发机构给予后补助支持。

【加快推动文化强省建设】促进文化事业繁荣发展,遵循“政策对照、资金对口、工作对接”的原则,参与起草《中共安徽省委关于繁荣发展社会主义文艺的实施意见》《关于加快我省戏曲传承发展的实施意见》《安徽省基层综合文化服务中心建设实施方案》《关于推动安徽省传统出版和新兴出版融合发展的实施意见》等7项文化政策文件,坚持精心协调、细心测算、耐心服务,会同相关部门统筹资金9亿元推进全省现代公共文化服务体系建设发展。为支持开展“马克思主义新闻观”精品课程、马克思主义理论研究和建设工程课题等,统筹教育资金1100万元,连续两年支持省委宣传部、安徽师范大学共建新闻学院。推动文化产业企业做大做强,坚持“突出重点、注重效益,择优扶持、严格管理”的原则,统筹2.9亿元文化体育产业资金,支持企业转型升级、文化精品创作、改制院团发展等200个项目的实施。履行省属文化企业国有资产监管职责,会同省委宣传部对省属文化企业集团实施“双效”业绩考核,相继完成新华发行集团发行可交换债券、投资大千生态景观股份有限公司并公司上市国有股划转社保基金等八项资产批复事项,依法依规处理新安传媒有限公司外方减持股份事项等,确保国有文化资产保值增值。

【推进财政资金统筹使用】整合优化项目资金,按照“项目优化整合、资金原则不增”的原则,严格审核2016年省直教科文部门预算,部门专项数由2015年235个减少到212个,降幅为10.8%。提高预算编制细化率,2016年省直教科文部门专项转移支付19个,共细化17个,细化率为90%。提前下达中央转移支付项目17个,资金74.8亿元,资金提前下达率为98%。推进职业教育资源整合,印发《关于推广金寨经验 统筹做好职业教育和培训资源及资金整合工作的通知》,推进中职教育培训资源“市统筹、县整合”,打破条块分割,对接地方产业,形成以职业学校为主平台、其他机构为补充的职业培训新格局。

【重点保障义务教育均衡发展】统筹资金62.38亿元,支持义务教育经费保障机制改革,惠及全省城乡义务教育阶段609万名在校学生。免除城乡义务教育阶段学生学杂费并补助义务教育阶段学校公用经费,建立校舍维修改造长效机制,免费提供国家课程教科书,补助家庭经济困难寄宿生生活费,保障进城务工农民工随迁子女接受同等教育。

【推进中职和普通高中学生资助提标扩面】投入资助资金24亿元,惠及学生90.3万人次。全面落实中职学校免学费扩面政策,提高中职学校、普通高中国家助学金标准,将国家助学金标准由原来的年生均1500元提高到2000元。保障高等学校、中职、普通高中国家助学金制度以及中职学校农村学生、城市涉农专业和家庭经济困难学生免学费制度等各项政策落实到位。

【推动农村文化建设对接群众需求】统筹资金1.4亿元,支持实施农村文化建设专项,每村每年补助1.2万元,覆盖全省15539个行政村。会同省文化厅印发《关于进一步完善政府购买服务开展“送戏进万村”活动的通知》,政府公开招标采购200多家演艺团体,提供农村群众近2万场演出;支持新闻出版广电局建立农村电影放映监测平台,全年实时监控19.67万场公益电影放映,超额完成年初电影放映任务1万场;支持以县为主体,采用“现场送,集中购”方式,完善农家书屋出版物更新补充机制。

【推进公共文化场馆免费开放联盟服务】统筹资金1.8亿元,推动全省105个图书馆、120个文化馆、7个美术馆、1437个乡镇综合文化站、89个博物馆免费开放。支持组建全省公共图书馆阅读推广联盟、文化馆活动联盟和博物院陈列展览联盟,通过品牌联创、活动联办、平台联建等方式,整合公共文化场馆资金资源,形成资源共享、优势互补、区域联动、服务基层的长效运行机制。

【推进广播电视"村村通"工程全面覆盖】统筹资金5184万元,支持建设5640个20户以下已通电自然村广播电视"村村通"建设、建成6座无线发射台站,扩大广播电视的有效覆盖,提高广播电视特别是农村广播电视的基本服务水平。截至当年底,全面完成"十二五"广播电视"村村通"39712个盲村和46座台站建设任务。

【完善专项资金管理制度】制定《安徽省省级财政教育专项资金分配管理办法》和《安徽省省级财政科技专项资金管理办法》,明确省级教育、科技专项资金安排原则、分配方法、扶持方式、管理责任、监督检查等内容,推动建立财政资金动态调整、优化整合、分类扶持机制,同时相应出台《安徽省重点研究与开发资金管理办法》《安徽省创新驱动助力工程专项资金管理办法》等专项资金管理办法,推进"一个(类)专项,一个办法",实现专项资金制度管理全覆盖。

【建立健全内控管理制度】建立《教科文处内部控制操作规程》,采用不相容岗位(职责)分离控制、授权控制、归口管理、流程控制等控制办法,强化个人权力制约、相互监督,细化责任、实施责任追究。建立来文督办制度,专人负责来文办理登记、督促、销号,确保厅内外各项工作限时办理、件件落实。建立月度计划销号制度,每月月初制订全处月度工作计划,月末对照计划填报工作完成情况,细化举措,落实责任,提升效率。

【硬化预算支出约束】探索预算执行与编制挂钩,审核部门2016年预算,综合考虑部门2015年预算执行情况,对预算执行低于序时进度的项目按比例扣减,有效促进预算支出进度,精减预算项目安排。完善预算执行通报制度,下半年按月通报部门预算执行进度及位次,送达部门主要负责人,要求按月制定预算执行计划表,强化部门主要负责人及各业务处室预算执行责任。狠抓高校采购执行。指导高校加快采购计划申报,3月底前采购申报率为70%,较往年大幅提升。会同省教育厅、合肥公共资源交易中心、高校,以及厅政府采购处、采购监管办,通过座谈会、培训、通报、督查等多种形式,查找问题,提出解决方案,着力提高政府采购支付率。

【强化预算绩效管理】继续实施预算公开评审,推出文化强省、对外科技合作计划、足球发展扶持等8个专项实行公开评审。开展重点项目绩效评价,委托财政投资评审中心对2013年中央文化产业发展专项、2014年科技惠民技术攻关、2014年专利发展专项资金等5个专项开展重点绩效评价,突出"下项目,看效益"。制定《安徽大学艺术与传媒学院基本建设项目资金管理规范流程》,加强基本建设项目资金管理。强化涉企系统监管,共审核科技、文化涉企项目1693项,涉及财政资金8.4亿元。

【做实财政政策调研】立足教科文事业发展热点,深入基层,结合实际,形成《财政财政支持社会力量办学若干问题研究》《"十三五"时期安徽省文化改革发展财税政策研究》《省属文化企业国有资产经营情况的分析报告》《安徽省义务教育发展调研报告》等四项研究报告,为制定财政政策措施提供基础支撑和决策依据。面对教科文事业发展难点,先后赴上海、湖南、湖北等省、市,学习先进经验,形成《赴上海市考察大型科学仪器开放共享工作专题调研报告》《湖南、湖北两省国有文化资产管理体制改革调研报告》《财政支持足球发展政策及投入情况调研报告》,为推动本省工作提供决策参考。

【扎实开展"三严三实"专题教育】制定"三严三实"专题教育方案,全处集体学习47次,召开专题研讨会3次,深入学习习总书记的"三严三实"重要论述和党的十八大,十八届三中、四中、五中全会等精神;支部书记精心讲党课2次,要求全处同志在工作中自觉践行"三严三实";召开专题组织生活会1次,深入查摆"不严不实"问题,深刻剖析产生问题根源,开展批评与自我批评,明确提出今后努力方向和改进措施。全年共办理发文263件,人大建议50件,政协提案31件,群众来信18件,厅外反馈意见123件,厅内反馈意见259件。

【深入开展结对共建】教科文党支部赴霍邱县乌龙镇陡岗村,与村两委班子商讨结对共建方案,开展党建工作经验交流,慰问共建村困难群众和老党员12户。开展支部进社区服务活动,赴合肥市包河区淝南社区,结合处室工作实际,与社区居民共同举办"孝道行社区"诵经典、写春联迎新春、走进创客空间、共种"成长树"等系列活动,展现党员服务基层风采。

【继续强化宣传工作】以宣传财政教科文政策实施及成效为重点,积极向媒体投稿。在安徽日报头版头条刊登《公共文化服务 财力如何用在刀刃上》,在核心期刊《经济研究参考》发表《"十三五"时期安徽省文化改革发展财税政策研究》,在中国财经报刊登《创新驱动引领安徽新发展》,在安徽日报刊登《安徽提升高校内涵育英才》《农村义务教育两计划扩面提标》,就"公办高职教育推行生均拨款制度"接受安徽电视台专题采访等,展示教科文事业发展新成就、新风采、新思路。

【做实做细部门会商】综合采取汇报、会议、上门、约谈等会商形式,全年会商342次,主动争取财政部、省人大、省审计厅、省直教科文等部门对财政教科文工作的理解和支持。罗建国厅长带队到财政部汇报争取创新改革政策支持,到省委宣传部、省委党校、省博物院,就宣传文化发展、党性教育主题班建设、博物馆运行维护等财政保障问题进行会商研究。省人大对财政厅教科文处工作充分肯定和认可,专门印发一期《财政厅汇报教科文事业发展情况》简报。

【加强党风廉政建设】签订《安徽省财政厅2015年党风廉政建设责任书》和《安徽省财政厅法治财政建设责任书》,按照两项责任书要求,认真落实省纪委、监察厅、厅党组、驻厅纪检组部署的关于党风廉政建设和反腐败工作任务。组织全处党员干部积极参与关于开展党风党纪、反腐倡廉、廉洁自律等教育活动,不断提高党员干部守纪律讲规矩意识。

(厅教科文处供稿)

经济建设财政财务管理工作概述

【概况】2015年,经建处认真贯彻落实厅党组各项决策部署,主动适应新常态,坚持"问题导向、底线思维",强化大局意识、责任意识,做好"预算执行重绩效、资金筹措重市场、改革推进重落实、队伍建设重规矩"四篇文章,全年累计争取中央转移支付472.6亿元,支出699.1亿元,撬动社会资本近1700亿元,承担国家改革试点11项,较好地完成各项工作任务。

【大力支持基础设施建设】加大资金争取力度,累计争取中央基建资金159.3亿元,支持水利、交通、棚改、教育等领域基础设施建设。建立多渠道筹资机制,省级通过预算安排32.5亿元、地方债40亿元、争取农发行过桥贷款38亿元和发行地方政府专项债52亿元等渠道筹集资金,重点支持合福铁路、商合杭铁路、引江济淮水利工程以及提升各市交投平台融资功能为主的交通基础设施建设等。不断完善铁路和水利项目筹资政策,健全分级负担机制,明晰各级职责。发挥金融对基础设施建设的支持作用,会同省住建厅、省农发行印发《关于信贷支持涉农棚户区改造工作的意见》,全省累计评估、培育棚户区改造项目15个,申贷金额131亿元。会同省交通厅、省农发行印发《关于信贷支持农村公路及普通国省干线公路建设工作的意见》,全省累计评估、培育农村路网项目36个,申贷金额100.9亿元。会同省交通厅、省国开行印发《关于开发性金融支持全省交通运输基础设施建设的实施意见》,利用国开发展基金支持6个项目,融资金额达26.6亿元。强化支出管理,进一步加强基建支出日常管理和资金拨付流程,确保资金安全高效。

【推动棚户区改造提速增效】认真履行棚改理事会职责,进一步健全责任制和包保制,加强工作部署和业务培训,加强与国开行金融合作。先后召集6次理事会会议,研究解决增加平台公司资本金、加快各地用款进度、防范债务风险、完善管理流程、推进购买服务等事项。加快用款进度,在一期借款870亿元基础上,争取二期借款150亿元,累计占全国比重14.7%;全年发放贷款480亿元,用款241亿元;各地合作棚改项目开工率达到98%。进一步拓宽棚改融资渠道,支持省建投公司通过发行项目收益债等方式,灵活运用各种金融工具,拓宽棚改融资渠道。加强与省农发行的协调配合,加大涉农棚户区改造保障力度。探索开展政府与社会资本合作(PPP模式)试点工作,引导社会资本参与棚户区改造和配套基础设施建设运营。

【全力服务"调转促"工作】根据厅党组部署,主动承担"调转促"工作厅内牵头任务,配合省有关部门制定调转促的政策文件,出台相关实施意见,及时报送工作情况,优化整合各类专项资金支持"调转促"。支持战略性新兴产业发展,参与制定战略性新兴产业集聚发展指导意见，及时制定资金管理办法,整合资金20亿元按照因素法对首批14个基地给予支持。争取中央9.4亿元,省级安排1亿元,及时兑现对江淮、奇瑞、安凯新能源汽车企业的政策补贴。指导合肥市积极申报全国小微企业创业创新基地示范城市，以第六名成绩成功入选全国首批示范,获得中央补助资金9亿元。积极配合省投资集团开展产业投资基金的研究及方案制定等基础工作。贯彻落实省委省政府"十二五"区域发展战略,运用财政政策支持皖江、皖北、大别山区、皖南国际文化旅游示范区及南北共建合作园区发展,争取中央补助资金1.6亿元,省财政安排5000万元,利用贴息方式支持国家级开发区和皖北县域开发区基础设施建设。积极参与合肥经济圈、长三角合作、长江经济带、沿江城市群等区域政策研究。

【积极保障和改善民生】加大资金统筹力度，安排资金22.9亿元，推进各地农村安全饮水工作，全年解决529万人安全饮水问题，全面完成"十二五"任务。会同监督局采取各市互查方式,对农村安全饮水资金全面检查。统筹安排资金18.4亿元,推进农村危房改造工作,全年解决17.6万户改造任务。统筹安排3.1亿元,支持全省750座农村危桥改造,圆满完成规划改造任务。加大对农村道路建设和运行维护支持力度，得到省人大充分肯定。支持安全生产工作,重点支持省安全生产信息系统建设及安全生产专业队伍建设，提升应急管理能力。整合资金3058.2万元支持安全生产信息化平台建设、安全生产队伍建设以及隐患排查和专项整治等，安排专项资金500万元支持省煤炭安全局开展煤炭安全治理。

【全方位支持环境治理】完善大气污染防治财政支持政策体系，安排大气污染防治专项经费12亿元，支持各地提前淘汰黄标车、取缔燃煤小锅炉、治理建筑扬尘。在争取中央财政补助的基础上,全省各级财政共安排16亿元资金用于秸秆禁烧和综合利用,全省秸秆焚烧火点数54个,较上年下降666个。加大水、土壤治理投入,争取中央资金2.2亿元支持各市污水管网建设等项目建设,全年新增污水处理配套管网1500公里。支持池州市列入国家海绵城市建设试点，三年获补助资金12亿元。统筹资金1亿元,支持合肥、芜湖等市开展省级海绵城市建设试点工作。安排土壤重金属污染防治资金3626万元,支持临泉县开展重金属污染土壤修复治理示范。根据全省矿山生态环境治理需要,安排"三线三边"矿山地质环境治理省级补助资金1.25亿元,支持矿山地质环境治理工程项目60个。

【切实保障国家粮食安全】积极争取中央支持,全年累计争取中央商品粮大省、产粮(油)大县、生猪调出大县转移支付资金30.2亿元,较上年增加1.6亿元。争取中央资金13.8亿元,统筹省级新增建设用地有偿使用费4.3亿元，支持高标准基本农田建设504.96万亩。同时,认真落实国家内地主产区棉花目标价格补贴政策，补贴棉农5.3亿元。争取中央财政补助资金1.5亿元,支持市县政府和有关企业开展油菜籽临时收购。保障省级粮油储备任务落实，累计拨付相关补贴4亿元。面对粮食市场价格下降、局部地区农民卖粮难的情况，从粮食风险基金中筹集1231万元,支持开展小麦省级临时收储工作。下达中央及省专项补助资金9.6亿元，督促市县财政部门落实配套资金6.13亿元,完成粮食危仓老库维修改造仓容889万吨,进一步提升本省粮食收储能力,保障农民售粮需求和国家粮食安全。

【落实财政预算改革具体任务】积极做好部门单位预决算和"三公"经费公开工作；提前下达2016年预算比例进一步提高;2016年专项转移支付预算细化率超过90%,其中,国土和交通部门达到100%和96%。同时,进一步加大政策宣传,以支出进度倒逼预算安排,以预算安排促进预算执行,全年联系部门主动收回结余指标2亿多元，全年指标结转控制在6亿元,预算执行率达到99%。

【积极争取新安江流域生态补偿机制延续】省委省政府高度重视新安江流域生态补偿机制试点延续问题,经积极争取,财政部、环保部明确政策延续三年,中央补助9亿元,本省与浙江省积极协商签署新一轮补偿协议。借鉴新安江生态补偿经验,根据省领导指示精神和有关人大代表、政协委员意见建议,主动协调六安、合肥两市,制定大别山区水生态补偿办法，建立省内首个流域补偿机制,省财政提前下达1.2亿元补助资金,合肥、六安各安排4000万元,根据断面水质监测情况进行补偿,六安市各项水环境治理项目全面启动。

【大力推进交通住建系统 PPP 建设】将交通、住建系统作为推进 PPP 建设的重点领域，本省三条高速公路项目被财政部、交通部纳入试点范围，前期争取到的池州污水处理等国家试点项目总体运行良好。加快省级 PPP 项目推进速度,与交通厅共同研究制定国省干线运用 PPP 方式建设的指导意见,充分发挥省交投集团等骨干企业的作用,与市县合作,加快交通项目建设。各地共上报 PPP 项目 79 项,总投资 931 亿元,滁州、亳州、广德等地启动实施项目。

【实施渔业和公交行业燃油补贴改革】根据财政部和农业部、交通部等部门统一部署,及时推进渔业和公交行业燃油补贴改革，会同省有关部门开展调查研究,结合本省实际出台改革办法,推动补贴资金与用油量逐步脱钩，发挥财政资金导向作用，将补贴资金重点统筹用于渔业转型和资源保护以及新能源汽车推广和运营补贴。财政部在公交行业燃油补贴改革电视电话会议上对本省有关工作给予充分肯定。

【积极支持供销社综合改革】根据《中共中央国务院关于深化供销合作社综合改革的决定》(中发〔2015〕11 号)精神,积极支持供销社推进综合改革,结合安徽实际,配合省供销社起草改革方案,提出财政意见。会同省供销社,积极争取财政部和全国供销总社供销合作基金试点工作，成为全国首批开展试点的三个省之一，获得财政部首轮补助资金 1 亿元。经积极协商推进,完成方案起草、股权代持、资金拨付等工作。

【争取国家新能源汽车交易积分试点】积极推进运用市场化方式推广应用新能源汽车,根据省、厅领导指示，充分发挥本省作为新能源汽车生产大省,实行积分交易总体有利的优势,积极向财政部、工信部争取将本省列入国家新能源汽车积分交易试点,与湖北、北京、上海、深圳等省市积极做好试点前期工作。

【抓好处室建设】加强学习,认真开展“三严三实”专题教育活动,加强政治和业务学习,认真研读厅长推荐文章。加强会商,把上门会商作为转变作风、解决问题、提高效能的重要载体和手段,全年累计开展会商 246 次。加强联络，横向通过会商、部门会议、基建部门业务推进会等方式,构建财政财务管理一体化机制；对下通过以会代训加强对各市县经建系统业务指导,增强凝聚力;对上注重工作汇报、资金争取和参与试点。全年争取中央财政补助专项资金 472.6 亿元，较上年增加 58.8 亿元。11 项工作纳入国家试点范围,经建司有关领导先后 5 次来安徽调研或参加活动。加强基础,持续不断夯实各项基础工作。认真开好支部会、处务会和民主生活会,经常开展谈心活动,适时开展轮岗,健全 ABC 岗制度,完善基建拨款管理流程,对专项拨款实行互审,对信访和信息公开事项实行风险评估和集体研讨等。积极做好提案议案办理工作,全年主办和协办提案议案 108 件,代表委员均给予满意评价。牵头做好审计署“稳增长”审计工作,配合做好涉农审计、同级审计等大量工作。

(厅经建处供稿)

农业财政财务管理工作概述

【概况】2015 年，农业财政工作紧紧围绕中央和省委、省政府“三农”决策部署,紧贴中心、服务大局,进一步健全政策体系,创新扶持机制,财政支农各项工作实现新突破,取得新成效,为加快现代农业发展及促进农民持续增收做出积极贡献。

【增加支农投入】省以上财政累计投入农业财政资金 231.1 亿元,较上年增加 88 亿元,同比增长 61.5%,首次跃上 200 亿元台阶,财政支农投入保障水平得到进一步提升。全年争取中央财政农业专项资金累计 172.7 亿元,较上年增加 79.4 亿元,增量、增幅为历年最高。加大省级财政投入,省级农口部门预算支出 58.5 亿元，较上年增加 8.6 亿元,同比增长 17.2%,有力保障省委、省政府部署的农村土地确权办证登记、小型农田水利改造提升、千万亩森林增长工程等一系列重大支农任务。主动盘活支农存量资金，累计盘活清理存量资金达 40.4 亿元,其中,统筹收回预算 2012 年及以前年度全部结余资金 330 万元，消化 2013—2014 年度结存资金 38.3 亿元。通过多措并举,省直农口部门 2015 年结转资金规模较上年压缩 50%，切实发挥农业财政资金使用效益。

【促进支农改革创新】在全国率先启动多项改

革试点,创新财政扶持机制,进一步激发财政支农投入活力与效率。一是率先启动农业补贴试点改革。本省作为全国5个试点省份之一,率先开展农业"三项补贴"合并改革试点,获中央试点增量资金3亿元,改革有效提高农业补贴政策精准性和指向性,解决多年来农业补贴种类较多、补助标准不一、发放成本较高的问题。二是成立全国首家农业担保机构。从农业补贴资金统筹10亿元,依托省担保集团,组建成立省级农业融资担保公司,为粮食等新型适度规模经营主体提供融资担保。安徽农业融资担保公司成为"当年动议、当年筹建、当年挂牌、当年业务落地"的、全国首家面向农业生产经营主体的政策性担保服务机构。三是支持参与国有林场改革试点。多次与省林业厅等部门深入市县和林场进行调研,全面掌握林场基本情况。提前下达中央财政补助资金1.12亿元,鼓励市县先行示范。四是探索农业融资风险补偿试点。研究出台《关于开展设立融资风险补偿基金支持农民合作社、家庭农场发展试点指导意见》,在全省选择15个县(区)试点。截至当年底,全省基金规模达1.5亿元,累计撬动银行向农民合作社、家庭农场发放贷款4.5亿元,受益农民合作社、家庭农场1000余户,深受基层群众欢迎。

【支持脱贫攻坚】将财政支持脱贫攻坚作为一项重要政治任务和头等大事来抓,全员参与、全力支持、全面推进。成立以厅长任组长、各分管厅长任副组长、各处室单位为成员的财政支持脱贫攻坚领导小组。厅领导小组就财政支持脱贫攻坚工作,先后召开会议8次专题研究,厅领导率队赴基层专题调研15次(其中,赴吴寨村定点帮扶7次),向省委、省政府报送工作动态信息6条。全省财政专项扶贫投入33.4亿元,同比增长14.6%,重点支持31个国家、省扶贫县实施整村推进、雨露计划。统筹安排光伏扶贫4亿元,支持建设5万个3千瓦户用光伏电站、330个村级光伏电站,带动贫困户和贫困村长期稳定增收。建立财政支持脱贫攻坚政策体系创新正向激励的资金分配机制,创新社会广泛参与的资金投入机制,创新保持高压态势的资金监管机制。

【健全支农政策体系】进一步建立健全体系更完善、重点更突出、效益更明显的财政支持现代农业、林业及农田水利建设的政策体系。一是健全现代农业扶持体系。支持现代农业产业体系建设。筹集资金4亿元,支持65个县(区)农村土地确权登记试点。安排资金1000万元,推进"互联网+农业"、农产品电子商务建设。争取中央资金1亿元,支持农业一、二、三产业融合发展。支持现代农业装备体系建设。拨付农机补贴14.4亿元,补贴农机具10.8万台(套),带动全省主要农作物综合机械化率71.5%,高于全国7个百分点。统筹资金直接用于粮食生产8.5亿元,其中2.6亿元用于粮食绿色生产技术推广服务。二是拓展现代林业扶持政策。拨付千万亩森林增长工程资金3.12亿元,支持全省实施新造林163万亩,提高全省绿化水平。安排奖补资金1355万元,支持森林城市、森林长廊创建和"三线三边"绿化提升行动。从2015年起,省财政安排专项资金,将省级生态林补偿标准由原来的每年10元/亩提高到15元/亩,与国家级公益林享受同等标准补助,增强各地对林业生态保护的积极性。积极争取纳入国家湿地生态效益补偿试点、湿地保护奖励试点,支持提高本省湿地保护能力。三是巩固小型农田水利投入政策。统筹拨付农田水利建设资金23.2亿元,支持全省共除险加固小型水库400座、更新改造小型泵站114760千瓦、改造灌溉面积1万~5万亩的灌区94处、扩挖塘坝61424口、改造灌区末级渠系300万亩。积极探索小型农田水利工程建管并重的良性运行机制,会同省水利厅制定《安徽省小型农田水利工程管护资金管理办法》,大力推进发展物业化管护公司、水利专业合作社、农民用水者协会、新型农业生产经营主体等新型管护组织。推广政府购买服务、专业化集中管理、公共服务多位一体、大户自建自管等行之有效的管护运行模式。

【提升支农资金使用效益】加大农业财政增量投入的同时,更加注重发挥存量资金使用质量,以提高预算绩效的加法应对经济下行压力、财政增收放缓的减法。一是在源头上精细预算编制。针对涉农项目零星分散问题、资金效益不高的现象,将2016年省级农口部门专项压至17项,较2015年的44项减少27项,整合幅度达61.4%。提前细化项目预算,在2016年预算编制中,省直农口部门项目资金细化率达100%,其中,省本级5.5亿元资金全部细化到单位,专项转移支付资金11.1亿元,全部细化并提前下达到市县。二是在执行中提升支出效率。健全工作会商机制,在预算执行重大事项和关键节点,分管厅长亲自率队上门会商,约谈部门负责人。每月定期与农口部门财务处召开预算执行会商分析会,研究具体对策。建立督促提醒机制,第一时间将省直农口部门预算执行情况,通报部门一把手;以《预算通知单》形式,提醒部门在30日内将中央专项资金分配下达;及时将审计中发现的问题,督促提醒部门整改落实。三是在问效中严格奖惩激励。建立预算执行第三方评价机制,对重点支农项目,全部委托会计师事务所开展第三方评价,提高绩效评价质量。建立挂钩问责机制,对2015年预算执行绩效不理想的农口部门,2016年预算一律不得新增预算,对未达序时进度的,一律按照10%—50%比例扣减2016年预算项目和综合业务管理经费额度。四是在检查中督促整改落实。牵头会同17个省直部门,在全省组织开展为期半年、拉网式的涉农资金专项整治行动,专项行动涵盖全省2013—2014年5大类、100余项、2900亿元涉农项目资金,及时发现和纠正一批违规违纪行为。五是在总结中健全制度体系。牵头制定出台《关于全面推进财政支农资金管理改革的实施意见》,在全省全面推行因素法分配资金、公开竞争立项、预算绩效监督、信息公开公示、压实监管责任等五项重点制度。结合新《预算法》精神,制定出台《关于进一步规范农业财政资金支付管理的通知》,取消财政报账制管理,解决长期以来基层农业财政资金管理职能不清、责任不明、管理不畅的问题,深受基层欢迎。按照预算管理新形势要求,及时撤销财政扶贫专户,实现处室"零专户"管理。

【夯实工作作风】围绕"三严三实"专题教育活动开展,将党建作风有机融入到业务工作中,同布置、同推进、同考核,进一步转方式、改作风、提效能。一是加强"三严三实"教育。学习领会厅领导"三严三实"专题党课,围绕"忠诚、干净、担当"要求,深入剖析,对照整改。建立"三严三实"工作台账,全年累计学习、调研153次,研究布置重点工作98次。二是深入基层调研工作。深入调查研究,问政于民、问计于民,累计完成调研报告5篇,为领导决策提供参考参谋。其中,主动承担并高质量地完成省委农村工作领导小组安排的"安徽省粮食作物农业保险问题研究"、"提高财政支农资金投入效能专题研究报告"2篇调研课题。三是扎实开展帮联会商。先后3次赴宣城市、宿州市实地帮联,围绕部门扶贫资金监管、预决算公开等财政重点改革事项,宣传政策、指导工作、督促落实。采取"请进来、走出去"等多种形式,与省直农口部门会商98次,解决问题100余项,在会商中赢得理解、把握主动、推动工作。四是广泛宣传财政支农政策。向省委、省政府报送财政支农工作专题报告、财政支农工作信息20余条(次)。认真办理人大建议49件、政协提案37件,赢得代表充分肯定。通过人民日报、农民日报、安徽日报、中国财经报等主流新闻媒体,宣传支农工作做法累计达20余次(条),努力营造社会关注、关心和支持财政支农工作的良好氛围。

(厅农业处供稿)

社会保障财政财务管理工作概述

【概况】2015年,社会保障处按照厅党组的部署要求,围绕中心、服务大局,锐意进取、开拓创新,积极践行"三严三实",着力深化财政改革,致力保基本兜底线,充分发挥"五个作用",持续保障和改善民生。全年四项重点工作分别受到省委书记王学军、常务副省长詹夏来、副省长梁卫国、副省长杨振超批示肯定,社保基金预决算和低保绩效评价两项工作荣获全国一等奖,计划生育和双拥专项工作分别获得省级履职先进单位。

【创新建立青年创业引导资金】会同有关部门创新扶持方式,与合肥市按2∶1的比例共同设立青年创业引导资金3000万元,以市场化运作方式"免抵押、免担保"扶持青年群体创业,撬动社会资本1.5亿元。共发放103家企业青年创业引导资金贷款7261万元,带动就业3000余人。副省长杨振超在财政厅报送的《关于安徽省青年创业引导资金运行情况的报告》上批示:"青年创业引导资金杠杆作用明显,成效显著。省财政、省人社规范操作,方式创新,工作富有效率,值得肯定"。

【深入推进养老服务体系建设】安排民办养老机构补助3000万元,撬动社会力量投入兴建资金13.8亿元;补助各地用于购买居家养老服务补助2000万元,带动各市县投入1.79亿元,月服务人次达到130万人次；全省财政投入敬老院建设资金2.2亿元，新建五保供养床位约2万张，有效推进保障性养老服务机构建设。

【探索推进社会办医】围绕医改财政保障重点难点问题，深入开展调查研究，主动参与国家试点，省政府办公厅出台《关于加快推进社会力量举办医疗机构的实施意见》，从放宽准入、落实优惠政策等方面提出21条具体措施。会同部门研究制定分级诊疗、医药价格调整等配套文件20余个，制定《2015—2017年财政支持医改行动计划》，出台《基层医疗卫生机构预算管理办法》，健全政府购买基本医疗卫生服务机制，鼓励社会资本兴办医疗服务机构。

【创新山区库区农房保险模式】坚持政府资金引导、市场化方式运作、公开公平竞争，建立起省与县稳定的财政分担机制，全年筹资近4500万元，为山区库区约280万居民购买农房保险，缓解因灾形成的财政负担。全年共支付保险赔款2287.1万元，较上年增加743.7万元；户均赔偿约3198.6元，较上年增加506.6元。其中，霍山县受“苏迪罗”强台风影响，造成部分农房倒损，该县487户参保居民获赔302万元，超出全县当年参保费用165.5万元，取得良好经济效益和社会效益。

【发挥失业保险促就业稳岗作用】将失业保险费率由3%降至2%，工伤保险平均费率由1%降至0.75%，生育保险平均费率由1%降至0.5%，减轻企业负担8亿元。下拨失业保险省级调剂金2亿元充实创业贷款担保基金和补充财政贴息，并提高失业保险基金稳岗补贴标准至50%。

【实施就业促进工程】全年安排就业专项资金23.9亿元，支持开发公益性岗位5.3万个，就业见习岗位1.1万个，基层特定岗位1.2万个，开展技能培训34.5万人。通过“政府引导、政策支持、财政补贴”方式，将“工学一体”试点范围扩大到全省范围，通过搭建企业和学校合作平台，破解就业结构性矛盾，持续扩大就业、促进再就业。

【完善企业职工基本养老保险省级统筹政策】印发《关于进一步完善企业职工基本养老保险省级统筹有关政策的通知》，建立养老金省对下转移支付绩效分配机制，进一步完善超收奖励政策，优化调剂金清算方式，调整省与市责任分担比例，调动各级政府积极性，促进养老保险基金持续健康。实施新政策后，预计省级年均综合让利地方40亿元左右，全省各市基本实现当期收支平衡。

【积极保障医改各项政策落到实处】全年累计下达中央及省级新农合、城镇居民医保、公共卫生服务、医改专项补助等资金近230亿元。统筹安排中央医改补助资金3.69亿元，支持建立远程会诊、影像中心、检验中心建设，提高县级公立医院提供公共服务能力。创新村医养老保障机制，对退出村医从到龄且退出的次月起，按60周岁前从事村医工作年限发放补助，解决老村医养老问题。

【推进机关事业单位养老保险制度并轨】积极贯彻国务院改革精神，全面摸底自收自支事业单位人员及待遇情况，科学编制2016年全省及省本级机关事业单位养老保险预算。会同人社厅共同起草《安徽省人民政府关于机关事业单位工作人员养老保险制度改革的实施意见》（皖政〔2015〕120号），对机关事业单位改革的各项政策及工作开展进行具体部署，标志着养老金并轨政策在安徽省正式落地。

【创新医保经办机制】按照国家医改办和省政府要求，省财政厅会同省发改委、省卫计委、省人社厅及安徽保监局通过政府采购的方式，选择国元农业保险股份有限公司等六家商业保险机构经办城乡居民基本医疗保险业务，进一步发挥市场机制作用，推动医药卫生体制综合改革。此举在全国为首例，开创商业保险机构经办基本医保先河。

【提高社会保障标准】连续第11年调整企业离退休人员基本养老金待遇，全省退休人员月均养老金水平达2000元，较2014年增加190元。拨付资金25.5亿元，将城乡居民基本养老金由每人每月55元提标到70元。新农合、城镇居民医保财政补助标准由每人每年320元提高到380元，基本公共卫生服务补助标准由人均35元提高到40元。

【完善社会救助体系】建立“8+1”社会救助政策体系，优化资金分配方式，逐步提高社会保障标准，全年拨付社会救助资金70亿元，全省城市、农村低保月平均保障标准442元/人、255.58元/人，人均补差334元、148元，分别比去年同期增长10.6%和15.63%，不断增强社会保障的活力。

【加强社保基金保值增值管理】先后六次组织开展省本级社保基金竞争性存储，累计存放基金

287 亿元,年平均成交利率达 4.78%,与一年期定期存款相比净增利息收益 8.18 亿元,有效增强省级社保基金可持续发展能力。常务副省长詹夏来在财政厅报送的《关于创新社会保险基金保值增值工作情况的报告》上批示:“这项工作抓得好,符合中央精神和省委省政府的要求,成效显著”。

【提升社保资金管理绩效】 坚持绩效理念,研究出台《安徽省财政社会保障资金分配暂行办法》等 40 余项制度,不断提升社保资金管理绩效。强化社保预算执行,建立社保预算执行分析制度,及时梳理预算执行情况,分析问题、细化措施、落实责任,推动社会保障预算执行进度。强化标准定额管理,会同民政部门研究出台农村五保供养服务机构等级评定办法、综合定额标准管理办法,分别按 4800—7200 元确定分类分层最低供养标准,进一步规范全省五保集中供养标准,提升供养机构规范服务能力,推进全省农村五保集中供养标准化、规范化。强化社保基金管理,完善社保基金预决算管理制度,改进社保基金预决算工作方式方法,强化基础数据库建设,不断提高基金数据准确性、真实性和可靠性,荣获全国社会保险基金预决算工作一等奖。强化预算绩效考核,将部门预算执行结果与部门预算编制、部门新增支出安排相挂钩,对上年部门结余项目,通过核减当年预算、收回部分结余资金等措施,统筹财力安排。积极开展社保专项资金使用情况绩效评价,将绩效考评结果作为省级专项资金分配的重要依据。在国家开展的低保资金第三方绩效评价考核工作中,本省获得第一名。省委书记王学军批示:“祝贺取得的成绩”。

【夯实社保干部队伍建设】 加强学习传达,全年组织开展专题学习 20 次,撰写学习体会和征文 36 篇,完成专题调研报告 12 篇。加强作风转变,深入开展“三严三实”专题教育,研究制定专题教育计划,开展专题研讨、党课教育、做实基础台账等活动,深入开展城乡党组织结对共建、财政帮联等工作,推动财政社会保障队伍的作风转变。加强内部管理,出台《社会保障处依法理财管理规定》《社会保障处请销假规定》,编制社会保障处内部控制操作规程,落实廉政准则和八项规定要求,构建权责一致、科学制衡、规范高效的内部控制体系。加强部门会商,全年会商 133 次,协调解决问题 271 个。特别是针对当年本省灾情严重情况,与民政厅多次会商,积极统筹安排中央救灾专项及省级救灾资金,做好受灾群众基本生活保障等工作。副省长梁卫国在财政厅报送的《关于支持救灾工作情况的报告》上批示:“省财政厅在支持救灾工作方面,积极主动作为,周密细致安排,有效保障了灾区群众生产生活”。

(厅社保处供稿)

企业财政财务管理工作概述

【概况】2015 年,在厅党组的坚强领导下,企业处深入学习贯彻十八届三中、四中、五中全会精神,牢牢把握稳中求进总基调,统筹稳增长、调结构、促改革、惠民生政策措施,积极落实“调转促”战略部署,以严为要,以实为本,统筹中央和省级资金 66.14 亿元(中央级 45.96 亿元,省级 20.18 亿元),助力全省实体经济持续健康发展。

【落实民营经济政策】继续安排省级民营经济发展专项扶持资金 11 亿元,坚持规范和绩效原则并重,按照人均财力、2014 年绩效评价各占 50%的权重测算分配,于 4 月底全部拨付到位,继续用于充实县域国有融资担保机构的国有资本金,进一步夯实县域担保机构实力,服务中小微企业发展。安排 2000 万元资金,对新进全国民营企业 500 强的 2 户企业和主导制定国家标准、行业标准的 59 户企业实施奖励。

【助力中小企业发展】 安排专项资金 5000 万元,重点支持全省“专、精、特、新”、成长型中小企业和产业集群专业镇重点龙头企业发展。争取国家中小企业发展专项资金 6865 万元,安排科技型中小企业资金 5000 万元,推进科技型中小企业发展。

【支持企业技改创新】继续安排奇瑞、江汽汽车企业研发资金 1.4 亿元,持续支持本省汽车产业提升自主研发能力,提高适应市场需求能力。安排企业技术创新专项资金 1700 万元,大力扶持适销对路的新产品、新技术、新材料和新工艺研发和应用项目,实现企业技术升级和产品结构调整。安排企业技术改造专项资金 8600 万元,支持企业技术改造项目和设备更新。安排煤炭和非煤矿山安全技改专项经费3530万元，支持36个项目，提升安全技术水平。安排军民结合高技术产业发展专项资金1330万元，支持公共安全、民用船舶、民爆物品等军民结合高技术产业项目发展。

【促进外经贸协调发展】配合省商务厅出台2015年本省鼓励扩大进口、支持投保出口信用险、培育重点外贸企业、支持外贸基地和示范区建设、支持跨境电子商务促进平台和跨境电子商务园区建设等外贸促进财政政策。为贯彻落实副总理汪洋的要求和省长李锦斌“出快拳、扶大户、出硬招”的指示精神，报经省政府同意，出台四季度进出口目标任务激励和重点企业外贸回转物流费补贴两项政策。争取中央财政外经贸发展专项资金2.83亿元，省级财政安排外经贸促进专项资金1.46亿元，促进外贸进出口平稳发展，支持本省优势企业“走出去”。

【推动商贸流通业发展】按因素法将7200万元省级流通业发展专项资金切块下达至有关市、县。争取中央财政市场监管监测和商贸行业统计专项资金762万元，加强市场运行分析和信息发布，提高市场预测预警水平。通过贴息等方式支持骨干企业开展生猪、食糖、食盐和药品储备，完善政府对大宗农产品和重要商品市场价格的调控机制。争取将明光市、舒城县等8个县(市)列入国家电子商务进农村综合示范县(市)，安排资金1.48亿元。争取国家农产品流通骨干网建设补助资金2亿元，将21个跨区域农产品流通基础设施建设项目列入支持范围，以蚌埠、合肥、芜湖三个区域为中心，推进农产品流通骨干网建设。争取芜湖市、蚌埠市纳入国家物流标准化、电子商务与物流快递协同发展试点城市建设范围，落实专项资金5000万元、3000万元。

【推动企业资源综合利用】安排节能与资源综合利用专项资金4400万元，扶持项目83个，支持企业节能、节水、清洁生产、新能源以及可再生能源产品开发、资源综合利用。下达省级新型墙体材料专项基金扶持项目资金1500万元，扶持项目25个，支持新型墙体材料企业技术改造和设备更新，研发推广新产品、新工艺、新技术。

【推动两化融合促进信息消费】安排两化融合专项资金7600万元，支持工业化、信息化深度融合，扶持智能语音产业发展、省级电子信息产业基地及园区公共平台建设以及“宽带中国”、信息消费等。

【加快推进淘汰落后产能工作】安排小煤矿关闭退出省级补助资金1.53亿元，按每万吨补助50万元，关闭22对小煤矿，淘汰落后产能307万吨。争取国家节能减排专项资金8626万元，奖励高风险污染物消减行动计划项目，支持煤炭行业淘汰落后产能。

【做好国企国资改革促进工作】密切关注国家国企、国资改革动向，主动参与省属国有企业改革、重组方案的论证审核。开展厂办大集体改革和“三供一业”分离移交等改革成本统计测算，积极争取中央政策和资金支持。对省属企业运行中提出的困难和问题，按依法依规、一企一策的要求，积极研究的帮扶措施。对18户企业税费、社保、国有资本预算、改制遗留等问题，提出办理意见。

【优化创新中小企业专项贷款运作方式】进一步建立健全中小进出口企业和产业集群专业镇中小企业专项贷款风险准备金，形成委托担保集团采取市场化运作的改革思路，将风险准备金账户及在贷企业全部移交省担保集团，委托其运作。截至11月底，中小进出口企业专项贷款业务实际放款87户89笔3.35亿元、产业集群镇专项贷款业务实际放款64户67笔2.14亿元。

【调整中小外贸企业开拓国际市场财政补贴方式】为简化程序，减少申报审核环节，加快资金兑付，财政厅印发《关于支持中小企业开拓国际市场的通知》(财企〔2015〕334号)，从本年起，中小企业开拓国际市场补贴一律改为属地办理，不再层层申报到省级审核办理。

【探索以市场化方式支持养老服务业发展】争取国家养老服务业试点引导资金3亿元，确定省投资集团为养老服务产业投资基金运作主体。省政府批准省商务厅、省财政厅联合报送的安徽省养老服务产业投资基金设立方案、管理办法及试点实施意见。安徽省养老服务产业投资基金实质性启动。

【积极盘活存量资金】根据财政部和财政厅统一部署，企业处分次清理收回联系部门结转结余资金和指标0.94亿元，主要包括2012年及以前年度结转结余的资金，进一步增强部门清理消化存量资金意识。全部清理历年结存的财政专户资金，截至8月底全部销户，共上缴省级国库资金0.84亿元。

【推进企业股权和分红激励试点工作】截至当年底,133家企业拟定股权和分红激励方案并实施股权和分红激励试点。其中,合肥、芜湖和蚌埠三市分别为50家、43家和40家。三市股权和分红激励共激励科研及管理人员2259人，激励股权13521万股,激励金额56657万元。

【及时拨付大中型水库移民后期扶持资金】全年拨付大中型水库移民后期扶持资金34.22亿元,其中:按季度发放的直补资金4.88亿元,用于库区和移民安置区基础设施建设的项目资金10.31亿元,第二批避险解困试点资金7.37亿元,争取应急处置资金和工作经费1.16亿元,提前下达2016年大中型水库移民直补以及项目专项补助资金10.5亿元。

【积极开展避险解困试点】根据国家发改委《关于继续做好大中型水库移民避险解困工作的通知》精神,本省争取将长丰县、金寨县、霍山县、舒城县、黄山区、歙县、定远县、南谯区和全椒县9个县(市、区)列入第二批避险解困试点。争取资金7.37亿元，用于大中型水库移民避险解困房屋及配套基础设施建设、产业扶持、就业培训等。

【兑现国有企业职教幼教退休教师政策待遇】完成2011—2014年全省国有企业职教幼教退休教师生活补贴费发放工作，及时完成财政部专项资金审核清算,改革补贴资金拨付方式,以基数划转办法与各市清算,落实市县保障责任。

【完善内部管理制度】进一步规范处室管理,明确工作职责,严肃工作纪律,保证各项工作顺利完成,制定完善内部管理制度11项,约束工作程序和个人行为,提升工作效能。

【开展“三严三实”专题教育活动】把专题教育活动融入工作中,详细制定处室实施计划,认真记录专题教育台账,按照党组统一部署,切实做好规定动作,结合实际开展自选动作,保证专题教育活动扎实推进。

【扎实推进结对共建工作】务实推进“结对到贫困村、帮扶到困难户、联系到财政所”,按照实行财政系统网络化、扁平化的管理要求,加强与阜南县财政局、黄岗镇财政所对接,指导和强化财政所建设,实现工作接地气,干部受教育目标。

【坚持会商帮联】与经信、商务、国资、国防工办等部门单位举行97次不同形式会商,加强与部门联系,增强服务意识,提升服务水平。通过实地走访、电话咨询等方式,扎实与亳州市及有关县区开展财政帮联工作督查，指导开展预决算编制、“三公经费”公开、涉企系统应用、民生工程、渔民上岸工程等工作开展。

【抓好党风廉政建设】认真落实党风廉政建设和反腐败工作任务,履行“一岗双责”,把党风廉政建设与财政业务工作同部署、同推进;组织全处同志认真学习《中国共产党廉洁自律准则》和《中国共产党纪律处分条例》,严格落实厅党组三十条和厉行节约的规定,严明各项纪律,积极参加党风党纪、反腐倡廉等专题教育活动,提高全处人员勤政廉政意识;坚持开展集中谈心、个别谈心活动,处室主要负责同志定期不定期与处室每位党员开展谈心活动,努力做到警钟长鸣,防患未然。

(厅企业处供稿)

地方财政金融和外国政府贷款管理工作概述

【概况】2015年，省财政厅金融处在厅党组的坚强领导下，坚持以十八大和十八届三中、四中、五中全会精神为指导，紧紧围绕全省财政工作中心,积极发挥财政金融职能作用,开拓进取,务实创新,圆满完成全年各项工作任务。

【研究支持经济发展新举措】针对财政金融工作的重点、关注点和创新点,深入、系统的开展调查研究,形成《关于贯彻落实金融服务“三农”和实体经济发展及深化农村金融综合改革情况的报告》《关于财政贯彻落实国家金融新政策情况报告》《关于融资担保体系建设情况督导报告》《2014年度我省地方金融企业财务运行分析报告》《关于小微企业续贷过桥资金运行情况的汇报》《关于省财政支持政策性融资担保体系建设情况的报告》《关于政府和社会资本合作工作情况汇报》《积极推广运用PPP模式 努力创新公共服务供给》《探索建立安徽农业保险巨灾制度研究》《关于蚌埠和淮南两市财政工作调研情况的报告》《关于六安和铜陵两市财政重点工作调研情况的报告》《关于蚌埠和滁州两市财政重点工作调研情况的报告》和《关于合肥和淮南两市财政重点工作调研情况的报告》等15篇专题调研报告。全年开展会商、帮扶等共73次，覆盖87个单位，研究解决问题80个，宣传财政政策70项，经主流媒体和省委省政府内刊宣传报道9篇，有效提升财政金融政策的知晓度、透明度、满意度和影响力，形成"内外配合、左右协调、上下联动"的财政金融工作运行机制。

【力促金融服务实体经济发展】一是引导金融支持"三农"发展。组织县(市)财政部门认真做好363家县域金融机构涉农贷款增量奖励的申报和审核工作；对172家县域金融机构奖励2.2亿元。落实新型农村金融机构定向费用补贴政策。对47家村镇银行等农村金融机构给予定向费用补贴1.8亿元，支持新型农村金融机构服务县域经济发展。二是支持中小企业融资发展。在兑现奖补资金4750万元基础上，由省财政以超调库款方式安排10亿元，市县按不低于2倍配套，以市或县(市、区)为单位设立小微企业续贷过桥资金，对符合国家产业政策和信贷政策的小微企业提供临时性资金支持，市县每年资金周转率不得低于12次；自去年10月正式运作以来，已发放85.4亿元的过桥资金，周转率达2.5次。落实担保贷款增量奖励政策，对依法合规经营、年化担保费率不高于同期基准利率25%且放大倍数达到4倍以上的融资性担保机构给予奖励1724万元，进一步扩大小微企业担保贷款规模。三是支持企业扩大直接融资。实施中小企业上市和债务融资奖补政策，兑现资金1950万元，支持中小企业通过发行公司债、短期融资券和中小企业私募债等多种融资工具，推动省股权托管交易中心累计实现挂牌企业607家，进一步拓宽融资渠道，缓解融资压力。四是支持降低民贸民品企业融资成本。落实民族特需商品生产贷款贴息政策，拨付民品生产企业贴息资金1076万元，引导承贷银行提供流动资金贷款近7亿元，有力支持和促进本省民品生产企业健康发展。五是安排皖北现代产业园区发展专项资金。省财政继续安排9.3亿元，通过省担保集团支持皖北三市五县产业园区投融资平台建设，进一步提升园区融资发展能力。六是切实履行储蓄国债发行监管职责。全省共发行储蓄国债14期，累计发行金额65.74亿元，为支持国家经济建设做出积极贡献。

【支持地方金融改革发展】一是积极推进融资担保改革。会同省有关部门以省政府办公厅名义出台《安徽省政府办公厅关于加快政策性融资担保体系建设的意见》(皖政办〔2015〕37号)，制定出台省及市县政策性融资担保机构绩效考核办法及约谈制度。通过压缩一般性支出、调整优化支出结构等方式统筹安排20亿元专项资金，由省担保集团注资参股符合条件的市、县政策性融资担保机构。推进"4321"政银担合作机制试点，支持省担保集团对德合作。全省政策性融资担保机构145家，净资产567亿元，在保余额1337亿元，放大倍数3.9倍；新型政银担业务放款281.9亿元。二是支持银行金融机构延伸金融服务网点。兑现奖励资金1800万元，支持银行机构在县域新设分支行60个，进一步巩固县域金融机构持续增加的发展势头。三是支持农村金融机构发展。兑现奖励资金860万元，引导金融资本和社会资本投资设立村镇银行9家，有效增加了农村金融供给。四是支持农信社改制。兑现奖励资金3180万元，推动全省83家合作金融机构的改制任务全面完成，进一步夯实地方金融主力军实力。五是积极支持优化地方金融发展生态环境。配合开展各项整治非法集资及"反洗钱"、"反假币"等活动，支持信用安徽建设，积极参与金融生态环境建设政策制定，防范和化解地方金融风险，促进地方经济与金融的良性互动。

【推广运用政府和社会资本合作模式】一是完善制度体系。以省政府办公厅名义转发省财政厅、发改委、人行合肥中心支行《关于在公共服务领域推广政府和社会资本合作模式的实施意见》，下发合同指南、财政承受能力指引和物有所值评价指引等。二是推进项目实施。联合省直有关部门公开向社会发布PPP项目172个，总投资1773亿元；申报并列入财政部示范项目11个，总投资达304亿元；申报并列入交通部全国高速公路PPP试点项目3个，总投资227.8亿元。强化项目实施，建立PPP工作台账，定期向省委省政府报送改革进展；先后5次召开厅PPP领导小组专题会议，专项推动PPP工作；将财政部示范项目执行情况纳入厅领导对市县调研督导和约谈的重要内容，定期调度项目实施进展情况。坚持示范引领，向全省印发池州污水处理及市政排水和安庆外环北路项目实施方案,为各地提供可借鉴、可复制、可推广的案例经验。三是加大政策支持。率先在普通国省道干线公路 PPP 项目上实行财政扣款机制,对不能按合同约定及时足额向项目公司支付政府付费或提供财政补贴的市县,由省财政直接从安排该市县的相关资金中代扣,支付到对应项目公司。积极研究利用现有专项转移支付资金渠道,对 PPP 重点示范项目给予支持引导。鼓励和支持金融机构为 PPP 项目提供融资、保险等金融服务,鼓励融资性担保机构为 PPP 项目提供担保增信支持,调动社会资本和金融机构参与 PPP 项目建设的积极性。四是提升能力素质。举办全省政府和社会资本合作(PPP)专题业务培训班,对各市县区财政局负责同志及业务经办人员进行专题授课,宣传 PPP 模式的理念和方法,分析相关案例。

【大力支持民生金融发展】一是稳步推进政策性农业保险。继续将政策性农业保险纳入民生工程,推动本省累计保费规模突破 100 亿元大关,支持本省地方法人保险公司获得“2014 年度中国价值成长性十佳财险公司”,有效发挥农业保险“防火墙”、“安全网”、“稳定器”和“助推器”作用。全省累计承保农作物 8488 万亩、牲畜 115 万头,森林 3556 万亩,为近 1361 万户(次)农户提供 428 亿元的风险保障;赔付 6 亿元,367 万户(次)农户从中受益。二是稳步推进小额担保贷款。2014 年,各级财政拨付贴息资金 4 亿元,引导金融机构新发放小额担保贷款 47 亿元,直接扶持 5.8 万人创业就业。三是积极推进道路交通事故社会救助基金。会同五部门出台《安徽省道路交通事故社会救助基金管理实施细则》,研究制定《关于做好从机动车交通事故责任强制保险保险费提取和划缴道路交通事故社会救助基金有关事项的通知》,积极指导各地开展救助基金运作。

【扎实做好地方金融财务资产监管】一是强化财务资产基础管理。认真做好 2015 年度地方金融企业月报、季报和年度财务决算工作,通过购买服务方式引入会计事务所给予专业支持,切实提高财务信息质量,加强数据信息运用,着力提升财务监管水平。2014 年本省金融企业财务决算工作获得财政部通报表彰。做好地方金融机构国有资产产权登记和保值增值工作,认真完成地方金融类企业产权登记 131 户。二是积极开展绩效评价。提前完成 2014 年度全省 236 户国有金融企业绩效评价工作,注重绩效评价结果的运用,切实提高绩效评价工作的公信力和影响力。三是加强薪酬和职务消费管理。根据省属国有企业负责人薪酬制度改革实施意见,研究起草《安徽省省属金融企业负责人薪酬审核管理办法》(初稿)。按照“依法依规、维持稳定,严格限高,平稳过渡”的总体原则,圆满完成 2014 年度徽商银行、省联社和担保集团等负责人薪酬审核及批复工作。会同有关部门研究制订《安徽省国有金融企业负责人履职待遇和业务支出管理实施办法》。四是依法履行国有出资人职责。进一步修订完善省担保集团“三重一大”决策制度,积极研究制定省担保集团 2015 年度目标任务,积极支持省担保集团转型发展,切实履行出资人职责。

【积极用好外国政府贷款】一是加大外国政府贷款争取力度。在全国贷款国别和额度大幅度下降的不利情况下,本省获得财政部获批外贷项目 4 个,贷款金额 6120 万美元(全国 30538 万美元),占全国份额的 20%,继续保持领先。二是组织做好外方项目考察评估。组织项目市财政局、项目单位做好法国开发署、德国复兴银行、沙特基金会对本省天堂寨、池州秋浦河生物多样性保护与发展,宿松华阳何湖群湿地生态环境保护与可持续发展及宣城、淮南职业教育等项目的考察评估。三是规范项目申报前期工作。制定并印发《安徽省财政厅关于进一步做好外国政府贷款项目申报工作的通知》,进一步压实市县责任,监督项目单位及时推进项目实施,并对项目延期申请提出严格要求。四是加强外债风险防控。积极协调落实借款单位还款责任,按时足额偿还借款本息,确保及时对外还款。全年累计偿还国外贷款本息 1.02 亿美元,无项目出现还款违约。组织有关项目市财政局,对全省 23 个在建项目进行现场检查,对发现的问题督促整改。

【着力做好部门预算管理】一是做好预算编制。按照预算编制会议要求,从严控制一般性支出,从严控制新增项目,严把编报预算审核关,顺利完成部门和非部门 2016 年度预算和三年滚动预算编制工作。二是组织预算公开。规范公开数据口径,及时批复部门决算,积极参与模拟评估,密切关注舆情反映，提前做好应急准备，稳妥有序完成2014年部门决算及三公经费决算公开工作。三是加强支出管理。积极开展上门会商，宣传财政政策，解决部门疑问，落实财经纪律；建立预算执行月度分析制度，加强预算指标管理，严格预算执行，硬化预算约束。四是做好应急保障。根据省委省政府临时召开2015安徽资本要素对接暨新型政银担企合作推进会、2015中国安徽中小企业跨境投资与贸易合作对接会工作需要，本着注重实际、节俭办会的原则，会同行政处、预算处保障会议取得圆满成功。其中中小企业跨境投资与贸易合作对接会议经费较其申报预算减少79.27万元，节约31%，组委会专门向财政厅发来感谢信。

【不断加强作风效能建设】一是强化学习教育。按期召开支部会、处务会，组织学习传达中央、省委省政府和厅内重要会议和文件精神，开展支部书记上党课、组织"严以修身"、"严以律己"、"严以用权"等专题研讨，召开专题组织生活会等，深入开展专题教育活动。二是改进工作作风。研究出台《安徽省财政厅关于建立政策性融资担保机构绩效约谈制度(试行)的通知》等13项制度办法，研究制定《金融处内部控制操作规程》，实现用制度管人、管事、管权的目的。认真贯彻落实效能建设的各项要求，严格遵守中央八项规定、省委和厅党组三十条规定。三是开展结对共建。制定《财政厅金融处与埇桥区二铺村城乡基层党组织结对共建工作方案》和具体工作计划，多次赴二铺村开展党建联席会议、调研走访、慰问特困党员群众等活动，及时了解在美好乡村建设中遇到的问题和困难，积极帮助排忧解难。

(厅金融处供稿)

国际金融组织及国家开发银行贷款管理工作概述

【概况】2015年，按照财政部统一部署，在省委、省政府的正确领导下，在各级政府和有关部门的共同努力下，全省各级财政部门精心谋划国际债务管理工作，充分发挥职能，不断创新工作方式，主动适应新常态，深化与国际金融组织的合作，积极争取国际金融组织贷(赠)款和清洁发展机制基金委托贷款，本省与国际金融组织贷款合作取得显著成效。

【争取国际金融组织贷款项目】加大国际金融组织贷(赠)款政策宣传培训力度，主动加强对省直部门和市县财政、发改部门项目储备指导和项目争取对接。向财政部、国家发改委申请利用国际金融组织贷(赠)款项目4个，计划申请国际金融组织贷(赠)款资金6.5亿美元。密切关注已报项目的后续进展，做好与财政部国合司汇报、沟通和争取工作，安徽公路养护创新示范项目、安徽省养老服务体系建设项目以及安徽医疗卫生体系改革等3个项目被列入世行贷款2015—2017财年规划备选项目清单，利用世行贷款4.9亿美元。

【推动国际金融组织贷款项目落地】配合有关部门做好列入规划的新项目的前期论证和准备工作，积极创造条件推动项目启动实施。国际金融组织考察团来本省实地考察评估期间，国际处积极参与各项考察、调研和会商活动，为项目开展建言献策，帮助项目主管部门出谋划策，积极与国际金融组织沟通协调，并参与贷款项目谈判全过程。3月，财政部与世行在淮南市就利用世行贷款安徽淮南采煤塌陷区综合治理项目进行谈判，并草签贷款协定和项目协议。6月23日，财政部与世行正式签署《贷款协定》，省政府与世行签署《项目协议》，项目总投资10.27亿元，协议利用世行贷款1亿美元，贷款期限为34年。

【加强国际金融组织贷款项目管理】在项目日常管理过程中，坚持以资金、财务、债务管理为主线，积极参与项目全过程管理，推进管理的科学化、规范化。主动加强与项目主管部门和发展改革部门的协调合作，切实按照财政部38号令《国际金融组织和外国政府贷款赠款管理办法》和《安徽省国际金融组织贷款投资项目管理规程》要求，共同做好项目管理工作。严格项目招标采购管理，所有工程项目均按照国际金融组织要求实行规范的招投标，确保招标过程公开、公平、公正。开展项目业主培训，要求项目业主严格按照国际金融组织提款报账要求，报送完整、准确的报账资料。根据有关任务安排，协助国际金融组织开展在建项目半年检查，配合审计部门对所有在建项目实施年度审计。同时，会同有关部门对在建项目组织监督检查,对发现的问题要求限期整改,并及时总结好经验、好做法,宣传推广,供其他项目单位借鉴参考。

【做好国际金融组织贷款项目还贷工作】全年本省共提取国际金融组织贷款1.35亿美元,偿还国际金融组织贷款本息9410万美元。积极理顺债务关系,明确偿债主体,将债务管理贯穿于国际金融组织贷款项目的事前、事中、事后全过程,要求利用国际金融组织贷款的财政部门必须建立还贷准备金制度。加大贷款回收力度,督促项目单位按时还款,主动加强沟通约谈,争取项目单位的理解和支持。采取把还款和新项目申报挂钩、还款和奖励挂钩等措施,千方百计回收贷款,按时归还财政部,维护本省良好信誉。

【强化国际金融组织贷款项目绩效评价】先后完成世行贷款淮河流域重点平原洼地治理项目、世行贷款林业综合发展项目的绩效评价工作,并按要求向财政部提交项目绩效评价报告。开展安徽省航道整治项目绩效评价工作。从评价结果看,国际金融组织贷款有效弥补本省城乡发展投入资源不足,促进多渠道资金的集中统一使用,实现经济效益、社会效益、生态效益与环境效益的共赢,推动省内相关行业体制机制改革和创新,为项目区居民创造舒适安全的人居环境,大大提高群众幸福指数,受到普遍欢迎。

【征集世行在华贷(赠)款项目案例】为系统总结和梳理世行在华贷(赠)款和知识合作成果和经验,形成中国世行项目案例库,财政部与世行合作,以世行在华贷(赠)款项目为主要对象,组织编写100个高质量的中国实践案例。因本省实施的世行项目整体质量较好、影响较大,经财政部审核后,本省4个项目被列入案例编写建议清单,经财政部国合司筛选后全部入选并发布。同时,经财政部推荐,其中2个项目列为世行全球案例备选计划。

【清洁发展基金委托贷款获批规模创新高】加大清洁基金贷款项目组织申报力度,紧紧围绕清洁发展委托贷款的政策要求和扶持方向,积极组织各地上报项目并对所报项目进行严格审查,在清洁公交、企业技改、固废循环利用等方面筛选出一批优质项目上报给中国清洁发展机制基金管理中心。本省四个项目获得批准,共获得2.64亿元优惠贷款,创本省年度获得基金贷款规模新高。

【按期偿还清洁发展基金委托贷款】2012年至2015年底,本省共9个项目提取清洁发展委托贷款,累计提取贷款5.06亿元人民币。国际债务管理处按期及时足额归还到期债务,当年按期偿清3个项目贷款本息,其中,6月份提前归还清洁发展委托贷款本金6500万元人民币,比预定还款时间提前半年,有效控制还款风险。

【编写清洁发展基金委托贷款项目案例】对已经结项的和获得贷款满2年的清洁发展委托贷款项目组织开展案例编写工作,重点从项目目标、项目实施、项目成果、经验和教训等方面进行描述,对前期获得贷款的5个项目进行全面回顾,为基金下一步宣传工作提供素材。

【开展2015年清洁发展基金委托贷款结项项目绩效评价】按照基金委托贷款管理办法要求,聘请社会中介机构对蚌埠宏发滤清器有限公司年产1500万只欧三汽车滤清器生产线技改项目、安徽明威照明器材有限公司新型节能照明项目和安徽京奥制冷设备有限公司年产1万套地水源热泵机组生产项目开展绩效评价工作,将报告上报基金中心,为后期基金委托贷款项目管理工作的改进提供参考。

【开展"三严三实"专题教育活动】结合处室工作实际,研究制定《国际处"三严三实"专题教育计划》,认真落实开展"三严三实"专题教育各项活动。专题教育活动期间,国际处处级干部先后撰写专题发言提纲,处室班子查找"不严不实"问题3个:即工作标准不高、担当意识不强、创新精神不够等。所有问题均认真进行整改,并持续落实完善。

【深化结对共建工作】国际处对口舒城县高峰乡普明村开展结对共建活动。为普明村争取各方扶持资金共计32万元,慰问帮扶困难户4户,支付慰问金2000元,普明村基础设施得到改善,农民收入有所提高。

(厅国际债务处供稿)

农村财政管理工作概述

【概况】2015年,农村局认真学习和践行"三严三实"要求,按照厅党组决策部署,以服务财政"三农"为主线,以管理机制创新为动力,以提高涉农资金监管工作绩效为重点,加快转变工作方式,融入财政中心工作,为保障涉农资金安全和效益、促进惠农政策落实、维护农民群众利益做出努力。

【落实财政重点任务】一是全面落实惠农补贴政策。跟进农业"三项补贴"合并改革试点,设立农业支持保护补贴"一卡通"资金代码及简称。完善《安徽省惠农补贴"一卡通"操作规程》,推进资金信息乡村两级公开公示,保障补贴资金规范管理和及时发放。全省累计通过"一卡通"发放惠农补贴资金214.2亿元,惠及3500多万乡村人口,覆盖28大类85小项,保障粮食安全、改善民生等政策导向明显。二是支持涉农资金专项整治。按照厅涉农资金专项整治行动部署和要求,完成4个阶段总结报告、简报宣传21期、带队开展省级重点检查等任务。受理电话举报咨询300多人次、来信85封、来访15人次,涉及违纪违规问题68件、资金66万元、乡村干部处理19人。坚持问题导向,出台《关于进一步加强和规范乡镇财政资金监管工作的意见》,巩固涉农资金专项整治成果,为完善制度措施、构建长效机制提供政策保障。三是融入财政扶贫帮扶工作。贯彻落实厅扶贫开发专题会议精神,跟踪颍东区吴寨村、寿县许寺民族村帮扶资金管理使用情况,掌握吴寨村帮扶资金使用管理问题和困难。通过座谈调研,就如何加强帮扶资金监管工作、保障资金规范安全有效使用,从监管工作组织领导、村级资金资产管理、明晰监管工作责任、建立监管联系制度、指导监管工作开展等5个方面提出对策建议。对亳州、宿州两市扶贫资金使用管理情况开展专项检查,形成专项检查报告。

【推进制度机制创新】一是创新乡镇财政清单管理制度。在全国率先推动建立乡镇财政权力、责任和服务清单制度。全省79个县(市、区)参照政府权力和责任清单建设制度模式,依法依规确权确责确服务,并公开权责和服务事项、运行流程、廉政风险点等清单内容。让群众知晓乡镇财政具体有哪些权力、哪些责任、哪些服务,发挥社会监督作用,推动落实惠农政策、维护群众利益。二是推进涉农资金监管机制创新。探索将财政工作纳入乡镇领导责任范围,出台《关于全面推进乡镇包村干部监管涉农资金工作的指导意见》,发挥乡镇干部包村驻点、就地就近监管优势,构筑涉农资金安全"防护网"。全省16个市、76个县(市、区)、1244个乡镇(街道办、园区)实施此项制度,政府主导、财政牵头、部门负责、包村干部为基础的监管工作机制基本形成。三是引导基层财政执行落实政策。采用典型案例分析方式,引导基层财政吸取教训、举一反三,管好用好财政资金,执行政策有理有据、合法合规,避免好心办"坏事"。对个别地方乡镇财政干部私存私放征地拆迁补偿、村干部违规使用危房改造资金等典型案例进行剖析、通报全省,防止因政策制度缺陷、与基层工作实际不相适应造成类似问题,防止主观愿望良好、实际操作不当导致政策落实违规违纪问题的再次发生。

【保障涉农资金效益】一是抓涉农资金监管绩效。开展乡镇财政资金和惠农补贴资金监管绩效评价,压实县乡财政监管责任,防止各类违规违纪违法问题,维护农民群众切身利益。转发典型做法,为解决涉农资金监管职责不清、措施不力等提供方法借鉴;在全省通报各市、县(区)财政局的绩效评价结果,并与以奖代补经费挂钩。二是抓惠农补贴信息应用。在省财政门户网站运行"安徽惠农补贴查询系统",方便群众入网查询信息,提高惠农政策透明度和知晓率。完善全省惠农补贴资金项目名称、代码和简称。通过监控分析"一卡通"网络发放数据增减变化,为落实政策提供参考依据。截至当年底,6个农业"三项补贴"合并改革试点县中,金寨县改革实施方案全面落实,其他县改革方案实施进展缓慢,资金发放未到位。三是抓乡镇财政为民服务。以创建服务型财政所(分局)为抓手,依托乡镇财政服务大厅,打造财政"前沿窗口"服务形象。围绕创建目标和任务,指导各地推进乡镇财政服务能力、服务制度、服务载体、服务作风等同步建设。省级建立创建通报制度,以典型引导方式,调动创建积极性和主动性。共收集创建信息600多条,全年通报典型经验17条,全省共216个成效显著的财政所(分局),受到省财政厅通报表扬。

【巩固乡镇财政管理】一是健全完善管理制度体系。出台《关于进一步加强乡镇财政管理工作的通知》等6项业务管理制度文件,指导市县财政部门用制度管人、管钱、管事。完善乡镇财政内部控制、财务管理、廉政防控等一系列制度措施,建立省级指导督查、县级财政主体、乡镇财政实施的服务型财政所常态化创建机制。完善乡镇财政资金监管系统,将分类资金监管情况纳入统一平台管理,实行监管台账制度,提升监管效果。二是落实财政财务互审制度。省级抓市促县、以县带乡、整体推进,各地通过交叉互审、集中互审、购买服务等方式,推动乡镇财政财务互审制度全面落实,乡镇互审面达100%。经过两年的实践,互查互审已经形成常态化制度,业已成为基层廉政风险防控管理的重要手段,在保障资金和干部"双安全"、促进经验交流、提升管理水平等方面起到重要作用。三是加强业务能力素质培训。贯彻落实2015年省委1号文件、全省财政工作会议精神,紧贴工作实际,举办全省农村财政管理业务培训班。组织惠农补贴"一卡通"网络软件操作技能培训,支持省财政干教中心举办3期财政所长培训班。直接或参与培训农村财政干部近600人,从思想、业务、能力等方面为工作开展提供了保障。此外,按照财政部工作部署和要求,开展2014年度乡镇财政基本信息编报培训,完成1253个乡镇信息编报任务,注重数据分析应用,指导和服务乡镇财政管理。

【强化支部自身建设】一是扎实开展专题教育。按照厅党组部署和要求,将"三严三实"专题教育作为支部自身建设的重要载体,抓好专题党课、学习研讨、民主生活会、整改落实和立规执纪等"四个关键动作"。全年组织集体学习59次,学习厅党组书记推荐《人民日报》等主流媒体文章50余篇;党员干部撰写研讨发言材料和提纲20余篇、主题征文10余篇;在完善业务制度的同时,建立专题教育台账、内部控制操作规程等8项内部制度。二是持续强化作风建设。以实际行动接地气、转作风、办实事,与凤阳县殷涧镇宋集村党支部共学共建,为发展村级集体经济献计献策。落实帮联工作任务,了解实情,反映问题,指导和督促工作落实。全体党员干部4次深入双岗街道虹桥社区,开展为群众服务工作。深入基层调研30余人次,形成乡镇财政资金监管工作等专题调研报告5篇。将廉政效能建设贯穿于工作全过程,守住廉洁自律和依法行政底线。三是积极扩大舆论宣传。通过报纸等多种渠道,宣传农村财政管理好做法、好经验,传递财政正能量。"省财政率先建立乡镇财政'服务清单'"、"涉农资金实行县乡村三级公示制度"被《安徽日报》宣传,"2014年我省222.6亿元财政补贴惠及农民"被省《政务要情》采用,"安徽全面推行包村干部监管涉农资金"、"安徽乡镇财政推行'三个清单'"等在《中国财经报》报道;《安徽财政》省财政门户网站等刊登省市县多篇工作信息。

(厅农村局供稿 周健)

会计管理工作概述

【概况】2015年,财政厅会计处全面贯彻落实党的十八届三中、四中、五中全会精神,认真开展"三严三实"专题教育活动,紧紧围绕全省经济社会发展和财政中心工作,积极适应财政经济发展新常态,坚持改革创新,千方百计推动会计管理工作转型,奋力开创财政会计管理新局面。

【启动工作转型】根据财政职能新定位和厅党组推动会计管理转型的总体要求,以"服务、创新、提升"为原则,出台《会计管理工作转型方案》,并细化为三大类18项具体工作任务,责任到人,全面部署。《方案》以管理会计体系建设、内部控制建设和会计信息化建设为主要内容,以搭建三个交流平台(会计科研平台、高级会计人才培养平台、会计人员网络交流平台)为工作抓手,加强财政会计宣传,营造良好氛围,着力推动人员转型、业务转型、职能转型。省财政厅牵头协调省内3所重点高校和省内有影响力和代表性的7家企事业单位达成战略产学研合作联盟,举办高级会计人才进课堂讲座7次,开展高校进企业实践调研3次,企业与高校的多方协作,助推高校成果转化,服务企业管理升级,实现了合作共赢。

【推动工作创新】一是规范各类农业经营主体财务管理。会商协调省农委,联合印发《关于加强农业经营主体财务管理工作的指导意见》(财会〔2015〕510号),从做好会计管理工作、完善财务监管机制、加强会计人员培训、强化组织指导等四个方面提出15条指导意见，规范“涉农账本”，引导各类农业经营主体加强财务管理。二是统筹推进《行政事业单位内部控制规范》实施，工作重心逐步推向市县，及时了解各地内控实施进展，总结经验，积极努力扩大影响，营造良好氛围。

【做好会计准则制度服务】一是贯彻实施《电力行业内部控制操作指南》《企业会计准则解释第7号》等准则制度。二是组织全省各级会计管理部门，动员有关社会力量积极参与财政部《企业和小企业内部控制问卷调查》。三是在全省范围内就《企业会计准则》《政府会计准则》《全面推进行政事业单位内部控制建设的指导意见》《会计师事务所审批和监督暂行办法》等10余个准则制度，广泛征求省直部门、市县和相关行业单位意见，并按时汇总上报财政部。四是会同相关处室，认真解答“调转促”过程中各类复杂的会计处理业务。五是严格贯彻落实依法治国理念，做好《安徽省会计管理条例》立法调研。

【推进企业会计信息化】推进财政部《企业会计信息化工作规范》，开展企业信息化工作调研，完成《安徽省企业会计信息化现状调查与分析》课题；积极做好财政部企业会计信息化知识竞赛组织工作，全省参赛人数 13241 人，平均分为68.39分，参赛人数和成绩位居全国前列；与国资委联合推进XBRL工作，召开培训工作会，新增2家试点企业，顺利完成XBRL格式财务报告的校验工作并上报财政部。

【强化中介机构管理服务】一是积极做好工商登记后置审批改革衔接工作。本着“依法、规范、便民”的原则，会商省工商行政管理局，跟进做好“先照后证”改革后事中事后监管。二是与省注协联动开展注册会计师行业检查和调研，宣传财政政策，解决存在问题，净化执业环境。三是规范管理。做好会计师事务所基本信息报备核实，优化会计师事务所日常管理工作规程，配合省财政监督局做好会计师事务所执业质量检查。四是联合中国保险监督管理委员会安徽监管局转发《会计师事务所职业责任保险暂行办法》，规范会计师事务所职业责任保险投保行为，促进会计师事务所可持续发展。截至当年末，全省共设立会计师事务所(分所)263家，其中事务所236家，分所27家。2014年度会计师事务所业务总收入9.11亿元，比上年增长0.59亿元，增幅7%。五是坚持规范和扶持并重，积极引导代理记账机构加快发展。2014年，全省代理记账机构652家，年度业务收入7314万元。

【推进会计人才队伍建设】一是持续完善会计从业资格考试常态化改革。修改完善从业资格报名软件，采取技术手段，保护考生个人信息；印发《关于进一步严肃会计从业资格无纸化考试考风考纪的通知》，对替考等违纪人员进行处理，维护考试公平公正。全年全省28.4万名考生报名参加考试。二是精心做好会计专业技术资格初、中、高级考试组织工作。2015年度共报名10.75万人，其中初级7.38万人，中级3.36万人，高级1316人，会计领军人才9人。三是顺利完成全省大中型企事业单位总会计师素质提升工程、全省领军人才三期班培训、全国会计领军人才选拔等专项工作，其中总会计师素质提升工程全年培训240人次。四是顺利开展年度高级会计师评审工作。成立专家评审委员会，邀请省内外30多名知名会计行业专家评委，评审产生2014年度15名正高级会计师和248名副高级会计师，2015年度 9名正高级会计师。五是积极做好财政部2015年全国先进会计工作者评选表彰工作，成立安徽省先进会计工作者评选表彰工作领导小组，推荐本省1人参评并顺利入选“2015年全国先进会计工作者”。六是持续优化会计人员继续教育管理。建立学员监督和第三方专家评审工作机制，规范继续教育培训服务市场，在全国范围内确定8家网教机构，确定全省面授培训机构72家，确保办学质量。

【改进财政会计宣传】一是在开展会计准则制度培训同时，融入财政政策内容，政策服务和制度服务并重，提高单位会计人员的政治素质和大局意识。二是将高级会计师参评人员贯彻财政政策制度和落实财政工作要求等情况纳入考评内容，引导会计人员提高执行财政政策水平和服务实体经济的能力，体现财政会计一体化推进要求。三是在各类培训中注重财政与财务会计业务相结合，创设2015年度网络继续教育“安徽财政课程课件”，宣传重大财政政策、重点财政改革。四是充分利用《安徽日报》《中国会计报》省财政厅门户网站“会计管理”栏目、《安徽会计网》以及与我省有合作关系的继续教育网络平台,强化财政宣传,加强交流互动;及时高效发布各类会计信息和地方会计管理工作动态355则,有效发挥省会计信息网信息宣传、从业管理、政策发布、问题答疑等多功能服务平台作用。五是宣传报道实行台账式管理。针对完成工作任务的社会影响大小、关注程度,确定宣传媒体级次,认真梳理、细化,进行信息宣传任务分解,做到宣传工作责任到人,即时考核。2015年会计处荣获中国财经报社新闻宣传工作先进单位荣誉称号,中国会计年鉴编辑委员会颁发2014年《中国会计年鉴》稿件撰写三等奖,2人获得中国会计报新闻宣传工作先进个人奖励。

【强化廉政效能建设】一是以"三严三实"专题学习教育为契机,扎实开展结对共建和在职党员进社区活动,进一步坚定理想信念,增强纪律意识和法制观念,自觉做到依法执政和廉洁从政。二是加强制度建设,做好风险防控。落实工作台账、约谈和问责机制,逐一排查工作中可能存在的风险,编制内部控制操作规程,明确主体责任,修订完善日常管理制度4类10项,持续提升财政工作效能。三是积极落实权力和责任清单,简政放权,努力树立财政良好形象。面对全省56.3万会计从业人员,依托厅门户网站管理平台,积极做好政策发布、典型宣传、答疑解惑等工作,全年回复信箱咨询2200条、厅长信箱提问20条,回复电话咨询3000余次;建立会计管理等工作群和微信群等,为不同群体提供专业交流平台,提升便民服务质量;为方便省直会计人员办理会计业务,从当年7月1日起,将省直会计人员会计证跨省调转及会计证信息变更两项业务调整至省政务服务中心办理。会计处荣获财政部"2014年行政事业单位内部控制知识竞赛"优秀组织奖,全年度开展会商60次,联系基层15次。

【顺利开展学会、协会工作】以通讯方式召开会计学会特别会员大会,完成省会计学会会长及法人代表变更,并上报中国会计学会,顺利通过省民政部门社团年检。省珠算协会认真做好第24届海峡两岸珠算心算通信比赛及中珠协举办珠心算老师和传承人培训班组织服务工作。

(厅会计处供稿)

行政事业单位国有资产管理工作概述

【概况】2015年,按照党的十八大提出的"完善各类国有资产管理体制"以及国务院廉政工作会议上提出的"对国有资产和企业一律从严监管"的要求,资产处以改革创新为统领,围绕"扩面、严管、前置、优化"的工作目标,突出重点,坚持"两手抓",一手抓资产管理难点和薄弱环节的突破,一手抓强化日常动态监管。进一步提高行政事业国有资产监管水平,为实现国有资产的安全完整和保值增值发挥积极作用。

【牵头抓好省直事业单位资产管理核查】专题向省政府报告省直单位国有资产管理工作情况,省委常委、常务副省长詹夏来在财政厅呈报的《关于省直单位国有资产管理工作情况的汇报》上批示:"这项工作抓得好。要进一步依法规范,完善制度,严格执行"。报经省政府同意,组织开展省直事业单位国有资产使用管理核查工作,针对重点部门、重点单位、重点项目,结合上年省直行政单位资产使用管理核查整改工作落实情况,从严从紧从实抓好事业单位核查。在对省直各事业单位上报的自查工作报告进行全面审查和甄别的基础上,资产处牵头、资产管理中心及相关支出处派人参与,并聘请5家社会中介机构10名执业人员,组成5个检查小组,对18个主管部门所属的59家事业单位资产使用管理情况进行现场检查,重点检查各单位的资产出租(出借)、对外投资及资产管理基础工作情况,逐单位列出问题清单并进行责任认定,汇总形成《关于省直事业单位资产使用管理核查工作情况的汇报》。12月初下发《关于做好国有资产使用管理核查发现问题整改落实的通知》,同时针对现场检查的单位逐一建立问题台账,实行销号管理,并督促各单位12月底前整改到位,并报送整改情况书面材料。《中国财经报》12月12日以题为"安徽从严规范事业单位国资管理",全面报道安徽省财政厅加强行政事业单位国有资产管理经验做法。

【强化省直单位国有资产日常监管】一是严格资产审批管理。强化对行政事业资产的事前监管,对资产出租出借、处置及对外投资事项实行前置审核,规范资产审批程序,并严格按照资产管理的审批权限,对重大资产处置由省财政厅审核后报省政府批准。全年共办理房产出租批复 28 份,出租房产面积 16.03 万平方米;办理资产处置批复 89 份,处置资产账面原值 20449.1 万元;省直单位共上缴资产出租收入 25962.94 万元,资产处置收入 26229.61 万元;专题向省政府报告省质监局、省工商行政管理学校、合肥师范学院等 3 宗重大资产处置事项。二是做好"两院"上划国有资产管理工作。根据司法体制改革要求,认真做好省以下法院、检察院上划省级统管的国有资产管理工作。按照省级国有资产统一管理要求,积极谋划"两院"上划试点单位的国有资产工作方案,牵头制定印发《安徽省省以下法院、检察院国有资产省级统一管理暂行办法》(财资〔2015〕2017 号),做好相关管理衔接工作,为规范"两院"国有资产上划省级统管奠定良好的制度基础。三是认真审核省直单位新增资产配置预算。根据 2016 年省本级部门预算编制工作要求,在"一上"时,认真审核省直行政事业单位申报的项目支出中的新增资产配置事项;在"二上"时,对"新增资产配置预算表"进行审核,结合资产管理信息系统中单位资产存量情况审核配置数量,对资产配置标准审核费用安排情况,完成审核工作并书面反馈预算处汇总编制预算。四是组织编报行政事业单位资产统计报表。组织省直行政事业单位和各市县财政部门认真编制资产统计年度报表,对资产报表数据进行审核,汇总形成全省行政事业单位资产统计报表,并按时报送财政部。五是改革省直单位资产出租收入监缴模式。进一步规范资产出租收入缴纳方式,会同资产中心和非税局升级完善非税收入管理信息系统资产收入项目缴款模块,将资产出租收入缴存与各单位资产出租合同备案情况紧密挂钩,并严格按照资产所有权和收益权相统一的原则监缴收入。在 5 月份省直 24 家厅局单位试点的基础上,自下年起在省直单位全面推开监缴模式改革。会同资产中心完成对省直单位近 200 名资产管理人员的业务培训及相关准备工作。

【精心组织事业单位及其所办企业国有资产产权登记】完成对省级资产管理信息系统升级改造,会同资产中心对 548 家省直事业单位及 300 家事业单位所办企业的国有资产产权登记申报材料进行逐项审核,建立产权登记问题台账,完善产权登记系统功能。同时,组织推动全省各市县产权登记工作加快进行,确保 2016 年一季度全面完成。充分发挥产权登记对产权管理的基础性作用,进一步摸清家底,强化产权意识,明晰产权关系,为推进事业单位改革和强化事业单位国有资产管理奠定了良好工作基础。

【认真做好资产评估职能划转及评估管理工作】按照厅党组 2015 年第 11 号会议纪要精神,积极做好资产评估职能从企业处划转资产处的衔接工作,并加强与省资产评估协会协作与会商,明确资产评估管理的职责权限和责任分工,积极履行财政监管职责。完成对 89 家资产评估机构的报备材料全面审核、对 4 家资产评估机构的变更事项进行备案,备案国有资产评估项目 6 个,核准国有资产评估项目 1 个,妥善处理涉及评估工作的信访和投诉 2 起,配合省资产评估协会按时完成 2014 年资产评估机构执业质量检查工作。

【深入开展政府重点资产专项研究工作】按照财政部《关于开展政府重点资产研究的通知》(财办资〔2015〕55 号)要求,由本省承担《公共基础设施政府重点资产(水利)》课题研究。资产处会同农业处、科研所及省水利厅财务处、淠史杭灌区管理总局多次会商座谈,并在淠史杭灌区管理总局配合下组织对淠史杭灌区各类资产管理情况进行实地调研,召开专家座谈会听取意见和建议,于 11 月底按时完成题为《加强水利公共基础设施国有资产管理研究 基于安徽省淠史杭灌区的实证分析》的课题报告,经厅领导审定后报送财政部。

【持续做好支部党建和作风建设工作】一是深入开展"三严三实"专题教育。制定《资产处党支部开展"三严三实"专题教育实施方案》,认真组织开展支部书记上专题党课活动,召开支部"三严三实"专题组织生活会,深入开展批评与自我批评,查找问题,剖析原因并制定切实可行的整改措施,确保问题整改到位。全年党支部共开展集中学习 27 次,其中"三严三实"专题教育集中学习 19 次。二是组织开展结对共建和财政帮联工作。资产处党支部严格按照《结对共建工作实施方案》和财政厅有关部署,做好与怀远县鲍集镇王圩村的结对共建工作。全年与镇村班子成员和部分村民代表进行2次座谈,研究讨论王圩村支部建设、美好乡村规划与建设、结对帮扶项目实施等情况,走访慰问10户困难党员和群众,了解他们生产、生活情况、低保资金发放和新农合报销等工作,转达厅党组织的关心和问候。同时,协助村委会谋划村村通路网工程,制定路网工程规划及实施方案,积极争取上级部门的政策支持。按照厅党组关于做好财政帮联工作的要求,积极与宿松县财政局对接,督促其加强思想政治工作,加强局机关建设,全面贯彻落实各项财政政策,做好各项财政重点工作,确保完成年度各项工作任务。三是抓好效能建设。研究制定《资产处加强效能建设办法》,进一步明确岗位职责、细化责任分工,组织学习厅效能建设推进会及相关会议精神,并进行深入研讨,要求做到能干事、干成事、不出事,发扬财政干部的优良作风。四是深入推进作风建设。贯彻落实中央八项规定精神以及省委和厅党组三十条要求,细化资产处内部控制制度,健全完善权力运行制约和监督体系,做好廉政风险防控工作。组织全处同志进一步深入学习《党章》,组织开展"守纪律讲规矩,强化作风建设"组织生活会,自觉贯彻执行厅党组的决策部署和工作安排,推动作风建设取得新成效。

(厅资产处供稿)

国有资本经营预算管理工作概述

【概况】2015年,国有资本经营预算处认真贯彻落实省委、省政府全面深化改革的意见精神,围绕财政中心工作,进一步完善政策、健全制度,积极推进国有资本经营预算扩面提标,进一步提高国有资本经营预算编报质量,促进了国有资本经营预算管理工作的规范化和制度化。

【落实预算改革任务】一是积极推进国资预算提标扩面。围绕国资预算改革目标,及时细化改革方案,强化任务分解。将省属企业国有资本收益上交比例统一提高到15%,并首次将省交通厅、省水利厅等部门监管企业以及省属文化企业纳入实施范围,实现国资预算全覆盖。建立工作任务台账,及时将改革进展情况报送厅改革办,切实担负起国资预算改革牵头责任。二是加强政策沟通与协调。积极推进财政牵头改革工作,主动赴省委宣传部、省国资委,就落实《安徽省省属企业国有资本收益收取管理办法》(皖政办〔2014〕34号)进行会商,强化政策解读。针对省国资委就办法执行提出的问题认真研究,在广泛征求厅内相关处室意见基础上,及时反馈省政府办公厅,并主动与省法制办、省审计厅联系和沟通,争取理解支持,推动省政府34号文件的贯彻执行。三是认真落实改革政策。为实现三中全会提出的2020年国有资本收益上交比例提至30%的改革目标,积极研究提出2016年省属企业国有资本收益上交比例及调入公共预算比例的建议。报请省政府同意,2016年起,将省属国有独资企业国有资本收益上交比例从15%提高到18%,并明确调入一般公共预算比例达到19%,更多用于保障和改善民生。

【完成年度预算任务】一是加强预算审核。认真做好2015年省级国有资本经营预算草案的编报工作,严把预算收支审核关。根据省人大审查批准的预算,及时将2015年省级国有资本经营预算批复到相关单位,明确收支目标,强化预算约束。2015年省级国有资本经营预算收入12.41亿元,当年安排预算支出12.45亿元。二是积极组织收缴国有资本收益。加强对企业国有资本收益申报上交工作的指导,启动2015年省属企业国有资本收益申报收缴工作,会同预算单位认真审核确定省属企业2015年应交国有资本收益,并下达收益上交通知,督促企业及时足额上交国有资本收益。全年累计收缴省属企业国有资本收益15.73亿元,较年初预算超收3.32亿元,圆满完成预算收入任务。三是强化预算支出执行管理。为加快预算支出进度,结合国有资本收益入库情况,及时将2015年国有资本经营预算资金拨付相关企业,全年累计拨付国有资本经营预算资金12.16亿元,有力地支持省属企业改革与发展。

【提高预算编报质量】一是科学编制2016省级国有资本经营预算和三年收支规划。按照实行中期财政规划管理的要求,及时启动省级2016年国有资本经营预算和2016—2018年国有资本经营三年收支规划编制工作,并专门下发通知,明确国有资本经营预算支持重点、编制内容及要求,确保年度预算与三年收支规划相互衔接。二是规范国资预算支出管理。积极会同预算单位,合理测算未来三年国有资本经营预算收入规模,及时组织省属企业申报预算支出项目计划。开展对省属企业预算支出项目的公开评审，强化预算支出评审管理，加强支出项目的遴选，提高预算资金安排的科学性和合理性。为推动省委省政府“人才强企”战略的实施，积极支持省属企业人才队伍建设，会同省国资委做好首批“538 英才工程”的评审工作，得到省委组织部、省人才办领导的充分肯定。三是汇总编报全省国有资本经营预决算。按照财政部统一部署，圆满完成全省 2014 年国有资本经营决算和 2015 年国有资本经营预算的汇总编制工作，并如期上报财政部。财政部对地方国资预算编报工作进行了综合考核，本省国资预算编报工作因组织得力、上报资料及时完整、数据质量较好，连续 3 年获得财政部通报表彰。四是加强地市国资预算工作的指导。积极推进市级国有资本经营预、决算编制工作，指导督促各地规范国有资本经营预算编制和执行，全省 16 个市均开展国有资本经营预决算工作。顺利完成全省 2016 年国资预算的汇总上报工作，并及时总结研究全省国资预(决)算编报、预算收支情况，针对执行中发现的问题，及时提出改进建议，进一步提高全省国资预算管理工作水平。

【夯实国资预算管理基础】一是严格预算资金的使用管理。围绕国资预算支持企业解决历史遗留问题及相关改革进行专题调研，先后赴徽商集团、省国资运营公司等省属企业，就企业退休领导人员医疗费用等项目资金的管理进行多次会商，制定专门的管理办法，明确资金的使用范围、报销标准及支付方式，进一步强化管理。为加强省属企业“538 英才工程”项目资金的管理，及时研究出台《省属企业“538 英才工程”专项资金管理办法》，对专项资金的使用范围、拨付程序等进行细化明确，进一步规范预算资金的使用，确保资金发挥应有效益。二是开展省直事业单位所办企业的摸底调查。认真研究省审计厅提出的关于扩展国有资本经营预算实施范围的审计建议，及时开展省政府直属事业单位所办企业基本情况的摸底调查，深入研究会商，积极谋划将省政府直属事业单位投资兴办的国有企业纳入预算实施范围，为建立覆盖全部省属企业的国资预算制度奠定基础。三是认真谋划国资预算“十三五”规划。按照财政“十三五”规划编制的要求，认真开展“十三五”国资预算改革专题研究，在全面总结“十二五”时期国资预算工作的基础上，深入分析改革发展面临的新形势、新要求，研究提出“十三五”国资预算管理改革的发展思路和政策举措。同时，结合工作实际，积极开展财政重点课题调研，形成《加强国有资本经营预算管理的思考》调研报告，为推进国资预算改革积极建言献策。

【提高预算管理水平】一是推进国有资本经营预算绩效评价。按照预算绩效管理的有关要求，积极会同投资评审中心，对近两年国有资本经营预算支出重点项目开展绩效评价。进一步完善评价方式，推行第三方评价，提高绩效评价的质量和效果，探索建立规范的国有资本经营预算绩效评价制度。二是积极做好国资预算审计工作。按照审计部门的要求，及时整理、提供 2014 年度省级国有资本经营预算执行情况的相关文件、资料，积极主动做好与审计组的联系沟通、业务解释和意见交流反馈。认真落实审计意见，督促省国资委、铜陵有色集团等单位及时上交应缴未缴的国有股权转让收入，规范国有资本收益上缴行为。针对审计报告征求意见书中提出的问题和建议，认真研究分析，专程赴相关省属企业开展检查调研，并及时反馈整改结果，争取审计部门的理解和支持。

【加强处室内部建设】一是加强支部建设。坚持把学习型党组织建设摆在首要位置，建立健全支部政治理论学习制度，制定具体的年度学习计划，强化政治理论学习和廉政教育。定期组织专题学习研讨，建立支部工作档案，认真落实“三严三实”专题教育活动的各项要求。二是完善内控管理制度。坚持把党风廉政防控与处室业务责任结合起来，落实内控管理的各项工作要求。进一步梳理内部业务流程，研究制定《国资预算处内部操作规程》，将每个环节的廉政风险防控措施纳入规程中。明确各项业务具体的防控目标和措施，分清界定每个岗位和环节的责任边界，强化对权力运行的监督制约。三是积极开展结对帮扶活动。坚持把结对共建、会商帮联等活动作为处室转变作风、优化服务的重要载体。先后 3 次深入结对共建村，与基层党员干部共过组织生活，走访慰问困难群众十余户，并有针对性地帮助解决结对村在集体经济发展中的困难问题，得到当地政府和群众的高度认可。开展在职党员进社区服务活动，组织党员深入社区，了解基层社情民意，慰问帮助困难老人，密切党群干群联系，深入践行为民服务宗旨。

(厅国有资本经营预算处供稿 谢勇)

财政监督检查工作概述

【概况】2015年，在厅党组的正确领导和关心支持下，监督检查局坚持围绕中心、服务大局，科学筹划、精心组织，开展了盘活财政存量资金专项检查、预决算公开情况专项检查、会计监督检查、内部控制建设、内部监督审计等工作，取得一定成效。

【稳步推进财政系统内部控制建设】紧跟财政部内控建设步伐，积极开展财政内控工作。构建内部控制组织架构。成立省财政厅内部控制委员会及内部控制委员会办公室，各处室单位设内部控制管理岗及联络员。监督局内设机构作出调整，设立内控处。建立内部控制制度体系。制定下发《安徽省财政厅内部控制基本制度(试行)》《安徽省财政厅内部控制委员会议事规则(试行)》和八个专项风险内部控制办法等文件。各处室单位编写内部控制操作规程。组织内部控制业务培训。邀请财政部监督检查局领导作《流程的再造与制衡》专题讲座；先后组织全省各市县(区)内控业务骨干、厅各处室单位内控管理岗和内控管理联络员开展内控业务专题培训，推广内控理念，提高内控意识。指导市县推进内控建设。市、县初步建立内控制度体系。

【认真组织开展财政专项检查】按照财政部部署要求和年度检查计划安排，高效开展监督检查工作。牵头组织盘活财政存量资金专项检查，3月份，会同厅相关业务处室组成7个检查组，对全省除合肥、芜湖以外的14个市及所辖1个县(区)开展检查。经过集中审理，对存在问题的26个市、县(区)下达处理决定通知书。8月份，组成两个检查组对庐江县、颍上县、繁昌县进行存量资金核查。开展全省市县预决算公开情况专项检查。按照“下查一级、分级负责”的原则，组织5个省级检查组和16个市级检查组，采取交叉互查的方式，对全省所有市、县(区)及所辖所有部门预决算公开情况进行检查，做到不留死角。针对存在的问题，提出进一步规范公开的格式和形式等建议。

【深入推进会计监督】围绕6户节能环保企业、3户社会团体开展会计信息质量检查，针对个别企业申报财政补助资金的项目未能落实、部分国企滥发津补贴等问题，依法分别作出移交主管部门、税务机关、责令整改等处理。创新会计师事务所监管，采取统一组织、上下互动，会计师事务所自查、财政部门联合巡查和省厅重点检查层层推进的方式开展，受到财政部监督检查局充分肯定和借鉴推广。组织市县财政部门对全省245家非证券资格会计师事务所进行全面巡查。会同会计处、省注协对18家会计师事务所开展重点检查。针对部分事务所存在报备不规范、会计信息失真等问题，依法下达监管关注函、谈话提醒、警告等处理处罚。

【积极开展财政部门内部监督】结合厅人教处工作安排，完成厅行政处、政法处、资产中心等处室单位5名交流轮岗处级干部和信息中心、评审中心等处室单位3名退休离任干部的经济责任审计工作。

【不断加强财政监督作风建设】注重打造学习型、文化型、专业型、创新型财政监督团队，提升思想政治理论素养和监督检查业务水平。深入开展“三严三实”专题教育。建立工作台账，开展专题研讨，对照先进典型，提升思想境界。强化内部管理。严格执行中央“八项规定”，严守检查纪律，自觉维护财政部门良好形象。强化依法监督。深入学习贯彻新《预算法》《安徽省财政监督条例》等法律法规，强化依法监督理念，提升执法水平。推动党建工作。发挥党支部战斗堡垒作用，组织党员进社区为群众服务，开展与宿松县迎宾村、绩溪县孔灵村党支部结对共建，落实与六安市、安庆市的帮联工作，推进财政改革和重点工作的落实。

(厅监督检查局供稿 张宁宁)

政府采购管理工作概述

【概况】2015年，政府采购处在财政厅党组的正确领导下，围绕中心、服务大局，凝心聚力、锐意进取，积极推进公共资源交易体制改革，强化政府采购监督管理，规范采购行为，提高采购效率，政府采购各项工作稳步推进并取得明显成效。全省政府采购规模达到570亿元，其中省本级采购规模达61亿元。

【推进公共资源交易管理体制改革】本省全面推行公共资源交易管理体制改革当年，省级集中采购项目全部实行属地委托办理，并实现业务平稳交接，率先完成省委省政府部署的公共资源交易改革任务，得到常务副省长詹夏来批示肯定。为推进公共资源交易体制改革，一是建立定期会商机制。分管厅长多次带队深入安徽合肥交易中心，谋划改革路径、解决实际问题。针对集中采购业务移交衔接过程中出现的新问题、新矛盾，与交易中心和省直有关部门建立定期会商机制。交易中心把政府采购会商机制的成功经验作为与其他厅局共建公共资源交易改革的范例。二是举办政府采购业务培训班。组织省级预算单位业务骨干、各市采购监管机构负责人以及政府采购代理机构从业人员参加培训，宣传贯彻新颁布的《政府采购法实施条例》，讲解采购监管与执行业务流程，取得预期效果。三是开展政府采购制度清理。根据财政部和省政府要求，对全省公共资源交易规则中涉及政府采购的内容进行清理，凡与政府采购法律法规相冲突的，坚决予以纠正，维护全国政府采购交易规则的统一性。

【加强政府采购制度建设】一是大力宣传贯彻《政府采购法实施条例》，及时组织开展《实施条例》学习、宣传活动，组织参加财政部开展的《实施条例》全国知识竞赛活动，本省共5人获竞赛个人奖。二是规范采购人变更采购方式审批管理，制定《省级预算单位变更政府采购方式审批管理办法》，规范并简化审批程序，明确主管预算单位和采购人的主体责任。三是强化政府采购信息公开，印发关于做好政府采购信息公开工作的通知，对全省政府采购电子化系统进行升级改造，新增采购合同公告模块以及采购信息自动推送功能，基本实现政府采购全过程信息公开。四是规范采购预算调整与变更，印发《关于进一步规范省级政府采购预算调整有关问题的通知》，要求预算单位编全编实年初政府采购预算，硬化政府采购预算约束，年度预算执行中，除中央追加专项资金以及省委省政府决策需增加实施政府采购以外，不得随意变更采购预算，同时细化采购预算调整变更的具体流程。

【发挥政府采购政策功能】一是创新“政采贷”业务，支持中小企业发展，在全省推广政府采购信用融资及融资担保业务。全年省级“政采贷”业务银行发放贷款119笔，贷款金额2.2亿余元，全省共计发放2.7亿余元。自2013年试点后至当年底，全省累计发放300余笔，贷款金额达5.3亿余元，有力缓解中小企业融资难融资贵问题，政府采购促进中小企业发展作用得到发挥。二是开展专项检查，推动政府采购促进中小企业发展政策落实。根据省长李锦斌在省信访办公室接访时的指示精神，开展政府采购促进中小企业发展政策落实情况专项检查，组织2个检查组，分赴淮北、蚌埠等6个市进行检查。针对检查发现问题，制定落实政府采购促进中小企业发展政策四个负面清单。检查结束后，省财政厅及时将检查整改落实情况通过省信访办反馈给信访人，信访人对省财政厅的务实作风表示非常满意。三是加大力度，落实节能环保产品政府采购政策。及时贯彻落实全国节能、环保产品政府采购有关文件，推行绿色采购，进一步扩大节能、环保产品政府采购范围，优先采购列入节能、环保清单内的产品。

【加强政府采购监督管理】一是严格执行采购结余资金收回预算的规定。分管厅长亲自谋划，召集相关支出处室召开专题会议，研究政府采购结余资金管理问题。政府采购处根据专题会议精神，在相关支出处室密切配合下，对政府采购历年结余资金进行全面清理，收回历年政府采购结余资金6285万元，上缴预算统筹安排；同时，撤销省级政府采购资金专户，对专户结余资金3975万元，全部上缴省级国库。两项合计，共收回1.03亿元。二是依法处理政府采购投诉案件。省本级共受理投诉案25起，比上年增加15起。对严重违反政府采购法的3家供应商依法给予处罚，并下达行政处罚决定书。依法维护政府采购市场秩序，保障政府采购各参加方权益。在税政条法处大力支持配合下，政府采购处下达的处理处罚决定书，无一起行政复议和行政诉讼。三是及时依法处理信访案件。共计受理各类信访信件20余份，均认真及时予以答复。四是提高政府采购信息透明度。通过“安徽政府采购网”及时发布有关政府采购法规制度、采购项目公告信息、投诉及处罚决定、代理机构名单等。全省政府采购信息发布量6万余条。

【推行通用设备批量集中采购】在总结上年试点经验的基础上，将批量集中采购范围由2个品目扩大到14个品目，委托安徽合肥交易中心采用公开招标方式进行批量集中采购，取得明显效果。批量集中采购呈现出突出特点：一是主流品牌参与积极，社会关注度高，采购效果得到各方肯定；二是投标均价持续走低，中标价格优惠幅度大，批量采购中标价格较市场价格优惠幅度均在20%左右，较协议供货价格优惠幅度在15%左右；三是每期中标品牌变化大，采购过程竞争激烈，充分体现政府采购公平竞争原则。

【加强政府采购代理机构监督检查】按照财政部统一部署，及时组织开展政府采购代理机构监督检查工作。一是及时部署，印发开展监督检查工作的通知，建立专人联络机制，制定检查工作计划。二是确定检查对象，省本级选择两家，16个市及2个省管县分别选择1家，全省共确定20家代理机构作为检查对象。三是依法进行处理处罚，全省共抽查政府采购代理项目149个，发现违法违规问题项目64个，涉及项目金额1.9亿元。对检查中发现的问题，依法依规对相关代理机构进行处理处罚，并及时将相关处理处罚情况向财政部作专题报告。通过检查和处理，为规范采购代理机构的执业行为，建立健全常态化监管机制，完善放管结合监管模式奠定坚实基础。

【推进GPA谈判应对工作】按照财政部统一部署和中部地区联络组会议精神，一是超前谋划，持续研究。坚持每年开展一份出价清单研究，提前做好出价预案，步步为先，随时应对国家的出价要求。二是分工协作，共同推进。省财政厅主要负责组织协调推动，省直有关部门根据分工各负其责，承担各自的出价工作任务，按时提交本省出价清单。三是加强保密管理。严格执行GPA工作保密规定，确保涉密研究成果资料安全。本省的研究工作得到财政部充分肯定，在2015年全国政府采购工作会议上，本省作为全国GPA谈判应对工作唯一先进典型在大会上作交流发言。

【加强支部建设和处室内部管理】持续巩固群众路线教育实践活动成果，扎实开展“三严三实”专题教育，开展支部书记上党课、专题组织生活会等活动，认真做好台账登记工作，进行三个专题研讨，积极参加各项征文活动，切实加强支部建设。加强政治业务学习，全年支部学习近50次，在内网发布信息达40条。完善内部管理制度，明确外部内部权力清单，健全内部控制操作规程，不断深化效能建设、作风建设、文明创建和党风廉政建设，努力推进干部队伍思想建设和能力建设，扎实开展“四零服务”、“结对共建”和定点帮扶等专项活动，着力保持政府采购清正、清廉、清明、高效的良好形象。

（厅采购处供稿　侯洪玮）

农村综合改革工作概述

【概况】2015年，在厅党组的高度重视和正确领导下，在各兄弟处室(单位)的支持帮助下，在全省综改系统干部的共同努力下，综改处紧紧围绕财政“三农”工作大局，认真贯彻党的十八大和十八届三中、四中、五中全会精神，全面落实省委、省政府和厅党组决策部署，上下一心、攻坚克难、砥砺奋进、主动作为，较好地完成肩负的工作任务，农村综合改革呈现出新的气象。

【建立健全工作新机制】一是加强理论和业务学习，组织开展农村综合改革政策业务培训班，加强综改干部队伍和业务建设。二是广泛开展调查研究，总结基层经验，梳理问题，查摆不足，明确努力方向。三是建立会商制度。充分发挥牵头协调作用，积极主动会商组织、农业、发改、住建等部门，加强联系，研究工作，建立健全工作协调会商机制。四是加强制度建设。按照内部管理要求，全面建立处室工作规则、岗位分工责任制度、内部控制管理手册、党风廉政建设责任制度、日常管理制度、政治学习和业务学习制度等10余项处室内部管理制度办法。同时，制定工作绩效考评办法，健全完善绩效考评体系。

【扎实推进一事一议财政奖补工作】坚持政策执行的“普惠制”，着力管理过程的“规范化”，注重项目资金的“绩效性”，按照民生工程要求，建立工作月报制度。全省投入财政奖补资金22.3亿元，带动农民筹资和筹劳折资5.6亿元，引导村集体投入和社会捐赠等4.6亿元，建成一事一议财政奖补项目13185个，其中，小型水利工程项目1701

个，建成水渠2622.8千米、堰塘水窖410个等；村内道路项目8944个，修建道路9763.5千米；村内环卫设施项目487个，修建垃圾收集点3009个、村内小型生活污水处理设施92个等；村容美化亮化项目960个，修建路灯4.8万盏、村内绿地15.8万平方米等；其他公益设施项目1093个等。受益人口4079万人。实施一事一议财政奖补的行政村11966个，覆盖面76.8%，比2014年增加7.8个百分点，极大地改善农村生产生活条件，深受基层干部群众欢迎。

【深入推进农村综合改革示范试点】全省投入试点资金4.1亿元，支持指导20个试点县（区）积极探索创新，初步建立农村土地流转服务新机制、农村公共服务运行维护新机制、农业社会化服务和农村金融服务新体系。同时，在20个试点县（区）试点探索的基础上，省政府办公厅出台《关于加快构建新型农业社会化服务体系的意见》（皖政办〔2015〕29号），新型农业社会化服务体系在全省推开。在金寨、凤台县探索试点基础上，省政府出台《安徽省人民政府关于全面深化农村金融综合改革的意见》（皖政〔2015〕17号），农村金融综合改革在全省推开。

【统筹推进国家美丽乡村建设试点】按照《安徽省发挥一事一议财政奖补作用，推动美好乡村建设试点方案》要求，继续在庐江县等27个县（区）开展美丽乡村建设试点。充分利用一事一议财政奖补工作机制，把国家美丽乡村建设试点与本省美好乡村建设统筹推进。投入美丽乡村建设试点资金2.2亿元，支持27个试点县（区）规划90个美丽乡村中心村公益事业和基础设施建设，建设试点项目474个。12月，组织开展“发挥一事一议财政奖补作用推进美好乡村和国家美丽乡村建设总结宣传活动”，安徽日报、安徽广播电台、安徽电视台等主流媒体联合采访，宣传报道本省美丽乡村建设试点成果。

【大力推进建制镇示范试点】会同省发改委、省住建厅采取竞争立项方式，确定4个试点镇名单。研究制定试点工作方案，下发《关于开展建制镇示范试点工作的通知》（财农改办〔2015〕371号），指导4个试点镇结合实际，制定试点工作实施方案和工作计划。开展专题调研，针对试点推进中存在的问题，及时研究对策，将试点工作纳入县乡政府重点工作，全面细化工作方案，压实目标任务，制定下发《安徽省关于进一步做好建制镇示范试点工作的指导意见》，建立健全“省级统筹、市级督导、县级主体、乡镇抓落实”，省、市、县、乡四级联动、合力推进试点工作的组织领导体系和工作机制，建立试点工作会商、报告和督查制度，对工作开展情况实行定期报告、定期督查，促进工作任务落实等，不断加大工作推进力度，确保试点工作顺利推进。目前，4个镇充分利用中央和省级财政投入的1.8亿元启动资金，撬动社会资本投入12.5亿元，全面完成试点镇镇域总体规划和专项规划，基础设施建设进一步完善，产业布局进一步优化，城乡发展一体化体制机制进一步健全，各项试点项目顺利推进，年度目标任务基本完成。

【积极争取扶持村级集体经济政策和资金支持】财政部启动扶持村级集体经济发展试点工作，按照厅领导“积极争取，勇于探索，稳妥推进”的指示，多次沟通并专程赴财政部汇报，得到部领导认可，并将将本省列入试点范围。研究制定试点工作方案，明确试点目标任务。及时将试点工作向省领导报告，省长李锦斌作出批示：“用好试点政策，争取更大支持。”常务副省长詹夏来、副省长梁卫国等省领导对争取试点给予充分肯定，并明确试点工作结合美好乡村建设统筹推进。

【健全完善村级组织运转经费保障机制】全省投入村级补助资金14.3亿元、离任村干部生活补助资金7亿多元，保障全省1.5万多个行政村的正常运转、近10万名在职村干部报酬及30万名离任村干部生活补助的正常发放。同时，为贯彻落实中央组织工作会议精神，按照省委、省政府决策部署，会同省委组织部等部门，研究出台《安徽省农村基层党建保障工程三年行动计划》（皖组字〔2015〕28号），进一步明确村干部报酬和村级组织基本运转经费最低标准，保障水平进一步提高，保障机制进一步完善。省委常委、组织部长邓向阳对财政支持村级组织运转经费保障机制建设作出重要批示：“安徽省在财力紧张的情况下，连续几年加大投入，有力地支持和保障了农村基层组织建设，财政厅做了大量艰苦扎实的工作，表示感谢。”

（厅综改处供稿）

民生工程实施工作概述

【概况】2015年，在省委、省政府的坚强领导下，民生办紧紧围绕省委、省政府决策部署，认真履行牵头管理职责，加强协调调度，强化改革创新，狠抓责任落实，推动民生工程工作抓早、抓细、抓实、抓见效，圆满完成33项民生工程目标任务，居民收入增长工作有序推进，人民群众幸福感和获得感显著提升，城乡居民收入增长较快，极大地改善农村生产生活条件，有力地推进基本公共服务均等化水平，民生热点难点问题得到缓解，党群干群关系更加紧密，进一步巩固党的执政基础，开创政府得民心、群众得实惠的良好局面。

【及早部署落实】1月份，省政府印发《关于2015年实施33项民生工程的通知》，连续七年用皖政1号文件部署民生工程。2月份，出台《关于印发2015年33项民生工程实施办法的通知》(民生办〔2015〕1号)。完成省与市民生工程目标责任书签订工作。在省市县乡四级财政视频会议上部署民生工程工作，3月底前推动各市县部署落实完毕，5月底前协调省直主管部门将工程类项目计划下达到各地。

【强化资金保障】全省33项民生工程计划投入资金726.5亿元，全年累计投入资金726.5亿元，占年初计划筹资额的100%，比上年增加40.2亿元，增长5.9%。其中，中央和省级累计投入资金629.8亿元，占总投入的86.7%，加快资金拨付进度，上半年资金拨付率达91.9%，有力保障民生工程实施。

【加强精准调度】省财政厅发挥牵头抓总作用，建立民生工程计划下达和资金拨付告知机制，坚持月度调度，按序时进度扎实推进资金拨付和项目进展，制定出台《民生工程工作约谈制度》，对项目进度较慢的部门和市县及时告知、会商和督促，定向精准调度、精准施策。加强与省直主管部门的交流会商，全年累计会商省直部门47次。

【开展绩效评价】实行全面覆盖与随机抽查、定性描述与定量评分方式，组织第三方中介机构，对16个市8项民生工程开展第三方评价。服务省人大常委会、省政协开展视察巡视，每季度联系会商特邀监督员，共征集民生工程意见建议100多条。会同省统计局社情民意调查中心研究制定《2015年民生工程社情民意调查方案》，完成对2015年民生工程知晓度、满意度的调查工作。

【加强建后管养】各级财政累计投入管养经费14.8亿元，比上年增加1.7亿元，增长11.5%。各地加强多元投入，吸引社会筹资，鼓励群众参与，撬动带动社会投入2.8亿元。加强对管养资金预算安排、资金投向、使用管理、支出绩效的系统性分析，因地制宜，科学指导，确保各项管养工作落实到位。

【创新信息公开公示】全面落实《全省民生工程信息全程网上公示制度》，各市县明确网络公示平台，补助类项目公示受益对象信息、补助标准、发放金额和监督电话，工程类项目公示项目建设点、施工单位、投资规模等内容，实现全省全覆盖。通过网上公示，实时公开信息，广泛接受监督，增强民生工程公信力，增加民生政策透明度。

【健全完善数据库】印发了《关于做好2015年民生工程基础数据库填报工作的通知》(民生办〔2015〕11号)，对今年民生工程基础数据库填报工作进行具体部署，在总结往年数据库填报和使用工作的基础上，今年创新推进数据库填报工作标准化、规范化，为民生工程绩效管理和社情民意调查提供重要依据。

【改革社情民意调查】为进一步完善民生工程社情民意调查工作，提升科学性、针对性和有效性，省民生办不断改革和优化社情民意调查方式方法，对当年社情民意调查工作进行三个方面的改革创新，一是着重调查满意度，二是建立调查问卷库，三是设置三类文件，有效发挥加强民生工程政策宣传、主动接受社会监督、鼓励群众积极参与、推动工作提质提效的作用。

【公开项目选择】11月26日—12月2日，省财政厅面向市县政府和社会各界开展2016年民生工程项目公开征集活动，在《安徽日报》全文刊载调查问卷，在安徽省政府门户网站“安徽民生工程”专题、省财政厅网站及“安徽民生工程”专题网页设有问卷调查专栏，累计收集民生工程意见建议323条。

【谋划民生工程项目】结合财政改革和预算编制，及早启动“十三五”和2016年民生工程项目研究工作，认真梳理近年来人大代表、政协委员有关民生工程建议提案，对省人大省政协视察巡视、绩效评价、日常调研等活动中收集的市县和基层群众意见仔细研究，面向社会和16个市123个县区政府公开征集意见建议，专题征求省人大省政协意见，提出目标任务、政策标准和覆盖范围，为省委、省政府提供决策参考。

【深化政策宣传】全面推进民生工程信息网上公开公示，宣传惠民成效，广泛接受监督，初步实现网上公示全覆盖。《安徽民生工程》网络平台全年累计发布信息4053条，栏目总访问量128.8万，比上年增长118%。各地各部门积极加强与报纸、电视、广播、网络等媒体合作，引导广大群众和社会各界广泛参与、支持民生工程实施。重点梳理“十二五”民生工程四大类22项具体工作，强化省委省政府“十二五”保障改善民生成效宣传。

【促进居民增收减支】全省财政财政收入完成4012.1亿元，增长9.5%，财政支出完成5230.4亿元，增长12.1%。其中，民生支出4379亿元，增长13.8%，占全部财政支出的83.7%。民生事业不断发展，保障水平持续提高，带动居民转移收入较快增长。

（厅民生办供稿）

财政人事教育管理工作概述

【概况】2015年，在厅党组的坚强领导下，人教处深入学习习近平总书记系列重要讲话和党的十八大和十八届三中、四中、五中全会精神，认真落实《干部任用条例》，深入开展“三严三实”专题教育和“弘扬沈浩精神，建设模范部门”主题实践活动，坚持好干部标准和忠诚、干净、担当要求，认真践行“三严三实”，规范干部选任，严格干部管理，狠抓教育培训，加强制度建设，提升服务水平，为新形势下财政中心工作开展做出应有的贡献。省委常委、组织部长邓向阳对财政厅传达学习全省组织部长会议精神和人教处开展“弘扬沈浩精神，建设模范部门”主题实践活动分别作出重要批示予以肯定。

【参与服务“三严三实”专题教育】认真贯彻中央、省和厅党组的决策部署，竭力推进专题教育开展。参与研究制定专题教育方案和计划，按照进度适时进行提醒督查，开展巡查走访3次，发出通知、提示22次。创新谋划各项自选动作，服务开展主题党日活动，全体厅领导亲自带队，分4批分别到寿县小甸集特支等地接受党史国史教育。汇总推进“三个专项行动”，3次总结上报专项行动成效。精心服务厅领导班子专题民主生活会，认真做好方案起草、意见建议征集与整改督促、会议记录、对上汇报沟通等工作。切实做好与省专题教育办公室的沟通衔接，先后上报各类报表14次，信息5篇，总结材料8篇。

【协同服务省委专项巡视】按照厅党组要求，认真做好情况提供和服务保障。全面总结汇报2011年以来干部人事工作情况，协助完成巡视调查问卷和民主评议测评工作。认真服务干部谈话，及时更新并提供全厅156名处级干部的任免审批表、花名册等基础资料，妥善安排保障16个市财政局长、89名处以上干部和8名退休干部逐一进行谈话。精心制定12项整改措施，出台4个制度办法，完成巡视关于干部人事意见的整改。

【全面服务干部队伍建设】充分发挥厅党组参谋助手作用，坚持公道正派、五湖四海选人用人，继续树立正确的用人导向、营造风清气正的用人环境。根据省委“四个全覆盖”要求，大力推进重要岗位干部交流轮岗，全厅“一盘棋”交流干部36名，圆满完成年度计划。严格执行干部任用条例，不断完善干部选任程序，注重干部队伍梯队建设，继续加强年轻干部培养，厅党组全年共提拔使用干部31人，其中：正处级干部6人，副处级干部3人。财政厅选人用人工作得到全厅广大干部的肯定，总体评价满意和基本满意率合计达到93%，其中满意率达到72%。另外，坚持以学习贯彻习近平总书记系列重要讲话和党的十八大、十八届三中、四中、五中全会精神为重点，以推进依法理财、科学理财、为民理财为主线，扎实开展各层级、多类型的政治理论、政策法规和业务知识培训。会同有关处室单位举办业务培训班26个，培训干部5600多人次；组织开展市县政府领导干部财政改革与政府债务管理专题培训班，培训市县政府负责同志50人；举办全省财政领导干部岗位培训班，全省各市、县(市、区)财政局局长及厅处室单位负责人共181人参加培训；认真开展网络培训，全厅干部参学率和通过率均为100%；全面完成调学调训任务，全厅17名干部参加培训；统筹指导财政基层培训，共培训乡镇财政干部5423人，农村财会人员12801人，圆满完成年度培训计划。

【持续深化源头监督】牵头及时完成权力清单动态调整，申请取消1项行政审批事项，调整2项行政权力事项的有关内容，并将调整情况及时向社会进行公布。初步梳理财政厅内部权力35项，公共服务事项4项，为进一步规范内部权力运行打下基础。探索修订财政厅厅"三定"规定，提出修改意见29条。

【探索做实岗位监督】认真履行内控办成员单位职责，参与谋划厅内控体系建设，进一步明确各处室单位职责范围和相互间关系，对5个处室的职责进行调整规范。针对岗位利益冲突风险的防范和管理，从岗位设置、岗位交流和岗位回避等方面提出解决方法，并通过常态化交流轮岗和内部审计加以落实，全年共交流干部36名，会同监督局对8名处级领导干部进行经济责任审计。

【不断厚植监督基础】开展干部人事档案专项审核，耗时9个月，共审核档案349卷，重点核查"三龄两历一身份"等信息，梳理出相关信息记载不一致的档案131卷，经过严格把握政策、集体综合研判，报请厅党组对其中118卷档案进行认定。更新完善干部个人事项报告信息库，组织全厅164名处级干部完成2014年度领导干部个人有关事项申报，并对相关干部进行重点抽查。建立干部在企业和社会组织兼任职档案，完成清理任务。完善因私出国(境)审批规定，加强出国(境)证件管理，统一保管干部因私出国(境)证件113本。

【建立健全三类制度】按照厅党组的安排，认真做好各项人事制度的起草工作，全年共提请厅党组研究出台13项制度。一是提请出台基础类制度5个，包括:《厅党组工作规则》《各处室单位职责范围和各处室单位间工作关系划分暂行规定》《加强干部管理基础工作暂行办法》《干部人事档案管理暂行办法》和《工作人员请销假规定（暂行)》。二是提请出台监督类制度5个，包括:《选人用人工作评议暂行办法》《岗位利益冲突风险内部控制办法》《领导干部个人有关事项报告管理暂行办法》《处室单位主要负责人经济责任审计暂行办法》和《关于加强工作人员因私出国(境)管理的暂行规定》；三是提请出台警示类制度3个，包括：《推进干部能上能下实施办法（试行)》《关于对干部职工进行提醒、函询和诫勉的实施办法》和《工作人员违反效能建设制度处罚暂行规定》。

【深入开展"三严三实"专题教育和"弘扬沈浩精神，建设模范部门"主题实践活动】健全党支部学习制度，坚持每周至少开展一次集体学习，认真研读《习近平谈治国理政》《中国共产党党章》等书籍和材料，组织开展3次专题研讨，结合联系走访处室单位、选派工作帮扶月、结对共建、党员到社区服务开展走访调研、实地学习、基层服务80多次，梳理意见建议24条，制定整改措施，建立"三严三实"专题教育和作风建设责任清单工作台账，切实做到见人、见事、见问题、见举措、见成效，锤炼党性，坚定理想信念。

【狠抓党风廉政建设】处主要负责人认真履行党风廉政建设第一责任人职责，坚持把党风廉政建设与业务工作同部署、同推进、同督查。认真分解落实党风廉政建设和反腐败工作任务，注重传导压力，层层压实责任。全年开展廉政学习9次，积极参加厅里组织的各项专题警示教育活动，努力学习《纪律处分条例》《廉政准则》中央"八项规定"、省委"三十条"规定、厅"三十条"要求等，不断筑牢拒腐防变的思想防线。

【建立健全内部控制制度体系】按照内控要求和财政人事工作特点，全面梳理岗位职责，精心制定内部控制操作规程，建立健全AB岗工作制，修订完善《人教处议事制度》《干部人事档案管理制度》《人教处印章管理制度》等规定，确保财政人事工作更加有章可循，财政人事风险得到有效控制。

（厅人教处供稿　李杰）

财政机关党建工作概述

【概况】2015年，在厅党组的坚强领导下，机关党委围绕全面从严治党要求，紧贴财政中心工作，提升党建站位，压实党建责任，加强机关党的思想、组织、作风、党风廉政和制度建设，为财政改革发展、美好安徽建设提供坚强的政治组织保证。

【保障学习教育】紧扣学习贯彻习近平总书记系列重要讲话和党的十八大及十八届三中、四中、五中全会精神，协调推进“四个全面”战略布局，结合财政工作实际，组织召开党组中心组理论学习会38次，示范带动全厅理论学习的深入开展。谋划开展“贴近群众、奉献基层”报告会、廉政风险防控与财政作风建设、依法治省与依法理财、《预算法》与财政改革、《资本论》的伟大生命力、财政干部的党性修养与职业操守、《宪法》与财政、从严治党与机关党组织建设、财政内部控制体系建设、文明创建与财政改革发展、大数据与财政信息化等11个专题理论学习，邀请10名专家领导作专题讲座。紧密联系经济社会形势变化、财政改革发展、财政队伍建设、干部职工思想动态等实际，开展“党组书记推荐阅读”活动，先后推荐71篇文章。组织开展“我与名著有约”、“守纪律讲规矩”、“文明创建大家谈”和“学习沈浩吴波精神”等7次主题征文活动，营造深厚的学习氛围。获评全省学习型党组织示范点，机关阅览室获安徽省“百佳机关书屋”，《专题阅读孕育书香机关》荣获省直机关“十佳读书活动案例”称号。

【保障组织建设】坚持把保障机关党组织建设作为机关党建工作的重要抓手，推进从严治党要求贯彻落实到机关党组织建设各项工作中去，努力提高服务机关党组织建设水平。制定《关于进一步加强机关党建工作的意见》，从思想、组织、作风、制度和廉政等方面落实从严治党要求，进一步推进机关党的建设各项工作的落实。出台《厅党组主要负责同志通报机关党建工作情况制度》，全面通报机关党建工作开展情况。落实机关党委走访党支部制度，全年共走访党支部51次。厅直机关党委荣获省直机关“先进基层党组织”称号。撰写《构建机关党建服务基层长效机制的实践与思考》论文，获全省机关党建优秀研究成果一等奖。制定《关于进一步加强党支部基础工作的通知》，进一步规范党支部学习、“三会一课”、党员思想状况分析、民主评议党员工作、民主(组织)生活会和党支部工作档案等基础工作。出台《厅领导参加党支部活动记录制度》，厅领导参加组织关系所在支部活动共计58次。严格党内民主生活制度，结合党员思想、工作和生活实际，先后2次组织全厅党支部召开组织生活会。

【保障“双联”活动】进一步深化处室单位党支部与村级党组织结对共建工作。结对共建双方共召开联席会议90次，共同过组织生活164次，走访慰问困难党员群众364户，捐赠慰问金或物品共计16万多元，帮助建设公益基础设施17项。会同有关处室单位认真履行牵头8家省直单位帮扶颍东区职责，先后3次牵头召开帮扶颍东区扶贫开发工作座谈会。5次服务保障厅扶贫开发专题会议，厅领导8次到吴寨村实地调研，扎实推进“单位包村、干部包户”定点帮扶工作。开展“扶贫日”认领和认捐活动，帮助吴寨村光伏电站建设，动员干部职工踊跃捐款31201元。组织各党支部持续开展政策宣传、环境整治和法律援助、信息咨询等为民志愿服务活动。为空巢孤寡老人和生活困难党员群众办实事、解难事，捐赠慰问金或物品共计1.6万元。在职党员到社区服务667人次，征求财政工作意见建议45条。厅机关党委被评为“安徽省社会扶贫先进集体”，获评省直“机关党建服务基层年”活动先进单位。

【保障文明创建】结合纪念“五四”运动96周年，以“践行三严三实，争当模范青年”为主题，组织召开财政青年干部座谈会，评选表彰46名“青年岗位能手”。组织召开2次厅精神文明建设专题会议，及全厅干部职工大会，推进文明创建工作落实。开展“文明创建大家谈”系列活动，通过外请领导专题讲座、文明创建情况通报、经验交流、体会研讨和主题征文等形式，着力推动文明创建向工作岗位渗透、向处室单位延伸。积极发挥群团职能作用，慰问生活困难党员职工、生病住院职工，共计52人。组织参加“春蕾计划”10元捐活动，全厅共筹集3250元助学困难女童。全面推行工间操，开展“五四”登山健身、“三八”踏青游等活动，积极参加省直机关举办的各类体育文艺比赛活动，丰富机关文化生活。财政厅蝉联“全国文明单位”称号，在省文明委全会上，作为省直机关代表作典型发言。

【加强自身建设】把“三严三实”融入机关党委自身建设中，自觉践行“三严三实”，引导干部始终做到政治上忠诚老实、工作上担当负责、作风上干净干事，树立“讲政治、守纪律、敢担当”的良好形象。组织党员干部学习领会习近平总书记系列重要讲话精神，以及中央、省委省政府、省直工委会议文件精神和厅党组部署要求，提升党务干部理论素养和综合能力。对标“三严三实”要求，对照沈浩和吴波精神,教育干部严于律己、淡泊名利、忠诚老实。认真学习《党章》《中国共产党廉洁自律准则》《中国共产党纪律处分条例》与《厅干部职工内部问责暂行办法》等法规制度,坚持把纪律挺在前面,构建风清气正的政治生态。坚持问题导向和目标导向相结合,扎实推进“强化责任担当、认真解决懒政怠政问题”专项行动,深入查摆问题,建立问题清单,制定整改措施,着力解决“懒政怠政”问题。狠抓内部管理,利用处务会、支部会和工作例会等时机,强调注意纪律、强调注意节约、强调注意形象,强调日常管理,做到抓早抓小,防微杜渐,增强干部组织意识、自律意识和规矩意识,争做“讲政治、守规矩、业务精、作风好”先进处室。

(厅机关党委供稿)

财政纪检监察工作概述

【概况】2015年,驻厅纪检监察室在省纪委和财政厅党组的领导下,全面贯彻落实党的十八大、中央纪委十八届三次、四次、五次全会和省纪委九届四次、五次全会以及全国财政反腐倡廉建设工作会议精神,坚持标本兼治、综合治理、惩防并举、注重预防的方针,着力加大党风廉政建设和反腐败工作力度,加强监督执纪问责,全面推进财政惩治和预防腐败体系建设,取得较好工作成效。

【落实“两个责任”】一是明确制度要求。印发《中共安徽省财政厅党组关于落实党风廉政建设党委主体责任和纪委监督责任的实施意见》(财党组〔2015〕1号),进一步明确厅党组履行主体责任和厅领导班子、厅主要负责同志、厅领导班子其他成员的主体责任;明确驻厅纪检组监督责任,将廉政责任传导至各处室单位和每位财政党员干部。二是扎实做好部署。组织召开全省财政系统反腐倡廉建设工作视频会议,厅领导班子成员与38个处室单位签订党风廉政建设责任书。印发《2015年省财政厅党风廉政建设和反腐败工作任务分解表》,分解68项具体任务到各处室单位,全面抓好执行。三是认真协助落实。协助厅党组落实主体责任,召开21次厅反腐倡廉建设领导小组会议,印发21期反腐倡廉会议纪要,认真学习中央和省重大会议精神,学习习近平总书记系列重要讲话精神,学习中央和省委省政府重要制度规范和要求,传达中纪委、省纪委印发的各项通报共42次。财政厅在2014年度省委“两个责任”考核中取得96.652分的好成绩。

【聚焦主业主责】一是加强监督检查。做好作风督查,联合厅效能办进行明察暗访33次,组织节假日公车检查7次,参与社保基金竞争性存储谈判5次,参与各类评审招标监督6次,监督地方债发行工作3次。印发《安徽省财政厅关于规范会议秩序严肃会风会纪的通知》,严格会风会纪要求。监督厅办公大楼外墙维修改造,督促办公用房清理、多占住房清理和公车改革,确保平稳过渡。建立“五位一体”走访巡查机制,对5个市财政局、2个县财政局和全厅38个处室单位开展巡查。二是推进风险防控。开展廉政风险防控“回头看”,集中更新制作廉政风险防控岗位告知卡200余张,对11名处级领导干部、22名科级干部及4名上挂干部出具廉政鉴定。三是积极做好巡视整改。针对巡视组反馈意见中涉及的13条问题和整改要求,驻厅纪检组认真梳理出23条问题原因、13项整改目标和27条整改措施,全部整改完成。严肃做好诫勉谈话,要求6个厅属单位和6位处级干部作出彻底反思和深刻书面检查。四是抓好执纪问责。运用监督执纪“四种形态”,深化监督执纪问责。对1名违纪干部(已退休)给予降职处分,对1名同志违规经商办企业进行严肃问责,对10名处级干部和1名科级干部进行诫勉谈话,对单位和个人进行10次有关作风建设和落实“两个责任”不力的通报批评。收到16件信访件全部办结;收到20件政风行风热线全部办结。五是开展查处发生在群众身边的“四风”和腐败问题专项工作。及时印发《安徽省财政厅关于印发开展查处发生在群众身边“四风”和腐败问题专项工作实施方案的通知》,主要检查和排查近年来各级财政预算安排用于涉农方面的各项资金,特别是排查涉及财政资金被侵占、贪污、挪用等问题线索。2015年7—12月共向省纪委报送问题线索41件,全部核实和查处。六是深化会商帮联和联系基层。完善会商机制、注重会商实效、分类细化通报内容,全厅全年会商2662次,解决问题2491个,各市县(区)财政局全年共会商100550次,印发会商通报12期。督促开展5次集中帮联工作,就贯彻落实财政重点工作进行上下联动和指导推进。加强下基层联系工作，全厅全年共下基层 729 次，其中厅领导带队 129 次。

【深化廉政教育】一是严守纪律规矩。认真学习党章和党内法规，学习习近平总书记系列重要讲话精神，做到“四个自觉”、“五个坚持”。围绕严格政治纪律和政治规矩，开展反面典型研讨剖析。严格遵守省纪委“五严守十不准”要求，落实做好省纪委“五个一”活动。印发学习廉洁自律准则和纪律处分条例的工作方案，确保学习宣传贯彻工作取得扎实成效。二是深化廉政教育。扎实组织开展反腐倡廉“每月一课”活动，编写《安徽省财政厅“三严三实”专题教育读本 警示教育材料》，组织全体干部职工赴省纪委廉政教育基地开展为期 2 天的廉政专题警示教育活动，组织观看廉政警示教育剧《平安是福》。6 次在厅办公网定期设置警示教育片流动链接，3 次在全省乡镇财政干部培训班上开展廉政授课。三是营造廉政环境。通过《安徽财政》《江淮风纪》省纪委网站、省财政厅网站等宣传财政反腐倡廉工作，共供稿 20 余篇。5 次发送节假日廉政短信到全厅每位干部职工共计 2200 多人次，进一步提升干部职工勤政廉政意识。

【加强自身建设】健全财政纪检监察制度规范，完善出台《省纪委监察厅驻省财政厅纪检组落实监督责任实施办法》《安徽省财政厅廉政诫勉谈话和函询实施办法》《安徽省财政厅政风行风巡查工作实施办法》《驻省财政厅纪检组来信来访处理办法》《安徽省财政厅反腐倡廉宣传教育工作实施办法(试行)》和《安徽省财政厅关于进一步加强财政帮联与督查工作的通知》等 6 项制度。加强纪检监察队伍自身建设，全年开展业务和专题学习 52 次。开展“争做守纪模范，争当执纪尖兵”的“六个一”活动，严格“五严守十不准”要求。认真解决懒政怠政问题，逐一对照问题检查整改，取得良好成效。2 次开展结对共建活动，帮扶慰问困难群众。3 次深入社区开展党建活动，为民服务、倾听民声。

(驻厅纪检组供稿)

财政离退休干部管理工作概述

【概况】2015 年，在厅党组的正确领导下，在兄弟处室单位的关心支持下，离退休处认真践行“三严三实”，加强老干部“两项建设”，落实老干部“两项待遇”，抓好“三心”主题服务活动，较好地完成全年工作目标和任务。

【加强“两项建设”】把加强思想政治引领作为老干部党支部建设的重中之重。以理想信念和党性教育为重点，组织老干部深入学习党的十八届三中、四中、五中全会和中央纪委五次全会、中央经济工作会议、省委九届十四次全会精神。深入学习习近平总书记系列重要讲话精神，扎实开展“三严三实”教育实践活动。厅党组高度重视纪念抗战胜利 70 周年系列活动，厅领导登门或到医院为 6 位抗战时期老同志颁发纪念章，引导老干部始终保持政治坚定、思想常新、理想永存，作严守政治纪律和政治规矩的表率。

【推动老干部工作创新发展】一是把走访慰问制度化、常态化。厅领导走访慰问全体离退休厅级老领导，各处室单位走访慰问本处室老同志。坚持多走动、多交流，面对面听取意见，心贴心沟通交流，了解老干部的所思、所想、所忧、所盼。二是进一步确立文化养老思路。坚持文化养老方向，紧贴时代特征，注重从老同志特点出发，适其所需、授其所宜，培育老同志参与活动的兴趣和内在自觉性。鼓励老同志参加社区举办的各类舞蹈、戏曲表演，积极推荐老同志参加省直老干部画展，使每一位老同志“走出来、动起来、乐起来”。三是转作风、建平台、创新载体、建立完善工作制度。四是积极做好关工委各项工作。

【做好各项服务管理工作】全年为老同志发放报纸、期刊 43660 期，探望和慰问生病住院的离退休老同志 38 人次，登门为 5 名 80 和 90 周岁的老干部祝寿，接待老同志来电来访 220 多人次，配合服务保障老同志健康体检 110 人次，收交医药费单据近 300 人次。为 5 名离休干部争取到特殊困难补助 3 万余元。协助做好去世老同志后事服务保障工作。主动帮助处理好老同志家庭矛盾，切实解决好少数老同志实际困难。

【丰富老同志精神文化生活】一方面搞好软件建设，组织好健康有益的文体活动。组织参加在安庆、合肥举办的全省和省直老干部第 30 届竞技麻将比赛，在黄山举办的第 24 届老干部象棋、围棋比赛，财税审系统第 23 届、24 届老干部麻将比赛和厅举办的各季度老干部麻将比赛，并多次获得集体和个人奖项。分批次组织就近就地春游和秋游，三八妇女节组织离退休女同志到驻地郊游踏青，近200多人次参加了活动。组织老干部参加省委老干部局、省老年体协、省政府老干部活动中心开展的台球、门球、麻将、象棋等各类比赛活动10余次。组团到滁州参加安徽省第四届老年人运动会并荣获集体道德风尚奖，3人分别获得登山个人第三名和象棋两个三等奖。在平时组织活动及工作中积极做好安全防范工作，坚守安全底线，确保安全无事故。另一方面加强硬件建设，努力改善老干部活动室基础设施。厅党组、厅领导用心、用情、用意为老干部办实事，专题研究活动室建设，挤出经费改善维修桐城路老干部活动室基础设施。

【提升做好老干部工作的能力素质】一是抓党建促作风。通过抓党建，进一步强化责任意识、大局意识、服务意识，努力促进离退休干部服务管理工作的落实，切实转变工作作风。二是抓共建促党建。三是建立健全"三心"主题教育和"三严三实"教育实践活动长效机制。四是抓好党风廉政建设和廉政风险防控工作。

（厅离退休处供稿）

信用担保工作概述

【概况】2015年，省担保集团紧紧围绕省委、省政府"调转促"战略部署，积极推动转型发展、创新发展，担保再担保、投资、新型金融三大板块齐头并进，圆满完成各项目标任务。截至当年末，集团注册资本107.66亿元，实收资本127.66亿元，总资产178.04亿元，净资产155.56亿元，是全国净资产规模最大的担保机构，综合财务实力信用等级被评为AA+。集团先后被评为"2014年支持地方发展经营业绩考核一等奖"、"2015年度中国最具竞争力融资担保公司"、2015年度完成进出口目标任务"优质服务单位"等荣誉称号，比较优势明显，国内担保行业的领军地位进一步确立。

【担保再担保业务突破千亿元大关】全年完成担保再担保1019.46亿元(直接担保206.26亿元、再担保813.2亿元)，同比增长26.58%，突破1000亿元大关，迈上新台阶；服务小微企业1.7万户，增长17.5%；截至当年底，集团担保再担保余额1084.22亿元（其中：直保216.15亿元、再担保868.07亿元)，增长34.8%。

【政策性担保体系更加健全】建成以省担保集团为龙头、覆盖省市县三级的全省政策性担保体系，成员单位达124家，覆盖全省16个市、95个县(区)。完成20亿元注资工作，三年来共注资60亿元，全省体系净资产规模达486.76亿元，整体实力进一步增强，服务能力明显提升。截至当年末，以省担保集团为龙头的全省政策性担保体系在保余额1249.62亿元，服务小微企业3.3万户，受保企业新增税收187亿元，服务就业岗位20多万个。

【新型政银担实现"开门红"】全年新型政银担实现放款281.87亿元，服务企业5542户，户均508.6万元，超额完成省政府下达的目标任务181.87%，实现"四增三降"，即增加受保企业利润、税收、就业和小微企业贷款获得率，降低户均贷款金额，降低融资成本，降低融资风险。截至当年末，合作银行119家（包括14家省级银行机构、75家农商行、30家村镇银行)，担保机构115家，全省16个省辖市、94个县(市、区)开展新型政银担保合作业务，实现"四个覆盖"，即覆盖全省所有省辖市，覆盖主要县区，覆盖主要银行业金融机构，覆盖所有政策性担保机构。

【投融资业务开创新局面】按照省政府要求，省担保集团负责筹建300亿规模产业发展基金，下设安徽产业并购基金、安徽产业升级基金、创新创业基金三支子基金。集团坚持面向安徽发展、面向实体经济、面向重点产业和省战略性新兴产业基地建设，发挥"投资+担保"优势，参与并购、重组、混改等，推进我省战略性新兴产业集聚发展基地建设。集团运用"投资+担保"的理念，完成3个项目共计投资人民币12.7亿元。打造细分创新创业基金群，设立中德产业投资基金、科讯智能语音产业投资基金、安徽集成电路产业投资基金、安徽公共信息安全基金等。以产业基金为主体的投资板块兴起，为集团风险项目化解、资产管理，提供更多的合作方式和解决机会。同时，按照省政府要求，积极推进与淮南、淮北、宿州、黄山、铜陵、马鞍山、安庆市等7个市，共同设立天使基金，每支约1亿元规模，扶持具有成长型，处于种子期、初创期的科技型中小企业,促进地方经济发展。进一步规范皖北三市五县投融资平台公司运作管理,及时拨付省级第三批专项资金8.3亿元;进一步加大项目投资与管理,促进投资企业实现快速良性发展、释放利润空间,全年共实现投资收益14410万元。

【新型金融强势崛起】当年7月,集团成立全国首家担保资产管理公司,注册资本15亿元,主要功能是服务集团及全省担保体系成员,帮助担保机构盘活存量不良资产,加速流动性回流,恢复担保能力,应对区域性系统风险,成为担保产业链上的重要一环和行业生态修复系统。开展业务近5亿元,并积极争取地方金融资产管理牌照,扩大业务范围,在"三降一去一补"中发挥重要作用。

【风险控制取得新成效】通过完善风险管控机制,加强项目风险管理和加大代偿项目化解处置力度等,担保项目风险得到有效控制。当年,省担保集团直接担保代偿率3.97%,未发生代损;注资参股担保机构平均代偿率4.3%,代损率0.16%。集团风险拨备达9.62亿元,有效覆盖担保风险。

(省信用担保集团供稿)

农业综合开发工作概述

【概况】2015年,全省农发工作根据中央和省发展现代农业、建设美好乡村的新部署、新要求,按照厅党组财政支农工作的部署要求,深入调研谋思路,强化举措抓落实,全面完成年度各项工作任务,为全省现代农业发展和美好乡村建设作出积极贡献。

【调研谋划思路】围绕中央加快转变农业发展方式"六字"方针和习总书记"五新"要求,开展推进简政放权完善责权结合管理机制、推进现代农业综合开发示范区建设、培育新型农业经营主体、支持适度规模经营、打造优势特色产业集群发展等七个专题调研,全面总结"十二五"经验做法和工作成效,深入查找不足和问题,准确研判形势和任务,撰写7篇专题调研报告,编制《安徽省2016—2018年农业综合开发扶持农业优势特色产业规划》,谋划2015年以及"十三五"总体工作思路,将工作重点进一步向建设高标准农田、培育新型农业经营主体、打造优势特色产业集群、发展多种形式适度规模经营聚焦,持续提升农发服务现代农业发展和美好乡村建设的工作绩效。

【夯实农业基础】争取中央财政资金174566万元,安排省级配套资金60977万元,督促市县足额落实配套资金,鼓励引导农民及新型经营主体积极投入,全省投入总规模超过30亿元。围绕"三农"大局和财政支农中心工作,进一步突出开发重点,着力加强农业基础设施建设,围绕全省粮食核心产区,以列入国家粮食增产规划的粮食主产县为重点,安排资金173978.02万元,建设126万亩规模连片、适宜现代农业发展的高标准农田,完成亚行项目高标准农田建设10.4万亩,新增粮食生产能力11928.97万公斤。

【助推农业产业化】以培育新型经营主体为重点,深入推进土地治理和产业化经营两类项目相结合,安排土地治理项目财政资金7842万元,支持24个新型经营主体实施高标准农田建设项目。安排产业化项目财政资金66479万元,扶持412个新型经营主体,鼓励引导其与农民建立紧密利益联结机制,示范带动农户发展多种形式的适度规模经营,促进现代农业新型经营体系建设。围绕全省优势特色农产品区域布局规划,结合各地的资源优势,整合土地治理和产业化项目资金,持续推进产业集群建设。全年投入财政资金45269万元,通过公开竞争、现场考察、严格评审,选择338个具有牵引带动优势特色产业发展的项目予以扶持,其中龙头企业类补助项目120个、合作社类补助项目205个、"龙特"试点项目13个,打造区域特色明显、功能相互彰显、互为支撑促进的优势产业布局,为加快转变农业发展方式构建产业支撑。

【推进示范区建设】根据国家农发办部署,督促指导现代农业示范园区试点项目县,科学编制建设规划,研究制定具体实施方案,加快建设进度,提高建设质量,发挥示范带动作用。认真总结示范区建设经验做法,进一步扩大示范区建设范围,鼓励各地以推进现代农业发展和美好乡村建设为目标、以两类项目相结合为引导,积极整合涉农资金、吸引社会资金开展示范区建设。强化帮扶指导,区分不同类型,分阶段、有重点地对各示范区进行巡回督察指导,帮助各示范区完善理念思路、健全推进机制、提升建设成效,为我省加快转变农业发展方式探索路径、积累经验、打造样板。

【完善管理机制】按照“简政放权、放管结合”的原则,推进项目审批权限下放,全面实行项目资金“刚性指标分配法”,将资金切块下达到市,由各市根据实际情况将资金落实到项目县和项目,合理划分省市县各级农发部门管理权限,明确界定各级农发部门工作职责,建立健全权责统一的管理机制。按照分事行权、分岗设权、分级授权,强化流程控制、依法合规运行的要求,进一步健全完善内部管理控制制度。按照可执行、可考核、可问责的要求,建立健全统一领导、分级负责的全省农发系统风险防控机制。创新开发模式,选择部分项目县开展农发项目投入形成资产交由合作社或村集体持有试点,探索建立农发支持村集体经济发展、促进农民增加财产性收入的新机制。制定出台《安徽省农业综合开发内部控制基本制度》《关于加强农业综合开发风险防控的意见》《安徽省农业综合开发项目资金分配管理办法》《安徽省农业综合开发局机关财务管理暂行办法》《安徽省农业综合开发局AB岗工作制度与干部轮岗交流办法》等制度办法。

【强化监督检查】创新监督检查方式,实行社会监督、政府审计和内部检查有机结合,对项目资金实施全过程、全方位的监督检查。在社会监督上,深化政务公开,实施阳光操作,在主流媒体上公开权力清单、公布项目申报指南、公示项目评审结果等,在项目区设立公示牌公开项目资金、建设内容和责任单位等,聘请农民监督员参与项目全程监督,主动接受社会各界特别是项目区广大农民监督。在政府审计上,主动申请审计和财政监督部门,对项目资金管理使用情况开展审计和检查,积极配合审计和财政监督部门开展专项审计和监督检查,及时抓好问题整改落实。在内部检查上,继续实施信息员联系制,进一步完善一线督导机制,对项目申报立项、工程招标采购、项目建设实施、资金报账支付、竣工验收等关键环节常态化监督指导;充分发挥乡镇财政所的一线监督作用,加强日常监督检查,及时发现问题、解决问题;按照“一年1/3,三年全覆盖”的原则,抽调36名业务骨干、组成9个验收组,对37个项目县的2014年度农发项目开展省级验收,总结经验,查找问题,督促市县及时全面抓好整改落实。

【加强队伍建设】按照厅党组理财育人的新理念、新部署和新要求,结合财政农发面临的新形势,进一步加强干部队伍建设。组织局机关全体干部职工参加“三严三实”主题教育活动,及时学习中央、省关于“三农”和财政工作的新政策、新部署,系统学习国家农业综合开发政策制度和相关业务知识,跟进学习中央、省、厅领导关于农发工作的指示精神,在把握大局中理清思路、明确方向、提升能力。根据厅党组统一部署,深入推进结对共建工作,做好颍东区吴寨村“双包”扶贫相关工作。针对近年来国家农业综合开发政策制度变化大,结合本省基层农发人事变动多的实际,研究制订培训计划,先后举办亚行项目业务培训班、农发办主任(局长)座谈会等,全面学习财政农发政策制度,系统培训项目资金管理专业知识,提升农发干部执行政策和服务“三农”的能力与水平。

(厅农发局供稿)

非税收入征管工作概述

【概况】2015年,省非税局紧紧围绕财政中心工作,以效能建设为引领,认真履行职责,锐意开拓进取,圆满完成全年各项工作任务。

【加强非税收入征管】一是加强非税收入源头管控。严格执行国家和省的非税收入政策,实行非税收入项目库动态管理,加强非税收入预决算审核,规范征收范围,严控征收标准,从源头上防止违规征收,努力做到依法征收、应收尽收、不该收的坚决不收。二是把握非税收入征管重点。重点监控省级收入大户和重点项目,着力加强国有资源(资产)有偿使用收入、国有资本经营收入等“国”字头非税收入征管,全年新增省发改委等15个单位的资产性收入纳入非税收入管理。三是落实非税收入优惠政策。认真落实国家和省应对经济下行而出台的一系列非税收入政策,严格执行行政事业性收费和政府性基金目录清单制度,坚持“正税清费”,开展项目清理,仅省级累计清理终止项目229项。全省非税收入完成2528亿元,其中省级非税收入205亿元;一般公共预算收入654亿元,为全省财政收入目标任务的完成做出了积极贡献。

【提高非税收入质量】一是强化非税收入预算

执行监控。对非税执收单位预算执行加强监督指导,积极与财政内部对口业务处室、国库管理机构沟通,及时通报非税收收入预算执行进度。二是强化非税收入收缴执行分析。加强全省非税收入收缴执行月度分析,对增减变动较大的收入项目进行重点分析,为领导决策提供参考。实施全省非税收入实施预期管理,建立非税收入征缴约谈制度和各市联络员工作机制,保证非税收入质量。三是强化非税收入征管监督检查。首次采取市县互查的方式,组织开展市县非税收入运行质量专项检查;继续开展省级非税收入征管年度稽查,纠正23家省直单位违规行为15起,追缴非税收入3700多万元,有效堵塞非税收入管理漏洞,规范执收行为。

【深化非税征缴改革】一是拓展非税收入征管方式。大力推广行政服务大厅集中征收、基建投资类收费"一表制"等经验做法,积极实施教育类收费批量代扣、考试类收费网上缴款、出入境证照缴费POS刷卡等新型征缴方式,逐步扩大财政直征项目、范围和代开票服务对象等业务领域。二是深化公安交警罚缴改革。运用"互联网+",同步推进交通违法跨省异地罚缴全国试点与省内异地罚缴改革完善,实现驾驶人交通违法罚款银行柜面缴款与POS刷卡、自助设备和网上缴款的有机结合,受到财政部、公安部和人总行的高度评价,认为此次试点"在安徽运行平稳,效果明显,为下阶段全国范围推广总结了经验,树立了样板",中央人民广播电台和省部分媒体给予宣传报道。三是创新非税收入电子化缴库。借鉴税收收入利用财税库银联网实现电子化缴库的做法,省级全面实施非税收入电子化缴库,并在4个市开展试点。四是实施财政票据电子化管理。精心制定省级改革方案,对省直社会组织、行政事业单位和高校分批实施财政票据电子化管理,实现了"电子开票、自动核销、全程跟踪、源头控制、信息共享"的改革目标。

【推进非税征缴法治化】主动加强与省人大和省政府法制办的联系与沟通,加速推进《安徽省政府非税收入管理条例》(送审稿)审议议程。11月20日,省法制办组织专家对《非税条例》进行论证。12月22日,财政厅就《非税条例》立项问题向省人大进行专题报告。认真修订完善非税收入收缴、核算、票据等专项管理办法,印发《关于切实加强非税收入征缴管理的通知》等一系列规范性文件,指导市县财政加强非税收入预算管理、征收管理、缴库管理和票据管理,强化执法监督检查。

【推进非税征缴信息化】一是拓展非税管理信息系统功能应用。完成公安出入境管理信息系统与省级非税系统的对接和非税专用POS机的安装,实现全省公安出入境证照费电子化收缴。推进全省各级非税管理信息系统上下联网和接入财政信息系统一体化大平台,实现省级财政票据购领业务与省政务服务中心协同审批平台联网、非税管理信息系统与省资产拍租系统成功对接。二是探索非税收入网上缴款平台建设。认真落实省人大代表建议,会同安徽银联开展非税收入网上收缴平台建设,将交通违法罚款缴纳纳入平台试运行。三是规范市县非税信息系统运行维护。下发《关于进一步加强全省非税收入管理信息系统功能应用与运营维护工作的通知》,夯实系统应用,推广新增功能,强化系统维护,降低运维成本。

【推进非税管理效能化】一是持续加强党支部建设。坚持非税业务工作、思想政治建设两手抓、两手硬、两促进,严格落实中央、省委和厅党组要求,深入推进"三严三实"专题教育和党风廉政建设,严格执行八项规定,抓紧抓实党风廉政建设。二是滚动完善内部管理制度。制定省非税局《内部控制操作规程制度》,修订完善财务、资产、请销假等单项管理制度,规范内部管理。认真落实中央、省委和厅党组要求,严格八项规定、出差审批和"三公"经费管理。三是广泛开展各项调查研究。开展"非税改革十周年回头看"调研、非税立法调研和市县非税运行质量互查互比活动,完成《全省非税收入管理改革十周年调研报告》《全省上半年非税收入运行质量检查报告》《非税收入收缴管理改革研究》重点课题和《安徽省非税收入征管"十三五"规划》初稿,编发《安徽省非税收入管理改革十周年优秀征文集》。四是切实加大非税宣传力度。全面改版"安徽非税收入网"门户网站,新增在线缴纳交通违章罚款、在线票据查询和开票等功能,架构更加完善,内容更加丰富,页面更加美观。强化日常工作宣传,及时发布非税工作动态、报送财政重点信息。五是扎实改进机关工作作风。积极开展工作会商、四零服务,扎实开展结对共建村、双包扶贫和服务社区活动,坚持帮扶困难党员、群众、学生和留守儿童。当年获得财政厅先进党支部和效能建设先进单位。

(省非税局供稿 张小龙)

国库集中支付工作概述

【概况】2015年，国库支付中心深入贯彻落实厅党组各项决策部署，坚持依法行政、依法理财，把“三严三实”专题教育与各项工作有机融合，围绕保障财政资金支付规范、安全、高效运行，重点推进国库集中支付制度改革，坚持业务、党建两手抓、同推进，抓紧效能建设不放松，顺利完成国库集中支付全年各项任务。常务副省长詹夏来到国库支付中心调研座谈时，对支付中心给予充分肯定:“国库支付中心的工作质量与工作水平，是与全省人民群众的利益密不可分的，与财政厅的工作更密不可分。对大家的工作要给予充分肯定，对专题教育成效也要给予充分肯定”。

【资金支付及时安全】以抓好预算执行质量和执行效率为中心任务，加强与厅业务处以及人民银行、代理银行的沟通协调，保障全年支出任务顺利完成。集中支付资金总体增长。全年省级国库集中支付累计支付预算安排资金1104亿元，同比增长5.2%，其中，省级部门预算资金累计支付385亿元，省级非部门预算资金累计支付464亿元，支付中央专项资金255亿元。财政专户资金支出高效规范。全年累计办理纳入省级国库集中支付管理的财政专户支出410亿元，同比增长28.5%；财政代管预算单位资金专户支出4亿元，纳入专户管理的省属院校非税资金支出34亿元。财政统发代缴业务保障及时。累计办理统发工资15813笔，29亿元；代缴工会经费11455笔，7417万元。

【支付管理规范有序】充分发挥集中支付制度在硬化预算约束、规范预算执行的作用，严格按照部门预算和管理要求办理资金支付。自觉落实预算管理要求。深入贯彻落实国务院《关于深化预算管理制度改革的决定》，进一步硬化预算约束，规范预算执行，严格执行预算级次管理，对预算执行中需改变预算执行，预算单位应按程序向省财政厅提出书面申请，批准后，指标调整至执行单位，资金实行国库集中支付；不能办理指标调整的，采用执行单位向预算单位报账制，资金支付到商品(劳务)供应商或最终收款人。规范执行经济分类科目细化管理。针对执行经济分类科目细化管理过程中出现的科目调整需求，进一步规范调整时间，统一调整时间为6月、9月和11月，同时，经济分类科目调整实行分类管理，“三公”经费等经济分类科目调整按程序报厅有关处室审批，其他科目由预算单位在规定时间内自行调整，进一步简化经济科目调整工作流程。全年省级部门预算指标经济分类科目实际调整11929条，涉及金额20亿元。加强现金、公务卡管理。严格执行现金额度审批制度、公务卡强制结算目录，成绩显著增强。全年省级部门预算实际发生现金支付1212万元，同比下降28%，公务卡支付4亿元，同比增长17.5%。加强公务卡单笔限额消费监控管理，对单笔2万元以上公务卡消费，及时与单位沟通协调，涉及支出494笔，金额1647万元。

【业务支撑不断巩固】着力构建动态监控、信息技术和内控制度的“三位一体”业务支撑体系，保障资金支付高效安全运行。扩大动态监控范围。将财政直接支付纳入动态监控，设置“违规向可疑账户转账”等19条规则，加大向本单位实有资金、协会学会等账户转账的监管。加强对“三公”经费和会议费支出情况进行监控，确保“三公”经费支出只减不增，全年省级部门预算“三公”经费支出2.6亿元，同比减少24.7%，会议费支出1.4亿元，同比下降12.8%。改造支付信息系统。将动态监控系统融入一体化平台，提高系统整体性、高效性；根据新制度具体业务要求，对一体化系统进行改造调试，确保新制度实施与一体化平台无缝对接。优化非部门预算支出财政一体化系统工作流程，健全完善电子化运行基础，今年非部门预算支出实施电子化管理后，共办理544笔电子化支付业务。推进内控制度体系建设。为进一步规范省级国库集中支付工作程序，保障省级国库集中支付管理制度有效实施，提高集中支付质量，根据厅内部控制基本制度等有关规定，制定《国库支付中心内部控制操作规程》，涵盖受理审核、支付清算等八项工作事项，按照操作规程要求，完善国库支付中心组织结构图，对应设置18个岗位，厘清岗位职责，坚持“流程控制、岗位制衡”基本原则。

【支付分析渐趋完善】初步形成省级支付分析

体系。从“单一支付”向“执行反馈”拓展，发挥集中支付数据集中优势，逐步形成由《省级国库集中支付执行情况分析报告》等组成的分析体系，全年向厅领导、各业务处室（局）提供各类报告、报表20余份，准确反映支付执行特点，深入查找关键领域、关键环节和重点项目执行存在问题。做好全省集中支付数据统计。按照全省国库集中支付工作一体化管理要求，对2014年度全省国库集中支付数据进行统计分析，形成《国库集中支付工作年度报告》，印发各市县（区）财政局、支付中心，供学习借鉴。

【制度改革圆满完成】为深入贯彻落实新《预算法》和依法理财的新要求，按照厅党组部署要求，会同国库处、信息中心深入推进省级国库集中支付新一轮制度改革。强化组织领导。抽调专人成立工作小组，分管厅领导统筹协调指导，三个单位的负责人跟踪督导，有力保障工作推进。梳理存在问题。工作小组对2001年以来制定的30余项省级国库集中支付制度和文件重新分类整理，对照新《预算法》和依法理财工作要求，全面梳理当前国库集中支付制度建设不配套，制度衔接不顺畅，支付管理不规范，主体责任不明确等突出问题，以问题为导向，把握改革的方向和重点内容。广泛吸纳意见。初稿形成后，广泛征求财政部、厅相关处室、预算单位、人行和代理银行意见，对征求的139条意见，依据有关法规制度，结合工作实际，采纳49条，并吸收到制定和修订的制度当中。建立制度体系。形成以《安徽省省级国库集中支付管理办法》为统领，15项具体制度配套的“1+15”制度体系，进一步明确主体责任、改进支付方式、规范账户管理、完善内部管理、强化动态监控，实现预算单位、银行、财政部门内部单位以及预算指标、用款计划、支付规则、动态监控、支付电子化、银行账户等管理全覆盖。

【效能建设全面提升】深入开展“三严三实”专题教育活动，切实把教育成果转化为实践成效，进一步改进工作作风，提升中心效能建设水平。注重学习促提升。制定详细学习计划，采用自学与集中学习相结合，深入开展“三严三实”、“守纪律讲规矩”和准则条例等各类专题学习。以实践活动为平台，全年开展基层结对共建活动4次，走访慰问困难群众7人次，参加党员服务社区活动3次，组织专题调研活动2次，在外挂职锻炼2人次，推荐厅内挂职学习1人次，通过各项活动，大力提升中心干部职工思想认识和综合能力。通过建设中心图书室，购买业务、文学等各类书籍近百册，建立图书借阅制度，积极培育干部职工好读书、读好书的良好素养。完善制度促管理。坚持以制度管人、管事，规范内部运行，中心重新修订工作人员请销假暂行办法，制定工作规则等8项制度，形成1+11内部管理制度体系，涉及中心公文处理、印章管理、档案管理等方面，确保中心内部行政事务均在制度下运行，每项事务活动都有章可循，公开透明。强化服务促效能。开展问卷调查，征集国库集中支付管理和代理银行服务意见，累计收集95家预算单位意见建议200余条，认真分析研究并制定了相应改进措施。坚持定期会商、上门会商和培训相结合，提升集中支付业务水平和服务效能，全年开展会商49次，会商单位131家，实际解决问题96条；参加司法体制改革试点单位培训工作，为第一批18个试点单位进行国库集中支付业务培训；应邀为预算单位宣传讲解国库集中支付政策和操作规程13次。安排专人服务预算单位业务交流QQ群，在线实时解答预算单位咨询问题千余条；通过财政一体化平台、省财政厅门户网站及时公开发布财政财务制度、集中支付业务办理流程和相关审核管理依据及标准，积极打造阳光、透明、服务型窗口。

（厅国库支付中心供稿）

财政信息化建设工作概述

【概况】2015年，信息中心在厅党组的坚强领导下，在财政部信息网络中心的大力支持下，深入贯彻落实党的十八大和十八届三中、四中及五中全会精神，遵照“三严三实”专题活动要求，结合本省财政信息化工作的实际，坚持信息技术为财政业务服务、信息安全为财政网络护航、信息管理提升财政管理的理念，加强作风建设，不断提高财政信息化管理工作水平，为本省财政改革和管理工作提供有力的技术支撑。

【继续深化平台一体化信息系统应用】组织协调相关处室、单位和软件公司完成省级平台一体化信息系统跨年度财务数据结转、新年度预算收支分类科目代码加载和省级预算单位部门预算指标入库等基础工作，使省级一体化系统顺利进入新年度应用状态。配合国库处建立依托一体化总会计模块的权责发生制政府综合财务报表辅助账套，满足省市县三级财政部门网络化试编和报送权责发生制财务报表的需求。配合政法处推进司法管理体制改革和试点单位纳入省级财政一体化系统管理，开展司法系统网络连接方案研究、基础信息维护和信息系统应用培训等工作。按照新修改的省级国库集中支付管理“1+15”的制度体系要求，调整修改系统预算指标、用款计划、政法采购、动态监控、事业收入账务等功能模块，简化流程，提高系统安全性和稳定性、便捷性，满足国库集中支付改革需求。

【改进完善财政涉企项目资金管理信息系统】拓展涉企系统业务功能，开发绩效管理模块，新增同一法定代表人、企业经营异常等预警规则，将企业纳税信用等级、税收不良记录纳入系统管理，为涉企项目审核提供丰富的信息资源。按照“实时监控、动态分析”的要求，建立多环节、多层次、多维度的统计分析报表体系，为推进专项资金压缩，实现涉企资金精准投放、厚植财源提供决策支持。2015 年全省纳入涉企系统管理的项目数为 12600 个，涉及资金 82 亿元，项目审核通过率达 80%。

【深入推进国库集中支付电子化管理系统建设和应用】完善省级电子化网络基础设施，拓宽与省人行国库系统的网络专线带宽。省财政厅与省人民银行清算业务电子化管理系统全部上线，实现省级国库集中支付业务的凭证单据传送无纸化、比对审核自动化、资金支付安全化和无纸化运作。扩展电子化实施范围，当年 6 月完成财政与代理银行之间支付业务电子化每日对账，实现支付凭证、电子数据核对的一致性、准确性、完整性。

【扎实做好政府采购信息化工作】根据省政府采购监督服务体系的建设目标，实现省政府采购监督服务系统和财政一体化平台同步升级。开发政府采购系统接口，实现省级政府采购管理系统与合肥市公共资源交易中心系统之间采购任务书电子数据无障碍传递，督促内外网软件建设方做好系统的过渡和升级工作。配合省发改委组织对《监管平台初步设计方案》的讨论，共同沟通综合监管和行业监管的信息化实现的可能性。对“安徽政府采购网”进行升级改造，满足财政部公告和合同接口规范，实现与中央政府采购网和市、县(区)采购网的规范对接。

【强化全省会计从业资格无纸化考试系统信息安全监测管理】配合全省会计从业资格网上考试，对报名系统定时监控负载均衡、服务器、存储、操作系统、数据库、中间件的运行状态和执行效率。加强对软件漏洞的检测扫描，采取安全防范措施，防御黑客攻击。采取第三方控件强口令设置、源代码特殊字符过滤、数据库敏感字段加密等多种措施，防范考试信息被篡改，保证报名系统安全稳定高效运行。2015 年全省会计从业资格网上考试报名达 28 万人。

【规范财政网络与信息系统安全管理】制定《财政厅信息系统管理风险内部控制办法（试行)》，规范和完善省级财政信息系统管理风险内部控制，提升信息系统抗风险能力。开展财政网络与信息安全工作自查，并根据公安厅安全执法检查反馈意见进行整改。完成网络机房的空调设备更新。及时把厅门户网站框架结构从 tomcat 转换为 weblogic，为其防篡改系统进行安全升级。

【做好财政信息化设备运行维护与应用保障】利用节假日开展数据备份、设备维护、软件升级、漏洞修补、安全监测、参数优化调整，以及四里河数据备份中心巡查等工作；及时排除网络系统和机房设备故障，确保计算机主机房、网络系统、备份中心及内外网信息系统全年安全、正常运行。积极运用虚拟化技术提升硬件设备和数据库系统的共享利用率，降低耗电量，实现节能环保目标。积极做好视频会议系统应用保障工作。做好日常信息化保障服务，据统计，全年厅大楼日常维护电脑、网络 840 次，调整电话线路 800 多次。

【指导和推进市县财政信息化建设与应用工作】组织完成全省财政信息化建设情况年报工作。开展市县财政平台一体化信息系统应用情况统计和分析点评，促进市县财政一体化系统应用工作朝着“将全部财政支出业务、全部预算单位和全部财政资金都纳入一体化系统管理”目标推进。推进涉企系统一体应用，对应用薄弱地区开展点对点业务培训。指导首批 3 个试点市和第二批 5 个试点市开展国库支付电子化管理实施工作。推动省市共建网上商城的信息化建设。指导市县对财政专网网络安全接入进行规范要求，加强网络安全管理，强化网络安全建设。按照年初制定的培训计划，对市县财政信息管理人员开展培训，提升管理水平和管理理念。

【**强化中心自身建设**】全面梳理信息中心工作制度、管理流程，加强制度完善和风险防控管理。为规范工作程序，健全内部控制制度，查找、梳理、评估省本级财政信息化建设和管理中的各类风险，制定《信息中心内控管理暂行办法》。以统管为原则，参照财政部规定，结合本省实际情况，起草《安徽省财政厅信息化建设管理暂行办法》，并细化信息化建设项目的立项管理、实施管理、合同管理、运维管理、安全管理和应急管理等规章制度。着力提升内部管理水平，规范基础管理，修订完善了财务、会议、请销假等相关制度；加强固定资产管理，开展固定资产专项清理登记。主动接受厅监察室、人教处、机关党委走访巡查和财政监督局监督内审，差缺补差，积极整改。加强财政信息化队伍建设，通过邀请信息化专家进行技术交流等方式，提升中心技术人员专业素质。

【**注重党建和作风建设工作**】认真贯彻落实中央、省委、省政府和财政厅关于效能建设、党风建设等相关规定，严格执行效能建设和廉政风险防控各项规定。全年共组织学习习近平系列讲话、党的十八届三中、四中和五中全会精神辅导讲座、厅党组中心组理论学习(扩大)专题研讨和政治学习会议40余次。组织开展“三严三实”专题教育活动，学习焦裕禄和沈浩精神，开展践行三严三实主题征文、走进小岗村、党支部进社区等活动。做好结对共建和“双包”帮扶活动，积极走访慰问结对共建村和“双包”帮扶村的困难户，扎实开展因私出国(境)证件专项治理工作。

（省财政信息中心供稿）

财政投资评审工作概述

【**概况**】2015年，省财政投资评审中心(以下简称“评审中心”)按照厅党组要求，紧紧围绕服务于全面实行财政预算绩效目标管理工作，以评审机制创新为内生动力，以效能建设作风建设为平台载体，以制度建设规范管理为有力保障，聚力奋进、锐意进取、转型发展，圆满完成各项工作任务。全年评审各类项目66批次605个，评审资金1801.46亿元，评审项目和工作量均比去年翻一番。其中，评审预算项目23批次40个，评审资金12.76亿元，审减2.71亿元，审减率21.24%；完成绩效评价项目37批次466个，涉及专项资金305.11亿元；完成2批次95个项目专项核查工作，涉及资金1483.36亿元。

【**圆满完成项目评审工作任务**】全年共完成66批次预算评审和绩效评价等项目评审，是工作转型启动年2014年的2倍；涉及预算金额1801.46亿元，是工作转型启动年2014年的1.42倍，出现评审项目数和预算金额双增的局面。一是预算评审攻坚克难。全年共完成预算评审项目23批次40个，评审预算申报额为12.76亿元，审定预算额为10.05亿元，审减额为2.71，平均审减率21.24%，实现有效审减，节约财政投资，评审结论得到项目单位签字认可，为财政预算管理提供有效依据。二是绩效评价成效明显。全年共完成绩效评价项目37批次466个，涉及专项资金投入305.11亿元。一方面，绩效评价的类型进一步丰富，从传统的项目支出评价向部门整体支出评价方面拓展；另一方面，评价结果应用水平进一步提高，“2014年度政策性农业保险保费补贴”、“2014—2015年度小型水利工程改造提升”等三个项目的绩效评价结果，被用作全省民生工程考核的重要依据，“2013年中央文化产业发展专项资金文化产业项目绩效评价报告”中所提出的一些建议得到厅科教文处的高度认可，并报财政部。三是专项核查扎实有序。完成2014年度社保基金保值增值项目的核查工作，核查资金1482.11亿元，科学审定考核期内的社保基金年度期末数和年度综合收益率，客观披露部分地市项目执行中的问题，并从加强基础工作管理、推行竞争性谈判、探索社保基金购买政府债券等方面提出合理化建议，为业务处室管理提供了第一手翔实资料。

【**推动评审工作俱进发展**】一是积极推动预算评审工作规范发展。按照新《预算法》和财政部办公厅《关于充分发挥预算评审中心职能作用 切实加强预算管理的通知》(财办预〔2015〕21号)精神，更加有效的发挥财政评审在预算编制、管理中的技术服务和数据支撑作用，评审中心按照厅党组指示精神，积极主动与预算处等相关业务处室会商协调，致力于在省级预算编制的评审论证环节建立预算评审工作机制，并拟定《安徽省省级预算评审操作暂行办法》，推动预算评审工作规范发展。二是继续完善绩效评价指标体系建设。在上年建立的1314个绩效评价指标体系的基础上，以项目评价业务开展为契机，在实践中不断验证各类型指标的有效性和可操作性，并及时整理、归纳、提炼、完善。同时，谋划聘请高校和科研机构从事国民经济核算分析的专家，帮助建立绩效评价指标体系和数据分析模型，不断提高预算绩效管理指标体系的质量和水平。三是积极推行委托第三方机构评审机制。为全面服务预算绩效管理工作需求，有效扩大评审工作覆盖面，积极推进预算评审和绩效评价工作公开、公正、透明评审，评审中心按照政府购买服务的有关要求，积极推行委托第三方机构评审机制，在年度工作计划中安排16批项目委托第三方开展绩效评价，充分发挥社会中介机构参与财政绩效管理的独立性、客观性和公正性作用。加强合同管理，切实发挥协调、引导和监督作用，并形成《安徽省财政评审委托第三方机构工作规程》，用以指导实际工作。

【保障评审工作协调发展】一是深入开展“三严三实”专题教育。按照厅党组统一部署，以“三严三实”专题教育为抓手，以严以实要求全体人员，不断完善自身思想行为规范，认真履行职责，精准完成各项工作任务。二是加强与部评审中心的联系沟通。及时跟进了解财政部预算评审中心工作动态，第一时间了解部中心出台和修订的有关预算评审工作的规范性文件，领会和贯彻部领导关于预算评审的指示精神，准确把握财政评审的发展思路和方向。建立与部中心的常态化联系机制，并先后两次赴部中心专题汇报，学习部中心的重点工作思路，完善自身工作计划，推动本省评审工作可持续发展。三是不断提升评审队伍能力素质。坚持“三会一课”制度，定期开展集中学习活动，持续加强政治理论、各项财政宏观政策和业务知识的学习；坚持“走出去”与“引进来”相结合，先后安排13人次参加部中心和专业培训机构组织的关于预算评审和绩效评价的专题培训，不断促进评审干部政治素养、政策理论水平和业务能力的提高；坚持学中干、干中学，针对每批绩效评价项目的专业特点和工作要求，开展36次评审前集中培训活动，为统一评价口径，提高现场评价工作质量奠定了基础。举办为期一天的“委托第三方绩效评价岗前培训班”，30个评审协作单位近200人参加培训，提高受托机构对评审相关知识、要求和方法的掌握，受到受训单位和人员热烈欢迎和高度评价。四是健全和完善中心制度体系建设。围绕预算绩效目标管理的任务和要求，先后制发《安徽省财政厅关于印发〈安徽省财政支出项目预算评审报告(规范格式)〉的通知》(财办〔2015〕394号)、《安徽省财政厅关于印发〈安徽省财政支出项目绩效评价报告（规范格式)〉的通知》(财绩〔2015〕395号)、《关于印发〈安徽省财政投资评审中心对协作单位评审质量稽核考评办法〉的通知》(财投审〔2015〕3号)、《关于印发〈安徽省财政投资评审中心付费稽核办法〉的通知》(财投审〔2015〕4号)、《安徽省财政评审委托第三方机构工作规程》等制度，为转型后评审工作的规范化开展提供制度保障。五是扎实开展结对共建和在职党员进社区活动。分别深入利辛县旧城镇施桥村和庐阳区水西门社区，按照活动方案的具体要求，进村入户了解社情民意，走访慰问宣讲惠民政策，全员参与开展志愿服务，在基层党组织和党员群众中产生积极影响，充分发挥基层党组织的桥梁纽带作用。

(厅投资评审中心供稿　李昌鹏)

政府采购执行监管工作概述

【概况】2015年是采购监管办改革转型的第一年。在厅党组的正确领导下，在机关处室单位大力支持下，采购监管办深入贯彻学习党的十八大和十八届三中、四中、五中全会精神，认真贯彻落实省委、省政府关于公共资源交易管理体制改革决策部署和厅党组关于推进改革工作要求，努力实现平稳转型，创新发展，省级政府采购改革工作取得一定成效。当年1月1日起，省级政府采购执行业务工作正式委托移交安徽合肥公共资源交易中心，全年省级财政共下达采购任务3659个，预算金额94.74亿元；完成采购任务3279个，预算金额70.82亿元，项目完成率89.60%。其中，合肥交易中心接收2490个，预算金额71.7亿元，完成项目开标2313个，预算金额52.4亿元。项目完成率92.89%，完成项目资金节约率14.7%。

【健全监管机制】按照省委、省政府改革部署，以及推进公共资源交易体制改革总体要求，厅党组明确采购监管办职责分工。采购监管办结合职责定位，坚持“抓两头”、“重结果”，推进放管结合的监管方式，合理设置工作岗位，确保省级政府采购执行业务衔接顺畅，改革工作扎实推进。在财政厅报送的省级政府采购改革情况汇报材料上，常务副省长詹夏来批示：“财政厅落实省委、省政府关于公共资源交易管理体制改革行动快、措施实、力度大、成效好。望认真总结经验，继续发扬成绩，进一步完善监管长效机制，加强对市县的指导监督，努力使全省各级政府采购都能做到依法采购、阳光采购。”

【提升监管水平】在推进改革的过程中，注重加强与厅内业务处室、预算单位沟通协调，从源头和体制上，创新和完善政府采购监管制度，不断提高政府采购的质量和效率。强化采购预算编制。优化预算编制软件，细化政府采购品目，严格审核举措，在2016年政府采购预算编制审核中，坚持流程、时限、标准、口径、反馈“五统一”，通过“一上”、“二上”预算审核，按照“应编尽编”的要求，对部门预算中应纳未纳的政府采购预算，采取书面反馈方式，及时通知预算部门进行核实，要求及时调整和整改。严格采购计划申报。采购监管办制定《省级政府采购项目实施计划表》，对年初已批复的政府采购预算，要求预算单位在4月30日前上报政府采购计划，计划申报率比上年同期大幅提升，同比增长2.19倍，加快政府采购预算执行进度。扩大批量集中采购品目和定点采购范围。积极推进批量集中采购工作，将省级批量集中采购范围从2个品目扩大到计算机、打印机、空调等11个品目，实现批量采购的集约效应和规模效益。利用合肥公共资源交易中心的定点库资源与启动定点库招标工作相结合，建立图书、审计事务、印刷、小额工程、监理、设计等定点采购项目库，方便采购人，提高政府采购效率。加快政府采购信息化建设。完成政府采购管理系统升级改造，初步实现与财政一体化平台、政府采购管理系统、合肥交易中心平台的平稳对接。为丰富采购渠道，方便广大采购人，提高政府采购的效率，与合肥市交易中心共同推进电子商城建设。组织业务专题培训。为顺利推进省级政府采购改革工作，采购监管办分别举办省级政府采购业务培训班和省属学校政府采购业务专题培训班，解读政策、讲解操作业务、演示操作流程，印制并发送《安徽省政府采购工作手册》《政府集中采购服务指南及制度汇编》600余册。推进政府采购信息公开。按照财政部要求，依法公开政府采购项目信息，及时向社会公开政府采购项目中采购预算、采购文件、采购公告、采购结果等政府采购活动信息，利用交易中心平台、安徽政府采购网，同步推送发布政府采购信息。

【夯实监管基础】加强政府采购监管制度建设。结合改革转型实际，先后制定、修改和完善《省级政府采购预算编制内部审核暂行办法》等10项管理制度，夯实监管制度基础。积极协同厅综合处，研究政府购买服务办法，制定下发《进一步规范省级政府购买服务流程的通知》。简化优化监管业务流程。落实简政放权要求，全面梳理省级政府采购执行各环节的业务流程，先后建立、修订和完善《省级政府采购监督管理工作流程》《省级政府采购业务流程》等8项工作流程，积极创新监管方式，丰富监管手段。建立工作会商制度。全年就省级政府采购相关工作，与交易中心会商49次、不定期磋商37次，派出7批116人次业务骨干进驻安徽合肥公共资源交易中心跟班作业。与省政府办公厅、省发改委、省地税局等10余家部门单位会商43次，到7家省直部门单位上门授课，开展业务专题讲解；先后组织召开12次省级政府采购座谈会，就有关政府采购改革工作和业务工作进行座谈交流，努力营造推进政府采购改革良好氛围。

【提高监管服务】加强政府采购内控建设。根据财政厅统一部署要求，结合职能调整和转型实际，对政府采购执行流程和环节进行梳理细化，绘制风险防控流程图，明确防控点，切实加强内控工作。制定《省级政府采购监督管理办公室内部控制基本制度》等内控制度，上报《安徽省政府采购监督管理办公室内部操作规程》，确保内控建设落实到位。开展专项工作调研。配合厅教科文处开展省教育厅所属预算单位政府采购专项督查，实行“一校一策”督查办法，对政府采购预算执行进展情况、预算执行中存在的问题开展调研,帮助和指导相关单位采取有效措施加快采购预算执行进度。协同厅政府采购处开展支持中小企业发展政策落实情况专项调研，为进一步发挥和落实好政府采购政策功能,提供决策思路;派员参加财政部历时5个月的中央投资项目政府采购代理机构和集中采购机构监督检查工作。

【解决监管矛盾】针对省级政府采购改革工作中遇到的问题和矛盾,开展改革工作“回头看”活动，共梳理省级政府采购执行中的问题63项,逐步化解销号,努力提升监管能力和服务水平。尤其在保障滨湖搬迁项目上,多次与厅相关处室、预算单位及安徽合肥公共资源交易中心进行工作会商,倒排时间进度,制定详细工作计划,提出解决方案,全力保障项目顺利实施。

【提升监管能力】推进政府采购改革工作的同时,着力加强干部队伍思想建设、作风建设、效能建设、纪律建设,确保改革工作和管理工作协调发展,营造良好的工作氛围。以“三严三实”专题教育为抓手,不断加强党风廉政建设。扎实开展“三严三实”专题教育活动,积极开展“三严三实”专题研讨会,认真组织召开专题组织生活会。坚决贯彻执行中央“八项规定”、省委省政府和省财政厅 “三十条”,认真贯彻落实《廉洁自律准则》和《纪律处分条例》,把纪律和规矩挺在前面,切实履行“两个责任”,扎实推进党风廉政建设,努力推动单位文明创建、政风行风建设、效能建设等工作。以立足岗位推动改革为动力,不断加强干部队伍建设。坚持每周一集中学习日制度，加强经常性政治思想教育,2015年共组织集体学习58次。大力支持干部挂职锻炼，共有6名同志分别在省政务中心财政窗口、临泉县财政局以及厅相关处室挂职锻炼,3名同志在内部科室间轮岗。

(省政府采购监管办供稿　李道兵)

财政科研工作概述

【概况】2015年,在厅党组的坚强领导下,在各处室单位的大力支持下,科研所紧紧围绕中心,准确把握工作方向和重点,提素质、转作风、抓落实,较好完成各项工作任务。

【财政科研】按照厅党组部署安排,开展2015年全省财政重点调研课题选题征集工作，牵头起草确定全省财政重点调研课题21项,市县重点调研课题23项,做好课题的协调服务、跟踪收集以及成果的转化利用。组织对2014年全省财政42项重点调研课题进行评选，择优汇编成册供全省财政系统学习交流。按照财政部科研所工作要求,牵头承担2015年度全国财政系统协作课题《支持长江经济带战略实施的财税政策研究》,组织推动研究研究工作开展。围绕财政重点热点问题,选择5项课题向财政学会各理事单位公开招标,积极借脑引智,推动提高研究水平。大力协助厅相关处室单位开展多项课题研究，积极为财政业务工作建言献策。

【财政宣传】发挥《安徽财政》宣传平台作用,精心策划,全年开辟30个专题栏目,深入挖掘财政亮点,办刊水平持续提升。加大财政橱窗宣传力度,紧盯财政时事要闻,动态制作,全年共设计制作145版,积极打造财政窗口形象。认真谋划制作财政专题片和法治财政专题片，积极向社会各界传递财政声音。精心编制财政画册,搜集整理图片千余张，美化设计，以图文并茂形式展示财政风貌。搜集整理各大媒体聚焦我省财政新闻600多篇,优选222篇汇编成《媒体看财政》,从不同侧面反映财政工作成果。积极做好全厅摄影服务保障工作,全年参与摄影报道106次,做好图片资料归档整理工作,提升财政宣传整体效应。

【财政学会】加强省财政学会组织建设,顺利完成学会第七届理事会换届工作，对理事会负责人进行调整并完成报批手续。制定省财政学会《招标课题管理暂行办法》等制度文件,严格规范学会课题招标程序。加大学会内外交流,针对社会关切的财政议题,邀请理事会成员、专家学者等座谈研讨,为推动财政改革发展集思广益。积极参与中国财政学会、省社科联开展的各类学术活动,报送的3篇调研报告获省社科联“学界兴皖”优秀调研成果奖。

【志鉴编纂】按照省地方志办公室的统一安排,积极推进《财政志》编纂收官阶段工作,组织召开会审会,认真进行校对,并配合做好出版印刷等工作,顺利完成二轮修志任务。加大《安徽财政年鉴》编纂力度,优化编校审等流程,及时出版,着力打造财政文化精品。认真做好财政部报刊宣传发行工作，加强与中国财经报社等单位的对接，全面完成宣传发行任务。

【作风建设】继续推进工作转型，安排专人参与改革信息宣传、十三五规划编制等重点工作。扎实开展"三严三实"专题教育活动，深入开展结对共建，认真落实扶贫"双包"工作任务，与逍遥津街道县桥社区结对开展党员进社区活动，不断提升支部凝聚力、战斗力。认真履行党风廉政建设、效能建设等要求，积极开展内控建设，全面加强单位财务、资产等管理。推进精神文明创建，购置书籍在厅内交流共享，助力打造财政书香机关。

（省财科所供稿）

注册会计师和资产评估管理工作概述

【概况】2015 年，在厅党组的正确领导下，在中注协、中评协的悉心指导下，注册会计师管理处持续加强干部队伍建设、改进工作作风、提升协会服务功能，较好地履行"服务、监督、管理、协调"的职能。在中注协开展的地方协会工作综合评比中，荣获"地方协会年度工作评比优秀奖"。截至当年底，全省会计师事务所共 266 家，执业注册会计师 2944 人；资产评估机构共 89 家，执业资产评估师 797 人。2014 年，注册会计师行业收入 9.74 亿元，增长 7.39%；资产评估行业收入 1.25 亿元，增长 19.05%。

【支持事务所加快发展】开展事务所综合评价工作，发布前 50 家会计师事务所和前 30 家资产评估机构综合评价信息，树立行业发展标杆，扩大品牌事务所的影响力。对事务所做强做大、拓展新业务领域、吸引精英人才、培养优秀人才、加强行业理论研究、加强后备人才队伍建设等 6 个方面进行奖励，兑现奖励资金 80 万元，增强对事务所做强做大、做精做专的支持力度，引导事务所增强发展的内生动力。

【加大新业务拓展支持力度】通过新业务申报奖励、课题研究、编写发展报告、专题业务研讨、对口业务帮扶、协会网站宣传等多种形式，开展新业务的推广、交流和运用。兑现新业务申报奖励资金 60 万元。举办政府购买服务、管理咨询、高新技术企业认定专项审计、第三方绩效评价、执业准则对标提升等专题培训，为事务所拓展新业务提供专业技术支持。

【加强行业人才队伍建设】出台《安徽省注册会计师、资产评估师继续教育管理办法》，完善人才培养与服务制度体系。落实分类分层次培训计划，举办高端人才、执业机构负责人、领军人才等各类专题培训班 23 期，参训人数共 3629 名。选派事务所合伙人、业务骨干 9 人参加中注协、中评协高层次人才培训班。加大培训经费保障力度，落实保障资金 158 万元。开展中国注册会计师协会第三批 60 名资深会员推荐工作。

【建设稳定的后备人才队伍】圆满完成注册会计师全国统一考试安徽考区考务工作。全省共有 26484 人报名，设 16 个考区，32 个考点。经省物价局核定，调整提高本省注册会计师考试收费标准，解决考试经费不足的问题。建立"注册会计师行业青年就业创业见习基地"奖励制度，为创建见习基地的 7 家事务所挂牌，奖励在创建活动中表现突出的 9 家事务所 6.9 万元。鼓励事务所与高校财经专业签订实习协议、设立奖学金等形式，联合培养会计人才。

【推进互联互通信息化建设】开通使用办公 OA 系统、电子防伪标识管理系统、非执业会员网上年检系统、诚信证明网上自助打印系统、继续教育管理系统、行业党建信息系统、事务所电子地图等，与 355 家事务所实现互通互联、网上办公，降低事务所管理成本、提高管理信息化水平、规范协会自由裁量权。支持机构自主开发内部管理与项目管理信息化建设补助经费 30 万元，用信息化手段倒逼执业机构加强内部管理。

【深化对"新常态"认识】重点开展注册会计师行业服务企业转型升级、国企改革、"走出去"、政府购买服务等 7 项课题研究，进一步深化对行业建设基本规律的认识、深化对行业形势和任务的认识、深化对行业当前主要矛盾的认识。

【宣传行业专业服务能力】编写《安徽省注册会计师行业发展报告（2015）》，以图文并茂的形式，用 39 件案例全面展示注册会计师行业在服务产业升级、政府职能转变、民生工程、法治安徽、社会综合治理、诚信社会和公益事业发展等七个方面取得的成就。积极参与省非公经济与社会组织党工委和省社会组织联合会开展的各项活动,不断提升、扩大行业社会影响力。全年在主流媒体宣传26篇,协会网站1066篇,其中原创动态信息265篇。

【注重完善行业基础信息】组织开展注册会计师、资产评估师任职资格检查工作,共有2797名注册会计师、789名资产评估师年检合格。办理注册、转所、转会、诚信证明370余件。完善执业机构、注册会计师、资产评估师信用记录和披露。

【加强执业质量监管】联合监督检查局、会计处实地检查18家会计师事务所,单独实地检查10家会计师事务所。给予1家事务所通报批评、1家训诫、11家约谈警示。依法依规撤销1名受到刑事处罚注册会计师的执业资格。实地检查24家资产评估机构,给予2家资产评估所限期整改惩戒、2名资产评估师警告惩戒,谈话提醒8名资产评估师。

【治理行业不正当竞争】制定《安徽省注册会计师、资产评估行业投诉举报受理和处理暂行办法》,规范行业投诉举报的受理和处理工作,强化行业事中、事后监管,维护社会公共利益和有关各方当事人的合法权益。推动落实财政部《委托会计师事务所审计招投标规范》文件精神,遏制竞相压价和恶性竞争的现象。落实中评协《资产评估机构以投标方式承接评估业务指导意见》要求,建立资产评估机构中标情况备案制度。

【开展"国际化建设年"主题活动】制定《安徽省注册会计师行业"国际化建设年"主题活动实施方案》,重点推进准则对标提升、提升职业教育水平、建设现代化专业服务市场、鼓励事务所"走出去"发展、完善执业风险防控机制、增强行业党建的"保证促进"作用、完善协会治理机制建设等七项任务。

【着力强化行业基层党组织建设】组织开展省级行业示范基层党组织建设工作,新选树立14家示范基层党组织。5家事务所党支部获"全国先进会计师事务所党组织"荣誉称号;永合所"321"支部工作法、宝申所"四结合"支部工作法、华林所"五畅通"支部工作法获中国注册会计师行业党委表彰,并在全国行业推广。省行业党委加强基层组织建设的做法,得到省委组织部认可。

【统筹推进行业团建工作】广泛开展先优评选活动,授牌6家"青年创业就业见习基地",命名4家"青年文明号"、表彰5家"五四红旗团委"及10名"优秀共青团员"、6名"优秀共青团干部"。永合会计师事务所被团中央命名为"2013—2014年度全国青年文明号",华普天健安徽分所与永合所被中国注册会计师行业团委命名为全国注册会计师行业"青年文明号"。

【深入开展"三严三实"专题教育】坚持把开展"三严三实"专题教育,作为加强党员学习教育、强化基层组织建设的重中之重,周密部署、精心安排。班子成员、部室负责人带头撰写学习材料,开展支部书记讲"三严三实"专题党课,带头在"严以修身"、"严以律己"、"严以用权"及"严守党的政治纪律和政治规矩"专题研讨、民主生活会上发言。

【深入开展"双包"和结对共建活动】落实省委、省政府新时期扶贫开发部署,根据厅党组统一安排,从节约的会费中支取38万元,帮助颍东区吴寨村建立扶贫基金、建设1座光伏发电站,支持村集体经济发展。深化与萧县费村结对共建活动,组织"青年文明号,美丽乡村行"青年志愿者服务活动,慰问老党员、群众58人次,切实履行好行业社会责任。

【切实改进工作作风】注重听取意见,做到问计于会员、问需于会员。实地调研10市近百家会计师事务所,对收集到的300余项意见建议,分类整理归纳,分解落实到协会各部室,回应会员诉求力促服务管理转型。研究日常工作采取秘书处扩大会议的形式,组织全体干部职工参加,让大家了解决策过程,增强执行的自觉性。充分发挥常务理事会、专门(专业)委员会、秘书处办公会议的决策、咨询、指导作用,不断优化民主决策治理机制。主动接受财政厅对协会开展的审计监督,聘请会计师事务所开展年度审计工作,确保规范开展财务管理。

【完善内部管理制度】基本形成了包括任职资格年度检查制度、执业质量检查制度、综合评价制度、业务报备制度、自律惩戒制度、投诉处置制度、诚信档案制度等行业监管体系。制定《注册会计师协会内部控制操作规程》,细化18项36条具体业务工作流程。

(省注协供稿　王克法)

财政干部教育培训工作概述

【概况】2015年，干教中心在厅党组的正确领导下，在厅机关各处室局、厅属各单位大力支持下，进一步狠抓支部建设、内部管理，认真谋划干教培训和财会培训工作，各项重点工作有序开展，财政干部教育培训工作连续四年获得财政部先进单位表彰，单位发展的推动力、执行力、凝聚力、保障力明显增强。

【支部党建】一是强化支部基础工作。认真组织好支部学习，明确专人建立健全支部工作档案。严格落实"三会一课"制度。强化思想政治工作，班子成员定期与干部职工谈心交流。在中心会议室制作宣传栏，以"三严三实"、"守纪律讲规矩，强化作风建设"为主题召开2次支部组织生活会。二是加强政治理论学习。全年组织干部职工集中学习29次，认真学习党的十八届三中、四中、五中全会和习近平总书记系列重要讲话精神、《准则》《条例》等。同时，组织干部职工开展"三严三实"三个专题、吴波、邹碧华同志先进事迹等专题研讨，通过学习研讨，统一思想、明确任务、提升能力。三是做好联系基层工作。以财政厅开展的结对共建、扶贫"双包"和在职党员进社区工作为载体，深入基层，联系群众，了解民情。结对共建方面，多次深入结对共建村召开座谈会、宣传财政政策、征求意见建议、共同过组织生活、商讨共建项目资金管理、走访慰问困难党员群众。扶贫"双包"方面，进一步细化任务，责任到人、帮扶到人。在职党员进社区方面，中心在职党员全员到社区报到，通过召开座谈会、发放宣传材料、走访慰问困难群众等形式，服务社区人员40多人次，捐款捐物5000余元。四是扎实开展专题教育。召开中心"三严三实"专题教育再动员部署会，制定中心专题教育工作计划，做好中心支部和处级干部专题教育台账，支部书记代表党支部作专题党课报告。全年开展3次"三严三实"专题教育研讨，广泛征求意见、建议、持续抓好问题整改，及时开展"回头看"，按时召开专题组织生活会，确保专题教育取得实效，不走过场。

【干教培训】全年举办3期岗位培训班，协助人教处举办2期领导干部培训班，与厅处室(局)、单位联合举办17期业务培训班。一是服务基层，强化乡镇财政干部培训。厅人事教育处、农村局和干教中心举办3期乡镇财政所长培训班，培训学员450名。培训班围绕财政热点、难点、重点工作，设置"新预算法解读及法治财政建设"等7门课程。安排"基层财政干部的心理调适与压力排解"和"基层党风廉政与财政作风建设"专题讲座，组织学员观看《作风建设永远在路上》光碟，邀请从事乡镇财政工作的负责人，交流乡镇财政资金监管等工作情况。安排实地观摩，深入了解当地财政所在促进新农村建设过程中发挥的积极作用。二是推进改革，协助开展领导干部培训。协助人事教育处组织举办全省市县政府领导干部财政改革与政府债务管理专题培训班，围绕加快财政体制改革、建立现代财政制度和全面加强政府债务性管理开展培训，邀请财政部相关司局领导与专家就财税改革总体安排和框架等6个专题进行授课。三是科学管理，合力做好市县财政局长培训班。按照建设高素质领导干部队伍的要求，干教中心协助人教处举办全省财政领导干部岗位培训班，培训内容包括税制改革、建立事权与支出相适应制度、预算、债务管理与营改增业务、PPP理论与实践、公立医院改革与养老保险制度改革及财政监督与内控业务等，讲授最前沿的改革政策和业务知识。四是提升能力，实施财政业务培训。实施业务培训班项目负责人制度，派专人协助主办业务处室做好每期业务培训班相关事宜，分别配合监督局、债务办、金融处、农村局等处室单位举办17期业务培训班。在培训过程中，坚持主动对接，热情服务，积极做好业务培训班的通知印发、跟班管理、摄影摄像和打印证书等工作。五是积极参与财政部课题研究工作。会同厅人事教育处与河北省财政干部教育中心完成财政部干部教育中心协作课题《新常态下财政干部教育培训工作问题研究》，研究新常态下财政干部教育培训工作面临的挑战、当前国内外发展现状及存在的问题和对策建议等内容。

【财会培训】财会培训以厅开展的"四零"服务竞赛为契机，紧紧围绕"优服务、严管理、高质量"的培训宗旨，牢固树立服务至上的理念，在培训工作中，加强教学管理，培训服务和教学检查，科学安排各类培训课程。全年共开设会计职称初、中级、会计从业、会计电算化、会计人员继续教育和会计实践培训班42个,培训学员3344人。

【综合管理】以厅开展内控制度建设为契机,建立健全了中心内控操作规程,制定修改完善《干教中心教育培训管理办法(暂行)》等3个内部制度。日常工作中,严格执行各级作风建设、效能建设和廉政风险防控各项规定。当年,中心效能办对中心作风、效能建设抽查17次,发现问题现场整改。班子成员坚持民主集中制原则,定期召开支委会、主任办公会,形成民主决策的良好氛围。制定年度工作要点、月度工作计划和完成情况,细化工作任务,落实工作责任,全年上传厅内网信息34条,后勤保障能力得到进一步提升。

(厅干教中心供稿)

省级行政事业单位资产管理工作概述

【概况】2015年,按照厅党组统一安排部署,资产中心围绕服务财政改革新形势,适应财政发展新常态,在干事创业上聚合力,在规范管理上出实招,扎牢廉政“篱笆墙”,筑牢党建“桥头堡”,省级资产管理业务有序推进,机关服务保障水平持续提升,职工干事创业氛围日益浓厚,各项工作得到较好完成和落实。

【创新省级资产管理】一是创新方式,加强房产出租收入监缴。针对审计和资产使用专项核查中发现的单位上缴资产出租收入不及时、不完整等问题,利用“互联网+”思维,开发“资产拍租管理系统”,将备案出租合同信息数字化。并在资产处、非税局和信息中心的支持下,将合同数据推送至非税端口,督促单位按照合同信息及时足数上缴出租收益,实现了拍租管理系统与非税管理系统的双向联动。按照“试点先行、谨慎实施、稳步推开”的工作思路,选取10个省直部门24家单位启动非税监缴试点工作,初步探索出房产出租收入动态监缴的有效手段。二是突出重点,开展事业单位资产核查。按照《安徽省财政厅关于开展省直事业单位国有资产使用管理核查工作的通知》要求,会同资产处对591家事业单位资产使用管理情况进行全面核查,梳理出资产出租报批手续不齐全、合同管理不规范、对外投资收益低下等13类问题。并重点对59家有代表性的单位进行现场检查,形成专项汇报,建立问题台账,配合资产处逐单位下达整改意见书,分类整改、销号管理,并由支出处室督促单位按期整改到位。三是夯实基础,抓好省级资产常态管理。积极参与财政部令35号、36号修订意见建议的征集和反馈;针对资产处置流拍问题,研究制定资产处置降价流程,规范降价处置程序;修改完善中介机构选取使用管理办法,强化中介机构服务绩效考评,并完成第二轮评估机构招标工作。全年完成47处房产公开拍租工作,涉及房产面积63137.36㎡,实际成交租金2061.1万元/年。完成23家单位账面原值合计6543.05万元的资产处置,其中:报废资产账面原值4681.3万元,报废残值收益74.2万元;出售资产账面原值1861.75万元,出售资产收益850.25万元。

【加强机关服务保障】一是守牢底线,强化机关安全管理。按照要求,完成综治工作领导小组更名及组成人员调整;认真落实综治目标管理责任制和应急保障联动机制,坚持执行机关安全巡查和节假日厅领导带班、处室单位值班制度;开展安全专项检查5次,完成杏花宿舍区监控及周界报警系统改造,组织开展安全知识培训和消防应急演练各1次;制作印发《消防安全常识二十条》500份,开展“安全宣传教育进处室”活动,干部职工防火意识得到显著提升,机关办公秩序平稳有序运行,连续六年被评为全省综治工作(平安建设)优秀单位。二是推进改革,规范内部职能管理。在厅人教处的支持下,做好省财政厅招待所转企方案的制定、安置费用测算等工作。转企方案经招待所干部职工大会审议通过后上报省编办审批。根据中央、省关于行政事业单位与所办企业脱钩的要求,加强政策研究,制定实施方案,有序推进中心所属金润公司、百花宾馆和厅印刷厂等3家企业的划转工作。同时,主动与省地税局对接,完成原机关服务中心税务清算注销,进一步规范中心内部财务管理。三是优化服务,做好机关物业监管。3月22日办公楼墙砖坠落伤车事件发生后,及时启动应急程序,通过专家充分论证和规定程序报批,牵头实施大楼外墙改造项目,建立施工现场安全巡查等4项制度,全员参与确保项目安全。在协商一致的基础上，顺利完成与安徽辰元物业管理有限公司续签机关物业服务管理合同工作。全年投入118万元，用于机关办公区和主要宿舍区基础设施的维修改造。成功创建首批省级节水型单位，完成创建全省第二批节约示范单位考核验收，节约型单位创建工作取得阶段性成效。

【强化干部队伍建设】一是压实主体责任，廉政意识进一步增强。严格落实“一岗双责”，与厅党组签订党风廉政建设责任书，明确中心主要负责人是党风廉政建设的第一责任人。研究制定中心2015年廉政工作要点，做到把党风廉政建设与财政业务工作同谋划、同推进。坚持“每月一课”廉政警示教育，全年开展13次廉政理论专题学习。健全完善内部控制操作规程、请销假制度、财务管理和基建维修工程管理等规章制度9个，职工制度意识有效提升，依法依规办事能力切实提高。先后组织开展“吃空饷”问题专项整治及严肃查处发生在群众身边的“四风”和腐败问题专项行动，确定1名反腐倡廉兼职联络员，积极支持和参与驻厅纪检组、监察室组织开展的效能建设明察暗访、公务用车停放检查等工作。二是强化支部建设，工作作风进一步转变。以“三严三实”专题教育为契机，锐意进取，改革创新，不断强化党员意识。分别完成支部书记和支部委员补选，并推荐1名青年党员担任党建专员，增加支部建设工作力量和活力；先后组织党员开展“严以修身”等学习研讨33次，“走进先进”、参观“抗战史实展”等专题教育活动20余次，联系服务基层活动26次，撰写党建征文和研讨文章31篇，有效提升党员干部政治理论水平和服务大局意识。按照“1+2”模式，与休宁县商山镇黄村、庐阳区杏花社区先后开展12次结对共建活动，走访慰问20户困难党员群众。抽调2名青年党员职工，设立安全管理巡查岗，协助物业做好办公秩序维护、车辆停放疏导等工作，发挥工作职能优势，打造富有自身特点、锤炼干部队伍的有效工作载体。三是围绕服务大局，效能水平进一步提高。牢固树立服务大局理念，发挥职能，爱岗奉献，积极支持财政发展和改革。全年完成会议服务303次，其中大会123次，确保机关各项工作的顺利实施，认真做好机关来访登记工作2万余人次，以优质服务树立良好窗口形象；牵头组织开展义务植树、节能宣传周、爱国卫生法制宣传周等精神文明创建主题活动；制定印发《安徽省财政厅关于进一步加强和规范机关公共场所禁烟控烟工作的通知》，无烟机关创建取得阶段成效。办理集体户户籍申报、变更21件。

（厅资产中心供稿　张家夺）

市县(区)财政工作篇

合肥市财政工作综述

合肥市财政工作概述

【概况】2015年,在市委、市政府的坚强领导和省财政厅的指导下,全市财政部门全面贯彻落实党的十八大和十八届三中、四中、五中全会精神,紧紧围绕“大湖名城、创新高地”宏伟目标,突出改革引领,强化创新驱动,夯实作风基础,努力做到用硬指标说话,有实举措作为,从新角度突破,全市财政收入突破千亿元大关,实现全市财政经济逆势上扬、争先进位。市财政局获评全国财政系统先进集体,实现“十三五”圆满收官。

【财政收支增量提质】坚持依法治税、综合治税,率先推行委托国税部门代征部分地方税费,努力做到应收尽收。全面贯彻落实结构性减税和普遍性降费政策,做到应免尽免。全市财政收入完成1000.5亿元,增长13.6%,其中:地方财政收入完成571.5亿元,增长14.2%。全市税收收入占财政收入比重达到88.7%。严格预算刚性约束,强化预算执行督查通报机制,预算执行进度和均衡性显著提高。坚持厉行节约,确保“三公”经费支出只减不增。全市财政支出完成772.7亿元,增长10.6%。

【优化升级产业政策】紧扣中央和省出台的产业发展政策,以政府工作报告为指引,按照框架不变、思路不变、扶持方式不变、总量控制不变的原则,对“1+3+5”产业政策进行完善升级,更加突出对重点产业发展的引导和推动作用,同时进一步丰富基金投入方式,优化“借转补”操作流程。全年先后安排资金37.92亿元,其中基金和财政金融产品占比近六成。

【全面推进双创示范】本市成功申报国家小微企业创业创新基地城市示范,并出台若干政策意见,启动三年行动计划,从创客空间建设、服务体系建设、融资体系建设、体制机制创新等方面,全面推进大众创业万众创新。示范工作推进情况在全国进行重点经验交流,财政部评价本市整体工作充分体现“体制机制创新、从政策措施发力”的基本思路,与国家实施“双创示范”的初衷高度契合。

【持续夯实民生保障】全市民生支出完成615.46亿元,增长11.46%,占财政支出比重达到79.65%,有力保障农业、教育、科技、文化和医疗卫生等各项重点支出。实施“32+9”项民生工程累计到位资金82.3亿元,增长14.3%,所有项目均实行全过程绩效评估和网上公示,当年再次获得全省民生工作绩效评价一等奖。在全省创新建立三年滚动项目库,自2016年起,先行将公共租赁住房保障等10个工程类项目纳入滚动建设计划。

【多管齐下优化调控】支持减税降费,财政共兑付434户企业营改增扶持资金8.65亿元。截至当年底,全市营改增试点纳税人6.7万户,较试点初期增长7.7倍,累计减税规模达37.04亿元,其中试点行业累计减税18.94亿元,整体税负下降23.33%。支持创新转型,出台《关于加快政策性融资担保体系建设的实施意见》,完善国有资本金持续补充机制,加强融资担保行业建设,建立风险代偿机制,引导金融机构加大对小微企业信贷投放,进一步提升政策性融资担保服务水平。支持五大研究院等协同创新平台建设,通过政府投资引导基金、天使基金、金融产品等撬动社会资本投入,形成社会共担机制。支持购买服务,市本级纳入购买服务预算项目 110 个,涉及社会审计、社区养老等领域,资金总额 2.92 亿元,并设立 1 亿元社会服务专项资金和 400 万元社会组织发展基金,培育和引导社会服务组织发展壮大。支持重大融资,抢抓过渡期政策机遇,轨道交通 3 号线 180 亿元银团贷款授信获批;创新采用政府购买服务模式,棚改二期开总行 166 亿元授信额度落地;稳步推进财政部第一批 PPP 示范项目——轨道交通 2 号线实施,“高新区智慧城市管理运营”成功入选第二批示范项目。

【有条不紊推进改革】提升资金绩效,出台市本级财政专项资金管理办法和竞争性分配暂行办法,修订市本级财政结转结余资金管理办法,逐月调度预算执行进度。编制三年滚动财政规划,2016 年市本级预算实现评审论证全覆盖,重大项目绩效目标设定情况纳入公开评审范围,并委托第三方开展滚动项目事前绩效评估。规范债务管理,修订《合肥市政府性债务管理暂行办法》,将地方政府置换债券、新增债券全部纳入预算管理。全市 111.6 亿元置换债券、25 亿元新增债券资金全部发行到位,债务结构进一步优化,并通过资金统筹,重点支持城市基础设施建设。严肃财经纪律。落实单位主体责任,加强动态监控,以“三公”经费管理为重点,同步拓展至会议费、差旅费、培训费等一般性支出。全市“三公”经费支出同比下降 9.1%。

【不断强化自身建设】扎实开展“三严三实”专题教育,认真履行党风廉政建设主体责任,推进重点领域反腐倡廉。严格落实中央八项规定,持之以恒反对和纠正“四风”,不断深化政务公开,加强政风建设,严肃财经纪律,圆满完成公车改革任务。完善质量管理、绩效考核、平时考核等内部控制体系,树立正确的用人导向,切实强化班子和干部队伍建设。

(合肥市财政局供稿 李静)

庐阳区财政工作概述

【概况】2015 年,庐阳区财政工作继续坚持稳中求进的工作总基调,围绕“发展财政、民生财政、绩效财政”的目标,扎实推进稳增长、促转型、惠民生、抓改革、强管理的各项工作,先后荣获“全省民生工程绩效奖补先进区”、“全市民生工程实施工作先进单位”等荣誉称号,全区财政工作以厚积薄发的态势迈入稳健快速发展的轨道。

【完成“十二五”财政收入目标】以依法组织收入为财政工作第一要务,加强收入预测分析,定期召开财税工作联席会议,分税种、分产业、分行业分析研判,力促收入均衡入库、平稳增长。强化税源管理服务,走访纳税百万元重点税源户 125 户,开展综合治税推进月活动,督促 150 户万元以上纳税异常企业完成工商或税务整改。规范税收征管秩序,清理税收优惠政策,落实结构性减税政策,开展涉企收费专项清理,规范非税集中收缴,做到应缴尽缴。全区财政收入完成 30.68 亿元,增长 12.37%,其中地方收入完成 18.4 亿元,增长 9.77%,完成“十二五”收入目标。

【助力“调转促”】聚焦重点产业领域建设,增强经济发展内生动力。落实产业扶持政策资金,兑现工业经济奖励 2437 万元,企业扶持资金 3926 万元,科技创新奖励 894 万元。支持小微企业发展,利用政保贷、海通兴泰基金及区政府监管的小贷、担保平台,为 1691 户小微企业提供发展资金 68 亿元。加大基础建设投入,安排城隍庙改造经费 4000 万元,小街巷及排水设施改造经费 1816 万元,农村公路中修及道路管养经费 1693 万元,成功获取债券融资 3.31 亿元,助力区域基础设施建设。

【推进金融先导区建设】依托本区金融业先发优势,引导经济转型升级。高端定位金融产业,编制“十三五”金融业发展规划。继续加大专业招商,广发银行、渤海银行、国金证券开业;华融资产消费金融公司、海通兴泰基金、正奇安徽 P2P 项目落户。推行“服务 + 监管”模式,推进小额贷款和融资担保机构大股东借款、异地设点等金融业务创新,对风险隐患较高的 4 家机构实行重点监管、停业整顿和停牌处理。推进“金融 + 资本项目”对接,全年股权融资额达 1.36 亿元;志邦橱柜、中环环保上市辅导备案,广艺园林、超洋装饰等在新三板挂牌,艺源装饰等在上海股交中心挂牌。

【保障民生持续改善】全区民生类支出 16.85 亿元,增长 9.8%,占财政支出的 78%。高标准实施

“22+7+10”项民生工程项目，累计拨付项目资金7.8亿元;建立健全后期管护项目库,引入建后管养政府购买服务机制;在全省首推“民生·庐阳”APP,促进民生政策深入人心。助推各项社会事业发展,投入38526万元支持义务教育均衡发展和教育教学条件提升;投入10156万元完善覆盖城乡居民的社会保障体系;投入6500万元助推医药卫生体制改革引向深入;投入4000万元美好乡村建设资金、1842万元绿化大会战资金推进城乡环境改善。

【深化财政管理改革】按照新《预算法》规定,稳步推进财政管理改革。完善预算体系,国有资本经营预算纳入预算编制管理。深化开门办预算,加强预算会商,建成公开评审、事前评审、部门联审的多元化编审机制。打造透明财政,财政预决算、部门预决算、“三公”经费预决算在法定时间公开。提高资金使用效益,清理盘活存量资金,开展预算管理综合考评和重点项目绩效评估。规范公共资源交易管理,在全省率先将公共资源管理工作纳入目标考核体系,在全市城区率先试点市区一体化管理系统。强化财政财务监督,开展贯彻中央“八项规定”和清理“小金库”专项审计、公共资源交易以及财政财务管理专项检查。推进政府购买服务改革,全年实施政府购买服务58项。

(庐阳区财政局供稿)

蜀山区财政工作概述

【概况】2015年,全区财政总收入完成27.83亿元,增长5%,比上年增收1.33亿元,预算完成率100%。其中,地方财政收入20.13亿元,增长2.67%。2015年,区本级财政支出完成21.1亿元,预算执行率100%。

【建设发展型财政】积极发挥财政调控作用,加快转方式、调结构、促升级。一是推动园区转型升级。投入资金1.7亿元,加速新产业园区升级及西部新城建设步伐,其中1.5亿元用于自主创新产业基地建设;2000万元用于支持园区电子商务企业发展。二是推进产业结构调整。整合财政资金9500万元,持续加大对现代服务业及战略性新兴产业的扶持力度,其中1000万元用于商贸服务业发展;1500万元用于企业信息化建设及营改增专项补贴;2000万元用于招商引资及楼宇经济发展;5000万元用于家政服务基地建设及专项支出。三是创新支持企业发展。针对中小企业融资难、融资成本高等问题,出台多项措施,着力破解融资难题。安排1500万元金融风险补偿资金,引导并支持辖区内金融机构加大对中小微企业扶持力度;创新运用基金、“借转补”、财政金融产品和事后奖补等多种方式,吸引金融和社会资本跟进,充分发挥财政资金“四两拨千斤”的作用。

【建设民生型财政】积极调整优化财政支出结构,努力压缩一般性支出,持续加大民生投入。全区财政民生支出比上年增加3.21亿元,同比增长21%,高于财政收入增速16个百分点。省市32项民生工程提前或超额完成目标任务,雪中送炭、文化惠民、平安蜀山等一批独具特色的区级民生工程深入人心。一是教育支出持续加大。义务教育阶段学生杂费及作业本费实现全免除,公用经费补助进一步提高,学前教育投入保障到位。全年教育支出总额达4.65亿元,占财政支出22%,占比实现稳步提升。二是社会保障更加有力。突出投入重点,财力进一步向弱势群体、困难群体和特殊群体倾斜,全年社会保障和就业支出1.73亿元,同比增长10%。其中专项安排弱势群体救助经费3000万元,并进一步对农村低保、农村五保供养、贫困残疾人救助进行提标扩面,补助标准位于全省前列。三是医疗保障得到深化。全面推进公共卫生服务体系建设,积极实施医疗卫生和计生改革。全年医疗卫生和计生事业支出6923万元。其中,“健康蜀山、幸福居民”专项卫生经费达500万元,公共卫生均等化服务经费达300万元。四是安居工程稳步推进。全年新开工建设保障性安居房669套,基本建成208套,新增公共租赁住房补贴90户。

【建设服务型财政】紧扣中心,集中财力,服务大局,充分发挥财政职能作用,全面提升魅力蜀山城市竞争力和发展力,一是围绕绿色蜀山建设。投入4500万元,用于绿化大会战及四季花海建设,新增、提升绿化面积97万平方米,植树造林9692亩,四季花海三期城市公园建成;投入2000万元,用于市容环境提升及水源保护区综合治理;投入750万元,对排水设施进行综合整治,全力塑造绿色生态新蜀山。二是围绕活力蜀山建设。投入4000

万元,对老旧小区进行综合整治及物业管理创新;投入3000万元,建立科技专项经费;投入1800万元,促进文化事业发展;投入1000万元,用于智慧蜀山建设,全力塑造朝气蓬勃新蜀山。三是围绕和谐蜀山建设。投入4500万元,加快美好乡村建设步伐;投入3000万元,支持现代农业产业改革;投入5000万元,支持小庙镇债务化解;投入1000万元,用于平安蜀山公共安全建设;投入4649万元,支持政府购买服务,切实提高政府保障能力,全力塑造文明和谐新蜀山。

【建设改革型财政】聚焦重点,深处着力,切实做好《新预算法》的贯彻落实,加大重要领域和关键环节的财政改革创新力度。一是深入推进预算改革。坚持从严从紧、科学合理编制2016年公共财政预算、政府性基金预算、国有资本经营预算。实行“开门办预算”,开展预算公开评审,推进预算绩效管理。推进预决算信息公开,逐步加大公开范围,广泛接受群众监督。二是加快多层次资本市场建设。调动企业股改上市积极性,先后为5家企业申请市、区两级奖补资金600万元;以“新三板”和区域性股权交易市场为主攻方向,建立上市企业后备资源库,入库企业达50余家。三是积极推进国资改革。在全市率先对国有经营性房产实行信息化管理。全面启动区城投公司、工业资产运营公司、商业资产运营公司整合重组工作。四是切实盘活存量资金。出台《蜀山区盘活财政存量资金管理办法》,积极清理专户存量资金,结合财政资金“一体化”平台建设,完善存量资金预警措施,确保财政资金安全、规范、高效运行。

【建设绩效型财政】全面加强财政基础工作,不断提高财政管理科学化水平。一是开展协税护税工作。制定出台《蜀山区协税护税综合考评实施细则》,组织开展为期一个月的商务楼宇税源普查活动,为企业提供点对点、面对面的咨询服务,提高协税护税工作效率。二是全面推进国库改革。在全省率先启动使用一体化平台动态监控系统,化解财政资金支付风险,确保资金高效运行。全区通过国库集中支付系统办理业务75462笔,同比增长26%,金额达62亿元。三是规范开展政府采购。制定出台《蜀山区公共资源交易目录》、《蜀山区招标投标项目标后监督管理办法》,从源头上、制度上为实施政府采购、标后监管提供支持和保障。全年共完成招投标活动3126次,预算金额9.86亿元,实际采购金额为5.78亿元,节约资金4.08亿元,节约率达41%。

(蜀山区财政局供稿)

包河区财政工作概述

【概况】2015年,全区财政收入完成40.05亿元,为年初预算的104.2%,同比增长12.6%,再次位列城区首位。其中,地方级收入完成28.34亿元,为年初预算27.57亿元的102.8%,同比增长12%。财政支出完成34.48亿元,为调整预算数的95.5%。

【推动财政收入稳定增长】面对2015年全国宏观经济稳中趋缓、整体下行、政策性减收等新常态,区财税部门依法组织收入,勤调度、强包联,应收尽收,保持财政收入规模扩张、结构优化、质量提升的良好发展态势。强化征管责任,层层分解落实收入任务。加强工作调度,定期汇报财税工作进展、动态,通报税源信息,稳定全区税源,确保财政收入平稳增收,均衡入库。坚持涵养财源与培育新财源并重,继续支持政府培育现代服务业、金融业发展,加强财源建设。制定出台《包河区扶持产业发展“1+6”政策》,全面发挥财政资金的“酵母”作用和财政政策的“杠杆”效应。建立健全招商引资双向约束机制,继续重点引进资源占用少、辐射带动强、税收贡献大的金融类和现代服务类大企业、大项目。

【持续改善民生事业】认真组织实施29项民生工程,全年共投入各类民生工程资金2.56亿元。补助类项目按序时进度发放,工程类项目按计划有序推进,各项民生工程全部提前完成目标任务,惠及群众60余万人,再次获得省民生协调小组授予绩效考核以奖代补。逐步健全社会保障体系,大力实施就业促进工程,投入资金1928万元帮助困难群体就业。进一步提高农村最低生活保障水平,累计发放生活救助1173万元。建立完善困难老年群体津补贴制度,发放高龄津贴749万元,城镇居民基本医疗保险基本实现全覆盖。累计发放城乡居民社会养老金2795万元。保障科教文卫协调发展,坚持教育优先发展,投入资金68505

万元,全面落实义务教育阶段学生“两免一补”政策、支持义务教育均衡发展等。扩大公共卫生服务覆盖范围,全年投入14077万元,统筹城乡医疗卫生发展。投入财政资金3276万元,支持科技创新,鼓励辖区企业开展科技创新自主研发。按时足额发放惠民补贴,全区打卡发放涉农及城市补贴项目22项,涉及补贴资金5563万元,惠及农户10.8万人。

【提升财政管理水平】全面启用“财银直连”系统,实现财政与代理银行的收支信息互联互通。深化公务卡制度改革,加强对预算单位使用公务卡及现金支付行为的管控力度,全区预算单位公务卡持有量增至2764张,公务卡结算业务3339笔,支付金额达692.5万元。落实全口径预算,试编2016年国有资本经营预算。建立财政大平台“往来资金管理”模块,全年办理往来结算户支付业务56038笔,资金累计239731万元。出台包河区《关于加强预算执行管理激活财政存量资金实施方案》,积极盘活存量资金,共收回财政专户及各部门超过两年以上存量资金22700万元。认真执行预算部门会商制度,全年共开展会商68次,全面提高财政科学化、精细化管理水平。创新政府采购模式,全省首家开通“包河政府采购网上商城”,“包河区政府采购网上商城”荣获2014年合肥市政府工作创新奖。全区网上商城共交易项目3000多个,交易金额超过2300万元,全年完成工程、货物、服务类和产权类项目680个,资金节约率为27%。

【确保财政运行安全高效】规范财政管理,严控“三公”经费超标支出,全区“三公”经费总量同比下降9.21%。坚持预算公开评审,加强预算绩效管理,印发《关于全面推进预算绩效管理的意见》等规范性文件。全面兑现2014年各项奖励扶持政策资金5.7亿元,以政策辐射效应助推辖区企业健康发展;设立包河区政府引导基金,出台《包河区政府投资引导基金管理办法》。设立农宜贷,出台《关于支持新型农业经营主体融资实施方案的通知》,致力解决包河区小微企业,特别是农业企业融资难问题。全年累计为25户企业解决资金需求9000万元。设立政保贷,与建设银行签署《政保贷合作协议》,设立政府风险补偿金,牵头组织开展政保贷业务。建立企业续贷过桥资金,其中省财政资金1000万元,区财政配备资金2000万元,并交由滨湖担保公司管理。全年走访、辅导拟上市企业19家,其中:境外企业5家、新三版企业12家、其他挂牌企业2家。

【推动财政管理监督并行】开展街镇津补贴发放和公积金缴存基数专项检查,整改不规范行为。对全区26家小额贷款公司和融资性担保公司近年的小额贷款、融资性担保情况进行督查。全面开展涉农、涉企资金检查,加强资金监管。规范财政资金管理,对区财政往来资金进行专项清理,清理资金58804万元。认真督促做好村居公益性债务化解,锁定全区6个街镇26个村居各类债务共计6113万元,并全部化解。推进全区办公设备超标准配置清理和已出租国有(集体)资产清理工作,全区共清理各类已出租国有(集体)资产92440.73万元。加强政府性债务管理,严控政府性债务规模,全区政府性债务总额48100万元,其中:存量债务余额为30594万元,债务转贷17506万元。在全区范围内开展打击非法集资活动,配合工商、公安部门,共检查企业700多家,涉及金额15000万元。

(包河区财政局供稿 沈安)

瑶海区财政工作概述

【概况】2015年,瑶海区财政收入完成17.11亿元,同比增长10.3%。其中:地方收入完成13.14亿元,同比增长10.8%。全区财政一般预算支出完成16.5亿元。

【优化财政收支】财政收入实现稳定增长,增速与经济增速基本同步,其中税收收入占财政总收入88.6%,比上年提高1.3个百分点,财政收入质量进一步提升。建设投入不断加大,城市面貌持续改善,全年拨付大建设资金1.8亿元,拨付建设项目土地报批费用0.6亿元,继续安排文化中心、卫生中心建设经费0.7亿元,全力做好老旧小区整治工作,拨付老旧小区整治专项资金0.7亿元。不断提升市政管养、城市管理水平,全年累计拨付市容管理、市政管理资金1.46亿元。切实加大生态环保经费投入,拨付环巢湖生态治理专项经费0.26亿元、绿化美化建设及三线三边经费0.4亿元、淘汰黄标车补助经费 0.12 亿元。

【推进转型升级】认真贯彻落实合肥市产业扶持政策,拨付企业发展扶持奖励资金 0.2 亿元,淘汰过剩落后产能,促进产业结构调整,加快传统产业向中高端迈进步伐。积极推进老工业区搬迁改造,争取中央财政资金 1.04 亿元,专项用于老工业区企业搬迁、产业转型。全力做好“十三五”规划编制,安排专项资金 100 万元。加大对小微企业帮扶力度,筹集资金 0.6 亿元与各类金融机构合作开展小微企业担保、过桥资金续贷,降低小微企业融资成本。着力推动创新驱动,拨付科技创新等专项资金 320 万元。积极推动“双创示范”工作,落实专项资金 0.3 亿元,进一步激发全区各类市场主体创业创新热情。

【强化民生保障】进一步加大教育、医疗、卫生、民政等各项民生和社会事业投入,当年民生类支出12.7 亿元,占财政总支出的 77%。圆满完成 28 项民生工程任务,全年拨付民生工程资金 1.29 亿元,其中区级配套 0.57 亿元。优先保障教育支出,拨付教育资金 4.16 亿元,继续加大学前教育投入力度,拨付普惠制幼儿园奖补等专项资金 1586 万元。进一步加大民政、社保工作保障力度,拨付各类优抚资金 3054 万元、边缘困难群众救助 200 万元,发放 80 岁以上高龄津贴 661 万元、失地农民保障资金 3085 万元。切实加大对残疾人的权益保障,拨付残疾人正三轮车主各类保障经费 465 万元、残疾人特困救助 124 万元、残疾儿童康复经费 44 万元。深入推进卫生计生事业发展,拨付卫生计生专项经费 1.05 亿元。

【深化财政改革】按照新《预算法》要求,进一步加大预算统筹力度,当年将残保金列入一般公共预算,将上级财政提前下达的转移支付资金 0.94 亿元编入财政预算;严格控制预算追加,进一步强化预算刚性约束。深化预决算公开,按照“公开为常态,不公开为例外”原则,进一步扩大公开范围,细化公开内容,全区 41 家部门全部按时公开部门预决算;继续坚持“开门办预算”,对 2016 年老旧小区整治、市政设施管养、中小学建设等重点项目组织开展专家评审,提高预算编制科学性。积极盘活财政存量资金,累计盘活财政存量资金 2.44 亿元,通过转列支出清理以前年度借款 1.01 亿元,调整用途用于大建设支出 1.3 亿元。

【规范债务管理】认真清理甄别全区政府性债务和非政府性债务,并将政府性债务纳入国家债务管理系统进行管理,严格管控政府性债务规模。落实以政府债券为主体的举债融资机制,全年争取政府性债务置换债券 1.05 亿元,均用于置换政府到期债务,并申报 2016 年政府性债务置换债券 0.65 亿元,降低政府性债务融资成本。严控债务风险,区财政安排偿债准备金 2000 万元,保障政府性债务还款资金来源。

【严格财经纪律】继续强化国库集中支付管理。国库集中支付动态监控系统、财银直联系统正式上线运行,实现国库集中支付系统与代理银行管理系统无缝对接。严格压缩行政性支出,继续严控“三公”经费等一般性支出,出台《瑶海区党政机关国内公务接待管理细则》,严格部门公务接待管理,全区“三公”经费支出下降 14.4%。严格财经纪律,出台《关于进一步加强区级预算单位财务管理的意见》,着力加强预算单位财务收支管理,提升预算单位财政财务管理的法律意识。持续深化政府采购管理,成立瑶海区公共资源交易中心,市区公共资源交易一体化平台加快推进,细化政府采购预算编制,制定政府采购目录,不断强化政府采购预算约束,提升采购效率,降低采购成本。加强财政监督管理,自觉接受人大和社会各界监督,组织开展人大、政协民生工程项目巡视,主动邀请人大全程参与部门预算编制评审。着力做好财政监督工作,先后开展了涉农资金、民生工程资金、街道财政收支等专项检查,组织开展乡镇财政互审,不断提升基层财政财务管理水平。

(瑶海区财政局供稿)

合肥经济技术开发区财政工作概述

【概况】2015 年,合肥经济技术开发区综合财政收入 151.9 亿元,较上年增长 7.8%,其中:税收收入完成 120 亿元,较上年增长 18.8%。全年完成一般公共预算收入 27.27 亿元,较上年增长 16.7%。其中:地方收入 14.99 亿元,较上年增长 19%。完成综合财政支出 59.65 亿元,其中:一般公共预算支出 26.4 亿元。严格执行厉行节约有关规定,严控“三公”经费,2015 年“三公”经费支出下降

31.9%。

【加强税源管理】一是开展综合治税。建立全区上下协调联动的综合治税体系，拟定协税护税考核办法，加强对税务部门和涉税单位的考核激励。二是支持税务部门依法征收。按季度组织召开经贸、招商、财税部门联席会议，共享涉税信息。按月统计分析重点税源企业纳税情况，动态掌握企业纳税变动情况。三是强化零散税源管理。完善社区协税护税工作制度，细化工作方案，强化考核激励，健全零散税源管理长效机制，全年共梳理区内经营区外纳税 245 户，督促变更 63 户。

【服务企业发展】一是做好各类促进经济持续健康发展财税政策兑现工作，增强企业信心指数。全年安排支持企业发展资金 11 亿元。二是创新金融产品，着力解决企业融资难问题。全年累计为 20 户企业取得金融创新产品 1.13 亿元。设立小微企业过桥资金 3000 万元。三是加强多层次资本市场建设，全力推动企业直接融资。全年共完成股权融资 5.51 亿元，拟上市企业完成股改 2 家，完成新三板股改企业4 家，完成省股交中心挂牌企业 4 家。四是放大产业基金引导效应。制定《合肥经济技术开发区产业基金管理办法(试行)》(合经区管〔2015〕31 号)，搭建海恒创新投资管理公司，投入资金 1.95 亿元，共支持清华启迪(6000 万元)、海本蓝(500 万元)、赛猊腾龙(300 万元)、星能膜(900 万元)和凯泰文化(2000 万元)5 个项目。

【保障民生投入】全年民生支出完成 42 亿元，占财政支出的 73%。完成 30 项民生工程项目，涵盖“学有所教、劳有所得、病有所医、老有所养、住有所居”等各个方面，民生工程项目累计支出 1.2 亿元，直接惠及群众 8 万余人。

【加强国资管理】一是加强区属预算单位资产监管。组织对高刘镇房屋土地等国有资产进行全面清查；对 2009 年后建设的安置房及配套设施用房的分配和房款收缴情况进行清查审计，共清查房屋 13514 套；对区属各单位国有资产存量情况以及产权转让、实物资产转让、出租、对外投资、担保等国有资产处置情况进行清理规范。二是加强国有企业监管。按照《区属国有企业重大事项报告制度》要求对区属国有企业经营活动进行监管，审核申请事项。开展 2016 年国有资本经营预算和三年国有资本收支规划编制工作。对国有企业进行 2014 年度绩效审计，依据审计结果兑现企业绩效工资。三是加强经营性资产监管。规范资产招租、出租行为，当年海恒集团 122 万平方米经营资产租金收益超过 1.3 亿元。明确公租房管理模式，核定公租房物业管理补贴标准。四是结合国家、省、市有关文件精神，研究和探索本区进一步深化国有企业改革有关事项。

【推动财政改革】一是提升资金绩效。出台专项资金管理办法，逐月调度预算执行进度。在编制部门预算时同步编制三年滚动财政规划，强化对年度预算的约束性和政策的延续性。组织开展对区属各部门 61 个项目中期绩效考评工作，对预算执行情况进度不理想项目收回财政资金统筹安排并相应核减 2016 年预算。二是政府购买服务扎实推进。政府购买服务预算与部门预算同步下达，纳入购买服务项目 54 个，涉及辅助性岗位、市容养护、社会养老等领域，资金总额 1.47 亿元，积极培育和引导社会服务组织发展壮大。三是规范政府性债务管理。将原有政府性债务按一般债务和专项债务纳入预算管理，并向上争取地方政府债券转贷资金。全年争取债券资金 8.08 亿元，其中：置换债券 6.08 亿元，新增债券 2 亿元。四是强化制度建设。依据上级财政及开发区实际，全年围绕加强财政管理、国资管理，制定或修改完善相关制度 20 个，通过制度建设，聚好财、用好财、管好财。

(合肥经开区财政局供稿)

合肥高新技术产业开发区财政工作概述

【概况】2015 年，高新区财政局全面贯彻党的十八大和十八届三中、四中、五中全会精神，主动适应财政工作新常态，创新财政治理思路，财政收入跃上新台阶，财政支出结构不断优化，各项财政改革和创新取得新突破，充分发挥财政在经济和社会领域的基础性、支撑性作用。

【财政收入质量效益双提升】高新区统筹发展速度、质量和效益，注重加快结构调整，推动产业转型，突出重大项目带动和聚集作用，找准收入增长点，增强财政增收后劲，持续优化税源结构，呈现主体税种稳步增长、新兴产业增收明显、三产占比持续提升的良好态势。当年全口径公共财政收入81亿元,公共财政预算收入24.8亿元,同比增长21.3%,其中,地方财政收入14.01亿元,同比增长16%。

【财政支出结构不断优化】财政总支出完成45.92亿元,其中一般公共预算支出完成27.15亿元,用于园区基础设施建设、拆迁安置、还本付息等基建支出约11.71亿元,占比43%;用于支持经济发展、促进升级转型等支出约10.44亿元,占比38%;用于教育、文化、卫生、社会保障、环保等支出2.66亿元,占比10%。

【创新财政支持经济社会发展方式】一是开发财政金融产品。形成"8大合作产品、10大参控股基金"的产品体系,打造全方位、全周期的金融产品支持链条。区财政累计出资5.45亿元,撬动资金32.19亿元,累计支持科技型企业230余家,放大财政资金杠杆效应近6倍。二是注重发挥政策扶持效应。围绕高新区"发展主导产业"和"支持自主创新"两大主题,以及企业发展关键的"人才"、"金融"两大支撑体系建设,修订扶持产业发展"2+2"政策体系,累计扶持企业2186家次,扶持金额9.68亿元。三是牵头推进"两创示范"工作。形成"五个一"战略并实行"一周一调度、一月一汇报",加快上线互联网+创新创业服务平台,率先向双创企业发放创新创业电子券。出台"创九条",安排1.6亿元专项资金支持创新创业。四是成功试点安徽省青年创业引导资金。引导资金初期规模为3000万元,省级财政与区级财政按2:1比例出资,合作期为3年。针对创业项目不同阶段,设计了创意贷、助跑贷、青年之星三种融资产品。全年102家企业获批发放贷款7241万元,1家企业获股权投资20万元,实现省拨资金近4倍的放大效应,直接带动就业3000余人。

【全面推进各项财政改革】一是推进财政预算管理改革。强化全口径预算和跨年度平衡,推进公共财政收支预算、"三公"经费预算信息公开。推行财政预算绩效管理制度,对涉及民生、市政等共10个项目6914万元试点开展绩效评价。盘活财政存量资金9703万元,把闲置、沉淀的财政资金用好、用活。二是引入社会力量参与基础设施建设和公共服务。推进PPP试点,高新区智慧城市项目成为合肥市唯一和智慧城市行业唯一入选全国第二批PPP示范项目。制定出台政府购买服务实施意见,实施政府购买服务项目42项,金额8300万元。三是建立国有企业绩效考核体系。建立人事薪酬、绩效考核、项目管理、财务管理、投融资管理、决策和管理六项运营管理机制,切实发挥六大运行体系作用,提高国有资产的运行质量。对五家国企设定国资收益、费用控制、利润率等20个基本指标和14个分类指标,并根据国企职能定位要求和中长期发展目标,及时调整下达2016年绩效考核指标,完成收缴国有资产收益5470万元。

【不断提升财政财务管理水平】围绕集中核算、集中支付和一体化管理思路,将预算编制到财务核算环节的财政财务核心业务全部纳入平台,实现核算单位全覆盖、财政性资金全覆盖,并实现财政一体化平台与国库代理银行核心数据系统"财银直连"。加快国库集中支付电子化工作进程,国库支付中心全年累计完成收支业务30521笔,收付资金68.38亿元,较上年分别增长19%和23%。"三公"经费只减不增,全区"三公"经费支出969.69万元,较上年同期下降11.3%。严格控制工程造价,重点建设项目招标前试点实施工程量清单和控制价"双编双审",对500万元以上项目全部实行跟踪审计,当年共审计完成319个工程项目,审定价合计21.61亿元,核减率达5.21%。公共资源交易累计共交易454个项目,预算金额为43.86亿,中标金额为27.85亿,节约资金16.01亿,资金节约率为36.5%。

【持续深入实施民生工程】实施"20+7+2"项省、市、区民生工程,累计投入资金约2亿元。财政部门牵头抓总,建立起"一月一调度、一月一督查、一月一通报"的日常工作机制。坚持"常抓常新",率先实行民生工程补助类项目网上公示和建后管养项目点公示,率先向社会发布多元参与项目清单,率先实现民生资金网上查询,率先动漫宣传民生。承载民生建设的强劲势头,高新区连续五年被市政府授予"民生工程实施工作先进单位"荣誉称号,并首次获得安徽省民生工程绩效奖补。

【推动依法行政】一是全面清理规范政府权力。梳理出会计从业资格证书核发、会计代理记账机构执业资格审批等政府权力事项和责任事项,建立政府权力清单和责任清单,做到"法无授权不可为、法定责任必须为”。二是进行财政业务流程再造。构建权界清晰、决策科学、运转高效的权力运行机制，对基建、国资、公共资源交易等审核审批环节进行流程再造。牵头出台《高新区财政预算内零星工程项目操作流程》，将建设任务单、公共资源项目交易审批表、财政资金使用申请表等进行优化整合，通过“三合一”精简流程，优化制度设计，规范工作流程，提高服务效能。三是树立内控理念强化内部管理。完善财政机关内部控制机制，体现惩治和预防腐败的要求，健全预算编制、执行、监督相互制约、相互协调的财政运行机制。健全财政责任追究体系，出台《干部职工内部问责暂行办法(试行)》，对财政局全体干部职工不履行、不当履行、违法履行工作职责造成不良影响和后果的行为实行问责，力求用严格的制度保证政令畅通，不断改进工作作风。

(合肥高新区财政局供稿)

合肥新站综合开发试验区财政工作概述

【概况】2015 年，新站区全年完成公共财政预算收入 9.17 亿元，较上年增幅 24.67%，地方财政收入完成 6.07 亿元，较上年增幅 19.34%，增幅双双位列全市第一，全口径税收收入完成 23 亿元，较上年增幅 19%。

【财政改革稳步推进】一是建立健全财政制度。开展“制度建设年”活动，全面建立健全各项财政规章制度，先后出台《新站区公共资源交易标后履约管理办法》《新站区政府购买服务项目政府采购管理办法》《新站区行政事业单位固定资产管理办法》《新站区投融资平台公司考核暂行办法》《新站区预算管理办法》《新站区预算资金结余结转管理办法》《关于严格新站区预算单位现金使用管理的意见》等文件，规范政府采购管理，加强固定资产管理，加强区属国有企业监管等。转发市级会议费、培训费、差旅费、接待费等 27 项管理制度，为财政改革和发展提供坚强制度保障。二是改革预算编制，提高预算编制水平。强化全口径预算，编制公共财政预算、政府性基金预算，对部门存量资金进行全面清理，连续两年未使用的专户资金由区财政收回统筹使用。编全编实预算，厉行勤俭节约，增强预算刚性，严控一般性项目支出，确保“三公”经费只减不增。完善供给政策，初步制定基本支出定额保障体系，规范行政运行经费管理。规范项目编制，对项目实行分类管理、对经常性业务经费进行整合。完善编制内容，推进政府购买服务预算编制和政府采购预算编制。严控代编预算，提高年初预算资金到位率，将区级单列专项中可安排到部门的资金以及可分配到学校、卫生院和社区等基层预算单位的资金，直接安排到部门和基层预算单位。加强绩效管理，提高资金效益，对专项经费中 100 万元以上的预算项目编制绩效目标，与部门预算同步批复，作为预算执行、跟踪问效的依据。三是进一步盘活存量资金。对预算资金、专户资金、往来资金进行全面清理，分门别类提出处理意见，共盘活公共预算资金 0.24 亿元，财政专户资金 1.43 亿元，盘活资金全部用于扶持产业发展。四是强化预算执行。建立实施办公设备政府采购定期执行机制、存量资金和往来款项定期清理机制和预算执行定期通报机制，强化预算执行。五是持续规范“三公”经费管理。严控“三公”经费超预算，对“出国经费、公务接待费、公车运行经费”实行经济科目动态控制，及时统计分析 “三公”经费支出数据。全年“三公”经费支出 686.92 万元，比上年同期减少 20.44 万元，下降 3%。六是强化国库集中支付改革。全区各预算单位全部纳入国库集中支付，全年国库集中支付 21447 笔，比上年同期增加 6049 笔，增长 39%;支付金额 62.83 亿元，比上年同期增加 19.52 亿，增长 45%。加大清理往来账，全年清还借款 490.62 万元，将财政性资金 6456.87 万元上缴财政专户。房产办证中心户按审计报告要求将 512.26 万元上缴市财政，剩余资金缴入区财政专户。积极推进“财政系统一体化”工作，加强支出动态监控，往来资金管理模块于当年 6 月上线运行。大力推进公务卡支付，全年公务卡支付 3226 笔，比上年同期增加 2005 笔，增长 1.6 倍；支付金额 620 万元，比上年同期增加 371 万元，增长 1.5 倍。七是强化公共资源交易标后履约监督管理。出台《新站区履约反馈管理实施办法》，广泛宣传制度规定，做好具体组织实施工作，密切与市公共资源交易监督管理局的上下联动，加大违规行为处理力度，对 2 家企业不良行为予以记分处罚并在合肥公共资源交易中心“曝光台”公开披露。强化政府采购计划管理,合理安排当年采购任务,扎实推进定点库建设,陆续建成包括零星房建、市政、印刷、市政维护、车辆维护、加油、复印用纸等专业定点库20个,提高采购执行效率,积极实施通用类办公设备协议供货。全区公共资源交易项目总计639项,交易金额61.89亿元,同比增长31.88%,其中区级平台操作527项(竞争性谈判、询价127项;小额零星工程抽签309项;通用设备协议供货91项),交易金额11669.93万元,同比增加86.78%;产权类18项,房屋招租底价1590.24万元。八是多渠道筹措资金,保障基础设施建设。统筹拨付区属平台公司建设资金累计55.11亿元,其中拨付城市基础配套费42736.44万元,土地出让金结算收益268633万元,债券资金63820万元,保障性住房46153万元,土地收储资金97153万元;积极争取置换债券资金,优化全区债务结构;申报8个棚户区改造项目全部纳入国开行二期棚改项目,共获授信62.03亿元。积极与国开行对接,推进新型显示产业基地产城融合PPP项目立项。

【**扶持产业发展取得突破**】支持产业发展,在“投入总量”和“投入方式”上双双实现“突破”。全年统筹安排扶持产业发展资金15.88亿元,较上年同期增加7.89亿元,增长98.64%。其中:上级资金11.1亿元,同比增加6亿元,增长117.28%;区级资金4.79亿元,同比增加近2亿元,增长65.69%。逐步建立中小微企业创新增信类产品,首次尝试“政保贷”、“政银担”方式,利用市场化手段实现财政资金撬动金融资源服务辖区企业发展,市级平台兴泰担保入驻本区;制定过桥资金管理办法,落实市级及区级配套资金到位,政保贷、政银担、过桥资金累计扶持企业资金达4900万元;加强对小额贷款公司和融资性担保公司监督管理,完成对全区开业小额贷款公司及融资性担保公司的财务审计,监督小额贷款公司和融资性担保公司依法合规经营,拟定区产业投资引导基金相关方案,与建设银行安徽省分行签订区级产业投资引导基金战略合作协议,引入吉富兴泰投资基金落户,为全区企业提供融资服务。

【**有序推进民生工程建设**】全区28项民生工程中,22项38个指标提前或超额完成年度任务,其中工程类3个项目5项指标超额完成年度目标任务。坚持每月召开调度会,及时传达合肥市民生工程要求,督促落实本区民生工作。建立民生工程考核机制,开展民生工程中期绩效评估,有力推动各项民生工程的实施。

【**规范政府性债务管理**】根据国发43号文、安徽省关于政府性债务管理的政策规定以及合肥市政府性债务管理暂行办法,制定《新站区政府性债务管理暂行办法》。全区积极争取政府债券资金,到位资金7.882亿元,位居全市开发区首位。其中新增债券资金4亿元,用于全区市政道路、环境绿化、安置房等基础设施建设;置换债券资金3.882亿元,用于置换本年度及未来年度部分到期的政府负有偿还责任的债务本金。

【**加强党风廉政建设**】围绕贯彻落实“学习党的十八届五中全会精神”、“抗战70周年活动”,全年召开6次支部扩大学习会议,践行“三严三实”主题教育活动,认真查找工作缺项,切实开展整改,增强班子凝聚力,有效发挥支部战斗堡垒作用。组织支部党员赴渡江战役纪念馆参观革命前辈先进事迹,丰富党员干部业余文化生活,促进各项工作开展。扎实开展与站北社区新店社居委结对共建帮扶活动,精心谋划有针对性的帮扶活动,帮扶困难群众20多人次,帮扶款物5000元。结合管委会机构改革,制定完善各岗位工作职责、工作流程图、AB岗职责,制定新站区财政局限时办结制度、信息宣传考核评比办法、目标管理考核办法,重点事项决策程序管理办法、经费支出管理办法等制度,加大对工作事项的督办力度,工作执行力和部门工作效能大大提高。加强廉洁财政建设,梳理各岗位廉政风险点,完善廉政风险防控体系建设,对全区44个预算部门4大类31项的财政廉政制度执行情况开展专项检查,从源头防止腐败。

(合肥新站区财政局供稿)

巢湖市财政工作概述

【**概况**】2015年,全市完成财政收入28.05亿元,增长1.93%,全市财政支出完成39.86亿元,增长3.18%。其中,财政民生类支出完成33.67亿元,增长7.06%,占财政总支出的84.46%,为全市社会和谐发展提供有力财力支撑。

【财政亮点工作】一是盘活存量资金效果显著。市直共清理财政存量资金2.7亿元,其中2.1亿用于归还专户调入资金,其余资金用于重点项目以及在建项目后续支出,缓解财政支出压力,提高财政资金使用效益。二是项目公开评审力度加大。2016年度部门预算编制项目继续邀请专家实行公开评审,并将专家评审意见作为预算安排的重要参考。共申报评审项目14个,申报金额6625万元,与上年相比多申报1633万元,核减285万元,涉及教育、农业、行政、经建等业务科室,预算项目编制的严谨性、科学性、合理性进一步提高,重大项目预算编制的透明度提升。三是政府购买服务有序开展。修订《2015年政府向社会力量购买服务目录》,建立政府购买服务信息报送机制,充分运用会商机制,稳步推进政府购买服务工作制度化、规范化和科学化。全年预算安排3378.96万元,支持22个政府购买服务项目,其中19个项目实施,完成年初预算2525.37万元,占年初预算的74.74%。四是基金保值再上新台阶。与商业银行竞争性谈判,继续加大定存比例,各商业银行对社保基金活期、定期存款在国家公告利率基础上全部上浮40%。五是政府采购进一步规范。全年各预算单位申报采购计划29505.86万元,签订采购合同22791.68万元,节约6714.18万元,节约率23%。

【财政改革工作】一是完善预算管理体系。加强全口径预算管理,按照《预算法》规定,将所有政府收入全部列入预算,预算支出按功能和经济性质分类编制,规范功能科目和经济科目的使用,准确反映支出用途。二是依法推进信息公开。完善预决算公开制度,实行公开透明预算,打造“阳光财政”。市本级政府预算、市直72家预算单位部门预算、“三公”经费预算悉数对外公开,并集中公开2014年政府决算、部门决算、“三公”经费决算,主动接受社会监督。预算信息公开进一步树立各部门过紧日子的思想,当年市直“三公”经费预算共安排4646.2万元,较上年下降12.1%,实现行政运行成本逐年降低的目标。三是坚持开门编制预算。市级94个一级预算单位的2015年部门预算草案均报送市政府、市人大、市政协审查。进一步加大公开评审力度,明确预算公开评审范围、内容、程序、结果运用等内容;将专家评审结果作为2016年部门预算安排的重要依据和绩效评价的重要参照;进一步提高预算项目编制的科学性、合理性。四是税制改革进展顺利。扎实推进“营改增”工作,协调国、地税部门搞好衔接,确保“营改增”试点和扩面工作如期开展。全市纳入“营改增”企业户数1339户,其中一般纳税人117户,小规模纳税人1222户,入库改征增值税税款4863万元;累计申请享受扶持资金6户,兑现拨付扶持资金158.4万元。五是强化国有资产资本收益管理。实施市属国资国企改革,11家注销类企业货币资金上缴市财政1668万元;健全完善国有资本经营预算制度,编制2016年国有资本经营预算,预算收入150万元;出台《关于进一步规范我市国有(集体)资产出租管理工作的意见》,进一步规范国有资产出租和处置行为,推进资产管理与预算管理、财务管理的一体化推进。全年市直单位共审批经营性房产22处、乡镇10处,出租收入纳入政府非税管理836万元,审批报废车辆30辆,批复核销资产1008万元。六是推进国有资产管理改革。按照《巢湖市市属国资国企改革实施方案》和市属国资国企改革配套政策,对市属国有企业进行改制。完成30家企业的改制重组工作,对剩余9家企业采取“成熟一个、启动一个、改制一个”的工作方法。七是推进国库集中支付改革。按照标准化要求,建立完善集中支付制度,不断扩大涵盖的预算单位和财政资金范围,强化预算执行动态监控机制,提升财政财务监管水平。全面推开市本级公务卡制度改革,现金提取和支付大幅减少,公务卡刷卡消费逐步成为公务支出的重要结算方式。八是强化政府性债务管理。省财政厅当年分配本市置换债券资金4.33亿元,新增债券资金0.98亿元,合计5.31亿元。新增债券资金全额拨付,均用于城市基础设施建设。

【财政重点工作】一是加强收入征缴管理。加强宏观经济形势分析,充分发挥财税联席会议的积极作用,建立综合治税平台,加大对重点税源管控;进一步规范非税收入征管,挖掘非税收入增长潜力,加强国有资产(资源)有偿使用收入和国有资本经营收益管理。二是发挥融资担保引导功能。本市设立6000万元的“巢湖市小微企业续贷过桥资金”,用以化解小微企业资金周转风险。帮扶大众创业,支持万众创新,全年发放小额担保贷款

1426万元，创业贷款1480万元，累计发放小额担保贷款16149万元，共帮助3406名市民实现创业和再就业。三是保障民生工程实施。本市实施36项民生工程，其中补助类27项，工程类9项，其中，计划生育家庭特别扶助、广播电视“村村通”工程等15项提前完成全年目标任务；全市11个美好乡村中心村262个子项目全部开工，总体工程进度60%，拨付建设资金2077.18万元；“一事一议”财政奖补项目开工124个，建设投资4827万元，项目开工和投资完成率均达100%。四是加强城市基础设施建设。全年实施大建设项目（含国开行、亚行)共111项，总概算107.87亿元。推进平安巢湖建设，全年安排财政资金1300万元用于推进“天网”工程建设。五是推进现代农业发展。在全省率先实施农民合作社、家庭农场融资风险补偿试点工作，认真落实各项惠民补贴政策，全年发放各类补贴资金8604.55万元。六是强化财政监督职能。强化人大代表联系服务，定期向人大汇报财政预算编制执行情况、重要财政政策、重大财政改革、重大收支安排以及各级政府制定出台的财经政策、法规制度贯彻落实情况，诚恳征询人大代表对财政工作的意见建议。履行财政监督职责，每年对安排部分单位的上年预算执行情况进行监督检查，重点检查预算执行过程中违规使用、套取、挪用财政资金等行为；加强对财政支出的监督，通过社会购买服务方式，委托社会中介对财政资金安排的所有10万元以下项目进行审计，全年共委托10万元以下工程类项目和财务类项目305个，项目送审金额3634.7万元，核减金额257.2万元。强化涉农资金管理，将“阳光村务工程”建设作为基层党建和农村党风廉政建设“双考核”的重要内容，与镇、村干部岗位责任制考核挂钩。全力推进乡镇包村干部监管涉农资金，全面推进乡镇财政“三个”清单制度，着力构建惠农资金和乡镇财政资金绩效考评常态化机制。

（巢湖市财政局供稿）

肥东县财政工作概述

【概况】2015年，肥东县财政收入完成35.4亿元，较上年同期增长10.5%，其中：中央收入10.27亿元，增长17%；地方收入25.13亿元，增长8%。全县财政支出完成51.76亿元，较上年同期增长17.2%。

【推进财税体制改革】完善政府预算体系。坚持全口径预算管理，明确界定收支范围，建立定位清晰、分工明确的政府预算体系，政府的收入和支出全部纳入预算管理；加大政府性基金预算与一般公共预算统筹力度，将地方教育附加、残疾人就业保障金、从地方土地出让收益计提的农田水利建设基金和教育资金、育林基金、森林植被恢复费、水利建设基金等7项政府性基金收入转列一般公共预算。调整县乡镇财政管理体制。根据县域经济发展现状，本着财力下移的原则，出台“划分收支，核定基数；分类管理，定额补助；超收分成，激励发展”的新一轮县乡镇财政管理体制，进一步优化县乡镇财政分配关系，调动乡镇发展经济和增收节支的积极性，促进乡镇间协调发展和公共服务均等化。完善转移支付管理。严格两级财政管理，规范县乡镇财政结算，出台县本级专项资金管理办法和县补助乡镇转移支付指标管理办法，健全管理制度。

【增强财政综合实力】稳步扩大收入规模。坚持依法征管，强化财税配合，密切关注重点税源变化，落实非税收入政策，全县一般公共预算收入跨越35亿元大关，达到35.4亿元；地方一般公共预算收入突破25亿元，达到25.1亿元。积极盘活财政存量资金。贯彻落实国务院“进一步盘活财政存量资金，更好服务经济社会发展”的要求，建立财政存量资金定期清理制度，全面盘活财政存量资金4.2亿元，统筹用于棚户区改造、城市基础设施、公路建设、重大水利工程等重点领域。

【优化财政支出结构】严格“三公”经费管理。实行“三公”经费预算总额控制，严把审核报销关，严格接待标准、公务用车“三定”管理和出国(境)经费先行审批制度。全县党政机关“三公”经费支出较上年下降15.8%，其中公务接待费下降20.3%。严控会议费、培训费等支出。出台党政机关会议费、培训费管理办法，对全县性会议实行“分类管理、定额控制，会后结算、超支不补”的管理制度；统一培训经费开支范围、标准，将培训费全额纳入预算管理，编制全口径培训经费预算，严格按规定审核培训费开支，对未履行审批程序的培训，以及超范围、超标准开支的经费不予报销,有效遏制会议费、培训费增长。坚持民生为先。集中财力保障民生支出需求,提高全县基本公共服务水平,支持经济社会事业发展。全县民生支出完成 41.89 亿元,增长 16.6%,占一般公共预算支出的比重达 80.9%;投入 12.1 亿元,扎实推进 36 项民生工程实施。

【规范地方债务管理】完善政府举债融资机制。由省代理发行地方政府债券,将一般债券收支纳入一般公共预算管理,将专项债券收支纳入政府性基金预算管理,建立债务风险预警机制,严格控制新增债务,积极清偿存量到期债务。核实政府性债务数据。在 2013 年开展专项清理甄别政府存量债务基础上,当年再次对全县政府性债务进行清理核查,划清政府性债务界线,核准债务余额。置换政府存量债务。积极争取省财政代理发行地方政府置换债券 64232 万元,置换 2015 年到期政府性债务,有效缓解政府债券压力,减轻借款利息负担。发挥新增债券作用。新增发行地方政府一般债券 12980 万元,及时拨付用于安徽合肥商贸物流园裕溪路改建项目,充分发挥债券资金效益。

【加强乡镇财政资金监管】健全资金监管工作机制。明确一个工作目标,搭建两个平台,表格化三项工作,细化四级职责,健全五项制度,确保监管工作统一规范。强化资金监管工作措施。做到“五个到位”,即党委政府支持到位、奖惩措施兑现到位、考评工作精细到位、资金拨付把关到位、资料收集整理到位,确保制度严格执行。开展“两督查、两考评”,即乡镇财政资金监管信息平台日常督查和检查组专项督查相结合,日常考评通报和年度绩效评价相结合,全力推进工作落实。当年,全县纳入乡镇财政资金监管资金 322169 万元,其中:项目类资金 85481 万元,乡镇预算资金 142503 万元,补助类资金 52882 万元,村级资金 41303 万元。

(肥东县财政局供稿 张云)

肥西县财政工作概述

【概况】2015 年,全县一般公共财政预算收入完成 63.5 亿元,增长 13.8%,税收收入占财政一般公共财政预算收入的 92.6%,财政收入质量良好。全县一般公共财政预算支出完成 61.6 亿元,同比增支 27.3%,支出执行率 99%以上。收支相抵后加上级转移支付,年度实现收支平衡。

【财政改革取得新进展】出台《肥西县人民政府关于实行新一轮县乡财政体制的通知》,将乡镇(园区)划分为五类管理,取消西北部生态协调发展片区定额上解和超收分成,加大对西北部生态协调发展片区支持力度。面向全县公开选聘财政预算公开评审专家,建立本县公开评审专家库,专家人数充实到 52 人。选取 2016 年预算申报的 30 个重点项目和 12 家预算单位进行公开评审,核减率 21.6%。印发《肥西县财政局于乡镇财政统发工资使用平台一体化系统发放的通知》《肥西县财政局关于乡镇财政集中支付工作规范的通知》《关于进一步规范财政资金专户管理的通知》,建立财政资金分配、拨付、核算和监督相分离的运行机制。全年累计盘活 2013 年以前专户结余结转资金 4.06 亿元。

【民生工程不断推进】全县各项民生工程推进有序、有力。全年各级政府实际到位资金 17.69 亿元,累计使用资金 13.5 亿元,占实际到位资金 76%。序时累计打卡发放或拨付资金 8 亿元,其中就业技能培训等 7 项超额完成年度目标任务;15 项建设类项目全部实施,农村五保供养等 4 项超额完成。确保 5A 级风景区三河方向公交班车线路如期开通、正常运营。

【推进产业升级】设立“1+3+5”政府投资引导基金 8206 万元,综合运用担保、贴息、奖补等方式,扶持战略新兴产业、现代服务业、现代农业等发展。创新金融产品,支持企业做大做强,“4321”新型政银担业务全面铺开,投放 1.2 亿元信贷资金。“惠农贷”首批 6 户农业大户 200 多万元担保贷款已经投放。利用“转贷资金”投放 10 笔合计 4500 万元信贷资金,减轻企业“过桥”成本。多次举办各类形式的银企对接活动,共对接项目 256 个,对接金额 14.16 亿元。全县新增“新三板”挂牌企业 2 家,农业板挂牌企业 2 家(安徽中科艾格农业股份有限公司),Q 板挂牌 1 家。兑现“新三板”、“四板”挂牌企业奖补资金 390 万元,激励县域中小企业进入多层次资本市场积极性,推动企业上市(挂牌)进程。全年兑现开发园区工业投资项目免收费资金 418 万元,审核发放“营改增”财政资金 3770 万元。

【实现全县脱贫】县政府印发《2015—2017 年度重点贫困村项目建设计划》,3 个年度共实施建设项目 115 个,总投资 1 亿多元。县配套专项扶贫资金 2686 万元,对无劳力、无资金、无稳定收入的“三无”特困农户进行政策性兜底,纳入五保、低保人数 566 人,城乡居民合作医疗、城乡居民基本养老保险个人费用“两免”799 人,财政扶贫资金资助养老保险 370 人, 支出 3.7 万元; 资助合作医疗 233 人,支出 2.796 万元,70 户光伏发电站已全部建设完毕。

【乡镇财政监管建设再上新台阶】2012—2015 年,对县直机关、乡镇政府的政府性资金收支情况进行全面、系统检查,维护财经纪律。全面推进包村干部监管涉农资金, 全年监管资金 4.58 亿元,其中项目资金 14.2 亿元,补贴资金 3.8 亿元,村级资金 6.2 亿元,单位预算资金 19.37 亿元。对全县所有村居 2014 年度村级财务收支审计,多措并举、规范管理、制止村级新的债务产生。协调乡开展创建工作,印发《肥西县乡镇财政权力责任和服务清单》。花岗、桃花两镇财政所获省级服务型乡镇财政所称号,严店、官亭、紫蓬山管委会、桃花镇、花岗镇五个财政所(分局)获市级服务型乡镇财政所(分局)称号,完成年度创建目标任务。

【财政自身建设不断提升】争创廉政文化进家庭省级示范点,在 2012—2013 年成功创建市级廉政文化进家庭示范点的基础上,全年开展“读书修身、读书思廉”等十大项创建活动,将廉政文化建设融入到财政工作和干部职工的生活学习中,争创省级示范点。开展《预算法》及财经知识竞赛,推进依法治国、依法行政,推动全县财政财务工作的规范。强化绩效考核,建立内控制度和问责制度,推行公务员绩效考核。制定肥西县财政局内部控制基本制度, 严肃行政纪律, 提高工作质量和效率,提高财政内部管理和依法理财水平。

(肥西县财政局供稿 周胜)

长丰县财政工作概述

【概况】2015 年, 全县财政部门深入学习贯彻党的十八大和十八届三中、四中、五中全会精神和习近平总书记系列重要讲话, 主动适应经济发展新常态,充分发挥财政在稳增长、促改革、调结构、惠民生、防风险中的统筹作用,积极应对挑战,奋力攻坚克难,财政收支运行总体平稳、保障有力、稳中向好。全县财政总收入 40.1 亿元,同比增长 13.0%。其中,地方收入完成 27.8 亿元,占年度预算 27.6 亿元的 101%,同比增长 12.8%。财政收入在全省 76 县(市)区排名第 3 位,较上年前进 3 位。全县财政支出 48.3 亿元,同比增支 6.3 亿元,增长 14.9%,财政支持改革发展和社会民生等重点支出得到较好保障。

【财政改革成效明显】一般公共预算、政府性基金预算和社保基金预算应编尽编、有机衔接,财政三年中期规划编制和政府权责发生制综合财务报告编制稳步推进。财政专户管理规范有序,全年清理撤销账户 9 个, 盘活使用结存 2 年以上的资金 1.5 亿元。资产配置与部门采购预算编制实现有机结合,政府购买服务全面推进。财政、部门单位和“三公”经费预决算信息全面公开,预算编制公开评审制度初步建立。严格政府性债务管理,积极争取上级转贷债券 12.04 亿元, 有效降低融资成本。限额管理债务规模,债务风险有效防范。

【服务发展措施有力】落实市“1+3+5”政策,牵头制定县级产业发展扶持政策。组织兑现固定资产投资、小微企业贷款贴息、营改增过渡期政策扶持等奖补资金 1.4 亿元, 减免行政事业性收费 3000 万元。投入 1500 万元,增加企业融资信用额度,大力推介“政银担”、“政保贷”、“税融通”等新型金融产品。投入 4500 万元,设立企业续贷“过桥”资金,解决小微企业难融资问题。整合资金 37 亿元,支持重点基础设施建设,县域经济发展承载力有效提升。投入资金 4.7 亿元,支持实施 18 批次土地整治项目,新增耕地 5020 亩,有效化解土地要素制约。

【民生保障不断强化】投入 8.1 亿元,支持义务、学前、高中、职业教育均衡发展。提标城乡居民低保、城乡居民养老保险、农村五保供养等 10%以上,弱势群体基本生活得到有效保障。投入 3.3 亿元,扩大基本公共卫生服务覆盖范围, 减轻城乡居民医疗卫生负担。投入 424 万元,扶持公共文体事业发展,丰富人民群众精神文化生活。投入 2.2 亿元,落实强农惠农补贴政策。投入 4.3 亿元, 加大农业基础设施建设,扶持新型农业经济体发展。投入1.7亿元,支持“三线三边”整治、环卫创建、污水处理、垃圾填埋、秸秆禁烧等,改善人居生活环境。

【财政管理日益完善】全面清查行政事业单位国有资产,多方位监管国有资产购置、使用、处置、收益分配。完善财务内审和乡镇财务送审机制,强化财政资金专项审计和绩效评价。上线国库集中支付动态监控、涉企资金监管系统、涉农资金监管系统、村级“三资”管理系统,全面推进乡镇包村干部监督涉农资金使用,实现财政资金支付全过程监控。制定了目标考核办法,开展互帮互提,函询意见和建议,为提升财政管理水平寻找新办法。

【作风建设持续推进】深入开展“三严三实”专题活动,开展“查处发生在群众身边的‘小四风’专项整治”,进一步强化党风廉政建设。加强干部管理,以“五型”机关创建为载体,以内部问责为抓手,以创优争先为引领,切实加强干部建设。抓好自身党建工作,主动承担与贫困村、软弱涣散基层党组织的结对共建职责,开展“单位包村、干部包户”与“进村入户找对策”精准扶贫活动,打通服务群众“最后一公里”。健全与县直预算单位会商机制,基本形成财政部门带动预算单位、预算单位带动资金使用单位的正向规范效应。

【获得多项荣誉】县财政局先后获得“全省公务员先进集体”、“省金融生态环境创建工作先进单位”、“省乡镇财政资金监管工作绩效评价先进单位”、“省惠农补贴资金绩效评价先进单位”、“省卫生先进单位”、“合肥市先进单位”等称号,连续多届获得“合肥市文明单位”、“合肥市卫生先进单位”等称号,单项工作获得市选派工作先进集体、中小学校舍安全工程先进单位、财政总决算一等奖,连续多年获得县级综合治税、民生工程实施、节能工作、环境保护、安全生产、双拥工作、尊师重教、信访工作、乡村学校少年宫结对帮扶等先进单位,连续14年获得全县目标考核优秀单位称号。

(长丰县财政局供稿 孙青松)

庐江县财政工作概述

【概况】2015年,庐江县财政收入完成24.97亿元,比上年增长2.1%。其中:地方收入16.94亿元,比上年增长4.4%;上划中央收入8.03亿元。全县财政支出完成49.76亿元,比上年增长12%。

【财政收入保持适度增长】年初全面分析财政经济形势和开展税源调查摸底,县政府将收入预期目标细化分解落实到财税三部门、各镇和园区,实行目标管理。强化组织收入工作领导,县委常委会每月听取财税工作情况汇报,县政府对财税工作实行常态化调度,研究部署组织收入工作,狠抓收入均衡入库。继续将财政税收完成情况列入加强镇重点工作和财税三部门领导责任考核范围,按季考核兑现。财税部门坚持以组织收入为中心,加强对重点行业、重点企业、重点税种和重大项目税收动态监控,积极开展纳税评估和税务稽查,严格依法征收,促进重点税收及时入库。组织开展营业税专项清理百日行动和重点房地产开发、建筑安装企业纳税专题辅导,加强二手房、商铺交易和房地产、建安税收征管,稳步推进县国税部门代征部分地方税费工作,挖潜堵漏征收。加大协税护税工作力度,完善外来建安企业承建政府性投资项目税收征管流程,促进政府性投资项目税收足额征收。进一步规范非税收入征管,加强非税收入监督检查,做到应收尽收。

【重点支出保障有力】严格执行新修订的《预算法》,认真贯彻落实厉行节约各项规定,继续强化支出管理,严格支出预算执行,严控“三公”经费、会议费、培训费等一般性支出,调整优化支出结构,集中财力保障工改增资、民生和教育、社会保障、医疗卫生等重点支出。全年兑现机关事业单位养老保险及工改增资15871万元;拨付专款4312万元,用于提高城乡居民养老保险标准;增加村级转移支付补助1051万元,用于提高村(居)干部报酬和村(居)运转经费标准;落实“老字号”群众生活补助政策,全年发放补助资金2056万元,比上年增加728万元;加大医改投入力度,增加基层医疗卫生机构补助1266万元;筹集和整合涉农资金17285万元,支持美丽乡村建设;实施一事一议财政奖补项目170个,拨付奖补资金4312万元;发放财政涉农补贴资金49615万元;实施县城公交车公司化改造,拨付奖补资金721万元;支持秸秆禁烧和综合利用,拨付补助资金6735万元;淘汰黄标车辆,兑现补贴资金2808万元。全县社会保障、教育、文化、医疗卫生与计划生育、农林水等支出分别比上年增长 11.4%、14.8%、15.2%、25.9%和 9.8%。

【支持经济发展力度加大】贯彻执行市政府扶持产业发展“1+3+5”政策体系，研究出台《庐江县扶持产业发展政策体系》，规范奖补措施，支持创业创新，充分发挥财税政策效应，增强经济发展动力。全年兑现县级工业、外贸进出口、自主创新等产业政策奖补资金 4616 万元和上级奖补县配套资金 1145 万元。拨付 1748 万元专项资金，支持发展旅游业。认真落实各项税费减免政策，帮助企业减负解困，全年办理政策性退税、减免税 12334 万元，减收社保费 1432 万元。继续加强县中小企业担保公司建设，增加注册资本金 2620 万元，省担保集团注资参股 2800 万元，与县内 7 家银行建立“银政担”合作机制，扩大融资担保能力；设立中小微企业“续贷过桥资金”，帮助企业解决临时资金周转困难。全年为 216 户企业担保贷款 5.6 亿元，为 35 户企业提供续贷过桥资金 1.03 亿元。加大对金融机构支持县域经济发展的考核力度，严格按考核结果调度财政性资金存放额度，支持和鼓励金融机构增设分支机构和服务网点，兑现奖补资金 1367 万元。扎实做好营改增试点扩围工作，兑现财政扶持资金 751 万元。

【民生工程扎实推进】加强民生工程组织领导，继续实行民生工程县委县政府主要负责人调度制、分工县干联系制、民生工程监督检查制等协调机制，大力推行民生工程“月度计划制、会商调度制、工作落实制、责任追究制和绩效评价制”五项工作机制，按月制定工作目标，按月兑现民生工程完成情况，及时解决民生工程推进过程中存在的问题，压实民生工程责任。加大民生工程宣传力度，开展“访三员、宣政策、送温暖”、“庐江县首届民生工程义务监督员知识竞赛暨美好家园志愿者共建”、“迎七一、颂民生、感党恩”和“民生工程微体验，美好乡村 e 日行”等专题活动，提高广大群众对民生工程的知晓度和满意度。加强民生工程后期管养，在农村沼气、农村清洁工程、小型农田水利设施等项目上进行有效探索和创新。对民生工程实施后建成的工程类项目，确定管养主体，明确管养责任，实行以政府支持为主的管养方式，积极探索扩大政府购买服务、公办民营、市场化运作范围。围绕任务完成、社情民调、后期管养等工作目标，实行政府督查、监察审计、社会监督三管齐下，明察、暗访、民调多头并进，深入开展民生工程全过程督查和绩效评价，促进民生工程年度目标任务完成。全年实施 42 项民生工程，投入资金 13.6 亿元，比上年增加 1.2 亿元，其中：县财政配套 3.2 亿元，比上年增加 0.8 亿元。

【财税管理改革继续深化】进一步完善政府预算体系，按照《预算法》要求统筹编制一般公共预算、政府性基金预算、社会保险基金预算，加大各类预算资金统筹使用力度。坚持“开门办预算”制度，从预算编制源头抓起，扩大预算编制评审范围，委托社会中介机构、相关专家审核论证和公开评审，不断提高预算编制准确性和透明度。大力支持社会力量办事业，出台《2015 年政府购买服务工作实施方案》，在基本公共服务、社会事务服务、政府履职所需辅助性和技术性事务等领域，遴选政府购买服务项目 29 个，预算安排资金 8632 万元，实行政府购买服务工作。积极稳妥推进预决算信息公开工作，加大公开力度，细化公开内容，及时向社会公开了本县政府预决算、部门预决算及“三公”经费预决算，一般公共预算首次按照支出经济分类同步公开。出台《庐江县县本级财政结转结余资金管理办法》，建立结转结余资金定期清理机制，全年清理整合存量资金 27087 万元，最大限度形成财政资金使用合力。深化国库集中收付制度改革，从 6 月 1 日起，将财政专项资金账务纳入平台一体化系统管理，实现财政专项资金从指标下达、资金拨付到账务处理全过程监督。深化投融资体制改革，完善政府性债务管理和监督机制，强化政府性债务动态监控和风险评估，防范债务风险。加强财政监督检查，对 3 个县直单位和 1 家民营企业的会计信息质量、5 个镇财政所内部财务管理、4 个部门单位预算执行情况开展监督检查，并就发现问题督促单位整改到位。

（庐江县财政局供稿）

淮北市财政工作综述

淮北市财政工作概述

【概况】2015年,全市财政总收入完成93.2亿元,完成预期的101.3%,同比增长2.1%,其中地方一般公共预算收入完成60.2亿元,同比增长14%。一般公共预算支出完成131亿元(其中中央和省转移支付资金62.1亿元),同比增长13%。

【提升支持发展效率】推进税费优惠政策落实,全面落实结构性减税和普遍性降费政策,建立涉企收费清单制度,取消、暂停部分收费及基金项目,减免税费10.7亿元,发放稳岗和技能培训补贴1.5亿元,降低社保基金费率减轻企业缴费负担1.12亿元,及时兑现"营改增"财政政策补贴0.98亿元,切实减轻企业负担。助推实体经济发展,制定《淮北市扶持产业发展政策若干规定》等"1+2+1"系列政策,设立扶持产业发展资金1.1亿元,鼓励优质企业股改上市,支持传统产业升级改造,引导"僵尸企业"资产整合重组。建立产业投资引导基金1亿元,吸引社会资金0.8亿元,鼓励科技创新,积极扶持文化旅游、健康养老、电子商务等新兴业态发展。大力破解企业发展困难,开展"服务企业进园区"活动,帮助企业申报项目,争取上级各类扶持资金1亿元;投入贴息资金0.3亿元;整合筹集企业续贷"过桥"资金1.6亿元;注资3亿元,支持建投集团改制转型;注资1.2亿元,支持组建同创担保集团;推进"4321"政银担风险分担机制,为企业提供担保贷款15亿元,缓解企业融资难题。大力支持重点项目建设,筹集资金16.8亿元,保障城镇道路、铁路等"九个一"重点工程建设;配合相关部门争取专项发展基金11亿元,采取PPP模式吸引社会投资42亿元,支持淮水北调淮北配水工程、中湖矿山地质环境治理等重大项目建设,有力地拉动全市经济发展。

【着力保障重点支出】持续加大民生投入,全市用于民生领域支出达108.7亿元,比上年增长11.3%,占财政总支出比重83%。其中,全市直接投入民生工程资金32.5亿元,比上年增长11.7%,34项民生工程年度目标任务全面完成。其中,投入2.6亿元,促进教育事业均衡发展;投入4.1亿元,健全完善社会保障体系;投入9.1亿元,增强人民群众医疗保障能力;投入12.1亿元,推进保障性住房建设和农村危房改造;投入4.6亿元,加强农业和农村基础设施建设。投入管养经费0.4亿元,建立民生工程建后管养机制,确保民生工程持久发挥效益。全市民生工程实施工作当年继续保持全省前列。启动精准扶贫开发,拨付资金0.13亿元。大力支持城乡统筹发展,投入支农资金3.1亿元,支持现代农业发展,加快美好乡村建设,实施"一事一议"财政奖补项目242个;争取开行贷款42.49亿元,支持棚户区改造建设;投入5.8亿元,支持城市规划编制、老城改造、新城建设、环境整治、公共交通建设以及文明城市创建等,城乡面貌发生新变化。

【深入推进财政改革】全面推进预算管理改革,完善政府预算体系,一般公共预算统筹力度不断加大。"十三五"财政规划、中期财政规划及权责发生制政府综合财务报告试编工作全面启动。按时全面公开全市327家预算单位预决算和"三公"

经费信息,预算信息公开实现全覆盖。深化“开门办预算”,邀请人大代表、政协委员及有关专家对部门预算27个重点项目进行评审,预算编制透明度不断提高。市县区国库集中支付基本实现全覆盖,继续推进公务卡结算,用卡支付同比增长44%。推进“营改增”试点扩围,积极为企业减负,创新非税征管方式,在全省率先开展并完成非税收入电子化缴库试点工作,规范收缴行为。加快推进政府购买服务,支持社会力量参与公共服务领域,切实提高社会事业运行效率,全年投入1.4亿元,实施政府购买服务项目60个。推动融资平台重组和国有资产整合,促进国有企业经营机制转换。积极配合完成公立医院改革、公车改革。及时足额兑现工资调标资金2.5亿元,推进全市工资调整顺利实施。切实加强财政资金管理。建立结余结转资金定期清理制度,积极盘活财政存量资金4.99亿元,消化存量资金4.1亿元,优先用于保民生、补短板。加强社保基金管理,努力实现保值增值,全市社保基金综合收益率达到4.66%,名列全省第一。组织开展绩效评价项目106个,涉及财政资金4.2亿元,财政资金使用绩效进一步提高。强化“三公”经费管理,完善定期通报制度,全市“三公”经费同比下降12.3%。市本级“三公”经费同比下降12.4%,行政运行成本进一步降低。大力加强政府债务管理。注重防范潜在风险,有序置换存量债务,妥善解决融资平台公司在建项目后续融资问题,全市争取债券资金29.84亿元,可减少即期利息支出1.2亿元,有效降低政府举债成本,优化债务结构,减轻偿债压力。

【持续转变工作作风】扎实推进“三严三实”专题教育,深化教育实践活动成果。全面落实“两个责任”,开展经常性廉政提醒,加强反腐倡廉建设。完善内控机制,制定并实施财政8个专项内控风险防控制度,建立行政权力清单和责任清单,梳理并压减50多项权力事项,规范财政运行程序,防范权力运行风险。深入开展“四零”服务、预算部门会商及乡镇财政帮联活动,为服务对象解决问题2521个,深入工业园区召开政银企对接会议3次,帮助破解企业发展难题。出台《淮北市财政局关于进一步加强机关作风纪律建设的紧急通知》,加强纪律约束。狠抓系统行风巡查,实施日常工作作风、工作纪律、重大任务完成及“三公经费”使用等情况跟踪检查。密切两代表一委员联系服务,承办人大建议1件,政协提案3件。深入开展机关文明创建,荣获“第十四届市级文明单位”、安徽省卫生单位等荣誉称号。

(淮北市财政局供稿　郝朝华)

相山区财政工作概述

【概况】2015年,相山区财政总收入完成12.41亿元,比上年增收0.69亿元,同比增长5.8%。全年财政预算支出9.26亿元,比上年增支0.34亿元,同比增长3.8%。

【深化体制改革】一是落实街道分税制。在原区镇及凤凰山开发区财政管理体制改革的基础上,对各街道(除刘桥街道外)实行分税制管理,建立“财源共享、共同发展”的财政运行机制,划分收支范围,核定收支基数,确定分成比例。二是继续深化税源社会化管理。充分发挥街道、社区的优势,明确收入增长激励政策,鼓励各街道积极培植财源,依法理财治税,充分挖掘税收潜力,努力做到应收尽收,保证财政收入稳定增长和收入质量的提高,促进全区财政收入良性循环,全年各街道共组织经营性用房税收373万元。三是组织税收专项清理。整顿和规范相山区建筑业、房地产业税收秩序,建立和强化建筑业和房地产业税收征管长效协作机制,实现涉税信息的提供和交换常态化,提高税收征管质量,增强纳税人依法纳税意识,营造公平依法征管环境。全区共清欠建筑、房地产业税收15000万元。四是财政收入质量明显提升。财税部门强化沟通协调,创新征管方式,加强稽查管理。在宏观经济下行、房地产市场持续低迷的形势下,财政总收入实现5.9%的增长,区级财政收入实现5.7%的增长,其中税收收入占区级财政收入的比重达到90.9%。

【优化支出结构】一是推行政府购买服务。规范购买服务项目提报、购买方式确定、组织实施购买、项目履约实施、资金拨付等环节的具体购买流程。完善工作机制,建立“政府统一领导,财政部门牵头,行业主管部门协同”的工作机制。区文化旅游体育局、区民政局、区城管综合执法局等8个单位,全年累计完成政府购买服务4288万元。二是加强绩效管理。强化专项资金绩效管理,注重支出的经济性、效率性和效益性,有序推进财政支出绩效评价工作。分别对城乡义务教育经费保障、城乡居民基本医疗保险和小型农田水利提升等民生项目进行绩效评价,评价结果良好。三是强化预算支出的刚性约束。严格执行区人大批复的年度部门预算,对预算单位公用经费超支的,原则上不予追加;对政策性增支、突发事件的处置、区委区政府临时交办的事项,确需追加预算的,按照规定程序报批。2015 年区级预算支出 92583 万元,同比增长 3.8%,其中“三公”经费支出 1325 万元,同比下降 3.8%。

【精心组织实施民生工程】全年投入民生工程资金 7 亿元,完成年投资计划的 100%。在学有所教方面,投入资金 2053.7 万元,其中,拨付义保经费 1875.9 万元,推动义保改革顺利实施;发放救助资金 177.8 万元,资助高中困难学生 1778 人。在劳有所得方面,投入资金 1807 万元,其中,落实就业扶持资金 1290.8 万元,安置公益性岗位 399 人;提供 144 个高校毕业生基层特定岗位和 80 个高校毕业生就业见习岗位;落实就业技能培训资金 516.2 万元,培训学员 5050 人。在病有所医方面,投入资金 1976.2 万元,其中,落实基本公共卫生服务资金 1008 万元,建立居民健康电子档案 40.75 万份,建档率 86.1%;全区 65 岁以上老年人健康登记管理 5.33 万人,规范管理完成任务 100.1%;全区高血压患者登记管理 5.92 万人,规范管理率 89%;糖尿病患者登记管理 1.47 万人,登记管理完成任务 134.8%;落实城乡医疗救助资金 542 万元,救助五保、低保等经济困难病人 18407 人/次;落实妇女儿童健康水平提升工程资金 132.4 万元,免费婚检 4792 对,农村孕产妇分娩补助 1250 人,预防接种 116433 剂/次;落实贫困残疾人救助与康复资金 293.84 万元,救助重度残疾 2410 人,贫困精神病药费补助 494 人,实施贫困白内障患者免费手术 40 例,贫困残疾儿童康复 75 人。在老有所养方面,投入资金 2693.3 万元,其中,城乡居民基本养老保险发放资金 1686.3 万元,领取待遇 2.08 万人/次;发放农村五保供养资金 120.3 万元,379 名五保户受益;落实社会养老服务体系建设资金 821.05 万元,幸福家园、惠康老年公寓、万佳老年养护中心 3 家养老机构完成建设任务;落实计划生育家庭特别扶助资金 65.63 万元,补助特别扶助对象 179 人。在住有所居方面,投入资金 53711.03 万元,其中,落实农村危房改造资金 68 万元,对 35 户农村危房进行重建;落实棚户区改造资金 50137.03 万元,建成 4681 套棚户区改造住房;落实公共租赁住房保障资金 3506 万元,完成公共租赁住房建设任务。在“三农”等其他方面,投入资金 7758.77 万元,其中,落实政策性农业保险资金 51.48 万元,全年理赔资金全部发放到位;落实小型农田水利改造提升资金 244 万元,完成扩挖塘坝、整治河沟、修复和新建机电井、改造灌区末级渠等任务;落实一事一议财政奖补资金 725.25 万元,完成徐集、郭王等村道太阳能路灯安装和鲁楼、河北等村道路硬化任务;落实城乡低保资金 6691.4 万元,救助城市低保户 19.95 万人/次,救助农村低保户 2.05 万人/次;落实孤儿基本生活保障资金 24.24 万元,33 名孤儿受到资助;落实生活无着人员社会救助资金 10.2 万元,救助流浪乞讨人员 185 名;落实公共文化场馆开放资金 50 万元,区文化馆、图书馆和渠沟镇文化站 3 个公共文化场馆全部免费开放;落实农村文化建设专项补助资金 12.2 万元,完成文艺演出 13 场,农村公益电影放映 168 场,开展体育活动 78 场。

【积极服务支持企业发展】一是落实“营改增”财政政策。财政部门与国税、地税部门积极配合,按照“企业据实申请、税务部门审核、财政兑现扶持资金”的工作流程,及时兑现“营改增”财政政策补贴 1225 万元,切实减轻企业负担。二是大力助推实体经济发展。制定《相山区扶持产业发展政策若干规定(试行)》等系列政策,鼓励优质企业股改上市,支持传统产业升级改造,引导“僵尸企业”资产整合重组。鼓励科技创新,积极扶持健康养老、电子商务等新兴业态发展。三是优化金融服务水平。成立相山区金融办,不断加强同市金融办、小贷公司、担保公司的沟通协调,进一步防范金融风险。制定下发《相山区打击和处置非法集资工作方案》等一系列文件。配合市金融办开展对全区小贷公司、担保公司现场查账,开展非法集资排查活动,有效遏制非法集资、非法吸收公众存款、高利贷等金融违法行为,保证小贷公司、担保公司等金融企业良性运转。全区共组织发放小额担保贷款 3 亿元。创新融资管理体制,重点支持食品产业、现代服务业和新兴产业发展。增进与金融机构信贷合作。通过市城投转借中安、鑫诚担保公司2000万元,解决企业续贷过桥资金。鼓励银行及其他金融机构不断扩大对企业的有效信贷投放,多渠道解决企业融资难题。鼓励企业直接融资,天瑞科技、极速时代、鑫乐源、亿隆塑业四家企业在安徽省股权交易中心成功挂牌。四是搭建政银企对接平台。通过建立政府、银行、企业交流平台,形成互信互利、合作共赢的银企关系,增强金融机构加大信贷投放力度。成功举办银企对接会议7次,促成企业与银行达成一系列合作,累计协助园区企业融资3.5亿元,为企业快速发展提供有力资金保障。

【加强财政监管】一是加强财政资金监督检查。积极配合监察、审计机关开展财政综合检查、专项检查、村级财务审计和“小金库”治理,对发现的问题,及时提出整改意见,责成相关单位限期纠正。同时,重点加强对民生工程资金、农业专项资金、涉企资金的监督管理,确保专款专用。二是开展会计信息质量检查。加强对区直预算单位和企事业单位的会计业务检查。适时调整会计监督工作重点,努力探索会计管理科学化、精细化监督模式,健全完善单位内部监督、审计监督和行政监督“三位一体”的会计监督体系,促进会计信息质量全面提升,为经济和社会事业发展保驾护航。

(相山区财政局供稿　徐梅)

杜集区财政工作概述

【概况】2015年,杜集区财政部门全面贯彻党的十八大和十八届三中、四中、五中全会精神,深入践行“三严三实”,坚持稳中求进工作总基调,沉着应对严峻经济形势,着力稳增长、调结构、惠民生、促发展,突出创新驱动,强化风险防控,加强民生保障,优化支出结构,提升管理绩效。财政改革成效明显,服务发展措施有力,财政收支运行总体平稳,预算执行情况良好。全区地方财政收入累计完成3.35亿元,为预算的101.7%,同比增收2057万元,增长6.5%。全区财政支出累计实现10亿元,其中公共财政预算支出8.8亿元,基金预算支出1.3亿元。区本级公共财政支出7.56亿元,同比增支8101万元,增长12%。

【财政保障能力增强】一是在研判上深分析。结合国家税收政策,深入分析全区税收结构和增长趋势,每月预测税收走向,增强前瞻性。二是在征管上下大力。严格税收政策,强化征管措施,突出重点税源,摸排新增税源,盯紧零散税源,加强税收稽查、催缴和清欠力度,实现应收尽收。三是在机制上谋创新。建立部门协调联系、协税护税等信息互通机制,强化税源动态掌控,做到税源信息共享、征税力量统筹,确保财政收入总量不断扩大,为各项事业发展提供有效财力保障。

【预算管理绩效提升】一是严格预算执行。坚持“三保一突出”,严格遵循预算安排,按计划和进度拨款,支出必有预算。定期分析预算执行状况,定期清理财政存量资金,督促预算执行,跟踪预算执行进展。顺利完成机关事业单位工资改革和乡镇国库支付改革。二是严管“三公”经费。认真落实中央八项规定和党政机关厉行节约有关要求,严格执行公务接待、差旅费、公务用车等管理办法,每月统计“三公”经费支出情况,每季通过网络向社会公开。当年全区“三公”经费支出1605万元,同比下降9.3%。

【支持发展力度加大】盘活财政存量资金和国有资产,进一步优化支出结构,突出支持重点,促进经济平稳较快发展。一是推进投融资体制改革。积极搭建政、担、银、企合作平台,吸纳社会资本,成立投融资平台公司,有效推进民间资本参与基础设施建设。设立5000万元过桥资金,共为35家企业提供贷款过桥资金47批次,累计使用资金额度达到3.2亿元;注资1.02亿元入股辖区融资担保公司,实现国有控股,增强融资服务能力,推行“4321”政银担风险分担机制,共为辖区58家企业提供贷款担保4亿元,有效缓解企业融资难题,促进企业健康发展。二是支持科技创新。投入3000余万元,加强众帮创业园建设,支持专利资助66万元,2015年获批省级“众创空间”。减免小微企业税收130万元,积极落实支持小微企业发展相关扶持政策,有力支持大众创业、万众创新。三是多方筹集资金推进基础设施建设。与徽商银行合作设立总规模5亿元的城镇化建设基金,进一步拓宽筹集资金渠道,为全区城乡基础设施建设和园区基础设施建设集聚财力。积极推进与工商银行、华创证券融资合作。四是支持产业转型升级。出台企业上市(挂牌)奖励政策,天相电缆、森化碳等5家企业在省股权交易中心(四板)挂牌,和正农牧1家企业在全国股份转让系统(新三板)挂牌,上市储备库企业达19家,促进企业通过资本市场融资,加快产业转型升级,夯实财政增收基础。

【民生保障水平增强】全年教育、卫生、社会保障等民生支出70712万元,占公共财政总支出的80.4%,同比增长14.2%。其中,直接投入民生工程资金3.8亿元(区财政配套3210万元),认真落实30项民生工程政策,注重提质增效,推行精准施助,民计民生得到持续改善。投入1700万元,促进教育事业均衡发展;投入9940万元,提高群众医疗保障水平;投入1.84亿元,推进保障性住房建设和农村危房改造;投入5300万元,健全完善社会保障体系;投入2000万元,加强农业和农村基础设施建设。

【财政资金效益提高】加强财政绩效管理,建立内部风险防控和财政监督检查工作机制,构建事前防范、事中控制、事后监督和纠正的动态机制。对项目资金使用和效益进行绩效评价,并注重评价结果的运用。加强乡镇财政资金监管,聘请第三方对各镇(街道)财务进行审计,加强乡镇财政资金监管,进一步促进乡镇财政规范运行。开展专项资金检查活动,对2011—2015年的涉农补贴资金进行全面检查,及时整改有关问题。同时开展"小金库"专项治理、农村集体"三资"监管、政府性债务清理等活动,保障资金安全和效益。

(杜集区财政局供稿 朱杰)

烈山区财政工作概述

【概况】2015年,面对宏观经济下行压力,烈山区各级财政部门主动适应新常态,积极作为,克难攻坚,突出抓主抓重,强化工作落实,各项工作取得新的成效。

【财政保障能力增强】以强化财政支撑能力为主线,壮大财政实力,强化税收征管,全区财税部门以组织收入为中心,积极采取有效措施,对重点项目实行跟踪服务,依法强化收入征管。财政支出保障更加有力,支出结构进一步优化,财政资金更多投向实体经济发展、产业转型、民生等重点领域,充分发挥了"保基本、保运转、保民生、保重点"的职能作用,促进经济持续发展和社会和谐稳定。全区财政总收入完成4.66亿元,同比增长10.2%,其中,区级地方财政收入完成3.45亿元,同比增长15%。全区累计支出完成9.76亿元,同比增长16.7%。

【民生福祉有效改善】坚持把更多的财力投向民生,全区用于民生领域支出占财政总支出比重81%。其中,全区直接投入民生工程资金3.99亿元,比上年增长11.7%,29项民生工程年度目标任务全面完成。其中,投入1586万元,促进教育事业均衡发展;投入5533万元,健全完善社会保障体系;投入13698万元,增强人民群众医疗保障能力;投入13400万元,推进保障性住房建设和农村危房改造;投入1172万元,不断提升就业水平;投入管养经费376万元,建立民生工程建后管养机制,确保民生工程持久发挥效益。扎实推进农村综改工作,采取政府购买服务方式,对全区村级财务全覆盖审计,推进农村集体三资规范管理;投入4512万元,加强农业和农村基础设施建设,支持现代农业发展,加快美好乡村建设,实施"一事一议"财政奖补项目43个;落实各项惠农政策,发放涉农补贴资金5923万元;投入5650万元,支持环境整治、公共交通建设、文明城区创建及美丽乡村建设等,城乡面貌发生新的变化。

【财政管理更加规范】强化财政改革,进一步增强财政体制活力。深化部门预算管理改革。加快建立全面规范、公开透明的政府预算制度,扩大和细化预决算和"三公"经费信息公开的范围和内容,强化预算编制科学完整、预算执行规范有效、预算监督公开透明,做到三者有机衔接、相互制衡。全区"三公"经费支出同比下降30%,行政运行成本进一步降低。切实加强财政资金管理,建立结余结转资金定期清理制度,积极盘活财政存量资金并优先用于保民生、补短板。大力加强政府债务管理,注重防范潜在风险,有序置换存量债务,优化债务结构,减轻偿债压力。完善农村集体"三资"管理长效机制,完善村级组织运转经费保障机制,切实提高村级组织社会管理和为农服务能力。深化政府采购改革。细化采购预算编制,明确采购范围,完善采购程序,加强资金管理,推进政府采购活动规范化、制度化,采购能力和采购水平进一步提升。创新财政监管。建立健全财政工作风险内部控制机制,健全完善"事前参与预警、事中跟踪防范、事后审核问效"的多层次、全方位的财政监督体系。加强与纪检监察和审计部门配合,重点加强对各单位预算执行、专项资金使用等跟踪问效管理和财政监督检查,确保财政资金安全高效运行。

【自身建设不断加强】以"三严三实"教育活动为抓手,着力增强干部的"忠诚、干净、担当"意识,着力提高财政干部队伍的学习能力、创新能力、执行能力、自律能力,提升财政干部的主动理财、科学理财、依法理财水平。深入开展反腐倡廉教育,增强财政干部的廉洁自律意识,倾力打造"政治素质硬、道德素质高、业务素质精"的财政干部队伍,不断增强干部职工服务区域经济发展的能力。

(烈山区财政局供稿)

濉溪县财政工作概述

【概况】2015年,濉溪县财政总收入完成28.48亿元,同比增长8%,其中地方收入完成16.16亿元,同比增长13.6%。全县财政支出47.32亿元,同比增长18.5%。

【强征管促增收】科学制订收入计划,硬化征管部门责任,强化收入目标考核,严格依法组织收入。充分运用税收征管保障平台和涉税信息平台,加强对重点税源的实时监控和动态分析,不断夯实税收征管基础。定期召开财税调度会、联席会议,及时了解和掌握税收进度情况,确保重点税源及时足额入库。构建纵向到底、横向到边的协税护税网络,重点对建筑领域营业税、土地使用税、耕地占用税进行税收清理,全年共清理入库7500万元,有效增加了地方财政收入。规范非税收入管理,合理界定非税收入范围,严格执行"收支两条线"管理,确保全额纳入财政预算。

【谋转型促发展】在省财政对皖北三市七县每年补助2000万元的基础上,配套资金1亿元专项用于园区基础设施建设,不断提升园区承载能力,吸引更多人、财、物向园区集聚。新增担保公司资本金3354万元,使政府独资和参股的两家担保公司注册资本金达到1.79亿元,壮大县级担保公司规模,放大担保倍数3.7倍,累计为78户中小企业提供担保3.68亿元,补助担保费334万元,有效缓解企业融资难题。大力支持小老板培育工程,累计发放小额担保贷款10040万元,支付贷款贴息资金882万元。安排1100万元支持小老板培育基地补贴、创业明星奖励等,以创业促进就业。推进政府性资金"以存促贷",引导金融机构增加信贷投放,全县贷款余额达到158.72亿元,同比增长14.96%。注入财政资金4000万元,筹集其他资金6000万元,建立续贷过桥基金1亿元,推动小微企业加快发展。

【优支出促和谐】优化支出结构,财力投入向民生领域倾斜。全年财政民生支出达到41.9亿元,同比增长11.4%,占财政支出的比重达到88.6%。其中,实施33项民生工程全年投入资金12.62亿元。全年教育支出8.78亿元,同比增长22.7%,落实义务教育经费保障机制和"两免一补"政策,全年共发放各类学生资助、补助资金1162万元,资助学生13199人次;认真落实社会保障和就业政策,全年发放城市最低生活保障金2974万元、农村最低生活保障金4105万元,发放孤儿基本生活费161万元。支持城乡居民基本养老保险改革,发放基本养老金12796万元,发放5236户农村五保户供养补助1604万元,按政策兑现老村干、老民师等七类"老字号"群体生活补助2060万元。公共租赁住房分配入住2443套,新建棚户区改造分配入住1957套,农村危房改造完成1300户。实施更加积极的就业政策,安排资金1845万元保障职业农民培训、职业技能培训和创业培训补贴等,支持大众创业,新增城镇就业16719人、转移农村富余劳动力16697人;全年医疗卫生投入6.5亿元,同比增长20.2%。全县94.8万群众参加新型农村合作医疗,支出资金4.18亿元。积极实施城乡医疗救助,拨付救助资金675万元,城乡居民大病保险基金支出1302万元。

【增投入促三农】投入8267万元,用于高标准农田和田间工程建设。投入3629万元,完成土地治理项目4个,治理面积2.77万亩。投入1000万元,支持4家农业服务主体开展10万亩农业生产全程社会化服务试点项目。设立420万元融资风险补偿基金,撬动银行2100万元信贷资金,为符合条件的农民合作社、家庭农场提供1年期内无抵押、无担保或弱抵押、弱担保贷款。拨付154万元支持贷款贴息项目建设。支付小麦、玉米、大豆政策型农业保险理赔金2100万元。安排美好乡村专项资金6999万元，支持8个美好乡村中心村建设。全年发放17大项惠农补贴资金3.77亿元，全县农业人口人均受益近400元。投入一事一议财政奖补资金3428万元，建成174个村级公益事业项目，群众生产生活条件得到较大改善。

【抓改革促规范】进一步加强财政存量资金清理，盘活各类存量资金4.1亿元，提高财政资金使用效益。完善一般公共预算、政府性基金预算、社保基金预算体系，启动编制国有资本经营预算，将政府的收入和支出全部纳入预算管理。按时全面公开全县财政预决算、县直70家预算单位预决算和“三公”经费信息。按规定清理撤销县、镇（园区）财政账户69个，改变财政专户资金支付方式，将财政专户资金全部纳入国库集中支付，实现国库集中支付县、镇（园区）和所有财政资金全覆盖。制定出台政府性债务管理意见，科学合理制定债务收支计划，清理、甄别、锁定政府存量债务32.8亿元，严格债务举借程序，实现从源头规范政府举债行为。积极探索建立公办民营、民办公助等模式，支持社会力量兴办教育、医疗、养老等事业。安排资金2602万元，支持19个政府购买服务项目。健全预算编制、执行、监督“三位一体”财政管理体系。对财政资金实行月查、季报、年审制度，不断强化财政资金安全管理。

（濉溪县财政局供稿　肖建生）

亳州市财政工作综述

亳州市财政工作概述

【概况】2015 年，全市财政总收入完成 130.1 亿元,为预算的 100.3%,增长 12.4%。其中:地方财政收入完成 81.4 亿元，为预算的 101.8%，增长 11.9%;中央收入完成 47.5 亿元,比上年增加 5.2 亿元，增长 12.2%。市本级财政总收入完成 40.5 亿元,比上年增加 4.9 亿元,增长 13.7%,其中:地方财政收入完成 17.6 亿元，比上年增加 1.7 亿元,增长 10.5%;中央收入完成 21.7 亿元,比上年增加 2.7 亿元,增长 14.2%。市本级财政支出完成 51 亿元,比上年增加 11.1 亿元,增长 27.8%。

【狠抓收入征管】坚持依法征管,综合治税,规范政府非税收入管理,提升收入增长和质量。全市财政收入增幅居全省第 3 位，高于全省平均水平 2.9 个百分点，居皖北六市第 1 位。税收收入 109.6 亿元,增长 11.7%,税收占财政收入比重达 84.3%,高于全省平均水平 1.8 个百分点,占比居全省第 6 位。市本级和谯城区、蒙城县、涡阳县、利辛县分别完成 40.5 亿元、27.8 亿元、21.7 亿元、16.7 亿元、15.3 亿元，同比分别增长 13.7%、15.8%、8%、5%、12%。

【保障重点支出】财政支出规模不断扩大,重点支出及时保障,支出绩效不断提高。一是支出进度加快。全市财政支出完成 277.8 亿元,同比增支 48.6 亿元,增长 21.2%。二是民生支出增加。民生支出累计完成 237.6 亿元，占总支出的 85.5%,同比增加 43.4 亿元,增长 22.4%。其中:教育支出、医疗卫生和计生支出、社会保障和就业支出、住房保障支出分别增长 21.9%、15.3%、21%、22.7%。三是建设资金及时保障。市本级统筹调度资金 63.7 亿元,有效保障城建项目、土地收储、拆迁安置、“九城同创”、智慧城市、交通整治、政府债务还本付息等重点支出。四是绩效管理加强。落实《市级预算绩效管理办法》,对教育、社保、农业等 19 个项目进行绩效评价,涉及财政资金 20 亿元。

【深入推进改革】推进营改增改革,做大做实收入基数。推进预算信息公开改革，除涉密部门外，市县区预算部门全部按时公开部门预决算和“三公”经费信息。推进盘活存量资金改革,全市清理财政存量资金 24.7 亿元,清收农村信用社改制不良贷款 2.485 亿元。推进国有资本经营预算改革，上缴国有资本经营收益 1.2 亿元全部调入公共财政。推进政府债务管理改革,规范债务管理,加强债务风险防控，争取省代发政府债券额度 76.7 亿元。推进政府购买服务改革,确定项目 162 项,预算资金 4.1 亿元。推进支持社会力量办事业改革,谋划 PPP 项目 14 个。制定社会力量办医、办学、办养老机构财政补助方案,吸引社会力量办事业。

【提升管理绩效】认真落实《预算法》,规范预算编制、管理和执行,硬化预算约束力。加强“三公”经费管理,全市“三公”支出同比下降 7.6%。推进财政平台一体化建设,将全部财政支出业务、全部预算单位纳入集中支付电子化管理。按照“五个一”要求，督促县区编制高标准基本农田建设规划,并通过市级验收。坚持问题导向,认真查找整改问题,完善制度 48 项。建立内部财政政策解读制度,及时学习研究政策制度,促进政策制度落地生根。

【实施民生工程】全市实施31项民生工程,落实民生工程资金107.6亿元,资金落实率100.1%,拨付资金107.6亿元,31项民生工程均完成年度目标任务。在学有所教方面,对65.6万名学生免除学杂费及补助公用经费,补助资金4.7亿元,补助寄宿生1.9万人,发放生活费2442万元,校舍维修改造完成30.4万平方米。发放高校国家奖助学金351.9万,发放中职国家助学金724.9万元,拨付免学费资金5667.6万元,发放普通高中家庭经济困难学生国家助学金3017万元。在劳有所得方面,完成就业技能培训1.7万人,参培率111.8%,培训合格率97.4%。开发公益性岗位2457个,完成率111.6%,落实高校毕业生就业见习794名,完成率158.8%,提供高校毕业生基层特定岗位728个,完成率100%。在病有所医方面:新型农村合作医疗参保人数532.3万人,参合率105%,补偿1100.2万人次,收益率206.7%。城镇居民基本医疗保险参保人数63.9万人,完成率106%。城乡居民大病保险,补偿城镇居民524人次,补偿资金230.5万元;补偿农村居民2.4万人,补偿资金7864.1万元。对4.4万名贫困残疾人实施生活特别救助,对7064贫困精神残疾病人给予药费补助,完成贫困白内障复明手术1002例,完成率114%,贫困儿童抢救性康复921人,完成率105%。在老有所养方面:供养五保3万人,发放补助资金9410.9万元,新建、改扩建农村敬老院12所,新增床位1010张,完成投资3104万元,投资完成率156.6%。城乡居民基本养老保险参保331.7万人,参保率135.7%,缴费214.6万人,缴费率87.8%,发放养老金7.4亿元。社会养老服务体系建设,实际新增床位2343张,完成率100%。计划生育家庭特别扶助全市保障664人,发放资金247.1万元。在住有所居方面,农村危房改造完成7600户,完成率158.3%。公共租赁住房保障新增公共租赁住房8326套,开工率101.5%,新增租赁补贴269户,完成率101.5%,基本建成5072套,完成率108.1%,分配入住8946套,分配入住完成率151.8%。棚户区改造20588套,开工率112.2%,基本建成9879套,完成率129.4%,分配入住10574套,分配入住完成率103.4%。同时,开展美好乡村公共服务奖补,落实资金3.5亿元。农村饮水安全工程建设水厂61个,完成投资4.9亿元。农村公路危桥加固改造40座,完成投资3344万元。农村居民最低生活保障补助194.1万人,发放补助资金2.8亿元。孤儿基本生活保障供养2778人,发放资金1650.3万元。生活无着人员社会救助4589人,发放救助资金734万元。公共文化场馆96个全部开放。

【促进经济发展】一是认真落实减税降费政策。开展政策梳理,落实优惠政策,依法依规帮助企业排忧解难。减免1.7万户企业和个体工商户的增值税、营业税及企业所得税9.3亿元。取消、缓征18项行政事业性收费和基金,为企业减负1.3亿元。二是创新财政投入方式。设立产业引导基金,制定财政资金“借转补”和事后奖补办法,引导社会资本投入实体经济。积极推行涉企系统应用,项目申报一律纳入涉企信息系统比对,提高资源配置公平性和政策覆盖面。三是认真做好财政金融工作。向政策性融资担保公司注入资本金4亿元,放大担保倍数4.7倍,支持民营经济发展,缓解中小企业融资难。四是严格履行出资人职责。制定《亳州市属企业负责人薪酬管理暂行办法》,签订《市属国有企业经营目标责任书》,将企业高管薪酬与企业经济效益紧密挂钩。推进公司制股份制改革,支持企业在新三板上市,促进企业做大做强。

【加强效能建设】扎实开展“三严三实”专题教育,认真学习习近平总书记系列重要讲话。对照“三严三实”要求,查找问题不足,扎实整改落实。狠抓机关党建,完善“三会一课”制度,加强党性教育,坚定理想信念,落实从严治党要求。认真落实中央八项规定的省市30条规定,开展上门会商、上门帮联,转变工作作风。认真落实党风廉政建设主体责任,扎实开展查处发生在群众身边的“四风”和腐败问题专项工作。加强廉政风险防控,建立责任清单和权力清单制度,制定权力清单55项、责任清单18项。加强效能建设,提高工作效率,122件网上办事大厅事项,327件督办件全部按时办结。2015年,市财政局受到市政府通报表扬,预算分析工作受到市委书记批示表扬,9项单项工作在省财政厅获奖。

(亳州市财政局供稿 邓昊)

谯城区财政工作概述

【概况】2015年，全区财政收入完成27.81亿元，占年初预算27.81亿元（含6项基金调入万元)的100.0%,比上年同期增长15.8%,增收3.79亿元。全区财政支出完成54.5亿元,占预算49.27亿元的95.9%,比上年同期增长13.2%,增加支出6.35亿元。其中:民生支出完成47.22亿元,同比增长16.8%，增支6.79亿元，占财政支出的86.7%。

【财政改革稳步推进】清理盘活财政存量资金,检查核实全区72个部门单位(含财政专户)的财政存量资金结余情况，收回财政存量资金5709万元，其中专项转移支付结转结余同级财政收回2815万元，部门预算结转结余同级财政收回2894万元。选择区农委、区人社局、区住建委等8个部门为预算公开评审试点单位,聘请区人大代表、政协委员、审计部门代表等人员作为评审员,对8个试点单位的2015年项目预算执行情况和2016年项目预算编制情况进行评审,实施“开门办预算”。全区56个一级预算单位按照统一部署、统一格式，于3月6日公开部门预算,9月18日公开2014年部门决算。主动与国税、地税部门加强联系沟通,掌握上级营改增扩围新动态,做好营改增扩围准备工作。通过PPP模式实施本区园林绿化及市政设施管养项目和快速通道建设项目。确定2015年政府购买服务实施项目28项,项目预算资金11585万元。完成“整贷直发”小额担保贴息贷款11086万元。制定下发《谯城区小微企业续贷过桥资使用管理暂行办法》,共筹集3950万元(含区级配套2300万元)续贷过桥资金,支持小微企业发展,缓解实体经济融资难题。

【民生工程成效显著】实施31项民生工程,投入资金25.5亿元,其中上级补助12.8亿元,区配套7.2亿元,群众筹资5.5亿元,31项民生工程项目全部完成。完成一事一议财政奖补项目199个,总投资6765万元,惠及182个村105万人。确定政策性农业保险定损额1382万元,全部实现打卡发放。选定十河镇丰盛家庭农场、广印堂有机农业示范园有限公司、蔡四化家庭农场等25户作为贷款保证保险试点业务,承保金额达2500万元。完成8个中心村美好乡村建设项目的资金筹集和整合工作，筹集专项资金8489.5万元，拨付5772.5万元,保障美好乡村建设。

【财政管理不断创新】一是按照国务院对地方政府债务的管理办法,开前门、堵后门,财政部发行两种债券,其中发行建设债券用于地方建设,发行置换债券用于置换原有地方政府债务。积极申报新增债券资金1.72亿元,用于保障房和园区建设。申请置换债券16.9亿元,用于偿还应付工程款和银行2015年到期贷款,本区置换债券数额在全市县区中最高。二是制定乡镇财务债务管理办法,建立乡镇财政三项清单制度,加强财政内控工作的管理,建立职责明确、权力界定、越权预警、违规追责的内控制度。三是选取预算数额较大、社会影响较广、具有明显公共效应的4个项目,实施重点绩效评价。理顺招投标体制，全年共采购批次563项,节约4558万元,节约率11.33%。四是加强会商帮联服务工作,建立三级人大代表联系制度,积极参与区人大组织的各项调研活动15余次,主动与项目单位进行会商1082次,对内对外会商解决实际问题859件。五是加强学习型机关书香亳州建设,30平方米的图书室顺利落成,编印《谯城财政剪报》22期、《谯城财政简报》12期,收录财政干部各类稿件和剪稿750余篇。设立财政导服台,为前来办事的群众进行答疑和引导服务。区财政局被评为市级“创建文明行业先进单位”,支付中心被评为市级“文明窗口单位”。

【资产资金效益提高】一是编制2015年国有资本经营预算100万元，同时确定上缴比例和支出范围。2016年国有资本预算的上缴比例从上年10%提高到15%。二是清理全区资产、资金、土,共清理房产180.8万平方米,房产占地1.1万亩,另有闲置土地64亩,划转盘活资金1.23亿元。三是加大了国有资产变现力度，销售还原门面房36套,盘活资金5000余万元。四是组织资产处置拍卖会5次,组织收入305万元,其中对5座乡镇水厂经营权进行公开拍卖,成交价139.2万元,受到省水务部门充分肯定。五是实现社会保障资金的保值增值，与各商业银行签订上浮存款利率的存储协议,定存额达4.96亿元,定存占比为66%,综合收益率达3.8%。

【重点支出充分保障】一是做好征迁资金的调度与兑付工作。截至当年11月底,拆迁资金涉及项目43个,兑付资金9.41亿元。其中市级项目24个,兑付资金2.33亿元;区级项目15个(工业园区十八里工作组项目列为一个),兑付资金3.15亿元;断头路拆迁资金涉及项目4个,兑付资金3.93亿。(市级项目3个,兑付资金0.3亿元,市区共同负担项目1个,兑付资金3.63亿元)。二是统筹安排资金3573万元,支持2.56万亩高标准农田治理项目建设,基础设施主体工程顺利完工。三是采取预拨方式及时兑付"七老"人员补助金的发放,共发放补助金2667万元,10052名"七老"人员受益。四是通过惠农"一卡通"形式发放各类惠农补贴资金38773万元,惠及群众143万人次。

【廉政建设及财政监督工作加强】一是落实廉政建设主体责任,在全区财政干部中开展查找发生在群众身边的"四风"和腐败问题线索的活动。强调全体机关和基层干部一定要"守住底线,不触红线,远离高压线"。二是制定《谯城区党政机关差旅费管理办法》《谯城区党政机关事业单位会议费管理办法》和《谯城区压缩"三公经费"、厉行勤俭节约专项整治工作方案》,严格规范开支标准,大力压缩"三公"经费支出,同比下降4.7%。三是完善源头防腐机制,区纪委、区财政局等15家单位实施"三公"经费及会议费支出网上申报、网上审批(备案)、数据统计自动分析、违规违纪自动预警为一体网上巡查系统。

(谯城区财政局供稿)

涡阳县财政工作概述

【概况】2015年,全县公共财政预算收入完成16.7亿元,为年度预算的100%。其中:国税部门累计完成5.9亿元,完成年度目标的82%,占财政收入的35.4%;地税部门累计完成7.92亿元,完成年度目标的108.5%,占财政收入的47.4%;财政部门累计完成2.88亿元,完成年度目标的130.8%,占财政收入的17.2%。2015年,全县公共财政预算支出完成46.37亿元,同比增支3.7亿元,增长8.1%。

【强化收支管理】针对房地产、煤炭、白酒等行业发展下滑影响财政收入的严峻形势,财政部门创新工作方式,层层分解任务,优化支出结构,力保财政收入增长。健全收入调度机制。建立完善国、地、财税收调度机制,定期召集调度会,加大分工协作和定期会商力度,靠前指挥、加强调度;强化综合治税工作,及时发现问题,堵塞收入漏洞。加强非税征管。深化非税收支管理,加强土地出让金等重点非税收入管理。全县公共预算内非税收入完成33682万元。节约和压缩非必要支出。严格执行中央"八项规定",从严从紧压缩"三公"经费。全县"三公"经费支出3236.4万元,较上年同期减支213.4万元,同比下降6.6%;完成各类采购项目436个,采购金额8.95亿元,成交金额7.55亿元,节约1.4亿元,节约率15.59%。积极推进招商引资,完成招商引资项目5个,引资金额5.67亿元,总部经济2626万元,圆满完成全年招商引资任务。

【保障民生发展】全县实施民生工程31项,全部圆满完成年度目标任务。认真落实财政奖补,全年共开展"一事一议"财政奖补项目344个,总投资6304.8万元,其中财政奖补4442.8万元,124.1万群众受益。切实推进教育发展,除县本级教育投入外,投入农村义务教育经费保障机制资金2.02亿元,其中投入薄弱学校改造3480万元、专项用于学前教育资金1731万元、改善普通高中办学条件投入631万元、家庭经济困难寄宿生生活补助3603万元等。加快推进社会保障建设,全县累计实现社保基金收入14.16亿元,同比增长8%,完成预算的101%;基金支出累计完成13.04亿元,同比增长3%,完成预算的104%。支持城乡公共建设,全年发放18项惠农补贴4.62亿元,惠及农户89.5万户(人),促进全县社会稳步发展、群众安居乐业。

【深化财政改革】深化投融资体制改革。做大做强融资平台,支持建投公司改组为集团公司,统筹国有资本,提高融资效率。探索利用PPP模式开展县域基础设施建设,加大对社会资本的利用力度。全年签订融资合同13.66亿元,提款8.66亿元。深化政府性债务管理改革。充分利用省下达存量债务置换债券,置换本地债务,缓解还本付息压力。将政府偿还债务中的一般债务纳入公共预算管理,将专项债务纳入基金预算管理,确保置换资金使用规范、透明。全年共置换政府性债务 17.97 亿元。深化政府购买服务改革。积极开展政府购买服务工作,在市政设施方面,对紫光公园等 9 个公园广场的日常管理采取政府购买服务方式;积极探索推进对农村清洁工程、养老等方面的政府购买服务。

【强化财政监管】坚持依法理财,推进财政工作公开透明。强化内部财政监督管理。开展财政账户专项清理,规范财政专户管理,加强财政专户资金及核算管理,将原有 26 个财政专户合并撤销 11 个,保留 15 个。开展专项资金清理活动,清理历年结余资金 2257.6 万元。强化外部监督管理。自觉接受县人大、县政协、审计部门和社会监督,组织人大代表、政协委员等各界人士视察调研财政工作 2 次,承办市、县人大议案 9 件,县政协提案 4 件。强化乡镇财务互查和村级资金审计。与监察局、审计局配合,抽调专人对 26 个镇(含经开区)和 368 个行政村的乡镇财政财务管理开展集中互查互审,采用"重点检查"和"交叉互审"的方式,对农村危房改造等涉农资金落实情况进行重点检查,互审面达 100%。

【提升干部素质】以干部能力提升为目标,开展干部学习培训。组织乡镇基层财政干部 160 余人到阜阳财校进行轮训,提升服务基层能力;组织青年干部培训班,对近几年新录用干部 30 余人定期培训;加强党风廉政建设,邀请县纪委到我局开展廉政文化授课,推进干部心中有戒、心中有畏。强化干部轮岗交流。致力优化干部结构、注重多岗位锻炼,推进干部培养工作。通盘考虑业务需要,对局机关及局属单位、财政所 100 余人进行轮岗交流,使干部在专业领域、知识结构、年龄层次上合理搭配,优势互补,激发干部队伍活力,确保财政队伍整体功能最大化。

(涡阳县财政局供稿)

蒙城县财政工作概述

【概况】2015 年, 全县财政总收入完成 21.68 亿元,占年度预算的 100%,同比增长 8%。其中税收收入 17.59 亿元,占财政收入的 81.1%。全县财政支出完成 55.19 亿元,同比增长 21.6%。

【加大民生投入】全县财政民生领域支出 49.2 亿元,占全县一般公共预算支出的 89.1%。30 项民生工程全年投入 24.4 亿元,各项民生实事有效落实。教育支出 10.7 亿元,用于义务教育经费保障、薄弱学校改造、校舍维修、学前教育奖补等,落实各类扶贫助学政策,发放扶贫助学资金 5376 万元。投入资金 14.3 亿元加大保障房建设力度,改善人民群众的居住条件。投入 2.73 亿元用于城乡居民养老保险,发放养老金、最低生活保障等,惠及城乡居民 20 万人。投入 5.1 亿元用于城乡居民医疗保险,实现医疗保险全覆盖,有效缓解群众看病难、看病贵问题。文化体育与传媒投入 0.5 亿元,支持公共文化服务体系建设,促进体育事业加快发展。

【支持"三农"发展】落实各项惠农政策,全年通过"一卡通"打卡发放补贴 22 项,资金 4.68 亿元。拨付村级资金 6072.8 万元保障村级组织建设,增加村级组织运转经费和农村党员活动、村干部学历教育经费,提高村干部报酬。安排 4176.1 万元化解乡镇债务。投入农林水资金 4.3 亿元,用于农村安全饮水工程和小农水项目建设。投入美好乡村建设资金 6000 万元、农村清洁工程 4350 万元、秸秆综合利用 8950 万元、一事一议财政奖补资金 7064 万元,改善农村生产生活环境。安排专项扶贫资金 3560 万元,推进精准扶贫,帮助困难群众脱贫致富。

【多方扶持企业】落实结构性减税政策,充分利用税收、补贴等政策工具,扶持企业发展。安排 1.8 亿元"营改增"政策扶持资金,减轻企业税负。安排 1.3 亿元兑现企业招商引资扶持政策,涵养后续财源。安排 1656 万元充实县振兴担保公司资本金,实收资本达到 2.55 亿元,担保余额达到 7.3 亿元。安排 500 万元用于"4321"政银担合作风险补偿,全年完成政银担合作试点贷款 2.66 亿元。安排 300 万元用于"532"政银险合作风险补偿,全年完成政险担合作试点贷款 2500 万元。安排 1100 万元用于企业续贷过桥,过桥资金池金额达 1900 万元。安排 500 万元设立融资风险基金,支持农民合作社、家庭农场发展。

【严格依法理财】完善全口径政府预算体系,加大政府性基金预算与一般公共预算的统筹力度。细化预决算和"三公"经费公开内容,规范预算公开评审程序并扩大范围。完善结转结余资金定期清理机制,收回结转结余资金 2.47 亿元,开展盘活存量资金工作,盘活存量资金 7.6 亿元,统筹用于民生支出。严格控制一般性支出,“三公”经费全年支出 2427 万元,同比下降 14%。完善政府采购监督管理机制,全年实施政府采购 345 笔,预算金额 4.1 亿元,采购金额 3.4 亿元,节约 16.8%。推进政府购买服务,创新公共服务供给机制,全年实施项目 20 个,合同金额 2734 万元。建立政府债务风险预警机制,编制政府投资项目和债务融资计划,规范使用置换和新增债券资金,争取省级财政部门地方政府债券和置换债券 11.18 亿元。

【加强财政监督】坚持“全程参与、全面覆盖”的财政监督理念,强化会计监督、乡镇财政资金监管、民生资金监督、预算编制及执行情况等日常监督。制定财政内部控制制度,规范工作操作流程。实行“开门办预算”,对 24 个部门开展预算公开评审。推进预算绩效管理,对纳入国库集中支付的所有财政性资金实行动态监控,将绩效贯穿财政管理全过程。扩大绩效评价范围,实现项目支出自评全覆盖,选择敬老院建设、周元路白改黑工程等 28 个县本级项目进行重点评价,评价资金 1.77 亿元。小辛集乡、乐土镇、马集乡、许町镇等 4 个财政所获得省级服务型财政所称号,档案管理获省一级资质。

(蒙城县财政局供稿)

利辛县财政工作概述

【概况】2015 年,利辛县财政收入完成 15.3 亿元,为预算任务的 100.01%,同比增长 12.02%,增加收入 1.65 亿元。其中:财政部门完成 2.27 亿元,同比增长 2.4%;地税部门完成 7.67 亿元,同比增长 9.2%;国税部门完成 5.39 亿元,同比增长 21.3%。

【加强收入征缴管理】积极完善征管机制,细化措施,落实责任,坚持每月召开一次全县财税收入形势分析会,形成部门协作、以票管税等行之有效的财税征管机制。开展房地产、建筑业、运输业以及煤电等重点行业、企业税源情况专题调研,及时调整扶持交通运输业加快发展的政策,实施工业园区税收专项清理,收到良好效果。

【有效支持经济发展】县城投公司等融资平台共运作棚改、道路交通等项目 12 个,获批资金 25 亿元,到位 15.23 亿元。小额贷款公司累计投放贷款 2.9 亿元,较上年增长 28%。全面推进政银担合作,担保公司全年完成担保贷款 11 亿元,增长 20% 以上,有效改善小微企业融资环境,带动大众创业、万众创新。累计拨付保障房、安置房建设资金 5.3 亿元,征地拆迁补偿资金 3.8 亿元,城市基础设施建设资金 2.5 亿元,兑现农民退宅进城补贴 8200 万元。足额落实民营经济发展专项配套 1373 万元、小微企业续贷过桥资金配套 1000 万元,重点支持县内优质企业做大做强。积极帮助企业做好项目申报工作,争取国家产业政策和技术创新专项资金 742 万元。

【着力保障民生支出】村干部、七老等群体待遇标准进一步提高。拨付生均公用经费 2.7 亿元,薄弱学校改造及学前教育等项目资金 7918 万元。全年离退休费支出达 3.4 亿元,财政对社会保险基金的补助为 2.8 亿元,安排城乡低保、农村五保供养、抚恤等社会保障项目支出 2.9 亿元。拨付新农合等医疗保障支出 6.4 亿元、防疫保健等公共卫生服务 1 亿元、计划生育支出 9020 万元。投入党校、晴岚溪等棚户区改造、安置房建设资金 4.3 亿元。全县 31 项民生工程计划投入资金 23.84 亿元,县级配套 2.84 亿元。教育、卫生、社保、农林水、交通、保障房等民生支出达 51 亿元,占总支出的比重为 80%。

【持续加大“三农”投入】继续坚持倾斜“三农”的方针,进一步加大涉农投入力度。其中:用于农业生产资料与技术补贴 2.3 亿元,农业科技推广及农村公益事业 7989 万元,水利工程建设 7769 万元,农村安全饮水 1.5 亿元,扶贫 8839 万元,农村综合改革 1 亿元,农业综合开发 4566 万元。全年共审批“一事一议”财政奖补项目 262 个,项目总投资 7477 万元,全部完成年度建设任务。省财政厅下达美好乡村建设专项资金 1555 万元,市级专项资金 1496 万元,县级配套 5512.5 万元,以上专项资金拨入专户,实行专人、专账管理;整合涉农资金 3868.51 万元,集中用于全县 2015 年度 8 个美好乡村中心村建设。

【深入推进财政改革】按照及时、完整、详细的原则,全县72家独立核算的县级预算单位(个别涉密单位除外),其2015年度财政预算和“三公”经费预算,以及2014年度财政决算全部公开。建立完善集中支付制度,不断扩大涵盖的预算单位和财政资金范围,强化预算执行动态监控机制,提升财政财务监管水平。出台《利辛县县属企业国有资本收益收取管理办法》,健全完善国有资本经营预算制度,与21家县属企业签订《利辛县国有企业经营目标责任书》,确保企业国有资产的安全完整、保值增值。对全县政府性存量债务进行清理甄别,并纳入年度预算管理。

【增强预算绩效管理】认真贯彻落实《预算法》精神,实行全口径预算管理。强化支出管理,实行支付环节审核把关责任追究制,控制一般性支出,“三公”经费进一步下降。对政务中心、安监局等5家单位13个预算项目进行公开论证,评审资金7639.14万元,审减资金4781.12万元(取消2个项目,金额共计2500万元),审定资金2858.02万元。对农村土地测绘确权、城市园林养护等21个项目推行政府购买服务试点,预算资金1亿元,全部完成年度目标任务。

【抓紧抓实作风建设】深入贯彻落实中央八项规定和省市30条规定,开展“三严三实”专题教育活动,组织向吴波、沈浩和焦裕禄学习活动,积极参与全省财政系统和县委组织部开展的“弘扬沈浩精神,建设模范部门”主题实践活动,解决作风问题。积极开展“结对共建”等资困帮扶活动。强化人大代表联系服务,局党组书记、局长联系全国人大代表1人、省人大代表8人,其他6名班子成员联系市人大代表90人。坚持会商制度常态化,全年累计开展会商共计320次,解决问题332个。出台县财政局政风行风建设工作实施方案,加强对机关日常工作的巡查,发现问题,及时通报,不断提升财政部门综合能力和服务水平,推动财政事业健康发展。

(利辛县财政局供稿　李长江)

宿州市财政工作综述

宿州市财政工作概述

【概况】2015年，全市一般公共预算收入125.57亿元，同比增长9.8%，完成预算的101.3%。其中:地方一般公共预算收入完成86.02亿元,增长11.8%。财政支出完成294.37亿元,增长19%，为预算的117.3%。其中，财政民生支出249.36亿元，占财政支出的84.7%，较上年提升2.7个百分点。

【财政重点改革有序开展】坚持先有预算,后有支出原则,年内杜绝预算外追加。超收收入全部用于补充预算稳定调解基金。加大财政专户和预算单位实有资金银行账户清理整顿力度，撤销财政专户5个,预算单位实有资金账户135个,收缴财政集中统一管理资金1.7亿元。有效盘活用好财政存量资金20.9亿元,统筹用于经济社会发展急需资金支持的领域。稳步推进财政信息公开,实现非涉密预决算信息和项目安排信息公开全覆盖和常态化。推行开门预算，实行预算项目公开评审，提高预算编制透明度。积极创新财政支出方式,综合运用PPP、产业基金等形式,建立多元可持续的投融资新体制。加强地方政府性债务管理,推行重大投融资事项人大批准制度，建立投融资工作例会制度和投融资月报表制度，政府债务管理风险预警、应急处置机制初步建立。争取新增债券13.5亿元，置换债券60.8亿元，减少利息支出3.6亿元。

【支持经济发展有力有效】主动围绕"调转促"主线，充分发挥财政职能作用，持续加大有效投入,促进实体经济发展。积极创新财政支出方式,投入财政资金4亿元,创设"徽银-创赢"产业基金和"城镇化1号"基金,带动金融资本投入16亿元。创盈基金首期支持企业41户，金额6.26亿元。落实关闭地方煤矿补助专项1750万元,淘汰高能耗高污染小企业产能36万吨。安排增加注资7300万元,用于扩大政策性担保体系建设。积极支持棚户区改造,争取国开行贷款32.78亿元,重大基础设施贷款38.43亿元。配套6700万元,设立续贷过桥资金1亿元,打通信贷投放渠道。支持经开区、高新区、宿马园区申报整体城镇化项目贷款,争取农发行长期贷款额度48亿元。

【保障改善民生取得新突破】33项民生工程目标任务圆满完成,全年完成投资73.92亿元,同比增长10.1%,荣获"全省民生工程绩效奖补先进市"荣誉称号。大力支持园林城市创建,当年完成资金投入4.1亿元,较上年增长477%。加大财政扶贫开发力度,完成投入3.28亿元,同比增长147%。投入6.8亿元,用于美好乡村建设、农村环境综合治理和秸秆综禁工作。落实淮水北调、新汴河治理等水利建设专项资金3.7亿元,支持沱河截污、新汴河城区段治理、汴北污水处理厂等基础设施项目建设。支持教育优先发展战略实施,义务教育经费保障机制实际支出60.47亿元，逸夫师范新校区顺利建成投入使用，职业技术学院和卫生职业技术学院办学条件明显改善，城区中小学改造三年改造计划启动实施。

【财政管理水平稳步提升】认真贯彻实施预算法,全面加强财政制度建设,健全财政法治体系,扎紧财政制度的笼子。全面规范预算编制管理,细化预算安排,提高年初预算到位率。坚持厉行勤俭节约,大力压缩一般性支出,全市“三公”经费支出同比下降8%。加强政府非税收入管理,严格实行收支两条线。大力推行公务卡制度改革,2015年部门预算单位现金提取额下降45.7%。稳步实施国库支付电子化管理改革,首批20家试点预算单位直接支付业务电子化已上线运行。完善资金运行风险预警,运用科技手段,强化资金运行监管,建立事前防范、事中控制、事后监督和及时纠错的机制,管好财政管理的“安全阀”。强化“涉企系统”应用,当年通过“涉企系统”申报项目44个,争取资金5000万元,有效防止虚假申报、重复享受等违规行为。强化民主意识,自觉接受人大对财政的依法监督和政协民主监督。认真办理人大代表议案、建议和政协委员提案,主动邀请人大代表、政协委员对财政重点工作进行巡视指导,办结建议、提案件,并加大将建议提案转化为政策措施和实际行动的工作力度,及时反馈落实结果。

【基层财政建设不断加强】加大对基层财政人员的培训力度,先后组织36名乡镇财政所所长到省财政厅参加岗位培训,组织50名财政系统干部到浙江大学参加岗位培训,组织300名乡镇财政干部分赴阜阳市参加岗位培训。严格规范财政行政执法人员的执法行为,狠抓专业知识的培训和执法能力的培养,圆满完成财政行政执法资格证认证考试任务,应考率、参考率、合格率达到98%以上,位居全省前列。大力推动服务型示范财政所创建工作,泗县屏山镇财政所等13个乡镇财政所受到省财政厅表彰;萧县庄里乡财政所荣获“全国财政系统先进集体”荣誉称号,受到财政部表彰。

【国资国企监管扎实推进】市国资委于5月23日与市财政局合署办公。国有资产监管制度进一步完善,先后出台《宿州市市属国有企业重大事项报告制度》《市属国有企业改革申请和报批流程》《宿州市国有企业领导小组工作规则》等一系列文件制度,依法履行对市属国有企业履行出资人职责,逐步将市直机关、事业单位管理的国有企业纳入到市国资委统一监管,规范产权交易行为,实现国有资产的保值增值。2015年,50家市属国有企业实现营业收入18.1亿元,净利润1.96亿元,上缴税费2.81亿元,累计资产总额达到595.4亿元,同比增长16.1%。国有企业混合所有制改革扎实推进,启动市种子公司、海昌汽车销售公司改制工作。切实加强行政事业单位国有资产管理,在全省率先建立行政事业单位资产管理员制度。

(宿州市财政局供稿　侯卫)

埇桥区财政工作概述

【概况】2015年,在上级党委政府的高度重视下,在省、市财政部门的大力支持下,在区委、区政府坚强领导下,埇桥区积极应对经济发展新常态和宏观经济下行压力,凝心聚力,攻坚克难,全区财政收支运行情况良好。

【财政收入稳步提升】采取“六个坚持”举措积极组织收入,即坚持区四大班子主要负责人工作例会每周听取一次分管副区长财政工作汇报;坚持区长办公会每周听取一次财政局长工作汇报;坚持一月召开一次财政工作调度会,由区政府主要负责同志对各乡镇、街道财政收支情况进行点评,对落后于时序进度的,进行约谈调度;坚持加强与国税、地税部门协调配合,加大专项治理力度,强化收入征管,确保应征尽征;坚持加大涉税信息分析,掌握重点行业、重点企业的税收入库情况,巩固支柱财源、主体税源;坚持“抓大不放小”,强化零散税源的管理,保证应收税费及时足额入库。全年地方公共财政收入完成31.5亿元,较上年增加2.86亿元,地方可用财力有所提升。全区税收收入完成26.92亿元,税收占比由上年82.8%提高到85.8%,收入质量有所提升。进一步规范非税收入管理,不折不扣落实各项收费减免政策,全年非税收入增幅保持低位运行。

【财政支出惠及百姓】克服各种增支压力,本着有保有压的原则,按照“保工资,保运转,保民生”的总体要求,紧扣“调结构,转方式,促发展”主题,严格按下达的预算、支出的轻重缓急以及收入的进度安排支出,全区共支出53.58亿元。优化财政支出结构,在确保各类增资及基本支出的前提下,优先保障各类民生及重点支出。全年民生支出46.6亿元,增长2%,占财政总支出的87%。按照机关事业单位养老改革并轨精神,积极筹措调度资金,及时兑现机关事业单位调资款3.9亿元;兑现县以下公务员职级别并行及乡镇公务人员补贴近0.6亿元,确保工资改革顺利进行。

【财政资金绩效提升】加强全口径预算管理,政府性资金全部纳入财政预算,实现“收入一个笼子、预算一个盘子、支出一个口子”,把有限的财力重点用于促发展和惠民生上。加大结转结余资金统筹力度,全面清理盘活结转结余资金、预算稳定调节基金、预算周转金等各类存量资金,推行结转结余资金统筹使用,共盘活存量资金3.9亿元,均用于增加公共服务供给以及亟须资金支持的重大领域和项目建设。加强政府性资金使用管理,着眼于财政资金的高效利用,学习借鉴合肥市公共资源交易平台的有效做法,构建公共资源交易平台,把财政资金置于“阳光监管”之下。认真贯彻落实中央和省市委有关厉行勤俭节约,严格“三公”经费管理的文件精神,制定出台《埇桥区区直机关外宾接待费管理办法》《埇桥区机关单位公务接待费管理暂行办法》《埇桥区区直机关会议费管理办法》等文件,从严从紧控制一般性支出,做到区级财政供养人员只减不增、“三公”经费只减不增、行政成本等一般性支出只减不增。全区“三公”经费预计支出0.43亿元,同比下降4.4%;加强政府性债务管理,严格规范举债行为,推进建立地方政府信用评级制度,有效防范和化解财政风险。

【财政改革加快推进】顺利推进国库集中收付制度改革、公务卡改革和开展财政专户清理整顿工作。建立国库单一账户体系,收入通过非税收入汇缴户直接缴入国库或财政专户,支出通过国库单一账户体系的有关账户直接支付到商品和劳务供应者或用款单位的银行账户。农村“三资”管理改革有效实施,村级项目补助资金主要用于一事一议项目,全年审批项目234个并全部建设完工,资金安排批复0.63亿元,资金拨付率100%。参与起草《埇桥区关于发展壮大村级集体经济的实施意见》,推动村级集体经济发展。建立并实施乡镇财政“权力清单、责任清单和服务清单”制度。财政涉企项目资金管理信息系统成功上线运行,有效实现对多头申报、重复享受财政资金支持、财政补助大于企业年度纳税及缴纳养老保险之和、无进出口贸易额预警情况、虚假申报等情况的预警。推进政府购买服务试点,支持社会力量办事业。实施区档案局档案数字化录入、农村饮水工程现状与需求调查、十三五水利发展规划编制、农村集体经济所有权确权登记、三山孜石灰岩矿山治理规划设计、支持社会养老服务机构建设等20多项购买服务,达到节省资源、节省资金,提高效率,提升机构建设质量的目的,社会效益显著。

【“调转促”政策有效落实】落实税费优惠政策,及时兑现财政扶持资金2.4亿元,支持企业发展。“营改增”实施范围进一步扩大,全区试点企业达到778家,累计拨付营改增财政扶持资金0.06亿元,确保试点企业税负不增加。煤炭资源税改革运行顺畅,企业申报税收增加,总体负担减轻。为改善中小微企业融资环境,缓解企业融资困难,促进企业健康发展,筹资0.5亿元,设立“埇桥区中小微企业发展资金”,累计为38家企业提供1.3亿元的过桥资金。实施新型政银担合作机制,区融通担保有限公司与6家银行签订“4321”政银担合作协议,建立区级融资担保风险补偿专项资金。

(埇桥区财政局供稿　刘德峰)

灵璧县财政工作概述

【概况】2015年,在县委、县政府的科学领导下,全县财政系统干部职工大力实施“1356”行动计划,积极作为,主动作为,对照省市财政部门的工作安排和县委县政府的工作部署,点燃激情,提升效能,追求卓越,争先争优,各项财政财务工作再上新台阶。

【确保收支预算落实】全县公共财政预算收入完成9.01亿元,占预算105%,比上年同期增收1.21亿元,增长15.5%;出口货物退增值税完成22万元。全县公共财政预算支出完成40.62亿元,占预算的98.8%,同比增支5.06亿元,增长14.2%,低于序时支出进度1.2个百分点。非税收入完成12.61亿元,同比增收7897万元,增幅6.7%,创历史同期最好水平。公共财政非税收入完成2.58亿元,同比增收4885万元,增幅23.4%,占预算的115.8%;政府性基金收入完成7.45亿元,同比增收3107万元,增幅4.4%,占预算的123.3%;财政专户管理非税收入完成2.58亿元,同比减收95万元,减幅0.4%,占预算的136%。

【推进民生工程实施】全县33项民生工程项

目总投入资金14.84亿元,其中中央财政资金8.63亿元,省级财政资金2.78亿元,市级财政资金1500万元,县级政府配套财政资金1.55亿元,群众自筹资金1.73亿元,实现学有所教,促进教育事业均衡发展;实现劳有所得,实现困难人员稳定就业;实现病有所医,完善城乡居民医疗保障;实现老有所养,健全社会保障制度;实现住有所居,着力解决困难群众住房难题;实现统筹兼顾,大力推动“三农”及其他各项事业稳步发展。

【加强预算绩效管理】一是科学编制预算。按照预算编制原则和预算编报口径,及时布置、审核、汇总县直部门和乡镇预算,统筹安排各类支出,努力做到积极稳妥、有保有压和收支平衡。二是强化收入管理,确保财政收入任务完成。根据各乡镇经济发展情况,结合上年度收入基数,合理确定财政收入增长比例,科学分解财政收入任务,明确乡镇收入目标。制定奖惩措施,完善收入考核机制,调动乡镇组织收入积极性。加强部门协作,完善财税库协调机制,及时会商解决预算执行中的问题。三是强化绩效理念,认真做好财政支出绩效管理。为确保绩效考评工作顺利进行,通过完善制度,出台办法,科学遴选考评项目,规范绩效预算编制,加强部门协作,规范绩效评价。严格预算执行,保障重点支出。四是规范县乡分配关系,合理调整县乡体制。五是做好地方政府性债务、营改增等报表统计上报工作。

【大力支持农业经济发展】一是整合支农资金。在省级现代农业示范区建设投入上,大力整合相关支农项目资金,强化措施,实现多元化投入,全年实际整合到位资金6208.3万元。全面实施精准扶贫,服务新农村建设和经济发展,全县共争取上级扶贫资金4912万元,其中:首批到县资金2237万元,后续资金525万元。二是认真做好财政补贴农民资金发放。按照公开透明、阳光操作的要求,进一步规范和加强财政补贴农民资金管理和发放工作,保证各项资金及时、准确地发放到补贴对象手中。全年通过“一卡通”系统发放财政补贴农民资金23大类33项共50135万元,惠及农户133.28万户(人)次。三是创新机制,支持美好乡村建设。县财政预算安排专项资金2205万元,并及时拨付到财政专户。在资金使用上,实行县级报账制和国库集中支付,严格按工程进度报账拨款。在资金监管上,加强项目管理,积极推行项目公示制、项目法人负责制、工程建设招投标制、项目建设监理制及合同管理制,确保整合项目顺利实施。项目资金实行县级报账制和国库集中支付。统一报账管理,设专户、建专账、配专人,封闭运行。充分发挥财政、审计和上级主管部门的监督作用,对美好乡村专项资金的安排使用情况及时进行检查;依托中介机构,对美好乡村建设资金使用绩效进行监测评价,规范项目资金管理,提高使用效益。

【促进地方经济发展】积极申报项目,抓好财政涉企专项资金管理。联合县工业委共同申报扶持项目16个,争取上级扶持资金260万元。按照《灵璧县加强财政扶持资金管理办法》的要求,不断完善项目资金的申报、实施、验收及监督制度,实行规范操作,严格管理,确保财政资金安全,提高财政资金使用效益。扎实推进企业快报工作。认真做好中小企业融资担保工作,县通灵融资担保有限公司与县农村商行、县工行、县农行、县中行、县建行等10家银行签订合作协议,放大倍数为5—8倍;并按市政府要求,先后三次向宿州市中小企业融资担保有限责任公司出资参股,出资额达3000万元,全年为县18家企业提供融资性担保11400万元。

【加强项目资金管理】主动和项目主管部门交流沟通,规范资金管理和使用流程,把工程“四制”落实到具体工作中,寓管理于服务之中,充分发挥财政资金的社会、经济、生态效益。配合有关部门组织申报青年创业贴息、新网工程、粮仓建设等项目,为诸多个体创业者、企业减负,为事业发展做出努力。开展严肃财经纪律监督检查,开展“财政存量资金”和“预决算公开”专项检查。对4家企业和1家群团开展会计信息质量检查。制定印发《灵璧县机关单位公务接待费管理暂行办法》《关于进一步加强财政财务管理工作的通知》和《财政系统行风政风巡查细则》等文件。

【加强财政系统干部培训】扎实开展“培训提升月”活动,财政局党组成立培训工作机构,制定《2015年财政干部教育培训计划》,逐步抓好落实。组织参加市财政局举办的财政系统干部岗位培训班,安排4名股所负责人赴浙江大学全国干部培训教育基地参加为期7天的岗位培训。主动与安徽财经大学联系，分两批对局直全体职工和基层财政所主要负责人进行培训，培训内容涵盖新《预算法》解读、财税体制改革与趋势分析、财政支出与绩效评价等，进一步提高全县财政系统干部理论水平和业务素质。对基层财政所财务结算工作、一事一议财政奖补工作、农业保险工作等开展培训，提高基层财政工作的业务能力和服务水平。积极组织开展村级干部财政支农政策培训班，分4期对全县313名村干部开展各为期3天的财政支农政策培训。

（灵璧县财政局供稿　李栋）

泗县财政工作概述

【概况】2015年，泗县财政收入首次突破10亿元，完成10.03亿元，同比增长18.1%；财政支出完成34.46亿元，同比增长12.1%，其中，财政民生支出完成29.56亿元，增长13.4%，占财政支出的85.8%。“十二五”时期泗县财政收入稳步增长，财政总收入累计完成37.98亿元，是“十一五”时期的3.68倍，财政保障能力进一步增强，财政支出累计完成139.66亿元，是“十一五”期间的3倍。

【强化民生保障】全年民生工程资金总投入11.68亿元，增长14.5%。进一步提升困难群体的生活水平，将农村居民最低生活保障补助标准提高10%，农村五保户分散供养标准提高到2400元/年、集中供养标准提高到3600元/年，贫困重度残疾人生活救助金增长11.6%，扩面8.2%；将新型农村合作医疗和城镇居民基本医疗保险财政补助标准分别提高到每人每年380元；城乡居民养老保险参保人数56.5万人，拨付资金18196万元，足额发放60岁以上老人养老金14013万元。稳步推进县级公立医院改革，拨付资金353万元，对公立医院实行药品零差率补助。大力实施保障性安居工程，建设公共租赁住房1008套，改造农村危房2200户，发放廉租房补贴249万元，改善困难群体住房条件。安排资金800万元，保障民生工程后续管养和政府购买服务项目的实施，发挥工程类项目长久效益。

【惠农政策全面落实】认真做好涉农补贴资金发放工作，全年通过“一卡通”发放各类财政补贴农民资金47531万元，所有补贴资金均及时、安全、准确发放到位。扎实开展政策性农业保险工作，全年发放农作物理赔资金1824.2万元，全部打卡赔付到户，减轻农户因灾损失。有序推进村级公益事业建设，全年共投入资金7459万元，新建一事一议财政奖补及农村村级公路网化工程项目304个，受益人口90余万人。大力支持美好乡村建设，整合涉农资金18500万元，保证项目工程顺利实施，改善农村人居环境。积极实施农业综合开发和高标准农田治理，投资12550.4万元实施中低产田改造及高标准农田综合治理项目8个，共计22.9万亩，改善农业生产基本条件；投资2127.7万元，支持现代农业发展，农业产业化进程不断加快。

【重点改革扎实推进】认真贯彻实施新预算法。把深化财政改革与加强预算编制、预算执行、预算监督等紧密结合起来，健全预算标准体系，全面推进预决算公开，完善政府预算体系。认真做好预决算信息公开工作，统一范围口径、统一内容格式、统一时间方式，保证预决算信息公开质量。健全完善国库集中支付制度，在各预算单位全面推行公务卡结算，实现对财政资金的动态监控。公务卡办卡量和使用率明显提升。规范政府性债务借贷程序，保持债务规模适度、可控，着力防控政府性债务风险。切实加强行政事业单位国有资产管理，成立泗县国有资产运营中心，完成全县行政事业单位和国有企业的房产、土地存量状况清查统计工作。

【服务发展精准有效】统筹安排各类扶持经济发展专项资金72300万元，重点用于支持开发区、乡镇工业园区经济发展。设立“三农”发展专项资金，安排农业项目资金36579万元，林业项目资金2174万元，水利项目资金15452万元，农机项目资金3860万元，促进全县农业经济发展。整合财政扶贫资金7058万元，全力支持全县精准扶贫精准脱贫工作，保障了扶贫工作的顺利开展。大力扶持企业发展，全年共为46家企业申报企业技术改造、贴息、外贸奖励等项目补助资金260万元。完善中小企业融资担保体系，积极争取省政府扶持民营经济发展资金658万元，省担保集团参股资金3800万元，将公司注册资金由10700万元增至15158万元，全年共为县内158家企业提供担保业务46500万元,业务规模放大3.8倍,担保总额为上年同期6.4倍。

【管理水平显著提升】全面加强制度建设,创新管理方式,提高管理绩效,着力构建全面规范、公开透明的预算制度,不断提升财政服务发展的能力和水平。自觉接受县人大及其常委会监督,主动邀请泗县籍省、市、县人大代表,对全县财政工作进行督查和指导,及时报告预算执行情况、政府投融资计划落实情况、政府性债务管理情况以及预算收支调整情况等。扎实开展政府采购工作,规范采购行为,提高采购效率,进一步提升政府采购管理水平。牢固树立过紧日子的思想,严把支出关,"三公"经费同比下降16%。认真组织开展会计信息质量检查工作,进一步提升会计信息质量。扎实开展项目资金绩效评价工作,着力构建"六位一体"监管新常态,进一步规范财政资金的管理和使用,切实提升财政资金使用效益。

【服务质量全面优化】按照服务为本的理念,扎实推进服务型乡镇财政所创建工作。制定《泗县财政局开展创建服务型乡镇财政所(分局)工作实施方案》,明确创建重点,分批创建,发挥示范带动效应,确保全县乡镇财政管理水平全面提升。积极组织全县财政系统干部职工参加各类学习培训,全面提升干部职工的政治理论水平和业务工作能力。要求各乡镇财政所认真梳理所内的工作流程,制定完善工作流程图并进行公示,在优化服务质量、提升工作效能的同时,广泛接受基层群众的监督,提升促进服务型乡镇财政所创建工作。共有7个财政所(分局)通过省、市服务型乡镇财政所验收,切实优化乡镇财政管理和服务水平。

【工作作风持续改进】认真做好财政系统的机关党建工作,抓党建、提效能、促发展,保证财政各项重点工作有序推进。积极参加"学党章、守纪律、讲规矩"及"三严三实"专题教育活动,全面整改不严不实问题,树立从严从实的工作作风。结合财政工作实际,围绕"泗县要发展,我们怎么干"和"财政要发展,我们怎么干"开展大讨论活动,通过讨论交流,改变影响工作的旧方式,汇聚干事创业的正能量。高效做好"百姓热线"上线和"电视问政"工作,针对群众反映的问题,认真调查、及时处理并迅速反馈,切实提升群众对财政工作的满意度。扎实开展发生在群众身边的"四风"和腐败问题专项整治工作,进一步加强效能督查,真正优化财政系统的工作作风,提升工作效能。

(泗县财政局供稿　王杰)

萧县财政工作概述

【概况】2015年,萧县财政部门认真践行"三严三实"要求,主动适应经济发展新常态,积极应对复杂多变的经济形势,攻坚克难,奋力拼搏,财政运行规范有序,财政改革深入推进,

【收入规模稳定增长】一是严格征管责任。加大收入目标管理责任考核,层层分解落实收入任务和征管责任。二是加强工作调度。紧扣收入进度,先后组织开展一季度"开门红"、二季度"双过半"和四季度"百日攻坚"活动。坚持一月一调度、一月一分析,定期召开组织收入工作调度会,研判收入形势,挖掘增收潜力,随时掌握重点行业、重点产业、骨干企业纳税情况和变化动向,协调解决组织收入中遇到的各种困难和问题,确保财政收入按进度均衡入库。三是创新增收举措。大力推进综合治税,通过综合治税信息平台数据比对、分析、交换和利用,动态掌控收入入库信息,一般公共财政收入完成150396万元,为年度预算的100.9%。

【支持发展主动有为】充分发挥财政职能,多方筹集资金,大力支持经济社会发展。一是争取上级项目资金。通过各部门共同努力,全年争取上级补助专项资金327177万元,其中:返还性收入2483万元,一般性转移支付229771万元,专项转移支付94923万元;地方政府债券资金130183万元;争取省级土地整治项目资金7100万元。二是支持重点项目建设。依托投融资平台,加大融资力度,全年实现融资11.78亿元,支持重点项目建设,推动园区经济发展,改善城区基础设施,带动文化、旅游等产业发展。三是扶持中小企业发展。争取并落实优势产业、战略性新兴产业、中小企业发展等专项补助资金3086万元,安排投入各类科技创新、产业引导扶持资金176万元,支持优势骨干工业企业技术改造;改善中小企业融资环境,为109家企业提供融资担保11.95亿元,发放小额担保贷款1052万元。

【公共财政有力彰显】坚持以人为本,统筹整合各类财政资金,集中财力向农村基层倾斜、向民生保障覆盖、向社会事业延伸。全年教育、科技、文体传媒、社保就业、环境保护、农林水事务、住房保障等与民本民生密切相关的支出达39.6亿元,占一般公共财政预算支出的87%。一是认真落实强农惠农政策。投入5650万元推进病险水库除险加固修复和小流域治理等项目建设;投入5000万元用于农业综合开发土地治理等项目;投入3992万元支持“三线三边”农村环境综合整治,推进城乡统筹发展;“一卡通”发放粮食直补、良种补贴、农资综合补贴等23项涉农补贴资金5.13亿元;投入资金6500万元支持精准扶贫。二是精心实施33项民生工程。全年投入民生工程资金16.38亿元,其中县级配套1.9亿元,支出15.89亿元,支出率97%。投入“一事一议”财政奖补资金4900万元,支持201个村实施村级公益事业建设项目246个;拨付美好乡村建设资金4825万元;发放政策性农业保险理赔资金2210万元。三是不断完善社会保障体系。投入资金219万元开展农村劳动力扶贫和转移就业技能培训;投入资金2452万元提高城乡居民基础养老金和企业退休人员基本养老金标准;发放资金10862万元保障64564名城乡低保群众的基本生活;为全县21619名80岁以上老人发放高龄津贴959万元;发放“七老”人员补助资金3010万元;投入资金11187万元支持廉租房、公租房建设和棚户区改造;发放住房租赁补贴265万元支持改善低收入群众居住条件。四是保障科教文卫协调发展。坚持教育优先发展,投入资金12437万元落实全县义务教育阶段学生“两免一补”政策;丰富群众文化生活,投入资金862万元支持送文化下乡、公共图书馆、文化馆、乡镇综合文化站、广播电视“村村通”和村级文化建设等项目;保障基本公共卫生服务,投入资金735万元支持村卫生室实施国家基本药物制度和药品零差率销售;投入资金44920万元支持新型农村合作医疗,逐步建立比较完整的城乡统筹医疗卫生体系。五是大力推进社会管理创新。投入资金6870万元支持城镇污水处理(二期)工程建设;拨付资金4010万元支持秸秆禁烧和秸秆综合利用;落实计划生育奖励扶助政策资金671万元;安排资金3179万元支持基层组织运转保障机制建设。

【财政改革纵深推进】一是扩大“营改增”试点范围,减轻试点企业税收负担1160万元。二是深入推进预算管理改革。认真学习贯彻新《预算法》,及时向县人大常委会报告调整预算方案;盘活财政存量资金9348万元,清理结余资金2431万元;启动全口径预算管理,试点部门预算公开评审;将预算绩效管理前移至部门预算审核关口,部门预算编制与绩效目标编制同步进行。三是深入推进国库管理改革。国库集中支付覆盖到乡镇,国库集中支付支出45.39亿元,比上年增加20.7亿元;规范财政专户管理,清理撤销归并后,保留财政专户13个,公务卡支出995万元;“三公经费”支出2870万元,较上年减少390万元,下降12%。四是加大政府采购监管力度,创新采购监管机制,积极推行政府采购网上竞价管理系统。全年政府采购预算43017万元,完成政府采购38961万元,节约资金4055万元,节约率9.42%。五是规范政府性债务管理,争取省代理发行的新增债券13573万元、置换债券116610万元。六是支持社会力量办事业改革,大力推行PPP模式,江源水业和污水处理厂特许权经营转让项目7000万元资金全部到位;积极开展政府购买服务,支付资金5786万元。七是推进机关事业单位养老并轨改革,兑付工资24404万元,兑付退休及病故人员老职务补贴3780万元;社保基金保值增值位居全省前列、全市第一,综合收益率4.426%。八是全面规范财政财务管理。加强乡村财政财务管理,完善乡财县管乡用、村财乡代管制度;发挥财政监督职能,开展专项资金和乡镇财务等专项检查,建立财政内部控制议事制度,加强廉政风险防控;主动接受审计监督,认真整改问题;会计从业人员继续教育扎实推进,全年培训会计从业人员1106人、村级财会人员310人;加快财政一体化系统建设,为财政科学化、精细化管理提供技术支撑。

(萧县财政局供稿 刘光锋)

砀山县财政工作概述

【概况】2015年,砀山县财政部门在县委、县政府的坚强领导下,全面贯彻落实党的十八届三中、四中、五中全会精神,紧紧围绕既定工作目标,把握稳中求进的总基调,实施积极的财政政策,狠抓增收节支,优化支出结构,全力以赴稳增长、调结构、惠民生、促和谐,促进经济平稳较快发展,促进城乡居民收入较快增长,维护社会大局和谐稳定;推进财政科学化、精细化管理,提高财政资金使用效益;克服宏观经济形势、政策性减收等不利因素影响,实现财政收入较快增长,为全县经济社会发展提供财力保障。

【完成财政收入任务】全县公共财政总收入10.11亿元,完成预算的101.7%,比上年增收1.08亿元,增长11.9%。"十二五"期间,全县财政收入连续保持两位数增长幅度。

【实施33项民生工程】财政部门积极与牵头部门联合,分项制定完善各项民生工程的资金管理办法。建立和畅通民生工程资金支付绿色通道,资金拨付实行"三个快于"(快于一般预算、快于专项、快于序时),以资金倒逼进度,确保资金拨付不低于工程进度。建立民生工程后续管养长效运行机制,安排管养资金1013万元加大管养运行,并按照"以奖代补"原则,引导多元投入和政府购买服务。全县民生工程资金总投入11.94亿元(含实物配套等),其中:中央资金5.97亿元,省财政资金2.76亿元,市财政资金921万元,县级配套资金1.39亿元,群众缴费及自筹资金1.73亿元,民生工程年度目标任务于当年11月底全部完成。

【防范政府债务风险】按照"防控风险、严格审批、规范管理、服务发展"原则,严格政府债务管理。建立政府性债务信息管理系统,编制全县政府性债务收入计划,实施债务审批卡制度,将政府融资平台公司纳入名录管理,建立政府债务风险预警机制、应急处置机制,对部分单位债务风险进行预警提示。清理甄别政府存量债务,规范政府举债融资方式,努力降低债务融资成本。本县争取2批新增债券1.04亿元,3批置换债券7.74亿元,共计筹集资金8.78亿元。按照债券资金性质和政府债务存量情况,新增债券投向民生工程在建项目,保障民生工程顺利实施;置换债券资金定向置换政府债务中银行贷款0.41亿元,偿还2015年度到期政府债务3.95亿元,偿还重点项目等逾期债务3.38亿元,有效缓解政府债务还款压力。

【全面落实强农惠农政策】一是进一步规范财政涉农补贴资金发放制度,确保资金及时、安全、快捷打卡发放到户。全年共发放惠民补助资金2.8亿元,做到补贴对象真实、公示到位,各项发放清册齐全完整。二是认真实施农业综合改革一事一议财政奖补工作。共完成一事一议财政奖补项目121个,涉及108个行政村,项目总投资5444.8万元。三是积极实施农业综合开发,提升农业生产能力。实施完成2014年度项目9个,项目总投资3476万元(其中财政资金2965.2万元)。组织实施2015年10个项目,项目总投资4269.5万元(其中财政资金3157万元),计划2016年8月份全部竣工。四是大力支持扶贫开发和美好乡村建设。积极争取中央、省市财政扶贫资金4380万元,用于扶贫开发和整村推进项目基础设施建设。筹措各级财政资金4953万元,整合各类资金6600万元,全力支持本县美好乡村建设。五是扎实开展政策性农业保险工作。完成午季小麦承保39.1万亩,秋季作物承保33.8万亩,养殖业母猪保险4万头,特色产业果树承保13.5万亩,保费总额1878.8万元,其中各级财政配套资金1435.6万元,农民自缴保费443.2万元。认真做好农业保险勘察理赔工作,提高农业减灾抗灾能力。

【积极支持县域经济发展】充分发挥财政职能作用,落实国家相关政策,积极争取上级资金,足额安排配套资金,加大对经济社会发展支持力度。筹集各类建设资金3亿元用于农村危桥、危房、棚户区改造、农村安全饮水、清洁工程、企业节能技改、环境保护、河流治理等社会经济发展项目。积极支持中小企业发展,县财政继续扩充资本金4900万元,使担保基金规模达到1.72亿元。全年共办理担保业务156笔,提供融资担保金额57883万元,其中:银政担合作项目102笔,担保金额40810万元;土地复垦项目35笔,担保金额12393万元,完成在保194笔,在保责任余额72088万元,担保放大倍数约6倍。全年发放小额担保贷款贴息460万元,积极引导支持劳动创业就业。

【不断深化财政管理改革】继续完善部门预算管理,科学制定各预算单位的支出定额,逐步建立完整的政府预算体系;严格预算编制和执行管理,强化预算执行月度分析,严格控制"三公"经费,全面推行预决算和"三公"经费信息公开,加强社会监督。全县县直机关单位46个、党委口20个及乡镇16个,共82个单位预决算和"三公"经费信息公开工作全面完成。继续深化国库集中支付制度和公务卡制度改革，完善平台一体化系统应用改革，不断提高财政预算资金集中支付比例和公务支出透明度。国库支付中心全年共完成直接支付53672笔，金额488725万元；其中公务卡支付16935笔，金额3714万元；累计发放公务卡3622张，比去年增加812张。认真贯彻《政府采购法》，依法规范采购程序，积极推行电子化政府采购信息系统管理，采购范围进一步拓宽。全年完成政府采购预算金额9137万元，实际采购金额8378万元，节约资金759万元，节约率8.3%。认真清理专户结余资金，积极盘活存量资金并入库10101万元，其中:入库预算单位存量资金945万元，入库专户存量资金9156万元。切实加强专户资金管理，采取定期存款方式实现财政资金保值增值。

(砀山县财政局供稿　曹桂堂)

蚌埠市财政工作综述

蚌埠市财政工作概述

【概况】2015年,全市财政收入228.4亿元,总量位居全省第5,增长9.6%,高于全省平均水平,其中地方收入119.7亿元,增长13.6%;全市财政支出244.7亿元,增长17.3%,高于全省平均水平。

【财政收支稳定增长】一是紧盯收入总量抓调度。及时细化分解年度收入目标,实行与各县区、市直各征管部门目标管理制度,坚持按日统计、按旬调度、按月通报,以月保季、以季保年,有力促进财政收入平稳增长。二是紧盯收入质量抓调度。坚持依法征收、应收尽收、不收"过头税",加强重点行业、重点企业税源情况监测分析,全市税收收入193.8亿元,占财政收入的84.9%;195户企业纳税超千万元,金融业、建筑业、商务服务业等行业入库税收增长较快。三是紧盯支出进度抓调度。年初预算安排各项支出及时足额拨付到位,积极争取中央和省资金支持,第一时间提出上级转移支付资金分配方案,及时落实到具体项目和实施单位。制定出台预算支出进度考核评价办法,按月统计通报各级次、各科目支出进度,建立约谈制度。四是紧盯重点支出抓调度。坚持保重点、压一般,全市财政民生支出216.9亿元,占全市公共财政支出的88.6%,增长18.7%,教育、科技、社保、医疗卫生、住房保障等重点支出得到较好保障。

【支持全市经济"调转促"】积极发挥财政职能作用,增投入、减税费、重引导,服务全市经济发展大局。一是支持产业转型升级。认真落实市委市政府调转促、工业突破和促进经济持续健康发展意见要求,统筹各类促进经济发展资金38亿元,支持工业强市、自主创新和新兴产业集聚发展等战略实施,支持硅基新材料产业基地、德豪润达LED倒装芯片、保税物流中心等项目建设。市级产业基金规模扩大到5亿元,采取直接投资、阶段参股、跟进投资等方式,支持企业上市前融资、定向增发和重点招商引资项目等,实现与省高新投资公司合作,成功争取省高新投叁号基金落户本市,总规模23亿元。二是支持城市大建设。争取省转贷地方政府债券资金37.4亿元,其中置换债券23.3亿元、新增债券14.1亿元,支持城市基础设施在建项目顺利实施和公益性项目建设。多渠道筹集资金22亿元,支持棚户区改造和保障性安居工程建设,推进中环线南段、朝阳北路、淮河北岸景观带等城市基础设施建设。支持创建全国文明城市。三是落实减税清费政策。全市累计"减、免、抵、退"各项税费39.5亿元,完善出口退税负担机制。进一步提高小微企业增值税营业税起征点,降低失业保险费率,建立涉企收费清单制度,实现清单之外无收费。四是发挥政策引导作用。落实民营经济发展资金1.4亿元,支持政策性融资担保体系建设,统筹安排市级国有资本经营预算等资金,支持蚌埠融资担保集团注册资本增加至7.3亿元。扎实开展银政担合作试点,全市累计支持符合条件的企业办理贷款196笔、16.36亿元;设立中小企业转贷续贷过桥资金,支持76户企业办理贷款119笔,发放贷款3.55亿元,支持纳税信用较好企业办理"税融通"业务。完善政府性资金"以存促贷"机制,鼓励引导商业银行加大对中小微企业、实体经济信贷投放力度。落实资金2386万元,兑现企业登陆"新三板"、在省股权交易中心挂牌、发行私募债等后奖补政策,鼓励直接融资。

【支持社会事业加快发展】按照“保基本、兜底线、可持续、促公平”要求,调整优化财政支出结构,加大对基本民生和公益性领域投入力度。一是组织实施民生工程。按照省统一部署,实施33项民生工程,全年投入资金50亿元,各项工程年度目标全面完成。积极发挥财政牵头协调作用,及时细化分解年度任务,完善目标考核办法,健全资金筹集、实施办法、建后管护等制度体系,开展综合督查、分项考评,促进民生工程持续发挥功效。二是支持公共领域建设。拨付资金6亿元,提高义务教育经费保障标准,支持职教园区、特教中心、“三馆”、体育中心等项目建设。统筹拨付资金12亿元,支持公立医院改革,新农合、城镇居民医保财政补助标准由每人每年320元提高到380元,基本公共卫生服务财政补助标准由每人每年35元提高至40元。三是加大社保投入力度。多方筹集并及时拨付资金,确保企业离退休人员养老金“十一连调”政策落实到位,全市企业养老金人均月支出1993元。拨付资金5亿元,保障城乡低保对象基本生活,提高农村五保户供养标准,落实“老字号”群体生活补助政策。统筹安排资金,落实援企稳岗、就业再就业等财政扶持政策,推进人才特区、众创空间建设和“孔雀计划”实施。

【支持城乡统筹协调发展】立足城乡一体化,持续增加投入,注重资金整合,推进强农惠农富农政策落实。一是支持现代农业发展。统筹安排促进农业发展资金22亿元,促进土地流转、设施蔬菜基地、现代农业示范区、水利基础设施等项目建设,支持农业产业化龙头企业加快发展。完成农业综合开发项目投资1.5亿元,改造高标准农田和中低产田7.3万亩,采取项目补助、财政贴息等方式,支持农业产业化经营和农民专业合作社加快发展。筹集村级公益事业建设一事一议资金2.6亿元,实施奖补项目673个。二是落实强农惠农政策。全年通过“一卡通”发放农资综合直补、粮食直补、良种补贴等27项涉农补贴资金12.8亿元,全市63万农户户均受益2030元,支持怀远县开展农业“三项补贴”改革试点。政策性农业保险范围不断扩大,实现种植业参保839万亩、养殖业在保11.7万头,提供农业生产风险保障超30亿元,及时兑现灾损理赔资金1.1亿元。三是支持生态环境保护。统筹安排资金3亿元,支持美好乡村、“三线三边”、省千万亩森林增长工程等项目建设。拨付秸秆禁烧和综合利用奖补资金1亿元,推进大气污染防治和环境保护能力建设。

【激发财政改革发展活力】认真落实新《预算法》精神和预算管理、债务管理、税制改革要求,坚持问题导向,促进财政改革向纵深推进。一是深化预算管理改革。健全政府预算体系,加大政府性基金预算调入一般公共预算的力度,提高国有资本经营收益上缴比例,深入推进预决算和“三公”经费信息公开,探索开展三年滚动预算试点。全面推进国库集中支付电子化试点,市直预算单位全部上线运行。二是盘活财政存量资金。制定盘活存量资金改革实施方案,加快预算执行进度,建立结余结转资金定期清理机制,全市共清理盘活存量资金21亿元,其中市本级10.6亿元,全部用于经济和民生领域。三是加强政府性债务管理。推行总额控制、项目库管理,规范政府债务审批程序,完善统计分析制度和风险预警体系。争取省代发地方政府债券资金37.4亿元。支持设立兴蚌一、二、三号城市发展基金,拓宽融资渠道。运用PPP模式,支持蚌五高速等重点项目建设。四是推进营改增改革试点。全市纳入营改增试点企业5,284户,入库增值税10亿元,兑现财政扶持资金4.5亿元,试点行业整体税负下降明显。五是强化财政监督管理。组织开展严肃财经纪律、会计信息质量专项检查,推进涉农资金专项整治。建立预算编制、预算执行等内部控制制度。完善财政联系服务人大代表、政协委员制度,自觉接受人大、政协、审计和社会监督。

(蚌埠市财政局供稿　张永颜)

龙子湖区财政工作概述

【概况】2015年,全区实现财政收入8.3亿元,同比增长1.9%。其中:地方收入完成5.4亿元,同比下降7.6%。实现税收收入7.62亿元,占财政收入比重为91.8%;实现非税收入0.68亿元,占地方收入比重为12.6%,财政收入质量较好。实现财政支出4.99亿元,占年初预算的108.6%,较上年同期增加208万元,增长0.4%。财政民生支出4.29

亿元,同比增长0.7%,占比86%。全年实现基金收入239万元,基金支出747万元。

【加强财力保障】一是加强协调沟通,强化依法征管。主动联系市地税局约谈相关安置房建设企业,依法组织保障房安置期间产生的税收,加大对房地产欠税企业税收清缴力度,全年汇缴清缴5900万元以上,抑制全区财政收入大幅下滑趋势。邀请市地税局税源管理二局、三局对园区企业和辖区重点企业财务负责人开展培训,详细讲解房产税、土地使用税、企业所得税等税收缴纳规定,增强企业依法纳税意识。针对园区企业建安工程项目可能存在税收征管漏洞的问题,主动加强与市地税局、区园区办的协调沟通,对园区企业建安工程项目进行调查摸底,对园区在建工程房产税、营业税进行集中清理,堵塞“跑冒滴漏”,确保“颗粒归仓”。二是加强通力合作,积极落实各级资金。主动研究政策,发挥部门合力,加强向上对接,着力做好重大项目、重点资金的争取工作,共争取上级资金近3.5亿元,争取国开行贷款项目资金2.27亿元。有力缓解本级财政状况,其中,争取棚户区改造补助资金1.01亿万元。三是加大融资力度,拓宽融资渠道。发挥财政筹集资金功能,构建多元化融资渠道,加强与银行合作,保证融资效果。区属东方投资公司和中国光大银行蚌埠分行,通过信托方式募集资金1.2亿元用于全区园区和棚户区改造建设;积极与徽商银行对接申报城镇化基金,满足城镇化建设资金需求,全力支持重点项目建设,不断增强经济发展的内在动力,促进全区经济稳定增长。四是清理专户存量,唤醒沉睡资金。结合清理规范财政专户工作,促进盘活财政存量资金。对现有财政专户进行清理合并,盘活整合各类资金,增加资金有效供给,统筹用于发展急需的重点领域和薄弱环节,不断提高财政资金使用效益。

【支持经济发展】一是继续落实“营改增”扩围政策,减轻和公平企业税负。受益企业13户,享受“营改增”奖励扶持政策退税648万元,为企业减轻税负,不断增强其发展后劲。二是完善修订政策,优化产业扶持。完善修订《龙子湖区产业发展引导资金管理暂行办法》,以“借转补”、财政金融产品、事后奖补和参股投资等财政扶持方式,重点向自主创新、高新技术、战略性新兴产业倾斜,促进产业集聚和规模扩张,推动产业结构优化和转型升级,充分发挥财政专项资金的杠杆效应和引导作用,提高资金使用效益。

【保障民生发展】全区民生工程各级投入资金7700万元,其中上级补助6333万元,区级配套1367万元,全力保障民生工程项目顺利开展,群众基本生产生活水平、社会公共服务体系建设、农村各项生产生活条件得到改善。一是充分保障群众基本生活。健全就业公共服务体系,提高就业培训实效,增强劳动者就业创业和增收能力,开展就业困难人员技能培训723人次,完成率103.29%,结业人数617人次;提供公益性岗位530个,完成率100%;稳定提供135个高校毕业生基层特定岗位,完成率100%;全区持续加快城乡养老保险制度体系建设,全年城乡居民养老保险参续保人数达到9500人、享受待遇7224人,参加城镇医保人数达到5.85万人,新农合覆盖率达到107%(含失地农民、城乡结合部市民);实施贫困白内障患者免费复明手术和贫困残疾儿童免费康复训练救助工程,共救治白内障患者16例,救助贫困残疾儿童35名,补助1003名一、二级残疾人和377名三级残疾人,为180名贫困精神残疾人提供药物治疗费用补助;完善计划生育家庭特别扶助制度,全年共补助357人次;加大城乡医疗救助力度;加快廉租房和公租房建设,实行租赁补贴发放惠及107户,提升住房保障水平,全区完成城市棚户区改造2578户,基本建成4201户,2300余户贫困家庭搬入新居。二是深入推进社会公共服务体系建设。优先发展公共教育,当年补助公用经费和免除学杂费补助金额841万元,向1655名学生免费提供教科书,义务教育阶段学校标准化建设达标率和中小学适龄儿童入学率均为100%;健全养老服务体系,加快社区养老服务机构、农村五保供养服务机构建设,全年发放全区“五保”老人供养经费33.65万元,数百名群众得实惠;推进实施基本公共卫生服务均等化,全面完成城乡卫生服务体系建设任务,基本公共卫生服务均等化步伐明显加快;大力推进妇女儿童健康水平民生工程工作,婚前医学检查人数和农村孕产妇住院分娩补助均超额完成全年任务。三是大力改善农村生产生活条件。加强农村基础设施建设,全面开展“一事一议”财政奖补,全年共开展“一事一议”项目14个,村级公益事业显著改善;扩大政策性农业保险覆盖面,参保产品种类覆盖小麦、玉米、水稻、大豆等,近万户农户受益,农作物抵御风险能力显著增强;加强乡镇综合文化站和农村文化场馆建设,改造乡级综合文化站1个,建成农村文化场馆1个,配套设施齐全,并全部投入使用;农村基础设施建设和农业社会化服务水平进一步提升,社会主义新农村建设步伐明显加快。

【推进改革管理】一是大力实施国库集中支付改革。多次组织人员前往合肥市包河区、经开区、高新区和巢湖经开区交流取经,定期召开专题会议研究讨论,并制定改革方案。本次纳入平台一体化系统的建设模块,除省财政厅规定的6个基础模块外,新增"部门预算编制管理"和"预算单位会计核算"模块,实现了以预算编制为源头,以收支管理为主线、以预算及执行分析为回路的信息化闭环处理模式。二是全面推行公务卡制度改革。大力推行公务卡制度改革,为1400名正式在编职工办理公务卡。全年公务卡结算1.5万笔,结算金额1000万元,结算比例100%,有效控制现金流量和现金风险,增强财政资金管理的透明度,增强预算执行力。三是稳步推进财政和部门预决算公开。围绕透明预算不断加快公开步伐,推动区直90家部门及单位在政府信息公开网站和区政府门户网站上,公开除法定涉密信息外的本部门预决算和"三公"经费预算。政府预算除公开功能科目外,还公开经济科目;部门预算细化公开到基本支出和项目支出,并按功能分类和经济分类同时公开,方便公众在了解资金使用方向同时更明白其具体用途,切实保障群众对政府和部门预算及"三公"经费的知情权、参与权和监督权,着力打造阳光财政。四是着力严控"三公"经费支出。坚决贯彻落实中央八项规定,进一步规范"三公"经费支出。制定修订全区公务接待费、会议费、培训费、差旅费、公车运行维护费等经费管理办法。从预算源头全面压缩"三公"经费预算,从严控制预算追加,全区累计"三公"经费支出275万元,同比下降21%。其中公务用车运行维护费226万元,同比下降15%;公务接待费49万元,同比下降18%;无公务用车购置费和因公款出国(境)事项。五是不断提升财政管理水平。细化预算编制,硬化预算约束,增强预算编制的科学性、规划性,提高财政预算的约束力和精细化程度;提高预算法治意识,进一步提高依法行政、依法理财水平;不断强化对重点资金、重点岗位、重点流程的监督和把控,着力深化对财政资金使用绩效的监督检查力度,确保财政资金使用安全、规范、高效。

(龙子湖区财政局供稿)

蚌山区财政工作概述

【概况】2015年,全区公共财政预算收入10.17亿元,完成年预算的100.5%,同比增长19.5%,增加1.66亿元。其中:地方公共财政预算收入8.13亿元,完成年预算的112.5%,同比增长29.5%,增加1.85亿元;上划中央公共财政预算收入1.9亿元,完成年预算的69.2%,同比下降9.5%,减少2007万元;出口退税1425万元,完成年预算的97.6%,同比下降5.5%,减少74万元。全区公共财政预算支出7.63亿元,完成年预算的142.6%,增长34.5%,增加1.96亿元。

【加强财源建设】一是加强财政、国税、地税、乡街之间协同配合,不断提升办税服务水平,加大税法宣传力度,严格税收定额核定,积极开展纳税评估,加强税务稽查,加快税收信息交换频度,实现服务和管理相促进。二是推进重点项目建设,增强财政事业发展后劲,为保持财政收入持续稳定增长增强动力。三是推进街道财税服务所职能建设,充分调动街道协税护税积极性,建立健全街道协税护税网络,增强协税护税力量,探索和制定税收委托代征办法,加强对分散、零星税源的征收管理。四是加强非税收入征缴力度,确保非税收入应收尽收。

【保障重点支出供给】一是保障基本支出、民生支出供给。保障人员支出、人员公用经费和民生工程支出需要。年度职工医疗保险、住房公积金等财政配套资金、13个月工资及增资和养老金配套改革全部按时、足额拨付到位。二是政府考核项目保障有力。一般公共服务支出、公共安全支出、教育支出、科学技术支出、社会保障和就业支出、医疗卫生与计划生育支出、节能环保支出、城乡社区支出等八项GDP增幅考核指标支出得到有力保障,增幅相对较大。三是保障"三农"支出需要,统筹城乡社会事业协调发展。农业生产资料补贴、政策性农业保险补贴、村级公益事业一事一议财政奖补资金、村干部补助等惠农资金按年初预算全部保障到位。全年累计拨付财政补贴农民粮食直补、农资综合补贴、残疾人补助、农村低保、农村五保户供养、“老字号”人员补贴、村干部工资等各类补贴资金 1241.42 万元,覆盖农户 7332 户。

【民生工程任务全面完成】按照市政府 2015 年民生工程目标任务书要求,认真测算民生工程配套资金,建立民生工程资金保障制度,加强与各民生工程实施部门的协调配合,实行民生工程督查制度,民生工程稳步推进。全区承担 33 项民生工程中的 25 项,区级配套资金 1700 万元全部保障到位,民生工程全面完成。

【落实公务卡结算及预决算信息公开等制度】根据《蚌山区预算单位公务卡制度改革实施方案》,继续推进和落实公务卡结算制度,控制行政事业单位的现金流和现金风险,简化行政事业单位的现金结算与财务报销流程,使财政支出更加高效、规范。当年 4 月,全区 61 个预算部门均在政府信息公开网自行公开本部门的财政预决算和“三公”经费支出情况。

【加强政府性债务管理】根据《国务院关于加强政府性债务管理的意见》和《关于妥善解决地方政府融资平台公司在建项目后续融资问题的意见》要求,坚持融资规模与偿债能力相适应原则,不断拓宽融资渠道,积极争取在建项目银行信贷融资和地方政府债券的融资额度,坚持建立监控机制和风险预警机制原则,坚持计划融资、分类偿还原则,严格举债程序,严格控制债务风险。逐年对存量债务进行化解,使本区债务规模一直处于合理、可控状态,努力保持地方经济稳定、健康发展。全年争取存量债务置换债券资金 1.64 亿元,有效缓解本年度偿债压力。

【推进农村综合改革】根据中央、省、市文件精神,将继续推进一事一议财政奖补工作作为农村综合改革重点。财政局牵头对 2014 年度一事一议财政奖补项目进行全面清算,并谋划 2015 年度项目,制定《蚌埠市蚌山区 2015 年度村级公益事业建设一事一议财政奖补工作实施细则》,拨付本年度区级配套资金 20 万元,筹集各级财政奖补资金 87 万元,组织实施项目 11 个,其中,道路修建 9 个、文化体育 1 个、环卫设施 1 个。

（蚌山区财政局供稿）

禹会区财政工作概述

【概况】2015 年,全区完成财政总收入 12.99 亿元,完成任务的 96.3%。其中:地方收入完成 8.75 亿元,完成任务的 101.7%。

【积极组织收入】面对经济新常态下财政收入持续增收压力,认真做好收入预测和进度分析,密切跟踪收入动态,注重协调,挖掘潜力,创新征管方式,加强稽查监管,落实财政稳增长举措,确保财政收入应收尽收,实现收入稳步增长。清理安置房项目营业税及附税 7393.36 万元,区协税护税服务中心通过开展税源清查、税收宣传、涉税信息采集及委托代征等工作措施,充分发挥政府各部门、各乡镇、各社区协税护税职能,全力营造诚信、公平、有序的税收秩序,全年组织收入 2500 万元。加强非税收入管理,落实新预算法,所有行政事业性收费及国有资产处置收入全部上缴国库。

【保障重点支出】全年一般预算支出完成 9.09 亿元,同比增长 18.96%;。财政民生支出增幅 19.2%,不低于财政支出增幅 19%,且财政民生支出占财政支出比重 87.6%。重点支出方面:落实教育经费投入保障机制,投入义务教育经费 1285 万元,投入教育“均衡发展、教育展翅”工程及校园危房改造工程 1955 余万元,用于学校标准化建设、品牌学校打造以及农村薄弱学校建设等,改善中小学办学条件。加强政法部门建设,投入政法专项资金 1085 万元,用于改善办案条件和基础设施建设。推进文化事业建设,投入经费 85 万元,用于花鼓灯传承人生活补贴、文化场所建设和居民健身活动,丰富辖区群众文化娱乐生活。拨付农村低保、五保、大病救助等资金 1541 万元,用于城乡贫困居民的生活救助。拨付城乡养老保险、新农合、居民医疗保险区级配套资 549 万元,用于保障辖区居民的医疗养老。拨付养老机构运营补贴 420 万元,用于养老机构运营床位补贴,基建补助。拨付基本公共卫生服务经费 1148 万元,用于基层医疗机构为城乡居民提供免费体检。

【推进财政管理改革】加强公务卡使用管理,

全年公务刷卡支出830万元。推进政府向社会购买公共服务方式,进一步推动政府职能转变。规范区行政事业单位固定资产管理,核对、核实各单位固定资产,27家行政事业单位申请处置固定资产,实现账物、账卡相符。建立并启用区政府市级限额以下小型工程建设类项目施工企业和工程服务类定点供应商库,完成工程类招标9个,服务类招标5个,金额131万元。严格执行中央"八项规定"和党政机关厉行节约文件要求,"三公" 经费得到控制,行政成本明显降低,全年"三公"经费支出395万元,同比下降2%以上。财务管理等监管制度进一步健全,风险防控措施有效,资金安全得到保障,财政管理水平不断提高。

【扎实推进民生工程】全力实施27项民生工程。强化资金保障,全年财政投入民生工程资金1.67亿元,其中区级配套2967万元。区政府将保障和改善民生放在突出位置,强化组织领导,建立统一协调、逐级落实、分工明确的工作机制,联合各部门监督检查,确保目标任务如期完成。开展社情民意调查、专栏公示、绩效评价考核等方式,群众满意度、支持率大幅提高。从实施情况看,城乡医疗救助、贫困残疾人救助等补助发放类全部按序时进度发放到位,真正保障了辖区困难群众的基本需求;工程类项目进展顺利,287套公租房已分配入住,农村饮水安全、农村危房改造、小型水利工程改造提升等工程类全部完工,形成群众得实惠、事业得发展、政府得民心的良好局面。

【推进"营改增"改革】根据营改增财政扶持政策,全区"营改增"税负上升申报企业74家,其中:交通运输业71家,六类服务业3家,均为一般纳税人企业。按规定兑付"营改增"专项扶持资金5050万元。从试点情况看,实施"营改增"政策从制度上解决重复征税问题,有效减轻交通运输业和六类现代服务业税负。

【落实支农惠农政策】落实强农惠农政策,拨付"一卡通"各项强农惠农资金3349万元,主要用于发放粮食直补综补、良种补贴、农机购置补贴、计生奖扶特扶、政策性农业保险理赔、村两委人员补助等。拨付"老字号"工龄补贴资金205万元,主要用于发放离任村干部、原民办教师、老兽医等人员生活补助。拨付农村安全饮水工程建设资金2207万元,切实解决农村居民饮水安全问题。

【支持城市改造提升】推进旧城改造步伐,全面推进马城新区建设,统筹资金7亿元,政府主导的滨河西片区、区化工企业周边棚户区、东海大道环境整治项目等,区域拆迁补偿进程加快。支持环卫事业发展,投入环卫经费1836万元,支持环卫改制和更新环卫设备,提升环卫覆盖能力;投入征迁拆违、文明创建经费434万元,保障旧城改造顺利推进。马城新区建设有序推进,206国道改造提升工程完成前期工作;马孝路、庙前—广德道路改造全面竣工,马城区域11条村内道路改造工程完成设计方案;与中环水务合作建设总投资1亿元的马城自来水厂办理开工手续;大力推进马城快速公交枢纽建设;计划投入14亿元的马城新区安置房项目规划方案获批;马城卫生院及急救体系建设全面建成;计划投入2000万元的马城学校改薄建设工程稳步推进。

【强化财政监督和服务工作】坚持科学理财、依法理财,加强财务管理,落实内部监督制度,管好用好财政资金,进一步加强会计电算化的管理工作,认真组织会计人员参加继续教育培训,努力做好对各部门的财会服务,严肃财经纪律,防范和化解违反财经纪律的情况,切实做好廉政建设。

(禹会区财政局供稿)

淮上区财政工作概述

【概况】2015年,全区财政总收入10.46亿元,完成年预算的100.9%,较上年实绩增长16.1%,增收1.45亿元。其中:地方财政收入8.42亿元,完成年初预算的99.5%,较上年同期增长14.5%,增收1.07亿元;中央收入1.7亿元,完成年初预算的100.1%,较上年同期增长15.2%,增收2235万元;出口货物退增值税3410万元,完成年初预算的162.4%,较上年同期增长86.8%,增收1585万元。财政总支出9.51亿元,完成年初预算的146%,较上年增长20.6%,增支1.63亿元。

【完成全年收入任务】克服宏观经济环境变化大、房地产市场明显降温和各项政策性减收因素增多等影响,积极研究应对措施,精心组织,扎实工作,全力做好收入征管工作。全区财政收入跨上

10 亿元新台阶,完成全年目标任务。

【完善部门综合财政预算】按照建立公共财政的管理要求,科学编制财政预算,全力安排好财政支出。一是确保工资运行机制,全区财政供给人员工资正常发放。二是单位公用经费、部门业务费按计划足额拨付,确保机构正常运转。三是提高对政法部门经费的保障力度,确保政法部门正常运转和综治维稳工作的开展。四是确保支农、教育等法定支出及民生工程、城市基础设施建设等区政府重点项目的需求。

【保障民生发展】全区实施并完成 6 大类 27 项民生工程,总投资 50657.53 万元,其中上级配套资金 21066.37 万元、地方配套资金 29591.16 万元。各项民生工程进展顺利,全面完成年初目标。民生宣传水平较大提高,群众知晓度、满意度逐步提升,参与民生共建积极性进一步增强。通过实施民生工程,农村基础设施得到改善,群众生活水平不断提高。

【规范扶持企业发展政策】制定淮上区产业扶持基金实施暂行办法及配套措施,扶持实体经济发展。安排财政资金 10131 万元,争取上级项目资金 3000 余万元、依托各种渠道融资 5 亿余元,支持园区企业做大做强。全面推进“营改增”,落实国家税收优惠政策,兑现“营改增”扶持资金 5112 万元;实施政银担合作机制,支持实体企业发展。达实担保公司加入省再担保体系,与农行蚌埠分行、邮储蚌埠分行、蚌埠农商行、徽商银行等金融机构签署合作协议,对单户在保余额 500 万元以下融资担保业务全部纳入“4321”政银担合作。出台新三板上市扶持政策,并对 9 户企业进行相关知识培训,鼓励中小企业通过股权直接融资,城市药业“新三板”材料获受理。

【推进城市发展建设】积极申报国开行棚户区改造项目贷款,推进城市化建设进程。探索国开行贷款购买存量安置房的贷款使用新途径,创新与徽商银行合作模式,设立城市发展资金用于城市基础设施建设。通过多渠道融资,推进项目实施,区域经济发展环境得以改善。

【深化财政管理制度改革】一是牢固树立“过紧日子”思想,建立健全相关管理制度,严格支出管理,严控“三公”经费支出。二是积极推进预决算公开,建立透明预算制度,进一步扩大公开“三公”经费预算。三是加强财政性结余资金管理,规范资金使用,保障资金效益最大化。四是推进机关事业单位工资制度、养老保险制度改革。认真研究改革相关政策,开展经费测算,合理调度资金,同时安排专人进行暂扣、征缴和记账工作,确保平稳过渡。

【加强国有资产管理】成立国有资产管理工作领导小组,由区政府主要领导任组长,由区财政局全权管理区级国有资产。制定国有资产管理办法,明确具体使用、租赁、出让、处置流程,各预算单位国有资产全部纳入行政事业单位资产管理系统平台监管,与财政支付中心财务管理相互配合,全方位的实施监督管理。

(淮上区财政局供稿 钟敏)

蚌埠高新技术产业开发区财政工作概述

【概况】2015 年,全区实现财政总收入 17.2 亿元,总量位列全市第二,同比增长 17.9%,超目标任务 4.9 个百分点,其中地方财政收入 6.95 亿元,同比减少 20.1%。全区一般公共预算支出为 5.6 亿元,同比减少 40%。净结余 1061 万,全部补充到预算稳定调节基金,当年财政实现收支平衡。

【加强财源建设】一是财税部门密切配合。财税部门始终保持密切联系与配合,及时进行分析研究,强化征管力度,依法征收,应收尽收,确保收入及时足额入库。二是分解任务,明确责任,加强调度。每月统计分析重点企业税收增减变化情况,进行财政收入形势分析,协调税务部门有针对性地采取措施,千方百计组织收入。制定《天河科技园、秦集镇财政管理体制》,提高收入征管积极性。三是积极开展税源调查工作。积极深入纳税大户,掌握企业生产经营和税源情况。强化对土地使用税的征管,尤其是新项目新出让土地,制定工作方案,组织开展建安项目的排查工作,确保建安税收足额征缴入库。四是规范非税收入的管理。强化非税收入专户管理,规范票据使用,推动非税收入工作规范化。五是加强收入的计划性。进一步强化财政收入预测机制,做到早计划、早安排、早落实;重视财政收入分析工作,通过分析找差距、定措施、抓落实。

【强化财政支出管理】一是严格按照新《预算法》的要求,强化预算约束,控制一般性支出,压缩“三公”经费,做到“只减不增”,主动接受社会监督,降低行政运行成本,提高资金使用效益。二是紧紧围绕“稳增长、调结构、促转型、惠民生”的工作总体目标,加大落实基本支出保障机制,努力保障重点支出,为园区的建设发展提供规范有力的资金保障。三是创新政府债务管理模式,提高风险防范能力,建立制度化、动态化分析、常态化审计,确保债务融资工作可控、可防。建立风险预警管控机制,严控对融资平台各项债务指标的管控,降低融资公司债务风险。

【深化财税改革】密切关注财税体制改革,稳步推进“营改增”试点范围,做好财政、部门预决算和“三公”经费预决算信息公开,完善机关和事业单位工资改革,加强政府性债务管理和公务用车改革等工作。按照有关文件要求,通过结余结转资金列入2015年财力、调整预算、追加预算、收回预算统筹使用等方式,积极盘活财政存量资金。

【积极筹措建设资金】强化收入征收力度,加强预算收入的征管,确保完成目标任务,尽可能超收多收。加大土地出让金的跟踪力度,确保土地出让收入及时足额入账。积极拓宽融资渠道,充分运用现有资金,盘活存量资产,多渠道筹集金融、市场、社会各种资金,解决建设资金不足问题,做大做强高投集团,通过增资、资产注入实现融资模式多样化。

【加大企业支持力度】一是做好企业优惠政策规范、调整工作。认真学习领会文件精神,对所有优惠政策进行全面梳理和分类,并结合全区实际,及时印发《高新区关于清理规范税收奖励政策有关事项的通知》,制定印发《高新区产业扶持基金实施管理办法》《高新区产业扶持基金实施细则》,对签订合同优惠政策的执行、今后新入区企业(项目)扶持政策进行明确规定和要求。二是积极兑现企业优惠政策。在预算中足额安排各项企业奖励资金,截至当年9月,区财政局审核拨付固定资产投资补贴、税收奖励、新三板挂牌资助、工业企业贴息、外贸促进奖励、专利资助等区级奖励资金2.4亿元。协同业务主管部门,做好企业项目申报工作,积极争取上级资金,拨付上级企业专项资金1100万元。三是积极推动企业新三板挂牌工作。通过政策指导、挂牌资助、金融支持等多种举措助力企业新三板挂牌上市,瑞格电梯、凤凰滤清器、高华电子、航天生物等4户企业在新三板正式挂牌,环球药业、祈艾特电子、华泰公司、艾尼科环保、百特新材料等企业新三板挂牌工作正有序推进,并储备一批新三板挂牌后备企业。

【保障民生工程】坚持把保障和改善民生放在突出位置,民生办负责牵头抓总,各责任牵头部门负责具体实施。调整领导小组,分解任务,明确责任。强化资金保障,各项资金及时落实到位,资金拨付率100%。加强协调与督导,多次召开推进会和联络员会议,以会议、文件、电话等方式进行督办,深入现场督导保障房项目建设,继续实施受益对象类、工程类项目在门户网站的公示。全区承担24项民生工程项目,各项资金及时足额拨付到位,各项目进展顺利,全面完成全年目标任务。

【完成涉农各项工作】一是有序组织实施大洪山石榴园农发项目。积极协调省、市农发部门,大洪山石榴园农发项目完成项目初步设计批复、补编等工作,并已开工建设,正有序实施。二是完成2015年粮补兑付、政策性农业保险等工作。及时按要求打卡发放2015年粮补资金;及时拨付政策性农业保险春秋两季保费、保险赔付款,减少农户因灾损失,维护农户利益。三是积极推动农业基础设施建设。

(蚌埠高新区财政局供稿)

蚌埠经济开发区财政工作概述

【概况】2015年,蚌埠经济开发区实现财政收入12.95亿元,同比增长17.2%。其中:地方收入完成10.28亿元,同比增长32.6%。财政支出9.85亿元,同比增长23.1%。

【组织优化财政收入】大力组织税收收入,加强收入分析调度,强化预算执行情况分析,为保持财政收入稳定增长提供重要保障。加强税收收入征管,通过严格依法强化税收征管,确保各项税收收入的及时足额入库。严控非税收入占比,进一步优化财政收入结构,不断提高财政收入质量。全年共组织税收收入12.35亿元,占财政收入比重为

95.4%,财政收入质量良好。

【优化支出结构】积极筹集调度资金,调整和优化财政支出结构,加大对民生事业的投入力度,对涉及民生的各项支出,做到预算足额安排,资金及时拨付,全年民生支出86063万元,比上年增长28.8%。一是支持教育均衡发展。共拨付教育支出13813万元,比上年增长50.6%,进一步促进了区内义务教育的均衡发展。二是支持惠农政策落实。共拨付农林水事务支出632万元,比上年增长22%,确保农作物良种补贴、农机具补贴等惠农资金的及时足额拨付。三是支持完善城乡社会保障和医疗保障体系。共拨付社会保障和就业支出5803万元,比上年增长105.3%;拨付医疗卫生支出2165万元,比上年增长7.6%。四是支持基础设施工程建设。拨付资金39500万元,支持区内各项重点工程建设。

【转变预算编制方式】以预决算及“三公”经费信息公开为契机,主动转变区级部门预算编制方式,在坚持零基预算、综合预算、注重绩效、厉行节约的原则下,对全区36家预算部门实现全口径预算编制,将预算支出划分为行政运转、民生保障、产业发展、城市建设四大支出板块,进一步细化部门预算的重点支出。制定下发区级预决算、“三公”经费及项目支出信息公开工作方案,并按照要求完成2014年度区级决算公开和2015年度区级预算及“三公”经费预算公开工作。

【盘活财政存量资金】制定下发《蚌埠经济开发区清理盘活财政存量资金工作实施方案》,将全区财政国库、财政专户及预算单位全部纳入清理范围,对照时间节点逐项甄别,截至2014年底,全区财政存量资金2135万元,其中一般公共预算结余14万元,政府性基金(地方教育费附加)结转1005万元,部门及财政专户结转结余1116万元。并及时收回1285万元,用于支持当前区内重点项目建设。

(蚌埠经济开发区财政局供稿　何玉)

怀远县财政工作概述

【概况】2015年,全县财政总收入22.82亿元,比上年增长11.3%;其中地方收入完成17.3亿元,占年初预算的111.6%,增长14.4%;中央收入完成5.51亿元,占年初预算的78%,增长2.4%;财政总支出完成52.53亿元,占预算的192.2%,比上年增长15.8%。

【深化财政体制改革】一是深化国库制度改革。健全完善公务卡制度,指导乡镇全面推行公务卡制度改革,制定《关于进一步加强规范公务卡使用办法》,督促单位公务支出全面实行公务卡消费,减少单位现金支出比例。二是深化乡镇财政体制改革。完善县与乡镇的财政体制方案,切实做到财权与事权相结合,统筹兼顾,适当倾斜。三是深化预算管理改革。科学编制2016年部门预算,合理安排重点支出项目,加强乡镇财政预算管理,指导乡镇不断完善预算编制工作,实行县乡财政预算管理一体化,规范乡镇财政预算支出行为,防范乡镇财政风险。四是落实财政财务互审工作新机制。制发《怀远县乡镇财政财务互审工作实施方案》,达到“相互学习、取长补短、共同提高、全面提升”的目标。五是盘活资金存量。对财政存量资金进行清理,共清查出存量资金50056.63万元,盘活财政存量资金20735.65万元,提高资金使用效率。

【聚焦“三农”发展】一是认真落实农业综合开发项目。2015年上半年完成农业综合开发高标准农田建设项目5个,产业化项目3个。高标准农田建设项目治理面积4.06万亩,总投资4636.5万元。二是全面落实惠农补贴政策。通过“一卡通”累计发放惠农补贴资金3.26亿元,并落实补贴信息变更维护、日常及重点督查、惠农补贴管理和发放等工作。三是加大财政对农村工程建设的支持。更新改造小型泵站3626千瓦、加固新建小型水利14座、开工建设14座、改造中小灌区2个、整治河沟177条、修复和新建机电井490口、改造灌区末级渠系完成6.2万亩,农村饮水安全工程完工5个,投资5229万元,完成14座农村公路危桥加固改造工程,投入奖补资金3311.5万元支持美好乡村建设。四是落实精准扶贫工作。全县财政扶贫资金共安排整村推进项目18个,总投资1050万元,整村推进产业发展项目7个,总投资268万元,建设村级光伏电站21个,总投资672万元,建设户用光伏电站500户,总投资800万元,“雨露计划”项目,总投资50万元。五是加大财政奖补力度。全县申报项目264个,审核审批项目246个,审批资金8628万元,项目完工222个,总投资7910万元,完成道路修建项目154个,长204公里,修建水渠49个,长91公里;其他项目19个。

【改善和保障民生】一是加大对教育和文化事业的投入。补助义务阶段学校公用经费并免除学生学杂学生数12.53万人,补助资金9349.4万元,通过"一卡通"发放贫困寄宿生生活费补助209.25万元,全县五所中职院校共发放国家助学金66.64万元,安排各类文化专项资金237.5万元,用于支持花鼓灯事业传承、送戏下乡、乡镇文化站建设、重点文物保护、文化信息共享、网络监控经费。二是落实再就业政策。提供下岗职工失业人员再就业实行社会保险补贴和岗位补贴1587.36万元,补贴2852人次,提供就业培训4300人次,提供84个高校毕业生基层特定岗位,积极落实密集型企业贴息11.65万元。三是提高社会保障水平。新型农村合作医疗参合112万人,城镇居民基本医疗保险参保12.15万人,支出城镇居民大病补偿资金1682.6万元,城乡医疗救助3311人次,支出资金1531.66万元,为符合条件的企业退休人员每月增发养老金198元,贫困残疾人救助与康复一二级生活救助5800人,贫困精神残疾人药费补助1506人,全年拨付城乡低保、五保、孤儿、重残救助等各项补贴资金14384.7万元,为836647城乡居民建立健康电子档案,完成免疫规划接种403744剂次,救治艾滋病病人148人、贫困结核病病人119人。

【狠抓作风建设】一是加强财政干部履职的能力和水平。加强内部制度建设,严格日常工作制度和纪律,进一步提升服务能力,坚持依法办事。二是加强"四风"问题查处力度。落实八项规定,配合县纪检监察部门开展全县党政机关、事业单位落实中央八项规定情况检查工作及开展查处发生在群众身边"四风"和腐败问题专项工作的调查摸底,对全县财政拨付资金汇总统计,逐项排查梳理,从严、从紧控制"三公"经费开支,实现"三公"消费只减不增的目标。三是加强财政廉政建设。以上班工作纪律监督检查为突破,强化对效能建设、作风建设的监督检查,制订出台"十个严禁"制度、廉政风险防控教育制度、党风廉政建设一票否决制度、重大事项报告制度、AB岗制度、服务承诺制度、限时办结等制度。

(怀远县财政局供稿)

五河县财政工作概述

【概况】2015年,全县累计完成财政收入14.08亿元,比上年同期增收1.87亿元,增长15.3%,完成年初预算的100.3%。全县财政支出累计完成33.29亿元,比上年同期增支5.44亿元,增长19.5%。

【优化财政资金支出】一是民生工程投入力度加大。精心组织,科学调度,统筹安排,狠抓落实,全力推进2015年度民生工程项目的实施工作。全县实施32项民生工程,投入资金15.07亿元,其中县财政配套3.01亿元,较上年增加3.1%,实际拨付资金15.07亿元,占到位资金100%。二是加大"三农"投入。全年通过"一卡通"发放财政补贴16批次,涉及补贴农户14万户,累计发放补贴资金4亿元。"一事一议"财政奖补2236万元。实施2014年农业综合开发项目7个,包括武桥、小溪2个高标准农田项目和5个产业化财政奖补项目,项目总投资3276.5万元,其中财政资金2603.4万元。支持美好乡村重点示范村建设资金4756万元,整合涉农资金1732.9万元,吸引社会资本339万元。三是加大社会保障和就业投入。建立覆盖城乡的优抚、养老、就业等社会保障体系,发放集中和分散供养五保户、城乡低保金7200万元;拨付孤儿、高龄、城乡医疗救助、贫困残疾人等救灾补助资金4347万元;发放企业职工基本养老保险、城乡居民养老保险、城乡低保资金3.6亿元,落实就业专项资金1837万元。四是加大医疗卫生投入。全年拨付新农合补助、城镇居民医保补助资金23000万元,基本公卫补助资金2739.8万元,较好地提高基本公共卫生服务均等化和基本医疗保障水平。五是加大教育科技投入。全年拨付义务教育专项经费12351万元,提高中小学经费保障水平、加强对薄弱学校校舍改造维修等,有效改善农村办学条件;增拨义务教育均衡发展资金1.3亿元,促进城乡义务教育均衡发展。六是做好成品油价格补贴发放工作。全年发放成品油价格补贴1478.1万元。其中出租车补贴76.7万元、城市公交补贴 304.9 万元、农村道路客运补贴 482.9 万元、水路客运补贴 34.2 万元，林业补贴 17.4 万元,渔业补贴 562 万元。

【提升财政管理水平】一是深化预算管理制度改革。全年清理财政存量资金 8.6 亿元,收回 2012 年及以前年度存量资金 1.74 亿元,统筹用于经济发展和民生领域。稳步推进预算编制及管理,按照全口径预算要求,通过主动上门、电话沟通和会议交流等多种形式加强与部门开展预算会商，并邀请县人大、政协参与预算审查监督。全面推进预决算公开公示,全县“三公”经费支出 2133 万元,同比减少 410 万元,下降 16.1%。二是持续推进营改增试点工作。当年全县入库改征增值税 25961 万元,截至 12 月底营改增企业 355 户,其中一般纳税人 109 户、小规模纳税人 246 户,主要包括交通运输企业 175 户、部分现代服务企业 172 户、邮政电信企业 8 户。三是深入推进政府性债务管理改革。省财政厅当年分配本县政府债券 33763 万元,其中：新增债券 13993 万元，定向发行置换债券 11040 万元,公开发行置换债券 8730 万元。根据省财政厅相关债券使用管理办法文件要求，及时与相关单位签订债券转贷协议,在债券资金入库后 5 日内，通过财政一体化平台下达债券资金使用计划至各相关单位,切实提高资金使用效益。四是做好“涉企系统”应用推进工作。按照全口径录入要求,加快推进 2015 年涉企项目录入工作,将涉企资金绩效管理纳入涉企系统。共录入县本级涉企项目 12 个,下达预算指标 9956 万元,主管部门申请资金 9814.5 万元,财政审批资金 9814.5 万元,比对项目 24 个,主管部门审核通过 23 个,财政经办人审核通过 13 个,批复资金 647.4 万元,涉及企业 16 个,进一步增强财政涉企项目申报、审核、资金拨付的透明度，提高涉企项目资金投入的规范性、公平性和效益性。五是大力支持社会力量办事业。结合全县实际扩大购买服务项目,逐步完善政府购买服务方式和制度。全县政府购买社会服务预算安排 8243.06 万元，比 2014 年总投入增加 4545.2 万元,涉及 8 个县直单位和乡镇共计 20 个项目,比 2014 年增加 5 个项目。积极探索推广运用 PPP 模式，支持五河县城南污水处理厂和五河县城南地表水厂 2 个政府特许经营 BOT 项目,总投资分别为 2 亿元和 5000 万元。

【保障重点工作顺利推进】一是积极做好收回中小企业融资担保有限公司股权和经营权工作。充分发挥担保公司服务全县中小企业的功能,重新组建担保公司班子，确保担保公司正常开展业务,为全县中小企业融资担保搞好服务。二是规范国有资产处置流程。坚持公开拍租、拍卖国有资产,确保国有资产保值增值。全年取得国有资产处置、出租和拆迁补偿收入 8771 万元,其中,国有资产处置收入 531 万元，出租收入 776 万元，拆迁补偿收入 7464 万元。三是开展公务用车制度改革。开展公务用车情况摸底,制定了公务用车车辆处置办法、执法执勤用车改革办法、保留车辆综合管理平台建设方案,对公车改革进行摸底测算,做好各项准备工作，确保按时顺利完成公务用车改革任务。四是充分发挥财政监督作用。重点组织开展贯彻执行中央八项规定和严肃财经纪律监督检查、镇村财务工作检查和财政局内部业务互审三个专项监督检查,针对问题及时要求整改,确保各项资金使用安全高效。先后开展预决算公开情况、“三公”经费、“吃空饷”、发生在群众身边的“四风”和腐败等各项检查。五是做好工资制度和养老保险并轨支出测算工作。积极做好机关事业单位工作人员工资调整和养老保险并轨制度落实，积极筹措资金,加大压缩一般性支出和项目支出力度,留足财力,力保改革顺利推进。六是扎实推进扶贫开发工作。

（五河县财政局供稿）

固镇县财政工作概述

【概况】2015 年，全年财政收入完成 12.48 亿元,同比增收 1.64 亿元,增长 15.2%;财政支出完成 32.11 亿元,同比增支 6.23 亿元,增长 24.1%,其中县本级财政支出 27.1 亿元，同比增支 5.04 亿元,增长 22.9%。

【壮大收入总量】积极应对经济中高速增长的“新常态”,立足固镇实际,促进发展增收,通过培植壮大财源、严格税收征管、依法清缴欠税、规范非税收入管理等措施,深入挖掘增收潜力,圆满完成收入预算任务。全年财政收入完成 12.48 亿元,同比增长 15.2%,增幅排名全省前列,全市三县六区第一。政府性基金收入完成 12.49 亿元,为全县重点工程、重大项目建设提供强有力财力支撑。切实做好"营改增"财税改革,全县 267 家营改增户入库税收 1.83 亿元。

【提高保障能力】围绕固镇大建设,统筹安排资金,强化支出保障。一是加强政府性基金收入管理。严格按照国家规定,重点将国有土地使用权出让金收入用于城市基础设施建设 7.28 亿元、棚户区改造 6.57 亿元、公租房建设 0.37 亿元、农村基础设施及土地开发 0.41 亿元等。二是盘活财政存量资金。重点对一般公共预算、政府性基金预算、转移支付和部门预算的结转结余资金进行清理和盘活,全年使用盘活财政存量资金 1.38 亿元。三是清查处置国有资产。制定出台《固镇县国有资产清查工作实施方案》,清理登记全县房屋建筑总面积 129 万平方米,占地总面积 2214 万平方米,国有房屋账面总价值 7.61 亿元,并将 20 家单位沿街办公用房、门面房及其土地注入城投、建投和大美三家平台公司,增强融资能力,加强资金保障。四是积极向上争取资金。以项目为依托,积极向省发改委争取浍河中路项目和 13 个保障性安居工程基础设施建设项目配套资金 0.56 亿元。

【推动民生发展】坚持经济建设与社会建设同频共振、同步迈进,保证人民幸福、社会和谐。加大民生工程资金配套,全年共实施民生工程 31 项,县级配套资金 1.68 亿元,增长 29.6%,并被评为"2015 年全省民生工程绩效奖补先进县"。一是加大"三农"资金投入。全面落实各项惠农补贴政策,通过"一卡通"发放各类惠农补贴 23 项,金额 2.49 亿元。扎实推进一事一议财政奖补工作,全县共申报项目 161 个均建设完工,县级财政配套资金 430 万元。大力实施 7 个农业综合开发项目,其中土地治理项目 4 个、产业化经营项目 3 个,累计完成投资 0.33 亿元。加快推进 5 个美好乡村建设工作,累计投入各类资金 1.74 亿元,其中县级整合涉农项目资金 0.32 亿元。二是加大教育、文化事业资金投入。落实义务教育和非义务教育各项政策保障,全县公共财政教育支出比上年增长 22.6%,达到"教育经费三个增长"的要求;加大文化体育与传媒支出,实现南城区好人馆、图书馆和规划馆免费开放。三是加大社会保障事业和卫生事业资金投入。落实各项就业优惠政策,拨付就业再就业资金 0.24 亿元,全县城镇新增就业 9454 人;实行创业担保贷款"整贷直发",安排贷款 0.21 亿元;积极实施失地农民基本生活保障制度,累计打卡发放失地农民生活补贴资金 998 万元,受益人口 3477 人。认真落实财政定项补助政策,拨付乡镇卫生院各项资金 1.4 亿元,保障基层医疗卫生机构健康平稳运转;拨付药品零差率补助资金 459 万元,确保县级公立医院药品零差率销售工作平稳有序运行,有效解决群众"看病难、看病贵"问题。

【打造法治财政】认真做好恢复县直预算单位会计核算权工作,迅速完成单位财务交接、人员培训、软件安装和账户设置等工作。开展全县乡镇财政财务综合检查,对各乡镇存在的问题,要求限期进行整改。出台《财务管理操作规范》,严肃财经纪律,规范财务行为,完善发票审批流程和相关手续,增强各单位财经纪律的执行意识。加强"三公"经费管理,严格控制支出水平,全县"三公"经费支出 1530 万元,同比减少 780 万元,下降 33%,确保中央八项规定和省、市、县委各项规定落到实处。

【提升管理水平】一是加强政府债务管理。甄别处置存量债务,已纳入预算管理,通过申请发行政府债券置换,降低利息负担;规范新增债务,控制债务规模,严格限定举债项目、程序和资金用途,列入年度债务预算;建立债务风险预警机制,评估债务风险状况,采取相应防范措施。省财政厅安排全县债券资金 3.15 亿元,其中置换债券 1.75 亿元、主要用于置换到期存量贷款,一般债券 1.4 亿元、主要用于棚户区建设等公益性项目。二是大力推进政府和社会资本合作建设。按照转变政府职能、建设服务型政府的要求,利用市场机制的激励作用,因地制宜、规范有序地推进全县符合 PPP 模式的自来水厂、污水处理厂和公租房等试点工作。

(固镇县财政局供稿)

阜阳市财政工作综述

阜阳市财政工作概述

【概况】2015 年，在市委、市政府的坚强领导下,在省财政厅的正确指导下,全市财政部门紧紧围绕市委市政府重大决策部署,深入开展“三严三实”专题教育活动,自觉服从和服务于全市经济社会发展大局，认真实施积极的财政政策，攻坚克难、团结奋进,心无旁骛顾大局、一心一意谋发展,统筹抓好稳增长、调结构、促改革、惠民生各项工作，有力推动全市经济社会稳中向好的良好发展势头。

【财力总量稳步提高】积极应对宏观经济下行和国家一系列结构性减税政策的双重压力，采取切实可行的征管措施,确保财政收入平稳增长。财政收入总量、增量、增速持续保持稳健增长势头,全年共完成财政总收入 200 亿元，同比增长 11%,连续四年以近二十亿元态势向上跨越。一是地方收入持续增长。地方收入完成 120 亿元,同比增长 16%,高于全市总收入增幅 5 个百分点,地方可用财力不断增强。二是税收增幅持续提升。全市税收收入完成 166.1 亿元,同比增长 5.9%。三是三产贡献持续加大。全市第三产业实现税收 88.6 亿元，增长 12.5%，高于全市税收增幅 6.6 个百分点。四是建筑业、金融业作用持续增强。全市建筑业实现税收 16.2 亿元,同比增长 23.4%,拉动财政收入 1.5 个百分点。全市金融业税收增长迅速,实现入库 14.5 亿元,同比增长 40.5%,拉动收入增长 2.1 个百分点。

【民生保障不断升温】按照市委、市政府全年投资 1000 亿元的目标要求,在严格落实中央八项规定,进一步压缩“三公”经费的基础上,优先保障各项民生等重点支出。全市财政支出完成 431.1 亿元,增长 22%。其中,财政民生类支出完成 369.1 亿元,同比增长 23%,占财政总支出的八成以上。全市“三公”经费支出 2.29 亿元,同比下降 13.4%。全年实施 32 项民生工程(山区库区农村住房保险试点无任务)，共到位民生工程财政资金 111.61 亿元，占全年计划投入资金 111.79 亿元的 99.84%。11 项工程类项目全部完工,建设进度较上年明显加快,有 4 项居全省前列(农村饮水安全工程、一事一议财政奖补项目、农村公路危桥加固改造、社会养老服务体系建设);21 项发放、补助、培训类项目均按序时稳步推进，顺利完成全年目标任务。全年全市新开工各类保障性住房 80292 套,开工率为 100%，基本建成各类保障性住房 31498 套,基本建成率为 100%。大力推进美好乡村建设,2013—2015 年，全市财政共安排专项资金 8.8 亿元、整合涉农资金 10.8 亿元、引导社会资金 31.2 亿元。加快推进脱贫攻坚,2014—2015 年,共安排财政扶贫资金 7.27 亿元，贫困人口由 2012 年初的 163.45 万人下降到 2014 年底的 83.95 万人；2016 年市本级计划配套扶贫资金 2700 万元。全力确保增资兑现,各级财政部门通过调整支出结构、盘活财政存量资金等措施，保证津补贴及时足额兑现、平稳实施。

【服务发展持续加力】围绕工业爬坡上坎、项目提速增效和城市扩容提质,积极作为,提供全方位、多元化服务。一是争取资金更多。共争取上级一般转移支付资金 169.6 亿元,专项转移支付资金 98.4 亿元,有力支持本市经济社会快速发展。二是扶持范围更广。投入 2000 万元风险准备金开展助保金贷款业务;每年安排 5000 万元工业企业和非公经济发展专项资金;安排 2000 万元支持招商引资;安排 1400 万元支持企业加强科技创新、产品创新等。安排 1000 万元作为中小企业发展过桥铺底资金。积极落实对工业企业免税政策,全年共办理免征建设规费 154 家,免征金额 7.98 亿元。严格涉企资金监管,全市通过涉企系统批复项目 162 个,批复率 39.13%,批复资金 6672.4 万元。三是引导作用更大。积极开展省担保集团政银担合作试点,对小微企业和"三农"企业担保代偿实行补贴。全年担保 27 笔,金额 1.39 亿元。累计为 6941 户中小微企业提供 74.26 亿元的担保贷款,放大倍数高于全省平均放大倍数 3.31 倍,为 4.65 倍。累计发放小额担保贷款 8905 万元,帮助 4360 名市民实现创业和再就业。设立"阜兴创新创业基金",暂定 1 亿元规模,支持风险投资、创业投资、天使投资等发展,加大对初创期、种子期、成长期创业企业的股权投资。四是融资渠道更宽。制定推广运用政府和社会资本合作实施意见,实施项目储备。1 个项目进入执行期,3 个项目进入招标采购。阜阳大剧院、科技文化中心、图书馆等 5 个项目进入省财政厅 PPP 项目库,投资总额达 50 亿元。市城投公司获得新增融资授信 208 亿元,到位资金 97.27 亿元,保证全市重点项目全面有序推进。

【改革管理纵深推进】一是预算体系更完善。从 2013 年起,逐步把机关运转经费管理权交给部门,直接安排预算支出 14.7 亿元,2015 年达 19.4 亿元。进一步完善定额体系,新增水电费、工会经费和市直行政单位网络运行维护费单项定额。建立预算基础信息库,提高基本支出预算准确性;完善部门预算项目库,提高项目预算安排的科学性。提前谋划 2016 年预算编制,试编部门三年滚动财政规划。二是财税改革更深入。推动开门办预算,2016 年各县市区均开展预算项目公开评审,全市对 46 个预算单位,40 个项目进行评审论证,预算金额达 9.2 亿元。推行购买服务,全市相继实施 130 多个项目,其中市直单位 40 个项目,预算 7529.87 万元。推进预算信息公开,各县市区及市直 91 家预算部门全部公开年度部门预算及"三公经费"预算。试编国有资本经营预算,2013-2015 年,共选择 6 家企业编制国有资本经营预算收入 5000 多万元。稳步实施"营改增"改革,全市 9000 多户纳税人因"营改增"结构性减税 42.76 亿元。三是财税体制更科学。对市区财政管理体制进行调整,市与区之间按共享收入实行总量分成。规范土地出让金征缴管理程序,将阜城三区及开发区土地出让金纳入市级统一管理,增加市级对城市建设的统筹能力。四是存量盘活更有力。2015 年,市直共清理财政存量资金 46.5 亿元,盘活到位资金 16.5 亿元,现已逐步用于今年的颍河治理项目、工资改革增资等重点项目。五是债务管理更到位。2014 年底,全市政府性债务余额共 372.8 亿元。2015 年,省厅分配我市置换债券已全部拨付,可节约利息近 2 亿元。新增债券主要用于全市国省干线升级改造、棚户区安置房建设等。

【作风转变务实高效】一是制度建设更加完善。在前两年出台 100 多项财政工作制度的基础上,继续在预算管理、财政改革、规范资金、加强管理等方面制定完善 20 多项制度。二是队伍建设更加规范。通过坚持每月中心组学习,积极开展业务大练兵,组织干部进高校学习等方式,着力打造富有财政特色的学习品牌。建立科级干部重大事项报告制度,进一步完善干部轮岗交流制度,激发干部活力。三是法制建设更加深入。先后制定行政事业单位内部控制规范、市级财政监督检查暂行办法等,积极推进财政制度建设和法治财政建设。加强涉农资金专项整治,共查处违规案件 43 个,违规金额 1.8 亿元。全面开展乡镇财政财务互审,搭建财政项目资金监管信息平台,支持乡镇财政所实施一线监管。四是廉政建设更加有力。认真践行"三严三实"活动要求,严格执行中央八项规定、省 30 条规定和市 36 条要求。严格落实党风廉政建设主体责任和监督责任,明确 2013—2017 年推进党风廉政建设和反腐败工作规划,将执纪问责贯穿于财政工作的全过程。大力开展查处发生在群众身边的"四风"和腐败问题专项工作。

(阜阳市财政局供稿　孙立宏)

颍泉区财政工作概述

【概况】2015年，全区一般公共预算收入完成12.24亿元,比上年决算(下同)增长10.1%,完成调整预算100.1%。其中:地方收入完成9.42亿元,增长14.1%;上划中央收入完成34373万元,增长3.2%;出口退税完成3780万元,下降12.4%。全区一般公共预算支出完成25.08亿元，比上年决算增长10.6%。

【壮大财政实力】面对宏观经济下行、结构性减税等不利因素影响,财税部门不断强化税源管控,深入开展税收稽查,全年收入实现持续增长。认真组织税源普查工作,摸清税源家底,理清税源结构,涉税信息共享机制初步建立。政府非税收入管理改革逐步深化,收费项目实行动态管理,政府非税收入征缴程序日益规范。财政支出管理进一步强化,预算约束更加有效,资金使用效益不断提升。

【推动经济建设】进一步加大上级政策对接和资金争取力度,全年共争取上级项目104个,到位资金4.2亿元。全力支持重点项目建设,投入7.2亿元用于界首路北延、循环园区路网征迁等重点项目建设。创新开展“政银担”合作试点,为中小微企业提供担保贷款2.6亿元;依托农村金融改革,为农业经营主体提供贷款1.7亿元。筹集1500万元“过桥”资金,为小微企业续贷业务提供绿色通道。积极开展PPP(政府与社会资本合作)融资新模式,签约PPP项目1个,资金5.9亿元。不断加大政府债券争取力度,全年争取上级政府债券资金6.7亿元。大力支持工业、商贸等民营经济发展,安排发展资金2860万元。在资金十分紧张的情况下，调度2.6亿元用于土地复垦和土地报批,有效缓解土地要素制约压力,进一步增强经济发展后劲。

【保障民生改善】全区共投入民生工程资金8.1亿元,其中:区级配套1.5亿元。本区实施的31项民生工程全部提前完成目标任务，被评为全省民生工程绩效评价先进单位。社会保障投入逐步加大。建成敬老院4所,新增民办养老服务床位200张;拨付五保供养资金1588万元、城乡居民养老保险8190.9万元。培训就业技能人员2763人,安置就业困难人员532名。发放农村低保资金3726万元，补助计划生育特别扶助家庭38.4万元；救助贫困重度残疾人和三级贫困残疾人员4292名,孤儿281人。文化教育事业保障有力。安排文化场馆免费开放资金50万元,农村文化建设专项资金108万元。拨付义务教育经费保障资金5975.2万元,为2271名中职和普通高中家庭经济困难学生拨付资助资金558.8万元。医疗卫生体系更加完善。全区共支付城镇居民医保基金2401万元,新农合基金21164万元,城乡居民大病保险基金739.5万元；拨付基本公共卫生服务经费2377万元,城乡医疗救助资金1124.2万元,县级公立医院药品零差率补助374万元，重大传染病医疗救治资金20万元；完成免费婚前健康检查14641人、农村孕产妇住院分娩6547人。民生工程的有效实施,进一步提升公共服务均等化水平,社会弱势群体的生活条件不断得到改善，广大人民群众更多地享受到改革发展带来的成果。

【支持“三农”发展】财政补贴农民资金管理不断深化,全年发放各类惠农资金18610万元。农业综合开发深入推进,完成土地治理项目3个,投入资金2867万元,治理土地2.2万亩;亚行项目取得积极进展,完成投资1600万元。美丽乡村建设进展顺利，投入资金5765万元,2014年3个中心村通过验收,2015年6个中心村加快推进。农村基础设施逐步完善,实施“一事一议”项目79个,资金3680万元;建成农村饮水安全工程2处,加固改造农村公路危桥3座，小型水利提升改造工程完成投入1080万元。全面落实政策性农业保险政策，全年理赔556.5万元，农业风险得到有效防控。投入扶贫资金3316万元,全年减少贫困人口1.2万人。大力支持城乡环境卫生综合治理,拨付秸秆禁烧和综合利用资金2483万元,投入“三项整治”、“三边三线”治理和农村环境综合整治资金3028万元,城乡人居环境得到改善。农村综合改革示范试点取得阶段性成果，创新推出“金保贷”、“金农保”等金融产品8个,累计授信2.7亿元。农村征信体系初步建立，建成农村金融服务站98个,8家企业在“四板”成功挂牌;土地确权登记全部结束,农村土地承包经营权在全市率先颁证;农业经营主体培育成效显著,全区新增家庭农场121家、农民专业合作社101家、市级以上龙头企业12家,进一步推动全区农村经济持续健康发展。

【**提升管理绩效**】预算改革不断深化,试行编制三年滚动预算,开展2016年部门预算公开评审,“三公”经费、部门预决算信息实现常态化公开。存量资金盘活力度加大,清理盘活结转结余资金6953万元。政府购买服务范围逐步扩大,主次干道及小街巷保洁、农村环境整治等16个项目社会化服务启动运行。基层医药卫生体制改革加快推进,基本公共卫生服务更加完善。国库集中支付改革不断深入,全年支付资金6.8亿元。“公务卡”改革深入实施,结算管理进一步完善。“营改增”试点全面推开,763家企业涉改,企业税负降低明显。政府采购电子化运行有效实施,全年采购预算21484万元,实际采购金额 18543万元,节约资金2941万元,节约率为13.6%。政府债务管理不断规范,债务限额管理和风险预警机制逐步建立,有效防范政府债务风险。

【**保障资金安全**】全面推动财政监督横向拓展和纵向延伸,基本实现政府性资金全过程监督和绩效评价全覆盖。不定期开展采购合同执行和履约情况监督检查,对6家违反规定的供应商和企业进行严厉处罚,没收保证金9.2万元。涉企系统监管深入实施,监管企业14家、资金870万元,有效防止项目重复申报和虚假申报。将预算执行、“小金库”治理等热点问题纳入会计信息质量检查范围,对7家单位进行重点检查,查处财务违规行为4起。涉农资金专项整治和工程招投标领域督查强力推进,乡镇财政资金监管进一步加强,财务互审工作全面启动,乡镇财政资金监管工作再次被评为全省“一等奖”。

(颍泉区财政局供稿 贾建峰)

颍州区财政工作概述

【**概况**】2015年,全区财政完成收入21.01亿元,较上年增收2.96亿元,增长16.43%。全区公共财政支出累计完成33.66亿元,较上年增支8.29亿元,增长32.69%。

【**“真金白银”惠民生**】大力保障民生支出,加快重大项目支出进度,建立起民生工程资金拨付绿色通道,确保民生工程政策到位、资金到位、工作到位。全区实施32项民生工程,全年拨付资金9.38亿元,区级财政配套资金1.45万元,资金拨付率100%,有力地促进保障“三农”、教育、医疗卫生、社会保障、公共安全、环境保护等重点领域资金分配和使用情况,并确保重点民生资金发挥最大效益。

【**广开渠道筹融资**】积极搭建政银企合作平台,创新机制,壮大融资实力,全年融资9.76亿元,有力保障重点项目实施;进一步扩大担保范围和规模,严格执行财政贴息政策,支持促进中小企业加快发展,为本区各类企业融资30220万元,累计审核发放小额担保贷款2147万元,带动就业1845人。

【**勇于改革谋发展**】积极推进预决算公开制度,76家区直部门的预决算和三公经费信息全部公开;继续加强政府债务管理,将清理甄别后的政府债务分别纳入一般公共预算和政府基金预算管理;完善国库集中支付预算执行体系,深入推进公务卡制度改革;清理整顿闲置资金,盘活财政存量资金3000余万元,加大对闲置资产的调配、处置力度,最大限度提高资产运行质量和使用效益;落实行政事业单位人员工资和养老金制度改革,加快推进政府和社会资本合作PPP模式。

【**精准发力帮脱贫**】建立健全扶贫开发领导工作机制,扎实开展“回头看”工作,瞄准40个扶贫村和1.5万户、3.15万贫困人口实行精准管理,以事实“整村推进”为中心,“单位包村,干部包户”为重点,不断加大投入和工作力度,不断激发贫困村发展活力,不断凝聚社会各界参与扶贫事业的强大合力,扶贫事业取得积极成效。

【**多措并举促管理**】稳步推进项目支出绩效评价工作,继续深入开展“小金库”专项治理工作;加强政府采购管理,全年组织政府采购1469万元,节约资金349万元;强化会计信息质量检查、会计人员继续教育、财政监督检查等项工作,确保财政运行安全高效。加大对扶贫资金、社保资金、强农惠农资金等各类专项资金的跟踪问效和监督检查力度,严肃财经纪律,提高财政资金使用效益。

【**建章立制强内控**】突出重点,着力对预算编制、预算执行、政策制定、公共关系、机关运转、岗位利益冲突、信息系统等方面的制度进行完善,逐步实现制度建设全覆盖。规范操作,修订完善各项工作业务流程,围绕内控目标,突出领导决策、资金管理、干部人事管理等重点,全面落实各项财政法规制度和机关内部管理制度,严格按照制度规范开展工作。

【创先争优树形象】按照"争当文明人、争做文明事、争创文明单位"的要求,坚持开展"三爱三优"(关爱他人、优质服务,关爱自然、优美环境,关爱社会、优良秩序)行动和"四以四重"(以德塑人、重在养成,以礼育人、重在自觉,以行助人、重在坚持,以文化人、重在践行)活动,当年区财政局荣获省级卫生先进单位、省文明单位等殊荣。

【持之以恒防风险】认真执行中央"八项规定",深入推进"三严三实"活动,建立健全各项财政管理制度,注重抓好全体干部职工的理想信念教育、廉洁警示教育、道德规范教育和重点岗位廉政教育,继续做好 党务、政务和事务的公开,积极开展党组织结对共建活动,全局无违法违规现象发生。

(颍州区财政局供稿　苑文龙)

颍东区财政工作概述

【概况】2015 年,颍东区财政部门坚持法治、创新、改革、民生理念,认真贯彻落实区委区政府决策部署,攻坚克难,扎实工作,完成各项预期目标任务,促进全区经济平稳较快发展。全区财政收入完成 11.11 亿元,同比增长 20.34%,全区财政支出 26.88 亿元,同比增长 14.8%。

【服务发展】一是千方百计争取上级支持。抢抓国家政策机遇,全区共争取各类专项资金 12.86 亿元,为全区经济社会发展和改善民生提供有力的资金保障。二是千方百计筹资搞建设。通过精细理财、盘活存量资金、发挥投融资平台作用,筹集资金 25.48 亿元,支持保障性住房建设、棚户区改造、城区路网等重大项目建设。其中用于保障性住房建设 18.48 亿元,新开工公租房 267 套,基本建成 466 套,分配入住 714 套,新增租赁补贴 67 户,新开工棚户区改造 11159 套,基本建成 3358 套,分配入住 4200 套。三是千方百计支持企业发展。累计拨付 0.04 亿元,支持猛牛食品等 4 家公司完成技改,争取企业奖补资金 0.07 亿元支持达亿等 24 家企业发展。发展税融通、农保贷、住保贷、风险补偿基金等融资担保方式,扶持中小企业发展,累计发放企业担保贷款 4.5 亿元,担保放大倍数为 3.8 倍,有效缓解企业融资难问题。

【依法治税】面对收入困难局面,财政部门坚持强化收入不动摇,以均衡入库为重点,以提高收入质量为核心,不断加强与国税、地税、金库等部门的协作配合。建立精细征管机制,加强税收基础管理,在抓好日常征管的同时,积极开展重点行业税收稽查、企业欠税清查、小税种稽查及非税收入征管,力促应收尽收,超额完成财政收入目标任务。

【注重民生】全年拨付低保、优抚、特困户等补助资金 1.17 亿元,城镇居民医疗保险、新型农村合作医疗补助资金 2.25 亿元,养老保险资金 0.78 亿元。发放粮食直补、良种补贴、综合直补和农机局购置补助 0.66 亿元。安排教育支出 6.08 亿元,兑现义务教育绩效工资 0.41 亿元。筹措土地整理、农业综合开发、农村安全饮水、水利基础设施建设等专项资金 1.64 亿元。拨付一事一议财政奖补项目资金 0.31 亿元,美好乡村建设资金 0.24 亿元,"三线三边"农村环境综合整治资金 0.24 亿元,秸秆禁烧资金 0.25 亿元。拨付农村危房改造、农村危桥改造、交通、粮食"危仓老库"改造工程等专项资金 0.61 亿元。认真实施精准扶贫,全年共拨付扶贫资金 0.45 亿元,主要用于 18 个贫困村。实施整村推进项目 63 项,产业扶贫项目 25 项,雨露计划项目 2 项,支持农民专业合作社项目 7 项。同时,发挥区财政局下属阜阳裕东农业科技有限公司平台作用,开展配股扶贫、光伏扶贫、特色养殖扶贫,发展村级集体经济试点,采取财政投入资金折资入股、发包租赁等多种方式,在上年拨付 26 个贫困村村集体经济发展资金 260 万元的基础上,当年对 24 个贫困村投入扶持资金 240 万元,拓宽村集体经济发展渠道,增强贫困村发展动力,加大脱贫攻坚力度。

【财政创新】完善政府预算体系,实行"全口径"预算,加大政府性基金预算与一般公共预算的统筹力度;细化财政预算,推动预算绩效评价,提高预算编制的完整性、准确性、可执行性;推进财政预决算公开,全区 86 家预算单位实施部门预决算及"三公"经费公开。完成政府采购项目 400 个,支出资金 3.46 亿元,节约资金 0.86 亿元;在市容保洁等方面实施政府购买服务,支付资金 0.50 亿元;新增政府债券 1.79 亿元,置换政府性债券额度 1.68 亿元;实现国库集中支付资金 39.30 亿元,直接支付率达 98%;加强非税收入管理,严格执行收缴分离,罚缴分离;完善乡镇财政体制,进一步调动乡镇增收节支的积极性;实施营改增政策,全区登记营改增纳税人 295 户,累计拨付营改增补贴资金 0.02 亿元。

【规范理财】一是着力完善财政内控机制。加强机关作风建设,落实党风廉政建设主体责任。二是着力规范财政支出管理。制定财政支出管理办法,对资金拨付实行职能归口,一头对外,分级负责,流程规范,信息共享,为预算单位提供规范高效服务。三是着力强化财政监督。对 2014 年度财政收支进行会计监督检查,对重点非税收入单位进行清理检查,对涉农资金进行专项检查。特邀人大代表、政协委员为民生工程监督员,对民生工程开展巡视评估。建立人大代表联系制度,发放《致省人大代表的一封信》,征求对财政工作的意见建议。认真办理人大代表议案和政协委员提案,全年共办理人大代表议案 3 件,政协委员提案 6 件。修订全区差旅费管理办法,制定并落实一系列专项资金绩效考评办法,提高财政资金使用效益。先后荣获全省民生工程绩效考评先进单位,全省惠农补贴资金管理发放绩效评价二等奖,全省乡镇财政资金监管工作绩效评价三等奖。

(颍东区财政局供稿 李明霞)

阜阳经济技术开发区财政工作概述

【概况】2015 年,阜阳开发区财政局在开发区党工委、管委会的高度重视和正确领导下,围绕区重点工作,认真履行财政工作的职责和职能,全面抓收节支,切实保障民生需要,加强服务意识,有效促进开发区经济和社会事业的持续健康发展。全年完成财政总收入 10.29 亿元,其中:地方一般预算收入完成 42751 万元,上缴中央收入完成 57337 万元,出口退税完成 2830 万元。

【狠抓组织收入】开发区财政遇 2007 年后收入同比下降最严重一年,开发区财政局联合征收部门,多次组织会议,研究增收方案,采取一系列增收措施,确保全年财政收入目标完成,税收减幅由半年 24%降到全年的 13%。一是开展税源普查工作。联合国、地税等相关部门,对区内工商企业开展税源普查,摸清税源结构,了解行业经营和纳税情况,查找工商业税收下降原因。二是开展汽车行业调研,推动非属地纳税企业的税收转入工作。对 19 家未属地纳税的汽车销售企业的税收转入工作进行调研和督办,并全部转到本区交税,每年增收近 1000 万元。三是加快存量资金盘活,提高资金使用效益。年初加大对各专户及预算部门结余资金的清理工作,共消化存量资金 3077 万元,收回预算部门存量资金 1370 万元。四是强化非税收入征管。进一步完善非税收入收缴方式和操作程序,实现非税收入管理的法制化、规范化、制度化,促进非税收入平稳增长。五是加大往来款项清理。按照审计要求,对往来款项进行清理,收回各类欠款 8000 多万元,并将回收欠款进行二次分配,有效缓解财政支出压力。

【优化支出结构】坚持以民生为重点,进一步调整和优化财政支出结构。完成财政总支出 52838 万元,同期减支 471 万元,下降 0.9%。一是严控一般性支出和"三公"支出。从预算源头入手,采用与预算部门月对账和部门每月上报资金存量的形势,了解各部门的经费使用情况,在预算拨款时,根据各部门的经费存量予以核拨,确保资金在部门账户上不积累。规范三公经费财务报账流程,严格按照年初预算设定的车辆和人员定额予以核准,做到不超标、不追加,并将三公经费每月执行情况上报市财政。二是坚持优先发展教育。认真落实义务教育经费保障制度,拨付中小学生各项配套经费 6158 万元,用于中小学校教学设备购置和校舍安全建设。拨付大学生村干部和公益性岗位生活补助和社会保险资金 41.42 万元。三是强化社会保障职能。一方面全面落实国家提高城乡低收入和特殊人群收入的各项政策,全力保障城乡低保、农村五保、基本医疗保险、新农保等支出。全年新农合资金投入 180.99 万元。拨付城乡低保补助资金 2653.66 万元、城乡居民养老保险资金 16.09 万元、五保资金 86.4 万元、优抚对象补助资金 104.65 万元。另一方面扎实推进保障性住房建设,着力缓解城乡低收入家庭住房困难问题。四是加大卫生事业投入。完善城乡卫生服务体系,推行城乡居民大病保险工作,促进基本公共卫生服务均等化,共投入各项卫生服务资金2118.36万元,有力保障卫生事业各项工作的开展。

【落实惠民政策】全年组织实施20项民生工程,其中工程建设类有2项,补贴发放类有17项,就业扶持类1项。年初计划投入资金13452.789万元。完成全年任务的有17项,超额完成任务的有5项,共拨付各项补贴发放类、工程建设类资金12119.4万元,资金拨付率达90%。其中保障性安居工程投入财政资金9720万元,占拨付资金总额的80.2%。

【推进重点工程实施】认真分析开发区重点项目的资金需求,结合开发区实际情况,按照新的融资政策要求,创新融资方式,拓宽融资渠道,全年实际融资3.5亿元,到位2.5亿元,主要包括:以申寨安置区(地块二)从农业银行融资2.5亿元,实际到位资金1.5亿元;以建投公司债权转让方式从国元信托融资1亿元资金并全部到位;依托市国土收储中心,向农业银行、光大银行融资6.1亿元,其中,光大银行2.5亿元获批复,农行3.6亿元获省行初审。

【谋划预算编制】按照新《预算法》要求,9月底召开2016年部门预算编制工作布置会,对2016年预算编制工作提出更高要求。一是继续实行定额支出编制,对人员和车辆依然采用包干定额的方式,并提前预测车改等可能增支引起的预算变化。二是对工程预算编制,采用建立工程项目库的思想,由业主单位提供项目立项等一系列施工手续,财政局根据财力情况,按照项目予以列入预算。三是结合开发区十三五规划,首次试编三年滚动预算。

【强化服务意识】一是强化服务企业意识。积极做好国发62号文件政策解读工作,就相关支持企业政策暂缓执行做好安抚企业情绪工作,并加强与上级财政联系,了解政策新动态。国发25号文出台后,及时落实到位扶持资金,累计拨付支持企业发展资金3566.05万元,涉及营改增财政扶持、进出口增量奖励、皖北贴息等四项专项资金,惠及企业73家。二是加强审计服务意识。积极配合审计部门开展财政预算执行和棚户区项目两次大型审计,安排专人全程跟踪服务,为审计工作提供便利,对审计部门提出的意见建议及时整改和采纳。

【加强廉政建设】积极开展廉政教育,组织参加由开发区组织的"警示教育"、"廉政教育"等廉政主题活动,并多次通过全局人员会议进行廉政教育宣传。完善和更新各项管理制度,先后制定财政局档案管理、印章管理和安全管理等制度,提高干部职工的责任意识和服务意识。

(阜阳市开发区财政局供稿　王颍林)

界首市财政工作概述

【概况】2015年,界首市财政部门积极发挥财税职能,加快推进财政改革,继续强化资金保障,各项工作进展顺利,有力推动全市经济社会的可持续发展。全年实现财政收入21.2亿元,较上年增长15.5%;财政支出完成31.6亿元,较上年增长17.5%。

【财政收入稳步增长】一是不断加强财源建设和理财治税,在做大再生资源主导产业,提升"拳头"行业在重点税种贡献率的同时,进一步优化产业结构,改变主体税种税收对于资源型工业的过度依赖,做到抓大不放小,加强三产企业税源管理,做到应收尽收。二是大力扶持企业发展,增强企业生产活力和市场竞争力,财政与经济良性互动格局渐趋稳固。三是坚持公共财政建设导向,保民生需求和重点项目支出,通过调整和优化财政支出结构,保持教育、科技、文化、社保支出较快增长,确保重点支出及时拨付,为促进各项社会事业协调发展起到重要支撑作用。

【支持服务经济发展】一是进一步完善小额担保贷款贴息和奖补等扶持政策,改善创业环境,改进公共服务,努力解决好高校毕业生、退役军人等重点人群,尤其是城镇就业困难人员、农村转移劳动力等困难群体的就业问题,"整贷直发"实现小额担保贷款余额0.5亿万元。二是进一步扩大小微企业融资渠道,大力落实积极财政政策,多措并举支持企业发展,推动民营企业发展壮大,积极为企业和新兴经济体提供贷款担保业务,想方设法解决企业融资难题。银政担合作取得有效突破,政策性担保公司担保放大倍数提高至3.5倍，在保企业110家,在保余额8.28亿元。三是成功上线运营“涉企项目资金管理信息系统”,有效集聚税务、工商、质监、海关等政府部门的政务业务信息资源,构建跨部门、跨行业的涉企项目资金监管平台,切实解决少数企业虚假申报、多头申报、无效支持、重复享受补贴补助等问题。

【有效落实惠农政策】积极稳妥推进财政支农资金整合,促进农业增产、农民增收、农业发展。重点打造支农资金整合平台，加强整合资金项目建设管理,确保整合项目资金落到实处,全年共整合涉农资金0.92亿元。加强财政扶持农业发展项目申报、项目建设及项目资金管理,争取上级项目55个,争取资金1.87亿元。为农业企业申报污染防治、外贸促进专项、对外投资合作、企业发展贴息等财政专项资金0.41亿元。统一资金发放口径,纳入“一卡通”打卡发放各类惠农资金13项,兑付资金1.01亿元。

【民生工程有序推进】立足于保基本、兜底线、促公平,积极参与社会保障、医药卫生、义务教育等领域的改革,着力改善支出结构碎片化的问题,使支出结构进一步优化升级，支出效益进一步提升。全年民生工程计划投资11.6亿元,实际到位10.9亿元，支出9.7亿元，达到年度目标任务要求。122个农村综合改革项目全部完工，完工率100%,资金总规模0.4亿元。

【财政改革不断深化】一是全面深化政府收支分类改革和部门预算改革,实行“全口径”预算。二是健全国库集中收付、政府采购制度体系,全年通过国库集中支付平台办理的支付业务达到30641笔,支付金额19.3亿元;通过政府采购模块,完成采购项目583个,采购金额为15.68亿元,节约财政资金2.32亿元,节约率12.9%。三是深化非税收入管理改革，非税收入纳入一体化平台运转,“凭证领用、限量供应、核旧领新、票款同行”,发挥财政票据“以票控费、以票促收”作用,上线运营财政票据电子化管理系统，实现省与市县财政部门间的电子联网。四是理顺行政事业单位资产管理体制,推进事业单位及所属企业产权登记,统计行政事业单位198个，提取汇总固定资产总额13.86亿元,新增入账固定资产0.21亿元。

【财政监管收支并举】完善财政监督管理机制,规范会计管理培训,加强会计监督检查,逐步推行财政监督管理经常化、制度化和规范化。一是做好财政账户清理工作,撤销21个,纳入国库支付中心监管8个,保留153个必留账户。二是出台《关于进一步明确财政补贴农民资金管理和发放工作职责的通知》和《关于进一步强化财政专项资金管理的通知》,规范财政专项资金管理,保障资金安全,提高资金使用效益。三是建立和完善会计监督查前公示和查后公告制度，开展乡镇财政财务互审工作。四是启动内部控制建设工作,搭建起构架合理的内控组织管理体系，拟定内控委员会议事规则。五是加强“三公”经费日常管理,全市“三公”经费累计支出0.12亿元，占年初预算的68%,比上年下降4%。

【融资工作运转有序】全年完成融资项目14个,融资额17亿元,较上年增长8.2%。在谈融资项目16个、融资额56.8亿元。东旭路安置区7亿元城投债券、道路供水管网向阜阳光大银行拟融资2.4亿元,进入最后审批阶段;顺河路安置区项目融资3亿元、进出口加工基地申请城市发展建设基金5亿元，颍南蓄排水园林绿化项目融资3亿元项目完成初审。

【引导金融支持发展】发展和完善农村金融服务体系,做大做强界首农村商业银行、中银富登村镇银行等地方法人金融机构，支持驻界各商业银行机构向农村拓展业务,增设营业网点。创新财政金融支农方式，落实和完善县域金融机构涉农贷款增量奖励以及农村金融机构定向费用补贴政策,调动金融支持“三农”发展的积极性。研究和完善政府引导市场化运作的农业保险制度，通过保费补贴政策创新财政支农方式为广大农民生产生活提供保障,促进农民增产增收。创新农村金融服务,在全省范围内率先开展农业保险商业补充险、保单质押贷款、家庭农场保证保险贷款业务,使得农业保险保障水平不断提高,保障范围不断扩大。支持和促进国有金融机构深化改革，提升金融机构风险管控能力,设立金融改革创新专项资金,用于增量贷款奖补、征信体系建设、企业改制上市奖补。设立金融机构风险补偿金,用于涉企、涉农、自主创业贷款风险补偿，提升金融机构的抗风险能力。建立财政“以存引贷”机制,在商业银行间竞争分配财政性存款,促使银行扩大经营范围,催生金融产品研发,支持全市企业发展。完善金融组织体系,鼓励国有商业银行在园区和乡镇增设营业网点和离行式自助银行,建立主体多元、适度竞争、功能互补的现代金融组织体系,全面开展居民和经营主体信用体系建设,实现企业、个人信用信息采集、评级、授信和查询服务全覆盖,建立农户信用电子档案,推动农户信用评价结果与农户贷款授信审批相结合,打通金融服务最后一公里。推动金融产品和服务创新,做大保证保险贷款、金保贷、欣农贷、循环贷、增信贷等产品贷款规模,全市"助保金"贷款累计投放 2.8 亿元、保单质押贷款 0.1 亿万元、保证保险贷款 0.4 亿元。

(界首市财政局供稿　陈艳)

颍上县财政工作概述

【概况】2015 年,颍上县财政工作在县委、县政府的领导下,以十八届三中、四中、五中全会精神为指导,深入开展"三严三实"等党的群众路线教育实践活动,以构建公共财政体系为核心,紧紧围绕增收和节支两大主题,大力组织提高收入,严格控制支出,调节支出结构,落实各项惠民政策,加强财源建设,强化财政监督,提高资金使用效益,财政运行总体平稳,各项工作稳步推进。

【狠抓收入】面对经济下行压力,全县上下积极作为,应收尽收,克服财政减收带来的不利影响,实现财政收入内涵式增长。全县财政收入实际完成 24.02 亿元,占调整预算的 100.1%。全县财政一般预算支出完成 54.45 亿元,占调整预算的 135.4%。在财政收入整体下降的情况下,地方财政收入增长 14.8%。地税部门积极组织收入,较上年同期增长 30.6%,有效弥补国税部门任务缺口;财政部门大力组织国土资源、人口计生、罚没收入等重点非税入库,实现 37.9%的增长。积极争取转移支付和政府债券资金,累计到位资金 38 亿元,有力保障全县民生支出和基础设施建设。

【调整结构】全面清理财政扶持政策,营造法治、公平、规范的市场环境。规范和调整税收优惠政策,依法、依规减轻企业负担。加大政府融资工作力度,全年项目融资 31.3 亿元,有力支持全县重点项目建设。安排中小企业发展扶持资金 1381 万元,充实资本金,支持非公经济、小微企业发展,积极推进企业调结构、转方式、促升级。

【优化支出】围绕年初 33 项民生工程,加大财政投入,完善体制机制,切实提高城乡基本公共服务水平。全年民生工程投入 19.29 亿元,占一般公共预算支出的 35%以上,教育、社保、卫生和社会救助等事关群众切身利益的提标增支政策足额保障到位。认真落实厉行节约有关规定,严格压缩会议、节庆等一般性开支,除编制内增人和政策性增支外,努力降低预算单位行政运行成本,"三公"经费下降 5.2%。

【深化改革】坚持以制度促管理,完善理财措施,稳步推进各项改革。深入推进预决算公开改革,除涉密信息外,所有预算单位向社会公开了部门预决算和"三公"经费预算。加强政府采购预算管理,全年采购金额达 1.8 亿元,资金节约率 24.1%。全面清理财政专户和部门结转结余资金,盘活财政存量资金 4.98 亿元,消化率 100%。强化收支两条线管理,全年通过非税系统缴入国库 3.38 亿元,实现非税收缴规范化。继续深入推进国库集中支付改革,全县开设公务卡 1363 张。财力进一步下沉,全年县对乡镇总财力突破 4 亿元,比上年增长 24%。

【强化监管】针对财政管理中存在的突出问题和矛盾,积极采取有效的措施,缓解财政困难,促进财政可持续发展。严格执行廉政建设规定,制定《颍上县行政事业单位三公经费管理办法》。依法接受县人大监督和调整预算审查。加快预算执行进度,继续压缩年终结转规模。加快实施涉农、涉企资金监管,完成项目 40 个,涉及金额 8.6 亿元。加强部门和单位财务人员会计从业资格管理,切实提高财政财务管理水平。完善国有资产管理体制,加强国资监管,确保国有资产保值增值。

【严格监督】依据中央、省市已出台的各项制度规定,制定县本级差旅费、会议费、培训费、出国经费等财务管理制度,用制度规范"三公"经费支出,降低行政运行成本。严格专项资金的绩效目标审核,规范绩效目标审核程序和审核职责,通过绩效考核,进一步提高资金使用效益。结合新修订的《安徽省财政监督条例》,开展财政监督政策宣传,加强财政监督检查。强化财政资金监管,严把项目资金申报材料的审核关,按上级规定程序及项目资金管理办法拨付资金，防止套、骗、挪用财政资金现象发生。进一步加强对财政票据使用的管理，做到专人、专责、专账、专管理，定期或不定期对财政票据的领购、使用、核销、保管等情况进行检查，不断规范财政票据的使用管理。

【转变作风】按照县委统一部署，深入开展群众路线及“三严三实”主题教育实践活动，不折不扣完成规定动作，本着“照镜子、正衣冠、洗洗澡、治治病”要求，认真学习教育、听取意见，深刻查找“四风”方面存在的问题。加强干部作风建设，贯彻落实中央“八项规定”，各股室(单位)主要负责人向局党组签订《党风廉政建设和反腐败工作任务（责任）承诺书》，并作为年度目标考核的重要依据。

【强化基础】完善资产管理信息系统建设，加强行政事业单位产权登记，严把资产处置关，确保国有资产保值增值，严防国有资产流失。加强财政信息宣传工作，推财政信息公开，不断增强依法公开、主动公开的意识，完善公开机制，创新公开形式，拓展公开内容，初步形成以总预(决)算公开、部门预算公开、专项支出公开为主体，依申请公开为补充的工作格局。财政信息公开工作连续多年为全县政务公开先进单位。加强税法宣传及税源调查工作，组织全体财政干部开展法律知识竞赛，组织全县财政干部参加全省行政执法资格考试认证工作，圆满完成2015年税式支出测算工作。

（颍上县财政局供稿　顾录昌）

太和县财政工作概述

【概况】2015年，太和县财政收入实现23.07亿元，同比增长35%，增幅全省县域第一，其中地方收入完成16.05亿元，增长36.5%。全县财政支出67.07亿元，同比增长27.6%，有力保障全县经济社会快速发展和社会大局和谐稳定。

【保障改善民生】坚持民生优先、为民理财，不断增强群众获得感，全年财政民生类支出60.17亿元，占财政总支出的89.7%，办成一批群众看得见、摸得着、能受益的实事好事。一是持续推进民生工程。31项民生工程年度任务顺利完成，累计投入各级财政资金21.58亿元，新建、改建和扩建民生工程项目点4457个。二是大力支持社会事业。支持教育事业优先发展，提升义务教育保障水平，安排实施校园建设项目93个，全年教育支出17.19亿元。三是扎实做好社会保障工作。全年六项社保基金收入14.34亿元、支出10.92亿元，用于城乡居民养老保险、低保补助、五保供养、优抚对象待遇、医疗保障、公立医院及基层医疗机构改革、完善城乡医疗救助、困难群众临时生活救助和艾滋病生活救助体系。四是全力支持保障性安居工程项目建设。实施41个保障性安居工程项目，基本建成住房8018套，货币化安置2205户。

【积极服务“三农”】一是支持农民持续增收，贯彻落实各项惠民补贴政策，实施精准扶贫。二是支持农村环境改善，实施“一事一议”财政奖补项目，完善基础设施建设；安排专项资金，保障美好乡村建设；统筹农村环境治理、秸秆禁烧及农村安全饮水工程，改善农村居住及生态环境。三是支持农业稳定发展，县财政安排专项资金支持现代农业示范区建设和国家“粮食安全工程”；进一步做好政策性农业保险工作，着力化解农业风险。

【促进经济发展】树立大财政理念，充分发挥财政职能，主动作为，积极理财，扩大投入，促进发展。一是全面落实积极财政政策。落实结构性减税降费政策，出口货物退增值税、发制品再生铅行业退增值税及“营改增”扶持资金；落实财政扶持政策，对重点、支柱、龙头及特色产业扶持奖励；加强对中小企业扶持、肖口循环工业园建设，兑现科技奖励、科技创新及专利资助，支持“新三板”和股权托管交易中心挂牌上市企业。二是拓宽投融资渠道。依托政府融资担保平台，通过政策性贷款、项目贷款和社会资本合作等方式，扩大与政策性银行和各类商业银行的合作，运用PPP模式运作实施西部路网、高铁快速通道等重大市政基础设施建设，三大融资平台运行良好，稳步落实投融资资金，有力保障城市建设和重点项目资金需求。三是积极争取上级财政支持。把握国家产业政策和投资导向，积极争取中央和省对我县的转移支付补助力度。四是支持小微企业及“三农”发展。县中小企业融资担保公司为中小微企业及三农企业提供贷款担保，切实解决企业融资难、融资贵问题；投入金融发展资金，提升地方金融机构服务县域经济及支持三农发展的能力。五是重点支持现代医药产业集聚发展基地建设。全面落实省、市、县三级专项引导资金,按投贷管结合的原则分配、管理和使用,充分发挥专项支持资金的杠杆撬动作用,吸引更多更大的医药类项目落户太和县,做大做强本县医药产业。

【提升管理水平】一是加强预算改革。对全县行政事业单位及乡镇预决算(含"三公经费")全面公开,建立预算编制、执行、监督相互制约、相互协调的财政运行机制;加强财政专项资金检查,深化会计监督,规范财经秩序;巩固厉行节约成果,加强"三公经费"管理,降低行政成本。二是推进依法理财。制定财政部门联系服务人大代表制度,通过走访座谈、电话征询、上门拜访、会商交流等形式,主动与各级人大代表座谈交流,听取意见建议。全年办结代表建议议案和政协提案6件,努力做到由办理过程满意到办理结果满意。三是规范债务管理。在债务甄别的基础上,进一步完善地方政府性存量债务台账。截至当年底,本县地方政府债务总量低于经省政府批准、省财政厅核定本县本级2015年末地方政府债务限额,远低于省财政厅下达的控制数。四是清理盘活财政存量资金。按照国务院、财政部有关盘活存量资金要求,盘活存量、用活增量,盘活的存量资金全部用于民生改善及基础设施建设。五是认真落实津贴补贴改革政策。在全额兑现财政供养人员工资及福利待遇的同时,积极消化历史欠账,在"十二五"期间内,欠发以前年度退休人员工资全部兑现完毕。落实"老字号"群体生活补助政策,实行职级并行工资制,兑现乡镇工作人员补贴,完成公务用车改革工作,做好养老保险改革前期准备工作。

【历练干部作风】一是加大教育管理。举办2015年度全县财政干部春训班,开展党的群众路线教育实践活动和"严守六条戒律"主题教育活动,实行影像考勤,落实干部去向告知,公布权责清单,推进乡镇财政所"三个清单"建设,实行限时办结和一次性告知制度,开展市级文明单位创建活动,全局机关效能持续提升。二是严明财经纪律。贯彻落实中央"八项规定",积极践行"三严三实",推进厉行节约,全县"三公"经费支出逐年下降。在财务管理和资金拨付上严格执行股室负责制,规范透明操作,加强资金监管和财政会商,实行乡镇财务互审。三是强化党风廉政建设。落实党建主体责任和监督责任,开展查处发生在群众身边"四风"和腐败问题专项工作和涉农资金专项整治活动,强化财政资金监管,全县财政系统近年来无违法乱纪行为。

(太和县财政局供稿　王莉文)

阜南县财政工作概述

【概况】2015年,阜南县完成财政收入10.58亿元,为预算的100%,增长18%,财政收入首次突破10亿元大关,增幅全市第3位。其中:税收收入完成7.96亿元,为预算的100.9%,增长15.0%。全县财政支出完成55.36亿元,完成调整预算的96.4%,增长22.2%,增幅全市第4位。

【保障改善民生】一是民生工程顺利推进。全县累计投入33项民生工程资金20.9亿元,圆满完成省定民生工程目标任务,顺利通过市级考核验收。二是低收入人群生活得到保障。全年城乡低保支出9598万元,增长23.4%;城乡医疗救助1621万元,增长8.8%;五保户供养3247万元,增长26%;新型农村合作医疗56611万元,增长19.6%;发放"老字号"群体补助2223万元;发放80岁以上老人高龄津贴969万元。三是社会治安投入不断加大。全年公共安全支出16153万元,增长39.4%,其中:打击制毒贩毒支出576万元、平安建设支出136万元、消防支出514万元;在16个乡镇开展社会治安综合治理协管员试点工作,招聘人员1049人,全年投入378万元。四是人居环境日益优化。拨付1718万元用于污水处理设施建设及运行维护,拨付960万元购买城区道路保洁服务,拨付287万元实施社区巷道改造,投入5320万元开展夏秋两季秸秆禁烧和综合利用工作,投入530万元用于美国大白蛾灾害和动物疫病防治。

【支持经济建设】一是加大融资力度。调剂资金4800万元开展"转贷通"业务,为企业提供过桥资金28000万元;筹集资金3050万元,建立"助保贷"风险补偿基金,解决中小微企业融资难问题。二是加强土地利用。拨付重大项目土地报批费用2040万元,拨付利民公司58688万元收储国有土地510亩,支持县经济开发区向国家级开发区转型升级,夯实县域经济发展基础。三是支持企业发展。投入992万元支持企业参加广交会、农博会等大型会展,对企业摊位费进行补贴;支持华宇公司等18家企业申报"新三板"、"新四板"上市,建立科技创新奖补机制,拨付技术改造专项资金361万元。四是提供担保服务。注入11000万元改制资金成立阜南县中小企业融资担保公司,提供担保贷款66985万元;提供小额担保贷款3013万元,拨付财政贴息资金238万元。五是落实改革政策。积极落实"营改增"企业财政扶持政策,累计拨付资金1550万元。

【推进三农发展】一是农村环境持续改善。大力开展村庄和洪洼地区整体规划工作;投入资金7237万元,实施农村饮水安全工程,解决14.3万农民群众饮用水安全问题;新增财政投入2779万元,圆满完成省定6个美好乡村示范点建设任务;筹措资金6391万元开展农村环境综合治理,改善了农民生产生活条件。二是农村公益事业建设稳步推进。投入农村公益事业一事一议财政奖补项目建设资金9616万元,实施道路、桥涵、广播等建设项目407个;投入8362万元支持光伏项目、农村路网、雨露计划和乡镇片区治理等项目建设。三是农村经济协调发展。投入1225万元专项资金扶持晚秋黄梨、大棚蔬菜、食用菌等特色农业发展;创新农村金融体制机制,推进农村信用体系建设,全县设立266个农村金融综合服务站,方便群众生产生活。四是强农惠农政策全面落实。累计打卡发放涉农补贴32项,发放资金53124万元,全县32.5万户农民群众直接受益;组织力量开展涉农资金专项整治行动,切实解决个别涉农项目资金专户余额较大、拨付使用较慢、操作不够规范等问题。

【推进财政改革】一是工资增资全额兑现。包括基本工资提标增资33693万元、乡镇工作补贴3805万元、住房公积金增资6750万元等,均及时足额补发到位。二是基础工作得到加强。继续完善财政供养人员基础信息,加强财政一体化平台应用,规范财政涉企项目资金管理,更新"一卡通"基础信息数据,发挥债务管理系统监管作用。三是预算制度改革深入推进。积极实施财政预决算和"三公"经费公开,完善政府预算体系,推进编制三年滚动财政预算,建立跨年度预算平衡机制。四是积极开展财政专项工作。全面清理规范财税优惠政策,对乡镇财政实行"三个清单"制度,稳妥推进政府购买服务试点工作。全面开展土地房产清理,盘活国有资产。五是加快财政支出进度。逐条排查支出项目,督促部门加强项目管理,夯实预算执行基础。

【加大项目投入】一是加大开发区投入。累计投入财政资金47649万元,保障白领公寓等保障房和开发区基础设施建设项目稳步实施。二是支持投融资公司发展。盘活财政存量资金28558万元,重点用于县城投公司竞买土地保证金和利民公司土地交易登记等支出,投资设立阜南县交通投资有限公司。三是推进水(路)网项目建设。全年完成各类水网项目投资4.6亿元;路网新建、改建投资9.1亿元。沿淮公路、S256改建等重点工程有序推进。四是改善城市基础设施。投入2559万元用于S202省道绿化、城区道路改造和公交站台建设,筹措资金1873万元对鹿城路和贺胜路进行改造。五是积极促进社会事业发展。全年教育支出109017万元,增长32.6%;农林水支出78877万元,增长13.6%;科学技术支出979万元,增长29.5%;医疗卫生支出79266万元,增长30.7%。

【加强资金监管】一是严格控制一般支出。预算编列的定额公用经费继续执行下调后的标准,全县"三公"经费实际支出3118万元,同期下降9.1%;会议费支出113.5万元,同比下降18.8%。二是继续清理财政专户。严格按照财政部要求,撤销了土地出让金收入户、非税收入一行多户、偿债准备金专户、征地拆迁补偿准备金专户等,进一步规范财政专户管理。三是切实强化财政监督检查。组织力量,先后开展乡镇财政收支、民生工程、涉农补贴等资金使用情况的专项检查,及时发现有关问题并进行认真整改。在全县范围内全面开展财政资金专项整治行动,时间跨越10个年度,纠正整改资金6885万元,保障财政资金安全,提高财政资金使用效益。

(阜南县财政局供稿 王希文)

临泉县财政工作概述

【概况】2015年,临泉县财政局按照稳增长、调结构、促改革、惠民生、防风险的总体要求,紧紧围绕"富民强县、安居乐业"的临泉梦,增收节支,攻坚克难,扎实工作,全面完成全年财政工作任务。

【**财政收入平稳增长**】面对经济下行压力和结构性减税等多种因素影响，全县财税部门积极采取有力措施,综合施策,全力抓好财政收入。全年公共财政收入完成12.07亿元,占年度预算11.55亿元的104.5%，超收5203万元，同比增收18416万元,增长18%。在全市五个县市中财政收入总量第四名,增幅第二名。

【**财政支出保障有力**】全年财政支出完成60.78亿元，其中用于保工资、保运转基本支出20.93亿元,占财政总支出的34.5%;用于民生工程支出19.61亿元,占财政总支出的32.3%;用于事业发展和城乡一体化建设支出20.23亿元,占财政总支出的33.2%。实现保工资、保运转、保民生等重点支出需要。

【**深化财政体制改革**】一是推进预算管理制度改革。认真组织学习贯彻新《预算法》,完善政府预算体系，实施全口径预算管理。继续推进预算公开,细化科目,扩大范围。二是强化预算约束。完善部门预算改革，逐步提高预算编制到位率和执行率,严格预算追加。三是推行财政专项资金管理改革。全面推行项目预算制度,坚持没有项目不列预算的原则,细化和规范项目预算编制,确保资金与项目有效对接。四是整合专项资金,建立专项资金项目库,开展专项资金绩效评价,促进专项资金使用效益不断提高。

【**创新融资体系建设**】一是通过争取省民营经济发展资金、省担保集团参股资金、县财政设立助保贷风险补偿金等多种方式充实县担保公司注册资本金，支持公司实行市场化运作最大限度放大比例,为更多的企业提供担保贷款。二是出台《临泉县中小微企业还贷应急周转金实施办法》,筹集5000万元设立还贷应急周转金，防范和化解企业资金链断裂风险，有效解决全县工业企业续贷难题。三是探索建立风险分担机制，积极实行4321政银担合作机制。四是全面降低担保费,降低企业融资成本,有效缓解中小企业融资贵问题。

【**强化财政监督管控**】一是加强和规范财政资金管理,坚持“先有预算、后有支出”的原则,从严控制追加支出。二是推行财政信息公开。全面推行财政预决算、部门预算、“三公”经费、预算收支分月执行情况公开。三是盘活存量用好增量,通过自查、互查、重点检查和审计,全年累计收回两年以上结余资金31583.1万元,主要用于县交通、棚户区改造等民生重点工程支出。四是扩大国库集中支付和公务卡支付范围,实现县直单位全覆盖,国库集中支付累计资金229284万元,其中公务卡结算742笔共计264万元。五是加强政府采购管理。严格编报采购计划，坚持无采购预算不予的安排采购的原则。预算资金56957万元，采购金额48333万元，节约资金8623万元，节约率为15.14%。六是认真贯彻落实“八项规定”,严格控制一般性支出,出台制定因公临时出国(境)经费、培训费、差旅费管理办法等制度,管控效果显著,“三公”经费累计支出1831万元,同比下降21.7%。

【**全面加强队伍建设**】一是认真学习贯彻党的十八届三中、四中、五中全会和习近平同志系列讲话精神,坚持以法治思维推进财政改革与管理,加强重大工程项目财政监督和财务管理，完善财政资金管理办法,提高财政支出效益。二是全面落实中央“八项规定”精神,完善厉行节约各项制度,严肃财经纪律,切实转变工作作风。三是切实抓好党风廉政建设。认真落实党风廉政建设“两个责任”,不断完善惩防体系建设，分解落实党风廉政和反腐败任务，努力形成党风廉政和作风建设长效约束机制。四是加强教育培训工作,创新培训方式、丰富培训内容、扩大培训范围,为财政干部依法理财、科学管理、勤政为民提供保证。

(临泉县财政局供稿　单俊)

淮南市财政工作综述

淮南市财政工作概述

【概况】2015年，淮南市财政部门认真做好新常态下的财政工作,实施积极的财政政策,实现年初确定的预期目标。全市财政收入完成131亿元(因行政区划调整原因,本数据不含寿县,下同),增长4.1%。其中:地方财政收入完成77.31亿元,增长2.6%;全市财政支出完成153.45亿元,增长5.1%。按现行财政体制测算,全市财政收支平衡。

【33项民生工程投入22.26亿】淮南市民生工程工作立足于"抓早、抓细、抓实",33项省级民生工程全面完成年度计划,22.26亿元民生资金全部拨付到位。一是紧盯目标分解任务。年初省政府目标任务下达后,市政府落实目标任务分解工作,构建民生工程目标任务"网格化"分解模式。由市政府与10个县区(含市级园区)及11个市直牵头单位签订目标任务,将总体任务进行分解;市直牵头单位按照各自承担的项目与县区签订目标责任书,明确项目具体目标任务与建设要求;县区政府与乡镇、县区牵头单位签订目标责任书,细化目标任务。二是项目实施加速推进。树立超前意识,补助发放类项目按照序时足额发放，参保类项目参续保工作积极开展、补偿(理赔)工作加快赔付,工程类项目倒排工期，对没有达到序时进度或低于全省平均进度的民生项目,实行挂牌督办。三是双项考核压实责任。继续加大民生工程考核力度,实行民生工程县区政府和市直牵头部门"双考核"。委托社会中介机构独立开展第三方月度考核和绩效评价，做到绩效评价与目标任务同部署、同落实;对考核中发现的问题,明确县区政府和市直部门应承担的责任,限期整改;综合考核结果在淮南市民生工程网站和淮南日报通报和公示，接受群众监督。

【支持采煤塌陷区综合治理】推进采煤塌陷区综合治理,累计投入7703.76万元。一是加大以奖代补投入。谢家集区梨园新村（首期）完成搬迁1504人,潘集区瓦谢新村(西河沿)完成搬迁366人,缪庄新村完成搬迁224人,累计完成搬迁2094人。按照人均400元标准，市财政补助谢家集区60.16万元、潘集区23.6万元。二是加大项目资金投入。为解决潘集区大庄新村四期工程资金问题,市财政安排2500万元作为融资资本金,启动项目建设。另对延续项目累计投入4100万元,其中:瓦谢新村二期投入建设资金1080万元、大庄新村二期投入建设资金1125万元、潘东新城投入建设资金1895万元。三是加大应急资金投入。为确保采煤塌陷区居民安全度汛及过冬，市财政筹集应急资金400万元，用于安置采煤塌陷区内危房户安全度过冬季及汛期。四是加大规划编制投入。做好国家级湿地公园项目申报工作，安排淮西湖湿地公园总体规划编制经费200万元；为摸清淮西湖采煤沉陷区地质情况，安排基础测绘经费260万元。

【实现社保基金保值增值】市财政局以《淮南市社会保险基金保值增值操作规程》(淮财社〔2012〕322号)为依据,进一步规范社保基金管理,积极引导金融机构参与社保基金"竞争性谈判"及其他保值增值方式,从存款额度、存款期限、竞争性谈判、存款利率等方面入手,进一步优化存款结构,对社保基金在优惠利率的基础上,执行上浮到顶的利率政策,确保所有社保基金实现保值增值。当年,市本级实现社保基金保值增值收益16465.22万元,综合收益率达4.558%。

【提高城乡低保救助管理水平】一是定期动态监管。市财政积极会同市民政部门,进一步强化动态监管,定期对低保资金管理情况开展了深入调研,实行造册登记,在规范管理的基础上,不断提高城乡低保救助管理水平。二是不定期全面核查。市财政不定期会同市社保、民政部门,对医疗救助和临时救助对象进行全面核查,确保救助对象真实有效、无一差错、无一漏救。在全面核查的基础上进行医疗救助和临时救助资金的发放。三是加大资金投入。加大流浪乞讨救助资金投入力度,切实保障流浪乞讨人员合法权益。四是完善救助制度。修订完善社会救助各项制度,及时公示保障标准、范围、程序和对象,确保公开、公平、公正。申报审核中做到不漏保、不错保。救助资金实行专户管理,打卡到人,确保及时足额发放。

【加强"三公"经费管理及开展公务用车制度改革】一是按月统计全市"三公"经费支出情况,对比分析增减因素,为领导决策提供翔实的数据。市本级行政和参公单位全年"三公"经费支出较上年下降22.5%。二是按照市委市政府要求,成立检查组,每月开展"三公"经费支出专项检查,进一步控制和压缩不必要的开支。全面推进公务用车制度改革,配合市发改委对全市公务用车进行摸底,并于11月份顺利实施公务用车制度改革工作。

【加强收费管理】一是实行涉企收费清单管理制度。根据淮府〔2014〕71号文件精神,从2015年起建立市级涉企收费清单制度,会同有关部门做好河道工程修建维护管理费等收费基金项目取消、停征和降标的管理工作,推行收费清单信息常态化公开,多渠道公开收费相关信息,接受社会监督。组织开展对清单落实情况的专项检查,做到清单之外无收费。实行收费清单动态管理,根据国家和省相关法规、政策变化情况,于6月份对市级涉企收费清单进行调整和完善。二是落实各项清费减负政策。贯彻国家和省、市有关文件精神,会同物价等部门做好征地管理费等收费基金项目取消、停征和降低标准部分行业实行收费减免的相关管理工作。开展政策宣传和督促检查,确保政策落到实处,充分发挥减轻企业和社会负担,促进经济社会发展的政策效用。2015年实际取消、停征和降标的基金收费近50项,累计减收2.3亿元。三是清理规范涉企收费项目。按照省财政厅等部门通知要求,于6月份开展涉企收费专项清理规范工作,全面摸清涉企收费基本情况,研究确定分类清理规范的意见,并纠正违规收费行为。四是编制和更新收费基金目录。按照市政府关于推进收费清理改革的相关要求,会同物价部门于9月份开展行政事业性收费和政府性基金目录的编制工作,确保符合最新的法规和政策,并对其实行全年常态化更新和公开。

【规范非税收入预算管理】完善非税收入预算管理体系。根据财政部有关通知精神,会同有关部门做好部分政府性基金转列一般公共预算的征管基础工作,确保相关收入从2015年起按照新的收入科目缴库。加强非税收入分类预算管理,明确界定一般公共预算、政府性基金预算和国有资本经营预算的收支范围,将污水处理费、城市生活垃圾处理费等收费项目按规定分别纳入政府性基金和一般公共预算管理,进一步健全非税收入预算管理体系。严格非税收入缴库管理。落实财政预算管理相关要求,坚持定期缴库机制,严格按照规定的预算收入分类科目进行划解,确保缴库及时、准确。2015年,全市非税收入累计完成60.66亿元,为年预算的116.1%。做好2016年非税收入预算审核工作。依据现行非税收入征管政策,结合近年来的实际收入情况,于9月份对市直部门2016年非税收入预算进行初审,确保收入预算完整规范、科学合理。

【加强美好乡村建设财政奖补工作】一是对2014年确定的美好乡村建设村进行中期考核。对凤台县14个重点示范村开展考核工作,对照考核标准根据各考核组的评价情况确定各美好乡村建设村的考核级次,作为市财政下拨奖补资金的依据。二是按照序时进度下拨美好乡村奖补专项资金。全年安排下拨美好乡村建设奖补资金7400万元,下拨2015年美好乡村建设省财政补助资金3368.9万元,保证美好乡村建设顺利实施。三是做好美好乡村建设资金整合工作。认真统计2015年可用于美好乡村涉农资金项目,重新调整涉农资金整合用于美好乡村目录,保证、整合涉农资金支持美好乡村目录的科学性、合理性;2015 年全年整合涉农资金支持美好乡村建设达 1.45 以元,达到省考评要求。四是加强财政支持美好乡村建设月度考评,从当年 6 月开始对实施省美好乡村建设重点示范村的县区,按月实施民生工程考评,按照省美好乡村年度考核要求,制定市级月度考评标准,对各县区实施美好乡村情况进行量化评价,作为市民生工程考核的重要依据。

【深化国库管理制度改革】规范国库集中支付退回业务,在 2014 年实施市本级财政代理业务库行联网的基础上,研究资金退回具体流程,完成资金退回系统平台配置、各代理银行的接入系统开发及联调联试工作。制定《淮南市市本级国库集中支付资金退回业务暂行办法》,对退回流程进行规范。至 4 月底,各代理银行均实现资金退回系统开发接入并正式运行,集中支付资金退回实现电子化、规范化。实现市级专户资金清算无纸化操作。7 月,印发《关于规范市级财政专户资金清算无纸化流程的通知》,对专项资金直接支付流程和授权支付流程分别予以规范。9 月,各代理银行专户资金清算无纸化支付全部上线运行。

【加大环境保护投入】一是推进全市“三线三边”整治工作。连续两年安排 500 万元资金,用于燃煤锅炉整治。全市“三线三边”整治范围内 640 台燃煤锅炉,完成整治 635 台,完成率 99%。二是推进黄标车淘汰工作。确定淮南市淘汰“黄标车”奖补标准,全年安排资金 1536 万元,专项用于淘汰黄标车奖补,共淘汰黄标车 4015 辆,占年度任务 2200 辆的 182.5%。三是推进秸秆禁烧工作。按照市政府奖补政策,会同环保、农委等部门对 2014 年奖补资金进行清算,依据火点扣回资金,先进县区给予奖励。全年拨付午秋二季奖补资金 3715.5 万元,拨付秸秆发电补助资金 293.3 万元,有效促进秸秆资源综合利用。

【政府购买服务工作稳步开展】当年全市购买服务项目包括物业服务、社会工作服务、人才服务等 11 大类 19 项,项目资金总额 17730 万元。其中,对社会办养老机构实行政府购买服务的两机构共 456 张床位补贴 276.05 万元。市容局根据市场化服务供求特点、市场发育程度等因素,实施公开招投标,购买道路管理服务、文明劝导员服务、城区绿化管理养护等城市管理服务,购买资金共计 5888 万元。

【加大存量债务置换力度】积极做好存量债务置换工作,省财政厅分三批核定下达淮南市地方政府置换债券(公开发行部分)33 亿元,市财政全部、及时予以上报,并经市政府批复后对存量债务进行了置换。严格债券资金管理,将置换债券中的一般债券和专项债券将分别纳入一般公共预算和政府性基金预算。财政债务管理部门明确责任,由本级财政部门、存量债务债权人、债务人、有关主管部门共同签订协议,确定还款金额、还款时间及相关责任等,并由财政部门严格按照财政国库管理制度的有关规定、协议规定和偿债进度直接支付。稳妥做好库款支付,在严格保障财政支出需要的前提下,财政债务管理部门配合国库部门,在相应置换债券发行额度内,在保证库款支付水平的基础上,及时予以支付。

【加大新增地方政府债券使用管理】优先用于保障在建公益性项目后续融资,加大对保障改善民生和经济结构调整的支持力度,统筹安排新增债券资金优先用于支持棚户区改造等保障性安居工程建设、普通公路建设发展、城市地下管网建设改造、智慧城市建设等重大公益性项目支出,严格控制安排能够通过市场化方式筹资的投资项目,坚决杜绝用于楼堂馆所等中央明令禁止的项目支出。2015 年,省财政厅转贷淮南市两批新增地方政府一般债券合计 5.66 亿元,市财政收到新增债券资金后,及时编制预算调整方案,并受市政府委托,经人大常委会审议通过后,相应完成预算调整工作。截至当年末,淮南市新增地方政府一般债券 5.51 亿元,其中市本级 4.32 亿元,包括交通基础设施建设 3362 万元、保障性住房建设 3000 万元、创森工程 8305 万元、市级重点水利工程建设项目资金 8407 万元等项目。

【营改增试点成效不断扩大】严格按要求报送营改增扶持政策月报表,认真记录营改增工作台账,截至 2015 年底,营改增试点企业个数共计 3887 户,其中:一般纳税人 502 户,小规模纳税人 3385 户。营改增试点实施以来,营改增试点纳税人累计入库增值税 5.11 亿元,试点企业累计减税 1.03 亿元,税负总体下降 20.2%,减税面 92.6%。自营改增试点实施至 2015 年底,全市财政扶持政策财政补贴额共 1.14 亿元。

【开展会计监督和民生工程资金检查】按照财政部、省财政厅统一部署，开展2015年度会计监督检查工作，制定检查方案，通过购买社会服务方式，由会计事务所人员组成检查组，按照明确的重点行业，确定市本级4家被检查单位，凤台县3家，对1家单位下达行政处罚，并处理责任人2人，罚款17000元。7月，对民生工程资金进行监督检查，检查内容包括民生工程资金使用管理、工程建设管理等。经检查，各县区均按规定设置民生资金专户，并建立民生工程资金专户管理各项制度，资金配套、到位、拨付及支出情况良好。

（淮南市财政局供稿　吴波）

大通区财政工作概述

【概况】2015年，大通区财政部门突出服务水平和保障效能，着力深化财政改革，依法理财，增收节支，强化监督，透明预算，克服宏观经济下行等不利因素的影响，完成区人大常委会批准的年度调整预算，为全区经济社会较快发展提供有力财力保障。全区财政总收入完成5.12亿元(含经开区托管9个村、社区收入)，为年预算的105.5%，同比增长10.29%。全区地方财政收入完成2.92亿元，同比增长7.73%。全区财政总支出4.62亿元，为年调整预算的99.1%，同比下降3.4%，下降原因主要受相关政策和财政体制调整影响，全区可支配财力减少。

【着力提高保障能力】一是坚持依法征管，加强财税形势预研预判，建立健全综合治税机制，努力挖掘财政增收潜力，实现全区财政收入平稳增长。地方税收收入占地方财政收入比重87.6%。二是出台公务接待费、会议费、培训费和因公临时出国(境)经费等财政支出管理措施，从严控制行政经费支出，降低行政运行成本，全区“三公”经费支出下降40.7%。三是加强结余结转资金管理，盘活财政存量资金7494万元，其中一般公共预算盘活2075万元，部门预算盘活5419万元，进一步提高财政资金使用效益。

【积极保障和改善民生】根据省、市民生工程总体部署，紧扣民生工程目标任务，精心组织谋划，突出机制完善，强化工作责任，狠抓任务落实，全力推进25项民生工程实施。优先足额安排民生工程资金，全年拨付资金2.31亿元，其中区级配套资金1552.1万元，为年初预算的102.4%。加大对民生领域和教育等社会事业投入力度，切实保障以改善民生、提升公共服务质量为重点的资金需求。全年13大类民生支出3.92亿元，占财政总支出的85.02%，同比增长6%。认真落实惠农补贴政策，全年发放惠农补贴资金18大类63个批次4773.7万元，累计补贴对象122722户(人)。

【深入推进财政改革】坚持财政工作会商制度，改进预算编制方式，实行“参与式”预算编制；科学合理确定部门预算定额标准，预算的合理性、科学性得到增强。加快推进预决算信息公开，全区62家预算单位全面公开部门预决算和“三公”经费预决算。进一步健全完善国库集中支付管理制度，实现区直部门国库集中支付业务全覆盖。稳步推进“营改增”试点扩围工作，及时兑现财政扶持资金。制定政府采购目录，加强政府采购监管力度，有效开展政府购买服务，大通街道文明劝导队等政府购买服务成效显著。政府债务分类纳入预算管理，注重防范和化解政府性债务风险，全年化解存量债务320万元，债券置换700万元。

【强化财政监督管理】进一步完善财政资金管理制度和监督检查机制，堵塞资金安全管理漏洞，财政资金使用风险得到有效防范。进一步严肃财经纪律，加强行政事业单位财务管理，推进依法理财和规范化建设。充分发挥乡镇包村干部就近就地监管的优势，建立乡镇包村干部监管涉农资金新机制。加强农村集体“三资”管理，全区纳入三资代理服务中心管理的村级资金达5650万元。开展财政专项资金清查和行政事业单位固定资产清查，优化资产配置，提高资产使用效率。开展会计信息质量检查，加强会计基础工作，提高会计信息质量。对财政支农项目、扶贫资金、民生工程资金和乡镇财务等开展专项检查，确保财政资金安全。

（大通区财政局供稿）

田家庵区财政工作概述

【概况】2015年，田家庵区财政收入完成12.72亿元，增长0.1%，财政支出完成8.2亿元，下降 11%。财政部门努力促进财政增收,优化支出结构,加大民生投入,推进财政改革。

【大力组织收入】面对经济下行压力,全区上下积极作为,沉着应对,坚持依法征收、应收尽收,千方百计组织收入。在收入征管方面,健全财税调度机制,强化征管部门协作,注重税源动态监管,切实保证财政收入按时按计划完成。

【全力保障民生】按照厉行节约、有保有压的原则,优先安排重点支出,加强财政支出预算执行管理,严格资金拨付程序,加快资金拨付进度,提高财政资金使用效率。集中财力保障教育、社会保障、城乡社区事务等民生支出,全区民生支出 7.05 亿元,占财政总支出的 86%。

【推进财政改革】按照全面深化改革总体部署,不断强化预算管理力度,确保各项财税改革稳步推进。建立全面、规范、公开、透明的全口径预算管理体系。积极盘活财政存量资金,整合财政专项资金,有效提升财政资金使用效益。保障工资制度改革、机关事业单位养老保险制度改革和公务用车改革等刚性支出。健全管控有度、责任明确的债务管理体系,切实防范债务风险。

【提升管理绩效】健全财政资金管理办法,从制度上规范财政收支行为,加大监督检查力度,确保财政资金使用的规范性、安全性和有效性。在规范村级财务乡镇代理的基础上,借助阳光村(居)务平台,实现村级财务逐笔逐项公开。全面实行公务卡结算制度,提高公务消费支付透明度,从源头上堵塞漏洞,预防腐败,促进公务行为廉洁高效,全区"三公"经费支出下降 22%。

(田家庵区财政局供稿)

谢家集区财政工作概述

【概况】2015 年,谢家集区财政收入完成 2.15 亿元,下降 42.69%,财政支出 6.74 亿元,增长 16.1%。区财政局积极进取,多方化解经济下滑给带来的困难,确保全区财政运行平衡。

【强化预算改革管理】精打细算,坚持"二上二下",主动与部门协调沟通,编实编细每一笔财政预算。自觉落实预算公开制度,及时将全区预算在区政府和市财政局门户网上公开,接收社会和审计监督。在执行预算过程中,坚持预算优先办法,把列入年初预算支出作为重点保障对象,优先解决基本工资、部门运转、民生配套等支出,为全区稳定发展做出贡献。

【努力推进民生工程】克服财政困难局面,始终把民生工程放在首位,全力以赴推进各项民生工程。先后制发《谢家集区民生工程项目考核机制暂行办法》《谢家集区民生工程信息报送奖励办法》,推行"双责任双考核"工作机制,有效推动全区民生工程上水平上台阶。通过加强收入管理、积极争取市级财政支持、大幅压缩部门专项经费、严格项目追加、严控三公经费支出等手段积极筹措资金,确保民生工程资金到位,并顺利完成 26 项民生工程任务。

【积极开展财政监管】先后 2 次在全区范围内开展财政工作大检查。同时创新检查方式方法,采取"推磨式"循环互审方式,重点对各惠农补贴资金、各类专项资金以及村财乡管等资金使用管理情况进行审查。严格贯彻落实中央八项规定和省市区各项政策规定,进一步细化《谢家集区机关差旅费管理办法》《谢家集区政府性投资项目资金管理办法》《谢家集区本级财政资金审批程序》《谢家集区机关会议费管理办法》等制度操作程序和步骤,不断健全和强化财政监督职能。

(谢家集区财政局供稿)

八公山区财政工作概述

【概况】2015 年,八公山区财政局全力克服经济"新常态"和小煤矿关闭、经济下行的不利影响,坚定信心,知难而进,深化改革,坚持"保运转、保稳定、促发展"的原则,充分发挥财政职能,不断夯实财政基础工作,着力提高财政科学化、精细化管理水平,各项财政工作任务有序推进。全年财政收入完成 1.53 亿元,下降 30%,财政支出 3.82 亿元,增长 12.91%。

【加强财政收入征管】受宏观经济形势影响,煤价持续走低,大矿合并、小煤矿关闭,煤炭关联企业举步维艰,加上非煤矿山整治、石料加工企业关停,税源减少。面对极为困难复杂的收入形势,财税部门加强调度和调研,认真分析,及时上报,开展企业走访,多次排查,摸清税源,加强管控,依法组织,应收尽收,加强与多部门联合协作,建立协税护税制度,信息互通,数据交流,形成齐抓共管的局面,尽力增加收入。

【提升财政保障能力】为"保工资、保民生、保运转",充分发挥财政协调和统筹能力,积极争取上级财政部门的支持,及时将区财政收支结构、困难情况及原因多方式、多渠道向上反映,得到上级财政理解和支持,调整市对县区工商税收上解比例,财政补助进一步增加;争取省政府公开发行的置换债券 9458 万元;争取市财政融资担保公司的支持为工业集聚区内 10 家企业融资 2490 万元;争取市财政清算土地成本 2170 万元,用于退还企业垫付的土地报批费用,支持小微企业调整产业结构,培植新的财源经济。

【优化支出结构保民生】加大节支力度,统筹调度资金,保证行政事业人员工资、增资足额发放的同时,确保民生、保重点支出到位。全年民生类支出为 31650 万,为财政总支出的 84%。持续加大对教育、社会保障、医疗卫生、保障性住房等方面的投入力度。全年教育支出 7780 万元,社会保障支出 7908 万元,农林水事务 1658 万元,医疗卫生 2954 万元,节能环保支出 3651 万元,五项重点支出 23951 万元,占财政支出的 63%。

【严格预算编制执行管理】严格按照新预算法要求,科学编制好财政收支预算、部门预算,严格按照批复的预算、用款计划以及项目进度规范办理财政直接支付业务,建立预算执行月分析制度,深化预算部门会商制度,除事关民计民生特殊重大项目及不可预见的突发应急支出外,未出现追加预算的情况。强化国库集中支付管理。全面实施国库集中支付,实现支付业务信息化,通过国库支付系统跟踪每笔财政资金支付申请、审核、支付、清算等环节,动态监控每一笔财政资金支付的交易记录,及时拦截违规资金,预警疑点,严把预算执行监督审核关,形成完备的财政资金支付管理体系,严禁预算单位挤占挪用专项资金,进一步推进公务卡结算,减少现金支出,提高科学化、精细化和规范化水平。

【提高财政资金使用效益】加强对项目资金的管理。从预算立项、标前审计、公开招标、验收审计到效益评审,全程加以监管,控制项目合法合规支出。事前,财政、审计联合对政府投资项目标前审核,年平均审减率 16.3%。加强内控和财政监督管理。建立内控制度,加强对采购中心、支付中心、乡镇财政所及村级财务代理中心的业务定期检查和监督;以民生办牵头,对民生工程成员单位落实国家涉农惠农政策、民生工程实施情况进行一月一督查,一月一通报,及时了解落实情况,督促纠正发现的问题;开展会计信息质量和三公经费检查及涉农资金和村级财务检查,针对检查中发现的问题,提出处理意见和建议,进一步提高单位内控制度的规范性。认真贯彻落实《政府采购法》和《政府采购法实施条例》,进一步规范政府采购行为,全年采购 84 笔,采购预算资金 624 万元,实际成交额 538 万元,资金节约率 14%。

【进一步深化财政改革】一是积极推进预(决)算信息公开。2015 年区级 50 家预算单位预决算信息和"三公"经费信息全部公开,做到部门信息公开全覆盖,继续扩大信息公开范围,细化公开内容,完善公开机制,发挥信息公开的正面效应,努力打造透明财政。二是盘活存量资金。清理 2012 年以前年度建设类资金 1500 万元,用于公租房建设。清理大平台各单位结转结余资金 1443 万元,按原用途结转 1239 万元,收回 204 万元重新安排统筹使用,主要用于弥补人员经费支出。三是进一步完善政府性债务管理。根据国务院和省市关于政府债务管理的规定,对全区政府债务进一步清理、逐笔清理核实,统计金额,分类管理,并请同级审计部门在 2013 年审计认定基础上,对增减变化进行确认,建立并完善债务管理系统,制定切实可行的还债计划,对存量债务进行逐笔核实,分类化解,全年争取置换债券偿还政府性债务 9458 万元。

(八公山区财政局供稿)

潘集区财政工作概述

【概况】2015 年,潘集区财政工作以保基本、保民生、保稳定、促发展为主要抓手,努力发挥财政职能作用,各项工作有序推进,财政收支预算任务全面完成。全年全区财政收入完成 7.55 亿元,增长 6.6%,其中:地方财政收入完成 4.55 亿元,上划中央收入 3 亿元。全区财政支出 11.1 亿元,财政收支基本平衡。

【保障重点支出】一是全力保工资。通过合理调配财力,兑现养老保险增资政策,确保财政供养人员工资按时足额发放，全区工资性支出累计达3.5亿元。二是倾力保民生。发挥财政牵头作用，积极协调配合区有关部门和乡镇（街道）实施27项民生工程,全力以赴保障资金足额到位。共安排拨付民生工程资金4亿元，其中安排配套资金6400万元,有力地促进民生工程顺利实施。保障惠农政策落实,累计兑现粮食直补、综合直补、良种补贴资金6495万元，兑付农机具购置补贴1370万元、农业保险理赔516 万元,全区通过“一卡通”惠民系统发放资金1.45亿元。三是努力保重点。紧紧围绕区委区政府决策部署，千方百计筹集资金保重点支出需要，全年教育支出2.15亿元,行政政法支出2524万元,住房保障支出8412万元,农林水支出2.09亿元,社会保障和就业支出1.25亿元,医疗卫生与计生支出1.68亿元,教育均衡发展、创森工程,秸秆禁烧、美好乡村、扶贫开发、园区建设等重点项目得以有效保障，有力促进全区经济和社会各项事业的稳步发展。

【推进财税改革】一是积极推进“营改增”改革。通过落实结构性减税政策,及时拨付营改增企业扶持资金174万元。二是积极推行公务卡制度。全年共发放预算单位公务卡606 张，公务卡还款1089万元,公务卡制度的实施,进一步规范了财政财务管理,提高公务支出的透明度。三是积极推进财政预决算和“三公”经费信息公开。通过区政府信息中心和财政局网络平台,对48家部门财政预决算信息和“三公”经费信息全部公开,进一步增强政府预算透明度,保障了公民的知情权。四是积极推进国有资产管理改革。建立区、乡、村“三资”管理体系,全面推进国有资产交易方式改革,出台《潘集区公共资源交易管理暂行办法》。全区政府采购完成138个项目648万元,节约率13.7%。五是积极推进政府性债务管理改革。设立年度预算化债资金，制定《潘集区政府性债务监测预警意见》,强化债务审批约束,积极利用上级债券置换存量债务和专项化解债务政策,全年化解债务3.3亿元，其中利用债券置换存量债务化解债务2.4亿元。六是积极推进财政预算改革。施行综合预算编制,由原来一部预算增加到四部预算,分别为公共财政收支预算、政府性基金收支预算、国有资本经营收支预算、社保基金收支预算;全面实行政府综合财务报告制度，由原来的收付实现制变为权责发生制,多方位、多角度反映政府财务信息,为政府决策提供依据。

（潘集区财政局供稿）

毛集实验区财政工作概述

【概况】2015年，毛集实验区财政局认真贯彻落实十八届三中、四中、五中全会精神以及中央省市经济工作会议精神,把握政策,强化收入,优化支出,深化改革,依法理财,促进发展。全区完成财政收入1.96亿元,财政支出3.65亿元。

【民生工程有序推进】先后下发《关于2015年实施33项民生工程的通知》《关于分解下达2015年度民生工程目标任务的通知》等文件,对全区33项民生工程任务进行分解落实。全年民生工程投入1.18亿元,其中区级配套资金2790万元。加大资金筹措力度,优化支出结构,压缩一般性支出,新增财力主要向民生领域倾斜，对各项民生工程资金,做到及时申请、及时拨付、专款专用。加强资金监管,全面开展民生工程资金绩效评价,完成对区29项民生工程绩效评价工作。全年29项民生工程均按时或提前完成任务，在省市民生工程督查中获得充分肯定。

【财政改革不断深化】推进财政预决算信息公开。建立财政预决算信息公开机制,按照上级统一部署,及时召开会议,制定积极稳妥办法,通过区管委门户网站公开财政预决算、“三公”经费信息。推进涉企项目资金管理信息系统应用。按照省市要求,建立涉企项目资金管理信息系统,整理相关信息,建立基础数据库,做好数据复核工作,并与省市进行系统联网。推进政府购买服务。对各镇财政所(分局)6个岗位向社会力量购买服务,经过多次谈判确定一家会计服务公司提供服务,做到“政府买服务,做事不养人”,严格控制财政供养人员只减不增。积极做好其他改革工作。主要是配合发改、人社部门,有序推进公务用车制度改革、工资制度改革和调整工作。

【农业开发稳步实施】建设完成夏集镇高标准

农田建设项目和毛集实验区一般产业化补助项目。夏集镇高标准农田建设项目区涉及刘圩、王相、陈集3个行政村,项目总投资750万元。其中财政资金700万元,自筹资金50万元。毛集实验区一般产业化补助项目,新建日烘干260吨稻谷加工能力,该项目位于夏集镇境内,项目总投资338万元。财政资金168万元(中央财政资金120万元,地方配套48万元,省级38.4万元,市区配套各9.6万元),企业自筹资金170万元。

【推进政府债务管理】强化债务审计结果应用,更新、补充地方政府性债务管理系统数据,更正存量债务数据,加强基础信息管理。毛集实验区通过省政府发行第二批置换债券3352万元,10月通过省政府在发行新增一般债券596万元。完善债务报表信息制度,建立债务消化机制,促进经济发展良性循环。

【财政监管持续加强】认真贯彻落实强农惠农政策,扎实开展涉农资金整合,支持"三农"发展。全区共发放财政补贴农民资金4562万元。切实加强乡镇财政资金监管,全区传递到乡镇监管信息54条,区和乡镇抽查巡查28次,纳入监管系统资金为8210万元,其中:项目类资金1700万元,补助类资金3850万元,单位预算资金2400万元,村级资金260万元,乡镇提出监管建议意见12条。加强财政监督工作,先后组织开展小额贷款公司年度检查、2013年财政收支监督检查、重点项目专项资金检查、2013年农村饮水安全工程资金绩效评价等工作,通过财政监督检查,推进财政管理规范化精细化。

(毛集实验区财政局供稿)

淮南经济技术开发区财政工作概述

【概况】2015年,淮南市经济技术开发区完成财政收入4.86亿元,增长33.21%;其中地方财政收入完成3.03亿元,增长56.5%,财政支出3.12亿元,增长51.84%。

【强化企业服务】牢固树立以服务企业、服务项目,促进经济增长的财政管理理念,深入了解企业发展和项目落地中存在的实际困难,加大财政政策、财政资金对园区企业帮扶力度,认真落实管委会与企业签订的投资优惠政策。安排企业扶持资金1.42亿元,奖励企业市场拓展扶持资金1000万元,帮助企业做大做强,促进园区经济快速发展。全年累计完成经营性收入170.4亿元,同比增长2.67%,规模企业完成销售产值62.2亿元,同比增长0.17%;累计完成进出口5072万美元,下降22.69%;完成固定资产投资24.5亿元,同比增长13.77%,占年度目标102.45%,其中累计完成工业投资15.5亿元,同比增长73.74%,占年度目标103.13%。

【强化要素保障】积极筹措资金,加大对园区基础设施配套建设投入。全年共安排各类基础设施建设资金1.34亿元,公租房建设资金1631万元,保障园区路网建设、道路改造、水电气等"七通一平"配套工程、公租房和标准化厂房建设以及征地拆迁工作顺利完成,其中,8栋5.85万平方米厂房竣工投入使用,4.3万平方米科技综合楼工程开工建设,园区三期路网暨医药产业园区二期5条4.89公里道路开工建设;完成园区美化亮化;公租房一期、二期1032套竣工验收,公租房三期252套建成投用。熟化净化土地1000余亩,报批740亩,征收1122.2亩,供地358.6亩,保障签约项目用地需求。新开工文峰航天航空电缆、红中红工业园、田升光电手机显示屏、恒正电子单晶铜键合引线、勇创机电、越润染织、16兆光伏发电、标准化厂房综合大楼、海关保税仓库、110千伏变电站等项目,完成投资6.66亿元;续建陕汽新能源汽车、中志轨道生产基地等项目17个,完成投资15.1亿元;竣工田升光电手机显示屏、永和医药物流、中志轨道生产基地等项目13个。

【强化企业帮扶】对区内有直接融资需求的企业进行摸排梳理,加强沟通协调,积极推动实施企业上市直接融资工作;对生产经营中出现资金困难的企业,采取召开银企对接会、争取市小微企业续贷周转金、开展税融通和征信系统进园区等形式,多方拓展企业融资渠道,保障企业正常生产经营资金需要。全年函复企业来文上百件,帮助26家企业解决融资困难问题。安徽山河药用辅料股份有限公司在深交所创业板成功上市。

【强化业务管理】适应财政体制改革要求,贯彻落实中央、省、市厉行节约反对铺张浪费精神,加强财政资金统一核算管理，制定国库集中支付实施方案，积极推进财政资金国库集中支付和公务卡业务开展，完成国库集中支付改革方案的制定和代理银行竞争性谈判工作。开展划转村居账务移交和核算管理工作，完成大通区9个划转村居“三资代理”移交工作，完成财政惠民直达信息系统安装调试及划转村居基础数据移库工作。

（淮南经济技术开发区财政局供稿）

淮南高新技术产业开发区财政工作概述

【概况】2015年，淮南高新区财政局紧紧围绕全年目标任务，坚持厉行节约，按照依法理财、科学理财和透明理财的要求，强化财政管理，科学合理安排支出，园区重点项目得到有力保障。

【争取财政扶持】园区重点项目财政资金累计投入达1.65亿元，其中新能源中心项目2000万元，中科院大气所项目1000万元，路网、万泰山电子等项目(土地报批、征迁等)6893.27万元，基础设施建设1500.87万元，高新区公租房项目5105.86万元。积极对接国家、省、市扶持政策，进一步加大对上争取力度。通过多方协调，新能源中心1亿元扶持资全部到位共管账户，并严把资金审核关，确保专款专用；中科院大气所每年500万元扶持资金到位；协调市财政积极争取财政贴息，筹措资金归还融资贷款1600万元。

【科学编制预算】根据预算编制手册，保质保量完成2015年部门预算编制并及时上报市财政，同时本着“保工资、保运转、增招商”的原则，进一步压缩按部门行政运转经费，管委会各部门按照标准、表格、口径、时间、程序“五统一”要求组织实施，科学编制预算。同时严格遵循先有预算、后有支出原则，加强财政支出预算管理，及时跟踪了解和监督资金使用情况。

【严格资金审批】针对公租房、新能源中心等项目资金支付，严格执行淮南市人民政府办公室《关于进一步加强政府性投资建设项目监督管理的通知》(淮府办〔2014〕49号)相关规定，通过《资金支付申请流转单》进行申报，审核，审计等，确保支出有据、手续合规、程序合法。加强事前审核、事中控制、事后监督的全过程审批管理程序，严把财务报销审核关，确保专款专用，提高资金使用效率。

【加强资金审计】针对高新区公租房、市政道路建设及新能源中心建设等市政府重点工程，确保审计全覆盖，促进财政资金规范、高效、安全、廉洁使用。加强征地拆迁跟踪管理，配合土地管理部，完善征迁补偿资金申报、复核、审批流程及资金发放的后续监督，及时做好项目审计清算。

【规范政府采购】按照《政府采购法》《招投标法》及《中华人民共和国招投标法实施条例》相关规定，所有项目均要严格依法公开招标。配合规划建设局、高投公司，完成市政道路供水管材、公租房电梯项目、泰康街、国槐路电力排管等项目招标文件审核、公告发布、竞争性谈判、项目开标、施工合同审核等事宜，建立健全科学的政府投资项目决策程序和组织实施程序，规范政府投资行为，夯实内部管理基础。

（淮南高新区财政局供稿）

山南新区财政工作概述

【加强收入征管工作】2015年，山南新区财政收入3.51亿元，财政支出3.51亿元，收支基本平衡。针对宏观经济形势下行，当年新开工项目减少等不利因素影响，新区财政税务部门密切配合，科学组织收入，保证财政收支平稳运行。一是加大项目监管力度。新区市政公共配套设施、土建、景观、装饰等工程项目存在点多面广的特征，为了避免税款流失，新区财政局在项目立项、签约、付款等环节层层把关，深入了解工程进度，确保税款及时足额入库。二是抓好重点行业和重点税种的税收征管。结合新区实际，配合税务部门对新区范围内的单位及项目进行全面深入了解，对税源结构、纳税对象进行分析和研究，确定征管重点，做到有的放矢。加强建筑施工企业及房地产企业的税收征管，确保工程建设和房地产开发、转让等各环节应收尽收。

【落实各项改革措施】一是进一步巩固账户清理工作成果。认真对照上级财政部门关于专户清理整顿工作的总体要求及部署，对管委会成立以来开设财政专户情况进行全面自查，按要求撤并相关专户，进一步健全管理制度，防范财政专户资金风险，保证财政专户资金的安全运行。二是深化管理改革。继续深化部门预算改革，科学合理确定部门定额标准，预算的合理性、科学性得到增强。加强项目资金的编审和管理，按照“有保有压”的原则，根据财力情况，按轻重缓急合理排序，优先安排管委会确定的重大项目，以及部门事业发展迫切需要切实可行的项目。三是积极探索权责发生制政府综合财务报告的编制。学习相关业务知识，全面梳理资产、负债事项，更加全面、真实、完整地反映政府资产、负债、收支等财务状况和运营情况，为决策提供有用的信息支持。

【充分发挥财政职能】一是落实政府债券置换资金。截至当年底，新区累计收到三批地方政府置换债券额度共计 11.26 亿元，债券置换资金的下达有效地缓解了新区偿债压力，腾出部分资金用于支持重点项目建设，保障在建项目顺利进行。二是积极回笼土地出让金。在与市财政局进一步做好土地出让金分成清算的基础上，及时掌握出让地块土地出让金缴款情况，确保土地出让金收入及时回笼。

【完善财政运行机制】一是强化财政制度建设。陆续制定《山南新区管理委员会项目资金使用管理暂行办法》《山南新区建设项目规费缴纳工作程序》《山南新区财税优惠政策落实工作程序》《征地拆迁工作经费管理办法》《山南新区国有资产管理办法》等一系列规范性文件，推动财政各项工作有序进展，收入和支出各项工作管理逐步规范。二是强化依法行政。进一步完善人、岗、责的有机统一，让办事程序一目了然，便于各部门监督，增强财政工作透明度，提高财政服务效能。新区财政局作为窗口单位，累计发放 11850 户购房补助资金，得到购房户广泛好评，政风行风建设进一步加强。三是提升服务效能。坚持规范性、效率性原则，进一步规范与投资企业的成本确认及资金往来等业务流程。与中铁四局及淮矿地产等投资合作单位认真做好土地款清算，合理测算新区土地预决算成本，在资金收付、投资成本确认等方面加强与合作企业的沟通，搞好相关服务，在规范程序的基础上进一步加快资金周转速度，提高资金使用效益。

【提高资金使用效益】一是做到资金投入与规范管理相结合。加强项目建设资金管理，严格按照《山南新区管理委员会项目资金使用管理暂行办法》的规定，确保按合同、按进度、按程序拨付资金。二是做到资金运行与项目规划相结合。及时与规划、建设等相关部门联系，及时了解新区建设项目进展及资金需求情况，在科学分析的基础上，对资金投入进行合理安排，确保重点项目建设的资金需求。三是规范专项资金管理。围绕新区开发建设的中心工作，加强对土地报批、招商引资、征地拆迁等专项经费的管理，严格按工作进度拨付资金，确保专款专用和资金安全。四是保障重点建设项目的资金投入。新区财政克服资金紧、任务重的困难，不断加大资金调度力度，有力地推动重点工程建设。

【加大资金筹集力度】一是配合平台公司，开展与商业银行的信用合作，通过多种方式吸引金融机构参与到新区建设中来。在建设任务重，资金压力大的情况下，首先保证平台公司贷款本金和利息的支付。二是充分发挥财税政策的导向作用，采取多种途径，积极争取国债资金、外国政府贷款及上级财政补贴。配合平台公司做好融资的各项前期工作，提供相关资料。三是配合平台公司做好规范管理工作，进一步规范项目资金支付流程，充分发挥平台公司服务新区建设的作用。

【推进保障房建设】按照各级加强“保障性住房”建设的要求，积极筹措建设资金，截至当年底，从中央及省、市累计争取廉租房、公租房及棚改建设资金 3.05 亿元。严格按照上级部门要求，与建设部门配合，共同做好资金管理及拨付工作。按中央及省市文件规定的用途和范围，全部拨付至项目建设单位，保证各项安居工程顺利施工。

【规范债务管理】合理控制政府债务规模，防范政府债务风险。一是认真做好新区债务统计、确认工作，按要求进一步规范政府性债务的填报口径，配合审计监察等部门，核实债务、摸清家底。二是根据开发建设需求，合理制定贷款资金的使用计划，切实提高资金使用效益。三是根据上级财政对债务清理的相关规定，认真落实《安徽省地方政府性债务管理办法》中的相关规定，切实抓好管委会自身及平台公司的债务管理。确保债务规模适度、风险可控。四是认真做好政府置换债券资金的使用，当年新区平台公司共解除债务 10.05 亿元，新区本级解除与中铁四局债务 1.05 亿元。

（山南新区财政局供稿）

淮南现代煤化工产业园区财政工作概述

【概况】2015 年，煤化工园区财政局结合管委会工作安排，坚持求真务实、改革创新，针对园区财政未独立财政体制和设立金库现状，积极开拓园区财政工作新局面。

【精心编制预决算】园区预决算纳入市级部门编报预决算，根据市财政预决算编制要求，全面贯彻厉行节约反对浪费条例，加强“三公”经费管理，严控行政运行成本，科学谋划、从严从紧、务求实效，做到编制依法、科学、规范、精细和透明。

【严格财政支出管理】认真贯彻落实中央八项规定，倡导厉行节约，力戒铺张浪费。在财务报销、公车运行、公务接待、政府采购等方面出台有关实施细则规定，对财务审批、“三公”经费、差旅费、培训费、会议费、政府采购和招投标等方面的工作，予以严格规范管理。强化措施，狠抓落实，严控标准，注重实效。

【规范财政行为】协助管委会监管政府融资平台公司举债行为。规范园区地方政府存量债务的置换，合理有效控制债务规模，防范和化解债务风险，提高债务资金使用效率。推进财务信息公开。坚持“公开为常态，不公开为例外”原则，规范、透明、细化公开内容，重点落实部门预决算和“三公”经费预决算信息在市政府公开信息网、部门官方网站上及时主动公开。定期公开园区财务信息，接受单位职工和社会监督。

（淮南煤化工园区财政局供稿）

寿县财政工作概述

【概况】2015 年，寿县财政收入完成 10.68 亿元，为年度预算的 104.64%，增长 18.33%；财政支出完成 45.53 亿元，为年度预算的 151.8%，增长 3%。

【抓实财政收支管理】按月对财政收入完成情况进行逐项公示，以月份、季度、半年、全年为时间段，分期开展收入调度，序时完成目标任务。巩固非税收入管理改革成果，配合县国土、建设等部门，加强对欠缴土地出让金、土地指标交易款的清收；加强非税收缴信息化管理，实现县乡信息化收缴全覆盖；强化财政票据管理，实现非税收入征管源头治理。优化支出结构，集中财力办大事，优先保障民生需求，积极合理调度和使用资金，确保财政支出稳中有进。

【实施 33 项民生工程】全县 33 项民生工程投入资金 17.1 亿元，县级配套 1.5 亿元。新建三觉、炎刘、张李等乡镇农村敬老院 5 所，加固改造保义镇张罗桥等农村危桥 3 座，完成小甸、双桥等乡镇农村饮水工程项目 17 个，完成农村危房改造 2300 户。发放城乡居民养老保险等补助资金 4 亿元。增加村级补助经费 776 万元，提高村干部工资待遇，新增村级党建工作经费 574 万元，保障基层组织运转。新增村级发展资金 500 万元，促进村级集体经济加快发展。

【促进经济发展提质增效】按照县政府《关于促进经济持续健康较快发展的实施意见》及县政府重点工作要求，落实财政资金 4.9 亿元，投入新桥国际产业园、寿县蜀山现代产业园、寿县工业园建设；安排中小企业发展资金、乡镇工业集中区建设资金 6700 万元，助推全县工业经济加快发展；保障重点项目建设，通过盘活存量资金、有效利用债券资金落实 8.34 亿元，推进寿春南路、济祁高速连接线等全县 80 项重点工程建设。

【强化财政涉农资金管理】一是全面落实惠民政策。采取银行打卡方式发放涉农补贴资金 6.8 亿元，助推农业增收、农民致富、农村发展。安排现代农业奖补资金 1700 万元，投入瓦埠湖现代农业示范区、迎河现代农业示范区等现代农业项目建设。二是实施完成一事一议财政奖补项目。全年实施完成一事一议财政奖补项目 268 项 5180.3 万元，项目惠及 271 个村，受益人口 121 万人。三是实施农业开发土地治理项目。立项农业综合开发项目 10 个，共投入资金 5342.8 万元，其中财政投入 4586.4 万元。做好产业化贷款贴息项目申报工作，申报备案 4 个优势特色产业共 13 个项目，总投资 3.5 亿元，银行贷款 2.8 亿元，可获贴息 2350

万元。四是稳步推进农业保险工作。全县承保农作物330.2万亩,投保率达到95%,全年农作物理赔款3693.8万元,为农户自交保费的3.56倍。能繁母猪承保2.25万头,基本做到应保尽保;保险理赔956头,赔付金额95.6万元,赔付率达到100%。森林保险,完成1.4万亩国家公益林投保,投保率达100%。开展特色农业保险,承保育肥猪8.1万头,保险理赔112.7万元;新扩面开展水产养殖承保1000亩,保险理赔21.1万元;大棚蔬菜特色农业保险2041亩,保险理赔94.9万元。

【财政改革进一步深化】盘活财政存量资金6.44亿元,统筹用于重大水利工程、新农村、城市基础设施建设。加强预算指标管理,本级财政预算安排的50万元以上项目支出、经费支出,必须制定资金管理办法,加强资金使用监管。实施公开办预算。开展预算评审活动,要求评审通过后才能列入预算,否则预算不予安排。四是开展财政专户清理,撤并51家单位144个银行账户,缴入财政专户资金4.66亿元。推进国库集中支付改革,扩大国库集中支付单位覆盖面、资金覆盖面,完善国库单一账户管理。推进国有资本经营预算,起草寿县国有资本经营预算管理办法,选择部分县级重点企业纳入2016年度国有资本金经营预算试编工作。强化政府债务管理,核实县、乡政府债务总额,落实地方政府债务置换13.1亿元债券额度。

(寿县财政局供稿)

凤台县财政工作概述

【概况】2015年,凤台县财政收入完成35.09亿元,增长3.4%;其中:地方财政收入完成17.50亿元,增长7.8%;全县财政支出完成34.17亿元,下降5.5%。

【科学组织财政收入】面对宏观经济发展放缓、结构性减税政策实施等影响,县财政局迎难而上,科学谋划,建立联动协调机制,及早精心组织收入,确保财税收入健康可持续增长。广泛深入开展产业经济调研,关注财税政策辐射效应,对重点行业、企业税收贡献进行动态跟踪,提出促产增效和涵养税源的发展对策,抓牢组织收入的主动权。认真执行"营改增"改革,落实小微企业退税优惠政策,依法依规征收税收收入,完善部门间信息共享机制,提高财税收入征管效率。加大专项收入统筹力度,开拓国有资源(资产)有偿使用收入增收空间,发挥非税收入对公共财政预算收入的补充作用。

【助力小微企业融资】发挥小额担保贷款扶持创业、带动就业、促进发展的积极作用,建章立制,完善相关政策,切实解决小微企业融资难问题。县政府放宽小额担保贷款门槛,制定出台《关于进一步推进就业小额担保贷款工作的通知》(凤政办〔2015〕37号),激发大众创业万众创新热情。落实补助,提供资金保障,全年发放小额担保贷款资金4090万元,财政贴息430.86万元,受益企业或个人504家,安排就业资金支出2833.8万元。

【助推县域经济"调转促"】助推重大项目建设,实施"1515"工程,安排支持经济发展专项资金1000万元;完成城乡社区事务支出3.32亿元,大力推进重大项目建设,完善城市基础设施。助推园区转型升级,落实支持园区发展的各项优惠政策,安排工业经济发展专项资金4000万元,现代农业科技示范园区建设、智慧农业1000万元,加快标准化厂房建设,不断完善经济开发区、凤凰湖工业园、乡镇工业集聚区、现代农业示范园区基础设施和公共服务配套设施。助推民营经济提升,拨付民营经济发展专项扶持资金2300万元,企业奖励及扶持资金408万元,融资风险补偿基金1000万元,支持中小企业发展壮大。助推创新驱动发展,设立科技三项经费600万元,企业奖励及扶持资金500万元,农村金融体系改革400万元;营改增试点企业扶持资金50万元,鼓励企业科技创新、发展新兴产业,推动产业结构优化升级。

【促进城乡统筹发展】积极支持"三农",累计投入资金2.56亿元。政策性农业保险农作物参保106.6万亩,支付理赔资金831.6万元;12个省级美好乡村中心村正在建设,共投入财政奖补资金5413万元;一事一议财政奖补143个项目建设任务全部完成;累计为12375名农村低保对象发放资金2677.88万元;实际救助孤儿481名,发放生活费286.33万元;救助流浪乞讨人员1376人次,支出资金46.54万元;1个图书馆、1个文化馆和15个乡镇文化站全部免费开放;完成227个农家书屋维护管养工作,累计送戏下乡207场,放映电影2501场,开展体育活动1242场。

【提高预算管理水平】按照“轻重缓急、有保有压”原则,统筹安排政府投资项目资金;执行大额资金安排使用管理办法,科学合理安排资金;认真落实厉行节约各项规定,“三公”经费得到严格控制;开展财政存量资金检查,年中盘活专户存量资金5895万元,用于急需资金的社会事业方面。稳步推进预算管理改革。严格执行新修订的《预算法》,正式开始编制国有资本经营预算,将所有财政收支纳入预算管理,规范县本级财政资金审批程序。

【深化财政改革】纵向深化国库集中支付改革,建立公务卡强制结算制度,实现预算单位公务卡全覆盖;启动国库集中支付资金动态监控系统,强化预算支出执行监管。促进专户资金保值增值,撤并财政专户85个,保留财政专户16个,撤并率100%,确保财政所有专户资金全部纳入国库集中管理,建立“管事”与“管钱”分离机制。将社保基金7000万元定存县农行,年息3.75%,并将分散存储的社保资金1.5亿元归集到凤台县农村商业银行进行定存,存款期限13个月,年息3.75%,提升存量资金收益。

【强化政府债务管理】主动适应政府性债务管理改革新要求,积极推进地方政府债券置换工作,利用好债券置换过渡期举债融资政策,区别后续融资和新增融资,做好债务系统内在建项目的后续融资工作。实行全过程债务监管,防范债务风险,提升债务管理水平。全县地方政府新增债券7444万元并全部拨付。置换债券为10491万元,其中:公开发行的置换债券为8491万元,定向发行置换债券2000万元,全部拨付完毕。

(凤台县财政局供稿)

滁州市财政工作综述

滁州市财政工作概述

【概况】2015年，滁州财政部门紧紧围绕省财政厅各项工作部署和市委、市政府“三个发展”目标，坚持“稳中求进、好中求快”工作总基调，积极弘扬沈浩精神，严格践行“三严三实”，认真落实积极财政政策，全面服务支持“调转促”，较好地促进了全市经济社会持续健康发展。

【财政实力稳步提升】对标年度目标任务，密切跟踪收入动态，建立完善财税会商常态机制，做好预测和协调统筹，多措并举确保财政收入及时足额入库。全市财政收入完成230.3亿元，增长13.1%，增幅高于全省平均增幅3.6个百分点。其中地方收入完成143.7亿元，增长16.3%。财政收入总量位列全省第4位，较上年前进1位；增幅位列全省第2位，较上年前进4位。地方收入总量继续保持全省第3位，增幅位列全省第1位，较上年前进9位。全市税收收入完成183.2亿元，增长8.8%，占财政收入79.5%，同比降低3.2个百分点。财政收入占GDP比重为17.5%，同比提高0.3个百分点。区域财政竞相发展。县级财政总收入完成154.07亿元，增长12%。6个县(市、区)财政总收入进入全省前40，其中天长市财政收入完成37.55亿元，在全省县(市、区)排名第6位，区域财政发展更加协调。

【重点支出保障有力】按月分析、考核支出进度，集中财力保障各项法定支出、民生支出和重点项目支出需求。全市财政支出完成302.6亿元，同比增长12.8%。教育、医疗卫生、社会保障和就业等13类民生支出完成262.5亿元，占比86.6%，较上年提高0.9个百分点。其中教科文、社会保障和就业、医疗卫生、农林水事务支出分别为58.2亿元、37.5亿元、36.2亿元、53.8亿元，较上年分别增长18%、25.9%、13.7%、9.3%。以行政经费为主的一般公共服务支出下降21.6%。规范并足额拨付94.7亿元，全力保障“美好滁州”重点项目建设。

【贯彻积极财政政策】强化财政政策支持。牵头制定“1+2”市级扶持产业发展政策体系。经调研延长土地使用税奖补政策，促进企业集约用地。加快“调转促”等相关产业扶持政策制定，出台了“政银担”风险补偿基金、小微企业续贷过桥资金等一系列管理暂行办法。落实金融政策支持。全市9家国有融资担保机构注册资本金增加到25.7亿元，新增担保1003笔，担保贷款45.7亿元。支持开展“税融通”贷款，引导金融机构加大信贷投放；安排续贷过桥资金2.06亿元，扶持企业32户，周转金额2.7亿元；建立政银担风险补偿基金0.3亿元，为504户企业提供政银担业务贷款担保24.5亿元。落实结构性减税和普遍性降费政策。全市累计减免小微企业税收1.7亿元，当年因降率和调整缴费基数减收社会保险费0.5亿元。制定涉企收费清单，严格规范涉企收费，市级涉企收费项目由133项减少到102项，年减轻企业负担0.6亿元。及时兑现各类涉企优惠政策，拨付营改增试点政策扶持资金2678.99万元。通过调研提请市政府将《滁州市市区城镇土地使用税奖励政策》执行期限延长到2017年底。支持外向型经济发展。落实出口退税审批权下放政策，及时兑现外贸促进政策,全市出口退税完成11.5亿元,增长47.1%。保障重点项目建设。多渠道筹集资金94.7亿元,争取上级资金11.6亿元,保障国省干线公路改造、棚户区改造、清流河环境整治等重点项目建设。拨付4亿元,支持市开发区、苏滁现代产业园基础设施建设,促进园区发展。

【着力保障改善民生】大力发展社会事业,加大民生领域投入,促进发展成果共享。全市民生支出完成262.5亿元,占财政支出总量的86.6%,同比提高0.9个百分点。精心实施33项民生工程,全市33项民生工程累计拨付到位资金69.3亿元,各项补贴、保险类项目按政策要求序时补助发放到位;工程和培训类通报项目全部完成年度任务。支持教育优先发展,排资金2.6亿元,改善办学条件,完成55所标准化学校建设,开工建设幼儿园29所,落实提高高职院校生均财政拨款、免除中等职业教育全日制正式学籍在校生学费政策。落实就业政策,拨付各类就业补助资金2亿元,发放小额贷款0.6亿元,支持困难群体就业创业。完善社会保障体系,启动实施机关事业单位养老保险制度改革,提高城乡居民基础养老金、企业退休人员养老金和城乡低保标准。保障困难群体生活,拨付0.9亿元,落实老村干、老民师等"老字号"群体生活补助政策。拨付6.5亿元,建成保障性住房2万套,改造农村危房1.7万户。统筹安排3.1亿元,支持内城河改造等为民"十件实事"。

【推进美好乡村建设】推进美好乡村建设,全市投入美好乡村财政专项资金3.03亿元,整合涉农资金10.4亿元,吸引社会资金8.3亿元,推进中心村规划建设和自然村环境整治及新村建设。改善农业生产条件,拨付3.9亿元实施滁河治理和大中型水库除险加固等重点水利工程;投入6.1亿元建设81万亩高标准农田。支持现代农业发展,统筹安排0.8亿元,支持农民专业合作社、龙头企业、家庭农场等新型农业经营主体发展;争取上级资金1.2亿元,县级配套0.2亿元,开展政策性农业保险,为农业生产经营保驾护航。落实强农惠农政策,通过"一卡通"发放涉农补贴20.3亿元,惠及农民347万人次;投入1.4亿元,推进"一事一议"财政奖补,完工项目1073个,受益群众292.3万人。

【深化重点领域改革】加大政府性基金预算、国有资本经营预算与一般公共预算的统筹力度,将政府性基金预算结余较多项目调入一般公共预算使用,将地方教育附加等8项基金改列一般公共预算。健全公开透明预算,首次试点开展预算公开评审,选择部分项目试点编制跨年度滚动预算,提高预算编制的透明度和科学性。扩大预决算信息公开范围,全市各级部门预决算信息功能科目公开到项级,并按支出经济分类科目细化公开。深化政府采购改革,公开政府采购预算,修订完善政府采购目录,优化政府采购流程,大力推进政府购买服务,政府采购效率和规范化程度显著提高。完善国库管理制度,完成国库集中支付电子化改革,财政资金安全性及运行效率得到提升。完善国有资本经营预算制度,制定出台《滁州市市直企业国有资本收益收取管理暂行办法》,强化国有资本经营收益管理。政府性债务管理进一步加强,完成地方政府存量债务清理甄别工作,修订出台《滁州市政府性债务管理暂行办法》。全市争取地方政府存量债务置换债券71.1亿元、新增债券资金12.1亿元,全年节约政府融资成本约2.5亿元。

【加强财政队伍建设】制定出台《滁州市财政局内部控制基本制度》,构建事前防范、事中控制、事后监督和纠正的动态过程和机制;继续坚持"市对县、县对所"的财政帮联工作,局县级领导干部坚持深入基层联系点调研走访,走访32户,帮助协调解决问题16个,接访16次,带案下访1次,化解信访积案数5个;坚持开展预算部门会商,全市各级财政部门就预算收入目标完成、财税库银横向联网、企业税源调研等多方开展会商计4725余次,并按照会商结果逐件予以落实;坚持巡查工作承包责任制,按周通报巡查结果;建立重要政策文件解读机制,组织各县(市、区)分管财政领导、财政财务人员、乡镇财政所长,开展多形式、多层次、多专题学习培训活动;同时结合"三严三实"主题实践活动,修订出台局机关考勤办法、帮联帮扶、考勤办法、巡查制度等9项规章制度,机关内部管理更加规范。

【加强党风廉政建设】严格执行"三会一课"和财政干部大讲堂各项学习制度,按月开展党风廉政建设"一月一主题"宣教活动;创建廉政教育室,坚持领导干部带头讲廉政党课制度,推进廉政文化建设;结合弘扬沈浩精神推动"三个发展"、"三严三实”专题教育活动,利用中心组学习会、党课报告会、组织生活会等各类场合,宣讲廉政规定;组织党员干部观看廉政警示教育片、赴市廉政教育中心参观等加强廉政警示教育;运用微信、QQ、飞信等平台向全局党员干部发送有关廉政教育消息、短信400条;进一步规范财政工作流程,落实“三个清单”制度,强化对资金、资产、权力运行的管理,有效堵塞漏洞。

(滁州市财政局供稿 魏震生)

琅琊区财政工作概述

【概况】2015年,琅琊区全面服务支持“调转促”,财政收入稳定增长,服务发展持续发力,重点支出有效保障,财政改革稳步推进,资金绩效不断提升,队伍建设持续加强,各项任务圆满完成。

【收入稳定增长】全年一般公共预算总收入完成12.75亿元,占预算101.3%,增长11.4%。其中地方财政收入完成8.2亿元,占预算的103.6%,增长22.2%。地方财政收入中,税收收入完成5.40亿元,占预算的100.3%,增长15.8%;非税收入完成2.80亿元,占预算的110.7%,增长36.6%。一是分解收入目标到征收部门,细化措施,严格征管,应收尽收。二是开展走访调研和企业帮扶,落实财政扶持政策,着力挖掘增收潜力。三是税务部门综合运用约谈、纳税评估和税务稽查等手段,清理存量税源。财政部门开展非税收入检查,确保足额入库。四是建立政府牵头,财税部门参加的协调机制,强化收入分析和组织收入力度,促进收入均衡入库。五是争取税源和税收,缓解收入压力。

【服务发展有力】一是抓重点。落实财政专项资金和债券资金2.7亿元,拨付土地出让金3.47亿支持琅琊新区、琅琊经济开发区建设和扬子路小学重建、公办幼儿园建设。二是减负担。落实结构性减税和普遍性降费政策,规范涉企收费,减免小微企业增值税、营业税、企业所得税1957万元。落实出口退税4926万元,支持外向型企业发展。拨付“营改增”过渡性财政扶持政策资金2221万元,兑现企业城镇土地使用税奖励政策资金467万元,表彰奖励“纳税十强”和“纳税十快”企业。落实民营经济发展专项资金2294万元,注资区融资担保公司,安排政银担风险补偿资金130万元,支持融资担保体系建设,缓解企业融资难。三是争支持。当年获得上级补助资金5.42亿元,增长22.5%,支持全区经济发展。

【保障重点有效】全年一般公共预算支出完成13.10亿元,占预算的115.7%,增长22.9%。一是保民生投入。28项民生工程投入1.28亿元。财政民生支出11.04亿元,占财政支出总量的84.3%,增长21.5%。筹集4414万元,支持为民办“十件实事”。二是促教育均衡发展。教育支出4.35亿元,增长25.3%,义务教育学校标准化建设和基本均衡区通过国家评估认定。三是促社会保障和就业政策落实。社会保障和就业支出1.84亿元,增长16.1%。落实稳定就业岗位补贴政策资金206万元;落实小额担保贷款贴息68万元。拨付提高城乡低保补助、五保对象供养标准和优抚对象待遇资金5442万元;拨付城乡居民医疗保险基金和城乡居民养老金4948万元。贫残孤人员社会救助及“老字号”群体生活补助政策全面落实。四是促医疗卫生和计划生育事业发展。实现医疗卫生和计划生育支出9766万元,增长6.1%。深化基层医药卫生体制综合改革,新增支出1063万元,落实财政经费定项补助政策。投入1592万元保障计划生育利益导向政策落实。五是促“三农”发展。农林水事务实现支出7398万元,增长31.4%。投入1155万元用于农村饮水安全工程、小型水利工程改造提升;投入756万元,建设5800亩高标准农田;落实636万元,实施水库移民后期扶持项目;安排220万元,推进村级公益事业一事一议财政奖补项目建设;落实266万元,支持农村土地确权登记工作;投入370万元,做好秸秆禁烧和综合利用,支持农村环境保护;投入273万元,支持万亩森林增长工程;开展政策性农业保险,防范农业生产风险;通过“一卡通”发放惠农补贴资金2493万元,落实强农惠农政策。

【改革稳步推进】一是统筹衔接预算。加大政府性基金预算与一般公共预算的统筹,将政府性基金预算结转结余超出规定比例部分调入一般公共预算统筹使用,将地方教育费附加等6项政府性基金改列一般公共预算。二是推进财政信息公开。扩大预决算信息公开范围,预决算信息功能科目公开到项级,并按支出经济分类科目细化公开。

三是加强政府采购管理。完善政府采购目录和限额标准,优化政府采购流程,推进政府购买服务,规范政府采购行为。四是完善国库管理。严格财政专户管理,完善国库集中支付动态监控体系,国库集中支付和公务卡改革全覆盖,增强公务支出透明度。五是加强政府债务管理。开展地方政府存量债务清理甄别,争取地方政府存量债务置换债券1.69亿元、新增债券资金2881万元,全年节约政府融资成本近600万元。继续试编权责发生制政府综合财务报告,建立跨年度预算平衡机制。

【绩效不断提升】一是严控“三公”经费。制定《琅琊区区直机关培训经费管理办法》,严格控制公务接待、会议活动等支出,实行公务车辆保险、加油集中采购。全年“三公”经费支出同比下降10.4%。二是严格预算支出管理。按照《新预算法》要求,执行《琅琊区区级财政资金支出审批管理暂行办法》,严控一般预算追加;区国库支付中心全年共退回不合规、合理、合法和超标准、范围的支出280余笔,金额650余万元。三是结合“五个有之”专项行动,组成三个小组对全区63家单位开展治理“吃空饷”工作检查,追回资金22.73万元。四是制定《琅琊区财政结转结余资金管理办法》,清理盘活各类结转结余资金9909万元。五是强化社保基金保值增值绩效管理,综合收益率超过4%。六是开展涉农资金专项整治,加强街道财政资金监管,提高涉农资金绩效和安全。七是开展行政事业性收费、政府性基金收费、社团收费等项目专项清理规范工作和会计信息质量检查。加强财政涉企项目资金管理信息系统运用,规范涉企资金使用管理。

【队伍建设加强】一是落实主体责任。党组及党组书记落实主体责任和党风廉政提醒谈话月报告制度,签订党风责任书,对新任干部开展任前考察和集中谈话。二是强化作风建设。学习《党章》《准则》《条例》,邀请区纪委、检察院上预防职务犯罪警示课。设立廉政屏保、廉政桌卡、廉政文化墙,开展“读书月”活动。向全局发出《家庭助廉倡议书》,签订《家庭助廉承诺书》,组织观看《警示教育片》,参观警示教育基地,定期通报财政系统违法违纪案例,提高干部廉洁从政意识。三是强化权力监管。排查岗位风险,公布权力运行流程图、监督电话,制发《琅琊区财政局内部控制基本制度(试行)》,严把权力关、审核关。财政专户全部开通余额变动短信提醒业务;农业综合开发办公室与中标企业签订《农发工程廉政责任书》,引进外部审计监督和招投标机构监管标后管护;执行《琅琊区财政局重大事项决策制度》,按内容、程序组织实施。办公设备更新执行《市直机关单位通用办公资产配置标准》,实行会议研究及半年统一采购。制定《琅琊区财政局年度工作目标绩效考核暂行办法》,强化目标绩效考核。四是开展纪律督查。发出效能督办单10期,开展督查58次,促工作推进,屏蔽“懒政怠政”,不断打造“团结、向上、尽责、合作、关爱”财政队伍。成果刷新,保持第十届省级文明单位荣誉,民生工程获全市一等奖,成功创建1个省级、2个市级服务型财政所,牵头承办全市“诚信季”道德总堂,获先进承办单位,1人被评为市“道德讲堂”优秀宣讲员,1人被评为市“岗位学雷锋标兵”、1人被评为“市青年岗位能手”。

(南谯区财政局供稿)

南谯区财政工作概述

【概况】2015年,南谯区财政局围绕推进“三个发展”和“十二五规划”圆满收官的总体目标,积极落实各项财政政策,全力推进各项财政改革,调整优化支出结构,积极盘活财政存量,保障全区“6114”项目建设,以改善和惠及民生为重点,各项财政工作有序推进。

【财政收支运行稳中有进】全区财政总收入累计完成15.82亿元,占预算的103.2%,同比增长13.5%。其中:地方一般预算收入完成11.5亿元,占年度预算的103.6%,同比增长10.3%;上划中央收入完成4.3亿元,占年度预算的102%,同比增长23.1%。全区财政支出完成20.6亿元,完成预算的158.1%,同比增长18.1%。财政支出重点突出保运转、保民生、保稳定、促发展、促改革的需要。农林水事务、教育、医疗卫生、社会保障和就业等方面支出稳定增长,全区民生支出18.5亿元,民生支出占财政支出的比重达89.8%。

【推进城乡统筹发展】一是支持美好乡村建设。安排专项资金约2907万元支持美好乡村建设,其中省级507万元、市级400万元、区级2000

万元。同时整合涉农资金4500万元支持全区重点示范村的建设。二是推进农业综合开发。全区投入国家农业综合开发项目财政资金2202万元,实施3个国家农业综合开发高标准农田项目,建设高标准农田1.7万亩。三是开展一事一议财政奖补工作。全区申报的一事一议项目通过审核110个并全部完工,安排一事一议奖补资金834.48万元。四是开展涉农资金专项整治行动。完成2013—2014年度农民补贴资金、农业生产发展资金、农村社会事业及公共服务资金等检查工作。五是加强惠农补贴"一卡通"发放工作,全年共发放补贴农民资金15017万元。六是积极申报农业项目。建立南谯区财政农业项目库,公开项目库管理信息,接受社会监督,实行动态管理。

【民生工程深入实施】按照省、市决策部署要求,全年共实施31项民生工程,全面完成目标任务。总投入3.75亿元,其中区级配套资金6077万元。一是落实民生工程责任制,区政府与各镇(社管中心)及区直部门分别层层签订目标责任书;二是严格月调度制度,一月一督查、一月一调度,推进民生工程实施。三是积极开展项目督查。民生办牵头各相关部门开展民生工程项目督查,确保补贴、保险类项目按序时进度发放,力促工程类项目应开工尽开工。四是强化网上公开公示。巩固完善网上"晒"民生活动,通过民生专题栏目,将所有民生项目集中向社会公示,实现网上公示全覆盖。民生工程公示项目达到32个大项,拓宽群众诉求解惑的渠道。五是积极开展民生宣传。结合"琅琊山庙会"、"二郎庙会"、"文化科技卫生三下乡"等各类节日、活动,多种形式开展民生工程宣传,提高民生工程知晓度和满意度。

【各项财政改革稳步推进】一是财政一体化平台系统全线贯通。所有预算单位财政业务实现电子数据联网运行,指标分配、计划下达、集中支付等各个业务环节有效衔接,做到预算单位财政业务资金的及时拨付、准确办理和安全运作。二是预决算实现平稳公开。区本级财政预决算以及所有区直部门(涉密单位除外)预决算和"三公"经费进行网络公开。三是加强债务管理,防范财政风险。完成债务清理甄别工作。对存量债进行甄别,制定《南谯区政府性债务管理暂行办法》《关于加强政府性债务审批管理的通知》。推进政府债券置换工作,下一步将根据国家出台的办法,将政府存量债务分类纳入预算管理。四是盘活财政存量资金。全区财政存量资金较2014年底,累计减少11987万元。五是开展税收优惠政策清理。召开全区税收优惠政策清理部署暨培训会议,密切跟踪各级各部门清理工作进展情况。严格按照国发〔2015〕25号文件精神,积极采取措施,逐项落实到位。六是进一步推进营改增试点,按照财政部、省财政厅统一部署,完成营改增大型企业主辅分离摸底情况数据上报。

【财政队伍建设不断加强】开展"弘扬沈浩精神,打造四型机关"主题教育实践活动和"三严三实"专题教育活动,进一步深入学习和弘扬沈浩精神,积极打造学习型、服务型、创新型、廉洁型机关。通过开展讲党课、专题学习研讨和专题民主生活会,查找问题和不足,列出问题清单、整改清单和问题清单,进一步整改落实,推动财政工作发展;加强党风廉政工作。坚持以科学发展观为指导,把党风廉政建设和反腐工作融入经济建设、政治建设、文化建设、社会建设和党的建设之中,围绕中心,服务大局,重点突破,整体推进,反腐倡廉各项工作取得新的成效。认真总结典型案例教训,加强资金管理和廉政安全教育。当年,区财政局惠农补贴资金工作、乡镇财政资金监管工作和创建服务型财政所工作获省财政厅通报表彰,民生工程实施工作获省民生办表彰。

(南谯区财政局供稿)

天长市财政工作概述

【概况】2015年,全市公共财政收入完成37.55亿元,为年初预算的102%,超年初预期目标0.75亿元,同比增长10.2%。财政支出完成43亿元,增长16.3%。

【全面强化预算管理】出台《市直企业国有资本收益收取管理暂行办法》,进一步规范国有资本经营预算管理,将政府性基金和国有资本经营收入中应统筹使用的资金列入一般公共预算。印发《关于做好市直部门预决算及三公经费信息公开工作的通知》,进一步细化公开内容,扩大公开范围。印发《关于编制2015年部门预算绩效目标的通知》《关于推进市直预算单位整体支出管理绩效评价工作的通知》《天长市预算绩效管理委托第三方机构评价暂行办法》等,进一步完善绩效管理制度。印发《关于开展部门三年滚动预算编制试点推动中期财政规划管理工作的通知》,试点编制部门三年滚动预算。出台《天长市政府性债务风险预警管理暂行办法》等,建立健全以政府债券为主体的举债融资机制,将政府债务分类纳入预算管理。继续清理结转结余资金,将专户和部门连续结转两年以上结转结余资金全部调入国库,按规定统筹用于经济社会发展亟须的领域。同时,在确保财政资金安全的前提下,开展专户资金保值增值工作,全年实现利息收入1906万元,增长51%。

【支持经济稳定增长】兑现推动工业经济转型发展30条、集约化用地、现代服务业和外贸进出口等各项政策扶持资金1亿元。专项补助出口退税2864万元;全年累计减免小微企业税收3450万元。严格规范涉企收费,涉企收费项目减少23项,减轻企业负担600万元;新增国有担保公司资本金6129万元,放大担保倍数达5倍,在保余额7.3亿元,新增担保贷款2.3亿元,增长46%。设立中小微企业续贷过桥资金5000万元,扶持企业17次,累计续贷8000万元,资金周转率达1.6次。出台《天长市"政银担"风险补偿基金管理暂行办法》,合作担保业务规模超4亿元。出台《天长市银行业金融机构、融资平台公司、融资性担保机构支持县域经济发展考核奖励暂行办法》,引导撬动金融机构增加信贷投放32亿元,增长20.5%。

【促进城乡统筹发展】投入1000万元,引导现代农业做强做优。投入4100万元,完成小型水库除险加固、小型泵站更新改造和末级农田灌溉建设等重点水利项目。开展政策性农业保险,种植业承保面积164万亩,养殖业承保数量7500头;投入5230万元,完成10个美好镇村中心村建设。投入1652万元,完成一事一议财政奖补项目137个。投入4200万元,解决8.2万人农村居民饮水问题。投入800万元,实施平安城市视频防控系统二期工程。投入4600万元,完成120公里的村级公路网化工程建设,改造农村公路危桥8座;投入3400万元,扩大城乡保洁范围,推动镇村环境整治。投入300万元,开展黄标车治理和小锅炉改造项目。投入9000万元,继续实施秸秆禁烧综合利用奖补和森林增长工程;通过"一卡通"发放粮食直补、农资综补等15项补贴3.7亿元,农民人均受益约810元;拨付1800万元,实施农村土地承包经营权确权登记工作,拨付村级集体经济发展专项基金3000万元,促进村级集体经济健康发展和农民增收致富;安排镇(街道)转移支付资金1.5亿元,新增700万元,其中超收奖补、事业费补助近亿元,园区建设5000万元。

【切实加强内控建设】成立财政局内部控制委员会,出台《天长市财政局内部控制基本制度(试行)》《关于进一步加强镇(街道)财政财务内控管理的通知》等一系列规章制度。继续强化岗位管理,全面实行以责设岗、以岗定人、交叉任职和AB岗工作制度,并定期进行轮岗交流。全面开展财政监督巡查和互审、调审工作,落实约谈整改机制。

【大力实施民生工程】全市共组织实施33项民生工程。各级财政计划投入资金7.86亿元,其中:本级财政2.16亿元。实际筹集到位资金7.94亿元,其中:本级财政2.16亿元。对工程类项目资金,通过国库集中支付直接拨付至项目施工单位;对个人补助和生活保障类资金,全部通过"一卡通"及时足额发放到人。

(天长市财政局供稿)

来安县财政工作概述

【概况】2015年,来安县财政局主动适应经济发展新常态,认真落实积极的财政政策,支持推进稳增长、促改革、调结构、惠民生、防风险、抓绩效,统筹抓好重点工作,年度财政工作任务圆满落实,为服务"三个发展",推动来安新常态下新发展提供了坚实有力的财政保障。

【依法组织收入】全县全年累计完成财政收入17.62亿元,占年初预算100.1%,较上年增长10.02%。完成一般公共预算支出27.68亿元,增长12.3%。13类民生支出24.96亿元,占财政总支出的90.17%。积极搭建以"政府领导、部门配合、社会参与"的涉税信息交换与共享平台,加强成果分析、判断、运用,对疑似流失税收点进行及时跟踪追缴,对税源征管"洼地"进行补填,及时消除税收征管"盲区"。开展"百日清理"活动,强化稽查评估、推进纳税申报审核、税收疑点清查等措施,促进财政收入平稳增长。认真贯彻落实结构性减税、普遍性降费政策,取消酒精消费税政策,安徽碧绿春生物科技公司年减轻税收负担1300万元左右;落实简并征收增值税征收率,全县混凝土、采石行业、自来水行业近30户,减轻税负1200余万元;提高小微企业增值税起征点,惠及企业393户;落实营业税起征点调整政策,全县住宿餐饮企业减轻负担200多万元。

【全面支持"调转促"】整合公共财政预算资金、政府性基金、上级扶持产业发展资金,建立1亿元产业发展资金,按政策兑现招商引资扶持政策,扶持企业发展;支持安徽碧绿春生物科技、金华萃食品等企业创造条件,申报省农产品出口示范基地,加快转型升级;对全县300万美元以下小微企业投保短期出口信用险给予70%保费补贴支持;安排资金6214万元,充实金安担保公司资本金,支持政策性担保体系建设,有效缓解企业融资难矛盾;为74家中小企业及90户家庭农场(农民专业合作社)提供担保贷款127977万元,在担保余额达49142万元;落实政银担合作机制,与七家金融机构签署"政银担"合作协议,担保资金7070万元;筹集资金2600万元,设立"续贷过桥资金",解决小微企业贷款临时性周转资金困难。

【统筹资金安排支出】规范和完善预算安排原则,在保证工资发放等基本支出的同时,集中财力办大事,积极整合各类财政资金,围绕政府年度重点工作、重点工程,统筹调度各类资金,全力重点支出需求。争取省财政均衡性转移支付5194万元,统筹年初预算安排增资7100万元资金,及时兑现政策性调资;调整支出结构,统筹安排公共财政预算资金、政府性基金,兑现招商引资扶持政策资金6200万元,履行政府承诺;争取省转贷地方政府债券资金短63085万元,安排保障房、新来河大桥等14个重点项目建设9017万元,置换存量债务54068万元,实现了降息延期;落实资金6239万元,用于保障义务教育均衡发展项目建设;通过银政担合作,争取徽商银行壹号基金8亿元,用于"两城"基础设施建设。

【整合盘活存量资金】按照盘活财政存量资金制度要求,对公共财政预算资金、政府性基金、部门单位资金、财政专项资金进行全面清理,对结转2年以上的部门资金全部收回财政,全年共清理收回闲置存量资金12077万元,统筹用于重点支出保障;将政府性基金结余超出当年预算收入的30%部分2701万元,调入公共财政预算统筹使用;将财政预算稳定调节基金3500万元,纳入年度预算统筹安排;在预算执行中,严格预算约束,对部门追加支出申请,尽可能从单位预算内调整解决;将收回的资金用于保障改善民生、推动产业转型升级、提升基础设施等最为急需的领域;建立盘活存量资金定期报告制度,完善定期清理机制,实行常态化管理,努力做到把"零钱"变成"整钱",把"死钱"盘活用好。

【牵头实施民生工程】优先安排落实民生工程保障资金,到位资金6.97亿元,全面启动各项项目。制定完善民生工程实施办法和实施细则,明确目标、规范流程、落实责任,强力推进。强化工程质量管理,着力打造"民心工程"、优质工程、精品工程。加强工程类项目后续管养工作,发挥项目长效机制。多渠道广泛宣传,注重社情民意调查,努力扩大民生工程的群众知晓度、满意度,主动接受群众监督。落实资金5853万元,支持义务教育经费保障和困难学生补助,实现学有所教。安排资金506万元,支持就业技能培训和扶持工程,推进劳有所得。安排医疗保障、健康提升方面资金27720万元,保障病有所医。落实养老保障等方面资金13035万元,确保老有所养。拨付保障房建设资金5366万元,保障住有所居。投入三农方面资金17256万元,推动城乡统筹发展。

【深化财税制度改革】深化预算管理制度改革,稳步推进预决算和"三公"经费信息公开,政府预算、部门预算、"三公"经费信息按规定时间和格式在政务信息公开网和部门网站公开,接受社会监督。进一步完善预算体制,将公共财政预算、政府性基金预算、国有资本经营预算和社会保险基金预算全部纳入预算管理,加强各项资金的统筹使用,避免资金重复交叉安排。继续深化国库集中支付,强化国库执行管理,全年国库集中支付87129笔,支付资金20.7亿元,较上年增加30540笔,增加7.9亿元,财政直接支付率100%。推进公务卡改革,办理公务卡2738张,较上年增加129张,刷卡消费结算7078次,较上年增长130.4%;结算金额2803.5万元,增长144.7%。规范地方政府性债务管理,制定本县地方政府性债务管理制度,开展存量债务清理甄别,合理安排省转贷地方政府债券资金使用。优先用于保障在建公益性项目后续融资。加强国库资金管理,清理财政专户,规范行政事业单位银行账户开设。开展会计业务培训,对村级基层组织“三资”实行委托代管。

【加强干部队伍建设】加强制度建设,约束“一把手”权力,机关经费由党组指派一名分管领导签批。成立民主理财和采购领导小组,除正常经费以外,超过 1000 元的大额经费支出,先经民主理财小组把关审核,经局长办公会研究通过,再交由分管领导签批;限额以下机关采购事项须由采购领导小组通过后,报请局长办公会批准。完善廉政风险防控体系,建立机关内部控制制度,出台预算编制风险、预算执行风险、政策制定风险、公共关系风险、法律风险、岗位利益冲突风险、机关运转风险和信息系统管理风险等 8 个内控风险防控办法。建立行风巡查制度,对乡镇财政所效能建设开展巡视。深入推进“四零”服务,开展“单位包村、干部包户”定点帮扶,巩固扩大会商服务预算单位、城乡基层党组织结对共建、财政系统帮联等工作成果。全年会商 120 次,解决重点问题 128 件。向乡镇财政传递信息 1119 条,抽查 697 次,监管资金 6.12 亿元。

(来安县财政局供稿)

定远县财政工作概述

【概况】2015 年, 全县财政收入完成 16.13 亿元,占预算 100.8%,增长 13.9%,收入总量位于全市第 5, 增幅全市第 2。全年完成财政支出 44 亿元,增长 15%,总量居全市第 1。

【财政收支实现圆满收官】 面对经济增速放缓、经济运行下行的压力,全县财税部门强化综合治税,完善税收保障措施,切实加强税源管控,依法组织各项财政收入。全县公共财政收入实现 16.13 亿元,增长 13.9%,收入总量位居全市第 5,增幅位居全市第 2。紧紧围绕县委、县政府决策部署,坚持有保有压、突出重点,严格“三公”经费管理,一般性支出压减 15.4%。积极盘活财政存量资金,清理历年结转结余资金 2.29 亿元,纳入预算统筹安排。继续优化支出结构,教育、科技、社保、卫生、农林水、交通等重点支出 33.9 亿元,占全县支出总量的 77%。全年完成财政支出 44 亿元,增长 15%,总量居全市第 1,为本县和谐稳定、快速发展提供坚实支撑。

【调结构促进转型升级】 落实积极财政政策,充分发挥财政职能,加大举措筹集资金,全力促进经济发展质量、效益双提升。研究落实扶持政策。牢牢把握本县纳入合肥经济圈和皖北振兴政策扶持范围等难得机遇, 全力争取上级项目资金和政策支持,2015 年到位中央和省、市转移支付资金达 32.7 亿元,其中:各类专项资金 14.2 亿元。有效缓解财政困难,为全县经济发展提供强有力保障。推进重大项目实施。在保工资、保运转、保民生配套等前提下,全力支持重点工程项目建设。全年安排城乡基础设施建设、经济开发区和盐化工业园建设、二中新校区、包青天廉政文化公园等重点工程建设支出 15.3 亿元。协助县城投公司、县工投公司等融资平台融资 23.8 亿元。加大支持产业结构调整。紧贴财政政策走向, 服务全县产业结构调整,统筹安排 4900 万元,支持节能减排和循环经济发展。加大企业扶持力度。扎实开展企业帮扶活动,落实资金 5862 万元,支持企业自主创新和技术改造。加大对华塑公司、泉盛化工、德轮橡胶等企业扶持力度,兑现企业扶持资金 9006 万元。争取省民营经济发展资金 556 万元, 县配套 762 万元。充分发挥政府融资担保公司作用, 牵头制定《定远县小微企业续贷过桥资金管理实施细则》《定远县税融通业务实施细则》等中小微企业融资扶持政策,安排续贷过桥资金 2400 万元,在保金额 3.44 亿,有效缓解了中小微企业融资难问题。

【推动社会和谐发展】全县民生支出 40 亿元,增长 16.1%,占全县财政总支出的 90.8%,其中 33 项民生工程投入资金 16.8 亿元,荣获滁州市民生考核先进县。完善工作机制,制定实施、宣传、督查方案,完善协调推进机制、管养制度、约谈制度、包保责任制、资金保障制度、协调联动等制度,为民生工程建设有效推进奠定了坚实的工作基础。优先发展教育事业, 全县教育支出 8.6 亿元, 增长 9.8%。累计安排农村义务教育公用经费 7128 万元,发放贫困寄宿生生活费用 149 万元,支付免费教科书资金 1027 万元, 拨付校舍维修资金 1506

万元，发放助学金 1187.9 万元，受助学生 7153 人。深化医疗卫生体制改革，全县医疗卫生支出 5.99 亿元,增长 11%。安排县级公立医院补助资金 843 万元,建立卫生发展基金 2000 万元。加大城乡医疗救助,发放医疗救助金 1709.8 万元,救助对象 49179 人。不断完善社会保障体系,全年新增城镇就业人口 12685 人。企业退休人员基本养老金、城乡低保、农村五保户供养均扩面提标,累计发放各类社保补贴 59454 万元。安排"老字号"群体生活补助资金 2169 万元,安排困难群体就业创业补助资金 2100 万元。加快推进保障性安居工程建设,累计安排 4.85 亿元。加大秸秆禁烧保障力度,全年午秋二季共安排秸秆禁烧奖补资金 6800 万元。

【加快城乡统筹步伐】全县"农林水事务支出"10.37 亿元,增长 13.5%。促进农民致富增收,通过"一卡通"发放粮食直补、综合直补、低保资金等涉农补贴资金 4.2 亿元,同口径增长 10%。加大扶贫投入,安排专项扶贫资金 2800 万元,帮助贫困群众脱贫致富。加快现代农业发展，统筹安排 9600 万元实施高标准农田、小型农田水利提升、现代农业生产发展、新增千亿斤粮食项目。全年共安排资金 924 万元加大对生猪、奶牛、肉牛、肉羊标准化规模养殖场(小区)建设支持力度,加快推进规模化、集约化、标准化畜禽养殖,增强畜牧业竞争力。争取国家农业综合开发现代农业园区试点项目资金 3357 万元,集中支持本县粮食生产和现代设施农业发展。认真贯彻落实县委、县政府全面推进美好乡村建设的工作部署，积极向上争取美好乡村专项资金 2139 万元，县财政配套安排资金 6300 万元，高标准完成第二批 6 个美好乡村示范点建设、第三批 7 个示范点村庄规划的编制。加大农村基础设施建设,统筹安排 9760 万元,协调推进农村危房改造、村庄治理、农村清洁工程、农村环境连片整治和人居环境改善。发放大中型水库移民后期扶持直补资金 2142 万元,安排大中型水库移民后期扶持项目资金 3165 万元。投入 2.42 亿元支持水利建设，加快推进中小河流水利治理工程建设。落实政策性农业保险配套资金 4901 万元，为农户提供 10.13 万户次农业生产风险保障。安排农村金融机构定向费用补贴资金 672.1 万元、涉农贷款增量奖励 380.2 万元，引导金融机构加大涉农贷款力度,促进农村经济加速发展。深入推进村级公益事业"一事一议"财政奖补工作,完成奖补项目 305 个,投入资金 5056 万元,惠及 84 万人,受益面达 100%。安排资金 3700 万元支持百万亩森林增长工程,新增造林 5.88 万亩,全面完成造林任务。全面深化农村改革,安排 3390 万元推进农村改革，加大对农业生产新型经营主体的财政支持力度。

【提升依法理财水平】继续深化预算改革,宣传和贯彻新《预算法》,增强预算法治意识,规范政府收支行为。强化政府全口径预算管理,大力推进预决算信息公开,实现 2014 年部门和"三公"经费决算暨 2015 年部门和"三公"经费预算公开全覆盖；认真完成全县清理规范税收等优惠政策工作和政府存量债务清理甄别的自查工作。规范财政资金管理,制定并完善《定远县财政局财政专户资金管理暂行办法》和《定远县财政局财政性资金运行规程》,提高财政资金运行的安全性、规范性和有效性。强化"三公"经费管理,制定完善本县"三公"经费具体管理办法,促进部门严控"三公"经费支出,确保"三公"经费只减不增。积极推进政府购买服务,安排 6130 万元用于园林绿化、环卫承包服务、工程造价审计服务、基本公共卫生购买等 18 项服务。加强政府性债务管理,做好地方政府性债务风险预警分析和考核，实现政府性债务动态监控和融资平台公司债务全口径监管，本县总体债务风险可控。完善政府采购监督机制,深化政府采购改革,全年政府采购金额 13.99 亿元,资金节约率 21.2%。全面加强财政监督，深入开展民生工程、重点项目及重大政策实施情况和财政专项资金跟踪问效监督检查,进一步严肃财经纪律。

【推进作风效能和党风廉政建设】认真践行"三严三实"要求,推进作风效能建设。自觉遵守各项党规党纪,坚持作风效能建设新常态,进一步巩固"三严三实"教育实践成果,进一步优化服务环境、提升财政形象。重新排查梳理违纪风险点和权力清单,完善相关制度、流程和方法。始终绷紧党风廉政这根弦，落实好党风廉政建设的主体责任和监督责任,坚决反对"四风",促进财政部门安全、财政工作安全、财政队伍安全、财政事业安全。

(定远县财政局供稿)

明光市财政工作概述

【概况】2015年，全市财政收入完成13.05亿元，增长15.5%，占年初任务103%，税收收入占财政收入比重为78.1%。财政收入增幅居滁州市第1位，较上年提高4位，财政收入质量居滁州市第2位。财政部门征收非税收入完成2.55亿元，增长25.3%，占年初任务113.2%。

【加强征收管理】面对经济下行压力及结构性减税政策影响，加强宏观经济形势分析，充分发挥财税协调作用，建立综合治税平台，加大重点税源管控；进一步规范非税收入征管，挖掘非税收入增长潜力。通过对商业银行存款利率比对，继续加大定存比例，各商业银行对社保基金活期、定期存款按照当前国家公告利率基础上全部上浮30%。

【优化支出结构】严控一般性支出，压缩“三公”经费支出，优先保障民生工程支出，大力支持重点项目建设。清理财政专户结余结转资金8100万元，统筹安排用于民生和重点建设项目支出。规范政府采购，全市政府采购事项320项，预算13.9亿元，节约率25.5%。全市全年财政支出完成31.5亿元，增长14.5%。其中，财政民生类支出完成28.9亿元，同比增长18.8%，占财政总支出的91.7%，比去年同期提高3.4个百分点。全市“三公”经费支出2120万元，下降12.9%。

【保障民生工程】全市实际实施33项民生工程，共到位并拨付民生工程资金103641.54万元，其中本级配套37222.01万元，圆满完成年度目标任务。补贴、保险类项目按政策要求发放到位，广泛惠及城乡居民。工程、培训扶持类项目新建92套公共租赁住房、2838套棚户区改造、小型水利工程改造提升1461处；建成90张农村五保供养床位、完成农村危房改造2700户、农村饮水安全工程8处、一事一议工程64个、美好乡村5个、农村公路危桥加固改造11座，就业技能培训2656人，公益性岗位全年开发355个岗位，就业见习拟提供55个岗位，基层公共管理和服务岗位开发125人。2015年明光市获得省民生工程绩效奖补县，城乡低保绩效评价获得全省绩效评分第6名，连续6个月综合开工率、完工率在滁州县市区保持领先。

【加强城市基建】把土地出让金全面纳入基金预算管理，建立土地出让金数据与国土部门共享，实现土地出让金收支动态化管理，为市政重点工程建设提供强有力资金保障。配合相关部门积极争取上级转移支付21.5亿元，有效弥补县级财力不足；争取地方政府债券转贷资金12194万元，用于安置房建设；争取地方政府置换债券63994万元，用于置换地方政府债务，缓解债务还本压力，减轻融资成本。支持生态宜居城市建设，统筹安排7890万元开展造林绿化、森林生态效益补偿和森林增长工程。整合财政资金4000万元支持美丽乡村建设，重点建设5个美丽乡村示范点。

【推进现代农业】以促进农业可持续发展为主线，加强农业基础设施建设，大力推进高标准农田建设，促进农业产业结构调整和生态建设，加快土地流转，扶持农业产业化龙头企业和农民专业生产合作社，促进优势农产品基地建设和农业产业升级，提高农业生产的专业化、规模化、集约化和标准化水平，带动农民增收脱贫。实施农民合作社、家庭农场融资风险补偿试点工作，安排专项资金430万元，推动现代农业集约化、规模化经营。全市农林水事务支出6.1亿元，增长11.3%。

【支持实体经济】实施“工业强市”，稳定经济增长，安排5128万元扶持企业发展资金；安排民营经济发展资金3000万元，用于中小企业融资担保；支持开展“税融通”贷款1330万元，引导金融机构加大信贷投放，全年新增贷款18.7亿元；安排续贷过桥资金1500万元，在滁州市实现首笔投放，全年投放3400万元，惠及5家企业，切实帮助民营企业拓宽融资渠道。

【深化财政改革】实行全口径预算管理，加大资金统筹力度。试编部门三年滚动财政规划，强化预算约束力，规范预算追加办理程序。依法推进信息公开，除涉密部门外，市直68家预算部门统一全部集中公开预算信息，公开内容细化到支出功能项级科目和支出经济分类科目。当年底，明光市财政局荣获滁州市2014年度财政总决算先进单位和部门决算优秀单位称号。建立完善集中支付制度，不断扩大涵盖的预算单位和财政资金范围，强化预算执行动态监控机制，提升财政财务监管水平。全面推开公务卡制度改革，全市公务卡累计发卡2360张(其中当年新增发卡38张，乡镇公务卡累计发卡 214 张),激活 2170 张,使用 1758 张;全年通过公务卡管理系统完成刷卡 4483 笔次,金额 818.2 万元。完善购买服务制度,加强购买服务纳入预算和政府采购管理,全年实施购买服务 22 项,购买金额 5057 万元并全部支付。

【政府债务管理】截至当年底,全市政府性债务余额 34.5 亿元,负债率 27.8%(上限 100%)、债务率 73%(上限 90%—110%),其中,政府负债偿还类债务 33.25 亿元,政府救助类债务 1.25 亿元。省财政厅分配本市置换债券资金 1.22 亿元,新增债券资金 6.4 亿元,合计 7.62 亿元。经测算,通过存量债务置换,全市节约利息支出近 3000 万元,偿债压力降低,置换效果显著。新增债券资金优先用于支持保障性安居工程建设、普通公路建设发展等重大公益性项目支出。

【财政监督管理】强化人大代表联系服务,诚恳征询意见建议。出台《明光市财政监督检查暂行办法》《明光市财政局关于加强市直部门预算管理财政监督检查的通知》。联合纪委监察局、审计局等部门开展市直单位奖金和津补贴发放情况专项检查,以及市财政局股室(单位)银行账户检查,并聘请会计师事务所进行专项检查。建立健全“三资”管理收支预决算、货币资金管理、财务公开、财务互审等制度。全面建立乡镇财政“三个”清单制度,着力构建“阳光村务工程”建设考评常态化机制。

【财政自身建设】在预算管理、财政改革、规范资金、内控管理等方面出台制度 20 项。开展权力清单和责任清单制度建设,确认财政局行政权力 4 项,对社会公布并在政府权力清单平台上运行。开展执法资格考试以及“六五”普法宣传工作,开展“三严三实”专题教育,组织向吴波、沈浩和焦裕禄学习,开展“结对共建”、“路段长”、“千名党员进万家”春风行动。在三次房屋征收工作中均成立临时党支部提供组织保障,荣获房屋征收工作一等奖。当年 7 月,财政局党总支荣获明光市委表彰先进基层党组织。

(明光市财政局供稿)

凤阳县财政工作概述

【概况】2015 年,全县财政部门紧紧围绕县委、县政府决策部署,主动适应引领经济发展新常态,坚持稳中求进、改革创新,全县经济总体平稳,财政收支实现稳步增长,财政保障能力不断提高,财政改革稳步推进,财政管理体制逐步完善,各项社会事业全面发展。全年财政收入累计完成 22.03 亿元,占预算的 100.5%,高于序时进度 0.5 个百分点,较上年同期增收 2.29 亿元,增长 11.6%。全年公共财政预算支出累计完成 37.55 亿元,占年初预算的 147.3%,同比增支 4.82 亿元,增长 14.7%,其中,用于教育、科学技术、文化体育与传媒、社会保障和就业等 13 大类民生工程支出 31.31 亿元,占财政支出比重 83.4%。

【保障重点工程项目支出】围绕县委、县政府决策部署和“十件实事”、“三园六区”等重点项目建设,积极多方筹措落实资金,全力为县域经济跨越发展提供财力保障。安排南环路改造工程资金 2400 万元;安排东环路改造工程资金 6000 万元;安排东方红大街改造工程 3600 万元;安排“三线三边”环境治理工程 3000 万元;安排森林增长工程资金 3000 万元;安排美好乡村建设资金 3310 万元;安排凤宁产业园注资款 5000 万元;安排各项政府工程款 130000 万元。

【全力保障和改善民生】坚持将财力向民生倾斜,不断加大民生方面的投入力度。一是落实民生工程配套资金。当年全县有具体目标任务民生工程 30 项,全年累计投资为 9.02 亿元,其中县级配套 2.53 亿元,分别较上年增长 6%和 19%。二是加大“三农”投入,夯实农业发展基础。全年在“三农”领域投入 74333 万元,较上年同期增长 16.2%。三是及时发放各种惠农补贴资金。累计通过财政补贴资金管理系统“一卡通”发放 18 大项财政补贴农民资金 3.5 亿元。四是兑现城乡居民养老保险基础养老金提标补助。根据人力资源社会保障部、财政部《关于提高全国城乡居民基本养老保险基础养老金最低标准的通知》(人社部发〔2015〕5 号)精神,从 2014 年 7 月 1 日起,城乡居民基本养老保险基础养老金最低标准提高至每人每月 70元,积极筹措资金,于 3 月底前将 10 万余人的基础养老金提标补助资金 1300 多万元全部发放到位。五是做好调整机关事业单位工作人员基本工资标准和增加机关事业单位离退休人员离退休费工作,于 7 月份全部兑现。七是全力推进农业综合开发工作。累计完成治理中低产田 4.44 万亩,高标准农田建设 3.8 万亩,土地平整 0.2 万亩,开挖疏浚沟渠 322.19 公里,新建硬化渠道 156.18 公里,新建各类建筑物9066座，改建机电排灌站8座,扩建小型蓄水工程17座,铺设田间道路182.35公里,示范推广0.2万亩,农田林网植树0.17万亩,购置安装诱虫灯715盏。

【聚力财政科学精细化管理】推进政府预决算和“三公”经费公开,制定本县2015年预决算及“三公”经费预算工作工作方案,按照省财政厅规定的公开内容、形式和格式，于4月24日、10月30日分别完成部门预算及“三公”经费预算、2014年部门决算及“三公”经费决算公开挂网工作。积极推进盘活财政存量资金,出台《凤阳县财政结转结余资金管理办法》《凤阳县财政局关于深入开展清理财政国库、财政专户结转结余资金工作的通知》《凤阳县财政局关于深入开展清理预算单位财政结转结余资金工作的通知》,并按要求进行全面清理，充分释放积极财政政策，盘活存量用好增量,提高资金使用效益,支持实体经济提质增效,促进经济社会持续健康发展。共清理盘活存量资金23401万元，其中部门预算结转结余20289万元，全部用于民生改善及公共基础设施建设等方面。进一步创新和加强乡镇财政资金监管工作,出台《关于进一步创新和加强乡镇财政资金监管工作的实施意见》,坚持“政府领导、财政主管、部门协同、上下联动、创新机制、重心下移、明确职责”的工作思路,切实抓好乡镇财政资金重点范围、关键环节监管，进一步提高资金使用的安全性和有效性。全面启动涉农资金专项整治行动,制定《凤阳县涉农资金专项整治行动实施方案》,在全县开展专项整治行动，坚决纠正涉农资金使用管理中的违规违纪违法问题,健全体制机制,完善政策制度,提高涉农资金管理水平和使用效益。开展乡镇财政档案达标升级工作，成立乡镇财政档案达标升级工作领导小组,制定实施方案,出台乡镇档案各项管理制度，确定临淮关镇等6个乡镇财政所作为2015年度首批达到省档案管理一级标准的单位。进一步加强“三公”经费管理,加强预算管理,强化源头管控。严格执行中央八项规定、国务院“约法三章”和县委、县政府关于党政机关厉行节约改进工作作风的各项规定，大力压缩一般性支出,全面实行零基预算,严格编审部门基本支出和项目支出，压缩一般性支出较上年减少400万元。完善制度建设,出台《凤阳县县机关差旅费管理暂行办法有关问题的解答》《关于公安监管场所被监管人员伙食费保障标准有关问题的通知》《关于进一步加强“三公”经费、会议费等行政经费管理的通知》等制度,切实加强对“三公”经费的管理。加强政府性债务管理,认真做好政府性债务的清理甄别工作修订完善政府投资项目管理办法。修订完善本县政府投资项目管理办法，进一步明确各成员单位职责分工、项目审批、年度投资计划的制定和执行、项目建设与管理,建立“借、用、还”相统一的管理机制，进一步加强和规范政府投资项目管理。积极做好政府债券置换存量债务工作,当年省财政厅发行本县政府置换债券9.88亿元,新增债券1.07亿元。

【财政自身建设不断加强】县财政局获得全县效能建设绩效目标考核优秀单位、全县双拥模范优秀单位、市级文明单位标兵等称号。全县16个财政所(分局)连续6年全部荣获基层满意站所称号。抓党风廉政建设,将反腐倡廉工作纳入年度工作重点,并印发制定工作计划，坚持与业务工作同安排、同落实、同检查。县财政局党组与各乡镇财政所、工业园区财政分局,局机关各部门、局属各单位签订党风廉政责任制,按照“一岗双责”和“分级负责”的要求,形成一级抓一级,层层抓落实,确保党风廉政建设各项工作落到实处。抓风险防控,继续开展廉政风险防控“回头看”工作,促进权力运行、岗位职责和廉政责任进一步细化,廉政风险点进一步明确,风险防控机制进一步健全,行政效能进一步提高,监督制约措施进一步完善,逐步形成覆盖全局各部门(单位)、各重点岗位和关键环节的廉政风险防控管理体系，建立起前期预防、中期监控、后期处置有机统一的廉政风险防控机制。抓机关效能建设,以考评促效能建设,按照《县财政局机关效能建设绩效考核工作方案》和《凤阳县乡镇财政工作综合考评办法》，对局机关各部门、局属各单位,各乡镇财政所、工业园区财政分局进行全面考核，并将考核结果与年终评先评优直接挂钩。

(凤阳县财政局供稿)

全椒县财政工作概述

【认真履行征管职责】坚持依法征管,加强财税形势预研预判，积极开展税收专项检查、纳税评估以及随征税费比对征缴工作，促进依法征收，应收尽收。强化非税收入管理，依法依规组织收入，在房地产业整体销售不旺的形势下，实现全县财政收入平稳增长。全县全年公共财政预算收入累计完成 19.3 亿元，比上年同期增收 2.27 亿元，增长 13.3%，提前 14 天全面超额完成年度预算目标任务。

【不断优化支出结构】全县一般公共预算支出完成 27.79 亿元，同比增长 11%。支持教育事业发展。大力推进基础薄弱学校改造等教育民生工程，着力加强教育惠民。全县全年教育投入 48167 万元。继续加大“三农”投入。贯彻执行国家惠农补贴政策，扎实做好补贴资金管理，及时兑付强农惠农补贴。通过“一卡通”方式，发放各类惠农补贴资金 25276 万元，提高农民种粮积极性，促进粮食增产和农民增收。加大水利建设投入，全年水利项目投入 8241 万元。注重生态改善，投入绿色发展专项资金 2000 万元。继续加大卫生事业和社保经费投入。全县医疗卫生支出 46341 万元元，同比增长 49.7%。全面安排一事一议财政奖补工作。全县共投入 4410 万元，安排一事一议项目村数 105 个，完工率 100%，发挥财政奖补资金激励引导作用，有效改善农村公共环境和基础设施。积极开展政策性农业保险，预赔付农户 8140 户，理赔款 289.77 万元。积极促进就业创业。财政拨付就业补助资金 1654 万元，小额担保贴息和担保金 285 万元，发放就业小额贷款 2100 万元，直接支持 826 人创业就业。年度民生工程社情民意调查获全市第一的好成绩。

【统筹财力保障重点支出】努力提高财政资金使用绩效，统筹财力安排，保障重点工程建设。重点支持保障性住房建设、城市基础设施建设，完成财政性资金投入 33466 万元；投入园区建设资金 3993 万元、投入工业发展专项资金 2000 万元，支持企业调结构、转方式，增强工业发展后劲；安排美好乡村建设专项 5349 万元，促进城乡一体化发展；投入科技专项资金 5759 万元，促进大众创业，万众创新。强化债务管控，用好存量债务，建立政府性债务管控机制，实行政府性债务收支计划管理，依规举借，努力实现政府性债务规模只减不增，全年消化存量债务 87343 万元。争取省财政代发中长期低息债券 96581 万元，优化债务结构，有力促进县域经济发展。

【落实财政改革措施】全面推进预算信息公开，全县共 67 个单位公开 2015 年部门预算和“三公”经费预算和 2014 年部门决算和“三公”经费决算，覆盖范围涉及全县 10 个乡镇。认真盘活财政存量资金，全面贯彻落实上级财政部门工作安排，加大清理力度，共清理收回财政结转结余资金 7183 万元，用于重点项目建设。制定《全椒县县级财政结转结余资金管理办法》，形成制度化清理机制。推进“政银担”合作新模式，帮助中小企业解决融资困难，助推地方实体经济的持续健康发展。截至当年 12 月底，全县企业融资担保公司在保余额 46677 万元，放大倍数 4.22 倍；“政银担”合作新模式为全县多家小微企业成功办理贷款 54 笔共计 16155 万元，一批成长性好的小微企业逐步走上良性发展轨道。在全市县区中率先开展预算公开评审工作，邀请人大代表、政协委员等社会各界专业人士对部分预算项目进行预算公开评审，单位申报金额 7360 万元，核减 639 万元，审减率为 8.7%，增强预算编制透明度。

【提升财政管理水平】加强“三公”经费常态化管控，制定《关于进一步加强“三公”经费、会议费等行政经费管理的通知》，建立“三公”经费支出月报、季报制度。全年一般公共预算拨款形成的“三公”经费支出下降 37.2%，。进一步规范国库集中支付。制定预算指标管理及预算支出经济分类管理制度，更好地明确单位日常指标管理，确保县级国库集中支付全面、准确执行预算经济分类科目，切实加强预算指标管理。完善政府采购管理，从 2015 年 1 月 1 日起，对县直单位及二级机构和各镇等 197 个预算单位，使用政府财政资金用于工程类、货物类和政府购买服务的全部纳入采购模块管理，做到政府采购工作平台一体化全覆盖管理。扎实开展涉农资金专项整治工作，严肃财经纪律。按照省、市工作部署，全面开展自查自纠。检查资金 15.71 亿元，占自查自纠资金 19.17 亿元的 81.95%。组织开展对 10 个预算单位进行财政监督检查，涵盖专项资金和内部财政资金管理等方面。

（全椒县财政局供稿）

六安市财政工作综述

六安市财政工作概述

【概况】2015年，全市各级财政部门深入贯彻党的十八大和十八届三中、四中、五中全会精神以及市委三届十次全会精神，认真落实积极的财政政策，攻坚克难、锐意进取、开拓创新，全力保持财政运行良好态势。全市财政收入完成150.01亿元，增长5.58%，财政支出完成358.21亿元，增长12.14%，顺利完成财政收支任务，各项财政工作有力有序有效开展，为全市经济社会持续健康发展作出积极贡献。财政局机关在市直机关目标绩效考核和政府目标管理考核中名列前茅，3名同志在“万人评科长”活动中荣获“十佳科长”称号。

【财政综合实力增强】一是加大收入调度力度。坚持市、县区联动工作机制，落实局领导班子成员包保县区工作制度，按月统计分析全市分行业分税种及100户重点监控企业税收情况，组织四个工作小组先后到县区和市国税、地税部门开展财政收入情况专题调研，摸排税源，分析增减收因素，强化税收征管，提升收入质量。二是完善综合治税信息平台。全面运行纵向覆盖五县四区、横向覆盖市直40个经济管理部门的综合治税信息平台，加强对重点企业、重点行业和零散税源的监管。2015年，全市通过平台查补税收1.51亿元。三是规范非税收入管理。实行非税收入执收大户动态监测，确保非税收入及时足额征缴入库。全市完成非税收入29.32亿元，增长18.89%。四是加强政府性基金管理。将残疾人就业保障金、水利建设基金、地方教育附加等11项政府性基金1.18亿元转列一般公共预算管理。强化政府土地出让金征收、解缴和使用等环节监管，从源头上把好基金收入关。全年市本级实现政府土地出让金收入60亿元。

【支持经济发展力度加大】一是支持实体经济发展。扩大营改增试点范围，全市拨付财政扶持资金0.27亿元。全市兑现小额担保贷款贴息0.8亿元，拨付998户企业稳岗补贴1845万元，争取省民营经济发展资金近1亿元。安排0.5亿元建立政银担风险分担和补偿机制，市融资担保公司完成担保贷款6亿元。建立小微企业续贷过桥资金管理办法，全市43家企业续贷过桥资金3.2亿元。二是着力推进绿色发展。市财政整合资金0.53亿元支持“一谷一带”建设，争取农业综合开发项目资金0.26亿元，扶持六安瓜片、霍山石斛等特色产业发展。争取省设立大别山区(淠河流域)水环境生态补偿资金1.98亿元，安排0.1亿元支持千万亩森林增长工程、绿色长廊建设，投入4.14亿元支持秸秆禁烧、农村饮水安全工程等。三是促进经济转型升级。市财政安排5.9亿元支持城区工业企业“退城进园”，安排0.65亿元支持科技创新驱动、大学生科技园建设，安排1766万元推动文化产业发展。争取世行、亚行及外国政府贷款资金2.4亿元，筹集重点工程项目建设资金113.28亿元。

【深化财政管理改革】一是深化国资国企改革。通过公开拍卖、统一招租等方式，合同租金较以前增长30%以上，2015年实现资产收入3122万元。按照“规范一批、改制一批、破产注销一批”的工作思路,市属58家国有企业分类改革主体工作任务基本完成。二是盘活财政存量资金。将2012年底以前的结余结转资金收回财政统筹安排使用,市直收回结转结余和专户结余11.6亿元。严格执行社保基金存款优惠利率政策，推行社保基金定期存储管理,市本级社保基金增值3000余万元。三是严格政府性债务管理。将政府性债务分类纳入预算管理,全市利用地方政府债券额度68.96亿元。四是实施财政国库支付电子化管理改革。10月份，市本级财政与代理银行间资金支付划款电子化正式上线运行,实现预算单位、财政部门、代理银行三方之间财政资金支付业务数据无纸化传输。五是扎实推进农业三项补贴改革试点。将农资综合补贴、种粮直接补贴、农作物良种补贴等三项补贴合并为农业支持保护补贴,明确补贴对象、规范补贴范围、核定补贴标准。当年,金寨县农业支持保护补贴标准确定为81元/亩,累计发放补贴资金3558.2万元。六是推进国库现金管理。强化银行转账支付和公务卡支付结算，将预算单位每月现金提取额度由原来396万元调减至55万元，进一步严肃财经纪律。

【加大三农投入力度】一是落实强农惠农政策。全市农林水事务支出60.73亿元,增长20.5%。市财政安排0.27亿元,支持农民合作社、龙头企业等新型农业经营主体和茶叶、油茶、皖西白鹅、城郊蔬菜基地等特色产业发展。全市投入农业综合开发资金2.7亿元,实施高标准农田治理等农业综合开发项目65个,争取产粮油大县中央财政奖励资金2.7亿元,投入14.09亿元支持农田水利基础设施建设。二是支持美好乡村建设。全市投入专项资金2.9亿元,整合涉农资金2.4亿元,引导社会资金1.6亿元,推进78个中心村建设,支持“三线三边”环境整治,进一步改善农村人居环境。争取4896万元,支持金寨县、金安区农村综合改革示范试点。投入3.7亿元，实施“一事一议”财政奖补项目1755个,农村公益事业进一步加快发展。三是促进农民持续增收。全市通过“一卡通”发放各类惠民补贴35.06亿元,惠及城乡居民190余万户。政策性农业保险覆盖到种植业、养殖业和公益林、商品林,特色保险持续扩面,拨付保费补贴资金1.54亿元,着力分散和化解农业生产风险。

【着力保障改善民生】一是精心实施民生工程。建立民生工程任务清单、责任清单、问题清单管理制度,试点运行民生工程管理信息平台,对民生工程实施工作实行一月一调度、一月一督查、一月一排名、一月一通报,投入资金133亿元,较上年增长21%,37项民生工程建设任务全面完成。二是支持教育优先发展。市财政安排资金1.52亿元，支持城区义务教育公办学校建设三年行动计划,新建和改扩建人民路小学东校区等6所学校,六安一中东校区、六安二中河西校区建成并投入使用。投入1.6亿元,落实高等职业教育生均拨款制度，促进皖西卫生职业学院、六安职业技术学院、六安技师学院加快发展。三是加大社会保障投入。全市投入37亿元,完善社会保障体系,健全城乡居民基本养老保险制度，新农合和城镇居民医保财政补助标准由年人均320元提高到380元。通过政府购买服务等方式支持养老服务业发展,高龄津贴提标扩面。筹集资金1.82亿元支持高校毕业生、下岗失业人员、失地农民等就业创业。市本级投入15.6亿元，新开工各类保障性住房10313套,基本建成9633套。

【狠抓机关规范管理】一是主动联系服务代表委员。出台联系服务人大代表、政协委员制度,主动征求代表委员意见建议,及时办理议案提案,全年主办议案提案8件,协办42件,分办1件。定期向联系的代表委员发送财政信息手机报，宣传财政改革与发展情况。二是强化干部队伍建设。召开青年干部座谈会，每季度安排青年干部撰写一篇调研文章,每两周举办一期“财政大讲堂”,加强对青年干部的教育培养。分两期组织局新进人员、市直部门财务人员和县区财政局骨干赴中央财经大学进行专题培训,组织17500人参加“三项会计”考试,财政财务干部综合素质不断提高。三是加强反腐倡廉建设,严格按照落实“两个责任”的要求,局主要领导与班子成员、班子成员与科室单位负责人层层签订廉洁从政责任书。出台局内部控制基本制度,制定、完善财政业务、财政管理及国资管理中的风险控制流程和方法。建立举报登记和查处督办制度，及时处理3起涉农资金管理使用问题的信访举报件。四是强化机关效能建设,继续坚持年计划、周调度、月考核、季兑现、年总评的工作推进机制,机关效能建设水平不断提升。行政审批服务窗口受理办结服务事项5400件，增长

38.67%；国库支付中心办理集中支付业务 100423 笔，增长 54.6%。

（六安市财政局供稿　林涛）

金安区财政工作概述

【概况】2015 年，全区财政收入完成 12.01 亿元，其中：国税完成 2.88 亿元，地税完成 7.33 亿元，财政完成 1.8 亿元。全年完成税收收入 9.94 亿元，全区实现地方可用财力 9.02 亿元；全年乡镇财政收入增长 17.12%，示范园区增长 16.07%。有 6 个乡镇收入增幅达到 20%以上，有 4 个乡镇财政收入跨越了 2000 万元大关；从争取项目资金上增强实力，全年实际到位资金 22.35 亿元。

【优化支出结构】全年完成支出 33 亿元，占预算的 105.95%，其中：完成民生支出 27.96 亿元。一是强化预算抓约束。优化和调整支出结构，压缩一般性支出，优先保吃饭、保运转、保民生、保重点支出。二是完善制度抓约束。出台相关文件，确保“三公”经费支出只减不增，加强津补贴发放管理。三是加强管理抓约束。加大非生产性支出管理，严格控制人员、车辆、会议和网络、招待费等各项公务支出增长。四是建设平台抓约束。一体化平台直接支付 2311 笔，金额 11.02 亿元；授权支付 5745 笔，金额 2.8 亿元；实拨支付 22189 笔，金额 53.03 亿元。直接支付率增长 21.3%，授权支付和往来资金支付分别下降 29.1%和 12%。五是巩固成果抓约束。全区单位办结公务卡达 100%、个人办卡 1600 多张，公务卡消费 2730 笔，金额 6038.82 万元。六是扩大采购抓约束。全年集中采购 79 批次，预算金额 8955 万元，采购金额 8068 万元，节约资金 887 万元，资金节约率为 11%。购置车辆 23 辆，资金 476 万元，办理区直单位车辆保险 66 辆，保险金额 36 万元。

【扩展融资渠道】一是追加过桥资金。增加小企业应急周转资金 1600 万元，为 6 户企业提供应急过桥资金 3100 万元。二是开展风险共担。金安担保通过政银担保模式已经为 5 户企业担保贷款 1100 万元。三是组建金农公司。注册资本 3 亿元，申报农发行棚户区改造项目 2 亿元。四是做实担保贴息。全年发放小额担保贷款 2550 万元，兑付贴息资金 310 万元。

【深化财政改革】进一步规范区本级财政预算编制、执行和监督，积极实施三年滚动预算编制。部门预算编制工作中，开展会商 68 场次。实现部门预算和“三公”经费全面准确及时公开。全面清理专户，对专户资金开展竞争性存储，促进财政资金保值增值。组织开展全区财政结转结余资金的清理工作，清理盘活财政存量资金 25933 万元。政府购买服务试点项目 3 类 5 项，全年投入 3600 万元。扎实做好全区存量债务，特别是逾期债务的清理化解工作，使用地方政府性债券置换存量债务 6.4 亿元。加强国有资产（资源）有偿使用管理，征收有偿使用费 4947 万元。重点整合 25 个重点项目和 10 个美好乡村建设资金。投资 32 万元，完成系统软件开发及硬件购置和安装。建成“预算控制、票据监管、收缴分离、收入直达、平台报结、系统核算，绩效考核”的非税收入征管模式。开展涉农资金专项整治行动，梳理摸清 2013-2014 各类涉农资金投入总规模 39.12 亿元。全额追回违规套取涉农补贴资金 20.42 万元。设立农村公益性项目管养专项资金 300 万元，专门用于农村公益项目建后管养。

【加大三农投入】全年农口部门预算支出完成 1180 万元，拨付各类支农专项资金 23000 万元。完成 2014 年度 2 个高标准农田项目和 5 个产业化项目验收，完成投资 2460 万元；完成 2015 年度 1 个高标准农田项目设计，总投入 1734 万元。7 个产业化项目设计、方案实施通过市级现场审批。大力改善农村生活环境，投入 2904 万元，建设 10 个美好乡村中心村公共服务体系，建设完成 7 个农村饮水安全工程，解决 3.4 万人饮水安全问题。改造加固农村公路危桥 10 座，完成 28 座小型水库除险加固工程、540 口塘坝和 140 条农村河沟清淤整治、1084 千瓦小型水泵站更新改造。扎实推进一事一议财政奖补转型升级工作，审定 150 个奖补项目工程，概算总额为 5831.8 万元，其中财政奖补资金 3066.8 万元，受益人口 22.9 万人，受益率达 80%。全区种植业承保面积 112 万亩，投保率达 91%，养殖业承保能繁母猪 1.5 万头，投保率达 87%，组织开展特色农业保险试点工作。积极开展保险定损理赔工作，全年理赔 292.82 万元，其中：种植业 242.68 万元、养殖业 42.8 万元，特色保险

7.34万元。

【实施民生项目】全区民生工程资金投入总额11.4亿元,民生工程获全市第一名。2015年区本级预算足额安排社会保障配套资金6937万元,各项民生工程资金做到应配尽配。全区共组织征收筹集职工养老、医疗、失业、工伤、生育、城乡居民医疗、城乡居民养老、新农合医疗八类社会保险基金144709万元,拨付各类保险待遇支出136809万元。全年拨付社会保障资金 17750万元,其中:抚恤支出4136万元、安置资金支出682万元,城乡低保6906万元,五保户供养1966 万元,城乡医疗救助1474万元,社会福利支出962万元,农村生活救助322万元,自然灾害资金227万元,社区建设及工作经费1075万元等。全年拨付卫生和计生专项资金6215万元、人社专项资金256万元、残联等其他部门社保类专项资金约715万元。

【推进队伍建设】落实中央八项规定和省、市、区相关规定作为长期任务抓紧抓实,紧盯"四风"问题新形式新动向,坚决防止"四风"问题反弹,深入落实"两个责任",坚决反对"四风"。局机关与东桥镇莲花村建立结对帮扶,党总支与莲花村支部成立联合党委。当年党建工作在全区名列前三。开展定期轮岗制度,轮岗交流达36人。通过考试、考核,从乡镇街财政所(分局)公开选调6名优秀业务人员充实机关业务力量。

(金安区财政局供稿)

裕安区财政工作概述

【财政收入征管】一是强化税收征管。进一步完善协税护税机制,积极协助税收征管部门依法及时、足额组织税收收入,坚持依法征收、应收尽收、不收过头税。加强综合治税,完善工作机制,创新税源管控模式,强化信息收集、分析应用,堵塞税收漏洞。充分运用财税库银横向联网、综合治税信息平台等科技手段,不断加大征管力度,确保均衡入库。全区税收收入完成11.17亿元,增长5.8%。二是完善非税收入管理。加强票据管理,实行以票管收。推进非税收入收缴方式转变,搭建代理银行、执收单位与财政部门信息资源共享平台。严格征管,严禁违规减免或缓收。全年非税收入完成2.9亿元,增长29.77%。三是财政保障能力进一步增强。全年财政支出达36.92亿元,增长16.45%,财政保运转、保基本、保民生能力进一步增强。

【支持经济发展】一是支持实体经济发展。争取省民营经济发展资金1239万元,区财政按1∶1配套,充实区融资担保公司国有资本金。开展"4321"政银担合作,区融资担保公司进入省信用担保集团政银担比例再担保体系,与市农行等多家金融机构签订合作协议,完成对中小微企业等担保贷款4.49亿元。制定小微企业续贷过桥资金管理办法,筹集过桥资金帮扶企业。兑现工业主导产业等各类奖补资金1241万元,新增设备投资奖励377万元,项目贴息177万元,小额担保贷款贴息211万元。争取并安排大别山区水环境补偿资金、千万亩森林增长工程、绿色长廊建设、秸秆禁烧、投入农村饮水安全工程等资金9770万元。推进"一谷一带"沿线高标准农田和特色产业发展。争取、实施农业综合开发项目建设16个,投资6744万元。实施土地整治,投入高标准农田以奖代补资金5000万元,农田水利重点县项目2300万元。安排1490万元支持农民专业合作社、龙头企业、家庭农场和种粮大户发展。实施"一事一议"财政奖补项目294个,各级奖补资金投入3418万元。发放各类惠民补贴37620万元,惠及城乡居民144余万户(次)。政策性农业保险持续扩面,拨付保费补贴资金1721万元。

【实施民生工程】实行民生工程任务清单、责任清单、问题清单管理制度,坚持项目实施调度、督查、通报的工作推进机制。投入资金10.91亿元,其中区级财政配套1.6亿元,33项民生工程建设任务全面完成。落实和完善义务教育经费保障机制,安排义务教育免学杂费、公用经费及寄宿生家庭补助、中职和高中助学金等支出7746万元。安排资金13043万元,用于农村中小学校舍维修、薄弱学校改造、学前教育、公办学校建设三年行动计划等。继续深化医药卫生体制综合改革,基层医药卫生机构取消收支两条线。稳步提高社会保障水平,完善社会保障体系,健全城乡居民基本养老保险制度,提高新农合和城镇居民医保财政补助标准。通过政府购买服务等方式支持养老服务业发展,高龄津贴提标扩面。争取财政资金支持老旧小区改造。积极推进区乡基本财力保障机制建设，不断优化支出结构，继续加大民生领域的投入力度，全区民生支出累计完成309196万元，占一般公共预算支出83.76%。教育、社会保障、医疗卫生、文化科技等社会事业健康稳定发展。

【推进财政改革】一是盘活财政存量资金。强化结转结余资金管理，将2012年底以前的结转结余资金收回，由区财政统筹安排。加强社保基金定期存储管理，提高社保基金增值效益。二是强化政府性债务管理。将政府性债务分类纳入预算管理，严格政府举债程序和资金使用，建立健全债务风险预警机制，防范和化解地方政府债务风险。通过省政府统一代发行本区政府债券5批，用于公益性资本支出和偿还到期的政府负有偿还责任的债务。三是完善国有资产管理体制。履行监管职责，规范国有资产处置程序，将具有商业价值的国有资产投入区城投公司运营，融资规模大幅度增加。加强对资源性资产管理，主要是加强乡镇砂石经营权出让管理。

【财政监督管理】一是加强预算绩效管理。委托中介机构对财政重点评价项目开展绩效评价，涉及项目资金1.2亿元。建立评价结果和下一年项目支出相结合激励约束机制，提高财政资金的使用效益。积极开展财税政策实施情况、会计信息质量检查。对涉农资金实行包村干部负责、财政所监管机制。二是推进预算信息公开。向社会公开政府预决算、部门预决算及"三公"经费预决算；同时将财政专项资金的管理办法、资金来源、分配标准、分配结果、财政"三单"等向社会公开。三是加强内控管理。制定内部控制办法、内部控制操作具体规程，规范内部控制，加强廉政风险防控机制建设。

（裕安区财政局供稿）

叶集区财政工作概述

【概况】2015年，全区实现财政收入3.31亿元，同比增长10.29%；一般预算支出7.93亿元，同比增长22.60%。

【深化财政改革创新】加强制度建设，先后制定预算管理及支出执行、专项资金、结转结余、公务结算等系列管理办法，完备制度体系，基本建成预算编制执行监督工作新机制。实施流程再造，对工资统发、公务卡结算、财银直联等新增业务制订科学的管理流程。深化国库管理，完善国库单一账户体系，将专户管理的专项资金、社会保险基金、转移支付资金全部纳入国库集中支付。调整2016年预算政策，进一步完善政府预算体系，单独编制国有资本经营预算；建立跨年度预算平衡机制，试编三年中期财政规划；探索财政绩效预算模式，开展项目预算绩效管理和公开评审论证；坚持部门预算"有保有压"，提高基本支出保障标准，合并、压减项目支出。规范政府债务管理，按照"控制规模、优化结构、压降成本、规范管理、防范风险"要求，将地方政府债务纳入预算管理，实行年度债务收支计划报备制度，建立规范的"借、用、还"相统一的举债融资、风险预警机制，确保财政运行安全。当年，全区债务管理系统债务余额10.7亿元，其中：政府债务7.9亿元、或有债务2.8亿元，债务率78.9%。全年获批发行地方政府债券9688万元，其中：置换债券8919万元、新增债券769万元。

【落实积极财政政策】全面兑现各项财政扶持政策，全年兑现区级招商引资奖励、工业发展奖励、土地节约集约利用奖励、"营改增"企业扶持、企业开拓国际市场扶持、小额担保贷款财政贴息等财政奖补扶持政策资金669万元，落实结构性减税降费政策减免税费1097万元。支持融资担保平台建设，全年预算安排2146万元民营经济发展专项资金用于对六安元通融资担保有限公司注入国有资本金，近三年累计注资额达5666万元。建立小微企业续贷过桥支持制度，区财政通过调拨资金建立总额900万元的小微企业续贷过桥基金，帮助小微企业解决贷款偿还、续贷过程中资金临时周转难题。大力支持产业经济发展，设立科技发展、工业发展、现代农业发展、服务业发展、文化发展、旅游业发展、绿色发展等8项产业发展专项资金，全年投入达2353万元。

【推动民生事业进步】围绕优先保障和改善民生，全年配套民生工程资金3543万元，安排民生工程后续管养及实施工作经费143万元。全面加大民生领域财政投入，全年用于教科文、社保就业、卫生计生、农林水、节能环保、交通运输、住房保障等社会民生领域的财政支出68136万元，增长 24.88%，占一般公共预算支出总额的 85.87%，比重同比提高 1.57 个百分点。推动教育事业均衡发展，全年教育支出 18378 万元，其中安排校舍维修改造资金 548 万元、薄弱学校改造资金 626 万元、学前教育发展资金 255 万元、改善普通高中办学条件资金 913 万元。支持公共文化服务体系建设，全年安排文化、广电事业发展资金 469 万元，增设“惠民文化消费季”民生工程项目。健全完善社会保障体系，全年发放城乡养老保险金 2000 万元、城乡低保资金 1290 万元、农村五保资金 600 万元；同时，安排资金 1155 万元落实农村危房改造项目，投资 3315 万元推进保障性住房工程建设。大力推进就业创业，全年安排就业资金 672 万元，带动就业 2620 人。

【促进农村经济社会发展】加大财政投入力度，全年农林水财政支出 14838 万元，同比增长 10.52%。落实强农惠农政策，全年通过“一卡通”发放粮食直接补贴、农资综合补贴、农机购置补贴等 35 项强农惠农资金 6800 万元。积极开展农业保险，全年农业保险投保总额 321 万元，受益农户 6316 户。精心实施农业综合开发，全面建成 6000 亩高标准基本农田示范工程，其总投资 1274 万元、平整土地 3500 亩、新建提水站 3 座、开挖衬砌疏浚渠道 10.35 公里、新修水泥路 4.98 公里。扎实抓好一事一议财政奖补，全年全区 36 个村实施了 38 个一事一议奖补项目，累计投入奖补资金 551.8 万元，受益人口 13 万人。开展农民专业合作社、家庭农场融资风险补偿试点，全年安排融资风险补偿基金 400 万元，撬动银行加大对农民合作社、家庭农场信贷资金投入。

【支持城镇提质改造升级】区财政直接投入建设资金 49588 万元。全年通过出让国有土地筹集建设资金 20156 万元，各级财政安排建设类专项资金 24780 万元（其中区本级安排建设类专项资金 2860 万元）。累计收回并统筹用于建设的财政存量资金 3883 万元。省财政代发地方政府新增债券 769 万元，全部用于公益性项目建设。

【加强财政管理】试编权责发生制的政府综合财务报告，初步建立政府综合财务报告制度。扎实开展盘活财政存量资金工作，将收回存量资金重新安排支出。综合治税信息平台平稳运行，全年共计查补税费 230 万元。营业税改征增值税试点稳步推进，营改增试点纳税人 302 户，累计入库“改征增值税”1094 万元，累计兑现财政扶持资金 149 万元。

【加强队伍建设】深入开展“三严三实”专题教育活动，加强对财政干部的学习教育。坚持以制度为依托，强化制度执行，用制度管人管事。认真落实局党组“主体责任”，保证全区财政干部的清正廉明，促进全区财政事业健康发展。严格执行“八项规定”，坚决纠正“四风”问题。

（叶集区财政局供稿）

六安经济技术开发区财政工作概述

【概况】2015 年，六安经济技术开发区实现公共财政预算收入 13.37 亿元，完成预算的 104.1%，同比增长 14.5%。完成公共财政预算支出 4.68 亿元，同比增长 9.2%。

【培植财源增长】开发区财政局把抓收入、保增长作为财政工作首要任务，加强财税部门联动，不定期召开会议，分析研究收入形势，把握组织收入的主动权。关注企业快报信息管理系统数据变化，走访企业开展财源建设调查，掌握第一手税源资料，协调解决发展中出现的矛盾和问题，促进政企良性互动。出台六安开发区中小企业过桥还贷资金使用管理办法及其细则，筹集资金专项用于中小企业过桥还贷，全年发放过桥资金 5 笔，累计 2200 万元。规范税收优惠政策，帮助小微企业渡过难关。推进综合治税平台建设，利用综合治税平台查补税款 1117 万元。加强对重点税源和重点税种的监管，挖掘增收潜力，确保应收尽收。

【深化财政改革】联合平台公司从银行金融机构融资 52200 万元，获得上级债券置换资金 18751 万元和新增债券资金 527 万元，缓解资金难题。加快推进预决算信息公开，及时将 2014 年部门决算、2015 年部门预算及“三公”经费使用情况在开发区网站公开。在日常存款较大的工行、中行、交行、中信银行等开展协定存款业务，使年化利率提高到原活期利率的 3.3 倍，实现财政性资产的保值增值。制定方案试编权责发生制政府综合财务报告，组织编制“十三五”财政规划，按照部门三年滚动规划控制项目支出预算,完成收入预算,政策奖补、征迁补偿、城市建设等项目支出预算滚动的编制。清理政府性投资项目和房地产企业欠税,落实"营改增"政策,兑现补贴资金 683.7 万元。统筹兼顾保证重点,全年财政民生支出 35168 万元,占总支出的比重为 75.9%,足额安排 20 项民生工程本级财政配套资金 1048 万元,建立"绿色通道",及时申请、即时拨付、优先兑现。

【强化监督管理】认真落实市人大决议,主动接受市财政、市审计的监督检查,配合国家土地例行督察、省城镇保障性安居工程审计、市涉农资金专项检查、市民生工程督查、市医药卫生体制综合改革督查等工作。坚持依法行政,制订会计监督检查实施方案,选取 2 户企业开展会计信息质量检查,加强财政风险防范,开展 5 次财政局内控制度检查。建立六安开发区审核认证工作制度,完成审核认证项目 8 个,工程预结算审核项目 69 个,核减率 13%。组织兑现招商引资优惠政策项目评审 12 个,兑现资金 528 万元。盘活财政存量资金 15639 万元。牵头开展清理国有资产(资源)工作,向 9 个部门下达任务清单 71 项,制定工作台账,实行跟踪督办,盘点销号。清收 15 家债权,资金 9525 万元;清理正阳小区三期、寿春小区三期和四期共 205 套闲置房用于拆迁安置;对 8 宗闲置土地制定不同的处置方案。

【提升文明创建】当年财政局荣获开发区"招商引资工作先进单位"、"企业帮扶工作先进单位"称号,荣获全市财政系统"依法理财建设法治财政"主题演讲比赛"优秀组织单位"称号,张成静等 5 人荣获上级表彰。开展查处群众身边的"四风"及腐败问题,把党风廉政建设与财政业务工作一起部署、一起落实、一起检查、一起考核,形成上下联动的工作机制。组织党员赴小岗村开展"三严三实"专题教育实践活动,开展形势教育、政策教育和廉政教育。以新预算法为重点在开发区网站发布财政政策法规、财政预决算、政策解读,开展财政"六五"法治宣传活动。组织财政工作会商 26 次,发布工作信息 57 条。以创建"第八届六安市文明单位"为抓手,推进效能建设。

(六安开发区财政局供稿　李欣)

舒城县财政工作概述

【概况】2015 年,全县一般公共预算收入完成 15 亿元,增长 13.3%。地方级收入完成 10.66 亿元,增长 18.4%。全县一般公共预算支出完成 38.18 亿元,增长 17%。

【重点支出保障有力】继续优化支出结构,教育、科技、社保、卫生、城乡社区、农林水、住房保障、交通等重点支出增加 45221 万元,占全县支出增量的 81.5%。积极做好机关事业单位工作人员工资改革、基层公务员职级并行、乡镇工作补贴的兑现。

【推动经济稳定增长】一是积极筹措资金保障重点工程建设,用于 S317 道路改造、晓小路建设、城区四条市政主干道路建设支出 41721.43 万元,用于城市建设及重点工程建设 11126.5 万元,用于经济开发区基础设施建设 12448.4 万元。二是促进实体经济发展。安排 5000 万元专项资金,重点支持小微企业转型发展。帮助企业争取上级财政扶持,全县有 81 家中小企业获得省市财政扶持资金 649.2 万元。金龙融资担保有限公司、金信融资担保公司纳入 4321 政银担合作体系。县财政向金龙融资担保有限公司注入资金 6902 万元,为县内 84 家企业提供担保贷款 82045 万元。县城投公司向金信融资担保公司注入 10000 万元过桥资金,帮助 94 家企业解决转贷、续贷 56784 万元,缓解小微企业融资难的问题。三是推动农村电子商务发展,抓住全国电子商务进农村综合示范县机遇,争取国家级财政资金 1850 万元,培育电子商务基地,培训电商从业人员,引导电商、快递等服务业集聚发展。

【促进城乡一体化建设】一是落实强农惠农政策,全县农林水事务支出 67318 万元,较上年增加 7068 万元。发放惠农补贴 45990 万元,把党和政府的各项惠农政策落到实处。二是加大农林水投入,投入 2760 万元,用于棠树、城关、桃溪等乡镇高标准农田建设。投入 624.4 万元,扶持 3 家产业化龙头企业和 2 个农民专业合作社发展。投入 652 万元,用于农业技术推广和良种良法配套技术、新型职业农民培训推广工作。投入 880 万元,用于现代农业水稻产业发展。投入1924万元,用于森林生态建设。投入1477万元,用于完善、巩固退耕还林成果。投入4684万元,用于小型水利工程改造提升、县级公益性水利工程和农田水利设施维修养护。投入1504万元用于中小河流治理。投入462万元用于八里河小流域水土保持建设。投入4576万元,实施“252扶贫开发行动计划”。投入16980万元,用于库区移民后期扶持及避险解困工程。投入947万元,用于农村土地确权登记颁证工作。投入财政奖补资金3244万元,实施“一事一议”财政奖补项目333个。安排政策性农业保险县级配套资金388.17万元,农作物因灾获赔808万元,能繁母猪获赔38.9万元。三是推进美好乡村建设,投入财政专项资金4502.7万元,重点建设14个美好乡村示范村。安排500万元,培育村级集体经济发展。

【保障民生持续改善】全县民生支出326330万元,增长16.3%,占财政支出的85.5%。一是精心实施民生工程,34项民生工程投入164329万元,其中县财政配套20364万元。投入山库区农村住房保险试点保费370.3万元,农户因灾获赔102.2万元。二是加快社会事业发展,投入89880万元,支持城乡义务教育均衡发展。其中,投入1200万元加快舒城二中西校区建设和扩大全县学前教育资源,投入1130万元用于“全面改薄”工程。投入19196万元,完善社会保障体系,安排529.7万元用于高龄津贴提标扩面。投入14663万元,深化医药卫生体制改革,新农合和城镇居民医保财政补助标准由年人均280元提高到320元。统筹12200万元,新开工各类保障性住房和棚户区改造安置住房1852套,基本建成555套。安排942.8万元,支持完善全民健身服务体系。安排2145万元实施文化惠民工程。三是保障困难群体生活,筹集3684.5万元支持高校毕业生、下岗失业人员、失地农民等就业创业。四是支持生态环境保护。投入1886万元,推进污水处理和水环境保护。投入1955万元,用于秸秆禁烧与综合利用。投入专项资金300万元,对晓天老街进行保护。

【持续推进财政改革】一是开展预算管理制度改革,完善预算编制的体系内容,规范编制全口径预算,保证所有收支纳入预算。实行部门预算会商和项目论证评审机制,开展预算支出绩效评价。二是开展财政预决算和三公”经费公开,县本级2014年财政总决算、2015年财政总预算和三公经费信息在县政府信息公开网和县财政信息网公开,全县“三公”经费比上年下降15.4%。强化国有资产管理。对全县212家行政事业单位国有资产实行统一管理。将86家经营性资产全部划转到县城投公司,由县城投公司统一运营。对27宗闲置国有资产统一处置。三是加强政府债务管理,2015年用省财政地方政府债券偿还政府负有偿还责任的债务38115万元,新的建设项目债务13605万元。四是强化乡镇财政资金监管。进一步完善以包村干部监管涉农资金为主要内容的工作机制,运用乡镇财政资金监管信息平台,进一步完善项目类资金、补助类资金和村级财务资金监管工作制度。

【强化财政监督】主动及时向县人大报送预算编制、预算执行、预算调整和财政决算报告,按程序接受人大审查,并认真落实审查意见。扎实抓好审计监督问题整改,牵头制定整改方案,逐项整改落实。建立联系人大代表工作制度,认真听取、办理、落实人大代表、政协委员的意见和建议。接受社会监督。除按规定公开预算信息外,主动公开财政重点工作、收支情况、资金使用办法等社会关注的热点事项,扩大财政工作透明度。着力开展反腐倡廉、风险防控、内部控制、行风巡查等财政制度建设及政风行风建设,严肃财经纪律和工作纪律。

(舒城县财政局供稿)

霍邱县财政工作概述

【大力扶持农业经济】2015年,通过“一卡通”发放财政补贴农民资金9.1亿元,121万人受益,人均受益752元。扎实开展农业综合开发。总投资5602万元的8个国家立项项目达到省级验收标准并通过市级验收。大力开展政策性农业保险。投入4449万元对309万亩农作物、1506亩森林、3.2万头能繁母猪进行保险。全年勘定理赔农业受灾11万亩,打卡发放理赔资金1031万元。扎实开展一事一议财政奖补。全年共批复项目365个,投入资金8322万元。加大老区建设投入。积极申报立项批准5个老区建设项目,总投资2439万元,有力地促进革命老区基础设施改善。强化支农资金整合,推动美好乡村建设。全年共筹措美好乡村建设专项资金 4531 万元,比上年实绩增长 5%;整合支农资金 2.4 亿元投入美好乡村建设,涉及 17 个部门、38 个项目,其中 9 个重点中心村共获整合资金 2795 万元、村均获得 311 万元。

【全力支持工业经济】积极兑现招商引资优惠政策近亿元，扶持产业化龙头企业和重点工业企业,支持中小企业发展 20 亿元。多渠道筹措资金 15 亿余元,支持"三区两园"建设。安排投入工业和民营经济发展专项资金 2746 万元，利用融资、担保等方式，为全县中小企业提供担保贷款 4.1 亿元。投入贷款贴息 390 万元，新增创业贷款 2650 万元助推"双创",有力地促进全县经济稳步发展。

【积极培育金融经济】打造融资平台,先后成立城镇建设投资有限公司、兴业担保公司、工业投资公司，累计融通资金 31.1 亿元投入市政工程，保障了基础设施、工业园区、城区开发建设,对扩展城市空间、提升城市形象,发挥重要作用。

【有力保障改善民生】全年实施 34 项民生工程,投入资金 22.6 亿元,较上年增加 4.6 亿元,增长 25.6%。其中,县财政配套 2.4 亿元,较上年增加 6000 万元,增长 33%。在财政一般预算支出中,13 项民生类支出 40 亿元，占财政总支出的 80.6%。保障性安居工程投入 4163 万元,新建公租房 557 套 24361 平方米。及时足额兑现 "老字号" 人员生活待遇政策,打卡发放"八老"人员生活补贴 1367 万元。

【财政改革不断深化】全县财政收入 16.47 亿元,支出 51 亿元。继续推进国库集中支付改革,国库集中支付 34.7 亿元。公务卡推广应用不断扩大,累计发放公务卡 1397 张,通过公务卡消费实现支出 815 万元。通过监控系统纠正违规资金 162 笔、金额 802 万元。出台县政府 2015—2016 年度集中采购目录和限额标准，全年累计实现政府采购额 1.26 亿元,节约资金 1411 万元,资金综合节约率为 11.2%。完成对 30 家县直行政事业单位国有资产划转工作。规范霍邱一中等 9 家机关事业单位国有资产出租行为,实行公开拍租管理。出台政府向社会力量购买服务暂行办法，在城区卫生管理、兴办养老服务机构、招聘公益就业岗位等方面探索试点,投入资金 3600 万元。完善出台差旅费等公务支出管理制度,"三公" 经费支出 5099 万元,同比下降 22.3%。创新涉农资金监管方式。扎实开展涉农资金专项整治行动，完善优化微信查询补贴资金平台;印发《霍邱县农业财政资金支付管理制度》,确保强农惠农政策有效落实。在去年盘活存量资金 5.4 亿元基础上，当年继续对财政专户超过 2 年闲置未用的资金进行清理，共盘活存量资金 1.8 亿万元。在对存量资金进行清理的同时，重点对历年结余及提列支出的专项暂存按资金性质进行安排使用,盘活存量资金 4.6 亿元。严格贯彻执行《国务院关于加强地方政府性债务管理的意见》和省政府《关于加强地方政府性债务管理的实施意见》,分类管理、区别对待、逐步化解，建立规范的政府举债融资机制，妥善处理好债务偿还和在建项目后续资金筹集问题。当年省政府代发五批政府债券 6.3 亿元，其中置换债券 4.7 亿元、新增债券 1.6 亿元。将所有债券资金落实到项目,其中:置换债券用于置换存量债务中一类债务 2015 年到期的本金,新增债券重点用于光明大道修建、国省干线大中修、文博馆建设、南环西路、汽车站建设、连村道路建设等。

【队伍素质显著提高】强化党性锻炼。认真开展"三个专项行动",把"三严三实"贯穿到学习和工作中,内化于心、外化于行,促进作风转变,优化服务态度。强化教育培训。持续开设"财政讲坛"、"道德讲堂",通过请进来、送出去等方式,对全系统干部职工开展政策理论水平和业务知识培训,提高新形势下胜任本职工作能力。强化效能建设。聘请人大代表、政协委员进行监督和测评,设立举报信箱、局长信箱受理举报投诉,建立会商邦联制度,实行党委成员分片包干。认真办理人大代表意见、建议和政协委员提案。加强乡镇财政建设。积极开展文明财政所(分局)创建活动,完善规章制度，不断提升基层管理水平。分别召开会商会 3 次,走访会商省、市、县、乡(镇)4 级人大代表共 64 位、省、市、县政协委员 32 位,办结人大代表意见、建议和政协委员提案 38 件。

(霍邱县财政局供稿)

金寨县财政工作概述

【概况】2015 年，金寨县一般公共预算收入 10.08 亿元,比上年增加 2.31 亿元,增长 29.7%,

增幅位居六安市第一；全县一般公共预算支出41.73亿元,比上年增加7.17亿元,增长20.8%。

【整合资源集中财力】一是依法组织收入。定期开展财税工作会商,加大综合治税力度,完善协税护税机制,强化非税收入日常监管和重点检查。二是积极开展对上争取资金。全方位、多渠道对上争取,共争取各类补助资金42.9亿元,较上年增加5.88亿元。三是加大资金盘活力度。通过定期存款、协定存款等方式,全年财政间隙资金存款收益8107万元;采取冻结存量资金、逐项清理等手段,共清理存量资金3.02亿元,盘活1.63亿元。

【优化财政支出结构】一是强化平台融资功能,推进重大项目建设。通过政府融资平台筹融资35.28亿元,重点支持棚户区改造、园区土地平整和县城基础设施建设。2015年,全县用于棚户区改造、保障性住房资金18.1亿元,城市道路建设和维护资金11亿元,城市土地报批、征收及整理资金6.15亿元。二是保障重点支出,全年一般公共服务、教育、医疗卫生、农林水等重点支出分别达3.38亿元、8.15亿元、5.02亿元和7.56亿元。三是推进政府采购,完成货物、服务类采购2.46亿元,比上年增长46.04%,节支1726.69万元,综合节支率7.03%。其中,地产品采购额占采购总额的56%。四是加强"三公"经费管理,全县"三公"经费支出总额4564万元,比上年下降18%。

【推进大众就业创业】一是增加投入促发展,设立2.2亿元产业发展基金,重点支持小南京光伏农业生态园、中兴战略性新兴产业园、乡村旅游、农家小院、小微企业建设,促进企业较快发展;积极探索创新政府资金投入方式,由工矿公司以参股方式对企业投入。二是撬动资本促发展,扩充利达公司担保基金9162万元,使公司资本金增至3.2亿元,在保余额达13.6亿元,放大4.25倍。通过利达担保公司撬动金融机构发放商业担保贷款5.6亿元、创业担保贷款4.04亿元、农业担保贷款1635万元;通过政府增信撬动金融产品创新,全年发放"科联贷"贷款4340万元、"金徽通"贷款2010万元、"助保金"贷款1890万元;推动政银担新型合作模式贷款1.49亿元。三是整合资金促发展,整合支农资金4.09亿元,用于现代农业发展、美好乡村建设,特色产业发展等。

【统筹城乡协调发展】一是推进扶贫开发,安排扶贫资金9943.9万元,重点实施"阳光增收"工程、村组道路、雨露计划等项目,使5736户贫困户受益。安排扶贫资金1000万元,开展扶贫创业担保贷款试点。二是落实各项惠民政策,安排资金6.18亿元,重点支持农村公路、小型农田水利、生态环境保护等项目建设;全年通过"一卡通"打卡发放惠民资金33项7.43亿元,年人均补助达1300余元。三是加快村级集体经济发展,在摸清村级"三资"规模、结构和分布状况的基础上,将村集体拥有的林地、山场、房屋、财政资金形成的村集体资产资源注入"创福公司"。在218家"创福公司"分别建设60kw分布式光伏发电站,每座电站投入资金48万元。四是深化农村综合改革,安排村级补助资金3372万元,较上年增长29.9%,安排农村综合改革资金2498万元。

【着力实施民生工程】在省定33项民生工程基础上,实际实施37项。全年财政共投入民生工程资金9.96亿元,其中,县级配套1.58亿元。2015年,完成就业技能培训2376人,补助中职、中小学学生8.18万人次,补助城乡居民医保住院患者55.21万人次、五保供养人员7712名、农村最低生活保障人员32825名,向9.8万城乡居民发放基础养老保险金,对67416名60岁以上老人开展健康管理,建设公共租赁住房3075套,棚户区改造7151套,完成农村饮水安全工程39处,农村危桥加固改造24座,新改扩建敬老院5所,一事一议财政奖补项目210个,广播电视村村通工程710个。

【完善财政体制机制】一是推进预算管理制度改革。大力推进预算编制会商和评审论证,严格预算执行管理,深化国库集中支付改革,完善财政一体化信息平台建设。二是推进税收制度改革。继续深化"营改增"改革成果,全县享受免征增值税优惠政策的个体工商户及小微企业11735户,享受免征营业税优惠政策的小微企业3613户。三是推进国有资产管理改革。对县属38家国有企业实行分类改革,促进国有企业提质增效。四是推进政府债务管理改革。全县政府性债务余额44.34亿元,债务规模在省政府核定的限额内,债务率58.5%,负债率49.26%;积极争取地方政府债券额度,共争取置换债券资金55402万元、新增债券资金20443万元;全面开展乡、村债务清理审计,启动化解乡镇债务工作,安排置换债券资金 3192 万元。五是推进“农业三项补贴”改革,开展“农业三项补贴”试点工作,合并农作物良种补贴、农资综合补贴和种粮直接补贴,设立“农业支持保护补贴”,调整补贴依据、补贴标准和补贴对象,增强“三项补贴”的针对性和有效性。

(金寨县财政局供稿)

霍山县财政工作概述

【概况】2015 年, 在县委、县政府的正确领导下,在上级财政部门的关心指导下,全县财政系统认真落实积极的财政政策,依法组织收入,深化财政改革,调整优化支出结构,着力保障改善民生,促进全县经济的持续健康发展。

【强化财政收入征管调度】围绕年度财政收入目标任务,积极与国、地税等部门协调沟通,积极开展税源调研活动, 加强重点企业和重点税源的分析调度。进一步加强财税库银协调配合和调度,充分发挥综合治税系统的平台作用, 堵塞税收漏洞。规范非税收入预算管理,提高财政运行质量。全县累计完成财政收入 19.26 亿元, 为预算的 92.6%,同比下降 2.7%。其中:国税部门完成 8.99 亿元,为预算的 84%,同比下降 5.8%;地税部门完成 7.6 亿元,为预算的 100.4%,同比增长 1.7%;财政部门完成 2.67 亿元,为预算的 105.4%,同比下降 3.6%。

【发挥财政综合调控职能】强化预算执行管理, 全县累计完成财政支出 24.23 亿元, 占预算 139.5%, 同比增长 4.3%, 其中民生支出累计完成 20.68 亿元, 同比增长 4.5%, 占总支出的比重为 85.02%。科学调度财政资金,累计调度 2.37 亿元资金支持县经济开发区、衡山工业园和高桥湾现代产业园发展; 拨付 15205 万元用于城镇基础设施建设;统筹 2270 万元用于企业科技创新、转型升级、节能减排和上市奖励等。拓宽融资渠道,充实嘉利达担保公司民营经济发展专项扶持资金 2718 万元,撬动信贷资金和民间资金;拨付“转贷通” 项目风险补偿金 500 万元。落实财税优惠政策, 兑付营改增及中小企业扶持资金 2936 万元,切实减轻企业负担。

【高效落实财政惠民政策】完善财政补贴资金管理各项制度, 统一打卡发放 23 大类 52 项补贴资金 2.6 亿元。支持推进美好乡村建设,全年投入财政资金 3219.2 万元,整合涉农资金 1170 万元。加大农业综合开发力度,2014 年 7 个项目全面完成并顺利接受省市验收, 完成总投资 3671.33 万元, 其中财政资金 2786 万元;2015 年实施项目 9 个,总投资为 4813.6 万元,其中财政资金 3716.7 万元。实施政策性农业保险,并及时支付理赔资金 362 万元。审核批复奖补“一事一议”财政项目 96 个,项目总投资 1957.37 万元,其中财政奖补资金 1233.5 万元。

【推动民生工程建设开展】全力实施 33 项民生工程,全年累计拨付资金 4.93 亿元,支付到项目资金或个人 4.56 亿元。补助补偿类及参保培训类完成全年工作任务,资金按要求全部发放到位;建设类项目的当年任务全部完工, 2016 年完工的跨年度工程按要求有序实施, 其中:3 个农村饮水安全工程、2 个农村敬老院、2 个社会养老机构、96 个一事一议财政奖补项目、小型农田水利改造提升工程等全部完工,2 个加固的农村危桥改造工程完工通车。

【持续推进财政制度改革】加强财政预算管理, 制订出台了《霍山县县本级预算管理暂行办法》《霍山县财政性资金出借管理暂行办法》,进一步规范财政预算编制、执行和监督。盘活财政存量资金, 协调局各业务股室对归口管理的财政专项资金进行全面清查,并将清理出的 2012 年及以前年度财政专户结转结余资金 1.11 亿元收回国库统筹用于民生类支出; 收回部门结转结余资金 1.89 亿元,统筹用于经济社会发展亟须项目。深化部门预算改革,借助部门预算编制软件,抓好部门预算编制,规范项目支出申报审核程序,细化预算支出项目,提升财政预算管理水平;加强预算绩效管理,强化绩效评价结果运用,提高财政资金使用效益。四是加强财政专户资金管理。实现所有财政性资金国库集中支付全覆盖, 切实提高国库资金支付效率、安全性和透明度,进一步提高财政资金的调度能力。五是推进部门预决算及“三公”经费信息公开工作。全县预算单位除涉密单位外按要求公开部门预决算和“三公”经费信息,决算内容公开到项级。六是加强财政国库资金管理。严格执行国库资金安全管理办法，健全预算执行动态监控机制，做好预算支出执行分析通报，规范财政专户和银行账户管理。七是加强政府性债务管理。研究出台《霍山县政府性债务管理暂行办法》，从制度上规范对政府性债务的管理。认真核实和积极安排省财政厅下达的置换债券份额。

【不断推进干部能力建设】加强学习道德教育，积极组织财政干部参加各种培训，完成100余人参加的财政支农政策培训、公务员在线教育学习活动，使得财政干部的综合素质和工作能力得到进一步提升。狠抓机关党建和党风廉政建设，完善机关内务、财务制度，使得财政部门形象不断提升。认真做好各项考核评比工作，积极开展与上土市村的党组织结对共建工作。

（霍山县财政局供稿）

马鞍山市财政工作综述

马鞍山市财政工作概述

【概况】2015年，全市财政收入210亿元，完成调整计划的100%，比上年增长3.59%。按照分税制财政体制计算，全市可用财力204.12亿元（含中央、省专项转移支付51.88亿元，全市地方政府新增债券7.3亿元）。全市财政支出203.61亿元，完成预算的99.75%，比上年增长11.59%。收支相抵，滚存结余0.52亿元。其中：结转下年支出0.48亿元；净结余0.04亿元。

【强化收入管理】全市各级财政部门依托涉税信息平台，做活税源管理"精细化"文章。坚持依法组织收入，强化考核和调度，加强与征收部门联系协作，建立收入征管联动机制，健全信息互通工作机制，发挥涉税信息平台作用，及时掌握收入入库动态，促进税款征收2.44亿元。坚持"大"、"小"税收并重，细化财政预期责任分解，通过挖潜增收、规范征管、激励考核、强化稽查等手段，多管齐下，全力以赴抓收入、赶进度、稳增幅、提比重，确保应收尽收。规范非税收入征缴，力争形成有质量可持续的收入稳定增长机制，不断提升财政收入质量。

【优化支出结构】全市各级财政部门强化资金调度，着力推进各项社会事业发展，有效保障各项重点支出需要。积极向上争资，全年累计争取中央和省资金51.88亿元。加强调度，切实加快支出进度。强化各项改革保障，及时兑现工资改革资金1.5亿元。各项重点支出全部拨付到位，全市财政民生支出占财政支出的比重达83.4%。贯彻落实中央八项规定，建立厉行节约7项制度。规范国内公务接待、培训及因公出国培训等经费的开支标准，切实降低行政运行成本。全市"三公"经费支出比上年同期下降16.1%，会议费支出同比下降12.4%，节支成效显著。

【深化财政改革】抓改革创新，大力提高理财精细水平。一是推进预算改革。积极推进预算公开，强化预算执行，规范追加预算管理，完善预算编制体系，试编三年滚动财政规划。分别对80个预算部门，806个项目，2709个经济科目及20个部门的22项单列项进行预算公开评审。全省1—8月份政府信息公开第三方评估，本市财政资金公开得分位居全省第3名。二是加大财政绩效评价力度，对2014年度31个主管部门的60个项目开展绩效评价，涉及资金12.8亿元。三是促进社保基金保值增值。建立存储竞争机制，优化期限结构，实行5日划转财政专户。全市社会保险基金综合收益率为4.18%，在央行利率下调的背景下比上年末增加0.11个百分点。四是积极盘活存量资金。进一步加强对各预算单位结转结余资金甄别清理、分类确认。市本级财政调整和使用存量资金26.86亿元，强化财政保障民生和发展的能力。五是推进政府购买服务。进一步扩大政府购买服务范围，实施居家养老服务、特殊群体公交补贴等22个项目，较上年增加10项。

【推动转型升级】统筹稳增长和调结构，积极支持实体经济发展，推动经济结构转型升级。一是加强政策支持。及时兑现扶持政策资金8.12亿元，惠及企业1300余户，全力支持工业倍增、港口经济和文旅产业发展。全面修订维护产业扶持政策，建立“1+2+5”的产业扶持政策体系。二是转变扶持方式。优化财政资金投入方式,设立天使投资基金和投资引导基金,实施科技“小巨人”培育计划和科技“创新券”政策,加大股权投资力度,发挥财政资金的杠杆作用,力促种子期、成长期中的中小企业加快发展。三是积极向上争取支持。争取上级专项资金 9.1 亿元,大力推进科技创新、节能减排和基础设施建设。四是强化财政资金引导作用。完善金融“1+7”政策,推进政策贷和“4321”政银担合作,全年累计发放政策贷 4.8 亿元,借出还贷周转金 9.4 亿元,帮助企业节约“过桥”资金成本 0.71 亿元。五是积极落实企业减负政策。落实小微企业发展税收优惠、扩大固定资产加速折旧优惠范围以及下调铁矿石资源税等政策,累计为企业减税 16.17 亿元;加大行政事业性收费项目清理力度,减免企业收费 0.4 亿元。

【保障改善民生】突出基本保障,全市民生支出 168.58 亿元,增长 12.34%,发展成果更多惠及广大群众。一是精心实施民生工程。筹集资金 40.19 亿元,实施 33 项民生工程和 10 个为民办实事项目,民生工程及为民办实事项目年度目标任务全面完成。二是加快社会事业发展。投入 31.25 亿元,支持义务教育均衡发展,实施高等教育质量提升工程,积极发展学前教育,促进教育事业加快发展。投入 19.56 亿元,完善社会保障体系,采取运营补贴、购买服务等方式支持社会养老服务体系建设。投入 17.52 亿元,深化医药卫生体制改革,巩固扩大基层医改和县级公立医院改革成果,新农合和城镇居民医保财政补助标准由年人均 320 元提高到 380 元。推进公共租赁住房和廉租住房并轨运行,新开工各类保障性住房和棚户区改造安置住房 12607 套。支持完善全民健身服务体系,支持实施文化惠民工程,促进基本公共文化服务均等化。三是保障困难群体生活。投入 3300 万元,精心实施以船为家渔民上岸工程,1496 户渔民实现安居梦。拨付 4446 万元,重点支持农民工、就业困难群体、高校毕业生就业创业。完善家庭经济困难学生资助体系,为 7.74 万人次发放补助资金 7663.53 万元。四是支持生态环境保护。投入 2009 万元,支持千万亩森林增长工程,新增造林 5.27 万亩。统筹安排 7390 万元,推进大气污染防治,对秸秆禁烧与综合利用实行以奖代补。

【服务三农建设】建立健全财政支农资金稳定投入机制,改革支农资金投入方式,进一步加大三农投入。一是加强基础建设。安排专项资金 1.09 亿元,重点支持农田水利及土地治理等基础设施建设。筹集并拨付促进农业发展资金 0.35 亿元,推进水产养殖、蔬菜瓜果标准园等项目建设。安排 600 万元,支持建立农业信贷风险补偿机制。二是改善农村人居环境。安排专项资金 1.48 亿元,支持 29 个省级中心村建设。落实村级公益事业“一事一议”财政奖补资金 0.79 亿元,实施奖补项目 393 个。三是落实各项惠农政策。通过“一卡通”发放农资综合直补、良种补贴等涉农财政补贴资金 4.02 亿元。政策性农业保险范围不断扩大,开展 18 个种植业、养殖业品种保险,为农户提供 8.25 亿元风险保障,农业风险防范能力不断提高。

【加强债务管理】按照“控规模、调结构、强管理、防风险”的目标,不断完善政府债务管理。一是健全制度体系。修订《马鞍山市人民政府关于加强地方政府债务管理的实施意见》,制定《马鞍山市年度政府性债务及 PPP 工作管理目标考核办法》等一系列制度。二是加大地方政府债券资金使用管理。按照省财政厅要求,加强当年 7.3 亿元新增债券和 70.53 亿元置换债券资金使用管理,并组织全市开展自查,确保到期政府债务的按期偿付,降低本市债务违约风险。三是优化债务结构。采取提前偿还、存量债务置换、延长期限品种等方式,缓解到期债务集中偿付压力。在省财政厅统一发债支持下,本市政府债务利息成本进一步降低。政府债券年平均成本 3.41%,按照 77.83 亿元债券额度及今年全市平均融资成本 6.25%测算,全市节省年融资成本约 2.21 亿。四是积极推广使用 PPP 模式。出台《马鞍山市政府和社会资本合作(PPP)试点工作实施方案》,成立 PPP 工作领导小组,制定市本级 PPP 操作指南,通过引进社会资本参与 PPP 项目建设运营,有效缓解建设资金压力,提升基础设施建设和运营效率。在全省率先建立专家咨询库,建立全市 PPP 项目储备库,全市各载体首批上报 33 个 PPP 项目,投资总额 573.8 亿元。在全省率先向社会发布第一批全市 PPP 项目库,共 18 个项目,总投资达 100.16 亿元,本市东部污水处理厂项目被列为财政部首批 30 个试点项目之一,并作为 7 个典型案例之一入选财政部《PPP 项目案例及合同范本》。

【强化国有资产管理】一是规范国有资本经营预算管理。修订市属企业国有资本收益收取管理暂行办法，将市属26家国有企业全部纳入预算编制范围，全年收缴国有资本经营收益1.79亿元。二是整合资产资源。建立资产清查、条码管理和责任追究三项制度。制定出台市直行政事业单位通用办公设备家具配置标准；完成机构改革资产整合工作，实际整合资产8047万元。促进市卫校、科技大厦等国有资产整合，推进南部医疗投融资管理有限公司股权回购。成功组织市交警支队、市中心血站等单位闲置房产公开招租。三是支持国企改革。支持符合条件的国有企业与社会资本合作，积极推进本市国有控股、参股企业“新三板”上市，积极推进“事改企”工作。

【深化作风建设】市财政部门以“三严三实”专题教育活动为抓手，狠抓制度建设，激励财政干部提素质、转作风、增效能、促发展。一是抓好一岗双责。通过层层签订党风廉政责任数、干部任前廉政谈话、制定八项内部控制制度、重新梳理廉政风险点、行风政风巡查、效能建设等多种方式，将党风廉政工作不断推向深入。二是强化制度建设。先后制定“三重一大”、财政重大事项集体决策、内部问责办法和重要事项催办查办等多项制度，确保各项政策精准制定和推动落实。三是抓好机关党建。扎实开展“三严三实”专题教育和“一学双争”活动，严格落实“三会一课”制度，积极开展文明创建、“走亲戚”、结对帮扶等各项活动，开办财政讲堂，加大行业党建工作力度。当年荣获全市“一学双争”优秀党组织、党建指导员选派工作先进单位等荣誉称号。

(马鞍山市财政局供稿)

花山区财政工作概述

【概况】2015年，全区财政收入实际完成18.14亿元。按照分税制财政体制计算，全区全年可用财力为7.11亿元、体制收入1.71亿元，省市一次性追加预计为2.46亿元、上年滚存结余0.02亿元，合计可用财力11.3亿元。

【收入征管】建立收入征管联动机制。实行收入目标责任制，按月考核通报。定期召开财政、税务联席会议和税源管理工作专题会，及时研究分析全区财政经济运行情况。加强税源管理，实现工商税务部门涉税信息实时对接，强化税收稽查和纳税评估工作，全年查补税款近300万元。陪同税务部门全面调研各街道、秀山新区和软件园，召开税收专题调度会，协同工商税务部门印制发放私房出租税收宣传单9000余份。开展税源普查，做到应收尽收。建立房地产、建安企业税收征管联动机制，涉税财务价格认定机制，堵塞税收征管漏洞。重点加强国有资产转让、经营收益和有偿使用收入征管，应缴国库的非税收入及时足额收缴入库。

【民生工程】全年实施民生工程33项，投入资金6.32亿元，惠及全区50万城乡居民。全区农村低保、五保户供养、城乡居民养老和计生家庭特扶资金及时足额发放。保障房建设全部完成年度任务。城镇居民医保参保均超额完成任务，城乡医疗救助顺利实施，贫困白内障患者免费复明手术和残疾儿童康复工程提前完成任务。城乡教育基础巩固，全年免书本、学杂费和补助公用经费1849万元。全区文化场馆全部免费开放，共接待60余万人次。

【加大“三农”投入】安排专项资金1240万元，重点支持各类农业项目建设。开展农村公益事业“一事一议”财政奖补工作，改善农村人口居住环境。全年投入财政奖补资金128万元，惠及2.94万农村人口。整合各类涉农资金，制定美好乡村建设财政奖补办法，安排300万元支持美好乡村建设。全年通过“一卡通”打卡发放各类惠农资金276万元。

【财政改革与监督】按照科学化、精细化管理要求，推进财政基础工作。为畅通“三个渠道”，统筹调度资金，健全政府预算体系，探索建立全口径预算收支管理模式，将政府所有收支全部纳入预算管理，全面反映收支总量、收支结构和管理活动。在环卫和社区卫生服务两方面探索实施政府“花钱购买服务”改革。对文化演出及公益性服务场所物业管理、公务车辆保险和维修等，均通过招标购买服务。改革会议费、车辆经费管理方式，硬化预算约束。开展民生、涉农专项资金检查。公务卡制度改革成效显著，全年办理公务卡981张，支付金额1643万元。深化国库集中支付改革，全区115个单位纳入国库集中支付系统，全年支付近11.58亿元。加强非税收入征管、严格票据管理。实时监控政府投融资平台，按照“借得来、管得住、用得好、还得上”的要求，分析预警政府债务，防范财政运行风险。

【国有资产管理】年初给全区各街道、单位和部门的资产管理联络员进行培训，维护全区国有资产管理信息系统，完成国有资产管理信息系统的整合及上报工作。在资产转移和处置方面做出新的规定，从制度完善、内部控制和管理程序三个方面对单位固定资产管理行为进行全方位规范，全年办理资产处置约9146万元。

（花山区财政局供稿）

雨山区财政工作概述

【全力培植财源】积极贯彻落实区委、区政府出台的稳增长促发展各项措施，加大对实体经济的扶持力度。一是加大对企业转型升级自主创新奖励，兑付企业产业政策扶持资金2445.42万元。二是促进节约型社会建设和循环经济发展，加大对再生资源回收利用企业扶持力度，及时兑现政策扶持资金5284.92万元。三是积极推进营改增扩大试点、土地使用税奖励返还等工作，落实过渡期扶持政策，累计发放营改增补贴资金750.36万元，城镇土地使用税政策奖励资金403.14万元。四是拨付民营经济发展专项资金，充实担保公司国有资本金，增强融资担保功能。今年以来，区金福融资担保公司为21家中小企业提供担保，在保余额达1.6亿元，放大倍数1.46倍。

【狠抓收入征管】面对宏观环境趋紧、重点税源严重减收等不利局面，为确保财政收入不下滑，区财政局把组织收入作为首要工作来抓。一是围绕全年财政收入目标，落实各征管部门和各载体单位的任务，加强收入调度，牢牢把握组织收入的主动权，做到以旬保月、以月保季、以季保年。二是积极配合税务部门加强重点企业、重点行业、重点项目的税收征管，确保税收及时入库。结合“营改增”改革，加强政府性投资建设项目税收征管。加大税收清欠力度，严厉打击各种偷税漏税行为，确保税收依法征收、应收尽收。三是按照“抓大不放小”的要求，完善综合治税措施，调动乡镇、街道协税护税的积极性，加强个体工商税收和出租私房税收征管，减少税收流失。四是切实规范非税收入征管，加强国有资产有偿使用收入和行政事业收费收入等非税收入的管理，确保各项非税收入及时上缴财政。

【优化支出结构】围绕推进基本公共服务均等化目标，进一步优化支出结构，保障和改善民生。实施33项民生工程和10项为民办实事项目，全年投入资金12.96亿元。一是支持教育事业发展。全区投入教育经费17938.52万元，开展义务教育学校标准化建设，健全义务教育经费保障机制，推进中小学集团化办学。二是深化医疗卫生体制改革。安排医疗卫生支出7760.19万元，巩固发展基本医疗保障制度，加强基层医疗卫生机构建设，促进基本公共卫生服务均等化。三是支持社会保障体系建设。全年财政社会保障和就业支出13084.62万元，其中安排5780万元用于城乡低保、五保户供养、民政优抚、退役士兵安置，安排633.7万元用于城乡养老保险、医疗保险补助。四是支持文化事业发展。安排文化体育支出497.35万元，支持公共文化设施免费开放、文化下乡和农家书屋、数字图书馆建设；加大公共体育设施建设扶持力度，支持举办群众文化体育活动，促进文体事业繁荣发展。五是改善居民居住条件，全面推进老旧小区和城市棚户区改造，全年完成城市棚户区改造1545套。

【坚持支农惠农】落实国家各项支农惠农政策，加大对农业农村支持力度。一是加快实施小型水利设施改造提升工程，全区统筹257.2万元支持“八小水利工程”改造，改善农业基础设施条件。二是全面落实惠农政策。全年通过“一卡通”发放各项财政补贴农民资金269.83万元，其中农资综合补贴资金171.87万元、发放粮食直接补贴38.62万元、小麦良种补贴7.51万元、油菜良种补贴14.19万元、水稻良种补贴37.64万元。三是积极开展农村公益事业“一事一议”财政奖补工作，完成项目16个，兑现财政奖补资金364万元。引导和推进政策性农业保险，投保农作物41539.69亩，投保金额71.33万元。四是推进美好乡村建设。投入财政资金342.8万元，支持美好乡村建设，推进“三线三边”环境治理，农村人居环境进一步改善。

【深化财政改革】一是规范国库集中支付管理。提升国库集中支付软件，规范预算收支指标和资金操作流程,加强预算执行监管,切实增强预算的约束力。二是坚持厉行节约，严格控制一般性支出,重点压减“三公”经费,确保“三公”经费只减不增。截至当年11月,全区“三公”经费支出同比下降15.8%。三是推行财政信息公开,组织落实部门预决算、“三公”经费预决算信息公开,提高预算透明度,自觉接受社会监督。四是盘活用好财政存量资金,建立结转结余定期清理机制,2015年收回部门以前年度结转结余3047.87万元,清理收回专户结余102.58万元。五是加强政府性债务管理。实行债务分类管理，将政府债务分为一般债务和专项债务,理清政府债务偿还责任。积极向上争取政府置换债券和新增债券额度,缓解偿债压力。全年本区共获得政府置换债券资金为28981万元,新增一般债券资金2038万元。

（雨山区财政局供稿）

博望区财政工作概述

【概况】2015年,全区财政收入完成6.5亿元,完成调整预算的100.6%,同比增长4.13%。其中:税收收入完成5.54亿元,同比增长2.88%,非税收入完成9627万元,同比增长12.01%。非税收入占地方一般预算收入22.32%，占财政总收入14.81%。财政支出8.02亿元，完成调整预算的102.43%,同比增长27.6%。

【狠抓收入征管】一是继续坚持财税征管联席会议制度,进一步巩固收入分析调度、征收部门联动、征管信息共享等工作机制,着力提高组织收入的预见性和主动性。二是强化收入目标管理责任制,逐月落实收入任务,确保财政收入实现均衡入库。三是加强税务部门和相关职能部门的联系协调,建立齐抓共管的工作机制,促进收入及时、足额征缴入库。四是将各项非税收入全部纳入预算管理,最大限度地增加财政收入。

【努力培植税源】一是创新招商引资工作方法,加强专业招商队伍建设,结合本区产业规划,上下游企业,多批次、高密度举办招商引资推介会,力争招大引强。二是加快项目前期工作,确保招商项目早落地、落地项目早达产、达产项目早纳税。三是突破土地瓶颈制约,打破“招商引资土地先行”传统招商模式,大力推广无地招商,鼓励现有企业发展总部经济,增加区级财政收入。四是加大政策扶持力度，积极帮扶企业，鼓励原有企业通过技改、转型升级来扩大产能,做大、做强、做优企业,形成新的税收增长点。

【强化预算管理】一是切实贯彻落实新《预算法》,加强预算执行精细管理,坚持先有预算、后有支出、严格按预算支出,严格控制预算追加,硬化预算约束,确保预算严肃性。二是着力调整支出结构，保障公共服务需要。牢固树立过紧日子的思想,树立“节支大于增收”的理念,按照“保工资、保运转、保民生、保重点项目支出”的要求,切实降低行政运行成本,增强财政保障能力,努力做到应保尽保。三是不断推进实施全面规范、公开透明的预算管理制度。完善政府预算体系,完善预算编审制度,深化国库集中支付改革,大力推进政府购买服务,强化预算绩效评价,不断打造“阳光财政”。

【依法信息公开】根据省财政厅《2015年政府预算、部门预算及“三公”经费预算公开工作方案的通知》和市财政局相关文件,按照“公开是原则,不公开是例外”的要求,严格按照规定的时间、口径、格式和内容,1月16日、8月31日通过政府公开网主动公开2015年区级政府预算、全区“三公”经费预算和2014年区级政府决算、全区“三公”经费决算。2月3日和9月13日在政府政务公开网和部门门户网站集中公开部门预决算、部门“三公”经费预决算。同时不断细化财政信息公开内容,对“三公”经费、会议费、差旅费等严控类支出进一步细化公开。全区2015年预算和2014年决算公开预算部门52个,实现公开全覆盖。

【盘活存量资金】为贯彻落实《国务院办公厅关于进一步做好盘活财政存量资金工作的通知》(国办发〔2014〕70号)和《财政部关于推进地方盘活财政存量资金有关事项的通知》(财预〔2015〕15号)的要求,区财政局对全区存量资金进行全面清理和规范管理。在清理摸底的基础上,区财政收回2013年以前结余612万元,一般公共预算结余199万元补充预算稳定调节，同时，全面清理整顿财政专户,除按规定予以保留的专户外,一律不得新设专项支出财政专户。清理收回财政专户结余资金665

万元。科学合理地调度财政存量资金,存量资金优先用于稳增长、惠民生的重点领域和重点项目,减少财政资金沉淀,提高财政资金使用效益,强化宏观调控功能。

【加大民生投入】全区组织实施33项民生工程,计划总投资21623万元,比上年增长20.88%。全年拨付资金19217万元,其中:中央和省11458万元,市级4079万元,区级3590万元。计划生育家庭奖励扶助、贫困残疾人救助与康复及培训类项目等已提前完成全年目标任务,补助类项目按时足额发放,工程类项目顺利推进,全区民生工程项目进展总体超序时进度,全面完成年度目标任务。本区国家农业综合开发项目稳步推进,当年计划总投资1330.5万元;涉农补贴按时发放,全年共发放26笔4807.52万元,涉及农户6.8万余户次;政策性农业保险有序开展,2015年完成种植业承保面积27.13万亩,特色农业承保育肥猪15000头,大棚蔬菜110亩、葡萄种植451亩。全年共理赔2095户、16885亩,86.08万元,全部发放至受灾农户手中。

【严格以法理财】牢固树立法治理念,增强法治观念,切实将依法治国的思想理念融入财政工作之中,坚持以法治思维推进财政工作,认真贯彻实施好新预算法,进一步接受人大依法监督,始终做到法定职责必须为、法无授权不可为,不断提高依法行政、依法理财的能力和水平。一是通过"开门办预算"、部门会商、项目评审、绩效评价等多种形式,积极探索以民主恳谈、人大代表全程参与的民主理财方式。二是主动联系服务人大代表,及时办理人大代表议案和区政协委员提案。三是从预算编制审定到预算收支执行及重点项目支出,主动向区人大报告,接受人大监督。

【加强债务管理】按照"控规模、强管理、防风险"的原则,不断完善政府债务管理制度,积极处理存量债务,加强新增债务管理。一是认真编制地方政府性债务预算,将所有的债务纳入政府预算,对当年债务资金收支状况进行定量预测和定性分析,科学预计全年政府性债务收入和支出,摸清政府性债务底数。二是将地方政府债务总额及债务率、偿债率等指标纳入对地方政府领导班子的考核。三是细化债务相关数据统计,逐笔明确债务偿还日期和偿还来源。建立风险控制指标,实时跟踪监控,及时进行"风险提示",真正把风险降到最低。四是规范债券资金拨付、使用、管理。全年争取地方政府债券28150万元,债券资金按照专款专用原则,主要用于偿还贷款本金和利息。

【完善财政监督】按照"收支并举、内外并行、监管并重、统筹兼顾"的原则,一是强化财政监督基础工作,严格执行监督检查工作的各项规程,提高监督检查质量。二是开展涉农资金专项检查。对全区3镇,37个行政村,771村民组,4.6万户农户近两年来所有涉农资金的使用管理情况进行了全面检查,确保涉农专项资金管理有序、使用合理、发挥效益。三是积极开展部门预算绩效监督。以预算资金使用绩效为突破口,将绩效评价作为绩效监督的重要模式,积极推进建立绩效监督与预算管理相结合的机制。四是建立财政非税收入日常监管机制,加大对非税收入监督检查力度,防止财政收入流失,确保非税收入真实、及时、足额入库,保障财税政策有效落实。

【狠抓制度建设】一是严格推行首问负责制、服务承诺制、一次性告知制、限时办结制等各项工作制度,优质服务,提高效能。二是强化对镇级财政督促指导,坚持重心下移。根据《博望区财政局行风巡查工作暂行办法》,进一步加强行风巡查与财政工作的有机结合,一体化开展,常态化推进,形成行风巡查工作长效机制,做到未雨绸缪、防患未然。同时,在全区范围内开展了乡镇财政权力清单、责任清单和服务清单制度建立工作。三是认真落实《博望区行政事业单位内部控制规范工作实施方案》,进一步提高行政事业单位内部管理水平,规范内部控制,加强廉政风险防控。四是紧紧围绕财政资金和财政干部"两个安全"目标,继续加强财政制度体系建设,充分发挥制度在惩治和预防腐败体系建设中的保证作用,全面推进财政惩防体系建设。把党风廉政建设和反腐败工作作为一项政治责任,牢固树立为民务实清廉的良好形象,促进本区财政事业全面进步。

(博望区财政局供稿)

含山县财政工作概述

【财政收入稳定增长】全年完成财政收入14.4

亿元,增长5.5%。加强收入调度,坚持月初摸排、月中调度、月末考核。建立县政府负责人督办制度,对重点税源和征管任务实行任务清单管理,对单销号。出台进一步加强财政收入征管十四条意见,确保本地税源不流失。开展建安税收专项清理,开展非税结转结余资金清理,入库历年结余资金3500万元。

【财政职能有效履行】全年财政完成26.4亿元,增长19.6%。坚持有保有压,推进资金统筹,盘活存量资金1亿多元。及时兑现国家政策性增资和机关事业单位养老保险改革支出,调度资金支持S226等重点公路建设,整合资金支持文化旅游、"三线三边"及美好乡村建设。积极支持经济发展,做强融资担保机构,开展农村土地经营权抵押贷款和保证保险贷款。安排现代农业产业化等扶持资金近千万元,支持现代农业生产经营发展,支持园区载体建设。

【民生工程扎实推进】牵头组织实施33项民生工程,圆满完成各项任务。强化资金保障,县财政配套9300万元,全年新增财力82%以上用于民生工程建设。对贫困残疾人生活救助与康复、计划生育家庭特别扶助等,在上级资金没有全额到位的情况下,县财政先行垫付发放,以资金反促工程进度。围绕问题导向,强化项目推进。对达不到计划要求、序时进度偏慢的项目,实行按月通报。强化督查推进,全年开展资金督查、重点督查、全面督查、部门专项督查、特邀监督员督查等各类检查8次。加强民生工程宣传,营造宣传氛围,本县民生工程知晓度和满意率双居全市第一。

【财政改革不断深化】完善预算管理改革,试编县本级国有资本经营预算,健全"开门办预算"机制,开展财政重点项目支出绩效评价,全面公开59个部门和县级预决算信息。深化国库集中支付改革,出台《深化国库集中支付制度改革实施方案》,强化对"三公"经费、财政存量资金和重点支出等预算执行动态监控。健全非税收入管理改革,出台《进一步加强和完善政府非税收入征收管理办法》,改革非税征收成本核定办法,取消超收分成,完善激励机制。推进投融资管理改革,争取转贷债券资金13.4亿元,制定《含山县政府和社会资本合作试点工作方案》,建立PPP项目储备,实施《含山县政府性投资项目代建制暂行办法》,推进平台公司转型。

【财政管理逐步加强】加强财政监督管理,建立健全防治"小金库"长效机制,加强涉农、涉企资金跟踪监督检查,全年共查补税收100万元。加强涉农资金管理,开展涉农资金专项清理整治,将12项涉农资金共7.53亿元纳入监控范围,健全部门审项目、财政审资金"一卡通"发放链条式管理程序。完善政府采购管理,加强政府采购全过程网络化系统建设,健全政府采购监督约束机制。提升镇级财政管理,全面推行镇包村干部监管涉农资金,开展镇级"四清一建"工作,建立乡镇财政权力、责任、服务"三个清单"制度,提升基层为民服务能力。

【自身建设得到加强】出台县财政局落实党风廉政建设党组主体责任和纪检组监督责任实施意见,常态化开展作风巡查,确保财政资金安全、财政干部安全,获县直机关党风廉政建设第三名。坚持完善"三会一课"制度,获县直机关党建工作第一名,被市委评为"一学双争"活动先进党组织。加大财政宣传力度,获全县外宣工作先进单位。扎实抓好系统内安全管理工作,获全县综治工作先进单位。与此同时,机关工会、共青团、妇委会、老干部工作都取得新的成绩。

(含山县财政局供稿)

和县财政工作概述

【概况】2015年是"十二五"收官之年,和县财政局在宏观经济复杂严峻,经济运行存在较大下行压力的形势下,深入贯彻党的十八大和十八届三中、四中、五中全会精神,把握稳中求进工作总基调,围绕转型升级,落实积极财政政策,深化财政改革,深入推进财政科学化精细化管理,促进全县经济社会健康发展。圆满完成县十六届人大五次会议确定的各项任务,取得较好成绩,获得一系列殊荣。财政收入在三县三区中增幅第一,超额完成市政府下达的奋斗目标,荣获全省民生工程绩效奖补先进县、全省惠农补贴资金管理发放绩效评价二等奖、全省乡镇财政资金监管工作绩效评价三等奖、全省农业开发项目建设与管理先进单位、市民族团结进步模范集体、县委"五个好"党组织、县招商引资先进单位等荣誉称号。全年财政收入完成15.46

亿元,比上年增收1.46亿元,增长10.4%,占调整后预算15.05亿元(同市下达考核目标)的102.7%,超额完成县人大和市政府调整后的收入任务,实现奋斗目标;全县财政支出累计完成26.86亿元,比上年增长13.7%。其中,教育、科技、卫生、社保等13类民生支出达27.05亿元,比上年增长9.9%,占公共财政支出比重达84.1%。

【财政改革】完善国库集中支付和公务卡改革,全县所有行政事业单位资金都纳入国库集中支付,全年国库集中支付资金量达31亿元,其中镇区11亿元;所有预算单位均实施公务卡结算,公务支出刷卡消费865万元,使用范围由外出住宿费扩大至日常电费、水费、电话费、车辆维修及加油、会议费、公务接待费等。推进预算体制改革,实行预决算信息公开,全县68个一级预算单位2015年部门预算和"三公"经费预算,以及2014年部门决算和"三公"经费决算,分别于2月9日、9月17日通过"马鞍山政务公开平台"公开,并不断细化公开内容,让群众看得懂、弄得清。保障医药卫生体制改革,完善乡镇卫生院投入机制,把卫生院人员经费由县财政差额供给调整为全额保障,全年安排人员经费4072万元。积极推进公立医院改革,全额保障公立医院离退休人员经费1139万元。拓宽政府购买服务范围,在全县基本公共服务和社会事务服务领域,重点选择新农合信息化建设、行政中心物业管理、和城道路和绿化带清扫保洁、政府性投资审计等13个项目计2722万元,纳入政府购买服务预算。建立综合治税系统和财政收入分析系统,全县44家单位经济运行信息实现共享,共收到涉税信息68万条,查补入库税款1386万元。

【民生工程】民生工程实施顺利,完成省33项民生工程,全年资金总投入8.79亿元。项目实施效果显著,农村饮水安全、"一事一议"财政奖补、棚户区改造、社会养老服务体系建设、贫困白内障患者复明等工程提前完成全年任务。优先保障教育支出,投入922万元实施第二期学前教育三年行动计划,投入4703万元实施薄弱学校改造计划,推动教育均衡化发展;投入410万元,开展教育信息化建设;投入700万元用于"国检",确保国家义务教育发展基本均衡县评估验收顺利通过。补贴资金发放到位,扩大"一事一议"财政奖补覆盖面,全县77个村实施项目81个,涉及农田水利、道路建设、文化体育、环卫设施等方面,受益人口23.2万人,项目总投资3568.85万元;落实国家关于八个"老字号"群体的相关政策,发放补助资金975万元共4096人;严格执行国家惠农补贴政策,发放32项惠农补贴资金共22950.9万元。

【投融资管理】发挥县振兴担保公司融资平台作用,加强"政银担"新模式合作,落实"4321"风险分担机制,创新"税源贷"、"固定资产投资贷"等担保方式,为79户中小微企业提供贷款担保6.1亿元;支持蔬菜产业提升行动,为12家蔬菜生产基地办理担保贷款4508万元;在全市率先设立创投基金1亿元和中小微企业还贷应急周转金3000万元,为48家企业化解资金周转难题,续贷资金额度3.5亿元。对执行城镇土地使用税调标的企业,按其增量的一定比例予以奖补,兑现22家企业共230.49万元。激活"营改增"试点效应,全县试点企业506户(其中:一般纳税人43户,小规模纳税人463户),兑现财政扶持资金92.07万元;积极帮助企业向上争取项目和资金,全年共争取到位资金8522万元。加强涉企收费管理,建立涉企收费清单制度,开展涉企收费专项清理,认真落实各项减免收费政策,为企业减负近百万元。

【保障支出】支持大众创业万众创新,修订促进现代服务业发展若干政策、促进"聚焦工业发展行动"鼓励企业转型升级若干政策,预算安排企业发展资金4574万元,已兑付4675.8万元。促进"三农"转型升级,整合涉农资金10931.6万元,用于改造农田水利设施7185.6万元,粮食仓库建设2920万元等;设立蔬菜产业发展专项基金,拨付766万元对蔬菜产业提升行动的基地予以奖补;设立土地经营权抵押贷款风险补偿金1000万元,加快农村集体土地流转;大力支持"美好乡村"建设,拨付资金1709万元。加快文旅产业融合,投入1000万元文化旅游发展资金,重点支持北部山区旅游发展,拨付鸡笼山半月湖4A级旅游景区创建经费714.2万元。加快财政支出进度,确保工资和基本运转。把保工资、保运转放在财政支出首要地位,科学调度资金,确保县镇财政供养人员工资在每月10日前发放到位;及时兑现全县机关事业单位工资改革提标工资14869万元。社会事业支出显著增长。全年教育、科技、文体、社会保障、节能环保、农林水、住房保障等重点支出分别同比增长22.6%、75%、

20.2%、23.7%、61.5%、22.1%、46.3%。重点项目投入保障有力。通过争取资金、土地出让、贷款融资等方式，拨付安置房、龙潭南路改造、S206等重点项目资金17.42亿元；拨付“三城同创”资金1287万元。

【管理绩效】压减“三公”经费，明确公务接待范围和标准；从严控制购买新车，当年未新购一般公务用车。全县“三公”经费年初预算3787.8万元，实际支出2462万元，同比下降16.6%。加强政府性债务管理，按照统筹兼顾、控制规模、优化结构、防范风险的要求，建立债务管理机制。县本级(含7个镇)政府性债务余额32.25亿元，其中：负有偿还责任的债务26.14亿元，负有担保责任的债务3500万元，负有救助责任的债务5.76亿元。负债率21.05%，债务率76.43%，债务规模和风险都在可控范围。当年省分配本县置换债券78519万元，全部用于偿还债务；新增债券3691万元，用于棚户区改造保障性安居工程建设。盘活资产资金，出台《和县行政事业单位国有资产处置管理暂行办法》，对闲置安置房进行处置，盘活资产1113万元；出台《加强财政结转结余资金管理办法》，盘活财政存量资金3964万元，其中：一般预算结转结余3099万元，专项转移支付结转结余506万元，部门预算结转结余359万元。健全财政会商机制，全年共到预算单位上门会商1138次，解决问题763个。实行财政帮联工作机制，建立财政工作联系人大代表制度，深入走访人大代表，一对一开展联系服务，范围覆盖省、市、县、镇四级人大代表共1342人。办理人大建议、政协提案33件，其中：建议23件，提案10件。办结率100%，满意率100%。

【财政监督】开展预决算财务管理监督检查，对13家行政事业单位2014年度预决算和财务管理情况进行检查，进一步促进加强预决算管理和财务管理，提高财政资金使用效益。对检查发现问题提出整改意见，责令限期改正；对内部控制制度不健全的部门单位，要求按照《行政事业单位内部控制规范(试行)》的规定，建立健全内部控制制度。对7个乡镇2015年度财政预算编制逐一审核，提高财政预算编制质量，使财政预算编制更加透明、规范；完善了预算编制范围，规范政府债务管理，严控债务风险，编制政府性债务预算；实行综合财政预算，所有收入及安排的各项支出全部纳入预算范围，统一管理、完整反映各项收入与支出。对部分乡镇专项资金使用情况进行核实，对功桥镇和善厚镇的土地增减挂资金、乌江镇和石杨镇驷马山分洪道工程征迁补偿资金、香泉镇农村环境连片整治专项资金的到位及使用情况进行核实，确保专项资金效益的发挥。开展涉农资金专项整治行动重点检查，根据县委县政府统一安排，在功桥镇、善厚镇、西埠镇、县新农合、民政局、残联、住建局以及县教育系统开展涉农资金专项整治行动重点检查。建立健全财政资金发放机制，畅通发放渠道；加大各镇涉农资金补贴对象核实、审核和公示力度，进一步完善信息建设。全面运行“一卡通”网络版管理系统，做到县有专人负责、镇有专人协护，确保网络系统在网中规范运行。加大财物互审力度，主要围绕乡镇财政工作职责和业务，重点对预决算管理、惠农补贴管理发放、项目资金监管、村级财务监管、财务会计管理、内部控制管理等六个方面的财政财务管理制度建设及执行情况开展互审工作。

【资产管理】牵头落实“四清一建”工作，加强对镇级财务和资产方面的管理。根据《会计法》《预算法》《国务院关于深化预算管理制度改革的决定》(国发〔2014〕45号)等有关规定，切实做好建章立制。一是制定《和县镇级财政预算管理暂行办法》。该办法从预算管理的基本原则、预算编制方法、预算审批、预算执行、预算调整和变动、财政决算、监督与责任等七个方面规范镇级财政预算收支行为，加强镇级财政管理和监督。二是制定《和县镇区单位备用金管理制度》。该制度从备用金限额核定、支出范围界定、使用管理、监督检查等四个方面规范镇区财务管理行为，确保财政性资金的安全、高效运行。三是制定《和县镇包村干部监管涉农资金实施细则及考核办法》。县政府办下发了《和县镇包村干部监管涉农资金工作实施方案的通知》，《和县惠农补贴资金管理和“一卡通”打卡发放操作流程图》《和县镇包村干部监管涉农资金工作实施方案》，转发《安徽省财政厅关于进一步加强和规范乡镇财政资金监管工作的意见》等，进一步明确包村干部就农民补贴性资金、涉农项目资金、村级集体三资等监管程序和方法，包村干部代表镇政府履行监督职责，充分发挥包村干部就近就地开展涉农资金的监管作用。四是制定《和县行政事业单位国有资产管理办法》。该办法从国有资产配置、使用、处置、资产评估与清查、产权登记与纠纷调处、监督检查以及法律责任等方面,加强和规范行政事业单位国有资产管理。

【队伍建设】一是落实守纪律讲规矩的要求,抓好自身建设和廉政建设,加强财政资金监管。结合反腐败中暴露出的与财政收入的组织、财政资金的使用、财政监督的落实、财经纪律的执行等案例,对腐败问题始终坚持高标准、严要求、零容忍。二是落实好责任担当的要求,强化财政使命意识,落实每个股室、每个时段、每个环节、每项工作、每个岗位的责任,以钉钉子精神抓好各项工作落实。积极落实县委、县政府决策部署,加强财政政策分析和形势趋势研判,自觉为县委、政府当好参谋助手。财政局领导班子于12月16日参加和县电视台第六期《电视问政》节目,现场获得代表委员们一致好评,成为问政活动开展以来评分成绩最高的单位。三是落实好"两个主体"责任的要求,建立权力责任"双清单"和涉企收费清单,创新实施镇级财政"三个清单",即:"权力清单、责任清单、服务清单"制度,加快镇级财政职能转变。扎实开展涉农资金专项整治行动、城乡居民最低生活保障资金使用情况检查以及住房公积金增值收益使用情况检查。

(和县财政局供稿)

当涂县财政工作概述

【概况】2015年,县财政局主动适应经济发展新常态,紧紧围绕财政工作目标,坚持依法理财,廉洁从政,积极实施我县"1234"发展战略,加强收入征管、优化支出结构、深化财政改革,充分发挥财政职能作用。全县财政收入完成39.11亿元,全年完成一般预算支出41.01亿元。

【稳中求进促增收】一是加大税源摸排力度,认真分析税收入库情况,及时采取调控措施,确保收入按时、足额、均衡入库。二是加大涉税信息平台建设力度,提高收入预测分析能力,实现涉税信息共享,增强收入分析的准确性和预见性,促进财税挖潜增收。三是努力培植实体税源,大力支持税收超亿元企业发展壮大,为财政收入持续增长提供可靠支撑。四是加大收入考核奖惩力度,严格执行《当涂县税收保障考核办法》等文件规定,强化对征管部门、乡镇及园区的考核,不断促进财政收入提质增量。

【优化支出保民生】县财政局按照公共财政建设要求,继续调整和优化支出结构,大力压缩一般性支出,严控"三公"经费支出,不断加大对民生支出和重点项目的保障力度。全县累计支出40.57亿元,其中,民生类支出占比达80.2%。2015年,我县实施31项民生工程。24项补助保障类项目全部足额发放到位,7项工程建设类项目除跨年度项目外,完工项目资金全部拨付到位。

【统筹城乡促发展】实施积极财政政策支持"调转促"。一是推动农业发展方式转变,稳定"三农"投入,完善为农服务体系,增强农村经济活力,促进农民收入增长。二是落实财政政策,支持企业转型升级。依法依规帮助企业排忧解难,支持企业发展,大力发展战略性新兴产业、服务业;支持大众创业、万众创新,完善创业扶持政策。

【深化改革助升级】一是推进预算管理制度的现代化,完善政府预算体系,逐步实行全口径预算管理;改进年度预算控制方式,推动跨年度预算平衡,编制中期财政规划加强预算执行管理;推行预算评审论证,推进预算公开。二是建立规范的政府融资举债体制,加强债务归口管理、常态管理和绩效评价。三是推进支持社会力量办事业改革。积极推进政府向社会组织转移职能和购买服务的工作,将政府购买服务纳入政府部门预算一并编制。2015年,全县政府购买服务合同金额9323.5万元。四是推进国有资本经营预算制度改革。五是扎实推进PPP项目。

【健全制度提效能】健全局机关管理各项制度,以制度管财、管事、管人。落实"首问负责制"、"部门会商制"、"催查办制" 等效能建设各项制度;修订职工出勤考核办法、请销假管理办法;建立重要事项催查办制度; 实行局领导班子成员AB岗制度等。开展财政预算部门会商工作;开展联系服务群众接地气活动, 重点开展 "进村入户访企业"、"结对共建走亲戚"等活动。

(当涂县财政供稿)

芜湖市财政工作综述

芜湖市财政工作概述

【概况】2015年，全市财政总收入完成470亿元,增长10.3%;市级财政总收入完成216.6亿元,同口径增长13.7%,其中:地方一般公共预算收入84.7亿元,增长4.4%,为预算94.7%。全市一般公共预算支出393.7亿元,增长13.6%,为汇编调整预算97.4%，市级一般公共预算支出162.5亿元,增长12.6%,为调整预算99.4%。当年,市财政局受到上级各种表彰和奖励33项,其中集体20项(部级1项、省级14项、市级5项)、个人13项(部级1项、省级8项、市级4项)。

【强化收支管理】坚持依法征收,减税与清费并举,切实减轻企业负担。定期召开"财税库联席会议",加大统筹协调力度,解决财税征管中的困难和问题。强化市县区联动,加强县区分类指导和帮扶,努力实现财政收入平稳增长,全市财政收入增幅高于全省平均水平0.8个百分点；全市非税收入占财政总收入比重同口径较上年优化0.2个百分点,收入质量进一步提高。落实高新技术企业所得税、小微企业税收优惠等结构性减税政策,注重培植和涵养财源,"营改增"改革平稳运行,企业减负效果明显,全年减免税70.4亿元。调整优化支出结构,严格预算执行管理,加快预算支出进度,坚持厉行节约,严控一般性支出,财政重点支出保障有力。财政民生支出完成343.7亿元，增长15.3%,占全市财政支出的87.3%,同比提高1.3个百分点。

【创新扶持政策】优化和完善财政支持经济发展方式,发挥财政政策、投融资政策、土地政策、人才政策等政策组合作用。出台财政扶持产业发展政策若干规定，设立4亿元政府投资引导基金、5亿元众创创业股权投资基金以及城市发展和产业发展基金,采取基金、贷转补、财政金融产品和事后奖补等多种运作方式,引导社会资本参与产业发展和基础设施建设。推进战略性新兴产业集聚发展,机器人、新型显示国家集聚发展试点通过中期评估,争取中央补助资金5460万元;机器人及智能装备、新能源汽车和现代农业机械省级战略性新兴产业集聚基地获批,争取省专项资金3.9亿元。支持大众创业万众创新,构建新型创业扶持体系。设立3亿元人才工作专项资金、2亿元高层次科技人才创新创业专项资金,引导县区设立注册资金不少于2000万元的风险投资公司，采取投资参股等方式扶持高层次科技人才创新创业。发放科技"小巨人"委贷资金0.89亿元,开展专利质押贷款融资1.14亿元;引进风险投资机构推动创新创业,对获得社会资本投资的创新创业项目政府性投资平台跟进投资扶持,70%股权可用于股权激励。开展大学生免担保创业贷款工作,推出以"首投、首担、首贷、首补"为核心的八项扶持政策和创业扶持计划。加大中小企业财政金融支持力度,全市政策性融资担保机构整体参与省政银担"4321"合作体系,市财政分别对市中小企业金融服务中心和县区国有担保机构增资1.3亿元和1.7亿元，增强担保机构实力和抗风险能力。全年落实政银担合作项目355个,涉及企业272户,融资金额21亿元;落实续贷过桥资金、税融通等政策措施,向中小微企业提供临时性资金支持 268 户（次），周转贷款 27.8 亿元，切实缓解中小微企业融资难问题。

【保障改善民生】继续加大民生投入力度，稳步实施 33 项民生工程，投入资金 91.6 亿元，增长 10%，对保障性安居工程等 12 个重点项目开展第三方绩效评价，完善民生工程建后管养，健全长效机制。安排社会保障支出 9.8 亿元，提高企业退休人员基本养老金、城乡居民养老保险基础养老金、失业保险金、就业补助、工伤保险伤残金等民生保障标准，稳步提升养老、低保、社会救助等社会保障水平，促进社会保障体系建设。安排医疗卫生支出 8.5 亿元，支持深化医药卫生体制综合改革，进一步规范公立医院政府投入、资产管理以及基层医疗卫生机构预算管理。安排教育支出 11.5 亿元，落实教育财政投入政策，完善义务教育经费保障机制，推进义务教育均衡发展，开展义务教育阶段学校标准化建设，建立高等职业教育生均拨款制度，推进与北京师范大学合作办学和建立教师专业化发展实验区。安排文体事业支出 1.8 亿元，促进文化体育事业发展。设立全市妇女创业专项资金，开展妇女创业贴息担保贷款工作，激发广大妇女创业致富潜力。

【统筹城乡发展】根据跨江发展战略部署，继续实施江北地区差别化补助政策，落实跨江发展市级各项投入，加大投融资支持力度，支持江北集中区和江北新区基础设施和重点项目建设。安排资金 0.35 亿元，实施县乡农村公路升级改造，推进城乡交通一体化建设。投入资金 2.2 亿元，建设 33 个美好乡村示范村。多渠道筹集资金 50.4 亿元，实施棚户区改造。整合投资 1.3 亿元，实施农村“一事一议”项目 528 个。安排秸秆禁烧奖补资金 0.45 亿元，促进农村秸秆发电、秸秆还田、秸秆收储体系建设，培育秸秆综合利用市场体系。出台新能源汽车推广应用财政支持政策，推广新能源汽车 4993 辆，兑付补贴资金 0.57 亿元；加大黄标车淘汰财政奖补力度，淘汰黄标车 4902 辆，兑付补助资金 800 万元。加大财政支农投入，安排农业支出 7.5 亿元，支持现代农业发展、森林增长工程、高标准农田开发、小型农田水利建设和实施产业化经营项目等。落实强农惠农补助政策，发放财政补贴资金 10.7 亿元，涉及补贴项目 27 项、惠及农民 52.4 万人。开展政策性农业保险提标试点，整体提标率在 80%以上，全市近万户种植大户获得 1.7 亿元额外风险保障。大力实施精准扶贫、精准脱贫，分类制定帮扶措施，逐村逐户建档立卡，完成 2.3 万贫困人口年度脱贫计划目标。

【深化财政改革】深入贯彻《预算法》，健全政府预算体系，完善预算管理，全面公开政府预决算、部门预决算和“三公”经费预决算。清理盘活存量资金 20.1 亿元，统筹用于支持经济发展和偿还政府债务等。规范银行账户管理，撤销财政专户 36 个，清理市直行政事业单位银行账户 66 个。推进财政国库集中支付改革，开展国库支付电子化试点，“银财互联”上线运行。规范预算单位财务管理，88 家市级预算单位纳入市财务服务中心代理核算。加强政府性债务管理，开展存量债务清理甄别工作，争取地方政府置换债券资金 136.8 亿元、新增债券资金 14.2 亿元，年度节约政府资金成本 6.2 亿元，有效缓解到期债务偿还压力，保障在建项目有序推进。积极开展政府和社会资本合作 PPP 项目库建设，做好项目识别和项目准备工作，启动城南过江隧道、商合杭公铁大桥项目。深化国有资产管理改革，加强国有存量资产、资源日常监管和优化配置，推进国有企业分类考核，推动企业兼并重组，加强市属国有企业进人管理，坚持“逢进必考”。完善国有资本经营预算管理，实行国有资本经营预算与一般公共预算同步编制、统筹安排。加强政府采购管理，规范采购程序和行为，公布 2015 年度政府购买服务目录，全市安排 5.2 亿元资金用于政府购买服务。加强公务接待费、会议费、培训费等制度建设，开展“八项规定”执行情况专项检查，严控“三公一会”支出。足额安排资金，推进机关事业单位工资改革和公车改革。加强财政监督和财政财务管理，对 21 家单位开展财政执法检查，对 12 个市直单位、15 个重点支出项目开展绩效评价，保障财政资金安全规范运行，提升财政支出管理绩效。

【加强机关建设】一是认真开展“三严三实”专题教育活动，按照“三聚焦、三确保”的要求，加强领导，制定方案，按照时间节点和活动清单，组织学习研讨，查摆问题，整改落实，扎实推进，成效显著。二是认真开展“双联系”工作，深入“双联系”点，会商发展思路和帮扶项目，开展送医下乡和节日慰问，选派优秀青年干部驻点挂职。三是积极开展党员干部到社区报到,参加社区活动,为群众提供服务,密切党群干群关系。四是进一步加强政风行风建设,积极开展以“微笑、真情、文明、敬业、满意”为主题的“亲切服务”一系列活动,深化会商帮联制度,营造和谐理财环境,提升财政部门形象。五是认真贯彻落实中央“八项规定”和省市各项规定,进一步完善机关各项财务管理制度,加强机关资金、资产管理,规范公务接待和公务用车管理,控制“三公经费”增长。六是落实党风廉政建设责任制,围绕 “一岗双责”抓好监督落实,强化局党组主体责任和纪检监督责任,推进惩防体系建设,加强权力规范和制约;大力推进廉政文化建设,广泛营造良好廉政宣传教育氛围,强化财政干部廉洁从政意识,加强对廉洁自律各项规定监督,促进广大干部守纪律、讲规矩;局领导与部门负责人签订廉政建设责任书,法定节日向全局干部职工发送廉政短信,实行巡查工作常态化,开展日常效能建设明察暗访。

(芜湖市财政局供稿)

镜湖区财政工作概述

【概况】2015 年,全区财政收入累计实现 44.45 亿元,完成全年预算的 101.08%,增收 0.5 亿元,增长 1.14%。其中:中央收入完成 13.99 亿元(含出口退税收入),减收 5.35 亿元,下降 27.67%;地方收入完成 30.46 亿元,增收 5.85 亿元,增长 23.78%。支出合计 36.87 亿元,其中:上解省市支出 11.16 亿元,财政一般预算支出 22.66 亿元,债务还本支出 3.05 亿万元,收支基本持平。

【加强增收节支】早谋划、早行动,做好政策研究应对,充分发挥自身优势,努力争取上级资金、政策支持,共争取上级各类资金 28749 万元。加强协调,联系国地税、各中心,及时分解税收任务,按月组织各税收征管部门召开税收调度会,分析收入完成情况,解决工作中的实际困难和问题。调动基层协护税工作热情,摸排零散税源,做到应收尽收。坚持依法征收,不收“过头税”,不给企业增加负担。对重点税源企业主动上门跟踪服务,通过充分沟通,有针对性的拟定扶持方案,促进企业,特别是集团总部型企业税收及时归集。落实高新技术企业、小微企业税收优惠等结构性减税政策。调整优化支出结构,坚持厉行节约,严控一般性支出和“三公”经费支出,本区三公经费支出 1763 万元,同比下降 10.9%,财政重点支出得到有力保障,教育、医疗、住房保障等十三大类民生支出完成 18.36 亿元。

【坚持改善民生】全区十三大类民生支出同比增长 14.48%。围绕城市品质提升,投入老旧小区整治经费 2500 万元,畅通工程建设资金 2687 万元,保障房租金补贴 1198 万元,市政基础设施建设资金 3750 万元,改善和提升了居民居住环境。全年共实施民生工程项目 20 个,投入资金 4 亿元。全区享受居民医保待遇 6.03 万人次,实际报销 7345 万元;为 6072 人实施免费婚检,平均婚检率达 98.45%;计划免疫接种 8.6 万剂次,国家扩大免疫规划的各免疫规划疫苗接种率达到 95%,疫苗建卡率达 100%;“96365”生活服务平台与芜湖援通智能化养老服务系统整合为覆盖市区两级居家养老呼叫系统和信息服务平台;荆山二期安置房 1508 套基本建成,完成棚户区改造 7164 套(户),新增分配入住 2834 套,棚改被征收户优惠购买商品房 1771 套。注重民生工程项目建后管养,有效提高民生工程资金使用效益。

【支持实体经济发展】加大招商引资力度和人才团队引进培养力度,其中 4 个团队成功申报芜湖市高层次科技团队,带动 800 余人就业。继续实施积极的财政政策,注重发挥财税政策对经济运行的“逆周期”调节功能,增强本区经济持续增长动力。加大对实体经济的支持力度,执行好结构性减税和普遍性降费政策,依法依规减轻企业负担。根据主导产业发展目录对企业进行扶持,全年拨付各类奖扶资金 38139 万元。加强政策宣传,积极引导企业转型升级,提高企业在新常态下的适应力和竞争力,拨付“营改增”兑现资金 4542 万元。切实缓解中小微企业融资难问题,落实政银担合作项目,为企业提供融资担保 26000 万元。落实续贷过桥资金、“税融通”等政策措施,为中小微企业提供周转贷款 3500 万元。

【深化财税改革】深入贯彻执行《预算法》,深化预算管理制度改革,健全政府预算体系,不断提高预算编制的科学性、准确性,探索建立预算绩效评价制度,努力提高预算资金使用效益。全面推进政府预决算、部门预决算和“三公”经费预决算公开。清理盘活存量资金4600万元。进一步理顺区与公共服务中心(街道)财税管理体制,努力实现财事人统一,提高中心(街道)招商引税的积极性。深化国有资产管理考核,加强国有资产购置、使用、处置、报废等各环节的监管,完善区属国有企业考核指标,激发国有企业活力。加强财政监督和财务制度建设,加强支出监管,严把资金审批关,开展专项检查6次。加强政府债务监管,防范债务风险。结合权责清单、“三定”方案、廉政风险防控梳理,进一步改进工作作风,明确职责,提高工作效率。

【强化党风廉政建设】加强思想道德教育,提高干部职工的廉洁自律意识。一是加强学习,提高干部职工的廉洁意识和理论水平。采取集中学习和个人自学相结合的方式,每月组织班子成员,干部职工开展对新《党章》《廉政准则》十八大精神、中央“八项规定”、“三严三实”等有关知识的学习,不断提高干部职工的廉洁意识和增强其拒腐防变的能力。二是结合思想作风整顿,切实开展党风廉政建设主题实践教育活动。在全局广泛开展以提高干部反腐倡廉意识和廉洁自律能力为核心,以建设学习型组织、廉洁型班子为目标的廉政教育活动,强化廉政学习理念,营造廉洁自律氛围。三是加强反面典型教育。在坚持正面教育的同时,通过组织干部职工观看警示教育影片,通报反腐败典型案例等方式进行反面典型教育,组织工作人员观看本市招标办贪腐教育宣传片,并组织干部职工讨论,时刻敲响反腐警钟。四是组织开好民主生活会,认真查摆问题,特别是“四风”和廉洁自律方面的问题,积极开展批评和自我批评。根据区委、区政府要求和自身工作实际,开展民主生活会四次,查找突出问题,撰写对照检查材料。

(镜湖区财政局供稿)

鸠江区财政工作概述

【概况】2015年,全区一般公共预算收入完成35.18亿元,增长15.1%,其中:地方一般公共预算收入22.54亿元,增长11%,全区一般公共预算支出完成20.58亿元,增长12.3%。区级政府性基金预算收入完成3.98亿元,政府性基金预算支出完成3.89亿元。

【实现年度收支目标】加强财税调度,坚持依法征收,实现一般公共预算收入突破35亿元再上新台阶,收入增幅、总量分别居全市四县六区第3位、第4位,全区财政收入增幅高于全市平均水平4.77个百分点。密切关注经济发展走势和结构性减税政策,强化税源管理。深入开展税源普查,稳固现有税基,培植新型税源,加强企业经营动态分析,关注重点企业、重点行业、重点项目动态,强化财税及载体单位会商交流,加强收入调度,力争实现收入均衡入库。调整优化支出结构,严格预算执行管理,加快预算支出进度。在市土地使用税税收体制调整区级财力减少和“调转促”等支出需求不断加大的双重压力下,坚持厉行勤俭节约,严格控制一般性支出,整合各类资金,集中财力保民生、促发展,努力实现年度支出计划。进一步提高财政民生支出比重,财政民生支出完成20.77亿元,增长25.8%,占财政支出的84.6%,同比提高3.1个百分点。

【增强预算统筹能力】将工业企业国有土地出让金纳入政府性基金预算管理,建立全口径预算制度,进一步完善政府预算体系。加强预算统筹力度,将更多资金向公共财政倾斜,重点用于保障和改善社会民生。将地方教育附加、从地方土地出让收益计提的农田水利建设资金和教育资金等原政府性基金预算4198万元转列一般公共预算,进一步增强政府基本公共服务保障能力。积极盘活财政存量资金,加大部门结余结转资金和财政往来项目资金清理统筹力度。全年清理收回结转结余资金7200万元,累计清理往来项目资金57400万元,统筹安排支持经济发展和政府性投资建设。推行预算执行统筹制度,初步建立项目动态调整机制。坚持先有预算后有支出,及时批复预算,推动项目加快执行,同时跟踪项目执行情况,对项目预算执行较慢的项目实行统筹,累计调剂资金3000万元,用于经济社会发展急需资金支持的领域。

【促进经济稳定增长】争取新增地方政府债券转贷收入12692万元,交通、水利等上级补助6065万元,用于支持道路建设、裕溪河改造等重点工程建设。完善政策动态优化机制,积极谋划产业扶持专项资金改革,设立鸠江区工业、广告产业、服务业、人才和农业等各类产业基金18200万元,推动传统产业升级和新型产业基地建设,支持推进创新驱动战略实施。整合统筹资金,兑现土地使用税奖励、科技创新、企业上市、高校毕业生购房安家补助、文化金融、节能减排以及支柱产业、首位产业等各类企业扶持资金43210万元,缓解企业资金压力,坚定企业发展信心。争取机器人产业扶持资金13922万元,支持机器人产业园发展基地建设。认真落实区政策性融资担保机构参与省政银担"4321"合作体系,充实国有资本金2374万元,为39家企业提供担保贷款40000万元。落实小微企业贷款过桥基金和"税融通"政策,引导金融和社会资金加大对中小企业扶持力度。安排现代农业产业发展资金2856万元,支持农业特色经济发展。设立融资风险补偿基金300万元,支持农民专业合作社、家庭农场发展融资。安排村级集体经济发展专项资金400万元,促进集体经济项目发展壮大。拨付土地复垦资金4030万元,支持农业产业化经营。投资3118万元,实施白茆、汤沟两镇国家农业综合开发高标准农田建设项目2.3万亩,加强农业基础设施和生态建设,提高农业综合生产能力,实现经济、社会和生态效益的统一。

【保障民生持续改善】稳步实施23项民生工程,投入资金36300万元,增长13%。强化民生工程项目资金使用管理落实,加强项目资金使用全过程监管,抓好项目资金绩效考评。安排教育支出7145万元,加大推进义务教育均衡发展力度,推动学前教育普惠提优,着力推动教育事业健康发展。累计发放16360万元,稳步提高社会保障标准,致力提高困难群众生活和医疗救助水平,进一步做好"老字号"群体生活补贴保障工作,全力保障各类群体生活水平不断提高。增加医疗卫生支出700万元,进一步完善基层医疗机构保障机制,大力推进医疗卫生体制综合改革不断深化。安排资金1050万元,改善村级组织公共服务设施建设,支持基层组织群众服务工作。安排资金1652万元,加大全区社会治安安全防控体系建设投入。安排农业水利支出8121万元,加大财政支农投入,促进城乡统筹发展,主要用于现代农业发展、森林增长工程、农田水利建设和实施产业化经营项目等。争取各类资金430万元,精心实施21项农村"一事一议"财政奖补项目;筹集资金158万元,加强政策性农业保险和特色农业保险的落实,提高农业防灾能力;拨付资金2097万元,强化秸秆禁烧奖补政策引导和农村清洁工程实施,大力促进农村生态文明建设。

【推进财政管理改革】公开区本级2015年预算和2014年决算,推行镇级政府和部门预决算纳入预算信息公开,按支出经济分类公开政府和部门预算。硬化预算约束,部门、单位支出一律以经批准的预算为依据,严格预算追加和调整支出行为,积极推行预算项目绩效评价工作。加强债务管理改革,将地方政府债务纳入预算管理,调整预算新增地方债券转贷收入和安排支出12692万元,争取地方债务置换债券55350万元,年节约地方政府债务融资成本约2500万元。开展9家区属企业收支预算试编工作。推动建立区财政和镇财政"权力清单、责任清单、服务清单"制度,规范财政专户管理,撤销财政专户10个,全面实施国库集中收付制度改革,加大公务卡推广力度,强化财政资金全程监管,全面实行行政事业单位工资统发。"三公"经费只减不增,同比下降16%。稳步推进工资津补贴、乡镇工作补贴、养老保险制度、职业年金和公车改革等工作。

(鸠江区财政局供稿)

弋江区财政工作概述

【概况】2015年,全区财政收入完成27.2亿元,其中地方财政收入19.07亿元,增长21.6%。全区财政支出16.8亿元,增长21.7%。

【深化财政改革】坚持以《预算法》统领财政工作,强化人大监督。完善政府全口径预算编制,统筹编制一般公共预算、政府性基金预算和国有资本经营预算。推进工业用地土地出让金缴入国库,确保政府各项收支纳入预算管理。严格执行政府债务纳入预算管理,落实债务限额管理要求。坚持"量入为出、收支平衡、厉行节约、勤俭办事"原则,确保增资、提标扩面等政策性刚性支出,压缩一般性支出,降低行政运行成本,定额公务费、车辆运行费按5%进行压缩,其他工作经费按15%压减。开展部门结余结转资金清理,收回区直部门两年以上结余结转资金2557万元,建立结余结转资金清理常态化机制。按照财权事权相统一原则,调整完善街道财政体制,保障街道既得利益,提高街道财政超收财力留存比例，调动街道培育财源税源抓财政收入的积极性。

【挖掘税收潜力】坚持依法征收，加强收入调度，建立财政部门、税务机构、各街道办事处常态化联动机制，及时协调解决收入征管过程中存在的困难和问题。充分调动街道抓收入、抓招商的积极性，形成全区收入征管合力。深入开展“企业一组一策”联系服务工作，增强服务意识，积极帮助企业解决涉税困难。制定弋江区“营改增”扩围工作方案，开展辖区内建筑业、销售不动产、金融保险业及生活服务业核查，继续开展以土地使用税、房产税为重点的欠税清理清收。对政府性投资项目进行摸排，促进依法纳税。对房地产、建筑业重点建设项目建立“项目登记”、“以票管税”相结合的管理制度。

【加大产业扶持】积极贯彻落实各级产业扶持政策，加大重点产业、重点企业的扶持力度，全力支持调结构、转方式、促升级。全年累计兑付企业奖扶资金1.67亿元。投入3.4亿元全力打造本区新能源汽车发展基地，并成功获批省首批战略性新兴产业集聚发展基地。为三只松鼠、奇瑞新能源、航飞科技等企业争取资金5.56亿元专项用于企业新项目建设。争取省级专项资金1048万元，区级配套1048万元，用于增加对高新中小企业担保公司注资，并获准进入省政银担合作体系，全力推进小微企业续贷过桥资金工作，着力缓解企业融资困难。积极争取高新区青年创业引导基金试点，获省专项资金1500万元，鼓励和引导青年创业。推进“互联网+政府服务”工作，依托易企网、易户网平台，广泛宣传各级产业扶持政府，简化和规范产业扶持资金审核兑付流程。安排区级产业扶持资金支持重点企业、重点产业转型发展。

【推进民生工程】实施21项省级民生工程，优先保障民生资金，切实贯彻“快、实、全、新”的工作思路，精心组织、统筹调度、强化督查、规范考核，全年共投入3.6亿元专项用于民生工程项目。其中教育支出增长37.9%，火龙岗中心学校扩建和马饮九年制学校建设工程交付使用，白马九年制学校、乌霞山路小学建设项目加快实施。基层卫生综合改革稳步推进，基本公共卫生服务项目任务全面完成，弋江区医院成功转型升级为芜湖市眼科医院。扎实开展就业帮扶工作，社会保障水平不断提高，群众文化生活丰富多彩。积极争取专项补助资金3700万元，支持保障性安居工程建设。投入1700万元资金改造老旧小区，持续开展文明创建、“三线三边”治理，全区市容市貌全面提升。

【加强国资监管】出台《弋江区(高新区)房屋资产管理意见(试行)》，明确全区房屋资产统一管理、租金支付、分类维护和清退机制。制定《弋江区经营性国有资产监督管理办法》《弋江区国有企业股权投资监督管理规定》，规范国有企业人事管理及重大事项决策程序，强化国有资产投资参股监管。开展全区房屋、土地情况摸底登记，整合全区国有房屋、土地资源，提高对外融资的能力。积极盘活国有存量资产，推动闲置国有经营性房产公开拍卖，提高资产利用率。

【规范债务管理】按照《芜湖市人民政府关于加强政府性债务管理的意见》，将地方政府债务分门别类纳入全口径预算管理，严格执行债务限额管理制度，规范政府举债行为，合理使用债务资金，妥善处置存量债务。继续支持在建项目后续融资工作。积极协调银行等金融机构，保障后续融资顺利下贷和在建项目有序推进。加强政府债券资金管理，积极争取地方政府债券置换资金35096万元、新增政府债券资金7398万元，切实缓解偿债资金困难。强化政府政府债务风险预警和防范，努力减少融资成本，降低债务率，控制和化解地方政府性债务风险。

（弋江区财政局供稿）

三山区财政工作概述

【概况】2015年，三山区财政一般预算收入完成19.53亿元，为预算的102.9%，比上年增长24.3%。其中：中央收入8.23亿元（含出口退税），为预算的89.6%，比上年增长13.2%；地方收入11.3亿元，为预算的115.4%，比上年增长33.9%。一般预算支出完成9.13亿元，为预算的105.6%，比上年增长13.9%。

【加强征收管理】全区公共财政预算收入突破19亿元大关。一是拓宽财政增收渠道。进一步完善与税务部门的会商制度，全方位确保零散税收的征缴，全同时加强对土地资源的管理，切实抓好项目建设等机遇型税源征收工作；二是保持主体税种较快增长。全区公共财政预算收入中税收收入完成18.77亿元，税收收入占财政收入比重达96.1%，同比增收3.39亿元,增长21.9%。主体税种的快速增长,有力支撑地方税收收入稳定增长,拉动公共财政预算收入的持续强劲增长。

【加大民生保障】实施22项民生工程,责任单位14个,全年投资15.4亿元。拨付公用经费1035.5万元,向全区中小学免费提供国家课程教科书、印制作业和作业本,其中提供免费教科书、印制作业与作业本各12370套;1022人参加就业技能培训,完成率达到157%;开发公益性岗位105个;开发了35个基层特定岗位;城镇居民医保参保15.7万人,参保人员缴费1507万元,3.4万人次享受医疗报销;796人次享受城乡居民大病医疗补充保险；城乡医疗救助已救助1680人,发放金额956.58万元;妇女儿童健康水平提升工程,婚检率为100%,儿童免疫接种3.3万针次,完成率101.7%;完成30例贫困白内障免费手术;城乡居民基本养老保险参保人数为5.1万人,为2.76万人发放了养老金；为3652人发放高龄补贴157.56万元;计划生育特别扶助97人,发放特扶资金34.80万元;建成5970套公租房,完成率100%;租赁补贴在保家庭420户,分配入住4812户;棚户区改造已完成房屋征收1559户,完成率为100%,分配入住796户,完成率100%;完成危房改造414户;农业政策性保险完成小麦、油菜、玉米、水稻、棉花及大棚蔬菜的参保任务,并对受灾6766.8亩小麦、31.83亩油菜进行了理赔,共计理赔49.81万元;受理水产养殖报案,理赔金额10.5万元;受理了38起特色保险(大棚蔬菜)报案,理赔金额8.84万元;更新改造小型泵站1座110千瓦、加固新建小型水闸5座,扩挖塘坝90处、整治河沟6条。开工102处,完工102处。全年共发放良种补贴资金161万元、粮食直补资金171万元、农资综合补贴资金573万元,农机购置补贴资金98万元,惠及全区52000农户。全年按政策支付企业科技创新、市场开拓等补助奖励资金共计8900万元,涉及企业549户,促进企业发展和技术创新,进一步完善和调整经济结构。

【全面改革创新】努力推进财政改革,实施创新驱动,不断健全管理制度,完善运行机制,推进科学化、精细化管理。全面公开财政及部门预决算和“三公”经费预决算,接受社会监督,按时完成任务,取得良好效果。正式启动国库集中支付改革试运行,网络平台搭建成功,顺利完成支付业务。为全面反映政府资产负债情况，开展权责发生制政府综合财务报告试编工作,熟悉和掌握了相关业务技术,完善财政报告体系。

(三山区财政局供稿)

江北集中区财政工作概述

【概况】2015年，集中区全年累计实现财政收入15.4亿元,超预算158.76%,较同期增长29.4%。全年实现区级可支配收入33.15亿元。全年共支出32.36亿元。

【大力推进经济发展】集中区累计完成固定资产投资373亿元，其中招商引资产业类项目完成投资284.2亿元,基础设施类完成投资88.7亿元;省外亿元以上项目到位内资320亿元；实际利用外资2.46亿美元。集中区累计入园产业项目68个，总投资651.6亿元。其中,汽车及高端装备制造产业项目11个,总投资109亿元;新能源新材料产业项目19个,总投资156亿元;电子信息产业项目10个,总投资63亿元;健康产业项目6个,总投资56.3亿元;现代服务业项目22个,总投资272.3亿元。自集中区建设开始至当年底,工商注册企业累计达422家,注册资本196.5亿元，其中外资企业12家，总投资5.9亿美元,合同利用外资3.2亿美元;共有在建产业项目46个,总投资451.8亿元。凯翼汽车、海创CCA新型节能板材、中晨LED科技、优威派克、金山港公用码头、联成A级锅炉、华纳包装等16个实体产业项目已经投产;获批规模以上工业、限额以上批发零售业等各类规模以上企业19家;实现工业企业营业总收入16.6亿元；实现商贸服务企业营业总收入264.5亿元;累计实现财政收入28.3亿元。

【积极做好项目融资工作】积极与银行对接,准备授信项目下款资料,全年下款13.67亿元,完成年度目标1.04亿元的131.4%。

【加大总部经济招商力度】全年共引进总部经济企业20家，注册资金16.47亿元完成年度考核目标。总部经济企业2015年度纳税12.74亿元,同比增加5.07亿元,增长66%,完成年度5亿元任务的255%。

(省江北集中区财金部供稿)

芜湖经济技术开发区财政工作概述

【概况】2015年，芜湖经济技术开发区财政收入完成72.14亿元,为预算的102.4%,较上年增长14.1%,其中地方收入完成32.43亿元,为预算的102.2%，比上年增长13.8%。全年完成财政支出33.02亿元,为预算的111.4%,较上年增长8.7%。

【确保收入平稳增长】根据全年收入目标,坚持依法征收、应收尽收,加强收入计划管理和协调调度,加强税源管理和非税收入的管理力度,定期召开财税工作会议,确保财政收入有序增长。

【完善财政管理体制】严格预算管理,细化预算编制，优化调整项目预算安排，突出重点保障项目,完善项目类别的使用,细化项目支出编制到经济科目;实现项目预算滚动管理,从严控制预算结转。完成国库集中支付改革,各事业单位已全部纳入国库集中支付系统，完善区内行政事业单位国有资产信息化管理，开展区国有资产产权登记工作。规范财务核算,强化支出管理,严格支付流程。加强政府采购验收工作,分类管理,规范货物验收程序,将"三公"经费规范常态化管理。

【规范存量资金管理】全面清理各类财政专户20余个,盘活各类存量资金,对2014年财政存量资金4511万元，除政策允许其中保留继续使用结余资金2466万元外，整改结余结转资金2045万元,存量资金下降明显,资金使用效益相应提高。

【努力筹措争取资金】努力拓展融资空间,全年融资27.90亿元，其中发行中期票据10亿元;银行贷款融资10.90亿元，金融租赁等其他方式融资7亿元。通过开展土地出让工作,全年共征缴土地出让金2.71亿元。共争取自主创新、企业发展、外贸促进、财政贴息、棚户区改造、环境治理专项、营改增、污水处理等各类上级奖补资金4.08亿元。加强地方政府债务管理,开展地方政府债券置换工作,共发行地方政府置换债券13.04亿元。

【加大扶持企业力度】积极宣传、落实各类企业奖励政策，全年拨付各类企业发展资金18.40亿元,其中包括:"一企一策"企业投资补助11.42亿元;兑付2014年土地使用税奖励2.25亿元;购房契税及安家补助、自主创新、上市奖补等企业补助等承担资金1.54亿元;兑付区内企业其他各类上级补助资金3.19亿元。

【加强财政监督力度】配合审计机构完成2014年度财政预算收支执行,保障性安居工程的投资、建设、分配、运营等情况审计检查工作;开展对政府性投资项目竣工决算审计工作。配合出口加工区升级综合保税区查验库、进出口商品交易展示中心改造、入口广场改造等工程约谈。

【构建和谐经开区】全面完成19项民生工程任务,共投入各类资金3.71亿元,促进教育、文化、卫生、体育等各项社会事业发展,进一步完善基层公共服务体系。贯彻落实农业保险政策规定,积极筹措保费补贴,全年小麦、水稻等共承保27602.4亩，承担保费4.4万元。惠民项目资金发放做到"一人一卡"，全年通过惠民网发放21个项目,涉及49773人次,发放金额1970.4万元。

【努力推进招商引财】加大招商引资、引财力度。立足财政职责和财税优势,做好已落户项目服务,并配合其他主要招商部门做好项目引进工作,协调解决项目落户过程中所产生的税务、土地、融资等问题。草拟《芜湖经济技术开发区扶优扶强奖励办法》《关于贯彻落实省、市政府促进经济持续健康发展若干意见的通知》等相关政策,用于鼓励和支持企业投资发展。

(芜湖经济技术开发区财政局供稿)

芜湖长江大桥综合经济开发区财政工作概述

【概况】芜湖大桥开发区财政局承担区财政管理、全区区属国有企业融资和资金支付审核、招投标管理、国有资产管理、会计核算等职责。

【强化资金调度和资金支付审核】积极争取市财政支持，要回部分老区债务，缓解部分资金困难;按期归还各项借款本息。同时强化对工程款支付审核,加强对工程款支付的事中审核,所有项目均经过决算审计，按审计结论和合同规定支付款项,提高资金使用效率。

【做好政府性债务管理和化解工作】建立区债务管理组织机构、制定政府性债务化解办法、做好政府性债务的清理和甄别工作、配合完成置换债券的审查工作和债务上报工作;严格按照国家、省、市政府性债务管理规定,规范区政府性债务举债程序,每笔政府性借款业务都报经市政府批准同意,确保贷款程序规范、举债成本合规。

【积极支持民生发展】完成548户棚户区改造任务,积极参与融资方案的制定、修改工作;强化与国开行沟通,确保资金供应,积极按国开行要求使用贷款资金;盘活存量资产,用足政策,为区平稳健康发展积极作为。严格对照中央省有关文件精神,加强费用控制,做好“三公”经费公示、上报等工作,接受各界监督。

【规范招投标行为】区财政招标项目一律邀请采购单位、相关主管部门参加,区纪委监察室全程监督,全程录音,接受监督,评标标准杜绝人为因素。完成35项公开招标采购、货物网上竞价、工程项目审价中介机构招标,节约大量资金,确保政府采购项目公平公正地进行。积极做好招标诚信评价工作。

(芜湖大桥开发区财政局供稿)

无为县财政工作概述

【概况】2015年,全县财政部门坚持稳中求进工作总基调,主动适应经济发展新常态,积极落实稳增长、调结构、促改革、惠民生、防风险政策措施,财政管理和财政改革有序推进,财政各项工作完美收官。

【完成全年收入目标任务】面对经济下行和诸多减收因素带来的双重压力,全县财政部门密切关注宏观经济走势,加强宏观经济形势和财政运行分析。及时分解收入任务,落实征管责任,按月通报收入进度,增强乡镇和部门的“争先进位”意识。月初牵头召开财税工作协调会,对当月收入任务进行再分解、再落实,协调解决征管中存在的困难和问题。在抓好本部门土地出让金、国有资产转让等非税收入征管的同时,积极配合税务部门开展营业税专项清理,强化对房地产、建筑业税收征管。进一步完善考核办法,实行收入进度与资金调度、转移支付、工作经费直接挂钩办法,调动乡镇和部门组织收入的积极性。全年完成财政收入31.9亿元,同比增长8.1%,财政总收入和地方收入均完成既定目标。

【重点支出保障有力】科学调度资金,统筹安排支出,促进预算执行管理提速增效,全县财政支出52.21亿元,增长14.8%。在预算执行过程中,始终把人员经费放在首要位置,及时兑现养老保险并轨调资、年终一次性奖金和政府考核奖等人员支出。及时调度资金,保证县乡机构正常运转。强化民生支出保障,县本级1.5亿元民生配套资金一次性拨付到位。积极落实省、市、县出台的调结构转方式促升级等一系列财政政策,统筹调度资金2.71亿元,及时兑现营改增过渡期扶持政策、企业贡献奖励、企业技改等项目奖励,惠及电缆、商贸服务、建筑和现代农业等行业。筹集重点工程建设资金14.8亿元,有力推进无六路、城南新城、城东园区等重点工程的顺利开展。拨付资金3000多万元,加快高沟建制镇示范试点建设。投入资金3053万元,实施开城、泉塘高标准农田建设项目,促进项目区粮食增产、农民增收。通过足额配套并及时拨付民营经济发展扶持资金2592万元,争取省续贷过桥资金2000万元,兑现金融机构奖励资金879.2万元等多种形式,缓解企业融资困境。兑付创业富民系列优惠政策补助资金2712万元,推动大众创业、万众创新政策的落地。

【持续保障改善民生】按照“保基本、兜底线、补短板、促公平”的原则,积极筹集资金,落实各项民生政策。一是发挥牵头抓总作用。围绕“推进、宣传、考核”三个重点,全年投入民生工程资金16.5亿元,全面实施33项民生工程建设任务,群众幸福感和满意度不断提升。二是强农惠农政策有效落实。全县打卡发放惠农补贴资金90批次21项,发放补贴资金3.86亿元。完成种植业投保面积148.39万亩,发放理赔资金1180余万元,受益农户11.2万户。筹措资金7392万元,实施一事一议财政奖补项目280个,农村基础设施得到进一步完善。坚持政府主导和农民自愿的原则,采取民办公助、以奖代补、先建后补等方式,投资6700万元,支持12个美好乡村中心村建设。三是社会保障体系进一步完善。投入2.1亿元,及时调整兑现城乡低保、五保、民政优抚对象保障水平。拨付资金7.78亿元,及时发放城乡养老金、失地农民养老金和企业退休、军转干部、未参保人员生活补助。四是社会事业不断夯实。落实义务教育保障经费6498万元,保证学校正常运转;安排1000万元,用于校园环境整治;拨付资金2122万元,用于学前教育发展;筹措资金4741万元,支持薄弱学校维修改造。投入1.26亿元,不断深化基层医药卫生体制改革。拨付资金4012万元,用于棚户区改造、发放廉租房补贴等,城镇低收入困难家庭住房问题得到有效缓解。

【推动工作改革创新】一是完善预算编制。基本支出全额保障公开公平,项目预算力争细化讲求实效。编制政府购买服务预算8744万元,探索公办民营、民办公助等模式,支持社会力量参与公共服务领域,提高社会事业运行效率。编制政府性投资项目支出预算40.22亿元,完善项目资金预算管理制度,有效避免项目资金多头支付、管理错位和职责不清等问题,全县建设性项目资金调度"一盘棋"。二是强化政府性债务管理。全年争取上级债券资金16.26亿元,其中置换债券14.68亿元、新增债券1.58亿元,妥善处置政府性存量债务,规范新增债务,全年降低融资成本近亿元。三是深化国库集中支付改革。调整"乡财县管"模式,进一步完善乡镇国库集中支付制度,实行乡镇"一把手"对本乡镇财务管理全面把关、全面负责。通过出台公务卡强制结算目录制度、督促垄断行业加大营业网点POS机具布设工作等措施,纵深推进国库集中支付改革。四是积极盘活财政存量资金。完善存量资金定期清理机制,清理单位结余和财政专户存量资金3.5亿元,用于经济发展和预算平衡。扎实开展国有资产清理工作,清理可变现不动产59.7万平方米,出台国有资产出售、出租相关制度,加强国有资产处置管理。五是规范财政支出管理。严格预算执行,从严控制支出追加,全县全年"三公"经费同比下降8.9%。

【提升资金绩效】一是加强内控制度建设。建立并实施2个内控基本制度和8个内控办法,通过加强内部监督检查,进一步规范财政干部行政行为。二是围绕群众关心、社会关注的医疗保险、养老保险、保障性安居工程等12项民生工程,会同主管部门,按照绩效评价指标体系开展绩效评价,做到"花钱要有效,无效必问责",最大限度发挥财政资金的使用效率。三是加强专项资金监督。严格执行"政府审批制"、"财政告知制"和"责任清单制""三单"制度,进一步夯实部门和乡镇责任。对照《专项资金业务操作规程(试行)》,对业务流程、报账程序和会计核算开展监督检查。全面推行包村干部监管涉农资金,切实发挥包村干部一线监督、一线服务作用。四是扎实开展涉农资金专项检查。牵头组织开展全县涉农资金专项整治行动,涉及6大类120项,资金总额46.61亿元。五是严格审核监督。加大对全县优抚对象、城乡低保、五保供养等10类享受补助(贴)对象打卡发放资金审核力度,核减死亡人员3193人,年节约财政资金300多万元,维护财经纪律。

【强化队伍建设】一是讲规矩守纪律。全力推进财政"三个清单"制度建设,持之以恒落实八项规定。按规矩办事,健全党组议事规则、决策程序和党务政务公开制度,按照民主集中制原则,对"三重一大"事项进行集体研究。落实党组主体责任,履行"一岗双责","谁主管、谁负责",完善约谈、个人重大事项报告和干部职工婚丧喜庆等事宜报批制度,把党风廉政建设抓紧抓实。二是完善用人机制。出台系统内中层干部选拔任用和工作人员交流轮岗制度,把好动议提名关、考察考核关、程序步骤关,坚持一把尺子量到底,通过上挂、下挂等多种方式,选拔用人,做到人岗相适,人尽其才。三是改进工作作风。坚持群众路线,按照"三严三实"要求,扎实开展"弘扬沈浩精神,建设模范部门"和"亲切服务"实践活动,围绕县委县政府中心工作和财政重点工作,积极开展上门会商、结对共建和帮扶联系,着力推进服务型机关建设。制定作风建设负面清单实施细则、督查督办和干部职工内部问责暂行办法等系列制度,进一步健全作风建设长效机制和责任追究机制,定期或不定期开展政风行风巡查,全面落实作风建设各项规定,坚决整治"庸懒散"现象,不断夯实财政干部服务意识和行为准则。

(无为县财政局供稿)

芜湖县财政工作概述

【概况】2015年,全县一般公共预算收入35亿元,增长11.7%。地方一般公共预算收入26.06亿元,比上年增长8.4%。全县一般公共预算支出

35.75亿元,比上年增长8.7%。全县政府性基金收入14.5亿元,比上年下降24.9%。全县政府性基金支出14.7亿元,比上年下降25.8%。全县社会保险基金收入2.12亿元,比上年下降31.4%。全县社会保险基金支出2.9亿元,比上年增长18.5%。

【财政收入规模壮大】面对宏观经济下行压力继续加大的不利影响,努力克服困难,审时度势,积极应对,保持经济社会和谐平稳增长的良好态势。定期召开财税库专题会议,分析研判当前财税收入形势和存在问题,制定抢抓收入的具体措施,确保财政收入序时入库。财税部门进一步加强协调联动,着力加强对重点工程、重点企业、重点税源的税收征管,深入企业进行纳税辅导,帮助企业解决实际问题。巩固“营改增”成果,全年“营改增”收入完成6.1亿元。狠抓主体税种入库,保障税收质量,全年增值税完成11亿元,增长1%;所得税完成7亿元,增长52.7%。

【财政支出结构优化】坚持有保有压,全力保障重点支出,在做大财政“蛋糕”的同时,进一步优化财政支出结构,把资金的重点放在保障和改善民生上,努力提高公共产品的服务能力,推进民生保障体系建设。全年拨付城市低保资金1428.7万元,受益24804户次、34397人次;拨付农村低保资金4182.8万元,受益66333户次、127867人次;拨付6600万元,用于城乡居民基本养老保险基金支出;拨付4.15亿元,支持教育事业优先发展;拨付2.64亿元,促进医疗卫生和计划生育事业发展;通过“一卡通”发放惠民补助资金18类82批次1.7亿元,发放人次为46.7万;整合各类涉农资金9000余万元,重点打造7个新增美好乡村建设点;安排1200万元,用于城市建设和环境整治;安排2.96亿元,用于农业和水利支出;安排人才工作专项资金3000万元,推进人才特区建设。

【民生工程建设改善】全年投入7.26亿元,精心组织实施省定31项民生工程项目。民生工程立足于早部署、早安排、早落实,及时分解工作任务:一是对建设类项目提前做好工程规划、勘探设计、招投标等准备工作,做到5月份全面开工;补助类项目完成摸底调查、审核、公示等工作,保证项目按照序时进度推进。二是加强部门间沟通与协调,在符合规定的情况下,简化土地、规划、采购等程序和手续,对推进难度大、困难多的重点民生工程项目,县政府分管领导负责跟踪联系,及时帮助解决项目实施过程中存在的困难和问题。三是健全推进机制,在继续实行一月一调度、一月一督查、一月一通报机制的基础上,执行“四单”通告办法,即“重点任务提示单”、“任务完成通报单”、“督查反馈单”,“实施情况抄告单”。四是加大考核力度,制定《芜湖县2015年民生工程考核办法》,采取“督查销号制”、“红牌警告制”、“考核问责制”,确保年度目标任务圆满完成。

【服务经济发展能力增强】发挥财政职能作用,支持调结构转方式,引导传统产业升级改造,鼓励新兴产业发展,培植壮大县域财源。积极为企业排忧解难,着力优化经济发展软环境,建立运行“新芜经济开发区企业财税信息管理系统”,促进企业信息资源共享,全年共兑现产业扶持资金2.8亿元,帮助企业担保7.2亿元,调头资金3.4亿元,有效地促进开发区企业造血再生,开发区企业共完成税收收入12亿元。加大向上争取力度,积极研究上级政策、把握政策走向,主动配合有关部门做好项目筛选、上报工作,争取到位各类资金16亿元,支持重点项目和基础设施建设,为全县经济社会发展提供保障。

【财政管理水平提升】全面推行国库集中支付,深化部门预算改革、非税收入管理改革,推进公务卡改革,推进预算信息公开,建立高效集约安全的财政支撑应用平台;推进预算信息公开,按规定时间公开政府预决算、部门预决算和“三公”经费预决算;盘活财政存量资金,加强财政结余结转资金管理,规避财政资金风险,实现财政资金的保值增值。建立健全财政项目申报制度,进一步规范财政项目申报程序,逐步建立健全科学、民主的财政项目决策和管理程序。加强支出的规范化管理,进一步完善财政审批制度,严格按照预算安排支出,严格控制追加预算,大力压缩一般性支出,把有限的资金用在刀刃上,不断提高财政资金效益。完善财政监督制约机制,整顿财经秩序,开展“收支两条线”专项清查、国有资产租赁收入专项治理,确保财政资金安全高效运行。全年“三公”经费同比下降18%,处置国有资产59户,处置收入1亿元。

【财政干部素质提高】重视干部队伍建设,安排干部职工学政治、学理论、学业务。加强机关作风建设,进一步增强大局意识、发展意识、服务意识和廉洁意识,努力建设效率财政、服务财政、法制财政、阳光财政,不断提高行政效能和服务水平。连续多年被县委、县政府授予“目标责任制考核优秀单位”,被市委、市政府授予全市“文明单位标兵”。

(芜湖县财政局供稿)

南陵县财政工作概述

【概况】2015 年, 南陵县财政收入完成 23.43 亿元,占预算的 100%,比上年增长 12.9%,比上年增长 12.9%; 支出 31.25 亿元, 占调整预算的 100.3%,同比增长 6.48%。

【财政服务发展】认真落实“稳增长”扶持政策。扎实开展清理规范税收等优惠政策,创新财政投入方式, 大力支持结构性调整和经济发展方式转变,积极培育和壮大新的财源增长点,全年累计拨付中小企业融资担保公司民营经济发展及贷款风险补偿基金 3530 万元、小微企业续贷过桥资金 4800 万元、各类产业发展基金 8216 万元。积极推进大众创业、万众创新。设立创业富民专项扶持基金,加大创业孵化基地建设投入,全面落实技改创新奖励、劳动密集型企业贷款及小额贷款贴息、岗位补贴等扶持政策,全年累计拨付创业富民奖励、劳动密集型企业贷款及小额贷款贴息等各项补助资金 1309 万元。积极支持县重点工程建设。扩大财政有效投入,加快资金拨付进度,通过预算安排偿债基金、拨付土地出让金、争取上级专项补助、配套项目资本金、债券发行期间利用库款临时调度等方式,全力支持县重点项目建设。

【优化支出结构】认真实施 30 项民生工程。加强民生工程预算保障,强化项目实施监管,加快项目资金拨付进度。全年累计拨付 30 项民生工程资金 8.12 亿元,全口径民生支出 26.84 亿元,占财政支出的 85.88% 。扎实做好惠民补贴发放。全面落实社保提标扩面、“老字号”群体工龄补助、高龄补贴、廉租房补贴等各项惠民政策,全年发放城乡居民养老、低保、五保户、军转干、优抚、未参保人员以及廉租房补贴等各类惠民补贴 35 项, 打卡 109 批次,补贴资金 19531 万元,惠及 100 万人次。推进一事一议财政奖补和政策性农业保险工作。全年统筹财政奖补资金 2788 万元, 批复实施一事一议建设项目 110 个,开工建设项目 110 个,开工率为 100%。拨付政策性农业保险补贴 350 万元,完成常规险种参保面积 79.12 万亩,特色农产品保险参保面积 20.14 万亩, 能繁母猪参保 1.04 万头。加强支农资金整合管理。完善立项竞争机制,积极申报涉农项目,重点支持产业化龙头企业和农民合作经济组织建设。全年申报获批支农整合项目 27 个,争取上级财政补助资金 3693 万元。大力支持美丽乡村建设。持续加大美丽乡村建设投入,当年筹集各类建设资金 5957 万元,支持 12 个省级美丽乡村示范点建设。

【加强资金统筹】加大预算统筹力度。全面统筹上级专项补助、一般公共财政预算和相应的项目基金以及财政专户和单位往年结余等资金,统筹安排好政府各项收支。对教育、水利、交通、住房建设等部门,推行项目“切块”预算,年度内新增项目和项目之间调整,只能按程序在“切块”预算限额内统筹调剂使用。全年预算支出进度明显加快。积极盘活存量资金。继续落实县本级预算年度结转结余清“零”管理规定,对 2012 年度及以前省补各类项目结转结余资金,按规定全部收回财政国库统筹管理,通过转拨、“借转支”等方式调整安排用于落实“稳增长” 扶持政策和县重点建设项目等对应支出。全年累计清理盘活各类财政存量资金 3.58 亿元。努力提高收入质量。积极协调各镇及国、地税征管部门,进一步压实收入征管责任,加强收入形势分析,加强协调配合,加大调度力度,有效开展以企业所得税重点核查和欠税清理为主要内容的组织收入“百日会战”等工作,全年清理欠税 5085 万元,查补税收收入 2082 万元,确保“十二五”财政收支目标圆满收关。

【推进管理改革】推进预算管理改革。严格执行《预算法》管理规定,加强预算编制,严格预算执行,推进预算公开。进一步完善县级预备费管理制度,严格动支预备费审批程序,全年追加支出 61 批次,同比减少 876 批次,预算约束力明显增强。完善国库集中收付管理制度。将不符合纳入财政专户管理规定的财政专项资金逐步从财政专户中剥离出来。纳入国库集中收付制度“封闭”运行。按照“保工资、保运转、保民生”的支出顺利,合理安排支出,财政资金保障和调度能力大幅提高。加强部门预算执行管理。进一步明确管理职责,加强内控管理,优化支付流程,将适合部门管理的项目预算统一下达部门和单位管理,减少部门、银行和财政之间资金频繁往来,部门预算支出效益进一步提高。规范镇级资金调度。推进镇级国库集中收付管理制度改革,建立镇级日常资金调度与收入进度和财力挂钩办法,提高镇级基本支出保障能力。严格政府债务管理。明确债务管理规定,编制债务收支计划,严格债务举债程序,多渠道筹资化解债务。全年争取新增政府债券收入1.03亿元,置换债券收入6.60亿元。

【夯实工作基础】加强国有资产监管。进一步规范行政事业单位资产处置行为,强化国有企业产权维护,推进国有资产管理信息化建设,启动公务用车改革各项准备工作,确保国有资产保值、增值。加强政府采购管理。推进政府采购电子化系统平台建设,全年采购预算金额8.35亿元,实际采购金额约5.93亿元,节约资金2.42亿元,节约率28.9%。加强“三公”经费管理。坚决贯彻中央“八项规定”,强化日常支出监管,严格执行公务卡结算管理制度,全年“三公”经费支出下降明显。加强镇村两级财务管理。推进财政管理一体化信息化系统管理,切实加强村级“三资”队伍建设,强化业务培训,建立互审机制,进一步提升镇村两级财务管理队伍的业务技能、管理水平和执行能力。加强非税收入监管。健全以票控收机制,强化日常监督检查,不断规范非税收入执收行为和代收行为。加强机关效能建设。坚持“依法履职不缺位,文明服务不懈怠”,认真开展“党的群众路线教育实践活动”、“双联系”和“文明创建”等活动,着力提升财政干部综合素质。

(南陵县财政局供稿)

繁昌县财政工作概述

【概况】2015年,全县完成财政收入41亿元,比上年增长5.7%。全县公共财政预算收入完成30.64亿元,增长16.7%,其中,县本级完成17.91亿元,下降14.1%,镇级完成23.1亿元,增长28.6%。全县公共财政预算支出实现38.66亿元,增长13%。其中,县本级支出21亿元,下降6%;镇级支出17.66亿元,增长48.8%。

【强化财政收支管理】坚持依法征税,严格落实减税、清费政策。定期召开财税联席会议,加大财税部门统筹协调力度,解决财税征管中的困难和问题。强化县镇联动,努力实现财政收入平稳增长。建立规上工业企业、物流企业、矿山企业、房地产建筑安装企业和入库30万元以上企业数据信息库,动态掌握企业产销、税负等指标变化,把握组织收入主动权。积极准备“营改增”扩围工作,重点开展房地产建筑安装企业税收发票专项检查,组织入库税收2686万元;从严预算编制,人员经费核编到人,公用经费按定额,项目经费按运转类和非运转类核定。从严控制预算追加,降低行政运行成本,全年单位专项追加629万元,同比下降46%。强化因公出国、公务接待及公务用车管理,全年“三公”经费支出同比下降13.6%。开展全县存量资金清理工作,收回结转结余资金11600万元。

【促进经济转型升级】落实扶持实体经济政策,出台促进经济持续健康发展30条意见,简化奖补资金兑付流程。全年兑现各类政策扶持补助资金49704万元,其中“营改增”财政扶持资金30343万元,3D打印企业扶持资金1260万元,电子商务企业82万元,“小巨人”扶持资金650万元。加大中小企业财政金融支持力度。拨付县金繁担保公司风险补偿金3000万元和民营经济发展专项资金1184万元,增强政策性担保机构实力和抗风险能力。全年落实政银担合作项目101笔,涉及企业69户,融资50564万元。拨付县建投公司过桥资金5000万元,向35户中小微企业提供临时性资金支持66批次,周转贷款54224万元,帮助企业渡过难关。奖励容川机电成功挂牌200万元,预借马仁奇峰、爱瑞特环保、纵深管桩、金贸流体上市前期费用各100万元,积极推进企业上市工作。财政与相关部门积极争取上级涉企补助资金8565万元,惠及企业40户。

【支持社会事业发展】继续加大民生投入,稳步实施33项民生工程,投入资金6.9亿元。补助义务教育阶段家庭经济困难寄宿生生活费31万元,投入388万元维修校舍18000平方米。新型农村合作医疗参合率达到113.5%,支出资金9530万元。落实药品零差率补助政策,按公立医院就诊人次数拨付补助资金511万元。实施城乡医疗救助15144

人,支出资金812万元。城乡居民基本养老保险参保总人数达14万人,参续保率达81.49%,发放养老金5902万元。农村五保供养及敬老分散和集中年供养标准较上年增长10%,发放保障金894万元。为5906名80岁以上老人发放高龄补贴235万元,养老机构综合责任保险实现全覆盖。发放老民师、老养路工等“七老”人员工龄补贴104万元。农村居民最低生活保障标准较上年增长10%,发放低保金3299万元。享受计划生育家庭特别扶助对象205人,发放特扶资金78万元。县公共图书馆、文化馆、6个镇综合文化站实行免费开放。

【统筹推进城乡建设】继续加大财政投入和投融资力度,统筹推进城乡建设。投入4500万元,实施S321公路升级改造。安排400万元,实施县城区绿化提升工程。安排1072万元,进行城区环卫保洁市场化运作。推进新型城镇化建设,落实各类人员创业就业购房安家生活补贴和住房保障政策,全年累计发放安家生活补贴1203件,兑现补贴3757万元。投入1332万元,完成52个农村“一事一议”财政奖补建设项目。投入1537万元,推动平铺2015年土地治理项目建设。积极支持农业规模化经营,兑付土地流转奖补资金506万元。落实强农惠农补助政策,发放财政补贴资金14712万元,涉及补贴项目54项,惠及农民48.65万人次。拨付秸秆禁烧奖补资金1072万元,培育秸秆综合利用市场体系。

【加强财政监督管理】健全政府预算体系,完善预算管理,全面公开政府预决算、部门预决算和“三公”经费预决算。加强政府性债务管理,开展存量债务清理甄别工作,当年争取地方政府置换债券资金11.8亿元、新增债券资金1.19亿元,年度节约政府资金成本5000多万元,有效缓解到期债务偿还压力,保障在建项目有序推进。强化国有资产监管,将全县经营性资产纳入金昌公司统一运营管理。强化预算单位结转结余资金监管。聘请中介机构,对预算单位存量资金进行审计清理;对7户房地产企业和1户连锁超市进行地方各税专项检查,查补税收683万元。

(繁昌县财政局供稿)

宣城市财政工作综述

宣城市财政工作概述

【概况】2015年，全市财政收入完成188.9亿元,增收14亿元,增长8%。其中,地方财政收入完成131.6亿元,增收11.4亿元,增长9.5%,占财政收入比重为69.7%。全市财政支出完成 243.2亿元,增支20.6亿元，增长9.3%。其中，财政民生支出完成203.2亿元,占财政支出的比重达83.5%。

【服务发展稳增长】以财政收支平稳运行为基础，从优化供给和改善需求两侧精准发力，助推“三驾马车”加力提速,为稳增长提供强大动力,推动全市经济在平稳合理区间运行。全面落实稳增长政策。认真执行结构性减税和普遍性降费政策,依法依规减轻企业负担，为企业发展营造良好的环境。统筹安排资金2.9亿元,支持政策性融资担保体系建设,发挥续贷过桥资金作用,畅通金融支持实体经济特别是中小企业的管道。认真贯彻落实国发〔2015〕25号文件精神,及时兑现各类财政奖补资金14.4亿元,提振市场信心,促进可持续发展。切实扩大有效投入。争取中央预算内投资和省补助资金13.1亿元,推动重大项目、重点企业开工,引导企业和社会资本加大投资。市本级统筹安排城市建设项目资金35亿元,推进城建重点项目加快建设,发挥区域核心城市优势,拉动区域经济增长。大力推进PPP项目,撬动社会资本25亿元,支持重点项目建设。改善和增强有效需求。及时兑现机关事业单位工资改革支出10.2亿元,足额发放农资综合补贴等各项惠农补贴资金9.9亿元,扩大城乡消费需求。支持大众创业、万众创新工作,夯实增长基础。积极支持外贸发展,全市安排出口退税9亿元,引导企业实施外向发展战略。

【创新体制促改革】坚持问题导向,注重统筹创新，积极推进财政改革。推进预算管理制度改革。完善全口径预算编报体系,加大政府性基金预算、国有资本经营预算与一般公共预算的统筹力度。深化部门预算改革,进一步完善基本支出定额体系,重建预算单位项目库,邀请人大代表、政协委员,对项目支出预算实行专家评审。继续推进财政预决算信息公开。推进财政支出绩效评价和第三方绩效评价改革,建立健全财政工作稽核体系。盘活财政存量资金。认真贯彻落实国办发〔2014〕70号文件精神，强化财政存量资金管理，对长期“趴窝”资金一律收回预算,统筹安排支持经济发展和民生领域，全年盘活财政存量资金23亿元，资金盘活率为97.6%。开展市直单位实有资金账户财政统管,强化财政性资金统一调度,增强政府的资金统筹能力,放大财政资金效应,支持经济社会发展。激活财政投入方式。市本级设立产业投资基金,母基金首期规模5亿元。下设重点产业投资基金、产业投资引导基金和产业扶持基金三支子基金,充分发挥财政资金的引导和撬动作用,带动社会资本投入,支持市本级企业做大做强,支持国家战略性新兴产业、高新技术企业及科技成果转化企业等发展,推动大众创业、万众创新。

【科学理财调结构】创新扶持政策,发挥财政资金引导作用,推动经济转型升级。促进重点产业发展。统筹整合产业发展基金、中央和省财政产业扶持资金等8.7亿元,灵活运用投资补助、财政贴息等多种方式,支持汽车和装备制造、食品医药、新材料等重点产业升级步伐加快，战略性新兴产业集聚发展提速。落实市长质量奖、争创名牌、企业上市、工业企业“小进规”等奖励政策,激发市场新活力。推动文化旅游产业发展。多渠道筹措资金 1.8 亿元,支持文化旅游 28 个重点项目建设。统筹文化产业发展资金和旅游发展资金 1.5 亿元,支持文化产业发展，支持旅游宣传推介和景区品牌提升。促进城乡统筹发展。争取中央和省财政支农专项、农业综合开发等资金 12.2 亿元,支持现代农业和农田水利基础设施建设。深入推进村级公益事业建设“一事一议”财政奖补工作,完成项目 791 个,兑现财政奖补资金 1.1 亿元。政策性农业保险财政保费补贴 0.6 亿元,赔付 0.2 亿元。

【加大投入惠民生】围绕民生工程和民生实事,进一步加大投入,让民众共享改革发展红利。实施 33 项民生工程。充分发挥财政部门牵头作用,完善工作机制,压实工作责任,确保 33 项民生工程项目全面有序推进。全市拨付民生工程资金 35.2 亿元,增长 9.7%,补助类项目按序时进度足额发放,参保类项目有序开展,工程类项目全部完成目标任务。促进社会事业发展。投入财政教育资金 35.5 亿元,支持教育优先发展;拨付就业专项资金 2.1 亿元,支持实施积极的就业政策;拨付资金 7.4 亿元,支持医药卫生体制改革,推进基本公共卫生服务均等化;安排资金 3.3 亿元,支持公共文化服务体系建设,支持博物馆、文化馆、图书馆免费开放；推进社会管理创新，安排资金 0.3 亿元,支持市政务云计算中心、市社会服务信息化平台建设;投入财政专项资金 2.2 亿元、整合涉农资金 4.5 亿元、引导社会资金 1.6 亿元,支持美好乡村建设。支持推进“六城同创”。统筹安排资金 0.5 亿元,支持全国文明城市、国家森林城市、国家园林城市等创建工作,进一步彰显“山水诗乡、多彩宣城”魅力。

【强化监管防风险】树立责任意识、风险意识,严格预算约束,严肃财经纪律,强化财政监督。坚持厉行节约。认真贯彻落实中央“八项规定”和省、市“三十条”要求,采取积极措施,大力压缩“三公”经费等一般性支出,努力降低行政成本。全市“三公”经费支出 2.18 亿元,同比下降 17.97%。注重风险防范。加强地方政府性债务管理,建立规范的政府举债融资机制,严格新增债务管理。积极争取和使用好置换债券和新增债券资金,降低债务成本,保障建设资金需求。加强动态监测,密切关注债务率、新增债务率和逾期债务率等风险预警指标,加强风险防控,切实防范债务风险。强化财政监督。建立健全覆盖所有政府性资金和财政运行的全过程监督机制，深入开展贯彻中央八项规定、“小金库”清理、财政预决算公开、涉农资金整治等专项检查,规范财政管理。建立财政内控制度,完善内部业务流程,规范权力运行,防范财政风险。

【夯实基础抓落实】落实党组推进全面从严治党主体责任,确保各项工作落到实处。认真履行党风廉政建设“两个责任”。制定出台《关于落实党风廉政建设党组主体责任和纪检组监督责任的实施办法》和《中共宣城市财政局党组工作规则》,把“两个责任”融入到日常工作和业务管理之中。开展“三严三实”专题教育。坚持问题导向,领导示范带头,高标准严要求推进专题教育。组织开展“严以修身”、“严以律己”、“严以用权”、“四个自觉”专题研讨。局党组梳理四大类 41 条意见建议,纳入问题清单管理,稳步抓好整改落实。夯实党组织和党员队伍建设。选举产生市财政局第一届直属机关党委和纪委委员,配备专职党委副书记。局直属机关党委下设 4 个党支部,共有党员 71 名,预备党员 1 名,入党积极分子 14 名。加强干部队伍建设。树立敢于担当、注重落实、善于创新的用人导向,营造公道正派、公平公正的用人环境。出台《宣城市财政局工作人员庸政懒政怠政行为问责暂行办法》,加大对违反制度规定问责力度,强化“严管就是厚爱”干部管理理念。2015 年新提拔科级干部 23 人,新招录(招聘)年轻干部 5 人,进一步改善干部队伍结构。共交流轮岗干部 19 人次,有效防止以权谋私等岗位腐败现象发生。

(宣城市财政局供稿)

宣州区财政工作概述

【概况】2015 年,宣州区财政局严格按照“三严三实”各项要求,积极适应经济发展新常态,创新管理机制,深化财政改革,主动作为、破解难题,财政各项工作取得明显成效，有力促进全区经济和各项社会事业平稳发展。全年实现财政收入33.42亿元,较上年增收1.3亿元,同比增长4%。其中:地方一般预算收入完成24亿元,同比增长9.7%。

【加大组织收入力度】顶住经济下行和各种减收因素增多的巨大压力,攻坚克难,综合挖潜,实现转型期财政收入提质增量,较好完成全年收入目标任务。一是强化税源监控。在全区开展税源普查和重点税源调查工作,建立税收台账,及时掌握税源动态,在做好对重点税源和主体税种监控的同时,充分挖掘税源,加大对交通运输企业等征收难度较大税收的监管力度,通过各收入征管部门、乡镇办事处等共同努力,有效防止税收流失。二是注重部门协调配合。建立财税库会商制度,定期研究分析收入形势,建立财政收入月调度制度,及时解决征收管理中存在的问题,确保财政收入稳步增长。三是严格非税收入征管。坚持以票管费、票款同行的原则,完善收入收缴方式,建立健全"单位开票,银行代收,财政统管"非税收入管理办法,实行征收管理网络化,从源头规范非税收入收缴行为。经努力,当年实现财政收入33.42亿元,财政收入总量连续五年在全省14个县改区中位居第一。

【支持全区经济发展】一是加强园区建设。安排地方政府置换债券归还园区到期债务2.19亿元,大力支持"两区四园"建设,切实提升园区承载力。二是促进工业企业发展。继续安排2000万元工业发展专项资金,兑现企业契税、城镇土地使用税等先征后返资金8100万元,制定并印发《关于规范执行财政奖扶优惠政策的通知》以及《关于继续执行财政扶持政策的通知》等文件,明确奖扶政策及兑现办法,促进企业做大做强。三是加大招商引资投入。安排招商引资专项经费342万元,并兑现招商引资工作奖励资金504万元,补助招商引资企业1150万元,为全区招商引资工作提供有力资金保障。四是加大中小微企业和农业企业的扶持力度。统筹安排1200万元增加宣城市振宣中小企业担保公司注册资本金,统筹安排500万元增加宣州区现代农业融资担保公司注册资本金,切实解决中小微民营企业和农业企业发展中存在的资金困难;安排超过6400万元金融奖励资金,切实提升金融企业服务全区经济发展能力。

【着力保障改善民生】继续坚持向民生倾斜,倾力改善与人民群众息息相关的社会公共事业。投入10.86亿元,其中区级配套资金1.7亿元,全面实施省33项民生工程。加大社会保障投入,发放城乡居民基本养老保险资金12830万元、农村低保4375万元、五保供养1103万元;重点保障基本医疗卫生投入,全年区本级财政落实基层医疗卫生机构财政补助资金3389万元(其中新增财政补助资金2060万元)、新农合补助资金2752万元、城镇居民医疗保险资金533万元、县级公立医院药品零差率补助资金132万元;丰富群众文体生活,拨付文化建设专项资金及公共文化场馆免费开放等资金410万元;落实基本住房保障投入,安排危房改造、廉租房与公共租赁住房保障财政资金4332万元;加快农村公共基础设施建设投入,全年安排农村安全饮水资金4727万元,解决9.8万农村居民饮水安全问题,新建、续建农村公路危桥加固各3座,安排资金2171万元。

【落实支农惠农政策】深入贯彻落实各项惠农政策,加强农业基础设施建设,努力改善农业生产条件,提高农业综合生产能力,促进现代农业发展。一是不断扩大惠农补贴发放面。除27大类惠农补贴发放项目以外,通过"一卡通"新增惠农补贴发放项目4个,全年共发放惠农补贴3.08亿元,享受补贴农户127万户(人次),全区惠农补贴发放水平进一步提高。二是稳步推进现代农业发展。编制宣州区2016—2018农业特色产业规划,推进农业综合开发工作,申报争取项目11个,项目总投入5635.4万元,其中,上级财政投入资金4851万元。三是扎实开展一事一议财政奖补工作。审核、审批一事一议财政奖补项目155个,项目总预算金额7158.2万元;其中,财政奖补资金3044万元,其他资金4144.2万元,涉及道路、小型农田水利设施、村容美化亮化等项目建设,有力改善农村生产生活环境。四是全面推进农业保险承保工作。全区种植业承保116.6万亩,商品林承保11.23万亩,公益林承保38.14万亩,区财政匹配资金共计593万元。五是强化财政专项扶贫资金管理。坚持"省负总责,市级统筹,县抓落实"的原则,将财政扶贫资金直接用于建档立卡贫困村,每个村安排扶贫资金30万元,重点支持贫困村的产业发展。

【提升财政管理水平】一是加强预算编制和执

行管理。细化部门预算编制，严格控制预算执行中的追加事项。出台《宣州区政府投资项目管理暂行办法》，完善政府投资项目储备库和年度计划管理，建立政府投资项目预算评审制度，建立健全覆盖全区的财政预算执行动态监控体系，继续推进和完善国库集中支付改革和公务卡结算制度。二是强化政府性债务管理。制定《宣州区政府性债务风险管理考核办法》，严格控制债务规模，加强债务限额管理及置换存量债务工作，坚持首先安排置换当年到期债务本金，其次安排置换未到期的高息债务，共完成置换存量债务70656万元。三是深入推进预决算公开。按照《预算法》要求，将有关信息在区政府网站和部门网站全面公开。2015年的部门预算和"三公"经费预算以及2014年的决算信息均按时完成公开。

【完善财政监管体系】一是大力压减"三公"经费。严格执行"三公"经费支出月报制，加强支出监控，严控"三公"经费规模。全区"三公"经费为2725.6万元，比上年减少22.03%。二是强化财政资金监管。加大对民生工程、重点工程等财政资金的监督检查力度，出台《推行包村干部监管涉农资金办法》，有力保障乡镇各项财政资金使用的安全性、规范性和有效性。三是全面开展财政系统内控制度检查。查出问题82条，现场整改8条，列出问题整改清单74条，及时召开检查总结、整改会议，真正做到解决问题、去除积弊，将"抓基层、打基础"工作落到实处。四是持续开展乡镇财政财务业务互查互审工作。分别于年中和年末，对全区24个乡镇办事处财政所(分局)进行互查互审，重点检查经费账户的收支情况、档案管理工作以及"服务型财政所创建"、"包村工作试点"等方面，对发现查处的问题，及时督促整改到位，切实提高乡镇财政财务业务水平。五是强化会计监督检查。制定2015年度会计监督检查方案，对区红十字会、区慈善协会、宣城惠生垃圾清运处置有限责任公司开展专项检查，重点检查会计核算、报表编报、会计档案管理等方面情况，针对检查发现问题及时下发处理决定，督促被检查单位完善财务制度，规范财务行为。

【切实转变工作作风】一是扎实开展"三严三实"专题教育。自2015年5月开始，在全区财政系统启动实施"三严三实"专题教育，开展集中学习8次、专题研讨交流5次、调研走访27次，通过发放意见表、召开座谈会等方式，深入查摆党员干部，尤其是领导班子及班子成员自身存在的问题，并积极加以整改，切实做到边学边改、边干边改，努力打造勤政廉洁、高效为民的财政干部队伍。二是持续推进作风建设。开展"马上就办，办实办好"活动，提高财政干部工作效率和责任意识。推进服务型财政所创建，在全区财政系统开展"四比四看"活动，即"比业务、看服务，比作风、看形象，比干劲、看实绩，比创新、看成效"，使财政干部在思想和业务上得到相互促进、相互提高，财政所(分局)自身建设得到显著加强。全年共有10个财政所(分局)荣获"创建服务型财政所(分局)市级示范单位"称号。其中，孙埠、水东、杨柳、洪林、周王5个财政所(分局)创建工作受到省财政厅发文表彰。三是加快干部培养步伐。全年区财政局机关提拔主任科员1名、副主任科员1名，开展交流轮岗13人，提拔9名科室(二级机构)正职、8名科室(二级机构)副职。对基层财政所(分局)，先后提拔3名财政所长和5名副所长(副分局长)，财政干部队伍结构得到优化。

(宣州区财政局供稿)

宁国市财政工作概述

【概况】2015年，在上级财政部门的正确指导和关心下，在市委的坚强领导下，在市人大、政协的监督支持下，宁国市财政局认真贯彻落实党的十八届三中、四中、五中全会精神和中央经济工作会议精神，深化财税改革，积极发挥财政职能作用，努力适应新常态，着力稳增长、调结构、惠民生、促改革，为全市经济社会的全面发展提供坚实的财力保障。

【收支运行平稳有序】创新工作机制，加大依法综合治税力度，加强非税收入管理，促进各项税费及时足额缴库。全年全市累计完成财政收入39.07亿元，占年初预算的100%，比上年增收2.56亿元，增长7%。全市完成财政支出37.32亿元，比去年同期增支5.07亿元，增长15.7%。

【全力服务县域经济】及时跟踪研究上级部门各项政策，积极做好对接，争取项目资金，服务地方经济发展。认真落实科技创新、招商引资、工业经济发展等财税政策，统筹安排扶持资金2.8亿元;共申报项目(含补贴项目)39个，到位专项(补贴)资金17362万元。创新思路，不断拓宽融资渠道，多方筹集资金用于文明城市创建、城市基础设施建设、园区配套设施建设及还本付息，提升了城市功能。采用新型“政银担”模式，分散担保风险，全年发放“政银担”贷款60笔，金额达1.8亿元。

【支持强农惠民事业】继续实施省定33项民生工程，全年筹集拨付资金6.23亿元，民生工程年度目标任务全面完成。圆满完成2014年县级支农资金整合建设任务和现代农业发展项目建设任务。组织实施2014年度农业综合开发项目9个，项目总投资3173.61万元，扎实推进美好乡村建设，全力开展涉农资金专项整治行动。确保一事一议财政奖补项目实施率100%，并全部按时、按质完成建设任务。全市全年政策性农业保险投保覆盖率100%。全年通过“一卡通”发放各类惠农补贴项目20余项，补贴资金为9900 万元。

【提高财政管理水平】继续深化各项财政改革，加强债务管理，全面实施预决算公开，出台《宁国市综合治税平台考核暂行办法》，加强改造综合治税平台建设，提升财政信息化水平，拓宽税基，规范纳税秩序，堵塞税收漏洞，促进收入征管。实施政府性资金存放商业银行管理改革工作和政府购买服务工作。继续做好“营改增”扩大试点工作，将建筑业纳入改革范畴。推进国库集中支付制度。

【提升科学理财水平】加强“三公”经费管理，确保“三公”经费只减不增，当年全市“三公”经费共计5623.81万元，比上年下降20.17%。大力开展财政监督，推进预算绩效评价，强化乡镇财政资金监管，做好农村财会人员财政支农政策培训，推动企业会计准则贯彻实施，做好会计人才培训，大力推进校企合作，开展合作办学。完满完成人大建议、意见和政协提案交办工作。

【防控政府债务风险】主动顺应新形势，着力提高防控债务风险，切实加强政府性债务规范管理的意识。严格执行《宁国市政府性债务管理暂行办法》，依法对地方政府债务实行限额管理，在省财政厅下达的债务限额内按程序举借债务。当年本市共争取置换债券资金183665万元，新增债券12020万元，债务置换后减少融资成本近9000万元。存量债务获得展期，保障本市2015年新建项目顺利实施。安排100万元乡镇化债奖励资金，对化解债务成效显著的乡镇进行奖励。

【机关效能稳步提升】大力开展“三严三实”主题教育活动，坚持每月集中学习，进一步完善内部制度，做到依法行政、政务、党务公开。认真改进会风、文风、作风，开短会、写短文、简化公务接待、控制接待标准，严禁婚丧嫁娶大操大办;及时在政府网站和部门网站上发布财政工作动态和政策文件，认真办理、解答群众的提问、建议和投诉。进一步加强党风廉政建设活动，明确党风廉政建设具体工作和措施，加强党风廉政建设的宣传教育，提高财政干部廉洁自律意识。

(宁国市财政局供稿)

郎溪县财政工作概述

【概况】2015年，在县委、县政府的正确领导下，全面贯彻党的十八大和十八届三中、四中、五中全会精神，以财政管理基础工作和基础建设为抓手，加大税收征管力度，提高财政收入质量，认真落实惠民政策，强化优质服务，全力调结构、转方式、促发展，紧紧围绕县委、县政府的经济发展目标，努力推进全县经济社会全面和谐发展，为全县各项事业持续、健康发展提供优质的服务。

【多方协调狠抓收入征管】一是强化组织收入目标责任制，层层压实责任;强化税收监测分析，实时掌握企业生产经营情况，定期研究、分析全县经济运行情况，抓牢财政收入主动权;健全完善财税库联席会议制度，注重与国地税等部门的沟通协调，加强税收分析和收入调度，充分挖掘财税增收潜力，形成组织收入合力，确保税收收入及时足额收缴入库。二是加强非税收入收缴执行情况分析，及时掌握全县非税收缴进度和非税征管动态。持续深化非税收入征管改革，加强非税项目库建设，改进缴款模式，推广应用非税收入POS机刷卡缴费，积极推行“财政直征”模式，突出以票管收，规范收入退付，加强资金核算。推进票据改革稳步实施，规范非税收入管理和票据管理，科学把握非税收入征收力度，确保非税收入应收尽收、应缴尽缴。2015年，全县公共财政预算收入累计完成

218303 万元,增长 8.3%。

【多措并举优化支出结构】全县公共财政预算支出累计完成 287139 万元(其中:县级支出 229802 万元,乡镇级支出 57337 万元),增支 30290 万元,增长 11.8%。一是加强预算部门工作联动,高标准、严要求编制完成本县 2015 年财政收支预算。二是加强预算支出执行管理。建立健全预算执行月度分析制度,及时掌握预算执行动态,特别是加强对预算收支执行、国库存款、结转结余、暂存暂付和财政专户资金情况分析。针对影响预算执行的薄弱环节和关键问题,采取有效措施,促进预算执行管理提速增效。三是落实扶持政策。积极落实财政扶持政策,简化流程、缩短时间,及时兑现各项优惠政策。2015 年,累计办理各类扶持资金 12136 万元,有效缓解了企业资金周转压力,推动县域经济发展。四是严格六项经费支出管理。制定了《郎溪县县直机关差旅费管理办法》等 7 个管理办法,明确开支标准,强化预算约束,牢固树立过紧日子思想,坚持厉行节约,大力压缩六项经费预算安排,严格六项经费支出管理,加强六项经费监督检查,确保六项经费只减不增。2015 年,全县六项经费共支出 2722.28 万元,比上年同期下降 22%。五是构建涉税平台。积极构建“政府领导、部门配合、社会参与”的涉税信息交换与共享机制平台,进一步健全税源控管机制和手段,促进依法征税。六是加强地方政府性债务管理。严格按照要求及时上线地方政府性债务系统,确定专人负责动态管理债务工作,及时更新债务信息,严控风险,防范隐患。七是积极推进 PPP 模式。成立郎溪县政府和社会资本合作领导小组办公室,全力推进政府和社会资本合作模式,拓宽融资渠道,提高公共产品的供给质量和效率。2015 年,通过运用 PPP 模式,组织实施了郎溪县污水处理厂及配套管网建设项目,完成省道 214 郎溪段四期、五期改建工程建设项目协议框架。八是加强财政资金支出监管。严格财政资金支出管理,健全监督管理机制,确保财政资金使用安全有效。九是强化财政资金绩效管理。按照“花钱要有效、无效必问责”的绩效管理理念,对全县除民生工程项目外的 14 个项目实施绩效评价,涉及教育、科技、卫生、等多个领域,提高财政资金使用效益。十是开展“小金库”专项治理工作。下发《关于进一步加强“小金库”长效机制建设的通知》,督促各乡镇、县直各部门开展自查自纠并进行承诺。

【多元驱动统筹城乡发展】一是做好项目资金争取工作。主动加强与省、市财政部门及各主管部门之间的联系,积极做好项目申报、争取以及谋划情况汇总上报工作。二是大力推进政府购买公共服务工作。扩大政府购买公共服务项目和资金规模,实施政府购买公共服务项目 17 项,预算安排政府购买公共服务经费 4915 万元,比上年增加 789 万元,增长 19.1%。三是实施“全面改薄”工作。联合县教体局、发改委对 2014—2018 年“全面改薄”资金进行科学测算,拟定“全面改薄”总体规划,预计五年总投资 8594 万元,其中县财政需安排配套资金 2052 万元。四是继续开展财政存量资金整合工作。整合 5025 万元结余结转资金,主要用于本县水利工程建设中小河流治理项目及部分农业项目。涉及资金经县政府审批后全额缴库。五是扎实做好政府采购工作。进一步扩大政府采购范围和规模,加大政府采购监督力度,规范政府采购程序,提高政府采购执行效益。全县共完成政府采购支出 38781 万元,节约资金 4985 万元,综合节约率 11.39%。六是做好小额担保贷款财政贴息工作。共审核发放创业人员小额担保贷款 2740 万元,支付财政贴息资金 250.58 万元。七是开展全县公务用车制度改革前期准备工作。与县机关事务局完成本县公车改革前期调研,拟定公车改革方案,为全面完成公务用车改革奠定坚实基础。八是加强乡镇财政资金监管。对各乡镇 2014 年度乡镇财政资金监管工作进行检查和绩效评价。印发《郎溪县人民政府办公室关于印发郎溪县乡镇包村干部监管涉农资金工作实施方案的调整》,全面启动乡镇包村干部监管涉农资金工作。九是积极开展预算部门会商工作。通过预算部门会商、解决税源管理、资金整合等问题 57 个。十是做好会计日常基础管理工作。

【多点突破改善民生】一是认真组织实施省定 33 项民生工程。按照“守住底线、突出重点、完善制度、引导舆论”的基本思路,扎实做好省定 33 项民生工程的组织实施工作。全县计划安排民生工程财政资金 4.68 亿元。各级财政实际到位资金 4.8 亿元,其中:上级财政资金 4 亿元,县级财政资金 0.8 亿元;拨付资金 4.8 亿元,资金拨付率 100%。

二是稳步推进财政牵头三项民生工程。一事一议财政奖补工作有序实施,实施项目115个。政策性农业保险工作扎实开展，全县午季投保35.15万亩；水稻投保34.81万亩；养殖业能繁母猪投保3774头;森林保险公益林投保4.74万亩、商品林投保4.4万亩;大棚蔬菜投保60 亩;烟叶种植保险投保8852亩,实现全覆盖。全年午季理赔资金191.49万元,理赔户数4780户;水稻受灾理赔金额188.37万元;能繁母猪理赔13.4万元,切实化解农业生产风险。美好乡村建设工作深入开展，2015年本县预算安排配套资金2420万元。三是扎实做好惠农补贴资金管理和发放工作。加强惠农补贴资金日常管理,开展惠农补贴资金检查评价，确保惠农补贴资金及时足额发放。全年累计打卡发放财政补贴农民资金16521元。四是积极开展涉农资金整合工作，重点支持建平现代农业示范区、美好乡村、家庭农场等新型农业经营主体及农田水利“八小”工程建设。开展涉农资金专项整治工作,根据自查自纠情况和重点检查反馈意见,认真落实整改。五是做好建平现代农业示范区建设工作。加快推进建平现代农业示范区核心区林网和渠道工程建设。示范区道路、渠道硬化、林业、入口景观等工程已全面竣工,并通过市级验收。六是做好社保基金保值增值工作。科学测算基金保障余额,合理确定中长期存款数额,切实优化基金定存占比,不断提高社保基金综合收益率。七是扎实开展创建服务型乡镇财政分局活动。建平、梅渚2个分局获省级示范单位,涛城、飞鲤、毕桥、新发、凌笪、姚村6个分局获市级示范单位,树立财政部门良好社会形象。八是持续推进全面深化医药卫生体制综合改革工作。按照省市县实施方案及时间节点,会同相关职能部门,积极推进牵头6项深化医药卫生体制综合改革任务。当年将乡镇卫生院2014年末编制内在岗人员、离退休人员基本工资、绩效工资等全额纳入年初预算,县财政足额安排乡镇卫生院编制内在岗人员、离退休人员经费2600万元。

【多管齐下夯实基础】一是加强岗位目标责任制考核。对乡镇财政分局预算管理员、资金会计等8个岗位进行考核。针对岗位业务中存在的问题和不足,结合财政系统春训活动,举办财政分局岗位业务互审培训班，进一步提高财政干部履职尽责能力。二是巩固拓展党的群众路线教育实践活动成果。组织开展“弘扬沈浩精神,建设模范部门”主题教育实践活动和“三严三实”专题学习教育,增强宗旨意识,努力创先争优。三是加强工会建设。召开县财政局系统工会第一次会员代表大会,选举产生第一届局机关系统工会委员会。积极开展工会活动,维护职工利益。四是加强财政财务人员业务培训。加强对乡镇非税收入管理、预算编制、政府购买公共服务等方面业务培训，切实提高财务人员业务水平和工作能力。五是加快推进依法行政、依法理财建设。开展“机关集中学法月”活动,举办专题辅导讲座,进一步提高了财政干部依法行政、依法理财工作水平和能力。六是加强作风效能建设。根据局作风效能建设有关规定,进一步加强财政部门内控建设，严明工作纪律，扎实工作,务求实效。七是推进政务公开。对郎溪财政信息网进行改造和升级，进一步公开细化财政业务专栏,落实专人负责政务公开工作,强化宣传,努力提高财政工作透明度。

(郎溪县财政局供稿)

泾县财政工作概述

【概况】2015年，全县财政收入完成16.84亿元,增长16.02%,其中地方财政收入完成11.49亿元,增收1.18亿元,增长11.54%。收入增幅居全省第9位、全市第1位,收入总量前进3个位次。

【突出重点支出保障】全县公共财政支出完成24.41亿元,增长9.9%。增支重点集中在教育、社保、交通运输等民生领域。支出体现六个特点:一是民生工程、教育、社会保障、医疗卫生、廉租住房等重点支出得到保障;二是15项重点工作投入加大;三是美好乡村建设资金安排到位;四是职级并行、乡镇公务员补贴、养老保险等重要改革支出实现应保尽保、不留缺口;五是根据省市关于“村干部报酬主要包括基本报酬和绩效报酬，村组书记和村委会主任基本报酬，按照不低于当地农村常住居民人均可支配收入2倍标准确定”。本县将在编在岗村干部正职基本报酬调整至2.2万元/年;绩效报酬按照最高不超过基本报酬50%标准确定,于2016年元月1日起执行;六是村级运转经费根据省市规定,人口在3000人以下的村,安排运转经费5万元/年;人口在3000—5000人的,安排运转经费7万元/年;人口在5000人以上的,安排运转经费9万元/年;以上经费纳入年度财政综合预算予以安排。“三公”经费得到有效控制,印发《泾县“三公”经费和会议费预算管理暂行办法》,严格要求单位根据年初所公布的“三公”经费预算执行,进一步厉行节约、反对浪费,增强预算刚性约束,营造强化“三公”经费治理的高压态势,全县“三公”经费支出0.28亿元,下降18.1%。落实政府财政预决算、部门财政预决算、“三公”经费预决算信息公开工作。全县65个一级单位于6月公布单位2015年“三公”经费预算控制数,同时公布县本级“三公”经费预算控制总数;8月31日,公开2014年度部门决算和“三公”经费决算,2014年县本级财政决算一并公开。

【严格方解石计量管理】持续推进方解石税费征管,重点加强矿山、河砂整治工作,杜绝原矿外运。当年全县方解石共计量167.45万吨。同时,完成三个计量站源头治超系统升级改造,“源头治超计量暨税控管理系统”全面升级,实现计量站、财政所(分局)、非税局远程联网联动,全年征收方解石非税入库1686.82万元。

【精心实施民生工程】33项民生工程建设投入5.5亿元,县级配套1.76亿元列入预算。围绕“五有+1”模式,坚持有保有压、突出重点,加强资金监管,建立起民生工程资金稳定投入机制。预算安排2000万元用于美好乡村建设,省计划下达的1414.1万元专门用于省级重点村建设。通过“一卡通”发放涉农补贴涉及20个大项、28个小项,补贴金额14400万元,受益农户29.8万户;审核、调整并报请县政府批准实施“一事一议”项目101个,项目总投资1889.3万元,政奖补普惠制实施面为71%。政策性农业保险工作有效开展,全年种植物类累计投保33.16万亩;森林保险累计投保107.4万亩,在全市进度排名第二;积极开展特色保险,全县烟叶特色保险投保8995亩,茶叶2.2万亩。县财政局牵头承担的美好乡村建设奖补体系工作,根据工程进度拨付资金1105万元,11个省级中心村环境整治和基础设施建设全面启动,完成总任务的50%以上。

【全力服务县域发展】加大向上联系工作力度,争取转移支付及各类专项资金支持。争取省财政一般转移支付68878万元、专项转移支付44238万元等。发挥县中小企业融资担保中心担保服务功能,为179户(次)企业提供贷款担保金额38550万元。做强县国有资产投资运营有限公司,全力推进青弋江城区段综合开发项目,项目资金到位2亿元。认真落实促进工业发展政策,积极兑现工业经济发展各项奖补资金、奖励资金。持续推进农业综合开发,完成五个产业化项目实施工作,完成投资1325万元,申报立项四个土地治理项目,计划投资3760万元,申报立项九个产业化项目,计划投资949万元。

【坚持强化监督管理】强化财政监管,认真履行财政监督职责,不断完善监督管理制度。积极开展县级财政监督检查,配合做好涉农资金专项整治行动、省级重点检查等专项资金检查。进一步严格预算管理,加强预算执行分析,按时序进度审核单位用款计划,规范资金拨付。加强单位经费补给核算,对照预算安排摸清单位支出规模,做到预算管理与经费保障的协调统一。严把政府采购过程监管,实施“电子化政府采购管理系统”建设,全面启动电子化手段开展政府采购业务。开展专项监督检查,狠抓乡镇财政管理,制定年度财政监督检查专项计划。开展贯彻中央八项规定、严肃财经纪律和“小金库”专项治理工作;组织实施涉农资金专项整治行动工作。强化会计队伍和信息质量管理。对全县代理记账机构开展信息报备和实地检查工作,完善健全现有的会计人员信息管理系统。举办行政单位会计准则制度培训会,切实提高会计人员从业水平。

【稳步推进财政改革】推动国有资产管理改革,完成新行政事业单位国有资产管理系统的上线运行。继续完善公务卡制度改革,提高公务支出透明度,节约财政资金。深化国库集中支付改革,健全预算执行动态监控机制,规范财政专户和银行账户管理,严格账户设立审批、核准制度,严格执行国库资金安全管理办法,确保资金拨付效率和运行安全。稳妥实施中小企业担保中心改制,积极落实各项扶持中小企业发展政策。强化政府债务管理,所有政府性债务纳入日常管理,实行实时监管。按照财政部专员办要求再次组织城建、交通、教育、卫生等部门对所涉及债务进行债务资料的整理归集并及时送专员办审核，实事求是地反映本县债务情况。共争取政府转贷债券资金38209万元,其中:新增债券6708万元,置换债券31501万元。推动政府购买服务运行,进一步调整完善政府购买服务指导目录,开展“送戏进万村”文艺演出、“城区违建拆除”、有关乡镇农村保洁工程等项目,取得一定成效。盘活财政存量资金,按照省委、省政府有关政策要求,细化工作安排,对2013年及以前的一般公共预算、政府性基金预算、专项转移支付、部门预算结转结余资金进行认真清理,对存量资金按性质分类盘活。

【全面践行“三严三实”专题教育活动】全局党员干部积极行动,把开展好“三严三实”专题教育活动作为核心政治任务来抓，精心组织、周密安排,取得丰硕的认识成果、实践成果和制度成果，进一步健全机关内部管理制度，强化队伍作风建设，展现健康向上的财政党员干部和廉洁高效的政府职能机关形象。

（泾县财政局供稿）

绩溪县财政工作概述

【概况】2015年，全县共完成财政收入9.1亿元,同比增长6.6%;财政支出完成14.3亿元同比增长3.1%。

【依法强化征收管理】全面了解宏观经济运行情况,认真分析影响预算执行的各种因素和条件,准确预测收入，掌握收入动态，实时加强收入调度,提高预算执行水平。加强非税收入征收管理,分析收费政策调整、县域经济发展对非税收入的影响,增强政府统筹能力。主动与有关部门加强沟通配合,共同争取上级资金和政策支持,增强财政实力,通过政策引导和资金扶持,巩固基础财源,培育后劲财源。做好重点税源和税种变动的监测与分析,努力提高税收收入占财政收入的比重,提高税收质量。

【着力保障民生支出】坚持以保障民生为重点,进一步调整和优化财政支出结构,增加公共财政对社会事业投入,促进社会事业全面发展。投入教育支出23528万元,支持教育事业均衡发展。兑现“八老”生活补助、城乡低保五保、医疗保险等资金4373万元，切实提高城乡居民生活保障的标准。安排医疗卫生保障资金5349万元,支持医疗卫生事业发展。投入财政政法经费5550万元,改善政法机关执法办公条件。筹集文化资金200万元推进两馆免费开放。投入安居工程保障资金534万元,全面实施保障性安居工程。足额安排地方配套资金,投入27924万元全力推进33项民生工程顺利实施。

【大力支持经济发展】在经济下行发展的严峻形势下，充分发挥财政政策、财政资金的导向作用,引导和促进全县经济健康发展。争取各类民营经济发展专项资金、创新资金，设立风险补偿资金、续贷过桥资金,积极落实招商引资优惠政策,完成中小企业融资担保机构公司化改革,采取“政银担”、“税融通” 等多种形式有序拓展担保业务,大力积极支持企业发展。加强工作配合,争取各类建设发展资金和各类专项转移支付资金，重点支持环境保护、基础设施和地质灾害防治、新安江流域生态补偿等项目，经济建设投入力度进一步加大。充分发挥融资平台作用,拓展融资渠道,配合相关部门完成融资2.3亿元，促进高铁新区土地整理、扬溪源水库建设等项目的推进实施,倾力服务县域经济发展。

【全面落实惠农政策】加大支农资金整合力度,增加“三农”投入,积极推进美好乡村建设协调发展。“三农”资金投入力度不断增加,共完成农林水事业投入18500万元。完成政策性农业保险工作目标,实现农业保险全县区域全覆盖。加强涉农部门协调配合,落实“一卡通”管理责任,严格执行操作规程，发放财政补贴农民资金项目共22个，金额8102万元。抓实农业综合开发项目建设,依托龙头、品牌新建基地,组织国家农业综合开发项目计划3个,总投资1457万元。大力推进“一事一议”财政奖补工作,投入资金1242万元完成奖补项目116个。加强与涉农部门合作,全年整合涉农资金12169万元,整合内容涉及农业保险、农村危房危桥改造、饮水工程、农村文化建设等21个方面,美好乡村建设范围不断扩大。

【切实加强财政监管】加大信息公开的力度,积极推进财政预决算和“三公”经费信息公开,印发《2015年部门预算及“三公”经费公开工作方案》，按时公开2015年预算和2014年决算及“三公”经费信息,接受社会各界监督,进一步增强预算透明度,提升预算管理水平。加强公务支出管理,贯彻落实《党政机关厉行节约反对浪费条例》,规范全县差旅费的支出管理,出台《绩溪县县直单位差旅费管理办法》,明确差旅费报销补助标准,加强“三公”经费支出监管,确保依法规范支出财政资金和“三公”经费只减不增。加强政府采购预算和管理,扩大政府采购范围和规模,细化采购流程,推进政府采购科学化、精细化管理。扎实推进非税收入规范化、科学化管理,采取多渠道拓宽征收途径,加强协调配合,齐抓共管,合力征收。开展会计信息质量检查、严肃财经纪律检查,加大财政监管力度,确保专项资金专款专用。开展全县涉农资金专项检查活动,及时发现和整改问题。

【着力抓好财政管理】积极推进政府购买服务,扩大政府向社会力量购买公共服务实施范围,提高公共服务供给质量和财政资金使用效率。加强政府性债务管理工作,建立政府性债务管理平台,完善政府性债务计划管理制度,有效防范债务风险。积极盘活财政存量资金,制定《关于进一步推进清理盘活存量资金工作的通知》《进一步加强财政结余结转资金管理的意见》文件,加强预算支出指标和预算执行管理,提升县级财政结转结余资金管理水平,进一步提高财政资金绩效。加强乡镇财政管理,印发《关于进一步完善乡镇财政管理体制的意见》,创新乡镇财政为民服务方式,开设综合性服务窗口,推进网上办事,简化操作流程,减少办事环节,贯彻落实财政政策,维护广大农民群众的切身利益。加强与人大代表联系,印发《绩溪县财政局服务人大代表工作制度》,自觉主动接受人大和社会监督,积极推进法治财政建设。认真总结评估“十二五”财政规划执行情况,研究提出“十三五”财政规划建议,科学谋划财政发展“十三五”。

【加强机关作风建设】加强干部学习、培训、岗位锻炼和工作交流,全面提高财政干部政治素质、业务能力和职业道德。加强作风建设,落实党风廉政建设两个责任和领导班子“一岗双责”,扎实抓好党风廉政建设。制定《绩溪县财政局党组关于落实党风廉政建设党组主体责任和纪检组监督责任的实施办法》,落实党组主体责任和纪检监督责任。落实领导干部廉洁自律制度、领导干部重大事项报告制度、审批制度和外出报备制度,贯彻落实八项规定和本县关于改进工作作风、密切联系群众的各项规定。开展“三严三实”专题活动和“弘扬沈浩精神,建设模范部门”活动,开展行风巡查、文明创建、财政帮联、工作会商等系列活动,不断提高服务质量和办事效率,提升财政部门良好形象。

(绩溪县财政局供稿)

旌德县财政工作概述

【概况】2015年,全县财政总收入完成6.67亿元,比上年增加4220万元,完成年初预算的100.6%,增长6.8%。全县公共财政预算支出12.31亿元,比上年增加1.38亿元,增长12.6%,完成调整预算支出的98.8%。

【全力推进33项民生工程】全县33项民生工程共投入资金2.23亿元,其中各级财政投入1.84亿元(其中:县级配套0.42亿元),其他0.39亿元。

【支持全域旅游和美好乡村建设】坚持将美好乡村建设与旅游景点打造有机融合,完善美好乡村建设投入,更好化解债务、解决后续管养维护问题。当年,通过创新融资、以奖代补、吸引社会资本等手段,全县美好乡村建设整合涉农资金8260万元。

【支持经济转型发展】一是积极落实财政奖补政策。全年累计兑现奖补资金9646万元,支持实体经济发展,为“调转促”提供资金保障。二是做大做强担保机构。继续增加担保公司资本金4492万元,达到14568万元。累计完成融资服务总额5.9亿元,服务户数265户,担保放大倍数3.7倍。在保余额3.65亿元,共162户,较好地缓解企业融资难问题。三是充分利用融资政策,推进重点项目建设。融资总额达10.62亿元,已到位资金达5.32亿元。四是积极探索融资方式,推广运用PPP模式。成立“旌德县政府和社会资本合作(PPP)工作领导小组”,制定项目推进工作框架,下发《旌德县政府与社会资本合作(PPP)工作方案》《操作流程》等相关文件,积极主动推动PPP工作。12月18日,本县首个总投资3.53亿元的高铁新区基础设施一期PPP项目正式开工,在全国首创县级“担保

+PPP 模式”。

【严格预算执行管理】一是根据上级部署,开展税收等优惠政策清理,进一步规范财政支出方式。二是建立全口径预算管理体系,首次向人代会报告三本预算编制情况。三是开展结转结余资金清理,完善制度建设,建立定期清理机制。全年累计收回财政专户和部门两年以上结余资金 3647 万元。四是强化财政资金统筹使用,改变以前财政专项资金使用“碎片化”,提高财政资金使用效益。

【推进政府购买服务】制发《关于推进政府购买公共服务改革的实施意见》,拟定《旌德县本级政府购买公共服务实施办法》(试行)。确定 17 项政府购买服务项目,投入 1095 万元支持安居工程。

【加强国有资产监管】出台一系列国有资产管理办法和意见,规范国有资产购置的审批程序和通用设备的配置标准,对国有资产实行公开处置,对经营性资产实行公开招租,实行收支两条线管理,通过“国有资产信息管理平台”对资产的购置、处置、报废等日常管理检查,多措并举,规范本县行政事业单位国有资产管理。

【加强财政监督绩效管理】制定旌德县绩效考评的实施意见,强化民生工程项目绩效评价,强化部门、单位支出责任和效率意识,着力提高财政资金使用绩效。

【开展财政专项资金检查】组织开展全县涉农资金专项整治行动,检查涉农专项资金面额达 93731.48 万元。制定出台《关于进一步规范我县农业财政专项资金支付管理的通知》(财农〔2015〕126 号)和《旌德县人民政府办公室关于进一步加强财政专项资金管理的意见》(政办〔2015〕111 号)。

【践行“三严三实”教育】根据县委统一部署,践行“三严三实”精神,县财政局按照要求,组织“严以修身”、“ 严以律己”、和“严以用权”三个研讨会。

【扎实开展走访调研活动】扎实推进“四讲三问两落实”走访调研活动开展。活动期间共 43 名党员走访社区,走访户数 390 户;63 名局机关干部走访行政村,走访户数 942 户。关心群众生产生活困难,机关干部职工共捐款 4400 元,为俞村镇桥埠村、芳岱村困难群众送去困难补助共 11600 元。

【强化学习型党组织建设】制发《关于加强全县财政系统干部队伍建设的意见》,成立财政局书法社,设立“机关书屋”和“书法活动室”。要求每位党员全年精读不少于三本经典书目、全年撰写一篇读书心得,并开展学习马克思主义经典著作谈心谈话活动。每季度末,以支部为小组,分别开展读书交流会。深入开展学《宪法》学《党章》活动,强化党员干部法律意识、党员意识,推进理论政策、法律等知识学习,提高思想、理论素养和依法行政水平。

【加强内部控制管理】一是建立规范的内部监督检查机制,建立内部监督检查机制,并对发现的问题立即进行整改,规范工作运行,保障财政资金安全。二是创建服务型乡镇财政所(分局)。建立乡镇财政权利责任服务清单,完善乡镇财政工作机制。二是狠抓机关效能建设。积极推行党务政务公开,制发了《县财政局干部职工平时考核实施方案》和《旌德县财政局因公出差报销审批制度》等相关工作制度,注重狠抓落实,规范干部职工行为。

(旌德县财政局供稿)

铜陵市财政工作综述

铜陵市财政工作概述

【概况】2015年,在市委市政府的坚强领导下,全市财政系统以深入开展"三严三实"专题教育为契机,以"财政管理能力提升年"活动为抓手,主动适应经济发展新常态,正确把握财政工作新要求,紧紧围绕年度目标任务,严管理,求实效,各项工作有序推进,预算收支运行平稳,支持发展措施得力,财政改革持续深化,民生改善成果显著,财政管理不断规范,工作作风明显改进。

【收支管控】着力促进收入平稳增长。坚持把组织财政收入作为核心职能,深入重点税源企业走访,积极开展大市场税收调研,依法加强税收征管,规范非税收入管理,财政收入量质同升。全市财政收入完成135亿元,增长2.1%,地方收入再次超过上划中央收入,税比高于全省11.4个百分点。着力加快财政支出进度。建立预算执行预警和通报制度,健全支出考核问责机制,加快财政预算支出进度。全市财政支出完成110.2亿元,增长4.7%,民生类支出占比83.8%。着力加大对上争取力度。及时梳理发布中央财政政策,研深研细政策,指导项目编报,全年到位转移支付资金35.5亿元,高于市直地方财政收入近10亿元,有效壮大本市地方可用财力。

【服务发展】加快落实经济发展政策。制定稳增长调结构促转型18条措施,出台支持大众创业万众创新27条政策,成功争取铜基新材料产业聚集发展基地。通过整合资金、盘活存量筹措创业投资基金5000万元,拨付青年创业引导资金1000万元。加快涉企扶持资金兑现。建立资金拨付"绿色通道",累计拨付"1+4"财政专项资金2.78亿元,兑现时间较上年提前3个多月。制定"银政担"风险承担管理暂行办法,预拨"政银担"风险补偿资金2000万元,及时落实续贷"过桥"资金1.23亿元。加快创新资金扶持方式。建立"竞争立项、多中选好,好中选优"的竞争性分配机制,累计安排战略性新兴产业1.6亿元,采取竞争性分配方式扶持战略性新兴产业发展,并选择银行配套贷款支持,引导金融资本投入5.21亿元。

【改革创新】全面推进预算管理改革。统一编制公共财政、政府性基金、社保基金、国有资本经营四大预算及七个专项资金计划,单独编制直接支付预算,项目直接支付比例超过97%,全年现金使用额由2012年的1.1亿元下降至629万元,纠偏支付业务1888笔,涉及资金8987万元。编制购买服务预算,政府购买服务资金首次突破2亿元规模。深化政府债务管理改革。认真组织政府性债务清理,及时制定政府性债务管理办法,强化政府性债务风险管理,积极推进债券置换,累计争取省级政府代发债券44.1亿元,其中置换债券额度位于全省市本级前列,一年减少利息支出近2亿元。持续推进国资管理改革。完善本市国有资本经营预算制度,加大国有资本经营预算与公共财政预算统筹力度,提高收益上缴比例,在2014年国有独资企业上缴净利润10%的基础上,2015年提高到15%。

【保障民生】加大民生工程实施力度。高质量高标准实施民生工程,提前两个月基本完成年度目标任务,连续三年荣获全省民生工程绩效评价先进市。加大支持“三农”发展。下达各项惠农资金5100多万元,落实市级美好乡村专项资金2000万元,争取省级美好乡村专项资金2060万元。首获上级财政农业生产全程社会化服务试点资金扶持1000万元,成功申报国家农业综合开发园区试点项目资金2000万元。强化基层组织服务群众专项经费保障,按照市级不低于30%比例补助资金600多万元。加大支持生态环境改善。累计到位中央财政节能减排资金达8亿元,节能减排促发展工作作为唯一省辖市表扬案例上报国务院办公厅,节能减排示范市绩效评价荣获全国优秀第三名。多方筹集并及时拨付棚户区改造、港口岸线综合整治、大气污染防治等资金3亿元。

【财政绩效】强化财政监督检查。开展预算绩效监督、预算执行及会计监督、专项监督、日常监督和专案检查,组织涉农资金专项整治、存量资金检查、行政事业单位财务互查。严格“三公”经费管理,首次推行综合定额改革,修订公务接待费管理办法,完善会议定点管理,全年“三公”经费支出同比下降16.9%左右。深入开展绩效评价。出台《绩效重点评价操作规程》,评价项目49个,增长58.06%,评价资金量8.94亿。强化涉企系统运用,通过涉企系统审核专项资金26479万元,占申报额92%。强化存量资金管理。坚持向存量要效益,构建起“1+3”政府性资金保值增值体系,首次将住宅维修基金和住房公积金纳入资金保值增值范围,社保基金、政府性资金保值增值覆盖面提高近一倍。保值增值收益突破1.5亿元,较上年增长20%以上,其中社保基金增值率超过4%。

【法治财政】狠抓工作作风建设。开展集中培训、集中交流、集中调研三项活动,落实行风巡查、工作帮联,工作会商,完善每月计划、每月督办、每月通报三推进机制,着力提升干部能力。狠抓法治财政建设。出台法治财政建设意见,制定了规范财政重大决策事项实施意见,在全市率先召开重大决策事项专家论证、法律听证会议。狠抓管理制度建设。重点完善各项资金管理制度,印发政府性资金保值增值方案、行政规费减免管理办法、涉企收费管理和涉企收费票据管理通知、财政专项资金绩效评价操作规程,制定规范行政事业单位财务管理、国有企业投资监督管理、政府性债务管理等制度。

(铜陵市财政局供稿 方园)

铜官山区财政工作概述

【概况】2015年,在区委、区政府(注:2015年10月,国务院批复同意撤销铜陵市铜官山区,狮子山区,设立铜陵市铜官区,因年鉴编纂需要,本年度仍以铜官山区、狮子山区作为记载主体)的坚强领导下,在市财政局的监督指导下,区财政局以深入开展“三严三实”专题教育为契机,主动适应经济发展新常态,正确把握财政工作新要求,紧紧围绕年度目标任务,严管理,求实效,各项工作有序推进。全年实现含海关财政收入为15.52亿元,不含海关财政收入为8.87亿元,其中区级一般预算收入6.43亿元,2015年全年财政支出8.09亿元(含上级转移支付),基本实现收支平衡。

【抓好收入征管】一是加强经济形势分析,适时调整政策措施,努力实现财政收入与经济社会发展的同步增长。建立税务、财政、社区联动机制,形成良好互动态势。统筹安排国、地税的收入计划,按月调度收入任务;完善修改社区协护税考核办法,充分调动社区协护税积极性,共同努力组织零散税收,充实税源;逐一拜访重点税源企业,帮助企业协调解决发展中的问题,实现双赢;建立动态的每月财政收支分析和纳税50强统计分析,为决策提供参考。二是强化重点税源征管。突出抓好重点税源项目、主要行业、主要税种收入征收和欠税清缴攻坚工作。加大区重点建设项目税收征缴,确保实有税源税收及时入库。三是争取国税支持,积极争取免抵调指标,增加额外的收入来源;积极向上争取转移支付资金,全年争取资金达31082万元。

【统筹支出盘子】统筹安排好财政资金,为区委、区政府各项重大决策“保驾护航”。注重财力向“改善民生”倾斜,保持对教育、公共医疗卫生、社会保障和就业等民生投入,全年共投入资金达66453万元,为全部财政支出84%;加大政府购买服务力度,全年安排区本级政府购买服务达到5976万元;组织实施23项民生工程,区级财政实际配套拨付资金1579万元。此外还配套管护资金435万元,全面保障民生工程顺利实施。进一步压缩公共开支,严控“三公”消费,“三公”消费支出同比下降38.6%。

【服务经济大局】加大对区投融资平台的支持，安排2446万元充实担保区担保中心资本金，建立新型银企、银担合作模式，帮助企业融资渡困。出台新的产业扶持政策，重点加大对现代服务业、高新技术企业、物流运输业、总部经济等产业的政策扶持，为企业的生存和发展提供强有力的支持，全年共兑现产业扶持政策资金9553万元。

【抓好资金调度】牵头完成对2005—2012年征迁项目的重新建账工作，完成对50个征迁项目的市、区土地出让金及征收安置资金的清算对接工作，完成项目组工作经费的梳理统计工作。积极与市财政对接，确保区本级土地出让收益及时足额到位；积极与市建投集团及市直各相关职能部门的协调沟通，确保各项目资金及时拨付到位；完善对各项目资金的动态调度及监控机制，确保项目进度不受影响，资金安全风险防范到位。全年累计筹措资金65188万元，拨付征迁安置资金60241万元，顺利推进本区重点项目征迁工作。

【抓好体制对接】牢固树立改革思维、创新思维和法制思维，主动对接、迅速行动，深入推进财政改革创新。全面贯彻落实新《预算法》。完善全口径财政预算，建立跨年度预算平衡机制。强化预算约束，努力做到无预算不支出。全面推进全区权责发生制政府财务报告试编工作；开展对财政存量资金的清理工作，逐步收回部门存量资金，财政统筹使用，切实提高财政资金使用效益；严格按照审计报告提出的问题进行整改落实，提高预算执行的规范性；进一步完善国库集中支付制度，全年通过国库集中支付拨付资金51773万元，较上年增长13.37%；加强对政府债务的管理，防范债务风险。按照省市统一部署，稳步推进工资津补贴、养老保险制度、职业年金和公车改革等工作。强化国有资产、产权和经营性国有资产管理，已经完成对滨江、天井湖社区所辖“三资”核查工作，国有资产运营中心及托管企业的资产核查工作正在进行。着手修改完善《铜官山区政府采购管理暂行办法》，进一步完善政府规范的采购流程和机制。牵头全面启动公房核查工作，着手建立完善全区公房规范管理体系。继续规范预决算信息公开，扩大公开范围，同步公开财政预决算、部门预决算和“三公”经费预决算。

（铜官山区财政局供稿）

狮子山区财政工作概述

【概况】2015年，在区委、区政府(注:2015年10月，国务院批复同意撤销铜陵市铜官山区，狮子山区，设立铜陵市铜官区，因年鉴编纂需要，本年度仍以铜官山区、狮子山区分别作为记载主体)的坚强领导下，区财政局紧紧围绕全年的目标任务，积极加强财源建设，优化支出结构，深化财政体制改革，提高资金使用效益，促进民生持续改善，全力做好新常态下的财政工作。

【强化收支管理】统筹收入调度，完善征管机制，狠抓基础管理，加强对重点企业的税源监控，确保财政实力稳步增强，财政支出规模进一步扩大，财政保障能力进一步提升。全区财政收入完成5.51亿元，较上年减少4346万元，为预算的91.8%，下降7.3%；财政支出完成4.3亿元，较上年增支1282万元，增长3.08%。

【深化财政改革】推进政府购买服务改革。根据购买服务工作实施方案制定并印发相关制度，组织部门编报2015年购买服务预算28项，预算资金1195万元，购买服务项目25项，涉及合同金额687.05万、实际支付496.07万元。涉及医疗卫生、文化体育、社会保障等多个民生领域。加强政府性债务管理改革。完成区政府债务的清理甄别，完善债务管理办法。通过严格政府性债务审批程序、明确政府性债务举债主体、建立偿债准备金制度等措施，提高防范政府性债务风险的能力和水平。深化预算管理改革。推进全口径收支预算，强化预算信息公开，规范公开程序。同步公开财政预算、部门预算和“三公”经费预算，公开范围覆盖到全区各行政事业单位。

【支持企业发展】充实国有资本金，壮大担保规模。继续为区属企业提供续贷资金扶持，保持政策的连续性，改善中小企业的信贷环境，有效推动中小企业的发展。继续实行营改增扶持政策，提升经济发展活力。全年拨付企业营改增营补贴款1907万元和两头在外物流企业补贴款308万元，用于支持企业发展。在全面核实本区未兑付优惠政策情况后，结合财力，对未兑现优惠政策的资金及时调度至各镇办社区，兑现优惠政策资金1364万元。

【着力改善民生】坚持民生为先、民生为重,完善民生保障体系,加大社会事业投入。全年组织实施28项民生工程,全区到位资金累计5796.8万元,其中共拨付区级配套资金1124.8万元,拨付率为100%。全年财政民生类支出34740万元,占财政总支出的80.9%。促使民生基础设施条件明显改善,医疗救助服务能力明显增强,城乡居民就业渠道明显拓宽,城乡社会保障水平明显提升,科教文化建设投入明显增加,民生工程建后管养投入长效机制更加健全。

【加强自身建设】开展财政管理能力提升活动,坚持即知即行、立行立改,坚持以制度管人、管事、管钱,切实改进工作作风,把财政帮联制度和政风行风建设落到实处。全面理顺职责分工,实行归口统一办理,减少办事环节。深入推进党风廉政建设,通过落实主体责任,完善内控机制和内部监督制约机制,防范和化解财政内部风险。

(狮子山区财政局供稿)

郊区财政工作概述

【概况】2015年,在上级财政部门和区委区政府的坚强领导下,郊区财政局坚持以“科学发展观”和“社会主义核心价值观”为统领,紧紧围绕全区发展规划,以提高保障能力为重点,以强化管理为主线,抓机遇、迎挑战、促改革、谋发展,财政服务发展精准有效,财政重点改革扎实推进,财政民生保障不断强化,财政管理水平显著提升,财政事业取得长足进步。全区实现财政总收入9.68亿元(不含海关进口货物增值税6.62亿元、关税291万元),为年初预算的100.2%,同比增长0.5%;全年完成财政总支出7.33亿元,同比增长6.6%。其中:区本级完成支出5.96亿元,乡镇办完成支出1.37亿元。财政总支出中民生类支出为6.47亿元,占财政支出的88.2%。“十二五”期间,全区累计完成财政收入44.88亿元,年均增长7.8%。地方财政收入从2011年的3.32亿元增长到2015年的6.52亿元,年均增幅达到18.3%;全区财政支出累计完成29.42亿元,年均增长超过 16.3%。财政在保证机关运转、重点支出法定增长和社会大局稳定的同时,更加关注和改善民生。

【积极组织财政收入】一是创新分析体系,有针对性的每月开展财税分析会,促进本区财政收入稳定增长。二是针对近年经济发展下行压力不断加大的实际情况,对海螺、六国化工、富鑫钢铁等大中型企业税源进行分析调研,进一步加强税收征管,依法征收,应收尽收。三是充分发挥财政政策引导功能,切实加强财企合作,提升担保公司的融资担保能力,为区级财政收入培植新兴财源,共同推动本区经济稳步增长。四是积极与市财政部门、省财政厅进行沟通协调,争取上级部门支持。全年通过项目申报等方式向上争取项目资金2.58亿元,为本区经济发展和项目建设提供更多的资金支持。

【优化财政支出结构】按照“轻重缓急”原则,统筹优化财政资金安排,压缩一般公共服务支出,保障重点领域支出,不断提高财政资金使用效益。全年财政一般预算支出7.33亿元,同比增长6.6%。其中教育、科学技术、文化传媒、医疗卫生、农林水等十三项民生类支出达6.47亿元。认真履行职能,严格控制“三公”经费支出,全区进一步加强公务接待费用、车辆购置及运行费用管理,区财政会同区监察局、会计核算中心对区直单位招待费用实行总额控制和年度审核,严格规范和控制招待费开支,将招待费限定在政府控制范围之内,促进党风廉政建设;同时,进一步压缩车辆运行费用,车辆购置实行严格审批制度。全区“三公”经费全年支出与上年相比下降20.6%。

【保障民生工程建设】全区共实施28项民生工程,总投入为4721.26万元(区级配套资金1314.15万元)。其中:生活保障类7项:计生特扶和残疾人救助与康复2项完成全年任务;参保服务类15项:妇女儿童健康水平提升、食品安全工程等10项完成全年目标任务;工程建设类7项:广播电视村村通工程、环境(大气)污染综合治理工程2项完工销号;保障性安居工程完成廉租房补贴;棚户区改造、美好乡村、小农水三项按计划进度顺利实施;农村危房改造560户全面建设完成。在实施过程中,区财政局将民生工程绩效评价与财政资金监管、预算编制、工作督查同步布置、同步考核,确保全区各项民生工程工作任务圆满完成。

【支持企业发展壮大】出台产业扶持政策(即“1+4”文件),扶持新建项目、科技创新项目、现代农业项目、工业转型项目、现代服务业项目、文化旅游产业发展，共计拨付民营企业发展扶持资金1.04亿元,有效解决企业发展资金难问题,增强企业可持续发展能力。扎实推进“大众创业、万众创新”工作,在市财政局的指导下,认真开展小额担保贷款财政贴息工作，拨付贴息资金72.95万元,鼓励大众创业热情,为经济发展注入新鲜活力。设立续贷“过桥”资金,拨付“过桥”资金2100万元,为小微企业发展提供资金支持。

【加强政府性债务管理】将政府债务纳入财政预算管理,规范举债行为,统一债务审批,加强限额管理,严格控制债务规模,有效防范债务风险和财政风险。当年,郊区偿还债务本金1254.89万元,债务利息591.25万元;置换到期债务1036.63万元。截至当年末，郊区地方性债务总额为13610万元(均为一类债务),债务规模适度。

【加强涉农资金管理】全年乡镇财政资金公开公示200余次,组织抽查巡查40余次,传递资金监管信息189条,监管资金16053.1万元。及时纠正资金使用过程中存在的问题,保证财政资金运行与使用的规范性、安全性和有效性,增强惠民政策落实的公正性和透明度。制定《铜陵市郊区一卡通操作规程》《铜陵市郊区乡镇办财政资金监管暂行办法》等规范性文件,严格发放流程、狠抓过程监督、落实主体责任、强化绩效运用,全年通过“一卡通”平台发放惠农补贴资金1790.9万元，惠及45288人次,保质保量地完成惠农资金发放任务。

【积极推进政府购买服务】广泛宣传政府购买服务相关政策,通过市主管部门的指导和上年部门单位的试点情况，积极鼓励有关部门创新试点,编制购买服务预算,积极开展政府购买服务工作。当年,区民政局、卫生局、市容局等部门,编制政府购买服务项目16个，安排预算资金1200多万元,其中区本级安排资金840万元。16个项目均完成购买手续并实施,共拨付资金1303.47万元,各购买服务项目进展情况良好。

【扎实推进财政重点改革】深化预算制度改革,建立健全预算标准体系,加大政府性基金、国有资本经营预算资金调入一般公共预算力度。预(决)算和“三公”经费信息公开做到全覆盖。全区政府预(决)算、部门预(决)算及“三公”经费信息公开舆情反映良好。完善财政运行管理机制,继续推进预算绩效评价工作，加大预算绩效评价结果应用力度,促进绩效评价与预算编制、执行、监督的有效衔接。全区围绕惠农补贴发放、民生工程建设、乡镇财政资金监管等方面,共开展美好乡村、渔民上岸、政策性农业保险、危房改造、饮用水安全工程等15项绩效评价,收效良好。本着摸清存量、分类处理的原则,区财政盘活部门存量资金1475万元,使财政资金使用效率进一步提高。

【加强廉政风险防控】加强财政内部管理,进一步规范财政工作行为，确保财政资金安全高效运行。加强法治财政建设,以制度建设促进法治财政建设。认真梳理局本级权力清单和乡镇财政“权力清单、责任清单、服务清单”，制定权力运行流程图,并将清单向社会公开,严格执行,建立动态调整机制,做到依法行政,依法理财。强化监督检查,突出问题导向,严格财经纪律,规范权力运行,全方位保障财政资金安全。

(郊区财政局供稿)

铜陵经济技术开发区财政工作概述

【概况】2015年，开发区共组织含海关税收财政收入19.12亿元,同比下降4.7%,完成预算目标的96.7%。其中：地方收入8.68亿元，同比下降9.4%,完成预算目标的95%;上划中央收入10.44亿元,同比下降0.4%,完成预算目标的94.1%。全年共完成财政支出9.24亿元，完成预算的108.3%,同比增长6.8%,同期共完成民生大类支出7.89亿元,占财政总支出的85.3%。

【积极组织财政收入】一是强化收入预测分析。按月进行财政收入的分析、预测,掌握收入动态,加强对房地产业、制造业、建筑业等重点行业税源变化对财政收入影响的趋势分析。二是加大税收征管力度。严格执行全市财政体制调整工作,在全区范围内查找税源、确定入库级次。根据全市财政体制调整要求,在全区范围内严格按照税收属地原则查找税源税户,防止税收跑冒滴漏现象发生,并确定专人与税务、财政部门跟踪对接,实地调查,对属于开发区的税收及时调整税收入库级次。

【优化财政支出结构】重点支出得到保障,一般性支出得到控制。财政资金在极其紧张的局面下,千方百计做好筹融资工作，共完成对直属企业大江集团和集团总公司拨款5.4亿元，确保大征迁大建设的资金需求。在重点支出得到保障的同时，有效保障民生类支出。全年共完成民生大类支出7.8亿元，占财政总支出的85.3%。同时，大力压缩一般性公共服务支出，2015年在保证机关正常运行的前提下，压缩公务招待经费，一般公共服务支出2462万元，完成预算94.7%，同比增长4.9%。一般公务支出得到很好控制。

【支持经济发展】转变财政支持经济发展的方式，加大涵养财源的力度。全年财政预算内外共安排支持经济发展专项资金1.76亿元，重点用于对园区建设贴息补助、外贸贴息奖励和建立节能循环经济、清洁生产、第三产业发展、信息化建设等专项资金，实现财政从扶持企业个体向扶持平台建设、园区建设和重点行业转变，从注重投资规模向注重投资规模和投资质量并重、从注重经济效益向注重经济与社会效益并重转变。落实财税优惠政策，扶持企业发展，及时兑现企业优惠政策资金。为尽可能减少企业负担，扶持企业发展，在区级资金严重紧缺的情况下，开发区财政仍按照协议规定及时兑现企业优惠资金。

【推进财政改革】一是做好全年预算编制执行工作。及时将人大批准的财政预算下达给各部门单位，严格部门预算管理，强化预算约束，对各部门项目性经费严格控制在年初预算内；控制和压缩一般性则政支出；加大项目经费审核力度，提高财政资金效益。二是建立严格的预算执行机制，加强网络财政财务监督；实施住房货币化改革，严格住房资金拨付发放工作。三是严格“收支两条线”管理，深化资金管理方式改革。做好预算外资金收缴分离、罚没收入罚缴分离工作。继续深化机关资金管理方式改革，扩大财政集中支付范围。四是规范政府采购工作。完善政府采购制度和操作程序，提高政府采购效率。起草制定《铜陵经济技术开发区政府采购管理办法》，规范政府采购流程程序，加强政府采购工作，防止了国有资产流失。

【积极筹措资金】财政局积极与担保公司、小额贷款公司等金融机构合作，拓展融资渠道，为融资发展提供服务。管委会加大扶持企业力度，切实解决企业融资难问题。一方面在财政资金极其紧张的情况下，尽量争取上级转移支付资金，提高资金使用效率，同时努力回收以前年度欠收土地出让金，并积极梳理市区土地出让金回收机制。另一方面，多渠道筹措资金，为企业协调担保融资，为开展“二次创业”打下良好开端。

【加强财政监管】一是开展地方财政资金安全检查。对财政资金运作的全过程认真开展自查自纠，有针对性地对潜在的环节建章立制，建立财政资金安全管理的运作模式，确保财政资金安全。二是加强国有资产管理。开发区所属事业单位及国有企业开展国有资产检查登记，并对相关数据进行汇总，初步建立开发区国有资产动态监管平台，对行政企事业单位资产从入口到出口进行监管与动态管理。同时，严格按照规定做好取书行政事业单位国有资产的调拨、处置等日常事务。三是开展“小金库”专项检查治理工作。在完成开发区各个单位自查自检的基础上，进一步规范财务行为和加强党风廉政建设。

（铜陵经开区财政局供稿）

铜陵县财政工作概述

【概况】2015年，在上级财政部门和县委、县政府（注：2015年12月，国务院批复同意撤销铜陵县，设立铜陵市义安区，因年鉴编纂需要，本年度仍以铜陵县为记载主体）的坚强领导下，铜陵县财政局坚持以增收为核心，以提高保障能力为重点，以强化管理为主线，统筹兼顾稳增长、调结构、强改革、防风险、促共享，财政收支运行总体平稳，财政服务发展精准有效，财政重点改革扎实推进，财政民生保障不断强化，财政管理水平显著提升，财政事业取得长足发展。全县全年财政一般预算收入完成28.94亿元，比上年实绩增加1.74亿元，增长6.4%。按预算级次为：上划中央收入14.42亿元，增长4.3%；县级收入14.52亿元，增长8.6%。税收收入占全部财政收入的比重为87.6%。全年财政一般预算支出26.58亿元，同比增长8.7%。“十二五”期间，累计完成财政收入125.51亿元，同口径比“十一五”期间实际完成财政收入36.24亿元净增89.27亿元，增幅达246%；完成财政支出107.05亿元，同口径比“十一五”期间实际完成财政支出37.55亿元净增69.5亿元，增幅达到

185%。

【强化财政收入征管】依法加强税收征管，积极清理到期税收优惠政策，堵塞漏洞，清缴旧欠，严防新欠，切实提高主体税种占地方财政收入的比重，对重点税源加强调查研究并实行监控跟踪，努力做到应收尽收。扎实做好分析预测工作，财政、税务部门提高税收分析预测的质量，关注收入动态，增强组织收入的前瞻性和主动性，科学缜密做好税收预测工作。强化部门联动机制，发挥部门护税协税作用，坚决杜绝税收的跑冒滴漏，有效增加收入总量。继续加强非税收入征管，坚持收支两条线，保证非税及时足额入库。加大对上争取工作力度，全年争取上级转移支付资金 9.18 亿元，有效缓解本级财政压力。

【优化财政支出结构】按照“轻重缓急”原则，统筹优化资金安排，压缩一般公共服务支出，保障重点领域支出，不断提高财政资金使用效益，全年财政一般预算支出 265843 万元，同比增长 8.7%。其中教育、科学技术、文化传媒、医疗卫生、农林水等十三类民生支出，支出达 220622 万元。医疗和教育领域财政保障工作在全省县区中长期位居前列。认真履行职能，严控“三公”经费支出，全县“三公”经费总支出 2014.98 万元，同比下降 2.55%，其中：公务接待费 854.69 万元，同比下降 10.89%，因公出国境费 0 元，公车运行费 1160.29 万元，同比增长 5.08%，公车购置费 0 元；会议费 114.48 万元，同比下降 41.65%。出台《铜陵县本级财政预算追加(减)管理办法》，完善支出追加方式，规范财政支出行为，提高财政资金使用效率。

【保障民生工程建设】紧紧围绕“学有所教、劳有所得、病有所医、老有所养、住有所居、三农建设”目标，投入财政资金 3.9 亿元，精心组织实施了 38 项民生工程（其中省级 32 项、市级 4 项、区级 2 项），惠及 95%以上的城乡居民，社会满意度超过 90%。其中：生活补助类 8 个项目，补助资金 5049.95 万元；参保服务类 19 个项目，补贴或补偿资金 29867.29 万元；工程建设类 11 个项目共有 64 个建设点。在实施过程中，县财政局将民生工程绩效评价与财政资金监管、预算编制、工作督查同布置、同考核，按要求圆满完成民生工程各项工作任务。

【支持企业发展壮大】出台产业扶持政策（即“1+7”文件），扶持新建项目、科技创新项目、现代农业项目、工业转型项目、现代服务业项目、文化旅游产业发展，全年共计拨付支持企业发展资金 4.67 亿元，对促进全区经济持续健康发展起到积极作用。大力支持园区发展，拨付园区发展资金 2.91 亿元，支持园区基础设施建设，全面提升园区承载大项目的能力。扎实推进“暖企行动”，全年共为 318 家企业提供担保贷款 15.71 亿元；设立续贷“过桥”资金，全年共为 160 家企业办理短期资金周转，帮扶资金达 8.15 亿元。设立创业投资基金 500 万元，支持大众创业万众创新。

【加强政府性债务管理】将政府债务纳入预算管理，规范举债行为，统一债务审批，加强限额管理，严格控制债务规模，有效防范债务风险和财政风险。截至当年底，全县政府性债务余额 33.76 亿元，举债规模适度。加强与省市财政部门对接，全年共争取到债券合计 70650 万元，其中：置换债券 64315 万元，新增债券 6335 万元，切实降低利息负担，优化期限结构，腾出更多资金用于重点项目建设。

【积极支持“三农”发展】全年拨付现代农业发展 2550 万元，支持全县农业新型经营主体快速发展；加大农田水利建设投入。全年累计投入 5097 万元，支持小农水重点县建设、小型水利工程改造提升和农田水利建设配套工程；拨付资金 2800 万元，支持村级组织建设和村级工作开展；发放农资综合补贴、粮种补贴、购置大型农机具补贴等资金 4200 万元；全年投入资金近 1000 万元，实施一事一议财政奖补项目达 79 个；投入 1410 万元，推进农村综合改革；高标准建设东联乡土地治理项目，全年完成投资 576 万元，2015 年度争取省局批复项目 15 个，计划投资 9771.42 万元，其中财政资金 6815.2 万元，项目前期各项准备工作扎实推进；铜陵国家农业综合开发现代园区项目立项申报审批工作顺利完成，并开展园区项目建设前期工作。

【改善城乡发展环境】及时调度资金，保障东部城区和重点项目加快建设。投入财政专项资金 8247 万元支持并顺利完成 14 个省级示范村、14个一般中心村、2 个特色中心村和 4 条综合示范带建设目标。拨付秸秆禁烧补助资金 360 万元，拨付 1329 万元支持我县企业节能减排和循环经济建设，有效改善大气质量。拨付交通建设专项资金

2924万元，构建综合交通运输体系。

【加强国有资产管理】加强行政事业单位国有资产管理，严格固定资产核销制度，加大闲置国有资产处置力度，严格控制资产报废处置流程，防止国有资产流失。全年共收实物资产拍卖款458.32万元；行政事业单位报废资产变现收入3.14万元。加强国有企业及国有参股企业的资产管理工作，及时催缴国有资产收益。规范国有独资、控股及参股企业管理，积极收缴国有资本收益，积极催讨皖江农村商业银行股份股利137.64万元。加强改制企业资产管理。改制企业剩余资产出租统一由国资部门与租户签订租赁协议，出租资产租金由企业留守人员严格按照协议负责代收，租金收入上缴国资专户管理，全年房屋租金收入33.22万元。

【扎实推进财政重点改革】深化预算制度改革，在进一步健全预算标准体系的基础上，加大政府性基金、国有资本经营预算资金调入一般公共预算的力度。预、决算和“三公”经费信息公开做到全覆盖。完善财政运行管理机制，继续推进预算绩效评价工作，加大预算绩效评价结果应用力度，促进绩效评价与预算编制、执行、监督的有效衔接。全年盘活存量资金21230万元，提高财政资金使用效率。积极推进政府向社会购买服务，全年政府购买服务金额达4506万元，比上年增长7%。加强政府投资项目资金管理，全年共对140项政府投资项目拦标价进行审核，送审额51548万元，净审减额567万元。

【加强廉政风险防控】加强财政内部管理，出台《关于印发铜陵县财政局内部控制基本制度（试行）的通知》，进一步规范财政工作行为，确保财政资金安全高效运行。加强法治财政建设，先后出台《铜陵县财政局法治财政建设实施意见》《铜陵县财政局关于进一步规范财政重大决策行为的实施意见》，以制度建设促进法治财政建设。认真梳理局本级权力清单和乡镇财政“权力清单、责任清单、服务清单”，制定权力运行流程图，并将清单向社会公开，严格执行，建立动态调整机制，做到依法行政，依法理财。

（铜陵县财政局供稿）

枞阳县财政工作概述

【概况】2015年，枞阳县财政（注：2015年10月，国务院批复同意将安庆市枞阳县规划铜陵市管辖）主动适应经济发展新常态，坚持稳中求进，主动作为，有力地保障全县财政平稳运行。全县一般公共预算收入完成11.4亿元，其中税收收入完成8.88亿元，非税收入完成2.52亿元。全县一般公共预算支出完成31.7亿元，其中，民生类支出27.7亿元，占一般公共预算支出的87%。

【加强收入管理】认真落实收入目标管理责任制，做好收入征管协调、调度。坚持依法征税，推进综合治税、协税护税。开展沙石行业税收征管秩序专项整治行动，规范税收征管秩序。强化非税收入征缴管理，确保应收尽收。努力优化财政收入结构，提高财政收入质量。

【促进经济发展】落实县支持中小微企业发展十条政策。安排3000万元专项资金，落实推动企业转型升级、技术改造、节能降耗和流动资金银行贷款贴息等政策。设立2000万元中小微企业转贷应急专项资金，帮助企业解决转贷、续贷过桥资金等问题。实行财政性资金存款与银行存贷比等指标挂钩考核，促进财政性资金与金融资金良性互动。组建县投资发展集团公司，推进“建设、投资、融资、经营、管理”一体化。政府平台融资13.6亿元，国有融资担保公司担保余额增长100%。

【保障和改善民生】实施32项民生工程，投入资金11.18亿元，其中，县财政配套落实1.19亿元。落实民生工程包保责任制，制定分月计划，严格考核通报。坚持“政策公开、程序透明”，确保工程类项目实施质量。加强建后管养，安排民生工程管护经费1000万元。广泛深入宣传，不断提高民生工程满意度和知晓度。枞阳县在安庆市民生工程考核中位列第3。

【加大三农投入】整合涉农项目26个，集中支持美好乡村建设。投入专项资金2500万元，推进美好乡村中心村建设和自然村治理。政策性农业保险承保种植业面积160万亩，兑付理赔金1213万元。实施村级公益事业建设“一事一议”财政奖补项目144个，投入财政奖补资金2799万元。农业综合开发高标准基本农田、农业产业化项目扎实推进。全年打卡发放涉农补贴 2.5 亿元。

【深化财政改革】 认真落实县人大及其常委会审议意见,出台《枞阳县县级预算管理办法》,全面公开政府及部门预决算信息，部门预算编制到位率由 50%提高到 70%以上。安排资金 2 亿元,切实保障机关事业单位养老保险制度改革实施。妥善处理存量债务,规范新增债务举借和使用,争取地方政府债券额度 43058 万元。建立应用财政涉企项目资金管理系统，财政支持企业资金投向更加精准有效。支持社会力量参与县城环卫外包服务、公益性岗位购买服务、殡葬改革惠民服务等众多领域,推进政府购买服务。

【完善监管机制】 对财政专户沉淀存量资金和各类财政往来款项进行全面清理，盘活财政存量资金 1.36 亿元,收回存量资金主要用于新增刚性支出、化解政府债务和经济社会发展急需资金支持的重点领域。圆满完成全年财政监督计划。政府集中采购 7343 万元,节约率 16%。评审政府投资项目 274 个,核减率 12.18%。行政事业单位国有资产管理改革全面推进，国有集体企业资产处置力度不断加大。

(枞阳县财政局供稿)

池州市财政工作综述

池州市财政工作概述

【概况】2015 年，全市财政收入完成 95.8 亿元，增长 4%，其中：地方一般预算收入完成 71.9 亿元，增长 4.2%，上划中央收入完成 23.9 亿元，增长 3%。全市财政支出完成 147.5 亿元，增长 6.5%。

【促进经济发展】一是支持“调转促”。认真落实“调转促”各项政策措施，实施创新驱动战略，统筹各类发展资金 18.14 亿元加大对重点项目、园区平台、农业产业化等方面支持力度。抢抓皖南国际文化旅游示范区建设机遇，投入旅游发展资金 1.76 亿元。拨付海绵城市建设资金 4 亿元。二是助力实体经济。兑现工业转型、“商贸活市”奖补等资金 1.21 亿元。市财政拨付民营经济发展专项扶持资金 4832 万元，县(区)配套 4877 万元。积极落实结构性减税和普遍性降费政策，减免缓抵各项税费 2.8 亿元。三是积极支持创业创新。设立创业扶持资金和天使投资基金，统一纳入产业发展基金管理。全年累计发放创业担保贷款 1533 笔，金额 2.02 亿元，支持 1507 个各类初创群体创业。

【聚焦三农发展】坚持把支持“三农”作为财政工作的重点，大力推进强农惠农富农。一是加大“三农”有效投入，全市拨付农林水资金 16.93 亿元。二是加大惠农补贴力度。通过“一卡通”累计发放各类惠农补贴资金 6.84 亿元。三是大力实施农业综合开发。全市 2015 年国家农业综合开发项目总投资 26455 万元，建设高标准农田 5.19 万亩，扶持龙头企业 7 家、合作社 11 家。四是全面开展一事一议财政奖补。全年实施项目 558 个，累计完成投资 8092 万元，涉及 86%的行政村，直接受益村民 101.4 万人。五是大力推进美丽乡村建设。2015 年共投入资金 11.8 亿元。

【加强国资管理运营】一是摸清家底。初步摸清市本级行政事业单位国有资产、城市公共资源、企业国有资产及国有股权“家底”，其中，国有房地产价值 200 余亿元、国有股权 40656 万元。二是确权办证。主城区行政事业单位国有房产基本做到办证确权全覆盖。国有房产登记办证面积 60.25 万平方米，办理国有房产权证 111 本。三是分类管理。对市直行政事业单位房产，建立办公用房、专业用房、教体育用房等七大类房产台账，落实管理运营责任主体，实行分类管理。四是综合运营。对行政事业单位腾退房产，全部移交城投公司组织运营。盘活周转性和保障性用房，实行动态台账登记，分别授权城投公司和市住建委列入实物化安置房源或作为政府过度安置房源，政策许可的，公开处置变现。

【保障改善民生】全市 33 项民生工程到位资金 28.38 亿元，拨付资金 28.36 亿元，预算资金到位率和拨付率分别为 108.6%、108.5%，圆满完成年度任务。一是坚持资金投入“多元化”，引导社会力量办民生。在实行民生工程“首位预算”的基础上，按“政府主导、多方参与、市场运作”方式，积极探索多元化民生工程投入机制，社会资金约占民生工程总投入的 20%。二是坚持项目资源“整合化”，放大民生工程效应。同类民生项目整合实施，社会事业项目整合要素，基础设施项目整合资金。三是坚持民生信息“公开化”,倒逼项目实施公平公正。推行民生工程信息网上公开,建立民生工程监察、审计、财政监督检查等内部监督机制和以民生工程特邀监督员制度为主的外部监督机制。四是探索购买服务“市场化”,发挥建成项目效益。出台《池州市民生工程建后管养政府购买服务办法(目录)》,探索政府购买服务方式。五是实行目标管理“绩效化”,推动政策落地生根。加强民生工程资金筹集、拨付、使用专项检查和日常督查,实行一月一督查、一月一调度、一月一排名、一年一评价的项目推进机制。

【深化财政改革】一是深化预算管理制度改革。认真落实新《预算法》要求,坚持“开门办预算”,提前启动2016年预算编制工作。建立跨年度预算平衡机制,根据部门职责和行业发展规划,科学合理测算收入预期和支出需求,编制2016—2018年三年滚动财政规划。除涉密部门外,全市315家一级预算单位全部公开“三公”经费和部门预决算。对结转结余资金进行分类集中清理,加大统筹使用力度。全市共盘活财政存量资金10.64亿元。将收回的存量资金重点投入到支付城市基础设施建设、到期债务偿还、公共项目建设以及教育、民生等重点领域支出。二是完善国有资本经营预算制度改革。建立预算调入机制,加大国有资本预算调入一般公共预算力度。近三年,累计完成国有资本经营收入预算1.6亿元。三是推进政府性债务管理改革。全市地方政府存量债务共置换56.4亿元。新增地方政府债券4.66亿元,优先用于保障性安居工程建设、城市地下管网建设改造、智慧城市等重大公益性项目支出。四是支持社会力量办事业改革。按照“政府埋单、群众签单”市场化运作模式,在教育、医疗卫生、文化体育等多个领域购买服务。率先在全国开启社会资本参与城市污水处理和管网运营的PPP模式,并于去年初投入运营,被誉为“池州模式”。成功入选全国海绵城市试点,中央财政将连续三年每年给予4亿元的专项资金补助。

【加强财政管理】一是加强财政预算管理。强化财政运行预期管理,狠抓收支动态分析和调度,依法加强税收征管,严格非税收入管理,严控预算追加。加强“三公”经费管理,全市“三公”经费同比下降12%。二是加强财政绩效管理。制定《池州市本级预算支出绩效考评实施细则(试行)》,明确绩效考评的对象、内容和方法,科学设定财政支出绩效考评指标体系,规范考评工作程序,强化考评结果的应用。共完成工业经济转型发展、“商贸活市”等30余个资金项目绩效评价工作。三是加强财政监督管理。重点做好会计信息质量检查、财政资金专项检查及“小金库”专项治理等工作,对32家企事业单位的会计核算、资金管理和“小金库”等情况进行检查,落实问责制度,及时督促整改,确保财政资金运行安全有效。

【着力加强政风行风建设】一是全面落实党风廉政建设责任制。按照“一岗双责”和“分级负责”的要求,切实履行党组书记“第一责任人”职责,形成一级抓一级,层层抓落实的工作局面。二是扎实开展“三严三实”专题教育。组织召开“三严三实”专题党课报告会和教育学习会,以“严和实”的要求促进财政各项工作。三是全面开展系统共建活动。采取“1+1”模式,把帮联工作列入日常工作内容,实现全市财政帮联工作全覆盖、常态化。四是开展“单位包村、干部包户”定点帮扶工作。帮助联系村解决实际困难和问题,落实好各项强农惠农富农政策。五是文明创建成效显著,成功创建第四届全国文明单位。

(池州市财政局供稿)

贵池区财政工作概述

【概况】2015年,贵池区财政收入实现25.5亿元,占年初预算数100%,比上年增收10690万元。

【财政收入】会同国税、地税等部门对农村镇街道及工业园区收入任务进行分解,进一步完善财政收入奖励考核办法,加强收入调度。坚持每月一调度,加强收入征管,做到按月均衡入库,全力以赴保证财政收入的稳定增长。加大对重点税源的跟踪和零散税源的稽查力度,确保主体税收足额、及时入库。加强对宏观经济形势和财政收入形势的分析研判,注重各征管部门之间的工作联动协调,牢牢掌握组织收入工作的主动权。

【预算管理】一是严格预算支出,提升财政管理科学化、精细化水平。二是规范财政专户管理,建立专户管理长效机制,促进管理绩效提升。三是进一步拓展国库集中支付范围，严格预算银行账户管理，建立预算执行动态监管机制，保障财政资金运行安全。四是深化部门预算改革，继续推进政府采购制度改革，强化政府非税收入管理。五是严格控制“三公”经费支出，全面推行公务卡改革，强化国库支付，加大对部门支出的控制，使厉行节约、控制支出的各项措施落到实处。

【民生工程】 精心组织实施省定33项民生工程，加强涉农资金的整合，支持美好乡村建设；实施更加积极的就业政策，促进就业、扶持创业、完善扶贫开发等政策措施；建立健全文化投入稳定增长机制，进一步支持深化文化体制改革；加强社会保险扩面征缴，规范养老保险统筹，降低财政支付风险。全年民生工程各级到位资金9.67亿元，其中：中央和省级下拨5.5亿元、区级配套1.32亿元、其他资金2.85亿元，资金到位率106%。

【支农惠农】 搞好农发项目。一是继续推进2013年杏花村办事处中低产田改造工程、2014年杏花村高标准农田建设项目、殷汇镇肖有平、张怀塔种粮大户高标准农田建设项目和棠溪山寨年产50吨安茶新建项目、汉东农业年产10万只有机土鸡标准化养殖小区扩建项目；二是认真编制2015年农业综合开发秋江街道高标准农田建设项目、里山街道高标准农田建设项目、乌沙镇高标准农田建设项目、梅村镇高标准农田建设项目、唐田镇高标准农田建设项目的初步设计；三是继续加强农发项目、资金管理，严格实行“专人、专账、专户”的“三专”管理制度，减少拨款环节，提高资金运行速度，确保专款专用，防止项目资金被挤占、挪用。抓好一事一议。按照一事一议财政奖补试点和民生工程工作要求，扎实开展一事一议财政奖补规范管理年活动，进一步完善相关制度措施，规范程序，加强监管，认真组织实施。全年批复一事一议财政奖补项目167个，涉及167个村(社区)。项目投入资金总计2570.95万元。目前，167个项目已全部完工。继续实施政策性农业保险。本区共开展5个险种的政策性农业保险，新增森林和烟叶两个险种，其中水稻承保56万亩，棉花承保7万亩，玉米承保4万亩，小麦承保12万亩，油菜承保19万亩，累计保费为98万元，能繁母猪承保0.6万头，保费为39万元，新增的森林保险承保189万亩，保费为379万元，烟叶承保348亩，保费为2万元。推进美好乡村建设。一是将美好乡村建设专项资金列入财政预算，2015年财政预算安排专项资金2210万元全部到位。二是逐步建立“资金分配规范、适用范围明晰、管理监督严格、职责效能统一”的涉农资金整合制度，全面提高财政涉农资金的使用效益；三是加强项目管理，充分发挥村民主体作用，实行公告公示制，自觉接受群众监督。

【财政监督】 一是加强部门预算监督。深入推进部门预算改革，把住预算资金运行的源头，协同相关科室对部门预算编制情况进行审核，进一步提高预算编制的公开性和透明度，在预算编制环节进一步提高财政资金的分配效益。二是加强政府采购监督。多次对政府采购中心的工程建设项目、物资采购等招投标进行现场监督，审查投标人资质，监督竞标流程，保证采购工作逐步向程序严密规范、手续简化、效率提高的方向发展。三是加强会计信息管理。为加强区属单位会计工作管理，提高会计信息质量，对今年会计信息质量检查工作作出布置，聘请会计师事务所专业人员参加，对池州忠大木业有限公司(节能环保企业)的财务管理、会计核算等情况进行全面检查，并作出会计监督检查意见，进一步提升会计信息质量和保障财税政策执行。

【队伍建设】 一是加强服务型财政分局建设，完善内部管理办法，把改善服务环境与提高便民服务质量结合起来，把提高工作效率与改进作风、提升财政形象结合起来，2015年对六个财政分局开展档案管理升级达标工作，牛头山和梅街财政分局档案管理工作率先完成任务，达到省一级标准；二是加强基层财务人员财政支农培训工作，把培训当作宣传、贯彻和落实财政支农惠农政策的窗口和阵地，通过培训进一步规范基层财政财会工作，推进村务公开、民主理财，促进农村社会和谐稳定。

(贵池区财政局供稿　刘贵阳)

东至县财政工作概述

【概况】 2015年，全县一般公共预算收入完成13.23亿万元，同比增长7.28%(剔除市财政调度关税等不可比因素，同口径)。其中：国税部门完成

3.85 亿元,同比增长 6.5%;地税部门完成 5.9 亿元,同比下降 2.3%;财政部门完成 2.68 亿元,同比增长 24.7%;海关代征 7969 万元,同口径增长 31.3%。全县一般公共预算支出 28.44 亿元,增长 10%。

【千方百计稳增长】一是支持实体经济发展。完善“1+2+6”产业扶持政策体系,全年兑现“借转补”资金 4114 万元、“事后奖补”资金 1500 万元、“营改增”财政扶持资金 7000 万元;支持工业经济转型升级,兑现工业企业技术改造设备投资补助等资金 872 万元,争取省民营发展专项资金、市工业转型资金等 2162 万元;落实中小企业减税清费政策,减轻中小企业负担 860 万元。二是支持重点项目建设。全年安排政府性投资项目 38 个,投入资金 4.66 亿元支持全县重点项目建设;争取置换债券 9 亿元,其中安排两个经开区置换债券 5.3 亿元;加强重点项目融资,推进农发行、徽商银行、九华农商行、光大银行等重点项目融资累计到位资金 7 亿元。三是支持中小企业融资。促进扩大信贷增量,全县银行业金融机构各项贷款余额 83.64 亿元,较年初净增 6.53 亿元。完善小贷及担保组织体系,众泰小贷公司增资扩股到 1.1 亿元,中信担保公司注册资本金增资到 2.6 亿元。创新金融方式,发展“税融通”业务,强化担保功能,推进“4321”新型政银担合作,在保余额 7.18 亿元。推进企业直接融资,9 家企业进入“新三板”等场外市场挂牌上市后备资源库。四是支持绿色生态发展。支持创建国家级生态县,全年节能环保支出 5707 万元,同比增长 8.4%。运用财政奖补、贴息等方式,推动企业节能技术改造、重要流域综合整治和重点行业专项治理。投入 2000 万元开展化工园区污染防治和通河治理工程,投入 1172 万元用于秸秆禁烧奖补,投入 300 万元用于大青湖生态修复工程。

【全力以赴保民生】当年民生十三大类支出 24 亿元,占总支出的 84.5%,其中 33 项民生工程全年投入资金 7.28 亿元。城乡发展更趋统筹。全年财政拨付“三农”资金 4.21 亿元,同比增长 32%。改进财政支农投入方式,设立融资风险补偿基金。落实各项惠农政策,共发放各类补贴资金 3.3 亿元,受惠农户 15 万余户。整合涉农资金 3.4 亿元支持美好乡村建设。支持农村基础设施建设,实施“一事一议”财政奖补项目 197 个,投入资金 2534 万元,受益人口 45 万人。投入 1.07 亿元,实施农业综合开发及高标准农田建设、水库除险加固、中小河流治理、小型水利工程改造提升和农村饮水安全等项目工程。争取农业科技转化推广及产业化扶持转移支付资金 1580 万元,通过政策性农业保险扩面提标提供农业风险保障 20 亿元,兑现灾后理赔资金 1030 万元。公共服务更趋均衡。在学有所教方面,投入 5927 万元用于义务教育经费保障,免除 45701 名城乡义务教育阶段学生学杂费并补助义务教育阶段学校公用经费,投入 678.8 万元用于中职和普通高中家庭经济困难学生资助。在劳有所得方面,完成 2000 人就业技能培训任务,培训合格率 100%;开展就业扶持工程,公益性岗位、高校毕业生基层特定岗位、高校毕业生就业见习岗位共安排 709 人。在老有所养方面,城乡居民基本养老保险参续保缴费人数 21.82 万人,完成率 97.11%,符合参保条件的城乡居民参续保率 100.09%;及时调整企业退休人员基本养老金,对符合调整的 9781 名企业退休人员月人均增发养老金 180 元。在病有所医方面,支持医药卫生体制改革,投入基本公共卫生服务专项资金 1415 万元;新型农村合作医疗与城镇居民基本医疗保险并轨实施,支付补偿金 1.6 亿元;提高新型农村合作医疗筹资标准,由上年 390 元/人提高到 480 元/人;支持推进城乡居民大病保险、城乡医疗救助工作。在住有所居方面,新增公共租赁住房 810 套,发放租赁补贴 467 户;棚户区改造住房 2700 套,分配入住 1040 套;农村危房改造完成 3100 户,完成投资 9300 万元;山区库区农村住房保险 12.76 万户,兑现理赔款 159 万元。

【深化改革激活力】一是深化预算管理制度改革。健全全口径政府预算体系,强化四本预算的衔接与统筹,全年实现政府性基金调入一般公共预算 4447 万元;加大预决算和“三公”经费信息公开力度,实现县级部门一级预算单位全覆盖,公开内容细化到经济分类“项”级科目;改进预算控制方式,实施中期财政规划管理,选取 5 个具有代表性的试点单位试编 2016—2018 三年滚动预算,建立跨年度预算平衡机制;推进财政资金管理改革,盘活财政存量资金,全年通过“冲、调、整、收”等办法唤醒“沉睡资金”4033 万元。二是推进国库集中支付制度改革。稳步推进会计集中核算向国库集中支付转轨工作,全年移交财务单位 41 个,在各银行新增预算单位零余额账户 52 户。成立教育财务核算中心并顺利运转,民政、农委等单位实行内部集中核算模式;强化财政平台一体化运行,新增专项资金管理模块、工资统发模块,财政平台资金拨付额度大幅增长,全年累计办理国库集中支付业务 5341 笔,资金 7.59 亿元,较上年增长 135.7%。三是强化政府债务管理改革。加强债务预算管理,合理确定举债空间,按"消化存量、控制增量"的要求科学编制年度政府债务预算并提请人大批准,纳入政府债务预算体系,政府债务逐步依法规范;全面清理甄别存量债务,积极争取债券份额,全年累计置换项目 196 个、债券资金 90155 万元。四是推行政府和社会资本合作模式。提请出台《东至县推广运用政府和社会资本合作模式实施意见》,及时推介县城市污水处理和东至经开区工业污水处理两个 PPP 项目,通过招标引入国祯环保科技、东华工程科技两家公司参与建设,先期投资超过 2 亿元。五是支持社会力量办事业。按照《东至县关于加快发展养老服务业的实施意见》,通过财政补贴、贷款贴息等方式支持社会力量办养老事业;支持社会力量办学前教育,通过以奖代补、按类奖补、生均补助等方式,支持民办幼儿园发展;支持社会力量办其他事业,通过政府购买服务,实施东至县"平安城镇"视频监控系统建设运营项目、县城绿化养护等项目。

【精耕细作促绩效】一是推进法制财政建设。学习贯彻新《预算法》,邀请专家进行全面解读,将新《预算法》学习纳入科级干训班课程;组织全体职工参加行政执法资格考试,全系统取得财政执法证书 183 人。二是强化财政监督管理。开展会计监督检查,对全县 5 家企事业单位进行检查,查出违规金额 99.22 万元;开展专项监督检查,重点对城镇居民医疗保险等 5 个专项资金使用管理情况等进行了检查;组织开展内部监督检查,对葛公分局等 5 个单位主要负责人任期近三年内预算管理和财经纪律执行情况进行经济责任离任审计;开展涉农资金专项整治,妥善处理胜利镇种粮大户冒领综合补贴等四起信访案件,及时化解社会矛盾。三是加强乡镇财政管理。抓好乡镇财政资金监管,实现乡镇财政资金监管全覆盖。建立"三个清单"制度,共梳理"东至县乡镇财政工作岗位及职责"10 个,"东至县乡镇财政权力责任服务清单"8 项,"东至县乡镇财政权力运行和服务流程图"10 项,"东至县乡镇财政权力和服务事项廉政风险点"33 个。开展财政互审,加强财政分局(局)档案管理。四是严格农村"三资"管理。规范业务流程,搭建资金管理平台,县三资办为各乡镇统一办理三资业务;规范农村集体土地、水面、山场等资产资源处置以及工程建设招投标管理工作,全年共受理 106 项,涉及金额 1.2 亿元。五是规范政府采购管理。严格执行集中采购制度,全年组织集中采购 120 项,预算金额 9013.62 万元,节约资金 1660.77 万元,节约率 18.43%。六是完善投资评审机制。重点加强对政府性投资及政府采购项目的资金评审,全年评审项目 388 个,送审金额 12.6 亿元,审减金额 2 亿元。七是实现国有资产保值增值。建立国有资产管理制度,加强国有资产监管信息化建设,完成全县 313 家行政事业单位资产清查工作。出台《东至县国有资产运营处置方案》,有序推进国有资产运营处置计划,有效盘活存量资产。

(东至县财政局供稿)

石台县财政工作概述

【概述】2015 年,石台县紧紧围绕建设"中国原生态最美山乡"目标,凝心聚力,攻坚克难,全力做好新常态下财政工作。全县一般公共预算收入完成 2.21 亿元,为年初预算的 100.2%,增长 7.4%。公共财政预算支出完成 10.03 亿元,比上年增支 7274 万元,增长 7.8%,债务还本支出 2.72 亿元。

【服务经济发展】一是大力扶持旅游产业。整合国有旅游企业补助、旅游发展基金等专项资金 8647 万元,较上年增加 2139 万元,增长 32.9%,支持牯牛降、蓬莱仙境景区和旅游公路等基础设施建设。二是支持重点项目建设。拨付基本建设资金 42210 万元、较上年增加 12910 万元、增长 44.1%,支持农村基础设施、文化、教育、卫生及交通、旅游、市政、环保等重点项目建设,拉动经济增长。三是支持实体经济发展。加强财政资金引导,安排专项资金 300 万元支持民营经济发展,奖励 5 户新纳限企业资金15万元，申报企业专项资金92万元。落实专项资金2000万元推进安徽省电子商务进农村示范县建设。加强担保体系建设，再次增加担保公司注册资本金至13610万元，共为176户中小企业提供担保贷款19299万元，同比增长44.51%。推进“政银担”合作，“4321”合作项目39户、担保余额8359万元。促进企业直接融资，支持安徽秋浦河旅游股份有限公司、仙寓板材有限公司和日新茶叶有限公司在安徽省股权托管交易中心成功挂牌，天方茶业股份有限公司有望于今年上半年挂牌“新三板”。四是完善金融服务体系。完善金融生态环境，降低企业融资成本，成功落实中国银行、农发行在本县设立支行事宜，预计2016年底开业。

【突出民生保障】十三大类民生支出累计完成84765万元，同比增长13.8%。一是组织实施民生工程。33项民生工程累计投入资金2.66亿元，其中县级配套3945万元。强化建后管养，安排管养资金663.6万元。二是支持教育文化事业发展。全年教育支出14900万元，其中县级投入11570万元，较上年增加2969万元。拨付公用经费、免费提供教科书、补助寄宿生生活费等1505万元，免除高中生学费277万元，拨付建设资金2567万元改造农村中小学校舍和薄弱学校。提升基层公共文化服务水平，拨付资金337万元支持文化、广电建设。促进人口和计生事业和谐发展，拨付计划生育专项资金336.6万元。三是加大社会保障力度。继续提高企业退休人员基本养老金、城乡低保、农村五保供养标准，及时拨付各类社会保障资金2.26亿元，保障企业职工养老、城镇职工医疗、失业、生育及社会弱势群体支出。推进城乡养老服务体系建设，投入资金605万元。落实高龄、失能老人生活照料补贴及“老字号”群体生活补助政策，发放高龄补贴90.5万元，补助“七老”和离任老村医生活保障费183万元。继续开展山区库区住房保险，承保住房24559户，投入资金38万元、理赔金额26万元。四是支持医药卫生体制改革。严格执行公立医院运行补偿方案，拨付公立医院人员定项补助、离退休人员经费及药品零差率补助752万元，及时兑现基层医疗卫生机构补助资金，拨付乡镇卫生院、村卫生室基本公共服务补助及药品零差价补助307.1万元。

【推进城乡统筹】一是全面落实惠农政策。通过“一卡通”平台发放财政补贴农民资金6307万元。推进政策性及特色农业保险，承保茶园、烟叶等经济作物及水稻、棉花等农作物10.75万亩，能繁母猪1471头，森林面积165.47万亩，累计承保金额8.71亿元，理赔134.6万元。二是改善农业基础设施。拨付资金3294万元支持小农水重点县、小型农田水利改造提升工程、农业综合开发项目建设。实施扶贫重点项目建设，拨付资金4009万元。支持现代农业发展，筹集资金660万元。三是支持美丽乡村建设。加大资金投入及整合力度，安排资金3978.2万元，整合资金12600万元、吸引社会资金4830万元支持美丽乡村建设，累计拨付资金21094万元。四是推进农村综合改革。推进一事一议项目建设，奖补资金461万元建成104个项目，落实资金40万元保障项目建后运行，安排资金510万元支持4个村美好乡村建设。加强村居经费保障，拨付社区经费82万元、同比增加17万元、增长26%，社区平均14万元；保障村级组织运转，拨付村级补助经费621万元。

【强化监督管理】一是推进预算信息公开。县本级政府及县直部门2015年度预算、“三公”经费预算及2014年度决算、“三公”经费决算信息均按要求全面公开。二是强化预算执行管理。贯彻落实新《预算法》，及时批复预算并办理用款计划审批；合理调度资金，优先拨付民生工程等公共服务领域资金；建立预算执行分析制度，加快支出进度；严格预算追加管理，除事关民计民生的特殊重大项目及不可预见的突发应急支出外，一律不予追加。三是加强财政监督管理。开展财政内部、财政存量资金清理、专项监督以及会计信息质量检查。组织开展涉农资金专项整治行动，对2013—2014年度9.15亿元各项涉农资金使用管理情况进行全面清查。加大政府投资项目预决算评审，组织实施预算审查项目92个、审减金额1588万元、平均审减率6.12%，决算审查项目57个、审减金额789万元、平均审减率10.84%。加强政府采购管理，完成政府采购项目385个，节约资金563万元，资金节约率17.5%。加强国有资产管理，按规定处置国有资产205件、原值161万元，划拨资产6笔，原值362万元。加强会计行业管理，开展会计继续教育培训及从业人员持证上岗情况检查，积极培育会计代理机构。四是加强乡镇财政管理。开展4个乡镇独立核算的单位财务互查互审工作。创建服务型财政分局,小河、矶滩2个分局成功创建市级服务型财政分局。继续推进乡镇财政分局档案标准化建设工作。

【深化重点改革】一是深化预算管理制度改革。积极盘活财政存量资金,对历年来财政存量资金进行清理甄别,收回历年财政存量资金17460万元,提高资金使用效益。推进预算编制改革,严格按照“二上二下”程序及“零基预算”要求据实编制预算,在部门利用“e”财部门预算软件分功能和经济科目编制预算,在教育和卫生系统按定员定额方式试编“三公”经费支出预算;政府采购和政府购买服务预算编制,结合中长期规划和政府购买服务目录编制。加大政府性基金预算与一般公共预算的统筹力度,将文教、育林及水利等11项政府性基金列入一般公共预算,增强一般公共预算调控力度。推进国库集中支付改革,128个县级及65个乡镇预算单位实现国库集中支付资金5.06亿元。深化公务卡应用,引导单位实行公务卡结算支出523万元。加强财政专户管理,对全县财政专户进行清理,仅保留省厅核准财政专户11个。二是推进政府性债务管理改革。加强债券资金使用管理,2015年省分配本县债券资金30028万元,根据省债券资金使用要求,均落实到具体债务项目上。三是推进农村“三资”管理改革。加强和规范村级财务监督管理,推进包村干部监管涉农资金,全面梳理乡镇财政行政权力事项和工作职责,建立乡镇财政权力清单和责任清单。四是推进社会力量办事业改革。支持社会力量办学前幼儿园,安排专项经费对全县4所普惠性幼儿园(2万元/所)、符合条件的贫困儿童(500元/人)进行补助,对校舍进行维修加固,对教学设备购置补助。支持社会力量办民生工程,安排资金2万元委托县医院对全县20例白内障患者实施康复复明工程,安排资金140万元对城乡公交补助和高龄人员公交车乘车补贴,安排资金180万元,通过政府购买服务方式对全县8各乡镇农村清洁工程实施补助。探索支持社会力量办养老事业,研究制定关于加快发展养老服务业实施意见。

【提升财政形象】一是加强党风廉政和作风效能建设。认真履行一岗双责,细化分解党风廉政建设目标任务,并纳入年终考核的重要内容,形成层层抓落实和常抓不懈的工作机制。建立廉政谈心谈话制度,经常性开展警示教育活动,保证财政工作清正、财政干部清廉、财政作风清明。严格作风督促检查制度,不定期对局机关和分局作风效能建设情况进行督查暗访。实行懒政怠政问责制度,强化责任、进取、落实、担当、创新、奉献意识。二是开展结对帮扶活动。认真开展“单位包村、干部包户”定点帮扶工作,选派年轻优秀干部下村任职、驻村帮扶,局班子成员及中层以上干部共结对帮扶联系村贫困户36户。班子成员以身作则带领分管部门职工走进贫困村及贫困户,听取扶贫工作意见与建议,支持建设资金100余万元,帮助解决实际问题。三是做好权力责任清单工作。按要求做好县委及政府权力清单和责任清单公布工作,目前,县财政局权力清单和责任清单、行政权力运行流程图、权力事项廉政风险点情况表均已在县政府网站对外公布。四是深入开展文明创建活动。按照“围绕财政抓创建、抓好创建促财政”的工作思路,举办道德讲堂等“五个一”活动,开展“中国梦”宣传教育、学习评选先进人物及道德典型、双拥及文化体育等活动,积极参加中华经典诵读等省级文明县城创建活动,局机关连续荣获四届省级文明单位荣誉称号。

【落实巡视整改】按照县委、县政府要求,财政局作为牵头落实挤占挪用财政专项资金、财政违规担保存在隐患、乡镇“引税”完成财政税收任务等3个方面问题整改工作,局党组高度重视,认真制定牵头落实巡视整改方案,细化分解16项整改任务,制定14项整改措施,牵头召开整改问题专项推进会议,严格按照路线图和时间表要求,逐项抓好整改落实,整改工作取得阶段性成效。

(石台县财政局供稿)

青阳县财政工作概述

【概况】2015年,县财政局凝心聚力,稳中求进,改革创新,保障民生,较好地完成各项工作任务。全年财政收入完成14.6亿元,同比增长4%,是“十一五”末6.5亿元的2.3倍,公共财政预算支出21亿元,是“十一五”末9.7亿元的2.2倍。

【促进经济转型发展】一是支持重点项目建设。投入市政工程、南部新城等重点项目和工程资金5.86亿元。二是促进产业结构升级。拨付企业发展和奖励资金4704万元,落实企业“营改增”财政扶持资金3966万元,安排招商经费664万元。三是推动全民创业就业。发放“整贷直发”小额担保贷款2100万元,补助就业技能培训资金575万元。四是推进美好乡村建设。安排美好乡村财政专项资金2434万元,整合涉农资金11000万元,引导社会资本投入3638万元。

【提高民生保障水平】一是深入推进33项民生工程。投入资金5.1亿元,其中:县级配套资金5014万元。二是落实强农惠民政策。发放涉农补贴资金1.2亿元,拨付农业综合开发财政资金1294万元,财政支农专项资金8415万元,政策性农业保险财政补贴资金512万元,“一事一议”财政奖补资金1729.79万元。三是推进农村社会公共事业发展。拨付教育专项资金10390万元,安排文化专项资金391万元,兑现计划生育奖扶特扶专项资金542万元。四是加大社会保障力度。安排医疗保险资金10892万元,救助资金306万元,低保资金2242万元,“老字号”群体工龄补助资金723万元。

【加快财政改革步伐】一是实行全口径预算管理。将公共财政、政府性基金、社保基金、国有资本经营预算全部纳入年初政府预算,实现财政性资金全部纳入政府预算管理。二是加强政府债务管理。积极争取上级政府债券资金,妥善做好存量债券资金的置换和新增债券的使用工作,2015年争取省政府发行新增债券资金7669万元、置换存量债券资金26612万元。三是完善国有资产管理制度。挂牌成立县政府国有资产监督管理委员会,首次编制国有资本经营预算,将县属国有(集体)资产和资源经营收入纳入预算管理,制定完善县属国有企业法人治理结构。四是盘活财政存量资金。建立财政存量资金定期报告制度,开展预算结转结余资金清理,收回专项转移结转资金9712万元、部门预算结余结转资金2906万元。五是完善国库管理制度。改革财政专户资金拨付流程,将资金的录入、审核、打印、支付权限进行分设,形成相互制约机制,防范财政资金风险。六是严肃财经纪律。制定《差旅费管理办法》,实行“两单合一”,规范公务接待行为,实行“四单合一”,进一步加大预决算和“三公”经费公开力度,强化财政审核关,杜绝违反中央“八项规定”的不合理支出。

(青阳县财政局供稿)

九华山风景区财政工作概述

【概况】2015年,在党工委、管委会的正确领导下,在上级财政、审计部门的大力支持下,财政局党组认真贯彻落实十八届四中、五中全会精神和“依法治国”各项要求,紧紧围绕党工委、管委会中心工作,以推进“123”建设为重点,以开展“三严三实”主题教育活动为抓手,带领全局职工奋力拼搏,顽强进取,强化队伍建设,狠抓收入征管,突出制度建设,规范运行管理,大力推进民生工程、惠民实事,强力服务保障重点项目支出,各项工作任务顺利推进。

【财政收入】积极支持加大营销力度,成立多个营销组,积极参加各地的旅游营销活动,进一步拓展旅游市场覆盖面,门票销售收入不断增长。进一步加大调度力度,保证收入有序入库。按期召开财税联席会,与国税、地税、门票等征收部门联系协调,重点开展面对面的收入调度,确保做到收入均衡入库。全年财政收入完成5.04亿元,同比增长5%。

【财政支出】全年风景区共完成支出39697万元,其中:重点项目资金9963万元,民生工程建设资金3817万元,保障民生支出16152万元,占总支出的75.4%,有效保障重点项目建设和民生工程建设需要。进一步加大基本建设资金管理力度,资金使用效益得到提高。“按计划、按程序、按进度、按预算”的拨款原则,在资金拨付过程中做到“一审、二看、三查”,保证了财政资金及时、准确到位,减轻虚报资金的风险,提高了财政资金使用的有效性和安全性。2015年共拨付财政性投资基本建设支出9963万元,其中:九华山风情河环境整治工程及黑虎松旅游公路工程BT建设项目回购支出6050万元,美好乡村建设专项支出686万元。加强资金管理,严把资金决算审核关,对已竣工验收的工程,实行价格审查制,全年共完成工程价格审核项目21个,核减资金184万元,平均核减率约为

17%,最大限度节约财政资金。

【惠民措施】认真落实中央惠农政策,与乡镇财政所及各相关职能部门密切配合，认真审核并及时发放各项财政补贴农民资金。一是及时发放各项补贴资金。全年共通过“一卡通”累计发放17类涉农补贴1463万元。二是做好农村公路运输石油价格补贴发放工作。2015年共发放成品油价格补贴113.83万元,其中:城市公交成品油价格补贴资金76.23万元，农村道路客运成品油价格补贴资金37.6万元。

【民生工程】一是注重民生工程资金筹措,保障资金及时到位。2015年本级财政安排民生工程配套资金3817万元,已全部拨付到位。二是注重部门协作,落实民生工程建设责任。三是创新宣传方式,进一步提升民生工程知晓度。在村居、学校、人口集中地段设立民生工程政策宣传栏15块,在公交站台设置民生工程宣传栏10块,发放宣传材料2万余份。四是继续完善监督检查机制。组织市人大代表、市党代表、市政协委员组成的民生工程特邀监督员开展视察活动5次，强力推进民生工程实施。

【国有资产监管】一是积极协助做好九华股份上市工作。2015年3月26日九华股份成功上市发行,为池州首家主板上市公司。二是根据党工委、管委会的相关会议精神和《公司法》及《国有资产法》的规定，同时根据九华山旅游发展规划的需要,将新区开发公司从集团公司分立。三是重点帮助扶持企业发展。认真审核集团公司申请发行短期融资债券工作并及时办理相关手续。四是完善法人治理结构,推进现代企业制度建设。

【机关建设】一是认真开展“三严三实”主题教育活动。二是认真开展包片联户服务群众活动,着力构建密切联系群众的长效机制。三是政风评议工作扎实开展。及时启动政风评议工作,征求、收集意见,并在工作中及时整改落实。四是党风廉政常抓不懈。按照党工委统一部署,结合财政工作实际,将财政局2015年反腐败工作任务进行细化分解,落实责任,着力于构建一个覆盖所有科室、重点岗位和关键环节的廉政风险防控管理体系。并按纪工委要求,及时做好“三公”经费控制报告工作。五是做好第八届市级文明单位创建申报工作。建立卫生保洁常态化机制,划分责任区,定期开展保洁,不定期开展督查;建立共创共建常态机制，继续与共建寺庙保持联系，指导开展文明创建工作,带动共同提升;八一建军节和重阳节期间,分别赶赴武警中队、消防队和敬老院开展慰问活动,力所能及地帮助他们解决困难;继续开展“爱心妈妈”活动,深入联系村开展走访,与留守儿童开展结对联系,从生活上、学习上、思想上对留守儿童进行“一对一”帮扶。六是抓安全生产教育不放松。加强对职工的安全教育,提高安全生产意识,开展安全生产隐患排查工作,确保办公区域、机关车辆安全,档案安全保管,资金安全运行。七是社会治安综合治理扎实有效,全年来无社会治安案件、上访事件发生。

（九华山风景区财政局供稿）

安庆市财政工作综述

安庆市财政工作概述

【概况】2015年，安庆市财政一般公共预算收入完成258.8亿元，为年度预算的103.7%，增长12.1%，其中市本级财政收入完成131.2亿元，增长31%。全市财政支出完成337.2亿元，增长12.6%。财政经济运行平稳，财政各项目标任务圆满完成。

【完成财政收入任务】科学分解落实财政收入任务，积极跟踪分析收入形势变化，对全市重要行业以及重点企业生产经营和纳税情况进行分析研判，准确把握收入形势。开展建筑业、房地产业、金融保险业和生活服务业税源情况调查，为“营改增”全面扩围做好准备。高度关注成品油消费税改革动向，及时分析研判国家3次提高汽、柴油等成品油消费税单位税额对财政收入的影响，确保各项税收改革政策执行到位。落实涉企收费清单和收费目录清单管理制度，积极推进POS非现金刷卡直接收缴方式，切实加大非税收入监管力度，全市非税收入累计完成30.1亿元，占财政收入比重为11.6%，同比下降2.4个百分点，财政收入结构、运行质量持续优化和提升。

【支持实体经济发展】落实重新修订的四大产业政策，兑付四大产业政策资金3.5亿元。落实支持中小微企业健康发展20条政策，支持企业开拓市场，帮助企业降低成本。设立2亿元创业投资引导基金，支持中小微企业实现健康发展。稳步推进“营改增”试点工作，兑现“营改增”过渡性财政扶持资金1.2亿元。争取财税优惠政策，大力扶持华茂、曙光、帝茨伯格等高新技术企业发展。开展涉企收费专项清理，取消征地管理费和安庆市价格调节基金，缓征工业产品生产许可证审查费等涉企收费项目。积极落实社保费用缓降政策，帮助企业渡过难关。大力支持政策性担保体系建设，市融资担保集团注册资本金从2亿元增加到5亿元，完成担保再担保11.32亿元。积极推进4321证银担合作机制，全年新型政银担业务实现11.4亿元。建立企业应急转贷资金池，为中小微企业提供续贷过桥资金33.4亿元。支持税融通业务落地生效，为安庆兴丰工贸公司等6企业发放税融通业务贷款2050万元。

【保障和改善民生】全年财政民生支出288.4亿元，比上年增长15.7%，占财政总支出的85.5%。全市33项民生工程累计投入资金85.6亿元，民生工程目标任务全面完成。推行民生工程建后管养政府购买服务，加大建后管养资金投入，市县两级财政共安排建后管养资金1.15亿元，比上年增长9.6%。支持教育优先发展，市财政拨付义保教育经费配套资金890万元，拨付现代职业教育质量提升计划中央专项资金4292万元，兑现高职院校生均拨款经费8600万元，拨付学前教育扩大资源奖补资金1308万元。安排专项资金500万元，支持国家公共文化服务体系示范区建设。进一步提高城乡低保标准，保障城乡低收入群体基本生活。加大基层医改资金投入，市财政安排城镇居民医保市级配套资金3241万元，拨付基本公共卫生配套资金440万元。市财政安排资金1209万元，推进养老服务综合改革试点工作。

【支持城乡一体发展】继续加大“三农”投入，全市农林水事务支出49.1亿元，比上年增长21.4%。完成农业综合开发项目投资3.13亿元，治理土地面积15.62万亩，扶持龙头企业29个、合作社18个。各级财政投入美好乡村专项资金4.22亿元，整合涉农资金8.87亿元，吸引社会资金10.26亿元，支持美好乡村建设。投入“一事一议”财政奖补资金3.06亿元，实施奖补项目1495个。加强“一卡通”农户基础信息动态管理，全市通过“一卡通”系统发放涉农补贴资金16.06亿元。深入推进政策性农业保险试点工作，全市兑现种植业受灾理赔款9356万元。

【深化财政重点改革】全面贯彻落实新《预算法》，进一步完善四大预算体系。出台市级预算公开评审暂行办法，对34家市直预算单位申报的48个项目进行公开评审，涉及资金2.4亿元。切实盘活财政存量资金，全市财政存量资金从上年的38.7亿元下降到10亿元。进一步完善绩效评价机制，全年共开展绩效评价自评项目48个、重点评价项目33个。理顺国有资产资监管体制，建立国有资产集中统一监管、监管范围全覆盖的大国资监管格局。全面推开国有资本经营预算，国有资本经营预算覆盖本级所有国有企业。完善政府性债务管理制度，建立地方政府性债务风险预警机制和债务风险应急处置机制。扩大政府购买服务目录范围，引入竞争性购买机制，全年共实施政府购买服务项目264个，实际支付购买服务资金3.92亿元。

【强化财政管理】加强预算编制管理，严格审核项目支出立项依据、测算过程和支出标准。严格贯彻落实中央“八项规定”和厉行节约反对浪费一系列规定精神，出台公务接待费、培训费等管理办法，实行部门“三公”经费支出预警机制，全市“三公”经费支出比上年下降13.5%。继续推进财政信息公开，全市部门预决算及“三公”经费预决算信息在网络媒体上全面公开。进一步规范财政支付方式，不断提高直接支付在财政支出中的占比，减少现金支出，市本级直接支付比例达到88.7%，现金支出比上年下降49.6%。开展税收缴库级次检查，纠正收入混库行为。选取3家节能环保企业、20个单位开展会计信息质量检查，切实履行会计监督职责。组织开展涉农资金专项整治行动，规范涉农资金管理。深入推进涉企系统应用工作，建立定期通报制度，积极发挥系统预警作用。制定市财政局内部控制基本制度，构建对各类工作风险事前防范、事中控制、事后监督和纠正的动态管理机制。

【推进投融资和企业上市(挂牌)工作】积极支持城投公司加大在资本市场的直接融资，城投公司首次注册成功40亿元中期票据。与金融机构成功合作，建立总额67亿元的城镇化基金等融资模式。城投公司四轮债成功发行，发行债券16亿元。大力推进政府与社会资本合作(PPP)模式，投资19.76亿元的外环北路项目顺利开工建设，并被财政部列入第二批政府和社会资本合作示范项目，列入财政部首批示范项目的污水处理一体化项目完成项目采购。着力推进企业上市(挂牌)工作，全市完成8家企业上市辅导备案，6家企业在新三板挂牌，直接融资60亿元，上市辅导备案、新三板挂牌、直接融资均超额完成年度任务。

【加强队伍建设】认真组织开展“三严三实”专题教育活动，深入剖析财政干部队伍中存在的“不严不实”问题，严格对照检查并整改落实。继续开展“财政干部上讲台活动”，全年18名财政干部走上讲台作财政业务宣讲。组织开展“建设中层，赢在执行”述职评议活动，完善干部考核考勤制度，加强干部队伍日常管理。健全与人大代表沟通机制，按时办结人大建议和政协提案24件。积极推动部门会商工作，主动上门服务，切实转变工作作风。深入推进潜山县塔畈乡体元村精准扶贫工作，《农民日报》《中国财经报》等媒体作专题报道，市财政局荣获“全省社会扶贫先进集体”。组织学习吴波、沈浩同志先进事迹，弘扬社会正能量。狠抓文明单位创建工作，成功争创市直文明单位。大力开展反腐倡廉宣传教育，通过领导上党课、正反典型和革命传统教育等方式，弘扬正气，遏制腐败。深化廉政风险防控机制建设，落实财政反腐倡廉联络员机制和政风行风巡查工作制度，切实维护财政部门为民务实良好形象。

（安庆市财政局供稿　叶武乐）

迎江区财政工作概述

【概况】2015 年，安庆市迎江区财政一般预算收入完成 11.2 亿元,比上年增长 0.91%,其中地方一般预算收入完成 8.08 亿元,比上年减少 3.11%。全区一般预算支出完成 5.95 亿元，比上年增长 6.8%。

【财政收支调控显著增强】突出收入预期管理,强化重点支出保障,增强财政收支调控。健全财税工作机制,定期召开财税工作领导小组会议,及时协调解决税收收入执行中的问题。开展欠税清查及财政性资金投入工程和还建房工程项目清查,清缴欠税 4000 多万元。加强非税收入管理,及时将纳入预算管理的非税收入 8406 万元汇缴入库。积极争取上级财政部门支持,努力协调马窝、西湖两个社区企业税收入区金库。严格执行新《预算法》,从严控制预算追加,将新增财力全部转作预算稳定调节基金。加强财政支出调度,保障重点支出需要,13 大类民生支出 46485 万元,占财政总支出的 78%。加强财政资金管理,对财政往来款进行清理,着力化解资金周转压力和财政支付风险。

【预算管理改革持续深化】继续深化部门预算改革,在全区 49 家一级预算单位试编部门三年滚动财政规划,首次开展预算公开评审,多措并举完善 2016 年部门预算审核，提高预算编制科学性。加强结转结余资金管理，清理盘活财政存量资金 10108 万元,收回当年预算结余 1948 万元。继续推行国库集中支付和公务卡改革，累计支出金额 45363 万元,开通公务卡 1218 张。出台区本级权责发生制政府综合财务报告试编工作实施方案,试编 2014 年度政府综合财务报告。逐步健全预算绩效管理机制，委托社会中介机构对 4 个农业项目资金管理使用情况开展支出绩效评价。创新政府采购方式,最大限度节约采购成本,累计采购各类项目 90 个，采购金额 2636 万元，资金节约率 12.2%。继续规范政府性债务管理,依法对地方政府债务实行限额管理,严格控制举债规模。

【财政民生投入继续加大】继续加大民生投入,大力发展民生事业。拨付社会保险类资金 3285 万元,惠及 1.25 万人(次),拨付社会救助类资金 5400 万元,惠及 10 万余人(次),发放各类惠农补贴资金 1818 万元,惠及 7 万余人(次),财政民生支出保障标准进一步提高。拨付资金 626 万元落实城乡义务教育保障机制,拨付 3175 万元支持城乡中小学进行基础设施改造、进城务工人员子女教育、学前教育及青少年素质教育。投入基本公共卫生服务经费 896 万元，政府向社区服务中心购买服务经费 431 万元，基层医改及基层医疗卫生机构建设经费 293 万元，基层医药卫生制度综合改革成果进一步巩固。

【服务发展水平不断提升】加大资金调度力度,服务经济发展大局。设立中小企业转贷应急资金 2000 万元,帮助企业续贷资金 1770 万元。落实各项涉企奖补优惠政策，拨付各类涉企奖补资金 2504 万元,减免小微企业税收 449 万元。清理规范涉企行政事业性收费项目 4 个，切实减轻企业负担。审核发放灵活就业困难人员、公益性岗位人员社会保险补贴和岗位补贴 961 万元，支持自主创业人员和劳动密集型小企业办理贷款，拨付专利申请和科技创新奖补资金 80 万元,将“大众创业、万众创新”落到实处。

【公共财政职能充分发挥】拨付资金 242 万元实施村级公益事业建设一事一议项目 14 个,拨付资金 1236 万元实施中小河流治理和农村农田水利设施改造,投资 737 万元对 6100 亩中低产田进行改造,进一步支持农村基础设施建设。投入资金 2511 万元支持美好乡村建设，投入 454 万元使乡村道路更加通畅，投入 175 万元使城乡群众文化生活更加丰富。投入资金 994 万元,促进现代农业引领农村发展。拨付环卫作业经费 1662 万元、背街后巷改造资金 1495 万元、人民路清扫保洁经费 412 万元，为全国文明城区创建工作提供有力支持。

【法治财政建设稳步推进】大力推进法治财政建设,提升依法理财水平。加强法制宣传,采取邀请专家授课等方式，广泛宣传预算法、政府采购法、行政诉讼法、行政复议法等重要法律法规。主动接受社会监督,全面公开年度财政预(决)算、“三公经费”预(决)算以及部门权力清单。启用涉企资金监管信息系统和乡财政资金监管信息系统,对涉农资金和涉企资金实时监控。加强国有资产管理,开展区属国有企业清查工作。建立健全内控制度，将风险防控机制贯穿整个预算执行全过程，提高干部风险防范能力。加大财政宣传力度，着力打造财政品牌，财政管理工作5次被国家财政部网站报道。

（迎江区财政局供稿　石剑）

大观区财政工作概述

【概况】2015年，安庆市大观区财政一般公共预算收入实现6.92亿元，圆满完成区十六届人大四次会议批准的年度预算任务。财政一般公共预算支出实现5.15亿元，比上年增长16%，重点支出得到较好保障，当年实现财政收支平衡。

【上下联动配合促收入征管】强化工作统筹，加强部门配合，牢牢把握财政收入主动权。定期召开财税形势分析会，细化数据、查摆问题、互通信息、商议对策。逐月开展收入形势预判，加大稽查力度，筑牢征管工作基础。发挥协税护税系统作用，确保各项税收应收尽收、颗粒归仓。全区税收收入占财政收入比重达到96%，收入质量持续向好。

【抢抓政策机遇促经济发展】认真落实国家及省、市出台的各项积极财政政策，全年累计兑付“营改增”补贴资金350万元，支持涉改企业平稳发展。足额拨付奖补资金，落实市政府出台的四大产业政策。安排中小企业转贷应急资金2000万元，有效缓解企业还续贷压力。认真执行中小微企业及高新技术企业结构性税收优惠政策，减轻企业负担，支持企业发展。

【优化支出结构促民生改善】以“保工资、保运转、保民生”为原则，以“开门办预算”为理念，以部门会商为抓手，科学编制财政预算。安排资金3110万元，保障机关事业单位工资及养老保险制度改革顺利实施。严格执行部门公务费定额标准，强化部门预算约束，努力压缩一般性支出及“三公”经费支出规模。加大民生资金投入力度，全年民生类支出达到4.2亿元，占财政总支出的82%，其中26项民生工程累计投入资金1.4亿元，切实提高人民群众的获得感。投入环卫保洁资金1733万元，城区环境卫生状况不断改善。投入背街后巷改造资金200万元，着力解决老旧小区群众出行难问题。投入农业综合开发项目资金1081万元，夯实大观现代农业示范区建设基础。

【深化财政改革促管理提效】进一步完善国库集中支付制度，纳入集中支付的76家预算单位资金运行更加规范、透明、高效。认真开展财政预决算信息公开工作，财政预决算、“三公”经费等信息在政府以及部门门户网站上公开，主动接受社会监督。依托“一卡通”发放平台，将涉农补贴资金安全、便捷发放到受益农户手中。积极开展财政存量资金清理盘活工作，将盘活的财政资金统筹用于民生工程配套及人员经费增支等刚性支出需求。

【强化自身建设促能力提升】在全区开展新《预算法》宣传贯彻活动，组织广大财政干部系统学习新《预算法》及相关财政法律法规，努力提高依法理财水平。不断加强制度建设、作风建设和干部队伍建设，促使财政发展、财政民生、财政改革、财政统筹协调等各项工作迈上新台阶。

（大观区财政局供稿　王勇）

宜秀区财政工作概述

【概况】2015年，安庆市宜秀区财政一般公共预算收入完成8.7亿元，完成年度调整预算的100.3%，比上年增长2.6%，其中地方一般预算收入完成5.79亿元，比上年增长8.1%。全区公共财政支出完成7.24亿元，比上年增长20.7%。财政收支运行平稳。

【积极组织财政收入】推进财源培植和税源监控，完善重点企业调查和分析措施，改进和加强薄弱环节征管，加大非税收入征管力度，建立财税联席会议和收入调度制度，确保财政收入均衡入库。

【积极化解政府性债务】采取区别对待、分类化解的原则，积极化解现有存量债务。开展债务清理甄别，积极向省政府争取地方政府债券置换存量债务额度，通过存量债务置换，降低债务利息成本。2015年取得置换债券额度4.81亿元，其中定向发行1.17亿元，公开发行3.64亿元。

【精心组织实施民生工程】组织实施27项民生工程，投入资金2.14亿元，区级配套3290万元。按照“管理一体化、平台一网联、审核一线实、发放一卡通、服务一站办”的要求，加快各类资金发放进度，补贴项目打录完整清楚，资料规范建档，发放数据上传畅通，形成“分工科学、责任明确、层层负责、齐抓共管”的工作机制。

【深化体制机制改革】一是继续深化国库集中支付改革。纳入国库集中支付平台的预算单位增加到48家，通过国库集中支付平台支付金额2.55亿元，其中直接支付2.52亿元，授权支付348.5万元，提取现金342万元，现金提取率同比下降39.5%。公务卡使用范围继续扩大，开卡预算单位增加到48家，共办理发放公务卡136张，公务卡消费报销金额82.15万元。二是积极推进行政事业单位资产改革。全面开展行政事业单位资产清查，对行政事业单位资产租赁权实行公开竞拍，确保国有资产最大收益。结合原区政府办公楼搬迁，整合行政事业单位多出的办公用房用于公益服务。建立国有资产管理库，实行动态监管。三是规范政府采购管理。通过公开招标、阳光采购，邀请监督机构全程参与，不断强化政府采购监督和管理，逐步形成流程规范、权责明确、效益良好、监管有力的管理体系，最大限度节省财政资金。四是盘活财政存量资金。对财政存量资金进行全面清理统计，实事求是地甄别，区分各类财政存量资金、可统筹使用资金和可用财力，减少资金沉淀，统筹使用支持重点领域和关键环节。

（宜秀区财政局供稿　赵磊）

安庆经济技术开发区财政工作概述

【概况】2015年，安庆市经开区财政一般公共预算收入完成11.46亿元，比上年增长5.1%，其中地方一般预算收入完成4.92亿元，增长16%。全区公共财政支出4.36亿元，增长6.6%。财政收支运行平稳。

【依法组织收入】积极应对宏观经济下行压力，密切与国、地税部门协作，充分发挥统筹协调作用，建立财税会商常态机制，深入开展重点税源、潜在税源调研。创新征管手段，加强对重点企业、工程项目等税收的跟踪管理，狠抓缓、欠税款汇算清缴工作。财政收入总量位居全市第3位，较上年提升2位，增幅第5位，提升3位。

【助力经济发展】一是设立续贷过桥资金池4000万元，全年累计投放续贷资金3550万元，周转次数2.54次，位居城区首位。二是安排4210万元落实“市四大产业政策”、“市二十条”和“区十条”，安排9122万元兑现各种优惠政策，落实土地使用税财政奖励资金274万元。三是完成4003亩土地报批，上缴报批费用20837万元，其中财政落实资金3439万元、“两区共建”落实17398万元。四是完成“两区共建”项目土地出让金缴库15.3亿元，落实契税返还6125万元，资本金注入3.87亿元。五是争取市财政调款2.74亿元，用于增加建投公司、皖江高科和财政的现金流动性。六是落实8200万元置换债券，降低融资成本。

【保障改善民生】全年民生支出完成36635万元，占支出的84%，增长9.4%，全年累计拨付民生工程资金5397万元，其中区级配套621万元，同比增长17%，完成18项民生工程年度任务。为9300名在校学生拨付义务教育经费485万元，安排917万元改善教学条件，安排130万元支持教育均衡发展。完成就业技能培训和就业促进工程566人次，累计拨付资金92万元。安排165万元城镇居民基本医疗保险，投入467万元用于基本公共卫生服务，安排139万元为2140人次提供医疗救助，安排66万元为734人次贫困残疾人发放救助与康复补助，安排17万元为203人次的孕产妇发放分娩补助和免费婚检1330人次。安排47万元为1.6万人办理城乡居民养老保险，为171人次五保供养人员发放生活补助51万元并拨付社区养老服务机构运营经费3.5万元，为2422人次发放高龄补贴44万元，为83名计生特扶对象发放补助30万元。安排211万元用于保障乡镇村(居)人员待遇和办公运转，安排120万元保障乡镇村级道路管养，安排115万元用于乡镇扶贫项目，完成水稻等7个品种政策性农业保险任务，按月保障594户1187人次农村低保金216万元，发放孤儿及生活无着人员补助9万元，投入27万元完成45个村村通广播电视任务，累计放映电影和开展体育活动148场次拨付农村文化专项补助10万元，发放29项涉农资金补贴61批次839万元，累计惠及人口近3万。

【强化精细管理】一是规范政府采购管理，完成办公设备、民生工程、文明创建、教育建设、节能减排审查和医疗卫生机构责任风险购买服务等六个方面采购工作,首次采用电子竞价采购,委托市公管局组织重大事项采购2个批次计318万元,实现25个种类23批次区级政府采购金额162万元,资金节约率15.8%。二是强化非税收入管理,规范非税收入征管,积极推进直接收缴方式,全年组织非税收入5401万元,开展财政票据年审专项工作,缴销票据2.1万份。三是严格财政评审,全面清理并签订委托评审合同,全年报送64个评审项目,审结61个,报审金额7865万元,核减额1417万元,核减率18%。四是全面清理财政专户,清理核销10个财政专户,保留财政部批准专户7个、基本户1个。五是保值财政资金,按照市财政招标内容与各商业银行约定财政专户资金协定利率。六是配合完成财政同级审和离任审计,做到边审计边整改,核销财政专户,清理暂存暂付款,清缴非税收入,在规定时间内完成土地审计整改工作。七是全面推进政府预决算、部门预决算和“三公”经费预决算信息公开,累计在开发区门户网、政府信息公开网、市区财政民生工程网站发布信息118条,涉及规范性文件、政府采购招投标、民生工程、财政预决算等多领域。

【推进作风建设】认真组织开展“三严三实”专题教育活动,深入剖析问题,严格对照检查并整改落实。大力开展反腐倡廉宣传教育,组织学习省市财政系统内部控制基本制度,深化风险防控和管理机制建设,构建形成对各类工作风险进行事前防范、事中控制、事后监督和纠正的动态过程和机制,提高财政内部管理和依法理财水平。

(安庆经开区财政局供稿　张寿山)

桐城市财政工作概述

【概况】2015年,桐城市财政一般公共预算收入完成21亿元,占调整预算的100.6%,比上年下降3.9%。全市一般公共预算支出实现35亿元,占调整预算的100%,比上年增长4.3%。

【全力推进改革发展】一是强化收入征管。持续推进财税征管工作会商机制,充分挖掘小税种的增收潜力。全面推进非税收入网络化管理,实行以票控收,坚决纠正票据使用中的违规违纪行为。二是全力推进企业转型升级。持续加大中小微企业发展扶持力度,安排工业奖励资金3000万元,兑现新增规模以上企业奖励640万元,安排资金700万元对工业标准化厂房租金进行补助。加大清理规范行政事业性收费力度,着力减轻企业负担。全力推进企业探路资本市场步伐,全市有上市公司1家,新三版挂牌2家,省股转中心挂牌5家。三是进一步规范融资筹资。注资6282万元扩充银桥担保公司国有资本金规模,同时置换民营资本,实现国有资本全资控股。投入资金6100万元设立“过桥还贷基金”,累计为企业安排过桥资金19.36亿元。扩大助保金合作银行范围,新增助保金铺底资金1500万元,累计为29家中小企业发放助保金贷款3.12亿元。以国有资产投资运营公司为平台,为中小企业提供“统借统还”贷款4.7亿元。积极争取上级政府债券资金,置换一般政府债券106923万元,专项政府债券36790万元,新增政府债券13767万元,有效化解政府债务还本付息压力。

【倾力保障改善民生】不断优化财政支出结构,加大民生工程投入,着力解决和改善学有所教、劳有所得、病有所医、老有所养、住有所居、农业和农村基础设施等基本民生领域问题。一是强化责任落实。及时与各实施部门签订民生工程目标责任书,进一步明确主体责任。二是强化政策宣传。及时制定民生工程宣传方案,明确宣传重点,并对各地各部门信息宣传任务进行分解落实。三是强化资金保障。坚持以民生财政为导向,明确资金来源,优先安排民生工程配套资金,全市33项民生工程投入资金9.53亿元。四是强化信息公示。全面推行民生工程信息网上公示制度,公开监督举报电话,主动接受社会监督,进一步增强民生工程工作透明度。

【统筹城乡和谐发展】一是认真做好惠农补贴发放工作。发放各类补贴资金28300万元,切实保障农民群众的根本利益。二是加强农业基础设施建设。投入资金10976万元,重点支持小型农田水利、农业产业化、“千万亩森林”增长工程、退耕还林后续工程等支农项目建设。投入资金2171万元,完成211个“一事一议”财政奖补项目建设,受益群众62.5万人。投入和发放库区移民补贴资金1060万元,移民生产生活条件进一步改善。三是推进现代农业生产发展。投入资金2768万元,建成高标准农田1.32万亩。投入资金700万元,支持7家单位实施产业化经营项目建设。四是大力支持美好乡村建设。及时修订美好乡村财政专项资金管理办法,推行镇(街道)财政报账制,整合各类财政资金 8922万元,先后建成孔城镇红庙村、范岗镇杨安村等一批具有地方特色的美好乡村。

【实施监管更加有力】一是深化部门预算改革。进一步完善预算管理体系,定期向市人大常委会报告部门预算编制和执行情况,主动接受审计部门和社会各界监督。继续加强对纳入预算管理的行政事业性收费收入、罚没收入等非税收入的管理,增强部门预算的全面性和综合性。进一步深化预算绩效管理,重视绩效管理结果应用,提高财政资金使用效益。二是建立健全财政存量资金定期清理机制。完善存量资金管理责任体系,清理存量资金3.8亿元,支持重点项目建设和关键领域发展。三是深化国库集中收付改革。进一步完善镇(街道)财政国库集中收付改革,健全预算执行动态监控体系。四是深入推进“公务卡”结算改革。全面推广应用公务卡结算方式改革,严格控制现金使用范围,进一步提高财政支出透明度。五是推进行政事业单位国有资产管理体制改革。大力盘活国有资产,将分散的国有资产转化为高效流动的国有资本,加大对市属国有企业监管,有针对性地开展风险资产清收。对划入国资中心统一管理的经营性资产,通过公开拍卖、招标、招租,实现国有资产保值、增值。六是强化“三公”经费管理。加强因公出国(境)、公务接待、车辆购置运行等费用统计分析,实现“三公”经费支出只减不增,市直预算单位年度部门预、决算及同期“三公”经费预、决算全部向社会公开。七是规范政府债务管理。全面开展政府性债务清理甄别,摸清债务家底。出台政府性债务管理办法,规范债务举借和偿还流程。健全债务跟踪机制,积极参与项目融资方案的制定和选择。八是大力推行政府与社会资本合作(PPP)。成功实施平安桐城视频监控系统、南部污水处理厂网一体化、东部新区基础设施建设等3个PPP项目,节约资金0.53亿元。与徽商银行、中辰集团设立4亿元PPP产业基金。九是全面推进乡镇财政财务互审。对预决算管理、惠农补贴管理发放、项目资金监管等六个方面的制度建设及执行情况开展互审检查,基本查清全市镇(街道)财政管理中存在的不足和薄弱环节。

【干部队伍更加得力】一是巩固深化群众路线教育实践活动成果。认真践行“三严三实”要求,深入学习贯彻习近平总书记系列重要讲话精神,积极开展批评和自我批评,深入查摆剖析,坚持即知即改、立行立改,“四风”突出问题得到有效解决。二是强化职工学习管理。推行“四结合”模式,全面加强职工学习管理。通过多样化的学习、培训,进一步提升财政干部的业务能力和服务水平。三是全面推进党风廉政建设。积极贯彻落实中央“八项规定”、省委“30条”和市“20条”规定,全面落实党风廉政建设责任制。及时启动吃喝风、“红包风”专项整治工作,建立电子廉政档案,开展履职承诺活动。组织观看专题教育影片,突出廉政建设教育和机关作风教育。四是深化机关效能建设。坚持会商工作机制,把财政的政策制度、管理监督、支持服务送到部门。积极参与“973阳光热线”活动,倾听群众心声,解决群众诉求。大力开展调研走访活动,广泛征求一线干部职工及社会各界代表对财政工作的意见和建议。依法开展行政事业单位权力清理规范工作,全面推行政府权责清单和负面清单制度,强化权力制约监督。五是扎实开展机关文明创建活动。组织干部职工参加道德讲堂,深入推进志愿服务和结对共建工作,促进文明创建工作在全系统深入开展。

(桐城市财政局供稿 周正健)

怀宁县财政工作概述

【概况】2015年,怀宁县实现财政一般公共预算收入16.41亿元,占调整预算的100.01%,比上年下降15.5%,其中地方一般公共预算收入11.39亿元,下降14.1%。全县财政一般公共预算支出完成28.31亿元,比上年下降1.4%。

【积极组织财政收入】一是努力提高征管绩效。密切关注宏观经济形势和国家税收政策变化,认真分析影响收入的各种不利因素,及时采取应对措施。加强征管部门之间沟通协调,把握收入结构和税源动态,实现税收序时入库。二是实施综合治税。强化部门配合,牵头搭建综合治税平台,建立涉税信息共享机制。充分发挥乡镇协税护税作用,落实招商引资优惠政策,加大工业园区企业税收征管力度。三是加强税源监控。强化对重点行业、重点企业税源监控,密切关注重大投资项目、重点工程建设,准确掌握重点税源大户的生产经营和税源变化情况,确保应收尽收。四是严格非税管理。扎实开展"非税改革十周年"系列活动,组织对执收单位的收缴行为、票据使用、非税管理等方面进行重点检查,强化土地出让金、国有资源和资产有偿使用收入等重点非税收入征缴,确保及时入库。

【服务助推经济发展】一是支持中小企业发展。充分运用政策引导和资金扶持等手段,支持中小企业技术创新和产业转型升级。设立中小企业发展专项资金,兑现省级企业扶持专项资金1872万元、落实县级民营经济专项扶持资金1044万元,全力支持金佳粮集团重整并获得成功。全年累计为中小企业提供续贷过桥资金1.35亿元,有效缓解中小企业融资难、周转难的发展瓶颈问题。二是支持优势产业发展。进一步完善财政支持产业发展的政策体系,重点支持现代工业、农业、科技创新和服务业等四大产业发展,全年累计支付四大产业扶持资金4667万元。出台支持电子商务、蓝莓产业发展政策,大力发展优势成长产业。三是落实积极财政政策。积极落实结构性减税及营改增等优惠政策,累计兑现企业税收奖补资金、总部经济招商引资优惠政策资金、协税工作经费10155万元,切实为企业减轻负担。四是加大财政有效投入。充分发挥财政筹融资功能,全年累计融资15亿余元,支持县经开区、市政工程及县内重点工程项目建设。积极推广运用PPP模式,安庆市第一个县级PPP项目市政路、"三馆一中心" 项目落地开工,成功申报城镇化1号基金项目8亿元,城投债取得阶段性成果。搭建"4321"政银担风险分担机制,县担保公司增资6868万元,累计为78 家企业提供担保总额4.19亿元。

【支持社会事业发展】一是继续实施民生工程。全县民生工程累计投入资金12.89亿元,其中县财政投入1.55亿元。财政部门牵头的美好乡村建设、"一事一议"财政奖补、政策性农业保险三项民生工程在市级绩效考核中均获得先进位次。二是加大"三农"投入力度。安排财政专项资金3745万元,整合各类涉农资金16266万元,引入社会资金12441万元,重点规划建设省级中心村8个,新增治理改造自然村120个。拨付扶贫资金570万元,实施19个省级重点扶贫村整村推进计划。独秀现代农业园区当年完成投资1.7亿元,6个试点项目顺利推进。全年累计发放各项惠农补贴资金2.5亿元,惠农补贴发放和乡镇财政资金监管均获得全省财政绩效评价一等奖。三是支持社会事业发展。积极做好机关事业单位人员养老保险制度改革工作,增加公共服务和社会事业投入。养老、医疗保险覆盖全县,发放低保、五保补助6775万元,拨付医疗救助、居民医保、新农合等25757万元。兑现"老字号"群体生活补助903万元。投入资金近亿元,支持全民健身中心场馆建设,促进文化馆、图书馆、博物馆免费开放。推动教育优先发展,落实义务教育保障经费7800万元。投入1600余万元用于计划生育奖扶、特扶等计生公共服务体系建设。四是加大基础设施建设。推进农村环境整治,完成10个乡镇2.36万农村居民安全饮水工程。支付财政资金1050万元,完成1001户农村危房改造任务。投入财政资金1109万元,对8个乡镇11座农村公路危桥实施加固。累计投资6.5亿元,推进保障性住房建设,建成各类保障性住房19536套。

【完善财政机制体制】一是加强预算管理。改进县级预算管理办法,完善公用支出定额标准体系,大幅提高县乡机关、事业单位公用经费定额。完善差旅费、会议费、培训费等七项规范性管理制度,进一步压缩"三公"经费支出。深入推进开门办预算,对10家单位2016年部门预算项目进行公开评审。实施新一轮乡镇财政体制,建立县级基本财力保障机制,坚持财力向乡镇倾斜,促进乡镇主动发展、加快发展。二是盘活财政存量。开展财政结转结余资金和项目资金清理专项检查和清理甄别,摸清存量资金家底,实行分类处理。制定财政结转结余资金管理办法,建立结转结余资金管理长效机制。三是扩大集中支付。及时清理往来款项,撤销归并财政专户2个,减少分户19个,实行专户归口管理。所有预算单位一般公共预算、政府性基金、财政专户资金、预算单位往来资金全部纳入平台一体化管理,财政资金支付实现规范化、透明化、信息化。推行公务卡结算制度,全年累计增加发卡2037张,刷卡金额370万元。四是规范债务管理。扎实开展政府存量债务清理甄别,逐笔建立存量债务台账。置换到期、逾期债务34388万元,落实新增债券9781万元,用于棚户区改造、公路改建及新型城镇化基础设施建设,当年新增各项债券资金分别纳入一般公共预算和政府性基金预算管理。

【强化财政监督管理】一是加强乡镇财政管理。完善乡镇财政体制及村干激励保障机制,建立乡镇财政三项“清单”制度。加大乡镇财政资金监管,全年纳入监管平台的乡镇财政性资金37857万元,公开公示1667条,抽查巡查1004次。二是扩大财政投资评审。全年完成财政投资预算评审项目117个,评审金额107440万元,净审减额6044万元,审减率5.6%。全年审核政府采购633项,节约采购资金849万元,资金节约率4.9%。三是夯实财政基础工作。深入推进预决算信息公开,县直64个主管部门按规定时间节点公开部门预决算及“三公”经费信息。全面完成175个事业单位产权登记工作。积极应用涉企系统,全年通过系统申请资金4303万元,财政下达资金3278万元。开展预算单位预算管理、专项资金使用及会计信息质量核查工作,不断夯实单位会计工作基础。

【加强财政队伍建设】一是建设学习型机关。抓政治理论学习,增强贯彻执行党的路线、方针、政策的自觉性和坚定性,抓财政业务学习,按计划组织开展干部教育培训,全面提高财政干部的政治素质、道德素养和业务技能。二是提升服务效能。深入开展机关作风整顿活动,严格考勤签到制度,大力推行“首问负责制、限时办结制、服务承诺制”,简化办事程序,提高办事效率。强化政务中心财政窗口服务意识,提升服务水平,塑造财政部门良好形象。三是抓好党风廉政建设。扎实开展“三严三实”专题教育,严肃查处发生在群众身边的“四风”和腐败问题,严格执纪问责。全面落实党风廉政建设主体责任,建立健全党风廉政建设和反腐败建设长效机制。开展经常性警示教育活动,增强财政干部纪律意识、责任意识、担当意识,在系统内着力营造风清气正、干事创业的良好氛围。

(怀宁县财政局供稿　戴名胜)

潜山县财政工作概述

【概况】2015年,潜山县财政一般公共预算收入完成10.13亿元,比上年增长1.3%,其中地方收入完成6.72亿元,增长1.2%。全县财政一般公共预算支出完成28.94亿元,增长8.6%。

【扶持实体多措并举】出台加快工业经济发展、推进自主创新、支持中小微企业健康发展、推进旅游和电子商务等支持和促进经济发展的政策,累计安排专项资金9600万元,促进结构调整、转型升级、发展壮大。通过续增续贷过桥资金、安排融资担保和风险补偿资金、完善财政性资金存放商业银行考核管理办法等举措,引导银行扩大信贷。及时兑现市、县工业、农业、现代服务业等奖补和招商引资优惠政策资金,全面落实涉企收费清单,支持企业发展。

【收支运行提质增效】通过及早分解目标、实施会商调度、加强有效分析、支持依法征管等措施,加强收入预期管理,努力克服经济下行影响,全力组织财政收入,税收占比保持合理。坚持民生优先,突出保障重点,采取印发督办函、现场督促工程进度、积极盘活存量资金等办法,加快支出进度,保障县域经济社会事业发展资金需求,十三大类民生支出占财政总支出的85%。

【民生保障力度不减】投入7.99亿元,其中县财政配套1.11亿元,支持32项民生工程实施和建后管养,健全民生工程协调推进机制。开展设立融资风险补偿基金支持农民合作社和家庭农场发展试点。建成农业综合开发余井镇高标准农田、塔畈乡和黄铺镇小流域治理项目,完成187个村级公益事业建设一事一议财政奖补项目。支持在黄铺等9个乡镇实施现代农业油茶项目。政策性农业保险投保202万亩,共获理赔款763万元。牵头做好在体元等6个村和36户贫困农户实施光伏扶贫项目,扎实推进杏花村精准扶贫工作,其做法被新华社每日电讯等主流媒体先后报道,在全县单位包村帮扶工作推进会上作交流。通过“一卡通”发放惠农补贴资金2.53亿元。按规落实行政事业单位养老保险制度改革资金,全面启动乡镇工作人员生活补贴、公务员职务职级并行和公务用车制度改革。提高村干部基本报酬补助水平,支持部分村级活动场所新建或改扩建和服务群众平台建设。

【重点改革持续深化】有效推进预算管理改革,实行全口径预算,加大政府性基金预算和一般公共预算统筹力度。财政预决算和"三公"经费信息公开、公务卡制度改革实现全覆盖。清理甄别政府性债务,将政府性债务纳入预算管理,严格新增债券和置换债券管理使用。规范"三资"专户管理,实施"三资"委托代理记账试点,探索推进"三资"管理运营试点。在全省率先出台进一步加强村级债务管理的意见,制定管理考核办法,开展债务清理,严控新增债务。全面启动源潭全国建制镇示范试点。创新完善政府投融资体制,出台政府投资项目管理等办法,完成度假区农民生态安居新村工程后续提款 1.5 亿元,报批 S253 源潭至梅城段改建工程购买服务委托代建资金 1.6 亿元,发起设立潜山徽银城镇化 1 号基金 6.25 亿元。制定政府向社会力量购买服务目录,受理 120 个购买项目,涉及资金近亿元。

【财政管理着力增强】加强乡镇国有资产管理,开展国有企业资产清查,严格国土卫片和保障性住房资产登记。贯彻政府采购法实施条例,运行政府采购电子化管理平台。科学选取"三农"等民生领域 10 个项目进行重点绩效评价。全面实行乡镇包村干部监管涉农资金。开展涉农资金专项整治行动,认真查处发生在群众身边的"四风"和腐败问题。对部分党政机关及企业进行会计信息质量检查,开展会计师事务所巡查。加强代理记账行业秩序治理,推动行政事业单位货币资金管理制度建设。进一步加强公务接待费管理,规范职工食堂就餐费管理。修订出台差旅费管理办法。统一规范乡镇园区经费管理。建立财政内部控制组织机构和基本制度,加强财政内审互审。在全省率先出台乡镇财政权力清单、责任清单和服务清单,并得到推广运用。扎实创建服务型财政所(分局),源潭财政分局荣膺全国财政系统先进集体,梅城等 5 个财政所(分局)被评为省、市级示范单位。

【作风建设强力推进】坚持集中学习和个人自学相结合,完善政策解读制度,强化党纪法规、政治理论、财税政策知识学习,形成教育培训集中学、典型案例警示学、宣传引导生动学良好格局。建立全面联系服务人大代表和政协委员制度,聘请党风政风行风监督员,主动接受监督。积极落实党风廉政建设"两个责任"和"一岗双责",扎实推进包村帮扶和结对共建,加强完善工作会商,全面实施述职述廉和民主评议机制,常态推进干部教育管理,预编办和非税局、9 个财政所(分局)荣获"2015 年度全县效能建设先进集体"称号。

(潜山县财政局供稿 袁先礼)

岳西县财政工作概述

【概况】2015 年,岳西财政一般公共预算收入完成 6.49 亿元,比上年增长 11.3%,实现预期目标,其中地方一般预算收入完成 4.24 亿元,增长 7.3%。全县公共财政支出完成 25.08 亿元,增长 12.5%。

【实现财政平稳运行】一是积极争取上级财政支持,全年争取转移支付资金 19.7 亿元,比上年增加 1.8 亿元,争取地方政府债券资金 4.6 亿元,比上年增加 4.05 亿元。二是努力压缩一般性支出,建立"三公"经费预算约束、支出控制、通报预警、信息公开、监督检查等机制,全县"三公"经费在上年大幅减少的基础上再下降 10.5%,行政成本进一步降低。三是加大一般公共预算与其他资金统筹力度,通过调入资金,实现一般公共预算收支平衡。

【推动经济稳定增长】一是增加国有担保机构资本金 5254 万元,缓解企业融资难,全年为中小企业提供融资担保 53015 万元。二是加大财政投入,支持企业调整结构和技术创新,拨付企业发展扶持资金 4320 万元。三是增加中小企业资金池资金 2200 万元,解决企业过桥资金问题。四是及时办理企业出口退税,扶持外向型企业发展,全年办理出口退税 5521 万元。五是全面落实结构性减税政策和收费清单制度,全年共减免税费 4010 万元,惠及 6689 户纳税人。六是积极盘活财政存量资金,释放积极财政政策效应,清理回收财政存量资金 7928 万元,调整用于民生领域。

【着力保障改善民生】教育、科技、社保、卫生、农林水、住房保障、交通等十三类民生支出增加 2.8 亿元,占全县支出增量的 92%。农林水支出

4.96亿元,较上年增加5709万元。发放惠农补贴2.77亿元,人均受益766元,户均增收2760元。33项民生工程支出8.56亿元,增长27.5%,县财政安排配套资金1.18亿元,增长15.5%,分别高于一般公共预算支出14.9、2.9个百分点。拨付政策性保险保费补贴配套资金608万元,促进农民收入可持续增长。投入专项资金4794万元,全力推进美好乡村建设。拨付基础设施建设资金2.77亿元,提升交通、水利等基础设施保障能力。拨付2309万元,实施"一事一议"财政奖补和美丽乡村建设。拨付8549万元,用于城乡低收入群体生活保障。拨付5581万元,用于发放城乡居民基本养老金。拨付1.66亿元,用于城乡居民医疗保障。

【大力推进"三农"发展】一是加强扶贫资金监管。全年拨付财政专项扶贫资金7861万元、以工代赈扶贫资金948万元,拨付农业专项资金8346万元、林业专项资金4833万元、水利专项资金7419万元。财政支农资金整合绩效评价获得省财政厅补助270万元。二是推进农业综合开发。实施项目8个,总投资2565万元,其中财政资金2010万元,自筹资金555万元。温泉农业综合开发示范区建设工程完成投资5280万元,新建排灌沟渠3350米、拦河堰5座、渠系建筑物302座、溪流护岸2058米、机耕路1370米,整修山塘4座,完成青树美好乡村示范点建设,对引进种植红心猕猴桃的安徽聚丰公司、种植瓜蒌的岳西天泽惠公司、发展四季水果的安徽龙盛公司进行项目支持。

【全面深化财政改革】一是依法编制预算,一般公共预算、政府性基金预算、社会保险基金预算,统一纳入政府预算体系,依法加大政府性基金与一般公共预算统筹力度,将教育附加、地方水利建设基金、残疾人就业保障金等11项政府性基金纳入一般公共预算。二是县级部门预算编制更加翔实细化,实现预算法规定的功能分类到"项",经济分类到"款"的规定,严格控制预算代编,提高预算到位率。三是依法实施政府预决算和部门预决算公开,主动接受社会监督。四是进一步完善国库集中支付,提高财政资金的运行效率和使用透明度。五是依法规范债务管理,严控债务风险,开展村级债务清理核查工作,启动政府债务限额管理。六是财政投资评审、政府性存款管理、农业财政专项资金分配和报账、政府购买服务、新一轮乡镇财政体制、清理盘活财政存量资金等各项改革取得新进展。七是设立预算稳定调节基金,建立跨年预算平衡机制。

【加强干部作风建设】一是健全完善绩效考核机制,重新修订乡镇财政目标考核办法和县财政局机关考核办法,从工作实绩、日常考勤、作风建设三方面建立干部职工日常绩效考核档案。二是整顿干部队伍。对局机关干部实行末位淘汰制,对连续两年考核为倒数第一名的乡镇财政所或局机关股室,其主要负责人实行就地免职。三是扎实开展"三严三实"教育活动,开展政风行风巡查,加强干部队伍作风教育和党性党纪党风建设。

(岳西县财政局供稿　储菊著)

太湖县财政工作概述

【概况】2015年,太湖县财政一般公共预算收入完成6.91亿元,比上年增长11.1%,其中税收收入完成5.94亿元,增长11.4%。全县公共财政预算支出完成28.61亿元,比上年增长14.3%。财政收支运行平稳。

【完善收入征管机制】强化征管措施,细化分解收入任务,落实责任目标,健全财政收入增长预测分析机制和协税护税机制。强化财税收入分析,开展税源分析,加强收支预算执行分析和预测。强化非税收入征管,加强票据管理,实现非税收入平台一体化管理,加强非税收入监督检查。建立部门联动机制,国税、地税、财政齐抓共管,财政牵头会商,国土、经济开发区等相关部门横向联合。建立联席会议机制,定期召开国税、地税、财政专题会议,分析收入形势,现场解决存在的问题,强化部门责任,实现应收尽收。

【优化财政支出结构】积极调整和优化支出结构,将更多的资金投向民生领域,全年33项民生工程投入资金6.8亿元,比上年增长5.15%。一是支持教育事业发展。全年公共财政教育经费支出6.33亿元,占全县财政支出总额的22%,公共财政教育拨款增长比高于财政经常性收入增长比十个点。二是支持公共文化服务体系建设。设立县级文化发展及乡镇文化事业发展专项资金,建立覆盖县、乡、村三级公共文化服务网络,促进基本公共文化服务标准化、均等化。三是积极推进社会保障体系建设。财政投入资金4.32亿元,大力实施就业和培训、城乡居民医疗保险、城乡居民养老保险和最低生活保障等民生工程,及时调整社保对象补助标准,并按政策落实到位。四是积极落实就业创业扶持政策。大力实施充分就业工程,积极做好小额担保贷款发放及贴息,全年新增发放担保贷款1447万元,贴息190万元。五是加大医疗卫生服务保障体系建设。继续深化医药卫生体制改革,巩固扩大基层医改和县级公立医院综合改革成果。基本公共卫生服务标准由人均35元提高到人均40元,新农合和城镇居民医保财政补助标准由年人均320元提高到360元,全年累计拨付城乡群众基本医疗保险和大病保险补偿资金2.22亿元。六是着力实施保障性安居工程。统筹4869万元,推进公共租赁住房建设,新开工各类保障性住房和棚户区改造安置住房1017套。

【落实强农惠农政策】一是组织实施农发项目,全年获批立项农发项目9个,总投资4129万元。二是扎实做好财政支持美丽乡村建设工作,构建以财政资金为引导的多元化、多层次、多渠道资金投入机制,筹集整合资金1.2亿元、引导各类社会资金8600万元用于美丽乡村建设。三是扎实推进农村公益事业建设一事一议财政奖补工作,安排奖补资金2412万元,实施财政奖补项目145个,农业生产条件进一步改善。四是加强涉农资金补贴发放管理工作,发放惠农补贴资金22.43亿元,把党和政府的各项惠农政策落到实处。五是深入实施政策性农业保险工作,拨付县级保费补贴资金645万元,进一步增强农业防灾御险能力。

【促进县域经济发展】一是支持中小微企业发展。拨付中小企业发展和奖补资金7706万元。投入2000万元设立企业过桥专项资金,缓解中小微企业融资难、融资贵问题。增加融资担保公司注册资本金2636万元,建立银政担融资担保风险分担和补偿机制。设立1000万元风险补偿基金,支持家庭农场(专业大户)保证保险贷款试点工作。二是全面清理规范税收等优惠政策。清理税收优惠政策17项,其中废止14项。三是深入推进“营改增”改革扩面工作。2015年底试点单位达334户,累计减税3000余万元。四是积极争取上级政府债券资金5.99亿元,用于交通、水利、教育等基础设施等项目建设。

【积极推进财政改革】一是稳步推进预算管理制度改革。完善政府预算体系,大力推进综合预算改革。改进预算编制方式,建立跨年度预算平衡机制,实行中期财政规划管理。加强预算执行管理,进一步硬化预算约束,加快财政支出进度。二是盘活财政存量资金。全面清理财政存量资金,锁定2014年底财政存量资金3.68亿元。积极消化存量,区别不同情况进行处理。三是积极推进国有资本经营预算制度改革。出台国有资本经营预算实施办法和国有资本经营预算编报试行办法,制度体系基本建立并逐步完善。加强地方国有资本经营预算基本情况调查,建立全县国有资本经营预算报表运行体系。47户国有企业纳入县本级国有资本经营预算。四是稳步推进电子化政府采购工作。全年共完成政府采购规模1.69亿元,节约财政资金1790万元,资金节约率10.6%。五是着力支持社会力量办事业改革。完善政府购买服务体系建设,制定政府购买公共服务实施方案和政府购买公共服务项目目录。全年政府购买服务预算金额570万元,涉及文化体育服务、环境及公共设施管理服务、社会事务服务等方面。

【加强财政监督管理】一是完善部门预算编制,大力压缩消费性支出,积极推进部门预决算及“三公”经费预决算信息公开,自觉接受公众监督。二是开展贯彻执行中央八项规定严肃财经纪律检查和“小金库”专项治理工作,对15个单位开展财务大检查,促进单位财务规范管理。三是对2013—2014年所有涉农资金使用管理情况进行全面检查,做到资金、项目、单位全覆盖,纠正涉农资金使用管理的违纪违规违法行为,提高涉农资金管理水平和使用绩效。四是选择计生服务站大楼、垃圾填埋场等5个财政支出项目进行重点绩效评价,涉及资金5389万元。五是加强财政涉企项目资金监管,切实推广应用涉企系统,累计录入涉企项目550个,申报项目资金6693万元,财政批复下达涉企专项资金6455万元。

【强化财政内部管理】一是认真落实党风廉政建设主体责任和监督责任,促进领导干部切实履行“一岗双责”。二是完善廉政风险防控机制,加强对权力运行的监督制约,成立内部控制委员会,通过廉政风险防控摸排确定各岗位风险点,有针对性地完善内部控制制度。三是加强内部审计监督工作,对轮岗交流的8位财政(分局)所长、6位二级机构负责人进行内部离任审计,积极推进乡镇财政财务交叉互审。四是加强作风建设。扎实开展“三严三实”专题教育活动,认真查找班子存在的突出问题,及时整改。健全会商机制,机关股室上门会商1841人次。严格执行政风行风巡查机制,对财政分局(所)和局机关二级机构在效能建设、遵守工作纪律等方面进行全面巡查。加强机关党建工作,积极开展创建学习型党组织建设工作示范点活动,深化城乡基层党组织结对共建,落实定点帮扶联系村“双包”任务。

(太湖县财政局供稿　占福盛)

望江县财政工作概述

【概况】2015年,望江县财政一般公共预算收入完成7.09亿元,为调整预算的100.2%,比上年增长5.5%。全县财政一般公共预算支出完成25.4亿元,比上年增长12.4%。全县31项民生工程投入资金7.2亿元,其中县级配套1.3亿元。

【财政收入完成目标】面对实体经济下行、结构性减税等不利因素影响,坚持早部署、早安排,主动采取措施,加强税源摸排,及时下达收入计划,按月分解收入任务。建立严格调度和分月督查的考核机制,深入乡镇、开发区和涉税单位,加强调研指导,协调督促组织收入。完善协税护税工作机制,加强税收评估稽查,对主导产业、重点项目和主体税种实行动态管理,规范非税收入执收行为。

【民生工作全面加强】以兜底线、保基本、促公平三大任务为重点,全面落实涉及群众切身利益的民生事项,优先保障民生工程资金需要,各项民生工程完成年度目标任务。惠民补贴发放及时高效,通过“一卡通”发放粮食直补、良种补贴、农机补贴等25项财政补贴资金3.47亿元。拨付扶贫资金5077万元,实现扶贫投入稳定增长。及时兑现行政事业单位工改增资13980万元,安排乡镇工作补贴和公务员职级并行增资2820万元,拨付“老字号”群体生活补助1145万元,人员经费保障力度不断加强。在继续提高村干工资的同时,将村均运转保障经费由3.2万元提高到5万元。拨付9870万元用于保障义务教育均衡发展、农村义务教育校舍维修改造和中职及普通高中困难学生资助。拨付10650万元用于落实各项社会保障政策,大力实施就业再就业。拨付24994万元完善城乡卫生服务体系建设。

【政策落实提质增效】一是建立和安排产业引导扶持、企业应急周转、中小企业发展专项、助保贷、科技创新等各类扶持企业发展专项资金1.18亿元,及时兑现各项政策奖补资金3641万元,为企业实施“过桥”转贷7976万元,支持实体经济发展。二是全力支持县担保公司增资扩股,累计注入公司资本金2.28亿元。三是大力扶持企业上市,拨付企业上市奖励扶持资金312万元。四是进一步加大项目申报力度,全年共争取上级财政资金23.7亿元,比上年增加4.8亿元,增长25.2%。五是健全财政支农投入稳定增长机制,全县财政“三农”支出11.7亿元,占财政总支出的48%,比上年增长22.6%。六是加大涉农资金整合力度,累计整合支农资金1亿元,连续六年被省财政厅评为支农资金整合先进县。七是稳步推进农业综合开发工作,建设高标准农田3.1万亩,4个产业化经营财政补助项目全部完成建设任务。八是一事一议财政奖补年度任务基本完成,批准建设的172个一事一议财政奖补项目总投资4386万元,到村覆盖率98%。九是推进政策性农业保险工作,全年保险赔款464万元,涉及受灾农户3.3万户。十是美好乡村建设全力推进,继续安排专项资金1138万元用于美好乡村五大工程建设,安排1000万元用于农村生活垃圾处理和“三线三边”环境综合治理等工作。

【财政改革纵深推进】一是深化预算管理改革,全面实行全口径预算管理。二是加大资金盘活统筹力度,盘活存量资金5.63亿元,统筹安排2.93亿元用于支持县域经济发展和重大项目推进。三是继续推进国库集中支付改革,进一步扩大平台支付规模和公务卡结算比例。四是创新投融资管理,成功运作棚户区改造、莲花湖综合治理、城镇化一号基金、易地扶贫搬迁等项目融资15亿元,获批国家专项建设基金1.81亿元,累计调度资金1.72亿元用于偿还政府到期债务。五是完善政府投资项目预算编制,投资概算和资金来源审核强化工作不断强化。

【财政监督不断规范】一是加强涉企资金管理,推进“涉企系统”建设,强化项目申报和资金拨付预警审核。二是强化涉农资金监管,推行乡镇包村干部就地就近监管涉农资金新机制,强化一线监管。三是加强财政监督,强化行政事业单位内控机制,严肃财经纪律。四是提升乡镇财政管理水平,健全轮岗交流机制,积极开展乡镇财政内部检查和业务互审。五是积极配合县人大常委会财经(预算审查)工委开展部门预算审查,认真落实审计整改意见。

【行风政风再获好评】农业综合开发 2012—2013 年度竣工项目代表安徽省接受国家综合验收,文明创建再次通过市级验收,华阳财政分局和长岭财政分局在服务型乡镇财政分局创建活动中荣获省级示范单位称号,高士分局荣获市级示范单位称号,华阳和长岭两分局档案目标管理工作通过省一级预检考核。财政支农资金整合工作再次被省财政厅评为先进县,财政牵头政策性农业保险民生工程在全市民生工程考核中位列第三,财政信息宣传在市排名第二。局机关被县委县政府授予 2015 年度“目标管理优秀单位”二等奖,连续两年被评为行风政风建设先进单位,荣获县“服务经济、优化环境”奖,再次被授予人口和计划生育工作“综合治理先进单位”荣誉称号。

(望江县财政局供稿　胡叶琦)

黄山市财政工作综述

黄山市财政工作概述

【概况】2015 年，面对错综复杂的外部环境和经济下行压力，全市各级财政部门认真贯彻落实党的十八大和十八届三中、四中、五中全会及习近平总书记系列重要讲话精神，围绕市委、市政府各项决策部署，以精心聚财、科学理财、依法管财、高效生财为管理目标，努力发挥财政“稳增长、促改革、调结构、惠民生、防风险”的职能，各项财政工作稳定开展。全市公共财政收入完成 92.5 亿元，增长 2.5%。公共财政支出完成 159.82 亿元，增长 7%。

【科学组织征收】增强组织收入的前瞻性。面对艰巨的收入任务，从 3 月开始联合市国税局、地税局、经信委、工商联组织开展税源调查工作，加大对重点行业、重点税企的跟踪监控力度，提高分析监控能力，为建设可持续性财源提供决策分析。增强组织收入的主动性。定期组织召开收入调度会，在关键节点上加强对市直、区县收入任务的分解落实和调度。联系部门协税护税，加强数据交换比对，全年涉税平台累计交换信息 12 万条。增强组织收入的协调性。加强非税收入预期管理和监测分析，对收入增幅较高的区县和波动较大的收入项目，及时掌握动态。协调重点征收部门和主要收入项目开展征管，做到依法征收、应收尽收。全市纳入公共预算非税收入收缴入库 28.04 亿元，同比增长 11.9%。规范建设项目规费收缴，完善政务中心基本建设项目“一表制”管理。市中心城区基本建设项目“一表制”收费收入 4509 万元，同比下降 3.9%。

【稳定经济增长】围绕市委、市政府出台“1+N”产业政策体系，整合存量资金加大财政投入，扶持实体经济资金 3.5 亿元，兑现购房补贴和城镇土地使用税收奖励 0.84 亿元。强化财政存量存款考核调度制度，全年实现增值收益近 5000 万元。保障重点助力发展。利用皖南国际文化旅游示范区、全国服务业综合改革试点、新安江生态补偿机制试点等国家和省级平台的综合发展效应，以项目拉动投资，以投资推动发展。投入资金 4.8 亿元，有效保障高铁站前区、歙黟公路等重大城市基础设施建设的资金需求。争取及配套投入服务业专项资金、旅游发展专项资金 1.16 亿元，促进旅游等现代服务业发展。加强担保体系建设。全面构建面向中小微企业的政策性融资担保体系，完善“4321”政银担风险分担机制。2015 年市级充实拨付融资担保有限公司资本金、产业发展资金 1.75 亿元，为 80 户符合条件的中小微企业发放担保贷款 5.3 亿元。加强续贷过桥资金管理运用，累计安排续贷资金 2.88 亿元，为中小企业节约还贷成本 150 万元。提升政府投融资能力。发挥财政直接投入和信用融资功能，2015 年底全市政府性债务余额 162.15 亿元，重点支持了九个园区建设、产业转型和城市基础设施建设。同时加大对上争取，全市累计争资 53.4 亿元，省财政补助本市均衡性转移支付资金 7.6 亿元，有效促进地方政府投资项目的建设。落实减税降负政策。协调国税、地税部门，加大对减税降费政策宣传，提高税收优惠政策的知晓率。动态调整涉企收费清单，调整后涉企收费项目总数由原来的133项减少到102项。

【深化财税改革】健全财税制度。围绕贯彻落实新《预算法》及中央和省市关于财税改革各项要求，出台增收节支、中期财政规划以及深化预算制度改革等系列文件。加强预算管理。完善部门预算与国有资产管理、政府采购、政府购买服务等管理工作的有机衔接，同时启动“四本预算”编制，市级和有条件的区县先行试点启动中期财政规划编制。市级预算重点项目公开评审范围进一步扩大，涉及金额达1.5亿元。全市预决算及“三公”经费信息按时上网公开，预算编制的真实性、完整性和透明度进一步提高。盘活财政资金。加大财政专项资金的清理整合力度，全市盘活财政存量资金18.05亿元，压缩“三公”经费支出1.37亿元。推进国资管理。扩大国有资本经营预算编制范围，力争在2020年达到30%。开展市直单位经营性资产管理改革，市直23个单位54处经营性资产完成划转移交。对26户企业实施国企分类考核改革，市城投公司等市属重点国企实施改革转型。开展农村综改。全市544个一事一议财政奖补项目全部完成，总投资0.65亿元。黄山区、徽州区全面完成美丽乡村建设，全市43个传统村落获得中央财政支持6450万元。黟县作为全省农村综合改革试点县，创新实施的“三到位、四确定、五确认”工作法得到省委、省政府充分肯定。规范债务管理。全市共争取三批置换债券29.14亿元，两批新增债券4.7亿元，全市债务总额控制在限额以下。充分利用地方债、PPP模式吸引社会资本加大政府项目投入，全市通过财政实施PPP项目3个，涉及金额9.5亿元。

【统筹城乡发展】实施民生工程建设。全市35项民生工程计划投资28.33亿元，完成投资33.11亿元，占年度计划的116.9%。全市投入1.08亿元用于参与社会化管养奖补试点工作，比上年增长8%。市级财政整合新安江生态补偿资金、美好乡村管护资金共计4000多万元，实现全市95个农村清洁工程建后管养社会化运作全覆盖。推动教育事业发展。投入资金1.6亿元，惠及全市10.2万名义务教育阶段在校学生。发放国家助学金及免学费资助3893万元，资助高校、中职、普通高中学生1.9万人（次）。支持中心城区教育布局调整，当年投入7500万元支持屯溪一中新校区建设和教育教学设备购置。完善社保体系建设。连续第11年调整提高企业退休人员基本养老金，调整后人均养老金达1883元，全市增加养老金支出1.25亿元。设立500万元创业扶持资金，以贴息、补贴、奖励、风险补偿等方式鼓励大众创业、万众创新。启动城市公立医院综合改革试点，市人民医院、市中医院和市第二人民医院从4月1日起取消药品加成，实行新的手术、治疗、护理、诊察收费标准。落实强农惠农政策。全面落实党的各项惠农补贴政策。全市累计通过“一卡通”打卡发放财政补贴农民资金7.47亿元，农民人均户均受益分别为639元和2104元。全市统筹安排美好乡村建设资金近10亿元，带动社会投资2.5亿元。加大政策性保险投入，全年各级财政补贴农险资金3095.2万元，保额56亿元，有效解决了农民发展生产的后顾之忧。

【生态补偿试点】积极争取政策支持。第一轮试点圆满收官，新一轮试点启动实施。9月，中共中央、国务院印发《生态文明体制改革总体方案》提出“继续推进新安江水环境补偿试点”，试点工作纳入中央顶层设计；2015年中央和省级下达我市生态补偿补助资金5.6亿元。持续加大保护力度。深入实施“10个全覆盖和10个强力推进”，新安江流域生态补偿试点年度完成投资4.5亿元。国开行二期综合治理项目稳步推进，治理水土流失面积70平方公里，月潭水库主体工程招标开工。全市开展农药集中配送网体系建设，从源头减少和控制农业面源污染。创新资金投入机制。积极筹建新安江生态保护和产业发展基金，运用市场机制，吸引社会资金加大对流域生态保护和生态产业项目投入，加快推进黄山市产业转型和绿色发展，促进新安江流域综合治理投入良性循环。

【财政监督管理】继续构建财政大监督体系，进一步提升财政资金科学化、精细化、绩效化管理水平。开展预决算公开检查。及时组织市本级91个一级预算单位（涉密单位除外）和各区县财政局开展预决算公开情况自查工作，同时协调配合省检查组对市本级及各区县分别开展预决算公开情况重点检查工作。完善国库集中支付改革。全市7个区县101个乡镇已全部完成国库集中支付，共开设零余额账户1256个，预算单位覆盖面已达100%。2015年累计监控预警并退单的事项930笔，涉及支付金额9520万元。第二批国库集中支付电子化管理试点年内上线试运行。全面完成全市公务卡改革,全市共发放公务卡11822张,报销金额2403万元,公务卡消费同比增长11%以上。财政专户集中管理。全面清理市直预算单位的银行账户,市直预算单位共撤销账户310个,归集财政资金7.2亿元,实现所有预算单位、所有财政资金国库集中支付全覆盖、监管全方位的目标。全面推行会计监督公示制度。建立和实施会计监督检查公示制度,依法作出处理处罚决定4件,补缴、追缴资金863万元,监督结果上网公示。健全完善财政内控体系。建立国有资产处置、防控法律、政策制定、预算编制、预算执行、公共关系、机关运转、岗位利益冲突、信息系统管理等9类风险内部控制制度,推动机关运转严谨有序和业务开展稳健高效。

【干部队伍建设】扎实开展党建工作。开展“三严三实”专题学习研讨活动,不断强化党员干部的宗旨意识、忧患意识。全面落实党风廉政责任制,深入学习贯彻《条例》和《准则》。建立《财政部门向纪检监察机关报送财政监督检查信息制度》,强化财政监督检查信息共享机制建设。切实改进工作作风。认真贯彻落实中央八项规定、省委省政府30条和市委市政府32条规定,厉行节约进一步改进文风会风,压缩“三公”经费。建立财务会商和上门服务常态化机制,全年开展会商1007次。围绕财政改革创新、支持发展、典型经验等方面加大宣传,增加政务公开透明度。提升业务能力水平。面对财政改革新常态,局党组成员和科室负责人每周三巡回授课,深入学习中央和省市重要文件精神,开展改革热点和业务理论互学互助活动。依托财政干部教育中心,全年培训基层财政干部1776人。通过提升干部队伍素质,增强现代财政管理理念,努力营造比业务、比贡献、比形象的工作氛围。债务管理、民生工程、社保基金保值增值管理等工作位居全省前列,财政部门决算及总决算分别获全省一等奖和二等奖。

(黄山市财政局供稿)

屯溪区财政工作概述

【概况】2015年,全区公共财政收入完成10.18亿元,占年度预算调整数10.52亿元的96.8%,同比增长0.1%;全区公共财政支出完成14.35亿元,比上年增加0.59亿元,增长4.3%。

【完成财政收支任务】创新收入征管方法,层层分解落实任务,始终坚持把增加财政收入、做大财政蛋糕摆在最突出的位置,在抓早、抓紧、抓实上下功夫。一是早部署、早落实,紧紧围绕年度财政收入目标,及时分解落实任务,强化收入调度分析和预测。二是严格落实收入责任制和奖惩机制,完善重点税源监控体系,督促税收及时足额入库,努力实现应收尽收。三是积极主动加强与国、地税的密切协作与配合,调动区、镇及征收部门依法抓征管保增收的积极性。四是压缩一般性支出。将中央八项规定具体贯彻落实到预算执行当中,按照“先有预算、后有支出”的原则,从严从紧压缩一般性支出,坚决反对铺张浪费,严格压缩“三公”经费。

【支持区属企业发展】大力整合专项资金,拨付各类城市基础设施建设专项资金6000万元,提高城市基础设施建设配套服务水平,提升城市竞争力和投资环境。加强资金调度,多方筹措资金,确保全区重点工程项目的资金需求,共调拨资金1.78亿元用于九龙园区、黎阳老街、江南新城等重点项目建设。落实重点企业税收优惠政策,不断创新财政支持方式,培育税收增长点,共兑现工业经济发展基金、民营经济扶持资金、招商引资优惠奖励、科技专项经费等各类扶持资金5000万元;围绕“做精一产”,全年拨付农林水项目建设资金9540万元;鼓励外向型经济发展,全年兑现出口创汇奖励40万元。做好银企对接工作,构建金融服务平台,江南融资担保公司为园区工业企业、区属旅游服务业及再就业创业提供小额担保贷款2.49亿元。

【保障民生取得成效】坚持以民为本、为民解困、为民服务的工作宗旨,在财政收支压力不断加大的形势下,进一步优化支出结构,把保障困难群众的基本生活和满足人民群众的基本需求放在优先位置,着力推进以保障和改善民生为重点的社会建设,大力推进民生改善。确保民生工程建设投入。全区拨付31项民生工程区级配套资金3924万元,拨付率123.9%,累计完成投资2.66亿元,投资完成率122%,在改善民生上又取得了新成效。促进教育事业优先发展。认真落实义务教育政策,全年拨付教育公用经费779万元,免费发放城乡义务教育阶段学生教学书本费424万元。多措并举支持“三农”发展。认真落实各项涉农补贴政策,“一卡通”发放23项补贴农民资金3707万元,惠及66600次/户。积极做好2015年农业政策性保险工作,为全区提供3300万元的参保险种保险金,累计赔付24.73万元。扎实推进36个村级公益事业建设“一事一议”财政奖补项目的实施,实际完成投入450余万元。高标准完成2014年度国家农业综合开发项目1550万元,加快实施2015年度农业综合开发项目,认真谋划2016年度农发项目。全年美好乡村建设投入资金6137万元。加快推进社会保障体系建设。兑现机关事业单位离退休人员增加离退休费、养老金并轨改革5000余万元;全年发放城镇职工养老金2.31亿元;城乡居民养老金1202万元;发放失地农民养老金1049万元。城镇职工医疗保险报销费用4339万元;城镇居民医疗保险补偿费3348万元,参保居民16254人次受益;参合农民当年支付53650余人次补偿款2002万元,占当年筹资总额的90.54%;发放城市居民低保金2307万元,农村低保金565万元;拨付医疗救助资金373万元;保障老民师、老村干、老放映员等“八老”补助政策兑现补助153万元。进一步完善基层医药卫生服务体系建设。安排基层医改单位人员经费补助1590万元,比“新医改”前增长26.23%;拨付基本公共卫生服务专项资金807万元;拨付村卫生室药品零差率补助19万元,村医保障政策进一步完善。支持城乡社会公共服务建设。扎实推进保障性安居工程项目,全区建成保障性住房1393套,完成投资5990万元;实施农村危房改造550户,兑现补助资金523万元;投入18.44万元为全区11528户农村住房参加了保险。全力支持“平安屯溪”建设。足额拨付1168万元用于提高政法机关的技术装备水平,为促进社会治安综合治理和创建“平安屯溪”工作的开展奠定物质技术基础。持续推进新安江流域生态补偿机制。全年新安江流域生态补偿机制试点项目完成投资1750万元,会同相关部门编制“十三五”项目投资计划6.7亿元。

【健全财政体制机制】推进预算管理体制改革,坚持科学理财的服务理念,全面推进财政内部控制机制和预算绩效管理,牢固树立预算绩效理念,用钱必问效,花钱必问责,对24个项目资金和专项业务经费进行绩效评价。不断细化预算编制内容,进一步加强支出预算管理,严格控制临时性追加,切实增强预算约束力。深化预决算信息公开工作。除2家涉密单位外,区级62个一级部门和单位全部公开2014年决算和2015年部门预算信息,并将“三公”经费作为公开的重点,实行支出总额控制。全区“三公”经费支出1149万元,比上年减少100万元。持续深化国库集中支付改革,将所有预算单位预算资金、政府性基金、专项资金全部纳入集中支付改革,覆盖整个区、镇级预算单位,明确管理职责,加强日常监督。盘活存量资金,加大结转结余资金的清理力度,收回各类存量资金1.39亿元,用于稳增长、调结构、惠民生等重点领域和关键环节;规范资金管理,全面清理存量财政专户;采取竞争性存放模式,财政存款利息在基准利率的基础上全部上浮30%,确保财政专户资金保值增值。严格政府债务限额管理,将债务规模控制在省批准限额以下,存量债务纳入预算管理,规范政府融资机制,区政府举债一律实行政府债券方式。截至当年末,本区债务余额4.45亿元,债务率36.1%,政府债务处于可控低风险区。进一步规范非税收入汇缴结算户划解管理,加强票据日常化监管,实现“以票管收”。积极稳步推进政府购买服务工作,共实施3大类25项2600万元的政府购买服务项目。以打造政府阳光采购为宗旨,整合平台资源,全力推进市区一体化建设,建立完善市区两级公共资源交易管理体制和运行服务机制。12月1日,本区公共资源交易信息系统正式上线。全年完成采购业务232项、采购额4810万元,资金节约率13.7%。加强国有资产管理,全面完成全区行政事业单位的资产管理信息系统数据统计,加大对经营性资产的监管力度,完成全区国有非经营性35处资产划转移交和新潭镇经开区托管资产清产核资工作。构建全方位、大格局财政监督检查管理方式,制定了财政局内部控制议事规则等十项制度。全面加强镇级财政管理,建立监管帮联制度,强化分类资金监管;加强对镇级财政、财务人员的培训,规范镇级财务工作程序和会计核算制度;全面开展服务型镇财政分局创建工作,阳湖镇、奕棋镇被评为全省2015年度创建服务型先进单位。

【构建财政监督管理新格局】制定印发《关于进一步加强国库集中支付管理的通知》《关于进一步

强化屯溪区国有资产管理的通知》《关于进一步加强财政预算管理规定的通知》。强化财政内部监督管理,制定内部控制操作规程,形成财政内部“管事”与“管钱”分离的制约机制,确保资金安全;强化外部监督管理,扎实开展会计信息质量检查,重点检查相关企事业单位的会计核算、财务管理、内部控制等情况,同时密切关注财政资金使用及财税政策执行情况;积极开展对各部门财政支出项目绩效评价工作,加强财政投资管理,科学配置资源,使财政资金有效地支持经济建设、改善民生,提高财政资金在项目上的使用效益;开展违规使用专项资金专项行动治理,对检查中存在的违规问题及时提出整改落实意见,对违规使用的专项资金予以追回。夯实会计基础,认真做好我区96个行政事业单位、4个街道办事处、14个城市社区的财务代理核算工作;规范审批,严格管理代理记账服务中介机构;继续做好会计职称及从业资格证的审核发放工作;全年举办行政事业单位财务人员培训2次,不断提高财务人员的业务水平和职业道德素质。

【队伍建设不断加强】突出以人为本的工作理念,始终围绕建设一支“廉洁高效、作风优良、业务精湛、服务一流”干部队伍的目标,不断深化党风廉政建设、机关效能建设和干部队伍建设,财政干部综合素质和服务水平全面提高。强化廉洁意识,狠抓廉政建设和反腐败工作。落实“两个责任”,引导广大党员干部面对“从严治党”的新常态,调整好自身状态,严守党的政治纪律、组织纪律、工作纪律、生活纪律、财经纪律,坚决以“零容忍”态度惩治腐败,积极营造“不敢腐”的政治氛围;牢固树立纪律意识和规矩意识,时刻绷紧政治纪律、政治规矩这根弦,自觉接受党纪党规约束,坚决做政治上的“明白人”。

(屯溪区财政局供稿　汪小燕)

黄山区财政工作概述

【概况】2015年,黄山区财政局紧紧围绕“稳增长、促改革、调结构、惠民生、防风险”目标,牢牢把握稳中求进工作总基调,主动适应经济新常态,有效应对经济下行压力,狠抓财政收入征管,优化支出结构,深化财政改革,加大民生投入,强化资金监管,较好地完成全年的各项财政工作任务,有力促进区域经济的持续发展和社会和谐稳定。

【促进收入增长】面对经济下行、政策性调整、结构性减税、“营改增”扩面等不利因素的影响,全区上下采取多项积极措施,加强财源建设、细化收入任务、强化税源监控、统筹协调调度、开展税收调查、完善综合治税、强化税收征管,确保财政收入稳步增长。全年公共财政预算收入完成10.4亿元,比上年增长0.2%,增收215万元。加强国有资本经营收入、国有资产有偿使用收入和票据管理,全年非税收入完成6.99亿元,与上年同比减收1.59亿元,下降18.5%,完成年初预算的89%。其中:纳入公共财政预算的非税收入3.62亿元,完成预算116%,与上年同比增长17.5%,增收5383万元,占非税收入总量的52%;政府性基金收入3.06亿元,比上年减少2.08亿元,与上年同比减少40%,占非税收入总量的45%;纳入财政专户管理收入2056万元,比上年减少464万元,与上年同比减少18%,占非税收入总量的3%。

【统筹保障能力提高】坚持调整和优化财政支出结构,不断加大财政对公共服务领域的投入,优先保障和改善民生,集中财力,保障区委、区政府决定的重大项目建设需求。全年一般公共财政预算支出达18.94亿元,比上年增长2.3%,其中民生类支出143843万元,增长1.5%,占公共财政预算支出的76%。教育、科技、医疗卫生、社会保障、农业支出分别达19943万元、3252万元、14917万元、20386万元、33970万元,较上年分别增长5.2%、5.1%、4.1%、21.2%、18.7%。推进财政性项目资金整合,重点保障区委、区政府确定的重大支出,集中财力办大事。全年投入美好乡村建设专项资金3197.2万元、整合资金7568万元、吸引社会资金1977.4万元,实施美好乡村建设项目251个;争取太平湖生态环境中央专项资金19100万元,落实地方投入资金24860万元,实施项目37个。

【服务经济发展】坚持把培植财源、服务发展作为新常态下财政工作的第一要务,充分发挥财政职能,助推区域经济发展。落实扶持政策。修订完善《黄山区企业缴纳城镇土地使用税奖励扶持意见》,进一步减轻企业负担,扶持企业做大做强,全年兑现企业两税奖励1732.86万元。兑现购房补贴。全年兑现购房补贴 3229 万元,促进房产销售达 613303.28 平方米,增加财政收入 4715 万元,充分释放本区房地产市场需求。加大对上争取。围绕国家财权与事权改革、政府购买服务、民营经济发展、美好乡村建设等方面,抓好项目的谋划和编报,全年争取上级各类补助资金 10.8 亿元,有力支持地方经济发展。支持政策性担保机构。完善国有资本金持续补偿机制,新增财政配套资金 1082 万元,充实区中小企业融资担保公司国有资本金,提高融资担保能力和风险管控水平。区担保公司注册资本达 20464 万元,为全区 70 户企业担保资金 38872 万元。

【建设民生财政】坚持把保障和改善民生作为第一目标,全年投入资金 3.51 亿元,占年初计划的 114.5 %,其中区级配套资金 5885.74 万元,全面完成 34 项民生工程任务。社会保障体系不断健全。初步建立养老、医疗、失业、工伤生育、住房、社会救助、社会福利等多层次的社会保障体系,社会保障领域历史遗留问题得到逐步化解。截至当年底,全区基本养老保险参保人数达 9.3 万人、城镇职工基本医疗保险参保人数达 1.78 万人、农村新农合参保人数达 12.67 万人,其中新农合参保率达 100%。就业再就业成效显著。落实加大小额担保贷款、财政贴息、税费减免、零就业家庭就业安置、就业培训等各项就业再就业优惠政策,全年发放小额贷款 1982 万元,财政贴息 192.36 万元,实现新增就业人员 2865 人。教育投入持续增加。坚持教育优先发展,统筹安排教育类资金 2 亿元,大力支持教育“一区两校三房五园七点”工程建设,投资 9000 万元,新建校舍面积 29600 平方米,提速黄山旅游管理学校新校区建设,建成乌石教师周转房和郭村、龙门等 7 所村级幼儿园,改造南安、饶村等 7 个村小教学点。

【统筹城乡发展】全面落实强农惠农富农政策,着力提升美好乡村建设水平。加大对农投入。着重改善农村基础设施和人居环境,全年累计投入 3285 万元,实施中小河流治理、土地治理、农村环境整治等 10 个项目;投入 3197.2 万元实施美好乡村建设,惠及 25 个中心村和 51 个自然村。落实惠农政策。强化惠农补贴资金发放,全年通过“一卡通”发放涉农补贴 13148.56 万元,惠及补贴对象 16.13 万人,人均补贴 814.83 元。保障农民增收。大力开展水稻、油菜、能繁母猪、大棚蔬菜、瓜蒌等政策性农业保险工作,投保农户达 50650 户次。扶持产业发展。全年整合资金 1.15 亿元重点支持蔬菜基地建设、茶叶产业化、绿色质量提升工程、小型农田水利工程、扶贫开发等项目,拨付 290 万元支持农民专业合作组织发展、家庭农场培育、农业技术推广以及职业农民培训。

【强化财政管控】面对财政改革发展的新形势、新情况和新问题,坚持把精细化管理作为第一职责。打造阳光财政。深化财政预算管理制度改革,推进政府部门预决算和“三公”经费信息公开,全区 71 个部门在区政府网站和部门网站公开了全年预决算和“三公”经费,接受群众监督。强化债务管理。严格审批新增项目,完善债务管理制度,推行债务追究责任,加大债务考核力度,实行债务限额管理和动态监控,积极做好债务债券置换工作。全年通过省财政代发债券 24663 万元,其中置换债券 19943 万元,新增债券 4720 万元,债务成本和风险不断降低。严控“三公”经费。全年全区“三公”经费支出 1899 万元,同比下降 12.74%,节约资金 277.2 万元。其中:因公出国(境)为 22.6 万元;公务接待费 784.63 万元,同比下降 21.22%;公务用车购置及运行维护费 1091.77 万元,同比下降 6.44%。开展常态检查。全年组织开展美好乡村建设、农村饮水安全工程、“一卡通”专用存折统计与代管滞留清理等各类专项检查 11 次,进一步严肃财经纪律,规范财务管理。启用电子哨岗。利用财政系统一体化信息平台,对财政直接支付实行额度管理,启用“电子哨岗”动态监控财政资金支付行为。建立资金信息通达机制,全年录入资金信息 1186 条,累计监管资金共 54044 万元,其中单位预算资金 19290 万元,项目类资金 19596 万元,补助类资金 13148 万元,村级财务资金 2010 万元。加强乡镇资金监管。推行乡镇包村干部监管机制,探索村级财务管理新机制,将农村集体资金划归财政管理,进一步规范农村集体“三资”管理,着力构建乡镇财政、农经联合监管的新格局。

(黄山区财政局供稿　查扬扬)

徽州区财政工作概述

【概况】2015 年,是全面完成"十二五"规划的收官之年，徽州区财政努力克服经济形势下行影响,积极发挥财政职能,坚持稳中求进、改革创新,全力以赴稳增长、促改革、调结构、惠民生,扎实推进各项财政工作,有力地促进全区经济社会健康发展。全区公共财政预算收入 9.59 亿元,增幅 4.2%;公共财政预算支出完成 12.44 亿元，增长 1%,其中:十三大类民生支出完成 9.87 亿元,占公共财政预算支出的比重为 79.3%,较上年提高 0.5 个百分点,财政综合实力进一步增强。

【扶持实体经济发展】一是积极落实省、市、区出台的各项扶持企业政策，兑现民营经济发展、外贸奖励、高新技术产品奖励、服务业发展等各项奖扶资金 6630 万元,促进企业健康发展。二是开展涉企收费专项清理工作。推行涉企收费清单制度,取缔违规设立的收费项目，动态调整收费清单制,清单之外无收费,全年减少涉企收费 400 万元、减少涉民收费 16 万元。三是完善产业扶持政策。牵头组织相关部门研究制定《徽州区扶持产业发展实施意见》等"1+6"产业扶持政策,加大对工业、农业、服务业、旅游业、电子商务等产业和科技创新的扶持,发挥财政资金引导撬动作用,促进本区产业转型升级。

【夯实担保融资平台】争取省财政民营经济发展资金 1058 万元、省担保集团注资资金 3100 万元,落实区财政配套资金 1058 万元,注入区担保公司,区担保公司注册资本由 1.93 亿元增至 2.45 亿元。全年区担保公司为区内 179 户中小微企业提供融资担保 7.2 亿元,超额完成 6.8 亿元目标任务,有效缓解企业融资难问题。大力推进"4321"政银担业务,担保总额达 2.53 亿元。创新"税融通"融资担保方式，解决企业融资担保物不足问题。2015 年,区担保公司被评定为 AA- 信用担保机构(全市融资担保机构中最高信用等级)，得到省担保集团充分肯定,入围全省优秀担保公司、政银担工作先进单位名单。

【加大政府有效投入】以有效投入促进有效供给,围绕产业发展和政府重点项目,积极协调相关部门开展定项争取,累计争取上级财政资金 6.8 亿元,超额完成 6.5 亿元的目标任务。区国投公司积极应对融资新形势,密切联系金融机构,拓宽融资渠道，累计融资到位资金 1.8 亿元，支持交通、水利、园区建设等政府重点项目建设,增强对经济增长的带动力。

【支持生态文明建设】扎实开展新安江流域生态保护工作,稳步推进 10 个在建试点项目建设,累计完成投资 4.72 亿元,循环园区"三个集中"基础设施得到巩固提升，农村卫生保洁实现全覆盖,村级保洁社会化运营管理全面开展,工业治污和农业面源污染治理取得明显成效,《新闻联播》《江河万里行》《经济日报》《安徽日报》等主流媒体多次来我区宣传报道,区域美誉度逐年提高。财政投入专项资金 4079 万元,整合资金 5250 万元,用于美丽乡村建设,一批省、市、区美丽乡村示范村建成,村容村貌得到极大提升,乡村旅游风起云涌,全域旅游呈蓬勃发展之势。

【落实强农惠农政策】一是规范发放涉农补贴资金。通过"一卡通"发放惠农补贴资金 6762 万元,受益农户 13.53 万人次。在全市率先开通惠农补贴发放查询平台,实时更新惠农补贴资金信息,极大方便群众查询需求。二是积极落实政策性农业保险政策,为农业保驾护航。在做好传统油菜、水稻等农作物政策性农业保险的同时，拓宽农业保险范围,继续推进山区库区农村住房保险试点工作,在全市率先启动茶叶特色保险品种试点工作。全年兑现农业受灾赔偿 48 万元,1588 户农民受益。

【加强农村基础设施建设】一是改善农村居民住房条件。兑现 582 户农民进城购房补贴资金 1178 万元,促进农村人口向城区聚集。对 1335 户农村危房实施改造,补助资金 617 万元。二是促进农村公共设施建设。财政投入移民后扶项目资金 1036 万元、"一事一议"项目奖补资金 918 万元、一大批农村公益性基础设施建成使用。三是加强农业设施建设。投入 1.2 亿元，认真组织农业综合开发、水利"八小"工程、小农水重点县、高标准农田建设等农业基础设施项目建设,极大改善农业基础设施,促进现代农业发展。

【精心实施民生工程】根据民生工程目标任务,足额配套落实资金，并及时拨付。调整充实区、乡镇、村三级联络员,完善三级联络员工作机制。创新宣传方式,在徽州电视台开设"关注民生工程"电视宣传抽奖活动,提高群众知晓率和满意率。扩大民生工程建后管养政府购买服务范围,将政府购买服务引入农村饮水安全工程管护,完善群众参与和社会化管理以奖代补机制。建立民生工作约谈制度。通过努力,民生工程全面完成年度目标任务,并再次荣获"全省民生工程绩效考评先进县(区)"称号,在全市民生考核中继续位居全市前列。

【加快社会事业发展】一是优先发展教育事业。促进教育事业加快发展,义务教育经费保障到位,公办学校义务教育阶段学生实行"零收费",中小学校舍及教学设备不断改善,全年教育支出累计12378万元。二是完善创业就业政策。将小额担保贷款调整为创业担保贷款,同时将贷款额度提高至10万元,支持大众创业,万众创新。全年累计发放担保贷款2736万元,兑现财政贴息156万元。三是巩固基层医改和县级公立医院综合改革成果,"先住院后付费"试点稳步推进。四是保障困难群众生活。落实社保提标政策,发放五保、低保、高龄等补助资金1598万元。发放"老字号"群体补助资金234万元和家庭经济困难学生补助资金84万元。

【深化预算管理制度改革】一是科学编制预算。不断完善基本支出定额标准体系,提高部门公用经费定额标准,保障部门履行职能的基本需求。清理经常性项目支出,规范项目支出预算编制,推行全口径预算。二是积极推行"开门办预算"。会同区人大财经工委,进一步优化评审流程,扩大项目评审范围,重点项目支出评审由4个项目提高20个,节约资630万元。三是不断提升预算管理绩效。坚持"先有预算、后有支出",严控预算调整追加,严格按法定程序调整预算。加大预算绩效评价力度,提高财政资金的使用效益。四是积极推进部门预决算公开。除涉密单位外,所有部门预决算和"三公"经费公开工作顺利完成,并通过政府信息公开网向社会公开,接受社会监督。

【推进国库集中支付改革】一是按照国库集中支付管理要求,全面推行国库集中支付,实现全面国库集中支付全覆盖。二是加强预算执行动态监控管理。利用预算执行动态监控系统,不断修改监控系统的基本要素,及时纠正各种违规、不规范支出行为。全年审核修订或退回预算单位直接支付申请不规范的单据282笔,金额418万元。三是深入推进公务卡制度改革。严格执行公务卡强制结算目录,督促各单位严格执行现金管理制度,严控现金支出。2015年,全区公务卡激活运行1034张,累计通过公务卡支持系统办理公务消费及现金借还款业务1654笔,金额375元。

【大力推动政府购买服务】不断完善政府购买服务工作运行机制,转变政府职能,在对2014年政府购买服务项目充分调研的基础上,确定政府购买服务项目38项,涉及资金1985万元。

【规范政府债务管理】积极争取地方政府置换债券资金,积极盘活处置国有闲置资产,及时清理债权和对外借款,积极化解存量债务。全年争取地方政府债券资金 24707万元、盘活资金47104万元化解政府债务,确保到期债务按期偿还,不断优化债务结构,年节约政府债务资金成本4635万元。

【配合做好公车改革工作】积极配合区相关部门做好公车改革工作,按照《徽州区执法执勤用车改革办法》,做好公、检、法、司等政法部门执法执勤用车配置、审批和处置工作。细致测算公车改革各项成本和费用,为公车改革顺利开展提供决策依据,公车改革后,全区财政节约资金达647万元,节支率达33%。

【不断强化监督职能】一是加大财政监督检查力度。先后组织开展涉农资金专项整治行动、骨干企业会计信息质量检查、惠农补贴资金管理发放检查、乡镇财政财务互查互审等各类专项检查,对存在的问题及时要求整改,并做好整改情况"回头看"工作,不断提高财政财务管理水平。二是加强财政专项资金管理。制定《徽州区部门预算结转结余资金管理办法》和《关于做好部门往来账清理和结转结余资金盘活使用工作的通知》,注重财政资金整合统筹使用,加大对财政结转结余资金及暂存暂付款清理盘活力度。全年共盘活财政专项转移支付存量资金1704万元。督促区直预算单位清理甄别历年财政结余结转和往来资金,累计清理收回部门历年结转结余资金451万元。三是加强"三公"经费管理。制定出台了公务接待、会议、培训等经费管理办法,严格"三公"经费管理,规范支出范围和标准。积极参与区纪检监察部门定期组织开展的"三公"经费检查。2015年全区行政事业单位

"三公经费"支出同比下降 19.5%。

【切实转变工作作风】一是深入开展"三严三实"专题教育活动,制定《徽州区财政局开展"三严三实"专题教育实施方案》,教育引导财政干部改进工作作风,自觉践行"三严三实"。二是加强干部学习教育。科学制定年度学习计划,定期开展集中学习活动,全年共组织开展集中学习 14 次,不断提高干部职工的政治素质和业务理论水平。三是落实财政会商机制。将与部门单位会商作为区财政局服务部门、加强协调、发现问题、解决问题的重要渠道和载体,主动对接,协调解决问题。2015 年共开展会商 76 次,通过会商解决问题 76 个。四是推进党风廉政工作。年初即制定 2015 年党风廉政建设工作要点,认真落实党风廉政建设党组主体责任和纪检组监督责任,扎实推进财政系统党风廉政建设和反腐败工作。

【加强财政基础工作和基层建设】一是认真开展全区会计从业人员继续教育培训学习,做好全区财务人员网络培训学习,全区共 550 人完成 2015 年度会计人员继续教育学习任务,切实提高本区会计人员的执业水平和操作能力。二是加强财政财务人员培训。先后组织开展新《预算法》涉企系统、涉农系统、部门预算编制培训和部门决算软件培训等培训工作,对全区 460 名财政、财务干部职工进行培训,有效提升财政财务人员业务水平。三是深入开展帮联工作。认真落实局班子、科室联系乡镇财政所(分局)工作制度,强化对基层财政工作的指导监督,推进服务型财政所创建工作。积极开展财政联系人大代表制度,认真听取意见建议,不断增进人大代表对财政工作的理解支持,全年共走访联系各级人大代表 21 次,征求意见 15 条。四是深入开展创建服务型乡镇财政所活动,经积极努力,岩寺镇财政分局率先被省财政厅评为省级服务型财政所创建示范分局和档案工作目标管理省一级单位。

(徽州区财政局供稿)

歙县财政工作概述

【概况】2015 年,歙县一般公共预算收入累计完成 13.97 亿元,占调整预算的 100%,比上年增收 6826 万元,增长 5.1%;一般公共预算支出完成 28.73 亿元,比上年增加 1.22 亿元,同比增长 4.4%。按照现行财政体制计算,全县公共预算执行实现收支平衡,略有结余,"十二五"财政目标任务实现圆满收官,有力促进全县经济社会的健康持续发展。

【全力服务经济平稳发展】一是重点支出保障有力。认真落实上级稳增长的各项政策措施,多方筹措资金,全面落实结构性减税和普遍性降费政策,保障有效供给,发挥财政支出逆周期调节作用。全年大口径财政民生支出 23.77 亿元,占 82.8%。筹集调度各类财政资金 5.58 亿元,支持推进全县各项重点项目建设;全县新增 1.9 亿元推进机关事业单位工资和养老保险制度改革;兑现企业各类税收优惠奖励 8127 万元,安排拨付县级支持企业发展专项资金 2336 万元,帮扶引导企业加快转型发展;及时出台房地产交易政府奖励政策,共审核办理房地产交易政府奖励 4669 户,拨付奖励资金 2686 万元。二是加大融资担保力度。新争取省政府和省担保集团扶持资金 6156 万元,落实政策性融资担保风险分担和代偿补偿县级配套基金 500 万元,增强县担保公司的担保能力和抗风险能力,全年为企业和个人创业提供融资担保 10.9 亿元,筹集 3270 万元设立企业还贷应急专项基金,利用部分农业扶持资金建立"新型农业主体融资担保补偿基金"400 万元,积极落实"税融通"业务,为企业提供 3.35 亿的过桥资金借款,有力推动全县企业转型升级。三是确保在建项目后续融资。统筹各类资金,优先保障在建项目续建和收尾,全年拨付各类重点项目建设财政资金 5 亿余元。继续做好在建项目融资续贷工作,对符合国家有关规定的项目继续按协议贷款,全年新到位在建项目续贷资金 3.7 亿元。探索推进 PPP 模式,鼓励社会资本通过特许经营等方式,参与城市基础设施等有一定收益的公益性事业投资和运营。

【财政重点改革扎实推进】一是加快预算管理制度改革。健全政府预算体系,加大预算统筹力度。认真开展清理盘活存量财政资金,共调入一般公共预算资金达 14026 万元,避免财政资金"沉睡"在账上,有效缓解日益凸现的收支矛盾,为全年财政收支平衡奠定基础。认真做好预决算信息公开,全县共 75 个县直单位对预决算及"三公"经费信息按要求进行公开。二是切实加强政府债务管理。开展政府存量债务甄别,将甄别后政府性债务分门别类纳入预算管理,实施地方政府债务限额管理。把握政策,夯实基础,全年争取到位地方政府债券资金 7.36 亿元,极大缓解本县偿债和资金调度压力,降低债务成本,得以腾出更多资金用于重点项目建设。三是深化国库支付管理改革。进一步优化工作流程,推进公务卡制度改革。推进县乡工资统发工作,实现全县行政、全额事业一级预算单位人员工资统发全覆盖。完善财政动态监控管理,加强“三公”经费支出审核的智能化管理。规范财政专户管理,加强专户资金清理,清理国库和财政专户往来款 21 项,规范资金管理 11012 万元。四是全面落实减税清费政策。严格落实涉企收费清单制度,对清单实行动态管理。积极兑现土地使用税扶持奖励政策和商品房契税奖励政策,稳步推进“营改增”,减税让利,支持个体微小企业和房地产产业健康发展。组织开展涉企收费专项清理,规范涉企收费管理,促进企业健康发展。五是推进企业发展资金管理改革。按照“谁主管、谁负责”的原则,着力推进财政涉企系统运用工作。采取事后奖补方式,安排县级各专项资金 1916 万元,对专利、外贸、工业等项目进行奖励和补助,支持电子商务发展,鼓励企业首发上市、新三板及四板挂牌。积极落实新型政银担合作机制。2015 年新型政银担合作担保业务 135 笔,担保额达 52479 万元。六是积极推广政府购买服务。积极探索提供政府服务新方式,培育和壮大社会组织、创业实体,多渠道引导社会力量参与服务供给,形成改善公共服务的合力,提高社会事业运行效率,促进政府职能转变。

【财政民生保障不断强化】一是认真履行民生工程牵头部门职责。强化资金要素保障,落实约谈责任机制,推行网上公示制度,强力推进项目实施,完善建后管养机制,夯实民生工程基础工作,圆满完成民生工程年度任务。全年共组织实施省市 35 项民生工程,累计投入资金 8.58 亿元(其中县财政配套 1.02 亿元),投资完成率为 121%,惠及全县 28 个乡镇、近 50 万城乡居民。荣获“2014 年度全市民生工程组织实施工作先进单位”,受到市政府的通报表彰。二是统筹推进社会事业发展。新增支出 2872 万元,统筹推进农村薄弱学校改造和城区教育布局调整,支持义务教育均衡发展;新增支出 1519 万元深化医药卫生体制改革,巩固基层医改和县级公立医院改革成果;新增支出 7437 万元,完善社会保障体系,新农合、城镇居民医保参保率进一步提高;安排拨付 1923 万元,支持社会养老服务体系建设;安排拨付 2169 万元,落实 6004 名“老字号”群体生活补助政策;继续提高企业退休人员养老金,城乡低保、五保补助按时发放,困难群众基本生活得到有效保障。相继荣获全县争创全国文明县城、全省文明县工作先进单位,2014 年度综合考核“二等奖”、民生工程实施“一等奖”、重点项目建设先进单位,并受到县委政府的通报表彰。

【财政管理水平显著提升】一是强化涉农资金管理。制定下发《歙县乡镇联村干部监管涉农资金工作实施方案》,从 4 月初开始在全县组织开展了涉农资金专项整治行动,经市抽查和省级重点检查,对检查出的个别项目县级配套未落实、结存资金较大等问题进行了整改落实。从 7 月份开始到年底,每月集中组织排查一次发生在群众身边的“四风”和腐败问题,以及涉农专项资金管理使用中存在的问题。对排查和收到的举报线索列出清单,建立工作台账,组织力量核实查处,实行销号管理。二是深入开展财政内部监督。组织对全县乡镇 2014 年度预决算管理、惠农补贴管理发放、项目资金监管、村级财务监管、财务会计管理、内部控制管理、资金安全管理、国有资产管理共八项内容进行互查互审,并开展查前培训和巡查,将互查互审中检查出的问题进行分析和汇总,下发文件进行通报,并对存在问题的乡镇,分别下达整改意见书,限期整改。同时,结合实际,经局党组研究,安排两个乡镇开展内部监督检查工作,对查出的问题进行情况通报,要求落实整改,规范乡镇财政管理。三是开展权力和责任清单的清理工作。扎实开展局机关权力清单和责任清单的清理工作,明确行使权力应担责任,形成政府权力、责任事项、追责情形“三位一体”的权责体系。经清理,共保留 29 项行政权力事项,其中行政审批类 2 项,行政处罚 18 项,行政征收 1 项,其他权力 8 项。形成的清单在县政府网站及局外网对外公布,接受社会各界监督。四是组织开展财政财务专项检查。开展会计信息质量检查,对歙县徽源会计师事务所进行巡查。会同县纪委部门开展公务接待费等“三公”经费管理专项检查,重点抽查13个单位的财务管理情况和“三公”经费支出情况,对督查中发现的不规范问题,要求立即整改落实。2015年,全县“三公”经费同比下降7.5%,会议费同比下降11.2%,培训费同比下降14.1%。

【财政工作作风持续改进】一是认真落实党风廉政建设。切实履行“一岗双责”和“两个责任”,始终将纪律和规矩挺在前面,严格要求自己和家人及分管股室单位人员,自觉遵守廉洁自律各项规定。局主要领导与班子成员、各班子成员与分管股室单位层层签订党风廉政建设和反腐败责任书。加强正反典型廉政警示教育,严格执行中央八项规定和强化厉行节约措施,严控“三公”经费管理。加强机关效能,提升服务能力水平。全县共开展预算部门会商561次,其中对外会商349次,对内会商222次,局领导带队会商176次,共解决问题516个。稳步推进内部控制工作。以组织开展“制度执行监督年”活动为契机,着力提高全体干部职工的制度意识。按照废、改、立的要求,相继制定下发《歙县财政局党组议事规则》《关于成立内部控制委员会的通知》《歙县财政局内部控制委员会议事规则(试行)》和《歙县财政局内部控制制度(试行)》,以及8个专项内部控制办法,强力推进内控工作,内部管理水平得到有效提高,财政业务风险和廉政风险得到有效防控。加强县乡财政一体化建设。制定歙县创建服务型乡镇财政所(分局)工作方案,指导乡镇财政所开展创建活动,提升乡镇财政为民服务水平。已完成徽城、上丰等5个乡镇服务型财政所创建工作,并获省财政厅通报表彰;完成徽城、雄村等5个乡镇财政所省级档案达标工作,促进乡镇财政所档案工作的规范有序和安全。指导乡镇开展乡镇财政资金监管,积极做好乡镇财政资金监管工作绩效评价。认真制定乡镇财政“三个清单”制度,为加快乡镇财政职能转变、全面推进依法行政依法理财提供体制机制保障。获省财政厅“2014年度乡镇财政资金监管工作和全省惠农补贴资金绩效评价先进单位”通报表彰。扎实推进财政信息宣传工作。紧紧围绕全县财政工作大局,不断拓展宣传方式,强力抓好财政信息宣传工作,积极发挥舆论引导作用,取得了显著成绩,较好提升本县财政的知名度和美誉度,为实现财政工作跨越发展营造良好的舆论氛围。荣获2015年度“全县宣传工作先进单位”和“全省财政信息工作先进单位”通报表彰。

(歙县财政局供稿　徐跃腾)

休宁县财政工作概述

【概况】2015年,全县一般公共预算收入完成9.57亿元,占调整预算的95.7%,同比下降1.9%;一般公共预算支出19.39亿元,占预算116.6%,增幅5.9%。其中民生支出15.82亿元,占公共预算支出总额的81.6%,增长11.2%。

【保障民生投入】始终将民生事业放在财政保障的首要位置,坚持把财力优先向民生领域倾斜。全县共完成教育、医疗、社保等民生领域支出15.8亿元,占公共预算支出总额的81.6%,增长11.2%。全县35项民生工程共完成投资5.66亿元,完成年度计划的116.4%。支持社会事业发展。继续完善义务教育经费保障机制,促进教育事业均衡发展,支持发展中等职业免费教育。继续提高企业退休人员基本养老金待遇和城乡居民低保标准,积极支持就业和再就业工作,认真落实失地农民和“老字号”群体生活补助政策工作。进一步健全基层医疗卫生服务体系,推进公立医院改革,提高新农合和城镇居民医疗保险水平,促进基本公共卫生服务逐步均等化。提高公共服务水平。大力推进节能减排和大气污染防治。支持县老城区南北大街改造工程,完善城区道路基础设施。推进横江水环境治理工程和新安江流域生态保护工程,生态环境进一步优美。扶持三农发展。积极推进一事一议农村公益项目,扶持现代农业产业加快发展。支持道路建设和维护。支持“村为主”确保村级组织正常运转。落实中央各项惠农政策,及时足额发放涉农补贴资金。

【推进财政改革】扩大预算信息公开范围。印发《关于2015年县本级部门预算及“三公”经费预算公开工作的通知》,3月底前县直部门2015年部门预算和“三公”经费预算,除涉密部门外,全面在本部门网站和县政府网站公开。推动机关事业单位工资改革。拟定《休宁县关于调整机关事业单位工作人员基本工资标准和增加机关事业单位离退休人员离退休费的实施办法》,算好成本账、资金账,做好资金调度,确保在县委、县政府既定的时间内兑现到位。规范财政支出预算管理。建立健全预算执行月度分析和调度制度,及时掌握预算执行中存在的问题,针对性地采取切实措施,强化预算约束,规范预算追加,确保财政支出到位,提高资金使用绩效。规范政府举债融资机制。认真落实省政府《关于加强地方政府性债务管理的实施意见》的相关规定,规范政府举债融资机制,加强对上对接,主动争取存量债务置换资金和政府债券。

【落实财政政策】认真落实国家税收优惠政策。2014—2015 年本县小型微利企业纳税人享受优惠 1407 户次,免征营业税及附加 887 万元。落实以创新支撑引领经济结构优化升级的税收政策。对县内符合政策三户高新技术企业,予以享受企业所得税减免 193 万元。大力支持大众创业万众创新。县财政每年安排创业扶持资金 200 万元,加快推进大众创业工作。开办高校毕业生创业模拟实训班,将创业培训知识和计算机技术、信息网络相结合,注重提升高校毕业生的社会适应能力、市场应变能力和经营相关能力。大力推广网上办税,积极推进"三证合一",为创业者提供优质便捷的创业环境。实施创业担保贷款工程,进一步明确创业担保贷款的认定、贴息、额度和反担保等工作,将个人创业担保贷款的额度统一提高到 10 万元,合伙创业担保贷款最高 50 万元,全力支持创业带动就业,全年累计发放小额担保贷款 2159 万元、财政贴息 187 万元。多措并举扶持企业发展。县担保公司融资担保能力不断提升,单户企业融资担保额度可达 2400 万元。全年为中小企业提供担保服务 140 笔,总金额 76211 万元。以县齐云融资担保公司为平台,开展小微企业续贷过桥业务,全年办理业务 24 笔,累计续贷过桥资金 14513 万元。

【加大财政监管】启动涉农资金专项整治行动。将 2014—2015 年各级财政预算安排用于涉农方面的各项资金,以及 2010 年以来,财政和审计部门对涉农资金各种检查发现问题整改和处理结果的落实情况列为专项整治内容,切实提高全县涉农资金管理水平和使用效益,促进强农惠农富农政策落地生根。开展"三公"经费专项检查。认真落实中央八项规定和党政机关厉行节约的要求,从严控制"三公"经费支出。盘活财政存量资金。对本县本级财政存量资金进行盘活,全县共盘活存量资金 4472 万元,其中:调整用途使用 2 万元,同级收回 4792 万元,预算周转金调入 17 万元,切实提高资金使用效益。清理规范税收等优惠政策。加快建设统一开放、竞争有序的市场体系,促进社会主义县场经济健康发展,开展优惠政策专项清理工作,研究制定财政收入稳定增长的长效机制。

【强化队伍建设】全面落实反腐倡廉主体责任。促使财政廉政建设与财政业务工作同频共振、融合共进。坚持把"一岗双责"落实体现在每个月的党风廉政建设工作中,做到任务明确,责任落实,规范党组履职担责行为。实施 16 项廉政教育套餐,坚持学习教育、廉政提醒常态化。对涉及内部管理、党风廉政、作风建设、资金管理等方面的 40 项制度进行梳理评估,由牵头领导和责任股室分别提出修订、废止和新建意见,并将这些制度集结成《反"四风"、转作风制度汇编》,为形成"用制度控权,按制度办事,靠制度管理"的长效机制奠定基础。加快财政风险防控和内部控制建设。全面查找和审定可能存在的 61 个风险点,有针对性地制定 155 条防控措施,对职权在股室内部运行的各个环节、责任主体和办理时限等要素进行再规范。加快推进财政部门内部控制建设工作,制定印发《休宁县财政局内部控制委员会议事规则(试行)》,并印发《内部控制基本制度》。持续深入推进政风行风建设。出台《财政干部"十个严禁"》《财政干部会风管理制度》《财政局群众工作办公室管理制度》等。对县局及乡镇财政所不定期开展政风行风巡查,并将巡查结果纳入年度党风廉政责任制考核,作为年度评优评先等项考评的重要依据。

(休宁县财政局供稿　余星源)

黟县财政工作概述

【概况】2015 年,本县公共财政预算收入完成 4 亿元,同比增长 8%。税收收入占公共财政收入比重达 64%,地方非税收入占地方财政收入的比重为 43%。

【统筹资金安排】资金投入不断加大。强化政府性资金引导,出台涵盖三次产业专项奖扶资金的扶持政策。其中,设立中小企业发展资金 900 万元,服务业发展扶持资金 1000 万元,特色种养殖业发展资金600万元。担保公司融资担保实力不断增强,注册资本达13800万元。全年为36户中小微企业(个人)提供59笔计15980万元融资贷款担保;设立2000万元的还贷应急资金,为22户企业(个人)发放委托贷款28笔计14340万元,比上年增加3050万元,帮助企业减少费用120万元。用足用活用好“调转促”各项政策,向上争取资金8亿元。国开行棚户区改造融资5000万元成功开贷、新安江流域综合治理6000万元顺利放款。存量资金持续盘活。全面落实国家积极的财政政策规定,建立按月清理统计常态化管理机制,实时摸清存量资金规模和结构,回收2012年以前年度专项结余结转项目资金10659万元,全额纳入预算管理,严格履行报告程序,统筹安排县重点项目支出。财政性资金保值增值收益不断提高,各商业银行协议利率实现全覆盖,定期存款比重提高达30%,全年利息收入1200余万元。债务管理更加规范。实行政府性债务限额管理,将政府性债务纳入预算管理,争取省财政厅代为发行各类政府性债券资金11120万元。其中,新增债券2918万元,置换债券8202万元,债务结构不断优化,债务风险可防可控。

【强化税收征管】坚持月度调度。根据全年目标任务,分月度、分部门下达收入计划,科学开展收入调度和分析,采取以月保季、以季保年,确保全年收入目标实现。强化税源管理。加强税源分析和摸排力度,开展重点税源分析,梳理征管薄弱环节,加大欠税收缴力度,密切关注社会投资、资产转让等交易形成的税收收入,确保应收尽收。严格非税征管。稳步推进非税收入信息化、网络化、科学化管理,将遗产地门票收入和国有资产转让、出租、出售、处置收入以及财政性存款保值增值利息收入等纳入非税管理,保持非税收入稳定合理增长,全年征收非税收入21986万元,其中公共财政非税收入完成14581万元。

【改善民生民计】民生工程全面完成。始终把实施民生工程作为解决民生问题的出发点和落脚点,精心实施33项民生工程,完成投资2.9亿元,占年度投资计划的123.2%,累计发放各项惠农补贴5258万元,民生十三大类支出91114万元、增幅18.6%,占公共财政预算支出112438万元的81%,超额完成年度目标任务。美好乡村建设稳步推进。整合资金10141万元,开展4个省级中心村、2个市级中心村、20个自然村建设任务,投资446.2万元,实施村级公益事业建设“一事一议”财政奖补项目56个。生态环境持续改善。投入1000万元,完成7个2014年度新安江流域综合治理续建项目;投入800万元,继续推进太平湖流域环境综合整治和黟县集镇垃圾处理工程建设,卢村、木坑、塔川等传统村落污水处理建成运营;加大经费投入,提高运转能力,村级日常化保洁实现县域全覆盖,生态环境得到进一步改善。

【强化资金监管】加强财政资金监管。建立乡镇财政资金监管系统和“三单”制度,推行乡镇包村干部监管涉农资金,推动乡镇财政财务互审,全年传递资金监管信息56条,抽查巡查304次,监管资金达24757.6万元。开展财政监督检查。组织开展涉农、村级财务、重点领域、重要部门、重大项目等资金专项整治行动,重点开展18家预算单位会计信息质量检查。参与政府性投资项目预算变更审核76次。出台《黟县党政机关会议培训活动经费管理办法》,开展“三公”经费使用情况监督检查,利用信息化手段强化国库集中支付动态监控,纠正手续不全等违规支出585万元;建立内部控制基本制度和9个专项风险内部控制办法,健全财政业务内部制衡机制。规范预决算信息公开。除涉密信息外,8个乡镇、69家预算部门的预决算信息实现了按支出经济分类科目同步在县政府网站公开,接受社会监督,全年“三公”经费支出进一步下降。

【深化财政改革】农村综合改革示范试点扎实开展。土地确权登记颁证工作稳步推进,新增土地流转面积2.1万亩,流转率达51.5%;组建农村集体“三资”新型经济实体3个;安排农村基础设施管护资金550万元,制定出台《黟县农村自建公共基础设施建设项目管理实施办法》,实施10万元以下小型农村公共基础设施建设项目120余个;古民居产权流转方式取得突破,首批8幢古民居顺利挂牌成交。退耕还林地林种(树种)结构调整试点调优2.3万亩;农村金融改革有序开展,农村信用信息共享服务平台上线运行,新淮河村镇银行正式开业,惠农金融服务室建成25家,金融服务实现村级全覆盖。财税制度改革持续推进。减税清费、“营改增”扩围加快实施,办理小微企业减免涉税事项2000余次,落实税收减免金额424万元;营改增税收入库2028万元,实现过渡期税负增加奖励扶持政策737万元。新一轮县乡财政管理体制全面实施,乡镇政府收入组织、调度和协税护税的积极性明显提高。国有资产管理不断加强。行政事业单位资产清查全面完成,新增及报废(损)资产审核审批程序全部完成。开展国有资产"租、借、售"专项大排查活动,下发12家单位的限期整改通知书,落实整改意见14条,催缴租金11.31万元,纠正缴库非税收入1万元。积极盘活存量资产,启动北直街公产店面房清理回收工作,8处沿河单位公产房顺利清理划转,31处乡镇教学点闲置资产摸底调查结束。制定出台《黟县行政事业单位国有资产配置管理暂行办法》《黟县政府出资企业国有资本收益收取管理暂行办法》,资产配置行为更加规范。

【持续改进作风】重视干部队伍建设,严格执行各项制度。扎实开展党的群众路线教育实践整改落实情况"回头看"和"学党章、守纪律、讲规矩"主题教育学习活动,抓牢党员干部作风建设。举办"在青春中奋进、在感恩中成长"主题演讲比赛,荣获"森林城市创建杯"青年趣味运动会团体三等奖,参与"10公里组黟县职工山地车赛",激发青年干部干事热情。组织"三八"妇女节参观柯村暴动旧址活动,激发妇女干部工作斗志。继续开展局内部业务培训,按照"一领导一堂课、一股室一堂课、一月度一堂课"实施,全年开课12堂。成功创建服务型乡镇财政所两个,档案工作目标管理晋升省一级财政所两个,全面提升财政所服务群众和管理档案的水平。继续落实工作会商制度,建立《黟县财政局联系服务人大代表制度》,全年会商786次,其中领导带队会商385次,解决问题775个。制定落实党风廉政建设党委主体责任和纪委监督责任方案、"财政法制宣传" 专题活动实施方案,大力推进依法理财水平,加快法治财政建设。起草《黟县年鉴》财政篇,收集整理2006年至2014年财政概况、收支状况、各项业务管理、队伍建设、重要文件及图片、荣誉等20多项资料,完整记载本县财政发展历程。

(黟县财政局供稿　徐颖玲)

祁门县财政工作概述

【概况】2015年,县财政部门认真落实各级财政部门及县十六届人大五次会议有关决议精神,主动适应经济发展新常态,积极应对经济下行压力,深化财税改革,依法组织收入,优化支出结构,突出民生保障,加大整合力度,强化财政监督,不断提升依法理财水平,财政收支情况总体平稳。

【财政收入创新高】全县一般公共预算收入完成6.4亿元,为调整预算的100%,同比增长3.4%。其中:地方一般公共预算收入完成5.33亿元,为预算的103.9%,增长8.8%。全县GDP为54.2亿元,财政收入占GDP的比值为11.8%。乡镇财政总收入达9008万元,其中超千万元乡镇1个,超500万元的乡镇达5个。

【支持经济攻坚克难】积极争取资金支持经济发展,利用小集镇建设、农村公路水毁、国债、企业发展等项目资金,有力支持全县基础设施建设。加强担保平台建设,服务县域经济发展。全年为59户企业和178户个人(个体工商户及农民合作社)提供301笔融资担保服务,担保额34792.7万元,比上年同期29040万元增长19.8%;为36户企业办理新型政银担模式担保贷款15097.7万元,其中新型比例再担保14097.7万元,电子专业集群镇贷款1000万元。全年解除担保29882万元,目前在保企业户数59户、在保小额担保贷款户数295户,在保责任总额30250.7万元,比上年同期24940万元增长21.3%,担保放大倍数为1.6倍。

【民生保障更加完善】精心组织实施36项民生工程,完成投资4.63亿元,其中县级配套资金6943万元。投入民生工程建后管养资金1393万元。"一卡通"发放惠农补贴资金9000余万元,完成农村公共服务体系建设投资9478万元。群众关心的热点难点问题逐步得到解决。整治村庄河流42条,改造"八小"水利工程150处,投入资金3048万元。硬化通组道路54公里,完成村级公路网化工程28公里,在全市率先实现县乡20公里范围内城乡公交一体化。建立特困群体应急救助制度,设立300万元应急救助专项基金。新建各类保障性住房499套,改造农村危房1100户。持续提高城乡低保、农村五保对象供养标准。开发公益性岗位291个。健全精准扶贫、精准脱贫工作机制,实施扶贫项目149个,投入扶贫资金3730万元,31个建档立卡贫困村"整村推进"工程成效明显,3000余人实现稳定脱贫。

【财政改革更加深化】预算管理制度改革取得

突破性进展,政府预算体系进一步完善,公共财政预算、政府性基金预算和社会保险基金预算的统筹衔接力度进一步加大,政府性基金在全口径预算中平衡作用日趋凸显,国有资本经营预算管理破题。财政精细化管理深入推进,部门预算、国库集中支付、公务卡使用管理、非税收入管理、政府采购、政府购买服务、国有资产管理等工作不断推陈出新,预算编制、预算执行、绩效评价、财政监督“四位一体”的财政管理体系初步建立。“阳光财政”逐步向规范化延伸。在不断加大财政监督管理,加强对预算编制、预算执行和资金使用的内控监督同时,积极推行行政权力公开制度,努力做到财政政策实施、资金运行程序、预算执行过程、资金使用结果“公开制”,自觉接受人大、审计和社会监督。“阳光财政”逐步向依法行政、依法理财方面提升。不断提高县级部门预决算及“三公”经费的透明度,切实保障公众对财政预算的知情权、参与权和监督权,有效促进政府财政行为的程序化、规范化、法制化。

【建设勤政廉洁队伍】一是深入学习贯彻习近平总书记系列重要讲话精神和党的十八大及十八届三中、四中、五中全会精神,组织财政业务培训,对机关科室、基层财政所负责人和新进人员岗位培训工作。二是强化服务,打造效能型机关。进一步巩固“机关效能建设”等活动成果,牢固确立起财政部门就是服务部门、每个财政工作岗位就是服务岗位的理念,依靠建立的各项长效机制,将财政系统打造成全县“办事最快、效率最高、服务最优”的部门。三是推进廉政建设,打造勤政廉洁干部队伍。按照党中央全面从严治党的总要求,学习贯彻《中国共产党廉洁自律准则》《中国共产党纪律处分条例》,严格执行中央八项规定和省委、省政府三十项规定,认真落实党风廉政建设目标责任制,健全财政部门教育、制度、监督并重的惩治和预防腐败体系,全面构建具有财政部门特色的“为民、务实、创新、团结、清廉”廉政文化,加大政务公开和权力阳光运行力度,以公开促公正,以透明保廉明,在全县财政系统形成风清气正、干事创业的良好氛围,确保财政资金和财政干部“双安全”。

(祁门县财政局供稿 余智辉)

广德县财政工作概述

广德县财政工作概述

【概况】2015年，全县公共财政总收入完成32.05亿元,同比增长9%,净增2.65亿元;地方公共财政预算收入完成21.28亿元，同比增长13.4%，净增2.52亿元。全县公共财政支出完成41.86亿元,完成年度预算的104.5%,突破40亿元大关,比上年增长16.8%,净增6.02亿元。全县民生支出33.8亿元，增长17.8%，占财政支出的80.7%。当年,广德县财政局获得安徽省学习型党组织示范点、全县目标管理考核先进单位和“人民满意单位”等荣誉称号,财政系统获得县政府通报表彰;乡镇财政资金监管、惠农补贴资金绩效评价工作获得全省一等奖;东亭、誓节、邱村三个财政分局(所)创成省级服务型乡镇财政所;2名科长及3名分局(所)长被评为全县优秀科股长和最满意基层站所长。

【实现财政平稳运行】不断强化收支管理,确保财政收支运行总体平稳,财政收入稳定增长。全县财政收入比上年增长9%。继续优化支出结构,教育、科技、社保、卫生、城乡社区、农林水、住房保障、交通等重点支出增加43848万元,占全县支出增量的72.9%。“三公”经费从严控制。建立健全“三公”经费预算约束、支出控制、通报预警、信息公开、监督检查、责任追究等长效机制,有效防止铺张浪费,全县“三公”经费在上年大幅减少的基础上,下降13.8%,行政成本进一步降低。

【推动经济稳定增长】一方面加大向上争取力度。全年向上争取项目331个,到位资金15.78亿元,与上年同比增长18%。另一方面积极兑现奖励扶持资金。全年共兑现财政扶持资金55825万元、拨付促进工业企业做大做强财政奖励资金841万元、财政奖励外贸资金771万元、兑现促进房地产健康发展财政奖励1652万元。扩大投入带动需求。对“营改增”试点过程中因新老税制转换而增加税负的企业，实施过渡期财政扶持政策，本县91.5%的小规模纳税人税收负担下降。落实结构性减税和扶持中小微企业发展各项政策，切实减轻企业负担,缓解企业资金压力。加入省担保集团比例再担保协议体系,积极推进4321政银担合作机制和小微企业过桥贷款工作。

【保障民生持续改善】突出保障基本,坚持雪中送炭,全县民生支出33.8亿元,增长17.8%,占财政支出的80.7%，发展成果更多惠及广大群众。省定33项民生工程全年投入9.73亿元，比上年增长16.5%，其中省级以上财政投入5.38亿元，比上年增长14%，县级投入1.41亿元，比上年增长23%,其他投入2.94亿元,比上年增长18%。引入社会中介机构对民生工程重点项目开展绩效评价,全面提升民生工程的社会效益。加快社会事业发展。投入1.4亿元,用于改善义务教育、职业教育和学前教育的办学条件，促进教育事业优先发展。投入9846万元,完善社会养老保障体系,采取运营补贴、购买服务等方式支持社会养老服务体系建设。投入5121万元,深化医药卫生体制改革,巩固扩大基层医改和县级公立医院综合改革成果。大力推进公共租赁住房和廉租住房并轨运行,新开工各类保障性住房和棚户区改造安置住房

3371套。支持全民健身活动,统筹安排415万元实施文化惠民工程,促进基本公共文化服务均等化。保障困难群体生活。发放"老字号"群体生活困难补助1740万元,发放低保、五保补助款5729万元。拨付890万元,重点支持就业困难群体、高校毕业生就业创业。完善家庭经济困难学生资助体系,为2489人次发放补助资金277万元。支持生态环境保护。建立乡镇生态补偿机制,全年拨付生态补助修复资金2029万元

【支持城乡统筹发展】不断加大城乡区域发展投入力度,全县农林水支出49594万元,较上年增加3212万元。完成一事一议财政奖补项目137个,投入财政奖补资金2055万元。11个革命老区项目全部建成,改善了老区人民的生产生活条件。政策性农业保险工作稳步开展,拨付保费补贴1095万元。县级财政预算安排专项资金1500万元,全力支持美丽乡村建设。整合各类涉农资金10998万元,支持省市县重点村等美丽乡村建设工作。全面落实惠农补贴政策。全年通过"一卡通"共发放惠农补贴资金15210万元,涉及16大类43个补贴项目。

【理财水平逐步提升】加强政府性债务管理。全年共计争取地方政府债券资金134265万元,其中新增债券19408万元、置换债券114857万元。积极盘活存量资金。对2012年以前年度的结转结余资金进行清理,累计盘活资金17856万元,并按要求分类处理,建立财政存量资金盘活工作长效机制。推动预算绩效管理,对重点项目引入第三方机构开展绩效评价工作,涉及财政资金9841万元。加大政府性基金与一般公共预算统筹力度,将相关基金5331万元转列一般公共预算。强化"涉企系统"应用,全面梳理涉企项目资金目录,做好切块下达资金指标文件流转、信息沟通。新增购买服务项目20余个,开展PPP项目7个,涉及行业领域有园林绿化、道路照明、污水处理和公路交通等方面,项目总投资29.1亿元。自觉接受人大、政协的监督指导。继续完善乡镇财政资金监管平台建设,开展乡镇包村干部监管涉农资金工作,加大对财政专项资金的监督检查力度,确保财政资金安全高效。

【作风建设得以强化】狠抓廉政建设,县财政局党组与各财政分局(所)、各科室签订《党风廉政暨作风建设责任书》,落实一岗双责,将党风廉政建设任务纳入年度目标管理考核体系,与业务工作同部署、同落实、同考核。夯实机关党建,扎实开展"三严三实"专题教育、基层党组织建设规范提升年活动、"弘扬沈浩精神,建设模范部门"主题实践活动和学习吴波先进事迹,扎实推进党务、政务公开。加强内部管理,修订和完善局机关公务接待、差旅费管理、考勤、请销假等一系列内部管理制度,坚持用制度管权、按制度办事、靠制度管人。实现效能建设巡查工作常态化,进一步提升财政部门良好形象。积极开展文明创建,结合"千名党员干部结对帮扶千户困难群众"活动、结对共建及与社区成立联合党组织活动,帮扶慰问困难党员、困难群众、高龄老人、困难妇女及困难儿童,传递道德文明建设"正能量"。充分发挥工会职能,积极开展群众性文体活动,增强组织凝聚力。

(广德县财政局供稿)

宿松县财政工作概述

宿松县财政工作概述

【概况】2015年，宿松县财政一般预算收入完成9.86亿元,同比增长10.1%。其中:国税2.96亿元,同比增长19%;地税4.66亿元,同比增长14%;财政2.24亿元,同比下降6%。全县一般预算支出完成37.1亿元,同比增长10.4%。

【财政收入稳中向好】全县财政收入保持稳健增长态势。从收入结构看,税收收入完成7.26亿元,同比增长14%;纳入一般预算管理的非税收入完成2.6亿元,同比下降2%。从主体税种看,增值税13280万元,增长0.6%;消费税3886.6万元,增长100%;营业税20155万元,增长13%;企业所得税11167万元,增长33%;个人所得税3727万元,增长10%;车辆购置税5305.7万元,增长23%。

【重点支出有效保障】全县支农、教育、医疗卫生、社会保障和就业等直接用于民生的支出341043万元,同比增长12.4%;及时兑现机关事业单位工资改革和职级并行增资18830万元;投入7000万元实施十大重点工程和十件惠民实事;拨付24500万元用于全县国省干道及农村道路建设;调度财政间隙资金15350万元支持“一城一园一区”基础设施建设,实现“保工资、保运转、保民生、促发展”的预期目标。

【支持发展成效显著】充分发挥财政职能作用,促进经济社会发展。一是支持实体经济。拨付企业发展专项资金881万元，用于扶持企业两化融合、技术改造等项目;拨付企业改制资金1315万元,对县盐业公司等4家国有企业进行清产核资;设立风险补偿专项基金、中小企业转贷应急专项资金,帮助企业解决融资、续贷过桥13290万元；开展“4321”新型政银担合作业务,为企业提供贷款担保14270万元,有效缓解中小企业发展融资难题。二是统筹城乡发展。投入3625万元支持深化农村综合改革试点，拨付5001万元推进精准脱贫，安排3033万元支持美好乡村建设,乡村面貌日益改观。拨付6935万元支持农田水利设施建设,安排3126万元用于发展现代农业，投入4049万元实施高标准农田建设和农业综合开发中低产田改造,农业基础设施明显改善。发放涉农补贴14976万元,有效促进农民增收。三是促进社会事业均衡发展。拨付20981万元改善办学条件;拨付160万元支持创建“科普示范县”；拨付1774万元支持创建国家公共文化服务体系示范区；拨付7778万元用于基本公共卫生服务和重大传染病救治，投入2226万元推进县级公立医院改革。

【保障民生持续改善】按照“突出保障基本,坚持雪中送炭”的思路精心组织实施33项民生工程,全年累计投入10.1亿元,同比增长18.8%。通过民生工程的带动,困难弱势群体基本生活得到有效保障,民生热点难点问题得到逐步解决。全年拨付新农合、职工医保、城镇居民医保、城乡特困群众医疗救助41020万元;发放“老字号”补助1100万元、企业职工养老金19920万元、城乡居民养老金9349万元;拨付6700万元实施农村危房改造和保障性安居工程；拨付1250万元加快解决以船为家渔民居住条件;安排1469万元帮助高校毕业生、城镇失业人员、农民工等重点人群就业创业。

【财政改革稳步推进】一是投融资管理改革。成立县投融资办，将原县政府下设金融办的机构职责划入财政局,财政职能进一步健全。拓宽投融资渠道,实现政府性融资13亿元。积极推进PPP项目融资,全县十余个重点建设项目纳入PPP后备项目库;加快多层次资本市场建设,出台推进企业上市工作意见，中天石化成为本县首家成功挂牌新三板的企业;加强政府性债务管理,争取债券置换资金4.6亿元、新增一般债券资金1.49亿元;加强金融监管,规范类金融机构管理,牵头开展金融风险排查，严守不触发系统性、区域性金融风险底线。二是预算管理改革。在2016年预算编制工作中,首次邀请人大代表、政协委员对部门预算进行评审论证；按要求全面公开政府和预算单位预决算信息;积极盘活存量资金2255万元,统筹安排使用。三是完善国库集中支付改革。当年12月,国库集中支付“财银直联”平台正式上线,实现支付数据直达银行支付端口,极大地提高资金支付效率。

【财政管理日趋完善】一是压缩一般性支出,修订完善机关公务接待费、差旅费等经费管理办法，全县“三公”经费在2014年大幅下降的基础上,再降5.2%。二是继续实施本级财政投资评审,全年共完成预、决算评审项目85个,评审投资总额62000万元，审定投资56000万元，审减金额达6000万元。三是强化财政监督,首次实施机关事业单位会计报告鉴证、强化财政部门内控建设,开展会计信息质量检查,进一步规范财经秩序。

（宿松县财政局供稿　夏序平）

财政工作大事篇

省财政分项工作大事记

财政综合管理工作大事记

1月1日　取消财政“收费票据工本费”，规定各级财政部门不再向领票单位收取财政票据工本费，财政票据的印制费由同级财政负担。

1月20日　省财政厅、省民政厅、省工商局转发《财政部、民政部、工商总局关于印发政府购买服务管理办法（暂行）的通知》，进一步规范政府购买服务。

2月10日　首次通过安徽省政府采购网、安徽省财政厅外网向社会公告《2015年安徽省级预算安排政府购买服务实施目录》。

2月26日　省财政厅、省物价局、省住建厅转发《财政部 国家发展改革委 住房城乡建设部关于印发〈污水处理费征收使用管理办法〉的通知》，规范污水处理费征收使用管理，保障城镇污水处理设施运行维护和建设。

3月22日　财政部综合司副司长孙燕一行来皖调研一季度财政经济形势，省财政厅副巡视员李友兰陪同调研。

4月10日　启动财政“十三五”规划24个专题课题研究工作。

4月28日　财政部综合司副司长胡忠勇一行来皖调研政府购买服务情况及财政“十三五”规划编制工作，省财政厅副厅长陈军陪同调研。

5月1日　启用“安徽省政府非税收入一般缴款书（POS机版）”，用于缴款人通过POS机刷卡缴费时由执收单位开具，缴费收入直接缴入非税收入汇缴结算户。

5月8日　省财政厅、省物价局印发《关于取消归并部分行政事业性收费项目的通知》，自2015年6月1日起，取消犬类登记费及年度审验注册费等8项、归并工商管理硕士同等学历收费等11项省级设立的行政事业性收费。

5月20日　全国财政综合工作会议在湖南省长沙市召开，省财政厅副厅长陈军参加会议，并以《注重机制 试点探索 扎实推进政府购买服务》为题作经验交流发言。

5月27日　省财政厅、省物价局、省经信委转发《财政部 国家发展改革委 工业和信息化部关于开展涉企收费专项清理规范工作的通知》，进一步加强涉企收费管理，促进经济持续健康较快发展。

5月27日　省财政厅印发《安徽省政府向社会力量购买服务指导目录》（2015年修正版），实施指导目录动态调整，由5大类45项细化为6大类58款272项。

6月12日　省财政厅党组书记、厅长、财政发展“十三五”规划编制领导小组组长罗建国主持召开会议，学习传达习近平总书记杭州会议以及省委常委会议精神，研究部署财政“十三五”规划编制工作。

6月17日　省财政厅、省物价局印发《关于停止征收涉及稀土、钨、钼收费基金有关问题的通知》，按照财政部、国家发展改革委要求，自2015年5月1日起，将稀土、钨、钼矿产资源补偿费费率降为零，停止征收稀土、钨、钼价格调节基金。

6月18日　省财政厅印发《关于将彩票销售

机构业务费纳入政府性基金预算管理有关问题的通知》,明确自2016年1月1日起,将省福利彩票发行中心、省体育彩票管理中心业务费纳入政府性基金预算,实行国库集中支付。

7月17日 省财政厅党组书记、厅长、财政"十三五"规划编制领导小组组长罗建国主持召开会议,学习传达落实蚌埠、铜陵部分市委主要负责同志座谈会及王学军书记讲话精神,研究部署财政"十三五"规划编制工作。

7月30日 启用"安徽省医疗门诊收费票据(滚筒机打一联)",方便群众就医,满足医疗卫生机构实际用票需要。

8月10日 省人社厅、省财政厅印发《关于全省乡镇机关事业单位工作人员实行乡镇工作补贴的通知》,明确乡镇工作补贴从2015年1月1日起执行。

8月20日 省财政厅、省物价局、省环保厅印发《安徽省挥发性有机物排污收费试点实施办法》,规范挥发性有机物排污收费管理,改善生活和生态环境质量。

10月29日 省财政厅党组书记、厅长、财政"十三五"规划编制领导小组组长罗建国主持召开会议,学习传达落实省政府全省"十三五"规划编制工作和研究情况专题会议及李锦斌省长讲话精神,研究推进财政"十三五"规划编制工作。

11月10日 省财政厅副厅长、财政"十三五"规划编制领导小组副组长陈军主持召开专题会议,通报财政"十三五"规划编制工作进展,介绍规划纲要提纲编写思路和主要内容,并征求各处室单位意见。

11月11日 省财政厅党组书记、厅长、财政"十三五"规划编制领导小组组长罗建国主持召开会议,听取财政"十三五"规划编制工作进展情况的汇报,审议规划总报告编写提纲。

12月15日 省财政厅党组书记、厅长、财政"十三五"规划编制领导小组组长罗建国主持召开会议,学习李锦斌省长在省政府研究全省"十三五"规划纲要编制工作暨总结2015年经济工作谋划2016年经济工作专题会上的重要讲话精神,研究部署近期全省财政"十三五"规划编制工作。

12月22日 本省被财政部列为全国政府购买服务改革试点省份,研究制定的《安徽省政府购买服务改革试点工作实施方案(2015年—2016年)》上报财政部。

12月23日 省财政厅党组书记、厅长、财政"十三五"规划编制领导小组组长罗建国主持召开会议,学习落实李锦斌省长在省政府研究全省"十三五"规划纲要编制工作会上的重要讲话精神,审议"1+N+16+76"财政规划编制工作方案,研究部署下一步全省财政"十三五"规划编制工作。

(厅综合处供稿)

财政税政条法工作大事记

1月7日 针对马钢集团《关于铁矿石资源税费政策问题的请示》,省财政厅专门就其提出的高村铁矿资源税政策、和尚桥铁矿资源税政策、矿产资源补偿费政策三个方面的问题以函复形式予以明确答复。

1月12日 省财政厅、省地税局联合下文,对和尚桥铁矿石资源税税额标准进行下调,进一步减轻马钢集团税负。

1月30日 经省财政厅积极争取,财政部、海关总署、国家税务总局发文,认定合肥鑫晟光电科技有限公司具有享受新型显示器件生产企业进口税收政策的免税资格,大幅减轻了企业税负。

2月6日 副省长花建慧带领省直有关部门赴合肥市综合保税区调研该综合保税区建设情况和迎接中央检查验收准备工作,省财政厅副厅长孟照红随同参加调研。

2月11日 对2014年全省营改增试点情况进行总结,制定2015年营改增工作计划和工作要点,对相关责任单位试点工作任务进行细化分解。

3月17日 合肥综合保税区正式通过国家相关部委联合验收。

3月31日 针对淮南矿业集团《关于解决煤炭资源税改革增加企业负担问题的请示》,省财政厅专门发文明确相关事项。

5—7月 省财政厅普法办按照财政部"六五"普法考核验收工作安排和厅"六五"普法领导小组的具体部署,对全省16个市、2个直管县和市下辖1个县(区)财政部门"六五"普法工作进行全面检查验收。

5月13日 按照财政部统一布置，省财政厅下发文件，在全省组织开展2014年度税式支出统计工作，在对调查数据汇总审核后，于7月5日上报财政部。

6月4日 省财政厅专文就本省合芜蚌试验区享受中关村有关股权奖励税收政策问题向财政部请示，争取进一步扩大对科技的奖励力度，强化人才激励效应。

6月9日 财政部、国家税务总局下发文件，将中关村国家自主创新示范区有关税收试点政策推广至合芜蚌试验区等地，本省迅速贯彻落实。

7月31日 省财政厅、省地税局根据财政部、国家税务总局文件精神，联合下发文件，对全省煤炭资源税费有关政策予以明确，有效减轻煤炭企业税费负担。

8月13日 本省顺利通过财政部组织的全国财政“六五”普法考核验收。

8月4日 经审核确认，省财政厅、省国税局、省地税局联合下发文件，公布全省2014年度及2015年具有免税资格的非营利组织名单。

8月7日 省财政厅在宿州、蚌埠两市组织开展碳纤维国际竞争力调研工作。

8月10日 省财政厅、省国税局、合肥海关、省商务厅、省旅游局向省政府联合上报《安徽省境外旅客购物离境退税政策实施方案》。

10月23日 财政部、国家税务总局下发文件，将国家自主创新示范区有关税收试点政策推广到全国范围，省财政厅、省国税局、省地税局转发文件予以实施。

10月24—25日 省财政厅会同省政府法制办举行全省行政执法资格认证考试，全省11564名财政干部参加考试，11333名财政干部考试合格，通过率97%，其中，厅机关349人参加考试，通过率100%。

11月25日 财政部、海关总署、国家税务总局、国家外汇管理局联合发文，批复同意本省设立安庆（皖西南）保税物流中心（B型）。

12月17日 省财政厅、省国税局、省地税局联合下发文件，公布全省2015年第二批获得免税资格的非营利组织名单。

12月22日 按照中央相关部门关于开展商业健康保险个人所得税政策试点工作的通知要求，省财政厅、省地税局、省保监局报经省政府同意后，联合下发文件，在芜湖市实施商业健康保险个人所得税政策试点工作。

12月29日 财政部、国家税务总局、海关总署对《安徽省境外旅客购物离境退税政策实施方案》予以审核备案，本省境外旅客购物离境退税政策正式实施。

（厅税政条法处供稿）

预算管理工作大事记

1月25—31日 省“两会”召开期间，省财政厅在安徽大剧院、省人大会议中心和代表驻地设置财政预算服务点，为人大代表、政协委员提供查询服务。期间，省委书记张宝顺、省长王学军，以及部分省十二届人大四次会议主席团成员在省人大会议中心查阅2015年省级部门预算草案。

2月7日 省财政厅党组书记、厅长罗建国参加预算处党支部组织生活会，对做好处室党支部党建工作提出要求。

2月11日 预算处党支部赴金寨县花石乡千坪村开展结对共建活动，走访慰问困难户，查看结对共建项目进展，与县乡财政干部、村干部、村民座谈，总结近两年结对共建成效，并结合市县发展规划和厅领导指示精神，探索适合村情民意的发展道路。

2月17日 省财政厅完成120个省直预算部门2015年部门预算批复工作。在预算批复中，要求省直单位认真贯彻中央八项规定，牢固树立过紧日子的思想，厉行勤俭节约，反对铺张浪费，健全规章制度，强化制度执行，细化节支措施，降低行政成本，切实提高财政财务收支管理水平。

3月4日 省财政厅召开全省盘活财政存量资金工作专题视频会议，传达财政部盘活财政存量资金工作专题视频会议精神，布置全省盘活财政存量资金工作，对本省盘活财政存量资金的政策措施进行解读，对下一步财政存量资金清理、统计报送、管理和监督检查工作提出专门要求。省财政厅副厅长孟照红出席会议并讲话。

3月6日 按照《2015年政府预算、部门预算及“三公”经费预算公开工作方案》（财预〔2015〕

152号)统一要求,推进111家省直部门、单位公开2015年部门预算和“三公”经费预算,全面晒出部门收支账本,并首次按支出经济功能分类公开预算,着力打造阳光财政、透明预算。

3月9日　省财政厅提请省政府办公厅印发《关于进一步做好盘活财政存量资金工作的通知》(皖政办〔2015〕10号),要求市县政府和省直部门、单位严格盘活财政存量资金,切实提高财政资金使用效益。

4月25日　以省政府名义印发《关于完善出口退税负担机制有关问题的通知》(皖政秘〔2015〕65号),进一步理顺省与市县收入划分,促进外贸稳定发展。

5月13日　省财政厅印发《关于调整完善省级财政拨款事业单位公用经费综合定额分档的通知》(财预〔2015〕562号),按照合理保障、兼顾公平的原则,逐步建立事业单位公用经费综合定额动态调整机制。

5月13日　预算处党支部召开专题学习会议,学习贯彻中央、省里和省财政厅“三严三实”专题教育会议精神,部署推进预算处党支部专题教育工作。

5月15日　省财政厅召开2016年省级部门预算编制工作会议。省财政厅党组书记、厅长罗建国出席会议并就做好2016年预算编制工作提出要求,省人大财经委、预算工委主任庄立权,省审计厅总审计师方正出席会议并讲话,省直预算部门分管财务的领导,各市财政局负责同志参加会议。

5月18日　省财政厅召开省直部门预算编制业务培训会,对2016年省级预算编制政策、部门三年滚动财政规划、资产配置预算、政府采购预算业务等进行全面培训。

5月18日　省财政厅印发《关于进一步推进清理盘活财政存量资金工作的通知》(财预〔2015〕612号),要求省直部门、市县(区)财政局做好核实存量资金底数、加大预算统筹盘活力度、做好盘活资金账务处理、健全存量资金管理机制等工作。

5月29日　省财政厅厅长罗建国参加预算处党支部“三严三实”专题教育党课报告会,对预算处做好“三严三实”专题教育和处室建设提出要求。

6月2日　以省政府名义印发《关于贯彻落实国务院改革和完善中央对地方转移支付制度的实施意见》(皖政〔2015〕61号),就改革和完善省以下转移支付制度提出实施意见。

6月17日　省财政厅党组书记、厅长罗建国走访预算处党支部,就“三严三实”专题教育和作风建设责任清单工作台账、处室党支部基础建设工作开展督查督导。

6月20日　省财政厅提请省政府印发《关于贯彻落实国务院改革和完善中央对地方转移支付制度的实施意见》(皖政〔2015〕61号),推进转移支付规范管理和资金高效实用。

7月7日　预算处党支部召开政治理论学习会议,学习习近平总书记在会见全国优秀县委书记时的重要讲话精神、王学军书记在省委常委会上提出的“把忠诚干净担当作为座右铭、把三严三实作为行为准则”的讲话要求,以及《人民日报》的《干在实处 走在前列》《“病天下”与“病一人”》等评论文章。省财政厅党组书记、厅长罗建国作为普通党员参加预算处党支部学习会议,并对进一步加强党员及党支部政治理论学习、做好党支部党建工作提出要求。

8月—11月　省财政厅召开6期预算评审论证会,邀请人大代表、政协委员和相关专家学者,对省直30个部门的40个项目、2个部门整体预算和2项支出政策进行评审,并将专家评审结果作为审核安排预算的主要依据,提升预算安排的科学性和透明度。

8月18日　本省在财政部2015年县级财政管理绩效综合评价中,得分位居全国第2名,获财政部通报表扬和奖励资金。

8月26日　省财政厅印发《关于建立省级部门专项资金管理清单制度的通知》,要求建立省级部门专项资金管理清单制度,其中明确专项资金项目范围、数量、权责及动态管理等内容,实现“清单”之外无专项。

8月28日　省财政厅印发《关于建立财税分析工作机制的函》,会同省国税局,省地税局,合肥海关,人行合肥中心支行等4个部门建立财税库收入征管分析工作机制,加强财政收入预期管理,进一步推动全省财政运行可预期、精细化,确保财政收入依法征管、均衡入库。

8月30日　省财政厅在门户网站正式公布

2015年度省级部门专项资金管理清单,160项专项转移支付全部公开。

9月2日　预算处党支部围绕严以律己、严守党的政治纪律和政治规矩,自觉做政治上的“明白人”,组织召开“三严三实”第二次专题学习研讨会。

9月16日　省财政厅召开预算和债务管理工作推进会,传达省长李锦斌对财政工作的4次批示精神,通报全省盘活财政存量资金专项检查情况,共同学习省政府关于做好小微企业续贷资金的有关要求,并就预算和债务管理工作有关问题进行座谈交流。省财政厅副厅长孟照红出席会议并讲话,16个市财政局负责人和有关科室负责同志参加会议。

9月22日　省财政厅、省审计厅联合制定《关于印发安徽省中央驻皖单位省级专项补助资金管理办法的通知》(财预〔2015〕1467号),进一步规范和加强中央驻皖单位省级专项补助资金管理,提高财政资金使用效益。

9月30日　省财政厅印发《关于进一步加强预算编制工作的通知》(财预〔2015〕1547号),要求市、县财政进一步规范部门预算编制,规范本级总预算编制,务实预算编制工作举措。

9月30日　省财政厅印发《关于印发<安徽省省级财政资金分配管理办法>的通知》(财预函〔2015〕405号),要求遵循安排科学、分配规范、公平公正、权责明晰、公开透明的原则,从资金安排、资金分配、资金监管等环节,进一步规范财政资金分配,提高财政资金使用效益。

9月30日　省委书记王学军在省财政厅《关于财政部县级财政管理绩效评价有关情况的汇报》上批示:很好!望发扬成绩,纠正不足,再接再厉,争取再上新水平。

10月26日　省财政厅提请省政府印发《关于推进财政资金统筹使用的实施意见》(皖政〔2015〕99号),坚持全面统筹、分层推进、远近结合、改革创新、依法依规的原则,推动盘活财政沉淀资金,推进财政资金统筹使用,优化财政资金配置,提高财政资金使用效益,促进经济社会持续健康发展。

10月31日　预算处党支部以党小组活动的方式,组织部分在职党员走进滨湖惠园社区,与社区干部群众开展了一系列交流互动活动,推动“三严三实”学习教育。

12月19日　省财政厅党组书记、厅长罗建国以预算处党支部普通党员身份,赴合肥市包河区滨湖惠园社区开展在职党员进社区服务活动,服务于社区,问计于基层。

12月19日　省财政厅党组书记、厅长罗建国以一名普通党员身份,参加预算处党支部“三严三实”专题组织生活会。

12月24日　省财政厅下发《关于司法体制改革试点单位经费上划有关问题的通知》,自2016年1月1日起,将18家省以下法院、检察院经费上划省级管理。

12月25日　省长李锦斌听取2016年省级预算安排情况汇报,对做好预算安排工作作出重要指示:全省各级财政部门要坚持创新、协调、绿色、开放、共享的发展理念,在预算安排中,要遵循“保重点、控一般、促统筹、提绩效”十二字方针。

(厅预算处供稿　周剑峰)

财政国库管理工作大事记

1月16日　省财政厅印发《关于进一步加强省级单位预算资金支出管理的通知》,进一步硬化预算约束,规范预算执行。

1月17日　国库处党支部到颍东区正午镇田楼村开展结对共建活动,调研当地经济社会发展,走访慰问困难群众。

1月20日　省财政厅向财政部上报本省市县级存量财政专户保留和撤销情况报告。

2月13日　省财政厅会同中国人民银行合肥中心支行下发《关于开展第二批市级国库支付电子化管理试点工作的通知》,稳步推进本省地市电子化支付制度改革。

3月11—13日　全省财政总决算会审会在合肥召开,全省各市国库科长、财政总决算经办人员40多人参加会议。会议期间,组织人员对各市上报的总决算报表进行审核,并召集国库科长对按经济分类填报财政总决算等方面的内容进行交流和讨论。

3月18—20日　全省部门决算会审会在合肥召开,全省各市部门决算经办人员共30多人参加会议。

4月24日　省财政厅下发《关于做好2014年度权责发生制政府综合财务报告试编工作的通知》,明确试编范围和试编方法,并对试编工作提出具体要求。

5月27日　省财政厅召开权责发生制政府综合财务报告试编工作培训视频会议，对全省所有市县业务人员进行培训。

5月28日　国库处党支部召开专题组织生活会,支出书记以“学习践行‘三严三实’ 尽职尽责做好财政国库工作”为题作专题党课报告。

5月12—15日　国库处联合国库支付中心、财政信息中心对代理银行公务卡业务进行专项检查。

6月3日　省财政厅印发省本级权责发生制政府综合财务报告试编工作实施方案的通知,省本级试编工作正式启动。

6月10日　省财政厅召开第二批代理银行电子化支付改革启动会,厅国库处、国库支付中心、信息中心主要负责人和八家集中支付代理银行机构业务部、信息技术部门负责人共60余人参加会议。

6月11日　省财政厅提请省政府第62次常务会议审议《权责发生制政府综合财务报告制度改革方案》,本省成为全国第一个出台地方改革方案的省份。

6月19日　省财政厅出台《安徽省省级国库现金存放商业银行考核评价暂行办法》,明确国库现金具体操作规则和实施细则，保证省级国库现金向商业银行进行存款分配时公开、公开、公正，确保资金安全。

6月23日　省财政厅召开国库集中支付电子化管理研讨会,全省各市财政国库科长、各市人行国库科负责人参加会议，研究推进国库集中支付电子化管理改革工作。

7月7日　国库处党支部赴颍东区正午镇田楼村开展“迎七一”结对共建活动。

7月24日　省财政厅下发2014年度省级部门决算批复工作的通知,明确批复内容和要求,为决算公开奠定基础。

8月10日　省财政厅印发省级2014年度省级部门决算及“三公”经费公开工作方案,首次公开一般公共预算财政拨基本支出类级经济科目和“三公”经费出国团组、人次和接待人次、批次。

8月26日　省财政厅将地方政府债券342亿元转拨市县,并支付发行手续费。

8月28日　省级115家部门、单位,通过各自门户网站和省政府政务公开网站，对外公开2014年部门决算和“三公”经费情况。

9月17日　省财政厅印发《关于进一步加强财政专户管理 盘活财政专户存量资金的通知》，明确提出财政专户资金管理及保值增值的具体要求。

9月21日　本省上报2014年度权责发生制政府综合财务报告(试编)。

9月25日　省财政厅联合人行合肥中心支行、省监察厅、省审计厅下发《安徽省省级行政单位 参公管理事业单位银行账户实行国库单一账户管理办法》,并开展省级行政单位和参公管理事业单位银行账户清理规范工作。

9月28日　省财政厅印发《全省财政国库系统风险防控办法》，进一步规范财政国库权力运行,提高财政国库系统拒腐防变能力。

10月16日　全省财政总预算会计制度视频培训,全省1800人参会。

10月30日　省财政厅向财政部上报《关于预算执行动态监控工作开展情况的汇报》。

11月18日　国库处赴省人大预工委汇报2015年部门决算工作，并就项目支出按照经济分类科目填报进行会商。

12月7—9日　全省财政决算工作会议在合肥召开,16个市国库科长及决算经办人员参加会议。

12月15日　《安徽省省级国库集中支付管理办法》及配套的15个文件出台,进一步优化支付流程、厘清责任、提升资金支付效率,保障资金支付安全。

12月21日　全省国库集中支付制度改革培训班开班。

(厅国库处供稿)

政府性债务管理工作大事记

1月30日　省委常委、常务副省长詹夏来在省财政厅报送的《关于自主发行地方政府债券初步工作方案》上批示:“抓紧做好准备,待财政部核定发债额度和具体办法下达后及早发债，以保建设之需。”

3月4日　省委常委、常务副省长詹夏来在省财政厅报送的《关于第一期置换债券分配和发行工作方案》上批示:“原则赞成,财政部‘试点办法’出台后,按规操作。”

3月5日　财政部国库司副主任杨瑞金率调研组一行来安徽调研指导地方政府债券发行工作。

3月6日　省财政厅副厅长孟照红主持召开债券发行专家委员会第1次会议，就政府信用评级、承销团的组建、主承销商的选取、债券发行定价机制的确定、发行时间窗口的确定及相关信息公开事项,广泛听取专家意见和建议。

3月20日　2015年安徽省政府债券信用评级机构招标项目在合肥市公共资源交易中心成功开标,东方金诚国际信用评估有限公司最终中标,并负责对本省政府债券信用进行评级。

3月—9月　财政部分配本省地方政府债券投资额度1710.1亿元,其中:置换存量政府债券额度1011亿元,实现政府负有偿还责任债务2015年到期还本额全覆盖;新增债券额度275亿元,居全国第5位;在建项目后续融资额度424.1亿元,居全国第3位。

4月29日　省财政厅会同省发改委、人行合肥中心支行、安徽银监局、财政部驻安徽专员办等四部门向省政府报送地方政府存量债务清理甄别结果的请示,锁定清理甄别后截至2014年底本省政府债务余额。

5月15日　省委常委、常务副省长詹夏来在省财政厅报送的《关于发行首批政府债券有关情况的汇报》上批示:“请按财政部、人民银行、银监会的通知精神阳光规范操作,利率力争低一些。”

6月19日　省委常委、常务副省长詹夏来在省财政厅报送的《关于2015年第一批地方政府债券发行情况的汇报》上批示:“原则赞成,依法依规完善‘办法’(《安徽省省级国库现金存放商业银行考核评价暂行办法》),并严格执行。望发扬成绩,继续做好以后的政府债券发行工作。”

7月25日　省委常委、常务副省长詹夏来在省财政厅报送的《关于2015年我省第2批新增债券有关情况的汇报》上批示:“财政厅对规范政府性债务管理工作抓得早、力度大、成效好,对控制政府债务风险、筹措低成本建设资金,发挥了重要作用。望发扬成绩,不断取得新的成绩。”

8月8日　省委常委、常务副省长詹夏来在省财政厅报送的《关于财政部对我省2014年度预算绩效管理工作考核结果情况的报告》上批示:“我省2014年度预算绩效管理工作考核位居全国优秀等次第3名,获财政部通报表扬,还将作为安排中央对地方转移支付的参考因素,可谓名利双收,可喜可贺！这是财政厅及全省财政系统的同志们共同努力的结果,是践行‘三严三实’的具体体现。望发扬成绩,再接再厉,再创佳绩。请将有关情况报告学军书记、锦斌省长。”

9月2日　省长李锦斌在财政厅报送的《关于财政部对我省2014年度预算绩效管理工作考核结果情况的汇报》上批示:“管理上水平,工作升位次,值得称赞。望继续深化改革,力求绩效管理覆盖范围不断扩大，绩效评价内容面向机制层面不断拓展,推进绩效管理再攀新高。”

9月22日　经国务院批准，财政部核定本省2015年末地方政府债务限额5424.1亿元，其中:一般债务3417.6亿元、专项债务2006.5亿元。

10月3日　省委常委、常务副省长詹夏来在省财政厅报送的《关于我省争取地方政府债券投资1710亿元有关情况的汇报》上批示:“这项工作抓得好,对筹措建设资金、降低融资成本、防控政府债务风险、促进经济平稳健康发展都具有重要意义。要认真总结经验,完善长效机制,加强对上衔接和对下指导,争取不断取得新的更大成绩。”

10月27日　本省分别于6月5日、7月23日、8月20日、9月25日及本日通过定向承销或公开招标的方式,分五批共计发行债券1294.1亿元。其中,6月5日成功公开招标发行312亿元一般债券,标志着本省自主发行债券工作正式启动。按平均政府债券发行利率3.4%和全省平均融资成本9%测算,每年可节约融资成本70亿元以上。

11月17—19日　安徽省第十二届人民代表大会常务委员会第二十四次会议听取省财政厅厅长罗建国受省人民政府委托所作的《关于提请审议批准安徽省2015年地方政府债务限额的议案的说明》,审查省人民政府提出的关于安徽省2015年地方政府债务限额(草案),同意省人民代表大会财政经济委员会提出的《关于安徽省2015年地方政府债务限额(草案)的审查报告》,决定批准省人民政府提出的安徽省2015年地方政府债务限额。

(厅债务办供稿　韩晓峰)

行政财政财务管理工作大事记

1月—8月　牵头协调完成财政部门承担的公务用车改革任务，全程参与省公务用车制度改革领导成员单位小组办公室的日常工作，参与调研、测算和方案拟定工作。

2月　行政处被全国妇联授予全国巾帼文明岗荣誉称号。

2月　会同省审计厅，制定专项督查方案,对10个省直部门、4个市及4个所辖县2014年度公务接待、财务管理等有关情况开展实地督查。

3月　根据财政部党政机关差旅费、会议费管理制度调研部署,组织开展相关调研工作,汇总各市财政局意见建议,并形成报送财政部调研素材。

3月26日　按照中央部署和省政府要求,积极推动省直部门预算及“三公”经费信息公开,督促省直部门按照“统一口径、统一时间、统一内容、统一方式”,向社会公开省直所有部门(涉密部门除外)2015年部门预算及“三公”经费预算。

4月—8月　依照法定程序和规定，完成2015—2016年会议定点饭店招标采购工作，确定241家省级党政机关会议定点饭店。

5月　根据省民族宗教工作领导小组《关于开展少数民族和民族聚居地区“共同发展”提升行动联合攻坚的方案》要求,省财政厅与省新闻出版广电局对口联合帮扶寿县堰口镇许寺民族村，行政处负责牵头制定寿县堰口镇许寺民族村帮扶工作实施方案,明确具体帮扶措施。

6月　根据省妇儿工委要求,主动与东至县妇联对接,确定“两纲”帮扶结对共建方案,协调有关处室争取帮扶支持,确保省财政厅“两纲”帮扶结对共建顺利完成。

7月　召开全省行政政法重点工作部署会,传达学习全国会议精神,落实厅长办公会议要求,研究行政处贯彻全国会议精神措施举措。

7月—12月　按照全省车改工作部署，积极组织开展市县财政部门公车改革培训，传达全省公务用车制度改革动员大会精神，并认真审核把关各市车改方案,完成16个市车改实施方案批复工作。

7月　完成“十三五”财政行政财务管理专项研究报告。

8月底　全面完成省直参改单位车改方案的审核工作。

8月底　按照省财政厅统一部署,督促对口联系部门完成2014年“三公”经费决算公开工作。

8月—10月　按照省财政厅制度建设要求,按照“1+N”模式,制定《行政处财政资金管理暂行办法》,并会同省直有关部门分项或分类制定完善《省级干部教育培训重点项目资助经费管理办法》《基层信访工作规范化建设专项补助经费管理办法》《少数民族补助资金管理办法》《农村和贫困地区妇女儿童发展专项补助经费管理办法》《基层纪检监察机关办案专项补助经费管理办法》等专项资金管理制度。

8月—12月　根据省委、省政府关于滨湖办公区搬迁工作部署及省纪委派驻纪检组工作要求,提前谋划,积极会商,主动服务,按规定程序,做好相关经费的保障和政府采购的对接服务工作。

9月　完成2016年度省级部门预算和三年滚动财政规划初审工作；召开省直部门财务负责人会议,强调省财政厅关于加强预算执行管理、推进预算绩效和三年滚动财政预算规划编制等工作要求。

9月—10月　根据《质检总局办公厅关于2014—2015年度质量工作考核的通知》(质检办质函〔2015〕887号),省财政厅与省有关单位密切配合,认真梳理相关政策及质量经费投入情况,积极提供相关素材,顺利通过国务院2014—2015年度质量工作考核。

9月—12月　根据《安徽省人民政府办公厅关于印发质量工作考核办法的通知》(皖政办秘〔2014〕130号),积极配合相关职能部门,根据全省各市报送的考核材料和工作实际，就考核材料出台的质量建设的相关政策及质量经费投入情况，进行审核、评定。

10月—12月　省财政厅配合省审计厅,对10

个省直部门单位开展公务支出公款消费监督检查工作。同时，根据省领导批示精神，对全省公务支出公款消费被检查单位发现的问题开展督促整改工作，并于12月底全面完成同级审、自查自纠、重点检查单位三部分审计整改任务。

12月　完成省直单位2016年度公务车辆定点加油项目服务协议签订工作，与中石油安徽分公司、中石化安徽分公司续签服务协议。

（厅行政处供稿）

政法财政财务管理工作大事记

3月18日　省财政厅副厅长孟照红率预算处、政法处负责同志赴省高级人民法院会商预算公开工作。

3月19日　财政部行政政法司在山东威海召开司法体制改革第二批试点省份座谈会，政法处负责同志等参加会议。

4月2日　国家行政学院在合肥市中级人民法院召开司法行政管理权与审判权相分离研究座谈会，政法处负责同志等参加会议。

4月28—30日　省财政厅副厅长朱长才率政法处有关同志赴黄山市和马鞍山市调研财政重点工作。

4月30日　省财政厅副厅长朱长才赴省人大内司委汇报省法院、省检察院经费财政保障工作。

6月25—26日　财政部在山东烟台召开全国行政政法工作会议，财政部副部长胡静林出席会议并讲话，政法处负责同志等参加会议。

6月26日　省禁毒委全体会议在合肥召开，副省长李建中出席会议并讲话，省财政厅副厅长朱长才参加会议。

7月1日　省财政厅副厅长朱长才率政法处负责同志赴固镇县□河村开展结对共建活动。

7月10日　安徽省司法体制改革试点工作动员部署会议在合肥召开，省委常委、省政法委书记徐立全等出席会议并讲话，省财政厅副厅长朱长才及政法处负责同志等参加会议。

7月14日　全省行政政法重点工作部署会在合肥召开，省财政厅副厅长朱长才出席会议并讲话。

7月17日　全省肇事肇祸等精神障碍患者救治救助工作电视电话会在合肥召开，副省长李建中出席会议并讲话，省财政厅副巡视员李友兰等参加会议。

7月23—25日　省财政厅副厅长朱长才率政法处有关同志赴合肥市和芜湖市调研财政重点工作。

9月18日　政法处召开联系对口部门财政财务管理工作会议，省财政厅副厅长朱长才出席会议并讲话。

9月21日　财政部行政政法司在北京市召开司法体制改革试点工作座谈会，政法处负责同志等参加会议。

10月10日　省财政厅副厅长朱长才率政法处等负责同志赴省委政法委，向省委常委、省政法委书记徐立全汇报本省司法体制改革财政工作进展情况。

10月15日　省财政厅厅长罗建国率朱长才副厅长及政法处负责同志赴省高级人民法院会商司法体制改革试点工作。

10月20—21日　省财政厅副厅长朱长才率政法处有关同志赴池州市开展财政重点工作调研帮联。

10月22—23日　省财政厅副厅长朱长才率政法处有关同志赴阜阳市开展财政重点工作调研帮联。

10月29日　全省基层人防规范化建设工作会议在天长市召开，副省长方春明等出席会议并讲话，省财政厅副巡视员陈传文等参加会议。

10月30—31日　省财政厅副巡视员陈传文率政法处有关同志赴黄山市开展财政重点工作调研帮联。

11月17日　省财政厅厅长罗建国率办公室、政法处负责同志赴省军区会商军民融合深度发展工作。

11月23日　省财政厅副厅长朱长才率政法处负责同志等赴省人大内司委汇报司法体制改革财政工作开展情况。

12月2—3日　财政部行政政法司巡视员贾新怡等来本省调研司法体制改革试点工作进展情况，省财政厅副厅长朱长才陪同调研。

12月9日　全省社会治安防控体系建设现场

会在合肥召开,省委常委、省政法委书记徐立全、副省长李建中等出席会议并讲话，省财政厅副厅长朱长才参加会议。

12月11—12日　省财政厅副厅长朱长才率政法处有关同志赴池州市开展财政重点工作帮联调研。

（厅政法处供稿）

教科文财政财务管理工作大事记

1月20日　省财政厅会同省教育厅、安徽省发展改革委向省政府报送《关于印发安徽省〈第二期学前教育三年行动计划(2014—2016年)〉的请示》,巩固第一期行动计划成果,扩大学前教育资源,提高学前教育质量。

2月14日　教科文处党支部在职党员赴合肥市包河区淝南家园社区开展在职党员到社区报到服务群众活动，与淝南家园社区党支部联合开展“孝道行社区”诵经典、写春联、猜灯谜、评笑脸、送祝福等系列迎新春活动。

3月25日　经省政府同意，省财政厅会同省教育厅、省人社厅、省农委会印发《关于推广金寨经验统筹做好职业教育和培训资源及资金整合工作的通知》，在全省推广金寨县统筹培训资源,加强职业培训工作。

3月24日—4月20日　教科文处会同监督局到池州市、青阳县、黄山市和黄山区开展全省盘活财政存量资金情况专项检查；会同省教育厅联合开展高校学生资助情况调查。

5月19日　贯彻落实省领导关于“推进省创业风险投资引导基金整体划转至省高新技术产业投资有限公司”的指示精神,将省引导基金专户结存资金2.2亿元划转至省投资集团。

5月23日　省财政厅厅长罗建国率教科文处负责人，赴省博物院开展中央及省财政支持博物馆免费开放政策实施情况调研，就省财政进一步保障新馆运转、公共文化建设、对外文化交流、文化“三会”(农歌会、黄梅戏、非遗会)等问题进行专题会商。

5月25日　教科文处党支部召开“三严三实”专题教育党课报告会,党支部书记孔少林做“聚焦忠诚干净担当 做沈浩式财政干部”专题党课报告。

5月27日　省财政厅副厅长吴天宏给教科文处党支部全体党员干部讲党课,围绕“三严三实”主题,全面剖析“不严不实”问题表现,进一步增强岗责意识、宗旨意识,强化作风建设,加强党性修养。

6月10日　省财政厅会同省委宣传部完成《湖南、湖北2省国有文化资产管理体制改革调研报告》,提出完善本省省属国有文化企业集团资产管理相关政策建议。

6月18日　教科文处召开联系部门预算执行分析座谈会。会议通报各部门1—5月份预算支出完成情况,分析预算执行中存在的问题及原因,提出下一步做好预算支出工作的措施。

6月24日　省财政厅会同省教育厅印发《关于建立以改革和绩效为导向的高职院校生均拨款制度的实施意见》,明确从当年起,本省开始实施高职院校生均拨款制度，用三年时间达到国家规定要求。具体步骤为:2015年我省高职院校生均财政拨款水平不低于9600元,2016年不低于10800元,2017年达到12000元。

7月5日　教科文处党支部赴霍邱县乌龙镇陡岗村开展结对共建活动，实地考察陡岗村美好乡村和基础设施建设情况,召开结对共建座谈会,走访慰问6户困难党员群众。

7月20日　省财政厅会同省科技厅等部门修订拓展创新型省份建设配套政策，并提请省政府办公厅印发《关于实施创新驱动发展战略进一步加快创新型省份建设的意见》(皖政办〔2015〕40号)，形成覆盖全省创新驱动发展全链条的“1+6+2”配套政策。

7月20日　省财政厅会同省科技厅制定《安徽省促进科技成果转化实施细则》,明确在全省范围内实施科技成果三权改革。

8月3日　撰写《关于省属文化企业国有资产经营情况的分析报告》。

8月4日　教科文处党支部召开“三严三实”专题教育学习研讨会,处级党员干部做交流发言。

9月7日　教科文处党支部以“严守党的政治纪律和政治规矩,做政治上的明白人”为主题,召开“三严三实”第二次专题教育学习研讨会。

9月30日　省财政厅会同省科技厅印发《安徽省省级财政科技专项资金分配管理办法》，要求建立财政资金统筹协调机制、动态调整机制、优化整合机制、分类扶持机制，明确省级教育、科技专项资金安排原则、分配方法、扶持方式、管理责任、监督检查等内容，并要求“一个(类)专项，一个办法”，实现专项资金制度管理全覆盖。

9月30日　省财政厅会同省教育厅印发《安徽省省级财政教育专项资金分配管理办法》，全面加强和规范财政教育专项资金分配管理，提高资金使用效益。

10月13日　省财政厅副厅长吴天宏率教科文处班子成员赴省人大教科文卫委员会，就近年来财政支持服务教科文事业发展情况作专题汇报。省人大教科文卫委主任杨果、副主任高开焰等领导听取汇报。

10月23日　省财政厅会同省教育厅印发《安徽省农村义务教育薄弱学校改造补助资金管理办法》，规范和加强本省农村义务教育薄弱学校改造补助资金管理，提高资金使用效益。

10月29日　教科文处党支部召开“严以用权”专题学习研讨会。

11月4日　省财政厅会同省发改委等部门研究制定《安徽省系统推进全面创新改革试验建设有重要影响力的综合性国家科学中心和产业创新中心实施方案》。

11月4日　省财政厅厅长罗建国带领教科文处负责同志走访省委宣传部，就省财政做好宣传文化财政保障工作、科学合理编制2016年部门预算、统筹使用管理文化强省专项资金等进行专题会商，并向省委常委、省委宣传部部长曹征海汇报、财政服务宣传文化工作。

11月13日　完成《“十三五”时期安徽省文化改革发展财税政策研究》报告。

11月17日　完成《财政支持社会力量办学若干问题研究——基于安徽的分析》报告。

11月17日　省财政厅党组书记、厅长罗建国赴省委党校开展会商工作，了解省委党校预算执行、预算管理以及明年预算编制工作情况，听取省委党校对财政工作的意见和建议。厅办公室、教科文处主要负责同志陪同走访会商。

11月30日　省财政厅会同省文化厅、省新闻出版广电局、省体育局研究制定《安徽省关于做好政府向社会力量购买公共文化服务工作的实施意见》和《安徽省政府向社会力量购买公共文化服务指导性目录》，变政府“自上而下”供给，为群众“自下而上”需求，推动公共文化资源配置和供给的社会化、多元化、个性化。

12月17日　教科文处党支部深入包河区常青街道淝南社区开展在职党员社区服务活动，参观长青街道创客空间，开展结对捐赠百科知识书籍，共种“成长树”，慰问社区高龄特殊老人活动。

12月18日　教科文处党支部召开“三严三实”专题组织生活会，省财政厅副厅长吴天宏及全处党员干部参加会议。

12月22日　省财政厅会同省教育厅、省人力资源和社会保障厅印发《关于建立完善以改革和绩效为导向 服务地方经济发展的中等职业学校生均拨款制度的实施意见》，明确从2016年起，全省各级公办中职生均拨款标准不低于5000元，并对中职学校实行差异化核定生均拨款标准。

(厅教科文处供稿)

经济建设财政财务工作大事记

1月8—9日　经建处党支部一行前往石台县七都镇高路亭村和歙县富堨镇承狮村开展走访慰问活动。

2月9日　经建处党支部召开“守纪律讲规矩，强化作风建设”专题组织生活会。

2月11日　本省争取中央财政2014年度棉花目标价格改革补贴资金5.26亿元。

2月13日　省财政厅、省住建厅、省水利厅组织开展2015年全国地下综合管廊和海绵城市试点申报工作专项评审，根据评审结果，推荐合肥市申报全国综合地下管廊试点城市，推荐池州市申报海绵城市建设试点单位。

2月13日　经建处召开联系部门会商会，通报经建处2015年工作要点，对2015年部门预算及“三公”经费预算公开、转移支付提前下达、政府采购项目衔接及采购计划申报等工作进行布置。

2月17日　省棚改融资理事会召开第十一次会议，省财政厅副厅长、理事长孟照红，省住房和城乡建设厅副厅长仲亚平,省开行副行长吴守华,省投资集团副总经理陈先明、于华伟出席会议。

2月25日 召开专题会议,研究落实副省长陈树隆关于加快棚改融资使用进度的批示精神。

2月26日 省交通运输厅副厅长徐敬启一行来省财政厅会商国省干线公路PPP试点工作。

3月2日 省棚改融资理事会秘书处就赴内蒙古棚改融资放款用款调研报告进行会商。

3月4日 经建处赴阜阳市开展财政帮联工作,并就全省财政视频工作会议贯彻情况、2015年预算公开和2016年预算编制等工作进行会商和座谈。

3月16日 省委常委、常务副省长詹夏来召开棚改融资专项工作会议,省财政厅副厅长孟照红参加会议。

3月17日 省委常委、副省长陈树隆主持召开国省干线公路建设PPP模式协调会,讨论国省干线公路建设PPP项目工作方案。

3月21日 省财政厅党组书记、厅长罗建国赴铜陵市调研节能减排示范市建设工作,经建处主要负责同志陪同调研。

3月24日 省委常委、副省长陈树隆主持召开国省干线公路建设PPP模式协调会,讨论修改国省干线公路建设PPP项目实施办法,省财政厅副厅长朱长才及经建处负责同志参加会议。

3月25日 省委常委、副省长陈树隆在省政府召开会议,就促进房地产市场平稳健康发展征求有关部门意见。省财政厅副厅长吴天宏参加会议。

3月29日 皖浙两省财政厅、环境保护厅在浙江省淳安县召开新安江流域生态补偿延续工作会商会,就新一轮生态补偿方案初步达成一致意见。

4月10日 财政部、环保部召集皖浙两省财政、环保部门召开新安江生态补偿延续工作座谈会,省财政厅党组书记、厅长罗建国参加会议。会议对新安江生态补偿机制延续达成共识。

4月10日 省棚改融资理事会召开秘书处成员会议,梳理当年棚改融资工作开展情况,并研究拟提交第12次理事会议题。

4月14日 省财政厅会同省住建厅、国开行安徽省分行、省建设公司,研究财政部驻皖专员办对本省申请中央补助保障性安居工程专项资金审核意见的整改措施。

4月中旬 省委常委、常务副省长詹夏来和省委常委、副省长陈树隆对新安江生态补偿延续工作前一阶段工作给予充分肯定并做出重要批示,要求省财政厅、省环保厅高度重视,加强与财政部、环保部沟通衔接,积极争取支持。

4月17日 省财政厅党组书记、厅长罗建国陪同财政部预算司副司长夏先德赴黄山市调研考察新安江流域生态补偿试点工作,经建处主要负责同志陪同调研。

4月28日 省财政厅副厅长孟照红与民航机场集团汤斌副总经理会商落实部门预算安排方案,经建处主要负责同志参加会商。

4月下旬 省委常委、常务副省长詹夏来听取省财政厅专题汇报国家新能源汽车积分交易试点政策情况和本省试点工作准备情况,并批示:“很好!要全力争取合肥、芜湖两市都作为试点。”

4月下旬 财政部等三部委发文确定本省池州市等16个城市为2015年海绵城市建设试点单位。从2015年起,中央财政将连续三年对池州市开展海绵城市建设试点工作给予专项补助。

4月26—28日 财政部、住建部、水利部在湖南常德市召开全国海绵城市试点城市建设部署启动会,池州市就海绵城市建设试点工作作重点汇报。

4月29日 省政府召开全省秸秆禁烧和综合利用工作电视电话会议,部署2015年秸秆禁烧和综合利用工作,省委常委、副省长陈树隆出席会议并讲话。省环保厅、省农委、省发改委、省财政厅、合肥市政府和宿州市政府做大会发言。

5月下旬 住房和城乡建设部、国家发展改革委、财政部等三部委联合发文通报2014年全国农村危房改造绩效评价结果,本省获综合得分第三名。

5月28日 住房城乡建设部、国家发展改革委、财政部办公厅召开加强农村危房改造监管工作电视电话会议,省财政厅副厅长孟照红参加会议。

5月26—28日 财政部经建司召开军粮仓库维修改造项目评审会,本省申报项目通过评审,获项目资金4841万元。

5月30日 经建处党支部召开全体党员会

议，支部书记作专题党课报告。

6月8日 省委常委、副省长陈树隆召开骆岗机场清场移交工作协调会议，省财政厅副厅长陈军参加会议。

6月9日 省财政厅副厅长孟照红召开棚改融资理事会第12次会议。

6月18日 住建部副部长陆克华来皖巡查公租房、棚改工作。

6月下旬 国家发改委、财政部、住建部批准铜陵市列为全国第五批餐厨废弃物资源化利用和无害化处理试点城市。

6月30日 省委常委、副省长陈树隆主持召开交通重点项目调度会，省财政厅副厅长孟照红参加会议。

7月2日 省政协召开推进建筑产业现代化对口协商会，省财政厅副厅长孟照红参加会议。

7月5日 省财政厅副厅长孟照红主持召开第13次省棚改融资理事会议，研究2015年新增棚改融资额度分配、省棚改融资偿债准备金、政府购买棚改服务、淮北矿业（集团）有限公司棚改等事宜。

7月上旬 财政部下达本省铜陵市全国节能减排财政政策综合示范奖补资金4亿元，其中2014年清算资金2亿元，预拨2016年补助资金2亿元，同时评定铜陵市考核等次为优秀。

7月上旬 本省被列为全国供销合作发展基金试点省，获得中央专项补助资金1亿元。

8月13日 经建处召开联系部门会议，布置、讨论2014年部门决算及“三公”经费决算公开事宜，在肥省直16个部门财务人员参会。

8月17日 省财政厅召开厅长办公会，专题传达、学习、贯彻8月15日国务院和全省安全生产电视电话会议精神，并提出贯彻意见。

8月18日 省财政厅副厅长孟照红主持省棚改融资理事会召开第十四次会议。会议听取省农发行关于采取政府购买服务方式参与棚户区改造及农村基础设施建设融资工作情况汇报，省开行、省建投公司关于淮北矿业棚改融资进展情况的汇报，研究2015年新增棚改融资贷款近期工作，省开行采取政府购买服务方式推进棚户区改造等有关事项。

9月9日 经建处在合肥举办全省财政经建工作会议暨业务培训会。

9月11日 经建处召开联系部门会议，传达、交流全国和全省财政经建工作会议，布置、研究预算执行及2016年预算细化事宜。

9月16日 省委常委、副省长陈树隆主持召开2015年第三次交通重点项目调度会，听取2015年交通重点工程进展情况汇报，研究部署下一步重点工作，省财政厅副厅长孟照红参加会议。

9月30日 省委常委、副省长陈树隆主持召开专题会议，听取PPP模式推进普通国省道和城市基础设施建设工作情况汇报，研究部署下一步工作，省财政厅副厅长孟照红参加会议。

10月16日 经建处召开省直单位基建项目资金管理座谈会，省水利厅、省国土厅、安徽工业大学、省公益性项目中心等14家省直部门及建设单位财务（基建）负责人和经办人员参加会议。

10月23日 经建处党支部召开“严以用权”专题学习研讨会。

10月29日 受省委常委、副省长陈树隆委托，省政府副秘书长汪莹纯主持召开交通重点工程调度会，经建处派员参加会议。

11月4日 省财政厅“调转促”工作领导小组办公室召开全厅联络员会议，重点研究布置相关工作。

11月11—12日 财政部在云南省举办财政性股权投资基金和小微企业创业创新基地城市示范政策培训班，省财政厅经建处、金融处及合肥市财政局派员参加会议。

11月12—13日 财政部和工业和信息化部在合肥召开座谈会，研究讨论新能源汽车基础设施建设奖补政策和新能源汽车积分交易试点有关工作，省财政厅副厅长孟照红参加会议。

11月21日 皖浙两省财政厅、环境保护厅在黄山市召开新安江流域生态补偿新一轮机制建设座谈会，对第二轮生态补偿试点方案和实施协议进行深入讨论，并初步达成一致意见。

12月11日 经建处党支部以“践行三严三实”为主题召开专题组织生活会。

12月12日 省财政厅副厅长孟照红率经建处负责同志，赴芜湖市、马鞍山市开展财政重点工作帮联调研活动。

（厅经建处供稿）

社会保障财政财务管理工作大事记

1月14日　社会保障处党支部一行赴岳西县毛尖山乡板舍村开展结对共建活动，走访慰问10名困难党员群众，调研了解该村经济社会发展情况。

1月29日　省财政厅党组成员、副厅长陈军率社会保障处负责同志等一行，赴芜湖路街道曙光社区开展党支部进社区活动，召开座谈会，查阅工作档案，慰问困难党员。

2月4日　省委常委、常务副省长詹夏来在社会保障处报送的《关于创新社会保险基金保值增值工作情况的报告》上批示肯定：这项工作抓得好，符合中央精神和省委省政府的要求，成效显著。

2月4日　省财政厅党组成员、副厅长陈军率社会保障处负责同志一行，赴省卫计委、省民政厅开展财务会商活动，走访慰问卫生计生、民政部门财务干部职工。

2月6日　根据厅党组统一部署，社会保障处党支部召开"守纪律讲规矩，强化作风建设"专题组织生活会。

2月10日　本省全面深化医改试点财政政策培训班在肥举办，省财政厅党组成员、副厅长陈军出席开班式，并对财政部门支持全面深化医改试点工作提出要求。

4月6日　社会保障处派员赴池州市指导参与社保基金竞争性存储工作。

4月20日　社会保障处党支部召开专题会议，研究审定《社会保障处党支部"三严三实"专题教育活动计划》，对"三严三实"专题教育活动进行动员部署。

4月27日　省人民政府通报2014年度全省人口和计划生育工作目标管理考核结果，省财政厅被评为"2014年度全省人口和计划生育综合治理先进单位"。

5月25日　省财政厅党组成员、副厅长陈军率社会保障处负责同志参加医药卫生体制综合改革工作汇报会，汇报财政支持医改工作情况，受领下一步医改工作财政承担的任务。

5月28日　全省财政社会保障工作座谈会在肥召开，学习传达全国财政社会保障工作会议精神，布置安排重点工作。省财政厅党组成员、副厅长陈军出席会议并对新常态下财政社会保障工作提出要求。

6月11日　全国食品安全工作视频会议召开，省财政厅党组成员、副厅长陈军率社会保障处负责同志参加，进一步明确食品安全工作形势和任务，深入推进财政支持食品安全工作。

6月13—14日　省财政厅党组成员、副厅长陈军率社会保障处负责同志参加在福建三明召开的公立医院改革座谈会，汇报本省财政支持公立医院改革情况，学习借鉴兄弟省份经验做法。

6月19日　省财政厅党组成员、副厅长陈军走访社会保障处，查看"三严三实"专题教育和作风建设责任清单台账，现场督促指导"三严三实"专题教育。

6月28日　社会保障处党支部赴岳西县板舍村开展"七一"共建活动，与村两委共同过组织生活，实地查看水蜜桃基地等帮扶项目，走访慰问10户困难党员和群众。

6月30日　省委书记王学军在省民政厅、省财政厅报送的《关于安徽省2014年度最低生活保障工作绩效评价结果的报告》上批示：祝贺取得的成绩，要继续坚持创新发展，争取新年度保位次。

7月8—10日　根据省医改领导小组统一部署，省财政厅党组成员、副厅长、省医改第四督导组组长陈军，率督导组成员单位相关同志一行赴黄山市、铜陵市，督导深化医药卫生体制综合改革试点工作，了解两市医改政策落实情况。

7月30日　省财政厅党组成员、副厅长陈军率社会保障处负责同志参加推进公立医院改革重点提案办理会，解答委员重点提案中的相关问题，赢得政协委员们的理解和支持。

8月11日　社会保障处召开省直社保部门财政财务一体化工作会议，传达学习全国及全省财政工作视频会议精神，集体学习政府采购、国库集中支付管理等有关规定，并对近期财政财务管理工作作出具体安排和要求。

8月20日　副省长梁卫国在财政厅报送的《关于支持救灾工作情况的报告》上批示：省财政

厅在支持救灾工作方面，积极主动作为，周密细致安排，有效保障了灾区群众生产生活。

8月31日　社会保障处累计拨付社保民生工程资金377.4亿元，其中中央资金276.8亿元，省级资金100.6亿元。中央和省级资金执行进度均达100%，超过序时进度33.4%。

9月10日　社会保障处牵头组织开展当年第四次省本级社保基金竞争性存放工作。该次竞存省级养老保险基金80亿元，中标年平均利率4.3%，较人民银行同期基准利率高出2.55个百分点。

9月22日　财政部通报2015年度全国社会保险基金预决算工作评比结果，安徽省财政厅荣获全国社会保险基金预决算工作一等奖。

10月15—16日　省财政厅党组成员、副厅长陈军率社会保障负责同志，赴宣城市开展财政重点工作帮扶调研活动，召开市县财政重点工作座谈会，听取当地人大代表和政协委员意见建议，并深入广德县誓节镇卫生院、财政分局走访调研。

10月18日　省政协举办“提升中医药健康服务水平”界别协商会。省财政厅党组成员、副厅长陈军参加会议，介绍财政支持中医药事业发展情况，并就部分政协委员提出的相关问题进行答复回应。

11月5日　本省贯彻落实国务院残疾人补贴政策视频会在肥召开，省财政厅党组成员、副厅长陈军率社会保障处负责同志参加，进一步传达落实国务院会议精神，推动本省关爱残疾人事业发展。

12月1日　省食品安全委员会全体会议在肥召开。省财政厅党组成员、副厅长陈军率社会保障处负责同志参会，学习传达国务院有关会议精神，部署要求下一步工作安排。

12月12—13日　省财政厅党组成员、副厅长朱艾勇率社会保障处负责同志赴黄山和宣城市开展财政重点工作调研，了解两市财政工作运行情况，听取人大代表意见建议。

12月16日　社会保障处党支部召开“三严三实”专题组织生活会，厅党组成员、副厅长陈军同志以一名普通党员身份参加会议。支部书记和班子成员带头进行“三严三实”专题剖析发言，全处党员干部开展批评与自我批评，凝聚共识，统一思想，推动工作。

（厅社保处供稿）

企业财政财务管理工作大事记

1月15日　赴阜南县黄岗镇黄岗村开展结对共建慰问活动。

3月18—21日　派员配合省法制办赴铜陵市、安庆市、青阳县开展涉企收费督查。

4月9—10日　全省国有及集体企业财务会计报表决算汇审培训班在合肥市百花宾馆举行。

4月16日　陪同驻省财政厅纪检组长刘浩赴合肥市开展财政重点工作调研。

4月21—22日　陪同驻省财政厅纪检组长刘浩赴亳州市开展财政重点工作调研。

4月27—30日　全国地方国有企业决算汇审会在北京顺利举行。

5月18—19日　第九届中国中部投资贸易博览会在武汉开幕，省财政厅厅长罗建国陪同省领导参会。

6月26日　工信部中小企业局、财政部经建司在北京国信苑宾馆召开中小企业信用担保代偿补偿工作座谈会，北京、安徽、福建、山东、河南、广东等6省市经信委、财政厅（局）有关代表34人参加会议。本省省经信委中小企局、省担保集团、省财政厅企业处派员参会。

6月29—30日　企业处派员陪同副厅长吴天宏赴岳西县检查参观电子商务进农村试点情况。

7月6日　赴阜南县黄岗镇黄岗村开展结对共建活动。

7月9—10日　派员陪同副厅长吴天宏赴池州市、安庆市、宿松县开展财政重点工作调研。

8月12日　企业处派员参加财政部经建司座谈会。

9月2日　财政部发文通报2014年度国有企业财务信息管理工作情况，本省国有企业财务会计决算工作及国有企业经济效益月度快报工作均获通报表扬。

11月10—11日　财政部资产管理司在江苏镇江举办2015年度地方企业财务会计决算布置培训班，省财政厅企业处派员参加。

12月12—13日　企业处派员陪同省财政厅副巡视员、省非税局局长李友兰赴铜陵、六安两市开展财政重点工作帮联调研。

(厅企业处供稿)

地方财政金融监管及外国政府贷款管理工作大事记

1月28日　制定《2015年度政策性农业保险实施办法》,细化分解年度目标任务。

2月5—6日　财政部金融司巡视员刘健一行来本省调研融资担保体系建设情况。

2月15日　兑现新设和引进金融机构及农信社改制政策。

3月5日　修订印发《安徽省政策性农业保险绩效评价办法》,并组织开展全省实地评价工作。

3月5日—4月15日　开展县域金融机构涉农贷款增量奖励及新型农村金融机构定向费用补贴审核上报工作。

3月10日　赴芜湖市调研互联网金融发展及融资担保体系建设情况。

3月31日　省财政厅副厅长吴天宏参加省政府召开的政银担合作座谈会。

4月17日　邀请财政部PPP专家,在全省市县政府领导干部财政改革与政府债务管理专题培训班上,对全省50个市县政府分管负责人进行PPP专题培训。

4月18日　省财政厅厅长罗建国调研池州污水处理及市政排水设施购买服务PPP全国示范项目。

4月21日　省财政厅副厅长吴天宏参加常务副省长詹夏来召开的融资担保体系建设专题会议。

4月25—26日　省财政厅副厅长吴天宏率金融处赴六安、铜陵开展财政重点工作调研。

4月30日　经省政府同意,省财政厅会同有关部门印发《安徽省道路交通事故社会救助基金管理实施细则》,正式启动本省道交基金工作。

5月14日　省财政厅会同省住建厅印发《关于市政公用领域开展政府和社会资本合作项目推介工作的通知》。

5月15日　省财政厅印发《关于调整政策性种植业保险政策的通知》,将种植业保险保额完全覆盖直接物化成本,政策性农业保险保障水平大幅提升。

5月18日　财政部示范项目安庆市北外环路PPP项目正式签约。

6月11日　省财政厅、住建厅、国土厅、人民银行、银监局联合印发《安徽省政府和社会资本合作模式公共租赁住房项目试点方案》。

6月20日　省财政厅牵头起草并以省政府办公厅名义出台《关于加快政策性融资担保体系建设的指导意见》。

6月29日　批准同意宿州市开展森林保险试点,全省试点范围进一步扩大到6个市,覆盖森林面积超过80%。

7月11—12日　省财政厅副巡视员李友兰率金融处赴蚌埠、滁州开展财政重点工作调研。

7月12—14日　财政部督导组调研督导本省PPP示范项目。

7月15日　省财政厅印发《安徽省信用担保集团有限公司负责人经营业绩考核评价暂行办法》。

7月20日　经厅党组会研究同意下达省担保集团2015年度主要目标任务。

7月24日　省交通厅、财政厅印发《关于推行政府和社会资本合作模式建设普通国省干线公路的实施方案的通知》。

7月26—27日　举办全省财政系统PPP业务培训班。

8月10日　省财政厅印发《安徽省政策性融资担保机构绩效考核评价暂行办法》。

8月28日　省财政厅印发《安徽省财政厅关于建立政策性融资担保机构绩效约谈制度(暂行)的通知》。

9月14—18日　开展政策性农业保险“回头看”工作。

9月15日　批复徽商银行、省农村信用联社和省担保集团2014年度负责人薪酬。

9月16—19日　中央经济体制和生态文明体制改革专项小组委托中国国际经济交流中心对本省PPP工作进行第三方评估。

9月25日　财政部将本省安庆北外环路等7

个项目列入全国第二批 PPP 示范项目。

9 月 25 日　制定出台《安徽省小微企业续贷过桥资金使用管理暂行办法》,并组织开展小微企业续贷过桥工作。

9 月 28 日　省政府办公厅转发《省财政厅、省发展改革委、人行合肥中心支行关于在公共服务领域推广运用政府和社会资本合作模式实施意见的通知》。

10 月 13 日　组织开展政策性农业保险市县互查工作。

10 月 13 日　省财政厅党组会研究同意省担保集团“三重一大”决策制度。

10 月 14 日　省财政厅副巡视员李友兰赴淮南、蚌埠开展财政重点工作调研。

10 月 19 日　省交通厅、财政厅联合向社会公开发布本省第一批普通国省干线公路第一批 PPP 模式项目。

10 月 19—20 日　全国社保基金理事会来皖考察调研 PPP 项目合作事宜。

10 月 20 日　获得财政部金融司 2014 年度全国金融企业财务决算报表工作先进单位通报。

10 月 22 日　印发《关于进一步推进财政部 PPP 示范项目的通知》。

10 月 25 日　完成省财政厅领导牵头重点课题《探索建立安徽农业保险巨灾制度研究》。

11 月 11 日　省住建厅、财政厅召开新闻发布会，向社会公布第二批城市基础设施 PPP 项目名单。

11 月 15—17 日　按照省农工委要求,开展粮食作物保险调研。

12 月 1 日　出台《安徽省企业上市(挂牌)省级财政奖励实施办法》。

12 月 8 日　财政部机关党校第 63 期处级干部一行 5 人赴本省实地调研财政金融支持新型城镇化建设工作。

12 月 10 日　赴庐阳区大杨镇吴郢社区开展在职党员进社区活动。

(厅金融处供稿)

国际金融组织及国家开发银行贷款管理工作大事记

2 月 10 日　召开全省国际债务管理工作座谈会,传达学习全国财政外经工作会议精神,总结回顾近年全省国际债务管理工作开展情况，谋划和部署下一阶段工作。

3 月 10 日　中国清洁发展机制基金管理中心、中信银行股份有限公司总行营业部与安徽省财政厅签订合肥聚能新能源科技有限公司白湖农场 20MW 用户侧光伏发电项目清洁发展委托贷款合同,贷款金额 6500 万元人民币。

3 月 19 日　世行代表团与财政部代表在淮南举行世行贷款安徽淮南采煤塌陷区综合治理项目谈判会,国际债务管理处派代表参与谈判,财政部与世行代表草签有关贷款协议。

6 月 11 日　世行、国际债务管理处和淮南市项目办在淮南联合召开淮南采煤塌陷区综合治理项目启动会。

6 月 23 日　常务副省长詹夏来代表安徽省政府与世行签署了安徽淮南采煤塌陷区综合治理项目《项目协议》。

6 月 25 日　中国清洁发展机制基金管理中心、中信银行股份有限公司总行营业部与安徽省财政厅签订安徽全柴动力股份有限公司消失模铸造项目,贷款金额 6500 万元人民币。

7 月 2 日　根据厅党组部署安排,国际债务管理处赴舒城县高峰乡普明村开展结对共建工作,并对困难党员群众进行慰问。

7 月 7—9 日　国际债务管理处会同省交通厅外资办赴池州、芜湖、马鞍山等地开展亚行贷款安徽综合交通基础设施项目检查。

8 月 3 日　财政部国合司杨英明副司长来皖开展国际金融组织贷款管理工作调研，省财政厅副厅长朱长才在座谈会上介绍本省国际债务管理工作开展情况。

10 月 12 日　中国清洁发展机制基金管理中心、中信银行股份有限公司总行营业部与安徽省财政厅签订安徽宣酒集团股份有限公司搬迁技改工程项目,贷款金额 6500 万元人民币。

11月9日　财政部与安徽省人民政府签订世行贷款安徽淮南采煤塌陷区综合治理项目的《转贷协议》,协议利用世行贷款1亿美元。

12月15日　综改处、国际债务管理处联合党支部赴蒙城县开展党员进社区活动，并慰问当地困难群众。

12月16日　在亚行贷款项目国别大检查研讨会上，本省安徽综合交通基础设施项目被评为“2014年度最佳表现贷款项目”。

12月31日　国际债务处全年累计提取世行、亚行贷款资金1.76亿美元。

12月31日　国际债务处全年归还财政部到期债务折合人民币6.01亿元,向项目市县和单位回收债务折合人民币6.46亿元。

(厅国际债务处供稿)

农村财政管理工作大事记

2月　省财政厅出台《关于全面推进乡镇包村干部监管涉农资金工作的指导意见》,发挥包村干部就地就近监管优势，构筑涉农资金安全“防护网”。至2015年底,全省16个市、76个县(市、区)、1244个乡镇(街道办、园区)实施此项制度,政府主导、财政牵头、部门负责、包村干部为基础的监管工作机制基本形成。

5月　省财政厅出台《关于建立乡镇财政权力清单、责任清单和服务清单制度的指导意见》。历时2个多月,全省79个县(市、区)参照政府权力和责任清单建设制度模式，在全国率先建立并公开运行乡镇财政“三个清单”制度,接受社会各界监督。

5—6月　省财政厅组织开展2014年度乡镇财政资金监管工作和惠农补贴资金发放管理绩效评价,在全省通报16个市、79个县(市、区)财政局的绩效评价结果,并与以奖代补经费挂钩。

3—9月　参与开展涉农资金专项整治行动，坚持问题导向,省财政厅出台《关于进一步加强和规范乡镇财政资金监管工作的意见》,为完善制度措施、构建涉农资金监管长效机制提供政策保障。

9月　省财政厅出台《安徽省乡镇财政资金监管经费使用管理暂行办法》《关于深化乡镇财政廉政风险防控工作的意见》,省委巡视反馈意见中涉及的有关问题得到整改落实。

9—10月　省财政厅对2014—2015年度创建服务型财政所(分局)工作进行评价验收,通报表扬创建工作成效显著的216个乡镇财政所（分局)。

12月　省财政厅农村局全年深入基层调研30余人次，形成乡镇财政资金监管工作等专题调研报告5篇,调研成果得到应用。

(厅农村局供稿　周健)

会计管理工作大事记

1月29日　省财政厅荣获财政部“2014年度行政事业单位内部控制知识竞赛”优秀组织奖。

3月20日　省财政厅贯彻落实财政部《企业会计信息化化工作规范》要求,印发《安徽省财政厅关于开展企业会计信息化工作调研的通知》(财会函〔2015〕96号)，推进本省企业会计信息化工作。

3月25日　印发《安徽省财政厅转发财政部关于开展2015年全国会计领军(后备)人才(企业类)选拔培训的通知》(财会〔2015〕335号)。

3月31日　印发《安徽省财政厅关于2015年度会计人员继续教育工作的通知》(财会〔2015〕350号),规范继续教育培训服务市场,改招标制为备案制,在全国范围内确定8家网教机构,确定全省72家面授培训机构，并创新充实继续教育内容,组织考评培训机构。

3月—5月　全省263家会计师事务所和652家代理记账机构完成2014年度基本信息报备。

4月1—30日　省财政厅会计处与省注协联动开展注册会计师行业检查和调研，宣传财政政策,净化执业环境,解决存在问题,服务注册会计师行业科学、规范发展。

4月9日　根据财政部要求,印发《安徽省财政厅关于组织开展企业内部控制问卷调查工作的通知》(财会函〔2015〕119号),全面了解本省近年来企业内部控制规范体系实施情况，特别是中小板和创业板上市公司、非上市中小企业内部控制建设工作现状。

4月25日 安徽省会计专业高级技术职务评审委员会召开评审会议，经评议和投票表决，窦德勇等248人获2014年度高级会计师任职资格。

4月25日 安徽省正高级会计专业技术资格评审委员会召开评审会议，经评议和投票表决，李学琴等15人获2015年度正高级会计师任职资格。

5月8日 出台《会计管理工作转型方案》，并细化为三大类18项具体工作任务，推动人员转型、业务转型、职能转型。

5月8日 省财政厅、省国资委联合下发《关于做好2015年度企业会计准则通用分类标准实施工作的通知》，(财会〔2015〕512号)，召开培训工作会，新增2家试点企业，顺利完成XBRL格式财务报告的校验工作，并将实例文档上报财政部。

5月12日 省财政厅、省农委联合印发《关于加强农业经营主体财务管理工作的指导意见》(财会〔2015〕510号)，引导各类农业经营主体加强财务管理，规范“涉农账本”，促进农业经营主体健康有序发展。

5月16—20日 全国会计专业技术资格初级无纸化考试安徽考区考试举行，全省报名考生7.38万人。

5月19日 印发《安徽省财政厅关于做好2015年度全省大中型企事业单位总会计师素质提升工程的通知》(财会〔2015〕626号)，分两类三批，组织省市大中型企业和事业单位总会计师或会计骨干人才共240人参加培训。

6月19日 下发《安徽省财政厅转发财政部关于开展2015年全国先进会计工作者评选表彰工作的通知》(财会〔2015〕851号)，成立安徽省先进会计工作者评选表彰工作领导小组，推荐操礼庆同志作为“2015年全国先进会计工作者”候选人，并成功当选。

7月1日 将省直会计人员会计证跨省调转及会计证信息变更两项业务调整至省政务服务中心办理。

7月8日 下发《安徽省财政厅关于组织参加财政部企业会计信息化知识竞赛的通知》(财会〔2015〕796号)，积极做好竞赛组织工作，本省参赛人数13241人，平均分为68.39分，参赛人数和成绩位于全国前列。

7月24日 下发《关于进一步严肃会计从业资格无纸化考试考风考纪的通知》，对替考等违纪人员进行处理，维护考试公平公正。全年全省28.4万名考生报名缴费，21万名考生参加考试。

8月14日 2015年度全省第三批会计领军人才培训班结业。

9月1日 安徽省财政厅主办，安徽省会计行业“产学研”战略合作签约仪式在合肥举行，省内三所重点高校和省内有影响力和代表性的七家企事业单位顺利签约，分别在管理会计体系建设、内部控制制度建设和会计信息化发展三大领域，达成战略合作联盟，标志本省会计转型工作进入实质运行阶段。

9月12—13日 全国会计专业中(高)级技术资格考试安徽考区纸笔考试举行，全省报名考生3.36万人，其中：中级3.23万人、高级1316人。

10月27日 以通讯方式召开会计学会特别会员大会，完成省会计学会会长及法人代表变更，并上报中国会计学会，顺利通过省民政部门社团年检。

10月30日 完成《安徽省企业会计信息化现状调查与分析》课题。

11月3日 省财政厅联合中国保险监督管理委员会安徽监管局转发《会计师事务所职业责任保险暂行办法》(财会〔2015〕1701号)，规范会计师事务所职业责任保险投保行为，提高会计师事务所职业责任赔偿能力，促进会计师事务所可持续发展。

11月14日 安徽省正高级会计专业技术资格评审委员会召开评审会议，经评议和投票表决，夏登梅等9人获2015年度正高级会计师任职资格。

(厅会计处供稿)

行政事业单位国有资产管理工作大事记

1月16日 省财政厅资产处党支部一行赴怀远县鲍集镇王圩村开展结对共建活动，走访慰问困难群众和党员，座谈谋划2015年结对共建重点工作。

1月19日 省财政厅副厅长陈军参加财政部

举办的全国财政资产管理工作座谈会，介绍本省资产管理经验做法及下一步工作思路。

2月4日　省财政厅资产处召开以“守纪律讲规矩，强化作风建设”为主题的组织生活会，进一步巩固党的群众路线教育实践活动成果。

3月30日　省财政厅资产处按照厅党组的决定，与企业处做好国有资产评估职能移交对接工作。

4月3日　省委常委、常务副省长詹夏来在省财政厅呈报的《关于省直单位国有资产管理工作情况的汇报》上批示：“这项工作抓得好。要进一步依法规范，完善制度，严格执行。”

4月13日　省财政厅召开厅长办公会，听取资产处关于开展省直事业单位国有资产使用管理核查工作的汇报，要求资产处牵头，相关处室单位协作配合，齐抓共管，共同推动，抓好工作落实。

5月4日　省财政厅召开厅长办公会，强调部署省直事业单位国有资产管理工作，要求要突出重点难点、突出薄弱环节，认真排查资产管理中存在的潜在风险，防止国有资产流失，确保国有资产收益最大化、管理规范化。

5月20日　在2016年部门预算编制实务培训会上，资产处负责同志讲解新增资产配置预算编制实务，强调要细化编制内容、遵循编制依据。

5月29日　省财政厅召开厅领导专题会议，对司法体制改革工作进行布置动员，会议议定由资产处负责“两院”上划单位的资产清查、资产管理业务知识培训、资产配置预算审核等工作。

6月17日　省财政厅副厅长陈军走访资产处，就“三严三实”专题教育开展情况和国有资产管理工作进行检查指导，重点查看“三严三实”专题教育和作风建设责任清单台账及处室、支部学习记录情况。

6月25日　资产处党支部赴怀远县鲍集镇王圩村开展结对共建活动，召开座谈会，看望慰问困难党员群众，实地查看帮扶项目实施情况。

7月29日　省财政厅副厅长陈军走访资产处，看望全体干部，并对做好行政事业国有资产管理工作提出新要求。

8月12日　资产处会同资产管理中心召开省直事业单位国有资产使用管理现场检查工作布置暨业务培训会，对此次专项检查工作的重点内容、工作步骤、检查要求等进行全面布置。

9月19日　省财政厅召开厅领导专题会议，研究部署滨湖中心搬迁服务保障的各项工作，要求资产处主动配合省管局做好相关资产置换事宜，确保依法依规管理国有资产。

10月10日　转发《财政部关于加强行业协会商会与行政机关脱钩有关国有资产管理的意见（试行）》，并就有关国有资产管理工作提出要求。

10月26—27日　资产处赴安徽省淠史杭灌区管理总局，调研水利基础设施国有资产管理工作。

11月10日　资产处与资产管理中心召开联席会议，进一步研究部署省直单位国有资产使用管理专项清查、资产公开招租和集中处置等工作。

11月25日　省财政厅会同省高院、省检察院印发《安徽省省以下法院、检察院国有资产省级统一管理暂行办法》，进一步规范“两院”国有资产管理。

11月30日　完成财政部部署的关于加强公共基础设施管理的课题研究，形成《加强水利公共基础设施国有资产管理研究　基于安徽省淠史杭灌区的实证分析》的调研报告，并报送财政部。

12月10—11日　财政部在山东威海举办全国行政事业单位资产清查培训班，并邀请部分省市财政厅局资产处长召开加强行政事业单位资产管理工作座谈会，资产处负责同志在座谈会上就安徽省行政事业单位国有资产管理情况作交流发言。

12月12日　《中国财经报》第二版头条刊发：《安徽省从严规范事业单位国有资产管理》文章，全面报道本省加强行政事业单位国有资产管理的经验做法和成效。

12月23日　省财政厅召开厅长办公会，研究部署全省行政事业单位国有资产清查工作，要求各相关处室单位齐抓共管、协同推进，进一步夯实管理基础，加快构建科学有效的行政事业单位国有资产监管体系。

（厅资产处供稿）

国有资本经营预算管理工作大事记

2月9日　经省十二届人大四次会议审查批准，省财政厅批复2014年省级国有资本经营预算。

3月6日　省财政厅下发通知,组织各市编报2014年国有资本经营决算。

3月8日　省政府印发《关于进一步加快安徽铁路建设的若干意见》(皖政〔2015〕27号),明确省投资集团持有的海螺集团国有股分红和转让收益全部用于铁路建设，持有的其他国有股权转让收益重点投入铁路。

4月21日　省财政厅将2014年全省国有资本经营决算上报财政部。

5月18日　财政部通报表扬安徽省财政厅2015年国有资本经营预算编报工作。

5月21日　省财政厅对全省2015年市级国有资本经营预算、2014年国有资本经营决算编报工作情况进行通报。

5月22日　省财政厅印发《关于做好2015年省属企业国有资本收益申报工作的通知》,组织省属企业申报上交2015年国有资本收益。

7月3日　省财政厅印发《关于编制省级2016年国有资本经营预算和2016—2018年国有资本经营三年收支规划的通知》，明确2016年国有资本经营预算编制的指导思想、主要任务、编报程序及要求，正式开展国有资本经营三年收支规划编制工作。

7月13日　省财政厅启动对省政府直属事业单位所属企业基本情况摸底调查，研究扩大国有资本经营预算实施范围。

7月15日　省财政厅、省国资委印发《省属企业"538英才工程"专项资金管理办法》,明确专项资金的使用范围、申请核拨、资金监管、绩效评价等,推动省属企业实施"人才强企"战略。

8月26日　省政府领导批示同意提高省属企业国有资本收益上交比例。

8月27日　省财政厅完成省属企业2014年度国有资本收益的核定工作，下发国有资本收益上交通知。

10月8日　省政府主要领导批示同意省财政厅《关于省属文化企业免交国有资本收益情况的汇报》中所提建议。

10月16日　省国资委会同省财政厅,组织召开2016年省属企业国有资本经营预算支出项目评审会。

10月19日　省财政厅组织开展国有资本经营预算支出项目绩效评价工作。

10月22日　经省政府同意,省财政厅专门下发通知,明确2016年起,将省属国有独资企业(不含省属文化企业)原执行15%国有资本收益收取比例提高到18%。

10月24日　省政府印发《关于推进财政资金统筹使用的实施意见》(皖政〔2015〕99号),明确推进国有资本经营预算与一般公共预算统筹协调，规范国有资本经营预算支出范围;

12月14日　省财政厅印发《关于做好2016年国有资本经营预算编报工作的通知》。

12月30日　省财政厅向财政部报送2016年全省国有资本经营预算。

(厅国有资本经营预算处供稿　谢勇)

财政监督检查工作大事记

1月9日　省财政厅党组书记、厅长罗建国走访监督检查局,召开专题座谈会,研究谋划财政监督工作。

1月22日　赴绩溪县孔灵村、宿松县迎宾村开展走访慰问活动，研究开展结对共建工作的具体措施。

1月23日　省财政厅召开第一次厅内控委会议,研究部署全省财政系统内控建设工作。

1月—12月　开展厅行政处、政法处、资产中心等处室单位5名交流轮岗处级干部和信息中心、评审中心等处室单位3名退休离任干部的经济责任审计工作。

2月2日　财政厅印发《安徽省财政厅内部控制委员会议事规则(试行)》和《安徽省财政厅内部控制基本制度(试行)》。

3月20日　发布安徽省财政厅2014年会计师事务所专项检查公告。

3月23日—4月19日　深入全省除合肥、芜湖外的14个市及各市下辖的1个县(区),开展盘活财政存量资金专项现场检查。

3月25日　发布安徽省财政厅2014年会计信息质量检查公告。

5月14日　省财政厅召开第二次厅内控委会

议,研究深入推进内控建设工作的措施。

5月29日　财政厅印发《安徽省财政厅法律风险内部控制办法(试行)》等八个专项内部控制办法。

6月10日　在省财政厅门户网站公示省级拟检查的9户企业和社会团体相关信息及检查内容。

6月16日—7月10日　组织对9户企业和社会团体开展会计信息质量检查。

6月18日　省财政厅副厅长孟照红参加监督检查局支部会议，指导支部党建工作及“三严三实”专题教育活动。

6月29日—7月3日　省财政厅监督局局长汪学越带队参加全国财政系统内部控制工作培训班。

6月30日　组织部分同志赴绩溪县孔灵村、宿松县迎宾村,开展结对共建、走访慰问活动。

6月—12月　编制财政监督检查“十三五”规划。

7月12日　省财政厅召开第三次厅内控委会议，进一步研究部署全省财政系统内部控制建设工作。

7月15—28日　组织对36户会计师事务所开展巡查。

7月27日　省财政厅召开厅党组中心组理论学习扩大会,围绕“财政内部控制体系建设”专题,财政部监督检查局副局长赵军作“流程的再造与制衡”辅导讲座。

8月10日　在省财政厅门户网站公示省级拟检查的18户会计师事务所相关信息及检查内容。

8月10—28日　组成两个检查组对庐江县、颍上县、繁昌县进行存量资金核查。

8月13—28日　组织对18户会计师事务所开展执业质量检查。

8月18—20日　举办安徽省财政监督工作会议暨内部控制培训班。

9月30日　省财政厅厅长办公会审议并通过《安徽省财政厅内部监督检查操作规程》。

10月12日　省财政厅副厅长孟照红主持召开厅内控办会议，研究处室单位内控业务专题培训及处室单位内部操作规程编写工作等事宜。

10月16—17日　省财政厅开展处室单位内控业务专题培训。

10月20日—11月10日　省财政厅副厅长孟照红带领监督检查局有关人员赴六安市及舒城县、安庆市及潜山县等地开展财政重点工作帮联调研。

10月　省财政厅印发《安徽省财政厅关于编写内部控制操作规程有关问题的通知》,指导各处室单位内控操作规程的编写。

11月1—20日　组成5个检查组对全省除合肥、宣城外的14个市,宿松县,广德县,以及所辖部门开展预决算公开情况进行检查。

12月25日　在省财政厅门户网站公示2015年行政处罚决定。

(厅监督局供稿)

政府采购管理工作大事记

1月1日　省本级政府集中采购业务全部实行属地委托办理，率先完成省委省政府部署的公共资源交易管理体制改革任务。

1月28日　印发《安徽省财政厅关于省级预算单位通用办公设备全面实行批量集中采购的通知》，将批量集中采购范围由2个品目扩大到14个品目。

3月19日　印发《安徽省财政厅关于开展全省政府采购代理机构监督检查工作的通知》,对全省采购代理机构开展监督检查。

5月8日　召开“政采贷”业务座谈会。安徽合肥交易中心、金融机构及部分供应商参加会议,为中小企业融资搭建银企合作平台。

5月13日　出台《省级预算单位变更政府采购方式审批管理办法》,规范并简化变更政府采购方式审批程序，明确主管预算单位和采购人的主体责任。

9月6日　转发《财政部关于做好政府采购信息公开工作的通知》,并作出补充规定,确保政府采购信息发布的及时、完整、准确,实现政府采购信息的全流程公开透明。

9月中下旬　根全面清理政府采购历年结余结转资金,收回历年结余结转资金1.03亿元。

10月　报经省政府同意后向财政部提交

"2015 年安徽省加入 GPA 谈判出价意见"。

10 月 23 日　举办全省政府采购业务培训班，省级预算单位、各市采购监管机构以及政府采购代理机构业务骨干参加培训，宣传贯彻《政府采购法实施条例》，讲解采购监管与执行业务流程。

11 月下旬　全省开展政府采购促进中小企业发展政策落实情况专项监督检查，针对检查发现问题，制定落实政府采购促进中小企业发展政策四个负面清单。

12 月 31 日　全省政府采购合同金额全年为 570 亿元，其中，省本级实现政府采购合同金额 61 亿元。

（厅采购处供稿　侯洪玮）

农村综合改革工作大事记

1 月 19 日　印发《安徽省财政厅关于进一步做好村级公益事业建设一事一议财政奖补工作的通知》(财农改办〔2015〕80 号)，进一步明确一事一议财政奖补政策，指导市、县(区)做好 2015 年工作。

4 月 1 日　印发《安徽省财政厅 安徽省发展和改革委员会 安徽省住房和城乡建设厅关于开展建制镇示范试点工作的通知》(财农改办〔2015〕371 号)，全面启动本省建制镇示范试点工作，明确在肥东县长临河镇、谯城区古井镇、无为县高沟镇、潜山县源潭镇等 4 个镇开展试点。

6 月 28 日　省委常委、组织部长邓向阳在省财政厅上报的《关于"十二五"期间省财政支持农村基层组织建设工作情况的汇报》上批示："安徽省在财力紧张的情况下，连续几年加大投入，有力地支持和保障了农村基层组织建设，财政厅做了大量艰苦扎实的工作，表示感谢。"

9 月 10 日　省长李锦斌在省财政厅上报的《关于落实我省基层党建保障工程 2015—2017 年行动计划有关情况的报告》上批示："金寨经验重实际、可操作、效果好，应及时总结推广。"常务副省长詹夏来批示："省财政厅要认真总结金寨县村级组织经费管理的做法，适时在全省推广。"

9 月下旬—10 月中旬　综改处深入合肥、芜湖、安庆、亳州等市的部分县(区)开展调研，进一步了解基层工作情况，广泛听取基层干部群众的意见和建议，为推进"十三五"时期农村综合改革工作做好政策储备。

10 月 12 日　财政部下发《扶持村级集体经济发展试点的指导意见》(财农〔2015〕197 号)，将本省纳入 13 个试点省范围。

10 月 22—23 日　国务院综改办(财政部农业司)在浙江省杭州市召开部分省农村综合改革工作调研座谈会，省财政厅副厅长陈军带领综改处负责同志参加会议，并作交流发言。

11 月 12—13 日　财政部和国务院综改办在河南省鹤壁市召开了全国农村综合改革工作座谈会，省财政厅副厅长陈军带领综改处负责同志参加会议并作书面交流。

11 月 16 日　省财政厅党组召开厅长办公会(党组扩大会)，学习传达全国农村综合改革工作座谈会精神。

11 月 17 日　省委常委、常务副省长、省农村综合改革领导小组组长詹夏来同志在省财政厅上报的《关于全国农村综合改革工作座谈会精神的报告》上批示："一定要紧密结合我省实际，认真贯彻好会议精神，精心抓好试点，确保见到实效，并形成长效机制。"

11 月 18 日　省长李锦斌在省财政厅专题报告《关于争取国家扶持村级集体经济发展和美丽乡村建设试点工作情况的汇报》上批示："用好试点政策，争取更大支持。"常务副省长詹夏来、副省长梁卫国均分别作出批示。

11 月 20 日　省财政厅在合肥举办全省农业财政暨农村综合改革工作培训班，各市分管局长、农业科长、农村局长、综改办主任、农发局长参加会议，省财政厅副厅长陈军出席会议并讲话。

12 月 21 日　印发《安徽省财政厅 安徽省发展和改革委员会 安徽省住房和城乡建设厅关于进一步做好建制镇示范试点工作的指导意见》(财农改办〔2015〕2184 号)，指导试点镇进一步做好试点工作。

12 月 25 日　印发《安徽省村级公益事业建设一事一议财政奖补工作绩效考评暂行办法》(财农改办〔2015〕2154 号)和《安徽省农村综合改革试点工作绩效考评暂行办法》(财农改办〔2015〕2152 号)，进一步加强农村综合改革绩效考评工作。

（厅综改处供稿）

民生工程实施工作大事记

1月12日　省长王学军主持召开省政府第42次常务会议,研究2015年民生工程项目安排等工作。

1月16日　省委书记张宝顺主持召开省委常委会,讨论2015年民生工程项目安排。

1月22日　省政府印发《安徽省人民政府关于2015年实施33项民生工程的通知》(皖政〔2015〕1号),明确2015年33项民生工程实施政策。

1月26日　安徽省人民政府2015年《政府工作报告》对民生工程工作作出部署,明确当年投入726.5亿元,继续实施33项民生工程;调整完善实施内容24项,提高补助标准9项;强化民生工程绩效管理,完善考核评价办法和建后管养机制,扩大惠泽民生效益。

1月27日　省财政厅厅长罗建国做客安徽省电视台"两会新观察"栏目,解读《政府工作报告》民生保障话题,介绍2015年民生保障部署和安排。

2月3日　省财政厅召开全省财政工作视频会议,省财政厅厅长罗建国出席会议并讲话,提出2015年财政民生工作,要完善财政民生投入体制机制,加快建立民生工程项目建后管养机制,支持社会力量办事业机制和支持社会体制机制创新。

2月3日　省财政厅召开市财政局长座谈会,省财政厅副厅长陈军对民生工程工作进行总结部署。

2月11日　省财政厅民生办制定出台《民生办2015年工作要点》,提出坚持"突出重点、持续推进,尽力而为、量力而行,落实责任、提质增效"的原则,适应财政经济发展新常态,不断巩固提升民生工程,强化民生工程绩效管理,完善考核评价办法和建后管养机制,扩大惠泽民生的效益。

2月13日　省民生办印发《关于印发2015年33项民生工程实施办法的通知》(民生办〔2015〕1号),对每项民生工程的实施内容、标准、资金来源做出明确规定,指导各级各部门开展工作。

2月16日　省政府与16个市政府以及6个有目标任务的省直单位签订民生工程目标责任书。责任书充分吸收人大代表、政协委员和社会各界意见,细化、量化目标和任务,并对实施工作提出严格要求。

2月28日　省民生办出台《2015年民生工程省级特邀监督员工作方案》,进一步谋划部署,巩固提升省级监督员制度,发挥省级监督员在民生工程实施中的参与、监督作用,做实做细协调服务,提升人大代表、政协委员监督民生工程工作实效。

3月11日　省民生办印发《关于报送2015年民生工程进展情况的通知》(民生办〔2015〕5号),要求省直各主管部门自4月份开始,于每月5日前,按月及时填报各项目进展报表,并提供文字分析材料。

5月4—5日　省民生办联合省财政厅干部教育中心,在合肥举办全省财政民生工程管理人员业务培训班。

5月13日　省民生办印发《关于开展新型农村合作医疗、城乡居民基本养老保险和农村危房改造绩效评价的通知》(民生办〔2015〕7号),科学评价三项民生工程实施工作和成效。

6月9日　省财政厅厅长罗建国走访民生办,看望慰问民生办全体干部,召开民生工程工作专题会,研究谋划推进民生工程工作。

6月16日　省民生办印发《关于建立民生工程工作约谈制度的通知》(民生办〔2015〕8号),确保民生工程政策执行不变形、不走样,推动各地民生工程有力有序实施。

8月18—20日　省政协副主席李卫华率队巡视宣城、马鞍山市民生工程实施情况,省财政厅副厅长陈军等陪同巡视。

8月28日　省民生办印发《关于做好2015年民生工程基础数据库填报工作的通知》(民生办〔2015〕11号),就2016年民生工程基础数据库填报工作进行具体部署。

9月11日　省民生办印发《关于民生工程绩效奖补的通知》(民生办〔2015〕12号),对6个市、24个县(市、区)进行奖补,进一步强化民生工程绩效管理,推进民生工程提质增效。

9月22—25日　省政协副主席李卫华率队巡视淮北、阜阳市民生工程实施情况,省财政厅副厅长朱长才等陪同巡视。

9月30日　省财政厅厅长罗建国率副厅级纪检员、监察专员李朝友，综合处、民生办等处室主要负责同志，参加省人民广播电台《政风行风热线》栏目现场直播，围绕“财政改革与民生”主题，介绍当前财政主要工作及相关政策、规定，解答处理听众的咨询和投诉。

10月8—10日　省人大常委会副主任沈卫国率队视察亳州、宿州市民生工程实施情况，省财政厅副巡视员李友兰陪同视察。

10月8—10日　省人大常委会副主任陈先森率队赴黄山、安庆市视察民生工程实施情况，省财政厅副厅长孟照红陪同视察。

11月17日　省财政厅厅长罗建国、副厅长陈军和民生办主要负责同志向省政府汇报2015年民生工程实施和2016年项目安排情况，常务副省长詹夏来对民生工程实施提出要求、作出部署。

11月26日—12月2日　省民生办面向市县政府和社会各界开展2016年民生工程项目公开征集活动，在《安徽日报》全文刊载调查问卷，在安徽省政府门户网站“安徽民生工程”专题、安徽省财政厅网站和“安徽民生工程”专题网页设置问卷调查专栏，累计收集民生工程意见建议323条。

（厅民生办供稿）

财政人事教育管理工作大事记

1月　省财政厅传达学习全省组织部长会议精神，上报《安徽省财政厅组织学习全省组织部长会议精神的报告》，得到省委常委、组织部部长邓向阳批示肯定。

1月　完成2014年厅领导班子民主生活会的会务服务工作，形成情况报告，并分别报送报省纪委、省委组织部和省活动办。

3月—8月　开展“弘扬沈浩精神，建设模范部门”主题实践活动和向吴波同志学习活动。

3月—12月　参与服务省财政厅“三严三实”主题教育活动，其间服务开展主题党日活动，由厅领导带队分4批到寿县小甸集特支等地接受党史国史教育。

4月15—17日　组织举办2015年全省市县政府领导干部《财政改革与政府债务管理专题培训班》，各市、部分县（区）政府分管财政工作的负责同志50人参加培训。省委常委、常务副省长詹夏来莅临指导，并与学员进行座谈交流。

4月—12月　根据省委组织部要求，完成349卷干部人事档案的专项审核，对其中118卷档案报请省财政厅党组进行认定。

5月—10月　印发《安徽省财政厅关于加强因私出国（境）管理暂行规定》，开展因私出国（境）证件专项治理，加强出国（境）证件管理，统一保管干部因私出国（境）证件113本。

5月27日　印发《安徽省财政厅岗位利益冲突风险内部控制办法》，根据省委“四个全覆盖”要求，推进重要岗位干部交流轮岗，全年交流干部36名，圆满完成年度计划，省财政厅厅长罗建国代表厅党组在全省推进重要岗位干部交流轮岗全覆盖工作会议上做交流发言。

5月28日　印发《安徽省财政厅各处室单位职责范围和各处室单位间工作关系划分暂行规定》，参与谋划厅内控体系建设，对5个处室的职责进行调整规范。

6月—9月　按照省委专项巡视工作要求，做好巡视服务相关工作，形成2011年以来干部人事工作情况汇报，协助完成巡视调查问卷和民主评议测评，认真服务干部谈话，完成巡视关于干部人事意见的整改。

6月—11月　牵头完成权力清单动态调整，申请取消1项行政审批事项，调整2项行政权力事项的有关内容，并及时向社会公布。

6月16日　省财政厅厅长罗建国走访人教处，调研人事教育工作，督查督促“三严三实”专题教育和“弘扬沈浩精神，建设模范部门”专题实践活动。

6月23日　组织召开全省财政系统“弘扬沈浩精神，建设模范部门”主题实践活动、向吴波同志学习活动和机关党建工作交流会，省财政厅副厅长朱长才出席会议并讲话。

6月26日　根据《安徽省调整机关工作人员基本工资标准的实施意见》，为全厅469名在职和离退休人员调整工资标准。

7月4—6日　组织举办《2015年全省财政领导干部岗位培训班》，全省各市、县（市、区）财政局局长及厅处室单位负责人共181人参加培训,省财政厅厅长罗建国出席开班式并作动员讲话。

9月11日　组织召开《省财政厅纪念抗日战争胜利70周年暨军转干部座谈会》,共同庆祝抗日战争胜利和世界反法西斯战争胜利70周年,畅谈军队的光辉历程,交流从事财政工作的心得和感受。

9月29日　出台《安徽省财政厅选人用人工作评议暂行办法》《安徽省财政厅领导干部个人有关事项报告管理暂行办法》《安徽省财政厅处室单位主要负责人经济责任审计暂行办法》和《安徽省财政厅干部人事档案管理暂行办法》等4项制度。

11月18日　参加2015年度军转干部双向选择会,接收安置3名军转干部。

12月16日　出台《中共安徽省财政厅党组工作规则》《中共安徽省财政厅党组推进干部能上能下实施办法(试行)》和《安徽省财政厅关于对干部职工进行提醒、函询和诫勉的实施办法》等3项制度。

12月31日　严格执行干部任用条例,不断完善干部选任程序,省财政厅党组全年共提拔使用干部31人。

(厅人教处供稿)

财政机关党建工作大事记

1月3日　印发《安徽省财政厅党组关于成立党建工作领导小组的通知》,成立财政厅党建工作领导小组,省财政厅党组书记、厅长罗建国担任组长。

1月8日　省直机关工委印发《关于"机关党建服务基层年"活动先进单位的通报》(直工〔2015〕1号),财政厅荣获"机关党建服务基层年"活动先进单位荣誉称号。

1月9日　印发《中共安徽省财政厅党组关于印发党组中心组理论学习计划的通知》,确定11个专题理论学习研讨。

1月22日　省直机关文明委印发《关于表彰第二届省直机关道德模范的通报》(直文明〔2015〕1号),省财政厅邵军、宋金虎2位同志获第二届省直机关道德模范荣誉称号。

1月　省建设学习型党组织工作领导小组办公室印发《关于组织开展第二批学习型党组织建设工作示范点评选活动的通报》(皖学办〔2015〕1号),省财政厅机关党委获评安徽省第二批学习型党组织建设示范点。

2月25日　全国妇联发文对全国各族各界妇女中的先进个人和先进集体进行表彰,省财政厅行政处被授予全国巾帼文明岗荣誉称号。

3月5日　省妇联印发《关于表彰全省城乡妇女岗位建功先进集体、先进个人的决定》(皖妇〔2015〕13号),省财政厅张力同志被授予省巾帼建功标兵荣誉称号,农业处被授予省巾帼建功先进集体荣誉称号。

3月6日　省直机关党的建设研究会印发《关于表彰2014年度机关党建优秀研究成果的决定》(直党研字〔2015〕1号),省财政厅机关党委论文《构建机关党建服务基层长效机制的实践与思考》获一等奖,为省直单位唯一获评一等奖的研究成果。

3月25日　省财政厅党组书记、厅长罗建国走访机关党委,看望慰问机关党委全体干部,召开专题座谈会,研究谋划推进机关党建工作。

4月19日　省"书香安徽阅读季"启动仪式暨第六届省直机关"读书月"游园活动在合肥滨湖新区渡江战役馆广场举行,省财政厅《专题阅读孕育书香机关》荣获省直机关"十佳读书活动案例"。

4月29日　庆祝"五一"国际劳动节暨表彰省直机关五一劳动奖状、奖章和工人先锋号大会在稻香楼宾馆举行,财政厅预算处、非税局王锐同志分别被授予五一劳动奖状、五一劳动奖章荣誉称号。

5月7日　印发《安徽省财政厅转发财政部机关党委关于全国财政系统"中国梦　财政情"征文获奖情况的通报》,对本省获奖的40篇作品及厅机关党委荣获"优秀组织奖"进行通报。

5月15日　省财政厅党组成员、副厅长、机关党委书记朱长才作为省直机关四个代表之一,应省直工委邀请参加省直机关读书沙龙座谈会,围绕协调推进"四个全面"战略布局结合安徽实际和财政实际,提思路、谈愿景。

6月15日　印发《中共安徽省财政厅党组关于印发〈财政厅党组主要负责同志通报机关党建

工作情况制度〉和〈财政厅厅领导参加党支部活动记录制度〉的通知》。

6月23日　印发《中共安徽省财政厅直属机关委员会关于表彰先进党支部和优秀共产党员的通报》，表彰9个先进党支部和47名优秀共产党员。

6月24日　2015年“格力杯”省直机关篮球赛在合肥东华科技体育馆落下帷幕，省财政厅担保集团篮球队取得企事业组第三名。

6月26日　在省直机关党委书记抓党建工作述职评议活动中，省财政厅副厅长朱长才作为省直机关党委书记代表之一，就财政厅近两年机关党建工作情况作述职报告。

6月29日　组织召开全厅党员大会，省财政厅党组书记、厅长罗建国通报上半年机关党建工作情况并讲话。

7月10日　2015年省直机关乒乓球锦标赛在省乒协举行，省财政厅取得男子团体冠军，张谦、姚继斌和高剑3位同志分获男子45岁以下组单打第二和并列第三名。

7月29日　省财政厅厅长罗建国参加省文明委全会，并作为省直机关代表作典型发言。

9月9日　财政部机关党委莅临安徽省财政厅调研机关党建和党风廉政建设情况。

10月初　组织开展“扶贫日”认领和认捐活动，认领并动员社会组织支持38万元，帮助吴寨村村级光伏电站建设项目；动员全厅干部职工踊跃捐款31201元。

10月10日　省扶贫开发领导小组印发《关于表彰全省社会扶贫先进集体和先进个人的决定》，省财政厅机关党委荣获“安徽省社会扶贫先进集体”。

10月20日　“弘扬廉政文化、展现勤廉风采”省直机关廉政文化图片展在合肥亚明艺术馆展出，省财政厅参展的预算处陶颖——《石灰颂》科研所张深友——《私车公用》获摄影作品二等奖，民生办潘琦——《廉政》获书法作品三等奖，人教处李杰——《参观渡江战役纪念馆》获摄影作品三等奖。

10月31日　省直机关第五届网球比赛在省体育中心网球场顺利举行，省财政厅农村局局长季必英获女子50岁以上组第三名。

12月16日　省定点帮扶颍东区扶贫开发工作座谈会在阜阳市召开，省财政厅厅长罗建国出席会议并汇报2015年定点帮扶颍东区和“双包”工作情况及2016年工作计划。

（厅机关党委供稿）

农业综合开发工作大事记

3月3日　省农发局局长王建培陪同原省人大常委会九届、十届副主任，省循环经济研究院院长季昆森赴怀宁县调研循环经济，先后到平山农业示范区和独秀现代农业园区考察。

3月下旬　全局分五个调研小组就2015年重点工作进行实地调研，形成调研报告《新常态 新思考》。

5月25日　省农发局领导班子赴国家农业综合开发办公室汇报省农业综合开发工作。

6月19日　国家农发办在百花宾馆召开撬动金融资本投入高标准农田建设座谈会。

6月30日　省农发局局长王建培向省长汇报第二批农业综合开发项目资金分配情况及全省农业综合开发进展情况。

10下旬—11月上旬　省农发局抽调36名业务骨干，组成9个验收组，对37个县的2014年度农发项目开展省级验收检查。

11上旬　国家农业综合开发办公室安排专项检查小组对全省开展2014年度农业综合开发工作验收情况专项督查。

（省农发局供稿）

非税收入征管工作大事记

1月12日　印发《安徽省财政厅关于2014年度非税收入收缴执行情况分析工作考评结果的通报》（财非税〔2015〕48号）。

1月30日　省财政厅印发《安徽省财政厅表彰2014年度效能建设先进单位的通报》（财办函〔2015〕42号），省非税局被评为效能建设先进单位。

1月—2月　完善省级非税收入项目库，严格执行行政事业性收费和政府性基金目录清单制度,清理省级纳入专户管理的收入项目等,共梳理取消、停征非税收入项目229项。

3月18日　首次开展全省非税收入预算汇编工作,印发《安徽省财政厅关于报送2015年非税收入预算表、收缴执行情况报表及分析的通知》(财非税函〔2015〕90号)。

3月25日　省非税局召开省级财政票据电子化改革试点工作培训会议,首批12家省直单位票据管理人员参加培训。

3月31日　会同人行合肥中心支行印发《安徽省财政厅中国人民银行合肥中心支行关于表彰2014年度省级政府非税收入代理银行获奖单位和先进个人的通报》(财非税〔2015〕354号),对15家银行、56个网点及65位个人予以表彰。

3月31日　新版安徽非税收入网正式上线运行,新增非税收入项目查询、票据信息查询和在线开票等功能,更加方便执收单位和社会公众了解非税收入的相关政策法规和进行非税业务办理。

4月1日　会同公安厅出入境管理局开展了全省公安出入境证照费电子化收缴改革,在全省118个公安出入境业务窗口安装非税专用POS机,实现全省各级公安出入境证照费电子化收缴。

4月10日　编印《安徽省非税收入统计手册(2013、2014年度)》。

4月29日　安徽省直机关庆祝“五一”国际劳动节暨表彰省直机关五一劳动奖状、奖章和工人先锋号大会在合肥稻香楼宾馆举行。省非税局王锐同志被授予五一劳动奖章荣誉称号。

4月—10月　开展非税收入征管年度监督检查。对省直12个部门23家单位开展非税收入征管年度检查,查处违规资金3800多万元,纠正违规行为15起。

5月14日　省非税局组织召开跨省异地缴纳交通违法罚款试点工作座谈会,省非税局、省公安厅交警总队相关负责同志及工商银行、农业银行等10家省级非税收入代理银行机构部相关人员参加会议。

5月　推动省以下法院、检察院非税收入管理体制改革,研究制定《省以下法院、检察院非税收入纳入省级统一管理办法》。

6月29日　省非税局党支部再次被省财政厅评为先进党支部,连续第四年获得此项荣誉。

7月1日　本省作为财政部、公安部和人总行确定的六个试点地区之一,在全国率先开展跨省异地缴纳交通违法罚款试点工作。

7月3日　印发《安徽省财政厅关于进一步加强非税收入收缴执行情况分析工作的通知》(财非税函〔2015〕267号)。

7月10日　省非税局在合肥召开全省上半年非税收入收缴执行情况分析会议,分析上半年全省非税收入收缴执行情况及增减变化原因,预测全年收入收缴完成情况,并布置下阶段工作,合肥、蚌埠、淮南等8市就本地区非税收入收缴执行情况作交流发言。

7月22日　印发《安徽省财政厅关于切实加强非税收入征缴管理的通知》(财办〔2015〕1037号)。对加强非税收入预算分类管理、征收管理、缴库管理、票据管理和监督检查五个方面提出具体要求,进一步规范非税收入征缴秩序,保证财政收入质量。

7月2—25日　省财政厅在合肥组织召开全省非税局长座谈会,分析上半年全省非税收入收缴执行工作,预测全年收入形势,座谈交流非税收入管理改革推进情况及下半年重点工作,组织收看财政部税政司司长王建凡《中国税制改革的有关问题》讲座录像,省财政厅副巡视员、省非税局局长李友兰结合非税业务对新《预算法》进行解读,各市及广德、宿松县非税局长参加会议。

7月28日　印发《安徽省财政厅关于开展非税收入管理改革十周年专题调研暨2015年上半年非税收入运行质量专项检查的通知》(财非税函〔2015〕304号)。

7月31日　印发《安徽省非税收入征收管理局关于清理省级政府非税收入待查资金的通知》,共清理确认待查资金5.9万多笔,金额67.7亿元。

7月　省级财政票据电子化管理改革在试点的基础上分三批正式实施,至12月底按计划完成改革任务。

8月—10月　清理省直执收单位非税收入过渡性账户,认真调查研究现存执收单位非税收入过渡性账户,提出分类清理的意见建议,逐一上门会商执收单位督促整改。

8月—10月　开展非税收入管理改革十周年

专题调研暨 2015 年上半年全省非税收入运行质量专项检查。

9 月 7 日　印发《安徽省财政厅关于进一步加强全省非税收入管理信息系统功能应用与运营维护工作的通知》(财非税〔2015〕1392 号),首次全面规范全省各级非税系统运行工作。

9 月 15 日　建立全省非税收入征缴管理约谈制度,印发《安徽省财政厅关于建立非税收入征缴管理约谈制度的通知》(财非税〔2015〕1422 号),从制度上约束各级财政部门及省级执收单位非税收入征缴行为。

9 月 23 日　印发《关于开展全省非税收入管理改革十周年主题征文活动的通知》。

10 月 16 日　印发《安徽省财政厅安徽省公安厅关于进一步规范全省公安出入境证照费分成退还工作的通知》(财非税〔2015〕1620 号)。

10 月 30 日　印发《安徽省财政厅关于加强非税收入缴库管理的通知》(财非税〔2015〕1794 号),从账户管理、资金清理、会计核算和电子化缴库等方面具体指导各地非税收入缴库管理工作。

11 月 10 日　开展全省非税收入预期管理工作,建立联络员制度,实行全省各级非税征管机构加报非税收入旬报和日报制度。

11 月 20 日　省法制办组织专家对《安徽省政府非税收入管理条例》进行立项论证。

11 月 23—25 日　财政部国库支付中心副主任谭龙、人民银行国库局副局长董化杰和公安部交管局相关负责同志一行 7 人，到安徽开展跨省异地缴纳交通违法罚款试点工作调研。

11 月 30 日　与 10 家省级非税收入收缴代理银行续签《安徽省省级政府非税收入收缴委托代理协议书》

12 月 7 日　下发《安徽省财政厅 中国人民银行合肥中心支行关于开展非税收入电子化缴库的通知》(财非税〔2015〕2069 号),在全省正式启动非税收入电子化缴库推广工作。

12 月 22 日　省财政厅就《安徽省政府非税收入管理条例》立项问题向省人大进行专题报告。

12 月 31 日　依据《安徽省省级财政票据销毁办法》,开展财政票据销毁工作,全年共上门销毁 12 次,累计销毁票据 2000 万份。

12 月 31 日　根据《安徽省省级财政票据年检办法》,采取送检和上门年检两种方式,全年对省直 1000 多家用票单位进行年检工作,基本实现票据年检全覆盖。

(省非税局供稿　张小龙)

国库集中支付工作大事记

1 月　荣获 2014 年度厅效能建设先进单位。

1 月　开展 2014 年度商业银行代理国库集中支付业务综合考评工作,通过预算单位评价、代理银行代理业务考评、代理银行业务量占比等三方面综合加权处理，对 5 家省级国库集中支付代理银行进行综合考评。

1 月 16 日　制发《安徽省财政厅关于进一步加强省级单位预算资金支出管理的通知》(财库〔2015〕75 号),明确预算执行主体调整后的预算执行事宜。

1 月 19 日　组织召开 2014 年度省级国库集中支付执行情况会商会，通报省级国库集中支付 2014 年度预算执行情况，并就规范政府采购管理备案审批、严格行政单位基本户管理、规范省直机关培训费管理等有关事项与厅各归口业务处议定相关措施。

1 月 24 日　支付中心党支部赴结对共建村灵璧县虞姬村开展走访慰问活动，并同村两委同志进行座谈交流，实地察看美好乡村建设示范点工作推进情况。

2 月　组织开展省级国库集中支付工作网络征求意见活动,累计收集 95 家预算单位意见建议 200 余条。

3 月 27 日　支付中心党支部赴灵璧县虞姬村开展结对共建活动。与灵璧县财政局、结对共建村党总支和虞姬乡财政所共同召开联席会议，研究讨论 2015 年结对共建工作计划，实地查看 2014 年帮扶的村级道路建设项目实施情况。

3 月 30 日　支付中心相关业务受理同志应邀参加农机系统财政业务培训，作省级国库集中支付改革专题讲座，全年共赴省级各级预算单位授讲省级国库集中支付业务工作 12 次。

4 月　会同国库处赴湖北省财政厅开展调研，启动新一轮省级国库集中支付制度改革，形成以

《省级国库集中支付管理办法》为统领,15项具体制度配套的“1+15”的制度体系,实现预算单位、银行、财政部门内部单位以及预算指标、用款计划、支付规则、动态监控、支付电子化、银行账户等管理全覆盖。

4月　支付中心制定“三严三实”专题教育工作计划,全面开展“三严三实”专题教育活动,推进与业务建设、财政改革、效能建设、支部工作“四结合”,全年共组织组织支部集中学习16次、专题研讨3次,梳理“不严不实”4类8项问题。

4月　支付中心受理科在省直文明委组织开展的省直机关“学雷锋活动示范点”命名评选活动中,被命名为省直机关“学雷锋活动示范点”。

4月15日　组织召开2015年一季度省级国库集中支付执行情况会商会,通报2015年一季度省级国库集中支付总体情况及省级部门预算执行情况,并就2015年省级财政预算执行支出经济分类科目的有关事项与厅各归口业务处议定相关措施。

4月17日　支付中心党支部陪同虞姬村党总支赴阜阳颍东区吴寨村和颍上县陈桥镇三王村学习调研。

4月28日　制发《关于2015年省级财政预算执行支出经济分类科目有关事项的通知》,进一步明确经济分类科目调整时间和分类管理目录。

4月底　完成2014年度市、县(区)国库集中支付数据统计分析工作,并形成《安徽省2014年度国库集中支付年度报告》,分发市县(区)财政局、支付中心,作为业务参考。

5月9日　支付中心党支部积极响应“党员服务社区”号召,与合肥市庐阳区永清社区居委会联合发起的“保护合肥大水缸,珍惜我们的环境”主题公益活动。

6月　荣获2014年度厅直机关“先进党支部”。

6月11日　参加司法体制改革试点单位省级预算管理培训班,为第一批18家司法体制改革试点单位进行国库集中支付业务流程及相关制度培训。

6月19日　省财政厅副厅长孟照红走访支付中心,指导中心党支部进一步强化作风建设,继续深入推进“三严三实”专题教育活动。

7月3日　支付中心党支部第一党小组先后走访调研虞姬乡财政所和灵璧县国库支付中心、乡镇财政会计核算中心、社保股,了解县、乡财政国库集中支付流程和基层医疗卫生机构实行国库集中支付情况,共同探讨研究县、乡国库集中支付改革发展方向。

7月4日　支付中心党支部赴结对共建村灵璧县虞姬乡虞姬村开展基层党组织结对共建活动,给困难党员、孤寡老人和留守儿童送去厅党组的关心和温暖。

7月13日　省政府督查组莅临支付中心检查指导,对省级国库集中支付工作给予充分肯定。

7月15日　组织召开2015年上半年省级国库集中支付执行情况会商会,通报2015年上半年省级国库集中支付总体情况及省级部门预算执行情况,研究党政机关会议实行定点饭店管理的资金支付问题,征求对省级非部门预算支出电子化管理流程的意见。

7月21日　制发《关于进一步加强公务卡使用管理的通知》,明确不再受理单笔金额超过2万元以上的公务卡消费申报。

7月23日　组织召开省级国库集中支付代理银行工作会商会,通报2015年上半年代理财政业务情况,以及代理银行在资金支付及清算、财政代管预算单位资金专户等方面存在的问题,重点就解决代理业务操作过程中存在的问题、公务卡信息维护、代理银行提升服务水平等展开讨论交流。

8月28日　省委常委、常务副省长詹夏来莅临国库支付中心调研座谈,对进一步做好财政“三严三实”专题教育和财政重点工作提出殷切希望。

10月　完成2015年上半年市、县(区)国库集中支付数据统计分析工作,并形成数据统计工作汇报。全省16个市(含开发区、试验区等)、101个县(区)上报统计数据。

10月12日　制发《安徽省财政厅关于清理规范省级行政单位 参公管理事业单位银行账户工作的通知》,对省本级行政及参公管理事业单位现有银行账户进行全面清理,撤销单位基本存款账户,将零余额账户变更为基本存款账户,实现“零基合一”。

11月24日　组织召开省级国库集中支付工作会商会,研究布置2015年年末及2016年年初国库集中支付有关工作。

12月5日 省财政厅副厅长孟照红带领支付中心领导班子及部分党员干部到颍东区吴寨村实地调研指导“双包”定点帮扶工作。

12月21—23日 省级国库集中支付业务培训班在合肥召开,省财政厅副厅长孟照红到会,对省级国库集中支付贯彻新制度提出要求,省直116个部门、近1000个基层预算单位的财务人员参加培训。

12月31日 印发《安徽省财政厅国库支付中心干部职工内部问责实施细则(实行)》,进一步完善内部管理制度体系,全年共制定工作规则等8项制度,形成1+11内部管理制度体系。

(厅支付中心供稿 翟利超)

10月28日 财政部信息网络中心副主任吴涛来安徽调研信息化建设与管理工作,省财政厅副厅长朱长才参会并就相关工作提出意见和建议。

11月3—4日 为加强全省信息化管理工作,进一步提高财政信息化建设与应用水平,与省财政干部教育中心在合肥举办全省财政信息化建设培训班,各市财政局信息部门负责人,各市县区财政局信息技术人员共112人参加培训。

12月6—11日 省财政厅副厅长孟照红两次走访信息中心,召开座谈会,听取信息中心汇报单位内部管理及全省财政信息化方面有关情况,并提出具体工作要求。

(厅信息中心供稿)

财政信息化建设工作大事记

1月19日 省财政厅副厅长朱长才走访信息中心,座谈财政一体化信息系统深入应用及财政大数据分析利用。

1月23日 走访结对共建村黄栗树村,慰问困难党员。

4月3日 全体人员赴省党风廉政教育基地参观警示教育廉政教育展览,观看警示教育片《失去自由的日子》。

6月17日 省财政厅副厅长朱长才带队开展厅“三严三实”专题教育第一次巡查走访,重点查看单位党支部及副处级干部“三严三实”专题教育和作风建设责任清单工作台账。

7月17日 印发《财政网络与信息安全工作自查报告》,迎接公安厅信息安全检查。

7月28日 印发《财政厅关于开展软件正版化自查清理工作的紧急通知》(财办函〔2015〕302号),省财政厅软件正版化检查工作正式开展。

9月8日 印发《关于开展财政信息化建设与应用情况专题调研的通知》,了解市县区财政信息化工作开展情况,进一步做好全省财政信息化工作。

9月15日 按照机关党委统一部署,组织支部党员赴博物馆老馆西一楼组织参观抗战史实展活动。

政府采购执行监管工作大事记

1月1日 根据省委省政府关于推进公共资源交易管理体制改革部署,省级政府采购执行业务工作正式委托移交安徽合肥公共资源交易中心。

1月 省财政厅党组书记、厅长罗建国与政府采购中心班子及省招标局划转到财政厅工作的5名同志集体谈话,对政府采购工作提出新要求。

1月 采购中心举办廉政教育专题辅导报告会,邀请副厅级纪检员、厅纪检监察室主任李朝友作党风廉政建设和反腐败工作专题辅导报告。

2月 省财政厅副厅长陈军组织召开政府采购业务专题会,采购处、采购中心全员参加会议,安徽合肥公共资源交易中心相关人员应邀参会。

2月 省财政厅厅党组会议明确采购中心工作职能,主要负责省级政府采购业务执行监管工作。

3月 采购中心联合财政干部教育中心举办全省政府采购业务培训班,省财政厅党组成员、纪检组长刘浩出席培训会并发表重要讲话。

4月 采购中心、采购处与合肥市公管局及安徽合肥公共资源交易中心就网上商城建设工作开展专题会商。

6月 按照省编办《关于同意增加省政府采购监督管理办公室(安徽省直政府采购监管中心)事

业编制的批复》(皖编办〔2015〕89号)通知精神,经报厅办公室、人教处同意,自7月1日起,将组织机构代码证和事业法人登记证进行变更,安徽省政府采购中心正式变更为安徽省政府采购监督管理办公室。

7月 省委常委、常务副省长詹夏来在省财政厅报送的《关于省级政府采购改革情况的报告》上批示:财政厅落实省委、省政府关于公共资源交易管理体制改革行动快、措施实、力度大、成效好。望认真总结经验,继续发扬成绩,进一步完善监管长效机制,加强对市县的指导监督,努力使全省各级政府采购都能做到依法采购、阳光采购。

7月 省政府落实中央、国务院重大决策部署督导组到采购监管办检查督导省级政府采购改革落实情况。

7月 省委常委、常务副省长詹夏来主持召开座谈会,研究部署省级公共资源交易管理体制改革重点,省财政厅副厅长陈军及采购监管办负责同志参加会议。

7月 采购监管办召开省市共建网上商城省直预算单位座谈会,合肥市公管局、安徽合肥公共资源交易中心和省直部分部门、单位参加。

8月 采购监管办举办省教育厅所属学校政府采购业务培训班。

10月 省财政厅副厅长陈军主持召开加强政府采购预算管理专题会,研究如何加快政府采购预算执行进度,进一步提高政府采购预算执行率。

12月 采购监管办获评《中国政府采购报》《中国政府采购新闻网》"年度创新奖",并就批量集中采购作主题发言。

12月 全年省级财政共下达采购任务3659个,预算金额94.74亿元;完成采购任务3279个,预算金额70.82亿元,项目完成率89.60%。其中,合肥交易中心接收2490个,预算金额71.7亿元,完成项目开标2313个,预算金额52.4亿元。项目完成率92.89%,完成项目资金节约率14.7%。

(安徽省政府采购监管办供稿 李道兵)

财政科研工作大事记

4月9—10日 中国财政学会2015年年会暨第20次全国财政理论讨论会在北京国家会计学院召开,省财政厅厅长罗建国和省财科所所长叶翠青当选中国财政学会第九届理事会理事。

4月10—11日 全国财政科研工作会议在北京国家会计学院召开,会议围绕"加强财政科研工作,构建一流财政智库"进行了讨论,并确定了2015年财政科研招标协作课题选题。

4月13日 省财政厅下达2015年财政重点调研课题研究通知,确定21项重点课题研究任务。

4月14日 省财政学会向部分市县理事单位印发《关于布置2015年市县财政重点调研课题任务的通知》。

6月4日 省财政学会向部分理事单位下发《关于重新推荐安徽省财政学会第七届理事会理事的通知》。

6月10日 省财政学会向全体理事下发《2015年重点工作及相关要求》。

7月15日 省财政学会完成5项课题的招标工作,确定合肥工业大学、安徽大学、安徽财经大学、池州市财政局、灵璧县财政局5家中标单位。

9月10日 由省财科所牵头负责的2015年全国财政科研系统协作课题《长江经济带战略实施中的区域财税问题研究》第一次协作课题会议在芜湖市召开。

12月20日 将2015年省财政厅及部分市县调研报告成果整理编印成《安徽调研工作手册2015》,分发至全省财政系统。

12月30日 2015年全国财政科研系统协作课题《长江经济带战略实施中的区域财税问题研究》第二次协作课题会议在武汉市召开。

(省财科所供稿)

注册会计师和资产评估管理工作大事记

1月29日 省财政厅副巡视员陈传文出席全省注册会计师、资产评估行业发展恳谈会,要求全行业要转变发展观念,抓住深化改革的难得机遇,谋划行业协会与执业机构两个层面的工作。

2月6日　安徽省注册会计师协会会长朱玉明主持召开六届八次常务理事会，会议增选孙方社、李开明、费明清为协会常务理事，通过加快发展奖励资金、行业课题管理办法、2014年工作总结和2015年工作要点。

2月17日　协会印发《安徽省注册会计师、资产评估行业课题管理办法》，重点对行业研究课题申报、立项、经费使用、成果利用等做出规范。

3月25日　省注协在中注协开展的地方协会工作综合评比中荣获“优秀奖”。

3月31日　省注册会计师行业党委印发《安徽省注册会计师行业“国际化建设年”主题活动实施方案》。

4月27日　安徽永合会计师事务所被团中央命名为“2013—2014年度全国青年文明号”。

6月15日　注协举办为期5天的新批注册会计师继续教育远程培训班，来自全省65家会计师事务所的150余名新批注册会计师参加培训班。

7月1日　注协实施诚信证明网上自助打印服务。

7月28日　举办会计师事务所党组织书记能力提升培训班。省行业党委委员、市行业党组织负责人、党务工作者、事务所党支部书记、团支部书记160余人参加学习。

7月28日　印发《关于施行非执业会员网上年检的通知》，自下年起全面实施非执业会员网上年检。

8月3日　省注册会计师行业团支部书记座谈会在合肥召开，会议总结近年来行业团建工作，并对下半年工作进行部署安排。

8月7日　省财政厅副巡视员陈传文赴天职国际会计师事务所安徽分所调研事务所内部治理情况。

8月12日　发布《安徽省注册会计师行业发展报告(2015)》。

8月29日　省财政厅副巡视员陈传文巡视本省2015年度注册会计师综合阶段考试和英语测试。

9月17日　举办2015年全省会计师事务所执业质量检查人员培训班。

10月12日　省财政厅副巡视员陈传文赴安徽中联国信资产评估有限公司调研执业机构发展及信息化建设情况。

10月17日　省财政厅党组书记、厅长罗建国巡视安徽省2015年度专业阶段注册会计师全国统一考试。

12月17日　安徽注协组织课题评审专家对2015年开展的7项课题研究进行结题评审。

(省注协供稿)

省级行政事业单位资产管理工作大事记

1月30日　省财政厅印发《安徽省财政厅关于表彰2014年度效能建设先进单位的通报》(财办函〔2015〕42号)，资产中心荣获“效能建设先进单位”。

8月12日　根据厅长办公会的要求，资产处会同资产中心召开省直事业单位国有资产使用管理现场检查工作布置暨业务培训会。

9月22日　资产处、资产中心会同非税局开展省直单位资产出租收入监缴试点工作取得阶段性成果。

10月13日　资产中心资产管理业务评估机构招标项目在合肥公共资源交易中心开标，确定普天、安联信达、中水致远、新安、华洲等5家评估机构为中标单位。

10月14日　省财政厅党组成员、副厅长陈军到中心走访调研，重点听取财务管理情况汇报，了解业务工作开展情况，并对近期大楼维修、安全生产等提出要求。

10月28日　百花宾馆、金润公司及厅印刷厂划转工作进入实施阶段，划转方案征求相关处室意见，经省财政厅领导审定后，相关工作按规定有序推进。

(厅资产中心供稿　王家亮)

市县财政工作大事记

合肥市财政工作大事记

1月1日　合肥市停止执行市本级非税收入集中调剂使用政策，非税收入实行综合财政预算管理。

2月6日　市财政局召开党风廉政建设工作专题会，传达学习市纪委十届五次全会及全省财政党风廉政建设工作会议精神，部署2015年党风廉政建设工作要点。

2月15日　市财政局权力清单和责任清单正式向社会公布。

3月23日　经合肥市政府第46次常务会审议通过，修订后的“1+3+5”政策体系正式发布。

3月23日　财政部综合司副司长孙燕、省财政厅副巡视员李友兰来合肥开展经济形势调研。

4月2日　市财政局召开政风行风建设工作专题会，谋划2015年政风行风评议工作。

4月16日　省财政厅党组成员、纪检组长刘浩来合肥调研财政重点工作，巡查财政党风廉政建设和政风行风建设情况。

5月6日　市财政局蝉联全国文明单位荣誉称号。

5月10号　合肥市第一笔政府采购贷款成功发放，在肥各金融机构纷纷申请参加政府采购融资贷款试点，为中小企业融资出力。

5月13日　市财政局党组召开“三严三实”专题党课暨专题教育动员部署会议。局党组书记、局长吴利林作“三严三实”专题党课，并对市财政局、金融办“三严三实”专题教育活动进行动员部署。

5月31日　合肥市成功跻身国家小微企业创业创新基地城市示范，中央财政在3年示范期内直接安排资金9亿元。

6月9日　合肥市政府召开第50次常务会议，专门安排新预算法专题学习，市财政局党组书记、局长吴利林对新《预算法》进行解读。

6月10日　合肥市召开市直单位财政财务管理暨2016年度部门预算编制工作会议。市委常委、常务副市长韩冰出席会议并讲话，市直一级预算单位、各驻肥单位的分管负责人和财务负责人，各县（市）区、开发区财政局主要负责人参加会议。

6月29日　合肥市财政与代理银行间资金支付划款电子化系统正式上线，当天办理资金支付划款240笔，金额达7.27亿元。

7月23日　省财政厅党组成员、副厅长朱长才来合肥开展财政重点工作帮联调研。

7月24日　合肥市2015年财政一般公共预算、政府性基金预算、国有资本经营预算、社会保险基金预算以及合肥市市本级2014年度政府决算通过合肥市政府信息公开网全部对外公开。

7月28日　市财政局召开加强自身建设政策解读会，局党组书记、局长吴利林等就局党组关于加强自身建设的意见、局关于进一步加强机关党建工作的意见、查处发生在群众身边“四风”和腐败问题专项工作政策等进行详细解读。

8月1日　合肥市在全省率先启动地税部门委托国税部门代征部分地方税费工作，约8万户(次)纳税人实行更加便捷的代征管理模式。

8月10日　《合肥市市本级财政结转结余资金管理暂行办法》经市政府第51次常务会议通

过。

8 月 11 日　修订后的《合肥市政府性基金预算管理暂行办法》正式印发施行。

9 月 2 日　财政部驻安徽专员办党组书记、监察专员黎昭莅临市财政局开展文明创建和廉政文化建设专题调研。

9 月 16—23 日　市财政局组织专家评审组对 2016 年单位申报的预算项目开展公开评审。

9 月 25 日　合肥市“高新区智慧城市管理运营”入选财政部第二批 PPP 示范项目，成为财政部、住建部“双示范”项目。

9 月 30 日　合肥市委“三严三实”专题教育督查组到市财政局开展专题教育督查。

10 月 15 日　市财政局党组印发《市财政局干部职工内部问责暂行办法(试行)》。

10 月 15 日　在第十届全国政府采购监管峰会上，合肥市出台的《关于加强政府采购货物履约验收管理的通知》(合财购〔2014〕1181 号)，被评为 2015 年度“全国政府采购创新制度”。

10 月 24 日　市财政局组织全市财政系统 1166 名符合条件人员，参加安徽省财政行政执法人员资格认证合肥考点的考试。

10 月 26 日　合肥市国库集中支付资金清算电子化正式上线并轨运行，在全省率先实现国库集中支付全程电子化管理。

11 月 5 日　合肥市出台《关于加快政策性融资担保体系建设的实施意见》，进一步提升小微企业和“三农”融资担保服务水平。

11 月 12—13 日　财政部在合肥召开新能源汽车积分交易座谈会，并调研合肥市充电设施建设运行情况。

11 月 26 日　制定出台《合肥市小微企业续贷过桥资金使用管理实施细则》，通过政府引导担保、银行等专业机构合作，为小微企业提供多渠道资金周转服务，缓解实体经济融资难。

11 月 30 日　合肥市政府采购“电子商城”建成并开始试运行，适应“互联网 +”的新要求。

12 月 4 日　合肥市政协主席率视察组巡视全市民生工程实施情况。

12 月 9 日　合肥市民生工程网上公示实现百分百全覆盖。

12 月 11 日　省财政厅党组成员、副厅长吴天宏来合肥开展财政重点工作帮联调研，并召开座谈会。

12 月 19 日　市财政局利用休息日召开务虚会，学习贯彻李锦斌省长调研财政工作的讲话及市政府第九次全体会暨工作务虚会精神，总结“十二五”财政工作，谋划 2016 年和“十三五”财政工作思路。

12 月 25 日　市财政局党组召开“三严三实”专题民主生活会。

12 月 28 日　市财政局第三次荣获全国财政系统先进集体。

12 月 31 日　合肥市财政收入总量突破 1000 亿元，实现 1000.5 亿元。

(合肥市财政局供稿)

淮北市财政工作大事记

1 月 8 日　市财政局召开全局干部职工党风廉政大会，层层签订党风廉政建设责任书。

1 月 14 日　市政府债务管理办公室向债务单位发出第一张清偿债务提示卡，提醒债务单位及时清偿到期政府性债务。

1 月 28 日　市财政局被命名为市卫生先进单位。

1 月 29 日　市财政局荣获淮北市政协提案“先进承办单位”称号。

2 月 28 日　印发《淮北市财政局考勤制度》，加强机关管理。

3 月 10 日　全市民生工程“提质增效年”活动启动。

3 月 18 日　市长黄晓武主持召开全市民生工程工作会议。

3 月　省财政厅对各市社保基金保值增值情况进行综合考评，淮北市社保基金总体收益率达 4.7%，蝉联全省第一。

4 月 2 日　淮北市召开全市政府职能转变和机构改革动员大会，将原市经济和信息化委员会(市政府国有资产监督管理委员会)的国有资产监管职责划入市财政局，成立淮北市财政局（国资局)。

4 月 16—17 日　省财政厅副巡视员李友兰等

一行来淮调研财政重点工作，先后赴濉溪县财政局、濉溪县百善镇财政所等实地开展调研，并走访在淮省人大代表，听取对财政工作的意见、建议。

4月　市财政局成立推进政府和社会资本合作工作领导小组及办公室，着力推进PPP模式在我市基础设施和公共服务建设中的运用。

4月29日　市国库支付中心被市委、市政府授予“淮北市先进集体”荣誉称号。

4月30日　以市政府名义印发《淮北市扶持产业发展专项资金使用管理暂行办法》。

5月1日　民生工程宣传月活动启动。

5月12日　市财政局（市政府国有资产监督管理局）与市检察院联合召开预防职务犯罪工作联席会议，签订两部门预防职务犯罪共建协议。

5月20日　市财政局(国资局)党组召开“三严三实”专题教育党课报告会，启动“三严三实”专题教育。

5月23—24日　省财政厅党组书记、厅长罗建国率领有关处室赴淮北市调研财政收支运行、财政重点工作推进情况，先后深入淮北市经济开发区海聚科技园，南湖景区，濉溪经济开发区口子集团、华中天力、美信铝业以及相山区渠沟镇财政所，实地查看淮北市塌陷治理工作开展、企业生产经营以及乡镇财政所建设等情况。

5月　出台《淮北市市本级预算管理办法》。

5月　市财政局网荣获“全市政府网站2014年度优秀网站”称号。

6月4日　淮北市政府召开淮北市扶持中小企业发展政策新闻发布会，市财政局(国资局)向与会企业家代表和媒体记者介绍财税方面有关政策。

6月9日　出台《淮北市市级预算单位批量集中采购管理暂行办法》。

6月16日　成功组织第一期社保基金存放商业银行定期存款竞争性谈判评审会。

6月　成立淮北市财政局内部控制委员会，推动内控机制有效运转。

6月份　市财政局机关和下属参公单位市国库支付中心同时被市委、市政府授予“淮北市第十四届文明单位”荣誉称号。

7月31日　省财政厅《关于2015年上半年社会保险基金保值增值绩效评价结果的通报》，淮北市收益率达到全省第一名。

7月　出台《关于做好市本级结转结余资金定期清理工作的通知》(财预〔2015〕238号)，建立结转结余资金定期清理工作机制。

8月13日　出台《淮北市市级政府采购方式变更审批管理办法(试行)》和《淮北市市级政府采购文件备案管理暂行办法》，进一步规范政府采购行为。

8月28日　组织2015年财政金融服务企业对接会。

8月　市农村局荣获2014年度全省乡镇财政资金监管绩效评价优秀组织单位称号。

9月11日　荣获全省民生工程绩效奖补，为全省六市之一。

9月16日　市委常委、常务副市长沈光继主持召开全市民生工程调度会，并实地查看民生工程项目。

9月22—23日　省政协副主席、省工商联主席李卫华率队巡视淮北市民生工程实施情况，省财政厅副厅长朱长才、省民生办主任姜毅陪同巡视。

9月　淮北市首次以购买服务方式验收国家农业综合开发项目。

10月15日　省财政厅、省人社厅、省卫生计生委《关于全省2014年度社会保险基金决算绩效评价结果的通报》，淮北市《2014年度社保保险基金结算报表》的报送情况和报表质量绩效评价荣获全省一等奖。

10月19—20日　省财政厅副巡视员陈传文率有关处室来淮调研我市财政重点工作开展情况。

10月30日　市财政局与淮北师范大学签订实习基地协议并授牌。

10月　出台《淮北市小微企业续贷过桥资金使用管理实施细则》，设立市本级续贷过桥资金，并委托市同创担保集团公司运作。

10月　淮北市荣获2014年度安徽省社保基金决算绩效评价一等奖。

11月8日　在淮北市两宫广场举办“淮北梦民生情”民生工程宣传文艺汇演。

11月18日　财政部驻安徽财政监察专员办事处黎昭监察专员率队来淮调研淮北市城乡居民

基本养老保险工作。

11 月 20 日　印发《淮北市市直机关会议费管理办法》。

11 月 23 日　市财政局(国资局)门户网站改版后正式启用。

11 月　积极配合市发改委，做好我市公务车辆改革数据测算工作。

11 月　选取 18 家单位 27 个重点项目实施预算公开评审。

11 月　启动重要岗位交流轮岗工作

11 月　出台《淮北市财政局法律风险内部控制办法(试行)》《淮北市财政局政策制定风险内部控制办法(试行)》等八个专项内部控制办法。

12 月 3 日　省国资委主任许崇信一行来淮北市调研市属国有企业,并召开座谈会。市委常委、常务副市长沈光继陪同调研。

12 月 4 日　印发《淮北市市直机关培训经费管理办法》。

12 月 7 日　组织机关党委换届选举。

12 月 12 日　省财政厅副巡视员陈传文率领财政厅调研组一行来淮调研财政重点工作开展情况,并走访濉溪镇财政所。

12 月　市财政局被省爱国卫生运动委员会评为安徽省卫生先进单位。

12 月　在市级财政开展非税收入电子化缴库试点工作中，淮北市被省厅和人行确定为全省四个试点市之一。

12 月　举办农村财会人员财政支农政策培训班。

12 月　组建行政事业国有资产管理科。

12 月　被评为市党风廉政建设责任制暨推进惩防体系建设优秀单位、民主考评机关先进单位,受到市委市政府的表彰。

12 月　被省财政厅评为“全省财政系统干部教育培训工作先进单位”和“全省财政系统农村财会人员财政支农政策培训工作先进单位”。

12 月　淮北市部门决算工作获全省一等奖。

12 月　淮北市荣获“安徽省社会扶贫先进集体”荣誉称号。

(淮北市财政局供稿)

亳州市财政工作大事记

1 月 8 日　省财政厅副厅长陈军带领省民生办负责同志来淮北市征求驻亳的省人大代表对财政工作及 2014 年全省财政预算执行情况和 2015 年预算草案报告的意见建议,并到市经济开发区、亳芜现代产业园区调研。

1 月 16 日　市财政局印发《亳州市财政局网上办事大厅管理制度》(财监〔2015〕30 号),规范网上办事大厅管理。

1 月 18 日　市财政局受市政府委托，向市三届人大第六次会议提交《关于亳州市 2014 年预算执行情况和 2015 年预算草案的报告》,会议批准市本级预算。

1 月,市财政局被省第三次全国经济普查领导小组授予“第三次全国经济普查先进单位”。

2 月 4 日　市财政局、市司法局印发《亳州市人民调解工作经费管理暂行办法》(财公〔2015〕34 号),规范调解工作经费管理。

2 月 8 日　市委副书记、市长汪一光，听取 2014 年度民生工程实施情况及 2015 年项目安排汇报,对民生工程工作提出具体要求。

2 月 10 日　市财政局印发《关于进一步做好我市一事一议财政奖补工作的通知》(财农村〔2015〕72 号),全市投入 2.8 亿元,实施村级公益事业“一事一议”财政奖补项目 1051 个。

2 月 17 日　市政府印发《关于公布亳州市市级政府权力清单和责任清单目录的通知》(亳政秘〔2015〕21 号),公布市财政局(国资委)权力清单和责任清单 11 项。

2 月 27 日　市财政局印发《关于建立财政支农项目库的通知》(财农〔2015〕51 号),明确财政支农项目范围要求、入库流程、项目管理和项目库应用,提高项目管理质量。

2 月 28 日　市政府印发《亳州市人民政府关于实施 2015 年民生工程的通知》(亳政〔2015〕2 号),明确民生工程内容、任务和要求。

3 月 3 日　市政府召开全市财税和民生工作会议,总结 2014 年度财税和民生工程工作,贯彻落实全省财政工作会议精神，研究部署 2015 年度重点工作。

3 月 16 日　市财政局、市教育局印发《亳州市2015 年义务教育经费保障机制改革实施办法》(教计〔2015〕43 号),深入推进全市义务教育经费保障机制改革。

3 月 18 日　市财政局、市环保局、市农委印发《亳州市秸秆禁烧和综合利用奖补资金管理办法》(财建〔2015〕70 号),促进农作物秸秆禁烧和综合利用工作。

3 月 18 日　市财政局、市委宣传部印发《亳州市宣传文化发展专项资金管理办法》(财公〔2015〕77 号)》,加强宣传文化发展专项资金管理。

3 月 19 日　市财政局、市教育局印发《亳州市家庭经济困难学生资助工作实施办法》(教助〔2015〕45 号),做好家庭经济困难学生资助工作。

3 月 23 日　市财政局印发《亳州市一事一议财政奖补项目绩效评价暂行办法》(财农村〔2015〕97 号),完善一事一议财政奖补项目绩效评价工作。

3 月 26 日　市财政局印发《关于全面推进法治财政建设的实施意见》(财办〔2015〕37 号),全面落实依法行政、依法理财要求。

3 月 30 日　市财政局、市民政局印发《亳州市城乡居民最低生活保障资金管理办法》(财社〔2015〕82 号)、《亳州市城乡医疗救助资金管理办法》(财社〔2015〕83 号)、《亳州市临时救助资金管理暂行办法》(财社〔2015〕84 号),加强城乡居民最低生活保障资金、城乡医疗救助资金和临时救助资金管理。

4 月 20 日　市财政局全体人员集中观看《第一书记》,学习沈浩精神,推进"弘扬沈浩精神,建设模范部门"主题实践活动开展。

4 月 21—22 日　省财政厅党组成员、纪检组长刘浩率厅监察室、企业处负责人来亳州市调研财政经济运行和财政重点工作情况,并对全市财政部门落实党风廉政建设主体责任、加强作风建设工作进行巡查。

4 月　市财政局被市委、市政府授予"亳州市2014 年度人口和计划生育工作先进单位"。

5 月 14 日　市财政局印发《亳州市市级国库支付电子化管理试点实施方案的通知》(财库〔2015〕123 号),明确市级国库支付电子化管理试点工作要求。

5 月 19 日　市财政局党组印发《关于开展"三严三实"专题教育实施方案的通知》(财党组〔2015〕127 号),部署开展"三严三实"专题教育活动。

5 月 22 日　市民生工程协调小组印发《关于亳州市 2015 年度民生工程实施情况考核办法的通知》(亳民生办〔2015〕2 号)。

5 月 23 日　市政府办公室印发《亳州市推进城市基础设施政府与社会资本合作模式(PPP)工作实施方案的通知》(亳政办秘〔2015〕97 号),鼓励和引导社会资本参与基础设施建设。

6 月 20 日　市委书记、市人大常委会主任杨敬农,在市财政局报送的《2015 年 5 月财政预算执行情况分析》上批示肯定市财政局预算执行分析工作,要求市直相关部门学习借鉴。

6 月 24 日　市财政局被市委、市政府授予"2014 年度市直单位绩效考评优秀单位"。

6 月 25 日　市政府印发《关于招商引资优惠政策相关事项的通知》(亳政秘〔2015〕95 号),落实国务院、省政府关于税收等优惠政策规定。

7 月 2 日　省财政厅党组书记、厅长罗建国来亳州市调研上半年财政经济运行形势和财政重点工作推进情况,对做好财政工作提出要求。

7 月 6—8 日　市委督查室、市政府督查室、市民生办联合对民生工程资金管理及工程实施情况开展督查。

7 月 9 日　市财政局印发《关于建立重要财政政策解读制度的通知》(财办〔2015〕167 号),促进政策规定学习落实。

7 月 15 日　市财政局印发《关于规范小巨人企业财务管理的通知》(财企〔2015〕180 号),规范企业财务管理。

7 月 24 日　市政府办公室印发《社会办医财政补助方案和社会办学财政补助方案的通知》(亳政办秘〔2015〕119 号),明确补助对象和补助标准,鼓励和支持社会资本办医办学。

7 月 27 日　市财政局组织全体人员参加新《预算法》知识测试。

7 月 28 日　市委常委、常务副市长刘辉主持召开上半年民生工程调度视频会议。

7 月 30 日　市财政局印发《关于进一步加强

市级单位预算支出管理的通知》(财预〔2015〕200号),规范预算管理程序。

8月4日 市财政局印发《关于深化政务公开加强政务服务的实施意见》(财办〔2015〕203号),提高全市财政系统政务公开政务服务工作水平。

8月12日 市政府印发《关于深化预算管理制度改革的实施意见》(亳政〔2015〕42号),进一步深化预算管理改革,规范和加强财政预算管理。

8月13日 市国资委印发《关于进一步规范企业国有资产管理的意见》(国资管〔2015〕20号),规范和加强企业国有资产管理。

8月18日 市民生工程协调小组印发《关于建立民生工程工作约谈制度的通知》(民生办〔2015〕22号),规定采取分级约谈方式,对工程进展低于序时进度的项目由市政府、民生办和市直牵头部门分别进行约谈。

8月21日 市委常委、常务副市长刘辉,对分管人社局、财政局开展民生工程专题调度。

9月7日 市政府召开政府常务会议,听取民生工程实施情况汇报。

9月16日 市政府印发《亳州市产业引导基金管理办法(试行)》、《亳州市财政"借转补"资金管理办法(试行)》、《亳州市财政事后奖补资金管理办法(试行)》(亳政办秘〔2015〕145号)发挥财政资金引导作用,推动产业转型升级。

10月8日 省人大常委会副主任沈卫国率队视察亳州市民生工程工作情况。

10月10—12日 省财政厅农村综合改革调研组对亳州市一事一议财政奖补、农村综合改革示范试点、村级组织运转经费保障机制、全国建制镇示范试点、国有农场税费改革等农村综合改革工作进行调研。

10月15—16日 省财政厅副巡视员陈传文率农业处、干教中心负责人来亳州市调研财政重点工作。

10月25日 全市财政系统824名财政干部参加省财政厅、省法制办组织的财政行政执法资格考试。

10月 市财政局邀请人大代表、政协委员和相关专家学者,对市本级20个部门的整体收支预算进行事前公开评审论证,推进开门办预算工作。

11月12日 市财政局组织班子成员及正科级以上干部参加全市宪法法律知识年度测试。

11月17日 市政府办公室印发《社会办养老机构财政补助方案的通知》(亳政办秘〔2015〕170号),明确补助对象和补助标准,鼓励和支持社会资本办养老机构。

11月23—24日 市政协组织开展民生工程集体视察活动,市政协主席汤涌及各位副主席参加视察。

11月26日 市三届人大常委会第41次会议决定,任命张传宾为市财政局(国资委)局长(主任)。

12月5—7日 市统计局、市民生办联合开展全市民生工程社情民意调查工作,各县区民生办参加调查活动。

12月11日 省财政厅副厅长陈军率农业处负责人来亳州市检查扶贫资金使用管理情况,开展财政重点调研帮扶工作。

12月15日 市财政局直机关财务中心,被市创建青年文明号活动组委会授予"市青年文明号"。

12月24日 亳州市召开三届人大常委会第129次主任会议,听取市政府2015年民生工程实施情况报告,市财政局党组书记、局长张传宾受市政府委托,作关于2015年民生工程实施情况的报告。

12月25日 市财政局召开征求省市人大代表意见建议座谈会,向省、市人大代表汇报工作,听取代表们对财政工作的意见建议。

12月25日 市政府印发《关于创新投融资体制的实施意见》(亳政秘〔2015〕229号)、《亳州市政府性债务管理办法》(亳政秘〔2015〕230号),进一步促进政府与社会资本特别是民间资本合作,加强政府性债务管理。

12月 全市认真落实各项惠农补贴政策,通过"一卡通"累计打卡发放各项惠农补贴资金17.89亿元,同比增加1.27亿元,惠及农户459万人,人均受益389元,户均受益1556元。

12月 全市政策性农业保险全年完成种植业承保1207.05万亩、养殖业承保241465头,全面完成年度目标任务。全市共发放理赔款6579.27万元,其中种植业理赔5969.9万元,养殖业理赔609.37万元,全部通过打卡发放到受灾农户。

12月28日　市财政局印发《市财政局效能建设日常考评实施办法》(财办〔2015〕424号),强化机关效能日常管理。

(亳州市财政局供稿　邓昊)

宿州市财政工作大事记

1月8日　省财政厅副巡视员、非税局局长李友兰一行来宿就2015全省财政工作及省级预算编制情况征求驻宿省人大代表意见和建议。

1月16日　市财政局组织全体干部职工开展结对扶贫捐助活动,为帮扶的贫困户献爱心,活动募捐现金近万元。

2月5日　市财政局组织人员参加国税、地税、财政、人行联合举办的乒乓球联谊赛。

2月6日　市财政局机关党委与萧县圣泉乡郭庄村党总支联合党委组成方案获得通过。

2月13日　市财政局机关党委与萧县圣泉乡郭庄村党总支联合党委正式挂牌成立。

2月26日　市财政局内部控制委员会成立。

3月5日　《宿州市财政局内部控制基本制度》、《宿州市财政局内部控制委员会议事规则》经市财政局内部控制委员会第一次全体会议审议通过。

3月　市财政局组织开展全市盘活财政存量资金专项检查。

3月10—25日　市财政局出台《宿州市医疗票据印制使用管理办法》,并就2014年度医疗收费票据进行专项检查。

4月19—25日　市财政局在浙江大学举办财政干部综合能力及业务知识提升培训班,53名财政干部参加培训。

4月29日　省财政厅副巡视员李友兰一行来到宿就财政重点工作进行调研。

5月8日　邀请市人大财经预算工委主任王超英同志到市财政局作新《预算法》专题讲座。

5月12—13日　省农业综合开发局局长王建培来宿州市调研农业综合开发工作。

5月17日　省财政厅投资评审中心专家组到灵璧县开展2015年度政策性农业保险绩效评价现场评价工作。

5月22日　市财政局组织开展“博爱在江淮”公益募捐活动,现场募得善款9200元。

5月23日　市国资委与市财政局合署办公。

5月24—25日　省财政厅党组书记、厅长罗建国来宿调研财政运行和财政重点工作开展情况。

6月　《2016—2018年农业综合开发扶持优势特色产业规划》编制完成,优选粮食、水果、蔬菜、畜牧四大产业作为2016—2018年间宿州市农业综合开发重点扶持的农业优势特色产业。

7月28日　市财政局召开市本级国库支付电子化管理改革动员大会,国库支付电子化改革进入落地实施阶段

8月4日　省财政厅检查组对宿州市非税收入改革十周年暨上半年非税收入运行质量进行检查。

8月10日　宿州市本级财政国库支付电子化系统正式上线。

8月24—25日　财政部驻安徽省专员办党组书记、监察专员黎昭一行到来宿,就政府债务管理与风险防控、置换债券相关工作开展专题调研。

9月　泗县和萧县按照安徽省财政厅、安徽省农业委员会《关于印发〈开展设立融资风险补偿基金支持农民合作社、家庭农场发展试点指导意见〉的通知》精神,开展试点工作。

10月25日　市财政局组织全市财政系统干部参加全省财政行政执法资格认证考试,1470人参加此次考试。

11月　埇桥区作为全省六个农业补贴改革试点县区之一,启动农业补贴“三合一”改革工作。

11月　省财政厅批准宿州市开展森林保险试点工作。

12月4日　市财政局在市科技文化广场设立新《预算法》咨询台,开展义务普法宣传活动。

12月　市财政局组织开展全市“一事一议”财政奖补项目绩效评价工作。

12月22日　全面实现预算单位、财政与代理银行间直接支付电子化运行。

(宿州市财政局供稿)

蚌埠市财政工作大事记

1月7日　省财政厅副巡视员、省非税局局长李友兰率队来蚌调研财政工作并召开征求意见会,部分在蚌省人大代表、市人大财经预算工委负责人等参加座谈。

1月12日　市财政局召开党组中心组扩大会议,学习传达市委十届十五次全体扩大会议精神,谋划研讨新常态下全市财政重点工作。

1—2月　市财政局领导班子成员分别带领局机关各科室干部深入街道、农村,开展结队帮扶、向困难群众献爱心活动。

4月9日　蚌埠市财政局门户网站获得“2014年度蚌埠市政府网站优秀奖”荣誉称号,位列市直部门第1名。

4月15日　市财政局组织30多名文明志愿者开展环保宣传、文明倡导等公益活动。

4月25日　省财政厅党组成员、副厅长孟照红一行来蚌调研财政工作。

4月30日　市财政局、民政局出台《蚌埠市社会养老服务体系建设资金管理暂行办法》,明确社会养老机构建设的财政补助范围、补助标准和资金筹集方式。

6月3日　市财政局党组召开“三严三实”专题教育会议,局党组书记、局长叶斌作党课报告,全局干部职工参加。

6月12日　市财政局召开内部控制工作协调推进会,学习近期财政部、省财政厅内部控制工作会议精神。

7月3日　市财政局组织县处级干部、部分党员代表赴小岗村学习,局党组书记、局长叶斌带领党员干部重温“入党誓词”。

7月7—8日　省财政厅副巡视员李友兰来蚌调研指导财政重点工作,厅金融处相关负责人参加调研,局党组书记、局长叶斌全程陪同。

7月23日　市人大常委会主任何金良率调研组到市财政局听取2014年财政决算和2015年财政预算上半年执行情况汇报并座谈交流。

7月24日　市财政局深入开展“迎八一”双拥活动,慰问共建单位解放军第123医院。

7月30日　全市养老金、职业年金配套改革顺利实施,所有增资全部按时、足额拨付到位。

8月2—9日　市财政局组织举办“全市财政系统干部能力提升”培训班,局机关及县(区)财政局60名财政干部参加培训。

8月5日　市财政局召开专题会议,学习传达市委十届十七次全会精神。

10月16日　省财政厅副巡视员李友兰来蚌调研指导财政重点工作,厅金融处相关负责人参加调研。

10月24日　全市财政系统600余名符合条件的行政执法人员报名参加全省财政行政执法人员资格认证统一考试。

12月12—13日　省财政厅副巡视员陈传文来蚌调研指导财政重点工作,厅综改处、评审中心相关负责人参加调研,局党组书记、局长叶斌陪同。

12月31日　全市财政收入完成228.4亿元,总量位居全省第5,增长9.6%,高于全省平均水平。

12月31日　全市33项民生工程累计投入资金50.1亿元,同口径增长11.33%,社情民意调查群众满意度达91.71%。

12月31日　全年,市财政局蝉联第四届全国“文明单位”、第十届全省“文明单位”荣誉称号,并获得“全省财政总决算一等奖”、“财政信息工作先进集体”、“政法经费保障绩效考核优秀”等奖项。

(蚌埠市财政局供稿)

阜阳市财政工作大事记

1月　省财政厅副厅长陈军来阜开展财政工作调研活动。

1月　召开全市财政局长座谈会。

1月　召开全局工作效能考评会。

2月　市财政局到阜阳预备役团开展慰问活动。

2月　市财政局召开全局干部职工大会。

2月　市财政局局长虞建斌向全市纪委五次全会作工作报告。

2月　市财政局在阜阳人代会期间设立预算

查询处。

3月 召开市委巡视市财政局动员大会。

3月 阜阳市召开全市财政暨民生工程工作会议。

3月 市财政局组织收看全省财政工作视频会。

3月 市财政局组织全体干部职工到阜阳党风廉政教育中心开展教育活动。

3月 市效能办对市财政局重点考评科长进行考核。

4月 省财政厅副巡视员李友兰来阜阳市开展财政工作调研活动。

4月 市审计局来市财政局开展审计工作。

4月 市委常委、常务副市长卢仕仁到城投公司开展调研活动。

5月 市财政局参加政风行风热线活动。

5月 组织召开全市财政宣传工作会议。

5月 市财政局党组书记、局长虞建斌给市财政局干部职工上党课。

5月 市财政局开展“健康财政徒步行”活动。

5月 市财政局举办“弘扬职业道德 成就出彩人生”为主题道德讲堂活动。

5月 省财厅厅长罗建国赴颍东区吴寨村调研“双包”定点帮扶工作。

5月 开展村干部33项民生工程政策培训工作。

6月 市财政局召开党组会专题研究推进“三严三实”。

6月 阜阳市财政系统党员干部赴浙江大学学习培训。

6月 市财政局组织参加阜阳市首届职工运动会。

6月 市财政局开展“安全生产咨询日”活动。

6月 “四个全面”暨“三严三实”微宣讲走进“颍淮大讲堂·财政分讲堂”。

7月 市财政局领导到市政务服务中心财政局窗口坐班。

7月 市财政局召开党支部书记会庆祝建党94周年。

7月 市财政局组队参加喜迎建党94周年文艺晚会。

7月 市财政局组织开展“学党史、知党情、跟党走”纪念建党94周年系列活动。

7月 市财政局深入帮扶村马北村开展“集中走访帮扶月”活动。

7月 迎接全省财政“六五”普法验收工作。

8月 市财政局开展“优化环境 从我做起”活动。

8月 市财政局为年轻干部搭建平台，走进“财政分讲堂”。

8月 市财政局开展八一慰问活动。

8月 市财政局召开效能建设动员大会。

8月 市财政局开展精准扶贫双百双问及“爱心圆梦大学”活动。

9月 市财政局开展纪念中国人民抗日战争暨世界反法西斯战争胜利70周年主题教育动员活动。

9月 省政协副主席李卫华巡视阜阳市民生工程。

10月 组织收听省财政厅上线的“政风行风热线”节目。

10月 组织开展“铭记抗战历史 传承抗战精神”系列活动。

10月 省财政厅副厅长朱长才到颍东开展帮联调研。

11月 市财政局党组书记、局长虞建斌到颍上县宣讲十八届五中全会精神。

11月 市财政局纪检组长高玉臻赴“双包村”开展精准扶贫调研工作。

12月 市财政局开展2016年预算公开评审工作。

12月 积极开展国家宪法日暨12.4法制宣传日活动。

12月 市财政局党组专题学习研讨十八届五中全会精神。

（阜阳市财政局供稿）

淮南市财政工作大事记

1月1日 《淮南市市直机关公务接待费管理暂行办法》开始执行。

1月6日 省财政厅副巡视员、省非税局局长李友兰率队来淮调研财政工作。

1月19日 市财政局印发《关于进一步严格财政项目管理的通知》。

1月23日 市财政局制定印发《关于实行市级往来账户资金报批制度的通知》,进一步加强市级预算单位往来账户资金管理,规范财政财务行为。

1月27日 市财政局召开县区融资担保推进会,分析研究全市融资担保形势与政策,市财政局长局长陈永多主持会议。

2月5日 市财政局印发《关于全面推进法治财政建设的实施意见》。

2月6日 市财政局举办县区财政业务政策培训会,67名财政干部参加培训。

2月13日,市财政局党组召开全市财政反腐倡廉建设工作会议,进一步压实党风廉政建设“两个责任”。

2月26日,全市财政工作会议召开,会议传达全国财政工作会议、全省财政工作会议和市政府第三次廉政工作会议精神,部署安排2015年各项财政工作任务。

3月 市财政局荣获安徽省第十届文明单位称号。

3月 市财政局2014年工作受到市政府通报表彰。

3月6日 市财政局召开“实现廉洁发展”专题教育活动动员会议,集中学习传达全市“实现廉洁发展”专题教育活动动员会议精神,部署开展“实现廉洁发展”专题教育活动。

3月27日 市财政局举办争当“实现廉洁发展”排头兵演讲比赛。

4月10日 市财政局召开县区财政局长会议,传达贯彻全省预算管理工作会议精神,布置相关工作。

4月16日,省融资担保体系建设情况专项督导组到市融资担保公司检查指导工作。

4月26日 省财政厅副厅长孟照红率调研组来淮调研财政重点工作。

5月12—15日 省审计厅对淮南市2014年预算执行情况进行检查。

5月13日 市委第十二考核组来市财政局检查2014年度落实党风廉政建设“两个责任”及推进惩防体系建设情况,并对领导班子进行年度考核。

5月15日 市财政局召开“三严三实”专题教育党课报告会。

5月18日 按照全市统一安排,市财政局牵头开展涉农资金专项整治行动重点检查,检查组深入6个乡镇、对12个涉农项目资金进行检查。

5月22日 市财政局迁至山南新区办公。

5月29日 省财政厅厅长罗建国来淮调研财政运行和财政重点工作情况。

6月11日 市财政局召开2016年市级部门预算编制工作布置会议,对2016年预算编制工作做出安排部署。

6月30日 市财政局印发《淮南市小微企业续贷周转金使用管理暂行办法》。

7月14日 省委省政府重大决策部署落实情况督查组来市财政局召开座谈会,听取惠民生政策措施落实情况汇报。

7月14日 省督查组实地查看淮南市部分民生工程项目,本次查看的民生工程项目涵盖棚户区改造、农村危房改造、乡镇综合文化站免费开放、乡镇养老服务中心、农村饮水安全工程等。

7月23日 省财政厅税政条法处对淮南市财政系统“六五”法治宣传教育工作进行考核验收。

7月27日 市财政局局长陈永多赴大通区孔店乡河沿村,开展“集中走访帮扶月”活动。

7月30日 省财政厅副巡视员李友兰率省财政厅重点工作调研组来淮对财政工作进行调研。

7月30日 市司法局局长、市依法治市办主任张玉鼎带队检查市财政局“六五”法治建设和法治宣传教育工作。

8月10日 市财政局印发《关于进一步严肃财经纪律加强行政事业单位财务管理的通知》,进一步贯彻执行中央八项规定。

8月14日 市财政局召开全体干部职工会议,组织学习传达全国、全省财政工作视频会议精神。

8月31日 市财政局召开会议推进查处在群众身边“四风”和腐败问题专项工作。

9月9日 市财政局布置2015年度会计专业技术资格中级纸笔考试考务工作。

9月14日 市目标办来市财政局督查前8个月目标考核指标完成情况。

9月中旬　市政府对各县区和市级11个成员单位民生工程首次实行“双考核”。

10月14日　省财政厅副巡视员、省非税局局长李友兰率金融处相关负责同志来淮开展重点工作帮联调研。

10月23日　市财政局召开全局干部职工集中学习会,学习传达市委、市政府召开的“全市加快调结构转方式促升级动员大会”精神。

10月30日　市财政局党组副书记杨勋敏主持全体职工学习会,重点解读《中共中央关于制定国民经济和社会发展第十三个五年规划的建议》。

11月3日　市财政局组织召开2016度市级国有资本经营预算编制布置会,启动2016年国有资本经营预算编制工作。市属28家企业及预算单位的财务人员参加会议。

11月5—6日　省财政厅调研组来淮开展专题调研。调研组听取市财政局涉农资金整合、围绕规划本地现代农业发展、引导撬动金融资本、涉农业资金监管等方面的经验和做法，并详细了解外资科在政策性农业保险运行情况、取得成效及存在问题。

11月19日　市财政局党组书记、局长陈永多带领有关人员赴田家庵区财政局开展财政重点工作帮联与督查,走访田家庵区财政国库支付中心,详细了解区财政支出进度、公租房廉租房补贴发放、民生工程及2016年预算编制等工作完成情况及对帮联工作的意见建议。

11月23日　淮南市公务用车制度改革工作动员大会召开,公务用车制度改革正式启动。

11月26日　淮南市2015年度村干部财政支农政策培训开班，来自全市各县区近百名村干部参加培训。

12月11日　省财政厅副厅长吴天宏率厅教科文处工作人员来淮开展重点工作督查帮联。

12月15日　市政府印发《淮南市人民政府关于建立市级土地报批周转金的实施意见》(淮府秘〔2015〕221号)，决定在市土地储备开发中心设立年度额度为6亿元的土地报批周转金。土地报批周转金重点用于实体经济、政府公益性事业和城乡基础设施建设项目。

12月25日　市财政局举办学习贯彻《中国共产党廉洁自律准则》和《中国共产党纪律处分条例》专题讲座,市纪委党风廉政室主任朱晓东应邀为全局干部职工做专题辅导。

12月25日　市融资担保公司划归市产业发展集团管理。

12月31日　市财政局机关大部分科室负责人轮岗。

(淮南市财政局供稿)

滁州市财政工作大事记

1月8日　省财政厅副厅长左俊来滁调研财政重点工作。

1月19日　市五届人大三次会议审议并通过《关于滁州市2014年预算执行情况和2015年预算草案的报告》。

1月23日　市政府召开全市清理规范税收等优惠政策工作会议,全面启动清理规范税收等优惠政策工作。

1月30日—2月1日　市财政局举办为期3天的财政干部集中学习培训活动。

1月　推进县(市、区)政府采购平台外网建设,实现全椒、明光等地同市、省联网。

1月　完成全市事业单位及其所办企业产权登记的审核、汇总工作。

1月底　完成2014年全市财政总决算编制和市直单位2014年部门决算初审工作。

2月中旬　召开资金调度会,强化重点项目资金保障和农民工工资。

2月下旬　出台《2015年民生工程工作要点》,召开全市民生会议,全面启动民生工程工作。

2月底　完成市政府债务清理甄别自查工作。

2月底　完成会计代理机构专项检查工作。

3月10日　省担保集团在我市召开政银担工作座谈会。

3月10日　完成债务清理甄别工作。

3月15日　实现所有预算单位直接支付申请无纸化。

3月23日　省财政厅来滁州市开展盘活存量资金检查。

3月26日　完成清理规范税收等优惠政策工作。

3月27日　滁州市对2015年财政拨款部门、单位的部门预算、“三公”经费预算进行公开。

4月初　在全市范围开展涉农资金专项整治工作。

4月3日　市人大常委会调研组召开会议,听取市财政局局长张志华关于市本级预算绩效管理工作开展情况的汇报。

4月23日　省财政厅副巡视员陈传文一行来滁州市开展财政重点工作调研。

4月28—29日　向人大报告市本级预算绩效管理工作进展情况并接受市人大五届十七次常委会评议。

4月29日　市长张祥安主持召开市本级债务情况专题分析会议，听取市财政局关于市本级政府债务情况的汇报。

5月13日　向市人大专题汇报我市社会保险基金运行情况。

5月13—15日　省财政厅到滁州市开展2014年度政策性农业保险绩效评价现场检查。

5月19-26日　市财政局领导分赴各县（市、区)开展财政经济运行形势和财政重点工作调研。

5月20日　市财政局组织召开“三严三实”专题教育党课报告会,局党组书记、局长张志华作题为《“三严三实”—党员干部的从政准则》的专题党课辅导。

5月22日　召开民生工程协调推进会，对全市民生工程工作进行调度。

5月31日　完成全市涉农资金专项整治行动整改完善阶段工作。

5月底　赴各县(市、区)检查民生工程绩效评价工作。

6月1日　市政府出台《滁州市市直企业国有资本收益收取管理暂行办法》。

6月10日　市政府召开上半年全市财税收支调度会议,分析今年以来全市财税收入形势,研究制定“时间过半、任务过半”的具体措施。

6月24日　分别召开人大代表、政协委员座谈会,通报人大1号议案、政协第397号提案办理情况。

6月26—30日　组织举办滁州市财政改革创新专题研讨班(第一期)。

7月8日　省财政厅副巡视员李友兰来凤阳开展财政重点工作调研。

7月13—17日　举办滁州市财政改革创新专题研讨班(第二期)。

7月24日　省财政“六五”普法考核验收组对滁州市财政部门“六五”法治宣传教育工作推进情况进行检查验收。

7月底　完成2014年权责发生制财务报告试编工作。

7月底　完成2014年部门决算核查工作。

8月7日　召开全市农发项目建设推进会暨全市财政支持美好乡村建设工作座谈会。

8月19日　省财政厅、省商务厅督查滁州市外贸专项落实情况。

8月19—20日　财政部驻安徽专员办赴滁州和凤阳调研置换债券相关工作。

8月20日　向市人大常委会主任会议报告2014年市本级财政决算和2015年预算上半年执行情况报告。

8月27日　向市人大常委会第十九次会议汇报市本级2014年财政决算和全市上半年财政预算执行情况等5个报告。

9月1日　财政部驻安徽省财政监察专员办事处调研组一行到滁州市开展财政廉政文化建设专题调研。

9月14日　财政部政策研究室来我市调研农村土地流转和土地制度改革工作。

9月19日　组织开展“喜迎农歌会,文明添风采”志愿服务活动。

9月24日　召开机关党委换届选举党员代表大会,完成机关党委换届选举工作。

10月15—16日　省财政厅副厅长吴天宏率队来滁州市开展财政重点工作调研。

10月　印发《滁州市市本级“政银担”风险补偿基金管理办法(试行)》。

11月23日　出台《关于印发财政支持全市调结构转方式促升级行动工作实施方案的通知》。

11月26日　首次对市本级2016年部门预算开展公开评审。

12月12—13日　省财政厅党组书记、厅长罗建国赴滁州市调研财政经济运行和财政重点工作推进情况。

12月12—13日　省审计厅对滁州市财政扶

贫资金进行专项检查。

12月14—15日 省财政厅评审中心到滁州市开展2014年度中等职业教育经费专项资金绩效评价工作。

12月24日 配合举办滁州市第四届“民生杯”乡镇综合文化站文艺调演。

(滁州市财政局供稿)

六安市财政工作大事记

1月6日 省财政厅副厅长吴天宏来六安市听取省人大代表对省财政工作的意见和建议。

1月11日 市政协副主席、市财政局局长孙学龙带领有关科室赴结对共建村 金寨县槐树湾乡码头村调研指导工作。

1月13日 市财政局召开市直单位2014年度部门决算布置工作会议。

1月15日 市政府召开市直行政事业国有资产(资源)统一运营管理工作会议,授权市国有资产管理中心对各类经营性国有资产(资源)行使所有者职能,按照“产权、经营、收益相统一”原则,实行规范管理,统一运营。

1月30日 市政协副主席、市财政局局长孙学龙主持召开民生工程工作专题会议。

2月4日 市财政局荣获“2014年度民生工程实施工作先进单位”称号。

2月6日 市财政局(国资委)召开全市财政系统反腐倡廉建设工作会议。

2月9日 市财政局党组书记、市国资委主任黄汇东赴挂职干部村、结对共建村—金寨县槐树湾乡码头村、万冲村走访慰问。

2月16日 市财政局荣获“2014年度招商引资先进单位”和“2014年度城市建设先进单位”称号。

2月28日 市财政局荣获“第四届全国文明单位”称号。

3月2日 市财政局荣获“2014年度全市安全生产目标管理先进单位”称号。

3月6日 市政府召开全市财税收入调度会,市委常委、常务副市长付新安主持会议并讲话。

3月9日 市政协副主席、市财政局局长孙学龙就《政府采购法实施条例》有关问题答记者问。

3月11日 市属国有企业首批外派监事潘献庆、胡晓文进驻市融资担保公司并开展调研座谈工作。

3月12日 全省惠农补贴“一卡通”网络软件第三期培训班在六安市财税干校举办，淮南、阜阳、亳州、六安四市及所辖县区惠农补贴业务操作人员等50多人参加培训。

3月12日 市国资委、市金融办组织召开全市政银担合作试点工作座谈会。

3月20日—4月20日 市财政局组织检查组对所辖五县四区财政存量资金情况进行检查。

3月23日 市财政局(国资委)召开盘活财政存量资金专项检查进驻会，省财政厅对六安市财政存量资金检查工作正式启动。

4月13—15日 市财政局开展民生工程督查活动。

4月14日 六安市召开2014年预算执行情况和2015年预算安排情况新闻发布会,市财政局党组成员、副局长汪斌出席发布会并就相关问题答记者问。

4月17日 市政协副主席、市财政局局长孙学龙主持召开全市涉农资金管理座谈会。

4月20日 市政府召开全市一季度财税形势分析暨民生工程调度会，通报一季度财税形势和民生工程实施情况,安排部署下一阶段工作。

4月22日 市人大常委会、市政府联合举办贯彻实施新预算法专题讲座，特邀中央财经大学财政学院院长马海涛作专题辅导。

4月27—28日 以省科技厅副厅长陆秀宗为组长的省涉农资金专项整治行动督查组来六安市检查指导工作。

5月4—15日 市财政局对市招投标中心政府采购业务开展监督检查。

5月5—12日 市政府开展涉农资金专项整治行动,对五县四区涉农资金开展重点检查。

5月6日 市政府召开市直国有企业改革暨资源性国有资产管理工作调度会,市长毕小彬、常务副市长付新安出席会议。

5月6日 市财政局组织开展市本级社保基金定期存款公开招标。

5月12日 市财政局(国资委)举办全市财政

系统“依法理财建设法治财政”主题演讲比赛。

5月14日　全国人大常委会预算工委来六安调研，市政协副主席、市财政局局长孙学龙参加座谈。

5月15日　市涉农资金专项整治行动领导小组召开市级重点检查工作汇报会。

5月16日　省财政厅副厅长朱长才带队巡视会计专业技术资格考试六安考区。

5月16日　市政协副主席、市财政局局长孙学龙一行赴美好乡村建设示范点山七镇杨岭村中心村庄开展调研。

6月2日　市财政局(国资委)召开国库支付电子化系统推进会。

6月5日　市财政局(国资委)参加在皋城广场举办的以“弘扬宪法精神，建设法治六安”为主题的“江淮普法行”大型法律咨询宣传活动。

6月5日　市财政局党组召开“三严三实”专题教育党课报告会，市财政局党组书记、市国资委主任黄汇东作党课报告。

6月10—25日　市财政局联合县区财政局对辖区15户非证券资格的会计师事务所开展巡查。

6月11—12日　省财政厅农发局局长王建培到六安市调研指导农业综合开发工作。

6月17日　市财政局(国资委)召开2014年度“三项考核”述职述德述廉大会召开，市委第五考核组副组长、市纪委副书记曾庆丽出席会议。

6月19日　市政府召开上半年财政收入暨民生工程调度会，市委常委、常务副市长付新安出席会议。

6月24日　市财政局(国资委)荣获“2014年度市直单位目标绩效考核优秀单位”称号。

6月25日　市政协副主席、市财政局局长孙学龙带领市财政局、审计局相关工作人员及部分市政协委员到寿县陶店乡桃园村和马店村开展“四进四促”活动。

6月26日　市财政局(国资委)在裕安区小华山街道春江社区开展财政进社区暨民生政策宣传活动。

6月27日　市财政局党组书记、市国资委主任黄汇东率领局县处级党员干部赴凤阳县小岗村，学习沈浩同志先进事迹。

6月29日　市本级国库支付电子化管理20个试点单位直接支付申请业务正式上线运行，当天办理直接支付申请业务20笔，总金额180万元。

6月29日　市财政局组织召开2016年市直部门预算编制培训会，市直各部门及其所属单位财务负责人、预算编制经办人共计200余人参加培训。

7月1日　市财政局(国资委)召开“三严三实”专题教育学习研讨会。

7月2日　市财政局(国资委)召开PPP项目招商对接会。

7月3日　全市民生工程信息平台试点工作会议在霍山县召开。

7月6—9日　市民生办组织对各县区民生工程上半年实施情况进行全面督(互)查。

7月10日　全市民生工程督查情况汇报会在金寨县召开。

7月20日　市委组织部副部长陈树明带队来市财政局(国资委)开展2011—2015年度法制宣传教育工作检查验收。

7月28日　市财政局(国资委)召开全市财政重点工作调度会。

7月30日　市本级所有预算单位电子化直接支付申请业务全面上线，国库支付电子化第一阶段工作顺利完成。

7月31日　六安市228个市直单位和9个县(区)的机关事业单位调整工资增资兑现工作全面完成。

8月2日　财政部条法司副司长王克冰一行对六安市财政局(国资委)“六五”法治宣传教育工作进行检查验收。

8月6日　市财政局荣获“市直双拥先进单位”称号。

8月13—15日　市财政局对市科技局所属科技创新服务中心及相关单位近年来的收入、支出、财政资金使用和资产运营等有关情况开展财政专项检查。

8月14日　市财政局召开社保基金保值增值专题工作会议。

8月14日　市财政局(国资委)、市人社局召开市属国有企业改革中有关职工安置政策听证会。

8月18日　市财政局(国资委)组织45名党员干部赴市党风廉政教育基地开展“遵规守纪,预防腐败”警示教育活动。

8月21日　市长毕小彬深入到市财政、国税、地税部门调研全市财税工作。

8月2—27日　市财政局组织市直单位财务人员和局业务骨干共104人赴中央财经大学开展法治财政建设专题培训。

8月27日　市长毕小彬深入民生工程建设一线,调研六安市民生工程工作。

9月2日　市本级89个部门(除涉密单位)全部公开2014年度部门决算及“三公”经费决算信息。

9月8—20日　市财政局委托两家会计师事务所对4家机关事业单位、1家社会组织、2家节能减排企业开展2015年会计监督检查。

9月23—24日　市财政局对167个市直预算单位,200多名财务人员开展财务软件培训工作。

9月28—30日　市财政局开展各县区民生工程实施情况督(互)查。

10月8日　市财政局(国资委)召开全市财政局长工作会议,传达省财政厅关于税收优惠政策清理等政策精神,调度年度重点财政工作。

10月13—20日　市财政局审查2016年度市直90个部门及其所属单位的预算编制情况。

10月14日　市财政局召开关于市本级国库支付电子化第二阶段业务上线调度推动会。

10月15日　市财政局(国资委)荣获“2014年度市直单位综治及平安建设工作优秀单位”称号。

10月17日　市民生办开展民生工程走上街头宣传日活动。

10月19日　全国社保基金理事会理事长谢旭人一行来六安市考察保障房信托贷款资金使用及项目进展情况。

10月19日　市本级财政与代理银行间资金支付划款电子化正式上线运行,实现预算单位、财政部门、代理银行三方之间财政资金支付业务数据传输无纸化。

10月22日　市财政局(国资委)召开2016年市级部门项目预算专家评审工作布置暨培训会议。

10月26日　市财政局(国资委)组织召开机关党委会,市财政局党组成员、驻局纪检组组长、机关党委书记常前松主持会议。

10月26日　省财政厅党组成员、副厅长孟照红一行来六安市帮联调研财政工作。

10月26日　市财政局、人社局、卫计委、地税局联合召开全市社会保险基金预决算布置会。

11月5日　市财政局(国资委)机关党委召开全体党员大会,组织局机关党委换届选举工作。

11月17日　市政府召开2015年民生工程实施情况及年前重点措施新闻发布会。

11月19日　市国资委会同市人社局开展市属国有企业改革政策业务培训,重点解读《六安市人民政府办公室关于市属国有企业改革中有关职工安置问题的意见》。

11月28日　市政协副主席、市财政局局长孙学龙,市财政局党组成员、驻局纪检组组长常前松率市财政局青年干部20余人深入槐树湾乡码头村开展扶贫调研。

12月9日　市财政局党组书记、市国资委主任黄汇东,市财政局党组成员、市国资委副主任杜家如走进市广播电台“政风行风热线”栏目,现场解读市直行政事业单位资产管理改革政策。

12月11日　市财政局(国资委)开展《行政事业单位内部控制规范》讲座。

12月13日　省财政厅副巡视员、非税局局长李友兰赴六安开展财政重点工作帮联调研。

12月14日　召开市级非税收入代收银行工作会议。

12月15日　市政府召开市属国有企业改革攻坚调度会。

12月15日　市财政局荣获“2014年度市政府目标管理绩效考核先进单位”称号。

12月25日　市财政局、扶贫办召开全市财政扶贫工作调度会。

12月27日　市财政局召开2015年度全市决算工作布置暨总预算会计制度培训会。

(六安市财政局供稿)

马鞍山市财政工作大事记

1月6日　市财政局向市十五届人大四次会议书面报告《关于马鞍山市2014年财政预算执行情况和2015年预算草案的报告》。

1月9日　省财政厅副厅长吴天宏调研马鞍山市财政工作。

1月9日　2015年市本级财政预算经市十五届人大四次会议审议通过。

1月19日　市财政局召开干部大会，宣布张亚莉同志任市财政局党组书记、局长。

2月5日　市财政局党组印发《关于落实党风廉政建设党委主体责任和纪检组监督责任的实施意见》。

2月16日　市财政局党组书记、局长张亚莉一行看望慰问单位离休老干部。

2月17日　开展清理规范非税收入优惠政策工作，清理出非税收入优惠政策69项。

3月7日　市财政局召开2015年党风廉政建设和反腐败工作会议，局党组书记、局长张亚莉与局各科室(局)负责人签订《党风廉政建设责任制书》。

3月9日　市委常委、常务副市长方晓利到市财政局调研指导工作，听取全市2014年预算执行情况和2015年预算安排情况。

3月18日　市政府印发《关于2015年实施33项民生工程的通知》。

3月27日　马鞍山市涉企收费清单工作顺利通过省政府督查。

3月31日　召开全市2015年民生工程工作会议，市长魏尧主持会议并讲话。

4月9日　召开全市民生工程宣传工作会议，市委宣传部常务副部长梁发年主持会议并讲话。

4月16日　与市公安局签署市保安公司资产划转移交协议，移交总资产2526万元，标志着市保安公司脱钩改企完成。

4月21日　根据全省统一部署，市财政局启动全市涉农资金专项整治工作。

4月28日　市财政局在全市范围内开展企业内部控制规范体系建设与实施情况问卷调查工作。

4月29日　省财政厅副厅长朱长才调研马鞍山市财政工作。

5月13日　市财政局党组书记、局长张亚莉带领财政干部赴江东控股集团投资运营的富马科创园，考察调研青年电子商务产业园、江东工业设计中心等项目。

5月22日　市财政局召开“三严三实”专题教育党课报告会，局党组书记、局长张亚莉以《践行三严三实 做忠诚干净担当的理财人》为主题作专题党课报告。

5月29日　下发《关于进一步加强市直行政事业单位资产管理有关事项的通知》，建立“资产清查、条码管理、责任追究”三项制度，逐步实施行政事业单位固定资产条码管理。

6月11日　马鞍山市印发《马鞍山市涉企收费专项清理工作方案》，正式启动专项清理工作。

6月15日　马鞍山市印发《市政府向社会力量购买服务工作实施方案》，明确政府向社会力量购买服务的总体目标、工作任务、购买主体、实施步骤和保障措施。

6月19日　举办政务协同办公平台操作培训会，全面推行新版政务办公系统。

7月14日　省财政厅纪检组长刘浩调研马鞍山市财政重点工作。

7月22日　国家农发办评审中心副主任楼小惠一行调研马鞍山市农业综合开发工作。

7月23日　召开市PPP模式试点领导小组工作第一次会议，市委常委、常务副市长方晓利出席会议并作重要讲话，领导小组成员单位分管负责人参加会议。

8月12日　市委书记张晓麟主持召开财税工作座谈会。

8月19日　省政协副主席、省工商联主席李卫华率队巡视马鞍山市民生工程实施情况，省财政厅副厅长陈军陪同巡视。

8月19日　市财政局党组书记、局长张亚莉带领机关第四党支部党员志愿者深入映翠社区开展“除草护绿，美化社区”活动。

8月27日　财政部驻安徽省专员办副专员柳萌调研马鞍山市财政局廉政文化建设。

9月15日　市财政局组织开展“旁听法院庭

审,接受廉政教育”活动。

9月16日　市财政局开展2016年度市本级部门预算项目支出公开评审工作。

9月29日　市财政局党组书记、局长张亚莉在市十五届人大常委会第十七次会议上,做《关于2015年马鞍山市本级预算调整方案(草案)的报告》,汇报省转贷我市地方政府债券资金使用方案。

10月25日　省财政厅党组书记、厅长罗建国赴马鞍山市调研财政经济运行形势和财政重点工作推进情况,市委书记张晓麟,市委常委、常务副市长方晓利等陪同调研。

10月25日　组织全市财政系统305名符合条件的行政执法人员参加全省财政行政执法人员资格认证统一考试。

10月27日　市财政局在市人大指导下组织开展2016年度市本级财政单列项预算公开评审工作,对22项市本级财政单列重点项目进行公开透明评审。

11月12日　公告全市第一批18个政府和社会资本合作项目,总投资100.16亿元,加快推广政府和社会资本合作模式(PPP)。

11月25日　市财政局举办第一期财政讲堂,邀请市委党校副教授刘炜为全体干部职工讲授政务礼仪。

11月30日　市财政局党组书记、局长张亚莉在市十五届人大常委会第十八次会议上,做《关于2015年马鞍山市预算调整方案(草案)的报告》。

12月13日　省财政厅副厅长孟照红来马鞍山市开展财政重点工作调研,召开市县财政重点工作座谈会。

12月29日　市财政局召开“三严三实”专题民主生活会。

12月31日　根据财政年终结算,2015年度全市财政收入完成210亿元,同比增长3.59%。其中:税收收入完成174.48亿元,占财政收入比重为83.08%;税收收入占地方财政收入比重为74.49%,高于全省平均1.19个百分点。

(马鞍山市财政局供稿)

芜湖市财政工作大事记

1月20日　市财政局局长刘杨在芜湖市第十五届人民代表大会第四次会议上书面作《关于芜湖市2014年预算执行情况和2015年预算草案的报告》。

2月4日　省财政厅纪检组长刘浩到无为县石涧镇福路村开展结对共建活动,走访慰问困难群众。

2月26日　市财政局成立内部控制委员会,制定出台《芜湖市财政局内部控制基本制度(试行)》、《芜湖市财政局内部控制委员会议事规则(试行)》。

3月27日　市政府召开全市民生工程工作会议,部署2015年民生工程工作,实施33项民生工程,投入91.6亿元。

3月31日—4月2日　财政部办公厅研究处来芜湖市调研各项财税改革政策落实情况。

4月3日　市财政局出台《加快建立全市政策性融资担保体系的意见》,构建政银担合作“芜湖模式”。

4月30日　省财政厅副巡视员李友兰来芜开展调研。

5月18日　市财政局举办“三严三实”专题教育党课讲座暨专题教育布置会,局党组书记、局长刘杨作专题党课报告。

5月19日　市财政局启动开展对21户单位的会计信息质量检查工作。

6月5日　市财政局组织召开政策性农业保险提标试点新闻发布会。

6月12日　市政府印发《关于调整市区城镇土地使用税财政管理体制的通知》和《关于调整市区城镇土地使用税财政奖励的通知》,进一步降低财政奖励门槛,加大奖补力度。

6月14日　市财政局县处级干部、机关党委委员、各党支部书记共20余人赴小岗村开展组织生活。

7月15日　市民生办召开2015年上半年全市民生工程工作新闻发布会。

7月16日　市政府、市人大、市政协领导带队开展为期3天的民生工程中期督查工作。

7月21日　财政部国家农业综合开发评审中心副主任楼小惠一行到南陵县大浦现代农业示范区调研。

7月21日　市财政局对市直12个部门、15个财政支出项目的绩效评价工作正式启动，涉及金额1.76亿元。

7月24—25日　省财政厅副厅长朱长才来芜湖市开展上半年财政重点工作调研。

8月6日　市财政局局长刘杨在芜湖市第十五届人民代表大会常务委员会第十九次会议上作《关于芜湖市2015年上半年预收执行情况及下半年工作意见的报告》和《关于2015年芜湖市市级地方政府债券收支及预算调整方案的报告》。

9月9日　由全国政协、经济委员会副主任董大胜担任组长的全国政协经济委员会专题调研组来芜，就"推进财税体制改革，防控地方债风险"开展工作调研。

9月14日　市委常委、常务副市长左俊来芜湖市财政局调研。

10月28—30日　市财政局机关党委联合市二院六名专家，赴市财政局"双联系"点　无为县洪巷乡龙泉村、南陵县三里镇双河村和弋江区江城国际社区，开展三场"双联系"医疗服务送基层活动。

11月9日　市财政局印发《关于印发芜湖市政府投资引导基金实施细则(试行)的通知》，出资4亿元设立芜湖市安泰投资基金管理有限公司，引导社会资本投向主导产业和战略性新兴产业，促进优质资本、项目、技术和人才向芜湖集聚。

11月9日　市财政局、市卫计委印发《芜湖市市属公立医院政府投入实施意见》，规范公立医院政府投入的范围和内容。

11月12日　市财政局纪检组组织局部分科室负责人赴铜陵监狱开展廉政警示教育活动。

11月19日　市财政局组织参加"中央企业助力安徽'十三五'发展座谈会暨安徽省与中央企业合作项目签约仪式"，芜湖市共签约项目22个，总投资300.3亿元。

11月20日　市财政局、市发改委印发《芜湖市省级战略性新兴产业集聚发展基地建设专项引导资金管理暂行办法》。

11月28日　市财政局等部门出台《芜湖市政府购买养老服务实施办法》，推进政府购买养老服务工作。

12月9日　财政部金融司四处来无为县调研新型城镇化建设工作。

12月12—13日　省财政厅副厅长孟照红来芜湖市开展财政重点工作帮联调研。

12月22日　市财政局组织召开市本级预算单位财政国库支付电子化动员暨业务培训会，首批试点88家预算单位支付电子化全部实施到位。

12月26日　芜湖市印发《芜湖市人民政府关于加强地方政府性债务管理的实施意见》。

12月30日　市财政局出台《关于调整全市社保基金活期存款优惠利率的通知》，进一步规范我市社保基金活期存款计息。

12月30日　芜湖市财政局召开局县处级干部"三严三实"专题民主生活会。

12月31日　全市全年共投入美好乡村建设专项资金2.2亿元，建设33个美好乡村示范点。

12月31日　全市43户企业拟定上报股权和分红激励实施方案，涉及激励人数736人，激励金额8984.72万元。

12月31日　芜湖市完成省下达的22882人减贫任务，其中无为县18306人，南陵县4576人。

12月31日　全市财政收入完成470亿元，增长10.3%；财政支出393.7亿元，增长13.6%。

（芜湖市财政局供稿）

宣城市财政工作大事记

1月1日　市财政局对市直行政事业单位实有资金账户开始实施财政集中管理。

1月8日　省财政厅党组成员、纪检组长刘浩来宣开展财政工作调研。

1月12日　市委常委、常务副市长李明主持召开2015年春节建设资金调度的专题会议。

1月14日　受市政府委托，市财政局党组书记、局长王华向市三届人大六次会议书面作《关于宣城市2014年预算执行情况和2015年预算草案的报告》。

2月3日　市财政局设分会场参加全省财政

工作视频会和全省财政反腐倡廉建设工作视频会。

2月6日 市财政局党组书记、局长王华赴宣州区溪口镇溪口社区光明村走访慰问贫困户。

2月25日 市财政局组织干部职工参加全市“机关集中学法月”法律知识测试。

3月12日 宣城市2015年全市民生工程工作会议召开。

3月18—20日 省财政厅农村财政管理局来宣开展农村财政管理工作调研。

3月19—21日 省农发局来宣开展农业综合开发支持优势特色产业和促进股份合作经济发展调研工作。

3月28—29日 省财政厅党组书记、厅长罗建国来宣城市调研财政工作。

4月10日 市财政局组织举办市直行政事业单位规范财务管理培训班。

4月13—14日 国家农业综合开发办公室副主任何兆斌一行来宣调研家禽集群产业发展。

4月15日 省财政厅、世行专家组来宣开展项目督导调研。

4月17日 市财政局荣获2015年元旦春节期间兑现农民工工资工作先进单位。

4月17日 市财政局荣获2014年度市直政风评议先进单位。

4月22日 省财政厅副巡视员陈传文一行来宣调研财政工作。

4月28日 市财政局组织局领导班子成员及副科级以上干部参加新预算法培训。

4月30日 市财政局举办文明创建专题讲座。

4月底 市财政局深入开展“党建带群建,合力抓创建”入户走访活动

4月 宣城市全面启动涉农资金专项整治行动。

4月 市财政局荣获“民族团结进步先进单位”称号。

5月11日 市财政局党组印发《关于落实党风廉政建设党组主体责任和纪检组监督责任的实施办法》。

5月13日 市财政局荣获2014年度综合工作目标管理考核先进单位。

5月13—15日 省政策性农业保险绩效评价组考评宣城市农业保险工作。

5月18日 市财政局召开“三严三实”专题教育党课报告会,局党组书记、局长王华作专题党课报告。

5月20日 市财政局组织党员干部到锦城社区开展“千名党员进社区”活动。

5月21日 市财政局获2014年度“双拥合格单位”。

6月3日 市财政局获2014年度全市群众工作暨信访工作目标管理先进单位。

6月12日 市财政局党组书记、局长王华率局领导班子成员上线《百姓问政》栏目,接受群众和网友现场电视问政。

6月17日 市财政局党组成员、副局长张庆率会计科、行政审批科负责人上线市广播电台《百姓热线》节目。

6月23日 市财政局党组成员、副局长罗少彬率督查小组赴包保责任县泾县开展深化医改工作专项督查。

6月25日 宣城市召开上半年民生工程调度会。

6月28日 市财政局组织党员干部到泾县集中开展“三严三实”主题党日活动。

6月30日 市财政局党组书记、局长王华赴宁国市梅林镇梅林村开展慰问走访活动。

7月11日 省财政厅副厅长孟照红率调研组一行来宣调研财政重点工作。

7月15日 宣城市出台《关于促进合肥工业大学等高校毕业生在宣就业创业的实施意见》。

7月17日 市财政局召开全体职工会议开展集中专题警示教育。

7月23日 宣城市召开民生工程推进会,市委常委、常务副市长李明出席会议并讲话。

7月24日 市财政局开展“马上就办,办实办好”专题学习讨论。

7月30日 首个试点的PPP项目——宣城市水阳江大道闭合段(北段)PPP项目顺利开标。

8月4—5日 财政部调研宣城市世行支持中部地区承接产业转移工作。

8月17—18日 省财政厅农村局来宣调研乡镇财政资金监管工作。

8月25日　市人大视察组视察民生工程建设工作。

8月　宣城市财政发展“十三五”规划进入编写阶段。

9月1日　宣城市首个清洁发展委托贷款项目　宣酒集团搬迁技改申请6500万元清洁发展委托贷款项目获得财政部清洁发展机制基金管理中心正式批复。

9月11日　宣城市首批PPP项目　宣城市水阳江大道闭合段(北段)工程正式签约,市长韩军出席签约仪式并讲话。

9月25日　水阳江大道闭合段北段工程入选财政部第二批PPP示范项目。

10月9日　中共宣城市财政局直属机关委员会党员大会召开，选举产生市财政局第一届直属机关党委和纪委委员。

10月15日　省财政厅党组成员、副厅长陈军来宣开展财政重点工作帮扶调研活动。

10月25日　宣城市财政系统行政执法人员参加全省财政行政执法人员资格认证统一考试。

10月26日　《促进合肥工业大学等高校毕业生在宣就业创业补贴奖励资金申领发放暂行办法》出台。

10月26日　市人社局、市财政局联合印发《大力推进大众创业工作补贴奖励资金申请发放暂行办法》。

10月26—28日　邀请人大代表、政协委员对项目支出预算实行专家评审。

10月28日—11月4日　省农发局验收组来宣城市验收2014年度国家农业综合开发项目。

11月10日　宣城市财政局召开创建全国文明城市推进会。

11月29日　市财政局组织党员干部赴宁国市中溪镇夏霖村开展党建片组交流暨“走进美好乡村”活动。

12月4日　全市农村综合改革工作会议召开。

12月8日　市财政局在2014年度全省财政总决算评比中荣获三等奖。

12月13日　省财政厅党组成员、副厅长朱艾勇来宣调研财政重点工作。

12月29日　市财政局组织党员干部到宣城市廉政教育基地参加廉政教育学习。

12月29日　市财政局召开“三严三实”专题民主生活会。

(宣城市财政局供稿)

铜陵市财政工作大事记

1月7日　铜陵市十五届人大四次会议听取《关于铜陵市2014年财政预算执行情况和2015年财政预算(草案)的报告》。

2月13日　市财政局召开2015年度“1+4”财政专项资金新闻发布会。

2月27日　市财政局(国资委)举行全市财政系统干部春季培训。

4月17日　市财政局(国资委)首次召开重大决策事项专家论证、法律听证会。

5月18日　市财政局被市委市政府记集体二等功。

7月份　铜陵市获得节能减排示范市绩效评价荣获全国优秀第三名。

7月1日　铜陵市出台《关于规范行政事业单位财务管理若干规定》。

7月16日　市财政局全市机关事业单位财政财务知识培训班。

9月29日　铜陵市餐厨废弃物资源化利用和无害化处理项目、海螺生活垃圾焚烧厂二期项目和城市排水一体化3个项目入选财政部第二批PPP示范项目。

10月23日　市财政局召开市民生工程新闻发布会暨2016年项目征集启动仪式。

11月19日　省财政厅党组书记、厅长罗建国到铜陵市宣讲十八届五中全会精神。

12月26日　市财政局(国资委)召开务虚会议,全面总结2015年财政(国资)工作,认真谋划2016年财政(国资)工作思路。

12月6日　召开2015年财政工作务虚会,总结2014年工作,研究部署2015年工作。

12月31日　全市财政收入完成135亿元,增长2.1%；全市财政支出完成110.2亿元，增长4.7%。

(铜陵市财政局供稿)

池州市财政工作大事记

1月7日　省财政厅副巡视员陈传文来池调研，征求对全省2014年预算执行情况和2015年预算草案有关情况的意见和建议。

1月26日　市财政局党组书记、局长李建华赴石台县小河镇来田村开展“单位包村、干部包户”定点帮扶活动。

2月28日　中央文明委公布了第四届全国文明城市(区)、文明村镇、文明单位名单,池州市财政局获第四届全国文明单位荣誉称号。

2月28日　市财政局开展党员集中培训。

3月12日　市财政局组织干部职工参加义务植树活动。

4月8日　市财政局公开招标实现社保基金保值增值。

4月18日　省财政厅党组书记、厅长罗建国来池州市调研一季度财政经济运行形势和财政重点工作推进情况，实地调研池州市污水处理及市政排水设施PPP项目、池州市海绵城市建设情况。

5月22日　市财政党组书记、局长李建华作专题教育党课报告,动员部署“三严三实”专题教育活动。

6月　市财政局启动2016年预算及2016-2018年中期财政规划编制工作。

6月12日　市财政局召开“三严三实”专题教育学习会。

6月19日　市财政局开展“江淮普法行”法律咨询活动。

7月6日　市财政局启动查处发生在群众身边的“四风”和腐败问题专项治理工作。

7月9日　省财政厅副厅长吴天宏来池调研。

7月29日　市财政局开展“培育好家风　传承好家训”道德讲堂活动。

8月12日　市财政局举办“关注家庭教育、争做合格家长”专题讲座。

9月1日　市财政局召开“三严三实”第二专题学习研讨会,市委常委、常务副市长张夏林出席会议并讲话。

10月19日　市财政局召开工会、妇联换届选举大会。

10月12日　省财政厅对池州市2014 2015年度创建服务型示范财政所(分局)工作进行检查验收。

10月21日　省财政厅副厅长朱长才来池调研帮联财政工作。

11月11日　市财政局召开“三严三实”第三专题学习研讨会。

11月11日　市财政局召开专题会议学习新修订的《中国共产党廉洁自律准则》《中国共产党纪律处分条例》。

11月20日　省财政厅党组书记、厅长罗建国调研池州市美好乡村建设情况。

11月27日　市委副书记、代市长雍成瀚主持召开市政府第64次市长办公会议,专题听取民生工程汇报,研究推进民生工程工作。

12月18日　徐树生同志任市财政局局长。

12月21日　市财政局召开“三严三实”专题民主生活会。

(池州市财政局供稿)

安庆市财政工作大事记

1月　市财政局印发《安庆市市直机关公务接待费管理暂行办法》,从2015年2月1日起执行。

1月　安庆市市直单位电子竞价采购系统正式上线运行，标志着本市政府采购交易活动进入电子化e时代。

2月16日　市财政局召开全市财政暨民生工程工作会议,部署安排年度财政和民生工程工作。

3月　市财政局被市委、市政府授予2014年度机场复航和投融资工作先进集体。

3月　市财政局组织开展非税收入管理改革10周年宣传活动。

4月　成立市国有资产管理办公室,下设产权管理科、改革发展科、监督考核科三个科室。

4—8月　组织开展全市涉农资金专项整治行动。

5月　市政府办公室下发《关于进一步做好盘活财政存量资金工作的通知》(宜政办发〔2015〕5号)。

5月　市政府办公室印发《关于安庆市财政局主要职责内设机构和人员编制规定的通知》(宜政办发〔2015〕23号)。

5月　启动"三严三实"专题教育活动。

6月　安庆市首次编制大建设项目资金安排计划,将资金与具体项目紧密结合。

6月　国内首个采用PPP模式运作的纯公益类项目安庆市外环北路项目正式开工建设。

6月　建立市区贫困重度残疾人护理补贴制度，出台市区贫困重度残疾人护理补贴发放实施方案。

7月　全市公务用车制度改革全面启动。

9月　市人大常委会副主任程学东率市人大常委会调研组调研安庆市非税收入管理改革工作。

9月　安庆市外环北路工程PPP项目入选财政部第二批政府与社会资本合作示范项目。

9—10月　组织开展全市国有企业资产情况清查并形成清查报告上报市政府。

10月　出台《安庆市财政局关于进一步规范市本级财政预算执行支出经济分类科目有关事项的通知》(财库支〔2015〕548号),强化预算执行支出经济分类。

10月　市政府出台《关于加快推进企业上市(挂牌)工作的意见》(宜政发[2015]16号)。

10月　市财政局被省扶贫开发领导小组授予"全省社会扶贫先进集体"称号。

10月9—10日　省人大常委会副主任陈先森率队视察安庆市民生工程实施情况。

11月　国家农业综合开发办公室对安庆市本级以及望江、太湖县2012-2013年度农业综合开发项目进行竣工验收。

12月　市本级国库集中支付电子化全面上线运行。

12月　安庆市污水管网一体化PPP项目正式签约。

12月　市人大主任康正和、市政府市长魏晓明、市政协主席张金锐、市纪委书记张君毅先后到市财政局调研财政和企业上市(挂牌)工作。

12月　初步完成安庆市财政"十三五"规划编制工作。

12月　市财政局被市委、市政府授予"第七届中国(安庆)黄梅戏艺术节先进集体"。

12月31日　全市财政收入完成258.8亿,首次突破250亿;全市财政支出完成336.9亿,首次突破300亿。

(安庆市财政局供稿)

黄山市财政工作大事记

1月10日　环保部环境规划院专家一行赴徽州区调研新安江流域生态补偿机制试点工作,对试点取得实效表示肯定。

1月15日　黄山市第六届人民代表大会第四次会议上,市财政局局长汪德宝向大会作《关于黄山市2014年财政预算执行情况和2015年财政预算草案的报告》,获审议通过。

1月15日—2月28日　全市开展税收等优惠政策清理工作。

1月25日　社会各界人士评选新安江流域生态补偿机制试点成效为2014年黄山市十大新闻之一。

1月21—26日　黄山市政府督查室、市监察局、市审计局、市财政局(民生办)组成联合督查组,分赴各区县开展2014年度民生工程年终联合督查。

1月　制定《黄山市市级2015—2016年度集中采购目录及限额标准》。

2月22日　市财政局完成市直部门预算及"三公"经费预算信息公开,支出功能科目公开到项级,经济科目公开到类级。

2月25日　财政部网站新闻联播栏目报道《黄山市创新六大机制助推新安江生态保护》,介绍新安江生态补偿试点工作创新经验。

2月28日　按照财政部、省财政厅部署,全市开展财政存量资金盘活工作，全市共盘活财政存量资金18.05亿元。

2月　全市债务清理甄别后续调整工作完成,共清理甄别2014年市本级政府性债务余额71.15亿元。

3月2—6日　市财政局开展春训活动，各科室(局)、局属二级机构负责人述职、年度考核以及对先进科室、先进单位、先进个人进行表彰。

3月7日　省政府正式颁布《安徽省新安江流域水资源与生态环境保护实施方案》。

3月18日　黄山市政府召开第26次常务会议，听取黄山市2015年民生工程实施工作汇报，并研究确定2015年全市在实施省定33项民生工程项目的基础上实施菜篮子工程、公共服务平台直通工程2项市定民生工程项目。

3月18日　新华社(内部动态清样)反映新安江流域生态补偿机制工作。李克强总理作重要批示："跨省流域生态补偿机制试点是个有益尝试，发改委、财政部、环保部要会同有关方面认真总结经验，研究提出扩大流域上下游横向补偿机制试点的意见。"

3月20日　市财政局对市直部门及区县存量资金清理情况进行监督检查。

3月24日　召开全市财政暨民生工程工作会议，通报全市2014年民生工程考核结果，研究部署2015年财政及民生工程工作。

3月28—29日　皖浙两省在淳安县召开新安江流域生态补偿机制建设座谈会，就加快推进试点延续工作进行会商。

3月　黄山市财政局、市发改委、市农委组织开展为期半年的全市涉农资金专项整治行动，该行动共查处违规违纪问题83起，涉及资金6581.39万元。

3月　完成全市2014年度财政总决算和部门决算编审工作，并在全省评比中获得佳绩，其中部门决算连续第二年荣获全省一等奖；财政总决算获全省二等奖。

4月10日　市六届人大常委会第十八次会议听取市政府《关于市级国有资产经营管理情况的报告》。

4月10日　财政部，环保部在北京召开座谈会，研究讨论新安江生态补偿机制试点工作。黄山市常务副市长周勇，市财政局局长汪德宝，环保局局长周寿华，新保局局长聂伟平等参加会议。

4月10日　黄山市六届人大常委会第十八次会议审议并通过《千岛湖及新安江水资源与生态环境保护综合规划》办理意见的报告。

4月17日　财政部预算司赴黄山市调研新安江生态补偿机制试点工作。

4月19—22日　国家发改委调研组赴新安江流域，对国家综合规划推进落实、上下游合作治理、生态补偿资金使用、经济社会发展与生态环境建设、可持续发展安排等工作情况进行调研。

4月22日　省财政厅农村局来黄山市开展2014年度惠农补贴资金管理及乡镇财政资金监管工作综合考评。

4月27—28日　省财政厅副厅长朱长才率政法处来黄山调研重点工作。

4月　黄山市正式启动市直行政事业单位经营性资产管理改革。

5月11—18日　省涉农资金专项整治重点检查组对黄山市歙县、休宁县、黄山区以及市本级涉农资金专项整治行动重点检查工作开展情况进行重点检查。

5月18—19日　财政部政府社会资本合作中心主管孟祥明会同中节能中资环保公司副总经理李云生，环境部规划院等相关负责人来黄山调研新安江流域生态补偿机制试点。

5月21日　市财政局局长汪德宝作三严三实专题报告，全面启动"三严三实"专题教育。

5月26日　制定出台进一步加强财政支出预算执行管理的通知，加快支出预算执行管理，建立约谈通报制度。

5月　全市全面开展新农合政策执行及基层管理，村卫生室执业风险机制专项检查；开展全市2012 2014年企业职工基本养老保险、城乡居民养老保险和未参加集体企业养老保险监督检查工作。

5月　开展对全市政府集中采购代理机构和政府采购促进中小企业发展政策落实情况专项监督检查。

6月9日　联合市档案局下发《黄山市乡镇财政局(分局)档案规范化管理工作实施意见》。

6月11日　代市政府拟定出台《黄山市人民政府关于加强政府性资金引导促进重点企业发展的意见(试行)》。

6月18日　市国资办通过政府购买服务方式，聘请3家会计师事务所参与26户市属国有企业分类考核目标审查工作，标志着黄山市市属国有企业分类考核试点工作正式启动。

6月　牵头组织对市9大银行进行突击实地资金安全检查，深查严纠管理漏洞。

6月　市本级及三区四县全面推行会计监督管理公示制度。

7月1日　全市异地缴纳道路交通违法罚款工作正式实施。

7月8—9日　省财政厅党组成员副厅长、省医改组长陈军一行来黄山市开展财政重点工作和深化医药卫生体制综合改革试点工作督导调研。

7月10日　常务副市长周勇来市财政局调研财政工作。

7月　完成屯溪区与徽州区、休宁县部分区划体制调整资金测算、划转工作。

7月　全市财政系统通过省财政厅“六五”财政法治宣传教育考核验收检查。

7月　组织市本级及各区县财政局长参加2015年财政领导干部岗位培训。

7月　完成2014年度市级权责发生制政府综合财务报告试编工作。

8月12—13日　省非税局来黄山市开展非税收入管理改革十周年调研暨2015年上半年非税收入运行质量检查。

8月14日　国家财政部、环保部委托环保部环境规划院对三年试点工作进行评估，首轮新安江流域生态补偿机制试点绩效评估顺利完成。

8月17—20日　全国乡村旅游提升大会暨全国旅游工作研讨班在黄山市召开，财政部行政政法司副司长汗长海及行政政法司行政二处刘斌樑参加会议。

8月21日　黄山市出台《新安江流域农村环境社会化管理实施意见》，加快推进农村环境社会化管理，鼓励社会资本参与建设和运营(PPP)，建立农村环境治理长效机制。

8月28日　黄山市召开第六届人民代表大会常务委员会第二十次会议，审议通过《关于黄山市2014年度财政决算和2015年上半年预算执行情况的报告》。

8月28日　省财政厅下发《关于2015年县级支农资金整合先进县奖励的通知》，黄山区获得A类县荣誉，奖励资金270万元；休宁县获C类县荣誉，奖励资金100万元。

8月　黄山市被省财政厅补列为第二批国库集中支付电子化管理试点市。市财政局牵头制定印发《黄山市市级财政国库支付电子化管理实施方案》，确定市直15家单位为市首批试点单位，并于11月底顺利实现试点单位直接支付电子化的上线运行。

9月2日　制定出台《黄山市市级部门预算公开评审实施暂行办法》，扩大选择20个市直预算部门公开评审。

9月11日　省民生工程协调小组办公室下发《关于民生工程绩效奖补的通知》。对2015年度全省6个地市进行绩效奖励。黄山市位列其中并获得奖补资金，这是继2013、2014年后连续三年获得绩效考评先进市称号。

9月16日　市委书记任泽锋赴歙县、徽州区督查民生工程工作实施情况。

9月23日　《安徽日报》发表文章，“新安江生态补偿机制试点纳入中央顶层设计”新安江流域生态保护首次写进中央文件，提出继续推进新安江水环境补偿。

9月23日　市委书记任泽锋、市长孔晓宏带队调研市城投公司改革转型工作，并召开座谈会。

9月24日　制定出台《2016年专项资金预算细化编制方案》。要求所有部门11月底完成预算预留资金的细化工作，确保2016年初预算项目资金细化率达到50%以上。

9月25日　中国水利部水科院专家学者及欧盟专家代表一行赴黄山市考察调研新安江水资源三年工作。

9月28日　市长孔晓宏率队赴屯溪区开展民生工程专项督查工作。

9月30日　省财政厅下发《关于2014年现代农业生产发展资金绩效评价结果的通报》，黄山市徽州区、祁门县、歙县、黄山区均通过考评，获合格等次。

9月　落实市政府办公厅《关于加快推进大众创业的实施意见》，出台《黄山市创业扶持资金使用管理暂行办法》。

10月8—9日　省人大常委会副主任陈先森率队赴黄山市视察民生工程实施情况。

10月12日　组织全市各区县村干部，村民理财小组成员参加2015年财政支农政策培训，期间培训人员743人。

10月30日　省财政厅副巡视员陈传文一行来黄山，开展财政重点工作帮联调研。

10月30日　黄山市提前完成544个一事一议财政奖补项目任务，完成投资额6591万元，投资完成率为133%。争取各类资金6513万元，其中争取省级以上财政奖补资金3675万元，区县财政奖补资金1306万元，村集体等其他投入资金1532万元。

10月　出台《黄山市财政局国有资产处置风险内部控制办法(试行)》等九个专项内部控制办法。

10月　组织开展全市《政府采购法实施条例》知识竞赛活动。

10月　印发《关于进一步加强公务接待经费管理的通知》，落实公务接待费管理主体责任。

10月　联合市审计局、市卫计委、市发改委完成对市人民医院、市中医院、市第二人民医院债务审计及认定工作，并出具审计认定报告。

10月　组织全市财政干部参加全省财政行政执法人员资格认证(黄山考点)考试工作，共627位财政干部参加考试。

11月19日　市委常委、常务副市长周勇参加市财政局“三严三实”专题学习研讨。

11月19日　市人大常委会副主任汪理文率部分省市人大代表、民生工程特邀监督员，对休宁县、祁门县民生工程项目进行专题督查。

11月21日　新安江流域生态补偿新一轮机制建设座谈会召开，皖浙两省财政厅、环境保护厅、黄山市政府、淳安县政府领导联合出席。

11月23日　市政协副主席毕普民率部分市政协委员、民生工程特邀监督员，对歙县、屯溪区民生工程项目进行专题督查。

11月30日　黄山市人大常委会主任程迎峰，副主任舒志民与省人大代表视察新安江流域生态补偿机制试点工作。

11月　市财政局对市直四家国有农场开展调研，重点解决2家国有农场的水电改造项目，改善国有农场工作环境。

12月1日　黄山市因推进生态补偿机制改革，荣膺“2015中国改革年度案例单位”。

12月11—12日　省财政厅党组成员、副厅长朱艾勇一行来黄山市开展财政重点工作帮联调研。

12月29日　市政府办公厅分别印发《黄山市市直单位经营性国有资产集中管理暂行办法》《黄山市市属国有企业监事会暂行规定》。

12月31日　市委副书记、市长孔晓宏到市财政局调研指导财政工作并听取新安江生态补偿机制试点工作情况。

12月31日　全省通过“一卡通”打卡发放27项惠农补贴资金7.47亿元，人均受益639元，较2014年人均增收59元；全市监管乡镇财政资金27.29亿元，其中预算资金12.34亿元，项目资金5.15亿元，补助资金7.48亿元，村级资金2.32亿元。

12月31日　全市25个乡镇财政所(分局)荣获首批省级服务型财政所优秀单位称号；21个乡镇财政档案管理通过省一级认定。

12月31日　7户市属国有企业足额上缴国有资本收益111.9万元。

(黄山市财政局供稿　杜书生)

广德县财政工作大事记

1月10日　开展民生工程全年考核工作。

1月15日　召开行风监督员座谈会

1月27日　县财政局召开《预算法》专题学习会议。

1月27日　县财政局党组被授予安徽省“学习型党组织建设工作示范点”荣誉称号。

3月6日　全县财政工作会议召开，会议总结2014年财政工作，安排部署2015年工作任务。

3月6日　县财政局获市“三八红旗集体”荣誉称号，为本县唯一获此殊荣的先进集体。

3月10日　县财政局召开机关工会换届选举大会。

3月26日　召开2014年度落实党风廉政建设责任制暨领导班子和领导干部考核工作会议，县委组织部常务副部长陈文杰出席会议并讲话。

4月1日　组织干部职工参与全县第三届笄山竹海登山节活动。

4月3日　组织党员干部前往爱国主义教育基地——英烈山开展清明扫墓祭英烈活动。

4月7日　县财政局召开人大代表议案、政协委员提案办理工作会议，将47件议案提案进行任务分解。

4月10日 县民生办召开全县民生工程调度会议。

4月15日 国家农发办副主任何兆斌、产业处处长吴洪伟、制度处调研员刘洁，对荣达蛋鸡产业(广德畜禽养殖业)的发展情况进行专题调研。

4月16日 省财政厅监督检查局盘活财政存量资金检查组对本县开展专项检查。

4月23日 召开财政信息宣传工作会议。

4月27日 市民生办主任王军带领宁国民生办工作人员到本县对2014年小型水利工程改造提升、基本公共卫生服务绩效互评和2015年县级配套资金落实情况进行互查。

4月28日 开展2014年农村公路养护资金使用及项目实施情况调研。

5月4日 会同县国税局、地税局开展营改增相关政策落实情况的调研。

5月5—10日 省涉农资金专项整治行动检查组来本县开展涉农资金专项整治工作专项检查。

6月2日 在县夫子庙广场开展民生工程集中宣传活动。

6月10日 召开2014年度权责发生制政府综合财报试编工作布置会。

6月11日 宣城市人大副主任汪志良率财经工委及市财政局来本县调研1-5月份财政运行情况。

6月17日 开展"七一"慰问活动，慰问结对共建村和社区困难党员。

6月26日 县民生办召开全县民生工程联络员会议。

7月7日 召开2016年度预算编制工作会议，对下年度预算编制工作任务进行具体布署。

6月29日 召开庆祝建党94周年纪念大会。

7月22日 县委副书记、代县长陈红英到县财政局调研指导财政工作。

7月31日 县十六届人大常委会第二十二次会议审议通过广德县2014年度财政决算草案和2015年上半年预算执行情况的报告。

8月中旬 开展非税收入管理改革十周年专题调研暨2015年上半年非税收入运行质量专项检查。

8月13日 省委讲师团第四期"送理论进基层"宣讲活动走进广德县财政局，宣讲《铭记抗战历史 弘扬抗战精神》。

8月20日 开展地方政府债务管理与风险防控专题调研。

8月22日 副县长邱型军专题调研广德县农业综合开发工作。

8月26日 召开理论中心组学习会议，围绕"严以律己"和"马上就办、办实办好"进行专题研讨。

9月10日 县委常委、宣传部长刘群视察本县服务型财政所创建工作。

9月15日 全县"三严三实"专题教育第十调研组工作交流会在县财政局召开。

9月29日 县十六届人大常委会第二十九次会议审议通过本县2015年本级一般公共预算调整方案（草案），将今年本县第二批新增政府一般债券收支纳入年度财政收支预算。

10月15日 省财政厅党组成员、副厅长陈军一行来本县开展财政重点工作帮扶调研。

10月20日 对公共租赁住房保障和棚户区改造民生工程进行专项督查。

10月20日 省财政厅考核验收组对本县服务型财政所(分局)创建工作进行考核验收。

10月20日 走访慰问结对共建村 东亭乡颂祥村、沙坝村高龄困难老人。

10月21日 组织全体退休老干部前往四合乡水塘村参观美好乡村建设示范点。

10月25日 组织财政干部参加全省行政执法资格考试。

11月2日 县编办主任苏德胜一行对财政局事业单位机构编制情况进行调研。

11月10日 市检查组于对本县政策性农业保险工作开展监督检查。

11月3日 召开地方预决算公开情况专项检查布置培训会议。

11月12日 省财政厅监督检查局徐中祥调研员一行对本县预决算公开情况进行专项检查。

11月16日 县"三严三实"专题教育第十调研组一行到县财政局督查"三严三实"专题教育工作开展情况。

11月39日 深入县委非公工委成员联系点广德锦汭轴承有限公司、安徽安泰农业开发有限责

任公司、广德县健桥康复医院3家单位走访调研

12月6日　东亭财政所、誓节财政分局、邱村财政分局通过省财政厅组织验收，获服务型乡镇财政所(分局)创建省级“示范所”。

12月7日　召开年终财政关门工作会议。

12月17日　县财政局妇委会慰问东亭乡颂祥村、沙坝村贫困计生家庭。

12月15日　县人大常委会主任程利率县人大常委会视察组，对全县民生工程建设情况进行专题视察。

12月29日　召开“三严三实”专题民主生活会。

12月31日　县委副书记、县长陈红英到县财政局召开座谈会,听取全年财政工作情况汇报。

宿松县财政工作大事记

3月12日　召开全县财政系统工作会议

4月7日　成立县财政局内部控制委员会,启动内部控制体系建设

5月6日　召开全县财政暨民生工程工作会议

5月8日　出台宿松县党政机关公务接待费管理暂行办法。

6月1日　启动县级公立医院国库集中支付改革。

6月11日　召开“领导干部上讲台”专题教育党课报告会,部署开展“三严三实”专题教育。

6月24日　成立宿松县投融资管理委员会，办公室设在县财政局，将原设在县政府办公室的县政府金融工作办公室机构职责划入县财政局。

6月24日　出台宿松县党政机关差旅费管理办法。

6月30日　出台宿松县乡镇财政权力清单、责任清单和服务清单制度。

7月10日　省财政厅副厅长吴天宏到宿松调研。

7月15日　启动财政“十三五”发展规划编制。

7月16日　召开全县财政系统作风建设整顿动员大会，部署开展查处发生在群众身边的“四风”和腐败问题专项行动。

7月18日　举办宿松县非税改革十周年征文活动。

10月19日　举办全县财口党建协作区机关党建现场观摩交流活动。

10月29日　省财政厅副厅长孟照红到宿松调研。

11月1日　举行全县财政系统“乒发激情、羽你共享”友谊赛。

12月1日　国库集中支付“财银直联”平台正式上线。

12月8日　举办十八届五中全会精神宣讲报告会。

12月31日　完成一般预算收入98637万元，为年初预算的100.1%,同比增长10.1%。

12月31日　全年完成预、决算评审项目85个,评审投资总额6.2亿元,审定投资5.6亿元,审减金额达6000万元。

(宿松县财政局供稿　夏序平)

财经规章篇

规范性文件

安徽省财政厅 安徽省国土资源厅关于印发《安徽省省级矿产资源专项收入使用管理办法》的通知

财建〔2015〕24号

各市、县(区)财政局、国土资源局:

为规范矿产资源专项收入使用管理，提高资金使用效益,根据《国务院关于深化预算管理制度改革的决定》(国发〔2014〕45号)和财政部、国土资源部《关于将矿产资源专项收入统筹安排使用的通知》(财建〔2010〕925号)等有关规定,经省政府同意,我们制定了《安徽省省级矿产资源专项收入使用管理办法》,现印发给你们,请遵照执行。

安徽省省级矿产资源专项收入使用管理办法

第一条　为规范矿产资源专项收入使用管理,提高资金使用效益,根据《国务院关于深化预算管理制度改革的决定》(国发〔2014〕45号)和财政部、国土资源部《关于将矿产资源专项收入统筹安排使用的通知》(财建〔2010〕925号)等有关规定,经省政府同意,制定本办法。

第二条　本办法所称矿产资源专项收入是指省级分成的矿产资源补偿费、探矿权采矿权使用费及价款收入。

第三条　矿产资源专项收入纳入财政预算管理,专款专用,任何单位和个人不得截留、挤占和挪用。

第四条　省财政厅根据当年矿产资源专项收入预算数确定本年度矿产资源专项收入支出预算总额,并在年度终了后对上年度矿产资源专项收入实际入库数进行清算。矿产资源专项收入年终结余,可结转下一年度继续安排使用。

第五条　矿产资源专项收入统筹用于以下方面支出:

(一)矿产资源勘查;

(二)矿山地质环境恢复治理(含采煤塌陷区治理);

(三)地质遗迹保护;

(四)地质灾害防治;

(五)公益性地质勘查与科研;

(六)矿产资源节约与综合利用;

(七)矿产资源监督管理;

(八)矿产资源专项收入征收使用管理;

(九)对承担省财政出资探明矿产地有突出贡献的项目承担单位给予奖励;

(十)经省政府研究确定的其他投资性支出。

以上支出范围的预算管理分别按照现行专项资金管理办法执行。有关办法规定与本办法不符的,以本办法为准。

第六条　省财政厅、省国土资源厅根据经济社会发展的需要和省委、省政府确定的重点工作等,对矿产资源专项收入的支出结构适时进行调整,实现资金使用绩效最大化。

第七条　矿产资源专项收入安排的项目,承担单位要严格按照批准下达的预算,合理安排使用资金,不得擅自变更项目设计,不得扩大支出范围、提高开支标准;不得用于矿产资源专项收入支出范围以外的其他支出。项目实施要严格执行法人责任制、合同管理制、招标投标制、工程监理制、公示制等管理制度,公开透明,阳光操作。项目完工后要按规定及时办理竣工验收、财务决算和资产移交。

第八条　省财政厅和省国土资源厅负责省级矿产资源专项收入和支出预算的编制和执行,监督检查资金使用和项目实施,组织开展专项资金的绩效评价。

第九条　各地区和单位不得以任何理由骗取、截留、挤占、挪用矿产资源专项收入资金。对违反规定的,依照《中华人民共和国预算法》、《财政违法行为处罚处分条例》(国务院令第427号)等法律法规予以处理,对已拨付的资金予以追缴。涉嫌犯罪的,依法移送司法机关追究刑事责任。

第十条　市县分成的矿产资源补偿费、探矿权采矿权使用费及价款收入,可比照本办法规定制定具体管理办法。

第十一条　本办法由省财政厅、省国土资源厅负责解释。

第十二条　本办法自印发之日起执行。

安徽省财政厅 安徽省国土资源厅关于印发《安徽省地质勘查基金管理办法》的通知

财建〔2015〕26号

省直有关单位,各市、县(区)财政局、国土资源局:

为加强安徽省地质勘查基金管理,提高资金使用效益,鼓励和引导社会资金投入矿产资源勘查,建立矿产资源勘查投入良性循环机制,经省政府同意,我们制定了《安徽省地质勘查基金管理办法》,现印发给你们,请遵照执行。

安徽省地质勘查基金管理办法

第一章　总　则

第一条　为加强安徽省地质勘查基金(以下简称地勘基金)管理,提高资金使用效益,鼓励和引导社会资金投入矿产资源勘查,建立矿产资源勘查投入良性循环机制,参照《中央地质勘查基金管理办法》,结合我省地勘基金实际情况和国家有关法律法规,经省政府同意,制定本办法。

第二条　地勘基金是指省级财政在预算内安排的着重用于本省确定的重点矿种和重要成矿区带勘查的专项资金。其来源主要为省级分成的矿产资源补偿费和矿业权价款收入及其他资金。

第三条　地勘基金原则上用于矿产勘查,经过省国土资源厅、省财政厅研究确定,也可用于地勘基金项目的资源整合、国家矿产资源储备。经省政府批准同意,在保值增值的前提下,可用于其他项目投资。

第四条　地勘基金投资应着力发挥政策调控和分担勘查风险作用,优先支持国家和省级确定的重点矿种、重要成矿区带的地质找矿工作,引导和拉动社会资金投入矿产资源勘查。

地勘基金支持的矿产资源勘查工作程度原则上控制到普查,煤炭资源、低风险矿产及经过省国土资源厅、省财政厅批准的重要矿种勘查工作程度可以控制到必要的详查。

第五条　按照合理分工、有效衔接、投向互补的原则,建立省级地勘基金与中央地勘基金协调联动机制。

鼓励社会各类资金按“风险共担、利益共享”的原则申请与地勘基金合作开展矿产勘查。

第六条　地勘基金主要用于支持下列矿种的勘查:

(一)煤、铁、铜、铅、锌、锰、镍、铀、金、银、地热、煤层气、页岩气,兼顾其他优质高效的非金属矿产资源;

(二)钨、锡、锑、稀土等国家规定实行保护性开采的特定矿种或国家限制开采总量的重要矿种;

(三)按照有关规定应当由地勘基金出资勘查的其他矿种。

第七条　地勘基金全额投资的勘查成果,除国家和省另有规定外,一律采用市场竞争方式出让矿业权;

地勘基金与社会各类资本合作投资的勘查成果,由地勘基金管理机构登记的探矿权,或者地勘基金占有大于50%(含50%)投资比例的仍由原矿业权人登记的合作探矿权，一般采用市场竞争方式出(转)让探矿权;地勘基金占有比例小于50%投资比例的仍由原矿业权人登记的合作探矿权,可以以合同约定方式出(转)让探矿权。

第八条 地勘基金的使用和管理必须遵守国家有关法律、行政法规和财务规章制度;地勘基金项目采用合同化管理，项目的确定要充分发挥专家作用;遵循诚实申请、公正受理、公平竞争、公开透明、科学管理、专款专用、良性循环的原则。

第二章 管理机构职责分工

第九条 地勘基金由省财政厅、省国土资源厅共同管理,省国土资源厅、省财政厅共同委托省地勘基金管理机构负责地勘基金项目组织实施及日常管理工作。

第十条 省财政厅主要负责地勘基金的预算和资金管理。具体职责如下:

(一)确定地勘基金年度总预算及资金来源;

(二)审定并批复地勘基金项目预算及组织实施费预算;

(三)审核办理资金拨付并对地勘基金的预算执行和资金使用情况进行监督检查;

(四)审批地勘基金年度财务决算。

第十一条 省国土资源厅主要负责地勘基金项目的管理。具体职责如下:

(一)会同省财政厅发布地勘基金项目立项公告并组织项目的审查、论证,编制项目计划并组织实施;

(二)依法协调和处置相关的矿业权设置;

(三)编报地勘基金项目预算及组织实施费预算;

(四)汇总编制项目支出用款计划,汇总编报地勘基金年度财务决算;

(五)监督检查地勘基金项目执行情况。

第十二条 受省财政厅、省国土资源厅委托,省地勘基金管理机构负责项目的日常管理工作。

(一)编制地勘基金项目立项公告,审核论证项目建议书,建立并维护省级地勘基金项目库。

(二)项目的野外检查、技术指导,项目的野外验收;对项目设计执行和项目经费使用情况进行监管;对项目设计重大变更进行论证并提出建议。

(三)签订项目委托施工合同和合作勘查合同,登记地勘基金项目探矿权并维护;汇总编制项目季报、半年报、年报。

(四)受理项目设计书,参与项目的设计审查和成果验收,参与项目预算和决算审查;保管项目实施过程中各类档案资料和成果资料。

(五)编制项目预算及组织实施费建议,提出项目拨款申请,办理项目经费结算。

第十三条 项目承担单位主管部门协助管理地勘基金项目,负责地勘基金项目设计的初审,参与项目的野外验收和成果验收，对项目的工作进度和工作质量进行督促检查。

市、县级国土资源主管部门协助省国土资源厅对项目矿业权进行核查，协调解决项目勘查施工外部环境等问题;参加项目的野外验收。

合作勘查单位参与项目的预算审查、成果验收和结算审查。

省国土资源厅地质资料主管部门和省地质资料馆负责项目地质资料的汇交验收。

第三章 项目及预算管理

第十四条 根据全省矿产资源规划、地质勘查规划、矿业权设置方案等,省国土资源厅会同省财政厅编制发布地勘基金项目立项公告。

第十五条 根据矿产勘查项目的不同情况,地勘基金分别采取全额投资、合作投资两种投资方式。

下列矿产勘查项目,由地勘基金全额投资:

(一)煤炭勘查项目;

(二)钨、锡、锑、稀土等国家规定实行保护性开采的特定矿种或限制开采总量的重要矿种勘查项目;

(三)尚未登记矿业权且社会资金不愿承担投资风险的其他重要矿产勘查项目。

(四)按照有关规定应当由地勘基金全额出资勘查的项目(含低风险类矿产勘查项目)。

上述矿产勘查项目以外的其他矿产勘查,可以采取合作投资的勘查方式。

第十六条 合作勘查的地质勘查基金项目合作方申请的合作比例,新立项目不高于80%,续作项目可维持原合作比例，新申请合作勘查的续作项目合作比例不高于60%。

已登记矿业权的矿产勘查项目(包括各类投资主体),地勘基金采取合作投资勘查的方式。申请合作勘查的矿业权人应按省地勘基金管理机构的要求提供有关真实资料。

各方出资合作比例在省国土资源厅、财政厅下达地质勘查基金项目任务和投资计划时明确，并依法签订合作勘查合同；合作勘查合同应明确约定各方权利、义务、出资方式、成果处置、违约责任和争议解决途径等。

第十七条　尚未登记探矿权的地勘基金项目按照下列方式论证立项：

(一)地勘基金全额出资的勘查项目,地勘基金管理机构根据地质勘查规划、现有地质工作成果提出的勘查项目；

(二)地质勘查单位和其他有关单位可以根据前期地质工作成果，提出尚未登记探矿权的项目申请,将申报材料报送省地勘基金管理机构。

项目经地勘基金管理机构组织专家论证通过后,报省国土资源厅公告,入省地勘基金项目库。

第十八条　已登记探矿权的勘查项目，由探矿权人编制项目申报材料向省国土资源厅提出合作勘查立项申请,并明确合作投资比例,省国土资源厅会同省财政厅组织专家对项目进行论证,对前期勘查投入进行核实，最终审定是否同意合作勘查及合作投资比例。

第十九条　对项目库中可由社会各类投资主体参与勘查的项目，采用竞争的方式确定合作勘查的投资主体。省国土资源厅会同省财政厅组织专家，根据申请合作勘查的社会各类投资主体的勘查开发业绩、经济实力、勘查投入大小等因素进行综合评价打分，由项目审查委员会根据评分情况审定合作投资主体。

第二十条　根据我省矿产勘查开发的需要和年度预算，省国土资源厅从省地勘基金项目库中优选拟实施项目并公告。符合资质条件的地质勘查单位可根据公告申请承担项目，并按照要求编制项目设计和预算。

省国土资源厅会同省财政厅组织专家对项目设计和预算进行审查，以竞争方式确定项目承担单位并向社会公示。

第二十一条　对公示无异议的项目，根据审定的项目设计及预算，由省国土资源厅会同省财政厅共同下达项目任务和投资计划，并批复项目预算和组织实施费预算。

第二十二条　地勘基金项目预算一经批复，原则上不得调整。对在实施并有望获得重大成果且实物工作量已基本完成的项目，确需调整项目设计和预算或需要续作的项目，可实行计划调整快速运行机制。在原项目计划和设计的基础上,承担单位及时提出项目补充设计和预算，省地勘基金管理机构提出建议，省国土资源厅会省财政厅及时组织审查并批复项目补充设计和预算，省地勘基金管理机构签订补充合作勘查合同和施工合同,加快勘查。

第二十三条　项目实施过程中，项目承担单位应当按要求报告项目执行情况，自觉接受项目监管,项目结束后按规定进行项目验收,并按国家有关规定汇交项目成果资料和有关原始、实物地质资料及项目结算书。

第四章　财务管理

第二十四条　地勘基金实行项目管理，分账核算,专款专用,任何单位和个人不得挤占、截留和挪用。

第二十五条　为盘活地勘基金存量资金,提高资金使用效益，在确保资金安全和保值增值的前提下，对未列入年度支出计划的资金采用竞争性存放方式确定存储机构。

第二十六条　地勘基金支出范围包括项目费和组织实施费。

(一)项目费是指项目承担单位用于实施项目的各类费用，主要包括人员费、专用燃料和材料费、水电费、交通费、差旅费、会议费、印刷费、用地补偿费、劳务费、咨询费、委托业务费、租赁费和其他相关费用，以及企业法人性质和公益二类事业单位性质的勘查单位应发生的设备折旧、应缴税金、利润等。

其中:人员费,指直接从事项目工作人员的工资性费用。项目组成员工资性费用属于财政全额拨款安排的，由所在单位按照国家规定的标准从财政拨款中足额支付给项目组成员，不得在项目经费中重复列支;属于财政差额拨款安排的,差额部分可在人员费中列支。

专用燃料和材料费,指项目耗用的专用材料、专用工具和仪器、工作设备的燃料、低值易耗品等费用。

水电费,指用于项目的水费、电费、污水处理费等费用。

交通费，指用于项目的各类交通工具的租用费、燃料费、维修费、过桥过路费、保险费、安全奖励费等费用。

差旅费，指项目工作人员因项目工作出差的住宿费、伙食补助费、杂费等费用。

会议费，指项目实施过程中组织召开的与项目实施有关的专题研究、学术会议中按规定开支的房租费、伙食补助费以及文件资料的印刷费、会议场地租用费等。

印刷费，指项目实施过程中印刷报告、资料、图件的费用。

用地补偿费，指因项目实施过程中占用土地需支付的临时性设施拆建费、临时性土地占用费、青苗树木赔偿费等。

劳务费，指支付给项目临时聘用人员的劳务费用。

咨询费，指项目聘请专家或咨询机构进行业务技术咨询、评审发生的费用。

委托业务费，指项目实施过程中委托外单位进行测试、施工、加工、软件研制的费用等。

租赁费，指项目实施过程中租用专用通讯网、仪器设备等发生的费用。

其他相关费用，指除上述费用之外与项目实施有关的其他费用。

合作勘查的项目，探矿权使用费按各方投资比例承担。

以上各项费用，国家有开支标准的，按国家有关规定执行。

（二）组织实施费是指地勘基金管理机构开展项目审查、论证，对项目进行监督检查、项目监理、项目验收、资源储量评审以及其他日常管理等所发生的各类费用。

（三）项目的经费预算标准原则上按安徽省有关标准执行。

第二十七条　项目经费支出应严格控制在预算核定的额度内，按规定的费用开支范围和标准对项目进行成本核算，不得虚列、多提、多摊费用；不得扩大开支范围，提高开支标准。下列费用不得列入项目支出：

（一）应由事业费、基本建设资金、其他专项资金开支的费用；

（二）归还贷款本息；

（三）投资性支出、捐赠及赞助；

（四）各种罚款、违约金、滞纳金等支出；

（五）其他与项目无关的费用。

第二十八条　项目因不可抗力或者有关合作方终止合作需中途撤销或者中止的，按规定经省国土资源厅会省财政厅批准同意后，项目承担单位应当按完成的工作量和规定的预算标准进行财务清算，并将剩余经费按原渠道退回。

第二十九条　与省地勘基金合作投资的勘查项目，合作方必须按照合同约定足额出资，资金不按合同约定的时间到位，合作关系自行终止，造成的一切后果由违约方承担。

省地勘基金资金的拨付，按有关规定执行。

第三十条　项目工作结束进行项目成果验收的同时，项目承担单位应按照批准的项目设计或变更的设计，实际完成的工作量规定的预算标准进行项目经费结算。有结余资金的，按原渠道退回；资金不足时，由合作各方按照投资比例予以补齐。

第三十一条　地勘基金管理机构按照年度财务决算的有关规定编制年度地勘基金财务决算报送省国土资源厅，省国土资源厅审核后报省财政厅。

第五章　成果管理及矿业权处置

第三十二条　项目成果是指地勘基金项目实施形成的地质资料和矿业权等，按照国家和安徽省有关规定进行管理。

第三十三条　省地勘基金全额投资的勘查项目和尚未登记探矿权的合作勘查项目，由省地勘基金管理机构负责登记探矿权，项目承担单位协助。已登记探矿权的合作勘查项目，探矿权仍有原探矿权人持有并负责维护，合作勘查合同与项目计划任务书报登记管理机关备案。

第三十四条　建立地勘基金退出机制。除国家另有规定外，地勘基金在项目完成普查或必要的详查后退出勘查，并按以下规定处置权属：

（一）未能取得矿产资源量且不具有进一步勘查意义的，根据勘查项目成果验收结论和地质资料汇交凭证，地勘基金投入部分由省地勘基金管理机构提出意见报省财政厅、省国土资源厅批准予以核销。

省地勘基金管理机构登记的探矿权由省地勘基金管理机构负责申请注销。与省地勘基金合作的其他探矿权,由矿业权人申请注销。

(二)经省地勘基金管理机构组织专家论证达不到矿产地要求的项目,报省国土资源厅、省财政厅审批后,地勘基金不再投入勘查,探矿权经过评估后参照第七条规定进行成果处置,合作方有优先受让权。需要办理矿权变更登记的由受让方依法办理矿权变更登记手续。

(三)能够取得矿产地、地勘基金全额投资的勘查项目按照有关规定通过市场竞争方式有偿出让,或纳入国家出资勘查形成的矿产地管理。合作投资的勘查项目,参照第七条规定进行成果处置,并按合同约定进行权益分配,合作的其他投资方有优先受让权。暂不能出让或转让探矿权的合作勘查项目,依法进行探矿权保留或交由探矿权登记审批管理机关备案管理,处置时按照有关规定及合同约定处置。

(四)省地勘基金项目因不可抗力或者经有关合作各方同意终止的,其投资及相关成果依照上述规定处置。

第三十五条 项目承担单位可按知识、技术、管理等要素参与找矿成果收益分配。省地勘基金全额出资并由本省勘查单位具体承担的项目,其勘查成果出让形成的探矿权采矿权价款收入,在按规定比例上缴中央及扣除勘查成本后,项目承担单位可按一定比例分成收益(金属矿产留成20%、煤及埋藏于地下并采用井下开采的非金属矿产为10%),分成资金的使用管理,按照《安徽省地质勘查基金投资项目地勘单位分成收入使用管理暂行规定》(财建〔2007〕782号)执行。

第六章 监督检查

第三十六条 省财政厅、省国土资源厅不定期组织有关机构对地勘基金使用情况和项目执行情况进行监督检查。

第三十七条 地勘基金管理机构应当根据本办法制定具体实施办法,建立项目管理的监督约束机制和项目监理制度,实施对项目的全过程监管。实行项目报告制度,及时处理和纠正项目执行和项目经费使用中的问题。

第三十八条 项目承担单位应加强项目资金和技术质量管理,严格遵守有关财务会计制度和技术规范,并积极配合有关部门组织的监督检查。

第三十九条 存在下列情况之一的,省财政厅、省国土资源厅将视情况采取通报批评、停止拨款、终止项目、收回已拨项目经费、取消项目申报资格等措施。构成犯罪的,移送司法机关处理。

(一)虚报项目或者以不正当手段竞得项目或探矿权的;

(二)擅自转包项目、改变项目设计、调整项目经费预算的;

(三)伪造、隐匿技术资料和地质资料的;

(四)以任何名义截留、挪用、挤占项目经费,随意转拨项目资金的;

(五)违反财务会计制度和本办法规定的;

(六)其他违反法律、法规、制度规定的。

第四十条 对因组织实施不力或者管理不善等人为因素造成项目中途撤销、未通过竣工验收、未按国家规定汇交地质资料的,除应当将剩余经费如数上缴外,项目承担单位还应当进行整改,整改不合格的项目承担单位在整改期间不得再承担地勘基金项目。

第四十一条 管理机构人员在项目审查、论证和管理中弄虚作假、徇私舞弊、以权谋私的,按有关法律法规的规定处理。

第七章 附 则

第四十二条 本办法由省财政厅会同省国土资源厅负责解释。省地勘基金在国外、省外实施的项目管理,参照本办法执行。

第四十三条 本办法自发布之日起施行,《安徽省地质勘查基金管理暂行办法》(财建〔2007〕161号)同时废止。

安徽省财政厅 安徽省林业厅关于印发《安徽省财政林业补助资金管理办法》的通知

财农〔2015〕49号

各市、县(市、区)财政局、林业局:

为加强和规范财政林业补助资金使用和管

理，提高资金使用效益，根据《财政部 国家林业局关于印发〈中央财政林业补助资金管理办法〉的通知》(财农〔2014〕9号)等有关规定，结合我省实际，省财政厅会同省林业厅制定了《安徽省财政林业补助资金管理办法》。现印发给你们，请认真贯彻执行。

安徽省财政林业补助资金管理办法

第一章 总 则

第一条 为加强森林资源培育与保护、生态恢复和林业建设，规范财政林业补助资金使用和管理，提高资金使用效益，根据《财政部国家林业局关于印发〈中央财政林业补助资金管理办法〉的通知》(财农〔2014〕9号)等有关规定，结合我省实际，制定本办法。

第二条 本办法所指财政林业补助资金是指中央财政预算安排的用于森林生态效益补偿、林木良种培育、造林、森林抚育、林业科技推广示范、湿地及林业国家级自然保护区建设与保护、林业防灾减灾和省财政预算安排的用于森林生态效益补偿、林业科技推广示范、林业有害生物防治、湿地及林业省级自然保护区等补贴资金。

第二章 预算管理

第三条 省林业厅、省财政厅根据国家林业局和财政部下达的林业工作任务计划和有关要求，结合我省林业建设资源保护和恢复的工作任务，及时分解下达各地年度任务计划及有关项目立项指南。

第四条 有关市、县(市、区)财政、林业部门根据下达的本年度任务计划及项目立项指南等要求，结合本地实际，于每年2月底前向省财政厅和省林业厅报送资金申请文件。申请文件主要内容包括：基本情况和存在的主要问题、年度任务或计划、申请森林资源培育与保护补助资金数额、上年度林业补助资金安排使用情况和其他需要说明的情况等。具体内容详见附件。

第五条 省财政厅和省林业厅在各地申报汇总的基础上，于每年3月31日前向财政部和国家林业局报送本年度补助资金申请文件。

第六条 省财政厅、省林业厅根据中央财政下达补贴资金和省财政预算安排资金的总额，采取因素法分配下达资金。

第七条 林业补助资金应按规定的用途和范围分配使用，任何部门和单位不得截留、挤占和挪用。

第八条 林业补助资金的支付按照财政国库集中支付管理制度有关规定执行，属于政府采购管理范围的，按照政府采购有关规定执行。

第三章 森林生态效益补偿

第九条 森林生态效益补偿用于国家级和省级公益林的保护和管理。

第十条 国家级公益林是指根据国家林业局、财政部联合印发的《国家级公益林区划界定办法》(林资发〔2009〕214号)区划界定并经国家认定的公益林林地。省级公益林是指根据2006年省林业厅、省财政厅制定的《安徽省省级公益林区划界定实施》认定并批复同意实施补偿的公益林林地。

第十一条 国家级公益林根据权属实行不同的补偿标准，包括管护补助支出和公共管护支出两部分。国有的国家级公益林平均补偿标准为每年每亩5元，其中管护补助支出4.75元，公共管护支出0.25元；集体和个人所有的国家级公益林补偿标准为每年每亩15元，其中管护补助支出14.75元，公共管护支出0.25元。省级公益林补偿标准不分权属统一为每年每亩15元，其中管护补助支出14.75元、公共管护支出0.25元。

第十二条 国有的国家级和省级公益林管护补助支出，用于国有林场、苗圃、自然保护区、森工企业等国有单位管护公益林的劳务补助等支出。市、县(市、区)财政部门会同林业主管部门测算审核管理成本，合理确定国有单位公益林管护人员数量、管护劳务补助标准。集体和个人所有的国家级和省级公益林管护补助支出，用于集体和个人的经济补偿和管护公益林的劳务补助等支出。

公共管护支出主要用于市、县(市、区)林业主管部门开展公益林监督检查和评价监测等方面的支出。

第十三条 林业主管部门应与承担管护任务的国有单位、集体和个人签订公益林管护合同。国有单位、集体和个人应按照管护合同规定履行管护义务，承担管护责任，根据管护合同履行情况领取森林生态效益补偿。

第四章 林木良种培育补贴

第十四条 林木良种培育补贴包括良种繁育

补贴和林木良种苗木培育补贴。

第十五条　良种繁育补贴对象为国家重点林木良种基地和国家林木种质资源库；林木良种苗木培育补贴的对象为国有育苗单位及以国有育苗单位为主的合作组织。

第十六条　林木良种培育补贴标准

(一)良种繁育补贴:种子园、种质资源库每亩补贴600元,采穗圃每亩补贴300元,母树林、试验林每亩补贴100元。

(二)林木良种苗木培育补贴:除有特殊要求的良种苗木外,每株良种苗木平均补贴0.2元。省林业厅会同省财政厅根据我省林木良种苗木培育成本的实际情况,确定不同树种的补贴标准。

第十七条　良种繁育补贴主要用于良种生产、采集、处理、检验、贮藏等方面的人工费、材料费、简易设施设备购置和维护费,以及调查设计、技术支撑、档案管理、人员培训等管理费用和必要的设备购置费用；林木良种苗木培育补贴主要用于对因使用良种,采用组织培养、轻型基质、无纺布和穴盘容器育苗、幼化处理等先进技术培育的良种苗木所增加成本的补贴。

第十八条　国家重点林木良种基地应根据国家重点林木良种基地补贴资金额度和《国家重点林木良种基地考核办法(试行)》,认真编制年度作业设计,报省林业厅批复后组织实施。

第十九条　林业主管部门应与承担林木良种苗木培育补贴的国有单位签订良种苗木培育合同,明确树种(优良品种)、培育任务、质量标准、销售限价等内容。

第二十条　承担林木良种苗木培育的单位,应严格按照《安徽省林木种子条例》规定,规范国家重点林木良种基地和林木良种苗木培育的生产经营管理。

第二十一条　林业主管部门会同财政部门根据省批复的重点林木良种基地作业设计、林木良种苗木培育合同对本地区林木良种培育补贴工作进行自查，确定本地区林木良种培育补贴资金拨付方式。省财政厅、省林业厅适时对林木良种培育补贴实施情况进行重点抽查。

第五章　造林补贴

第二十二条　造林补贴是对国有林场、农民和林业职工(含林区人员,下同)、农民专业合作社等造林主体在宜林荒山荒地、沙荒地、迹地、退化防护林地、低产低效林地进行人工造林、更新和改造,面积不小于1亩的给予适当的补贴。

第二十三条　中央财政造林补贴包括造林直接补贴和间接费用补贴。

(一)直接补贴是指对造林主体造林所需费用的补贴。补贴标准为:人工造林,乔木林和木本油料林每亩补贴200元,灌木林每亩补贴120元(18个国家级贫困县灌木林每亩补贴200元)，水果、木本药材等其他林木、竹林每亩补贴100元。迹地人工更新、退化防护林和低产低效林改造每亩补贴100元。

造林直接补贴应全部落实到造林主体。享受中央财政造林补贴营造的乔木林,造林后10年内不准主伐。

(二)间接费用补贴是指对享受造林补贴的市、县(市、区)林业主管部门组织开展造林有关作业设计、技术指导及检查验收等所需费用的补贴。

第二十四条　中央财政造林补贴资金(包括直接补贴和间接费用补贴)由省财政一次性下达市、县(市、区),由各市、县(市、区)林业主管部门根据造林作业设计、合同以及造林主体造林完成情况,会同财政部门及时将中央财政造林直接补贴资金兑付给造林主体。个人造林补贴要通过财政补贴农民资金“一卡通”发放;农民专业合作社等造林主体补贴，要按照财政国库集中支付制度有关规定直接支付到相应的造林主体，并按规定进行公开、公示。

第六章　森林抚育补贴

第二十五条　森林抚育补贴是指对承担森林抚育任务的国有森工企业、国有林场、农民专业合作社以及林业职工和农民等给予适当的补贴。

第二十六条　森林抚育对象为国有林中的幼龄林和中龄林，集体和个人所有的公益林中的幼龄林和中龄林,退化防护林。一级国家级公益林不纳入森林抚育范围。

第二十七条　中央财政森林抚育补贴标准为平均每亩100元。森林抚育补贴用于森林抚育有关费用支出,包括直接支出和间接支出。

(一)直接支出主要用于间伐、补植、人工促进天然更新、修枝、除草、割灌、清理运输采伐剩余物、修建简易作业道路等生产作业的劳务用工和机械燃油等。

（二）间接支出主要用于作业设计、技术指导、检查验收等。

第二十八条 根据中央财政下达的森林抚育补贴资金和要求，省财政厅会同省林业厅按每亩100元的标准一次性下达市、县（市、区），根据同级林业主管部门提供的自查验收结果，由财政部门及时将补贴资金拨付给抚育实施主体。个人补贴资金通过财政补贴农民资金“一卡通”发放；国有林场、国有森工企业及农民专业合作社等补贴资金，按照财政国库集中支付制度有关规定直接支付到相应的实施主体，并按规定进行公开、公示。

第七章 林业科技推广示范补贴

第二十九条 林业科技推广示范补贴是指中央和省财政安排用于对全省林业生态建设或林业产业发展有重大推动作用的先进、成熟、有效的林业科技成果推广与示范等相关支出的补贴。

第三十条 补贴对象为承担林业科技成果推广与示范任务的林业技术推广站（中心）、科研院所、大专院校、农民专业合作社、国有森工企业、国有林场和国有苗圃等单位和组织。

第三十一条 支出范围主要包括林木新品种繁育、新品种新技术的应用示范、与科技推广和示范项目相关的简易基础设施建设、必需的专用材料及小型仪器设备购置、技术培训、技术咨询等。

第三十二条 申请林业科技推广示范补贴项目必须具有通过市级以上有关专门机构鉴定的近五年取得的成果，且成果权属无异议。同时落实项目实施的地点和规模，并附承担单位与合作单位的合作协议复印件。省直单位可直接向省林业厅、省财政厅提出申请。

第三十三条 省林业厅会同省财政厅根据国家林业局、财政部下达的林业科技推广示范项目立项指南，结合本省实际情况，负责林业科技推广示范项目的评审、批复立项和验收等工作。当年评审通过但未安排补贴的项目，可滚动至下一年度继续申请。

第八章 湿地、林业自然保护区建设与保护补贴

第三十四条 中央和省财政安排的湿地、林业国家级和省级自然保护区建设与保护补贴资金，按湿地保护区的重要性、建设内容、任务量、所在地财力状况、保护成绩等因素法分配。

第三十五条 湿地补贴是指主要用于湿地保护与恢复、退耕还湿试点、湿地生态效益补偿试点、湿地保护奖励等相关支出

（一）湿地保护与恢复支出指用于林业系统管理的国际重要湿地、国家重要湿地、国家和省级湿地自然保护区及国家和省级湿地公园开展湿地保护与恢复的相关支出，主要包括监测监控设施维护和设备购置支出、退化湿地恢复支出、湿地物种保护、科普宣教和湿地所在地保护管理机构聘用临时管护人员所需的劳务费等。

（二）退耕还湿试点支出指用于国际重要湿地和国家级湿地自然保护区范围内及其周边的耕地实施退耕还湿的相关支出。

（三）湿地生态效益补偿试点支出指用于对候鸟迁飞路线上的重要湿地因鸟类等野生动物保护造成损失给予的补偿支出；因保护湿地遭受损失或受到影响的湿地周边社区（村、组）开展生态修复、环境整治等方面的支出。

（四）湿地保护奖励支出指用于经考核确认对湿地保护成绩突出的县级人民政府相关部门的奖励支出，必须用于与湿地保护有关的支出，不得用于办公用房、职工生活用房以及楼堂馆所建设等支出。

第三十六条 林业国家级和省级自然保护区补贴主要用于保护区的生态保护、修复与治理，特种救护、保护设施设备购置和维护，专项调查监测和宣传教育，保护区内森林防火、有害生物防治，以及保护管理机构聘用临时管护人员所需的劳务补贴等支出。

第九章 林业防灾减灾补贴

第三十七条 林业防灾减灾补贴根据损失程度、防灾减灾任务量、各地财力状况等因素分配。

第三十八条 森林防火补贴指用于预防和对突发性的重特大森林火灾扑救等相关支出的补贴，包括购置扑救工具、器械和物资设备、租用交通运输工具支出以及重点国有林区防火道路建设支出等。补贴对象为承担森林防火任务的基层林业单位。

第三十九条 林业有害生物防治补贴指由中央和省财政预算安排用于危害森林、林木、种苗正常生长，造成重大灾害的病、虫、鼠（兔）和有害植物的预防和治理等相关支出的补贴，依据上一年

度灾害实际发生的面积、当年需要预防的面积、各地财力状况及上一年度防治工作绩效考核情况等因素分配。支出范围包括:购置药剂、药械、工具的开支,除害处理的人工费补贴,治理区发生检疫检验的材料费、小型器具费等。补贴对象为承担林业有害生物防治任务的基层林业单位。

第四十条 林业生产救灾补贴指用于支持林业系统遭受洪涝、干旱、雪灾、冻害、冰雹、地震、山体滑坡、泥石流、台风等自然灾害之后开展林业生产恢复等相关支出的补贴。补贴范围包括:受灾林地、林木及野生动植物栖息地、生境地的清理;灾后林木的补植补造及野生动植物栖息地、生境地的恢复;因灾损毁的林业相关设施修复和设备购置。补贴对象为因灾受损并承担林业生产救灾任务的基层林业单位。

第十章 监督与管理

第四十一条 财政林业补助资金必须专款专用,不得用于楼堂馆所建设、车辆购置、管理机构人员经费和日常办公设备购置等支出。

第四十二条 市、县(市、区)财政部门和林业主管部门要对财政林业补助资金的管理使用情况进行监督检查,加强追踪问效,发现问题及时纠正。对各类违法违规及违反本办法规定的行为,按照《财政违法行为处罚处分条例》等国家有关规定追究法律责任。

第四十三条 市、县(市、区)财政部门会同同级林业主管部门根据本办法,制定具体实施细则,并报省财政厅和省林业厅。

第四十四条 林业补助资金相关补助标准因政策需要进行调整的,按照调整后的标准执行。

第四十五条 本办法由省财政厅会同省林业厅负责解释。

第四十六条 本办法自下发之日起执行。《安徽省财政厅安徽省林业厅关于印发〈安徽省财政森林生态效益补偿基金管理办法实施细则〉的通知》(财农〔2010〕226号)、《安徽省财政厅安徽省林业厅关于印发〈安徽省财政林业补贴资金管理办法〉的通知》(财农〔2013〕537号)、《安徽省财政厅安徽省林业厅关于转发〈中央财政林业科技推广示范资金管理暂行办法〉的通知》(财农〔2010〕279号)、《安徽省财政厅安徽省林业厅关于印发〈安徽省林业有害生物防治补助费管理实施细则〉的通知》(财农〔2005〕893号)、《安徽省财政厅安徽省林业厅关于转发财政部、国家林业局〈林业国家级自然保护区补助资金管理办法〉的通知》(财农〔2010〕280号)、《安徽省财政厅安徽省林业厅关于印发〈安徽省湿地保护补助资金管理暂行办法〉的通知》(财农〔2012〕1613号)同时废止。

附件:财政林业补助资金申请主要内容和有关要求

财政林业补助资金申请主要内容和有关要求

一、上年度有关情况

(一)上年度分项林业补助资金使用管理情况。

(二)财政支持的林业生态建设、保护和恢复计划任务完成情况。

(三)国家和省级公益林管理及资源变化情况。

(四)林业有害生物发生和成灾情况、预防和治理成效,林业自然灾害损失情况,

(五)财政已支持的林业科技推广示范项目进展及完成情况等。

二、本年度有关计划及情况

(一)本年度计划完成的造林和森林抚育以及良种生产、育苗任务。

(二)本年度计划支持的林业科技推广示范项目。

(三)本年度有害生物防治方案。

(二)本年度计划实施的湿地、自然保护区建设任务。

安徽省财政厅关于印发《安徽省创新创业领军人才特殊支持计划专项资金管理办法》的通知

财行〔2015〕340 号

市财政局、各有关部门：

为规范“安徽省创新创业领军人才特殊支持计划”专项资金管理，提高资金使用效益，根据省委组织部、省人社厅、省科技厅和省财政厅联合印发的《安徽省创新创业领军人才特殊支持计划》（组通字〔2014〕35 号），省财政厅制定了《安徽省创新创业领军人才特殊支持计划专项资金管理办法》，现印发给你们，请遵照执行。

安徽省创新创业领军人才特殊支持计划专项资金管理办法

第一章 总 则

第一条 为规范“安徽省创新创业领军人才特殊支持计划”（以下简称“省特支计划”）专项资金管理，提高资金使用效益，根据省委组织部、省人社厅、省科技厅和省财政厅联合印发的《安徽省创新创业领军人才特殊支持计划》（组通字〔2014〕35 号）精神，制定本办法。

第二条 专项资金使用坚持“突出重点、严格程序、专款专用、注重效益”的原则。

第二章 资金安排和使用

第三条 省财政设立“省特支计划”专项资金。用于支持入选“省特支计划”能够突破关键技术、发展高新产业的领军人才，主要包括：

1. 创新领军人才。在国家或省中长期科学和技术发展规划确立的重点方向，主持重大科研任务、领衔高层次创新团队、领导国家级或省级创新基地的企业科技人才和科研管理人才，其研究工作具有重大创新性和发展前景；技术入股等形式参与企业科技创新，并积极推进科技成果产业化的省内外高等学校、科研机构科技人员。

2. 创业领军人才。运用自主知识产权创建科技企业的科技人才，或具有卓越经营管理才能的高级管理人才，创业项目符合我省主导产业或战略性新兴产业发展方向，并处于全国或全省领先地位。

第四条 省财政厅根据省人才工作领导小组审定通过的“省特支计划”领军人才评审结果，将专项资金直接拨付至入选领军人才的用人单位。专项资金由用人单位负责管理和监督，用人单位要相应制定资金管理使用办法，设立专户，保证专款专用，提高资金使用效益。

第五条 专项资金由领军人才提出使用方向，主要用于自主选题研究、人才培养和团队建设。可用于组织召开与研究项目有关的专题技术、学术会议；为项目研发进行国内外调研考察、现场试验；项目研发中委托外单位进行试验、加工、测试；采购项目研发过程中的原材料、低值易耗品；申请专利，出版有重大理论突破的学术专著等。一般不得作为大型设备采购开支。

第六条 专项资金使用原则上要通过银行转账方式结算，一般不得采用现金方式结算。除涉密及法律法规另有规定外，用人单位应当在单位公开专项资金使用情况，接受内部监督。

第三章 监督管理与绩效评价

第七条 省委组织部会同相关部门负责对资金的使用情况（包括经费使用的合理性和合规性、项目进度、完成验收、经费使用效益等）进行跟踪管理，开展不定期检查，以确保专款专用。

第八条 对弄虚作假、截留、挪用和挤占专项资金的单位和个人，一经查实，应立即责令整改，追回资金，并按照《财政违法行为处罚处分条例》（国务院令 427 号）、《安徽省财政监督条例》等有关法律法规，追究有关单位和个人责任。

第九条 领军人才入选后第 3 年，省委组织部将委托所属地市组织部门开展中期考核。主要考核领军人才工作业绩及资金使用情况，形成考核报告。考核不合格的，视目标任务完成情况部分或全部追回资助资金。

第十条 领军人才入选后第 5 年，各用人单位要提交专项资金使用情况报告，由省委组织部会同相关部门或委托第三方对经费使用情况进行绩效评价，建立以绩效为导向的资金分配激励机制，充分发挥财政资金使用效益。

第四章　附　则

第十一条　本办法自下达之日起执行。

第十二条　本办法由省财政厅负责解释。

安徽省财政厅 安徽省卫生和计划生育委员会 安徽省教育厅关于印发《安徽省省属公立医院国有资产管理暂行办法》的通知

财社〔2015〕390号

各省属公立医院:

为深化省属公立医院综合改革，我们共同研究制定了《安徽省省属公立医院国有资产管理暂行办法》,现印发给你们,请遵照执行。执行中若有问题,请及时反馈我们。

安徽省省属公立医院国有资产管理暂行办法

第一章　总　则

第一条　为加强省属公立医院国有资产管理,合理配置和有效利用国有资产,提高国有资产使用效益,维护国有资产的安全和完整,根据财政部卫生部《医院财务制度》(财社〔2010〕306号)、《安徽省行政事业单位国有资产管理暂行办法》(省政府令第214号)、《安徽省人民政府关于印发安徽省深化医药卫生体制综合改革试点方案的通知》(皖政〔2015〕16号)、《安徽省人民政府办公厅关于进一步规范和加强省级行政事业单位资产管理工作的意见》(皖政办〔2013〕3号)等规定,制定本暂行办法。

第二条　本办法所称省属公立医院国有资产,是指由省属公立医院占有、使用的,依法确认为国家所有的、以货币计量的各种经济资源,表现形式为流动资产、固定资产、在建工程、无形资产、对外投资、其他资产,具体包括:

(一)省属公立医院使用财政性资金形成的资产;

(二)国家调拨给省属公立医院的资产;

(三)省属公立医院按照规定组织收入形成的资产;

(四)接受捐赠等依法确认为国家所有的资产。

第三条　本办法所称省属公立医院是指财务预算关系隶属于省直行政事业单位、具有独立法人的医疗机构(以下统一简称为“省属医院”)。具体包括财务预算关系隶属省卫生和计划生育委员会、省教育厅直属高校、省委保健委办公室管理的省属医院。

第四条　省属医院国有资产实行国家统一所有,省级人民政府领导、财政部门监督管理、主管部门(指省卫生和计划生育委员会、省教育厅、省委保健委,下同)指导监管、省属医院具体管理的管理体制。

(一)省级人民政府领导省属医院国有资产管理工作，协调解决国有资产管理工作中的重大问题。

(二)省级财政部门代表省政府对省属医院国有资产实行统一归口管理，负责对省属医院国有资产实施综合监督管理。

(三)省级主管部门负责对省属医院国有资产实施业务指导和监督管理，建立健全国有资产管理规章制度,负责国有资产申报、审核、备案等工作,组织国有资产绩效考核等。

(四)省属医院负责对本单位占有、使用的国有资产实施具体管理，建立健全各项资产管理内部规章制度,规范国有资产配置、使用、处理、收益、绩效考评等方面管理,并负责对所属单位的国有资产实施监督管理。

第五条　省属医院国有资产管理应遵循以下原则:

(一)资产管理与预算管理相结合,按照省属医院建立全面预算制度的要求，将省属医院国有资产纳入预算管理范围。

(二)资产管理与财务管理相结合,按照医院财务会计制度要求,加强省属医院国有资产管理。

(三)实物管理与价值管理相结合,根据省属医院资产类别，建立实物与货币相统一的管理体系,实现国有资产安全完整和保值增值。

第二章　资产的配置

第六条　配置是指省属医院按照有关法律、法规和规章制度规定的标准和程序，通过调剂、租赁和购置、自制自建等方式配备资产的行为。

第七条 省属医院国有资产配置范围包括：

（一）土地、房屋建筑物；

（二）一般设备，指用于业务工作的通用性设备，即交通运输工具、办公设备、家具等；

（三）专用设备，指用于业务工作的具有专门性能和专门用途的设备，即专用车辆、医疗器械等；

（四）文物、陈列品、图书；

（五）其他资产。

第八条 省属医院配置资产，能通过调剂、租赁解决的，原则上不重新购置，按照调剂、租赁的规定程序办理。资产应当严格按规定标准配置，没有规定配置标准的，要从实际需要出发，厉行节约，从严控制。

第九条 省属医院国有资产配置实行年度计划管理。申请购置资产，单件价值 20 万元以下或批量价值 50 万元以下的，由主管部门审核批准。单件价值 20 万元以上（含 20 万元）或批量价值 50 万元以上（含 50 万元）的，按以下程序办理：

（一）在年度部门预算编制前，省属医院根据存量资产的质量、结构和分布情况，经论证后提出下一年度拟购置资产的品目、型号、主要性能指标和数量，测算经费额度，填报“安徽省省级行政事业单位国有资产配置申请表”，报主管部门审核。

（二）主管部门对省属医院购置资产事项的必要性、合规性、可行性进行审核，提出意见并汇总，报省级财政部门审批。

（三）省级财政部门根据资产配置原则、配置标准和省属医院资产存量状况进行审批。

（四）经省级财政部门批准的资产购置计划，作为部门预算安排的参考依据。未经批准的，不得将资产购置项目列入部门预算。

第十条 省属医院甲、乙类等大型医用设备的管理实行配置规划和配置论证制度，须按照《安徽省大型医用设备配置与使用管理暂行办法》相关规定进行论证报批。

第十一条 省属医院建造房屋、建筑物及专用设施，按照国家基本建设有关规定执行。

第十二条 省属医院因工作需要确需临时配置资产的，由其根据特殊事项的需求、单位资产存量、资产配置标准等情况，提出配置资产计划，经主管部门审核后报省级财政部门审批。

如遇紧急抢救或突发事件急需医疗设备，医院可先采购配置，并按第九条规定补办配置手续。

第十三条 省属医院按照《安徽省公立医疗卫生机构药品耗材设备集中招标采购办法》实施统一招标采购。

第十四条 省属医院资产管理部门应当对配置的资产进行验收、登记，财务部门根据配置资产的有关记账凭证等材料，在 30 个工作日内进行账务处理。房屋建筑物等工程完工后，要及时进行竣工决算和审计，办理有关权属证明，进行账务处理。

省属医院配置的固定资产，应及时录入省级财政部门国有资产管理信息系统。

第三章 资产的使用

第十五条 使用，包括国有资产的自用和有偿使用，其中，有偿使用是指省属医院在确保本单位职能正常履行和事业发展的前提下，以获取经济利益为目的，按照有关规定，将其占有的国有资产出租、出借和对外投资等行为。

第十六条 省属医院应建立健全自用资产的验收、领用、保管和维护等内部管理制度，规范资产使用管理流程，并加强审计监督和绩效考评。

（一）省属医院国有资产自用管理应本着实物量和价值量并重的原则，对实物资产进行定期清查，完善资产管理账表及有关资料，做到账账、账卡、账实相符，并对资产丢失、毁损等情况实行责任追究制度。

（二）积极引导和鼓励省属医院实行国有资产共享共用，建立资产共享共用与资产绩效、资产配置、单位预算挂钩的联动机制。省属医院应积极推进本单位内部国有资产的共享共用工作，提高国有资产使用效益。

第十七条 省属医院应当建立健全贵重、精密仪器和专用医疗设备操作、维修、保养、检验等管理制度，技术复杂、精密度高的大型医用设备或其他专用设备的操作人员，必须进行技术培训，经考核合格后方可上岗。

第十八条 省属医院应当加强对专利权、商标权、著作权、土地使用权、非专利技术等无形资产的管理和保护，防止无形资产流失。

第十九条　省属医院国有资产出租、出借，资产价值在50万元以上(含50万元)且资产出租出借期限在6个月以上的，经主管部门审核后报省级财政部门审批；资产价值在50万元以下的或出租出借期限在6个月以内(含6个月)的，由主管部门按照有关规定进行审批，并于批复之日起15个工作日内将审批结果(一式两份)报省级财政部门备案。

第二十条　省属医院资产出租应按照公开、公平、公正的原则，委托有资质的中介机构公开拍租，必要时可采取评审或者资产评估的方法确定。

第二十一条　省属医院应在保证正常运转和事业发展的前提下严格控制对外投资，投资范围仅限于医疗服务相关领域。对外投资包括有形资产投资和无形资产投资。

(一)省属医院对外投资必须经过充分的可行性论证，报主管部门审核、省级财政部门审批。

(二)省属医院以实物、无形资产等非货币性资产对外投资，应聘请具有相应资质的社会中介机构进行资产评估，资产评估价格作为投资成本。认购的国家债券，按实际支付的金额作价。

第二十二条　省属医院要按照确定的单体规模配置资产，严格控制医院扩张，对擅自扩大医院规模的，省财政及主管部门不再审批其信贷额度，不再批准其采购、配置相关资产，并按《财政违法行为处罚处分条例》规定，对医院给予警告或者通报批评。对直接负责的主管人员和其他直接责任人员给予行政处分。

第二十三条　兼并重组其他医院时，应向主管部门及省发改、财政部门申请，提供扩张、兼并重组方案，在主管部门及省发改、财政部门根据卫生区域规划审核审批后实施。被兼并重组的医院仍为独立法人的，资产归属原投资主体，省属医院按合同约定分享资产收益；被兼并重组的医院为非独立法人的，资产纳入省属医院统一管理。兼并重组后，省属医院要及时办理资产管理相关手续。

第二十四条　省属医院托管其他医院或科室时，资产归属原投资主体，所有权不变。省属医院支持其托管的医院或科室设备等资产，可以比照出租程序办理，并按托管合同约定分享资产收益。

第二十五条　省属医院应严格控制货币性资金对外投资，不得使用财政拨款、财政拨款结余对外投资，不得从事股票、期货、基金、企业债券及法律、法规禁止的其他投资。

第四章　资产的处置

第二十六条　处置是指省属医院国有资产产权的转移及核销，包括各类国有资产的无偿转让、出售、置换、报损、报废以及货币性资产损失核销等行为。

(一)无偿转让，是指行政事业单位之间以无偿的方式变更资产占有、使用权的行为。包括：资产调拨、资产划转、资产移交、对外捐赠等。

(二)出售，是指以有偿的方式变更资产所有权或占有、使用权的行为。

(三)置换，是指以非货币性交易的方式变更资产的所有权或占有、使用权的行为。

(四)报损，是指发生的存货损失以及各项资产的非正常损失等，按有关规定进行产权注销的行为。

(五)报废，是指经有关部门科学鉴定或按有关规定，对已不能继续使用的资产进行产权注销的行为。

(六)货币性资产损失核销，是指对按现行财务与会计制度规定确认的货币资产损失、坏账损失、对外投资损失等的核销。

第二十七条　省属医院国有资产处置范围主要包括：

(一)闲置资产；

(二)因技术原因并经科学论证，确需报废、淘汰的资产；

(三)因省属医院分立、合并、撤销、隶属关系改变等原因发生的占有、使用权转移的资产；

(四)盘亏、呆账及非正常损失的资产；

(五)已超过使用年限且无法使用的资产；

(六)依照有关规定需要进行资产处置的其他情形。

第二十八条　省属医院国有资产按以下权限进行处置：

(一)土地、房屋建筑物的处置，单笔在5万元以上货币性资产损失的核销，以及单位原值在20万元以上(含20万元)、批量原值在50万元以上(含50万元)资产的处置，须报省级主管部门审核同意后，报省级财政部门审批。

(二)单笔在4万—5万元(含4万元)货币性

资产损失的核销，以及单位原值在15—20万元（含15万元）、批量原值在40万—50万元（含40万元）资产的处置，须报省级主管部门审批、报省级财政部门备案。

（三）单笔在4万元以下货币性资产损失的核销，以及单位原值在15万元以下（不含土地、房屋建筑物）或批量原值在40万元以下资产的处置，可由省属医院自行审批，审批情况须报省级主管部门、财政部门备案。

第二十九条　省属医院在进行国有资产处置时，应当履行内部申报程序，由资产管理部门会同财务部门、技术部门审核鉴定，形成单位申报意见，附送相关材料，按规定的审批权限履行报批手续。

第三十条　省属医院分立、合并、撤销、改制及隶属关系发生改变时，应当对占有、使用的国有资产进行清查登记，编制清册，拟定处置方案，经省级主管部门审核后报省级财政部门审批。

第三十一条　省属医院拟处置的国有资产权属应当清晰。权属关系不明确或者存在权属纠纷的资产，须待权属界定明确后予以处置。

第三十二条　省属医院国有资产处置，应当遵循公开、公平、公正的原则，采取招标投标、拍卖、协议转让等方式处置。按规定应进场交易的，必须进入产权交易机构公开交易。

（一）对土地、房屋等重大资产的出售实行集中处置，由省级财政部门统一组织。集中处置的范围如下：

1. 土地、房屋建筑物的出售；

2. 出售单位原值20万元（含）或批量原值50万元（含）以上的资产；

3. 报废单位原值20万元（含）或批量原值50万元（含）以上的电子产品及仪器设备；

4. 省级财政部门另有要求集中处置的资产。

（二）对未纳入财政集中处置范围的资产，由医院按规定自行组织处置。

第三十三条　省属医院处置国有资产的价格，原则上不得低于经核准或者备案的资产评估结果。当处置价格低于经核准或者备案的资产评估结果时，应当暂停处置，并在报经省级财政部门批准后再继续处置。

第三十四条　医院应依据资产处置审批文件及有关手续，及时调整相关账务，做到账账、账卡、账实相符。资产处置审批文件及有关手续是医院资产管理活动的重要依据。

第五章　资产的收益

第三十五条　收益是指省属医院国有资产出租出借收入、对外投资收益、处置收入等资产收益。

第三十六条　省属医院国有资产收益严格实行“收支两条线”管理，纳入部门预算统一管理。任何单位不得截留、坐支资产收益，更不得以“账外账”等方式隐匿资产收益，私设“小金库”。

第三十七条　省属医院国有资产收益，一律直接缴入省政府非税收入汇缴结算户，确保各项资产收益应收尽收、及时上缴。

第三十八条　省属医院国有资产的收益原则上用于单位固定资产更新改造和新增资产配置。收益在使用时报主管部门审核，并向省级财政部门提出申请，按相关程序办理。

省级财政部门可按规定调剂部分收益，统筹安排使用。

第三十九条　省级财政部门、主管部门及省属医院要加强国有资产出租出借、资产处置、对外投资等资产收益的动态监管，加大监缴力度，规范用途，防止国有资产流失。

第六章　资产的绩效考核

第四十条　绩效考核是指建立以公益性质和运行效率为核心的省属医院国有资产管理绩效考核体系，运用科学的考核方法、量化指标及评价标准，对省属医院为实现国有资产管理职能所确定目标的实现程度，以及为实现这一目标对国有资产的管理、使用、运营绩效等所进行的综合性考核与评价。

第四十一条　省级财政部门会同主管部门制定省属公立医院国有资产绩效考核管理办法，牵头组织实施绩效考核工作。

第四十二条　省属医院国有资产绩效考核内容包括：资产管理、资产保全、财务会计管理及医疗费用控制等。

第四十三条　绩效考核采取百分制、定量考核与定性考核相结合、日常监管与年终考评相结合的办法进行。

第四十四条　绩效考核结果一是作为省属医

院院长绩效考核的组成部分,与院长任免、院长薪酬等挂钩；二是作为省属医院绩效考核结果的组成部分,与省属医院预算安排、财政补助、医保基金总额预算、医院工资总额等挂钩。

第七章　债务管理

第四十五条　省属医院原则上不得借入非流动负债,只能借入流动性负债;确需借入或融资租赁的，应按《安徽省省级公立医院债务管理办法(试行)》(财社〔2013〕2563 号)等规定申报审批。

第四十六条　省属医院举借建设性债务按照“谁举债、谁负责”和“谁审批、谁负责”的原则落实责任制,严禁未经批准举债进行建设。

省属医院对本单位所欠债务负有偿还责任,省级主管部门负责督促省属医院按规定偿还债务。

第八章　监督检查

第四十七条　省属医院应设置专门的国有资产管理机构,统一归口管理国有资产配置、使用、处置、绩效考核等,建立健全并组织落实内部国有资产管理和绩效考核制度。

(一)建立健全三账一卡制度,医院财务部门负责资产总账和一级明细分类账，资产管理部门负责二级明细分类账,使用管理部门负责建卡(台账)。建立定期对账制度,发现不符的应及时查明原因,并按相关规定处理。

(二)省属医院大型设备实行责任制,要制定专人管理,制作操作规程,建立设备技术档案和使用情况报告制度。

第四十八条　省属医院国有资产监督应当坚持单位内部监督与财政监督、审计监督、社会监督相结合,事前监督与事中监督、事后监督相结合,日常监督与专项检查相结合。

第四十九条　省级财政部门、主管部门、医院应当建立和完善国有资产管理信息系统，对行政事业单位国有资产的占有、使用实施动态管理、监督。

第五十条　省级财政部门、主管部门、医院应当建立健全医院国有资产管理信息公开制度,及时、全面、准备发布有关资产管理相关信息。

第五十一条　省属医院国有资产管理情况应积极配合审计监督、财政监督,主动接受人大法制监督和政协民主监督。

第五十二条　在省属公立医院国有资产管理中的违法违纪行为，依照有关法律法规的规定追究相应责任。

第九章　附则

第五十三条　本办法由省级财政部门会同省卫生和计划生育、教育等部门负责解释。

第五十四条　本办法自 2015 年 5 月 17 日起施行。

安徽省财政厅　安徽省环境保护厅关于印发《安徽省大别山区水环境生态补偿资金管理办法》的通知

财建〔2015〕426 号

合肥市、六安市、岳西县财政局、环保局:

为加强大别山区水环境生态补偿资金管理,提高资金使用效益，确保流域环境整治及保护项目的顺利实施，促进流域经济社会和谐发展和生态文明建设,根据《安徽省大别山区水环境生态补偿办法》(财建〔2014〕1713 号)的要求,我们制定了《安徽省大别山区水环境生态补偿资金管理办法》,现印发给你们,请遵照执行。

安徽省大别山区水环境生态补偿资金管理办法

第一条　为加强大别山区水环境生态补偿资金(以下简称补偿资金)管理,提高资金使用效益,确保流域环境整治及保护项目的顺利实施，促进流域经济社会和谐发展和生态文明建设,根据《安徽省大别山区水环境生态补偿办法》(财建〔2014〕1713 号)的要求,制定本办法。

第二条　补偿资金来源为：省财政专项转移支付资金 12000 万元、合肥市补偿资金 4000 万元、六安市补偿资金 4000 万元,合计 20000 万元。

第三条　省级补偿资金，按照流域面积因素分配,其中:六安市 11800 万元、岳西县 200 万元,在当年省级预算批复后下达;六安、合肥两市补偿资金,在考虑年度供水量的基础上,根据上一年度跨市界考核断面监测水质确定补偿责任主体，通过省级结算拨付。

第四条 补偿资金使用范围主要包括：

（一）制订流域生态保护和发展规划

主要是大别山区水环境生态保护和发展规划的调研、论证和编制

（二）环境保护能力建设

1. 大别山区水环境监管体系建设；

2. 大别山区水环境自动监测系统建设；

3. 大别山区水污染预警监测系统建设。

（三）农村面源污染防治

1. 农村环境污染治理（含保洁队、打捞队设备）；

2. 乡镇垃圾及污水处理设施建设；

3. 规模化畜禽养殖污染治理；

4. 土壤污染治理；

5. 重点区域网箱养殖整治。

（四）城镇污水处理及垃圾处置设施

1. 城镇污水处理设施以及配套管网建设；

2. 城镇无害化生活垃圾处理设施建设。

（五）点源污染治理项目

1. 工业企业污染治理及清洁生产；

2. 污染企业关停并转；

3. 工业园区污水处理设施建设。

（六）生态修复工程

1. 大别山区河道整治工程（不含淠史杭灌区河道整治）；

2. 大别山区重点区域生态恢复工程；

3. 大别山区生态移民工程及补偿；

4. 大别山区水土保持治理。

第五条 补偿资金使用要按照规划，分轻重缓急，突出重点，并根据大别山区水环境生态保护重点工作，在上述范围内适时调整使用方向，实现补偿资金效益最大化。

第六条 补偿资金实行项目化管理，做到先有项目，后安排资金，确保资金落实到具体项目上，按照项目考核资金使用绩效。

第七条 使用补偿资金的市及岳西县环保、财政部门具体负责项目谋划并组织筛选审查论证，按照相关程序报经市、县政府批准后，建立项目储备库。

第八条 各地根据分配的年度补偿资金额度，按照当年的重点工作任务，从项目储备库中选择实施项目，将补偿资金分解落实到具体项目，并在当地政府网站公示7个工作日，接受社会监督。

第九条 补偿资金使用要严格执行国库集中支付、政府采购等制度；项目建设要严格执行法人责任制、招投标制、合同制、监理制等制度。

第十条 各级财政部门会同环保部门要加强专项资金管理，按项目建设进度拨付资金，分账核算，专款专用；各级环保部门要加强项目实施情况跟踪督查，及时发现解决存在的问题，并会同财政部门按照有关规定负责组织项目验收并出具验收报告，确保项目建成投入使用。

第十一条 使用补偿资金的市及岳西县财政局、环保局应于每年5月底前将补偿资金分配和项目安排情况报省财政厅、省环保厅备案。项目实施中因客观情况需要变更项目建设内容或调整资金计划的，应及时向省环境保护厅、省财政厅报备。

第十二条 补偿资金使用发现有以下情况的，市、县财政、环保部门可视情况采取通报批评、责令整改、停止拨款或收回资金、取消项目等措施予以处理。情节严重的，按法律法规规定追究有关单位和人员责任。

（一）弄虚作假、虚报冒领补偿资金的；

（二）骗取、挤占、挪用、侵吞补偿资金的；

（二）不按规定用途使用补偿资金的；

（四）项目管理不善，造成项目资金损失浪费严重的；

（五）不按规定报送项目工程进展情况的；

（六）不按规定进行项目验收的。

第十三条 使用补偿资金的市及岳西县财政局、环保局，要于每年一季度前将上年工作进展情况，包括补偿机制运行情况、水质情况、具体项目建设情况、补偿资金安排使用情况等综合绩效自评报告，报省财政厅、省环境保护厅。

第十四条 省环保厅会同省财政厅根据工作需要以及生态补偿机制阶段性重点任务完成情况，适时组织开展补偿资金使用专项绩效评价。

第十五条 使用补偿资金的市及岳西县财政局会同环保局应根据本办法有关规定，并结合本地实际，制定具体实施细则，报省财政厅、省环保厅备案。

第十六条　本办法由省财政厅、省环保厅负责解释。

第十七条　本办法自印发之日起施行。

安徽省财政厅 中国保险监督管理委员会安徽监管局 安徽省公安厅 安徽省卫生和计划生育委员会 安徽省农业机械管理局关于印发《安徽省道路交通事故社会救助基金管理实施细则》的通知

财金〔2015〕501号

各市、县人民政府,省直有关部门:

为加强我省道路交通事故社会救助基金管理,现将《安徽省道路交通事故社会救助基金管理实施细则》印发给你们,请认真贯彻执行。

安徽省道路交通事故社会救助基金管理实施细则

第一章　总　则

第一条　为加强道路交通事故社会救助基金管理,对道路交通事故中受害人依法进行救助,根据《中华人民共和国道路交通安全法》《机动车交通事故责任强制保险条例》《安徽省实施〈中华人民共和国道路交通安全法〉办法》《道路交通事故社会救助基金管理试行办法》(财政部、中国保监会、公安部、卫生部、农业部令第56号),制定本细则。

第二条　安徽省行政区域内道路交通事故社会救助基金的筹集、使用和管理适用本细则。

本细则所称道路交通事故社会救助基金(以下简称救助基金),是指依法筹集用于垫付机动车道路交通事故中受害人人身伤亡的丧葬费用、部分或者全部抢救费用的社会专项基金。

第三条　按照精简效能便民原则,救助基金实行统一政策,属地管理,分工负责,市和直管县人民政府设立救助基金,确定本地区救助基金主管部门。省级不设救助基金主管部门和管理机构。救助基金有关政策由省财政厅会同有关部门制定,报经省政府同意后执行。市和直管县救助基金运行中,需要省级协调处理的有关事宜,由省级相关部门按照其分工,履行相应职责,并做好对下指导工作。

第四条　财政部门负责救助基金及其管理机构的预算管理,对同级救助基金的筹集、使用和管理进行指导和监督。

公安机关交通管理部门负责通知救助基金管理机构垫付道路交通事故中受害人的抢救费用,协助救助基金管理机构向道路交通事故责任人追偿。

保险监督管理机构负责对保险公司是否按照规定及时足额缴纳救助基金实施监督检查。

卫生部门负责监督医疗机构按照《道路交通事故受伤人员临床诊疗指南》及时抢救道路交通事故中的受害人及依法申请救助基金垫付抢救费用,做好道路交通事故社会救助基金与医疗机构抢救费用结算管理工作。

农业机械化主管部门负责协助救助基金管理机构向涉及农业机械的道路交通事故责任人追偿。

第五条　救助基金主管部门,具体履行以下职责:

(一)依法确定救助基金管理机构;

(二)制定本地区救助基金实施细则及相关配套政策办法;

(三)依法履行对救助基金的各项管理职能,并将有关情况定期予以公告;

(四)委托社会中介机构对救助基金年度财务会计报告进行审计,并给予公告;

(五)依法对救助基金机构及其工作人员的违法违规行为进行处理、处罚;

(六)其他职责。

第六条　救助基金管理机构履行以下职责:

(一)依法筹集救助基金;

(二)受理、审核垫付申请,并依法垫付;

(三)依法追偿垫付款;

(四)其他管理救助基金的职责。

第七条　根据《安徽省人民政府办公厅关于政府向社会力量购买服务的实施意见》(皖政办

〔2013〕46 号），救助基金管理机构可以通过政府购买服务方式，聘请相关专业机构作为救助基金管理人，具体办理救助基金的垫付受理、垫付审核、垫付资金以及追偿等工作。救助基金管理人应严格执行有关道路交通事故社会救助基金的政策和制度，负责救助基金的具体运作，并接受救助基金主管部门和管理机构的监督和指导。

第二章　救助基金筹集和划拨

第八条　救助基金的来源：

（一）按照机动车交通事故责任强制保险（以下简称交强险）保险费的一定比例提取的资金；

（二）地方政府按照保险公司经营交强险缴纳营业税数额给予的财政补助；

（三）对未按照规定投保交强险的机动车所有人、管理人的罚款；

（四）救助基金孳息；

（五）救助基金管理机构依法向机动车道路交通事故责任人追偿的资金；

（六）社会捐款；

（七）其他资金。

救助基金余额不足时，由市和直管县人民政府通过财政补助予以解决。

第九条　每年 3 月底前，省财政厅会同安徽保监局根据财政部和中国保监会确定的当年从交强险保险费中提取救助基金的比例，结合上一年度本省救助基金收支情况，按照全省收支平衡原则，确定本省统一提取比例，报经省政府同意后实施。

第十条　办理交强险业务的保险公司应当按照确定的比例，从交强险保险费中提取资金，并根据交强险保费提取资金的来源，于每季度结束后 10 个工作日内，通过银行转账方式全额转入市和直管县救助基金账户。

第十一条　市和直管县财政部门于每季度结束后 10 个工作日内，将本地区未按照规定投保交强险的罚款全额划拨至市和直管县救助基金账户。

第十二条　市和直管县财政部门应当根据当年预算于每季度结束后 10 个工作日内，按照上一季度保险公司经营交强险缴纳营业税数额和救助基金收支情况，向同级救助基金拨付财政补助。

第三章　救助基金垫付

第十三条　有下列情形之一时，救助基金垫付道路交通事故中受害人人身伤亡的丧葬费用、部分或者全部抢救费用：

（一）抢救费用超过交强险责任限额的；

（二）肇事机动车未参加交强险的；

（三）机动车肇事后逃逸的。

依法应由救助基金垫付受害人丧葬费用、部分或者全部抢救费用的，由道路交通事故发生地的救助基金管理机构及时垫付。

救助基金一般垫付受害人自接受抢救之时起 72 小时内的抢救费用，特殊情况下超过 72 小时的抢救费用由医疗机构书面说明理由。具体应当按照机动车道路交通事故发生地物价部门核定的收费标准核算。

第十四条　发生本细则第十三条所列情形之一，需要救助基金垫付部分或者全部抢救费用的，由公安机关交通管理部门在 3 个工作日内书面通知交通事故发生地的救助基金管理机构。

第十五条　医疗机构在抢救受害人结束后，对尚未结算的抢救费用，可以向救助基金管理机构提出垫付申请，并提供有关抢救费用的证明材料。

医疗机构对交通事故中的受伤人员应当及时抢救，不得因抢救费用未及时支付而拖延救治。

第十六条　救助基金管理机构收到公安机关交通管理部门垫付通知和医疗机构垫付尚未结算抢救费用申请及相关材料后，应当在 5 个工作日内，按照本细则有关规定、《道路交通事故受伤人员临床诊疗指南》和当地物价部门制订的收费标准，对下列内容进行审核，并将审核结果书面告知处理该道路交通事故的公安机关交通管理部门和医疗机构：

（一）是否属于本细则第十三条规定的救助基金垫付情形；

（二）抢救费用是否真实、合理；

（三）救助基金管理机构认为需要审核的其他内容。

对符合垫付要求的，救助基金管理机构应当将相关费用划入医疗机构账户。对不符合垫付要求的，不予垫付，并向医疗机构说明理由。

第十七条　医疗机构申请垫付抢救费用的，应向救助基金管理机构提供以下材料：

（一）申请人身份证明；

（二）垫付申请书、公安机关交通管理部门出具的救助基金垫付通知书；

(三)受害人身份证明；

(四)受害人的入院证明，抢救费用发票原件(住院者为72小时内结算发票)、费用清单、诊断证明、病历资料(病历复印件、抢救记录，以上材料均需加盖医疗机构印章)；

(五)超过72小时的抢救费用，医疗机构应出具书面说明，及加盖印章的县级以上卫生主管部门审核意见。

第十八条　发生本细则第十三条所列情况之一需要救助基金垫付丧葬费用的，由受害人亲属凭处理该交通事故的公安机关交通管理部门出具的《尸体处理通知书》和本人身份证明等向救助基金管理机构提出书面垫付申请。

对无主或者无法确认身份的遗体，由公安部门按照有关规定处理。

第十九条　救助基金管理机构收到丧葬费用垫付申请和有关证明材料后，对符合垫付要求的，应当在3个工作日内按照有关标准垫付丧葬费用，并书面告知处理该交通事故的公安机关交通管理部门。对不符合垫付要求的，不予垫付，并向申请人说明理由。

第二十条　救助基金管理机构应当建立救助费用争议的专家评审制度，邀请医学、法律、保险、事故处理等领域的专家组成专家库。对涉及交通事故案情复杂、伤情严重、垫付金额高、受害人抢救时间长、救助垫付审核结论有异议等情况，应当组织专家进行评审。

第二十一条　救助基金管理机构对抢救费用和丧葬费用的垫付申请进行审核时，可以向公安机关交通管理部门、医疗机构和保险公司等有关单位及相关人员核实情况，有关单位和相关人员应当予以配合。

第四章　救助基金追偿

第二十二条　救助基金管理机构根据本细则垫付抢救费用和丧葬费用后，应当依法向机动车道路交通事故责任人进行追偿。

第二十三条　交通事故赔偿义务人在赔付道路交通事故受害人赔偿款时，应优先支付救助基金所垫付的费用。受害人或其近亲属已从赔偿义务人方或通过其他方式获得赔偿的，应当优先偿还救助基金管理机构垫付的费用。

第二十四条　发生本细则第十三条第(三)项情形救助基金垫付丧葬费用、部分或者全部抢救费用的，道路交通事故案件侦破后，处理该道路交通事故的公安机关交通管理部门应当及时通知救助基金管理机构。

根据《道路交通事故社会救助基金管理试行办法》(财政部、中国保监会、公安部、卫生部、农业部令第56号)第二十四条第三款规定，有关单位、受害人或者其继承人有义务协助救助基金管理机构进行追偿。

第二十五条　救助基金管理机构可以依照法律法规的相关规定，查阅、摘抄、复印进行追偿所必需的有关受害人及赔偿义务人的相关信息。

第二十六条　公安机关交通管理部门在交通事故调解、结案等处理过程中，应当通知基金管理机构参加，并协助基金管理机构向交通事故赔偿义务人追偿已垫付的费用。

第二十七条　交通事故赔偿义务人拒不履行偿还义务的，基金管理机构应当发放偿还通知书，明确偿还期限和金额。对到期仍不偿还的，基金管理机构书面通知公安机关交通管理部门、农业机械化主管部门对涉及交通事故的机动车停止办理机动车相关业务。

基金管理机构可依法向人民法院提起民事诉讼，要求交通事故赔偿义务人偿还救助基金已垫付的费用，以及因追偿所发生的合理费用。

第五章　救助基金管理

第二十八条　救助基金管理机构应按照有关银行账户管理规定开立救助基金账户，用于筹集本地区的救助基金，并按照规定管理和使用。

救助基金年终结余全额结转下一年度继续使用，不得用于平衡政府财政预算，且不得用于银行存款以外的其他投资方式。

第二十九条　救助基金管理机构应当向社会公布其电话、地址、联系人等信息。

第三十条　救助基金管理机构的费用支出，包括人员费用、办公费用、追偿费用、委托代理费用等，应当按照有关规定，由同级财政部门在年度预算中予以安排，不得在救助基金中列支。

第三十一条　救助基金管理机构应当定期对垫付的抢救费用和丧葬费用进行清理审核，对已追偿的抢救费用和丧葬费用进行冲销。对确实无法追偿的抢救费用和丧葬费用,应当进行核销,具体财务管理规定另行制定。

第三十二条　救助基金管理机构应当建立健全财务内部管理制度，依法保管救助基金的财务档案和有关资料;建立财务信息报告制度,及时向救助基金主管部门和同级财政部门报送救助基金的筹集、管理和垫付等财务信息报告。

第三十三条　救助基金管理机构应当于每季度终了后 15 个工作日内,将上季度的财务会计报告报送同级救助基金主管部门，并于每年 2 月 1 日前将上年度工作报告和财务会计报告，报送同级救助基金主管部门。

第三十四条　救助基金管理机构应当如实报告救助基金业务事项，不得有虚假记载或重大遗漏。

第三十五条　救助基金主管部门应当依法委托会计师事务所对救助基金年度财务会计报告进行审计，并于每年 2 月底以前通过网络或报刊等形式予以公告。

第三十六条　救助基金管理机构应当向同级财政部门报告救助基金的筹集、使用和管理情况，接受同级财政部门依法实施的监督检查。

第三十七条　救助基金管理机构变更或终止时,应当依法进行审计、清算。

第三十八条　救助基金主管部门应当于每年 2 月 15 日前,将本地区上　年度救助基金的筹集、垫付、追偿、核销等情况报送省财政厅和安徽保监局。

第六章　法律责任

第三十九条　办理交强险业务的保险公司未依法从交强险保险费中提取资金并及时足额转入市和直管县救助基金账户的，由安徽保监局进行催缴，超过 3 个工作日仍未足额转入的，给予警告,并予以公告。

第四十条　医疗机构提供虚假抢救费用证明的,由卫生主管部门给予警告,并对直接责任人按照有关规定予以处理。

第四十一条　有下列情形之一的，由救助基金主管部门对救助基金管理机构及其负责人按照相关规定进行处理，并可决定是否撤换救助基金管理机构：

(一)未按照本细则规定受理、审核救助基金垫付申请并进行垫付的；

(二)提供虚假工作报告、财务会计报告的；

(三)违反本细则规定使用救助基金的；

(四)拒绝或者妨碍主管部门或有关部门依法实施监督检查的。

第四十二条　救助基金主管部门和有关部门工作人员,在工作中滥用职权、玩忽职守、徇私舞弊的,给予行政处分,涉嫌犯罪的,依法移送司法机关。

第七章　附　则

第四十三条　本细则所称受害人，是指机动车发生道路交通事故造成除被保险机动车本车人员、被保险人以外的受害人。

第四十四条　本细则所称抢救费用，是指机动车发生道路交通事故导致人员受伤时，医疗机构按照《道路交通事故受伤人员临床诊疗指南》,对生命体征不平稳或虽然生命体征平稳但如果不采取处理措施会产生生命危险,或者导致残疾、器官功能障碍,或者导致病程明显延长的受伤人员,采取必要的处理措施所发生的医疗费用。

第四十五条　本细则所称丧葬费用，是指丧葬所必需的遗体运送、停放、冷藏、火化的服务费用。具体费用应当按照机动车道路交通事故发生地物价部门制订的收费标准确定。

第四十六条　机动车在道路以外的地方通行时发生事故,造成人身伤亡的,比照本细则执行。

市和直管县农业机械化主管部门负责通知救助基金管理机构垫付道路以外农业机械(拖拉机)交通事故中受害人的抢救费用，协助救助基金管理机构向交通事故责任人追偿。

第四十七条　救助基金主管部门应当依据本细则有关规定，会同本地区有关部门制订本地区的实施细则及相关配套办法等，并报省有关部门备案。

第四十八条　本细则自 2015 年 7 月 1 日施行。

安徽省财政厅 安徽省发展和改革委员会 安徽省卫生和计划生育委员会 安徽省人力资源和社会保障厅 安徽省审计厅关于印发《安徽省基层医疗卫生机构预算管理暂行办法》的通知

财社〔2015〕933 号

各市、县(区)财政局、发展改革委(医改办)、卫生计生委(卫生局)、人力资源社会保障局、审计局:

为深化全省医药卫生体制综合改革试点,巩固基层医药卫生体制综合改革成果,我们联合制定了《安徽省基层医疗卫生机构预算管理暂行办法》,请认真贯彻落实。如执行中发现问题,请及时反馈。

安徽省基层医疗卫生机构预算管理暂行办法

第一章 总 则

第一节 主要目标及实施范围

第一条 为深化基层医药卫生体制综合改革成果,落实政府卫生投入政策,创新政府购买基本医疗卫生服务方式,加强基层医疗卫生机构预算管理,规范预算编制及预算执行、补偿项目及补助标准、资金下达及拨付流程、绩效考核及监督检查等内容,健全运行补偿机制,落实财务自主权,调动基层医务人员积极性,推进基层医疗卫生事业持续健康发展,根据《安徽省人民政府关于印发安徽省深化医药卫生体制综合改革试点方案的通知》(皖政〔2015〕16 号)、《安徽省医改办等关于进一步深化基层医药卫生体制综合改革的意见》(皖医改办〔2015〕5 号)精神,特制定本办法。

第二条 本办法所称基层医疗卫生机构,主要包括政府举办的城市社区卫生服务中心及服务站、乡镇卫生院及一体化管理的村卫生室。

第三条 本办法主要通过完善财政定项补助、强化预算管理、规范政府购买服务等做好基层医疗卫生机构资金保障工作。鼓励通过政府购买服务方式,支持和引导社会办医疗机构提供基本医疗服务和基本公共卫生服务,并落实相关补偿政策。

第二章 乡镇卫生院

第二节 财政经费定项补助

第四条 完善乡镇卫生院(第二章中包括城市社区卫生服务机构)预算管理制度,从 2015 年 1 月 1 日起全面推行财政经费定项补助政策。

第五条 乡镇卫生院收入来源主要有:

(一)人员经费,包括编内在职人员基本工资及绩效工资、离退休人员经费、社会保障经费、住房公积金等。其中财政供给的人员经费在财务核算时列入“财政补助收入”。

(二)医疗收入,包括门诊收入和住院收入。

(三)财政补助收入,除按规定由财政供给的人员经费外,还包括基本建设、设备购置、公共卫生服务、人才培养等补助收入。

(四)上级补助收入,包括从主管部门和上级单位等取得的非财政性补助收入。

(五)其他收入,包括社会捐赠、利息收入、确实无法支付的应付款项、财产物资的盘盈等。

第三节 保障内容及责任分担

第六条 人员经费根据当地同类事业单位人员经费供给标准和乡镇卫生院编制内实有人数据实安排,由县级财政保障,省级财政给予适当补助。

乡镇卫生院在职人员工资和离退休人员经费纳入省财政财力性转移支付给予补助,其中在职人员绩效工资和离退休费纳入省财政基层医药卫生体制综合改革专项给予补助。

乡镇卫生院养老保险补助资金按照机关事业单位工作人员养老保险改革政策执行。

其他社会保险费及住房公积金,按现行政策规定和补助标准执行。

第七条 发展建设补助包括基本建设、设备购置、人才培养等补助,由县级财政、发展改革部门根据经济社会发展、当地财力、乡镇卫生院发展现状等,按照轻重缓急、填平补齐的原则予以安排,中央和省级财政、发展改革部门予以专项补助。

第八条 公共卫生服务补助主要由以下三项组成：

（一）基本公共卫生服务经费，由各级财政按规定分担，并按服务任务数量质量核拨。

（二）重大公共卫生服务经费，主要由中央和省财政根据重大公共卫生项目实施规定负担。

（三）突发公共卫生事件处置经费，主要由同级财政负担，其中重大区域性突发公共卫生事件处置经费，中央和省财政给予适当补助。

第四节 财务体制及预算管理

第九条 乡镇卫生院实行“统一领导、集中管理”的财务管理体制，财务活动在院长领导下由财务部门集中管理。院长对本单位财务会计工作及会计资料的真实性、合法性负责。具备条件的乡镇卫生院，实行财务自主管理；暂不具备条件的乡镇卫生院，可由县级卫生财务核算中心代理核算；自主管理和县级卫生财务核算中心代理核算有困难的乡镇卫生院，委托县级国库集中支付中心代理核算财务活动。开展县级国库集中支付中心或县级卫生财务核算中心（以下简称“两中心”）核算乡镇卫生院财务活动时，乡镇卫生院的资金所有权、使用权、财务自主权、会计主体、债务债权关系不变。

第十条 全面建立乡镇卫生院预算管理制度，按照“预算管理、定项补助、绩效考核、超支不补、结余按规定使用”的原则，乡镇卫生院所有收支全部纳入预算。

第十一条 乡镇卫生院预算应在落实其法人地位和财务独立的基础上，以一级预算单位或卫生计生部门二级预算单位的形式，实行“一院一预算”，分别独立编制完整的收支预算，并独立执行预算。

第十二条 乡镇卫生院预算应按照预算法律法规等规定，遵循政府预算编制的基本程序，与县级一般公共财政预算编制同步部署、同步实施。

第十三条 县级财政部门会同卫生计生部门按照财务制度等规定全面科学确定乡镇卫生院收支预算。

（一）收入预算，重点编制医疗服务、基本公共卫生服务、财政补助等三项收入，其中：医疗服务收入预算应统筹考虑以前年度执行情况、基本医保基金筹资及补偿水平、药品零差率销售等因素。

（二）支出预算，重点编制人员经费、公用经费、项目经费等三项支出，其中：人员经费支出根据当地同类事业单位人员经费供给标准及人数确定；公用经费支出或基本医疗服务成本支出、基本公共卫生服务成本支出，可根据基本医疗服务和基本公共卫生服务任务的数量、质量和成本定额等因素综合确定，也可根据基本医疗服务和基本公共卫生服务任务的数量、质量、单位综合服务成本、以前年度支出水平等因素分别确定；基本建设、设备购置、人才培养、购买服务等专项支出，根据发展建设、人才培养等规划统筹安排。

第十四条 乡镇卫生院按照政府预算编制规定，统一格式、统一程序，编制本单位收支预算，报县级卫生计生部门汇总审核。县级财政部门按照预算法律法规的程序要求及时审核批复预算，其中：乡镇卫生院作为一级预算单位，直接批复至乡镇卫生院；作为二级预算单位，批复至县级卫生计生部门，由部门按规定分解批复至乡镇卫生院。

第十五条 经批复的年度预算是乡镇卫生院收支预算执行的依据，县级卫生计生部门及乡镇卫生院应严格执行，确保收支均衡。经批准的年度预算执行中一般不予调整；如遇国家和省有关政策或事业计划有较大变化，对预算执行影响较大，确需调整时，应按规定程序报批。

第十六条 乡镇卫生院收支决算是县级财政、卫生计生部门安排下一年预算的重要参考。年度终了，乡镇卫生院应按照财政部门决算的编制、审核、批复等程序要求，编制本单位收支决算。乡镇卫生院决算收支报经县级卫生计生部门汇总审核后报财政部门审核批复。对县级财政部门批复调整的事项，卫生计生部门及乡镇卫生院应及时调整，确保与财政决算数据一致。

第五节 医疗收入的核算管理

第十七条 乡镇卫生院医疗收入是其在开展基本医疗卫生服务活动中取得的门诊收入和住院收入，主要为个人付费和医保基金补偿。

第十八条 在充分整合利用现有人财物资源的前提下，本着效率优先、简化程序、精简节约、流转顺畅的原则，乡镇卫生院医疗收入的核算管理可择优选择以下三种模式之一。

（一）乡镇卫生院自主管理。以乡镇卫生院为独立预算单位，按规定分别开设收入户和支出户，并按规定做好医疗收入的收入汇缴以及支出审核、拨付、记账等报销工作。

(二)县级卫生财务核算中心代理核算。以“一院一账、分账核算”的形式,根据账户管理相关规定,在县级卫生财务核算中心相关账户下分别核算乡镇卫生院收入和支出。

收入环节,乡镇卫生院财务人员原则上将当日发生的医疗收入汇缴至卫生财务核算中心相应的收入核算户,现金收入不得坐支(下同)。卫生财务核算中心在次月初5个工作日内一次性将医疗收入全部划拨至相应的支出核算户。

支出环节,乡镇卫生院财务人员凭经院长审批的用款报销凭证到卫生财务核算中心集中报账,卫生财务核算中心在受理后5个工作日内完成审核、拨付等程序。

(三)县级国库集中支付中心代理核算。以“一院一账、分账核算”的形式,根据账户管理相关规定,由县级财政部门分别核算乡镇卫生院收入和支出,也可以分卫生院设立独立的收支核算户。

收入环节,乡镇卫生院财务人员原则上将当日发生的医疗收入汇缴至县级非税收入汇缴结算户代理乡镇卫生院收入户(医疗收入不纳入县级非税收入预算管理)。县级非税管理部门在次月初5个工作日内,一次性将医疗收入全部划拨至国库支付中心乡镇卫生院支出核算户。

支出环节,乡镇卫生院财务人员凭经院长审批的用款报销凭证到国库支付中心集中报账,国库支付中心在受理后5个工作日内完成审核、拨付等程序。县级财政部门应结合国库集中支付制度改革,积极推行电子化支付。

第十九条　城乡居民基本医保基金、城乡医疗救助资金、疾病应急救助基金等,由相关经办机构按月(按季、按半年)拨付(预拨和结算资金)至第十八条相应管理模式下的乡镇卫生院收入核算户,并按规定划拨至相应支出核算户。

开展县域医疗联合体试点的地区,城乡居民基本医保基金由县域医疗联合体按规定拨付至乡镇卫生院收入核算户。

第二十条　乡镇卫生院药品购置费应优先支付,不得出现当期药品费欠款行为。在十八条规定的“两中心”核算模式下,每月由县级卫生计生部门根据平台采购、验收入库等数据和合同约定,统一向“两中心”提出药品款支付申请,由“两中心”直接支付药品购置费;对于符合规定的紧急采购或零星用药由乡镇卫生院向“两中心”报账后按规定支付。在第十八条规定的自主管理模式下,由乡镇卫生院按规定支付药品购置费。不符合规定的药品购置费不予支付。

第二十一条　落实“医疗收入扣除成本并按规定提取各项基金后主要用于人员奖励”规定,并与乡镇卫生院财务会计制度相衔接,在按规定兑现乡镇卫生院人员基本工资和绩效工资的基础上,进一步加大奖励分配力度,合理拉开收入差距,调动基层医务人员特别是业务骨干的积极性。

(一)提高奖励基金计提比例。奖励基金可按不低于乡镇卫生院业务收支结余的50%提取,由乡镇卫生院按照事业单位工资管理相关规定自主分配用于职工绩效考核奖励。具体比例由县级卫生计生、财政、人力资源社会保障部门根据收支结余、医疗考核等情况确定,可实行一院一策。

(二)合理控制福利基金规模。职工福利基金可按不超过乡镇卫生院业务收支结余的10%提取,并按规定用途使用;累计滚存较多的,可进一步降低计提比例或暂停计提。

(三)支持乡镇卫生院事业发展。按规定计提奖励基金、福利基金等专用基金后,乡镇卫生院剩余的业务收支结余,应全部转入事业发展基金,用于房屋维修改造、设备更新维护、信息化建设及债务化解等事业发展。

(四)有效防范医疗执业风险。医疗风险基金在乡镇卫生院医疗卫生支出中列支、按滚存结余不超过当年医疗收入的1%计提。发生超支的,可按规定从当年的医疗支出中列支。

第六节　基本公共卫生经费管理

第二十二条　基本公共卫生服务经费,根据国家规定的年度常住人口筹资标准由中央、省级和市县财政按6∶2∶2分担,其中比照西部开发政策县的配套资金由中央财政承担。基本公共卫生服务任务主要由乡镇卫生院及村卫生室、社区卫生服务机构负责具体落实。

第二十三条　基本公共卫生服务经费应根据购买乡镇卫生院服务的任务数量、质量、单位综合服务成本(或定额服务成本)等因素,综合考虑以前年度的实际发生情况,科学合理核算成本。

第二十四条　落实“政府购买服务的基本公

共卫生专项经费，实行项目管理，经考核后拨付，严禁将公共卫生服务经费冲抵人员工资”政策，并与乡镇卫生院财务会计制度、基本公共卫生服务资金管理制度、政府购买服务机制相衔接，在按一类事业单位足额兑现乡镇卫生院基本工资和绩效工资的基础上，基本公共卫生服务任务经考核合格后形成的结余，按规定用于乡镇卫生院人员奖励和事业发展。

第三章 村卫生室

第七节 保障内容及责任分担

第二十五条 村卫生室运行补偿经费通过政府购买村医基本医疗服务和基本公共卫生服务方式落实。

第二十六条 政府购买村医基本医疗卫生服务补助资金，主要由基本药物零差率补助、基本公共卫生服务经费补助、村卫生室日常运行补助、一般诊疗费(医保基金部分)等资金组成。

第二十七条 政府购买村医基本医疗卫生服务补助资金按购买项目及补助标准分级负担。

(一)基本药物零差率补助，省财政按每1000个农业户籍人口每年补助每个村卫生室5000元的标准给予补助。

各地可根据实际和财力情况，在此基础上适当增加补助；乡镇和村集体经济也可给予适当支持。

(二)基本公共卫生服务补助，按常住人口年度基本公共卫生服务经费筹资标准的48%左右给予补助。以后年度新增筹资部分重点向村卫生室倾斜。

对村卫生室无力承担的基本公共卫生服务任务，应将补助资金合理支付至承担的机构。

(三)村卫生室日常运行补助，由县级财政按每个村卫生室不低于3600元/年的标准，对日常运行发生的水电费、网络使用费等公用支出给予补助。

(四)一般诊疗费(医保基金部分)，医保基金承担部分按户籍人口人均1.5—2次和一般诊疗费报销标准5元/人次，进行总额预算控制。

第二十八条 县级财政、卫生计生部门在乡镇卫生院名下分别独立开设所辖村卫生室子账户。村卫生室收支可以由乡镇卫生院代理，并与乡镇卫生院收支分开独立核算，封闭运行，“一室一账”，不得混用。

第二十九条 落实村卫生室分配自主权，村卫生室负责人按规定对承接基本公共卫生服务取得的收入进行分配，县级财政部门及乡镇财政机构、县级卫生计生部门及乡镇卫生院负责监管，各司其责。

第三十条 探索建立村卫生室收支财务会计核算制度，除第二十七条规定的资金外，还应将一般诊疗费的个人缴费等符合规定的其他医疗收费、以及社会捐赠、集体补助等其他来源资金全部纳入村卫生室收支核算，规范村卫生室财务管理。

第三十一条 政府购买村医基本医疗卫生服务资金应按照“按季预拨、打卡发放、考核结算”的原则进行核拨。

(一)专项补助。基本药物零差率、基本公共卫生服务经费、村卫生室日常运行等专项补助资金，经县级卫生计生部门申报并由县级财政部门拨付至村卫生室子账户。每季度初5个工作日内按季度预算计划的70%预拨资金；半年或年度考核后的5个工作日内，完成资金清算、拨付等工作。其中，村卫生室日常运行补助资金可年初一次性拨付。

(二)医保基金。一般诊疗费的医保基金部分，由医保经办机构按规定程序和季度预算计划的70%按季直接拨付至村卫生室子账户，年终考核结算。

(三)打卡发放。村卫生室按规定申报使用的资金中，用于乡村医生个人待遇的经费由代理机构直接打卡发放至个人账户，原则上不得提取现金；药品购置费应优先支付；办公、水电、网络、材料等购买性支出，原则上由代理机构按规定直接支付至相关企业单位，减少现金支出。

第三十二条 县级卫生计生部门和乡镇卫生院应指导村卫生室自主分配购买村医基本公共卫生服务补助资金。县级卫生计生部门及乡镇卫生院、县级财政部门及乡镇财政机构应各司其责，加强监管。

第三十三条 建立健全村医退出机制，支持和引导符合条件的乡村医生按规定参加职工基本养老保险；不符合条件的乡村医生应参加城乡居民基本养老保险。

第三十四条 完善退出老村医生活补助政策，对符合条件的2009年底前进入村卫生室、

2014年底前已退出或在岗已满60周岁、从事村医工作累计超3年及以上、未参加职工基本养老保险的乡村医生，从到龄且退出的次月起发放生活补助。

符合条件的退出老村医生活补助资金以累计从事村医工作满3年为计算基数，每满3年给予每人每月不低于30元补助。省财政对62个县、14个县改区以及叶集区、毛集区按照省确定的最低补助标准的40%给予补助,其中对皖北3市9县和大别山革命老区11县按50%给予补助。

第四章 资金拨付与监督检查

第八节 资金拨付管理

第三十五条 乡镇卫生院和社区卫生服务机构在职人员绩效工资和离退休费的省财政补助部分、购买村医基本医疗卫生服务中基本药物零差率补助资金，由省财政通过基层医药卫生体制综合改革专项补助资金渠道下拨。

乡镇卫生院和社区卫生服务机构人员经费，由省财政通过财力性转移支付资金渠道下拨。
基本公共卫生服务补助资金的中央和省财政承担部分，由省财政按基本公共卫生补助资金渠道下拨。

一般诊疗费的医保基金部分，由省财政按城乡基本医保财政补助资金渠道下拨。

退出老村医生活补助的省财政补助资金,统筹纳入“老字号”群体生活补助一般性转移支付渠道下拨。

第三十六条 第三十五条规定的资金中,由省财政承担的部分,一般在上年度11月底前预拨(或提前告知预算指标)到县级财政。由中央财政承担的部分,一般在收到中央资金指标后30日内分配下达至县级财政。待中央财政相关资金清算下达后，由省财政一并清算中央和省财政补助资金,并在30日内分配下达至县级财政。

第三十七条 县级财政应安排的基层医药卫生体制综合改革补助资金，应在年度预算中足额安排。预算批复后,县级财政部门将本级安排资金连同中央和省财政补助资金指标，细化分解至县级卫生计生部门及基层医疗卫生机构，并按规定程序和时间要求拨付使用。

第三十八条 建立健全基层医疗卫生机构预决算公开制度，对财政补助资金的分配和使用应按规定严格落实信息公开。

第九节 绩效考核及结果运用

第三十九条 县级卫生计生、财政、人力资源社会保障部门应以公益性为导向、以服务质量和效率为核心、以岗位责任和绩效为基础,建立健全基层医疗卫生机构绩效考核制度，主要考核管理绩效、服务数量与质量、合理用药、医疗费用控制、转诊率、公共卫生服务任务完成、村卫生室管理、群众满意度等情况。指导基层医疗卫生机构完善内部绩效考核制度,落实院长(主任)分配自主权,建立健全体现多劳多得、优绩优酬的绩效分配制度,合理拉开医务人员收入差距。

第四十条 政府对基层医疗卫生机构的考核结果,应与其财政补助、绩效工资总额、评先评优以及与领导班子成员个人的绩效工资、职务聘用任免等直接挂钩。对考核不合格的基层医疗卫生机构,应扣减财政补助资金,核减绩效工资总额,并用于对考核优秀的给予奖励，增加绩效工资总额。

基层医疗卫生机构内部绩效考核结果，应与其职工个人绩效工资、职称评定、评先评优、岗位聘用等直接挂钩,建立健全严格的激励约束机制,提高医务人员积极性。第十节监督检查

第四十一条 县级财政、卫生计生、人力资源社会保障等部门应建立健全基层医疗卫生机构预算管理政策落实情况监督检查机制，加强分工协作,完善工作机制,推动政策落实。

市级财政、卫生计生、人力资源社会保障等部门应加强对基层医疗卫生机构预算管理政策落实情况的业务指导和监督检查。

省级财政、卫生计生、人力资源社会保障等部门应健全医疗卫生机构收支报表分析制度，定期汇总分析基层医疗卫生机构预算管理政策落实情况，对报送情况不定期通报或约谈并统筹纳入绩效考核,与省级医改相关资金分配挂钩。

第四十二条 县级审计、财政、卫生计生部门应开展基层医疗卫生机构常规审计和监督检查。省级、市级审计部门应加强基层医疗卫生机构审计监督和检查。

第四十三条 基层医疗卫生机构预算管理政策落实情况纳入医改督查范围，并将其作为医改目标考核的重要内容纳入政府目标考核。

第四十四条　主动接受人大的法制监督、政协的民主监督和群众的社会监督。

第五章　附　则

第四十五条　各地应结合实际，制定本地区基层医疗卫生机构预算管理实施办法或实施细则，规范操作规程，优化服务程序，明确时间节点，规范资金管理，确保政策效果。

第四十六条　实施县域医疗联合体试点的地区，应保持基层医疗卫生机构财务独立性，不得改变基层医疗卫生机构性质及相关预算管理政策。

第四十七条　本办法由省财政厅、省发展改革委(医改办)、省卫生计生委、省人力资源社会保障厅、省审计厅负责解释。

第四十八条　本办法自公布之日起实施。

安徽省财政厅　安徽省国资委关于印发《省属企业“538英才工程”专项资金管理办法》的通知

财资预〔2015〕985号

有关省属企业：

为进一步落实《安徽省中长期人才发展规划纲要(2010—2020年)》，推动省属企业实施“人才强企”战略，根据《省属企业“538英才工程”实施方案》，我们制定了《省属企业“538英才工程”专项资金管理办法》，现印发给你们，请遵照执行。

省属企业“538英才工程”专项资金管理办法

第一章　总　则

第一条　为规范省属企业“538英才工程”专项资金(以下简称“专项资金”)管理，提高资金使用效益，发挥专项资金的激励引导作用，根据《安徽省人民政府关于试行国有资本经营预算的意见》(皖政〔2007〕126号)和国家预算管理的有关规定，制定本办法。

第二条　根据《省属企业“538英才工程”实施方案》设立专项资金，专项资金主要用于省属企业“538英才工程”领军人才、高端人才、拔尖人才的奖励。

第三条　专项资金的管理使用坚持“科学择优、严格规范专款专用、注重实效”的原则。

第四条　专项资金由省级国有资本经营预算安排，省财政厅、省国资委共同管理。

第二章　资金的使用范围

第五条　专项资金的使用范围主要包括以下内容：

(一)符合条件的领军人才、高端人才、拔尖人才的奖励。其中，领军人才每人10万元、高端人才每人6万元、拔尖人才每人3万元。

主要用于自主选题研究、学习培训等。一般不作为生产经营管理和项目研发的调研考察经费。

(二)“538英才工程”人才选拔评审工作的评审经费。

第三章　资金的审核拨付

第六条　资金申报。省国资委根据年度英才工程，编制年度资金预算，及时向省财政厅提出资金需求。

第七条　资金审核。省财政厅会同省国资委，根据“538英才工程”入选人员评审结果，按照专项资金的使用范围，据实核定资金数额。

第八条　资金拨付。省财政厅按照国库集中支付的规定拨付资金。专项资金形成的资金结余，按规定收回。

第四章　资金的监督管理

第九条　专项资金拨入企业后由入选人员所在企业负责管理和监督使用。省属企业要按照效益和安全的原则，制定资金管理使用办法，接受内部监督。

第十条　省财政厅、省国资委对专项资金的使用情况进行跟踪管理，不定期检查，确保专款专用。

第十一条　入选人员入选后满2年，对其工作、业绩等情况进行考核，考核不合格的，终止培养计划。

第十二条　省属企业要建立以绩效为导向的资金激励机制，在入选人员入选后满3年，提交入选人员工作、业绩情况及专项资金使用情况报告，充分发挥专项资金的使用效益。

第十三条　省国资委、省财政厅根据“538英才工程”进展情况,组织开展绩效考评,考评结果作为下一年度资金安排的重要依据。

第十四条　对弄虚作假骗取专项资金，或截留、挤占、挪用专项资金的企业,一经查实,立即责令整改,追回资金,并依据有关法律法规,严肃追究有关企业和个人责任。

第五章　附　则

第十五条　本办法中的省属企业，是指省政府授权省国资委依法履行出资人职责的省属企业。

第十六条　本办法由省财政厅、省国资委负责解释。

第十七条　本办法自发布之日起施行。

安徽省财政厅 安徽省审计厅关于印发《安徽省中央驻皖单位省级专项补助资金管理办法》的通知

财预〔2015〕1467号

省直各部门、单位,各市、县(区)财政局:

为进一步规范和加强中央驻皖单位省级专项补助资金管理,提高财政资金使用效益,经省政府同意,省财政厅、省审计厅联合制定了《安徽省中央驻皖单位省级专项补助资金管理办法》。现印发给你们,请遵照执行。

安徽省中央驻皖单位省级专项补助资金管理办法

第一章　总　则

第一条　为规范和加强中央驻皖单位省级专项补助资金(以下简称“专项资金”)的管理,提高财政资金使用效益,根据《国务院关于深化预算管理制度改革的决定》(国发〔2014〕45号)、《安徽省省级财政专项资金管理办法》(皖政办〔2014〕29号)等有关规定,结合我省实际,制定本办法。

第二条　本办法所称专项资金，是指经省政府审定批准,通过省级预算安排,专项支持中央驻皖单位的补助资金。不包括省级预算安排的普惠性竞争性分配项目资金以及中央和地方分担支出责任的项目资金。

第三条　本办法所称中央驻皖单位，是指驻皖中央本级预算单位和驻皖中央企事业。

第四条　专项资金管理坚持“明晰支持对象、确定使用范围、强化绩效目标、严格监督考核”的原则。

第二章　支持对象

第五条　专项资金支持对象主要包括:

(一)承担省政府委托承办重大事项的中央驻皖单位;

(二)开展具有重大战略意义,在国内外具有重要影响开拓创新事项的中央驻皖单位;

(三)对安徽经济社会发展作出具有突出贡献的中央驻皖单位。

第六条　在支持对象范围内，按一事一议的方式,由中央驻皖单位或省行业(或项目)主管部门向省政府提出申请，申报内容主要包括中央或省级项目申报指南(通知)、项目任务书、评审论证情况、绩效目标、考核办法、监管措施等。

第三章　使用管理

第七条　专项资金要明确支持内容，落实实施方案。实施方案要明确立项依据、资金使用主体、支出内容、绩效目标、管理措施等。

第八条　专项资金支持方式:

(一)对行政事业单位,采取定向补贴、直接补助方式;

(二)对企业,采取股权投资、资本金注入、定向补贴、以奖代补方式。

第九条　专项资金拨付方式:

(一)依托省行业(或项目)主管部门,由省行业(或项目)主管部门按规定直接将专项资金拨付到中央驻皖单位;

(二)依托省属投资机构,将专项资金以股权投资或资本金注入的方式投入到中央驻皖单位;

(三)依托属地政府,将专项资金下达到中央驻皖单位;

(四)依托项目地方合作企业,将专项资金以股权投资或资本金注入的方式投入到地方合作企业，由地方合作企业与中央驻皖单位按约定共同推进项目实施。

第十条　专项资金使用管理:

(一)中央驻皖行政事业单位应将专项资金纳

入单位预算，统一核算，统一管理，严格执行行政事业单位财务会计管理制度；

（二）中央驻皖企业应将专项资金纳入企业预算管理，严格执行企业财务会计管理制度。

第四章　绩效目标

第十一条　中央驻皖单位对专项资金使用要制定明确的绩效目标，做到目标清晰、指标量化、措施具体。

（一）省政府委托承办重大事项的绩效目标重点是委托事项的完成程度和完成质量；

（二）具有重大战略意义事项的绩效目标重点是对提升安徽省相关领域、相关行业在国内外地位的促进作用，以及对安徽经济社会发展、人才培养、产业集聚等方面有显著辐射带动作用；

（三）对安徽发展具有突出贡献事项的绩效目标重点是项目实施对促进安徽省相关产业发展、竞争力提升有明显带动作用，以及对就业等方面有明显促进作用。

第十二条　绩效目标经审批后，中央驻皖单位应对绩效目标作出承诺。

第五章　监督考核

第十三条　专项资金按照“谁拨付、谁监管、谁考核”实施管理。拨付主体是专项资金的管理主体，根据实际工作需要与中央驻皖单位签订省级专项资金项目任务书和实施考核方案。

第十四条　建立报告制度。中央驻皖单位应在每年1月底前和项目完工后以书面形式向管理部门报告上年度专项资金的使用情况、项目进展情况和存在的问题。管理部门应在每年2月底前按照省政府要求将上年度专项资金使用报告报送省政府。必要时，根据项目实施阶段报送阶段总结材料。

第十五条　省财政厅负责专项资金监督检查，省审计厅负责专项资金审计监督。

第六章　附　则

第十六条　法律法规对中央部门、单位接受地方政府专项补助资金另有规定的，从其规定。

第十七条　本办法由省财政厅、省审计厅负责解释。

第十八条　本办法自发布之日起施行。

安徽省财政厅　安徽省科技厅关于印发《安徽省省级财政科技专项资金分配管理办法》的通知

财教〔2015〕1570号

各市、县（区）财政局、科技局：

为进一步规范财政科技专项资金分配，提高财政资金使用效益，根据《中华人民共和国预算法》《中华人民共和国科技进步法》《国务院印发关于深化中央财政科技计划（专项、基金等）管理改革方案的通知》《安徽省省级财政资金分配管理办法》等法律法规及相关规定，结合实际，省财政厅、省科技厅研究制定了《安徽省省级财政科技专项资金分配管理办法》，现印发给你们，请遵照执行。

安徽省省级财政科技专项资金分配管理办法

第一章　总　则

第一条　为进一步规范财政科技专项资金分配，提高财政资金使用效益，根据《中华人民共和国预算法》《中华人民共和国科技进步法》《国务院印发关于深化中央财政科技计划（专项、基金等）管理改革方案的通知》《安徽省省级财政资金分配管理办法》等法律法规及相关规定，结合实际，特制定本办法。

第二条　本办法所称财政科技专项资金，是指中央财政补助和省级财政通过一般公共预算、政府性基金预算、国有资本经营预算，在省科技厅部门预算安排的各类科技项目资金，以及科技类一般转移支付资金。

第三条　科技专项资金分配管理应当遵循统筹安排、规范分配、注重绩效、权责明晰、公开透明的原则。

第二章　预算安排

第四条　按照统一协调机制、遵循创新规律、强化市场导向、公正公开透明的要求安排科技专项资金。

第五条 省财政厅、省科技厅建立科技专项资金分配协调机制，根据《安徽省省级财政专项资金管理办法》有关规定，研究确定科技专项资金的设立、调整、撤销等事项。

第六条 根据经济发展需求和科技创新规律，优化整合现有各类科技专项资金，逐步形成创新型省份专项、自然科学基金、重大科技专项、重点研发计划、平台与人才专项、创新环境与科技管理保障项目等科技专项资金。

第七条 省财政厅、省科技厅根据绩效评估和监督检查结果，提出科技专项资金动态调整意见。完成预期目标或达到设定时限的，自动终止；确有必要延续实施的，或新设立科技专项的，按照《安徽省省级财政专项资金管理办法》有关规定执行。

第八条 省财政厅健全科技专项资金项目库建设，逐步实施项目全周期滚动管理，结合财力状况安排科技专项资金。省科技厅健全科技项目库，结合部门三年滚动财政规划，同步编列项目支出滚动预算。

第九条 强化预算公开评审，全面推进项目支出预算评审论证，拓展评审范围，完善评审专家队伍，优化评审流程，强化结果运用，提高项目资金安排的透明度和科学性。

第三章 资金分配

第十条 按照制度健全、分类扶持、方式优化、注重绩效的要求分配科技专项资金。

第十一条 科技专项资金实行“一个(类)专项，一个办法”，明确资金分配的原则、扶持对象、扶持方式、支出范围等内容，推进政策透明化。

第十二条 建立规范、标准、透明的分配方法，严控自由裁量权。一般性转移支付资金原则上采用因素法、公式化分配。专项转移支付资金主要采取竞争性分配，聘请专家或委托专业机构，组织项目评审、立项、过程管理、验收等具体管理工作，保证资金分配公平公正。

第十三条 完善科技专项资金扶持方式，综合采取无偿资助、绩效补助、后补助、奖励、天使投资、股权投资、担保、购买服务等扶持方式，提高财政资金使用效益。

对于创新前期和中期项目，以及影响国家竞争力的项目，主要采用无偿资助和天使投资等方式支持；对于创新中后期，市场前景明朗的项目，采用奖励、后补助、股权投资、担保、购买服务等间接方式支持。对于科技创新服务平台，主要采用无偿资助、后补助、绩效补助、奖励等方式支持。

第十四条 提前细化科技专项资金，编制下年度部门预算时，细化编制科技专项资金。确保一般性转移支付、专项转移支付分别在省人代会批准省级预算后的三十日内、六十日内正式下达。

第四章 管理责任

第十五条 按照职责明晰、权责匹配、全程监督、责任追究的原则，明确科技专项资金安排使用及监管职责。

第十六条 省财政厅对科技专项资金分配的预算安排、审核拨付、监督检查等负责；省科技厅对科技专项资金分配的项目立项、分配意见、项目监管和信息公开等负责。市、县(区)政府有关部门对省下达资金分配使用负责。

第十七条 省科技厅、省财政厅根据职责划分，落实资金分配的主管领导和责任处室，明确资金分配的领导责任、主体责任和直接责任。

第五章 监督检查

第十八条 加强科技专项资金分配监督，主动接受人大监督、审计监督、财政监督、内部监督、社会监督等监督检查，建立健全资金分配的监督体系。

第十九条 省科技厅按规定对科技专项资金分配使用管理实施内部监督，保障资金分配公开透明、规范高效。涉企科技专项资金同步纳入安徽财政涉企项目资金管理信息系统统一管理。

第二十条 除涉及保密事项外，科技专项资金分配管理相关信息按规定主动向社会公开。省科技厅按规定及时公开资金分配管理制度、分配办法、分配结果等。

第二十一条 对监督检查中发现的科技专项资金分配问题，责任单位要及时制定整改措施并认真整改落实，健全长效管理制度。

第二十二条 任何单位和个人不得截留、挤占、挪用专项资金。对以虚报、冒领等手段骗取专项资金的，一经查实，一律收回专项资金，按《财政违法行为处罚处分条例》的规定进行处理；构成犯罪的，依法追究刑事责任。

第六章 附 则

第二十三条 本办法自 2015 年 10 月 1 日起施行。

安徽省财政厅关于印发《政法类补助资金管理办法》的通知

财政法〔2015〕1671号

省直政法部门、各市县(区)财政局:

现将《政法类补助资金管理办法》印发给你们,请遵照执行。

政法类补助资金管理办法

第一章 总 则

第一条 为规范和加强政法类补助资金的管理,提高财政资金使用效益,根据《中华人民共和国预算法》《安徽省财政一般性转移支付资金管理办法和安徽省省级财政专项资金管理办法》等有关规定,结合我省实际,制定本办法。

第二条 本办法所称政法类补助资金,具体涉及公检法司、工商、地税、军区、武警部队等领域(以下简称省直政法部门)对下补助资金。

第三条 本办法所称政法类补助资金,是指中央财政和省级财政安排的补助资金,具体包括一般性转移支付资金和专项转移支付资金。

第四条 政法类补助资金,主要依据国家法律法规,以及国务院、财政部和省委、省政府有关规定等设立。

第五条 政法类补助资金管理,遵循公平、公正、规范的原则,体现部门重点工作和财政保障能力的协调平衡。

第二章 管理职责

第六条 政法类补助资金按照规范有序、职责明晰、分工负责的原则,确定主体责任和监管责任。

第七条 省财政厅对政法类补助资金的设立审核、预算安排、审核下达(拨付)、绩效管理和监督检查负责。

第八条 省直政法部门对政法类补助资金的设立申请、资金分配、绩效评价、项目监管和信息公开等负责。

第九条 市县级政府对省下达的政法类补助资金使用和管理负主体责任。

第十条 政法类补助资金具体使用单位对资金的使用过程和结果负责。

第三章 资金使用

第十一条 政法类补助资金具体分配由省直政法部门提出意见,省财政厅负责审核下达(拨付)。

第十二条 政法类补助资金对下一般性转移支付通过结算下达,专项转移支付通过补助市县下达,中央财政下达省直政法部门使用的资金通过省级国库集中支付系统拨付。

第十三条 中央财政下达的政法类补助资金,省财政厅及时告知省直政法部门,省直政法部门须在二十日内提出分配意见,省财政在收到预算指标后三十日内下达市县或分配省级使用。

第十四条 省级财政安排的对下政法类补助资金,省直政法部门须在编制下一年度年初预算时细化到具体市县(区),一般性转移支付、专项转移支付分别在人代会批准预算后三十日内、六十日内下达市县(区)。

第十五条 政法类补助资金实行专项管理,专款专用,其中中央财政有明确要求的,按中央文件规定。

安徽省财政厅 安徽省经济和信息化委员会关于印发《安徽省电力需求侧管理专项资金使用管理暂行办法》的通知

财企〔2015〕1846号

各市、县(市、区)财政局、工业和信息化主管部门,国网安徽省电力公司:

为规范电力需求侧管理专项资金的筹集、使用与管理,促进我省电力资源优化配置,提高电力资源利用效率,省财政厅、省经信委制定了《安徽省电力需求侧管理专项资金使用管理暂行办法》,现印发给你们,请遵照执行。

安徽省电力需求侧管理专项资金使用管理暂行办法

第一章 总 则

第一条 为规范安徽省电力需求侧管理专项资金的使用和管理,提高资金使用效率,根据国家发展和改革委员会、工业和信息化部、财政部、国务院国有资产监督管理委员会、国家电力监管委员会、国家能源局《关于印发〈电力需求侧管理办法〉的通知》(发改运行〔2010〕2643 号)和《安徽省电力需求侧管理办法实施细则(试行)》(皖经信电力〔2015〕135 号)等规定,制定本办法。

第二条 电力需求侧管理是指为提高电力资源利用效率,改进用电方式,实现科学用电、节约用电、有序用电所开展的相关活动。

第三条 本办法所称安徽省电力需求侧管理专项资金(以下简称"专项资金"),是指在全省销售电价附加征收的城市公用事业附加费中按每千瓦时 1 厘钱的标准提取的资金、执行差别电价增加的电费收入及其他资金。

第四条 专项资金由省财政厅、省经济和信息化委员会(以下简称"省经信委")安排使用。坚持体现国家经济发展方针和产业政策的原则;坚持经济效益、社会效益并重的原则;坚持强化引导、统筹安排、突出重点和规范运作的原则。

第五条 专项资金纳入安徽财政涉企项目资金管理信息系统管理。同一项目单位或同一法人代表企业同一年度只能申报一个电力需求侧管理类项目,对当年度已通过其他渠道获得中央财政或省财政资金支持的同类项目,不予重复支持。对涉企项目资金管理信息系统出现预警的项目,须分析排查原因,对预警的项目准予继续支持的,须注明核准理由。

第二章 专项资金筹集

第六条 专项资金来源:

(一)从全省销售电价附加征收的城市公用事业附加费中每千瓦时提取 1 厘钱;

(二)执行差别电价增加的电费收入;

(三)其他资金。

第七条 专项资金筹集:

各级供电企业在每月电费收缴完成后,从实收的城市公用事业附加费中按标准提取专项资金,以及征收的差别电价收入,于次月 10 日前足额逐级上缴国网安徽省电力公司。国网安徽省电力公司应将该月收缴的资金于当月 20 日前足额上缴省国库。

专项资金纳入财政预算管理,实行"收支两条线"管理,收入列"1030299 其他专项收入"科目,支出列"2111001 能源节约利用"科目。

第三章 专项资金使用范围、方式及标准

第八条 专项资金主要用于:

(一)实施电力需求侧管理的试点、示范和重点项目;

(二)电力负荷管理和智能用电项目的建设和改造;

(三)电力需求侧管理系统与信息技术辅助系统建设;

(四)实施能效电厂、移峰填谷和电力需求响应;

(五)电力用户实施有序用电与可中断负荷;

(六)新技术、新产品推广应用;

(七)与电力需求侧管理有关的其他合理支出。

第九条 专项资金采取后补助、奖励、贷款贴息等方式,以引导银行贷款和社会资金投向。

第十条 专项资金奖补标准:

(一)电力需求侧管理省级公共平台建设所需资金由专项资金全额支付。市级平台要求自建的,以市承担为主,专项资金补助 30%;

(二)用户终端监测系统(监测点)建设由专项资金补助 30～50%;

(三)对通过实施能效电厂和移峰填谷技术等实现的永久性节约电力负荷和转移高峰电力负荷,每千瓦奖励 550 元,对通过需求响应临时性减少的高峰电力负荷,每千瓦奖励 100 元,对通过需求侧管理实现的节约电量,每千瓦时奖励 0.05 元,以上单个项目奖励金额一般不超过项目总投资的 50%,封顶 300 万元。

第四章 专项资金项目申报

第十一条 专项资金项目申报条件:

(一)在安徽省境内注册成立的企业单位,具有独立法人资格,法人治理结构规范,成立一周年

以上,无违法、违规记录;

(二)财务管理制度健全,会计核算真实、完整,并按照《企业财务通则》等规定及时编报会计报表;

(三)近年来经营业绩、资产情况良好;

(四)项目符合国家和省相关产业政策,主要产品和生产工艺符合国家和省产业政策要求;

(五)项目技术先进、适用,达到国际或国内先进水平,节电效果显著;

(六)项目在相关行业和重点领域有重大示范、推广作用;

(七)项目备案核准手续及安评、环评、节能评审等资料齐全,无安全、环保等不良记录;

(八)项目本年度没有享受国家及省有关项目资金支持。

第十二条 企业申报项目需提供以下材料:

(一)专项资金项目申请报告(或项目实施方案);

(二)专项资金申请表(根据年度申报文件确定的要求填报);

(三)法人营业执照副本(复印件);

(四)项目资金证明材料(按当年申报文件要求提供);

(五)经会计师事务所审计的上一年度会计报表和审计报告,以及截至项目申报日上一月度的会计报表;

(六)企业提交的材料真实性声明;

(七)其他当年申报文件规定的需要提交的材料。

第十三条 专项资金项目申报由省经信委组织开展。凡符合资金申报条件的企业单位,由项目单位提出资金申请报告,按属地管理原则,报项目所在地工业和信息化主管部门。市、县工业和信息化主管部门审核后,逐级报送省经信委。

第十四条 省经信委按照项目申报的相关要求,对各地推荐上报的项目材料进行初审和项目筛查,符合条件的项目提交专家组进行评审。

第十五条 省经信委按照公开、公正、公平的原则,组织或委托有关专家(机构)对项目进行评审。省经信委纪检监察人员参与评审过程监督。

第十六条 依据专家评审意见,并通过安徽财政涉企项目资金管理信息系统比对筛选符合要求的项目,按照择优原则,省经信委拟定扶持项目及扶持额度,报省政府同意后,通过门户网站进行公示。公示结束后,依据公示情况,再核实后确定最终扶持项目及资金支持额度,行文商请省财政厅拨付资金。

第十七条 省财政厅根据省政府意见及省经信委资金拨付申请,按规定及时下达资金。

第五章 职责分工

第十八条 省财政厅负责专项资金的预算安排、资金拨付,对资金使用情况开展绩效管理和监督检查。

第十九条 省经信委负责专项资金的项目申报、专家评审,确定专项资金年度支持重点、审定实施方案、提出资金安排意见,配合省财政厅做好项目监管和绩效评价。

第二十条 市县有关部门对项目申报真实性等负责,并督促项目单位按规定实施。

第二十一条 项目实施单位对项目具体实施、资金使用负责。

第六章 资金监督与检查

第二十二条 项目实施单位要对资金的使用情况进行总结自查,并将总结自查报告报送省经信委。

第二十三条 任何单位不得以任何理由、任何形式截留、挪用资金。对违反规定的,按《财政违法行为处罚处分条例》(国务院令〔2005〕第427号),追究有关人员的责任,同时将截留、挪用的资金全部收缴省财政。

第二十四条 专项资金实行责任追究制度。对弄虚作假骗取专项资金,截留、挪用、挤占专项资金等违反财经纪律行为,按照《财政违法行为处罚处分条例》(国务院令〔2005〕第427号),追究有关人员的责任,构成犯罪的,移交司法机关追究刑事责任。同时将截留、挪用的资金全部收缴省财政。对违反规定的项目单位,列入财政涉企项目资金管理信息系统“黑名单”,三年内不得享受财政政策资金扶持。

第二十五条 专项资金接受同级审计部门审计。

第七章 附 则

第二十六条 本办法由省财政厅会同省经信委负责解释。

第二十七条 本办法自发布之日起施行。

安徽省财政厅 安徽省供销合作社联合社关于印发《安徽省新农村现代流通网络工程专项资金管理暂行办法》的通知

财建〔2015〕1893号

各市、县(区)财政局、供销社:

为进一步加强省级新农村现代流通网络工程专项资金管理,省财政厅、省供销社研究制定了《安徽省新农村现代流通网络工程专项资金管理暂行办法》,现印发给你们,请遵照执行。

安徽省新农村现代流通服务网络工程专项资金管理暂行办法

第一章 总 则

第一条 为提高省级财政资金使用绩效,促进我省新农村现代流通服务网络工程(以下简称“新网工程”)加快发展,根据《财政部关于印发＜中央财政服务业发展专项资金管理办法＞的通知》(财建〔2015〕256号)、《安徽省人民政府关于全面推进预算绩效管理的意见》(皖政〔2011〕115号)等有关规定,结合我省实际情况,制定本办法。

第二条 本办法所称“新网工程”专项资金,是指由省级财政预算安排,用于安徽省供销合作社系统“新网工程”建设的专项补助资金。

第三条 专项资金管理遵循公开、择优、规范、实效原则,实现经济效益和社会效益相结合,突出服务三农的宗旨。资金分配和使用情况向社会公开,接受有关部门和社会监督。

第二章 资金支持范围和支持方式

第四条 申报主体为供销合作社所占股权比例大于25%且为第一大股东的法人企业,同时应符合以下基本条件:

(一)在中华人民共和国境内依法登记注册,具有独立法人资格;

(二)按照有关规定已取得开展相关业务的资格;

(三)主营业务属于本办法第五条规定的支持范围,业务模式明确,经营状况良好;

(四)建立了规范的财务管理制度,近五年来无违法违纪行为,信用记录良好。

第五条 专项资金的支持范围为农资、农产品、再生资源、日用消费品流通服务体系建设,具体包括:

(一)农资经营企业配送中心、连锁经营网络体系、批发交易市场和农业社会化科技服务场所的建设项目;

(二)农产品经营企业配送中心、连锁经营网络、冷链物流系统、批发交易市场、电子商务建设项目;

(三)再生资源经营企业回收网点、分拣加工中心和集散市场产业园建设及升级改造项目;

(四)农民专业合作社和综合服务社等场所建设,农资、农产品经营企业农化服务体系、农产品市场信息收集与发布、质量安全服务体系等公益性服务场所建设项目;

(五)日用消费品企业配送中心、连锁经营网络体系建设项目;

(六)省供销合作社会同省财政厅确定的其他农村现代流通服务领域项目。

第六条 专项资金采取股权投资、财政补助和贷款贴息的方式。

第七条 专项资金主要用于上述支持范围的已建成验收的项目建设支出,不得用于征地拆迁、人员经费等经常性开支以及提取工作经费。

第三章 资金分配方式

第八条 对市县转移支付资金原则上以因素法分配,省本级资金按项目法分配。

第九条 因素法分配资金主要依据各地供销合作社主要经济发展指标、以前年度资金安排情况、当年预算规模、上年度绩效评价结果等因素进行综合评分,并按得分结果进行分配,分配的资金下达到市级、直管县财政部门。项目法资金分配方案由省供销合作社会同省财政厅研究确定。

第十条 市级、省直管县供销合作社和财政部门联合采取专家评审、公开答辩等方式遴选项目,确保专项资金安排到符合要求的企业;省供销合作社投资企业申报项目由省供销合作社和省财政厅组织评审。

第四章 预算管理

第十一条 项目评审结果应通过供销部门门户网站向社会公示，公示期为7个工作日，其中，市级、省直管县项目公示无异议后报省供销合作社和省财政厅备案。备案内容包括：绩效目标、具体项目、项目总投资、项目资金来源、主要建设内容、建设地点、项目开竣工期限等。

第十二条 各级财政部门要严格按照预算管理及国库集中支付制度等有关规定，加强专项资金支付管理，确保专项资金及时、有效、安全支付。

第十三条 市级、省直管县供销合作社按照资金管理有关规定以及有关业务指导文件要求，加强对项目建设的监管并及时验收，同时要将项目和资金安排情况纳入“涉企系统”管理，于每年1月底前将全市年度专项资金项目实施及绩效自评报告报送省供销合作社和省财政厅。

第五章 监督检查

第十四条 获得专项资金的企业收到资金后，应当按照国家财务、会计制度的有关规定进行账务处理，严格按照规定使用资金，并自觉接受监督检查，否则取消下年度项目申报资格。

第十五条 各级供销合作社、财政部门要加强对项目执行情况和专项资金使用情况的监督检查。省供销社和省财政厅将不定期抽查。对于截留、挤占、挪用、骗取专项资金等违纪违法行为，一经查实，将收回已安排的专项资金，取消该企业今后申报资格，并按照《财政违法行为处罚处分条例》等国家有关规定追究相关责任。

第六章 附 则

第十六条 市级财政部门会同供销合作社应根据本办法，结合本地实际，制定实施细则，报省财政厅、省供销合作社备案。

实施细则应进一步明确资金支持范围、支持方式、列支范围、各类项目实施单位遴选条件、遴选程序、预算执行监督检查、绩效评价及信息公开等内容，突出科学性、实效性和可操作性。

第十七条 本办法自发布之日起施行。《安徽省财政厅 安徽省供销合作社联合社关于印发〈安徽省新农村现代流通服务网络工程专项资金管理办法〉的通知》(财建〔2014〕551号)同时废止。

安徽省财政厅 中国人民银行合肥中心支行 安徽省监察厅 安徽省审计厅关于印发《安徽省省级预算单位银行账户管理办法》的通知

财库〔2015〕2120号

省直各部门、单位，国库集中支付各代理银行：

为深化和完善财政国库管理制度改革，规范预算单位银行账户管理，根据省级财政国库管理工作实际，省财政厅、人民银行合肥中心支行、省监察厅、省审计厅联合修订了《安徽省省级预算单位银行账户管理办法》，现印发给你们，请遵照执行，原《安徽省省级预算单位银行账户管理办法》(财库〔2003〕31号)同时废止。执行中有何问题，请及时向省财政厅、人民银行合肥中心支行反映。

安徽省省级预算单位银行账户管理办法

第一章 总 则

第一条 为规范省级预算单位银行账户管理，强化资金监管，根据《人民币银行结算账户管理办法》等有关法律、法规，制定本办法。

第二条 本办法适用于省直各部门及所属行政事业单位，纳入财政预算管理的各类社团组织，以及省委、省政府批复成立的临时机构(以下统称省级预算单位)银行账户的管理。

省级预算单位分为一级预算单位、二级预算单位(特殊情况可再分为三级、四级预算单位，下同)和基层预算单位。

第三条 预算单位开立、变更、撤销银行账户，实行财政审核、备案制度。

第四条 预算单位财务机构统一管理本单位的银行账户。预算单位主要负责人对本单位银行账户的合法性、安全性负责。

第五条 预算单位应当在国有、国家控股银行或经批准为其开户的商业银行（以下简称开户银行）开立银行账户。

第二章 银行账户的设置

第六条 预算单位银行账户的设置按照财政国库单一账户的要求，坚持“规范、高效、精简”的原则，严格控制，规范管理。

第七条 预算单位按照人民银行账户管理的有关规定，可设置基本存款账户、专用存款账户、一般存款账户、临时存款账户。

第八条 一个预算单位只能开设一个基本存款账户。

第九条 预算单位按照工作职能和资金管理要求，可开立如下专用存款账户：

(一)党费账户

预算单位根据《中共中央组织部关于中国共产党党费收缴、使用和管理的规定》，可开设党费专用存款账户，用于核算党费收支。

(二)工会账户

预算单位根据《社会团体登记管理条例》，可开设工会经费专用存款账户，用于核算工会经费收支。

(三)其他专用存款账户

预算单位确因管理需要，经省财政厅批准，可设置专用存款账户。多项专用款项应当在同一账户中实行分账核算。

行政和参公管理事业单位除党费、工会账户外，只能开设一个财政资金专用存款账户(特定专用存款账户除外)。

第十条 预算单位在具备省级国库集中收付业务代理资格的银行范围内选择开设零余额账户。预算单位零余额账户的性质为基本存款账户或专用存款账户。省级行政和参公管理事业单位零余额账户的性质为基本存款账户。

第十一条 省级事业单位因借款或其他结算需要，经省财政厅审核同意，可申请在基本存款账户开户银行以外的银行营业机构开立一般存款账户。其中贷款账户只能用于归集、划拨银行贷款资金。贷款还清后，应予及时撤销。

第十二条 预算单位设立的临时机构确因业务需要可申请设置临时存款账户，账户有效期最长不得超过2年。超过期限仍需保留的，应重新申请开立或申请延期。

第三章 银行账户的开立

第十三条 预算单位开立银行账户，需向省财政厅提出书面申请，详细说明本单位基本情况和开户理由。如实报送《省级预算单位开立银行账户申请表》(附件1)和相关证明材料。

(一)开立基本存款(零余额)账户，应提供本单位组织机构代码证、法定代表人身份证复印件、机构编制批文原件和盖章复印件以及其他相关材料。

(二)开立党费专用存款账户，除(一)项所列材料外，应提供成立党组织的批文。

(三)开立工会经费专用存款账户，除(一)项所列材料外，应提供工会法人资格证书、组织机构代码证盖章复印件。

(四)开立其他专用存款账户，除(一)项所列材料外，应提供专项资金文件及相关资料。

(五)开立一般存款账户，除(一)项所列材料外，还应提供基本户开户许可证盖章复印件、借款合同盖章复印件、省财政厅签署同意的贷款审核件，以及用于其他结算的证明文件。

(六)开立临时存款账户，应提供成立临时机构的正式文件。

第十四条 预算单位开立银行账户按以下程序办理：

(一)填报《省级预算单位开立银行账户申请表》并附相关证明材料，由省级主管部门签署意见后报省财政厅审核。

(二)省财政厅收到预算单位申请后，应按程序完成审核。

(三)预算单位持省财政厅审核件及相关证明材料，到规定的银行办理开户手续。

第十五条 预算单位必须在开立银行账户后5个工作日内，填写省财政厅统一印制的《省级预算单位银行账户备案表》(附件2)，报省财政厅备案。

第十六条 垂直管理单位及驻肥以外省直单位的银行账户审核实行属地管理，由当地财政部门根据本办法和人民银行相关规定负责办理，并报主管部门和省财政厅备案。

第四章 银行账户的变更与撤销

第十七条 预算单位发生下列变更事项时，在开户银行或人民银行办理相关变更手续，不需报经省财政厅审核，但须按本办法第十五条的规定进行备案：

（一）预算单位变更名称，但不改变开户银行及账号的；

（二）预算单位主要负责人或法定代表、地址及其他开户资料变更的；

（三）因银行原因变更银行账号但不改变开户银行的；

（四）上级主管部门变更、预算单位撤销或合并销户等其他按规定不需报经财政厅审核的变更事项。

第十八条 预算单位需变更开户银行的，应由一级预算单位审核后向省财政厅提出申请，经财政厅审核同意后到相关银行办理。

第十九条 基层预算单位的上级主管单位发生变更的，按照第十五条的规定，应在变更后5个工作日内报财政厅备案。

第二十条 预算单位确需延长账户使用期的，应提前提出申请并按本办法第三章规定的程序报财政厅审核。审核期间，按原账户使用期执行。

第二十一条 预算单位开立的银行账户应保持稳定。确因特殊需要变更开户银行的，应按规定将原账户撤销，按本办法规定重新办理开户手续、销户与开户的备案手续，并将原账户的资金余额（包括利息）如数转入新开账户。

预算单位零余额账户需要变更、撤销的，应在每年规定时间进行。

第二十二条 预算单位被合并的，其账户应予撤销，资金余额转入合并单位的同类账户。合并单位应监督被合并单位撤销账户，并负责在销户后5个工作日内按照本办法第十三条规定将销户情况报财政厅备案。

第二十三条 下列情况，需及时办理销户手续：

（一）银行账户使用期满的；

（二）开立后一年内没有发生资金往来业务的；

（三）预算单位因机构改革等原因被撤销的；

（四）因账户违规，被有关部门责令限期撤销的；

（五）其他按规定应撤销的。

第二十四条 预算单位撤销银行账户应向开户银行提出销户申请，开户银行应及时受理并出具销户证明。销户后，预算单位应在3个工作日内将销户证明复印件报省财政厅备案。

预算单位被撤销或并入其他预算单位的，销户情况由省级主管部门按本办法规定办理备案手续。

第五章 银行账户的管理与监督

第二十五条 省财政厅将建立省级预算单位银行账户信息管理系统，对预算单位开立的银行账户实施动态监控，跟踪监督账户的开立、变更、撤销等情况，建立预算单位账户管理档案。

第二十六条 省级预算单位银行账户纳入信息系统管理后，省财政厅将对预算单位的账户进行监控。

第二十七条 建立预算单位银行账户年检制度，预算单位应于每年1月31日前，填报单位账户信息，汇总报送省财政厅。

第二十八条 预算单位必须按财政部门和人民银行规定的用途使用银行账户，不得将财政拨款转为定期存款、理财产品，不得以个人名义存放单位资金，不得出租、转让银行账户，不得为个人或其他单位提供信用。

第二十九条 省级主管部门应加强对所属预算单位银行账户的监督管理，定期进行监督检查。发现所属单位不按规定开立、使用、撤销以及变更银行账户的，应及时督促纠正；纠正无效的，应提请财政厅等职能部门按照有关规定进行处罚。

第三十条 开户银行不得办理未经省财政厅审核或备案的预算单位银行账户开设业务。

第三十一条 省财政厅、中国人民银行合肥中心支行、省监察厅、省审计厅（以下统称监督检查机构）在各自职责范围内对预算单位银行账户实施监督管理。

第三十二条 省财政厅负责对预算单位银行账户实施动态监控，负责银行账户的审核、备案等日常管理和监督。

第三十三条 中国人民银行合肥中心支行负责银行及银行账户的监督管理，查处银行违反本办法的行为。

第三十四条 省审计厅应按本办法对预算单位的银行账户实施监督检查，查处违反本办法规定的行为,涉及商业银行违反本办法规定的,移交有管辖权的属地人民银行分支机构进行处理。

第三十五条　监督检查机构按照各自职责分工定期或不定期对银行账户实施监督检查,受查单位和银行应如实提供有关银行账户的开立、收付和管理情况,不得以任何理由借口拒绝、拖延、隐瞒。

第三十六条　省财政厅在对预算单位银行账户实施监督管理中,发现预算单位违反规定开立、变更、撤销、使用银行账户的,责令整改纠正或撤销账户;对违规银行依据《安徽省省级财政业务代理银行考评办法的通知》进行考评扣分。涉嫌犯罪的,移交司法机关处理。

第三十七条　人民银行在对银行实施监督管理中,发现银行违反规定为预算单位开立账户的,应按照中国人民银行《人民币银行结算账户管理办法》(中国人民银行令[2003]第5号)、《金融违法行为处罚办法》(国务院令第260号)、《中华人民共和国商业银行法》等法律法规进行处罚。涉嫌犯罪的,移交司法机关处理。

第六章　附　则

第三十八条　本办法由安徽省财政厅、中国人民银行合肥中心支行、省监察厅、省审计厅负责解释。

第三十九条　本办法自2016年1月1日起施行,原《安徽省省级预算单位银行账户管理办法》(财库〔2003〕31号)同时废止。

(附件略)

安徽省财政厅　中国人民银行合肥中心支行关于印发《安徽省省级财政国库集中支付管理办法》的通知

财库〔2015〕2121号

省直各部门、单位,国库集中支付各代理银行:

为深入贯彻落实《预算法》和依法理财管理要求,健全完善省级国库集中支付管理制度体系,省财政厅、人民银行合肥中心支行联合制定了《安徽省省级财政国库集中支付管理办法》,现印发给你们,请遵照执行。执行中遇到问题,请及时向省财政厅、人民银行合肥中心支行反映。

安徽省省级财政国库集中支付管理办法

第一章　总　则

第一条　为进一步完善省级国库集中支付改革,加强财政性资金管理与监督,强化省级预算单位预算执行主体责任,提高财政性资金运行效率和使用效益,根据《中华人民共和国预算法》《安徽省财政监督条例》《安徽省财政国库管理制度改革试行方案》,以及有关法律法规的规定,结合实际,制定本办法。

第二条　本办法适用于下列财政性资金的支付管理:

(一)纳入国库单一账户管理的一般公共预算资金、政府性基金预算资金、国有资本经营预算资金、社会保险基金预算资金;

(二)纳入财政专户管理的政府非税收入资金;

(三)其他财政性资金。

第三条　财政性资金通过国库单一账户体系存储、支付和清算。

第四条　国库单一账户体系由国库单一账户、财政零余额账户、预算单位零余额账户、财政专户等账户构成。省级各部门、各单位经批准设立的其他银行账户逐步纳入国库单一账户体系管理。

第五条　财政部门是持有和管理国库单一账户体系的职能部门,任何单位不得擅自设立、变更或撤销国库单一账户体系中的各类银行账户。

人民银行按照有关规定,加强对国库单一账户和代理银行的管理监督。

第六条　财政性资金的支付实行财政直接支付和财政授权支付两种方式。

财政直接支付是指由财政部门开具支付令,通过国库单一账户体系,直接将财政性资金支付到收款人或用款单位账户。

财政授权支付是指预算单位按照财政部门授权和批准的用款额度,自行开具支付令,通过国库单一账户体系将资金支付到收款人账户。

财政部门对财政性资金支付方式实行目录动

态管理。

第七条 财政性资金的支付，应当按照预算、用款计划、项目进度和规定程序办理。

第八条 各部门、各单位是本部门、本单位的预算执行主体，负责本部门、本单位的预算执行，并对预算执行结果负责。部门和单位预算批准后，预算单位依法拥有相应的资金使用权，履行财务管理、会计核算职责，并接受财政和审计监督。

第九条 预算单位原则上分为一级预算单位、二级预算单位和基层预算单位。向财政部门申报预算的为一级预算单位；向上一级预算单位申报预算并有下级预算单位的，为二级预算单位；向上一级预算单位申报预算，且没有下级预算单位的，为基层预算单位。一级预算单位有下级预算单位的，为主管预算单位。一级、二级预算单位的本级，视为基层预算单位管理。

第十条 财政国库支付执行机构具体办理财政国库集中支付业务，配合财政国库管理机构建立国库单一账户体系，负责财政性资金集中支付的审核、拨付和监督管理，对财政性资金支付和银行账户进行动态监控。

第十一条 国库集中支付业务代理银行，由财政部门在人民银行认定具备代理资格的商业银行中确定。代理银行受托承办省级财政国库集中支付与资金清算业务。

第二章 国库单一账户体系的设立、使用和管理

第十二条 财政部门在人民银行开设国库单一账户，用于记录、核算、反映财政性资金的收入和支出。

第十三条 财政部门在代理银行开设财政零余额账户，用于财政直接支付和清算。

第十四条 预算单位在代理银行开设预算单位零余额账户，用于办理财政授权支付业务和清算。

第十五条 预算单位开设、变更、撤销零余额账户，按照预算单位银行账户管理办法相关规定办理。一个基层预算单位只能开设一个零余额账户。

第十六条 预算单位零余额账户可以办理转账、提取现金等结算业务，不得违反规定向本单位基本存款账户或其他账户，以及上级主管单位和所属下级单位账户划拨资金。

第十七条 财政零余额账户和预算单位零余额账户支付的资金，由代理银行与国库单一账户、非税收入资金财政专户按日进行清算。资金支付与清算应当按照《安徽省省级财政国库集中支付资金银行支付清算办法》的规定办理。

第十八条 财政部门在银行业金融机构开设财政专户，用于管理核算特定专用资金。

第十九条 财政专户由财政国库管理机构统一管理。财政专户的开立、变更、撤销，应当按照财政部的要求履行审批或备案手续。

第三章 用款计划

第二十条 预算单位根据批准的部门预算和本办法的规定编制分月用款计划。用款计划是办理财政性资金支付的依据。

第二十一条 用款计划须列明预算项目、资金支付方式、支出功能分类科目、经济分类科目、金额等。

第二十二条 预算单位依据财政部门制定的支付方式划分目录，确定用款计划的资金支付方式。

第二十三条 基层预算单位根据部门预算支出管理需求，分基本支出和项目支出编制用款计划，直接报财政部门审核后下达。

第二十四条 财政部门代编非部门预算和相关中央专项资金财政直接支付用款计划，代编预算单位统发工资、工会经费的财政直接支付用款计划。

第二十五条 预算单位确因特殊情况需要调整用款计划的，须按规定提出申请，报财政部门审核。

第二十六条 预算单位依据财政部门下达的用款计划办理财政直接支付和财政授权支付业务。

第四章 支付和清算

第二十七条 实行财政直接支付的资金包括：纳入财政统发范围的工资支出、工会经费支出、规定限额以上的工程采购支出、基本建设投资支出（不包括建设单位管理费等零星支出）、非部门预算及相关中央专项资金支出，以及纳入直接支付目录的其他支出。

第二十八条 预算单位提出直接支付申请，报国库支付执行机构，按规定审核通过后，开具支付指令，提交代理银行办理资金支付。

第二十九条 统发工资支出，由财政国库支

付执行机构根据相关部门核定的统发单位应发工资数据,扣除单位代扣代缴款项,开具支付指令,提交代理银行将工资直接支付到个人工资账户。

第三十条 工会经费支出,由财政国库支付执行机构根据相关规定,依据预算单位工会经费年度预算,按季均衡开具支付指令,提交代理银行转入预算单位工会账户和省总工会相关账户。

第三十一条 纳入财政直接支付的工程采购支出,由预算单位依据年度预算、用款计划、工程进度及验收报告、合同等有关支付凭证,提出直接支付申请。政府采购监督管理部门按照政府采购管理等有关规定审核后,国库支付执行机构开具支付指令,提交代理银行办理资金支付。

第三十二条 非部门预算及相关中央专项资金支出,财政归口业务处提出直接支付申请,国库支付执行机构复核确认后,开具支付指令,提交代理银行办理资金支付。

第三十三条 财政授权支付,由预算单位在财政部门下达的财政授权额度内,提出授权支付申请,财政部门进行动态监控,监控无异常的,预算单位开具支付指令,提交代理银行办理资金支付。财政授权支付可采用转账、公务卡、现金等结算方式。

第三十四条 预算单位要根据省级公务卡管理规定,遵循公务卡强制结算目录,对于非转账结算的公务支出,具备刷卡条件的,一律刷卡支付。

第三十五条 预算单位要切实加强对现金支出的管理,不得违反《现金管理暂行条例》等规定支用现金;代理银行应严格按照《现金管理暂行条例》等规定,受理预算单位的现金结算业务。

第三十六条 代理银行按日汇总财政性资金支付金额,分财政直接支付和财政授权支付,向国库单一账户、非税收入资金财政专户开具划款凭证,办理资金清算。

第三十七条 人民银行、非税收入资金清算银行根据代理银行划款申请,核对财政部门同日报送的相关支付汇总信息,分财政直接支付和财政授权支付,通过资金汇划系统,将代理银行当日支付的财政性资金,分别由国库单一账户、非税收入资金财政专户划拨到相关零余额账户或者商业银行在支付清算协议中指定的清算账户。

第三十八条 营业日终了,财政零余额账户和预算单位零余额账户余额应为零。

第五章 会计核算

第三十九条 财政总预算会计对国库存款账户按财政总预算会计制度的要求设置总分类账和明细分类账。

第四十条 财政国库支付执行机构、行政事业单位和建设单位的会计核算按照相关会计制度执行。

第四十一条 财政国库集中支付各业务主体按照“谁差错、谁负责”的原则,对差错项目按有关规定做调账处理。

第四十二条 财政国库管理机构、财政国库支付执行机构、人民银行、非税收入清算银行、代理银行、预算单位应建立全面的对账制度,定期、及时核对账目,出具报表。

第六章 动态监控

第四十三条 财政部门依据财政国库管理制度和相关财政财务管理规定,通过国库动态监控系统,对财政性资金支付活动及银行账户进行全面监控,对发现的违规问题及时纠正处理,防范资金支付和使用风险,强化预算支出执行监管。

第四十四条 财政国库支付执行机构根据省级国库集中支付动态监控管理规定,按照预设的预警规则,全程监控财政性资金支付,进行分级预警。根据不同预警级次,做出相应处理。

第四十五条 财政部门对预算单位经批准开设在银行业金融机构的实有资金账户实行动态监控,加强账户资金收付及结余情况监督管理。

第四十六条 预算单位基础信息纳入动态监控管理,实行备案登记,财政国库支付执行机构通过国库动态监控系统,定期采集、维护预算单位基础信息。

第四十七条 动态监控预警规则实行目录管理,财政国库支付执行机构根据预算执行管理需要和业务实际,定期修订完善动态监控预警规则。

第四十八条 财政部门根据动态监控结果,定期汇总整理形成预算执行动态监控分析报告,为部门预算编制、预算执行管理、财政绩效管理、预算信息公开等提供决策参考;为财政专项监督、纪检监察、政府审计等提供相关信息。

第七章 管理职责

第四十九条 财政部门、人民银行、预算单位、代理银行各司其职,相互配合,共同做好省级国库集中支付工作。

第五十条 财政部门主要职责：

(一)负责制定完善国库集中支付管理制度及国库集中支付操作流程,管理国库单一账户体系,选择代理银行,提供信息技术支撑,构建国库集中支付内控管理机制。

(二)负责下达用款计划,办理财政直接支付和财政授权支付业务,进行会计核算。

(三)建立预算执行动态监控机制,对预算执行情况进行分析评价,组织核查。

(四)负责协调人民银行、主管预算单位、代理银行和其他有关部门的国库集中支付工作。

第五十一条 人民银行主要职责：

(一)会同财政部门制定财政性资金支付的银行清算业务制度规定，配合财政部门管理和监督财政国库管理改革的实施。

(二)为财政部门开设国库单一账户,办理国库单一账户与代理银行的财政性资金清算。

(三)认定商业银行代理国库集中支付资格,监督代理银行代理财政性资金支付的有关业务。

(四)及时向财政部门国库管理机构报送国库单一账户相关报表。

(五)配合财政部门制定财政国库管理制度改革的有关政策制度。

第五十二条 主管预算单位主要职责：

(一)负责按部门预算管理使用财政性资金,并做好相应的财务管理和会计核算工作。

(二)负责建立健全财务管理制度,自觉维护财经纪律,强化本部门及所属单位预算执行管理,加强对本部门及所属单位财政性资金支付活动的控制和监督。

(三)配合财政部门对本部门及所属单位账户管理等情况进行监督管理。

第五十三条 基层预算单位主要职责：

(一)负责按单位预算使用财政性资金,并做好相应的财务管理和会计核算工作。

(二)建立健全财务管理制度和内控机制,严格执行国家规定的开支范围及标准，自觉维护财经纪律。

(三)负责编制用款计划,提出资金使用申请,按规定提供国库集中支付申请所需的有关资料,并保证其真实性、完整性、合法性。

(四)负责做好本单位银行账户的管理工作。

第五十四条 代理银行主要职责：

(一)按照与财政部门签订的代理协议,及时、准确办理财政部门和预算单位的财政性资金支付及相关清算工作。

(二)与人民银行签订财政性资金银行支付和清算协议,及时、准确办理集中支付清算业务,年终按时向人民银行合肥中心支行报送代理集中支付业务履职报告。

(三)定期向财政部门和预算单位报告财政性资金支付情况,提供财政支出日报、额度到账通知单、对账单等。

(四)严格按照财政部门直接支付指令和预算单位授权支付指令支付资金,不得违规挪用,延迟付款，并协助财政部门开展国库集中支付业务动态监控。

第五十五条 除政府或政府授权财政部门批准的特殊事项外,发生下列情形之一的,财政部门有权拒绝受理支付申请：

(一)无预算、超预算申请使用资金；

(二)自行扩大预算支出范围申请使用资金；

(三)未按规定程序申请使用资金；

(四)申请手续及提供的文件资料不完备,有关审核单位没有签署意见或加盖印章；

(五)预算执行中发生的重大违规违纪问题；

(六)工程建设出现重大问题；

(七)其他需要拒付的情况。

第五十六条 财政部门、人民银行、预算单位和代理银行违反本办法规定，造成财政性资金被骗取、滥用、浪费的,依照《中华人民共和国预算法》《国家金库条例》《财政违法行为处罚处分条例》《金融违法行为处罚办法》以及其他有关法律法规进行处理。

第八章 附 则

第五十七条 本办法由安徽省财政厅会同中国人民银行合肥中心支行负责解释。

第五十八条 现行有关规定与本办法不一致的,以本办法为准。

第五十九条 本办法自2016年1月1日起施行,原《安徽省财政国库管理改革试点资金支付管理暂行办法》(财库〔2001〕1026号)同时废止。

安徽省财政厅 安徽省科学技术协会关于印发《安徽省创新驱动助力工程专项资金管理办法》的通知

财教〔2015〕2030 号

各市、县(区)财政局、科学技术协会,省科协所属学会:

为规范省创新驱动助力工程专项资金管理,提高资金使用效益,促进科协及所属学会服务地方经济转型升级,根据《安徽省科协关于创新驱动助力工程的实施意见》及有关财政财务管理制度,结合实际,省财政厅、省科学技术协会研究制定了《安徽省创新驱动助力工程专项资金管理办法》,现印发给你们,请遵照执行。

安徽省创新驱动助力工程专项资金管理办法

第一章 总 则

第一条 为规范省创新驱动助力工程专项资金(以下简称"专项资金")管理,提高财政资金使用效益,促进科协及所属学会服务地方经济转型升级,根据《安徽省科协关于创新驱动助力工程的实施意见》及有关财政财务管理制度,制定本办法。

第二条 专项资金来源于省级财政预算拨款,省财政厅根据科协及所属学会发展需求,将省创新驱动助力工程专项资金列入省级财政预算,支持中国科协、省科协所属学会(以下简称"学会")为地方区域经济发展提供决策咨询服务,帮助地方、企业破解关键技术难题,构建产学研联合创新平台,促进科技成果推广转化,打造高端智力集聚平台。

第三条 专项资金以"实现企业提效益、学会提能力"为目标,支持与"学会"有实质性合作,在安徽省范围内注册具有独立法人资格的企业。

第四条 专项资金使用管理,坚持需求导向、企业主体、学会助力、择优支持、突出实效的原则。

第二章 支持内容和方式

第五条 专项资金采取绩效补助扶持方式。省科协负责对学会与企业合作情况开展绩效评价,根据绩效评价情况以及学会收到企业并实际发生支出的费用,给予企业适当补助。

第六条 专项资金支持学会服务站建设、专家技术咨询论证、产学研合作等与学会能力提升有关的工作。

第三章 项目预算申报审核

第七条 省科协每年按照省财政厅关于部门预算编制要求,于编制部门预算时,发布项目申报通知,组织开展绩效评价工作,提前细化下年度专项资金。

第八条 项目申报需满足以下条件:

(一)必须是企业与学会合作实施的项目。

(二)企业与学会签署项目合作协议,学会为企业提供科技服务,企业为学会开展科技服务提供经费。

(三)通过项目实施,实现"企业提效益、学会提能力"的目标,即解决了企业技术难题,产生了较好的经济效益和社会效益,同时学会服务能力得到进一步提升。

第九条 企业按照属地原则,向所在市及省直管县科协提交申请材料。按照"谁提供、谁证明、谁负责"原则,市及省直管县科协负责对申请材料进行初审,并负责属地专项资金的绩效跟踪和监管;企业对申请材料真实性、完整性负责。

第十条 项目申请材料需包括以下内容:

(一)企业与学会签署的项目合作协议;

(二)企业为学会提供经费支出情况,需有明确证明材料;

(三)学会为企业提供科技服务情况;

(四)企业取得的经济效益和社会效益,以及学会能力提升情况等。

第十一条 省科协组织专家或委托专业机构开展绩效评价,根据评价结果择优确定拟支持对象。

第十二条 省科协将拟支持对象向社会公示,接受社会监督。公示无异议的,省科协将预算细化方案提交省财政厅,按规定程序下达资金。

第四章 监督检查

第十三条 省科协建立项目监督检查制度,根据工作需要,适时对项目资金使用管理进行监督检查。对监督检查中发现的问题,督促责任单位及时制定整改措施并认真整改落实，健全长效管理制度。

第十四条　企业应建立专项资金内部督查制度，规范资金管理。并接受省审计厅、省财政厅、省科协等部门的检查与监督。

第十五条　任何单位和个人不得截留、挤占、挪用专项资金。对以虚报、冒领等手段骗取专项资金的，一经查实，一律收回专项资金，按《财政违法行为处罚处分条例》的规定进行处理；构成犯罪的，依法追究刑事责任。

第五章　附　则

第十六条　本办法由省财政厅、省科协负责解释。

第十七条　本办法自2016年1月1日起施行。

安徽省财政厅　安徽省经济和信息化委员会关于印发《安徽省中小企业信用担保代偿补偿资金使用管理实施细则》的通知

财企〔2015〕2132号

省担保集团：厅机关各处室(局)、厅属各单位各市、县(区)财政局

为做好安徽省中小企业信用担保代偿补偿工作，确保中小企业信用担保代偿补偿资金规范、高效运作，根据工业和信息化部办公厅、财政部办公厅《关于做好中小企业信用担保代偿补偿有关工作的通知》(工信厅联企业〔2015〕57号)等有关规定，我们制定了《安徽省中小企业信用担保代偿补偿资金使用管理实施细则》，请遵照执行。如果在执行中发现问题，请及时反馈。

安徽省中小企业信用担保代偿补偿资金使用管理实施细则

第一章　总　则

第一条　为规范中小企业信用担保代偿补偿资金使用管理，加大对小微企业融资服务力度，根据工业和信息化部办公厅、财政部办公厅《关于做好中小企业信用担保代偿补偿有关工作的通知》(工信厅联企业〔2015〕57号)及有关规定，制定本实施细则。

第二条　本实施细则所称融资担保机构(以下简称担保机构)担保代偿，是指担保机构为小微企业向金融机构融资提供担保后，在债务到期时，被担保企业未能按合同约定向债权人偿还资金，担保机构依据合同代其偿还。

第三条　本实施细则所称的小微企业，是指在安徽省登记注册，符合工业和信息化部、国家统计局、发展改革委、财政部联合发布的《关于印发中小企业划型标准规定的通知》(工信部联企业〔2011〕300号)规定的小型企业、微型企业。

第四条　安徽省中小企业信用担保代偿补偿资金(以下简称代偿补偿资金)由中央财政、省财政共同出资设立，专项用于补偿担保代偿损失。代偿补偿资金委托安徽省信用担保集团有限公司(以下简称省担保集团)管理及运营。省担保集团设立代偿补偿资金专用账户，专款专用、独立核算、封闭运行，代偿补偿资金的银行存款利息自动滚入代偿补偿资金。

第五条　代偿补偿资金支持2015年7月1日起开展的新增小微企业(含个体工商户)担保业务，单户担保责任余额不超过500万元。

第二章　工作机制

第六条　省财政厅、省经信委在财政部、工业和信息化部的指导下，负责代偿补偿资金的日常管理监督。

第七条　省担保集团负责代偿补偿资金账户的管理及运营，包括项目确认、受理及审核，制定代偿补偿方案，拨付代偿补偿款项，收缴项目追偿回款，以及其他常规性资金运营管理等事项。

第八条　纳入代偿补偿资金支持范围的担保项目须由省担保集团按照有关规定认定，报省经信委备案。并由省担保集团在确定支持担保项目后的5个工作日内登陆中小企业发展专项资金管理系统(以下简称管理系统，网址：http:jjfzzxzj.miit.gov.cn)，按使用说明填报相关信息。

第三章　代偿补偿管理

第九条　省担保集团根据实际情况，选择合作银行、担保机构签订合作协议，明确担保项目风险分担比例、代偿补偿条件、风险控制等事项，并

加强风险防范。

第十条 担保贷款发放后，由省担保集团会同合作银行、担保机构负责对贷款企业进行日常跟踪管理及财务风险控制，对借款企业的贷款合同执行情况和资信情况检查,发现问题,应要求贷款企业及时整改。

第十一条 对企业因暂时资金周转困难发生贷款逾期，但在合作银行规定的宽限期内可以归还贷款的,由省担保集团商合作银行、担保机构跟踪督促借款企业及时还款。

第十二条 省担保集团与合作银行、担保机构在担保贷款管理过程中，发现借款企业有弄虚作假、无法正常还贷等重大问题的;在担保贷款逾期处理过程中,合作银行、担保机构不予配合的，省担保集团有权取消所承担的再担保义务，代偿补偿资金承担的责任也同时随之取消，有关事项应在合作协议中予以明确。

第十三条 对企业确因经营困难无法及时还款发生代偿的贷款本息，由省担保集团会同合作银行、担保机构进行追偿。依法追偿所得扣除诉讼等实现债权的费用后，应及时将享有的追偿收入按规定比例缴回代偿补偿资金专用账户。

第十四条 省担保集团负责按照约定条件受理纳入支持范围贷款项目的代偿补偿申请，审核代偿补偿条件及额度,拟定代偿补偿比例及金额。

第十五条 省担保集团将拟代偿补偿项目和额度报省经信委、省财政厅。省经信委会同省财政厅审核并报省政府审批后，向省担保集团下达代偿补偿资金拨付通知，省担保集团据此向担保机构拨付代偿补偿资金，并通过管理系统报财政部与工业和信息化部备案。代偿补偿工作原则上每半年实施一次。

第十六条 当符合支持范围的小微企业担保贷款业务发生代偿，省担保集团根据合作协议按照代偿额 50%及以上、35%(含 35%)—50%、25%(含 25%)—35%、15%(含 15%)—25%的比例补偿担保机构时，代偿补偿资金相应分别按照代偿额的 25%、20%、15%、10%的比例补偿相关担保机构。

第十七条 对省担保集团与合作银行开展小微企业担保贷款业务，且省担保集团按照担保贷款额 15% (含)以上的比例承担风险的担保贷款项目,代偿补偿资金按照不超过担保贷款额 10%的比例承担风险。原则上此类项目担保贷款额比例不得超过纳入代偿补偿资金支持范围的担保贷款总额的 30%。

第十八条 对合作银行与省担保集团建立风险共担机制、提高放大倍数,以及对小微企业贷款利率在同期基准利率基础上不上浮或上浮低于 20%(含)的,省担保集团应予以优先合作,对发生的代偿予以优先补偿。

第十九条 省担保集团应积极为小微企业提供服务,到 2016 年底和 2017 年底,纳入代偿补偿资金支持范围的担保责任余额原则上应分别达到代偿补偿资金总额的 5 倍和 8 倍以上。

第二十条 省担保集团可按年度提取代偿补偿资金委托管理费，主要用于弥补代偿补偿资金运营管理的业务经费支出，提取比例不超过当年托管代偿补偿资金本金的 0.5%。

第二十一条 对代偿补偿项目因借款企业破产清算，或对借款企业诉讼且依法裁定执行终结后的代偿净损失部分,经合作担保机构确认、省担保集团审核,并经省经信委、省财政厅认定后,予以核销。有关核销情况，由省担保集团通过管理系统报工业和信息化部、财政部备案。

第四章 监督检查

第二十二条 省担保集团于每年 3 月底前，通过省经信委和省财政厅向工业和信息化部和财政部提交上一年度代偿补偿资金管理与使用审计报告，并报送上一年度代偿补偿资金运营管理工作报告。报告内容应包括代偿补偿资金支持项目情况、贷款发放及代偿情况、追偿及损失情况、资金运营管理特点和创新情况等。

第二十三条 省担保集团不得将代偿补偿资金闲置资金用于股票、期货、房地产等高风险投资以及捐赠、赞助等支出。

第二十四条 省财政厅会同省经信委定期或不定期对代偿补偿资金使用情况进行监督检查，必要时可委托社会中介机构进行审计或评估。

第二十五条 担保机构在获得代偿损失补偿后须继续采取有效的债务追偿措施。担保机构未采取有效债务追偿措施的，下年度取消代偿损失补偿资格。

第二十六条 担保机构弄虚作假、骗取代偿损失补偿的,将追回所得补偿资金,取消担保机构代偿损失补偿资格,并在相关媒体上公告。

第二十七条 从事担保代偿损失补偿工作的工作人员徇私受贿，玩忽职守的，承担相应行政责任和法律责任。

第二十八条 对于恶意逃避债务导致代偿补偿资金和担保机构资金损失的贷款企业，政府管理部门和担保机构按有关法律法规进行追究，合作银行将贷款企业及责任人纳入人民银行征信系统，省财政厅将其列入省级涉企资金管理信息系统，5年内不得享受财政政策资金扶持。

第二十九条 代偿补偿资金接受管理单位和同级审计部门的专项检查和审计，对违反财经纪律、弄虚作假、套取和挪用代偿补偿资金等违法违规行为，将依照《财政违法行为处罚处分条例》等国家有关规定，严肃追究有关责任单位和责任人的责任，并对已拨付的代偿补偿资金全额收回。

第五章 附 则

第三十条 本实施细则由省财政厅会同省经信委负责解释。

第三十一条 本实施细则自发布之日起实施。

安徽省财政厅 安徽省住房和城乡建设厅关于印发《安徽省政府购买棚改服务管理办法》的通知

财建〔2015〕2047号

各市、县(区)财政局、住房保障管理部门：

为进一步加大棚户区改造力度，推广和规范政府购买棚改服务，更好发挥市场在资源配置中的决定性作用，根据《国务院关于进一步做好城镇棚户区和城乡危房改造及配套基础设施建设有关工作的意见》(国发〔2015〕37号)等文件要求，经省政府同意，我们制定了《安徽省政府购买棚改服务管理办法》，现印发给你们，请遵照执行。

安徽省政府购买棚改服务管理办法

第一章 总 则

第一条 为进一步加大棚户区改造力度，推广和规范政府购买棚改服务，更好发挥市场在资源配置中的决定性作用，根据《国务院关于进一步做好城镇棚户区和城乡危房改造及配套基础设施建设有关工作的意见》(国发〔2015〕37号)、《国务院办公厅关于政府向社会力量购买服务的指导意见》(国办发〔2013〕96号)及《财政部民政部工商总局关于〈政府购买服务管理办法(暂行)〉的通知》(财综〔2014〕96号)等有关要求和规定，制定本办法。

第二条 本办法所称政府购买棚改服务，是指通过发挥市场机制作用，把棚户区改造相关服务事项按照一定的方式和程序，交由具备条件的社会力量和事业单位承担，并由政府根据合同约定向其支付费用。

第三条 政府购买棚改服务应遵循积极稳妥、有序实施、科学安排、注重实效、公开择优、以事定费、改革创新、完善机制的原则，突出公共性和公益性，重点考虑和优先保障与改善民生密切相关、有利于转变政府职能项目，努力为广大人民群众提供优质高效的公共服务，切实提高财政资金使用效率。

第二章 购买主体和承接主体

第四条 政府购买棚改服务的主体(以下简称购买主体)是经本级政府批准同意实施棚改服务采购的行政机关和具有行政管理职能的事业单位。

第五条 承接政府购买棚改服务的主体(以下简称承接主体)，包括依法在工商管理或行业主管部门登记成立的企业、机构等社会力量，并具备以下条件：

(一)依法设立，具有独立承担民事责任的能力；

(二)治理结构健全，内部管理和监督制度完善；

(三)具有独立、健全的财务管理、会计核算和资产管理制度；

(四)具备提供棚改服务所必需的设施、人员和专业技术能力；

(五)具有依法缴纳税收和社会保障资金的良好记录；

(六)前三年内无重大违法记录，通过年检或按要求履行年度报告公示义务，信用状况良好，未被列入经营异常名录或者严重违法企业名单；

(七)符合国家有关政事分开、政社分开、政企分开的要求;

(八)法律、法规规定以及购买服务项目要求的其他条件。

第六条 鼓励多种所有制企业作为实施主体承接棚改任务。各地原融资平台公司可通过市场化改制,建立现代企业制度,实现市场化运营,在明确公告今后不再承担政府融资职能的前提下,作为实施主体承接棚改任务。原融资平台公司转型改造后举借的债务实行市场化运作,不纳入政府债务。政府在出资范围内依法履行出资人职责,不对原融资平台公司提供担保。

第七条 承接主体的资质及具体条件,由购买主体根据第五条、第六条规定,结合购买棚改服务内容具体需求确定。

第八条 购买主体应当保障各类承接主体平等竞争,公开择优选择棚改承接主体,不得以不合理的条件对承接主体实行差别化歧视。

第九条 购买主体应会同本级政府棚改主管部门根据本地区城市发展水平和居民改善住房条件的需求,结合本地区《2015-2017 年棚户区改造及配套基础设施建设三年计划》,明确本地区未来3-5 年棚户区改造规模及相关配套基础设施建设内容,以及分年度建设的行动纲要,切实做好制定棚改年度建设计划等前期准备工作,建立行政审批快速通道,简化程序,提高效率,对符合相关规定的项目,限期完成立项、规划许可、土地使用、施工许可等审批手续,确保棚改服务事项如期实施。

第三章 购买内容及指导目录

第十条 政府购买棚改服务的内容为棚改征地拆迁服务以及安置住房建设或筹集、货币化安置、公益性基础设施建设等方面,不包括棚改项目中配套建设的商品房以及经营性基础设施。其中,棚户区改造范围包括城市规划区内国有土地上的集中和非集中成片棚户区、集体土地上的城中村,国有工矿棚户区,国有林区棚户区,国有垦区危房以及建制镇棚户区。

第十一条 市、县级人民政府负责区域内的房屋征收与补偿工作,并由其确定的房屋征收部门组织实施。市、县级人民政府在棚改项目的拆迁安置工作中应发挥主导作用,承担主体责任。

第十二条 各级财政部门负责将棚户区改造列入本级政府购买服务指导性目录,确定政府购买棚改服务的种类、性质和内容,并根据经济社会发展变化、政府职能转变及公众需求等情况及时进行动态调整。

第十三条 各级财政部门应做好本地区财政购买棚改服务的承受能力评估工作,明确未来 3-5 年购买棚改服务的规模总量,以及分期购买的计划安排等。购买规模和总量应与当地财政实力相匹配。

第四章 购买方式及程序

第十四条 购买主体获地方政府授权开展政府购买棚改服务,应当根据购买内容的供求特点、市场发育程度等因素,按照方式灵活、程序简便、公开透明、竞争有序、结果评价的原则组织实施政府购买棚改服务。

第十五条 购买主体应当按照政府采购法的有关规定,采用公开招标、邀请招标、竞争性谈判、单一来源采购、竞争性磋商等方式确定承接主体。与政府购买棚改服务相关的采购限额标准、公开招标数额标准、采购方式审核、信息公开、质疑投诉等按照政府采购相关法律制度规定执行。采用公开招标以外的采购方式,应按照政府采购法的有关规定报设区的市级以上人民政府财政部门批准。

第十六条 购买主体应当会同同级财政部门统筹考虑财政承受能力等因素,根据政府采购管理要求编制政府采购实施计划,报同级政府采购监管部门备案后开展采购活动。

第十七条 购买主体应当及时向社会公告购买内容、规模、对承接主体的资质要求和应提交的相关材料等相关信息。严格按照政府采购的相关要求和程序选择合格的棚改服务承接主体。

第十八条 按规定程序确定承接主体后,购买主体应当与承接主体签订棚改购买服务合同(或协议,下同),并可根据服务项目的需求特点,采取购买、委托、租赁、特许经营、战略合作等形式。

合同应当明确购买棚改服务的内容、期限、数量、质量、价格等要求,以及资金结算方式、双方的权利义务事项和违约责任等内容。

第十九条 购买主体应当加强购买合同管理,督促承接主体严格履行合同,及时了解掌握购买棚改项目实施进度，严格按照国库集中支付管理有关规定和合同执行进度支付款项，并根据实际需求和合同规定积极帮助承接主体做好与相关政府部门、服务对象的沟通、协调。

第二十条　承接主体应当按合同履行提供服务的义务，认真组织实施服务项目，按时完成服务项目任务，保证服务数量、质量和效果，主动接受有关部门、服务对象及社会监督，严禁转包行为。

第二十一条　承接主体完成合同约定的服务事项后，购买主体应当及时组织对履约情况进行检查验收，并依据现行财政财务管理制度加强管理。

第五章　预算及财务管理

第二十二条　购买主体所属的本级政府将购买棚改服务资金逐年列入财政预算，并按购买棚改服务合同要求，及时、足额向提供棚改服务的实施主体支付。年初预算安排有缺口确需举借政府债务弥补的市、县，通过省（区、市）人民政府代发地方政府债券予以支持。政府购买服务资金安排及列入预算支出管理、中期财政预算等事项，在开展采购前应按程序报同级人大常委会审议。

第二十三条　购买主体应当充分发挥行业主管部门、行业组织和专业咨询评估机构、专家等专业优势，结合项目特点和相关经费预算，综合物价、工资、税费等因素，合理测算安排政府购买棚改服务所需支出。

第二十四条　财政部门在布置年度预算编制工作时，应当对购买棚改服务相关预算安排提出明确要求，在预算报表中制定专门的购买服务项目表。

购买主体应当按要求填报购买棚改服务项目表，并将列入集中采购目录或采购限额标准以上的政府购买棚改服务项目同时反映在政府采购预算中，与部门预算一并报送财政部门审核。

第二十五条　财政部门负责政府购买棚改服务管理的机构对购买主体填报的政府购买棚改服务项目表进行审核。

第二十六条　财政部门审核后的购买棚改服务项目表，随部门预算批复一并下达给相关购买主体。购买主体应当按照财政部门下达的购买服务项目表，组织实施购买服务工作。

第二十七条　承接主体应当建立政府购买棚改服务台账，记录相关文件、工作计划方案、项目和资金批复、项目进展和资金支付、工作汇报总结、重大活动和其他有关资料信息，接受和配合相关部门对资金使用情况进行监督检查及绩效评价。

第二十八条　承接主体应当建立健全财务制度，严格遵守相关财政财务规定，对购买服务的项目资金进行规范的财务管理和会计核算，加强自身监督，确保资金规范管理和使用。

第二十九条　承接主体应当建立健全财务报告制度，按要求向购买主体提供资金的使用情况、项目执行情况、成果总结等材料。

第六章　绩效和监督管理

第三十条　财政部门应当会同本级政府棚改主管部门按照建立全过程预算绩效管理机制的要求，加强成本效益分析，推进政府购买棚改服务绩效评价工作。

财政部门应当会同本级政府棚改主管部门推动建立由购买主体、服务对象及专业机构组成的综合性评价机制，推进第三方评价，按照过程评价与结果评价、短期效果评价与长远效果评价、社会效益评价与经济效益评价相结合的原则，对购买服务项目数量、质量和资金使用绩效等进行考核评价。评价结果作为选择承接主体的重要参考依据。

第三十一条　财政、审计等有关部门应当加强对政府购买棚改服务的监督、审计，确保政府购买棚改服务资金规范管理和合理使用。对截留、挪用和滞留资金以及其他违反本办法规定的行为，依照《中华人民共和国政府采购法》《财政违法行为处罚处分条例》等国家有关规定追究法律责任；涉嫌犯罪的，依法移交司法机关处理。

第三十二条　民政、工商管理及行业主管等部门应当按照职责分工将承接主体承接政府购买棚改服务行为信用记录纳入年报、评估、执法等监管体系，不断健全守信激励和失信惩戒机制。

第三十三条　购买主体应当加强棚改项目标准体系建设，科学设定服务需求和目标要求，建立服务项目定价体系和质量标准体系，合理编制规范性服务标准文本。

第三十四条　购买主体应当建立监督检查机制，加强对政府购买棚改服务的全过程监督，积极配合有关部门将承接主体的承接政府购买棚改服务行为纳入年报、评估、执法等监管体系。

第三十五条 财政部门和购买主体应当按照《中华人民共和国政府信息公开条例》《政府采购信息公告管理办法》以及预算公开的相关规定,公开财政预算及部门和单位的政府购买棚改服务活动的相关信息,涉及国家秘密、商业秘密和个人隐私的信息除外。

第三十六条 财政部门应当会同相关部门、购买主体建立承接主体承接政府购买棚改服务行为信用记录,对弄虚作假、冒领财政资金以及有其他违法违规行为的承接主体,依法给予行政处罚,并列入政府购买服务黑名单。

第七章 附 则

第三十七条 本办法由省财政厅会同省住建厅负责解释。

第三十八条 本办法自印发之日起施行。

安徽省财政厅 安徽省粮食局关于印发《安徽省粮食产业化财政专项资金管理办法》的通知

财建〔2015〕2048 号

各市、县(区)财政局,粮食局:

为规范和加强省级粮食产业化财政专项资金的管理,保障资金使用安全,提高资金使用效益,我们修订了《安徽省粮食产业化财政专项资金管理办法》,现印发给你们,请遵照执行。

安徽省粮食产业化财政专项资金管理办法

第一章 总 则

第一条 为进一步加强和规范省级粮食产业化专项资金(以下简称“专项资金”)管理,保障资金使用安全,切实提高资金使用效益,根据《中华人民共和国预算法》等有关规定,制定本办法。

第二条 本办法所称专项资金,是指省财政通过预算安排,用于支持省级粮油产业化企业及推进主食产业化发展的专项资金。

第三条 专项资金采取先建后补、先贷后贴、当年补(贴)上年的办法,实行贴息和补助两种扶持方式。同一企业不能同时申报两种扶持方式,且同一项目不能多头申报和重复申报其他专项扶持资金。

第四条 专项资金贴息和补助范围,主要包括用于省级粮油产业化企业及主食加工企业固定资产投资、技术改造,以及新产品或新技术研发、检验检测设备购置、精深加工等项目。

第五条 专项资金使用遵循“突出重点、择优扶持、注重实效、科学规范”的原则,重点扶持有发展前景、生产管理规范、产品质量好、市场信誉度高的企业,同时对主食产业化、放心粮油工程示范加工、应急加工等企业和省粮油加工项目库中的项目给予优先支持。

第六条 项目评审和监督管理由市粮食局会同市财政局负责,项目所在市、县粮食和财政部门联合对项目实施和资金使用进行监督管理。

第二章 贴息项目申报条件

第七条 申报贴息项目的企业须具备以下条件:

1. 企业固定资产 1000 万元以上,主业销售收入 5000 万元以上;

2. 贴息期限内项目贷款规模 800 万元以上;

3. 有与银行(不含非银行金融机构)签订的、在贴息期限以内的有效贷款合同和利息支付单;

4. 项目包括固定资产、技术改造投资,不含粮油仓储设施建设投资;

5. 项目符合产业发展方向,科技含量高,市场前景好,具有良好经济效益和社会效益;

6. 企业信誉良好,未被列入市粮食局、工商局信用评价黑名单;

7. 企业管理体系和质量管理体系健全,近两年未发生重大安全事故和产品质量问题;

8. 全面准确填报企业基本信息一览表(涉企信息系统筛查备用)。

第八条 贴息期限和额度。贷款期限超过一年的按一年计算,不足一年的以实际贷款期限确定。贴息额度根据一定的贴息率和贷款规模等情况确定,最高不超过 100 万元。

第三章 补助项目申报条件

第九条 申报补助项目的企业须具备以下条

件:

1. 企业固定资产 1000 万元以上,主业销售收入 4000 万元以上;

2. 补助项目符合产业发展方向,项目的实施有助于提高企业的科技创新和品牌培育;

3. 企业信誉良好,未被列入市粮食局、工商局信用评价黑名单;

4. 企业管理体系和质量管理体系健全,近两年未发生重大安全事故和产品质量问题;

5. 全面准确填报企业基本信息一览表(涉企信息系统筛查备用)。

第十条 补助额度。根据扶优扶强扶特的原则,确定项目补助档次,最高不超过 100 万元。

第四章 资金分配和项目审批

第十一条 省级专项资金分配。由省粮食局会同省财政厅按照各市年粮油加工业总产值及产值同比增幅,一定规模龙头企业产值,认定挂牌的主食厨房配送中心、直营店数量,主食产业化年度目标任务数等因素,将专项资金按因素法切块分配到相关市。

第十二条 项目申报。由各市粮食局、财政局根据本办法有关规定,拟定项目申报通知。所属县(区)粮食、财政部门按照项目申报通知组织企业申报,并对申报项目进行初审,初审后联合行文,连同相关材料一并报送市粮食局、财政局。

第十三条 项目审批。市粮食局、财政局在省下达专项资金一个月内,按照一定程序组织项目评审和涉企系统筛查,提出项目支持对象,并将结果向社会公示无异议后报省粮食局、省财政厅备案,之后将专项资金拨付至相关企业。

第五章 资金管理与监督

第十四条 资金使用与管理。专项资金要严格按照程序拨付,做到专款专用,严禁挪作他用。

第十五条 项目验收。市粮食局、财政局负责对重点项目进行考核验收,实行绩效评价,评价结果于每年 11 月底前上报省粮食局和省财政厅,并作为今后年度资金分配的重要依据。

第十六条 责任追究。省粮食局、财政厅将适时对专项资金使用和项目建设情况进行检查监督,对弄虚作假,骗取套取财政专项资金的,一经举报查实,由项目所在地粮食、财政部门负责收回该项目的贴息或补助资金,取消该企业今后申报资格,减少该地下一年度资金额度,情节严重的,取消其下一年度资金分配资格,同时按照《财政违法行为处罚处分条例》和有关法律规定,追究有关单位和个人的责任。

粮食产业化财政资金安排、监管和绩效情况纳入粮食安全目标责任考核。

第六章 附 则

第十七条 本办法由省财政厅、粮食局负责解释。

第十八条 本办法自印发之日起施行,《安徽省财政厅 安徽省粮食局关于印发〈安徽省粮食产业化财政专项资金管理办法(试行)〉的通知》(财建〔2014〕437 号)同时废止。

财经调研篇

财经论文及调研报告

进一步加强法治财政建设的措施研究

法治财政建设是全面推进依法治国的应有之义和重要保障，是财政部门落实依法治国方略的基本取向和具体体现。党的十八届四中全会，对全面推进依法治国作出顶层设计，全会审议通过的《中共中央关于全面推进依法治国若干重大问题的决定》，是新常态下建设社会主义法治国家的纲领性文件；省委出台《关于贯彻落实党的十八届四中全会精神全面推进依法治省的意见》，省委、省政府就法治安徽建设作出一系列部署要求，这些都为推进依法理财、建设法治财政指明了前进方向。本课题立足我省财政工作实际，围绕法治财政建设主题，认真梳理实践探索，分析归纳存在问题，正视新的形势任务，研究提出措施建议。

一、法治财政建设的成效和问题

近年来，全省各级财政部门认真贯彻落实省委、省政府的决策部署和财政部的工作要求，高度重视依法行政，主动作为、锐意进取、开拓创新，依法行政依法理财工作取得积极成效。一是制度建设不断加强。重视财政立法工作，出台了我省财政第一部综合性地方法规《安徽省财政监督条例》，制定了《安徽省财政厅工作规则》等一系列地方性政府规章、规范性文件和管理制度，财政厅 2012 年制定完善了 175 项制度、2013 年制定完善了 201 项制度、2014 年制定完善了 209 项制度，为推进财政改革提供了有力的制度保障。二是执法水平不断提高。推行财政权力清单、责任清单、涉企收费清单，精简审批事项，简化办事程序，优化服务方式，积极做好行政复议和诉讼应诉工作，规范执法、公正执法、文明执法的水平明显提升。三是权力运行不断规范。深入推进政务公开、廉政风险防控、内部控制建设、财政监督、“小金库”专项治理等工作，带头执行财经纪律，坚决整顿财经秩序，财政权力运行更加严谨规范。四是法治意识不断增强。通过开展财政普法宣传、干部教育培训、廉政文化进机关等活动，广大财政干部的法治观念明显增强，遇事思法、办事依法、行必守法的氛围逐步形成。在取得成绩的同时，建设法治财政仍存在一些亟待解决的主要问题：

（一）人治现象比较突出。有的地方和部门通过不同形式、不同途径、不同渠道，下任务、提需求、开单子，想方设法、变通变相地增加部门或行业投入，存在重收入、轻支出，重分配、轻管理，重投入、轻监督，重守财、轻理财等管理不精细、随意不规范的现象，造成财政资金“多头零散”、“重复分散”、“低效闲散”。有的热衷于面子工程、形象工程，往往凭主观想象和臆断作决策、抓工作，财政资金没有用在打基础、利长远、建机制的事情上。有的公共权力意识淡薄，特权心理严重。有的利用程序漏洞，谋取个人私利。有的原则性不强，喜欢用公共资金做“老好人”，讲人情关系，甚至违规违纪乃至徇私枉法。

（二）制度体系尚不完备。随着形势的发展变化，新事物、新问题层出不穷，财政制度还存在覆盖不广的问题。有的新事物出现很久了，没有及时修改完善相关财政制度，有的根本没有制度予以保障。有的制度是“纸上谈兵”，起草环节调查研究不深入，论证期间征求意见不充分，制定出台跟踪问效不严格,最终或形同虚设、或束之高阁、或很难执行,变成“纸笼子”,无法发挥应有效果。有的制度呈现分割化,相互之间不配套、不协调,甚至相互矛盾的情况也时有出现,难以形成综合叠加统一效应。

(三)体制机制还不健全。预算编制的科学完整性,预算执行的约束效能性,预算业务的改革创新性,预算监督的制衡绩效性,财政政策、项目、资金的重叠分散、碎片化,以及在财政政策的制定和实施,财政资金的分配、支付和管理中存在支出结构固化僵化,财政撬动市场作用还需要进一步增强,政府资产资源的管理、财政项目的申报审批等方面,还存在不到位、不规范的问题。

(四)财经纪律约束松懈。不同程度地存在制度摆设空转不落实、“牛栏关猫”不严格、质量标准不高、执行力度不强、纪律约束不严厉等现象。有的人认为只要纳税人的钱没装进自己的口袋,弄虚作假、套取上级补贴、“引税”、将扶贫资金挪用于机关福利,建楼堂馆所等“都不是问题”。有的地方往往认为财政服务经济社会发展就是给资金、给项目、给政策,忽视财经纪律的约束和制约,甚至有时公开违反财经纪律,违规出台税收减免政策,造成了“税收洼地”,冲击了公平竞争的市场环境,最终损害了经济的内生动力和可持续发展。

(五)公平正义任重道远。以权利公平、机会公平、规则公平为主要内容的社会公平正义保障体系还未完全建立。财政职能越位、缺位和错位的问题时有发生,财政做了一些市场和社会能够办的事,促进市场公平、社会公正的财政分配体系尚不健全。一些地方在预算分配、政策制定、制度执行上,问计基层、问计群众、问计社会不够,开门理财力度不大,有的结果与初衷偏离,出力不收效,办事不欢迎,群众不称道。收入分配、教育、就业、社会保障、医疗、住房、生态环境、食品药品安全等方面问题较多,民生欠账较大,财政收支矛盾十分突出,财政惠民生、保稳定、促和谐的任务艰巨。

二、法治财政建设的形势和要求

根据十八届四中全会作出的新决策,按照“四个全面”战略布局的新部署,面对经济社会发展的新常态和人民群众的新期待,财政部门和财政干部需要科学、全面、发展和辩证地看待当前法治财政建设面临的形势和要求。

(一)法治财政建设是加强法治建设的必然要求。财政是国家治理的基础和重要支柱,是政府履行职能的物质基础和政策手段,是人民群众的“钱袋子”,法治财政建设不仅是法治国家建设、法治安徽建设的重要组成部分,更是法治国家建设、法治安徽建设的重要保证。同时,建设法治国家、法治安徽,将为财政部门营造更加优良的社会环境、理财环境。因此,财政部门要认真贯彻落实党中央、国务院关于全面依法治国的决策部署以及省委、省政府关于全面依法治省的部署安排,进一步增强进取意识、机遇意识和责任意识,以高度的政治自觉和行动自觉,加快法治财政建设,切实将依法治国、依法治省的思想理念融入财政工作中。

(二)法治财政建设是全面深化改革的必然要求。改革能不能健康有序、行稳致远,取决于法治体系是否健全,取决于厉行法治是否有力。全面深化改革对法治的挑战和呼应更加强烈。习近平总书记强调,改革涉及打破旧的僵化的机制,重塑科学、合理、公平、公正的机制,凡属重大改革都要于法有据。财政制度安排与经济、政治、文化、社会、生态文明等方面紧密联系,财政更加深刻地介入各方面体制机制的构建,这就要求财政部门善于运用法治思维和法治方式推进改革,加快建立现代财政制度,积极构建有利于科学发展的财政体制、运行机制和管理制度,充分发挥财政改革在整体改革中的基础性、支撑性作用。

(三)法治财政建设是推进依法理财的必然要求。公共财政的本质是聚众人之财、办公众之事,法治性是其基本特征之一。近年来,财政服务的对象和层级不断增加,由过去主要面向部门和企业,扩展到面向全社会、面向千家万户,由过去主要涉及经济领域扩展到政治、经济、社会、文化等各个领域,财政工作的涉及面越来越广,社会公众的民主意识和法治观念越来越强。面对新的形势,财政部门作为依法理财的牵头部门、综合部门、集成部门、导向部门,必须带头加快推进依法理财,将各项财政收支活动纳入法治化轨道,以此来约束、规范和监督理财行为,从而保证公共财政真正体现公共性、公平性、公益性和公信性。

(四)法治财政建设是顺应社情民意的必然要求。随着财政收支规模的不断扩大,社会各界不仅关注财政收入从哪里来,也更加关注财政支出到哪里去，对财政资金、财政政策、财政项目公开的诉求越来越大、呼声越来越高。财政法治、规章是财政与社情民意有效沟通的桥梁与纽带。这就要求财政部门习惯于在“聚光灯”下行使权力、在“放大镜”下开展工作，坚持开门理财、民主理财，自觉接受社会各方面的监督，坚决克服设障逃避监督的行为，坚决防止人为暗箱操作的现象，确保财政权力在阳光下运行，使各项财政工作都经得起基层群众和社会各界的评价、省委省政府的评价、客观实际的评价、审计和巡视的评价，更好地回应社会关切、凝聚社会共识。

（五）法治财政建设是问题倒逼管理的必然要求。党的十八大以来，中央八项规定、“约法三章”、“六项禁令”、《党政机关厉行节约反对浪费条例》、省委三十条规定以及党的群众路线教育实践活动，为加强资金管理、规范理财行为、严肃财经纪律提供了重要机遇和条件。但是从审计检查、财政监督、纪检监察中，我们可以发现，财政管理中“重预算、轻决算，重资金、轻政策，重项目、轻维护，重分配、轻监督”的问题依然不同程度地存在，财政系统违法违纪案件时有发生，究其原因，很重要的一点是法纪观念淡薄，有法不依、执法不严、以权谋私。这就要求财政部门坚持问题导向，在查摆分析问题中倒逼管理、在严格规范管理中解决问题。

三、法治财政建设的使命和责任

贯彻落实十八届四中全会精神、全面推进依法治国、依法治省，财政部门责任重大、使命光荣，必须认真贯彻落实中央、省委省政府和财政部的要求，把法治财政建设摆在更加重要的位置，牢固树立法治理念，增强法治观念，切实增强责任感、使命感和紧迫感。

（一）从党员权利义务和领导干部肩负责任中去认识和实践。法是党的主张和人民意愿的统一体现，党领导人民制定和实施宪法法律，党自身必须在宪法法律的范围内活动。党员干部是法治建设的责任人，是党的执行权和国家立法权、行政权、司法权的执行人。尤其是领导干部作为党执政的骨干力量、中坚力量，作为法治实践的组织者、推动者、引领者，负有保障法律实施、法律执行的重大责任。坚定依法治国的现代理念，带头敬畏法律、带头学习法律、带头遵守法律、带头依法办事，以自己的模范行动，带动本部门本行业本地区全社会尊崇宪法、敬畏法律、信仰法治。坚定投身中国梦的伟大实践，深入学习习近平总书记系列重要讲话精神，坚持不懈用中国特色社会主义最新理论成果武装头脑，坚定不移走中国特色社会主义法治道路，把个人之梦融入事业梦、中国梦，做到中国梦、事业梦、个人梦“三梦同心”。坚定全面深化改革的勇气担当，坚持在法治轨道上推进财政改革，用法治凝聚财政改革共识，使财政改革举措在广泛征求意见和充分协商酝酿基础上形成公共意志；用法治引领财政改革方向，确保财政改革于法有据、有法可依；用法治推动财政改革进程，使财政改革的方式、方法、步骤和顺序，按照法定权限和法定程序进行；用法治保障财政改革成果，将实践证明行之有效的财政改革经验，及时上升为法律法规规章制度。坚定共产党人的精神家园，坚定不移贯彻党的重大决策部署和各项方针政策，严格政治纪律和组织纪律，坚决反对“7个有之”问题，在思想上政治上行动上自觉地与以习近平同志为总书记的党中央保持高度一致，自觉地贯彻省委、省政府决策部署，切实做到心中有党、心中有民、心中有责、心中有戒。

（二）从财政社会属性和担负责任中去认识和实践。财政是社会的财政、人民的财政、政府的财政，这种社会属性，决定了财政部门必须善于运用法治思维和法治方式优化资源配置、维护市场统一、促进社会公平、推动科学发展。遵循市场配置资源的决定性作用，增强适应市场经济要求的法治观念和市场意识，下决心解决市场体系不完善、政府干预过多和监管不到位的问题，做到市场无形、财政有形，市场无限、财政有限，市场有力、财政有为，市场有序、财政有效，加大简政放权力度，实行财政权力清单、责任清单、负面清单以及涉企收费清单制度，使财政在法定权限内有所作为，法定权限外的财政就不参与，而是交给市场去做、支持市场去做、激发市场主体活力，推动资源配置依据市场规则、市场价格、市场竞争，切实发挥好市场与政府“两只手”的作用。坚持发展第一要务，抢抓发展机遇，加快转变发展方式，不断提高经济社会发展的质量和效益。加强和优化公共服务，按照“坚守底线、突出重点、完善制度、引导预期”的要求，优化财政支出结构，严格压缩一般性支出，倾力保障民生、保障基本、保障重点，更加注重统筹兼顾，特别关注并积极服务弱势群体、艰苦地区和基层一线，多雪中送炭，推进城乡基本公共服务均等化。维护和规范初次分配秩序，通过税收、社会保障、转移支付等手段对收入再分配进行合理调节，促进共同富裕，维护社会公平正义。发挥财政在构建和谐社会中的物质基础、政策手段和体制保障作用，加大对社会治理的资金保障力度，建立健全维护社会稳定的资金保障机制，及时解决群众反映强烈、影响社会稳定的突出问题，促进提高社会治理的法治化水平。

（三）从财政业务建设和作风责任中去认识和实践。认真贯彻预算法，财政业务建设以预算法为准绳，在预算法设定和规定的框架内履行财政预算决算管理。全面深化财政改革，把改革精神与法治思维有机统一起来，加大财政法律法规制度的“立改废”力度，切实在法治思维的“立”的制度体系中体现改革精神之“破”的革新。牢固树立问题导向，以亟待解决的重要问题为提领，把中央改革精神与安徽实际情况紧密结合起来，正确、准确、有序、协调推进财政改革，敢啃硬骨头、敢于涉险滩，加快建立现代财政制度，并统筹支持推进其他领域改革。坚持依法理财，做到依规管理、科学把控，建立健全财政资金分配使用制度、管理监督制度、政策落实制度，讲大局、讲规矩、讲程序，使财政政策合规有效率、财政收入真实可持续、财政支出精细有效益，切实把好财政资金政策项目的分配关、使用关、监督关，把钱用在刀刃上，多做打基础、利长远、建机制、求实效的事情。严格财经纪律，结合清理规范财税优惠政策、清理整合规范专项转移支付、清理规范重点支出同财政收支增幅或生产总值挂钩事项，坚决整顿财经秩序。加大执纪问责力度，财政系统和预算单位以及政府层级之间，严格执行《财政违法行为处罚处分条例》和《安徽省财政监督条例》，对违反财经纪律的行为，绝不姑息，该查处的查处，切实增强各类主体对财经纪律的敬畏心和遵从度。财政部门承担着政策制定、资金分配、项目管理的职责，作风建设尤为重要，必须认真践行“三严三实”要求，带头营造和推动形成秩序井然、风清气正的理财环境。

四、法治财政建设的任务和措施

深入学习贯彻习近平总书记系列重要讲话精神和党的十八大及十八届三中、四中全会精神，党中央、国务院关于全面依法治国的决策部署和省委、省政府关于全面依法治省的部署安排，以及《安徽省财政厅关于全面推进法治财政建设的实施意见》，勇于担当、敢于负责、真抓实干，加快法治财政建设，为全面推进依法治省、全面建成小康社会提供更加坚实有力的财政保障。

（一）认真贯彻实施新预算法。把新预算法作为从事预算管理活动的行为准则，认真学习新修订的行政诉讼法、即将修订的行政复议法、政府采购法、政府采购条例、财政违法行为处罚条例、安徽省财政监督条例等与财政密切相关的法律法规，努力提高预算管理的科学化、规范化、法治化水平。

一是加强学习宣传。把新预算法等法律法规作为“七五”普法的重要内容，除专门组织新预算法培训外，其他业务培训也安排这方面的内容，深入学习把握新预算法的精神、原则和各项规定。将学习贯彻财政法律法规作为预算部门会商和市县财政帮联的重要内容，切实将有关法律法规贯彻到市县财政部门、落实到预算单位，做到财政财务同行、财政系统一体，推动财政财务行为依法依规、不打折扣。扩大宣传范围、创新宣传方式，让社会各界了解掌握财政法律知识，营造办事依法、遇事找法、解决问题用法、化解矛盾靠法的良好法治环境。

二是严格组织实施。严格按照新预算法等法律法规要求，完善政府预算体系、健全透明预算制度，改进预算控制方式、建立跨年度预算平衡机制，规范地方政府债务管理、严控债务风险，完善转移支付制度、推进基本公共服务均等化，坚持厉行节约、硬化预算支出约束，完善政府采购和财政监督，努力做到预算完整、公开透明、科学有序、执行有效、纪律严明。

三是做好立法配套。大力清理现行各项相关制度，及时修改以前制定的有关制度文件，凡是与新预算法规定相违背的制度，一律停止执行。本着从实际出发、统一性与灵活性相结合的原则，按照新预算法确定的原则及授权，研究制定财政转移支付、政府债务管理、预算支出标准、财政资金支付、政府综合财务报告等方面的配套制度，加强新预算法配套制度建设与财税改革具体方案的衔接，做到相互协调、同步推进。

（二）切实扎紧财政制度笼子。贯彻权责法定原则，构建系统完备、科学规范、运行有效的制度体系，把权力关进制度的“笼子”。

一是坚持完善制度体系。开展制度建设“回头看”，及时梳理、修改、完善和创新制度，更加重视提高制度质量，加强制度文件合法性审查，深入推进科学民主立法，强化公众参与财政政策制定力度，加强财政立法与财政改革的有机衔接，提高财政制度的及时性和有效性，使出台的各项财政制度符合法律规定、反映客观实际，经得起实践、群众和历史的检验。

二是形成制度落实合力。加强机关内部管理，做到有规可循、按章办事，不推诿、不扯皮。加强财政财务一体化建设，重视依靠省直预算部门财务力量，发挥预算单位财务作用。加强财政系统一体化建设，支持并依靠发挥市县乡财政的作用，积极形成内部顺畅、上下联动、内外一体的工作合力。

三是严格制度跟踪问效。年初分解任务，年中督查督办，年终绩效考评，切实压实责任、跟踪问效、追溯问责。强化开门理财意识，主动面对群众、对接基层、融入社会，让财政制度制定、施行和完善的全过程得到人大代表、政协委员、基层群众和社会各界的全方位监督，以此倒逼制度、强化管理、深化改革。

四是堵塞制度管理漏洞。组织开展廉政风险防控“回头看”，全面梳理廉政风险点，深入查找财政工作中的政策、合规、法律、公共关系、外事、保密、安全等各类风险，有针对性地完善管理制度，做到“权力运行到哪里，制度建设就跟进到哪里，风险防控就拓展到哪里”，压缩和规范各种权力的自由裁量空间，强化制度的严谨性和约束力，保障财政健康有序运行。

（三）扎实做好依法行政工作。狠抓规范行政执法不放松，做到自觉守法、严格执法，真正使依法行政、依法理财的观念内化于心、外化于行。

一是严格按制度规定办事。把严格执行制度作为财政工作的重点，贯彻落实到财政工作的全过程，真正使法规制度成为执法、理财的“硬杠杠”，事事守纪律、讲规矩。

二是规范依法行政行为。严格行政执法程序，建立环环相扣的权力运转流程，特别是对一些重大权力事项，理清环节、分清责任，分岗设权、分段把关，形成相互监督、相互制衡的管理链条。严格规范行政裁量权的行使，依法细化、量化自由裁量权，最大限度地减少随意性。明确执法标准，加强执法考核，切实做到严格执法、公正执法、文明执法。

三是将依法行政寓于管理服务中。对于出现举报投诉、行政复议、行政诉讼的情况，做到快速反应，及时采取妥善的应对措施，积极回应人民群众的诉求，依法、公正、高效地化解矛盾。深入推进行政审批制度改革，大力推行权力清单、责任清单和涉企收费清单制度，创新行政审批服务方式，提升政务中心财政窗口服务质量，进一步推动财政管理方式转变，更好地服务人民群众、服务经济社会发展。

（四）重视加强财政内控管理。高度重视财政内控管理，切实推动机关运转严谨有序、业务开展稳健高效、财经纪律执行落实。

一是加快内部控制建设。牢牢把握权责一致、有效制衡的核心原则，按照分事行权、分岗设权、分级授权的要求，找准业务和管理中存在的主要问题，抓住定岗定责、流程控制、细化风险、控制节点、加强监督、强化问责等 6 个关键，建立健全内部控制制度，并明确组织管理架构，尽早发挥其有效防控风险、提高行政效率的作用。

二是强化财政内部监督。加强财政系统自身依法行政依法理财情况的检查，加强财政法律、法规、规章及规范性文件的执行情况检查，通过建立重大行政案件备案审查、执法案卷评查、检查结果通报等制度，在全省财政系统通报财政部门行政复议、行政诉讼情况，全面监督和评估财政法规制度的执行效力，使内部监督工作制度化、经常化、规范化。

三是拓宽财政内控手段。在抓好内部监督的同时，善于借助外力进行内控。主动加强与部门单位的联系，求真务实、积极主动上门走访会商，检验财政工作成效。发挥财政监督、人大监督、政协监督、专业监督、审计监督和社会监督的综合叠加效应，促进财经纪律贯彻执行。

（五）自觉接受社会各界监督。自觉接受外部监督，做到以公开促规范、以规范促法治，不断增强抵制各种诱惑的免疫力和依法用权的自觉性。

一是建立透明预算。深化“开门办预算”，切实提高预算编制的科学性。积极稳妥地推进预决算信息公开和“三公”经费公开，分项目、分地区公开专项转移支付，向老百姓交出一本能看懂的“明白账”。同时，积极推进决策、执行、管理、结果向社会公开。

二是推进政务公开。在重大财政政策制定、重大民生工程实施、重要财政改革推进、重要财政制度建设以及财政机关党建等财政政务、事务、财务、业务、服务方面，做到公正公平、公开透明。实行财政部门负责同志到政务服务中心财政窗口坐班制度，全面了解社情民意，解决涉及群众利益的问题。加强与社情民意中心、效能办、机关工委、纪委纠风办、文明办等部门单位的日常服务和财政保障。加强财政门户网站管理，发挥政务微博、微信、移动客户端等社交网络和即时通信工具的积极作用，以群众喜闻乐见的方式，增强财政政务公开影响力和舆论引导力。

三是接受人大政协监督。强化人大意识和人大代表意识，坚持分级负责、属地服务，进一步做好联系服务人大代表工作，主动向人大汇报成绩和问题，征求并认真落实人大及其常委会对财政工作的相关意见建议和要求，建立健全财政部门与各级人大代表沟通机制，在办理建议提案中、在服务民生发展中，全面加强与社会、企业、基层人大代表的沟通联系，自觉接受人大对财政工作的依法监督。同时，做好联系服务政协委员工作，主动接受政协民主监督。

课题组组长：罗建国

课题组成员：左自智　尹立祥　代云霄

从严从实加强财政机关党建工作的实践与思考

机关党建是一项基础性工程，从严从实加强机关党建工作，是全面加强党的建设的必然要求，是提高国家机关领导水平和执政能力的客观需要。财政是国家治理的基础和重要支柱，财政部门必须坚持在党委政府的领导下，以财政机关党建工作为引领，以开展“三严三实”专题教育为契机，全面加强思想建设、队伍建设、业务建设、作风建设和精神文明建设，为充分发挥财政职能作用、推动全省经济社会平稳较快发展提供坚强保障。

一、加强财政机关党建的任务和要求

党的十八届五中全会指出，要坚持“四个全面”战略布局，统筹推进经济建设、政治建设、文化建设、社会建设、生态文明建设和党的建设，确保如期全面建成小康社会。十八届五中全会通过的《中共中央关于制定国民经济和社会发展第十三个五年规划的建议》强调，党的领导是中国特色社会主义制度的最大优势，是实现经济社会持续健康发展的根本政治保证。必须贯彻全面从严治党要求，不断增强党的创造力、凝聚力、战斗力，不断提高党的执政能力和执政水平，确保我国发展航船沿着正确航道破浪前进。财政机关党建工作要主动适应新常态，牢固树立创新、协调、绿色、开放、共享的发展理念，积极回应全面从严治党的新任务和新要求，以全面从严治党作为实现“四个全面”战略布局的根本保证。

(一)坚定理想信念，补足财政党员干部精神之“钙”

党的十八大报告提出，要从思想理论建设、党性教育和道德教育三个方面来进一步坚定共产党人的理想信念，坚守共产党员精神追求。习近平总书记强调，没有理想信念，理想信念不坚定，精神上就会“缺钙”，就会得“软骨病”，就可能导致政治上变质、精神上贪婪、道德上堕落、生活上腐化。财政机关要把理想信念教育贯穿思想政治建设始终，补精神之钙，培思想之源，不断增强道路自信、理论自信、制度自信。要切实增强政治意识、大局意识、责任意识，始终在思想上、政治上、行动上同党中央保持高度一致，同省委省政府保持高度一致。要加强财政机关文化建设，认真践行社会主义核心价值观，着力营造健康向上的财政机关文化，汇聚推动新一轮改革发展的正能量。

(二)强化纪律观念，把纪律规矩挺在前面

习近平总书记在中纪委五次全会上指出，落实全面从严治党要求，要把守纪律讲规矩摆在更加重要的位置，对加强党性意识、政治觉悟和组织观念提出明确要求。财政机关党员干部要树立强烈的政治意识，严格按党性原则办事，按政策法规办事。要坚持在党言党、在党忧党、在党为党、在党兴党，增强政治敏锐性和政治鉴别力，坚决同各种

不良风气作斗争。要提高政治自觉,始终铭记政治责任,时刻用党章严格要求自己。要严格政治生活,严格遵守党的政治纪律、组织纪律、廉政纪律、群众纪律、工作纪律和生活纪律。

(三)树牢群众观念,持之以恒深化作风建设

新一届党中央领导集体在全党深入开展党的群众路线教育实践活动、"三严三实"专题教育,彰显抓作风建设的信心、决心和政治智慧。财政机关要坚持不懈地抓紧抓实、抓出成效,继续在改进作风、提升效能、服务群众和为政清廉等方面展现新面貌。要认真落实中央八项规定,持续整治"四风"。要深化"三严三实"专题教育,用严的标准、实的举措、真的担当,着力解决财政作风建设中不严不实的问题。要深化服务型机关党组织建设,拓展服务联系群众的渠道,丰富内容,创新举措,为基层群众提供便捷优质的服务。

(四)落实"两个责任",把反腐倡廉工作扛在肩上抓在手上

党的十八届三中全会强调,落实党风廉政建设责任制,党委负主体责任,纪委负监督责任。习近平总书记在中纪委三次全会上对"两个责任"作了系统阐述,提出了具体要求。财政机关党组织要在强化主体意识、细化责任体系、实化工作举措等方面下功夫,把两个责任牢牢扛在肩上紧紧抓在手上,着力营造不敢腐不能腐不想腐不愿腐的氛围。要坚持廉政教育不放松,夯实党员干部廉洁从政的思想基础。要坚持严惩腐败不放松,切实解决发生在群众身边的不正之风和腐败问题。要坚持严格自律不放松,财政党员领导干部带头执行廉洁自律各项规定,带头接受组织和群众监督,自觉抵制各种庸俗之风不正之风,树立为民务实清廉的良好形象。

(五)引领群团组织,增强群团工作的政治性、先进性和群众性

习近平总书记在中央党的群团工作会议上强调,新形势下群团工作只能加强、不能削弱,只能改进提高、不能停滞不前,必须根据形势和任务发展变化,加强和改进党的群团工作,切实保持和增强党的群众工作的政治性、先进性和群众性,充分调动发挥群团组织桥梁和纽带作用,要围绕中心、服务大局,要充满活力、坚强有力,为推进国家治理体系和治理能力现代化作出重要贡献。要完善党建带群建机制,结合经济社会发展和机关职能实际,切实加强对群团工作的政治领导、思想引领,强化支持保障和统筹指导,带动群团工作整体推进。

二、加强财政机关党建的做法和成效

近年来,省财政厅党组坚持一心一意谋发展、聚精会神抓党建,认真贯彻落实《中国共产党党和国家机关基层组织工作条例》,结合党的建设新要求和新任务,按照"三严三实"要求,紧贴财政中心工作,提升党建站位,压实党建责任,立足实际加强谋划,突出重点统筹推进,充分发挥财政厅党组政治核心作用、党支部战斗堡垒作用和党员先锋模范作用,推动财政事业健康发展。

(一)抓学习、强素质,加强理论武装

深入推进学习型党组织建设,着力增强财政党员干部政治定力和理论素养。一是坚持以上率下抓学习。在长期学习实践中,逐步形成以党组中心组理论学习为龙头、副处级以上党员学习为重点、支部学习为基础、党员学习为主体的理论学习格局,被安徽省委表彰为全省党组中心组理论学习先进单位。厅党组书记亲自撰写阅读心得,常态化向干部职工推荐阅读主流媒体文章 90 余篇,发挥领学带学促学作用。二是深化专题研讨抓学习。紧紧围绕学习党的最新理论和党中央国务院、省委省政府和财政部重要会议文件精神,2013 年开展了"党章与财政作风"等 6 个专题研讨,2014 年开展了"改革与财经纪律"等 8 个专题研讨,2015 年开展了"内控体系建设与财政监督转型"等 11 个专题研讨,范围覆盖全厅干部,财政厅《专题阅读孕育书香机关》获安徽省直机关十佳读书案例。三是围绕主题教育抓学习。结合厅机关党建实际、重点工作实际、队伍建设实际、作风建设实际、廉政建设实际,认真开展"三严三实"专题教育和学习沈浩、吴波精神活动,建立专题教育和作风建设责任清单工作台账,努力做到见人、见事、见问题、见举措、见成效。认真贯彻落实省委"三聚焦三查找三确保"要求,深入开展强化为民服务认真解决群众反映的突出问题专项行动等,着力解决财政工作存在"六个"方面的懒政怠政问题,维护群众权益。加强核心价值观建设,组织党员赴凤阳县小岗村、泾县新四军军部旧址、渡江战役纪念馆和寿县小甸集特支纪念馆等接受教育,发挥典型示范

引领作用。

(二)抓制度、压责任,完善基层组织

把制度建设作为财政机关党建的根本保障,实现规范化管理。一是建立健全机关党建工作机制。以《党章》《中国共产党党和国家机关基层组织工作条例》和省委《实施办法》为基本依据,出台《财政厅党组主要负责同志通报机关党建工作情况制度》,每半年对机关党建工作情况进行综合通报。建立厅领导走访联系处室单位制度,厅领导每月安排1—2次联系走访分管处室单位党支部,推动党建工作有力有序有效开展。建立机关党委与监督监察局、人事教育处、驻厅纪检组"四位一体"走访处室单位党支部制度,实地了解工作情况,总结推广经验,征求意见建议。建立党建重要事项协调沟通机制,机关党建工作由"单独推动"向"合力推进"转变。二是建立健全党支部工作管理机制。制定《关于进一步加强机关党建工作的意见》,进一步规范党支部学习、"三会一课"、党员思想分析、民主评议党员、民主(组织)生活会和党支部工作档案等基础工作。建立厅领导参加党支部活动记录制度以及党支部日常活动记录制度,促进党支部管理制度化、规范化。出台《省财政厅党支部书记培训工作方案》,提升党务工作能力和履职本领。召开全省财政系统机关党建工作座谈会,交流分享经验,共同探讨谋划,起到相互学习、相互启迪、相互借鉴的作用。三是建立健全作风效能建设工作机制。制定《安徽省财政厅行风巡查工作暂行办法》,巡视督查财政廉政风险防控、行风建设、政务公开等工作情况。加强财政系统内部控制建设,着重防控法律、政策制定、预算编制、预算执行、公共关系、机关运转、信息系统管理、岗位利益冲突等风险,逐步建立起对各类风险进行事前防范、事中控制、事后监督和纠正的机制。制定《安徽省财政厅干部职工内部问责暂行办法》,从重大决策落实、财政政策制定等方面细化问责内容,确保财政业务活动依法合规、高效运行。

(三)抓服务、树形象,深入联系群众

深入开展"机关联系基层、干部联系群众"活动,扎实推进服务型党组织建设。一是结对共建办实事。采取"结对到贫困村、帮扶到困难户、联系到财政所"形式,持续深化厅38个处室单位党支部与44个村级党组织结对共建,支持共建村美好乡村建设。近年来,厅各党支部共走访慰问困难党员群众859户,捐赠慰问金和物品近61万元,组织各种为民志愿服务活动128次,帮助共建村建设公益基础设施154项。结对共建工作被安徽省直机关工委评为"机关党建十大创新品牌"。二是定点帮扶谋发展。牵头8家省直单位定点帮扶颍东区,建立帮扶工作会商协调制度,定期组织召开联席会议,扎实推进扶贫开发工作。扎实开展"单位包村、干部包户"定点精准扶贫,成立正午镇吴寨村驻村扶贫工作队,组织处室单位主要负责人对帮扶的贫困户进行对接走访。厅领导常态化带队深入吴寨村走访调研,帮助制定发展规划,完善帮扶措施,提升帮扶成效。三是会商帮联优服务。建立与省直预算单位工作会商制度,围绕支持经济社会发展重点项目、财政政策措施制定、财政预算编制执行、保障改善民生、财政绩效管理、贯彻落实厉行节约等事项全面开展会商。近年来,主动上门会商6000多次,为预算部门和其他单位解决困难问题,推动财政政策制度在会商中落实、财政管理服务在会商中改进。在全省财政系统推行帮联工作,18个处室单位对口帮联16个市、2个省直管县财政局,助推财政重点工作落实,树立财政良好形象。

(四)抓群团、增活力,推进文明创建

坚持"党建带工建、带团建、带妇建",凝聚文明创建合力。一是注重人文关怀。建立完善生病探望、体检、干部年休假等制度,做好慰问生活困难的党员、职工、离退休老同志和遗属活动,让财政干部职工在感受组织的关怀温暖中增强工作责任感、使命感。利用三八妇女节、五四青年节、八一建军节等重要节庆,组织召开专题座谈会,厅党组每年分批对各处室单位负责人开展廉政和作风建设集体谈话,对提拔任用、新进和交流轮岗人员进行集体谈话,厅领导带头与干部职工谈心谈话,交流思想、释疑解惑、及时提醒。二是丰富文体活动。组织干部职工参加省直机关举办的各类体育文艺比赛活动,成立各类兴趣小组,全面推行工间操,组织开展登山健身、踏青游等活动,满足财政机关干部精神文化需求,加强干部职工品行修养、知识学习和文化熏陶。三是巩固创建成果。树牢"围绕业务抓创建,抓好创建促业务"的理念,将文明创建工作融入经常性财政业务之中,2015年以来,先后

2 次召开厅精神文明建设领导小组专题会议，组织召开文明创建与财政改革发展专题理论学习会、“文明创建大家谈”征文活动，推动文明创建向工作岗位渗透、向处室单位延伸、向财政系统拓展。省财政厅连续六届获评“安徽省文明单位”，2015 年蝉联“全国文明单位”称号，合肥市、淮北市等 5 个市财政局荣获“全国文明单位”称号，22 个市县财政局荣获第十届省文明单位。

三、加强财政机关党建的措施和建议

财政机关党建取得了丰硕成果，但也存在一些不足，如对财政党建工作重要性认识普遍提高，但少数党员干部仍存在党建工作是软任务的思想，从严从实抓党建还存在死角盲区；财政党建工作与业务工作、效能建设融合度有所提升，但党建引领作用仍待增强；财政党建工作载体和机制有所创新，但学习教育形式仍有待丰富、党员学习自觉性仍有待提高；对党员干部监督管理较为严格，但仍存在失之于宽失之于软的地方，需要着力加以解决。要始终把财政党建工作放在突出位置，认真学习贯彻落实十八届五中全会精神，全面贯彻落实省委、省政府的部署要求，坚持问题导向，践行“三严三实”，进一步完善、深化、创新财政机关党建工作，为建设美好安徽、全面建成小康社会贡献新的力量。

（一）坚持固本培元打基础，突出抓好“三型”党组织创建。

建设学习型、服务型、创新型党组织是党的十八大对新形势下全面提高党的建设科学化水平作出的重要部署，财政机关党建工作必须在创建“三型”党组织中走在前列。

一是强化学习，夯实思想基础。从严抓政治理论学习来推动学习型财政党组织建设，筑牢思想政治高地。以深入学习习近平总书记系列重要讲话精神为重要内容，以此促进对中国特色社会主义理论的理解和把握，打牢思想根基。紧随形势和任务学，充分发挥厅党组中心组理论学习会的领学作用，打造系列专题学习研讨这个品牌，突出在坚定理想信念、加强党性修养、增强政治定力等方面下功夫，确保省委、省政府各项决策部署落实到位。结合重大节庆活动，组织召开主题鲜明的座谈会，提升内涵力量，拓展学习的外延范畴，推进政治思想工作的多元化、全方位、常态化。健全完善集体学习制度，加强学习档案和学习记录管理，坚持重要学习会实行扁平化管理，扩大覆盖面，减少传达层次，推动学思结合、学研结合、学用结合，培育浓厚的学习氛围，使学习教育内有动力，外有压力，走上经常化制度化规范化的轨道。

二是强化服务，筑牢宗旨意识。严在为民宗旨上，严在提升服务本领上，以创建服务型基层党组织来推动财政更好地服务改革、服务发展、服务民生、服务群众。突出牵头实施民生工程在为民服务中的重要作用，聚合财政民生的保障力量，建立财政民生的长效机制，增强财政民生情怀，让改革发展成果更多更公平地惠及人民群众。以精准扶贫为突破口，坚持工作向困难地区聚焦，投入向困难地区倾斜，围绕精准集体经济发展、精准基础设施建设、精准产业扶贫、精准村级社会事业发展，认真履行省直定点帮扶颍东区牵头单位职责，做好定点帮扶颍东区和“双包”帮扶吴寨村工作。以会商帮联为抓手，上下联动，左右协调，推进财政财务一体化。按照“四零”服务要求，深化财政政务服务窗口和城乡基层党组织结对共建工作，感情向人民群众贴近，机关向基层一线深入，做到心连心为基层强动力增活力，面对面为群众解民忧办实事。

三是强化创新，增添工作活力。在严格下有创新，创新下有活力，做到“严”“活”并举，通过创新推动党建工作贴近形势、贴近工作、贴近思想、贴近岗位。积极适应财政改革新任务和党员思想变化新特点，创新党员教育载体，整合各种教育资源，充分利用主题教育、专题教育、网络教育等平台，增强机关党组织的生机和活力。创新机关党建与业务工作融合发展的载体，在财政中心工作和重点工作中谋划机关党建工作，发挥党组织和党员的先进性作用，做到相互促进、相互提升。创新信息交流载体，利用信息化科技化手段，通过开设党员交流网上平台、党建工作专题栏目、党建主题征文研讨等，展示党建工作成效和党员良好形象。按照群团组织“三性”要求，创新开展喜闻乐见、丰富多彩的群众性体育文化活动，充分调动广大干部职工的主动性和积极性，激发干事创业的激情。

（二）坚持改进作风提效能，突出抓好“三严三实”贯彻落实

《中共中央关于制定国民经济和社会发展第

十三个五年规划的建议》明确提出,要坚持全面从严治党、依规治党,健全改进作风长效机制,着力解决一些干部不作为、乱作为等问题,形成敢于担当、奋发有为的精神状态,努力实现干部清正、政府清廉、政治清明,为经济社会发展提供坚强政治保证。要切实把"三严三实"要求贯彻到党要管党、从严治党全过程,融入财政机关党建工作各个环节,以"实之又实、细之又细、深之又深"的态度,不断改进作风,提高财政机关党建工作水平。

一是坚持问题导向。把问题意识、问题导向贯穿财政党建工作的全过程,把发现问题、解决问题作为出发点和落脚点,把支部摆进去、把自己摆进去,联系支部班子实际、队伍实际、个人实际,深入查摆财政"不严不实"问题,查共性问题,查个性问题,作全方位、立体式的透析检查,把问题找准、找实。坚持边学边查边改,对查找梳理的问题,拉清单、找症结,从小处细处着手,从具体的事情抓起改起,马上行动,立行立改,着力解决理想信念、党性修养、宗旨意识、精神状态、履职尽责、责任担当、遵规守纪等方面存在的问题,努力在整治财政"四风"、加强财政作风建设、提振财政干部精气神上收到明显效果,让专题教育成为校正问题的过程。根据发现的问题,认真查找财政厅党内政治生活、干部教育管理、权力运行制约监督等方面的制度缺陷。

二是完善管理制度。全面从严治党治本之策是依法依规治党,财政机关党建必须走在依法治党的前列,用切实可行的制度来加强基层党组织和党员队伍建设,不断提高机关党建工作制度化规范化水平。以支部书记为重点,加强学习党内文件制度规定,增强财政党员干部的制度思维和法治思维,不断提高运用制度方式、法治方式推动财政机关党的建设能力和水平。以《党章》为根本,以《中国共产党党和国家机关基层组织工作条例》为依据,以党内组织生活制度、"三会一课"、民主评议党员为重点,不断细化完善财政机关党建工作制度。开展制度建设"回头看",抓好财政机关党建工作法的提炼、交流、推广和运用,及时总结归纳好做法好经验,分门别类地建章立制,提高制度质量。结合效能建设和作风建设等走访巡查工作,加强制度执行和检查,做到按章办事,不推诿、不扯皮,着力形成财政制度创新的浓厚氛围、财政制度落实的长效机制。

三是加强队伍管理。按照《建议》提出的"政治强、懂专业、善治理、敢担当、作风正"以及《干部任用条例》等标准、规定和要求,进一步谋划好财政干部人事管理工作,谋划好明年以及"十三五"厅机关干部以及全省财政干部队伍建设工作。以民主生活会和组织生活会为抓手,认真开展批评与自我批评,当面多真诚批评,背地多表扬关心,做到相互帮助、相互提醒、相互监督。坚持民主决策、民主管理、民主监督,注重正确集中与团结统一,切实从思想上、作风上、工作研究上、工作推进上,全面贯彻执行民主集中制。不断增强财政党员干部党章意识、党员意识,积极践行党员的权利、责任和义务,主动成为加强财政党建工作的参与者、支持者和响应者。健全财政党员管理平台,及时掌握党员日常行为表现,确保每名党员都始终纳入党组织的管理之中、始终置于组织和群众的监督之下。

(三)坚持忠诚干净敢担当,突出抓好机关党建责任落到实处

一分部署,九分落实。必须以高度的责任对待财政机关党的建设,牢固树立"抓好党建是本职、不抓党建是失职、抓不好党建是不称职、党建出问题是渎职"的理念,反省党的建设"四问",增强财政党建的主动意识、主业意识、主责意识,贵在务实、重在实干,落地生根、开花结果,树立"忠诚、干净、担当"的财政党员干部形象。

一是倡导忠诚勤勉。加强对财政党员干部教育引导,将对党绝对忠诚作为最重要的政治纪律,充分体现到财政工作谋划中,与以习近平同志为总书记的党中央保持高度一致,与省委省政府和财政部精神合拍、与宏观政策对接,找准切入点、把握着力点,务求实效。坚持立足岗位、忠诚履职,心无旁骛、脚踏实地,克服浮躁情绪,耐得住委屈、寂寞和反复。坚信天道酬勤,术业以勤,业精于勤,用心用情用意。坚持身勤、眼勤、手勤、口勤、心勤,多请示、多汇报,多学善思、学以致用。财政工作措施要精准细致、切实可行,每项措施办法都要有具体进度安排,做到有部署、可量化、可考核。财政工作标准要严谨细致,在"求精"和"做细"上下功夫,

进一步规范财政管理,进一步做实台账资料。财政工作推进要积极主动、不等不靠,坚持不懈、持之以恒,发扬“钉钉子”的精神,盯紧目标任务,做到紧而又紧、细而又细、实而又实,积小胜为大胜。

二是做到干部干净。财政工作与经济、社会、民生息息相关,牵涉面广、影响巨大,必须以严的标准要求财政党员干部、以严的措施管理财政干部、以严的纪律约束财政干部,使财政党员干部带头执行各项纪律规定,自觉接受组织监督、法规监督、市场监督、舆论监督和群众监督。以新修订的《中国共产党廉洁自律准则》为规范,以新修订的《中国共产党纪律处分条例》为准绳,不断地引导和推动财政干部执行好政治纪律、组织纪律、廉洁纪律、工作纪律、群众纪律、财经纪律和生活纪律。加强对财政干部的日常监督和管理,明白严是爱、宽是害的道理,加大效能建设明察暗访力度,严格执行走访制度,并不断完善相关措施,使财政党员干部无论八小时之内还是八小时之外,都受到约束。敢于碰硬、严格追责,在财政业务、机关建设、内部管理等各个方面建立完善责任倒查、责任追究、永久追究机制,落实好财政工作推进落实约谈制度、作风建设责任清单和考核评价制度,对于违反党纪国法、制度规定的行为和个人,无论是机关效能、工作作风上的苗头性问题,还是财政管理、廉政纪律上的违法违规问题,绝不姑息纵容,该约谈的约谈、该处理的处理,既要追究主体责任、也要追究监督责任,切实做到有错必纠、有责必问。

三是落实责任担当。建立健全财政机关党建工作责任体系,细化厅党组、机关党委和处室单位党支部的责任,形成职责清晰、分工明确、沟通顺畅、协调一致的工作机制和一级抓一级、层层抓落实的责任体系,加大从上到下抓党建的合力。不断完善和落实好党支部书记抓党建工作责任制和责任追究制,做到坚持原则、一身正气、胸怀坦荡,坚持高点站位、科学谋划、果断决断,坚持守土有责、守土负责、守土尽责,确保在其位谋其政。压实党员干部的责任担当,增强党性修养和财政人的职业操守,使敢于担当成为财政干部的习惯自觉,形成制度要求,强化担当责任实效,提升担当能力水平。

课题组组长:罗建国
课题组副组长:朱长才
课题组成员:鲍习生　花传泉
曹自云　周　纯
执笔:花传泉

强化财政权力监督制约机制研究

随着公共财政体系的建立与发展,加快推进财政权力监督工作改革创新,强化财政权力监督,建立健全权力运行监督制约机制,是财政改革和发展的客观要求,也是构筑财政惩治和预防腐败体系的重要内容,对于防治“四风”和腐败问题,从源头上防治腐败、促进财政事业健康发展意义重大。现就如何强化财政权力监督制约、发挥财政监督职能,强化权力运行制约与监督,确保权力的规范行使作一些探讨。

一、开展财政权力监督制约工作的探索

(一)健全反腐败领导体制,强化责任担当

健全反腐败领导体制和工作机制,党组和各处室单位领导班子主要负责同志要切实履行好党风廉政建设和反腐败工作第一责任人职责,始终把党风廉政建设和反腐败工作纳入财政中心工作,与财政工作同部署、同落实、同检查、同考核。坚持党组理财,切实贯彻民主集中制,落实“三重一大”决策管理制度,党组坚持集体领导下的个人分工负责制,坚持财政重大事项集体研究,坚持落实总结通报制度。厅党组认真贯彻落实主体责任和“一岗双责”制度,做到党风廉政和财政业务“两手抓、两手硬”。

(二)落实“两个”责任,筑牢组织防线

厅党组研究出台《中共安徽省财政厅党组关于落实党委主体责任和纪委监督责任的实施意见》,进一步明确厅领导班子、厅主要负责同志、厅领导班子其他成员和驻厅纪检组的职责,并将廉政责任传导至每位财政党员干部。厅领导班子成员与处室单位签订党风廉政建设责任书,分解并明确反腐倡廉建设工作任务。每年年底,组织处级领导干部述职述廉,开展处室单位党风廉政建设总结考核,真正把党风廉政建设放在心上、抓在手上、扛在肩上、落实在行动上。

(三)强化预算管理,推进预决算信息公开

建立部门预算基础信息库、项目库,推行预算

公开评审制度,提升预算编制科学性准确性。制定预算绩效管理实施办法,将绩效评价结果作为年度预算调整、专项资金分配和以后年度预算资金安排的重要依据。邀请人大代表、政协委员、纪检监察和审计等有关人员、专家,对预算支出项目进行评审论证,增强预算安排的透明度和科学性。

(四)开展监督检查,保证资金安全高效

强化内部监督,建立完善巡查工作机制,围绕党风廉政建设、作风建设、思想建设等方面,对厅机关和财政系统开展巡查,厅监督检查局选择业务处室开展内部监督,对离任正职党员领导干部开展内部审计,着重监督在财政资金、项目管理中是否有违纪违法行为。强化财政监督职能,围绕民生工程、“三农”、社会保障、教育等重点领域,加强监督检查。推进财政涉企项目资金管理信息系统建设,着力规范项目申报和管理,并实施常态化监督,构建以财政为主体的资金监督网络,有效堵塞企业多头申报、重复申报的管理漏洞。

(五)强化制度约束,推进作风建设

严格控制“三公”经费预算审核,目前,我省财政供养人员为全国控制最好的省份之一,厅行勤俭节约,力戒铺张浪费。紧密结合财政管理、财务管理、干部管理等工作实际,完善作风建设规定,全厅2012至2014年出台制度585项。进一步细化作风要求,强化硬性约束,推进财政系统作风建设规范化、常态化。组织开展吃喝风、违反中央八项规定精神和“四风”问题等专项整治和检查,着力形成纠“四风”、树新风的常态机制。

(六)强化教育宣传,筑牢思想防线

坚持以教育为先导,居安思危、警钟长鸣,着力筑牢财政党员干部拒腐防变思想根基。深入开展理想信念、党纪法规、廉洁从政教育,组织全厅赴监狱开展警示教育、“七一”书记讲党课、廉政专题报告会、观看警示教育片等活动。通过廉政谈话,传导压力、警示提醒等,形成反腐倡廉的良好氛围,筑牢财政干部拒腐防变的思想防线。

二、当前财政权力监督制约工作现状和面临的难点

尽管我厅在权力监督制约上进行了一些有益探索并取得了较好成效,但结合新形势、新任务和新情况,当前在权力监督制约方面还存在着一些问题和不足,主要表现在:

(一)少数财政干部被监督意识还不强

少数财政干部缺乏自觉接受监督意识,没有养成在监督下工作生活的习惯,自我约束力还有待进一步提高。有的认为自我素质较高,自己的职责就是财政管理,对来自各方面的监督,心里感到不舒服,认为是对自己不信任、不放心,思想上存在抵触情绪;把不同意见看成是“杂音”,认为接受监督让自己丢面子、失威信,等等。少数干部对监督认识模糊,表现为不愿接受监督,甚至躲避监督,对党员干部八小时以外的监督还不够。

(二)财政监督制约机制仍不健全

迄今为止,我国目前尚未对财政监督立法。尽管新《预算法》、《会计法》对财政管理有要求,但对财政监督工作方面的规定不尽充分,也不够系统,在实际工作中很难加以把握和操作。例如新《预算法》中有关法律责任条款对违法行为的处罚还不具体,处罚主体还不明确,显得弱化无力,实际操作中通常存在失之以宽失之以软,很难落实到位。有的监督制度和办法操作性时效性不强,应当及时修改。《安徽省财政监督条例》还没有出台实施细则,执行操作有难度。由于法规制度不健全,执行难以落实,降低了财政监督在严肃财经纪律和规范财经秩序中权威性、有效性。

(三)财政监督制约体系仍不完整

长期以来,财政机关重管财、用财而轻监督职能发挥,市县以下财政部门监督力量薄弱,难分难以完成财政监督工作任务,在监督检查工作中存在“三多三少”问题,即:突击性、专项检查多,日常监督管理少;事后检查多,事前、事中监督少;项目支出检查多,预算监督检查少。对财政监督检查结果没有形成一套追踪问效、分析反馈、分权制约、信息沟通科学的运行体系,加强财政规范管理与监督检查结果运用相脱节,弱化了财政监督的工作效力。

(四)财政监督制约工作效能仍不高

从当前财政监督工作实际状况看,财政监督工作方式方法创新相对滞后于财政管理体制改革,财政监督检查效能不高,监督工作中缺位越位现象均不同程度存在,过多局限于对财税纪律、财务制度执行情况的监督,对财政资金的运行情况及使用效益还缺乏应有的监督。例如,预算执行、非税收支等事项监督检查工作缺乏全面性、深入性。另外,财政监督、行政监察、审计监督,各主体之间监督检查协调机制不完备,在履行职责时往往各司其职,协调配合不够,既有工作相互交叉、重叠、撞车现象,又有监督的空档问题出现,影响了财政监督的合力效应。

三、强化财政权力监督制约机制对策思考

党的十八届三中全会提出了“深化财税体制改革”、“建立现代财政制度”、“坚持用制度管权管事管人”、“健全惩治和预防腐败体系”等一系列论断,既为财政监督工作指明了方向,也对财政监督工作提出了新的、更高的要求。围绕新修订的《预算法》《安徽省财政监督条例》《中国共产党纪律处分条例》等法规制度的贯彻执行,围绕财政科学化精细化管理对财政监督工作提出的新要求,应从以下几方面加强财政监督。

(一)加强财政权力监督制约制度体系建设,建立健全约束机制

健全的财政法规体系是做好财政监督工作的基础和前提,要以加强财政管理为重点,以规范财政秩序,保证财政收支预算目标顺利实现为目的,建立健全预算编制与执行情况、监督审查、跟踪问效、分析反馈等多项监督管理制度,加强财政性资金全过程监督管理。一是进一步规范财政监督机构的职责、监督程序和监督办法。二是制定财政预算编制、预算执行和绩效考核等方面的具体监督规定。三是建立国有资产、资本、资源的使用、收益收取及监督管理规定。四是制定落实《会计法》及财政系统会计监督和内控规定的具体操作规程。五是制定监督检查协作工作机制,研究制定财政部门及相关监督管理部门监督检查结果的运用办法。六是出台违反财政相关规定的单位和个人惩处措施,加强监督检查结果的运用,加大处罚和惩治力度。

(二)实行财政管理监督制约同步,加强资金运行事前事中事后全过程监督

转变重事后监督检查轻日常监管的监督模式,把监督寓于财政管理日常工作之中。一是加强“全过程监督”。构建从预算编制、预算执行、决算编报及资金使用结果绩效考核全过程、各环节的监督管理流程,做到资金运行到哪里,监督就跟进到哪里。二是完善内部监督。协调整合财政部门各相关科室内部监督力量,前移监督关口,从预算编审—预算支出—执行情况—绩效考评各个环节把关,借助“金财工程”数据接口和一体化信息系统,及时监控资金运行。三是实行监督互动联动。建立和完善部门互动、上下联动、信息共享的监督工作机制,市直相关部门和市、县两级财政部门要及时互动、上下联动、协调配合、紧密衔接、及时沟通,做到监督管理“全覆盖”,防止监督“盲点”。四是开展重点督查。财政监督部门定期开展集中监督检查,不但检查事中、事后情况,还要把工作重点延伸到预算编制,监督检查结果及时反馈,运用到财政管理各个环节,并为下一年预算编制提供参考依据。

(三)树立监督意识,突出监督重点

各处室、单位要牢固树立责任担当和自觉接受监督的意识,把接受监督当作履职用权的重要环节,信任不能代替监督,公权必须接受监督,把接受监督作为公共权力运行的必要一环,主动接受监督。纪检监察和财政监督部门要盯紧管财、管物、管人的岗位,盯紧关键部门关键岗位的“一把手”,把监督责任落到实处。

(四)完善监督制度,推动内部控制建设

按照财政管理科学化、精细化的要求,从改革机制入手,加强制度建设,完善各类资金的使用、监管规定。紧紧围绕财政资金、项目管理、预算管理、绩效管理、干部管理、效能建设、机关党建等方面,将反腐倡廉要求嵌入财政管理的制度和实施中,着力推进机构、职能、权限、程序、责任制度化。在岗位设置、权责分配、业务流程等方面形成相互制约相互监督的机制设计,构建起内容协调、程序严密、配套完备、有效管用的内部控制制度体系,逐步实现财政管理、风险防范和问题整改落实工作的制度化、规范化、精细化。运用防控法律风险、政策制定风险、预算编制风险、预算执行风险、公共关系风险、机关运转风险、岗位利益冲突风险和信息系统管理风险的八个专项内部控制办法,以专项内部控制办法和各处室单位内部的操作规程为载体,将内部控制嵌入财政管理各项业务流程的关键节点,加强财政信息化建设,对业务运行流程进行实时监控,从而最大程度减少人为操纵因素,实现过程可留痕、责任可追溯。

(五)推进财政信息公开,提高财政监督水平。

阳光是最好的“防腐剂”。要把预算信息公开

作为财政信息公开的一项重要内容，把资金、资产、资源配置和使用置于公众监督之下，提高监督的透明度。一是要主动公开财政预决算信息，细化公开内容和项目，由粗到细、由简到繁，由单项公开到全面公开，让群众看得明白。可先行先试几个重点部门和单位，然后再逐步在全市推行。二是及时公开行政审批过程和结果，对财政部门办事程序、政府采购运作程序、行政事业性收费票据管理、罚没款及暂扣款管理程序、会计从业资格证办理程序等事项向社会公开。三是及时全面公开财经政策法规及规范性文件。将财经法律法规、各项涉农惠民补贴政策等文件通过网络媒体及时向社会公开，为广大人民群众提供优质服务，自觉接受社会监督。

(六)建立廉政教育体系，深化廉政学习教育

要把权力观教育贯穿到干部培养、成长、成熟的全过程和考察、提拔、使用的每一个环节，分别制定长期的和阶段性教育规划，有的放矢地抓教育，使权力观真正入心入脑。要拓宽信息化廉政教育渠道，整合教育资源，建立组织、机关、家庭和社会一体化权力观教育格局，把党纪国法以及道德规范对权力观的要求转化为自觉行为。要根据各级财政党员干部所处地位和环境，有针对性地开展廉政典型教育、警示教育，增强权力观教育的针对性和实效性。

(七)建立督查问责体系，及时纠正整改

将规范权力运行、促进依法行政与落实中央八项规定、“三严三实”专题教育等活动结合起来，加强工作纪律作风等建设情况的日常化、常态化监督检查。整合党风廉政考核、财政监督、会计检查等各类监督检查工作，及时对存在的问题亮“黄牌”，对一些苗头性、倾向性的问题进行纠正、整改。坚持有错必究、有责必问，推进责任追究规范化、常态化。对行使公共权力不主动接受监督并造成不良影响的要进行问责。坚持把纪律挺在前面，对违反《中国共产党纪律处分条例》的，坚决依纪依规给予查处。对因领导不力、管理不严而导致不正之风滋生蔓延，或者出现严重腐败问题而不制止、不查处、不报告的，实行责任倒查机制，落实“一案双查”制度，既要追究当事人责任，又要追究相关领导责任。

课题组组长：刘　浩
课题组成员：程思远

财政机关运转风险防控问题研究

机关运转风险是指日常工作中，在公文处理、档案管理、保密、安全保卫等方面存在隐患，导致影响机关正常运转的可能性。本课题立足省财政厅机关管理工作实际，认真梳理机关运转风险管理的财政实践，分析财政机关运转风险管理的基本思路，准确查找财政机关运转面临的主要风险点，并提出针对性的对策建议。

一、机关运转风险管理的财政实践

近年来，省财政厅党组高度重视财政机关建设工作，相继出台一系列制度规定，建立健全机关运转风险管理体系，确保财政机关运转安全高效。

(一)出台基本管理制度

为使省财政厅各项工作规范化、制度化，切实履行省政府赋予的职责，根据《安徽省人民政府工作规则》《财政部工作规则》和省财政厅工作实际，2013年，修订出台《安徽省财政厅工作规则》，从领导职责、正确履职、决策程序、依法行政、政务公开、行政监督、会议制度、公文审批、工作纪律等方面，对机关运转各个环节作出规定，为财政厅机关有序运转提供了基本遵循。

(二)加强专项工作管理

公文处理方面。2012年，根据《党政机关公文处理工作条例》《党政机关公文格式》，结合财政厅公文处理中需要注意的有关事项，下发《安徽省财政厅关于进一步做好公文处理工作的通知》，对公文格式、行文规则、公文拟制、文种使用、发文办理、公文管理等重点环节提出明确要求。2012年，按照《中共安徽省委办公厅 安徽省人民政府办公厅关于切实精简会议、文件和领导同志事务性活动的若干规定》要求，下发《安徽省财政厅关于进一步规范办文办事的通知》，从开短会、切实改进会风，行短文、切实改进文风，简办事、切实改进事风等三个方面，提出了10项更加具体的规定，如规范发文程序、减少文件数量、压缩文件篇幅、精简各类简报等，进一步改进机关工作作风、提高办文办事效率。

2014 年，根据《安徽省人民政府办公厅公文办理规则》，结合省财政厅实际，出台《安徽省财政厅关于进一步提高公文办理时效的通知》，提出完善工作职责、健全登记制度、规范公文分办、加快公文承办、强化公文催办、严格管理考核等 6 大类 17 项具体规定，进一步优化公文办理流程，提高公文办理效率。

档案管理方面。厅档案工作固本求新、稳健完善，连年获得省直单位先进，2012 年我厅获评全省档案工作先进单位。一是立足长效，完善制度。认真贯彻落实《档案法》《安徽省档案条例》和国家档案局第 8 号令，印发《安徽省财政厅文书材料归档与不归档范围》《文书档案保管期限表》《归档文件整理验收标准》和《归档工作考评标准》，出台厅档案工作人员岗位责任制、档案工作暂行条例、档案安全应急预案、汛期档案安全管理、档案库房管理制度以及各类档案的保管保密、借阅、统计、销毁等制度，为促进机关档案工作良性循环提供了坚实保障。二是科学管理，丰富收藏。各处室形成的已满规定期限的文书档案，定期移交、验收，加强各类档案的集中管理。扩大档案电子管理系统范围，实现部门形成电子文件“随办随归”，纸质公文与电子公文并存。严把档案移交质量关，努力实现全厅档案业务建设标准化。加强与民政、教育、卫生、劳保等单位的交流合作，确保重要民生档案资料按时完好地收集、整理及保存，着力建立覆盖安徽民生、具有安徽财政特色的档案资源体系。三是创新手段，优化服务。以服务至上的理念推进档案精细化、科学化管理，强化档案利用、服务手段创新。加强指导培训。厅办公室主动为处室、单位提供档案业务指导，创新档案利用，参与编纂财政志、财政年鉴，编写组织沿革，大事记、专题文件汇编等档案参考资料。完善荣誉陈列，将历年厅里获得的各种奖状、奖旗、奖杯、证书进行集中统一管理并进行电子化，力求直观、生动展示安徽财政发展历史。积极响应省档案局“移交进馆”有关要求，2012 年至今已重新整理完成 1990 年以前厅机关档案 2431 卷、26982 万件，准备申请移交，丰富省馆馆藏。

保密管理方面。不断提升意识、完善制度、强化措施、落实责任，连续 5 年获评省直单位保密工作目标考核优秀单位，并名列前茅。一是健全完善保密制度。认真研究中央、保密委有关保密工作精神要求，结合财政实际，出台安徽省财政厅保密安全约谈制度、保密工作责任制实施细则、加强涉密人员保密管理工作实施细则等，做到全面覆盖、明确责任、强化落实。二是做好保密日常管理。签订保密工作责任书和保密承诺书，加大涉密载体安全防护，加强中央、省委文件阅读和管理安全，完善通讯设备和保密终端保密安全管理，加强涉密载体保管和销毁工作。加强保密培训教育，在全厅范围组织传达学习中央、省委有关保密工作精神、制度办法和泄密案例通报，组织开展新进公务员保密专题培训和全省财政系统保密工作经验交流。厅办公室、信息中心结合财政实际切实抓好网络安全和技术防范，按有关要求配备保密设施、设备，加强网络技术防护和保密管理，确保办公内网安全和门户网信息发布安全。三是加强保密督查。研究制定保密督查制度，与保密责任制和约谈制度相结合，相互推进、相辅相成。强化保密专项检查，2014 年以来，已开展党政系统保密自查、中央文件保密管理专项自查、《安徽省“十二五”时期保密事业发展规划》贯彻实施情况自查、全省财政系统信息安全和保密自查等多项保密自查工作。主动开展不定期抽查，对机要室、办公电脑、打印机、复印机、红机电话等使用情况进行抽查，跟踪了解财政办公软件及信息系统运营维护商的服务情况。加强要害部门部位常态化自查。厅保密办负责汇总检查情况并做好检查台账，及时梳理总结，明确保密责任，督促整改落实，及时有效地堵塞安全漏洞。

安全保卫方面。2011 年实行机关物业社会化管理以来，出台《安徽省财政厅机关物业监督管理暂行规定》，切实加强厅资产管理中心对物业公司各项工作的监督管理，理顺工作关系，落实监管职责，确保机关安全、有序、高效运转。出台《安全巡查工作制度》，强化“安全巡查管理员”工作职责，建立常态化的安全巡查机制，对厅办公区和宿舍区定期巡查，及时发现和改进安全管理薄弱环节。强化机关安全保卫职责，出台《中共安徽省财政厅党组关于印发贯彻落实安全生产党政同责一岗双责齐抓共管的意见》，将安全保卫的任务分解到各处室单位、每位干部职工。加强机关安全突发事件管理，建立安徽省财政厅安全保卫、消防安全紧急疏散、雨雪灾害防范、突发公共卫生事件等一系列应急预案,健全预防预警机制、处置程序等,并适时开展应急演练,做到防患未然。

(三)健全责任追究体系

每年修订出台《安徽省财政厅效能建设绩效考评办法》,将公文运转、档案、保密、车辆、消防、食品安全等管理情况纳入百分制考核,激励约束干部职工履行自身职责、规范政务运转。按照全面从严治党、从严管理干部的要求,2015年,出台《安徽省财政厅干部职工内部问责暂行办法(试行)》,对法治财政建设、预算编制、预算执行、财政改革管理以及财政机关建设方面,进一步细化问责内容、问责方式、问责程序,健全财政责任追究体系,促使全体干部职工自觉践行“三严三实”要求,不断改进财政工作作风。

二、加强财政机关运转风险防控的基本思路

财政机关运转风险防控是内部控制的重要组成部分,遵循内部控制的基本要求。要牢固树立内控理念,推进内控文化建设,切实强化内控意识,将财政机关运转风险防控制度作为组织纪律的拓展和延伸,成为全厅干部职工日常工作中自觉和必然的行为准则。坚决杜绝庸、懒、散和消极应付等不作为现象,始终保持主动作为,积极进取的精神状态。

(一)财政机关运转风险防控管理目标

建立机关运转风险管理框架,完善风险发现和报告机制,防控机关运转风险,保证工作记录真实完整,最大程度减少机关运转风险引发的隐患和负面影响。

(二)财政机关运转内部控制主要要素

一是风险评估。及时识别分析财政机关运转中与实现内部控制目标相关的内部风险和外部风险,对风险进行评估、分级,合理确定风险应对策略。二是控制活动。根据风险评估结果,制定、完善并有效实施一系列制度、流程、程序和方法,积极构建对财政机关运转风险事前防范、事中控制、事后监督和纠正的动态机制,将风险控制在可承受范围之内。三是内部监督。对内部控制机制的建立和运行情况进行监督检查,评价内部控制的有效性,发现内部控制设计和运行的缺陷并督促改进。

(三)财政机关运转内部控制实施原则

一是全面性原则。内部控制贯穿财政机关运转各个环节,覆盖所有单位和岗位,并由全体干部职工参与。二是制衡性原则。分事行权、分岗设权、分级授权,在机关运转中做到既相互制约又相互协调。三是权责对等原则。各处室单位各岗位人员在机关运转中行使的权力与承担的责任相一致。四是重要性原则。在全面控制的基础上,重点关注机关运转的关键环节、岗位和重大风险。五是适应性原则。机关运转风险防控应与职责分工、业务范围、风险水平和人员构成等相适应,并根据新情况及时调整完善。六是有效性原则。内部控制存在的问题能够得到及时纠正和反馈,有效管控机关运转风险。

(四)财政机关运转内部控制方法

一是不相容岗位(职责)分离控制。不相容岗位(职责),是指若由一个人担任,既可能发生错误和舞弊,又可能发生掩盖其错误和舞弊行为的岗位。要全面系统分析、梳理机关运转业务流程中所涉及的不相容岗位(职责),通过实施分离措施,明确细化责任,形成各司其职、各负其责、横向与纵向相互制约监督的工作机制。要实行清晰的决策、执行、监督机构设置,并建立和实施相对独立的报告制度,体现职责明确、相互制约的原则。要建立AB岗工作制度,形成机关运转关键岗位的双保险机制,并实行定期轮换制度。二是授权控制。建立与机关运转风险管理相适应的内部授权管理体系,明确授权主体、范围与权限,规范授权管理与监督程序,科学分配权力,确保在授权范围内开展工作。制定机关运转内部授权制度,对授权内容和程序作出规范,对所有授权事项进行统一管理,并对被授权人分级授权。根据机关运转风险管理发展变化、风险状况,审慎确定被授权人的权限,并对授权执行情况持续监控、定期评估和及时调整。三是归口管理。优化机关运转风险管理机构设置,对政务运转工作实行统一管理,构建权责一致、归口管理、协调配合、运转高效的职能体系,强化责任落实。四是流程控制。通过流程再造使所有控制在流程中解决,形成顺向相互支撑、有效制衡,逆向真实反馈、有效监督的完整体系。将内控管理嵌入机关运转业务流程,对流程执行进行持续的监督、评价和优化,构建业务过程控制的自我完善机制。五是信息系统管理控制。通过财政信息化加强机关运转风险内部控制,将内控理念、控制活动、控制措施等嵌入信息系统,最大限度减少人为操纵因素。

三、财政机关运转面临的主要风险点

加强内控管理,必须找准、找实财政机关运转中的公文处理、档案管理、保密、安全保卫等重点业务、重点岗位的风险点,为加强风险防控奠定坚实基础。

(一)公文处理风险点

公文处理风险是指公文处理过程中,由于不严格遵守有关规章制度和操作程序,导致公文处理的准确性、规范性、时效性、安全性等方面存在隐患,或产生影响机关工作开展和工作效率的可能性。根据情节轻重、影响范围和程度将公文处理风险分为两级:重大风险:公文处理重要方面或环节严重不合规,上级部门或相关主管部门提出整改意见,相关单位提出严重质疑,致使相关工作陷入被动或停止,严重损害部门声誉和形象。一般风险:公文处理一些方面或环节不合规,有关方面提出意见建议,对工作正常开展带来一定的不良影响,对部门声誉和形象带来一定的负面影响。公文处理过程包括收文和发文管理,存在以下主要风险点。一是收文登记、批分、承接风险点:大局意识不够、责任意识不强、业务不熟悉,收文登记不全面不准确、批分不及时不准确、承接不积极,延误公文处理。二是公文办理程序风险点:公文办理类型判断不准、办理程序不规范、考虑问题不全面,导致公文办理延误、信息沟通不畅。三是征求意见风险点:未按职责分工或管理权限征求意见,未及时准确提出意见,未积极主动协调不同意见。四是公文起草风险点:公文起草不符合有关规定,影响公文的规范性、权威性、严肃性、有效性。五是公文审核风险点:承办处室单位和办公室公文审核把关不严,公文质量不高,影响部门声誉和形象。六是公文签发风险点:公文签发程序不规范、要求不严格,影响公文的有效性。七是公文印制风险点:未严格按照公文印制要求和工序印制公文,影响公文质量、时效性和保密。八是公文核发风险点:责任心不强、程序不规范等,影响公文及时、准确、安全传递和传输。九是督查督办风险点:督查事项办理或督促检查不及时,信息反馈不准确,造成督查事项办理延误或相关部门质疑。十是参加厅外会议风险点:未按会议通知要求报名,未全面充分准备材料,会后未及时通报和报告会议情况,影响工作开展。十一是信息编报风险点:信息上报意识不强,信息写作能力不高,信息审核把关不严,造成我省财政重要改革和发展情况不能全面、及时、准确地向省委、省政府和财政部报送。

(二)档案管理风险点

档案管理风险是指档案管理过程中,由于不严格遵守档案法规制度,导致档案管理不规范,或档案安全、保密等方面存在隐患,产生影响机关工作开展和效率的可能性。根据情节轻重、影响范围和程度将档案管理风险分为两级:重大风险:重要方面或环节严重不合规,发生重要档案损坏、丢失、泄密等重大责任事故,致使相关工作陷入被动或停止,严重损害机关声誉和形象。一般风险:一些方面或环节不合规,发生有保存价值档案未按规定存档或档案散失、污损、破坏,一定程度上影响档案正常管理利用,对工作正常开展带来一定的负面影响。档案管理包括档案整理、档案接收、档案保管、档案利用和档案移交,存在以下主要风险点。一是档案整理风险点:责任意识不强、业务不熟悉,档案收集不齐全不完整、整理不规范,档案资料散失。二是档案接收风险点:业务不熟悉、岗位责任意识不强,审核把关不严,导致档案接收不规范。三是档案保管风险点:未按职责要求落实库房管理制度,档案入库、交接、借阅手续不全,导致档案遗失或下落不明。四是档案利用风险点:对档案借阅利用规定掌握不够、制度执行不严,导致档案借阅利用不规范,甚至造成涉密文件遗失、信息泄露等。五是档案移交风险点:责任心不强,未按规定及时向上级档案馆移交相关档案。

(三)保密管理风险点。

保密风险是指在日常工作中发生失泄密事件的可能和存在的潜在威胁、隐患,对整体工作产生负面影响的可能性。根据各保密风险点异常事件可能造成的损失或产生的负面影响,将保密风险分为两级:重大风险:因内部管理不善或外部事件,导致发生主动或被动失、泄密事件,对国家安全或财政政策执行、财政业务开展造成损失。一般风险:内部管理制度、流程或技术防护手段存在漏洞,导致失、泄密隐患和可能,尚未采取有效措施进行管控,但未发生失、泄密事件。保密管理包括保密责任落实、定密管理、国家秘密载体管理、信息公开保密、涉密会议或涉密活动管理、失泄密事件管理和密码设备使用管理,存在以下主要风险点。一是保密责任落实风险点:未建立、落实保密责任制和责任追究制度,导致单位保密管理工作松懈,工作人员保密纪律涣散等。二是定密管理风险点:定密管理不规范,未履行规定的程序,导致国家秘密误定、定密不准确、变更解除不及时等。三是国家秘密载体管理风险点:制作、收发、传递、复制、保存、维修、携带、销毁国家秘密载体,未履行规定程序和有关保密要求。四是信息公开保密风险点:未对信息公开进行保密审查,导致国家秘密或内部敏感信息被公开。五是涉密会议或涉密活动管理风险点:举办涉密会议或涉密活动,未按保密要求进行管理或履行规定程序。六是失泄密事件管理风险点:发生失泄密事件后,报告不及时或未立即采取补救措施。七是密码设备使用管理风险点:配备、交接、保管、使用、销毁密码设备,未按规定程序操作。

(四)安全保卫风险点

安全保卫风险是指由于多种因素,在内部治安、防恐防暴、防火防盗、卫生防疫等方面存在影响机关正常安全运转的可能性。根据情节轻重、影响范围和程度将安全保卫风险分为两级:重大风险:造成重大人员伤亡;建筑物等固定目标严重损毁;内部运转能力丧失,工作陷入瘫痪,秩序严重混乱;引发严重负面影响,严重损害部门声誉和形象;危害持续时间较长。一般风险:部分人员受伤;建筑物等固定目标一定程度受损;工作运转受限,秩序混乱;造成一定的社会影响;危害持续时间较短。安全保卫包括内部治安、恐怖暴力防控、常规安全和卫生防疫,存在以下主要风险点。一是内部治安风险点:人员、车辆不按规定进出厅机关;非正常上访;监控设备未正常发挥作用;在厅机关内部窃取公私财物、非法侵害他人人身安全、抢夺和抢劫、纵火、投毒等。二是恐怖暴力风险点:通过暴力、破坏、恐吓等手段造成或意图造成厅内人员伤亡、重大财产损失、公共设施损坏、机关秩序混乱等。三是常规安全风险点:属于常规监测范围,因人员疏忽、设备老化或出现故障等引起的火险、电险、天然气泄漏等。四是卫生防疫风险点:导致或可能导致厅内人员健康受到损害的食物中毒、传染病疫情等。

四、加强财政机关运转风险防控的对策建议

按照机关内控管理的基本原理,结合财政机关运转中的实际情况,建议从以下方面入手,全面加强财政机关运转风险防控,保障财政机关安全、财政干部安全。

(一)进一步明晰财政机关运转风险防控职责划分

建立完善机关运转风险防控机制,明确各处室单位在机关运转风险防控中的职责分工,有效控制机关运转风险。一是成立安徽省财政厅内部控制委员会(以下简称厅内控委),负责审定机关运转风险防控政策制度,审定机关运转风险事件解决方案、定级和责任追究建议,提出加强和改进的要求。二是成立安徽省财政厅内部控制委员会办公室(以下简称厅内控办),负责组织对机关运转内部控制办法有效性进行检查、考核和评价,组织对机关运转风险事件进行调查,研究制定机关运转风险事件解决方案、风险定级和责任追究建议并向厅内控委报告,督促落实厅内控委决定,定期披露内控执行情况。三是办公室负责机关运转风险防控的组织实施,及时发现机关运转风险防控中存在的问题并提示有关处室单位,同时报告厅内控办。定期向厅内控办报送机关运转风险防控情况。四是各处室单位对本处室单位的机关运转重点业务环节实施持续、有效的风险防控,及时向厅内控办和办公室报送本处室单位机关运转风险防控及异常情况,积极协助专项检查和调查。办公室及时向厅内控办报告本处室机关运转风险防控情况。机关运转风险事件发生后,办公室会同有关处室单位及时采取应对措施,最大程度避免或减少负面影响;在分清责任的基础上,深入查找风险事件发生的原因,有针对性地制定或完善制度措施。

(二)进一步规范财政机关公文处理

1.收文登记、批分、承接风险防控措施。一是收文后仔细核对,详细登记收文内容信息。二是完善批分规程,加强沟通协调,提高收文批分准确性和时效性。收文内容与多个处室单位相关,且存在职责交叉事项的,其中涉及部门预算的,按部门预算主管职责确定牵头处室单位;不涉及部门预算的,按相关业务的涉及程度或延展性确定牵头处室单位。经多次协商仍难以确定牵头处室单位的,由办公室协调确定。三是严格按照批分意见承接公文。对办公室批分意见有异议的,原则上在收到

公文半日内提出转办理由和意见，办公室根据沟通协调情况最终裁定牵头处室单位，特殊情况报请厅领导确定。四是有关处室单位承接新业务或职责范围有调整，及时告知办公室。

2.公文办理程序风险防控措施。一是承办处室单位认真阅研公文内容，应逐级报告请示的事项及时报告请示。二是严格按照有关审批权限、要求和程序办理审批事项的公文，不得随意附加条件或延误审批。对厅外会签、征求意见公文，实事求是提出意见建议。三是公文按时限要求办结，规定时限内难以办结的，及时与来文单位和办公室沟通协调。

3.征求意见风险防控措施。一是牵头处室单位严格按职责分工和管理权限等充分征求厅内和厅局的意见，或根据需要采取适当形式公开征求意见。二是厅内会办处室单位按要求及时提出意见建议，重要事项、重要意见报分管厅领导审定。牵头处室单位切实负起综合统筹责任。三是厅内处室单位意见不一致时，牵头处室单位主动与会办处室单位协商。处室单位层面协商解决不了的，请主管厅领导协调或裁定。与相关厅局意见加强沟通协调，确实不能达成一致意见的，列出分歧点并提出处理意见及说明理由，报厅领导或省政府决策参考。

4.公文起草防控措施。一是落实好精简文件规定，不该发的文件一律不发。二是公文起草由正式人员作为拟稿人，做到文种正确，格式规范，结构严谨，表述准确，文字精练。三是各处室单位主要负责人主持、指导重要公文起草工作。

5.公文审核风险防控措施。一是公文起草人员严格按照有关规定和要求，认真做好公文审核工作。二是各处室单位分管负责人、主要负责人切实负起责任，把好公文审核关。三是办公室对送印公文的审批、会签、内容、文种、体例、格式等进行复核，对审批、会签手续不齐全或不规范的，退回办文处室单位补充或纠正；对修改较大或容易产生歧义的，提出修改建议，征得办文处室单位同意后修改或退回办文处室单位修改。四是办公室加强公文处理知识和技能培训，提升公文处理水平。

6.公文签发风险防控措施。一是需报厅领导签发的，由处室单位主要负责人核签；有双牵头处室单位的，由两个处室单位的主要负责人共同核签后报厅领导。联合行文的，报厅领导签发后会签有关厅局。二是规范性文件报厅领导签发前，送税政条法处会签。厅领导签发后，不得再对公文进行实质性修改，如确需修改，报厅领导复审或重新签发。三是做好与会签单位的衔接工作，及时催办，检查核实会签意见。

7.公文印制风险防控措施。一是公文印制必须以经过相关负责人签发的定稿为依据，发文单位、办公室、厅印刷厂严格履行校对、制版、印刷、装订、复检等工序，确保成品文件质量。二是对于急件或限时文，办公室、厅印刷厂严格按照时限印制完毕，不得压误；对于紧急程度未作具体要求的公文，及时印制。三是公文印制过程中，发文处室单位、办公室、厅印刷厂严格遵守有关保密规定，确保涉密信息安全。

8.公文核发风险防控措施。一是发文处室单位对成品文件的文字、格式、印刷质量等进行检查。二是严格按照文件的发送范围分发，按规定准确选择公文传递与传输的方式、方法和途径。涉密公文传递传输过程中如有特殊要求，详细告知办公室机要收发人员。

9.督查督办风险防控措施。一是根据《安徽省财政厅督查工作暂行办法》和厅领导要求，全面、准确确定各类督查事项。二是采取跟踪督查、电话督查、实地督查等多种形式，及时督促承办处室单位按时办结督查事项。

10.参加厅外会议风险防控措施。一是按会议通知要求时限和参会人员级别报名。二是参加省委、省政府研究重大问题的会议前，认真征求厅内意见，全面、准确准备意见材料。参加省直部门的会议，全面了解情况和有关业务，表态有理有据。三是参加会议需要表态的，重大事项的表态口径事先向分管厅领导和主要厅领导请示。四是参加会议后，及时报告会议情况。

11.信息编报风险防控措施。 一是各处室单位在办理涉及重大政策措施、重大事项公文的同时，组织编报信息。二是各处室单位重要财税政策和财税改革措施、财政重要支出进展情况以及财政重要统计数据，在向社会公开前编写成信息报办公室，办公室及时上报。三是编写的信息主题突出，观点鲜明，结构严谨，文字精练。通常动态类信息不超过 500 字，综合类信息不超过 2500 字。四是公文办理人员强化信息意识，提高信息编写水平，做好信息起草工作。

（三）进一步加强档案管理风险防控

1.档案整理风险防控措施。一是各处室单位兼职档案人员统一保存、整理应存档的文件材料，任何人都不得将档案据为己有或拒绝归档。二是处室单位兼职档案人员汇总本处室单位上一年度归档资料，做到归档文件材料收集齐全、分类准确、目录完整。三是电子文件应比照纸质档案逐条上传，不得缺失。

2.档案接收风险防控措施。一是厅机关各处室（局）完成归档文件材料整理后，编制档案移交目录，向厅办公室移交档案。厅办公室审核后提出修改建议，形成档案的厅机关处室（局）及时纠正、补充完善后再次移交。二是办公室清点档案数量，检查核对实际件数、编号与档案移交目录是否相符，核对无误后予以签收。

3.档案保管风险防控措施。一是规范档案接收、移出登记。入库档案按保管期限、形成年度、形成机构分类有序排放，做到不错装盒、不错入柜、不错编目，方便检阅、调用。外借的档案归还后及时入库入柜。二是加强档案库房安全防范，做好档案库房的防火、防盗、防虫、防鼠、防光、防潮、防尘等工作，排查安全隐患。非厅办公室工作人员不得进入库房。三是根据需要对库藏档案定期进行检查，对破损、变质的档案，及时修补复制或作其他技术处理；电子文档采取不同介质存储副本，并定期进行检查、转存和备份。

4.档案利用风险防控措施。一是严格执行借阅利用档案登记制度。利用非本处室单位档案的，须经档案形成处室单位负责人同意；利用涉密档案的，须经厅保密办负责人和档案形成处室单位同意。外单位利用档案，需提供单位介绍信和工作证，由档案形成处室单位派人按程序办理借阅手续。有关处室单位因工作需要汇编档案材料的，须报办公室审批。二是厅办公室借出档案，应对档案完整性进行检查。三是借阅人借阅利用档案，不得遗失、涂改、勾画、污损、拆散、抽换和转借档案；利用涉密档案，未经密级审批单位批准，不得复制、拍照、扫描、抄录。四是借阅档案用后立即归还，最长不超过5个工作日。五是厅内人员通过档案管理系统在内网检索、利用。

5.档案移交风险防控措施。按照档案法实施办法，向省档案馆移交形成满一定期限的永久和长期保存的档案。

（四）进一步加强保密管理风险防控

1.保密责任落实风险防控措施。一是厅保密委员会（厅保密委）为保密管理的负责机构，对我厅保密工作负组织和领导责任。厅保密委下设办公室（厅保密办），为厅保密委办事机构。厅保密办在厅保密委领导下，认真贯彻落实省保密局和厅保密委交办的各项工作，承担保密管理、监督、检查、宣传教育等日常保密工作。二是严肃保密纪律，建立处室单位负责人和直接责任人保密责任制和责任追究制度。建立各处室单位保密工作联络员队伍，具体负责本处室单位日常保密管理工作。三是各处室单位规范涉密人员管理。确定其涉密等级（核心涉密人员、重要涉密人员、一般涉密人员），进行分类管理，报厅保密办备案。四是各处室单位新进涉密人员，及时组织签订保密责任书，并向人事教育处和厅保密办备案。涉密在岗人员签订《在岗人员保密责任书》；涉密离岗人员签订《离岗人员保密责任书》，并进行脱密期管理。五是涉密人员因公或因私出国（境）报人事教育处审批，并开展行前保密教育。

2.定密管理风险防控措施。生产国家秘密的工作人员根据《财政工作国家秘密范围的规定》，拟定具体文件的密级、保密期限及知悉范围，或对已定密文件提出密级变更或解除申请，提交本处室单位责任人审核。定密责任人在职责范围内承担审核国家秘密的确定、变更和解除工作。定密责任人的确定及变动情况及时报厅保密办备案。

3.国家秘密载体管理风险防控措施。一是制作国家秘密载体在相应的涉密设备和保密环境中操作，并标注密级和知悉范围。二是收发国家秘密载体，履行清点、编号、登记、签收手续。三是传递国家秘密载体，通过机要交通、机要通信等符合保密要求的方式进行。四是复制国家秘密载体或者摘录、引用、汇编属于国家秘密的内容，履行报批手续。五是保存国家秘密载体使用专用的保密柜，采用门禁、监控等安全措施。六是维修国家秘密载体，由厅技术人员负责，确需外单位人员维修的，由本处室单位人员现场监督。确需在外维修的，选择省保密局指定维修单位。七是携带国家秘密载体外出或出境，履行报告审批程序。八是销毁国家秘密载体履行清点、登记、审批手续，并送交省保密局销毁工作机构销毁。

4. 信息公开保密风险防控措施。各处室单位在公开信息前，严格进行保密审查。对把握不准的信息或敏感财政数据，按程序报分管领导审定是否公开。

5. 涉密会议或涉密活动管理风险防控措施。举办涉密会议或涉密活动的主办处室单位，确定密级、制定保密方案，报厅保密办备案；限定参加人员范围，使用符合国家保密规定和标准的场所、设施、设备，对参加人员提出保密要求。

6. 失泄密事件管理风险防控措施。发现国家秘密已经泄露或者可能泄露的，立即向处室单位负责人报告，制定应急方案，采取补救措施，并向厅保密办报告有关情况。厅保密办督促有关单位做好后续损失评估和问题整改工作。

7. 密码设备使用管理风险防控措施。一是厅机要室配备密码设备，由省委机要局进行采购。二是密码设备使用管理责任人与厅办公室签订保密协议，管理人员变更的，及时向省委机要局报告，重新签订保密协议。三是密码设备配发使用履行严格的交接程序，专册登记。四是省委机要局根据具体密码设备的管理要求，定期更换密钥。五是到达使用期限的密码设备，由省委机要局统一回收并送密码设备生产单位实施销毁。

8. 网络保密管理风险防控措施。一是完善网络安全、身份认证、防病毒等技术防护手段。二是涉密信息系统根据其存储、处理信息的最高密级确定密级，报厅保密办备案后由信息中心规划建设并采取防护措施。三是加强涉密计算机与涉密优盘使用管理，明确使用管理责任人，粘贴明显标识。报废涉密计算机时，拆卸硬盘交厅保密办统一销毁。四是严禁在非涉密系统（或计算机）上存储、运行、处理涉密信息，严禁在低密级涉密系统（或计算机）上存储、运行、处理高密级涉密信息，严禁在非涉密系统（或计算机）与涉密系统（或涉密计算机）之间交叉使用移动存储介质。

9. 保密要害部门、部位管理风险防控措施。严格履行责任制，确定、变更或调整保密要害部门、部位，及时向省保密局备案。保密要害部门、部位配备文件粉碎机、密码文件柜等保密办公设备，并根据实际需要安装监控、报警器等安全设备。

10. 保密检查风险防控措施。厅保密办组织开展例行保密检查或不定期专项检查，并将发现的问题及时向有关处室单位反馈，有关处室单位认真整改，并向厅保密办报告整改情况。

（五）进一步加强安全保卫风险防控

1. 内部治安风险防控措施。一是资产中心负责厅机关保卫工作，监督外包物业公司严格做好厅机关来访登记和车辆出入管理工作。二是办公室（信访办）按规定做好上访接待工作，相关处室单位配合做好上访人员接待工作，依法答复本单位职责范围内的诉求。资产中心加强大门警戒，防止上访人员冲击。三是资产中心监督外包物业公司加强监控值班管理，督促维保单位做好监控设备的定期检查维护工作。四是各处室单位加强本处室单位访客管理，避免外部人员随意行动。资产中心加强监控，及时排查可疑人员和车辆，非正常情况报公安部门处理。

2. 恐怖暴力风险防控措施。一是强化同杏花社区、安庆路派出所等部门安全维稳联动工作机制，深入推进“平安单位”“平安社区”等联创活动。二是加强应急演练，提升应对能力，发现恐怖暴力风险时迅速响应、控制局面。

3. 常规安全风险防控措施。一是严格按照规定管理火源和电源，不使用超出安全标准的大功率电器，下班后或长时间离开时切断电源；不在通道内乱堆乱放，能正确使用灭火器等消防设备，熟悉逃生路线。二是资产中心做好消防设施和器材的管理、维护、更新工作。三是资产中心组织做好消防设施和器材的年度检查工作；督促各单位做好防火工作，定期进行防火检查，及时排除安全隐患；发现火情迅速报告消防部门。

4. 卫生防疫风险防控措施。一是资产中心督促机关食堂加强对食品采购、运输、储存、生产等环节的管理，保证食品安全、卫生；定期对食堂工作人员进行健康检查，降低疾病传染风险。二是资产中心加强对传染病的监测，加强公共场所卫生防疫，定期对厅内各区域进行清扫、消毒、喷撒蟑螂药等，减少疾病传染源；加强厅内人员健康科普教育，提高传染病防控意识。三是各处室单位保持办公区域卫生、整洁，发现疫情及时报告庐阳区疾控中心，会同相关处室单位妥善处置应对。

课题组组长:朱长才
课题组成员:左自智　姚先飞　王知国
　　　　　　徐　韬　张婉莹

新常态下财政干部教育培训工作问题研究

经过改革开放后的30年高速发展,我国已发展成全球第二大经济体,随着经济体量的不断增大,要想以年平均两位数的超高速度继续发展是一件十分困难的事情,同时也隐藏着资源和环境的巨大压力,存在着不可持续的巨大风险;当今世界经济全球化、信息社会化趋势明显,在全球经济普遍下滑的大背景下,中国不可能独善其身,经济进入中低速发展是不可避免的,同时也是符合全球经济发展规律的。中国经济步入中低速发展新阶段,国民经济中低速发展将成为一种新常态。

为更好地适应经济发展的新常态,党的“十八大”做出了新的重大部署,习近平总书记提出“四个全面”的治国理政新理念,开启了我国经济新常态下的新征程,把财政体制上升到国家治理体系层面,把财税改革作为全面深化改革的突破口,财政担负的任务更加繁重,责任更加重大,使命更加光荣,由此也对财政干部提出了新的更高要求。为了适应这种新常态下的新要求,财政部对干部教育培训工作提出了新目标。我们只有改变财政干部教育培训工作的传统性习惯性思维方式,调整和改革传统的培训模式和管理方式,着力提高教育培训的针对性和实效性,不断增强教育培训的吸引力和感染力,才能为更好地服务经济社会发展、服务财税改革发展,锤炼和打造出更加精良的财政干部队伍,才能更好地适应新时代的要求和需要。因此,改革和加强财政干部教育培训工作,围绕财政改革和发展中心提供优质的干部培训服务,改革和加强新常态下的财政干部教育培训工作,将是我省今后一个时期财政干部教育培训工作新的常态性任务。

一、新常态下财政干部教育培训工作面临的挑战

(一)党和国家高度重视干部教育培训工作

干部教育培训是建设高素质干部队伍的先导性、基础性、战略性工程。党的十八大报告指出要“加强和改进干部教育培训,提高干部素质和能力”。习近平总书记提出的“信念坚定、为民服务、勤政务实、敢于担当、清正廉洁”好干部标准为新时期干部成长指明了方向。楼继伟部长要求,新时期“财政系统干部要提升理念、更新知识、提高技能”。近年来,中央、省委又相继制定印发了《2013—2017年全国干部教育培训规划》《2014—2017年安徽省干部教育培训规划》等文件,对当前和今后一个时期干部教育培训工作进行了全面部署,它充分体现了各级对干部教育培训工作的高度重视,这对财政干部教育培训,既是难得的机遇,也是巨大的挑战。我们要在实际工作中,认真落实各级对教育培训工作的要求,扎实推进财政干部教育培训工作。

(二)进一步深化财税体制改革对财政干部提出了新的更高要求

党的十八届三中全会通过的《中共中央关于全面深化改革若干重大问题的决定》指出“科学的财税体制是优化资源配置、维护市场统一、促进社会公平、实现国家长治久安的制度保障”。财税改革在新一轮改革中将发挥“打头阵”、“重头戏”、“切入点”的重要作用。今年是改革的关键之年,财政干部对改革了解的程度、把握的深度、落实的力度,直接关系到能否攻克改革的堡垒,能否进一步释放改革红利。因此,财政干部必须不断提高学习能力和履职能力,着力避免少知而迷、不知而盲、无知而乱的困境。比如,整合与统筹使用财政资金涉及各个部门利益,推动难度大,利益协调困难,对财政干部的业务素质要求很高;开展财政专项资金竞争性分配改革,考验着财政干部对市场与政府职能边界的把握等等,新的改革内容和精神对财政干部要求越来越高。

(三)财政干部队伍亟待巩固性和提升性教育培训

现有干部队伍年龄跨度大,年代梯度明显,思想多元化,知识差异多,既有更新知识的愿望,也有巩固和提高的要求。新常态下财政干部教育培训必须面对现实,以统一思想认识、坚强理想信念、改善知识结构、提升履职能力、高层次人才培养等新任务新要求为出发点和落脚点,积极主动做好引导和培训,增强财政干部的责任感、使命

感，进一步激发活力、增加动力，使广大财政干部的思想、知识、能力适应不断变化的时代要求，推进财政事业发展迈上新台阶。

（四）财政干部教育培训供求矛盾显现

随着财政干部教育培训工作的深入推进，财政干部教育培训所能提供的与学员所需要的矛盾显现出来。一是每年的各种培训班次少，但有机会参加培训学习的还只能是少数干部，需求还不能完全满足。二是随着时代的进步和发展，学员对教学方式创新要求不断提高。多数学员已不满足于“满堂灌”的讲授，大多更喜欢学员研讨、现场教学、案例探讨、专家论坛等方式；对培训师资力量越来越挑剔，学员希望大部分课程最好由高层次人物面对面；对培训地点要求异地化、培训内容要求多样化等等。这都要求培训机构需要进一步整合培训资源、改革培训内容、创新培训方式，不断满足财政改革发展的需要，财政干部健康成长的需要。

二、当前国内外教育培训现状及经验借鉴

（一）国际经验

他山之石可以攻玉，有益的借鉴将有助于我们探寻做好新常态下财政干部教育培训工作的新路径。不同的国家国情不尽相同，教育培训制度各具特色，但就培训的方式、方法和有效性方面还是有很多共性的。

1. 以素质测评和需求调研为基础，增强培训计划的科学性和针对性。国外培训计划制定是培训整个过程中最基本的一环。在公务员培训体系较完备的国家，普遍重视训前素质测评和需求调研。

国外训前素质测评主要有两种方式：一是以法国为代表的直接考试方式。考试分笔试和面试，笔试以考核运用理论知识分析和解决问题的能力为主，面试主要检验考生的心理素质和随机应变能力。二是以加拿大为代表的间接测评方式。加拿大在培训前一周，将相关情况调查表分发给培训对象的主管领导或同事填写，填写后的表格作为个人发展日志加以保存，供培训后参考对照。

需求调研的方式主要有两种：一是以法国为代表的方案选择型。法国为了突出公务员的职业发展，根据社会变革对公务员职业发展的需要，以超前意识和积极态度尽可能设计出最佳的培训方案，经过可行性评估后向公务员公开，供单位和个人进行自主性选择。二是以英国为代表的综合需求型。英国文官学院在制定公务员培训计划时会首先考虑需求因素，再着手制定培训方案。培训方案中不仅包括公共课程，还有个性化或群体性培训课程。

2. 丰富培训课程，创新培训方式，实现分层分类有针对性的培训。为增强培训内容的针对性和个性化，许多国家都注重培训课程的开发。为了适应不同岗位、不同层次公务员培训的需求，西方各国公务员培训在课程设计上，除了面向所有公务员开放的一般性课程外，培训部门还根据“顾客”特殊需要量身定做课程，设立培训模块和培训菜单，把组织计划调训与培训对象自主择训有机结合起来。

针对不同的公务员培训类型，在选取培训方式时也会有所侧重。如法国采取互动式、案例式、情景式教学，团队式学习的方法；对必修课程进行分组分专题研究，对突出矛盾问题进行个案研究；并邀请相关主管部门官员或企业负责人开设讲座。新加坡针对新入职的高级公务员，专门设置“社区实习计划”，让公务员更好地了解新加坡普通市民生活中的问题和需求，为日后利民政策的制定奠定基础。

（二）国内经验

近几年来，根据中央关于大规模培训干部的要求，各级财政部门高度重视干部教育培训工作，加强组织领导，推进教育培训深入开展，为财政改革发展提供了有力保障，积累了一定的经验。经过多年探索和持续完善，国内财政干部教育培训体系的基本框架已初步建立。

1. 积极拓展培训平台和载体，初步形成更加开放的干部教育培训格局。许多省在充分利用干部培训基地开展自主培训的基础上，广泛联合各高校、境外培训机构和其他培训机构办学，同时深入开展网络培训，开辟干部党性锻炼和能力培训的社会实践课堂。开放竞争，优势互补的办学格局初步形成，为广大财政干部提供了全方位、立体化、多渠道的教育培训平台和较为丰富的学习培训资源。据财政部干教中心资料统计，截至 2013 年底，全国共有 30 个财政厅（局）分别与北京大学、清华大学、中国人民大学、中央财经大学、浙江

大学、井冈山干部学院、延安干部学院、上海财经大学、复旦大学、中南财经大学、湖南大学以及北京、上海、厦门三所国家会计学院等20多家高校联合办学和开展理论研究。

2.加强财政干部教育培训动力增长机制建设。全国各财政厅(局)完善干部学习考核评价机制和激励约束机制，充分激发广大财政干部参加教育培训的内生动力。据财政部干教中心资料统计，截至2013年底，全国36个财政厅(局)全部对培训进行了考核或组织考试，33个财政厅(局)在相关规章制度中明确将培训与干部使用结合起来，其中天津、青岛在本年度副处级干部竞岗方案中明确培训学时、学分所占资格分值比重。据财政部干教中心资料统计，33个财政厅(局)建立了完整的培训档案，河北、陕西、厦门等15个财政厅(局)建有培训电子档案，北京、河北开发了与人事管理系统对接的培训管理系统，为干部上岗、晋级、晋升、考核提供重要的参考依据。绝大部分财政厅(局)制订有干部参加培训情况与干部使用相结合的规章制度，从而为进一步提高教育培训的质量和效率提供了制度保障。

三、财政干部教育培训工作发展现状及存在的问题

(一)安徽省财政干部教育培训工作现状

近年来，国家制定了《全国干部教育培训工作条例》我省制定了《安徽省2010—2020年干部教育培训改革纲要》，全省各级财政部门认真贯彻落实，教育培训质量不断提高，培训的规范化、制度化、科学化水平不断提升。根据我厅每年度干部教育培训考评资料统计，2011年以来，全省财政系统共培训财政干部178657人次，其中厅机关培训干部31674人次，市县培训干部129327人次。安徽省财政干部教育培训工作、财政基层培训工作连续4年获得财政部表彰，培训呈现出组织有力、创新发展、务实高效等态势。

1.坚持一把手亲自抓。安徽省各级财政部门始终把干部教育培训作为建设高素质干部队伍的先导性、基础性和战略性工程来抓。省财政厅专门成立了全省财政系统基层培训工作领导小组，厅主要领导亲自担任领导小组组长，亲自分管人事教育工作，采取“统分结合”的培训管理体制。市县财政部门也均成立了主要领导担任组长的财政干部教育培训工作领导小组。各级财政部门主要领导坚持既挂帅又出征，亲自谋划培训规划，亲自推动财政干部上讲台。安徽省财政厅为提高教育培训科学化水平，坚持规划先行，做到五年有规划、每年有计划、班班有方案，且各级主要领导亲自研究部署培训工作。全省各级财政部门主要领导纷纷带头示范并大力推动财政干部走上本级培训讲台。我们对2012年以来我厅主办的各种培训班次进行了汇总统计，厅主要领导亲自动员和授课达36人次，平均每年9人次，厅领导班子成员也积极参与，平均每人年授课次数达6人次；市县财政领导上讲台超过50人次。领导重视是搞好财政干部教育培训的重要保证。

2.致力创新推进。近年来，我省各级财政部门积极探索和实践，坚持不懈地创新培训内容、培训方式、培训管理等，进一步提高培训的针对性和实效性。在培训内容上，跟进党的创新理论，跟进财政重点工作，跟进财政思想作风建设，做好“跟进”文章。在培训方式上，积极探索运用体验式、情景式、案例式、研究式等教学方式，提高培训的吸引力和感染力。在培训管理上，积极开展培训项目化管理，训前综合分析培训项目，科学制订培训计划和实施方案；训中实行跟班制、考勤公示制、巡查督查制等加强管理，责任到人；训后发放问卷调查表，全面调查了解培训班情况，作为改进和完善培训管理的重要依据。

3. 培训理念更新，“大培训”效果显现。“十二五”以来，安徽省各级财政部门不断加大干部教育培训力度，着力解决好思想总开关问题、着力解决好服务财政在手重点工作问题、着力解决好财政形象塑造问题、着力解决好学研结合问题、着力解决好制度建设问题，进一步增强培训实效。围绕解决关键问题，安徽省财政厅先后开展了政治理论、理想信念、主题实践活动、财税改革专题研讨班等一系列行之有效的培训，紧密结合工作实际，寓工作于培训中，寓培训于工作中。持之以恒的培训有力地促进了财政事业的发展。2012年以来，很多工作得到财政部和省委省政府的肯定，批示肯定超过150次，安徽省财政厅连续两届获得“全国文明单位”称号，马鞍山市财政局等3个基层财政部门被评为全国财政系统先进单位，全省财政系统表彰先进集体50个，先进个人86名。截至2015年

10月份,仅厅机关自行编印综合培训教材800册,订购教材2000多册。我省"大培训"的理念已基本形成,综合培训效果显现。

(二)新常态下财政干部教育培训工作存在的主要问题

我省财政干部教育培训工作虽然取得了积极成效,但教育培训工作如何认识新常态、适应新常态、引领新常态,促进财政工作与经济社会发展无缝对接,还需正视自身存在的不足和问题。

1.与时俱进的培训理念尚未形成。在过去的培训中,我省虽然确立了全员培训、常态培训、分级培训的理念,但是在培训过程中依旧受到培训就是讲课,培训就是学习知识和提升技能,干部不爱学习,必须给以压力等传统思维的束缚和约束,一定程度影响了培训效果和质量。随着各级党委政府把干部教育培训作为推动稳增长、促改革、调结构、防风险、惠民生的重要抓手来抓,培训的职能和作用越发显得重要,培训的理念也迫切的需要跟进和更新。

2.细致缜密的培训需求分析不足。现阶段,从培训管理部门到培训实施机构都很少能够进行细致缜密的需求分析,存在对财政工作的整体情况了解不够全面,对干部的培训经历缺少分析,忽略了不同岗位具体要求和干部个人差异等问题。培训中教学共性内容多,个性内容少,课程设置宽泛,理论与实践结合不紧密,组织需求、岗位需求、个人需求没能较好地融合到教学中。

3.以问题为导向的培训方式运用不广。目前我省财政干部教育培训已开辟了研讨交流、现场教学、案例教学、情景互动、实训平台等灵活多样的培训方式,在实施中也受到了学员的广泛好评。但是,随着财税改革涉入深水区,财政干部迫切需要了解改革发展中财政工作发生的趋势性变化,迫切需要解决改革中遇到的困惑和推进工作的思路与措施,各级财政部门领导也迫切需要掌握推进改革的动态和执行情况,而培训管理部门和培训机构未能很好地搭建平台,以问题为导向实施更为有效地培训,培训中"两张皮"的现象还较为突出。

4.服务财政中心工作的智库建设滞后。在培训中较多注重财政政策的解读和工作技能的培训,较少关注财政热点、重点、难点问题的研究,较少关注财政前瞻性问题研究,较少关注培训推动财政工作发展的问题研究,传道授业解惑的作用未充分发挥,"培训、科研、资政"的作用未充分发挥。在人才培养中,对人才的选拔、评价、使用、流动、激励等缺乏全面及时的规划,人才培养不能与财政事业发展同频共振,人尽其才,人尽其用的环境尚未完全形成。

5.财政干部教育培训驱动力缺乏。首先表现在干部参训机制不健全。由于"供、选、教、管"机制不健全,参训单位或以工作繁忙、经费紧张为由不派干部参加培训,或派一人多次参加不同类型的培训班,疲于应付,培训仅停滞于完成上级下达的调学数量上,不太注重质量和效率。另外,由于干部培训没有与考核有效结合,没有与升迁奖惩有效挂钩,影响了学员学习的主动性、能动性和投入感,培训成效大打折扣。其次表现在教育培训与财政中心工作整体融合欠缺。集中体现在培训信息不完整,计划或规划的目标、任务出现偏差,培训内容的针对性、有效性与财政工作实际脱节,对学用结合情况缺乏深度的了解、研究、掌握和总结等。

6.师资相对缺乏和师资来源途径不畅。财政干部教育培训中最理想的师资是既有深厚理论功底又有丰富财政工作经验的复合型人才,但最大的现实问题是有深度研究经历的学者缺乏财政工作的具体体验,而有财政工作体验的又大多没时间进行更深层次理论研究,二者都具备的人才少之又少。再者是受地域条件和信息交流渠道的制约,要在相对较短的时间内选择到十分合适的师资是件困难的事。

四、新常态下财政干部教育培训工作新对策

在社会经济发展的新常态下,财税体制改革正深入推进,新的形势和任务要求财政干部教育培训工作加速转型,着力解决与服务财政经济发展不相配套和不相适应的问题,为财政改革发展提供人才保障和智力支持。

(一)用构建主义主张重塑培训理念

所谓构建主义主张就是学习者在原有知识经验的基础上,主动对新信息进行加工处理,建构知识的意义(或知识表征)的过程。学习者不是被动地接受外来信息,而是主动地进行选择加工。建立在构建主义主张基础上的新培训理念就是以问题为中心、以学员为主体、以知识为补充、以研讨为平台、以改变为目的、以绩效为导向,实现以学习知识到解决问题的转变。按照新的培训理念,全省财政系统及时举办了深化财税体制改革、新预算法、政府与社会资本合作(PPP)、地方政府性债务管理等一系列专题研讨班,取得了很好的成效,实践证明,新的培训理念正被逐步运用于财政干部教育培训中。

(二)优化教育培训内容体系

根据财政工作的实际需要和干部的岗位、职务、知识结构等实际情况,有针对性地进行分层次、分岗位、分类型的培训,在培训项目、培训内容的安排上做到既体现普遍性,又突出个性化。

一是推进复合型综合培训。重点开展马克思主义基本理论,中国特色社会主义理论体系,习近平总书记系列重要讲话和省委省政府决策部署的培训。开展财税体制改革、公共财政管理、财政政策落实、财政政策制度改革与创新、财政法治和党风廉政建设等培训,增强财政干部推进改革、依法理财、廉洁自律的意识和能力。

二是推进领导力提升培训。根据处级领导干部岗位职责要求和阶段性重要任务,着力开展如何把“四个全面”战略部署的要求转化为履职的核心素质和能力培训。侧重在经济发展方式转型、经济新常态下财政工作发生的趋势性变化、现代市场经济理论与知识等。乡镇财政领导干部培训着重在涉农资金监管的方式方法,财务会计、信息化应用等。着力提高财政领导干部思想政治素养和开拓创新、决策把关等方面的能力。

三是推进工作实用型培训。紧密结合财政部门业务需要,以正在做的事情为中心开展业务培训。重点开展预算管理与改革、政府与社会资本合作(PPP)、地方政府性债务管理、财政信息化运用,以及调查研究、沟通协调、心理调适等短平快培训,着力解决财政业务工作面临的热点、难点问题和财政干部思想上遇到的困惑。

(三)推广研讨式教育培训方法

准确把握问题导向是提高教育培训质量的必要前提,是学以致用的有效方法,新常态下,研讨式培训方法应在财政干部教育培训中重点推广。

一是开展财政专题研讨。根据财政中心工作的需要,拟定“需求清单”,确定本地区本年度专题研讨班。围绕专题研讨,培训机构和有关处室(局)单位排列“问题导向清单”,将“问题导向清单”下发到参训学员手中。培训期间,以问题为导向开展分组讨论,讨论研究,比较分析,归纳总结出本小组的研讨成果。培训结束前,每组推选一名代表与管理人员共同组成评定小组,对研讨结果进行讲评,并将归纳梳理的研讨结果反馈给相关处室。

二是开展经验交流活动。围绕正在推进的财政重点工作,选取具有不同代表性的地区和部门进行经验交流,经验交流以互动为主旨,总结成功的经验,找出存在的问题和不足,探究未来的路径,最终形成可复制、可推广的财政工作经验。

三是搭建学习交流平台。通过开辟“学习交流论坛”,开展“知行演讲”、“征文比赛”、“知识竞赛”等方式,让财政干部广泛交流学习党的最新理论、财政政策和业务知识的体会、感悟和见解,促进学习成果的吸收和运用。推进财政领导干部上讲台、财政业务骨干上讲台、财政基层干部上讲台,说身边的人,讲身边的事,进行思想交流,工作交流,有效解决工作中遇到的困惑和问题。

(四)改革培训师资的选择方式方法

财政工作有节奏快、连贯性强、容量大的特点,因此,师资选择上既要相对固定,又要不断引进新人新内容。

一些基础性知识性的培训师资可以在一定时间内保持相对稳定不变,而对于新的知识点、时事热点和具有研究性知识的师资要根据具体情况而定。

1. 教材订单式。根据我省财政干部中长期培训计划,事先将一些需要培训教材的内容和具体要求公开,让有能力且具备条件者自行编制,择优选取,订单付费。

2. 委托研究式。将带有工作和专业性研究的内容委托给一些大学或专业研究机构,再请专家论证评估,通过后再行使用,且协商付费。

3. 自学自教式。选择有丰富财政工作经历者为教师。

4. 领导上讲台。现任领导亲自上讲台。在领导的带动下,让全省各级财政部门的中层干部、业务骨干和先进人物等都走上讲台授课,使之成为一支重要的常态化的师资力量。

5. 完善师资库。从全国或地域性师资库中选取师资,做到资源共享。

(五)改革财政干部教育培训运行机制

新常态下，要加快财政干部教育培训运行机制的改革，着力解决束缚财政干部教育培训工作可持续发展的不利因素,坚持做到“三化”,即管控机制的刚性化,培训功能的最大化,培训规划与管理的一体化。

一是强化教育培训管控机制。经过多年发展实践，我省财政干部教育培训部门已形成一套较为规范完备的干部教育培训制度体系，包括培训管理、培训运行、培训保障三大机制,但在经济发展新常态下,在财政工作新常态下,在财政干部教育培训工作新常态下,培训的管理只能加强,不能弱化。首先要强化调学机制。要“跳出财政抓培训”,财政是政府的重要职能部门,无论是预算管理改革，还是基本公共服务的推进都需要党委政府的大力支持,因此,要将培训对象延伸到党委、政府、人大、政协分管财政的领导。各级财政人事部门要在每年年初按照培训计划确定的培训班,审核参训资格,明确参训人员,审核有无重复参训的情况,并报上一级财政人事部门备案。培训期间调换培训对象或缺席请假一律由当地人事部门向培训管理机构报批。其次,要建立干训通报制度。将办班情况、学员考试成绩、学员学用结合等情况在财政系统及时通报。再次，要完善激励约束机制。建立凡训必考制度,每个班次都组织开卷或闭卷考试,检验学员的学习培训情况;完善学分管理制度,将学员的考勤、学习、调研等情况细化为具体学分,将学分情况作为干部任用、提拔的重要依据,对于政治理论、财政业务测试不合格的干部一律不上岗、不提拔、不评优;将财政干部教育培训工作纳入财政法规，依法依规推进财政干部教育培训工作,使教育培训管理机制刚性化。

二是构建“培训、科研、咨政”齐头并进的教育培训新格局。加强与厅各处室(局)的联系和协作,深入研究财政工作的热点、难点、重点问题,将财政发生的趋势性变化融入到干部教育培训中。加强与学员的沟通和交流，及时了解成功的做法和有效举措,并及时总结,形成可复制可推广的财政工作经验。培训中及时了解财政改革的推进情况,以及存在的困难和问题,并及时加以梳理和归纳,为领导决策提供有效服务。

三是实施教育培训计划与管理一体化。第一,建立需求信息收集平台。各处室(局)单位确立一名需求信息联络员,根据财政工作的需要,每季度报送一次培训信息，每年 9 月培训机构认真分析报送的培训信息，拟定需在培训中研讨的问题和下年度拟举办的培训班。第二,召开干部教育培训会商会。每年 11 月,由分管财政干部教育的领导召集财政人事部门、培训机构、有关处室(局)单位会商干部教育培训工作，进一步调整优化干部教育培训工作的目标、方向、内容和方式,确立各类培训班计划和培训班次。第三，开展培训实施监控。全程监控培训项目执行情况、各专题课程授课情况和研讨成果,以及培训的组织、管理与服务工作等,并及时加以总结,供下一年度借鉴。

课题组组长:陈传文
课题组副组长:朱士昂　董照军
课题组成员:张忠文　张文超
李　杰　金　沙　张　宇

财经统计篇

全省财经统计资料

安徽省 2015 年国民经济和社会发展统计公报

2015 年，面对复杂多变的国内外发展环境和经济下行压力，全省人民在省委、省政府坚强领导下，深入贯彻落实党的十八大和十八届三中、四中、五中全会和习近平总书记系列讲话精神，坚持稳中求进工作总基调，主动适应经济发展新常态，以提高经济发展质量和效益为中心，加快调结构转方式促升级，全省经济运行总体平稳、稳中有进、稳中趋好，各项社会事业全面进步。

一、综合

年末全省户籍人口 6949.1 万人，比上年增加 13.3 万人；常住人口 6143.6 万人，比上年增加 60.7 万人。城镇化率 50.5%，比上年提高 1.35 个百分点。全年人口出生率 12.92‰，比上年上升 0.06 个千分点；死亡率 5.94‰，上升 0.05 个千分点；自然增长率 6.98‰，上升 0.01 个千分点。

初步核算，全年地区生产总值(GDP)22005.6 亿元，按可比价格计算，比上年增长 8.7%。分产业看，第一产业增加值 2456.7 亿元，增长 4.2%；第二产业增加值 11342.3 亿元，增长 8.5%；第三产业增加值 8206.6 亿元，增长 10.6%。三次产业结构由上年的 11.5∶53.1∶35.4 调整为 11.2∶51.5∶37.3，其中工业增加值占 GDP 比重为 43.9%。全员劳动生产率 50862 元／人，比上年增加 2303 元／人。人均 GDP35997 元(折合 5779 美元)，比上年增加 1572 元。全年民营经济增加值 12647.9 亿元，比上年增长 10.4%，占 GDP 比重由上年的 57.3%提高到 57.5%。

年末全省就业人员4342.1万人，比上年增加 31.1万人。其中，第一产业1396.2万人，减少 19.1 万人；第二产业1232.1万人，增加21万人；第三产业 1713.8万人，增加29.2万人；城乡私营企业就业人员和个体劳动者919.3万人，增加102.9万人。全年城镇实名制新增就业65.2万人，下岗失业人员再就业26.3万人。年末城镇登记失业率3.14%，比上年下降 0.07个百分点。全省农民工总量 1858.8 万人，其中外出农民工 1371.4万人。

全年居民消费价格比上年上涨 1.3%，其中食品价格上涨 2.3%。商品零售价格下降 0.3%。工业生产者出厂价格下降 6.1%，工业生产者购进价格下降 6.5%。固定资产投资价格下降 3.1%，农业生产资料价格上涨 1.6%。

二、农业

全年粮食作物种植面积 6632.9 千公顷，比上年扩大 4 千公顷。油料种植面积 772.1 千公顷，减少 16.3 千公顷。棉花种植面积 232.5 千公顷，减少 32.7 千公顷。蔬菜种植面积 899.8 千公顷，扩大 37.7 千公顷。

全年粮食产量 3538.1 万吨，比上年增产 122.3 万吨，增长 3.6%，其中，夏粮 1414.7 万吨，增产 14.7 万吨，增长 1.1%；秋粮 2014.2 万吨，增产 126.7 万吨，增长 6.7%。油料产量 227.9 万吨，下降 0.4%。棉花产量 23.4 万吨，下降 11.1%。

年末全省生猪存栏 1539.4 万头，比上年减少 2.9%；全年生猪出栏 2979.2 万头，减少 3.6%。肉类总产量 419.4 万吨，增长 1.3%，其中猪牛羊肉产量 291.9 万吨，下降 2.1%。禽蛋产量 134.7 万吨，增长 9.9%。牛奶产量 30.6 万吨，增长 9.9%。水产品产量

230.4万吨,增长3%。

年末全省农业机械总动力6581万千瓦,比上年增长3.4%。农用拖拉机236.7万台,减少0.9%;农用运输车66.3万辆,减少0.3%。全年化肥施用量(折纯)338.7万吨,下降0.8%。农村用电量157.5亿千瓦时,增长6.8%。有效灌溉面积4375.2千公顷,新增43.5千公顷;新增节水灌溉面积34.7千公顷。

三、工业和建筑业

年末全省规模以上工业企业17969户,比上年净增1597户。全年规模以上工业增加值比上年增长8.6%,其中国有及国有控股企业增长4.6%,股份制企业增长9.5%,外商及港澳台商投资企业增长6.9%。分门类看,采矿业增长6.4%,制造业增长9.3%,电力、热力、燃气及水生产和供应业增长1.4%。

规模以上工业中,40个工业大类行业有37个增加值保持增长,其中计算机、通信和其他电子设备制造业增长23.8%,有色金属冶炼和压延加工业增长14.5%,汽车制造业增长13.6%,通用设备制造业增长11.2%,黑色金属冶炼和压延加工业增长10.1%,纺织服装、服饰业增长10.4%,化学原料和化学制品制造业增长9.6%,非金属矿物制品业增长9.8%,电气机械和器材制造业增长7.2%,农副食品加工业增长4.7%,电力、热力生产和供应业增长1%。六大工业主导产业增加值增长9.3%,其中装备制造业增长11.1%;高新技术产业增加值增长11.8%;战略性新兴产业产值增长17.6%。

规模以上工业统计的主要产品产量中,原煤增长5.4%,发电量增长0.1%,粗钢、钢材分别增长2.3%和0.2%,水泥增长0.8%,彩色电视机增长95.4%,家用洗衣机、家用电冰箱、房间空调器分别增长12.2%、4.2%和4.5%,汽车增长31.4%。

全年规模以上工业企业实现利润1852.7亿元,增长4.2%。其中,国有企业下降0.2%,股份制企业增长3.5%,外商及港澳台商投资企业增长10.3%;中小企业增长9.2%;民营企业增长8.1%;电气机械和器材制造业、电力热力生产和供应业、非金属矿物制品业、化学原料和化学制品制造业、通用设备制造业、农副食品加工业、计算机通信和其他电子设备制造业、汽车制造业、橡胶和塑料制品业、酒饮料和精制茶制造业、专用设备制造业、金属制品业、医药制造业等13个利润超50亿元的行业,合计实现利润1531.3亿元,增长7.5%,占全部工业的82.7%。

全年资质内建筑企业实现利税总额363.6亿元,增长1.2%。房屋建筑施工面积44322.1万平方米,比上年增加4833.7万平方米;房屋竣工面积15553.6万平方米,增加214.2万平方米。

四、固定资产投资

全年固定资产投资23965.6亿元,比上年增长12.7%。其中,工业及信息化产业技术改造投资5757.7亿元,增长14.4%;民间投资17260.4亿元,增长17.6%。分区域看,皖江示范区投资16504.7亿元,增长12.2%;皖北六市投资6088.6亿元,增长15.8%。分产业看,第一产业投资增长40.8%,第二产业增长13.6%,第三产业增长10.7%。分行业看,工业投资增长14.1%,其中制造业增长13.1%,制造业中装备制造业增长11.2%。六大高耗能行业投资增长17.5%。

全年房地产开发投资4424.9亿元,比上年增长2%。商品房销售面积6174.1万平方米,下降0.5%;商品房销售额3369.4亿元,增长0.7%。全年开工建设城镇保障性安居工程住房40.3万套,基本建成35.8万套。

全年共安排亿元以上重点项目4298个,当年完成投资10743.4亿元。开工建设京东方10.5代线、合肥富士通微电子、商合杭铁路、合肥地铁3号线等1670个项目;建成投产合肥宝龙达笔记本、芜湖埃夫特机器人、合福高铁、宁安城际等1069个项目。

年末煤炭产能1.57亿吨。发电装机容量5152万千瓦,其中燃煤火电4379万千瓦,新能源和可再生能源640万千瓦。

五、国内贸易

全年社会消费品零售总额8908亿元,比上年增长12%,扣除价格因素,实际增长12.3%。按经营地统计,城镇消费品零售额7856.4亿元,增长11.9%;乡村消费品零售额1051.6亿元,增长12.5%。按消费类型统计,商品零售额8158.6亿元,增长11.9%;餐饮收入749.4亿元,增长12.1%。全省纳入统计的178家开展网络零售业务的限额以上批发零售企业,实现网上零售额114.5亿元,增长77.8%。

限额以上企业商品零售额中,吃、穿、用类商品零售额分别比上年增长15.5%、3%和6.3%,粮油类增长15.6%,肉禽蛋类增长17.9%,服装类增长3.5%,日用品类增长8.2%,中西药品类增长9.1%,家用电器和音像器材类增长2.2%,家具类增长22%,通讯器材类增长16%,建筑及装潢材料类增长14%,汽车类增长8.2%。

六、对外经济

全年进出口总额488.1亿美元，比上年下降0.8%。其中，出口331.1亿美元，增长5.2%；进口156.9亿美元,下降11.3%。从出口经营主体看,生产型企业出口增长6%,贸易型企业出口下降1.6%。从出口商品看,机电产品、高新技术产品出口分别增长9.2%和10.8%。

全省亿元以上在建省外投资项目5902个，当年实际到位资金8968.9亿元,比上年增长12.9%。全年新批外商投资项目289个,增长12.9%;合同利用外资39.4亿美元，增长26.6%；实际利用外商直接投资136.2亿美元,增长10.4%。到2015年底,72家境外世界500强在皖投资设立企业120家,其中当年新设立企业7家。

全年对外承包工程新签合同金额30.7亿美元,比上年增长15.1%；完成营业额26.9亿美元，下降16.6%。当年外派劳务人员10500人,下降25.7%;年末在外劳务人员23691人,下降4.1%。全年新批境外企业(机构)133个,实际对外投资9.7亿美元,增长1.1倍,其中对“一带一路”沿线国家和地区投资4亿美元。

七、交通、邮电和旅游

全年旅客运输量8.7亿人，货物运输量34.6亿吨;旅客运输周转量1256亿人公里,货物运输周转量10387.8亿吨公里。全年港口货物吞吐量4.8亿吨,增长9.6%，其中外贸货物吞吐量1649万吨，增长10.5%。全省民航机场旅客吞吐量814.8万人次,增长12.6%，其中合肥新桥机场旅客吞吐量661.3万人次,增长10.7%。

年末全省民用汽车拥有量512.8万辆，比上年增长17.2%,其中私人汽车423.1万辆,增长21.5%。民用轿车拥有量277.5万辆,增长22.7%,其中私人轿车254.6万辆,增长24.1%。

全年新增高速公路496公里、一级公路543公里、铁路营业里程583.9公里。到2015年末,全省高速公路达4246公里、一级公路达3166公里、铁路营业里程达4062.1公里。

全年邮电业务总量815亿元，比上年增长29.3%。其中,电信业务总量698.8亿元,增长27.2%;邮政业务总量116.2亿元,增长43.7%。快递业务量4亿件，快递业务收入46.1亿元，分别比上年增长67.4%和58.2%。

年末本地固定电话用户739.4万户，比上年减少100.4万户；移动电话用户4232.6万户，增加16.7万户。每百人拥有电话(含移动)81.7部,减少2.1部。年末基础电信运营企业计算机互联网宽带接入用户887.9万户,增加162.5万户。

全年入境旅游人数444.6万人次，比上年增长9.8%,其中外国人259.2万人次、增长11.3%,港澳台185.4万人次、增长7.7%。国内游客4.44亿人次,增长17.2%。旅游总收入4120.2亿元,增长20.4%。其中,旅游外汇收入22.6亿美元,增长23%;国内旅游收入3980.5亿元,增长20.3%。年末全省有A级及以上旅游景点(区)560处。

八、财政和金融

全年财政收入4012亿元，比上年增长9.5%,其中地方财政收入2454亿元,增长10.6%。全部财政收入中,税收收入3311亿元,增长6.6%,其中增值税增长5.2%、营业税增长8.7%、企业所得税增长7.7%。财政支出5230亿元,增长12.1%,其中民生支出4379亿元、增长13.8%。从重点支出项目看,社会保障与就业支出增长20%，医疗卫生与计划生育支出增长13.9%,城乡社区事务支出增长12.1%,科学技术支出增长12%,教育支出增长14%。全年33项民生工程累计投入726.5亿元,惠及6000多万城乡居民。

全年社会融资规模3574.6亿元，比上年减少687.6亿元,下降16.1%。年末全省金融机构人民币各项存款余额34482.9亿元,增长14.2%,比年初增加4392.1亿元。其中,非金融企业存款余额10268.4亿元,增长14.1%;住户存款余额17015.3亿元,增长12.1%。金融机构人民币各项贷款余额25489亿元,增长15.4%,比年初增加3400.8亿元。其中,境内短期贷款8347.9亿元，增长8.4%；境内中长期贷款15158.1亿元,增长15.1%,中长期贷款中住户贷款6275.8亿元,增长19.6%。

全年上市公司通过境内市场累计筹资271.8亿元,比上年增加81.8亿元。其中,首次公开发行A股8只,筹资40.1亿元;A股再筹资(包括配股、公开增发、非公开增发、认股权证)178.2亿元;上市公司通过发行可转债、可分离债、公司债筹资53.5亿元。到2015年末,全省有上市公司88家,上市公司市价总值11234.3亿元,比上年增长59.5%。

全年发行中小企业私募债1亿元。企业发行短期融资券838.5亿元。

全年全省境内证券经营机构证券交易量82533.7亿元，期货经营机构代理交易量258800亿元。

全年保险业原保险保费收入698.9亿元，比上年增长22.1%。其中，财产险业务原保险保费收入273.4亿元，增长13.2%；人身险业务原保险保费收入425.6亿元，增长28.6%。赔款和给付276.9亿元，增长18.1%。其中，财产险业务赔款支出140.2亿元，增长10%；人身险业务赔款和给付支出136.7亿元，增长27.8%。

九、人民生活和社会保障

全年全省常住居民人均可支配收入18363元，比上年增长9.3%，扣除价格因素，实际增长7.9%。城镇常住居民人均可支配收入26936元，增长8.4%，扣除价格因素，实际增长7%；人均消费性支出17234元，增长7%，其中食品烟酒支出增长8.2%，衣着增长5.2%，居住下降2.3%，生活用品及服务增长0.4%，交通和通信增长17.7%，教育文化娱乐服务增长15.9%，医疗保健增长9.9%。城镇常住居民恩格尔系数为33.7%，比上年上升0.4个百分点。年末城镇常住居民人均住房建筑面积34.71平方米，比上年减少0.43平方米。

全年农村常住居民人均可支配收入10821元，比上年增长9.1%，扣除价格因素，实际增长7.7%。人均生活消费支出8975元，增长12.5%。其中，食品烟酒支出增长13%，衣着增长6.2%，居住增长12.7%，生活用品及服务与上年持平，交通和通信增长30.1%，教育文化娱乐增长13.5%，医疗保健增长3.8%。农村常住居民恩格尔系数为35.8%，比上年上升0.2个百分点。年末农村常住居民人均住房建筑面积46.76平方米，比上年增加2.09平方米。

年末全省参加城镇基本养老、基本医疗保险人数分别为857.8万人和1734.9万人。参加失业保险人数为436.6万人，全年累计为13.9万名失业人员发放了不同期限的失业保险金。全省参加工伤、生育保险人数分别为528.9万人和499.3万人。城乡居民养老保险参保人数3396.6万人。参加新型农村合作医疗的农业人口5190.8万人，参合率为101.7%。

年末64.7万人享受城市居民最低生活保障，196.3万人享受农村居民最低生活保障，农村五保供养42.1万人。全年民政部门直接救助88.2万人次，资助参加基本医疗保险301.2万人。

十、教育、科学技术和文化

年末全省有研究生培养单位21个，在学研究生50410人。普通高校108所，普通本专科在校生113.1万人。高等教育毛入学率40.6%，比上年上升2.7个百分点。各类中等职业教育（不含技工学校）412所，在校生83.8万人。普通高中666所，在校生113.6万人。高中阶段毛入学率92%，比上年上升0.1个百分点。初中2858所，在校生190.1万人，初中阶段适龄人口入学率99.9%。小学9119所，在校生422.5万人，小学学龄儿童入学率99.96%。各级各类成人学校毕业生44.3万人。

年末全省有各类专业技术人员220.4万人，比上年增长2.5%。科研机构4093个，其中大中型工业企业办机构1025个。从事研发活动人员18.7万人。全年用于研究与试验发展(R&D)经费支出432亿元，增长9.8%；相当于全省生产总值的1.96%，比上年提高0.07个百分点。全省有国家大科学工程5个；有国家实验室1个，国家重点(工程)实验室21个，省级(含重点)实验室106个，部属(含院属)实验室51个；有省级以上工程(技术)研究中心557家，其中国家级30家。有高新技术产业开发区16个，其中国家级4个。有高新技术企业3157家。

全年取得省部级以上科技成果705项。主要科技成果有：中国科学院合肥物质科学研究院的“中国铅基研究反应堆交互式设计与仿真平台”、中钢集团马鞍山矿山研究院有限公司的“缓倾斜~倾斜中厚矿体大盘区高强度开采技术研究与应用”等。受理申请专利127709件，授权专利59039件，比上年分别增长28.8%和22%。年末全省有效发明专利2.6万件。全年共签订各类技术合同12491项；成交金额190.5亿元，比上年增长12.2%。

年末全省拥有县以上产品质量检验机构1181个，其中系统内140个，国家质量监督检验中心23个；有产品质量、体系认证机构1个，企业累计获质量管理体系认证证书10204张；法定计量技术机构81个，全年强制检定计量器具212.1万台(件)。制定国际标准1项、国家标准100项，制定修订地方标准259项。有国家地理标志产品62个、安徽名牌产品1329个。

全年省测绘档案资料馆为社会各界提供各种比

例尺地形图20125幅、测绘基准成果3406点(次),航空航天遥感40781平方千米、数据量4105GB;完成国家基本比例尺地形图生产与更新36634幅、地理国情动态监测3748平方千米、"天地图•安徽"地图网站数据更新84.2GB。

年末全省拥有文化馆120个,公共图书馆117个,博物馆178个(含民营博物馆),乡镇街道综合文化站1437个。全国重点文物保护单位130处,省级重点文物保护单位708处。国家级非物质文化遗产名录88项,省级名录343项。广播电台14座,中波发射台和转播台23座,广播节目综合人口覆盖率98.76%。电视台14座,有线电视用户830万户,电视节目综合人口覆盖率98.92%。全年出版报纸98种,总印数11.69亿份;期刊(杂志)180种,总印数0.6亿册;图书9978种,总印数2.78亿册。有各级国家档案馆138个,馆藏档案资料2328.6万卷(件、册),库馆总建筑面积29.6万平方米。

十一、卫生、体育和社会服务

年末全省有医疗卫生机构24936个,其中医院1019个、基层医疗卫生机构22093个、专业公共卫生机构1740个,其他卫生机构84个。基层医疗卫生机构中,卫生院1384个,社区卫生服务中心(站)1932个,村卫生室15302个;专业公共卫生机构中,疾病预防控制中心121个,专科疾病防治院(所、站)47个,妇幼保健院(所、站)121个,卫生监督所(中心)113个。全省卫生技术人员28.5万人,其中执业(助理)医师11万人,注册护士12.1万人。乡村医生和卫生员4.8万人。医疗卫生机构床位26.8万张,其中医院、卫生院床位25.7万张。全年医疗卫生机构共诊疗2.7亿人次。

全年在国际国内重大比赛中,全省运动健儿共获得35枚金牌、31枚银牌、50枚铜牌,其中在全国青运会上共获得5枚金牌、6枚银牌、12枚铜牌。"全民健身、健康安徽"系列主题活动蓬勃开展,全年共举办百人以上的群众体育健身活动2176次,参加活动总人数337万人次。全年销售体育彩票50.7亿元。

年末全省有各类提供住宿的社会服务机构1272个,床位15.5万张,收养各类人员7.9万人。不提供住宿的社会服务机构8429个,其中社区服务中心1259个,社区服务站3051个。全年销售社会福利彩票65.6亿元,筹集社会福利资金18.1亿元。

十二、资源、环境和安全生产

全省已发现的矿种为160种(含亚矿种)。查明资源储量的矿种123种(含亚矿种),其中能源矿种6种,金属矿种21种,非金属矿种94种,水气矿种2种。全年地质勘查部门开展各类地质(科研)项目(省级)411项。新增查明资源储量的大中型矿产地17处,新增探明储量矿种1种。

年末全省有省、市、县级环境监测站87个。按照《环境空气质量标准》(GB3095-2012),全省16个省辖市空气质量平均优良天数比例为77.9%,有2个市空气质量达到二级标准。全省PM10年均浓度为80微克/立方米,比上年下降15.8%。已建成市级以上自然保护区40个,其中国家级8个、省级30个、市级2个。当年人工造林面积114.4千公顷。年末森林面积3958.5千公顷,活立木总蓄积量26145.1万立方米,森林蓄积量22186.6万立方米。

全年能源消费量1.23亿吨标准煤,比上年增长2.67%。电力消费量增长3.5%。单位GDP能耗下降5.58%。

淮河干流安徽段水质以III类为主,总体水质优。长江干流安徽段以II类水质为主,总体水质优;主要支流总体水质良好。巢湖湖区整体水质轻度污染,9条主要环湖支流整体水质中度污染。新安江干、支流水质优。全省城市集中式饮用水水源地水质达标率为96.9%。

全年亿元GDP生产安全事故死亡人数为0.132人,比上年下降9%;工矿商贸企业就业人员十万人生产安全事故死亡人数为0.676人,下降31.3%;煤矿百万吨死亡人数为0.134人,下降65.2%;道路交通万车事故死亡人数为2.12人,下降1.9%。全年发生道路交通事故13736起,发生火灾事故10880起。

2015年度安徽省公共财政收支总表

单位:万元

预算科目	调整预算数	决算数	预算科目	调整预算数	决算数
一、税收收入	18280815	17998922	一、一般公共服务支出	4146283	4000859
增值税	2875774	2731085	二、外交支出		
其中:改征增值税	600999	956454	三、国防支出	62805	56606
营业税	5948471	5868006	四、公共安全支出	1987692	1960588
企业所得税	2401558	2355732	五、教育支出	8687928	8567260
企业所得税退税			六、科学技术支出	1494487	1479440
个人所得税	541747	531350	七、文化体育与传媒支出	902861	881913
资源税	241599	205961	八、社会保障和就业支出	6956327	6915386
城市维护建设税	1054044	1060535	九、医疗卫生与计划生育支出	4897072	4855951
房产税	431089	461524	十、节能环保支出	1301849	1248250
印花税	225614	215964	十一、城乡社区支出	6140266	6096524
城镇土地使用税	1153522	1330471	十二、农林水支出	6004331	5777369
土地增值税	1030981	904159	十三、交通运输支出	3890113	3839691
车船税	139716	148497	十四、资源勘探信息等支出	1824971	1811970
耕地占用税	368593	451195	十五、商业服务业等支出	657640	634334
契税	1856645	1725171	十六、金融支出	70342	69268
烟叶税	11462	9272	十七、援助其他地区支出	41266	41266
其他税收收入			十八、国土海洋气象等支出	643279	615344
二、非税收入	5768503	6544107	十九、住房保障支出	2793291	2766270
专项收入	1786046	2266943	二十、粮油物资储备支出	328332	322144
行政事业性收费收入	1405397	1488584	二十一、预备费		
罚没收入	445640	544008	二十二、其他支出	274394	177222
国有资本经营收入	210096	228716	二十三、债务付息支出	262726	262726
国有资源(资产)有偿使用收入	1585604	1738491	二十四、债务发行费用支出	9695	9695
其他收入	335720	277365			
本年收入合计	24049318	24543029	本年支出合计	53377950	52390076

各市县(区)财经统计资料

2015年度合肥市一般公共预算收支决算总表

单位:万元

预算科目	调整预算数	决算数	预算科目	调整预算数	决算数
一、税收收入	4651182	4609552	一、一般公共服务支出	520629	519446
增值税	672785	622534	二、外交支出		
其中:改征增值税	140950	202463	三、国防支出	7752	7646
营业税	1811982	1764360	四、公共安全支出	272743	272171
企业所得税	466532	486558	五、教育支出	1196932	1192865
企业所得税退税			六、科学技术支出	372856	372666
个人所得税	143214	140535	七、文化体育与传媒支出	97481	97125
资源税	14012	8079	八、社会保障和就业支出	654931	654059
城市维护建设税	289479	279120	九、医疗卫生与计划生育支出	519471	518847
房产税	141513	151242	十、节能环保支出	199231	198309
印花税	75763	74149	十一、城乡社区支出	1927249	1901148
城镇土地使用税	130409	173477	十二、农林水支出	550693	550312
土地增值税	306040	301683	十三、交通运输支出	364475	364077
车船税	34638	35530	十四、资源勘探信息等支出	651533	650415
耕地占用税	32010	39136	十五、商业服务业等支出	84453	84207
契税	532805	533149	十六、金融支出	7964	7964
烟叶税			十七、援助其他地区支出		
其他税收收入			十八、国土海洋气象等支出	25724	25184
二、非税收入	826998	1105888	十九、住房保障支出	176386	174667
专项收入	207403	445939	二十、粮油物资储备支出	21062	21062
行政事业性收费收入	191518	240594	二十一、预备费		
罚没收入	46158	59461	二十二、其他支出	63590	63558
国有资本经营收入	8080	15409	二十三、债务付息支出	50208	50208
国有资源(资产)有偿使用收入	243111	229189	二十四、债务发行费用支出	984	984
其他收入	130728	115296			
本年收入合计	5478180	5715440	本年支出合计	7766347	7726920

2015年度淮北市一般公共预算收支决算总表

单位:万元

预算科目	调整预算数	决算数	预算科目	调整预算数	决算数
一、税收收入	435346	422503	一、一般公共服务支出	108947	108588
增值税	99505	92659	二、外交支出		
其中:改征增值税	18620	33847	三、国防支出	465	465
营业税	136880	154279	四、公共安全支出	53119	53119
企业所得税	36854	24580	五、教育支出	226646	222318
企业所得税退税			六、科学技术支出	13803	13449
个人所得税	6701	6369	七、文化体育与传媒支出	21971	21964
资源税	21776	13659	八、社会保障和就业支出	160683	160669
城市维护建设税	30942	28357	九、医疗卫生与计划生育支出	135759	135214
房产税	12597	12847	十、节能环保支出	23832	23496
印花税	6806	5889	十一、城乡社区支出	189525	189525
城镇土地使用税	35847	34472	十二、农林水支出	117612	115911
土地增值税	15846	14365	十三、交通运输支出	120103	120063
车船税	1070	5489	十四、资源勘探信息等支出	36897	36678
耕地占用税	7022	8193	十五、商业服务业等支出	18024	17484
契税	23500	21345	十六、金融支出	1840	1840
烟叶税			十七、援助其他地区支出		
其他税收收入			十八、国土海洋气象等支出	13816	8877
二、非税收入	163435	179810	十九、住房保障支出	79904	74931
专项收入	32955	39637	二十、粮油物资储备支出	3377	3377
行政事业性收费收入	68738	67493	二十一、预备费		
罚没收入	20559	27938	二十二、其他支出	1552	1502
国有资本经营收入	32000	18279	二十三、债务付息支出	4620	4620
国有资源(资产)有偿使用收入	6160	21502	二十四、债务发行费用支出	265	265
其他收入	3023	4961			
本年收入合计	598781	602313	本年支出合计	1332760	1314355

2015年度亳州市一般公共预算收支决算总表

单位:万元

预算科目	调整预算数	决算数	预算科目	调整预算数	决算数
一、税收收入	615417	622501	一、一般公共服务支出	257264	239831
增值税	126838	133892	二、外交支出		
其中:改征增值税	37660	70251	三、国防支出	5441	1433
营业税	226654	201360	四、公共安全支出	94230	91680
企业所得税	43514	43789	五、教育支出	475135	448896
企业所得税退税			六、科学技术支出	30979	28524
个人所得税	6888	6931	七、文化体育与传媒支出	19865	17558
资源税	3481	3301	八、社会保障和就业支出	377509	372229
城市维护建设税	34982	36042	九、医疗卫生与计划生育支出	384994	379404
房产税	7346	9609	十、节能环保支出	46793	40084
印花税	7087	7489	十一、城乡社区支出	200779	200387
城镇土地使用税	23458	36629	十二、农林水支出	425944	393482
土地增值税	26517	26084	十三、交通运输支出	158133	149160
车船税	8310	9518	十四、资源勘探信息等支出	58759	58148
耕地占用税	8300	13368	十五、商业服务业等支出	40309	39523
契税	91242	94119	十六、金融支出	5443	4443
烟叶税	800	370	十七、援助其他地区支出		
其他税收收入			十八、国土海洋气象等支出	27266	27157
二、非税收入	182195	191119	十九、住房保障支出	269611	267876
专项收入	57208	67953	二十、粮油物资储备支出	11863	11533
行政事业性收费收入	67787	62981	二十一、预备费		
罚没收入	27077	29061	二十二、其他支出	250	230
国有资本经营收入		6595	二十三、债务付息支出	6159	6159
国有资源(资产)有偿使用收入	28723	23035	二十四、债务发行费用支出	651	651
其他收入	1400	1494			
本年收入合计	797612	813620	本年支出合计	2897377	2778388

2015年度宿州市一般公共预算收支决算总表

单位:万元

预算科目	调整预算数	决算数	预算科目	调整预算数	决算数
一、税收收入	580735	602408	一、一般公共服务支出	249446	245178
增值税	80580	76012	二、外交支出		
其中:改征增值税	1800	17578	三、国防支出	2362	2283
营业税	214497	219407	四、公共安全支出	124158	123728
企业所得税	51418	43436	五、教育支出	565474	559896
企业所得税退税			六、科学技术支出	22533	22463
个人所得税	8897	8728	七、文化体育与传媒支出	24364	24048
资源税	12330	12081	八、社会保障和就业支出	286079	278068
城市维护建设税	28141	28527	九、医疗卫生与计划生育支出	393670	392867
房产税	9280	10125	十、节能环保支出	60347	59989
印花税	5638	6410	十一、城乡社区支出	282329	281533
城镇土地使用税	38215	80978	十二、农林水支出	439505	439505
土地增值税	40577	32214	十三、交通运输支出	222192	221862
车船税	6939	8283	十四、资源勘探信息等支出	59482	58744
耕地占用税	12656	17592	十五、商业服务业等支出	9343	9343
契税	71567	58615	十六、金融支出	724	724
烟叶税			十七、援助其他地区支出		
其他税收收入			十八、国土海洋气象等支出	25303	23987
二、非税收入	212759	257744	十九、住房保障支出	180142	180142
专项收入	49642	46983	二十、粮油物资储备支出	11159	10457
行政事业性收费收入	82370	92473	二十一、预备费		
罚没收入	51631	66175	二十二、其他支出	24300	2015
国有资本经营收入		6357	二十三、债务付息支出	8471	8471
国有资源(资产)有偿使用收入	15885	30748	二十四、债务发行费用支出	716	716
其他收入	13231	15008			
本年收入合计	793494	860152	本年支出合计	2992099	2946019

2015年度蚌埠市一般公共预算收支决算总表

单位:万元

预算科目	调整预算数	决算数	预算科目	调整预算数	决算数
一、税收收入	936006	897413	一、一般公共服务支出	172874	168405
增值税	200629	195310	二、外交支出		
其中:改征增值税	98893	107506	三、国防支出	2903	2903
营业税	311793	319273	四、公共安全支出	89871	89190
企业所得税	60112	50394	五、教育支出	465644	457466
企业所得税退税			六、科学技术支出	112874	112203
个人所得税	10078	9766	七、文化体育与传媒支出	24091	22904
资源税	1190	759	八、社会保障和就业支出	276907	275008
城市维护建设税	83052	86284	九、医疗卫生与计划生育支出	241484	236203
房产税	19711	21477	十、节能环保支出	45068	42772
印花税	11874	10967	十一、城乡社区支出	342226	341682
城镇土地使用税	58809	60241	十二、农林水支出	263344	261414
土地增值税	58015	49241	十三、交通运输支出	167473	166249
车船税	8250	7233	十四、资源勘探信息等支出	7009	6615
耕地占用税	17725	25824	十五、商业服务业等支出	45237	41312
契税	94768	60644	十六、金融支出	1866	1866
烟叶税			十七、援助其他地区支出		
其他税收收入			十八、国土海洋气象等支出	13531	12684
二、非税收入	273198	299388	十九、住房保障支出	193288	193288
专项收入	82974	88683	二十、粮油物资储备支出	6093	6031
行政事业性收费收入	64194	84642	二十一、预备费		
罚没收入	23709	39747	二十二、其他支出	47924	352
国有资本经营收入	12018	7788	二十三、债务付息支出	8298	8298
国有资源(资产)有偿使用收入	81921	66268	二十四、债务发行费用支出	326	326
其他收入	8382	12260			
本年收入合计	1209204	1196801	本年支出合计	2528331	2447171

2015年度阜阳市一般公共预算收支决算总表

单位:万元

预算科目	调整预算数	决算数	预算科目	调整预算数	决算数
一、税收收入	948881	871381	一、一般公共服务支出	300356	281635
增值税	142911	134311	二、外交支出		
其中:改征增值税	19700	29878	三、国防支出	2924	2831
营业税	323071	299052	四、公共安全支出	155335	148164
企业所得税	62063	53271	五、教育支出	841528	826714
企业所得税退税			六、科学技术支出	39604	38852
个人所得税	10880	11466	七、文化体育与传媒支出	33475	32400
资源税	8722	8719	八、社会保障和就业支出	690480	682247
城市维护建设税	62973	64484	九、医疗卫生与计划生育支出	579500	572126
房产税	12213	12930	十、节能环保支出	71824	64377
印花税	9539	9075	十一、城乡社区支出	218105	211046
城镇土地使用税	43033	46094	十二、农林水支出	521002	515993
土地增值税	61277	52169	十三、交通运输支出	324647	314108
车船税	13851	13885	十四、资源勘探信息等支出	93167	92966
耕地占用税	34897	30605	十五、商业服务业等支出	16913	16731
契税	163420	135289	十六、金融支出	6203	6202
烟叶税	31	31	十七、援助其他地区支出		
其他税收收入			十八、国土海洋气象等支出	19342	14182
二、非税收入	272995	329044	十九、住房保障支出	445608	427422
专项收入	107543	106424	二十、粮油物资储备支出	18325	18240
行政事业性收费收入	92153	117619	二十一、预备费		
罚没收入	28007	40003	二十二、其他支出	27785	25552
国有资本经营收入	2841	4756	二十三、债务付息支出	23581	23581
国有资源(资产)有偿使用收入	42294	54123	二十四、债务发行费用支出	588	588
其他收入	157	6119			
本年收入合计	1221876	1200425	本年支出合计	4430292	4315957

2015年度淮南市一般公共预算收支决算总表

单位:万元

预算科目	调整预算数	决算数	预算科目	调整预算数	决算数
一、税收收入	601989	561333	一、一般公共服务支出	134330	133253
增值税	123518	127202	二、外交支出		
其中:改征增值税	430	21064	三、国防支出	3099	3027
营业税	175466	176356	四、公共安全支出	83768	83186
企业所得税	42188	50830	五、教育支出	236337	234068
企业所得税退税			六、科学技术支出	23391	23365
个人所得税	13073	11216	七、文化体育与传媒支出	21771	20934
资源税	26448	22740	八、社会保障和就业支出	246502	246131
城市维护建设税	37328	38161	九、医疗卫生与计划生育支出	135013	129701
房产税	18069	19684	十、节能环保支出	36314	35230
印花税	7280	6738	十一、城乡社区支出	165465	162875
城镇土地使用税	47555	38694	十二、农林水支出	150548	146567
土地增值税	47038	14466	十三、交通运输支出	74199	72418
车船税	5431	5806	十四、资源勘探信息等支出	29140	28205
耕地占用税	8097	8130	十五、商业服务业等支出	19754	19716
契税	50498	41310	十六、金融支出	159	159
烟叶税			十七、援助其他地区支出		
其他税收收入			十八、国土海洋气象等支出	18992	18696
二、非税收入	165578	211800	十九、住房保障支出	166317	166317
专项收入	58739	40736	二十、粮油物资储备支出	6117	6062
行政事业性收费收入	48019	38802	二十一、预备费		
罚没收入	17201	17909	二十二、其他支出	1167	221
国有资本经营收入	2602	62621	二十三、债务付息支出	4096	4096
国有资源(资产)有偿使用收入	32928	43673	二十四、债务发行费用支出	298	298
其他收入	6089	8059			
本年收入合计	767567	773133	本年支出合计	1556777	1534525

2015年度滁州市一般公共预算收支决算总表

单位:万元

预算科目	调整预算数	决算数	预算科目	调整预算数	决算数
一、税收收入	969297	981798	一、一般公共服务支出	209114	201035
增值税	142792	139539	二、外交支出		
其中:改征增值税	15910	24687	三、国防支出	6643	5381
营业税	343414	348823	四、公共安全支出	126417	123897
企业所得税	81548	72602	五、教育支出	487966	481954
企业所得税退税			六、科学技术支出	63599	62249
个人所得税	15811	15593	七、文化体育与传媒支出	44186	43502
资源税	17465	12147	八、社会保障和就业支出	376727	375158
城市维护建设税	61605	63484	九、医疗卫生与计划生育支出	362919	361851
房产税	22038	27172	十、节能环保支出	67548	64104
印花税	11305	9566	十一、城乡社区支出	336323	334406
城镇土地使用税	81846	105057	十二、农林水支出	545344	538217
土地增值税	70089	63090	十三、交通运输支出	167583	166639
车船税	6992	7957	十四、资源勘探信息等支出	57482	57407
耕地占用税	22349	28118	十五、商业服务业等支出	19065	18559
契税	92043	88650	十六、金融支出	948	948
烟叶税			十七、援助其他地区支出	300	300
其他税收收入			十八、国土海洋气象等支出	33834	33743
二、非税收入	396165	455506	十九、住房保障支出	125065	125065
专项收入	104343	127367	二十、粮油物资储备支出	21120	19754
行政事业性收费收入	83706	85105	二十一、预备费		
罚没收入	52246	49956	二十二、其他支出	2375	2273
国有资本经营收入			二十三、债务付息支出	8984	8984
国有资源(资产)有偿使用收入	146021	180966	二十四、债务发行费用支出	642	642
其他收入	9849	12112			
本 年 收 入 合 计	1365462	1437304	本 年 支 出 合 计	3064184	3026068

2015年度六安市一般公共预算收支决算总表

单位:万元

预算科目	调整预算数	决算数	预算科目	调整预算数	决算数
一、税收收入	724684	746139	一、一般公共服务支出	299758	299657
增值税	81212	73784	二、外交支出		
其中:改征增值税	4000	20906	三、国防支出	2647	2547
营业税	312550	326172	四、公共安全支出	126866	126859
企业所得税	53085	46428	五、教育支出	692784	692054
企业所得税退税			六、科学技术支出	32759	32759
个人所得税	10780	12991	七、文化体育与传媒支出	50730	50730
资源税	18870	14567	八、社会保障和就业支出	379092	378861
城市维护建设税	33850	34439	九、医疗卫生与计划生育支出	467144	466991
房产税	16960	16178	十、节能环保支出	95081	95071
印花税	7617	7916	十一、城乡社区支出	133109	133109
城镇土地使用税	45495	47633	十二、农林水支出	626894	626626
土地增值税	45732	41793	十三、交通运输支出	345948	345157
车船税	8575	8889	十四、资源勘探信息等支出	46152	46152
耕地占用税	12568	20219	十五、商业服务业等支出	22400	20900
契税	77390	95130	十六、金融支出	6552	6552
烟叶税			十七、援助其他地区支出		
其他税收收入			十八、国土海洋气象等支出	25646	25646
二、非税收入	266892	287206	十九、住房保障支出	213487	213487
专项收入	79240	70076	二十、粮油物资储备支出	24611	24611
行政事业性收费收入	122061	115936	二十一、预备费		
罚没收入	24746	36254	二十二、其他支出	24618	24615
国有资本经营收入		79	二十三、债务付息支出	10178	10178
国有资源(资产)有偿使用收入	27584	52227	二十四、债务发行费用支出	494	494
其他收入	13261	12634			
本 年 收 入 合 计	991576	1033345	本 年 支 出 合 计	3626950	3623056

2015年度马鞍山市一般公共预算收支决算总表

单位:万元

预算科目	调整预算数	决算数	预算科目	调整预算数	决算数
一、税收收入	965630	974395	一、一般公共服务支出	201370	201370
增值税	201591	162993	二、外交支出		
其中:改征增值税	18668	31084	三、国防支出	968	968
营业税	287476	352728	四、公共安全支出	100494	100494
企业所得税	65967	62313	五、教育支出	323896	323886
企业所得税退税			六、科学技术支出	66451	66451
个人所得税	15956	16187	七、文化体育与传媒支出	32779	32469
资源税	19927	20558	八、社会保障和就业支出	200883	200872
城市维护建设税	58029	60694	九、医疗卫生与计划生育支出	179643	179634
房产税	38145	36696	十、节能环保支出	58812	57305
印花税	15950	13845	十一、城乡社区支出	323380	323379
城镇土地使用税	108478	117152	十二、农林水支出	200940	200940
土地增值税	43834	43463	十三、交通运输支出	128267	128267
车船税	7040	6921	十四、资源勘探信息等支出	28225	28225
耕地占用税	11502	11390	十五、商业服务业等支出	37214	37214
契税	91735	69455	十六、金融支出	1895	1895
烟叶税			十七、援助其他地区支出		
其他税收收入			十八、国土海洋气象等支出	27644	27112
二、非税收入	325939	333741	十九、住房保障支出	102512	102512
专项收入	68225	79467	二十、粮油物资储备支出	9211	9211
行政事业性收费收入	59625	85472	二十一、预备费		
罚没收入	19261	27628	二十二、其他支出	2788	2753
国有资本经营收入	9776	11892	二十三、债务付息支出	6231	6231
国有资源(资产)有偿使用收入	122807	120476	二十四、债务发行费用支出	582	582
其他收入	46245	8806			
本年收入合计	1291569	1308136	本年支出合计	2034185	2031770

2015年度芜湖市一般公共预算收支决算总表

单位:万元

预算科目	调整预算数	决算数	预算科目	调整预算数	决算数
一、税收收入	2088145	2039027	一、一般公共服务支出	238455	238363
增值税	462690	455827	二、外交支出		
其中:改征增值税	181312	187301	三、国防支出	4408	4408
营业税	589956	575266	四、公共安全支出	117564	117075
企业所得税	187986	199839	五、教育支出	577941	577511
企业所得税退税			六、科学技术支出	360128	357319
个人所得税	32137	37081	七、文化体育与传媒支出	34547	33744
资源税	30042	29687	八、社会保障和就业支出	378513	378095
城市维护建设税	159571	154449	九、医疗卫生与计划生育支出	312220	310323
房产税	62170	65092	十、节能环保支出	100493	99212
印花税	28373	24658	十一、城乡社区支出	750965	750965
城镇土地使用税	227649	233025	十二、农林水支出	286302	284190
土地增值税	82047	54779	十三、交通运输支出	299391	299148
车船税	10716	11077	十四、资源勘探信息等支出	131528	131528
耕地占用税	43016	36246	十五、商业服务业等支出	77500	76800
契税	168742	159590	十六、金融支出	22304	22304
烟叶税	3050	2411	十七、援助其他地区支出		
其他税收收入			十八、国土海洋气象等支出	14551	14504
二、非税收入	579217	595655	十九、住房保障支出	169960	169897
专项收入	157479	176141	二十、粮油物资储备支出	6268	6260
行政事业性收费收入	93036	86751	二十一、预备费		
罚没收入	29084	29987	二十二、其他支出	39650	39650
国有资本经营收入	104300	81450	二十三、债务付息支出	24377	24377
国有资源(资产)有偿使用收入	166453	189983	二十四、债务发行费用支出	1085	1085
其他收入	28865	31343			
本年收入合计	2667362	2634682	本年支出合计	3948150	3936758

2015年度宣城市一般公共预算收支决算总表

单位:万元

预算科目	调整预算数	决算数	预算科目	调整预算数	决算数
一、税收收入	925804	908301	一、一般公共服务支出	281342	274766
增值税	152466	149348	二、外交支出		
其中:改征增值税	7355	51845	三、国防支出	1903	1882
营业税	282811	283746	四、公共安全支出	79535	78453
企业所得税	53548	55476	五、教育支出	365947	363476
企业所得税退税			六、科学技术支出	77230	76908
个人所得税	15420	14610	七、文化体育与传媒支出	34763	32973
资源税	21548	20702	八、社会保障和就业支出	250705	245771
城市维护建设税	45360	44674	九、医疗卫生与计划生育支出	254421	251790
房产税	18182	18265	十、节能环保支出	54255	50386
印花税	10959	11738	十一、城乡社区支出	351821	349249
城镇土地使用税	108553	103238	十二、农林水支出	309278	305455
土地增值税	72633	74668	十三、交通运输支出	183745	182016
车船税	7781	7313	十四、资源勘探信息等支出	28675	27971
耕地占用税	10555	10493	十五、商业服务业等支出	36777	35884
契税	120428	108780	十六、金融支出	2260	2260
烟叶税	5560	5250	十七、援助其他地区支出		
其他税收收入			十八、国土海洋气象等支出	14765	13923
二、非税收入	403081	407270	十九、住房保障支出	117964	117814
专项收入	82662	93363	二十、粮油物资储备支出	9231	9052
行政事业性收费收入	56975	55205	二十一、预备费		
罚没收入	42056	32906	二十二、其他支出	2878	2720
国有资本经营收入	10000	3509	二十三、债务付息支出	8709	8709
国有资源(资产)有偿使用收入	209128	217387	二十四、债务发行费用支出	601	601
其他收入	2260	4900			
本年收入合计	1328885	1315571	本年支出合计	2466805	2432059

2015年度铜陵市一般公共预算收支决算总表

单位:万元

预算科目	调整预算数	决算数	预算科目	调整预算数	决算数
一、税收收入	497270	483470	一、一般公共服务支出	81811	81701
增值税	89002	86006	二、外交支出		
其中:改征增值税	23700	28305	三、国防支出	304	257
营业税	153088	144831	四、公共安全支出	49260	49118
企业所得税	43274	36886	五、教育支出	156237	155222
企业所得税退税			六、科学技术支出	77890	77820
个人所得税	7920	7605	七、文化体育与传媒支出	14223	14202
资源税	14509	15157	八、社会保障和就业支出	117410	114533
城市维护建设税	27559	26260	九、医疗卫生与计划生育支出	60980	60036
房产税	13011	12737	十、节能环保支出	82640	81230
印花税	7274	7761	十一、城乡社区支出	177144	176946
城镇土地使用税	67678	70942	十二、农林水支出	60731	60171
土地增值税	20615	12782	十三、交通运输支出	63698	63698
车船税	2777	3089	十四、资源勘探信息等支出	36879	36721
耕地占用税	2758	3248	十五、商业服务业等支出	68707	67484
契税	47805	56166	十六、金融支出	1459	1459
烟叶税			十七、援助其他地区支出		
其他税收收入			十八、国土海洋气象等支出	22685	21262
二、非税收入	195578	184622	十九、住房保障支出	35423	35287
专项收入	23675	49257	二十、粮油物资储备支出	4058	3744
行政事业性收费收入	47027	43623	二十一、预备费		
罚没收入	9616	9037	二十二、其他支出	3573	3560
国有资本经营收入		240	二十三、债务付息支出	3478	3478
国有资源(资产)有偿使用收入	97260	76669	二十四、债务发行费用支出	296	296
其他收入	18000	5796			
本年收入合计	692848	668092	本年支出合计	1118886	1108225

2015年度池州市一般公共预算收支决算总表

单位:万元

预算科目	调整预算数	决算数	预算科目	调整预算数	决算数
一、税收收入	491874	460913	一、一般公共服务支出	153553	152804
增值税	80899	66203	二、外交支出		
其中:改征增值税	11844	39973	三、国防支出	1895	1895
营业税	152164	136216	四、公共安全支出	43619	43122
企业所得税	25684	22124	五、教育支出	197474	197459
企业所得税退税			六、科学技术支出	19722	19072
个人所得税	5220	4657	七、文化体育与传媒支出	19753	19498
资源税	14516	10906	八、社会保障和就业支出	158781	158373
城市维护建设税	18625	19735	九、医疗卫生与计划生育支出	145430	145253
房产税	7543	9808	十、节能环保支出	70989	69213
印花税	4437	5511	十一、城乡社区支出	241113	240617
城镇土地使用税	60383	87619	十二、农林水支出	169607	169279
土地增值税	28207	22194	十三、交通运输支出	107173	106636
车船税	2470	3022	十四、资源勘探信息等支出	24520	24520
耕地占用税	10388	6304	十五、商业服务业等支出	7092	6948
契税	79802	65743	十六、金融支出	234	234
烟叶税	1536	871	十七、援助其他地区支出		
其他税收收入			十八、国土海洋气象等支出	13073	13073
二、非税收入	224200	252110	十九、住房保障支出	96674	96674
专项收入	39820	56218	二十、粮油物资储备支出	3501	3501
行政事业性收费收入	110722	114648	二十一、预备费		
罚没收入	10547	11983	二十二、其他支出	1505	1487
国有资本经营收入	3188		二十三、债务付息支出	5667	5667
国有资源(资产)有偿使用收入	59851	69189	二十四、债务发行费用支出	383	383
其他收入	72	72			
本 年 收 入 合 计	716074	713023	本 年 支 出 合 计	1481758	1475708

2015年度安庆市一般公共预算收支决算总表

单位:万元

预算科目	调整预算数	决算数	预算科目	调整预算数	决算数
一、税收收入	794185	782571	一、一般公共服务支出	298520	294959
增值税	109984	122515	二、外交支出		
其中:改征增值税	7266	25222	三、国防支出	3143	3143
营业税	308032	270320	四、公共安全支出	141461	141344
企业所得税	62012	54356	五、教育支出	628418	628321
企业所得税退税			六、科学技术支出	71941	71738
个人所得税	16224	15936	七、文化体育与传媒支出	55839	55576
资源税	14342	11399	八、社会保障和就业支出	408823	407720
城市维护建设税	48978	65725	九、医疗卫生与计划生育支出	422588	421890
房产税	18021	19360	十、节能环保支出	66780	65811
印花税	9479	8892	十一、城乡社区支出	293815	293436
城镇土地使用税	39872	48665	十二、农林水支出	499069	490581
土地增值税	64189	60442	十三、交通运输支出	254171	252600
车船税	9180	10591	十四、资源勘探信息等支出	29227	27829
耕地占用税	17883	21806	十五、商业服务业等支出	31048	29832
契税	75989	72564	十六、金融支出	7604	7604
烟叶税			十七、援助其他地区支出		
其他税收收入			十八、国土海洋气象等支出	19820	19815
二、非税收入	288845	283137	十九、住房保障支出	135277	135277
专项收入	80193	86225	二十、粮油物资储备支出	11112	11112
行政事业性收费收入	89868	66766	二十一、预备费		
罚没收入	24798	37667	二十二、其他支出	2137	1533
国有资本经营收入			二十三、债务付息支出	10952	10952
国有资源(资产)有偿使用收入	82339	81362	二十四、债务发行费用支出	656	656
其他收入	11647	11117			
本年收入合计	1083030	1065708	本年支出合计	3392401	3371729

2015年度黄山市一般公共预算收支决算总表

单位:万元

预算科目	调整预算数	决算数	预算科目	调整预算数	决算数
一、税收收入	453370	436067	一、一般公共服务支出	175039	174526
增值税	58372	47908	二、外交支出		
其中:改征增值税	12891	19502	三、国防支出	1637	1395
营业税	153637	160251	四、公共安全支出	70065	69698
企业所得税	25773	20369	五、教育支出	159713	157823
企业所得税退税			六、科学技术支出	37001	36897
个人所得税	7548	7849	七、文化体育与传媒支出	42102	41292
资源税	2421	1500	八、社会保障和就业支出	186894	185167
城市维护建设税	17070	16745	九、医疗卫生与计划生育支出	135625	134839
房产税	12790	16650	十、节能环保支出	102093	102039
印花税	5733	4640	十一、城乡社区支出	202006	201919
城镇土地使用税	33742	43223	十二、农林水支出	202859	202267
土地增值税	48325	40726	十三、交通运输支出	89125	89020
车船税	5696	3894	十四、资源勘探信息等支出	49164	49164
耕地占用税	6867	7351	十五、商业服务业等支出	51465	51292
契税	74911	64622	十六、金融支出	239	239
烟叶税	485	339	十七、援助其他地区支出		
其他税收收入			十八、国土海洋气象等支出	7858	7831
二、非税收入	266409	279888	十九、住房保障支出	76065	76065
专项收入	31928	26341	二十、粮油物资储备支出	3882	3882
行政事业性收费收入	27454	29359	二十一、预备费		
罚没收入	13366	13433	二十二、其他支出	4519	3676
国有资本经营收入	25291	1587	二十三、债务付息支出	8865	8865
国有资源(资产)有偿使用收入	140428	189830	二十四、债务发行费用支出	299	299
其他收入	27942	19338			
本 年 收 入 合 计	719779	715955	本 年 支 出 合 计	1606515	1598195

2015 年度各市县(区)公共财政收入表

单位:万元

地区	收入合计	税收收入									非税收入					
		小计	增值税	营业税	企业所得税	个人所得税	城市维护建设税	城镇土地使用税	土地增值税	契税	小计	专项收入	行政事业性收费收入	罚没收入	国有资本经营收入	国有资源(资产)有偿使用收入
安徽省	24543029	17998922	2731085	5868006	2355732	531350	1060535	1330471	904159	1725171	6544107	2266943	1488584	544008	228716	1738491
安徽省本级	2489329	1599150	45042	135566	1032481	203830	13355	3332			890179	666133	101115	14863	8154	91864
安徽省地市合计	22053700	16399772	2686043	5732440	1323251	327520	1047180	1327139	904159	1725171	5653928	1600810	1387469	529145	220562	1646627
宣城市	1315571	908301	149348	283746	55476	14610	44674	103238	74668	108780	407270	93363	55205	32906	3509	217387
宣城市本级	211581	164185	10061	72183	6920	3132	9926	23720	11980	13787	47396	11608	15357	7552	3081	9798
宣城市区县合计	1103990	744116	139287	211563	48556	11478	34748	79518	62688	94993	359874	81755	39848	25354	428	207589
宣州区	239902	164340	24512	43361	7023	1945	7539	11688	20580	31981	75562	17414	3701	4899		48888
郎溪县	171957	101739	15727	27121	3169	1123	3743	17499	8049	17441	70218	6463	2897	3015		57843
广德县	212794	149288	30046	48266	10234	2164	6254	18638	6150	11358	63506	22344	6802	7000		27010
宁国市	245381	179912	34499	46688	19726	3671	10603	18781	14598	19705	65469	11907	9604	4674		39284
泾县	114995	77634	19163	23772	4242	1411	3643	5796	8566	6552	37361	16937	14604	2483	428	2881
旌德县	48955	33139	9119	9850	1989	452	1265	2948	2663	2625	15816	2351	930	1223		8443
绩溪县	70006	38064	6221	12505	2173	712	1701	4168	2082	5331	31942	4339	1310	2060		23240
宿州市	860152	602408	76012	219407	43436	8728	28527	80978	32214	58615	257744	46983	92473	66175	6357	30748
宿州市本级	349575	253027	23201	84849	22173	2844	13093	43359	14429	30959	96548	19843	39765	19816	6357	9112
宿州市区县合计	510577	349381	52811	134558	21263	5884	15434	37619	17785	27656	161196	27140	52708	46359		21636
埇桥区	183025	137452	28161	40744	9931	3182	8425	27160	2860	3021	45573	9012	10232	10402		3987
砀山县	69143	48913	6777	22728	2822	537	1711	2474	3250	5709	20230	3031	10197	4409		2326
萧县	113278	64922	7642	25503	4377	1084	2117	3581	3781	6239	48356	6963	14489	16582		10044
灵璧县	71815	46025	4276	21764	1491	529	1476	2561	4136	5881	25790	2523	11445	7257		3697
泗县	73316	52069	5955	23819	2642	552	1705	1843	3758	6806	21247	5611	6345	7709		1582
滁州市	1437304	981798	139539	348823	72602	15593	63484	105057	63090	88650	455506	127367	85105	49956		180966
滁州市本级	356395	278306	45679	82380	26259	3754	30589	21054	10620	34640	78089	29128	24860	11156		8398
滁州市区县合计	1080909	703492	93860	266443	46343	11839	[illegible]	84003	52470	54010	377417	98239	60245	38800		172568
琅琊区	81995	53961	12048	23471	2292	947	3427	3977	2921	951	28034	2832	429	2595		21774
南谯区	115213	71564	8800	30973	5154	1020	3039	8233	4991	5771	43649	3439	3633	1426		34260
天长市	234525	157000	26893	49639	9854	2478	9687	18784	15892	13662	77525	15357	28828	5619		25562
来安县	120732	80266	11829	31867	6125	1616	3590	8611	4640	5835	40466	12946	2303	11511		13559
全椒县	144376	95812	10238	41053	6463	1592	3799	9244	7061	9203	48564	6649	2647	2338		35861
定远县	123204	79125	5729	33952	6853	1372	2493	10634	3122	7361	44079	24838	8002	4403		6836
凤阳县	162496	95904	12220	28561	5628	1886	3532	17183	9981	4581	66592	28469	8038	6219		21818
明光市	98368	69860	6103	26927	3974	928	3328	7337	3862	6646	28508	3709	6365	4689		12898
池州市	713023	460913	66203	136216	22124	4657	19735	87619	22194	65743	252110	56218	114648	11983		69189
池州市本级	308191	188604	10867	58864	6637	1721	10442	39708	5051	41131	119587	25230	87295	4994		2062
池州市区县合计	404832	272309	55336	77352	15487	2936	9293	47911	17143	24612	132523	30988	27353	6989		67127
贵池区	174952	115189	20816	31899	8861	971	4225	14663	11646	12144	59763	5685	18960	1631		33487
石台县	16140	11323	1690	3369	493	340	324	1556	685	1223	4817	1819	599	387		1946
青阳县	116037	77571	18425	19204	3276	746	2411	17588	2421	7990	38466	12759	5193	2018		18496
东至县	97703	68226	14405	22880	2857	879	2333	14104	2391	3255	29477	10725	2601	2953		13198
阜阳市	1200425	871381	134311	299052	53271	11466	64484	46094	52169	135289	329044	106424	117619	40003	4756	54123
阜阳市本级	294691	193645	29010	50859	7893	3749	27953	8485	8862	38447	101046	42662	37372	10275	415	10161
阜阳市区县合计	905734	677736	105301	248193	45378	7717	36531	37609	43307	96842	227998	63762	80247	29728	4341	43962
颍州区	157876	131178	14066	59792	9420	1057	6090	3495	16330	17491	26698	7460	9053	4325	1100	4480
颍泉区	94207	70729	6007	31918	9890	752	3182	2877	5560	7393	23478	3062	5471	3452		10800
颍东区	66070	54818	2730	28272	4158	452	2548	2114	2613	6137	11252	2327	2550	1142		5131
临泉县	79321	53417	7310	19808	3786	1240	2279	3434	2958	8226	25904	6260	9551	6668		3358
太和县	160548	120260	19358	41920	6266	1250	5522	5051	7113	27074	40288	17036	12600	2035	2841	5776
颍上县	162661	117689	20338	25483	3821	1127	5965	15105	3570	14924	44972	10638	25029	2654		6651
阜南县	71867	45675	7276	20662	3616	709	1898	1772	1171	5746	26192	4374	9101	6555		6045
界首市	113184	83970	28216	20338	4421	1130	9047	3761	3992	9851	29214	12605	6892	2897	400	1721

2015年度各市县(区)公共财政收入表

续表 单位:万元

地区	收入合计	税收收入									非税收入					
		小计	增值税	营业税	企业所得税	个人所得税	城市维护建设税	城镇土地使用税	土地增值税	契税	小计	专项收入	行政事业性收费收入	罚没收入	国有资本经营收入	国有资源(资产)有偿使用收入
六安市	1033345	746139	73784	326172	46428	12991	34439	47633	41793	95130	287206	70076	115936	36254	79	52227
六安市本级	350190	253734	19652	113136	12559	4279	13742	19381	18263	36429	96456	22825	32736	12400		26800
六安市区县合计	683155	492405	54132	213036	33869	8712	20697	28252	23530	58701	190750	47251	83200	23854	79	25427
金安区	90229	69723	5605	27354	5136	1296	2414	5300	2379	11739	20506	3919	9631	935		5975
裕安区	111123	82105	7194	46131	5353	1730	2887	5430	4323	5033	29018	6269	15791	3478		3480
寿县	85156	64070	5754	31323	2373	1089	2263	2789	3357	10923	21086	5253	9119	4043		2578
霍邱县	119270	76637	10221	26653	3471	1472	2977	4587	1762	6689	42633	11511	17410	9095		4527
舒城县	106593	80576	8098	33793	5773	1056	2933	3278	8334	11276	26017	4667	7599	2677		1914
金寨县	73173	53636	4886	28679	4714	919	1942	1734	1630	4292	19537	6328	6751	1574		4306
霍山县	97611	65658	12374	19103	7049	1150	5281	5134	1745	8749	31953	9304	16899	2052	79	2647
合肥市	5715440	4609552	622534	1764360	486558	140535	279120	173477	301683	533149	1105888	445939	240594	59461	15409	229189
合肥市本级	3663446	2917611	406807	1192233	325983	95313	202770	106595	55189	410398	745835	351334	120480	30419	15409	168858
合肥市区县合计	2051994	1691941	215727	572127	160575	45222	76350	66882	246494	122751	360053	94605	120114	29042		60331
瑶海区	131372	111819	10589	31417	7531	1890	4336		40505		19553	859	2977	2163		4133
庐阳区	184028	160409	14633	40364	32318	7866	6413		25239		23619	1078	7566	1589		3936
蜀山区	201328	172436	18585	51287	16131	6720	8511		44223		28892	828	5068	1998		5307
包河区	283426	261262	28292	83323	18361	8496	11867		73895		22164	1169	6646	2751		6884
肥东县	251335	180839	30539	68449	12014	3188	7064	15503	12351	19019	70496	19210	20413	5536		21403
长丰县	278430	221657	29154	84053	23440	4170	7857	15751	17846	29253	56773	18767	18233	4390		3414
肥西县	373959	327490	47872	112479	28877	6912	17760	25052	23095	42878	46469	25212	13420	3159		4394
庐江县	169377	115224	14328	42743	8523	2663	4574	5403	5032	19407	54153	15674	31079	2907		4399
巢湖市	178739	140805	21735	58012	13380	3317	7968	5173	4308	12194	37934	11808	14712	4549		6461
蚌埠市	1196801	897413	195310	319273	50394	9766	86284	60241	49241	60644	299388	88683	84642	39747	7788	66268
蚌埠市本级	496929	348268	61493	108987	22050	4670	60498	20109	11310	40761	148661	59697	39335	16404	2205	23292
蚌埠市区县合计	699872	549145	133817	210286	28344	5096	25786	40132	37931	19883	150727	28986	45307	23343	5583	42976
龙子湖区	54708	47910	8862	17142	4215	1150	2968	3210	2703		6798	2151	338	4303		6
蚌山区	81268	72595	4397	31915	3831	670	3183	2527	19160		8673	2291	889	1711	2083	1695
禹会区	87518	74881	19610	31149	3433	1036	5367	6190	3790		12637	3866	1018	6668		1084
淮上区	84208	73213	11292	37245	4908	198	3987	7777	2227		10995	2814	7487	686		8
怀远县	173038	122982	39506	40781	5724	955	4853	10768	4752	9914	50056	6594	15689	4622		23035
固镇县	101045	72249	21829	22060	3361	442	2770	5643	2236	5824	28796	7604	8214	2022	3500	4607
五河县	118087	85315	28321	29994	2872	645	2658	4017	3063	4145	32772	3666	11672	3331		12541
淮南市	773133	561333	127202	176356	50830	11216	38161	38694	14466	41310	211800	40736	38802	17909	62621	43673
淮南市本级	371933	233786	33969	66095	34318	6038	13697	20526	4461	30223	138147	25871	18703	7530	59996	25810
淮南市区县合计	401200	327547	93233	110261	16512	5178	24464	18168	10005	11087	73653	14865	20099	10379	2625	17863
田家庵区	85504	75407	8032	40188	8572	2284	4175	2849	3533		10097		1118	3426		5553
大通区	29155	25534	15445	3508	1104	161	3027	1110	229		3621		842	513		36
谢家集区	45645	42644	3041	25484	1491	230	2325	3496	2061	2974	3001		670	703		1628
八公山区	8216	7346	2303	2008	585	42	421	501	1016		870	37	277	407		149
潘集区	45466	34383	9841	7211	816	583	4777	2981	41		11083	1826	2873	1424	225	980
凤台县	187214	142233	54571	31862	3944	1878	9739	7231	3125	8113	44981	13002	14319	3906	2400	9517
铜陵市	668092	483470	86006	144831	36886	7605	26260	70942	12782	56166	184622	49257	43623	9037	240	76669
铜陵市本级	354226	247235	32777	43388	22326	3130	12537	53738	10467	47561	106991	39882	27555	5494		29471
铜陵市区县合计	313866	236235	53229	101443	14560	4475	13723	17204	2315	8605	77631	9375	16068	3543	240	47198
铜官山区	64299	53313	11877	27362	2441	2074	3503	1876			10986		1129	428	240	8000
狮子山区	39162	33729	7142	19300	2654	684	2244				5433		896	672		3865
郊区	65157	39712	13827	17363	1461	687	3907				25445		116	227		25084
铜陵县	145248	109481	20383	37418	8004	1030	4069	15328	2315	8605	35767	9375	13927	2216		10249
马鞍山市	1308136	974395	162993	352728	62313	16187	60694	117152	43463	69455	333741	79467	85472	27628	11892	120476
马鞍山市本级	505046	375266	81741	92382	24536	7005	30312	53671	3277	36720	129780	47606	44560	12386	10396	12755

2015年度各市县(区)公共财政收入表

续表 单位:万元

地区	收入合计	税收收入									非税收入					
		小计	增值税	营业税	企业所得税	个人所得税	城市维护建设税	城镇土地使用税	土地增值税	契税	小计	专项收入	行政事业性收费收入	罚没收入	国有资本经营收入	国有资源(资产)有偿使用收入
马鞍山市区县合计	803090	599129	81252	260346	37777	9182	30382	63481	40186	32735	203961	31861	40912	15242	1496	107721
花山区	129130	112953	14931	58973	7864	2161	6934	7489	8170		16177	3066	8832	1053		2738
雨山区	100172	80534	10486	39966	4211	1559	5305	7891	6900		19638	2266	928	1507		14684
当涂县	277987	183162	29970	71667	12237	1783	8820	26117	13093	7272	94825	13348	11484	2864		67129
含山县	103420	74445	9564	27388	5066	623	2829	4906	3044	12361	28975	4608	6496	3437		9583
和县	149244	114436	10098	51831	6531	2459	4255	11812	8230	9468	34808	6797	10927	3417		12530
博望区	43137	33599	6203	10521	1868	597	2239	5266	749	3634	9538	1776	2245	2964	1496	1057
淮北市	602313	422503	92659	154279	24580	6369	28357	34472	14365	21345	179810	39637	67493	27938	18279	21502
淮北市本级	313318	204032	44863	78246	12246	4131	16590	10234	511	14396	109286	19813	46553	15311	18279	8185
淮北市区县合计	288995	218471	47796	76033	12334	2238	11767	24238	13854	6949	70524	19824	20940	12627		13317
相山区	59343	53946	8664	22509	1520	462	2168	5945	8164		5397	990	885	709		2813
杜集区	33546	24615	3267	10075	403	248	1152	4887	630		8931	829	3245	208		2165
烈山区	34512	27423	12617	8911	346	77	983	1854	364		7089	451	2558	1513		2538
濉溪县	161594	112487	23248	34538	10065	1451	7464	11552	4696	6949	49107	17554	14252	10197		5801
芜湖市	2634682	2039027	455827	575266	199839	37081	154449	233025	54779	159590	595655	176141	86751	29987	81450	189983
芜湖市本级	846573	607480	165070	119093	95182	15382	88960	70924	(1141)	17676	239093	109390	52823	14061	27923	21217
芜湖市区县合计	1788109	1431547	290757	456173	104657	21699	65489	162101	55920	141914	356562	66751	33928	15926	53527	168766
镜湖区	304600	247457	28242	116553	15537	7260	12072	11538	11093	24445	57143	8006	3029	938		45170
弋江区	190704	163596	22165	69308	8777	2411	9053	13137	5934	25907	27108	5931	789	251	16598	3539
鸠江区	225381	197978	25321	69391	23763	3887	10486	27100	4170	22235	27403	7624	2291	292	13400	3796
三山区	98254	91644	11249	37133	7867	960	7050	12661	2454	5651	6610	6176	175	115		134
繁昌县	306403	235494	69816	42720	14156	882	8149	35998	12386	13064	70909	13745	7374	2384		46565
南陵县	183622	132698	33689	34447	6693	903	4490	16553	5491	8713	50924	6562	7623	2601	23529	1992
芜湖县	260615	197362	71009	25323	16669	3110	6812	29651	2514	31819	63253	9259	3376	1063		49418
无为县	218530	165318	29266	61298	11105	2200	7377	15463	11878	10080	53212	9448	9271	8282		18152
安庆市	1065708	782571	122515	270320	54356	15936	65725	48665	60442	72564	283137	86225	66766	37667		81362
安庆市本级	279364	204102	48775	39871	12142	4447	36602	12221	2841	29378	75262	45726	19242	5104		4165
安庆市区县合计	786344	578469	73740	230449	42214	11489	29123	36444	57601	43186	207875	40499	47524	32563		77197
迎江区	80774	72368	6919	36727	5468	1490	3254	2818	12946		8406	2288	1293	4682		124
大观区	43579	40722	8318	18273	2755	1690	2586	2249	2582		2857	1867	445	257		288
宜秀区	57880	52319	5637	18887	4796	428	2512	3178	14614		5561	1879	568	1411		1362
怀宁县	113961	75950	10378	24709	5000	1345	2505	5365	5431	8125	38011	6784	11111	3724		16127
枞阳县	76809	51952	6772	16794	3714	524	6402	2658	3502	4344	24857	4015	7047	4397		9358
桐城市	142205	96317	12029	34038	9009	1915	4835	10647	5929	8086	45888	5832	6447	4382		26519
潜山县	67159	46945	6193	17457	2534	674	1902	3301	3357	7827	20214	4877	3478	3209		7406
太湖县	43978	32006	3597	14046	2177	1383	1186	2291	1908	2201	11972	2898	3458	2781		2131
宿松县	71065	45201	5896	20156	3004	1096	1472	800	2465	6204	25864	3955	7210	4636		6404
望江县	46548	33517	3805	14477	1581	472	1247	1526	2814	4414	13031	2912	4871	1179		3422
岳西县	42386	31172	4196	14885	2176	472	1222	1611	2053	1985	11214	3192	1596	1905		4056
黄山市	715955	436067	47908	160251	20369	7849	16745	43223	40726	64622	279888	26341	29359	13433	1587	189830
黄山市本级	193207	113817	8261	40798	5951	2385	4779	11203	5592	24197	79390	5157	12830	4130	178	53875
黄山市区县合计	522748	322250	39647	119453	14418	5464	11966	32020	35134	40425	200498	21184	16529	9303	1409	135955
屯溪区	87639	51581	4917	32359	1738	990	3039	2800	2424		36058	2461	3052	430		28598
黄山区	90434	54205	4669	18288	2045	741	1386	6917	5382	11130	36229	2829	1654	1347	500	28906
徽州区	74266	42462	5998	11462	2103	812	2118	7285	5949	2894	31804	2908	3725	569		23520
祁门县	53284	36131	4118	12158	1315	397	902	2099	9075	4653	17153	3800	705	716	900	7435
黟县	33855	19274	3257	6333	717	302	515	1457	3922	1484	14581	1440	1314	491		5712
休宁县	72967	45971	6485	16904	2756	896	1837	5199	3913	4569	26996	3443	1203	958	9	21133
歙县	110303	72626	10203	21949	3744	1326	2169	6263	4469	15695	37677	4303	4876	4792		20651
亳州市	813620	622501	133892	201360	43789	6931	36042	36629	26084	94119	191119	67953	62981	29061	6595	23035

2015 年度各市县(区)公共财政收入表

续表 单位:万元

地区	收入合计	税收收入									非税收入					
		小计	增值税	营业税	企业所得税	个人所得税	城市维护建设税	城镇土地使用税	土地增值税	契税	小计	专项收入	行政事业性收费收入	罚没收入	国有资本经营收入	国有资源(资产)有偿使用收入
亳州市本级	235885	191703	30972	53698	17849	3188	14679	11792	8521	33858	44182	14901	14437	8656		6177
亳州市区县合计	577735	430798	102920	147662	25940	3743	21363	24837	17563	60261	146937	53052	48544	20405	6595	16858
谯城区	178950	133210	24573	48684	11609	1060	7919	8336	6078	20273	45740	19633	9965	9271		6871
涡阳县	118257	84697	18543	29926	4191	1187	3944	5619	2573	10738	33560	6097	16935	4816	3707	1686
蒙城县	157617	116806	27748	38252	5796	895	4915	9311	4342	15542	40811	15275	14344	2909	388	6731
利辛县	122911	96085	32056	30800	4344	601	4585	1571	4570	13708	26826	12047	7300	3409	2500	1570

2015 年度各市县(区)公共财政支出表

单位:万元

地区	支出合计	一般公共服务支出	公共安全支出	教育支出	科学技术支出	文化体育与传媒支出	社会保障和就业支出	医疗卫生与计划生育支出	节能环保支出	城乡社区支出	农林水支出	交通运输支出	资源勘探信息等支出
安徽省	52390076	4000859	1960588	8567260	1479440	881913	6915386	4855951	1248250	6096524	5777369	3839691	1811970
安徽省本级	6723173	385342	249290	1047331	66705	320994	1802425	158982	99622	4302	476459	798573	450682
安徽省地市合计	45666903	3615517	1711298	7519929	1412735	560919	5112961	4696969	1148628	6092222	5300910	3041118	1361288
宣城市	2432059	274766	78453	363476	76908	32973	245771	251790	50386	349249	305455	182016	27971
宣城市本级	413006	47998	22612	31704	13092	6195	24136	16192	11092	119443	19160	62620	1300
宣城市区县合计	2019053	226768	55841	331772	63816	26778	221635	235598	39294	229806	286295	119396	26671
宣州区	429966	40861	8243	62366	8337	2288	70363	51935	1884	56879	86514	14538	1689
郎溪县	287139	29847	3075	51490	18979	2833	18635	27881	1872	50009	36663	8468	1829
广德县	418588	62226	13089	70074	15823	7530	30104	50586	14810	28942	49594	44412	2354
宁国市	373051	44822	13092	65704	12546	2989	36648	47993	8055	48786	39024	18663	6968
泾县	244197	14454	9088	43844	3017	5379	36794	26875	5667	14975	34252	20437	11419
旌德县	123064	13767	5458	14766	2536	2969	17638	13941	1487	13547	19052	4083	1847
绩溪县	143048	20791	3796	23528	2578	2790	11453	16387	5519	16668	21196	8795	565
宿州市	2946019	245178	123728	559896	22463	24048	278068	392867	59989	281533	439505	221862	58744
宿州市本级	854772	62071	47989	48162	10430	8592	18080	27098	34200	212141	80069	154886	46934
宿州市区县合计	2091247	183107	75739	511734	12033	15456	259988	365769	25789	69392	359436	66976	11810
埇桥区	563077	52339	11464	152327	4552	3201	67877	110364	3961	24095	90267	14059	2045
砀山县	324642	29850	14876	78540	3298	2975	37131	58437	3911	4714	51938	13187	2196
萧县	452739	40843	19027	110998	2910	3457	60763	70926	12390	22937	64088	15023	2952
灵璧县	406182	29351	15361	97088	1007	3258	48701	74327	2786	4931	78550	15745	2459
泗县	344607	30724	15011	72781	266	2565	45516	51715	2741	12715	74593	8962	2158
滁州市	3026068	201035	123897	481954	62249	43502	375158	361851	64104	334406	538217	166639	57407
滁州市本级	565818	40866	45051	36603	24640	12557	41514	29199	5390	112122	58782	83375	45466
滁州市区县合计	2460250	160169	78846	445351	37609	30945	333644	332652	58714	222284	479435	83264	11941
琅琊区	130984	11845	4466	43467	2061	796	18432	9766	846	20595	7398	177	3905
南谯区	206530	15605	4196	43866	5416	1108	21914	19329	2501	22203	49337	8665	353
天长市	430221	19064	13091	75163	9587	7927	53846	64771	9659	41880	74162	13757	3621
来安县	276770	15932	9955	39746	2915	2722	43003	35549	8908	35038	57856	4535	736
全椒县	284627	14384	9593	35686	5759	2812	42028	44407	4392	37835	51261	13518	1821
定远县	440444	28706	10770	86400	4675	2512	60576	59946	11787	24699	103739	23196	293
凤阳县	375545	38000	18293	79709	2804	10684	42092	54196	14377	10449	74483	9830	775
明光市	315129	16633	8482	41314	4392	2384	51753	44688	6244	29585	61199	9586	437
池州市	1475708	152804	43122	197459	19072	19498	158373	145253	69213	240617	169279	106636	24520
池州市本级	528124	43763	18796	28505	6388	8489	28934	21334	53428	164330	31516	71412	15698
池州市区县合计	947584	109041	24326	168954	12684	11009	129439	123919	15785	76287	137763	35224	8822
贵池区	352408	43253	3926	63365	3894	4769	49368	50130	3021	29102	46734	19318	5569
石台县	100313	9037	4510	14999	1006	1207	13905	11483	2968	4897	19651	2933	1554
青阳县	210476	24040	6816	25522	4943	3036	27715	27680	3933	32068	27726	5384	633
东至县	284387	32711	9074	65068	2841	1997	38451	34626	5863	10220	43652	7589	1066
阜阳市	4315957	281635	148164	826714	38852	32400	682247	572126	64377	211046	515993	314108	92966
阜阳市本级	769547	48590	48940	54683	14559	12136	44992	46808	25492	93721	61905	174193	18602
阜阳市区县合计	3546410	233045	99224	772031	24293	20264	637255	525318	38885	117325	454088	139915	74364
颍州区	333729	33574	6661	67800	492	946	66344	40421	1362	16590	39328	6500	5787
颍泉区	250810	16128	5940	53419	2858	1023	53125	41405	901	9320	39174	2742	2855
颍东区	268810	20911	5147	71809	1121	1716	43146	38851	391	4881	35774	1495	2671
临泉县	607474	44181	18986	145266	707	4034	112421	100987	7140	13405	83332	19367	4151
太和县	670792	35211	16986	171910	1828	4298	103291	95340	11373	24938	77209	12253	11802
颍上县	545508	40293	15382	100381	2822	3234	109968	86218	2422	16699	70436	13097	18376
阜南县	553625	21882	16153	109017	979	3021	88532	81751	7509	10288	78877	76347	8711

2015年度各市县(区)公共财政支出表

续表 单位:万元

地区	支出合计	一般公共服务支出	公共安全支出	教育支出	科学技术支出	文化体育与传媒支出	社会保障和就业支出	医疗卫生与计划生育支出	节能环保支出	城乡社区支出	农林水支出	交通运输支出	资源勘探信息等支出
六安市	3623056	299657	126859	692054	32759	50730	378861	466991	95071	133109	626626	345157	46152
六安市本级	877913	44867	42952	70151	13586	14843	58213	54745	48263	66314	108748	242849	14799
六安市区县合计	2745143	254790	83907	621903	19173	35887	320648	412246	46808	66795	517878	102308	31353
金安区	335366	44767	5038	85201	2752	2968	42585	52483	12432	5828	57035	8839	2688
裕安区	369166	40678	6113	100056	4356	2899	45206	56012	6898	2311	56965	12262	3743
寿县	455287	40563	14936	93391	398	5664	65676	74541	7739	15713	96248	8517	6133
霍邱县	519721	34452	21107	123456	2025	6541	59159	84438	4844	4500	116698	31198	5727
舒城县	381816	34069	15342	89880	3329	3893	45416	59873	3949	10551	67318	15267	5007
金寨县	417287	33830	11086	81465	2970	9575	36171	50220	4627	10049	75569	14844	4593
霍山县	266500	26431	10285	48454	3343	4347	26435	34679	6319	17843	48045	11381	3462
合肥市	7726920	519446	272171	1192865	372666	97125	654059	518847	198309	1901148	550312	364077	650415
合肥市本级	4139663	138644	156373	444462	304245	68967	233424	150575	124897	1491394	104869	281016	474860
合肥市区县合计	3587257	380802	115798	748403	68421	28158	420635	368272	73412	409754	445443	83061	175555
瑶海区	225126	23629	4672	60646	679	3774	20757	14853	3750	56443	5308	45	21263
庐阳区	216137	37492	4708	64847	2230	1065	16753	12072	6738	41317	15242	624	4489
蜀山区	287990	35167	8488	58784	4043	622	27572	10417	3297	79757	22514	47	26669
包河区	344785	49248	9412	84013	4535	1666	31266	16715	6951	51657	15070	218	56736
肥东县	517647	51168	17481	113546	23132	6120	51331	67388	10676	23712	86797	11517	8854
长丰县	483106	33377	17919	81541	3497	3662	66371	51027	17059	41653	72687	23727	31944
肥西县	616229	73453	19220	102570	25454	5099	50350	61462	11452	82996	74585	21793	4644
庐江县	497628	44060	13476	104652	3733	3212	73892	81500	6834	13100	97702	14489	12689
巢湖市	398609	33208	20422	77804	1118	2938	82343	52838	6655	19119	55538	10601	8267
蚌埠市	2447171	168405	89190	457466	112203	22904	275008	236203	42772	341682	261414	166249	6615
蚌埠市本级	958467	54738	49328	87204	64309	14306	111252	64582	18360	158723	42017	139038	3621
蚌埠市区县合计	1488704	113667	39862	370262	47894	8598	163756	171621	24412	182959	219397	27211	2994
龙子湖区	49584	5059	1595	14798	1331	433	7614	2471	1727	9241	1287	751	200
蚌山区	76259	7233	2263	15258	1047	794	6591	4928	150	27535	2337	92	355
禹会区	90857	7496	3159	20291	2810	458	8492	4519	5491	20581	8074	2410	527
淮上区	95146	7887	1575	16263	794	289	8430	7985	1698	28309	13002	985	1372
怀远县	525262	33864	12286	162390	20831	2455	58082	76430	7446	20362	85686	11475	259
固镇县	321109	17771	8278	67757	679	1943	35799	38023	3728	63283	41622	3948	172
五河县	330487	34357	10706	73505	20402	2226	38748	37265	4172	13648	67389	7550	109
淮南市	1534525	133253	83186	234068	23365	20934	246131	129701	35230	162875	146567	72418	28205
淮南市本级	776482	78007	60211	72449	14004	16181	141802	55183	15780	58784	37572	47423	21398
淮南市区县合计	758043	55246	22975	161619	9361	4753	104329	74518	19450	104091	108995	24995	6807
田家庵区	82000	7309	3513	33569	985	412	12064	5588	588	11211	3987	16	465
大通区	46165	4559	2235	8886	515	292	6212	3429	904	4848	6605	5125	122
谢家集区	102479	8722	2684	22192	61	247	9226	4139	2515	27362	7922	55	2423
八公山区	38220	5474	2088	7780	304	159	7908	2954	3651	2594	1658	98	394
潘集区	111006	10719	2532	24521	1497	632	14613	20935	2612	4096	22612	1277	1094
凤台县	378173	18463	9923	64671	5999	3011	54306	37473	9180	53980	66211	18424	2309
铜陵市	1108225	81701	49118	155222	77820	14202	114533	60036	81230	176946	60171	63698	36721
铜陵市本级	649826	38523	30091	81588	66738	8491	73467	29026	75497	115271	13287	49116	28828
铜陵市区县合计	458399	43178	19027	73634	11082	5711	41066	31010	5733	61675	46884	14582	7893
铜官山区	80884	7678	4072	15010	830	129	10363	5149	191	17455	0	7377	113
狮子山区	42951	4906	2211	6052	492	785	4018	2035	963	4461	1187	32	740
郊区	73323	5453	2109	7828	538	465	4402	2290	661	22832	4347	218	852
铜陵县	261241	25141	10635	44744	9222	4332	22283	21536	3918	16927	41350	6955	6188
马鞍山市	2031770	201370	100494	323886	66451	32469	200872	179634	57305	323379	200940	128267	28225

2015 年度各市县(区)公共财政支出表

续表 单位:万元

地区	支出合计	一般公共服务支出	公共安全支出	教育支出	科学技术支出	文化体育与传媒支出	社会保障和就业支出	医疗卫生与计划生育支出	节能环保支出	城乡社区支出	农林水支出	交通运输支出	资源勘探信息等支出
马鞍山市区县合计	1305199	140872	60039	253816	32507	16515	134139	139328	31208	159380	156087	37266	12579
花山区	115773	9102	13053	30094	2353	874	15473	7751	3307	13308	1700	433	75
雨山区	101866	8195	8460	17559	853	475	15835	7905	7704	16227	2516	543	1603
当涂县	410085	55235	11177	69907	10930	4766	41584	46664	6284	90547	33641	9819	7935
含山县	264146	21761	11005	61789	8064	5934	22353	32977	4425	12170	48603	9305	2264
和县	333127	35105	11589	61101	8898	3953	30550	37790	6084	17916	59222	15595	333
博望区	80202	11474	4755	13366	1409	513	8344	6241	3404	9212	10405	1571	369
淮北市	1314355	108588	53119	222318	13449	21964	160669	135214	23496	189525	115911	120063	36678
淮北市本级	566060	47224	33358	83046	2938	15776	44895	49601	5989	130038	17947	97197	9353
淮北市区县合计	748295	61364	19761	139272	10511	6188	115774	85613	17507	59487	97964	22866	27325
相山区	91358	14973	2182	14301	1350	341	18513	6877	981	12866	3870	283	3253
杜集区	88209	8273	2814	19124	3280	382	18526	7136	1378	4138	8885	874	3534
烈山区	97612	8752	3028	18057	220	422	15954	6619	2381	5134	12309	8297	9575
濉溪县	471116	29366	11737	87790	5661	5043	62781	64981	12767	37349	72900	13412	10963
芜湖市	3936758	238363	117075	577511	357319	33744	378095	310323	99212	750965	284190	299148	131528
芜湖市本级	1625079	67344	57150	145805	291607	18041	103959	88963	67022	210682	81437	250917	59125
芜湖市区县合计	2311679	171019	59925	431706	65712	15703	274136	221360	32190	540283	202753	48231	72403
镜湖区	226607	11967	4596	54107	2607	993	22748	11004	69	51351	5428	105	5127
弋江区	167989	19380	4523	48271	28388	451	19871	7650	146	25485	3533	604	36
鸠江区	245430	16836	4552	45296	6401	3174	25051	12042	2910	58387	20565	13544	15987
三山区	92890	8931	2899	14542	5612	204	8928	6048	3464	17771	5836	5282	3590
繁昌县	386640	38798	10040	44706	6829	2768	35611	31844	12331	143534	25106	3602	4320
南陵县	312494	26827	13446	61782	6177	2143	47258	39932	1644	56711	36371	4795	1154
芜湖县	357518	16330	7769	39517	3898	2409	32818	22717	1934	132252	38880	11241	[illegible]
无为县	522111	[illegible]	12100	123485	5800	3561	81851	90123	9692	54792	67034	9058	7620
安庆市	3371729	294959	141344	628321	71738	55576	407720	421890	65811	293436	490581	252600	27829
安庆市本级	787121	36386	41786	63597	23322	23283	76400	56909	11252	175999	52876	135371	8425
安庆市区县合计	2584608	258573	99558	564724	48416	32293	331320	364981	54559	117437	437705	117229	19404
迎江区	59624	9461	3513	17420	275	963	3351	5966	208	7507	7702	241	212
大观区	51510	6016	3707	14268	245	244	2764	9052	402	3975	7978	480	16
宜秀区	72667	10518	4255	15456	801	1632	3332	11290	1240	4940	14892	602	465
怀宁县	283102	29183	11817	72119	5283	3930	34147	40935	6769	10741	42348	8018	1012
枞阳县	317575	23860	11103	65876	4940	2983	60628	56240	9495	6227	49085	6568	1856
桐城市	350010	32735	14600	76564	13583	3723	40457	45541	3118	36412	48913	6028	5420
潜山县	289358	31200	10645	54191	5627	3149	38482	39776	6680	13056	56519	14138	935
太湖县	284920	23151	11845	62392	2108	3614	40467	35231	6273	2358	55749	21958	5577
宿松县	371000	41246	11060	85599	5482	3599	35953	51907	11085	23611	49775	34665	1696
望江县	254042	28053	9115	49953	5912	4235	38304	37123	4100	3105	55175	10403	600
岳西县	250800	23150	7898	50886	4160	4221	33435	31920	5189	5505	49569	14128	1615
黄山市	1598195	174526	69698	157823	36897	41292	185167	134839	102039	201919	202267	89020	49164
黄山市本级	388997	37002	22618	21713	8930	8549	29102	18417	58947	34956	15917	64090	10505
黄山市区县合计	1209198	137524	47080	136110	27967	32743	156065	116422	43092	166963	186350	24930	38659
屯溪区	143500	16118	3577	6860	3625	1122	18027	12504	600	58374	9633	1500	5731
黄山区	189268	33422	7131	19943	3252	2846	20386	14917	21308	10337	33970	4491	3880
徽州区	124414	14378	5305	12378	2191	5823	11215	10123	3966	13977	20436	2295	5530
祁门县	158776	17296	6086	18643	4229	2869	19890	15108	3288	25534	26556	4769	3261
黟县	112438	13766	4546	8734	1011	8753	13470	7979	5107	8698	22334	2157	1038
休宁县	193924	23769	7247	23694	4656	4013	26833	21063	3586	26492	32207	5800	4081
歙县	286878	18775	13188	45858	9003	7317	46244	34728	5237	23551	41214	3918	15138

2015 年度各市县(区)公共财政支出表

续表 单位:万元

地区	支出合计	一般公共服务支出	公共安全支出	教育支出	科学技术支出	文化体育与传媒支出	社会保障和就业支出	医疗卫生与计划生育支出	节能环保支出	城乡社区支出	农林水支出	交通运输支出	资源勘探信息等支出
亳州市	2778388	239831	91680	448896	28524	17558	372229	379404	40084	200387	393482	149160	58148
亳州市本级	550384	35440	42363	49524	17432	3990	20977	15175	18953	116604	52532	98809	9133
亳州市区县合计	2228004	204391	49317	399372	11092	13568	351252	364229	21131	83783	340950	50351	49015
谯城区	544756	34369	5713	100222	1606	2235	89613	94383	7518	23937	92712	20266	5365
涡阳县	493409	37808	15143	91109	1118	2562	88057	96868	6015	25133	73329	4267	7883
蒙城县	550964	45019	13834	100454	6534	5421	80750	79834	4117	26178	84941	15838	8714
利辛县	638875	87195	14627	107587	1834	3350	92832	93144	3481	8535	89968	9980	27053

财政机构人员篇

省财政厅机构人员

省财政厅机关及厅属单位处级以上干部名单

（2015年12月31日）

财政厅机关

厅领导

厅长、党组书记：罗建国

副厅长、党组成员：吴天宏　陈　军　朱长才　孟照红　朱艾勇

副巡视员：李友兰　陈传文

办公室

主　任：左自智

副主任：姚先飞　王知国

综合处

处　长：王　玲

副处长：袁　圆　金嘉岳

副调研员：李　燕

税政条法处

处　长：周名桨

副处长：陈　欢

调研员：杨玉林

副调研员：高　峰

预算处（省直预算编制办公室）

处　长：朱艾勇（兼）

副处长（副主任）：方山恩　汪公发　万卫国　张白平

调研员：邵　军

副调研员：段焕松

国库处

处　长：解立卫

副处长：余　禹　宋葛民

调研员：王永力

副调研员：王韵妮　田　丰

政府债务管理办公室

主　任：孟照红（兼）

常务副主任：尹祥领（正处级）

副主任：王　坤

副调研员：杜志明

行政处

处　长：管立新

副处长：李　霞　李　斌

副调研员：陈　蕙

政法处

处　长：张　力

副处长：徐玉明

调研员：刘建平

副调研员：姚　伟

教科文处

处　长：孔少林

副处长：孙春荣　吴祎明

调研员：何　义

经济建设处

处　长：王召远

副处长：陈维光　张行宇

调研员：侯宇翔　朱玉琴

副调研员：汪小俊　汪跃建　吴建辉

农业处

处　长：方习利

副处长：左磊明　王定友

副调研员：洪　军　魏祥瑾　姚　瑶

社会保障处

处　长：徐光耀

副处长：杨前炉　韩剑辉　孙玫玫

企业处

处　长:汪代启

副处长:解亚平　宋先贵

调研员:周晓丽　宋　频

副调研员:谢文革　程荣明

金融处

处　长:黎学东

副处长:张先虹

副调研员:张克敬

国际债务管理处

处　长:刘　华

副处长:张　玲

副调研员:刘　翔

农村财政管理局

局　长:季必英

副局长:徐向前　周　远

调研员:杨　刚

副调研员:耿　鹏

会计处

处　长:杨　春

副处长:郭安明

副调研员:童　兵

行政事业单位资产管理处

处　长:江永泓

副处长:连发玉

国有资本经营预算处

处　长:焦仪玲

调研员:殷鹭滨

监督检查局

局　长:汪学越(副厅级)

副局长:胡德林(正处级)　张　进　陈文权　张克和

处　长(副处级):高维国　徐　明　胡继龙

调研员:徐中洋

政府采购处

处　长:杨延彬

副处长:刘志毅

副调研员:陈东川

农村综合改革处

处　长:丁　俊

副处长:李运孝

副调研员:胥慰庆　汪　辉

民生工程工作办公室

主　任:姜　毅

副主任:孙友三

人事教育处

处　长:朱士昂

副处长:张忠文

机关党委

书　记:朱长才(兼)

专职副书记:鲍习生(正处级)

副调研员:李　云

纪检监察室

正处级纪检监察员:苏照存

离退休处

处　长:缪　青

厅属单位

省社会保障资金管理中心

省农业综合开发局

局　长:王建培(副厅级)

副局长:王茂胜(正处级)　陈　军　程巍东

处　长(副处级):傅应军

副调研员:王　丽　潘安明

省非税收入征收管理局

局　长:李友兰(兼)

副局长:张　黎(正处级)　刘明刚　王　冶

副调研员:胡晓宁

省财政厅国库支付中心

主　任:张恒景

副主任:朱正余　谷　媛

副调研员:金　琦

省财政投资评审中心

主　任:方旭华

副主任:邓建成　徐延俊　吴小林

省政府采购中心

主　任:廖晓红

副主任:王　旭(正处级)　马再兴　张为中　方虹慧　彭学勇

副调研员:宋　杰　张晓兰　周启安

省财政信息中心

主　任:李森林

副主任:傅　依　曾志娟

省财政科学研究所

所　长:叶翠青

副所长:鲍文前　朱克俊

省注册会计师管理处(省注册会计师协会)

处　长(秘书长):彭高俊

专职党委副书记:叶德刚(正处级)

副处长:张顺建　胡正中

省财政干部教育中心

主　任:董照军

副主任:张文超　李　军

省行政事业单位资产管理中心

主　任:许先才

副主任:周　涛　董永权

省信用担保集团

总经理、党委书记:钱　力

副总经理、党委委员:邓寿安　范　强　叶　斌

纪委书记、党委委员:董建平

总经济师:王忠道

工会主席:丁守模

风控总监:李　真

集团总助:刘小兵　李家川

(厅人事教育处供稿　孟平)

各市财政系统机构人员

(2015年12月31日)

合肥市财政系统领导名单

合肥市财政局

党组书记、局长:吴利林

党组成员、副局长:陈　刚　姚　琳　黄永强

党组成员、投融资办专职副主任:程世琴

党组成员、纪检组长:王　军

总会计师:王成双

庐阳区财政局

党组书记、局长:沈项林

党组成员、副局长:周　莹　张士明

国资办副主任:邢志刚

蜀山区财政局

党组书记:陈　丽

党组副书记、局长:董士权

党组成员、国资办主任:梁　波

主任科员:葛本开

党组成员、副局长:王祖胜　吕贤武

党组成员:郭　彬

国资办副主任:赵浙兰

包河区财政局

局长、党组书记:岳　华

副局长:高光胜　陈爱群　汪　云　霍锦秀

党组副书记:龚　林

采购中心主任:罗艳丽

会计核算中心主任:蔡善俊

税源中心主任:沈　安

瑶海区财政局

局长:程　曾

副局长:王　峰　赵　宁　许　辉　高　捷

经济技术开发区财政局

局长、国资办主任:刘　岸

副局长:石　华

国资办副主任:郭华荣

副局长:费红英

财务中心副主任:黄全进

高新技术开发区财政局

局长:李命山

副局长:许　永　邵代志

财务管理中心(国库支付中心)主任:王安东

公共资源交易中心主任:程连环

新站综合开发试验区财政局

局长:杨培红

副局长:张高峰　唐风玲

巢湖市财政局

党组书记、局长:陈永铸

党组副书记:程庭浪

党组成员、副局长:毕早来　朱立平　李　政　翟长水

党组成员:胡强干

肥东县财政局

局长、党组副书记:何长卫

党组书记:王志东

副局长、党组副书记:张东兵

副局长、党组成员:王　磊

主任科员、党组成员:王　远

副局长、党组成员:吴晓东　孙维荣

国资办、金融办副主任、党组成员:曹绍华

主任科员、党组成员:许先翠

肥西县财政局

党组书记、局长:胡昌勇

国资办主任、副书记:颜德树

金融办主任:徐建生

副局长:夏智新　吴善彬

纪检组长:袁家民

总会计师:何友才

财政监督局局长:陈先锋

长丰县财政局

党组书记、局长:郑志明

党组副书记、副局长:叶良传

党组成员、副局长、县金融办主任:荣　之

党组成员、副局长:杨华峰　李咏梅

党组成员、国库支付中心主任:许忠农

主任科员:余长龙

庐江县财政局

党组副书记、局长:陈永久

党组成员、总会计师:王丙生

党组成员:袁建民

党组成员、副局长:陶学顺　钱　俊　王文宏

党组副书记:殷礼生

党组成员、财政监督局局长:周光法

党组成员(兼)、投融资办副主任:张永兵

党组成员、投融资办副主任:何海波

巢湖经济开发区财政局

局长:郝晓东

副局长:黄丽虹

庐阳区

三十岗乡财政所　所　长:李春林

大杨镇财政所　所　长:钱志军

蜀山区

小庙镇财政所　所　长:杨伟明

井岗镇财政所　所　长:邓晓华

南岗镇财政所　所　长:陶应忠

包河区

常青街道财政所　所　长:彭大金

望湖街道财政所　所　长:沈业泉

大圩镇财政所　所　长:陆在林

义城街道财政所　所　长:吴志力

包公街道财政所　所　长:陈　阵

芜湖路街道财政所　所　长:孙家财

烟墩街道财政所　所　长:许爱武

淝河镇财政所　所　长:郑善祥

包河工业区财政所　所　长:黄建树

瑶海区

龙岗开发区财政分局　局　长:刘　兵

大兴镇财政所　所　长:费文杰

经济开发区财政局

高刘镇财政所　所　长:李诚然

巢湖市

柘皋镇财政分局　副局长:方先春(主持工作)

槐林镇财政分局　局　长:钱泽民

烔炀镇财政分局　局　长:朱永胜

黄麓镇财政分局　局　长:花业金

苏湾镇财政所　所　长:王诗松

栏杆集镇财政所　副所长:赵俊峰((主持工作)

庙岗乡财政所　所　长:方泽芒

夏阁镇财政所　所　长:孙荣海

中庙街道财政所　所　长:张更生

中垾镇财政所　所　长:周光斌

坝镇财政所　所　长:孙时中

散兵镇财政所　所　长:高树宏

银屏镇财政所　副所长:黄德华(主持工作)

亚父街道财政所　所　长:刁杰富

天河街道财政所　所　长:张正亚

凤凰山街道财政所　所　长:程天舜

卧牛山街道财政所　所　长:周仲香

巢湖经济开发区

半汤街道财政所　所　长:童新生

肥东县

肥东经济开发区财政分局局　长:黄　磊

合肥循环经济示范园财政分局局长:罗守斌

东部新城财政办事处　主　任:梁英江

店埠镇财政分局　局　长:王　建

撮镇财政分局　局　长:姚卫东

陈集镇财政所　所　长:杨　奎

古城镇财政分局　局　长:万兴平

马湖乡财政所　所　长:陈正邦

响导乡财政所　所　长:陈兆金

八斗镇财政分局　局　长:胡长明

杨店乡财政所　所　长:魏华祥

白龙镇财政分局　局　长:陈长胜

元疃镇财政所　所　长:宋海涛

张集乡财政所 所 长:王 川
梁园镇财政分局 局 长:童道州
包公镇财政所 所 长:周康应
石塘镇财政分局 局 长:丁腾渊
众兴乡财政所 所 长:何长亚
桥头集镇财政分局 局 长:叶顺龙
牌坊乡财政所 所 长:张贤文
长临河镇财政分局 局 长:杨盛林

肥西县

上派镇财政分局 局 长:李 祥
三河镇财政分局 局 长:余 刚
桃花镇财政所 所 长:王 超
紫蓬镇财政所 所 长:汤 杰
丰乐镇财政所 所 长:蔡丹元
严店乡财政所 所 长:张 波
花岗镇财政所 所 长:魏宏文
山南镇财政所 副所长:董光武
柿树岗乡财政所 所 长:郭少奇
官亭镇财政所 所 长:潘学军
铭传乡财政所 所 长:邵正年
高店乡财政所 所 长:吴 兵
桃花工业园财政分局 局 长:王恒传
紫蓬山管委会财政分局 局 长:张永安

长丰县

罗塘乡财政所 所 长:孟凡富
朱巷镇财政所 所 长:高恒霞
左店乡财政所 所 长:孔凡国
造甲乡财政所 所 长:杨良基
杜集乡财政所 所 长:许金忠
下塘镇财政分局 局 长:张恩奎
陶楼乡财政所 所 长:韩 毕
双墩镇财政分局 副局长:王华桥
岗集镇财政分局 局 长:杨德丰
杨庙镇财政所 所 长:董 梅
吴山镇财政分局 局 长:祝泽选
义井乡财政所 所 长:刘 刚
庄墓镇财政所 所 长:闫媛媛
双凤开发区财政分局 局 长:陈 斌
水湖镇财政分局 局 长:刘 胡

庐江县

开发区财政局 局 长:庞正荣
庐城镇财政所 所 长:卢华东
冶父山镇财政所 所 长:龙力保
汤池镇财政所 所 长:苏建醒
万山镇财政所 所 长:钱明华
金牛镇财政所 所 长:韩 松
郭河镇财政所 所 长:束晓明
石头镇财政所 所 长:王言胜
同大镇财政所 所 长:张立华
白山镇财政所 所 长:张安稳
盛桥镇财政所 所 长:伍明能
白湖镇财政所 所 长:钱金龙
龙桥镇财政所 所 长:刘胜利
矾山镇财政所 所 长:刘保才
泥河镇财政所 所 长:张和平
罗河镇财政所 所 长:万玉柱
乐桥镇财政所 所 长:王宏国
柯坦镇财政所 所 长:吴启超
水湖镇财政分局 局 长:刘 胡

淮北市财政系统领导名单

淮北市财政局

党组书记、局长:姜 颖
副局长:仲 杰 项 珺
纪检组长:田跃全
总会计师:焦福生
副调研员:叶卫平

濉溪县财政局

党组书记、局长:关春燕
党组成员、副局长:蔡晓春 营劲松
党组成员、纪检组长:张 坤
总会计师:汪炳臣

相山区财政局

局长:林晓海
副局长:张 玲

杜集区财政局

局长:杨登俊
副局长:张俊影 王海洋

烈山区财政局

局长:张应忠
副局长:潘秀柱 朱 梅

开发区财政局

局长：尤　毅

濉溪县

濉芜现代产业园财政局　局　长：周海峰
濉溪镇财政所　所　长：蔡　奇
刘桥镇财政所　所　长：张少华
百善镇财政所　所　长：李怀红
韩村镇财政所　所　长：杨学森
铁佛镇财政所　所　长：刘广夫
临涣镇财政所　所　长：谢士忠
南坪镇财政所　所　长：刘洪斌
五沟镇财政所　所　长：郭清海
孙疃镇财政所　所　长：毕跃华
四铺镇财政所　所　长：马洪元
双堆集镇财政所　所　长：李从祥

杜集区

高岳街道办事处财政所　所　长：丁　敏
矿山集街道办事处财政所　所　长：徐　杰
朔里镇财政所　所　长：徐敬卓
石台镇财政所　所　长：许　生
段园镇财政所　所　长：王建民

相山区

渠沟镇财政所　所　长：丁　杰
任圩街道办事处财政所　所　长：张　丽
凤凰山经济开发区财政局分局局长：刘　伟

烈山区

烈山镇财政所　所　长：刘　庆
古饶镇财政所　所　长：费佳音
宋疃镇财政所　所　长：张世民
杨庄街道办事处财政所　所　长：高　峰
园区管委会财税办　主　任：张　伟

亳州市财政系统领导名单

亳州市财政局

党组书记、局长：张传宾
调研员：蔡怀乾
副局长、党组成员：王　锴
副局长：陈昭敏
总会计师、党组成员：周金钟

谯城区财政局

党组书记、局长：方平红
党组成员、副局长：李　建　陈胜志

涡阳县财政局

党组书记、局长：赵　良
党组成员、副局长：侯言武　徐化飞
主任科员：江　云　孟　杰
党组成员、国资办主任：胡德斌
总会计师：刘　建

蒙城县财政局

局长：王旭东
副局长：熊景夏
副局长、综改办主任：陈保英
副局长、农发办主任：席汉斌
副局长：杨晓保　王继生
党组成员、财监局局长：吕桂芹

利辛县财政局

党组书记、局长：张贺武
党组副书记：江洪章
党组成员、副局长：刘富修　都未来　张晓风
党组成员、财监局局长：刘寒松
党组成员、副局长、农发办主任：张国启
党组成员、工会主席：王玉杰

谯城区

十八里镇财政所　所　长：支效林
十河镇财政所　所　长：韩朝民
赵桥乡财政所　所　长：李　鹤
双沟镇财政所　所　长：李先林
淝河镇财政所　所　长：南子富
古城镇财政所　所　长：刘　芳
立德镇财政所　所　长：曹　凯
龙扬镇财政所　所　长：李　刚
大杨镇财政所　所　长：刘继周
古井镇财政所　所　长：冯　莉
谯东镇财政所　所　长：孙　奇
花戏楼街道财政所　所　长：周　丽
汤陵街道财政所　所　长：慕朝新
薛阁街道财政所　所　长：杜丽娟
观堂镇财政所　所　长：张玉兰
沙土镇财政所　所　长：马德龙
五马镇财政所　所　长：张玉琦
张店乡财政所　所　长：张　峰

颜集镇财政所 所 长:赵乐会
芦庙镇财政所 所 长:刘景林
华佗镇财政所 所 长:黄 涛
魏岗镇财政所 所 长:怀济田
城父镇财政所 所 长:聂启伟
十九里镇财政所 所 长:陈广志
牛集镇财政所 所 长:王自强

涡阳县

经开区财政分局 局 长:张茂林
城关街道财政所 所 长:马 坤
城西街道财政所 所 长:侯景超
涡北街道财政所 所 长:席广华
城东街道财政所 所 长:袁 辉
西阳镇财政所 所 长:邵彦伟
涡南镇财政所 所 长:张体影
楚店镇财政所 所 长:周廷知
高公镇财政所 所 长:刘 彬
义门镇财政所 所 长:张 伟
新兴镇财政所 所 长:王 喆
龙山镇财政所 所 长:王贵云
青疃镇财政所 所 长:刘 敏
石弓镇财政所 所 长:董 超
曹市镇财政所 所 长:郑显峰
高炉镇财政所 所 长:徐连元
公吉寺镇财政所 所 长:吕文坤
店集镇财政所 所 长:王全成
临湖镇财政所 副所长:宋兴明
标里镇财政所 所 长:孟献启
花沟镇财政所 所 长:郑 超
陈大镇财政所 所 长:木成坤
牌坊镇财政所 所 长:张本云
马店集镇财政所 所 长:葛友峰
丹城镇财政所 所 长:徐凤海
单集林场财政所 所 长:李航修

利辛县

城关镇财政所 所 长:李 涛
望疃镇财政所 所 长:戴 利
中疃镇财政所 所 长:武玉良
江集镇财政所 所 长:江雪峰
旧城镇财政所 所 长:聂 奎
西潘楼镇财政所 所 长:苏永光
城北镇财政所 所 长:关 军
孙集镇财政所 所 长:关 键
纪王场乡财政所 所 长:孙东风
张村镇财政所 所 长:何鹏飞
汝集镇财政所 所 长:程 斌
王人镇财政所 所 长:韩 敏
巩店镇财政所 所 长:王继中
孙庙乡财政所 所 长:秦 伟
马店孜镇财政所 所 长:高 翔
永兴镇财政所 所 长:官 琦
胡集镇财政所 所 长:安学龙
大李集镇财政所 所 长:姜之安
展沟镇财政所 所 长:张 林
新张集乡财政所 所 长:王 建
阚疃镇财政所 所 长:姜 勇
程家集乡财政所 所 长:王 辉
王市镇财政所 所 长:邵拥军

蒙城县

城关镇财政所 所 长:郑 武
庄周办事处财政所 所 长:丁佩跃
漆园办事处财政所 所 长:徐恒华
小辛集乡财政所 所 长:李 凯
乐土镇财政所 所 长:刘 芳
三义镇财政所 所 长:杨海涛
楚村镇财政所 所 长:耿云灵
篱笆镇财政所 所 长:王丙良
王集乡财政所 所 长:郭 莉
白杨林场财政所 所 长:方兴旺
板桥集镇财政所 所 长:丁新社
范集工业园区财政所 所 长:李宝金
立仓镇财政所 所 长:陈 铮
马集镇财政所 所 长:吕保贞
双涧镇财政所 所 长:刘西连
坛城镇财政所 所 长:唐殿军
小涧镇财政所 所 长:戴冠风
许疃镇财政所 所 长:葛铁军
岳坊镇财政所 所 长:杨振良

宿州市财政系统领导名单

宿州市财政局

党组书记、局长:韩维礼

党组成员、副局长:欧亚东
调研员:张建新
党组成员、副局长:张　民　潘相明
副局长:谢　安
党组成员、纪检组长:陈　玮
总会计师:陈尚业

埇桥区财政局

党组书记、局长:曹鹏程
党组成员、副局长:苏　航　李景民
党组成员、农发局局长:王　军
党组成员、纪检组长:周　俊
党组成员、政府采购中心主任:李东坡
党组成员、财监局局长:张亚东

灵璧县财政局

党组书记、局长:王　咏
党组成员、纪检组长:程跃武
党组成员、副局长:陶双洁
党组成员、工会主席:冷亚飞
党组成员、总会计师:张　梅
党组成员:赵　卡

泗县财政局

党组书记、局长:刘立春
党组成员、副局长:蔡晨光　王颖扬　赵大廷
党组成员:余红良
总会计师:赵明科

萧县财政局

党组成员、副局长:李天真(主持工作)
党组成员、副局长、农发局局长:李　冰
党组成员:徐卫东
党组成员、纪检组长:杭　磊
党组成员、副局长:王中华
党组成员、总会计师:何玉良

砀山县财政局

党组副书记、副局长:周咸东
副局长:黄乔平
党组成员、副局长:王行干
党组成员:崔吉芳
党组成员、纪检组长:马　强
党组成员、财监局长:王　莉
党组成员(挂)、农发局长:崔玉平

埇桥区

时村镇财政分局　局　长:周步敬
符离镇财政分局　局　长:付向阳
朱仙庄镇财政分局　局　长:张　勇
芦岭镇财政分局　局　长:陈　超
北杨寨乡财政分局　局　长:王建军
蕲县镇财政分局　局　长:纵少鹏
夹沟镇财政所　所　长:李如山
大店镇财政所　所　长:张　建
城东街道财政所　所　长:耿　勇
三八街道财政所　所　长:任启峰
西二铺乡财政所　所　长:金正宇
三里湾街道财政所　所　长:魏　强
北关街道财政所　所　长:刘　勇
道东街道财政所　所　长:王成宏
东关街道财政所　所　长:马跃武
南关街道财政所　所　长:丁效亭
西关街道财政所　所　长:靳怀启
埇桥街道财政所　所　长:王申球
沱河街道财政所　所　长:郭晓龙
汴河街道财政所　所　长:腾团结
褚兰镇财政所　所　长:林广森
杨庄乡财政所　所　长:刘　军
曹村镇财政所　所　长:李　伦
支河乡财政所　所　长:潘启超
栏杆镇财政所　所　长:潘　超
解集乡财政所　所　长:梁太旺
桃沟乡财政所　所　长:李　林
永安镇财政所　所　长:万　彬
灰古镇财政所　所　长:孙理会
顺河乡财政所　所　长:李　勇
蒿沟乡财政所　所　长:尹　松
苗安乡财政所　所　长:李　昊
西寺坡镇财政所　所　长:李　侠
桃园镇财政所　所　长:孙　勇
大营镇财政所　所　长:刘　伟
永镇乡财政所　所　长:韩军峰
金海街道财政所　所　长:刘开成
东城财政办公室　主　任:尹传杰

灵璧县

韦集镇财政所　所　长:赵运输
向阳乡财政所　副所长:鲁作战
黄湾镇财政所　所　长:王现理
娄庄镇财政所　所　长:李　冰

杨疃镇财政所 所 长:闫兴跃
尹集镇财政所 所 长:侯 君
浍沟镇财政所 所 长:高存玖
朱集乡财政所 所 长:许 岩
尤集镇财政所 所 长:王会理
下楼镇财政所 所 长:谢业慧
朝阳镇财政所 所 长:陈益尚
渔沟镇财政所 所 长:程仲超
大路乡财政所 所 长:赵 跃
高楼镇财政所 所 长:李玉白
大庙乡财政所 所 长:朱 杰
冯庙镇财政所 所 长:张 超
禅堂乡财政所 所 长:赵 成
虞姬乡财政所 所 长:陈 浮
灵城镇财政所 所 长:张 曦
开发区财政所 所 长:王宗迎

泗 县

泗城镇财政分局 局 长:余红良(兼)
大路口乡财政所 所 长:张万里
墩集镇财政所 所 长:高 磊
草庙镇财政所 所 长:于庆标
瓦坊乡财政所 所 长:许正华
黑塔镇财政所 所 长:沈广忠
刘圩镇财政所 所 长:李晓军
山头镇财政所 所 长:计 兵
黄圩镇财政所 所 长:李庆春
大庄镇财政所 所 长:刘道胜
屏山镇财政所 所 长:周长波
大杨乡财政所 所 长:韩昌清
长沟镇财政所 所 长:陈 捷
草沟镇财政所 所 长:张 建
丁湖镇财政所 所 长:郝 猛
开发区财政所 所 长:尤墩跃

萧 县

龙城镇财政所 所 长:吴信瑞
黄口镇财政所 所 长:高全军
杨楼镇财政所 所 长:王信权
新庄镇财政所 所 长:何 静
赵庄镇财政所 所 长:杨兴民
张庄寨镇财政所 所 长:马 健
大屯镇财政所 所 长:梁 杰
青龙镇财政所 所 长:沈红军
石林乡财政所 所 长:纵兆学
孙圩孜乡财政所 所 长:朱孝民
王寨镇财政所 副所长:吴志强
祖楼镇财政所 所 长:邵长彬
酒店乡财政所 所 长:郝振超
丁里镇财政所 所 长:许 磊
马井镇财政所 所 长:郝允峰
阎集镇财政所 所 长:萧春雷
圣泉乡财政所 所 长:张颂荣
刘套镇财政所 所 长:罗献伦
白土镇财政所 所 长:安孝民
庄里乡财政所 所 长:袁龙连
官桥镇财政所 所 长:王永干
永固镇财政所 所 长:韩 华
杜楼镇财政所 所 长:黄继明
开发区财政所 所 长:盛 凯

砀山县

砀城镇财政所 所 长:刘 瑾
玄庙镇财政所 所 长:薛继秋
唐寨镇财政所 所 长:刘火箭
周寨镇财政所 所 长:唐怀堂
赵屯镇财政所 所 长:付 浩
葛集镇财政所 所 长:张春立
朱楼镇财政所 所 长:卞 卡
官庄镇财政所 所 长:张玉阁
良梨镇财政所 所 长:周衍波
曹庄镇财政所 所 长:陈晓宇
程庄镇财政所 所 长:邵延强
李庄镇财政所 所 长:郭进良
经济开发区财政所 所 长:王安鲁
关帝庙镇财政所 所 长:戚冠学
薛楼板材加工园区财政所所 长:邵丽
高铁新区财政所 所 长:汪 鹏

蚌埠市财政系统领导名单

蚌埠市财政局

党组书记、局长(国资委主任):叶 斌
纪检组长:翁美君
副局长:林国立
副局长、国资委副主任:马 飙

副局长:唐忠利　周　波　胡　云

龙子湖区财政局

局长:翁　畅

副局长:李忠东　张利军

支付中心主任:黄金凤

蚌山区财政局

局长:卢佩彬

党组书记、副局长:孙　平

副局长、金融办副主任:李金凤

副局长:冯双全　丁忠胜

禹会区财政局

局长:周传奇

副局长:谢红雨　沈如强　沈明德

淮上区财政局

局长:徐　杰

副局长:刘闽莉

监察室主任:邱　峰

经济开发区财政局

局长:朱大光

副局长:陈　迅

高新区财政局

局长:张广际

副局长:刘富国

怀远县财政局

党组书记、局长:李绪林

党组成员、副局长:石富勤　张　明

党组成员、纪检组长:孙林安

副局长:史桂芳

五河县财政局

党组书记、局长:杨晓武

党组成员、副局长:张耀武　陈尚标　陈非非

党组成员、监督局局长:凌德宏

党组成员、纪检组长:梁　杉

党组成员、总会计师:王尊昌

主任科员:乔启昌

农村财政管理局局长:乔　恒

政府非税收入征收管理局局长:王森功

国有资产监督管理局局长:张　威

民生工程协调小组办公室主任:林衍芝

农业综合开发办公室主任:刘心祥

固镇县财政局

党组书记、局长(国资委主任):周继星

党组成员、副局长:崔怀贵　郁　青　党献文

党组成员、纪检组长:刘金霖

党组成员、开发区财政分局局长:徐其军

党组成员、农村财政管理局局长:仲　谋

党组成员、城关财政分局局长:陈福柱

党组成员、国资委副主任:陶廷春

党组成员、农发办主任:陈　敏

总会计师:张店全

龙子湖区

李楼乡财政所	所　长:王志全

蚌山区

雪华乡(宏业村街道)财政所	所　长:高　婷
燕山乡财政所	所　长:方同英
天桥街道财税服务所	所　长:路冬梅
青年街道财税服务所	副所长:丁丽君
纬二街道财税服务所	所　长:牛丽娟
黄庄街道财税服务所	所　长:赵　莉

禹会区

长青乡财政所	所　长:朱翠华
马城镇财政分局	局　长:李同新
涂山风景区财政所	所　长:胡守陆

淮上区

小蚌埠镇财政所	所　长:邱峰(兼)
吴小街镇财政所	所　长:张兆莲
曹老集镇财政所	所　长:王明珠
梅桥镇财政所	所　长:康　琴

高新区

秦集镇财政所	所　长:陈志广

经济开发区财政局

长淮卫镇财政所	所　长:韦春杰

怀远县

城关镇财政分局	副局长:宋士乐
鲍集镇财政所	所　长:崔云峰
龙亢镇财政所	所　长:韩利清
河溜镇财政所	所　长:姚荣平
常坟镇财政所	所　长:魏守杭
双桥集镇财政所	所　长:张根祥
魏庄镇财政所	所　长:张立柱
万福镇财政所	所　长:邹德国
唐集镇财政所	所　长:张　毅
淝河乡财政所	所　长:赵　勇
褚集乡财政所	所　长:荣克轩

陈集乡财政所 所 长:张绍兴
古城乡财政所 所 长:赵 彬
徐圩乡财政所 所 长:姚玉春
淝南乡财政所 所 长:葛红斌
兰桥乡财政所 所 长:姚 昊
荆芡乡财政所 所 长:年福启
找郢乡财政所 所 长:常 飞
涡北新城区财政所 所 长:孙敦忠
开发区财政分局 副局长:陆 恒

五河县

城关镇财政分局 局 长:陈全意
经济开发区财政分局 局 长:王 超
朱顶镇财政所 所 长:朱全松
小溪镇财政所 副所长:王培福
头铺镇财政所 所 长:吴明海
新集镇财政所 所 长:黄保举
大新镇财政所 所 长:张 军
临北回族乡财政所 所 长:邓 超
浍南镇财政所 所 长:彭思洋
东刘集镇财政所 所 长:蒋光胜
申集镇财政所 副所长:李正义
小圩镇财政所 所 长:张贤明
沱湖乡财政所 所 长:陈先桥
武桥镇财政所 所 长:孙立群
双忠庙镇财政所 所 长:蒋友虎

固镇县

仲兴乡财政所 所 长:徐 亮
任桥镇财政所 所 长:王道永
湖沟镇财政所 所 长:谢 进
杨庙乡财政所 所 长:李晓清
连城镇财政所 所 长:强恒银
新马桥镇财政所 所 长:崔怀军
王庄镇财政所 所 长:孙玉胜
石湖乡财政所 所 长:欧阳瑞
濠城镇财政所 所 长:杨 鹏
刘集镇财政所 所 长:王业鹏

阜阳市财政系统领导名单

阜阳市财政局

党组书记、局长:虞建斌
党组成员、纪检组长:高玉臻
党组成员、副局长:杨海涛 侯永贵
党组成员、总会计师:夏全胜
副调研员:夏 河

颍东区财政局

党组书记、局长:任俊喜
副局长:邵爱华 仇 伟
党组成员、纪检组长:王继刚
党组成员、主任科员:蒋祥翠

颍泉区财政局

党组书记、局长:刘金明
民生办主任、副局长:张 炜
党组成员、副局长:韩 亚、高 辉
党组成员、总会计师:郝海云

颍州区财政局

党组书记、局长:刘建斌
副局长、财政监督局局长:王献斌
党组成员、农发局局长:许 勇
副局长、区扶贫办主任:刘小东

界首市财政局

党组书记、局长:申慧亮
党组副书记、农发局局长:田学军
党组成员、副局长:卢 萍 田 飞
党组成员、总会计师:于华兰
党组成员、农村局局长:武建强

阜南县财政局

党组书记、局长:刘贺体
党组成员、副局长:冷大海 倪洪林 熊东田
党组成员、纪检组长:崔 林
党组成员、主任科员:张开雷

太和县财政局

局长:刘翔飞
主任科员:王 进
副局长:于 海 邢 峻
纪检组长:张 科
党组成员:李 岩 于 冰

颍上县财政局

党组书记、局长:陈德刚
党组成员、副局长:王 跃 邓 颖 唐瑞坤
党组成员:张振亚
党组成员、纪检组长:江禄保

临泉县财政局

党组书记、局　长:尚虎林

党组成员、副局长:李成名　高　飞　孟　俊

党组成员、纪检组长:马晓东

开发区财政局

局长:肖吟峰

副局长:张文学

颍东区

向阳街道办事处财政所　所　长:闫俊启

河东街道办事处财政所　所　长:董强龙

新华街道办事处财政所　所　长:王全杰

老庙镇财政所　所　长:张　涛

冉庙乡财政所　所　长:徐月林

插花镇财政所　所　长:高　伟

枣庄镇财政所　所　长:陈庆文

正午镇财政所　所　长:高兰义

口孜镇财政所　所　长:闫　雷

袁寨镇财政所　所　长:武学成

新乌江镇财政所　所　长:白怀玉

杨楼孜镇财政所　所　长:宋振东

颍泉区

中市街道办事处财政所　所　长:汪　涛

周棚街道办事处财政所　所　长:李永飞

宁老庄镇财政所　所　长:齐　伟

行流镇财政所　所　长:曹　军

闻集镇财政所　所　长:谭　震

伍明镇财政所　所　长:唐　伟

统筹试验区管委会财政所负责人:宁光启

循环经济园区管委会财政负责人:胡九云

颍州区

文峰街道办事处财政所　所　长:胡向明

鼓楼街道办事处财政所　所　长:何　涛

清河街道办事处财政所　所　长:付　涛

颍西街道办事处财政所　所　长:郭艳芳

王店镇财政所　所　长:郝秀彬

西湖镇财政所　所　长:刘庆宇

程集镇财政所　所　长:卢　峰

九龙镇财政所　所　长:龚九鹏

马寨乡财政所　所　长:刘　伟

袁集镇财政所　所　长:刘海彬

三合镇财政所　所　长:刘立国

西湖景区办财政所　所　长:张志民

三十里铺镇财政所　所　长:方　亮

三塔集镇财政所　所　长:孙玉昌

界首市

西城街道财政所　所　长:张克勤

东城街道财政所　负责人:庞俊启

颍南街道财政所　所　长:胡光宇

光武镇财政所　所　长:夏永丽

靳寨乡财政所　所　长:岳　雷

芦村镇财政所　所　长:程　伟

邴集乡财政所　所　长:李　斌

大黄镇财政所　负责人:张　强

新马集镇财政所　负责人:徐　翔

田营镇财政所　所　长:彭新华

陶庙镇财政所　所　长:朱爱敏

王集镇财政所　所　长:彭庆华

泉阳镇财政所　所　长:齐　影

代桥镇财政所　所　长:王传士

砖集镇财政所　所　长:陈志华

舒庄镇财政所　所　长:任　磊

顾集镇财政所　所　长:程德启

任寨乡财政所　所　长:陈俊荣

阜南县

开发区财政分局　局　长:代洪德

鹿城镇财政所　所　长:翟　韧

田集镇财政所　所　长:李淑君

公桥乡财政所　所　长:耿朝程

方集镇财政所　所　长:乔恩成

段郢乡财政所　所　长:刘祥彬

王堰镇财政所　所　长:赵建涛

洪河桥镇财政所　所　长:李　芸

地城镇财政所　所　长:王玉林

于集乡财政所　所　长:张子芳

龙王乡财政所　所　长:杜士保

王化镇财政所　所　长:卢　峰

王家坝镇财政所　所　长:郎士元

老观乡财政所　所　长:徐　刚

曹集镇财政所　所　长:杨大国

郜台乡财政所　所　长:刘维建

中岗镇财政所　所　长:张要礼

苗集镇财政所　所　长:赵复林

柳沟镇财政所　所　长:王灼庆

黄岗镇财政所　所　长:马永群

张寨镇财政所 所 长:乔龙军
焦坡镇财政所 所 长:李华焰
朱寨镇财政所 所 长:朱新启
许堂乡财政所 所 长:韩坤峰
柴集镇财政所 所 长:刘成立
新村镇财政所 所 长:戎泽峰
王店孜乡财政所 所 长:王 辉
赵集镇财政所 所 长:王道侠
会龙镇财政所 所 长:李 刚

太和县

城关镇财政所 所 长:陈文杰
旧县镇财政所 所 长:徐之坤
大新镇财政所 所 长:李新聚
肖口镇财政所 所 长:王秀燕
胡总乡财政所 所 长:王丙玺
赵集乡财政所 所 长:余鸿鸣
关集镇财政所 副所长:刘书强
三塔镇财政所 所 长:韩纯东
郭庙乡财政所 所 长:李效宗
原墙镇财政所 所 长:张 鹏
三堂镇财政所 所 长:李 旭
苗老集镇财政所 所 长:张 冲
宫集镇财政所 所 长:刘业任
二郎乡财政所 所 长:杨继华
阮桥镇财政所 所 长:刘朝峰
坟台镇财政所 所 长:张 华
双浮镇财政所 所 长:付金生
马集乡财政所 所 长:桑传法
五星镇财政所 所 长:李俊峰
倪邱镇财政所 所 长:刘维洗
洪山镇财政所 所 长:康 伟
桑营镇财政所 所 长:刘 磊
赵庙镇财政所 所 长:范兴建
李兴镇财政所 所 长:朱井宇
清浅镇财政所 所 长:韩宝玉
双庙镇财政所 所 长:王 伟
税镇镇财政所 副所长:吴 标
皮条孙镇财政所 副所长:刘剑锋
大庙镇财政所 所 长:池 鹏
蔡庙镇财政所 所 长:石凤杰
高庙镇财政所 所 长:张丙如
水上财政所 所 长:孙亚东

颍上县

慎城镇财政所 所 长:朱 奎
十八里铺镇财政所 所 长:强国清
西三十铺镇财政所 所 长:王 峰
新集镇财政所 负责人:吴天贵
建颍乡财政所 所 长:韩 俊
六十铺镇财政所 负责人:李少义
五十铺乡财政所 负责人:刘树俭
红星镇财政所 所 长:杨 明
耿棚镇财政所 所 长:刘 涛
盛堂乡财政所 所 长:姜之友
润河镇财政所 所 长:吴均业
南照镇财政所 所 长:高 勇
关屯乡财政所 所 长:许传胜
半岗镇财政所 所 长:兰洪波
八里河镇财政所 所 长:汪喜春
垂岗乡财政所 所 长:杜学成
王岗镇财政所 所 长:李树刚
赛涧乡财政所 所 长:唐 坤
刘集乡财政所 所 长:余 琴
杨湖镇财政所 所 长:刘保方
鲁口镇财政所 所 长:尚立川
黄坝乡财政所 所 长:董凤军
江店孜镇财政所 所 长:蒋家骥
夏桥镇财政所 所 长:王佩刚
谢桥镇财政所 所 长:侯学成
迪沟镇财政所 所 长:毕兰付
陈桥镇财政所 所 长:官喜良
江口镇财政所 所 长:夏广良
古城镇财政所 所 长:顾广桥
黄桥镇财政所 所 长:姜庆莲
工业园财政分局 负责人:张天虹

临泉县

城关街道办事处财政所 副所长:陈 锐
邢塘街道办事处财政所 副所长:张 雷
田桥街道办事处财政所 所 长:王建军
城南新区办公室财政所 负责人:曾兰英
牛庄乡财政所 所 长:陈 玲
杨桥镇财政所 副所长:王 健
谭棚镇财政所 所 长:曹建民
高塘乡财政所 负责人:吴春堂
范兴集乡财政所 所 长:姚 勇

老集镇财政所　所　长:梁有生
滑集镇财政所　所　长:高　峰
土陂乡财政所　所　长:姜永明
吕寨镇财政所　副所长:王世周
谢集乡财政所　所　长:陈宜荣
单桥镇财政所　负责人:曾　健
长官镇财政所　所　长:刘　伟
杨小街镇财政所　所　长:任　亮
宋集镇财政所　副所长:刘成年
张新镇财政所　副所长:闫成章
陈集镇财政所　所　长:陶维红
艾亭镇财政所　所　长:李仰德
陶老乡财政所　所　长:陶守恒
韦寨镇财政所　所　长:常登科
迎仙镇财政所　副所长:魏　峰
瓦店镇财政所　所　长:洪庆中
庙岔镇财政所　负责人:范绍栋
姜寨镇财政所　所　长:张大飞
张营乡财政所　所　长:吴广森
黄岭镇财政所　所　长:王俊平
鲖城镇财政所　负责人:周建军
白庙镇财政所　所　长:赵　磊
庞营乡财政所　所　长:谷俊宝
关庙镇财政所　副所长:刘相春

淮南市财政系统领导名单

淮南市财政局

党组书记、局长:陈永多
党组副书记:杨勋敏
党组成员、副局长:金四鑫　管迎新
党组成员、纪检组长:宋建军
党组成员、副局长:张琳娜
党组成员、总会计师:黄仕兴
副调研员:芮长海　戴　冰

寿县财政局

党组书记、局长:张国祥
党组副书记、副局长、国资委主任:江　洪
党组成员、副局长:赵成凤　孙　宏
党组成员、副局长、开发办主任:李家坤
党组成员、县新桥国际产业园财政局长:裴久成
党组成员、农村局局长:张世超
党组成员、总会计师:王　磊

凤台县财政局

党组书记、局长:陈贵刚
党组副书记:王允虎
党组成员、副局长:周浍芳　田　辉　张志凯
党组成员、纪检组长:蒋亚鹏
党组成员、总会计师:陈　永

大通区财政局

局长:王　捷
副局长:蒋振辉

田家庵区财政局

局长:陈灯海
副局长:秦祥全　顾　玮

谢家集区财政局

局长:宫　玲
副局长:张广忠

八公山区财政局

局长:王桂芝
书记:吴　青

潘集区财政局

局长:计庆丰
书记:段德昌
副局长:赵允龙　李传平

毛集实验区财政局

局长:王　成
副局长:许士传　陈　鸿
纪检监察员:王立勋

淮南经济经济开发区财政局

局长:颜少凯
副局长:柏　云

山南新区财政局

局长:翟　明

淮南高新区财政局

局长:彭树文

煤化工产业园区财政局

局长:陈宏伟

寿　县

寿春镇财政分局　局　长:吴承明
八公山乡财政所　副所长:汪新彬
双桥镇财政分局　所　长:祝　斌
丰庄镇财政所　副所长:把中新

润沟镇财政分局 所　长:赵　奎
正阳关镇财政分局 局　长:李福成
迎河镇财政分局 所　长:黄兴林
张李乡财政分局 所　长:孙应时
板桥镇财政分局 所　长:孙自启
安丰镇财政分局 局　长:宋中考
隐贤镇财政分局 副局长:孙　杰
众兴镇财政分局 所　长:许光开
保义镇财政所 所　长:常传灿
茶庵镇财政所 所　长:刘庆友
三觉镇财政所 所　长:李正明
堰口镇财政分局 局　长:王守前
窑口镇财政所 所　长:袁绪江
安丰塘镇财政所 所　长:丁传格
陶店乡财政所 所　长:李永葆
炎刘镇财政分局 局　长:宋　瑾
刘岗镇财政所 所　长:王运辉
双庙集镇财政所 所　长:李厚保
大顺镇财政所 所　长:马道龙
瓦埠镇财政所 所　长:张子好
小甸镇财政分局 所　长:洪　申
新桥国际产业园财政局 局　长:王业树

凤台县

城关镇财政分局 局　长:谢家亮
开发区财政所 所　长:邱金阔
凤凰镇财政所 所　长:吕文林
丁集镇财政所 所　长:曹清联
尚塘乡财政所 所　长:蒋克友
杨村镇财政所 所　长:高勤贵
钱庙乡财政所 所　长:王业昶
古店乡财政所 所　长:王俊宣
顾桥镇财政所 所　长:张　琴
桂集镇财政所 所　长:樊春良
刘集乡财政所 所　长:陈佩辉
新集镇财政所 所　长:胡　云
大兴集乡财政所 副所长:刘　锐
朱马店镇财政所 所　长:孟献全
岳张集镇财政所 所　长:高明东
关店乡财政所 副所长:刘广雷
李冲回族乡财政所 所　长:陈　良

大通区

九龙岗镇财政所 所　长:马凤琳
洛河镇财政所 所　长:梅　振
上窑镇财政所 所　长:宗升贵
孔店乡财政所 所　长:芮长芬

田家庵区

舜耕镇财政所 所　长:吴传玲
安成镇财政所 所　长:刘晓菊
曹庵镇财政所 所　长:马凤琳
史院乡财政局 所　长:杨吉生

谢家集区

望峰岗镇财政所 所　长:邱文士
唐山镇财政所 所　长:应　娟
李郢孜镇财政所 所　长:周　伟
杨公镇财政所 所　长:王晓梅
孤堆回族乡财政所 所　长:王　霞
孙庙乡财政所 所　长:杨修旭

八公山区

八公山镇财政所 所　长:王守伦
山王镇财政所 所　长:孔德野

潘集区

田集街道财政所 所　长:曹多军
芦集镇财政所 所　长:任印清
贺疃乡财政所 所　长:石秀传
潘集镇财政所 所　长:陈传厚
泥河镇财政所 所　长:刘　斌
古沟回族乡财政所 所　长:许瑞昌
平圩镇财政分局 局　长:胡开国
架河乡财政所 所　长:孔　玲
高皇镇财政所 所　长:赵云四
夹沟乡财政所 所　长:李家俊
祁集乡财政所 所　长:许瑞武

毛集实验区

毛集镇财政分局 局　长:徐家秀
焦岗湖镇财政所 所　长:詹云萍
夏集镇财政所 副所长:刘文艳

滁州市财政系统领导名单

滁州市财政局

副书记、副局长:杨文萍
副局长:马有山
党组成员、纪检组长:李正刚

党组成员、副局长:王承云　李德标

琅琊区财政局

党组书记、局长:聂　丽

党组成员、副局长:谢永国　杨文浩

党组成员、债务办主任、预算科长:杨华军

南谯区财政局

局长:赵永宾

副局长:孙宝林　徐玉彬　陈　芳

党组成员、纪检组长:刘　罡

党组成员:谢秀生

来安县财政局

党组书记、局长:秦　陶

党组成员、副局长:王本传

党组成员、监督局局长:易志友

党组成员、非税局局长:陶宏

党组成员、副局长:宋长城

副局长:李泽海

全椒县财政局

党组书记、局长:姜志山、

党组成员、副局长:张　雷

党组成员:赵和平

党组成员、副局长:袁长海

党组成员、纪检组长、监察室主任:郭再传

天长市财政局

党组书记、局长:潘中勇

党组副书记、副局长:王晓春

党组副书记:黄　奎

党组成员、副局长:赵建中　欣金石

党组成员:潘桂来　纪福海　赵红旗　王德徐

定远县财政局

党组书记、局长:疏信保

党组成员、副局长:杜　峰　丁发成

凤阳县财政局

局长、党组书记:赵宏江

党组成员、副局长:徐传保　李锦柱

党组成员、纪检组长:张劲松

明光市财政局

党组书记、局长:李仁标

党组成员、副局长:阚　斌

党组成员、副局长、财政监督局局长:巴　霖

党组成员、副局长:孟兆洋

党组成员、国库支付中心主任:孙传芳

党组成员、园区财政局局长:季　敏

琅琊区

清流街道财政所　所　长:汤立志

扬子街道财政所　副所长:李　壮

琅琊街道财政所　所　长:陈　召

东门街道财政所　所　长:贡　伟

南门街道财政所　副所长:蒋秋文

西门街道财政所　所　长:徐　庆

北门街道财政所　副所长:高巍(主持工作)

西涧街道财政所　所　长:孙雪梅

南谯区

乌衣镇财政所　所　长:张天梅

沙河镇财政所　所　长:任道军

章广镇财政所　所　长:钟阳阳

龙蟠办财政所　所　长:江厚英

黄泥岗镇财政所　所　长:鄢　毅

珠龙镇财政所　所　长:郑发香

施集镇财政所　所　长:宋　然

大柳镇财政所　副所长:张　伟

腰铺镇财政所　所　长:翟光明

来安县

县经济开发区财政分局局　长:王德武

汊河经济开发区财政分局局长:赵宝林

新安镇财政所　所　长:章宏斌

舜山镇财政所　所　长:朱　贵

三城乡财政所　所　长:朱和武

汊河镇财政所　所　长:许玉伟

独山乡财政所　所　长:湛承兵

施官镇财政所　所　长:时永前

半塔镇财政所　所　长:王金良

张山乡财政所　所　长:衡思永

雷官镇财政所　所　长:罗龙海

杨郢乡财政所　副所长:章道勇

水口镇财政所　所　长:罗章铭

大英镇财政所　所　长:王玉春

全椒县

襄河镇财政所　所　长:杨义明

古河镇财政所　所　长:黄开维

马厂镇财政所　所　长:徐本春

二郎口镇财政所　所　长:刘树来

六镇镇财政所　所　长:李义龙

石沛镇财政所　所　长:许　敏

武岗镇财政所 所 长:蔡兴明
十字镇财政所 所 长:蔡传先
西王镇财政所 所 长:郑华平
大墅镇财政所 所 长:彭守立
开发区财政分局 副局长:李广玉(主持工作)

定远县

藕塘镇财政所 所 长:雍广生
界牌镇财政所 所 长:范铭和
仓镇财政所 所 长:谢从辉
大桥镇财政所 所 长:曹士跃
池河镇财政所 所 长:范祥平
桑涧镇财政所 所 长:赵顶升
拂晓乡财政所 副所长:柏传伍
三和集镇财政所 所 长:杨 刚
定城镇财政所 副所长:倪 刚
西卅店镇财政所 所 长:许茂玉
严桥乡财政所 所 长:潘 超
范岗乡财政所 所 长:桑文如
永康镇财政所 所 长:张本群
炉桥镇财政所 所 长:陆凤海
能仁乡财政所 所 长:陈学六
七里塘乡财政所 所 长:汪玉聪
张桥镇财政所 所 长:李如秀
连江镇财政所 所 长:唐开刚
二龙乡财政所 副所长:高恒龙
吴圩镇财政所 所 长:周恒民
蒋集乡财政所 负责人:王 振
朱湾镇财政所 副所长:杨 诚

凤阳县

开发区财政分局 局 长:朱道哲
武店镇财政所 所 长:代芝兰
官塘镇财政所 所 长:张家胜
西泉镇财政所 所 长:王保勤
殷涧镇财政所 所 长:詹绍军
红心镇财政所 所 长:王新芳
板桥镇财政所 所 长:徐 军
枣巷镇财政所 所 长:吴在建
大溪河镇财政所 所 长:叶 俊
府城镇财政所 所 长:刘 璋
临淮镇财政所 所 长:赵传胜
刘府镇财政所 所 长:王 琨
大庙镇财政所 所 长:孙世礼
总铺镇财政所 所 长:高新山
黄湾乡财政所 所 长:鲁善飞
小溪河镇财政所 所 长:刘文乐

明光市

柳巷镇财政所 所 长:丁 隆
明西街办财政所 所 长:申维西
泊岗乡财政所 所 长:张 智
桥头镇财政所 所 长:彭 兵
三界镇财政所 所 长:蒋道勇
明南街办财政所 所 长:吴 超
苏巷镇财政所 所 长:吴兆林
古沛镇财政所 所 长:魏形岭
涧溪镇财政所 所 长:赵光友
女山湖镇财政所 所 长:何善明
管店镇财政所 所 长:周继学
张八岭镇财政所 所 长:李长金
明东街办财政所 所 长:赵祥贤
石坝镇财政所 所 长:阚绪照
明光街办财政所 所 长:田 猛
自来桥镇财政所 所 长:丁良春
潘村镇财政所 所 长:石泽卫

天长市

天长办财政所 所 长:金有武
城东新区财政所 所 长:王学田
永丰镇财政所 所 长:王德华
杨村镇财政所 所 长:姚宪平
冶山镇财政所 所 长:唐传月
郑集镇财政所 所 长:周相杰
铜城镇财政所 所 长:沈学官
大通镇财政所 所 长:王文斌
秦栏镇财政所 所 长:李 晔
仁和镇财政所 所 长:胡明余
万寿镇财政所 所 长:武世勇
金集镇财政所 所 长:林 杨
汊涧镇财政所 所 长:王国林
石梁镇财政所 所 长:张殿卿
新街镇财政所 所 长:翁延悦
张铺镇财政所 所 长:余文昌
开发区财政局 副局长:李华庭

六安市财政系统领导名单

六安市财政局

市政协副主席、局长:孙学龙
党组书记、国资委副主任:黄汇东
党组成员、副局长:汪英来
党组成员、纪检组长:常前松
党组成员、副局长:汪　斌　刘玉飞　费小松
党组成员、国资委副主任:杜家如

金安区财政局

区政协副主席、局党组书记、局长:司家祥
党组副书记:丁　剑
副局长、党组成员:余永生
副局长:陈　章
副局长、党组成员:杨　刚
党组成员、工会主任:方　堃

裕安区财政局

党组书记、局长:孙乃发
党组副书记、副局长:杜成发
党组成员、主任科员:王利超
党组成员、副局长:潘明础　韩　杨
党组成员:张义军
党组成员、农发办主任:郝小山

叶集区财政局

党组书记、局长:周本慎
党组成员、副局长:刘昌盛　孟凡银
党组成员、纪检组长:彭良辉
党组成员、国库支付中心主任:吴　奇

开发区财政局

局长:李　欣
副局长:郝宗刚　曹开芳

霍山县财政局

党组书记、局长、国资委主任:刘朝东
财金系统党委书记、副局长:程晓明
党组成员、副局长:刘传保
党组成员:高宗敏
党组成员、农村财政管理局局长:谢家富
党组成员、总会计师:蒋　超
党组成员、纪检组长:郑子峰

霍邱县财政局

党委书记、局长:王　懿
党委委员、副局长:王树平
党委委员、副局长:陈遵坤　李　宝
党委委员、工会主席:刘维成
党委党委、纪检组长:王祖刚
党委委员、副局长:王中明

金寨县财政局

党组书记、局长、国资委主任:胡　浩
党组成员、纪检组长:廖荣军
党组成员、副局长:漆学坤
党组成员、国资委副主任:唐　宁
党组成员、副局长、非税局局长:李述庆
副局长:吴功安
党组成员、农发局局长:冯　俊
党组成员、综改办专职副主任:汪德全

舒城县财政局

党组书记、局长:刘同坤
党组副书记、副局长:钟玉红
党组成员、副局长:韦　征　张俊柱　王大方
党组成员、总会计师、预算股股长:张　旺
党组成员、副局长、农发办主任:汪守稳
党组成员、副局长:程华平
党组成员、纪检组长:张舒平

金安区

东市街道财政所　所　长:彭能传
中市街道财政所　所　长:张涛元
三里桥街道财政所　所　长:梁德圣
清水河街道财政所　所　长:蔡　磊
望城街道财政分局　局　长:孙　超
城北乡财政分局　局　长:张修勤
椿树镇财政所　所　长:何宏应
东河口镇财政所　所　长:张成武
东桥镇财政所　所　长:唐兆刚
横塘岗乡财政所　所　长:董德胜
马头镇财政所　所　长:张　懿
毛坦厂镇财政分局　局　长:潘　忠
木厂镇财政分局　局　长:夏立峻
淠东乡财政所　所　长:周　山
施桥镇财政所　所　长:陈新和
双河镇财政所　所　长:金宗林
孙岗镇财政分局　局　长:钟志满

翁墩乡财政所 所 长:刘金阳
先生店乡财政所 所 长:姚 健
张店镇财政分局 局 长:谢 应
中店乡财政所 所 长:史 彬
三十铺镇财政分局 局 长:杨瑞鹏

裕安区

小华山街道财政所 所 长:朱家中
鼓楼街道财政所 所 长:熊祖虎
西市街道财政所 所 长:杨克平
石板冲乡财政所 所 长:徐祖胜
平桥乡财政分局 负责人:刘家刚
青山乡财政所 所 长:周希胜
城南镇财政分局 负责人:李敦品
韩摆渡镇财政所 所 长:刘华斌
丁集镇财政所 所 长:许友收
新安镇财政分局 局 长:罗明圣
顺河镇财政所 所 长:田兴胜
单王乡财政所 所 长:张 晖
苏埠镇财政局 局 长:林元华
西河口乡财政所 所 长:姚曙光
石婆店镇财政所 所 长:蒲全村
狮子岗乡财政所 所 长:李茂州
独山镇财政分局 局 长:赵本雨
分路口镇财政分局 所 长:马如邵
江家店镇财政所 所 长:汤 玲
徐集镇财政所 所 长:金家吾
罗集乡财政所 所 长:丁瑞东
固镇镇财政所 所 长:刘富生

叶集区

三元镇财政所 所 长:刘大红
孙岗乡财政所 所 长:郑道杰
平岗办事处财政所 所 长:林 敏
镇区办事处财政所 所 长:朱 洪

霍山县

衡山镇财政分局 局 长:唐家胜
但家庙镇财政所 所 长:张 军
下符桥镇财政所 所 长:张 军
与儿街镇财政分局 局 长:叶发玉
黑石渡镇财政所 所 长:罗来成
佛子岭镇财政所 所 长:彭 钧
落儿岭镇财政分局 局 长:蔡永银
诸佛庵镇财政分局 局 长:沈 云
大化坪镇财政所 所 长:刘祖才
漫水河镇财政所 所 长:汪辉群
上土市镇财政所 所 长:何祥田
太阳乡财政所 所 长:杨义浩
太平畈乡财政所 所 长:方红兵
磨子潭镇财政所 所 长:刘玉石
东西溪乡财政所 所 长:吴中胜
单龙寺镇财政所 所 长:刘作贞
经济开发区财政分局 局 长:杜兴如

霍邱县

城关镇财政分局 负责人:周金荣
姚李镇财政分局 局 长:窦德山
河口镇财政所 所 长:程 宏
长集镇财政分局 负责人:曾凡城
户胡镇财政所 所 长:李传炎
石店镇财政所 所 长:马良锡
马店镇财政分局 负责人:唐兰英
周集镇财政分局 负责人:李立诚
临水镇财政分局 负责人:李祖堂
孟集镇财政分局 负责人:王贤贵
新店镇财政分局 负责人:张玉和
洪集镇财政所 所 长:孙 莹
花园镇财政所 所 长:吴永江
乌龙镇财政所 所 长:黄应旭
高塘镇财政分局 负责人:李友军
岔路镇财政所 所 长:沈明乐
龙潭镇财政所 所 长:谢 亮
曹庙镇财政所 所 长:李传斌
众兴镇财政所 所 长:冯浩然
夏店镇财政所 所 长:许 磊
白莲乡财政所 所 长:程学云
邵岗乡财政所 所 长:王 宏
冯井镇财政分局 负责人:张习芝
范桥镇财政分局 负责人:李绍明
王截流乡财政所 所 长:郭凤云
城西湖乡财政分局 负责人:牛金合
临淮岗乡财政分局 负责人:董西保
宋店乡财政所 所 长:任 宏
三流乡财政所 所 长:王兆强
潘集镇财政所 所 长:赵本勇
冯瓴乡财政所 所 长:胡中环
彭塔乡财政所 所 长:雷家杰

金寨县

梅山镇财政分局 局　长:吴为中
双河镇财政所 所　长:姜兴云
桃岭乡财政所 所　长:胡少友
铁冲乡财政所 副所长:刘当根
全军乡财政所 所　长:张福海
南溪镇财政分局 副局长:张经喜
汤家汇镇财政分局 副局长:陶兴华
斑竹园镇财政分局 副局长:吴德清
吴家店镇财政所 所　长:田　耿
果子园乡财政所 所　长:陈克忠
沙河乡财政所 所　长:闵运平
关庙乡财政所 所　长:田家理
古碑镇财政分局 局　长:余正良
花石乡财政所 所　长:张经楼
槐树湾乡财政所 所　长:袁文刚
燕子河镇财政所 所　长:张家勇
天堂寨镇财政分局 副局长:刘丛彬
长岭乡财政所 副所长:兰中义
青山镇财政所 所　长:张经奎
油坊店乡财政所 所　长:余玉林
张冲乡财政所 副所长:简祖江
白塔畈乡财政分局 副局长:徐俊峰
麻埠镇财政所 所　长:陈勇军

舒城县

城关镇财政分局 局　长:傅世昀
开发区财政所 所　长:华兴圣
桃溪镇财政分局 局　长:肖　健
南港镇财政所 所　长:张功稳
舒茶镇财政所 所　长:黄玉宝
春秋乡财政所 所　长:程从越
千人桥镇财政分局 负责人:毛德琼
杭埠镇财政分局 局　长:胡海平
百神庙镇财政所 所　长:孔令其
干汊河镇财政分局 局　长:许礼荣
柏林乡财政所 所　长:宋　飞
张母桥镇财政所 所　长:谈儒文
棠树乡财政分局 局　长:盛吉富
万佛湖镇财政所 所　长:刘万奇
五显镇财政所 所　长:李新明
阙店乡财政所 所　长:许令松
晓天镇财政所 所　长:储德元
山七镇财政所 所　长:胡显月
高峰乡财政所 所　长:汪家春
河棚镇财政所 所　长:谭永红
汤池镇财政所 所　长:常维爱
庐镇乡财政所 所　长:陈少俊

马鞍山市财政系统领导名单

马鞍山市财政局

党组书记、局长:刘亚莉
副局长:吴　斌(挂职)　张道祥(挂职)
调研员:曾祥宝
国资委专职副主任:陈陆林
副局长:董清华　胡振华
总会计师:吴长明
副调研员:张邦彦　丁维利　齐道友

花山区财政局

局长:钱德俭
副局长:许　珉
主任科员、赵　珍　黄仕保
非税局局长:华　杨
支付中心主任:滕　慧

雨山区财政局

局长:张　锋
主任科员:邓兰云
副局长:王美华
国库集中支付中心主任:王秋红
非税收入管理局局长:夏冬梅

博望区财政局

局长:徐业标
副局长:程秋平

经济技术开发区财政局

局长:杨庆新
副主任:牛翊华
社区会计核算中心主任:郭学平

慈湖高新区财政局

局长:汤翠芳
副局长:张倩倩

承接产业转移示范园区财政局

局长:万晓文
副局长:唐晓娣

财政核算中心主任:王婷婷
投融资办副主任:陈　令

郑蒲港新区财政局

局长:秦传明

含山县财政局

局长:刁明山
投融资办常务副主任:裴小勇
副局长:杨永州
县第四纪检组组长:宫尚峰
副局长:乔能彬　马　伟
党组成员:贾庆竺

和县财政局

县人大副主任、局长:陈时埂
党组书记、副局长:李　莉
副局长:屠业进　范长淮
总会计师:王传标
工委主任:童文胜

当涂县财政局

局长、党组副书记:刘目军
党组书记:谷明才
党组成员、副局长:程立浦　苏　琴
党组成员、纪检组长:王华国
党组成员、工会主席:李齐花
副局长:芮飞宇

花山区

霍里街道财政所　所　长:王　飞

雨山区

向山镇财政所　所　长:杨　俊
佳山乡财政所　所　长:王金枝

博望区

博望镇财政分局　局　长:张传梅
丹阳镇财政所　所　长:刘明忠
新市镇财政所　所　长:成之华

郑蒲港新区

白桥镇财政所　所　长:张吉茂
姥桥镇财政所　副所长:孙有泉

含山县

开发区财政分局　局　长:贺　明
褒禅山经济园区财政分局局　长:童如成
环峰镇财政分局　局　长:贾斯文
林头镇财政分局　局　长:郭佩献
运漕镇财政分局　局　长:奚德兰
仙踪镇财政分局　局　长:李　娟
陶厂镇财政所　所　长:李伏森
铜闸镇财政所　所　长:马　胜
昭关镇财政所　所　长:李天清
清溪镇财政所　所　长:黄荣宗

和　县

历阳镇财政分局　负责人:陶昌华
香泉镇财政分局　支部书记:吴祚明
局　长:姜业和
乌江镇财政分局　局　长:沈守彪
石杨镇财政分局　局　长:戴进财
西埠镇财政所　所　长:张孟金
功桥镇财政所　所　长:何龙俊
善厚镇财政所　所　长:黄义龙

当涂县

姑孰镇财政分局　副局长:钟燕华
太白镇财政分局　局　长:吴开义
黄池镇财政分局　局　长:汤小芳
石桥镇财政分局　副局长:朱　翔
护河镇财政所　副所长:徐为红
乌溪镇财政所　所　长:诸金刚
塘南镇财政所　所　长:汤复金
大陇乡财政所　所　长:尹成鑫
江心乡财政所　所　长:江家文
湖阳镇财政所　所　长:魏元刚

芜湖市财政系统领导名单

芜湖市财政局

党组成员、调研员:蒋庆贵
党组成员、副局长:周庆华
党组成员、纪检组长:朱　武
党组成员、副局长:韩永强　史跃春
党组成员、国资委主任:汤高继
副调研员:凌国栋

镜湖区财政局

局长:沈怀宝
党组书记、副局长:邵忠发
副局长:何　民
副局长、国资委主任:严兆清
副局长:宋兰兰

鸠江区财政局

局长:焦朝凤

副局长:皱忠贵　孙　正

核算中心主任:孙传槐

弋江区财政局

局长:张　娟

副局长:龚树海　孟令富　吴　倩(挂职)

国资办副主任:郭玉峰

核算中心主任:吴　操

三山区财政局

局长:俞　翔

副局长:郭炳生　黄蔚文　洪桂滢

经济技术开发区财政局

局长、国资办主任:陈效水

国资办副主任:王兴根

副局长:丁慧群　李　琦

长江大桥开发区财政局

局长:吴祖满

江北产业集中区财金部

部长:黄先龙

总会计师:崔世庆

芜湖县财政局

党组书记、局长:顾玉才

党组成员、副局长:王艳梅　范家仁　宋　文

纪检组长:徐修宏

繁昌县财政局

局长:张尚斌

副局长:汤　斌　殷曙霞

纪检组长:鲁守智

南陵县财政局

党组书记、局长:朱　华

党组成员、国资办主任、副局长:王卫东

党组成员、副局长:李立新

党组成员、纪检组长:徐　文

党组成员、副局长:张幼平

党组成员、民生办副主任:洪　奇

无为县财政局

党组书记、局长:李作果

党组成员、副局长、农发办主任:陈先荣

党组成员、副局长:丁如涛　杨金玉

党组成员、纪检组长:潘潭渊

副局长:罗前英

党组成员、总会计师:王雄军

镜湖区

方村街道财政局　所　长:杨　勇

鸠江区

沈巷镇财政分局　局　长:张春耕

二坝镇财政分局　局　长:杨　俊

汤沟镇财政所　所　长:吴严山

官陡街道财政所　所　长:何　华

清水街道财政所　所　长:崔永贵

四褐山街道财政所　所　长:陈　琦

湾里街道财政所　所　长:许桂芳

裕溪口街道财政所　所　长:吴菊艳

三山区

峨桥镇财政所　所　长:夏治平

经济技术开发区

龙山街道财政所　所　长:芮　丽

万春街道财政所　所　长:刘　蓉

芜湖县

湾沚镇财政所　所　长:陈其宣

六郎镇财政所　所　长:郭振兰

陶辛镇财政所　副所长:后宗胜(主持工作)

红杨镇财政所　所　长:董思标

花桥镇财政所　所　长:王万田

繁昌县

繁阳镇财政分局　副局长:王刚(主持工作)

荻港镇财政分局　局　长:张建华

孙村镇财政分局　局　长:尚显龙

新港镇财政分局　局　长:万帮斌

开发区财政分局　副局长:水从贵(主持工作)

平铺镇财政所　副所长:龚建国(主持工作)

峨山镇财政所　所　长:陈益胜

南陵县

籍山镇财政所　所　长:许联合

弋江镇财政所　所　长:聂和根

许镇镇财政所　所　长:陈忠兵

三里镇财政所　所　长:陶征成

何湾镇财政所　所　长:丁文全

工山镇财政所　所　长:王宏鑫

家发镇财政所　所　长:廖必学

烟墩镇财政所　所　长:马金标

无为县

石涧镇财政分局 副局长:叶勇(主持工作)
襄安镇财政分局 局 长:汪红兵
高沟镇财政分局 局 长:肖俊生
无城镇财政分局 局 长:丁 军
陡沟镇财政所 所 长:叶正亮
福渡镇财政所 所 长:夏绿松
红庙镇财政所 所 长:刘先跃
严桥镇财政所 所 长:张良岩
开城镇财政所 所 长:刘启志
赫店镇财政所 所 长:李继松
泉塘镇财政所 所 长:焦 衡
蜀山镇财政所 所 长:何尧舜
鹤毛乡财政所 所 长:徐源明
牛埠镇财政所 所 长:张志生
昆山乡财政所 所 长:杨宣华
洪巷乡财政所 所 长:乐 意
刘渡镇财政所 所 长:夏业俊
十里墩乡财政所 所 长:王荣平
姚沟镇财政所 所 长:倪受平
泥汊镇财政所 所 长:伍纪年

宣城市财政系统领导名单

宣城市财政局

党组书记、局长:王 华
党组副书记、副局长:施怀中
党组成员、副局长:罗少彬 刘先锋
党组成员、纪检组长:陈 斌
党组成员:肖 锋 胡轶群
副调研员:张敏生

宣州区财政局

党组书记、局长:沈明清
党组成员、副局长:翟德平
党组成员、纪检组长:徐 群
党组成员、副局长:潘红旗 裴发根
总会计师:程小清
党组成员、工会主席:章小红

经开区财政局

局长:凌 俊

郎溪县财政局

党委书记、局长:周道平
党委副书记:谢爱民
党委委员、副局长:孙宝昌
副局长:夏玉芳
党委委员、副局长:罗新满
党委委员、纪委书记:陈玉斌
党委委员、总会计师:杨茂喜
党委委员、采管办主任:刘德梅
党委委员、民生办主任:吕攀峰

宁国市财政局

党组书记、局长:余 平
党组副书记、纪检组长:谢洪文
党组成员、副局长:程嘉斌
党组成员、总会计师:彭兴军
党组成员、副局长:洪观全 吕 波 陈新爱
党组成员、主任科员:徐东晖
党组成员、系统工会主席:周文敏
党组成员、办公室主任:肖汉武

泾县财政局

党组书记、局长:王 勇
党组副书记、副局长:刘 辉
党组成员、副局长:翟永清 王富明
党组成员、纪检组长:张先俊
班子成员、副科级总会计师:丁 珉
党组成员、民生办主任:章 宏

旌德县财政局

党组副书记、局长:倪彩文
党组书记:陈俊龙
党组副书记、副局长:程建华
党组成员、副局长:程建元
党组成员、副局长、金融办主任:周小健
党组成员、总会计师:汪锦生
党组成员、纪检组长:夏为政
系统工会主席:张 萍

绩溪县财政局

党组书记、局长:夏庆玖
党组成员、副局长:洪华春 周振翼 方拥军
总会计师:胡 中

经济开发区财政局

局长:凌 俊

宣州区

水阳镇财政分局 局 长:王兴良
狸桥镇财政分局 局 长:张小松

孙埠镇财政分局 局 长:汪 超
水东镇财政分局 局 长:肖清霞
鳌峰街道财政所 所 长:杨贵清
沈村镇财政所 所 长:葛 静
敬亭山街道财政所 所 长:杨小三
古泉镇财政所 所 长:冯昌贵
西林街道财政所 所 长:高文喜
杨柳镇财政所 所 长:赵玉明
双桥街道财政所 所 长:胡青松
新田镇财政所 所 长:孙木松
周王镇财政所 所 长:郑敏毅
溪口镇财政所 副所长:孙 远
五星乡财政所 所 长:王海平
洪林镇财政所 所 长:方 虎
文昌镇财政所 所 长:江灵龙
寒亭镇财政所 所 长:石小牛
向阳街道财政所 所 长:杨建东
朱桥乡财政所 所 长:唐 勇
养贤乡财政所 所 长:胡先根
黄渡乡财政所 所 长:王乾忠
济川街道财政所 副所长:邢飞(主持工作)
澄江街道财政所 所 长:任晓辉

郎溪县

梅渚镇财政分局 局 长:张宏书
凌笪乡财政分局 局 长:潘学斌
涛城镇财政分局 局 长:赵 婷
十字镇财政分局 局 长:李官林
姚村乡财政分局 局 长:罗兴传
毕桥镇财政分局 局 长:任玲芝
飞鲤镇财政分局 局 长:王海兵
新发镇财政分局 局 长:陈 萍
建平镇财政分局 局 长:赵慧兰
经济开发区财政分局 局 长:黄大勇
十字镇经济开发区财政分局 局 长:岑国庆

宁国市

港口生态园区财政分局 局 长:汪 辉
中溪镇财政分局 局 长:刘以宁
西津街道办事处财政所 所 长:欧阳美文
南山街道办事处财政所 所 长:何 平
河沥街道办事处财政所 所 长:刘国华
汪溪街道办事处财政所 所 长:程 林
竹峰街道办事处财政所 所 长:周雷震

云梯乡财政所 所 长:胡汉全
仙霞镇财政所 所 长:汪 虹
宁墩镇财政所 所 长:吴建军
南极镇财政所 所 长:周保权
万家乡财政所 所 长:余国斌
梅林镇财政所 所 长:王荣林
霞西镇财政所 所 长:黄兰兰
甲路镇财政所 所 长:冯银海
胡乐镇财政所 所 长:吕 钊
青龙乡财政所 所 长:陈 闽
方塘乡财政所 所 长:鲍金水

泾 县

泾川镇财政所 所 长:卫三荣
榔桥镇财政所 所 长:董先敏
茂林镇财政所 所 长:曹新成
桃花潭镇财政所 所 长:熊志明
云岭镇财政分局 局 长:徐志林
黄村镇财政所 所 长:叶建平
丁家桥镇财政所 所 长:汪 瑨
昌桥乡财政所 所 长:卫幸梅
琴溪镇财政所 所 长:江荣福
蔡村镇财政所 所 长:汤正虎
汀溪乡财政所 所 长:胡道胜

旌德县

旌阳镇财政分局 局 长:吕有水
版书乡财政所 所 长:吴国清
俞村镇财政分局 局 长:胡志建
蔡家桥镇财政分局 局 长:陶太宏
云乐乡财政所 所 长:董根发
三溪镇财政分局 局 长:冯铜友
兴隆镇财政所 所 长:王家学
孙村镇财政所 所 长:潘 煜
庙首镇财政分局 局 长:方家喜
白地镇财政分局 局 长:陶如宝

绩溪县

华阳镇财政分局 局 长:曹向明
临溪镇财政分局 局 长:陈卫国
瀛洲镇财政所 所 长:程新光
长安镇财政所 所 长:黄梦利
上庄镇财政所 所 长:胡建兵
扬溪镇财政所 所 长:汪满鹏
板桥头乡财政所 所 长:汪国庆

金沙镇财政所　所　长:胡国军
伏岭镇财政所　所　长:叶正光
家朋乡财政所　所　长:张孝辉
荆州乡财政所　所　长:胡　斌

铜陵市财政系统领导名单

铜陵市财政局

党组书记、局长:黄宝林
纪检组长:姚从斌
副局长:刘　宏　金　芬　单　培
总会计师:储跃然
副调研员:张凌宇

铜官山区财政局

副局长:程小爱(主持工作)
政协副主席、副局长:何振武

狮子山区财政局

局长:沈　斌
副局长:张诚斌　苏华丽

郊区财政局

局长:黄　海
副局长:夏付兵　陈良兵

开发区财金局

局长:程　啸

铜陵县财政局

党组书记、局长、国资委主任:梅柏林
党组成员、主任科员:何跃进
党组成员、副局长:陈志双
党组成员:周桃福
党组成员、国资委副主任:郑宏辉
党组成员、副局长:刘朝晖
党组成员、副主任科员:姜　建
党组成员、总会计师:侯东升
党组成员、副局长:徐振亚
党组成员:马　斌

枞阳县财政局

局长:马满华
副局长:陈旭升　何嗣进
综改办主任、财监局局长:左敏生
纪检组长:胡四新

郊　区

南部城区建设管委会财税局　局　长:孔令福
桥南办财政所　所　长:郎　君
灰河乡财政所　所　长:吴　滨
铜山镇财政所　所　长:李元龙
安铜办财政所　所　长:黄陆润
大通镇财经所　所　长:周固元

狮子山区

西湖镇财经管理所　所　长:王卫平
东郊办事处财经管理所　所　长:徐　玲

铜陵县

五松镇财政分局　局　长:朱　萍
天门镇财政分局　局　长:戴恒友
顺安镇财政分局　局　长:陈正富
钟鸣镇财政分局　局　长:阮成俊
东联乡财政分局　局　长:曹利斌
西联乡财政分局　局　长:胡春红
胥坝乡财政分局　局　长:曹　强
老洲乡财政分局　局　长:李玉娥

枞阳县

开发区财政局　局　长:何嗣进
枞阳镇财政分局　局　长:唐义长
汤沟镇财政分局　局　长:王　平
横埠镇财政分局　局　长:姚信华
項山镇财政分局　局　长:许德红
老洲镇财政分局　局　长:刘东荀
陈瑶湖镇财政分局　局　长:周雄飞
钱桥镇财政分局　局　长:吴其龙
义津镇财政分局　局　长:姚大中
周潭镇财政所　所　长:王　平
其林镇财政所　所　长:吴福胜
白湖乡财政所　所　长:周柯云
浮山镇财政所　所　长:姚佐平
项铺镇财政所　所　长:吴小发
白梅乡财政所　所　长:慈龙宝
会宫乡财政所　所　长:董松美
雨坛乡财政所　所　长:胡正春
官埠桥镇财政所　所　长:吴亚松
金社乡财政所　所　长:吴福祥
钱铺乡财政所　所　长:周志学
铁铜乡财政所　所　长:周笑天
长沙乡财政所　所　长:方习中

凤仪乡财政所　　所　长:王况生

池州市财政系统领导名单

池州市财政局

党组书记、局长:徐树生

党组成员、副局长、纪检组长:吴庆华

党组成员、副局长:莫助国　杨庆安

党组成员、总会计师兼国库支付中心主任:尹加旺

党组成员、副调研员:唐曙明

党组成员、农发办主任:唐海洋

党组成员、民生办主任:程保东

党组成员、国资委副主任:金绪友

副调研员:章丹心　汪民主

非税局局长:汪申成

江南集中区财金部

副部长:刘包进

贵池区财政局

党组书记、局长:刘贵阳

党组书记、副局长:钟茅丰

副局长:刘福来

党组副书记:许孝怀

纪检组长:王新友

副局长:李国强

工会主席:张　雯

东至县财政局

党组书记、局长:周运开

党组副书记、副局长、纪检组长、主任科员:汪正长

党组成员、副局长:王炳华　朱开明

党组成员、总会计师:陈坤芳

党组成员、主任科员:周胜良　汪　洋

石台县财政局

党组书记、局长:邹开政

党组成员、副局长:王诗祥　汪庆五　舒晓斌

党组成员、国资办主任:吴绿林

党组成员、纪检组长:曹念峥

党组成员、农发办主任:江龙云

党组成员、民生办主任:舒志华

青阳县财政局

党组书记、局长:张益平

党组副书记:汪来发

党组成员、副局长:刘来胜　光　明　丁学军

党组成员、纪检组长:陈　镘

党组成员、总会计师、国资委专职副主任:丁军辉

九华山风景区财政局

局长:赵良贵

副局长:鲍玉生　刘卫胜

党组成员:余旭光　张玉平

开发区财政局

局长:盛文台

副局长:吴佩银　王　彬　汪赛琪

平天湖财政局

局长:王双应

贵池区

池阳街道财政分局　局　长:包启友

秋浦街道财政分局　局　长:周桃四

杏花村街道财政分局　局　长:汪　利

清风街道财政分局　局　长:钱跃文

清溪街道财政分局　局　长:刘冬青

江口街道财政分局　局　长:胡孔璋

里山街道财政分局　局　长:方　涛

涓桥镇财政分局　局　长:汪曙华

秋江街道财政分局　局　长:方继安

乌沙镇财政分局　局　长:陈　敏

殷汇镇财政分局　局　长:胡秀青

牛头山镇财政分局　局　长:卢志刚

唐田镇财政分局　局　长:周　盾

牌楼镇财政分局　局　长:王来宝

梅街镇财政分局　局　长:杨颜国

棠溪镇财政分局　局　长:邱　毅

梅村镇财政分局　局　长:何腾飞

马衙街道财政分局　局　长:杨韶红

墩上街道财政分局　局　长:周迎义

梅龙街道财政分局　局　长:喻　松

东至县

龙泉镇财政分局　局　长:刘仁贵

昭潭镇财政分局　局　长:左根水

青山乡财政分局　局　长:徐国进

泥溪镇财政分局　局　长:刘仁民

官港镇财政分局　局　长:汪根旺

木塔乡财政分局　局　长:孔双乐

花园乡财政分局　局　长:程建春

尧渡镇财政分局　局　长:王亦斌

香隅镇财政分局　局　长:方胜昔
经济开发区财政局　局　长:王洪权
东流镇财政分局　局　长:朱国平
葛公镇财政分局　局　长:许继祥
洋湖镇财政分局　局　长:吴维军
张溪镇财政分局　局　长:刘国清
胜利镇财政分局　局　长:许成顺
大渡口镇财政分局　局　长:王志松

石台县

仁里镇财政分局　局　长:徐华海
七都镇财政分局　局　长:李贵高
矶滩乡财政分局　局　长:查朝平
横渡镇财政分局　局　长:彭先果
大演乡财政分局　局　长:姚小明
仙寓镇财政分局　局　长:陈发根
小河镇财政分局　局　长:徐华久
丁香镇财政分局　局　长:张圣德

青阳县

蓉城镇财政分局　局　长:张　洁
杨田镇财政分局　局　长:李强富
朱备镇财政分局　局　长:胡满璋
新河镇财政分局　局　长:施国华
木镇镇财政分局　局　长:杨大宏
丁桥镇财政分局　局　长:王　频
乔木乡财政分局　局　长:邓继涛
酉华乡财政分局　局　长:吴玉才
庙前镇财政分局　局　长:吴胜娟
杜村乡财政分局　局　长:洪尚平
陵阳镇财政分局　所　长:熊晔宏

九华山风景区

九华乡财政所　所　长:孙华峰
九华镇财政所　所　长:陈　云

安庆市财政系统领导名单

安庆市财政局

局长:何家虎
副局长:王思丰
纪检组长:邵显桥
总会计师:丁卫星
投融资办专职副主任:华鹏飞
总经济师:曹凌云
副局长:开　敏

迎江区财政局

局长:黄雪莲
副局长:吴　军　张海莉
纪检组长:王旭东

大观区财政局

局长:周文文
纪检组长:杨远明
副局长:吴自龙　李　琦

宜秀区财政局

党组书记、局长:陈启讲
党组副书记、大桥开发区财政局局长:鲁　燕
副局长:谢宏杰　杨宏生
纪检组长:陈　莉

开发区财政局

副局长:程皖生　龙其平　马　加

怀宁县财政局

局长:陈业南
副局长:柴绍来　杜可诚　郝金龙
总会计师:余世红
纪检组长:丁士敏
党组成员:程晓明

潜山县财政局

党组副书记、局长:汪为民
副局长:王生海　郑茯苓
财政监督检查局局长:王奇凌
纪检组长:汪　萍
工委主任:洪丽萍

太湖县财政局

党组成员、局长:章周中
党组成员、开发区分局局长:吴立新
党组成员、副局长:朱和平
党组成员、工会主席:詹李生
党组成员、副局长:潘建华
党组成员、纪检组长:吴先桃

望江县财政局

党组副书记、局长:汪华良
党组书记:张松林
党组成员、民生办主任:徐苑生
党组成员、副局长:吴学明

党组成员、纪检组长:徐俊欣
党组成员、副局长、总会计师:蒋五毛

桐城市财政局

局长、国资中心主任:张早林
副局长:王忠生　都宜建　张　伟　吴曙红
纪检组长:余宜庆
总会计师:张仲平
党组成员:严　平

岳西县财政局

局长:李爱群
副局长:王文森　储福枝
党组成员:孟宪忠
党组成员、总会计师:吴卫国

迎江区

龙狮桥乡财政所　所　长:方亚力
长风乡财政所　所　长:王铁汉
新洲乡财政所　所　长:鲍成联

大观区

十里铺乡财政分局　局　长:方真胜
海口镇财政分局　局　长:丁高云
山口乡财政所　所　长:谢江娅

宜秀区

大桥开发区财政局　局　长:鲁　燕(兼)
杨桥镇财政所　所　长:张　丽
白泽湖乡财政所　所　长:江代娣
大龙山镇财政分局　局　长:方铁宏
罗岭镇财政所　所　长:周琳琳
五横乡财政所　所　长:王建军

开发区

老峰镇财政所　所　长:方　亚
菱北办事处财政所　副所长:盛林泉

怀宁县

石牌镇财政分局　局　长:何宏亮
黄墩镇财政分局　副局长:丁士彬
高河镇财政分局　副局长:夏明和
马庙镇财政分局　副局长:张红斌
茶岭镇财政分局　副局长:李志阳
月山镇财政分局　局　长:王黄送
石境乡财政分局　局　长:雍红卫
腊树镇财政所　所　长:谢忠律
雷埠乡财政所　所　长:夏效全
黄龙镇财政所　所　长:郭　梅
平山镇财政所　所　长:潘结和
清河乡财政所　所　长:汪明求
小市镇财政所　所　长:崔　奎
三桥镇财政所　所　长:杨爱平
秀山镇财政所　所　长:陈夏节
公岭镇财政所　所　长:洪　志
金拱镇财政所　所　长:何　侃
凉亭乡财政所　所　长:朱　云
江镇镇财政所　所　长:刘红兵
洪铺镇财政所　所　长:汪明海

潜山县

王河镇财政所　所　长:余本江
黄泥镇财政所　所　长:徐立林
黄铺镇财政分局　负责人:凌江来
痘姆乡财政所　所　长:肖骈臻
梅城镇财政分局　副局长:林满立
油坝乡财政所　副所长:方希泉
余井镇财政所　所　长:金旺庚
龙潭乡财政所　所　长:涂轶群
塔畈乡财政所　副所长:杨艳根
官庄镇财政所　所　长:张柏生
槎水镇财政所　所　长:郝其林
黄柏镇财政所　所　长:潘晓应
水吼镇财政所　所　长:葛彭旺
五庙乡财政所　所　长:陈　洪
天柱山镇财政所　所　长:黄德清
源潭镇财政分局　局　长:储焰根
开发区财政分局　局　长:贾华旭
旅游度假区财政分局　副局长:彭阳生

太湖县

开发区财政局分局　副局长:张达良
晋熙镇财政分局　局　长:孙珍年
徐桥镇财政分局　局　长:何小平
大石乡财政所　所　长:胡龙江
城西乡财政所　所　长:周三应
江塘乡财政所　所　长:潘礼革
新仓镇财政所　所　长:刘　军
小池镇财政所　所　长:马章德
寺前镇财政所　所　长:吴武林
天华镇财政所　所　长:陈韶华
牛镇镇财政所　所　长:潘继伟

汤泉乡财政所 所 长:汪银堂
刘畈乡财政所 所 长:查德红
弥陀镇财政所 所 长:王治宇
北中镇财政所 所 长:王再华
百里镇财政所 所 长:李树民

望江县

开发区财政分局 局 长:赵红霞
华阳镇财政分局 局 长:王胜中
高士镇财政分局 局 长:龙 彬
鸦滩镇财政分局 副局长:丁仁贵
长岭镇财政分局 局 长:汪精明
杨湾镇财政分局 副局长:王东阳
漳湖镇财政分局 局 长:胡小兵
太慈镇财政分局 局 长:王学明
雷池乡财政分局 局 长:程卫芳
凉泉乡财政分局 局 长:赵家武
赛口镇财政分局 副局长:郝结南

桐城市

新渡镇财政分局 局 长:张国刚
青草镇财政分局 局 长:江元苗
孔城镇财政分局 局 长:胡家旺
文昌街道财政分局 局 长:许建国
龙眠街道财政分局 局 长:倪晋流
大关镇财政分局 局 长:倪胜旺
金神镇财政分局 局 长:张卫东
吕亭镇财政分局 局 长:陈五九
范岗镇财政分局 局 长:钟普查
双港镇财政分局 局 长:吕张根
唐湾镇财政所 所 长:钱 诚
黄甲镇财政所 所 长:李红星
嬉子湖镇财政所 所 长:张小四
鲟鱼镇财政所 所 长:姚成标

岳西县

开发区财政分局 局 长:储文胜
天堂镇财政分局 局 长:谢宏岳
温泉镇财政分局 局 长:王 萍
响肠镇财政所 所 长:陈增益
莲云乡财政所 所 长:徐建华
来榜镇财政所 所 长:朱为民
青天乡财政所 所 长:黄德国
和平乡财政所 所 长:柳金焰
包家乡财政所 所 长:王国庆
白帽镇财政所 所 长:徐声文
河图镇财政所 所 长:徐自安
古坊乡财政所 所 长:刘和炳
店前镇财政所 所 长:刘文高
冶溪镇财政所 所 长:李敬东
五河镇财政所 所 长:徐声林
中关乡财政所 所 长:蒋东贵
菖蒲镇财政所 所 长:朱诗咏
田头乡财政所 所 长:汪时宇
石关乡财政所 所 长:程诗义
头陀镇财政所 所 长:刘同春
主簿镇财政所 所 长:胡瑞阳
黄尾镇财政所 所 长:宛敏春
姚河乡财政所 所 长:余凤云
巍岭乡财政所 所 长:储德先
毛尖山乡财政所 所 长:朱灿东

黄山市财政系统领导名单

黄山市财政局

党组书记、局长:汪德宝
党组成员、国资办主任:王克飞
党组成员、副局长:洪绍球 汪健明 冯家成
党组成员、纪检组长:张 英
党组成员、新安江流域生态建设保护局局长:聂伟平
副调研员:张正康

屯溪区财政局

党组书记、局长、区民生办主任:高木火
党组成员、副局长:韩玲明
主任科员:程敏行
党组成员、纪检组长:周建钢
党组成员、副局长:周 艳
党组成员、农村局局长:邱 桂

黄山区财政局

党组书记、局长:张志武
党组副书记:张明珠
党组成员、纪检组长:袁俊杰
党组成员、国资办主任:夏拥军
副局长:徐 祥 俞四清
党组成员:陈鸿新 刘 鲲

徽州区财政局

局长:周国兵

党组书记:汪明平

副局长:龙秋缨　洪　钟

纪检组长:张秀丽

党组成员、区国投、城投公司总经理:金强军(挂职)

歙县财政局

局长:程根银

党组书记、副局长:潘世华

副局长:汪义元　王德跃　黄利华

党组成员、纪检组长:胡惠斌

党组成员、办公室主任:方　亮

休宁县财政局

局长:汪　川

党组书记:吴清德

副局长:汪钧宝　余　平

党组成员、农发办主任:孙新万

党组成员、纪检组长:金建强

党组成员、监督局局长:汪顺九

黟县财政局

局长:李旭明

党组书记:汪松九

国资办主任、副局长:余国富

纪检组长:胡　林

副局长:汪建锋

副局长、农发办主任:田先贵

党组成员、会计中心主任:王曙光

党组成员、农村局局长:程　瑾

党组成员、监督局局长:胡朝阳

祁门县财政局

党组书记、局长:李超群

党组成员、扶贫办主任:廖国进

党组成员、副局长:郑　忠　胡丽青

党组成员、纪检组长:汪文济

党组成员、国资办主任:汪跃武

党组成员、工会主席:林鹏飞

党组成员、办公室主任:黄群飞

党组成员、行政科科长:陈建奎

屯溪区

屯光镇财政分局　局　长:胡建民

黎阳镇财政分局　局　长:胡娟兰

阳湖镇财政分局　副镇长兼局长:江丽红

新潭镇财政分局　副局长:赵莉(主持工作)

奕棋镇财政分局　副镇长兼局长:余海跃

黄山区

甘棠镇财政分局　局　长:黄文德

耿城镇财政分局　局　长:徐　冬

太平湖镇财政分局　局　长:王　斌

汤口镇财政分局　局　长:杨　剑

园区财政分局　负责人:陈启龙

谭家桥镇财政所　副所长:郭彩虹

三口镇财政所　所　长:章震强

仙源镇财政所　所　长:金丽琴

新明乡财政所　所　长:胡　颖

龙门乡财政所　所　长:汪　剑

焦村镇财政所　所　长:王士哲

乌石乡财政所　副所长:曹　洁

新华乡财政所　所　长:方洪苑

新丰乡财政所　所　长:严鹤鸣

永丰乡财政所　副所长:吴立新

徽州区

岩寺镇财政分局　局　长:汪少娟

西溪南镇财政分局　局　长:唐淑英

潜口镇财政分局　局　长:郑　婕

呈坎镇财政分局　局　长:吴林宝

富溪乡财政所　所　长:戴四清

杨村乡财政所　负责人:黄　琼

洽舍乡财政所　所　长:汪志新

歙　县

徽城镇财政分局　局　长:范学斌

桂林镇财政所　所　长:叶尚忠

郑村镇财政所　所　长:郑毅华

北岸镇财政分局　局　长:江利伟

富堨镇财政所　所　长:张伟正

深渡镇财政分局　局　长:凌　晨

杞梓里镇财政所　所　长:方润日

王村镇财政所　所　长:姚兰芬

三阳镇财政所　所　长:洪绍发

霞坑镇财政所　所　长:吴红蓉

溪头镇财政所　局　长:徐有辉

武阳乡财政所　所　长:严建军

岔口镇财政所　所　长:方锡金

许村镇财政所　所　长:梅广良

坑口乡财政所　所　长:汪惠来

小川乡财政所 所 长:潘利群
昌溪乡财政所 所 长:郑 春
雄村镇财政所 所 长:程月英
上丰乡财政所 所 长:潘四清
街口镇财政所 所 长:汪鹤年
璜田乡财政所 所 长:江岳年
森村乡财政所 所 长:汪晓军
长陔乡财政所 所 长:毕灶寿
新溪口乡财政所 所 长:张春海
绍濂乡财政所 所 长:毕正利
金川乡财政所 所 长:潘政兆
石门乡财政所 所 长:项厚海
狮石乡财政所 所 长:鲍永忠

休宁县

海阳镇财政所 所 长:詹光辉
万安镇财政所 所 长:宋夏福
齐云山镇财政所 所 长:查显才
五城镇财政所 所 长:洪艳中
东临溪镇财政所 所 长:卢建国
蓝田镇财政所 所 长:胡秋生
溪口镇财政所 所 长:张荣贵
流口镇财政所 所 长:汪爱萍
汪村镇财政所 所 长:方林平
商山镇财政所 所 长:王玉明
岭南乡财政所 所 长:张思良
龙田乡财政所 所 长:程年生
璜尖乡财政所 所 长:项振声
白际乡财政所 所 长:汪社文
榆村乡财政所 所 长:范欣端
渭桥乡财政所 所 长:陈建军
陈霞乡财政所 所 长:程伟平
板桥乡财政所 所 长:汪有义
山斗乡财政所 所 长:宁文广
鹤城乡财政所 所 长:方金根
源芳乡财政所 所 长:杨有华

黟 县

碧阳镇财政所 所 长:谢中平
渔亭镇财政所 所 长:柯光明
西递镇财政所 所 长:柯峙峰
宏村镇财政所 所 长:程春辉
洪星乡财政所 所 长:胡小青
美溪乡财政所 所 长:李永胜
宏潭乡财政所 所 长:胡建平
柯村镇财政所 所 长:王立祥

祁门县

祁山镇财政所 所 长:胡养兰
金字牌镇财政所 所 长:陈松开
小路口镇财政所 所 长:李祁安
凫峰镇财政所 所 长:汪俊杰
平里镇财政所 所 长:胡伯进
历口镇财政所 所 长:汪新锋
闪里镇财政所 所 长:汪敏政
安凌镇财政所 所 长:陈秋富
大坦乡财政所 所 长:张接军
柏溪乡财政所 所 长:詹长贵
溶口乡财政所 所 长:苏智敏
芦溪乡财政所 所 长:汪伟健
祁红乡财政所 所 长:谢飞腾
塔坊镇财政所 所 长:林征红
渚口乡财政所 所 长:倪浩均
古溪乡财政所 所 长:谢民兴
新安乡财政所 所 长:倪国振
箬坑乡财政所 所 长:许跃飞

广德县财政系统领导名单

广德县财政局

党组书记、局长:吴宗萍
党组副书记、副局长:陆广文
党组成员、副局长:李忠宝 田宝奎
党组成员、纪检组长、监察室主任:陈绍国
副局长:周燕燕
党组成员、总会计师:朱 赟

广德县

桃州镇财政分局 局 长:王庆福
邱村镇财政分局 局 长:郑 兴
誓节镇财政分局 局 长:欧阳忠禄
柏垫镇财政分局 局 长:石传宏
新杭镇财政局 局 长:李光义
东亭乡财政所 所 长:蒋 伟
卢村乡财政所 所 长:陈 林
四合乡财政所 所 长:甘恢立
杨滩乡财政所 所 长:吴万清

宿松县财政系统领导名单

宿松县财政局

局长:李金星

党组书记:张火南

党组副书记、副局长:李朝阳

党组成员、副局长:桂松寿

党组成员、副局长:张华国

党组成员、总会计师:何　泽

宿松县

复兴镇财政分局　局　长:朱来春

孚玉镇财政分局　局　长:张晚元

洲头乡财政所　所　长:黎承林

汇口镇财政所　所　长:杨庆丰

千岭乡财政所　所　长:石先武

九姑乡财政所　所　长:吴松柏

许岭镇财政所　所　长:赵金牛

下仓镇财政所　所　长:高　志

五里乡财政所　所　长:贺行槐

长铺镇财政所　所　长:尹　睿

高岭乡财政所　所　长:黎德新

程岭乡财政所　所　长:段益民

佐坝乡财政所　所　长:徐文明

破凉镇财政所　所　长:梅兴祥

凉亭镇财政所　所　长:齐长贵

河塌乡财政所　所　长:虞旺国

二郎镇财政所　所　长:邓志海

隘口乡财政所　所　长:徐文胜

北浴乡财政所　所　长:吴祺臻

陈汉乡财政所　所　长:张青松

柳坪乡财政所　所　长:黄义群

趾凤乡财政所　所　长:吴溢波

全省财政系统职工统计

2015年全省财政系统职工统计表

（2015年12月31日）

编制单位：厅人事教育处　　　　单位：人

项目		总计	性别		民族		政治面貌				学历					
			男	女	汉	其他	中共党员	共青团员	民主党派	其他	研究生	大学本科	大学专科	中专及以下学历 人数	其中35岁以下	其中36岁至45岁
总计	合计	18546	12281	6265	18388	158	13924	631	156	3835	561	9016	7214	1755	69	365
	厅（局）级	12	10	2	12	0	12	0	0	0	5	6	1	0	0	0
	地市局（处）级	377	292	85	369	8	352	0	11	14	98	247	31	1	0	0
	县局（科）级	2749	2014	735	2725	24	2374	9	75	291	251	1808	651	39	0	6
	一般干部	14391	9163	5228	14283	108	10561	611	68	3151	202	6781	6086	1322	57	276
	工勤人员	1017	802	215	999	18	625	11	2	379	5	174	445	393	12	83
省（区、市）厅局	合计	631	447	184	624	7	491	2	15	123	195	369	49	18	0	2
	厅（局）级及以上	12	10	2	12	0	12	0	0	0	5	6	1	0	0	0
	处（局）级	157	113	44	156	1	144	0	5	8	63	79	15	0	0	0
	科级	207	150	57	204	3	181	0	7	19	61	136	10	0	0	0
	一般干部	231	156	75	228	3	144	2	3	82	65	143	18	5	0	0
	工勤人员	24	18	6	24	0	10	0	0	14	1	5	5	13	0	2
市（地、州）局	合计	1990	1217	773	1957	33	1366	57	63	504	182	1425	304	79	3	12
	局（处）级及以上	220	179	41	213	7	208	0	6	6	35	168	16	1	0	0
	科级	1039	645	394	1025	14	797	7	45	190	110	771	153	5	0	1
	一般干部	580	278	302	571	9	283	50	12	235	37	455	76	12	2	4
	工勤人员	151	115	36	148	3	78	0	0	73	0	31	59	61	1	7
县（市、区）局	合计	7000	4399	2601	6936	64	5204	262	60	1474	144	3900	2493	463	25	108
	局（科）级及以上	1503	1219	284	1496	7	1396	2	23	82	80	901	488	34	0	5
	股级	1602	1121	481	1585	17	1326	11	11	254	12	902	626	62	0	5
	一般干部	3484	1742	1742	3450	34	2227	243	25	989	52	2020	1216	196	19	57
	工勤人员	411	317	94	405	6	255	6	1	149	0	77	163	171	6	41
乡（镇）所	合计	8925	6218	2707	8871	54	6863	310	18	1734	40	3322	4368	1195	41	243
	所（股）级及以上	2348	2019	329	2337	11	2172	6	3	167	13	855	1257	223	1	39
	一般干部	6146	3847	2299	6112	34	4409	299	14	1424	23	2406	2893	824	35	171
	工勤人员	431	352	79	422	9	282	5	1	143	4	61	218	148	5	33